구경꾼
VS
주체

강신주 지음

구경꾼 vs 주체

1960년대 학생운동과
기 드보르의 테제

오월의봄

역사철학·정치철학
강의를 시작하며

전등傳燈! '등불을 전한다'는 뜻의 불교 용어다. 등불이 켜졌다는 것은 깨달은 자, 부처가 되었다는 의미다. 부처는 주인으로서의 삶을 구가하고 동시에 이웃을 자비로 품어주는 존재다. 결국 전등은 타인을 지배하는 행위가 아니라 오히려 타인을 주인으로 만드는 행위다. 타인을 연민하는 행위가 아니라 오히려 타인을 사랑의 주체로 만드는 행위다. 글과 말로 철학자가 하는 모든 행동은 어쩌면 이 '전등'이란 단어로 요약할 수 있지 않을까? 등불을 먼저 밝힌 자가 그 등불이 필요한 자, 혹은 그 등불로 삶이 달라질 수 있는 자에게 등불을 전한다. 전등의 마음이 없다면, 이웃에 대한 강한 애정이 없다면, 철학이 무슨 소용이 있다는 말인가? 그렇지만 등불은 항상 위험에 노출되어 있다. 어둠을 유지하려는 자들은 등불을 끌 수 있는 강력한 바람을 품고 있으니까. 그들은 억압하는 자들이다. 어둠 속에서 그들은 얼마나 감미롭게 속삭였던가? 소수 엘리트가 무지몽매한 다수를 이끌어야 하며, 지배는 다수를 위한 애정이라고. 어둠 속에서 억압하는 자들의 목소리는 현실 이상으로 크게 들리고, 그만큼 그들의 힘은 압도적이라고 상상된다. 등불이 켜지는 순간, BC 3000년 국가라는 원초적 억압기구가 탄생한 뒤 우리 인간이 어떤 삶을 영위했는지, 소수의 승자가 이끌어가는 그 참담한 역사가 드러난다. 호랑이는 강하지만 사슴을 가축화하지 않는다. 독수리는 강하지만 비둘기를 가축화하지 않는다. 심지어 강한 호랑이가 약한 호랑이를, 강한 독수리가 약한 독수리를 가축화하는 일도 없다. 그렇지만 승자의 역사로 점철된 인류사를 보라. 다른 종뿐만 아니라 같은 종마저 가축화하기를 주저하지 않는 부끄러운 역사다. 같은 종을 지배하고 착취하는 역사! 어떻게 아름다울 수 있다는 말인가? 어떻게 정의로울 수 있다는 말인가?

야만과 굴욕으로 가득 찬 역사를 폭로하는 등불을 켜는 일은 억압하는 자들 입장에서는 너무나 불쾌하고 위험한 일이다. 등불이 켜지는 순간 억압받는 자들은 자신들이 엄청난 다수라는 걸, 동시에 억압하는 자들이 한 줌도 되지 않는다는 걸 자각할 테니 말이다. 하긴 억압과 착취를 감내하는 노예가 아니라 삶과 사랑의 주인이 되었으니, 어떻게 억압받는 자들이 다시 억압과 착취를 감당하려 하겠는가. 그래서일까 하나의 등불이 켜지고 그 등불이 동시대인들에게 화톳불처럼 번져갈 때마다, 그 등불을 끄려는 때로는 노골적이고 때로는 은밀한 노력이 반복되었다. 무자비한 공권력을 태풍 삼아 등불을 끄려는 만행도 있었고, 당근과 채찍이란 미풍으로 억압받는 자들이 스스로 자신의 등불을 끄도록 만드는 유혹도 있었다. 더 비극적인 일이 발생하기도 했다. 억압받는 자들 내부에서 출현한 새로운 엘리트들이 동료들의 등불을 기습적으로 꺼버리며 새로운 억압자로 등장했던 적도 있었으니까. 그렇지만 아무리 등불이 꺼져도, 이미 세상과 삶의 실상이 드러난 뒤다. 억압받는 자들은 자신이 감당했던 치욕과 탄식이 정의롭지도, 그렇다고 해서 아름답지도 않다는 걸 알아버린 셈이다. 자유를 맛본 사람에게서 어떻게 자유를 다시 뺏을 수 있겠는가? 삶의 주인이 되어버린 사람을 어떻게 다시 노예로 만들 수 있다는 말인가? 인간을 사랑하게 된 사람을 어떻게 이웃을 질시하고 미워하도록 만들 수 있다는 말인가? 그들을 죽이지 않고서는 그들의 자유를, 그들의 주인 됨을, 그리고 그들의 사랑을 부정할 수 없다. 억압하는 자들이 등불을 끄는 데는 성공했어도, 등불은 모든 억압받는 자들의 심장에서 그리고 머리에서 결코 꺼지지 않는다. 꺼진 듯 꺼지지 않는 등불은 이렇게 조용히 그리고 은밀히 타오르며 다시 전달된다.

철학자는 과거로부터 전해진 등불을 감당해야만 한다. 아니 이건 정확한 표현이 아니다. 앞 사람들의 등불이 없었다면 철학자는 탄생할 수조차 없으니까. 사랑을 받았으면 사랑을 돌려주어야 한다. 그렇지만 내게 등불을 전달했던 사람들은 이미 대지와 허공 속에 흩어져 사라진 지 오래다. 부모로부터 받은 사랑은 자식에게 돌려줄 수밖에 없듯이, 앞 사람들로부터 받은 등불의 은혜는 동시대 이웃들이나 도래할 사람들에게 전할 수밖에 없다. 바로 이것이 전등의 진정한 의미이자 철학자가 글과 말을 쉬지 않는 이유가 아닐까. 최소한 받은 만큼 물려주어야 하지만 이것으로는 충분하지 않다. 강력함과 풍성함을 더해 그 등불이 웬만한 어둠의 바람을 견딜 수 있도록 물려주어야만 한다. 내게 등불을 전달했던 이들도 바로 이것을 원하지 않겠는가. 박사학위를 받은 지 이미 20여 년, 그리고 50세가 넘어서자마자, 마치 숙명처럼 나는 앞 사람들로부터 받은 등불들을 모아 등불들의 장관을 만드는 작업에 착수했다. 자유인이 자유인을 부르고 주인이 주인에게 화답하고 사랑이 사랑에 전율하는 일종의 '전등록傳燈錄'을 완성하는 작업이다. 그 결과가 지금 여러분이 보고 있는 5권으로 이루어진 바로 이 시리즈, '강신주의 역사철학·정치철학 강의'다. 분량이 적은 권도 800쪽을 넘고 분량이 많은 권은 1300쪽이 될 정도로 방대한 시리즈다. 역사철학의 경우 서양의 1871년 파리코뮌과 우리의 1894년 갑오농민전쟁에서 시작해 2020년 코로나19 팬데믹 사태까지 다루고, 정치철학의 경우 마르크스, 벤야민, 기 드보르, 랑시에르, 그리고 제만을 중심으로 19세기 중반부터 21세기 초반까지 다룬다. 5권으로 시리즈가 나뉜 이유는 언급한 5명의 정치철학자의 텍스트를 해명하는 것이 전체 시리즈의 골격이기 때문이다.

200년도 채 안 되는 시기를 다루는 시리즈 치고는 너무 방대한 것 아닌가 하는 의구심이 들 수도 있다. 18세기 중엽 출범해 아직도 우리의 삶에 짙은 어둠을 부여하는 부르주아체제는 자유의 등불, 주인의 등불, 사랑의 등불이 빛을 발할 때마다 때로는 폭력적으로 때로는 이데올로기적으로 등불을 꺼버렸고, 동시에 부르주아체제가 세련된 억압체제에 지나지 않는다는 걸 밝혔던 등불들을 자신의 역사책에서 축소하거나 왜곡했다. 억압체제는 억압에 저항하는 등불의 빛을 지워야만 유지될 수 있으니까. 이것이 부르주아체제에 대한 수많은 사람들의 당당한 저항이 역사의 작은 에피소드나 몇몇 몽상가들의 백일몽에 불과하다는 인상이 발생하는 기원이다. 부르주아체제의 역사 지우기 작업이 성공하자, 자유와 주인과 사랑의 가치는 냉소주의로 시들해졌다. 동시에 자유의 등불, 주인의 등불, 그리고 사랑의 등불은 평범한 사람들이 감당하기 힘들다는 허무주의로 퍼져갔다. 냉소주의와 허무주의를 극복하지 않는다면, 우리는 앞선 이들이 들었던 등불의 빛을 식별하기 힘들다. 그래서 자유와 주인과 사랑의 등불을 들었던 사람들을 제대로 복원하려고 애썼다. 지워졌던 사람들, 검열되었던 사람들, 죽은 뒤에도 편할 수 없었던 사람들의 목소리가 복원되자, '깨달은 자들, 자유로운 자들, 사랑하는 자들의 패밀리', 그러니까 '자신들의 운명을 스스로 결정하는 자유인들의 패밀리'도 커지면서 전체 시리즈도 걷잡을 수 없이 규모가 커지게 된 것이다.

방대한 만큼 전체 시리즈가 완성되는 데 대략 4년여 집필 시간이 필요했다. 심신이 피폐해져 자판을 건드려서는 안 되는 때도 있었다. 그렇지만 자료 검색과 독서, 그리고 사유는 한시도 쉰 적이 없다. 강신주라는 이름이 전해진다면, 그것은 아마도 이 시리즈 때문일 거라는 믿음 탓이다. 바로 이런 믿음이 나를 이 고단한 작업에 몰아넣었다. 그 와중에 잠시 숨을 고를 때마다 나는 내가 행운아가 아닐까 하는 생각을 자주 하곤 했다. 너무 빠르지도 않고 너무 늦지도 않은 시간에 내 모든 것을 불태울 수 있었기 때문이다. 2016년 출간된 《철학 VS 철학》 개정판을 내기 이전이나, 혹은 조금 더 나이가 들어 50대 중반 이후에 집필을 했다면, 나의 전등록은 무척 달라졌을 것이다. 《철학 VS 철학》 개정판 이전에 집필했다면 깊이가 부족해 내게 등불을 건네준 앞 사람들의 은혜에 누가 되었을 것이고, 50대 중반 이후 집필했다면 지력과 체력이 부족해 앞 사람들에게서 받은 등불을 감당할 수 없었을 것이 분명하다. 철학자이기 이전에 평범한 인간으로, 삶의 힘을 마지막으로 쥐어짤 수 있는 시기였기에 사랑과 주인과 자유의 수많은 등불들을 온전히 감당할 수 있었고, 그것들을 지치지 않고 글로 풀어낼 수 있었다. 다행스럽게 나의 전등록은 완성되었고, 이것으로 또한 나의 등불도 우리 이웃들에게, 그리고 도래할 사람들에게 전해진 셈이다.

막상 전등록이 완성되자 나의 마음은 독자들이 아니라 내게 등불을 전해주었던 앞 사람들에게로 자꾸만 기운다. 전등록에 담은 그들을 나는 '등불의 패밀리'라고 부르며 마구 자랑하고 싶다. '등불의 패밀리'는 깨달은 자들의 패밀리, 자유로운 자들의 패밀리, 주인으로 삶을 영위했던 자들의 패밀리, 그리고 억압받은 자들을 사랑했던 패밀리였으니까. 어둠을 대낮처럼 밝히는 등불들의 장관 속 자유인들의 얼굴은 아름답기까지 하다. 블랑키, 랭보, 마르크스, 보그다노프, 로자 룩셈부르크, 코르슈, 그람시, 신채호, 조지 오웰, 벤야민, 브레히트, 신동엽, 존 바에즈, 김수영, 기 드보르, 체 게바라, 김민기, 켄 로치, 이창동, 다르위시, 김선우 등등. 동시에 무명의 작은 등불이었지만 한 명 한 명 뭉쳐서 거대한 화톳불이 되었던 님들의 건강한 얼굴도 보인다. 파리코뮌의 전사들, 우금치의 우리 농민들, 스파르타쿠스동맹의 동지들, 크론시타트소비에트의 전사들, 스페인 민병대 친구들, 그리고 게바라와 함께했던 라틴아메리카 전우들 등등. '등불의 패밀리'는 뿌듯할 정도로 엄청 많기도 하다. 이제 자유를 위한 외로운 투쟁을 하고 있다고 절망하지 말자. 더 이상 주인의 삶을 영위하려고 혼자 분투하고 있다고 자조하지 말자. 다시는 반향마저 없는 사랑에 너무나 지친다고 한탄하지도 말자. 우리 옆에, 우리 앞에, 우리 뒤에 '등불의 패밀리'가 등불을 들고 미소를 던지고 있다. 이제 절망과 자조와 한탄을 말끔히 지우고 자유와 주인과 사랑의 등불을 당당히 들자. 바로 그 순간 우리는 자신이 엄청난 등불의 장관 속에 이미 들어와 있다는 걸, 자신이 이미 '등불의 패밀리'에 속해 있다는 걸 알게 될 테니까. 등불은 이런 식으로 전달된다.

2020년 5월
여전히 광화문에서
강신주

차례

6부 / 코뮌주의 역사철학과 기 드보르의 유산

프롤로그

1.

1960년대가 학생운동의 시대로 평가되는 것은 옳은 일일까? 그렇기도 하다. 한반도를 뜨겁게 달구었던 1960년 4월 학생운동을 시작으로 1964년 미국 버클리대학을 거쳐, 학생운동은 유럽 특히 1968년 1월 체코 프라하와 5월 프랑스 파리를 강타하며 그 정점에 다다른다. 1968년에 이르러 학생운동은 순수하고 낭만적인 젊은 지성들의 '이유 없는 반항'으로 규정될 수 없을 정도로 성숙해진다. 20세기 중반 냉전체제뿐만 아니라 BC 3000년 이래 지속되었던 억압체제 자체를 극복하려는 혁명이 되었으니까. 바로 이 대목에서 중요한 것은 노동계급의 정부를 표방했던 동구권도 서구권과 마찬가지로 자본주의체제에 지나지 않는다는 젊은 지성들의 통찰이다. 부르주아자본주의체제에서 노동계급이 벌거벗은 노동력을 제외한 모든 물적 생산수단을 자본계급에게 빼앗겼다면, 국가독점자본주의체제에서 노동계급은 물적 생산수단을 국가와 관료에게 빼앗겼다. 토지나 자본 등 물적 생산수단을 빼앗은 자는 그것을 빼앗긴 자들을 지배하는 법이다. 결국 1960년대 서구권에서는 자본계급이, 동구권에서는 관료계급이 지배자가 되었을 뿐, 노동계급은 여전히 피지배자로 머물게 된 것도 이런 이유에서다. 여기서 소련을 맹주로 하는 동구권이 노동계급에게 물적 생산수단을 양도하겠다는 약속을 끝없이 유보함으로써 스스로 20세기 최대의 아이러니, 혹은 전대미문의 거대한 사기꾼으로 전락하고 만다는 사실은 특기할 만하다.

생산하는 사람, 즉 노동자에게 물적 생산수단이 주어져야만 한다. 바로 이 순간 억압체제는 사라진다. 이것이 마르크스가 말한 '인간사회menschliche Gesellschaft'의 이념, 혹은 '사회주의Sozialismus'의 이념 아닌가? '인간사회'가 귀족사회나 영주사회, 혹은 부르주아사회처럼 소수 지배계급이 아니라 인간 모두의 사회인 것도, 그리고 '사회주의'가 폭력수단과 정치수단을 국가가 독점하자는 '국가주의'를 부정하는 것도 이런 이유에서다. 그래서 인간사회나 사회주의 이념은 다수 노동계급이 생산과 정치를 직접 통제하는 것으로 현실화된다. 과거 왕족이나 귀족, 혹은 지주나 자본가 등이 생산을 기획하고 통제했다면, 이제 경제적 조치를 결정하는 평의회를 통해 다수 노동계급이 생산을 통제한다! 대표 선출뿐만 아니라 소환마저 결정할 수 있는 평의회를 통해 노동계급은 자신의 지성과 자신의 의지로 자신의 삶뿐만 아니라 공동체의 미래도 결정한다! 바로 이것이 평의회코뮌주의Communisme de conseils다. 1968년 프라하에서도 그리고 파리에서도 대학생을 중심으로 하는 젊은 지성들은 이미 대학이란 울타리, 혹은 엘리트주의를 넘어 '인간사회', '사회주의', '평의회코뮌주의'를 지향했던 것이다.

프라하나 파리에서 68혁명을 이끌었던 대학생들 중 상당수는 자신들을 최소한 예비 프롤레타리아로 규정했다. 심지어 이들은 자신 외에도 물적 생산수단을 가지지 않은 모든 인간, 즉 벌거벗은 노동력만 가진 모든 인간, 구체적으로 실업자, 취업 준비생, 해고자, 전업주부 등등도 모두 프롤레타리아로 규정했다. 당연히 현직 노동자들과의 연대, 실업자들과의 연대, 취업 준비생들과의 연대, 해고자들과의 연대, 전업주부들과의 연대는 아무런 문제가 되지 않았다. 그래서 68혁명은 만국의 노동자뿐만 아니라 현재의 노동자, 미래의 노동자, 나아가 과거의 노동자 사이에서의 연대도 도모할 수 있었다. 1968년 파리나 프라하를 누볐던 젊은 지성들은 1871년 파리코뮌의 정신에 접속했고, 그들은 마르크스의 《프랑스내전》(1871)과 〈고타강령 비판〉(1875)의 정치철학에 공명했으며, 마침내 1919년 1월 스파르타쿠스동맹과 로자 룩셈부르크가 죽음 앞에서도 놓지 않았던 피 묻은 평의회코뮌주의 깃발을 다시 거머쥐었다. 1960년대를 학생운동의 시대로 국한해 생각할 수 없는 이유도 바로 여기에 있다. 냉전체제로까지 이어진 5000여 년의 억압체제를 극복하려 했던 혁명을 어떻게 학생운동이란 프레임 속에 가둘 수 있다는 말인가?

한때의 치기, 한때의 반항이란 이미지를 68혁명에 덧씌우려고 사활을 걸었던 것이 바로 서구 부르주아자본주의체제와 동구 국가독점자본주의체제였다는 걸 잊지 말자. 68혁명의 젊은 지성들이 적중시켰던 자신들의 명줄을 은폐하려면, 두 억압체제는 모두 68혁명의 중요성을 축소하거나 왜곡할 수밖에 없었다. 68혁명이 억압체제를 거의 전복할 뻔했던 공격이 아니라 대학생들이 벌인 작은 소동이나 소란에 지나지 않는다는 전설은 이렇게 만들어진다. 서유럽 부르주아국가들도 마찬가지였지만 혁명의 진실을 흐리는 전설을 만드는 데 두 팔을 걷어붙인 쪽은 소련 등 제도권 사회주의국가들과 제도권 공산당이었다. 실제로 1968년 프랑스 5월혁명의 불길을 끄는 데 결정적인 역할을 했던 것도 프랑스공산당Parti communiste français, PCF이었다. 프랑스공산당은 노동계급에 대한 지배권을 유지하기 위해 당시 프랑스 최대 노동조직 '노동총연맹Confédération générale du travail, CGT'을 사주해 파업을 철회하도록 만든다. 이 조치로 예비 프롤레타리아로서의 대학생들과 현직 프롤레타리아로서의 노동자들 사이의 연대는 완전히 무력화되고 만다. 그렇지만 노동계급에 대한 프랑스공산당의 배신은 1968년 8월 프라하의 학생들과 노동자들의 목소리를 잠재우려고 2000대의 탱크와 20만의 군인을 동원했던 사회주의 종주국 소련의 살수殺手에 비하면 귀여운 수준이다.

2.

1968년에 노동계급을 위한다는 혹은 노동계급을 대표한다는 정당이나 국가가 노동계급의 혁명을 배신했다. 68혁명에 대한 명백한 반혁명이다. 사이비 사회주의, 사이비 코뮌주의, 사이비 민주주의다. 그리고 '인간사회'와 '대상적 활동'으로 요약되는 마르크스의 정신을 훼손하는 사이비 마르크스주의다. 그렇지만 누구나 알고 있지 않은가? 과거 지배계급에게만 허락되었던 '대상적 활동'의 역량을 모든 인간에게 긍정하지 않는다면 '인간사회'는 불가능한 법이라는 것을. 정말 궁금해진다. 노동계급의 대표를 자임했던 프랑스공산당은 왜 이런 적전분열의 무리수를 던졌던 것이며, 노동계급의 정부를 자처하던 소련은 왜 노동계급에게 총을 들이댄 것일까. 그 이유는 그들이 정당코뮌주의communisme de parti를 지향했기 때문이다. 지배자와 피지배자라는 낡은 억압구조 대신, 정당코뮌주의자들은 전위와 후위라는 새롭고 기묘한 억압구조를 탄생시켰다. 소수 엘리트가 다수 노동자들을 이끌어야 한다는 정당코뮌주의가 정당성을 얻으려면 다수 노동자들이 스스로 길을 찾지 못해야만 한다! 다수의 자발성을 긍정하는 순간, 다수를 이끄는 소수 엘리트는 그 존재 이유를 상실하니까. 정당은 부르주아 국가기구를 전제한다. 이런 점에서 정당코뮌주의자는 국가코뮌주의자이기도 하다. 프랑스의 정당코뮌주의자들이나 소련의 국가코뮌주의자들이 68혁명의 평의회코뮌주의를 교살하려고 했던 것도 이런 이유에서다. 노동계급이 평의회를 통해 직접 생산을 통제하고 소환 불가능한 권력을 부정해야 한다는 평의회코뮌주의는 엘리트, 정당, 나아가 국가라는 이념과는 양립 불가능했으니까.

생산수단, 폭력수단, 정치수단 등 개체적 삶의 수단과 공동체적 삶의 수단에 대한 독점을 막자! 바로 이것이 평의회코뮌주의이자 완전한 민주주의다. 이럴 때 엘리트와 특권 계급도 사라지고 억압적인 전쟁기계나 국가기구도 파괴되고 만다. 그래서 프랑스공산당이나 소련이 평의회코뮌주의를 부정하려고 했던 것이다. 코뮌주의는 오직 정당코뮌주의나 국가코뮌주의여야만 하고, 다른 형식은 받아들일 수 없다는 입장인 셈이다. 노동계급에게 자발성과 주체성을 인정한다니 있을 수 없는 일이다. 그들은 무지하고, 그들은 근시안적이고, 그들은 이기적이고, 그들은 탐욕스런 계급이기 때문이다. 이로부터 노동계급은 물적 생산수단을 주어도 그걸로 아무것도 할 수 없기에 국가나 관료들이 물적 생산수단을 독점해 생산을 계획해야만 한다는 국가독점자본주의까지는 한 걸음이면 족하지 않은가. 바로 이 순간 아이러니하게도 정당코뮌주의자들, 국가코뮌주의자들, 혹은 국가독점자본주의자들은 부르주아국가의 지배계급과 같아진다. 부르주아자본주의든 국가독점자본주의든 소수 지배계급에 의한 생산수단과 정치수단 독점은 노동계급을 '개돼지'로 규정하는 엘리트주의로 정당화된다. 파리의 68혁명이 프랑스공산당의 도움으로 부르주아자본주의체제에 의해, 그리고 프라하의 68혁명이 미국의 묵인하에 소련에 의해 무력화되는 비극에도 다 이유가 있었다. 1968년 냉전체제의 양 축 미국과 소련의 엘리트들은 공동의 적 앞에서 확고히 동맹을 맺었던 셈이다. 부르주아자본주의와 국가독점자본주의의 공동의 적! 그 적은 빼앗긴 생산수단과 빼앗긴 정치수단을 자신들의 수중으로 회수하려는 파리와 프라하의 젊은 지성과 노동계급이었고, 그들이 당당히 거머쥔 평의회코뮌주의라는 깃발이었다.

1968년 세계는 부르주아자본주의, 국가독점자본주의, 그리고 평의회코뮌주의로 삼분되어 있었다. 평의회코뮌주의의 깃발이 다시 펄럭일 조짐이 보이자, 부르주아자본주의와 국가독점자본주의는 간신히 소생하고 있던 그 공동의 적을 그야말로 유린한다. 평의회코뮌주의를 방치했다가는 노동계급이 생산수단과 정치수단의 독점이 억압체제의 명줄이라는 걸 알아버릴 수도 있다는 미국과 소련의 공통된 조바심과 우려 때문이었다. 68혁명을 괴멸시킨 뒤, 두 억압체제는 1968년 파리와 프라하에서 싹텄던 평의회코뮌주의를 지우는 이데올로기 작업을 본격화한다. 평의회코뮌주의를 축소하고, 왜곡하고, 비하하고, 때로는 은폐하려고 했던 억압체제의 작업은 지금까지는 성공적이었다. 그 결과 기 드보르 Guy Louis Debord(1931~1994)

와 그의 주저《스펙타클의 사회 La Société du spectacle》, 그리고 그가 이끌었던 '상황주의 인터내셔널 Internationale situationniste, IS'이란 조직은 점점 더 깊은 망각 속에 던져지고 만다. '강신주의 역사철학·정치철학 강의'의 세 번째 권은 로자 룩셈부르크 이후 가장 강력했던 평의회코뮌주의자 기 드보르를 어두운 망각의 늪에서 꺼내려고 한다. 그 결과 1967년에 출간된《스펙타클의 사회》는 20세기 최고의 정치철학서로 스포트라이트를 받을 것이며, 우리는 부르주아자본주의체제뿐만 아니라 국가독점자본주의체제를 공격할 수 있는 가장 강력한 이론서 한 권을 갖게 될 것이다.

〈고타강령 비판〉에 따르면 '생산수단 소유 문제'를 우회하고는 자유와 억압을, 정의와 부정의를, 평등과 불평등을 논의할 수 없다. 노동을 하지 않고도 물적 생산수단을 독점해 호의호식하는 지배계급, 그리고 물적 생산수단을 빼앗겨 지배계급에게 자신의 노동력을 팔아야 생계를 유지하는 피지배계급! 모든 억압체제의 명줄, 아니면 로도스가 '생산수단 소유관계'인 이유도 바로 여기에 있다.《이솝우화 Aesop's Fables》에는 로도스섬에서 그리스 본토까지 점프를 했다는 허풍쟁이와 관련된 이야기가 등장하는데, 이 허풍쟁이의 허풍을 폭로하려고 어떤 사람이 "여기가 로도스다, 여기서 뛰어보라"고 말했다고 한다. 말만 하지 말고 행동으로 보이라는 조롱인 셈이다. 헤겔은《법철학》에서 '로도스는 뛰어넘을 수 없다'고 이야기한다. 자기 시대의 한계를 벗어날 수 없다는 보수적인 조언인 셈이다. 헤겔에 따르면 우리는 지주도 있고 자본가도 있고 노동자도 있는 세계를 뛰어넘을 수 없다. 반면 마르크스는《루이 보나파르트의 브뤼메르 18일 Der 18te Brumaire des Louis Napoleon》에서 로도스, 즉 생산수단 소유관계를 뛰어넘을 수 있으며 반드시 뛰어넘어야만 한다고 헤겔을 조롱한다. 노동계급이 평의회를 통해 물적 생산수단을 회수하고 경제를 자율적으로 통제할 수 있다는 이야기다. 기 드보르는 마르크스보다 한 발 더 나아간다. 그에게는 생산 현장뿐만이 아니라, 소비 현장 교육 현장 예술 현장 문화 현장, 아니 삶이 펼쳐지는 그 모든 '상황들'이 바로 로도스였기 때문이다. 결국 기 드보르는 '어디든지 뛰기만 하면, 바로 그곳이 로도스'라고 말한다. 그러니 가능한 모든 곳에서 평의회를 만들어야 하고, 그를 통해 벌거벗은 노동력만 가진 평범한 인간들이 소수 지배계급이나 국가로부터 생산수단, 정치수단, 폭력수단, 표현수단, 문화수단 등 모든 삶의 수단을 회수해야만 한다.

3.

《구경꾼 VS 주체》란 제목이 붙은 '강신주의 역사철학·정치철학 강의' 세 번째 권도 다른 권과 마찬가지로 역사철학을 다루는 네 개의 장, 그리고 정치철학을 다루는 네 개의 장으로 구성된다. 먼저 역사철학 네 개의 장이다. 쇼스타코비치Dmitri Dmitriyevich Shostakovich(1906~1975)를 다루는 장에서는 1917년 러시아 페트로그라드에서 발생했던 2월혁명과 10월 쿠데타에서 레닌Vladimir Ilyich Lenin (1870~1924)과 트로츠키Leon Trotsky(1879~1940)가 평의회코뮌주의자의 가면을 필요—노동계급의 지지를 받기 위해—에 따라 썼던 정당코뮌주의자였다는 사실이 해명될 듯하다. 레닌과 트로츠키 등 볼셰비키가 지향했던 정당코뮌주의가 스탈린을 통해 국가코뮌주의, 혹은 국가독점자본주의로 변질되면서 러시아 노동계급과 페트로그라드는 노동계급의 정부가 노동계급을 배신할 수도 있다는 전대미문의 비참한 경험을 하게 된다. 쇼스타코비치의 교향곡은 바로 배신당하고 능욕당한 페트로그라드와 그 안의 노동계급에게 바치는 엘레지였다. 사비오Mario Savio(1942~1996)와 존 바에즈Joan Chandos Baez(1941~)를 다루는 장에서는 1964년 미국의 학생운동과 저항운동의 다양한 단면들을 확인하려고 한다. 당시 미국의 젊은이들은 예비 프롤레타리아라는 자각에 확실히 이르지는 못했다. 그렇지만 그들 중 일부는 부르주아자본주의체제와 이 체제에 포획된 대학 교육에 저항했고, 또 다른 일부는 부르주아자본주의를 벗어난 자유로운 삶, 히피로서의 삶을 도모했다. 이들 미국 젊은 지성들 옆에서 그들의 운명과 미래를 걱정하던 뮤즈가 바로 존 바에즈였다.

역사철학 나머지 두 개 장은 우리 한국을 다룬다. 분단과 독재의 계보학을 다루는 장에서는 분단이 미국과 소련에 의해 주도되었지만 동시에 냉전체제를 이용해 권력을 잡으려고 했던 김일성金日成(1912~1994)과 이승만李承晩(1875~1965)의 야욕에 기인한다는 사실, 그리고 김일성과 이승만은 남북의 적대를 이용해 독재를 공고히 했다는 사실이 해명될 것이다. 특히나 이 대목에서 점령군이었던 미군정청에 맞섰던 1947년 10월항쟁, 즉 10월 대구항쟁이 가진 역사적 의의도 분명해질 것이다. 향후 남한에서의 모든 저항운동은 당시 '조선의 블라디보스토크'라고 불렸던 대구에서 일어난 10월항쟁의 변주였기 때문이다. 실제로 1960년 4월혁명의 서막도 대구에서 이루어지지 않았는가. 서정주徐廷柱(1915~2000)와 김민기金民基(1951~)를 다룬 장은 서정주의 시세계와 김민기의 음악세계를 따라 1961년 박정희의 5월 쿠데타 이후 오랜 군부독재를 종식시켰던 1987년 6월항쟁까지의 역사를 다룬다. 친일, 친이승만, 친박정희, 친전두환,

친노태우로 점철된 삶을 살았던 서정주! 소수 지배계급의 독재와 위선을 폭로하고 동학^{東學}이 지향했던 '님들의 공동체'를 동경했으며, 공장의 노동자로 그리고 들판의 농부로 삶을 영위했고 마침내는 인문적 자연주의자로 성장한 김민기! '딴따라가 되어버린 시인' 서정주의 시들에는 우리의 서글프고 남루한 역사가 반영되어 있다면, '시인이 되어버린 가수' 김민기의 노랫말 속에는 갑오농민전쟁부터 이어져오는 미래의 희망이 길어 올려져 있다는 걸 알게 될 것이다.

정치철학을 다루는 네 개의 장은 기 드보르의 《스펙타클의 사회》에 담긴 221개의 테제들을 분석하고 해설한다. 사실 테제라면 팸플릿에 담길 정도의 분량, 그러니까 20여 개를 넘지 않는 것이 관례다. 예를 들어 마르크스의 〈포이어바흐에 관한 테제들^{Thesen über Feuerbach}〉만 하더라도 11개의 테제로 이루어져 있지 않은가. 221개의 테제들! 마치 하나의 집을 다양한 각도에서 찍은 221개의 사진과 같다. 일단은 모두 독립된 사진들이다. 이걸 연결해 하나의 집을 복원하라니, 기 드보르는 정말 불친절한 저자인 셈이다. 이것은 기 드보르가 전문적인 인문 저자가 아니라 활동가였으며 아울러 예술적 성향이 강한 영화감독이었던 사실과도 무관하지 않다. 221개의 사진으로 하나의 집을 복원하듯 '강신주의 역사철학·정치철학 강의' 세 번째 권은 221개라는 방대한 테제들로 기 드보르의 정치철학을 생생하게 그려낸 세계 최초의 책일 것이다. 첫 번째 장에서는 스펙타클이란 개념의 윤곽을, 즉 스펙타클이란 개념의 내포와 외연을 명확히 하려고 노력했다. 두 번째 장에서는 스펙타클이 BC 3000년 이래 모든 억압체제가 지배와 착취를 관철했던 기법과 관련된다는 것이 해명된다. 세 번째 장에서는 제도권 사회주의, 즉 정당코뮌주의가 노동계급의 대표를 자임하면서도 어떻게 노동계급을 억압하고 탄압했는지 그 실상이 폭로될 것이다. 마지막 네 번째 장에서는 기 드보르의 평의회코뮌주의, 혹은 그의 정치철학적 통찰이 68혁명에만 국한되지 않고, '인간사회'를 꿈꾸는 미래의 모든 혁명에 근본적인 시사점을 준다는 걸 보여주려고 했다.

이제 마지막으로 '강신주의 역사철학·정치철학 강의' 세 번째 권이 방대해진 이유를 밝혀야 할 때가 온 것 같다. 그것은 'BRIDGE' 부분 때문이다. 이 챕터는 원래 역사철학과 정치철학 사이를 매개하려고 만든 부분이었다. 독자들이 잠시 쉬면서 역사철학을 음미해보고 아울러 정치철학 부분으로 들어갈 마음의 준비를 갖추게 하자는 취지로 만들었다. 한마디로 독자들의 지적인 워밍업과 기분 전환을 위해 만든 장이다. 그런데 부르주아자본주의체제(제1세계)와 국가독점자본주의체제(제2세계)의 신식민지로 전락한 제3세계를 해방시키려고 했던 체 게바라^{Ernesto Che Guevara}(1928~1967)의 삶과 사유를 다루다보니 많은 분량을 할애할 수밖에 없었다. 웬만한 단행본으로 출판해도 좋을 분량이다. 1960년대 미국과 소련에 제대로 맞섰던 거의 유일한 인물, 미국도 소련도 이 세상에서 사라지기를 바랐던 인물이 바로 체 게바라가 아닌가. 역사적이고 정치적인 위상으로 생각하자면 기 드보르가 어떻게 체 게바라에 미칠 수 있겠는가. 물론 그렇다고 해서 이론적 중요성은 기 드보르, 정치적 영향력은 체 게바라라는 거친 도식을 적용해서는 안 된다. 체 게바라는 기 드보르만큼이나 지적이고 이론적이었기 때문이다. 〈코만단테 코무니스타 체 게바라〉라는 제목으로 이루어진 두 개 장이 방대해진 이유는 다른 데 있지 않다. 쿠바혁명과 아울러 제3세계 혁명에 헌신했던 '코만단테' 체 게바라뿐만 아니라, 소련의 국가독점자본주의가 코뮌주의와 아무런 상관이 없다는 걸 해명했던 '코무니스타' 체 게바라도 다룰 필요가 있었기 때문이다. 체 게바라 부분만 먼저 읽는 것이 좋을지, 아니면 건너뛰고 제일 나중에 몰아서 읽는 것이 좋을지, 그것도 아니면 그냥 지금 이 순서대로 읽는 것이 좋을지, 아직도 모르겠다. 어떤 순서로 읽을지는 독자의 몫이다.

5부

스펙타클, 주체를 구경꾼으로 만드는 마법

역사철학
1장

━━

쇼스타코비치의 레닌그라드 교향곡

스탈린^{Joseph Vissarionovich Stalin}(1878~1953) 시절 러시아, 즉 소비에트 연방의 국가대표 작곡자가 누구인지 아시나요? 바로 쇼스타코비치^{Dmitri Dmitriyevich Shostakovich}(1906~1975)입니다. 그래서일까요, 그는 공산 정권의 노예가 된 천재 작곡가로 쉽게 회자되고 있습니다. 특히 제 2차 세계대전 격전지 중 하나였던 '레닌그라드'를 표제로 삼고 있는《교향곡 7번》은 이런 평가를 받는 가장 유력한 근거 중 하나였지요. 나치 독일과 맞서 싸우는 레닌그라드 시민의 영웅적인 투쟁을 격려하고 심지어 찬양하고 있다는 겁니다. 그 자세한 내막을 알아보도록 하죠. 1941년 6월 22일 새벽 소비에트연방에 대한 공격을 시작했던 나치군은 마침내 9월 8일 레닌그라드를 포위해버리죠. 한때 러시아 황제, 즉 차르의 겨울궁전이 있을 정도로 유서 깊었던 도시였던 만큼 그 저항이 만만치 않았기 때문입니다. 그러나 레닌그라드의 저항을 격렬하게 만든 진정한 원인은 다른 데 있었습니다. 레닌그라드는 1905년혁명과 1917년 2월혁명의 경험을 가진 곳이죠. 일체의 억압을 물리치려는 가장 강력한 노동계급의 혁명을 보고, 그 노동계급의 피를 받아낸 곳이 바로 레닌그라드였던 겁니다. 당연히 레닌그라드는 히틀러의 파시즘에 쉽게 손을 들 곳은 아니

1941년 레닌그라드에서 소방대원 옷을
입고 있는 쇼스타코비치. 쇼스타코비치는
실제로 제2차 세계대전 중 레닌그라드에서
의용소방대원으로 활동했다.

었죠. 저항이 만만치 않자 나치는 레닌그라드를 고사시키는 작전을 채택합니다.

이제 식량, 연료 등이 들어가지 못하게 차단했으니, 350만 명이 거주하고 있던 레닌그라드가 항복하는 것은 시간문제일 뿐으로 보였죠. 그러니 스탈린마저 모스크바와 함께 쌍벽을 이루던 이 도시를 포기하고 맙니다. 모스크바나 지켜야겠다는 생각이었을 겁니다. 그러나 아무도 예상하지 못했던 놀라운 일이 벌어집니다. 레닌그라드의 저항이 만만치 않았던 겁니다. 저항이 자그마치 872일간이나 지속될 거라는 사실을 포위 초기에는 독일군이나 레닌그라드 주민이나 누구도 예측하지 못했을 겁니다. 1941년 9월 8일부터 1944년 1월 27일까지 포위되었던 레닌그라드에서는 군인 150만 명 이상, 민간인 140만 명 이상이 희생되었다고 합니다. 연료와 식량이 두절되었기에 얼어죽은 사람, 그리고 굶어죽은 사람의 숫자만도 엄청났지요. 레닌그라드에서는 새, 애완동물뿐만 아니라 비록 일부이지만 인간도 공격해서 잡아먹었을 정도였습니다. 그래서 당시 레닌그라드 치안 당국은 별도로 '식인 단속 기동타격대'를 운영하기까지 했습니다.

레닌그라드에서 태어 작곡가로 성장했던 쇼스타코비치는 바로 이 생지옥 안에 있었지요. 폭탄이 터지는 소리와 비명소리가 끊이지 않는 레닌그라드에서 그는 고독하게 《교향곡 7번》을 작곡하기 시작합니다. 낮에는 의용소방대원으로 활동하면서 말입니다. 1941년 10월까지 전체 4악장 중 전반부 세 악장이 레닌그라드에서 작곡되지요. 레닌그라드의 사정이 나빠져서 쇼스타코비치는 쿠이비셰프로 떠나서 마지막 네 번째 악장마저 완성하게 됩니다. 마침내 《교향곡 7번》은 레닌그라드가 아니라 1942년 3월 5일 쿠이비셰프에서

1942년 3월 5일 쿠이비셰프에서 열린 《교향곡 7번》 리허설을 보고 있는 쇼스타코비치.

1942년 8월 9일 카를 엘리아스베르크가 지휘하는 레닌그라드 라디오 오케스트라의 연주로 마침내 《교향곡 7번》이 레닌그라드에서 처음 울려 퍼졌다.

　　　　　　　　5부. 스펙타클, 주체를 구경꾼으로 만드는 마법

볼쇼이극장 오케스트라의 연주로 초연됩니다. 바로 이때 스탈린 당국의 눈에 《교향곡 7번》이 들어옵니다. 최고의 선전도구였던 셈이지요. 아니나 다를까, 스탈린 당국은 쇼스타코비치의 악보를 마이크로필름에 담아서 당시 히틀러와 함께 맞서 싸우던 영국과 미국으로 보냅니다. 히틀러와의 전쟁에 명운을 걸고 있던 영국과 미국으로서도 쇼스타코비치의 《교향곡 7번》은 환영 대상이었습니다. 이만큼 좋은 선전도구도 없었으니까요. 레닌그라드 주민처럼 런던 시민도 그리고 뉴욕 시민도 결사항전의 자세를 갖추어야 한다고 선전할 수 있으니 말입니다. 마침내 《교향곡 7번》은 1942년 6월 22일 영국 런던에서, 그리고 미국 뉴욕에서는 7월 19일에 초연됩니다.

이 교향곡이 생각 이상으로 파괴력이 있다는 걸 확인한 스탈린 당국은 히틀러와의 전쟁 주제곡을 쇼스타코비치의 《교향곡 7번》으로 결정해버립니다. 그다음으로 스탈린 당국이 기획했던 것은 포위된 레닌그라드에서 《교향곡 7번》 연주회를 여는 것이었지요. 만일 이 기획이 성공한다면, 러시아 전 지역에서 독일 나치군과 맞서고 있는 소비에트연방 군인들이나 시민들에게 엄청난 힘이 되리라고 예측한 겁니다. 마침내 1942년 8월 9일, 레닌그라드 라디오 오케스트라의 연주회가 시도됩니다. 이날 공연은 모든 도시와 모든 전선에서 확성기로 동시에 울려 퍼집니다. 이렇게 쇼스타코비치는 스탈린 시절 국가대표 작곡가로 탄생하게 됩니다. 히틀러^{Adolf Hitler}(1889~1945)와 맞장을 뜨고 있던 스탈린 편을 제대로 든 셈이지요. 아이러니하게도 영국과 미국이 소비에트연방과 등을 돌리며 적대시하기 시작했던 1945년 이후 냉전 시절에 이런 평판은 쇼스타코비치에게는 씻을 수 없는 주홍글씨가 됩니다. 공산 정권의 노예가 되어버린 천재 작곡가라는 신화도 그래서 탄생한 거지요. 정치

권력에게 예술의 자유혼을 팔아먹은 작곡가! 평범한 사람이지 결코 탁월한 예술가는 아니라는 생각! 쇼스타코비치는 이렇게 조롱당하고, 그만큼 그의 음악은 진지하게 경청되기 어려웠습니다. 자신의 감정을 진솔하게 표현한 음악도 들을까 말까 한데, 그는 스탈린체제의 나팔수에 불과하다는 편견 탓이었지요.

1979년 문제적인 책 한 권이 출간되면서, 쇼스타코비치에 관한 우리의 생각은 완전히 뒤흔들리게 됩니다. 러시아의 음악학자 볼코프Solomon Moiseyevich Volkov(1944~)는 쇼스타코비치와 직접 만나서 그의 삶과 음악, 그리고 사상에 대해 이야기를 나누지요. 그 결과 그로부터 들었던 이야기를 책 한 권에 담게 된 겁니다. 히틀러보다 스탈린이 더 미웠다는 내용의 글이니 그 충격과 파장은 미루어 짐작이 가실 겁니다.

《교향곡 7번》은 전쟁 전부터 구상했던 작품으로 단순히 히틀러의 침략에 대한 반응이라고만 볼 수는 없다. '침공 테마'는 히틀러의 공격과는 아무런 상관이 없다. 그 테마를 작곡했을 때, 나는 인류에 대한 다른 적들을 생각하고 있었다. 물론 파시즘은 내게도 가증스러운 것이지만 독일의 파시즘만 그런 것이 아니라 그것이 어떤 형태를 띠고 있든 똑같이 가증스럽다. 요즘 사람들은 히틀러가 우리를 괴롭히기 전에는 모든 것이 좋았고 전쟁 전이 목가적인 시절이라도 되는 것처럼 회상하기를 좋아한다. 히틀러는 범죄자다. 그것은 명백한 사실이지만 스탈린 또한 마찬가지다. 나는 히틀러 때문에 죽은 사람들의 고통을 영원히 마음속에서 떨쳐버릴 수 없다. 그러나 스탈린의 명령으로 살해된 사람들을 생각하는 것도 그에 못지않게 고통스럽다.

…… 나는 일곱 번째 교향곡을 '레닌그라드' 교향곡이라고 부르는 데 반대할 이유는 없지만, 이《교향곡 7번》은 나치에 포위된 레닌그라드에 대한 것이 아니다. 스탈린에 의해 이미 파괴되고 히틀러가 단순히 마무리를 하려고 했던 그 레닌그라드에 대한 것이다.

–《증언: 드미트리 쇼스타코비치 회상록Testimony: The Memoirs of Dmitri Shostakovich》

(1979)

쇼스타코비치는 예술가입니다. 모든 예술은 인간의 자유와 사랑에 바치는 찬가입니다. 당연히 예술가로서 쇼스타코비치는 인간의 자유와 사랑을 억압하거나 증발시키는 일체의 탄압에 누구보다 민감할 수밖에 없지요. 생각해보세요. 자기만의 느낌이나 생각을 표현하지 않는다면, 예술가는 창조자라고 자임할 수도 없을 겁니다. 그러니 체제가 자신이 만든 작품을 검열하거나 불이익을 가한다면, 예술가는 누구나 엄청난 불편함과 부자유를 느끼기 마련이지요. 이런 이유로 창작의 자유는 항상 시대의 억압성을 측정하는 바로미터가 되는 겁니다. 쇼스타코비치는 정치가나 혹은 철학자가 아닙니다. 그러니 그는 스탈린이나 히틀러가 모두 파시즘의 화신이라고 쉽게 이야기했던 겁니다. 정치철학적으로 히틀러의 나치즘과 스탈린의 국가독점자본주의는 분명 다릅니다. 그렇지만 인간을 억압한다는 점에서는 마찬가지죠. 그래서 쇼스타코비치는 히틀러나 스탈린이 모두 파시스트라고 규정했던 겁니다. 자신의 의견과 다르다면 그가 누구든 추방하거나 살해하려고 했다는 점에서 히틀러나 스탈린이나 마찬가지라는 겁니다. 그러나 사실 그에게 스탈린은 히틀러보다 더 끔찍했지요. 히틀러야 그냥 노골적으로 전쟁광이라고 생

스탈린과 소비에트연방 비밀경찰의 수장 예조프(오른쪽). 1930년대 스탈린은 자신의 반대자들, 혹은 의심스러운 반대자들까지 대규모로 감금하거나 총살해버린다. 이른바 '대공포', 혹은 '대숙청'의 시대가 열린 것이다.

각하면 되는 외부의 적이지만, 스탈린은 자신뿐만 아니라 전체 러시아 민중들의 생존마저 불확실하게 만들었던 내부의 적이기 때문입니다. 실제로 1930년대 스탈린은 자신의 반대자들, 혹은 의심스러운 반대자들까지 대규모로 감금하거나 총살해버립니다. 이른바 '대공포Great Terror', 혹은 '대숙청Great Purges'의 시대가 열린 겁니다.

당시 러시아에서는 이 암울했던 시기를 대숙청을 주도했던 예조프Nikolai Ivanovich Yezhov(1895~1940)의 이름을 따서 '예조프시나Yezhovshchina'라고 불렀죠. 1937년에서 1938년 사이가 공포와 숙청의 절정기였습니다. 당시 예조프시나의 공포상을 이해하려면 1937년 11월 8일 크렘린궁전에서 행한 스탈린의 연설을 들어보는 걸로 충분할 것 같습니다. "우리는 그런 적들을 모조리 없애버릴 겁니다. 설사 그들이

5부. 스펙타클, 주체를 구경꾼으로 만드는 마법

1938년 체포되어 노동수용소에서 사망한 시인 오시프 만델스탐.

1939년 체포돼 1940년 총에 맞아 사망한 작가 이사크 바벨.

1940년 체포돼 1943년 감옥에서 사망한 식물학자 니콜라이 바빌로프.

옛 볼셰비키라고 해도! 우리는 그들의 일족, 그들의 가족까지 없애 버릴 겁니다. 우리는 생각과 행동으로, 그렇습니다, 생각만으로도, 우리 사회주의국가의 통일을 해치는 자는 모두 가차 없이 처단할 겁니다. 그들은 물론 그들의 일족까지 모든 적을 섬멸하기 위하여." 억압이 사라진 세계를 만들자는, 직접민주주의가 관철되는 진정한 민주주의 사회를 만들자는 러시아혁명이 완전히 배신당한 겁니다. 아예 과거 차르 시절보다 더한 공포가 범람하는 시절이 열렸으니까요. 이제 사상의 자유마저 완전히 부정된 것이니, 정치적 자유가 노동계급에게 허락될 리 없습니다. 노동계급의 정치적 자유를 말하는 것은 사치일지도 모를 일입니다. 왜냐고요? 스탈린은 과거 혁명동지들마저 자신의 생각에 이의를 제기한다면 바로 추방하거나 살해해버렸으니까요. 실제로 1917년 노동계급과 함께 러시아혁명을 주도했던 레닌Vladimir Ilyich Lenin(1870~1924)과 그의 혁명동지 중 1937년에 살아남은 사람은 스탈린과, 이미 그가 1929년 국외로 추방한 트로츠키Leon Trotsky(1879~1940)뿐이었습니다.

대숙청 시기 스탈린체제에서 거의 모든 사람은 자신이 스탈린이 말한 "적"이 아니라는 것을 인증하기 위해 주변에서 "적"을 찾아내려고 했습니다. 적을 고발하는 순간만큼은 자신이 적이 아니라는 걸 당국에서 인증받기 때문입니다. 물론 얼마 가지 않아 다시 "적"을 찾는 데 혈안이 되어야만 합니다. 그렇지 않을 때 누군가 자신을 "적"이라고 고발할 수 있을 테니 말입니다. 권력 중심부에서 시작된 이런 공포 메커니즘은 전체 사회로 번져갔지요. 수많은 관료, 장교, 기술자, 과학자, 지식인, 예술가, 작가가 "적"으로 고발되어 사라져갔고, 심지어 스탈린 당국은 어린이들을 시켜 그들의 부모를 감시하고 고발하라고 가르쳤습니다. 완전한 테러의 시대, 즉 공포가 사람들의 영혼을 갉아먹던 시대였지요. 누군가가 주변에서 사라지면, 그가 떠난 자리에는 그가 바로 스탈린이 말한 "적"이었다는 이야기만 횡행하게 된 겁니다. 1937년 10월부터 1938년 11월까지 1년 동안만 공식적으로 72만 4000여 명이 사형 선고를 받았다고 합니다. 그러나 기록에 남지 않은 채 총살되거나 수용소에서 감금되어 죽은 사람들의 수는 적게 잡아도 100만 명에서 150만 명, 많게 잡으면 200만 명에서 300만 명이라고 추정되죠. 정말 어마어마한 숫자입니다. 자신의 죽음을 예감하면서 소비에트연방, 즉 소련의 미래를 걱정하던 레닌의 우려가 현실화된 겁니다. 1922년 12월 23일부터 작성된 정치적 유언장에서 레닌은 "총서기가 된 스탈린은 그의 손에 무한한 권력을 장악하고 있으며 나는 그가 항상 이 권력을 충분히 심사숙고한 후에 사용할 것이라고 확신할 수 없다"고 우려하지요. 이걸로 부족했던지, 1923년 1월 4일 레닌은 자신의 유언장에 중앙위원회 동지들에게 스탈린을 축출할 것을 요구하는 후기를 붙입니다.

당시 레닌의 유언을 따르기에는 이미 스탈린은 확고한 권력의 토대를 구축하고 있었고, 동시에 트로츠키를 포함한 다른 혁명 지도자들은 스탈린을 과소평가하고 있었지요. 더 결정적인 것은 뇌졸중으로 거동이 불편할 정도였던 레닌이 이제 병든 사자 취급을 받고 있기 때문이었죠. 당연히 스탈린은 레닌의 유언 내용을 알고 대노하게 됩니다. 어쩌면 레닌의 유언은 그를 광폭하게 만든 원인, 다시 말해 스탈린의 트라우마가 되었는지도 모릅니다. 볼셰비키 정권의 아버지가 자신을 부정했다는 것은 언제든지 자신이 실각할 수 있다는 것을 의미하니까요. 누구든지 레닌의 유언장을 흔들며 군부나 대중들을 선동해 자신을 크렘린에서 축출할 수 있는 겁니다.

1923년 뇌졸중을 앓고 있는 레닌. 1923년
1월 4일 레닌은 자신의 유언장에 중앙위원회
동지들에게 스탈린을 축출할 것을 요구하는
후기를 붙이지만, 스탈린을 막을 수는 없었다.

결국 레닌을 따르는, 혹은 따를 가능성이 있는 모든 사람이 스탈린에게는 "적"이었지요. 10월혁명은 한 번으로 족합니다. 다시 혁명이 일어난다면, 그것은 자신이 소비에트연방 최고 권력자라는 지위를 잃게 된다는 것을 의미하니까 말입니다. 그래서 그는 케렌스키 Alexander Fyodorovich Kerensky, Алекса́ндр Фёдорович Ке́ренский(1881~1970) 부르주아 정권을 쿠데타로 붕괴시켰던 혁명동지들을 두려워했고, 나아가 혁명가가 될 여지가 있는 지식인들이나 예술가들을 싫어했던 겁니다. 그가 러시아혁명과 무관한 국가기구의 관료들과 가깝게 지내게 된 것도 이런 이유에서일 겁니다. 관료들은 본질적으로 혁명과는 가장 거리가 먼 집단, 현상을 유지하는 데에만 신경을 쓰는 집단이었으니까요.

마침내 스탈린과 관료들은 굳게 결탁하여 소비에트연방을 거대하고 유일한 산업체로 만드는 프로젝트, 즉 국가독점자본주의를 구체화하려는 프로젝트를 시행합니다. 1928년 10월부터 전체 러시아를 산업화하고 집단화하려는 경제 계획은 바로 이렇게 시작된 겁니다. 이제 스탈린은 국가자본의 CEO가 되고, 고위 관료들은 전무나 상무 등 이사가, 그리고 하위 관료들은 부장이나 과장 혹은 팀장이 된 셈이지요. 이미 토지나 자본 등 생산수단을 독점한 권력입니다. 생산수단을 독점했기에 스탈린 당국은 노동자나 농민 등 민중들이 엄청난 고통을 받고 있음에도 모든 분야에 산업화와 집단화를 밀어붙였습니다. 그 결과 발생하는 이윤은 당과 관료들이 대부분 가지고 갔죠. 통계에 따르면 1937년 공장 감독관은 한 달에 2000루블을 수령했고, 숙련 노동자는 200~300루블을, 그리고 최저임금 노동자는 110~115루블을 수령했다고 합니다. '자유롭고 협동적인 노동free and associated labour'을 꿈꾸던 파리코뮌의 이념이나 노동자평의

소련에서 1931년에 제작된 프로파간다 포스터.
"산업금융 대응 계획의 산술: 2+2+노동자의
열정=5"라고 쓰여 있다.

5부. 스펙타클, 주체를 구경꾼으로 만드는 마법

회, 즉 소비에트를 중시했던 '1905년혁명'과 1917년의 '2월혁명'의 이념이 완전히 배신당한 겁니다. 당연히 소비에트연방 전체에서 저항은 불을 보듯 뻔했지요. 생산수단을 독점한 스탈린 당국이 그것을 빌미로 대다수 러시아 민중을 착취하는 사태는 과거 토지를 독점한 지주가 농민들을 착취하거나 혹은 자본을 독점한 자본가가 노동자들을 수탈한 것과 무엇이 다르단 말인가요?

스탈린에게 추방당하기 직전, 그러니까 1928년 말에 레닌과 함께 10월 쿠데타, 즉 10월혁명을 이끌었던 트로츠키가 당시 소비에트연방 상황에 우려를 표하는 편지를 쓴 것도 다 이유가 있었던 셈입니다. 그 편지는 1943년에 출간된 《새로운 인터내셔널New International》 4월호에 게재됩니다. 한번 읽어보지요.

> 소비에트 국가기구가 당기구보다 훨씬 더 많이 변질됐다는 것은 분명하다. 그럼에도 결정권은 당에 있다. 지금 이것이 뜻하는 것은 당기구가 모든 것을 좌우할 수 있다는 의미다. 따라서 문제는 노동계급의 지원을 받는 노동계급 핵심 세력이 국가기구에 융합되고 있는 당기구의 독재에 맞서 승리할 수 있는가의 여부다. 당의 노동계급 핵심 세력이 승리할 수 없다고 먼저 대답하는 사람은 누구나 새로운 토대 위에서 새로운 당을 건설해야 한다고 이야기하는 것일 뿐만 아니라, 제2의 새로운 노동계급 혁명이 필요하다고 주장하는 셈이다.
>
> −《새로운 인터내셔널》(1943년 4월)

1929년 스탈린이 트로츠키를 추방했던 이유가 분명해지지 않았나요. 1928년 트로츠키는 스탈린의 독재에 맞서 싸워야 한다고 주장하죠. 먼저 볼셰비키 정당에 들어온 노동계급 출신 당원들이 스탈린의 독주를 막는 데 힘을 쏟아야 한다고 이야기하죠. 자신을 포함한 10월 쿠데타 지도부들이 이미 스탈린에 의해 무력화되어 힘을 쓸 수 없었기 때문입니다. 물론 국가기구와 당기구를 장악한 스탈린은 당내의 문제 제기를 간단히 침묵시킬 가능성이 더 크죠. 트로츠키가 1917년 2월혁명을 마지막 희망으로 꿈꾼 것도 이런 이유에서입니다. 차르체제를 붕괴시켰던 경험을 가진 노동계급이 트로츠키의 말대로 "제2의 새로운 노동계급 혁명"을 일으킨다면, 스탈린의 독재체제가 붕괴되리라는 기대인 셈이죠. 그렇지만 사실 2월혁명으로 분출된 노동계급의 힘, 노동계급의 소비에트 권력은 레닌과 트로츠키에 의해 당시 거의 무력화된 상태였습니다. 1917년 10월 쿠데타 이후 볼셰비키 정권은 노동계급, 즉 노동자나 농민 혹은 사병들이 소비에트를 자발적으로 만드는 것을 방조하지 않고, 소비에트를 마치 행정조직처럼 위로부터 아래로 만들었기 때문이죠. 결국 노동자나 농민이나 혹은 사병들이 스탈린체제에 저항하기란 거의 불가능한 상황이었던 겁니다. 그러나 러시아가 어떤 곳입니까? 1917년 세계 최초로 피지배자가 해방되는 혁명을 꿈꾸었던 곳 아닙니까? 더군다나 러시아혁명 이후 노동계급 정부를 붕괴하기 위한 반혁명에도 굴하지 않았던 곳이 바로 러시아가 아닙니까? 그래서 트로츠키는 쑥스럽지만 기대했던 겁니다. 제2의 새로운 노동계급 혁명, 제2의 러시아혁명이 필요하고 또한 가능하다고 말입니다. 이제 레닌에 이어서 트로츠키도 스탈린을 반혁명의 기수로 규정한 셈입니다. 결국 '예조프시나'라고 불렸던 '대숙청'의 공포는 스탈린이 자신의 지배를 견고히 하기 위해 러시아혁명 정신을 파괴하려는 정책의 일환이었던 겁니다.

자! 이제 생각해보지요. 이런 스탈린의 반혁명 정책, 혹은 스탈린의 광기에 가장 피해를 보았던 곳이 어디였을까요? 스탈린과 고급 관료들이 웅거하고 있던 모스크바였을까요? 아니면 러시아혁명의 모태였던 레닌그라드였을까요? 물어보나 마나죠. 이제 쇼스타코비치의 말이 가슴에 들어오시나요. "이 《교향곡 7번》은 나치에 포위된 레닌그라드에 대한 것이 아니다. 스탈린에 의해 이미 파괴되고 히틀러가 단순히 마무리를 하려고 했던 그 레닌그라드에 대한 것이다." 그렇습니다. 모든 억압과 착취에서 벗어난 사회, 자유로운 개인들의 공동체를 상징하는 곳이 바로 레닌그라드였습니다. 당연히 레닌그라드는 모든 독재자, 모든 군주, 모든 폭군이 가장 꺼려하는 곳이 된 겁니다. '레닌의 도시', 레닌그라드는 바로 그런 곳이었습니다. 그런데 이미 1930년대 레닌그라드는 스탈린 당국에 의해거의 만신창이가 되었지요. 그러니 히틀러가 다시 포위해서 레닌그라드에 상처를 준들 그것이 뭐 그리 대수였겠습니까. 한때 착취와억압을 없애겠다는 혁명 대열에 앞장섰던 스탈린이 역사상 가장 유례가 없는 폭군으로 되돌아온 배신감에 비하면 아무것도 아닐 테니말입니다. 아니 오히려 히틀러의 침공으로 레닌그라드는 숨을 돌리게 되었다고 해야 할 것 같네요. 자신의 권좌를 위협하는 더 강력한적이 나타났기에, 스탈린은 자신의 공포정치를 잠시나마 누그러뜨리게 되었으니까요. 그러나 얼마나 비극적인 일인가요? 나치의 공격을 비극이 아니라 다행이라고 생각하는 레닌그라드가 말입니다.

전쟁은 엄청난 슬픔을 가져왔으며 생활을 극도로 힘들게 만들었다. 슬픔도 많았고 눈물도 많이 흘렸다. 그러나 전쟁 전에는그보다 더 힘들었다. 왜냐하면 모든 사람이 자기 슬픔을 홀로

1941년 레닌그라드. 독일군의 폭격으로 사망한 희생자를 한 시민이 내려다보고 있다. 모든 억압과 착취에서 벗어난 사회, 자유로운 개인들의 공동체를 상징하는 곳이 바로 레닌그라드였다.

폭격당한 아파트에서 대피하고 있는 레닌그라드 시민들.

5부. 스펙타클, 주체를 구경꾼으로 만드는 마법

삭여야 했기 때문이다. 레닌그라드에서 전쟁이 일어나기 전에 이미 누군가를, 아버지나 오빠 아니면 친척이나 가까운 친구라도 잃지 않은 가족은 이마 하나도 없었을 것이다. 모든 사람이 누군가를 잃고 비통함을 느껴야 했다. 그렇지만 그들은 소리를 죽이며 이불을 뒤집어쓰고 울어야 했다. 그래야 아무에게도 들키지 않을 테니까. 모든 사람이 모든 사람을 두려워했고 슬픔을 억눌러야 했으며 다들 질식할 지경이었다. 나도 그 때문에 숨이 막히곤 했다. 나는 그런 슬픔에 대해 작곡하지 않을 수 없었다. 그것이 내 임무이고 책임이니까. 고통을 겪은 사람, 죽임을 당한 모든 사람에 대한 레퀴엠을 쓰지 않으면 안 되었다. …… 전쟁이 터졌다. 이제 슬픔은 공동의 것이 되었다. 우리는 슬픔을 이야기할 수 있었다. 죽은 사람들에 대해 드러내놓고 울 수도 있었다. 사람들은 눈물 흘리는 것을 더 이상 겁내지 않았다. 결국 눈물에 익숙해진 것이다. 익숙해지기에는 충분한 시간이 있었으니까. 꼬박 4년씩이나. …… 전쟁 덕분에 자기표현의 기회를 얻은 것이 나 혼자만은 아니었다. …… 내가 되살아난 것은 《교향곡 7번》 이후이다. 이제는 사람들과 이야기할 수 있다. 아직 어렵기는 하지만 숨이 막힐 정도는 아니었다. 전쟁 기간이 예술을 위해 생산적이었다고 생각하는 것은 그 때문이다. 이런 일이 어디에서나 일어날 수 있는 것은 아니다. 다른 나라에서는 전쟁이 예술에 오히려 방해가 될 것이다. 그러나 러시아에서는 예술이 활짝 만개했다. 물론 그 이유는 비극적인 것이었지만.

-《증언: 드미트리 쇼스타코비치 회상록》

스탈린이 얼마나 레닌그라드를 산산이 부숴버렸는지 짐작이 되고도 남습니다. 스탈린은 모든 소수의 권력자가 다수를 지배하려고 할 때 사용했던 방법을 그대로 쓴 겁니다. 다수가 유대하거나 연대하지 못하도록 깨알처럼 분리할 것! 상과 벌, 혹은 당근과 채찍을 쓰는 고전적 방법보다 스탈린은 더 잔인하고 가혹한 방법을 사용하죠. "적"을 찾아내지 못한다면, 바로 당신이 "적"이라는 서글픈 공포 분위기를 조성하는 방법 말입니다. 그러니 함부로 자신의 사상이나 감정을 피력할 일이 아니죠. 스탈린이 말하지 않았던가요? "생각만으로도" 적이 될 수 있다고 말입니다. 쇼스타코비치 입장에서도 정말 당혹스런 일이었을 겁니다. 자신의 감정과 생각을 솔직히 드러내지 않은 채 어떻게 타인들을 감동시킬 수 있는 곡을 작곡할 수 있다는 말인가요? 그러나 독일 나치군이 포위하고 있던 레닌그라드에서는 더 이상 스탈린의 공포정치를 두려워할 필요가 없게 된 겁니다. 나치군이 레닌그라드를 스탈린으로부터 완전하게 지켜주고 있었으니까 말입니다. 쇼스타코비치의 말대로 "전쟁 덕분에 자기표현의 기회를" 얻게 된 것이지요. 그렇기에 스탈린에 의해 초토화된 레닌그라드의 슬픔을 위로하는 교향곡, 러시아혁명 정신에 대한 레퀴엠,《교향곡 7번》도 탄생할 수 있었던 겁니다.

자기표현의 기회를 얻은 것이 쇼스타코비치만은 아닐 겁니다. 스탈린 공포정치가 잠시 소강상태에 있자, 레닌그라드에서 완전히 사라졌다고 생각했던 자유정신이 다시 꿈틀거렸으니 말입니다. 바로 이 자유정신이 872일간 레닌그라드가 똘똘 뭉치게 한 원동력이었던 겁니다. 일체의 억압과 맞서 싸웠던 것이 바로 레닌그라드의 정신이니까 말입니다. 그러나 얼마나 비극적인 일인가요. 히틀러의 침략을 격퇴하면 스탈린의 공포정치가 다시 엄습할 것이고, 그렇다고 히틀러를 막아내지 못한다면 나치의 노예로 전락하게 되니 말입니다. 그야말로 진퇴양난입니다. 그래서 어쩌면 엄청난 희생자를 남기며 지속되었던 872일 동안의 저항은 레닌그라드가 1905년 10월, 그리고 1919년 2월 두 차례에 걸쳐 노동계급이 자발적으로 조직했던 소비에트 시절을 떠나보내는 마지막 예식이었는지도 모를 일입니다. 레닌그라드Leningrad! 1914년부터 1924년까지는 페트로그라드Petrograd로 그리고 그 이전에는 상트페테르부르크Saint Petersburg로 불렸던 곳입니다. 1924년 레닌이 죽은 뒤, 그를 추모하는 뜻에서 '레닌의 도시', 즉 '레닌그라드'라고 새롭게 불리게 된 것이죠. 레닌그라드! 피의 일요일로 유명했던 1905년 미완의 러시아혁명, 그리고 마침내 차르체제를 붕괴시켰던 1917년 2월혁명의 자궁이었던 곳입니다. 그러니 레닌그라드와 이곳에서 자란 시민들의 자부심이 얼마나 컸겠습니까?

레닌그라드를 가득 채웠던 폭탄 터지는 소리, 총소리, 그리고 신음소리 속에서 쇼스타코비치가 《교향곡 7번》으로 레닌그라드의 영혼을 위로했을 때, 레닌그라드 시민들은 쇼스타코비치가 들었던 그 잔혹한 소리들 속에서 자신들의 황금기를 아련하게 떠올렸을 겁니다. 생각해보면 스탈린이 러시아혁명을 배신하기 전까지 얼마나 근사했던 순간들의 연속이었습니까? 1905년 실패로 끝난 미완의 혁명도 정말 멋진 추억이었죠. 상트페테르부르크에서 노동자평의회, 즉 소비에트Soviet가 구성되었던 시절이니까요. 소비에트는 노동자 500명당 1명의 대표를 뽑고, 이 대표들이 당면하는 과제들을 논의하고 결정하던 대표 기구였습니다. 물론 노동자의 대표는 노동자들에 의해 항상 소환될 수 있었지요. 상트페테르부르크 노동자 20만 명을 대표하던 소비에트는 10월 중순부터 12월 초까지 50일 동

한때 혁명동지였던 스탈린, 레닌, 트로츠키(왼쪽부터).

안 러시아를 실질적으로 지배했습니다. 그러니까 1905년 상트페테르부르크소비에트 시절은 파리코뮌 시절이나 동학 집강소 시절에 비견될 수 있는 직접민주주의의 시절이었던 겁니다. 1905년 12월 16일 유혈 진압되었다고 할지라도, 소비에트 시절은 그만큼 찬란했던 때였지요.

　1905년 당시 레닌그라드도 스탈린을 예감하는 불길한 조짐을 느끼고 있었습니다. 억압이 사라진 미래를 이야기하던 러시아사회민주노동당 지도자들이 소비에트를 경시하는 것 같았기 때문이지요. 지식인이라는 그들의 입장에서 보자면 노동자들이나 민중들은 자신들의 지도나 받아야 하는 '개돼지'에 불과했던 것일까요? 그렇지만 당시 레닌그라드는 한시름 놓을 수 있었지요. 최소한 두 사람의 사회민주주의자만은 노동자들과 그들이 조직한 소비에트를 존중했으니까요. 바로 트로츠키와 레닌이었죠. 1905년 스물다섯 살

1905년 상트페테르부르크소비에트. 당시만 하더라도 레닌과는 달리 트로츠키는 소비에트를 통해 노동자와 민중의 자발성을 긍정했다.

의 트로츠키가 혁명으로 뜨거웠던 상트페테르부르크로 혈혈단신 들어옵니다. 그는 뛰어난 정세 판단력과 연설 능력, 그리고 소비에트에 대한 절대적 존중으로 얼마 지나지 않아 1905년 11월 26일 소비에트 의장으로 선출됩니다. 그는 상트페테르부르크의 자랑이었죠. 안타깝게도 트로츠키의 동료들이었던 러시아사회민주주의노동당Russian Social Democratic Labour Party, RSDLP 지도자들은, 멘셰비키든 볼셰비키든 가리지 않고 그의 활동에 시큰둥했죠. 그러나 레닌만큼은 달랐습니다. 1905년 9월 초 망명생활을 접고 혁명에 참여하려고 레닌은 상트페테르부르크에 서둘러 들어옵니다. 그 와중에 그는 상트페테르부르크 사회민주주의노동당 지도자들의 잘못을 지적하는 근사한 글을 한 편 쓰지요. 억압과 지배가 없는 사회를 주장했던 지도자라는 사람들이 억압받았던 사람들이 직접 혁명을 일으켰는데, 그것을 돕기는커녕 냉소적으로 바라보고 있었으니까요. 《새로운 생활Novaya

^{Zhizn}》이란 잡지에 투고했지만 끝내 실리지 못한 레닌의 글을 한번 읽어보지요.

노동자 대표 소비에트인가? 아니면 사회민주주의노동당인가? 내 생각에는 이런 식으로 문제를 던지는 것은 잘못된 일이고, 결단은 노동자 대표 소비에트와 사회민주주의노동당 둘 모두에 대해 이루어져야만 한다. 유일한 문제, 즉 가장 중요한 문제는 소비에트의 임무와 러시아사회민주주의노동당의 임무를 분리하는 방법과 동시에 결합하는 방법과 관련된 것이다. 내 생각에는 소비에트가 전적으로 어떤 하나의 정당에 복종하는 것은 권고할 만한 일이 아닐 것이다. …… 정치적 투쟁을 이끌기 위해서 소비에트와 정당은 거의 같은 정도로 절대적으로 필요하기 때문이다. 내가 틀렸을 수도 있지만, 나는 정치적으로 노동자 대표 소비에트가 임시 혁명정부의 맹아로 간주되어야 한다고 믿는다. 내 생각에 소비에트는 가능한 한 빨리 자신이 임시 혁명정부라고 선언하거나 아니면 (동일한 것의 다른 형식이라고 할 수 있는) 임시 혁명정부의 설립을 추진해야만 한다.

－〈우리의 임무와 노동자 대표 소비에트Our Tasks and the Soviet of Workers' Deputies〉,

《레닌전집 10》

당시 상트페테르부르크라고 불렸던 레닌그라드는 소수 지배계급이 아니라 다수 노동계급이 거리를 채울 때 행복했던 도시였죠. 어느 도시든 고요한 정적과 서늘한 질서보다는 시끌벅적한 역동성과 명랑한 무질서를 더 사랑하는 법이니까요. 그러니 트로츠키는 그렇다 치고, 서른여섯 살의 젊은 지식인 레닌이 노동자병사소비에트를 긍정했을 때, 레닌그라드는 순진한 미소를 보내게 됩니다. 차르체제가 노동계급을 개돼지로 보는 것은 당연할 수도 있지만, 노동계급을 위한다는 사회민주주의자들마저 노동계급을 개돼지로 보는 것은 있을 수 없는 일이었으니까요. 그래서 레닌그라드는 환한 미소를 짓습니다. 트로츠키 이외에 또 한 명의 사회민주주의자가 자기편에 서 있으니까요. 1905년혁명으로 노동자 대표 소비에트가 상트페테르부르크를 장악하자, 상트페테르부르크로 들어온 레닌은 "소비에트는 가능한 한 빨리 자신이 임시 혁명정부라고 선언하거나 아니면 임시 혁명정부의 설립을 추진해야만 한다"고 주장합니다. 순진무구하고 낙천적이기까지 한 레닌그라드였습니다. 왜냐고요? 1902년 레닌은 완전히 딴 이야기를 했던 적이 있기 때문이죠.

자발성^{spontaneity}에 대해 많은 이야기들이 있어왔다. 그렇지만 노동계급 운동의 자발적 발전을 방치하면 그것은 부르주아 이데올로기에 종속되고 만다. …… 왜냐하면 자발적인 노동계급 운동^{the spontaneous working-class movement}은 '노동조합주의^{trade-unionism}'이고, '노동조합원들만을 위한 것^{Nur-Gewerkschaftlerei}'이기 때문이다. 노동조합주의는 부르주아에 의한 노동자들의 이데올로기적 노예화^{the ideological enslavement of the workers by the bourgeoisie}를 의미한다. 그러므로 우리의 임무, 사회민주주의의 임무는 자발성과 싸우는 것이고, 끝내는 부르주아의 날개 밑으로 들어가게 되는 이런 자발적이고 노동조합주의적인 투쟁에서 노동계급 운동을 빼내어 혁명적 사회민주주의^{revolutionary Social-Democracy}의 날개 밑으로 데려오는 것이다.

―〈무엇을 할 것인가^{What is to be done?}〉(1902), 《레닌전집 5》

노동조합주의를 비판한 레닌의 이야기는 타당합니다. 기껏해야 노동조합은 노동조건 개선, 혹은 임금 인상 등을 두고 자본가 측과 타협하는 기능을 담당하니까요. 한마디로 말해 노동조합은 노동계급과 자본계급 사이의 중개업에 지나지 않는다는 거죠. 당연히 노동조합으로서는 자본계급을 인정해야만 합니다. 그래야 중개업도 가능할 테니 말이죠. 노동조합이 자본계급의 물질적 생산수단 독점을 인정하는 이유도, 구체적으로 말해 자본가에게 이윤, 그리고 노동자에게 임금으로 생산 결과가 분배되는 것을 당연시하는 이유도 바로 여기에 있습니다. 결국 노동조합주의가 로자 룩셈부르크 Rosa Luxemburg(1871~1919)가 말한 것처럼 개량주의나 수정주의로 기울게 되는 것도 이런 이유에서죠. 그러니 "노동조합주의는 부르주아에 의한 노동자들의 이데올로기적 노예화를 의미한다"는 레닌의 지적은 옳다고 할 수 있습니다. 문제는 레닌이 노동계급에게 일체의 자발성을 인정하지 않는다는 사실이죠. 주인의 지도가 없이 개나 돼지에게 자발성을 부여하면, 집 안은 쑥대밭이 되고 맙니다. 노동계급도 마찬가지라는 이야기입니다. 그래서 레닌은 주장합니다. 어떤 식으로든 노동계급에게 자발성을 인정해서는 안 된다고요. 자발성을 인정하는 순간 노동계급은 자신들을 착취하는 줄도 모르고 부르주아라는 주인을 섬기게 될 테니까요. 그러니 노동계급을 착취하지 않고 노동계급의 이익을 위하고 노동계급을 지도하는 볼셰비키라는 선한 주인의 품으로 그들을 인도해야 하는 것이 볼셰비키의 임무라는 겁니다.

강제도 좋고 설득도 좋죠. 부르주아를 떠나 볼셰비키의 날개 아래로 들어오는 순간, 노동계급은 자신을 지도하고 보호해주는 새로운 주인에게 고마움을 표할 테니까요. 1902년 레닌은 자신을 포함한 혁명적 엘리트들, 즉 러시아사회민주주의자들에게 결단을 촉구합니다. "무엇을 할 것인가?" 그 대답은 단순하죠. 노동계급의 "자발성과 싸우는 것", 노동계급의 자발적 투쟁과 싸우는 겁니다. 돌아보면 바로 이것이 레닌이 이끌었던 볼셰비키의 근본 입장, 즉 볼셰비즘의 본질입니다. 1903년 러시아사회민주주의노동당 제2차 회의에서 러시아사회민주주의노동당의 성격을 놓고 러시아 사회민주주의자는 두 부류로 나뉩니다. 레닌이 이끌던 볼셰비키Bolsheviki라는 분파, 그리고 마르토프Julius Martov(1873~1923)가 이끌던 멘셰비키Mensheviki라는 분파. 러시아사회민주주의노동당은 직업 혁명가의 당이 아니라 강령만 긍정하면 누구나 당원이 될 수 있는 정당이어야 한다고 주장했던 마르토프와는 달리, 레닌은 러시아사회민주주의노동당은 중앙집권적 원리에 입각한 직업 혁명가들의 당이어야 한다고 주장합니다. 결론적으로 멘셰비키의 입장에서 노동계급은 당원이 될 수 있지만, 볼셰비키의 입장에서는 불가능하죠.

노동계급이 자발적으로 조직한 소비에트가 상트페테르부르크를 장악했던 1905년혁명이 중요한 이유는 다른 데 있는 것이 아닙니다. 노동계급은 노동조합을 만들 수도 있지만, 나아가 기업이나 공장을 넘어서 전체 공동체 차원에서 정치투쟁을 주도할 수 있다는 걸 보여주었으니까요. 1905년혁명의 꽃, 상트페테르부르크소비에트는 노동계급의 자발성을 부정했던 레닌의 입장에 대한 완전한 반례였습니다. 노동계급은 노동조합을 넘어서 억압체제를 붕괴시키는 혁명에서도 충분히 그리고 완전히 자발적일 수 있습니다. 물론 상트페테르부르크소비에트가 실패할 수도 있죠. 그렇지만 실수는 러시아사회민주주의노동당도 하기 마련이니 큰 흠은 아니죠. 어쨌든 1905년 9월 레닌은 태세 전환을 시도합니다. 소비에트를 통한 노동계급의 자발성을 인정하는 태세 전환이죠. 그 증거가 〈우리의 임무와 노동자 대표 소비에트〉라는 글입니다. 그렇다고 레닌이 정당코뮌주의의 입장을 버리고 평의회코뮌주의로 전향했다고 속단해서는 안 됩니다. "정치적 투쟁을 이끌기 위해서 소비에트와 정당은 거의 같은 정도로 절대적으로 필요하다"고 레닌은 말하기 때문이죠. "소비에트가 임시 혁명정부의 맹아로 간주되어야 한다"는 레닌의 말에 흥분한 레닌그라드가 간과한 결정적인 구절입니다.

레닌의 이야기 중 '소비에트의 임무와 러시아사회민주주의노동당의 임무를 분리하는 방법과 동시에 결합하는 방법'과 관련된 논의는 매우 중요합니다. 바로 이 발상에 1917년 2월혁명과 10월 쿠데타, 그리고 쿠데타 이후 소비에트연방의 모든 난점들이 응축되어 있으니까요. 아니 정확히 말해 레닌주의의 핵심을 보여준다고 말해도 좋을 듯합니다. 소비에트의 임무와 사회민주주의노동당의 임무를 분리한다는 것은 소비에트, 즉 노동계급의 자발성을 인정한다는 이야기입니다. 동시에 사회민주주의노동당의 자발성도 긍정되는 셈입니다. 반대로 양자의 임무를 결합한다는 것은 억압체제를 극복하기 위해서는 소비에트와 사회민주주의노동당이 유기적으로 결합되어야 한다는 것을 의미합니다. 물론 사회민주주의노동당이 최상위 지도부를 구성하고 소비에트는 당의 지도와 지휘를 받는 형식일 겁니다.

〈우리의 임무와 노동자 대표 소비에트〉는 노동계급의 자발적 혁명 위에 지적 엘리트를 자부하던 러시아 사회민주주의자들이 숟가락을 얹겠다는 의지죠. 그러니 "소비에트는 가능한 한 빨리 자신이 임시 혁명정부라고 선언하거나 아니면 임시 혁명정부의 설립을 추진해야만 한다"는 레닌의 주장을 로자 룩셈부르크의 평의회코뮌주의라고 오해해서는 안 됩니다. 레닌은 1905년에도 정당코뮌주의자였고 볼셰비키였으니까요. 그냥 공식처럼 정리해두죠. 노동계급의 자발적 봉기가 없을 때, 레닌은 순수한 정당코뮌주의자로 남아있습니다. 만약 노동계급의 자발적 봉기가 기존 체제를 뒤흔들 때, 레닌은 정당코뮌주의자라는 맨얼굴 위에 평의회코뮌주의자라는 가면을 씁니다. 1917년에도 마찬가지였습니다. 2월혁명으로 노동계급이 차르체제를 붕괴시키자, 레닌은 페트로그라드로 들어와 평의코뮌주의자의 가면을 다시 착용합니다. 레닌이 가면을 내내 착용했던 기간은 자신을 따르던 볼셰비키들과 함께 쿠데타를 일으켰던 1917년 10월까지였습니다. 정당코뮌주의가 권력을 장악했으니 거추장스럽게 평의회코뮌주의자라는 가면을 쓸 필요가 없었으니까요. 이후 죽을 때까지 레닌은 평의회코뮌주의자라는 가면을 가까운 곳에 항상 두고 필요할 때마다 씁니다. 물론 이 가면을 잠시 잃어버려 정당코뮌주의자라는 자신의 맨얼굴을 오랫동안 노출했던 적이 있죠. 1921년 3월 볼셰비키 독재에 저항했던 크론시타트Kronstadt의 소비에트를 무력으로 진압했던 때죠.

어쨌든 1917년 2월에서 10월까지, 약 8개월 동안 레닌은 그야말로 마르크스의 적장자였고, 파리코뮌의 아들이었으며, 아울러 평의회코뮌주의자였습니다. 레닌은 용의주도한 사람입니다. 1916년 스위스에서 그는 평의회코뮌주의라는 가면을 과거보다 더 정교하게 수선하기 시작합니다. 바로 이것이 다듬어져 1917년 10월 쿠데타 이후에 출판된 《국가와 혁명Государство и революция》이었죠. 마르크스의 《프랑스내전The Civil War in France》의 주석서라고 할 수 있는 이 책은 제목 그대로 국가와 혁명을 철저하게 대립시킵니다. 다시 말해 국가가 폐기되지 않으면 노동계급의 혁명은 완성될 수 없다는 거죠. 그래서 그는 BC 3000년 이래 유지되었던 국가기구, 그의 표현을 빌리자면 '국가기계$^{state\ machine}$'를 파괴해야만 한다고 역설합니다. 정당은 기본적으로 국가기구, 즉 국가기계의 한 부품이라는 점을 감안하면, 사실 레닌의 정당코뮌주의는 본질적으로 국가코뮌주의일 수밖에 없습니다. 그럼에도 지금 레닌은 '국가기계'를 부수자고 이야기합니다. '국가기계'를 파괴하는 혁명을 강조하면서 레닌이 1917년 전후 세계사의 흐름을 개관하는 대목을 한번 읽어보죠.

> 제국주의^{Imperialism}—독점자본주의$^{monopoly\ capitalism}$가 국가독점자본주의$^{state-monopoly\ capitalism}$로 발전하는, 은행자본의 시대, 거대한 자본주의적 독점의 시대—는, 군주국뿐만 아니라 가장 자유로운 공화국에서조차도 프롤레타리아에 대한 억압적 조치의 강화와 관련해, '국가기계'의 예외적인 강화와 '관료기구'와 '군사기구'의 전례 없는 성장을 보여준다. 세계사는 이제 의심의 여지 없이 …… '국가기계'를 파괴하는 데 프롤레타리아혁명의 모든 역량을 집중하고 있다. 프롤레타리아가 국가기계의 자리에 무엇을 둘 것인지는 파리코뮌이 제안했던 매우 시사적인 자료들이 보여주고 있다.
>
> ―《국가와 혁명》(1917)

생산수단을 독점했기에 무위도식하면서도 엄청난 부를 축적하는 자본계급, 그리고 생산수단을 빼앗겼기에 노동력을 팔아 생계를 유지할 수밖에 없는 노동계급! 마르크스의 근본적 문제 설정을 레닌은 그대로 피력합니다. 이어서 레닌은 로자 룩셈부르크가 1913년 《자본의 축적$^{Die\ Akkumulation\ des\ Kapitals}$》으로 해명했던 제국주의 논리도 반복합니다. 노동계급 착취에 만족하지 않고, 자본계급은 그들끼리 더 큰 이윤을 얻으려고 경쟁합니다. 그 결과 자본주의적 패권은 소수 자본가들의 손에 들어가게 되죠. 바로 이것이 독점자본주의입니다. 자본계급들이 그나마 경쟁할 때, 노동자들의 노동조건이나 임금수준은 그나마 안정적일 수 있습니다. 그렇지만 독점자본주의 시대가 되면 노동자들의 삶의 조건은 현저히 위태로워지죠. 노동조건이나 임금수준이 낮아도 이직할 다른 회사나 공장이 부족하니까요. 당연히 노동계급의 저항은 명약관화한 일 아닌가요. 결국 소수 독점 자본가들을 지키기 위해 '국가기계'가 작동할 수밖에 없습니다.

레닌은 이야기합니다. 국가와 자본 사이에 강고한 연대가 구축되면서, 독점자본주의는 이제 국가독점자본주의로 이행하게 됩니다. 결국 국가기계는 자본의 이익을 지키는 충견이 되고, 노동자들은 자본계급에게 빼앗긴 생산수단을 되찾기 위해 국가기계를 파괴할 수밖에 없는 상황에 직면합니다. 만약 노동계급이 혁명에 성공한다면, 국가가 독점한 폭력수단과 자본계급이 독점한 생산수단은 노동계급에게로 회수됩니다. 지금 레닌은 러시아를 파리코뮌 시절처럼, 평의회코뮌주의 깃발이 휘날리는 곳으로 만들자고 주장하고 있는 겁니다. 하긴 폭력수단, 생산수단, 정치수단 등등 일체의 삶의 수단이 노동계급과 그들의 평의회로 회수되어, 국가가 더 이상 사회 위에, 그리고 인간 위에 군림하지 않는 자유로운 공동체가 가능하다는 것을 보여주었던 것이 파리코뮌이었으니까요. "모든 권력을 소비에트로!" 되돌려주겠다는 레닌의 기염에 레닌그라드가 어떻게 노동계급과 함께 가슴이 벅차오르지 않을 수 있었겠습니까.

맨얼굴의 정치사상을 철저하게 숨기고 가면의 정치사상을 피력하는 데 레닌은 그야말로 예술가의 경지를 자랑합니다. 레닌그라드도, 노동자 대표 소비에트도 1917년 10월 레닌과 트로츠키 주도로 이루어진 볼셰비키 쿠데타에 저항하기는커녕 환호했던 것도 이런 이유에서죠. 권력을 잡은 레닌은 국가기계를 파괴하지 않고 국가기계를 존속시키고 맙니다. 물론 레닌으로서는 변명거리는 차고 넘치죠. 노동계급 정부를 파괴하려는 대내외적 반혁명에 효과적으로 맞서려면 관료조직과 군사조직을 아우르는 국가기계가 불가피하다는 것이 최고의 명분이었습니다. 어쨌든 노동계급 정부는 사실 볼셰비키 정부에 지나지 않았습니다. 여전히 노동계급은 정치와 삶의 주체가 아니라 볼셰비키 정부에 좌지우지되는 객체였으니까요. 대내외적 반혁명에 맞선 투쟁에 승리했어도, 레닌과 트로츠키, 당연히 스탈린은 국가기계를 부술 생각이 조금도 없었습니다. 대내외적 반혁명이 없어도 무슨 상관이 있겠습니까? 권력을 잡은 자들이 명분을 만드는 것은 그야말로 식은 죽 먹기니까요. 시장자본주의체제로 무장한 미국과 서유럽 국가들을 '잠재적 반혁명 세력'으로 규정하면 간단한 일 아닌가요.

1924년 1월 21일 레닌이 죽은 뒤, 국가기계의 새로운 운전수가 되는 데 성공했던 스탈린은 아예 소련 내 모든 기업을 국영화하고 모든 토지를 집단화하고 말죠. 국가와 자본 사이의 야합도 아니라, '국가=자본'이란 전대미문의 사회체제가 완성된 셈입니다. 정말 역사의 아이러니죠. 파리코뮌의 이름으로 반드시 파괴해야 한다고 레닌이 주장했던 국가독점자본주의가 향후 스탈린체제 소련의 근간이 되어버렸고, "국가기계의 예외적인 강화와 관료기구와 군사기구의 전례 없는 성장을 보여준" 것은 서구 자본주의체제가 아니라 다름 아닌 스탈린의 국가독점자본주의체제니까요. 결국 레닌의 맨얼굴, 혹은 볼셰비즘의 본질이라고 할 수 있는 정당코뮌주의가 문제

였던 겁니다. 정당은 국가기계를 전제하기에 정당코뮌주의는 국가
코뮌주의를 함축합니다. 그러니 정당코뮌주의가 국가주의나 국가
독점자본주의로 넘어가는 것은 한 걸음이면 족한 법입니다. 1917년
2월혁명 이후 4월에 레닌은 그 유명한 〈4월 테제〉^{April Theses, апрельские тези}
^{сы}를 당시 신문《프라우다^{Pravda}》에 발표하는데, 이 테제에서도 레닌
은 평의회코뮌주의자를 근사하게 연기합니다. 하긴 이미 스위스에
서 1916년 연기 수업을 다 마친 상태였으니, 레닌으로서는 식은 죽
먹기였죠. 10개의 테제 중 다섯 번째 테제를 한번 읽어보지요.

> 의회 공화국으로 회귀해서는 안 된다. 노동자 대표 소비에트에
> 서 의회 공화국으로 회귀하는 것은 후퇴일 뿐이다. 노동자들,
> 농업 노동자들 그리고 농민 대표들로 구성된 소비에트 공화국
> 은 전국에 걸쳐 위에서부터 아래에까지 관철되어야 한다. 경
> 찰, 군대, 그리고 관료제를 폐기해야 한다. 모든 관료는 선거로
> 뽑고 어느 시간에서라도 소환될 수 있고, 그들의 봉급은 숙련
> 노동자의 평균 임금을 넘어서는 안 된다.
>
> -〈4월 테제〉,《프라우다》(1917년 4월 5일)

레닌이 죽은 뒤 누군가 레닌의 〈4월 테제〉를 스탈린에게 읽어
주었다면, 소비에트연방의 절대 CEO 스탈린은 경악하고 분노했을
까요? 그렇지 않습니다. 스탈린은 레닌의 평의회코뮌주의가 가면
이라는 걸 이미 알고 있었으니까요. 하긴 레닌처럼 완벽하지는 않
지만, 스탈린도 레닌의 가면을 간혹 쓰기도 했습니다. 문제는 가면
이 아니라 맨얼굴의 평의회코뮌주의자가 진지하게 '모든 권력을 국
가가 아니라 소비에트로' 귀속해야 한다고 외칠 때 발생합니다. 스

탈린도 그렇지만 스탈린과 함께 새로운 특권층으로 성장한 관료들, 장성과 장교들, 경찰들에게 맨얼굴의 평의회코뮌주의는 자신들의 권력에 대한 도전이었기 때문이죠. 생각해보세요. 국가가 사라지고 평의회가 지배하는 사회에서는 관료는 "위로부터" 임명되는 것이 아니라 "아래에서" 선출됩니다. 심지어 이들은 항상 "아래로부터" 소환될 수 있습니다. 이런 제도 속에서 어떻게 그들이 스탈린과 같은 상급자에게 절대복종을 맹세할 수 있겠습니까? 어떻게 자신의 지위를 특권화해서 사리사욕을 취할 수 있겠습니까? 권력자의 편을 드는 순간, 그리고 자기만의 이득을 취하는 순간, 노동자와 농민들은 항상 그들을 소환할 수 있으니 말입니다. 더군다나 진짜 평의회코뮌주의자는 모든 관료의 임금이 숙련 노동자의 평균 임금 이상이 되어서는 안 된다고 규정합니다. 1937년 경찰, 군대, 관료들 앞에 레닌이 가면이 아니라 맨얼굴의 평의회코뮌주의자로 다시 나타났다면 아마 그는 분명 숙청 대상이 되었을 겁니다. 공장 관리인이 숙련 노동자보다 10배나 많은 봉급을 받던 시절이었으니까요. 당연히 이걸 비판하고 부정할 게 뻔한 레닌을 가만히 둘 수는 없지요. 시베리아 정치수용소로 보내든가 아니면 바로 총살형에 처해야 했을 겁니다.

실제로 스탈린은 1940년 멕시코에서 망명생활을 하던 트로츠키를 살해합니다. 1940년 8월 20일 스탈린의 지령을 받은 암살자 메르카데르^{Jaime Ramón Mercader}(1913~1978)는 등산용 피켈로 트로츠키의 뒷머리를 강타했고, 그다음 날 8월 21일 트로츠키는 불귀의 객이 되고 만 겁니다. 1929년 트로츠키의 목숨만은 거두지 않으려고 그를 추방했던, 혹은 그의 망명을 묵인했던 스탈린이 10년이 지난 뒤 그를 살해한 이유는 무엇일까요? 그것은 트로츠키가 볼셰비키라면 누구라도 썼던 평의회코뮌주의자라는 가면을 맨얼굴이라고 주장했기 때문입니다. 스탈린이 누구입니까? 레닌이 죽을 때까지 손에 들고 있었던 평의회코뮌주의자라는 가면을 깔끔하게 쓰레기통에 던지고, 정당코뮌주의자 혹은 국가코뮌주의자라는 맨얼굴을 만천하에 공개했던 권력자입니다. 권력을 잡으면 정당코뮌주의, 권력이 없으면 평의회코뮌주의! 바로 이것이 레닌이 남긴 유산이죠. 바로 이것이 볼셰비키가 1917년 10월 쿠데타로 권력을 잡을 수 있었던 비책이기도 합니다. 추방당한 뒤 트로츠키는 다시 평의회코뮌주의자라는 가면을 씁니다. 스탈린 입장에서 이건 최고 권력자인 자신에 대한 도전입니다. 더군다나 트로츠키는 1936년 《배반당한 혁명 Преданная революция》을 통해 스탈린의 국가독점자본주의체제를 비판하고, 자신은 레닌의 《국가와 혁명》의 적장자라고 주장하죠. 정당코뮌주의에 맞서는 평의회코뮌주의자라는 겁니다. 스탈린이 자객을 보낼 수밖에 없었던 것도 이런 이유에서입니다. 트로츠키를 방치했다가는 소비에트연방 노동계급의 불만이 평의회코뮌주의로 폭발할 수도 있다는 노파심이 든 겁니다.

스탈린이 공포정치를 시행하기 전에, 레닌그라드는 그나마 숨을 쉴 수 있었습니다. 설령 레닌이 10월 쿠데타 이전의 약속, 즉 "모든 권력을 소비에트로!"라는 공약을 무기한 연기했다고 할지라도, 그는 최소한 말하고 행동할 자유는 허락했으니까요. 그래서 도시는 항상 시끌벅적했습니다. 모든 시민이 당당한 주인이었으니 소란스럽고 시끄러울 수밖에요. 정치에 대해, 경제에 대해, 예술에 대해, 미래에 대해 떠들고 토론할 수 있었으니까요. 그러나 스탈린이 들어오면서 레닌그라드는 쓸쓸한 곳으로, 침울한 곳으로, 그리고 슬픈 곳으로 변해버렸습니다. 모두가 모두를 감시하고, 이웃을 적으로 만들지 않으면 자신이 적이 되는 살풍경으로 변해버린 겁니다. 그래서 레닌그라드는 슬펐던 겁니다. 노동자 대표 소비에트도 유명무실해졌고, 이제 볼셰비키는 평의회코뮌주의자라는 가면도 벗어던졌기 때문이죠. 비록 자신을 사랑하지 않는다는 것은 알지만 빈말이라도 "사랑한다"는 고백을 듣고 싶었던 레닌그라드입니다. 그래도 레닌그라드는 마지막 행복감을 느낍니다. 1942년 8월 9일 확성기의 웅장한 소리로 쇼스타코비치의 《교향곡 7번》을 들을 수 있었으니 말입니다. 레닌그라드 자신과 자신이 품고 있던 시민들만은 압니다. 그것은 스탈린을 위한 노래가 아니라, 스탈린이 집권하기 이전 그 황홀했던 시절에 대한 노래였다는 사실을, 아니 그것은 바로 억압이 사라진 삶을 꿈꾸었던 레닌그라드 시민들을 위한 노래였다는 사실을요.

쇼스타코비치의 《교향곡 7번》! 레닌그라드의 모든 전선에서 확성기로 울려 퍼진 그 진혼곡은 더 이상 스탈린이 지배하는 소비에트연방이 노동계급의 정부가 아니라는 선언이기도 했습니다. 소비에트주의 vs. 관료주의! 직접민주주의 vs. 공포 전제정치! 러시아혁명 vs. 러시아 반혁명! 노동계급주의 vs. 국가독점자본주의! 쇼스타코비치의 애잔한 선율은 바로 이 대립관계 사이를 흘러가고 있었던 겁니다. 자국의 노동계급마저 '적'으로 간주하는 스탈린에게 다른 국가의 노동계급이 눈에 들어올 리 없지요. 이것이 바로 스탈린이 표방했던 '일국사회주의론'의 정체였습니다. 이제 "만국의 노동자여! 단결하라!"라는 세계혁명의 꿈, 마르크스와 로자 룩셈부르크가 꾸었던 꿈은 완전히 증발해버린 겁니다. 자본주의는 제국주의적 속성을 가지고 있기에, 만국의 노동자가 단결해야 세계대전뿐만 아니라 억압도 극복할 수 있다는 것! 이것이 바로 세계혁명론입니다.

그러나 이와 달리 스탈린의 '일국사회주의론'은 현실적으로 모든 생산수단을 국유화하고 그것을 당과 관료가 통제하자는 이념이었습니다. 그러니 초점은 '사회주의'라기보다는 '일국'에 있었다고 할 수 있지요. 그냥 간단히 말해 사회주의를 표방하는 강력한 국가주의라고 정의하면 됩니다. 그렇기에 스탈린체제는 경제적으로는 국가독점자본주의라고 규정될 수 있는 겁니다.

1928년 이후 계획경제, 즉 전체 러시아를 산업화하려는 계획을 무서울 정도로 밀어붙여서 스탈린체제는 수치상으로는 엄청난 경제발전을 이룩하게 됩니다. 그러나 이것은 노동계급과 농민들, 그리고 소수민족을 엄청나게 착취한 결과였지요. 당연히 노동계급의 저항은 불을 보듯 뻔한 것이었습니다. 러시아혁명과 함께 성장한 노동계급과 농민입니다. 당연히 그들은 국가독점자본주의의 시행을 반가워할 리 없지요. 그렇기 때문에 스탈린은 가혹한 공포정치를 시행하게 된 겁니다. 도둑이 제 발 저린 형국이지요. 자신도 1917년 10월 쿠데타, 즉 10월혁명 지도부 중 한 사람이었으니, 스탈린만큼 민중들의 힘을 잘 알고 있던 사람도 없었으니까요. 그만큼 그의 탄압은 일체의 저항 가능성마저 허락하지 않는 잔혹하고 가혹한 것이었습니다. 그러나 이런 착취를 통해서 소비에트연방이 얼마나 발전하겠습니까? 곧 한계에 다다르게 되죠. 국가독점자본주의든 시장자본주의든 자본주의는 자본주의일 뿐이기 때문입니다. 얼마 지나지 않아 스탈린 당국은 새로운 시장이 필요해진 겁니다. 러시아 민중들을 수탈한 것만으로 이윤이 안정적으로 확보되지 않는 임계점에 도달했기 때문이지요.

1944년 10월 영국 수상 처칠Winston Churchill(1874~1965)은 제2차 세계대전 전후 처리 문제로 스탈린을 만나러 모스크바에 들른 적이

1942년 러시아 노보시비르스크에서 《교향곡 7번》 리허설 도중 지휘자 예브게니 므라빈스키와 함께한 쇼스타코비치.

1943년 무렵의 쇼스타코비치.

5부. 스펙타클, 주체를 구경꾼으로 만드는 마법

있습니다. 미국 대통령 루스벨트^Franklin D. Roosevelt (1882~1945)도 참여한 1945년 2월 4일부터 2월 11일까지 열렸던 얄타회담^Yalta Conference에 대한 일종의 예비회담인 셈이었지요. 처칠의 회고록《제2차 세계대전 The Second World War》을 보면, 그는 스탈린에게 다음과 같은 내용이 담긴 쪽지를 건넵니다.

> 루마니아: 90% 러시아, 10% 미국과 영국
> 그리스: 90% 영국(미국과 협의에 따라), 10% 러시아
> 유고슬라비아: 50% 러시아, 50% 미국과 영국
> 헝가리: 50% 러시아, 50% 미국과 영국
> 불가리아: 75% 러시아, 25% 미국과 영국

남과 북이 분단되었던 건 한반도만의 문제가 아니었던 겁니다. 제2차 세계대전은 히틀러라는 악마에 맞서 인권과 자유, 그리고 억압을 지키려는 전쟁이 아닙니다. 시장자본주의체제든 국가독점자본주의체제든 두 체제는 새로운 생산수단, 새로운 노동력, 그리고 새로운 시장을 가급적 많이 소유하려는 야만일 뿐이죠. 그렇다면 스탈린은 처칠의 쪽지를 받고 어떻게 했을까요? 푸른색 펜을 꺼낸 스탈린은 불가리아에 대한 러시아 지분을 75퍼센트에서 90퍼센트로 바꾸어 표기했습니다. 헉! "만국의 노동자여! 단결하라!"라는 표어가 무색해지는 순간이지요. 스탈린은 루스벨트나 처칠만큼이나 제국주의자였던 겁니다. 루마니아, 그리스, 유고슬라비아, 헝가리, 불가리아 등등은 스탈린의 눈에는 자신의 먹잇감, 즉 식민지에 지나지 않았던 겁니다. 발칸반도 주변 국가들을 수탈하겠다는 속내였지요. 이렇게 강대국의 이해관계로 쪼개진 국가, 그리고 그곳의 민

1945년 2월 소련 흑해 연안의 얄타에서 만난
영국, 미국, 소련의 수뇌들. 왼쪽부터 윈스턴 처칠,
프랭클린 루스벨트, 이시오프 스탈린.

5부. 스펙타클, 주체를 구경꾼으로 만드는 마법

중들의 삶은 그의 안중에도 없었던 겁니다. 처칠의 회고에 따르면 자신은 강대국들의 이해관계에 의해 발칸반도 국가들의 운명이 결정되는 것이 나름 부끄러웠는데, 이에 비해 스탈린은 거의 아무런 감정적 동요도 없었다고 합니다. 심지어 처칠이 훗날 사람들이 빈정거릴 것이 뻔한 쪽지를 없애야 하는 것 아니냐고 하자, 무엇이 문제냐는 듯 스탈린은 보관하라고까지 이야기했다고 합니다.

로자 룩셈부르크가 이야기했던 것처럼 모든 자본주의는 '제국주의적'인 속성을 갖게 됩니다. 주어진 체제 안에서 평균 이윤율은 항상 하락할 수밖에 없다는 마르크스의 진단이 예외 없이 적용될 테니까 말입니다. 시장자본주의도 그렇지만 국가독점자본주의도 마찬가지지요. 그렇습니다. 이미 제2차 세계대전 직전 스탈린의 독점자본주의체제는 그 한계에 도달했던 겁니다. 이윤을 확보하기 위해서 스탈린체제도 당연히 외부로 확장해야 했던 셈이지요. 레닌그라드를 포함한 러시아 민중들이 피를 흘리며 항전해 이룬 세상을 스탈린은 제국주의적 팽창에 이용하고 있었던 겁니다. 이제 동유럽 사회주의국가들이 어떤 위상을 가졌는지 이해가 되시나요. 그것은 스탈린의 독점자본주의에 수탈되는 식민지들이었던 겁니다. 여기서 이념이 중요한 것은 아니지요. 스탈린체제가 가진 압도적 무력이 중요한 겁니다. 1955년 나토^{NATO}, 즉 북대서양조약기구^{The North Atlantic Treaty Organization}에 맞서 스탈린은 자신의 영향력하에 있던 동유럽과 중앙아시아 국가들을 묶어 공동방위조약, 즉 바르샤바조약^{Warsaw Pact}을 맺게 되죠. 그러나 잊지 말아야 할 것은 바르샤바조약 이전에도 폴란드, 동독, 헝가리, 루마니아, 불가리아, 알바니아, 체코슬로바키아 등은 이미 소비에트연방의 식민지로 기능하고 있었다는 사실입니다. 토니 클리프^{Tony Cliff}(1917~2000)의 이야기를 한번 경청해보지요.

전통적 제국주의국가들이 식민지를 착취하는 방법은 세 가지였다. 첫째, 식민지의 생산물을 낮은 가격에 구입했다. 둘째, '본국' 생산물을 높은 가격에 판매했다. 셋째, '본국'의 자본가들이 식민지에 기업을 설립해서 '토착민'을 고용했다. 소비에트연방 국가자본주의도 이와 동일한 방법으로 식민지들을 착취했다. …… 1949년 3월 31일 자 유고슬라비아 일간지 《보르바Borba》를 보면 유고슬라비아에서 철강 생산의 필수 원료인 몰리브덴 1톤의 생산비가 50만 디나르였지만 스탈린과 티토의 밀월 기간에 몰리브덴은 소비에트연방에서 톤당 4만 5000디나르에 판매되었다고 한다. …… 톈진에서 소비에트연방 산 4톤짜리 지스 트럭이 5만 홍콩달러 상당의 가격에 판매되는 반면, 홍콩에서는 그와 비슷한 서방의 6톤짜리 트럭이 1만 5000달러에 판매된다. …… 독일의 소비에트연방 점령 지구에서 소비에트연방은 모든 산업의 약 3분의 1을 노골적으로 자기 재산으로 만들어버렸다. …… 루마니아, 헝가리, 불가리아에서는 합작 기업들이 있었는데, 소비에트연방의 지분은 50퍼센트에 불과하지만 실질적 통제권은 완전히 소비에트연방 측에 있었다. …… 노동자들은 모두 '토착민'인데도 이 합작 기업들이 기업 이윤의 절반을 차지한다는 사실, 이것이 바로 식민지적 착취의 명백한 증거가 아니고 무엇이겠는가?

–《소련은 과연 사회주의였는가State Capitalism in Russia》

방금 인용한 책은 1996년에 나온 것이지만, 이 책의 핵심부는 1947년에 등사본으로 이미 출간되었지요. 소비에트연방, 즉 소련을 중심으로 하는 제국주의와 미국을 중심으로 하는 제국주의가 냉전으로 치달으려고 할 때, 클리프는 두 체제의 경쟁은 이념 사이의 경쟁이 아니라, 그저 제국주의 사이의 경쟁이라는 걸 명료히 이해하고 있었던 겁니다. 비록 트로츠키로부터 많은 빚을 지고 있지만, 클리프는 용감하고도 정직한 지성인이었습니다. 시장주의와 사회주의라는 이념 이면에 존재하는 제국주의를 간파했던 것도 그렇고, 두 체제 중 하나를 선택하라는 압력이 가중된 상태에서도 시장자본주의체제와 국가독점자본주의체제를 모두 비판할 수 있었다는 것도 그렇습니다. 클리프의 분석처럼 시장자본주의체제만큼이나 국가독점자본주의체제도 자본주의가 갖는 제국주의적 속성에서 자유롭지 않습니다. 결국 스탈린이 처칠이 건넨 쪽지 내용을 당연하다는 듯이 수정한 그날, 이제 영국과 미국도 스탈린의 국가독점자본주의체제를 승인한 겁니다. 드디어 제1차 세계대전과 제2차 세계대전을 거치면서 다양한 제국들이 활약했던 시대가 지나고, 이제 시장주의를 이념으로 하는 미국제국 그리고 사회주의를 표방하는 소비에트제국이라는 두 거대 제국이 패권을 다투는 시대가 열린 셈이지요.

영국과 미국은 1944년 6월 6일 시작되었던 노르망디 상륙작전 Normandy Invasion을 제2차 세계대전 승리의 상징으로 각인하려고 애썼습니다. 그 결과 지금 우리도 제2차 세계대전은 무언가 영국과 미국, 그리고 프랑스를 중심으로 나치 독일에 승리했다는 인상을 갖고 있습니다. 그러나 실제로 히틀러와 스탈린 사이의 전쟁, 구체적으로 400만 명의 나치 주력군을 패퇴시킨 4년 동안의 치열한 전투가 없었다면, 제2차 세계대전의 결말은 우리가 아는 것과는 전혀 달랐을 겁니다. 그러니 1944년 1월 27일 레닌그라드가 872일 만에 독일군의 포위에서 풀린 날은 상징적인 때라고 할 수 있지요. 사실상 여

1944년 독일군과의 전쟁에서 승리한 레닌그라드의 하늘에 승리의 불꽃이 빛나고 있다.

기서 히틀러는 완전히 괴멸되었다고 해야 할 테니까요. 그러니 처
칠도 루스벨트도 스탈린을 동등한 파트너로, 아니 정확히 말해서는
그에게 위압감을 느끼며 전후 협상을 진행했던 겁니다. "우리가 전
투에서 승리하지 못했다면, 영국과 미국이 어떻게 나치 독일을 이
길 수 있었겠는가?" 이것이 당시 스탈린의 자부심이었지요. 충분히
자부심을 가질 만합니다. 실제로 미국이 1945년 8월 6일 히로시마
에, 그리고 8월 9일 나가사키에 떨어뜨린 원자폭탄은 제2차 세계대
전으로 급부상한 스탈린의 소비에트제국에 대한 사전 경고의 성격
도 있었다고 할 수 있지요. 자신도 충분히 강하다는 일종의 무력시
위였던 셈입니다.

아이러니한 것은 스탈린체제에 이 정도의 힘을 부여한 당사자

들이 바로 히틀러와 맞서 싸웠던 러시아 민중들이었지만, 그들은 히틀러만큼이나 스탈린을 싫어했다는 사실입니다. 특히나 레닌그라드와 그 시민들은 말입니다. 히틀러나 스탈린 모두 인간의 자유를 부정하기는 마찬가지였으니까요. 당시 레닌그라드는 아직도 노동계급의 소비에트 정신이 살아 있는 곳이었던 겁니다. 그렇지만 스탈린과 히틀러 사이의 전쟁을 통해 1905년 이후 레닌그라드를 긴장하게 만들었던 평의회코뮌주의와 정당코뮌주의 사이의 갈등, 혹은 노동자 대표 소비에트와 볼셰비키 정권 사이의 갈등은 미봉되어버리죠. 봉인된 갈등은 스탈린이나 혹은 그를 이은 후계자들에게는 정말 다시 드러나서는 안 되는 비밀이었을 겁니다. 실제로 스탈린도 1945년 5월 1일 레닌그라드에 '영웅 도시'라는 명칭을 부여하며 자신의 치부를 가리려고 했죠. 물론 스탈린도 1930년대 대숙청 기간 동안 자신이 레닌그라드와 그 시민들에게 얼마나 잔인했는지 너무 잘 알고 있었을 겁니다. 그러나 나치와 맞선 872일 동안의 치열한 투쟁에서 자신의 반대자가 될 만한 거의 대부분의 사람들이 목숨을 잃었으니, 별다른 걱정거리도 없었을 겁니다.

그러니 볼코프의 힘으로 쇼스타코비치의 회고록이 그가 죽은 뒤 1979년 6월 미국에서 출간되었을 때, 소비에트 당국이 느꼈을 당혹감과 그 충격이 어떠했을지 미루어 짐작이 가는 일입니다. 물론 쇼스타코비치도 그리고 볼코프도 회고록이 어떤 파장을 가져올지 이미 알고 있었지요. 그래서 노쇠하고 병든 쇼스타코비치는 자신의 회고록을 자기가 죽은 뒤 출간해달라고 볼코프에게 수차례 강조했던 겁니다. 볼코프의 이야기를 들어보죠.

나는 모아진 자료들을 분류한 뒤 적절한 것끼리 엮어 일관된 내용에 따라 여러 장으로 나누었다. 그 뒤 그것들을 쇼스타코비치에게 보여주었다. 그는 내가 한 작업을 인정해주었다. 각 장 페이지마다 무엇인가가 드러나기 시작했고 그것이 그에게 깊은 감명을 준 것이 틀림없었다. 나는 이 방대한 양의 정리된 회상록을 내 임의대로 분류하고 타이프로 쳐서 차차 구체적 형상을 만들어갔다. 쇼스타코비치는 장마다 읽고 서명을 했다. 이 최종 원고가 소비에트연방에서 출간되지 못하리라는 것을 우리는 둘 다 분명히 알고 있었다. 소비에트연방에서 출판하려고 여러 번 시도해보았지만 모두 허사였다. 나는 원고를 서방 세계로 가지고 나가려고 손을 썼다. 쇼스타코비치도 이에 동의했다. 그가 계속 고집했던 유일한 희망은 이 책을 자기 사후에 출간하라는 것이었다. 그는 자주 말하곤 했다. "내가 죽은 후에, 내가 죽은 후에." 쇼스타코비치는 새로운 시련을 겪을 준비가 되어 있지 않았다. 그는 몸이 너무 약했고 병에 시달려 지쳐 있었다.

-《증언: 드미트리 쇼스타코비치 회상록》

쇼스타코비치의 회고록을 끝까지 책임졌다는 것, 볼코프는 자신이 존경하던 예술가가 가지지 못했던 용기, 목숨을 건 용기를 품고 있었던 겁니다. 우리로서는 정말 다행스러운 일이지요. 볼코프의 책이 출간되자마자, 발칵 뒤집힌 소비에트 당국은 쇼스타코비치의 회고록 자체를 무화하려고 노력합니다. 그 일환으로 장마다 쇼스타코비치가 서명했다는 사실도 집요하게 물고 늘어졌습니다. 그런 서명이 있다면 공개하라는 겁니다. 러시아어로 출간되지 않고 영어로 출간된 책에는 그의 서명들이 빠져 있었으니까요. 이런 지루한 진위 공방 때문이었는지 쇼스타코비치 회고록의 독일어판과 핀란드판에는 쇼스타코비치의 서명이 들어 있는 원고 페이지 사진을 아예 첨부하게 됩니다. 그럼에도 압도적 체제의 힘과 사주 때문에 볼코프와 그의 쇼스타코비치 회고록을 흠집 내려는 수많은 글이 쏟아져 나왔습니다. 일종의 인터뷰집이 발간되었을 때, 인터뷰를 진행하고 기록했던 사람에 대한 이처럼 집요한 공격은 유례가 없는 일이었지요. 농가성진弄假成眞! 장난도 지나치면 진짜가 될 수도 있는 법입니다. 아니나 다를까, 어느 사이엔가 쇼스타코비치 연구자들은 객관주의라는 미명하에 소비에트 당국의 입장을 아무런 검증 없이 소개하죠. 당연히 양비론적 논의가 팽배해지게 됩니다. 당연히 쇼스타코비치를 다룬 볼코프도 신뢰하기 힘들지만, 1930년대 스탈린도 문제가 있다는 식의 논의들이 많아지게 되죠. 그만큼 쇼스타코비치의 울분과 슬픔은 희석되니, 소비에트 당국으로서는 더 이상 바랄 것이 없는 형국이 만들어진 셈입니다.

1939년 9월 1일 제2차 세계대전이 일어나자마자 망명 중에 있던 트로츠키는 《반대파 회보Oppozitsiya》에서 말했던 적이 있습니다. "현재의 공식적 방위는 '조국을 위하여! 스탈린을 위하여!'라는 구호 아래 진행되고 있다. 우리의 소비에트연방 방위는 '사회주의를 위하여! 세계혁명을 위하여! 스탈린에 반대하라!'라는 구호 아래 진행된다."제1차 세계대전 참전에 찬성했던 독일사회민주당에 대해 로자 룩셈부르크가 내뱉었던 사자후가 떠오르는 이야기입니다. 그렇지만 스탈린에 의해 추방될 때까지 사회주의가 아니라 정당주의나 국가주의를 표방했던 트로츠키가 이런 이야기를 한다는 것은 정말 당혹스런 일입니다. 그러나 생각해보세요. 정말 레닌그라드는 트로츠키가 원했던 구호로 872일을 버텼을까요? 아마 그렇지 않았을 겁니다. 스탈린의 공포정치와 히틀러의 살육은 세계혁명과 사회주의를 생각할 겨를조차 남기지 않았을 테니까요. 그러나 한 가지 확실한 것은 레닌그라드는 스탈린을 위해서 싸우지 않았다는 겁니다. 그들은 누구의 명령도 아닌 자신들의 힘으로 자신들을 위해 싸웠던 겁니다. 그리고 끝내 히틀러의 나치군을 몰아냈던 겁니다. 승리한 것이지요. 불행히도 레닌그라드의 마지막 승리는 노예로 살지 않겠다는 상트페테르부르크소비에트 정신의 마지막 불꽃이 됩니다. 레닌그라드에 돌아가야 할 마땅할 승리를 스탈린이 훔쳐버리니까요.

러시아혁명 100주년이 되던 해인 2017년, 러시아 국민들은 역사상 가장 위대한 지도자 1위로 국가독점자본주의자 스탈린, 그리고 그다음 2위로 시장자본주의 버전의 스탈린이라고 할 수 있는 푸틴Vladimir Vladimirovich Putin(1952~)을 선정했습니다. 러시아 레바다-첸트르Levada Center라는 여론조사 기관의 발표입니다. 결국 쇼스타코비치의 소망과는 달리 "스탈린에 의해 이미 파괴되고 히틀러가 단순히 마무리를 하려고 했던 그 레닌그라드"는 점점 망각되고 있는 겁니다. 정말 쇼스타코비치의 《교향곡 7번》은 레닌그라드에 대한 마지막 고별의식, 즉 레퀴엠이 되어버린 셈이지요. 체제로부터 모욕당하고 조롱당한 도시! 이제는 자국민마저도 망각 속으로 묻어버리려 하는 도시! 그럴수록 쇼스타코비치의 레닌그라드 레퀴엠은 더 소중해지기만 합니다. 이런 상황 속에서 2014년에 흥미로운 책 한 권이 등장해 우리의 눈길을 끕니다. 러시아와 소비에트연방을 깊이 연구했던 영국 역사가 모이나한Brian Moynahan(1941~)이 레닌그라드와 쇼스타코비치를 다룬 《레닌그라드: 포위와 교향곡Leningrad: Siege and Symphony》이라는 책입니다. 이 책의 표지에는 흥미로운 글귀가 쓰여 있습니다.

"스탈린에 의해 공포를 느꼈고 히틀러에 의해 굶주렸으며, 쇼스타 코비치에 의해 불멸성을 획득한 대도시의 이야기!" 그렇습니다. 바로 이겁니다. 바로 이것이 레닌그라드입니다.

상황주의 인터내셔널, 프랑스 68혁명, 그리고 기 드보르

100년이다. 마르크스[Karl Marx](1818~1883)의 《자본론[Das Kapital]》이 출간된 지 100년이 지났다. 그런 의미에서 1967년은 새로운 100년을 시작하는 해였다. 그 100년 동안 자본주의체제가 어떻게 자발적 노예, 즉 노동자들을 양산해 그들을 착취하며 자기 생명을 유지하는지, 나아가 맹목적 이윤 추구의 충동으로 파괴적인 전쟁마저 서슴지 않는지 철저하게 해명되었다. 그러나 1967년 세상은 전혀 바뀌어 있지 않았고, 오히려 노동자들은 자본주의체제라는 늪에 더 깊이 빠져들어갔다. 물질적 풍요라는 장밋빛 전망을 노동계급에게 심어주는 데 성공한 서구의 자본주의는 여전히 승승장구하고 있었던 것이다. 1917년 10월 러시아혁명으로 탄생한 역사상 최초의 노동계급 정부, 즉 피억압자의 정부도 이런 흐름을 막지 못했다. 아니 막기는커녕 노동계급 정부는 그 찬란했던 러시아혁명을 왜곡하고 배신하는 데 혈안이 되어 있었다. 1928년 혁명 지도자 중 한 명이었던 스탈린[Joseph Vissarionovich Stalin](1878~1953)이 관료들과 함께 반혁명을 일으켜, 공산당과 국가기구가 모든 생산수단을 독점하는 국가독점자본주의체제를 발족하니까 말이다. 그로부터 불행히도 세계는 완전히 양분되고 만다. 생산수단의 사유화[私有化, privatization]를 긍정하는 시장자본주의체제가 '자유주의liberalism'라는 깃발로 한 자리를 차지하고, 생산수단의 국유화國有化, nationalization를 긍정하는 국가독점자본주의체제가 '사회주의socialism'라는 깃발로 남은 자리를 차지한 것이다. 냉전체제는 바로 이렇게 시작된다. 냉전이 정점에 이르렀던 1967년 전 세계 노동자들에게는 이제 몸 둘 곳이 없어졌다. 시장자본주의체제의 노동자들은 생산수단을 독점한 다수 자본가에게 지배되고, 독점자본주의체제의 노동자들은 생산수단을 독점한 절대적인 국가기구에 의해 지배되었기 때문이다.

20세기를 이념의 세기로 규정하는 모든 역사가는 사기꾼들이거나 아니면 냉전체제의 한쪽을 편들고 있는 이데올로그였다고 할 수 있다. 사회주의와 자유주의 간의 이념 갈등이라고 그들은 입을 맞추지만, 사실 그런 갈등은 전혀 없었다. 단지 다양한 수준의 자본주의체제들 사이의 생존 경쟁만이 있었기 때문이다. 시장자본주의체제든 독점자본주의체제든 모두 자본주의체제에 지나지 않는다. 생산수단의 사유화를 인정했는지 아니면 부정했는지의 여부가 중요한 것이 아니라, 노동자들이 노동을 제외한 일체의 생산수단을 누군가에게 빼앗겼는지의 여부가 중요한 법이다. 바로 그 누군가가 존재한다면, 그가 바로 노동자들의 지배자나 억압자가 되는 것이다. 이렇게 다수 민중, 즉 노동자들을 착취해서 유지되는 체제에게 다른 공동체에 대한 공격과 착취는 정말 식은 죽 먹기처럼 쉬운 일이다. 문제는 공동체 내부의 착취는 언제든지 한계에 이를 수밖에 없고, 당연히 체제는 외부로 착취의 시선을 돌려 그 한계를 극복하려고 한다는 점이다. 그래서 로자 룩셈부르크Rosa Luxemburg(1871~1919)도 "자본주의는 본질적으로 제국주의적일 수밖에 없다"고 말했던 것이다. 소련이 동유럽이나 아시아에 수많은 국가를 자신의 정치경제학적 자장 안으로 포획하려고 했고, 미국도 소련의 이런 팽창 정책을 막기 위해 안간힘을 썼던 것도 이런 이유에서다. 그렇다. 만국의 노동자들을 해방시키기 위해 소련이 동유럽 국가들이나 중국, 북한 등의 국가들을 지원했던 것은 아니다. 마찬가지로 개인의 자유와 인권을 위해 미국이 서유럽 국가들이나 일본, 남한 등을 지원했던 것도 아니다. 마르크스가 이야기했던 것처럼 자본주의체제는 그 형식이 어떻든 간에 '이윤율 하락 경향의 법칙the Law of the Tendency of the Rate of Profit to Fall'을 따를 수밖에 없다. 이렇게 하락된 이윤율을 보충하기 위해, 소련도 그렇지만 미국도 다른 국가들을 원료 창고나 소비시장으로 확보할 필요가 있었던 것이다.

《자본론》을 출간했던 1867년에 마르크스가 생각지도 못했던 사태가 1967년에 벌어지고 있었다. 어쩌면 마르크스가 1883년 세상을 먼저 떠난 것은 불행이면서 동시에 다행이라는 생각도 든다. 불행인 이유는 1917년 이후 노동계급 혁명이 대세가 되었던 상황을 그가 보지 못했기 때문이고, 다행인 이유는 1928년 이후 노동계급을 위한다는 자들이 노동계급을 본격적으로 억압하는 현실을 볼 필요가 없었기 때문이다. 시장자본주의체제야 그렇다고 해도 자신을 이용해 국가독점자본주의체제를 정당화하는 사회주의국가들을 보았다면, 마르크스는 얼마나 황당해했을까. 아니 황당하다는 말로는 부족하다. 엄청난 배신감에 마르크스는 치를 떨었을 것이다. 이미 마르크스는 1848년 《코뮌주의정당 선언Manifest der Kommunistischen Partei》에서 "노동계급에게는 조국이 없기"에 "만국의 노동자들은" 국가주의를 넘어서 "단결하라"고 선언하지 않았던가. 실제로 국가독점자본주의는 국가주의의 해악과 자본주의의 해악을 모두 아우르고 있으니, 나름 국가주의와는 일정 정도 거리를 두고 있던 시장자본주의체제보다 더 인간에게 해로울 수밖에 없다. 그렇지만 이미 죽은 마르크스

기 드보르와 《스펙타클의 사회》 원서 표지.
《스펙타클의 사회》가 중요한 이유는 프랑스
68혁명의 정신과 이념을 대변하고 있을 뿐만 아니라
파리코뮌의 정신을 그대로 계승하고 있기 때문이다.

에게만 의존할 수도 없는 노릇이고, 그렇다고 해서 남겨진 인간으로
서 우리가 일체의 억압이 사라진 공동체, 자유로운 개인들의 공동체,
혹은 생산수단, 폭력수단, 정치수단 등 일체의 삶의 수단을 공유하는
공동체에 대한 꿈을 저버릴 수도 없는 일이다. 자유를 호흡하는 인
간이 민주주의와 인문주의에 대한 꿈을 어떻게 일순간이나마 포기

할 수 있겠는가? 마침내 모독당한 마르크스의 정신은 1967년 11월에 출간된 작은 책 한 권으로 그 치욕을 조금이나마 씻게 된다. 냉전시대 시장자본주의체제나 국가독점자본주의체제가 그토록 두려워해서 그 의의를 축소하고 왜곡하려고 했던 책, 바로 기 드보르^{Guy-Ernest} Debord(1931~1994)의 《스펙타클의 사회^{La Société du Spectacle}》다. 이 책의 중요성은 프랑스 68혁명의 정신과 이념을 대변하고 있을 뿐만 아니라 파리코뮌의 정신을 그대로 계승한다는 데 있다.

인문주의자나 민주주의자라면 듣는 순간 애절한 향수에 젖게 되는 단어가 있다. 바로 '인터내셔널^{International}'이다. "만국의 노동자여! 단결하라!" 마르크스의 이 절절한 요구에 부응해서 1864년 9월 28일 영국 런던에서는 '국제노동자연합^{International Workingmen's Association}'이 창립된다. 이것이 마르크스가 핵심 인사로 활동했던 '제1인터내셔널'이다. 1876년 '제1인터내셔널'이 해산된 뒤, 1889년 5월 1일 프랑스 파리에서는 '제2인터내셔널'이 창립된다. 로자 룩셈부르크와 레닌이 주도적으로 활동하며 그 명성을 쌓았던 인터내셔널이다. 1920년 스위스 제네바에서 열린 마지막 회의로 해체된 후, 이제 인터내셔널의 주도권은 소련으로 넘어가게 된다. 내실이야 어쨌든 1917년 10월 쿠데타 이후 대내외적으로 최초의 노동 정부를 표방하며 출현한 것이 바로 소련이기 때문이다. 1919년 모스크바에서 창립되어 레닌, 그리고 이어서 스탈린이 장악했던 '코뮌주의자 인터내셔널^{Communist} ^{International}', 즉 줄여서 코민테른^{Com-intern}이라고 불리던 조직이 바로 '제3인터내셔널'이다. 말만 인터내셔널이지 '제3인터내셔널'은 '세계 노동자들의 연대'가 아니라 소련의 국가독점자본주의를 견고히 하는 데 이바지한다. 그러니 이 세 번째 인터내셔널은 인터내셔널의 자살을, 혹은 마르크스 정신에 대한 최고의 모독이자 불명예를 상징한다.

1869년 스위스 바젤에서 열린
제1인터내셔널 대회 현수막.
제1인터내셔널은 마르크스가
주도해 만들었다.

1907년 독일 슈투트가르트에서 열린 제2인터내셔널 대회 참가자들. 로자 룩셈부르크와 레닌이
주도적으로 활동했다.

1920년 소련의 페트로그라드에서 열린 제3인터내셔널 대회 참가자들. 레닌을 비롯해 라데크, 부하린, 지노비에프, 고리키 등 소련 출신 혁명가들이 보인다.

1938년 스탈린으로부터 추방당한 트로츠키가 프랑스 파리에서 '제4인터내셔널'을 창립할 수 있었던 배경도 바로 이것이었다. 그러나 제3인터내셔널이든 제4인터내셔널이든 이 두 가지 인터내셔널은 기본적으로 소련체제와 관련된 어젠다에 매몰되어 있었다. 제3인터내셔널이 소련체제를 옹호하고 전 세계에 국가독점자본주의를 수출하는 데 집중했다면, 제4인터내셔널은 이에 맞서는 활동을 전개했기 때문이다.

제4인터내셔널 로고. 1938년 스탈린으로부터 추방당한 트로츠키가 프랑스 파리에서 창립했다.

　어쩌면 1871년 파리코뮌이 괴멸된 뒤 체제의 압력으로 고사되기 시작한 제1인터내셔널이 1876년 마침내 문을 닫고 나서는, '세계

상황주의 인터내셔널 멤버들. 아래 맨 오른쪽 인물이 기 드보르다.

의 노동자들과 연대를 꿈꾸는 노동자들의 자율적 조직'으로서의 인터내셔널은 없었다고 해도 무방할 것이다. 제2인터내셔널은 노동계급이 중심이 아니라, 노동계급을 위한다는 정치인이나 지식인들이 중심이었기 때문이다. 그러니까 제2인터내셔널은 일종의 과도기적 조직이었다고 할 수 있다. 여전히 노동계급 중심의 조직을 꿈꾸었던 로자 룩셈부르크와 전위 지식인들을 중시했던 레닌이 제2인터내셔널에서 공존했던 것이 그 증거라고 할 수 있다. 노동계급 옆에서 앞서거니 뒤서거니 걷겠다는 로자와 노동계급 앞에서 그들을 이끌겠다는 레닌! 제3인터내셔널이나 제4인터내셔널이 유력 정치인과 지식인들의 대장 노름으로 전락하게 된 것도 우연만은 아니었던 셈이다. 이것만으로 자유인들의 공동체를 꿈꾸었던 노동계급의 꿈은 풍전등화의 신세에 처했다고 할 수 있다. 그렇지만 설상가상 노동계급에게는 더 심각한 상황이 찾아온다. 제2차 세계대전 이후 냉전체제가 시작되면서 국가와 자본이란 두 개의 탑은 강고한 악의 연대를 맺으니까. 바로 이런 위기 국면에서 "만국의 노동자여! 단결하라!"는 구호가 섬광처럼 빛을 발하게 된다. 1957년 결성되어 1972년에 해체된 '상황주의 인터내셔널Internationale Situationniste, IS'이 서유럽, 특히 파리를 중심으로 탄생한 것이다. 제2인터내셔널의 양심, 로자 룩셈부르크와 함께 체제에 의해 괴멸되었던 스파르타쿠스동맹Spartakusbund이 불사조처럼 되살아난 셈이다. 상황주의 인터내셔널, 즉 IS는 1957년 7월 이탈리아 코시오에서 공식 발족한다. IS의 창립자이자 핵심 멤버로는 프랑스 이론가이자 영화감독 기 드보르, 벨기에의 작가이자 이론가 라울 바네겜Raoul Vaneigem(1934~), 헝가리 봉기의 지도자이자 건축가 코타니Attila Kotányi(1924~2003), 덴마크 화가이자 작가 아스거 욘Asger Oluf Jorn(1914~1973), 이탈리아 화가이자 작가 피노-갈리지오Giuseppe Pinot-Gallizio(1902-1964), 프랑스의 소설가이자 기 드보르의 첫 번째 부인 미셸 번스타인Michèle Bernstein(1932~) 등이다.

IS의 지도부 면면을 보면 억압에 가장 민감한 사람들은 예술가들일 수밖에 없다는 공식을 다시 떠올리게 된다. 사상의 자유와 표현의 자유가 없다면, 예술가의 창작행위는 아무런 의미가 없는 법이다. 그들이 인간의 자유에 경종을 울리는 일종의 비상경보기로 기능하는 것도 이런 이유에서다. 먼저 예술가라면 일차적으로는 자신이 속해 있는 예술계의 매너리즘에 가장 민감한 반응을 보인다. 이어서 심화되면 예술가들은 질서라는 이름으로 수행되는 국가의 노골적인 억압이나 나아가 생산성과 이윤이란 이름으로 이루어지는 자본의 은근한 검열도 돌파하려고 할 것이다. 여기서 우리는 IS 내부에 어떤 균열을 예감하게 된다. 예술의 영역에 자유를 국한하려는 보수적이고 엘리트주의적인 입장(예술가적 입장)과 자유를 전체 사회에 관철하려는 급진적이고 민중적인 입장(혁명가적 입장)! 기 드보르와 라울 바네겜, 코타니는 혁명가적 입장을 대변했던 사람들이다. 마침내 1960년 초반부터 1965년까지 기 드보르 등은 예술가적 입장을 가진 아스거 욘이나 갈리지오 등을 IS에서 몰아내는 데 성공한다. 물론 그렇다고 해서 기 드보르가 종파적이고 분열적인 인물, 혹은 권력욕의 화신이라고 오해해서는 안 된다. 그가 예술가적 입장을 추방한 이유는 자신이 속한 IS가 기본적으로 '인터내셔널'이라는 확고한 자각 때문이었다. 실제로 1957년 7월 IS를 창립할 때 기 드보르는 IS가 지향하는 것을 명확히 했던 선언문을 쓴 적이 있다. "세계는 변화되어야만 한다"고 선포하는 〈상황의 구성에 관한 보고서Rapport sur la construction des situations〉란 작은 문건이 바로 그것이다. 이 선언문의 정식 이름은 〈상황의 구성, 그리고 상황주의 인터내셔널 경향의 조직과 행동 조건들에 대한 보고서Rapport sur la construction des situations et sur les conditions de l'organisation et de l'action de la tendance situationniste internationale〉다. "상황의 구성(la construction des situations)!" 여기에 새로운 인터내셔널이 무슨 이유로 '상황주의 인터내셔널'이란 이름을 택했는지 알려주는 실마리가 보인다. 〈상황의 구성에 관한 보고서〉에 등장하는 다음 구절은 그래서 매우 중요하다.

우리의 핵심적인 생각은 상황들의 구성, 즉 삶의 일시적 환경들ambiances을 구체적으로 건설하고, 그것들을 가장 정열적인 성질une qualité passionnelle supérieure을 가진 것으로 변형시키는 것에 있다. 우리는 영원히 상호작용하는 두 가지 커다란 요소들—삶의 물질적 배경décor, 그리고 그 배경이 야기하지만 근본적으로 그 배경을 변형시키는 행동들comportements—로 이루어진 복잡한 요인들에 기초한 체계적 개입 방법을 발전시켜야만 한다.

-〈상황의 구성에 관한 보고서〉(1957)

이미 기 드보르는 마르크스적인 면모를 보이고 있다. 물질석 배경, 즉 환경이라는 대상적 측면과 그것에 개입하는 활동이라는 주체적 측면! 이 두 가지가 긴밀히 상호작용한다는 것이 바로 마르크스의 변증법 아닌가? 아니 정확히 말해 이것이 바로 '대상적 활동Gegenständliche Tätigkeit, objective activity'이 아닌가? 여기서 또 한 가지 제3인터내셔널과 제4인터내셔널이 소련이란 국가체제 차원에서 논의가 진행되었다면, IS는 구체적인 삶의 장에서 논의를 진행하고 있다는 점에도 주목해야 한다. 그러니까 IS는 추상 중심이 아니라 구체적인 삶을, 거대한 관조가 아니라 구체적인 실천을, 구조적 지평보다는 실존적 지평을 강조하고 있다. 실업자라면 그에 맞는 상황을 구성하고, 학생이라면 그에 맞는 상황을 구성하고, 노동자라면 그에 맞는 상황을 구성하고, 여성이라면 그에 맞는 상황을 구성하고, 이주민이라면 그에 맞는 상황을 구성해야, 그들의 삶은 차갑고 관조적이지 않고 뜨겁고 실천적으로 변할 수 있다는 것이다. 이렇게 정열적인 성질을 확보할 때, 실업자, 학생, 노동자, 여성, 이주민 등은 인터내셔널의 정신, 즉 유대와 연대로 나아갈 수 있다. 그래서 정열적 성질qualité passionnelle이란 표현이 중요하다. 이 표현은 섹스 등으로 뜨겁게 불타오른 남녀관계를 의미한다. 나와 환경 사이의 뜨거운 관계, 나아가 사람들 사이의 뜨거운 관계가 없다면, 우리가 관조하는 세계가 아니라 실천하는 세계로 나아가는 것은 불가능하기 때문이다. 잊지 말자. 누군가를 사랑하지 않았다면 그만이지만, 사랑했다면 우리는 과거로는 돌아갈 수 없는 법이다. 그저 그 사람과 어떤 식으로든지 앞으로만 나아갈 수 있을 뿐이다. 그래서 기 드보르가 구성하고자 했던 '상황'은 다시 원래대로 되돌아갈 수 없는 상황, 즉 '불가역적인 상황'이란 성격을 가지게 된다.

흥미롭게도 '상황'이란 개념을 철학적으로 부각시켰던 최초의 사람은 기 드보르 등 IS 멤버들이 아니라 철학자 사르트르^{Jean-Paul Sartre}(1905~1980)였다. 1943년 출간된 《존재와 무^{L'être et le néant}》에서 사르트르는 말한다. "어떤 상황 안에서만 자유가 존재하고, 단지 자유를 통해서만 어떤 상황이 존재한다." 사르트르가 자유의 철학자로 협소하게 이해되어서는 안 되는 이유도 바로 여기에 있다. 그는 무조건적인 자유나 절대적인 자유를 인간에게 부여할 만큼 멍청한 철학자는 아니었다. 자유의 철학자이기에 앞서 사르트르는 상황의 철학자, 정확히 말해 자유와 상황의 변증법적 충돌을 고민했던 철학자였다. 1947년 출간된 《상황들의 연극을 위해^{Pour un théâtre de situations}》의 한 구절을 읽어보자.

> 주어진 상황에서 인간이 자유롭고, 따라서 그런 상황 안에서 그리고 그런 상황을 통해 그가 자신의 존재를 선택하는 것이 사실이라면, 연극에서 우리가 보여주어야만 하는 것은 단순하고 인간적인 상황들, 그리고 이런 상황들에서 자신의 존재를 선택하는 자유로운 개인들일 뿐이다.
>
> ―《상황들의 연극을 위해》(1947)

사르트르의 생각은 간단하다. 상황은 자유로운 주체에게만 의미가 있는 개념이고, 주어진 환경에 수동적으로 적응하는 사람에게는 '상황'이란 용어를 사용할 수 없다는 것이다. 비록 연극 이론에 적용된 상황 개념이지만, 이것은 그대로 정치 세계나 삶의 세계에도 적용될 수 있다. 상황과 자유 사이의 변증법적 관계에는 물질적 조건이 정신적인 것을 결정한다는 유물론적 주장도, 더 구체적으로 말해 인간의 혁명은 생산력의 발전 등 주어진 조건에 의해 결정된다는 주장도 발을 내딛을 수 없다. 바로 이것이 제도권 공산주의자들이 사르트르를 공격하고 폄훼한 이유였다. 어쨌든 기 드보르는 사르트르가 생각했던 상황과 자유의 변증법으로 스탈린체제 등 제도권 사회주의가 왜곡했던 마르크스의 변증법적 정신을, 혹은 그의 '대상적 활동' 개념을 되살리려고 했다. 기 드보르가 강조했던 "상황들의 구성"이 결국 "자유로운 주체", 혹은 "혁명적 주체"의 구성과 다름없는 이유도 바로 여기에 있다. "상황들의 구성"은 예술가들을 넘어서 모든 인간에게 적용되어야 한다고 믿었던 기 드보르, IS는 근본적으로 마르크스의 인터내셔널 정신이 아니라면 아무것도 아니라는 확신을 가졌던 기 드보르. 그가 한때 친했던 동료들, 예술가적 입장을 가진 멤버들을 IS에서 추방할 수밖에 없었던 것도 이런 이유에서다. 결국 이런 아픈 정비 과정을 거치면서 IS는 인터내셔널로서 제대로 기능하기 시작한다.

　　다양한 현실 참여 운동과 함께 IS는 인터내셔널의 이념을 전파하려는 노력도 쉬지 않았다. 그중 세 가지 문건이 가장 중요하다. IS 소속 대학생들이 1966년에 팸플릿으로 만들어 배포했던 《대학 생활의 빈곤에 관해De la misère en milieu étudiant》, 1967년에는 라울 바네겜이 출간한 《젊은 세대를 위한 삶의 지침서Traité de savoir-vivre à l'usage des jeunes générations》, 그리고 같은 해 기 드보르가 출간했던 《스펙타클의 사회》! 모두 당시 대학생들의 영혼에 시한폭탄처럼 각인된 글들이었다. 다

1968년 5월 소르본의 바리케이드. 체제에 저항하는 점거농성은 대학에만 국한되지 않고 전체 프랑스로 들불처럼 확산되었다.

행스럽게도 1965년 예술가적 정신을 극복하고 혁명가적 정신으로 노선을 재정비했던 IS의 꿈과 노력은 얼마 지나지 않아 결실의 계절을 맞는다. 당시는 자본주의체제에서 흔히 일어나는 부익부빈익빈 현상이 노골화된 때였다. 비록 최고 통치자 드골^{Charles André Joseph Marie de Gaulle}(1890~1970)이 권위주의적 경제 정책으로 프랑스의 자본 축적률을 국민총생산의 26퍼센트나 올려놓았지만, 그 혜택은 모두 자본계급에게 돌아갔던 것이다. 1968년 노동계급은 저임금과 최장 노동시간 상태에 있었고, 1960년에 비해 두 배 이상 늘어 50만 명에 육박하는 대학생들도 미래를 걱정하며 과밀 학급에서 저질의 수업을 받았으니, 전체 사회에는 점점 국가의 권위주의를 상징하는 드골과 잉여가치를 독점한 자본계급에 대한 불만이 쌓여만 갔던 것이다. 국가와 자본을 넘어 민주적 공동체를 꿈꾸었던 IS의 이념이 열광적인 환영

1968년 르노자동차 공장을
점거한 노동자들.

을 받을 수 있었던 것도 이런 이유에서다. 그렇지만 《스펙타클의 사회》는 단순히 기 드보르 혼자만의 고독한 저작이라고 봐서는 안 된다. 그것은 1957년 7월 기 드보르의 주도로 창립된 '상황주의 인터내셔널'의 문제의식과 이념이 구체화된 것이기 때문이다. 이 책을 통해 기 드보르는 내적으로 IS 활동에 철학적 기초를 부여하려고 했고, 외적으로는 시장자본주의체제와 국가독점자본주의체제에 맞서는 노동계급의 연대를 촉구하려고 했던 것이다.

68혁명의 절정은 1968년 5월 13일 대학생들과 기 드보르가 포함된 IS 멤버들이 소르본을 기습 점거한 사건이다. 소르본Sorbonne은 당시 프랑스 최고 명문대학 파리대학Université de Paris의 약칭이다. 소르본을 점거했던 대학생들과 IS 멤버들은 소르본점거위원회Comité d'Occupation de la Sorbonne를 만들었다. 상황의 조성la construction des situations이란 IS의 근본 이념을 실천한 셈이다. 1850년 〈혁명에 관해Sur Révolution〉에서 블랑키Louis Auguste Blanqui(1805~1881)가 말했던 것처럼 그것이 기 드보르와 IS 멤버들이 할 수 있는 최선이었다. "우리는 요람을 준비할 수는 있지만, 오래 기다린 존재를 탄생시킬 수는 없다." 주어진 환경에 순응하는 것이 아니라 그에 맞게 상황을 능동적으로 조성해야 한다. 바로 이것이 "오래 기다린 존재", 즉 혁명을 희망할 수 있도록 해주니까. 다행히 소르본 점거농성은 요람 노릇을 톡톡히 했다. 체제에 저항하는 점거운동은 대학에만 국한되지 않고 전체 프랑스로 들불처럼 확산되었다. 소르본 점거에 호응한 노동계급이 각지에서 파업과 점거농성에 돌입했던 것이다. 실제로 5월 16일 낭트에서는 프랑스 국영 항공기 제조사 쉬드-아비아시옹Sud-Aviation 공장이, 파리에서는 100개의 신문과 3000여 종의 잡지를 배급하는 프랑스 최대 배급사 NMPP(Nouvelles Messageries de la Presse Parisienne)가, 노르망디 지역 클레옹에서는 르노Renault자동차 공장이 비정규직 노동자들의 주도로 점거된다. 긴박하게 전개된 상황에 따라 기 드보르와 소르본 점거위원회는 새로운 상황을 조성하기 위해 부단히 노력한다. 혁명의 불길을 전체 프랑스로 확산시켜 혁명을 완수하려는 노력이 본격화된 것이다. 그 일환으로 제작되어 유포된 소르본점거위원회가 5월 16일 오후 7시에 발표한 유인물, 68혁명의 지향점을 명확히 밝힌 유인물을 읽어보도록 하자.

　인간에 대한 신의 지배를 극복하고 인간에 대한 왕의 지배를 극복했지만, 신의 자리에 자본이 들어오고 왕의 자리에 국가기구가 들어왔을 뿐 바뀐 것은 전혀 없다. 자본가들과 국가 관료들이 사제와 왕 대신 육체노동을 하지 않아도 호의호식하는 지배자의 삶을 영위

모든 수단을 동원해 지금 당장 퍼뜨려야 할 슬로건들

Mots d'ordre a diffuser maintenant par tous les moyens

전단지. 전화 선전. 작은 만화. 노래. 그라피티. 소르본대학 그림들에 말풍선 달기. 영화를 상영할 때나 혹은 상영을 방해하면서 이루어지는 극장 선전. 지하철 광고판에 말풍선 달기. 섹스를 하기 전에도. 섹스를 한 뒤에도. 엘리베이터 안에서도. 그리고 바에서 술잔을 들 때마다.

공장을 점거하라!
Occupation des usines

노동자평의회에 권력을!
Les pouvoir aux conseils de travailleurs

계급사회를 철폐하라!
Abolition de la société de classe

스펙타클-상품 사회를 무너뜨려라!
A bas la société spectaculaire marchande

소외를 철폐하라!
Abolition de l'aliénation

대학을 끝장내라!
Fin de l'université

마지막 관료가 마지막 자본가의 내장과 함께 교수대에 걸릴 때까지, 인간은 행복할 수 없다!
L'humanité ne sera heureuse que le jour où dernier bureaucrate aura été pendu avec les tripes du dernier capitaliste

경찰에게 죽음을!
Mort aux vaches

5월 6일 폭동 때 약탈 혐의로 기소된 4명을 석방하라!
Libérez aussi les quatre condamnés pour pillage pendant la journée du 6 mai

민중자유 소르본점거위원회
Comité d'Occupation de la Sorbonne
1968년 5월 16일 19시

하게 되었고, 다수 노동계급은 그에 따라 노예나 농노의 옷을 벗고 이제 노동자라는 새로운 옷을 걸치게 되었을 뿐이다. 이게 지배계급과 그 이데올로그들이 침을 튀기며 찬양했던 역사의 맨얼굴이다. 기드보르가 멜리에Jean Meslier(1664~1729)의 유명한 말을 패러디한 것도 우연은 아니다. "마지막 관료가 마지막 자본가의 내장과 함께 교수대에 걸릴 때까지, 인간은 행복할 수 없다." 사제이면서도 동시에 서양 역사상 최고의 무신론자, 1871년 파리코뮌에 앞서 프랑스 향촌에 코뮌을 만들려고 분투했던 코뮌주의자, 그가 바로 멜리에다. 그의 사후 발견된 글, 지금은 《유언Testament》이란 책으로 묶인 글에서 멜리에는 자신의 소망을 절절히 토로했던 적이 있다. 자유로운 공동체를 위해서는 "모든 지상의 왕과 귀족은 사제들의 내장과 함께 교수대에 걸려야 한다tous les grands de la Terre et que tous les nobles fussent pendus et étranglés avec les boyaux des prêtres"고. 멜리에의 이 유명한 구절을 패러디하면서 기 드보르와 IS는 자신들의 표적이 단순히 자본주의체제만이 아니라 BC 3000년 즈음 만들어진 억압체제 자체라는 걸 보여준다. 멜리에의 정신을 계승하는 유인물을 통해 우리는 68혁명이 단순한 학생운동이 아니라는 걸 확인하게 된다. 68혁명은 20세기 중반 자본주의체제로 응결된 계급사회 자체를 폐기하려고 했기 때문이다. 생각해보라. '공장을 점거한다'는 것은 생산에 노동자가 개입하겠다는 것이고, '노동자평의회에 권력을 준다'는 것은 일체 대표자들의 권력을 제약하겠다는 것이다. 당연히 노동자들은 자본계급의 지배로부터, 동시에 국가든 공산당이든 노조든 일체의 국가기계로부터 자유로워지게 된다. 어쨌든 노동계급이 생산과정과 정치과정에 주체적으로 개입하는 것이 가능하다면, BC 3000년부터 지속되었던 계급사회는 최소한 프랑스에서는 완전히 소멸할 것이다. 잊지 말아야 할 것이 한 가지 있다. 유인물에 등장하는 모든 구호는 IS가 평상시 지향했던 것, 나아가 《스펙타클의 사회》에서 기 드보르가 주장했던 것을 간단한 슬로건 형식으로 요약했다는 사실이다.

소르본을 점거하면서 시작된 대학생들의 저항, 그리고 여기에 노동계급이 동참하면서 마침내 전설적인 68혁명의 불꽃이 프랑스 전역에 불타오르게 된다. 대학생들이 대학에서 '상황을 구성했고', 노동계급은 생산 현장에서 '상황을 구성했던' 것이다. 이렇게 상황들을 주체적으로 구성하려는 다양한 움직임들이 프랑스 도처에서 동시다발적으로 발생해 서로 시너지 효과를 만든 것이다. 당시 IS는 모든 저항을 수평적으로 연결하는 연결고리 역할을 톡톡히 했다. 1968년 5월혁명의 열기로 뜨거웠던 프랑스를 가보았다면, 우리는 대학, 거리, 공장, 회사 등 도처에 나뒹구는 많은 유인물, 그리고 건물 외벽들을 장식했던 형형색색의 낙서들을 발견했을 것이다. "공장을 점거하라!" "노동자평의회에 권력을!" "계급사회를 철폐하라!" "스펙타클-상품 사회를 붕괴하라!" "대학을 끝장내라!" 등등. 당시 68혁명의 슬로건들 대부분은 IS가 직접 만들었거나 기 드보르나 라울 바네겜의 책에서 유래한 것이다. 그러나 불행히도 요람을 만드는 데는 성공했지만 혁명은 잉태되지 않았다. 거의 성공 문턱에서 68혁명은 좌절하고 만 것이다. 국가와 자본에 맞서 싸우던 대학생과 노동계급의 등에 칼을 찌른 사람들이 등장했기 때문이다. 소련의 사주를 받은 프랑스 공산당Parti communiste français, PCF과 노조 대표자라는 기득권을 유지하려는 노동총연맹Confédération générale du travail, CGT이 바로 동지의 등을 찌른 그 교활한 배신자였다. 이 배신자들은 68혁명에 참여했던 노동자들을 설득해 혁명 대오에서 벗어나 직장으로 돌아가도록 만들었다. 다수가 다시 깨알처럼 분열되었으니, 혁명이 어떻게 성공할 수 있다는 말인가?

68혁명 당시 포스터.
"아름다움은 거리에
있다"라는 문구가 적혀 있다.

　　서구 자본주의체제도, 소련과 프랑스의 공산당도, 심지어 노조
대표부도 좋아하지 않았던 혁명! 바로 그것이 68혁명이었다. 자본주
의체제를 부정하니 서구체제가 68혁명을 좋아할 리 없고, 민주성과
자발성을 강조하며 대표의 권한을 제약하니 무오류의 지도부를 자
처했던 소련체제와 공산당, 그리고 노조조직이 68혁명을 좋아할 리
없다. 이렇게 68혁명은 계급사회를 유지하고 싶었던 자본계급과 국
가기구의 반격, 그리고 노동계급에게 권력을 주는 걸 꺼렸던 공산당
과 노조의 배신으로 좌절되고 만다. 실패와 좌절의 대가는 치명적인
데가 있다. 역사는 항상 승자가 독점하는 법이니까. 그래서 68혁명은

철없는 학생들의 무책임한 혁명, 혹은 다시는 반복되어서는 안 되는 치기만만하고 낭만적인 혁명으로 기억되고 있다. 아직도 68혁명을 단순히 학생운동이라고 생각하는 사람이 많은 것도 이런 이유에서다. 1968년 이후 68혁명을 괴멸하는 작업에 동참했던 서구체제와 동구체제가 이구동성으로 68혁명에 걸었던 저주가 아직도 풀리지 않은 셈이다. 그러나 1000만 명의 노동자들이 총파업에 참여해 국가기구를 거의 제 기능을 하지 못하게 만들었던 혁명, 1917년 러시아혁명에 비견될 수 있을 정도로 수평적인 연대와 자발적 참여로 뜨거웠던 혁명이 어떻게 학생운동이란 좁은 프레임에 들어갈 수 있다는 말인가?

68혁명은 자유인들의 공동체에 들어가는 입구, 바로 그곳에서 노동계급을 위한다는 공산당과 노조 지도부에게 뒤통수를 맞고 좌절한다. 서구 자본주의체제를 괴멸시키기 직전 한때 지혜로운 동료라고 믿었던 사람들로부터 배신당했으니, 그 충격은 상상 이상이었다. 그렇다고 해서 그것은 IS의 이념이나 《스펙타클의 사회》가 틀렸다는 걸 의미하지는 않는다. 역사는 옳았다고 해서 항상 승리하지는 못하지만, 옳은 것은 실현 여부를 떠나 항상 옳은 것일 수밖에 없다. 그러니 대의를 희석시키며 작은 승리를 얻기보다는 대의를 지키며 커다란 패배를 선택하는 것이 낫다. 기 드보르는 이미 68혁명이 발발하기 전에 이 사실을 정확히 알고 있었다.

고전적 노동자운동mouvement ouvrier classique은 어떤 환각도 없이, 특히 이 운동의 정치적 계승자나 유사 이론적 계승자들에 관한 일체의 환각도 없이 검토되어야만 한다. 왜냐하면 이들 계승자들이 계승한 것은 노동자운동의 실패이기 때문이다. (독일사회민주당의) 수정주의réformisme나 (스탈린체제의) 국가관료주의bureaucratie

étatique 설립의 사례처럼, 노동자운동의 분명한 성공succès apparents
은 실제로 노동자운동의 근본적인 실패échecs fondamentaux였다. 반면
프랑스의 파리코뮌이나 스페인의 아스투리아스 반란la révolte des
Asturias의 사례처럼, 노동자운동의 실패는 우리나 미래 사람들에
게 희망찬 성공succès ouverts이었다.

-〈첫 번째 테제〉,《코뮌에 관하여Sur la commune》(1962년 3월 18일)

'파리코뮌 테제'라고도 불리는《코뮌에 관하여》는 기 드보르가
바네겜과 코타니와 공동으로 발표한 것이다.《코뮌에 관하여》의 첫
번째 테제에서부터 기 드보르는 IS가 나아갈 바를 명시한다. 그것
은 억압체제와 조금도 타협하지 않았던 파리코뮌을 잇겠다는 것이
다. 자유로운 공동체는 억압받는 다수가 스스로의 힘으로 쟁취해야
만 하는 것이지 외부의 누군가가 선물로 가져다주는 것이 아니라는
사실을 명확히 했기 때문에, 파리코뮌은 패배나 좌절이 아니라 희망
찬 성공일 수밖에 없다. 1871년 파리코뮌만 그런가, 1934년 스페인
북부 아스투리아스 지역에서 만들어졌던 자치평의회도 마찬가지였
다. 물론 1871년 파리코뮌은 공식적으로는 6667명의 사상자, 비공식
적으로는 2만 명의 사상자를 양산하면서 좌절되었고, 1934년 아스
투리아스 지역 광부들의 투쟁도 사망자 1700명, 그리고 포로 3만 명
을 만들면서 괴멸되었다. 그렇지만 1871년 파리 시민도 그리고 1934
년 아르투리아스 지역의 광부들도 억압체제에 결코 투항하지 않았
다. 자신들의 생명과 자유로운 공동체의 이념 중 그들은 후자를 선택
한 것이다. 억압체제로서는 무기력을 느끼지 않을 수 없었던 순간이
었다. 억압체제는 동료 인간을 복종하도록 만드는 것으로 유지되지,
그들을 죽이는 것으로 유지되지 않기 때문이다.

생각해보라. 소수가 다수를 노예로, 농노로, 혹은 노동자로 만들어 그들의 노동력을 착취해서 이루어지는 것이 억압체제다. 그런데 그 다수가 복종하지 않아 그들을 죽일 수밖에 없다면, 어떻게 체제가 유지된다는 말인가? 이제 포도 농장에서, 밀밭에서, 논에서 그리고 공장에서 육체노동을 묵묵히 감내할 사람이 없으니 말이다. 결국 체제는 이긴 듯이 보이지만 진 것이고, 파리와 아스투리아스의 노동자들은 진 것처럼 보이지만 이긴 셈이다. 반면 독일사회민주당이나 러시아공산당이 20세기 초 집권에 성공했을 때, 모든 사람은 노동자운동의 성과라고 환호했다. 그렇지만 얼마 지나지 않아 바뀐 것이 전혀 없다는 사실이 분명해졌다. 단지 노골적으로 노동계급을 억압하고 착취했던 상전이 말만큼은 노동계급을 위한다고 사탕발림을 아끼지 않는 상전으로 바뀌었을 뿐이니까. 집권에 성공한 독일사회민주당이나 러시아공산당은 코뮌주의보다는 해묵은 국가주의를 선택했던 것이다. 여전히 노동계급에게 생산수단과 생계수단, 나아가 정치수단의 공유화가 허락되지 않았다. 자본계급에게 빼앗긴 생산수단이 그저 국가기구로 이양되었을 뿐이다. 생산수단과 생계수단을 독점하는 자 지배자가 되고, 빼앗긴 자 피지배자가 된다는 공식은 파괴되지 않은 것이다. 결국 "노동자운동의 분명한 성공"으로 보였던 독일의 사회민주당체제와 러시아의 공산당체제의 등장은 "실제로는 노동자운동의 근본적인 실패였던" 셈이다. 자본계급이란 하이에나 떼 대신 국가기구라는 한 마리의 호랑이가 노동계급을 압박하는 형국이었으니.

체제가 직간접적으로 조장하는 일체의 패배주의나 순응주의를 넘어서고 싶은가? 말로는 노동계급을 위한다면서 사실 자신들의 권력욕에 목을 매는 소수 지식인과 정치인들의 허위의식을 공격하

1934년 스페인 아스투리아스에서 봉기를 일으켰던 사람들이 군인들에게 잡혀가고 있다. 봉기를 일으킨 사람들 대부분은 석탄 광부들이었다. 2주 동안 만들어졌던 자치평의회는 군인들에 의해 잔인하게 진압되고 말았다.

고 싶은가? 소련, 중국, 그리고 북한마저 사회주의를 팔아서 노동계급을 착취하는 양두구육의 억압체제라는 걸 이해하고 싶은가? 우리를 아직까지 옥죄는 계급사회를 극복하고 싶은가? 자유로운 개인들의 공동체에서 살아가는 후손들의 해맑은 미소를 보고 싶은가? 그렇다면 우리는 다시 《스펙타클의 사회》를 넘겨봐야만 한다. 《스펙타클의 사회》가 냉전의 정점이었던 1960년대에만 유효했던 것이 아니라, 국가독점자본주의체제가 거의 소멸한 21세기 현재, 그러니까 신자유주의Neo-liberalism가 일상이 되어버린 현재에도 경이로운 통찰력과 소름끼치는 예언력을 보여주기 때문이다. 또한 제도권 사회주의국가들이 국가독점자본주의체제에 지나지 않는다는 기 드보르의 진단도 잊어서는 안 된다. 자본주의체제의 대안으로 국유화를 표방하는 사람들이 아직도 존재하고, 사회주의가 국가주의를 부정하는 이념이라는 마르크스의 주장을 간과하는 사람들이 많기 때문이다.

《스펙타클의 사회》의 비판적 힘은 기 드보르의 혜안이 시장자본주의나 국가독점자본주의를 넘어 자본주의체제 일반의 논리를 관통하지 않았다면 아마도 불가능한 일이었을 것이다. 그러나 더 중요한 것은 우리가 앞으로 어떻게 하느냐의 문제일 것이다. 정치와 역사를 구경꾼으로 관조하는 것이 아니라 삶의 주체로서 개입하고 싶은가? 즉각적인 성공이 아니라 성공을 희망할 수 있는 요람을 만드는 작업, 혹은 상황을 조성하는 작업에 혹시 게으르지 않은가? 바로 이것이 아직도 우리가《스펙타클의 사회》를 읽어야 하는 두 번째 이유가 된다. 주어진 상황에 대한 냉철한 진단과 아울러, 우리는 이 책으로부터 주어진 환경을 변형시키고 상황을 능동적으로 조성할 수 있는 지혜와 용기를 얻을 수 있기 때문이다. 먼저 221개 테제로 구성된 방대한 기 드보르의 테제들 중 첫 번째 것을 읽어보자.

정치철학
1장

우리 안의 스펙타클, 우리 밖의 스펙타클

1. 스펙타클, 그 현란한 얼굴들

> 현대적 생산조건들이 지배하는 사회에서 모든 삶은 스펙타
> 클spectacle의 거대한 집적으로 나타난다. 직접 경험했던 모든
> 것이 표상représentation 속으로 멀어진다éloigné.
>
> −《스펙타클의 사회La Société du Spectacle》 1

　재기발랄이 아니면 패기만만이다. 첫 번째 테제의 첫 문장에
서부터 기 드보르는 마르크스에 대한 애정과 아울러 자신이 그를
넘어서 있다는 걸 과시한다. "현대적 생산조건들이 지배하는 사회
에서 모든 삶은 스펙타클의 거대한 집적으로 나타난다." 마르크스
의 《자본론》을 넘겨보라. 이 걸작의 본문은 "자본주의적 생산양식
이 지배하는 사회의 부유함은 상품의 거대한 집적으로 나타난다"는
문장으로 시작된다. 《자본론》은 1867년부터 100년 동안 인문주의
와 민주주의를 지켜왔던 날카로운 칼이었지만, 이제 새로운 100년
을 시작하는 1967년 마르크스의 칼은 시간의 무게를 견디지 못하
고 어느 사이엔가 짙게 녹슬었던 것이다. 녹슨 칼로는 자기뿐만 아
니라 그 누구도 지킬 수 없는 법이다. 1967년 인문주의와 민주주의
의 진정한 위기가 시작되고 있었던 것이다. 그래서 기 드보르는 새

　　　　　　　　5부. 스펙타클, 주체를 구경꾼으로 만드는 마법

로운 칼을 벼리려고 한다. 물론 새로운 칼을 벼리기 위해서는 녹슨 칼도 반드시 필요한 법이다. 한때 날카로움을 자랑했던 녹슨 칼은 도가니에 녹이기만 하면 날카로운 칼로 탄생할 자질을 충분히 가지고 있으니까. 이렇게 도가니에 녹인 다음, 기 드보르는 능숙한 대장 장이처럼 새로운 성분을 추가해 과거보다 더 강력하고 날카로운 칼을 만들었던 것이다. 바로 그것이 1967년 출간된 그의 주저 《스펙타클의 사회》다. 기 드보르는 자신만만했던 것이다. 이제 마르크스가 활동했던 19세기보다 더 세련되고 강력해진 자본주의체제, 즉 냉전시대의 양대 축이었던 국가독점자본주의체제와 시장자본주의체제의 공격에 맞설 수 있을 만큼 날카로운 칼을 만들었다고 확신했으니까. 그래서 우리는 《자본론》 본문의 첫 문장과 《스펙타클의 사회》 첫 테제의 첫 문장을 비교해볼 필요가 있다. 도대체 100년이 지나 출간된 《스펙타클의 사회》는 《자본론》과 비교해서 얼마나 달라졌다는 것일까? 마르크스의 사유를 도가니에 녹인 다음, 기 드보르가 새롭게 추가했던 요소는 무엇이었을까?

두 책을 비교하기 위해 먼저 《자본론》의 첫 문장과 《스펙타클의 사회》의 첫 문장을 간단히 압축해보자. 1867년에 마르크스는 말했다. "자본주의사회의 부유함은 상품의 집적으로 나타난다"고. 그리고 1967년 기 드보르는 "자본주의사회에서 삶은 스펙타클의 집적으로 나타난다"고 말한다. 우선 주어가 바뀌었다는 것이 눈에 들어온다. '자본주의사회의 부유함'이 '(개인의) 삶'으로 치환되어 있다. 사회과학적 시선에서 인문학적 시선으로 전회가 일어나야만 자본주의체제가 해명될 수 있다고 기 드보르는 생각했던 것이다. 기 드보르의 이런 전회는 100년이 지나면서 자본주의체제가 인간을 둘러싸고 있는 환경뿐만 아니라 인간의 내면까지 완전히 장악하는 데도 성공했다는 걸 반영하고 있다. 이제 자본주의와의 싸움에서 전선은 인간과 자본 사이가 아니라 인간의 내면에 그어지게 된 것이다. 자본주의에 저항하는 자아와 자본주의에 길들여진 자아, 혹은 인문주의적 자아와 자본주의적 자아 사이의 치열한 전투! 다음으로 100년 동안 집적된 것의 대상도 바뀌었다. 마르크스에게는 '상품'이었던 것이 기 드보르에게는 '스펙타클'로 변한 것이다. '상품의 논리'로 충분히 해명되어 극복될 수 있었던 19세기 자본주의사회와 달리, 20세기 자본주의사회를 돌파하려면 '스펙타클' 개념이 불가피하다는 것! 바로 이것이 기 드보르의 생각이었다. 스펙타클은 '본다'는 뜻의 라틴어 '스펙타르spectare'에서 유래한 말로, 관객의 시선을 사로잡는 '쇼'나 '볼거리'를 의미한다. 그러니까 스펙타클은 볼 수도 있고 안 볼 수도 있는 자유를 우리에게 허락하지 않는다. 웬만한 사람이라면 반드시 볼 수밖에 없는 마력을 가진 것, 혹은 이런 마력이 바로 스펙타클이다. 결국 '스펙타클'은 주관성과 객관성을 아울러 포섭하고 있다는 점이 중요하다. 마르크스의 상품 개념이 사회적 객관성에 치우쳐 있는 것과는 사뭇 대조되는 특징이다.

1867년 마르크스는 '상품의 집적'을 이야기했다. 상품은 기본적으로 자본, 혹은 돈과 관련된 개념이다. 간단히 말해 돈으로 살 수 있는 것이 상품이고, 상품을 팔아 얻을 수 있는 것이 돈이라는 것이다. 이렇게 돈과 상품은 교환되지만, 이 교환에는 묘한 특징이 하나 있다. 대칭성symmetry이 아니라 비대칭성asymmetry이 돈과 상품 사이의 교환을 지배하기 때문이다. 한마디로 말해 특별한 경우가 아니라면 돈과 상품 중 돈에 더 큰 가치가 부여된다는 것이다. 예를 들어 1억 원의 현금과 1억 원 상당의 자동차를 선택하라고 하면, 대부분의 사람들은 현금, 즉 돈을 선택할 것이다. 1억 원은 그 돈에 해당하는 무엇이든 구매할 수 있는 무한한 가능성을 지니지만, 자동차는 단지 이동수단이나 아니면 부유함을 과시하는 수단일 뿐이기 때문이다. 이렇게 돈과 상품이 동시에 주어졌을 때, 돈을 선택하는 것이 자연스러운 곳이 자본주의사회다. 당연히 이 사회에서는 돈을 가진 자, 즉 자본가가 상품을 가진 자보다 우월한 지위를 차지한다. 그럼에도 자본가, 특히 산업자본가가 자신이 가진 돈을 투자해 상품을 만드는 것은 그것을 판매해 더 많은 돈을 벌기 위함이다. 돈은 가만히 내버려두면 가치가 떨어진다는 것, 그래서 어떤 식으로든지 돈을 굴리지 않으면 안 된다는 것, 이것 또한 자본주의적 생리이다. 문제는 자동차나 아파트 등과 같은 것만이 상품이 아니라는 사실이다. 땅도, 하늘도, 물도, 심지어 사람마저 상품으로 전락하니까 말이다. 이렇게 자본, 즉 돈을 제외하고는 모든 것이 상품으로 변하게 되고, 그 가치에 따라 서열이 매겨진다. 이렇게 매겨진 상품들이 우리 앞에 엄청난 규모로 쌓이게 된다. 바로 이것이 '상품의 집적'이다. 비극적인 것은 하늘로 치솟기만 하는 성곽을 이루는 상품들 중 인간도 포함되어 있다는 점이다. 이렇게 자본주의체제에서 대다수의 인간은 자기 노동을 팔아야 먹고살 수 있는 노동자가 되어버리고 만다.

상품들은 소비되어야 한다! 자본가의 입장에서 상품들이 소비되지 않으면, 투자한 자본은 회수할 길도 없고, 따라서 잉여가치도 얻을 수 없기 때문이다. 자본주의체제가 세계적으로 확장되면서 두 차례에 걸친 세계대전이 일어난 것도 이런 이유에서다. 전쟁만큼 상품들이 대규모로, 거의 소진에 가깝게 소비되는 경우도 없다. 전선에서 인간들은 허무하게 피 흘리며 쓰러져가지만, 후방에서는 공장들의 굴뚝에 연기가 끊이지 않았던 것도 이런 이유에서다. 그렇지만 전쟁은 팔리지 않던 상품들이 대량으로 소비될 수 있는 기회이면서, 동시에 잘못하면 자본주의체제 자체가 와해될 수 있는 위기이기도 하다. 이런 이유에서 자본주의체제도 웬만하면 전쟁을 '히든카드'로 가지고 있는 것에 만족하려고 한다. 그렇다면 공황 등 극단적인 경기불황 상태가 아닌 평상시에 자본주의체제는 어떻게 작동하는가? 여기서 중요한 것은 '노동자=소비자'라는 공식이다. 한마디로 말해 노동자에게 임금을 주는 이유는 그가 노동의 대가로 받은 임금으로 자신이나 동료 노동자들이 만든 상품들을 사도록 하는 데 있다는 것이다. 다람쥐 쳇바퀴의 사태다. 임금을 받고 그 임금으로 상품을 구매한다. 상품을 구매하느라 돈이 떨어지니 다시 노동을 한다. 이렇게 쳇바퀴를 돌고 있는 다람쥐처럼 노동과 소비를 반복하는 동안, 자본주의체제는 성장하고 자본가들은 잉여가치를 축적하게 된다. 문제는 '노동자=소비자'의 공식은 상품과 돈은 비대칭적으로 교환된다는 자본주의 일반 공식의 지배를 받는다는 점이다. 다시 말해 노동자는 돈이 없기에 자본가가 원하는 스펙을 쌓고 자본가가 원하는 상품을 만들도록 구조적으로 강제될 수 있지만, 자본주의체제는 소비자로 하여금 특정 상품을 사도록 구조적으로 강제할 수 없다는 것이다. 노동자는 노동이란 상품을 소유한 인간이지만, 소비자는 돈을 가진 인간이기 때문이다. 한마디로 말해 돈을 쓰고 말고의 여부나 어떤 상품을 쓰는 데 돈을 쓸 것인지는 전적으로 소비자에게 달려 있다는 것이다. 이걸 부정하는 순간 자본주의체제는 그야말로 끝장이 난다. 자본주의는 상품보다는 돈, 혹은 자본에 우월성을 부여하는 이념, 그러니까 노동자보다는 자본가에게 우월성을 부여하는 이념이기 때문이다.

　　노동은 구조적으로 강요할 수 있지만, 소비는 결코 강제할 수 없다! 이것이 어쩌면 자본주의체제의 아킬레스건인지도 모를 일이다. 마치 나비로 탈바꿈한 벌레처럼 소비자로 탈바꿈한 노동자들이 지갑을 열도록 할 수 있을까? 타자에게 무언가 원하는 것이 있다면, 그걸 얻을 수 있는 방법은 두 가지뿐이다. 강제로 빼앗을 수 없다면 자발적으로 내놓게 만들어야 한다. 상품이 자신이 가진 돈보다 훨씬 더 가치가 있다고 판단하게 한다면, '소비자=노동자'는 기꺼이 돈을 꺼내서 그 상품을 구매하게 될 것이다. 분명 생수 10병과 그걸 살 수 있는 돈이 동시에 주어진다면, 사람들은 돈을 선택한다. 그렇지만 사막과 같은 악조건에 던져지게 된다면, 생수 1병은 10억을 주고도 살 수 없는 귀중한 것이 될 수 있다. 결국 사막이 아니더라도 소비자가 사막이라고 믿게 할 수 있다면, 그래서 생수가 없다면 자신이 생존할 수 없다고 느끼게 할 수만 있다면, 소비자는 기꺼이 자기가 가진 돈으로 생수를 사게 될 것이다. 바로 이것이다. 자본가는 특정 상품이 그걸 구매할 수 있는 돈보다 더 가치가 있다고 소비자가 느끼고 판단하도록 만들어야만 한다. 이런 유혹의 전략이 먹혀들면, 그는 아무런 장애 없이 상품을 팔아 잉여가치를 확보할 수 있을 테니까. '스펙타클'은 바로 이것이다. 현실은 사막이 아니고 생수 이외에 물을 충분히 구할 수 있다고 하더라도, 불행히도 사막에 던져져 마실 물이 부족하다는 느낌을 만드는 것이다. 이럴 때 생수는 단순한 상품이 아니라 '스펙타클'이 된다. 결국 스펙타클의 핵심은 '소비자=노동자'의 내면에 실제로는 필요하지 않지만 필요하다는 가짜 느낌, 실제로는 결여가 아니지만 무언가 결여되었다는 가짜 느낌을 만드는 데 있다. 기 드보르가 패기만만하게 '스펙타클의 집적'을 이야기했던 이유도 다른 데 있지 않다. 1867년과 달리 1967년의 자본주의체제는 강력한 상품체계, 즉 팔릴 수밖에 없는 상품들의 세계를 축조했다고 그는 판단했던 것이다.

팔릴 수밖에 없는 상품들의 세계, 다시 말해 '스펙타클'의 세계에 갇히면서 인간의 삶은 어떻게 변하게 되었을까? 기 드보르가 첫 번째 테제의 두 번째 문장으로 말하고자 했던 것은 바로 이것이다. "직접 경험했던 모든 것이 표상 속으로 멀어진다." 신기루mirage를 예로 들어보자. 대기층이 불안정한 사막에서 태양은 쉽게 굴절 현상을 일으킨다. 그래서 먼 곳의 풍광이나 사물이 바로 앞에 있는 것과 같은 시각적 착시효과를 만들기 쉽다. 물이 부족한 채 사막을 헤매는 여행자들이 간혹 야자수로 둘러싸인 오아시스를 보는 경우가 있는데, 이것이 바로 신기루다. 심지어 그 오아시스에서는 많은 사람이 물을 마시고 수영을 하며 휴식을 취하기까지 한다. 그는 과거보다 더 큰 갈증을 느끼게 된다. 그리고 서둘러 오아시스로 걸음을 재촉하지만, 어느 순간 그 오아시스는 거짓말처럼 사라지고 여행자는 횅한 사막에 홀로 남겨진 자신만을 발견할 뿐이다. 그러나 이렇게 실재의 사막에 직면하는 것도 한순간일 뿐이다. 얼마 지나지 않아 거짓말처럼 사라졌던 오아시스가 신기루로 다시 등장해 우리의 시선을 유혹할 테니까 말이다. 이제 첫 번째 테제의 두 번째 문장을 직관적으로 쉽게 이해할 수 있다. 사막에 버려진 여행자에게 물가 근처에서의 근사한 휴식은 과거에 "직접 경험했던 모든 것" 중 하나일 것이고, 그가 지금 당장 "직접 경험해야 하는" 것은 바로 작열하는 태양이 만든 사막과 그 태양의 농간이어야 한다. 그러나 지금 이 불행한 여행자는 푸른 야자수를 자랑하는 오아시스라는 신기루, 혹은 오아시스라는 표상에 취해 있을 뿐이다. 잊지 말아야 할 것은 사막을 만든 것도 그리고 신기루를 만든 것도 태양이라는 사실이다. 태양은 사막을 만들었기에 신기루도 만들 수 있었다고, 나아가 사막이 확장될수록 태양이 만들 수 있는 신기루는 점점 많아질 수밖에 없다고 말하는 것이 좋을 듯하다. 결국 우리가 살도록 내던져 있는 자본주의사회는 거대하고 황량한 사막, 그리고 이 사회에서 우리를 매료시키는 스펙타클은 사막의 신기루들, 그리고 자본주의체제는 태양에 비유할 수 있겠다.

기 드보르가 '표상' 자체에 부정적이라는 사실에 주목하자. 하긴 그에게 표상은 신기루와 같은 것이고, "직접 경험"과는 양립 불가능한 것이기 때문이다. '표상'에 대한 그의 부정적 입장을 제대로 파악하려면, 현대까지 이어지고 있는 서양 근대철학사의 속앓이에 대한 선이해가 필요하다. 1781년 출간된 《순수이성비판Kritik der reinen Vernunft》에서 칸트Immanuel Kant(1724~1804)는 '물자체the thing-in-itself; Dinge an sich'와 '표상representation; Vorstellung'을 구분했던 적이 있다. 뱀이 세계를 느끼는 방식, 박쥐가 세계를 느끼는 방식, 그리고 인간이 세계를 느끼는 방식은 다르다. 그러니 동일한 토끼와 만났더라도 인간, 박쥐, 뱀이 느끼는 것은 각기 다를 수밖에 없다. 이 동일한 토끼가 '물자체'라면, 인간이 주로 시각으로 구성한 토끼의 모습, 박쥐가 초음파로 구성한 토끼의 모습, 그리고 뱀이 열기와 냄새로 구성한 토끼의 모습이 바로 '표상'이다. 칸트는 이런 식으로 추론하면서 우리는 물자체는 알 수 없고 우리가 아는 것은 단지 감각구조를 통해 구성된 표상일 뿐이라고 결론을 내린다. 우리가 알 수 있는 것은 표상이지 물자체가 아니다! 문제는 이렇게 되면 진리라는 개념이 크게 동요하게 된다는 점이다. 서양철학에서 진리란 사유와 존재의 일치로 정의된다. 그러니까 내가 저 앞에 고양이가 있다고 생각했을 때 그것이 정말로 고양이었다면, 고양이가 있다는 생각은 진리가 된다. 반대로 고양이가 있다고 생각했을 때 그것이 사실은 검은 비닐봉지였다면,

고양이가 있다는 생각은 거짓이 된다. 이와 마찬가지로 물자체와 표상이 일치하면 표상은 진리가 되고, 그렇지 않으면 표상은 거짓이 된다.

그런데 지금 칸트는 우리가 물자체를 알 수가 없다고 주장한다. 그렇다면 우리는 자신의 표상이 옳은 것인지 잘못된 것인지 결정할 방법이 없게 된다. 이렇게 칸트는 서양철학이 표상의 문제에 속을 끓이게 만들었던 것이다. 헤겔Georg Wilhelm Friedrich Hegel (1770~1831)은 물자체는 "지금은 모르지만 나중에 알게 될 것"이라고 이야기하면서, 칸트가 내준 문제를 나름 풀려고 했다. 그러니까 저 멀리 움직이는 시커먼 물체가 지금은 무엇인지 모르지만, 얼마 지나지 않아 그것이 고양이인지 검은 비닐봉지인지 알게 된다는 것이다. 마르크스는 한 걸음 더 나아간다. 움직이는 시커먼 것을 보고 고양이라고 생각하든 검은 비닐봉지라고 생각하든 자신의 생각이 옳다는 걸 확보하려면, 그 미지의 물체 가까이에 걸어가야 한다는 것이다. 너무 어둡기에 걷는 것만으로 그것이 무엇인지 불확실하다면, 그걸 잡아보기까지 해야 한다. 〈포이어바흐에 관한 테제들〉에서 그가 "인간의 사유가 객관적 진리를 포착할 수 있느냐 없느냐 하는 것은 이론의 문제가 아니라 실천의 문제다"라고 역설했던 것도 이런 이유에서다.

정리해보자면 칸트는 물자체는 알 수 없다고 선을 그으면서 그냥 주어진 표상에만 머물고자 한다. 헤겔은 물자체는 지금 모르지만 언젠가는 알게 된다는 낙관론을 피력한다. 헤겔처럼 마르크스도 물자체를 알 수 있다고 이야기하지만, 그것은 관조를 통해서가 아니라 실천을 통해서만 가능하다고 강조한다. 최소한 헤겔 이후 서양철학은 표상을 넘어 물자체를, 사유를 넘어 존재를 파악하려고 노력한다. 그렇지만 여전히 표상, 혹은 사유의 중요성은 포기되지 않는다. 물론 마르크스에 이르러 물자체는 표상의 진리 여부를 판가름하는 결정정인 지위를 얻는다. 저 멀리서 움직이는 시커먼 것이 고양이인지의 여부는 실천을 통해서 검증될 수 있다. 가까이 가보니 검은 비닐봉지였다면, 고양이라는 표상은 잘못된 것이 되고 만다는 이야기다. 바로 이 대목에서 우리는 인식론적으로 기 드보르가 얼마나 혁명적이었는지 알게 된다. "직접 경험했던 모든 것이 표상 속으로 멀어진다." 마르크스에게 실천의 세계는 물자체를 직접 경험하는 세계다. 직접 경험하는 세계에서는 표상이나 사유의 힘은 그만큼 약해진다. 사유가 물자체와 일정 정도 거리두기를 전제하지만 직접 경험은 물자체와의 가까움과 역동적 관계로 가능하기 때문이다. 결국 물자체의 세계는 표상의 세계와 반비례 관계에 있다. 혹은 실천의 세계는 사유의 세계와 반비례 관계에 있다고 말해도 좋다. 그러니 표상과 사유의 세계에 매몰되는 순간, 우리는 직접 경험의 세계 혹은 물자체의 세계로부터 멀어질 수밖에 없다. 만약 고양이라는 표상이나 혹은 검은 봉지라는 표상을 묵수하게 된다면, 우리는 그 검은 물체에 접근하려고도 하지 않을 것이다. 고양이가 분명하니 그것을 관조할 뿐 그것에 접근하려고 하지 않을 것이고, 검은 봉지가 분명하니 그것을 관조할 뿐 그것에 접근하려고 하지 않을 테니 말이다.

마르크스는 사유와 표상이 옳은지 확인하려면 물자체의 세계, 실천의 세계에 뛰어들어야 한다고 이야기했다. 그런데 기 드보르는 사유와 표상의 세계에 매몰되면 우리가 자신의 사유나 표상이 옳은지 회의할 일은 없다고 이야기한다. 그러니까 고양이라고 생각했는데 무언가 이상하다거나, 검은 봉지라고 생각했는데 무언가 이상하다는 점을 느껴야만 한다. 무언가 이상하다! 바로 사유로 모두 환원될 수 없는 타자성의 느낌이다. 바로 이 느낌이 우리를 물자체와 실천의 세계, 직접 경험의 세계로 인도하는 뮤즈다. 마르크스가 주제화시키지는 않았지만 전제했던 것, 바로 이것을 기 드보르는 표면화시켰던 셈이다. 표상의 세계에 머무를 수 없도록 만드는 물자체의 압박이 있어야, 우리는 사유의 세계를 떠나 실천의 세계로 나아갈 수 있다. 바로 이것이 마르크스 사유의 핵심 '대상적 활동' 아닌가? 우리의 사유와 의지에 저항하는 대상이 우리 앞을 가로막지만, 우리는 그 대상의 저항을 능동적으로 극복하려고 한다. 실천의 세계, 삶의 세계, 그리고 직접 경험의 세계란 이런 것이다. 물론 그렇다고 해서 표상이, 사유가 부정되는 것은 아니다. 오히려 표상이나 사유는 실천의 세계나 직접 경험의 세계 속에서 자기 자리를 잡기 때문이다. 항상 수정 가능하고 항상 새롭게 만들어질 수 있으니 표상과 사유는 무기력에서 벗어나 완연히 활기를 띤다. 바로 이것이 마르크스나 기 드보르가 원했던 것 아닌가.

기억해야 할 것은 칸트 이후 표상의 문제가 철학에만 국한되지 않고 정치학에서도 핵심적이라는 사실이다. 그래서 표상을 뜻하는 '리프리젠테이션representation'이란 말이 동시에 '대표'라는 뜻도 가지고 있다는 사실은 매우 중요하다. 실제로 '리프리젠터티브representative'라는 단어가 대표자나 아니면 대의원, 혹은 국회의원을 의미하는 것도 이런 이유에서다. 자본주의체제가 본격화하면서 출발했던 근대사회는 정치적으로 대의민주주의representative democracy를 표방하고 있다. 민주주의라면 다수의 생각과 의지에 따라 공동체가 운영되어야 한다. 이것은 선출된 대표자가 피대표자를 대변해야 가능한 것이다. 만약 소수의 대표자가 다수의 피대표자를 대표하지 못하는 공동체

물자체와 표상 사이의 관계

	표상의 차원	대표의 차원	정치제제 상례
칸트	• 물자체는 알 수 없다 • 표상은 물자체와 무관하다	• 노동계급은 알 수 없다 • 대표는 노동계급과 무관하다	• 왕정 • 독재 • 정당코뮌주의
헤겔	• 물자체는 지금 모르지만 뒤에 알 수 있다 • 표상은 때늦게 물자체를 반영한다	• 노동계급의 의지는 나중에 알 수 있다 • 대표는 선거를 통해 안정적으로 교체된다	• 대의민주주의 • 대표 임기제 • 대표 선거제
마르크스 기 드보르	• 물자체는 직접 경험된다 • 표상은 물자체에 의해 수정된다	• 노동계급의 의지는 항상 분출된다 • 대표는 불시에 노동계급에 의해 소환된다	• 파리코뮌 • 평의회코뮌주의 • 대표 소환제

라면, 다시 말해 선거를 통해 선출된 대표자가 피대표자를 반영하기보다 그들을 자신의 뜻대로 이끌려는 공동체라면, 이런 공동체는 민주정치가 아니라 과두정치를 행하고 있다고 해야 할 것이다. 그렇기 때문에 '대표'의 문제는 근대사회 정치체제의 사활을 건 화두였다고 할 수 있다. 대표자들은 피대표자들을 대표하고 있는가? 근대사회의 경제적 토대가 자본주의라는 걸 염두에 둔다면, 이 물음은 대표자들이 노동계급의 이익을 반영할 수 있는가라는 물음으로 구체화될 수 있다. 어쨌든 표상이 물자체를 얼마만큼 반영하느냐의 문제는 대표가 피대표자를 얼마만큼이나 대표할 수 있는가라는 문제와 구조적으로 공명한다는 사실이 중요하다. 표상의 문제가 바로 대표의 문제를 이해하는 열쇠가 되는 것도 이런 이유에서다.

물자체와 표상 사이의 관계를 피대표자와 대표자의 관계로 치환하면, 〈표〉처럼 정리할 수 있다. 그만큼 "직접 경험했던 모든 것이 표상 속으로 멀어진다"는 기 드보르의 이야기는 중요하다. 이 문장은 "직접 경험했던 모든 것이 대표 속으로 멀어진다"는 정치학적 주장으로도 번역 가능하기 때문이다. 실제로《스펙타클의 사회》의 221개 테제 중 거의 반 이상이 대표제, 즉 대의민주주의 비판에 할애되어 있다. 그러니까 기 드보르의 표적은 자본주의뿐만 아니라 동시에 대의민주주의이기도 했던 것이다. 그래서 표상 개념과 이 개념에 대한 기 드보르의 비판정신은 매우 중요하다. 표상 개념은 노동자를 소비의 세계로 유혹하는 스펙타클 개념과 노동자를 선거의 세계로 유혹하는 대표라는 개념을 관통하고 있기 때문이다. 결국 스펙타클 비판이나 대의민주주의 비판은 모두 표상 비판에서 그 철학적 정당성을 확보하게 된다. 기 드보르는 "직접 경험했던 모든 것이 표상 속으로 멀어진다"고 말했다. 결국 자기 삶을, 자신이 영위하는 직접 경험의 세계를 되찾으려면, 우리는 표상과 관조의 세계에서 벗어나야만 한다. 마찬가지로 주입된 욕망이 아니라 자신만의 고유한 욕망을 향유하려면, 우리는 우리 내면에 가짜 욕망을 불어넣는 스펙타클의 세계를 넘어서야만 한다. 또한 스스로를 구원하는 주체, 즉 정치적 주인이 되려면, 우리는 우리를 정치적 손님으로 내모는 대의민주주의를 부정해야만 한다. 마침내 221개의 테제를 여행하는 근사한 나침반을 하나 얻게 된 셈이다. 수많은 테제를 지나치다 길을 잃게 될 때마다, "직접 경험했던 모든 것이 표상 속으로 멀어진다"는 기 드보르의 이 짧은 문장을 다시 한 번 음미하라. 그러면 잃어버린 길이 우리 눈에 명료하게 들어오게 될 테니까.

자율적인 경제l'économie autonome의 승리는 동시에 그것의 패배를 의미한다. 자율적인 경제가 유발시킨 힘들은 옛 사회들의 확고부동한 토대였던 경제적 필연성nécessité économique을 폐지한다. 자율적인 경제가 경제적 필연성을 끝없는 경제발전의 필연성으로 대체하는 것은, 간단하게 식별할 수 있는 인간의 기본적인 필요의 충족을 거짓 욕구$^{pseudo-besoin}$의 부단한 생산으로 대체한다는 것을 의미한다.

－《스펙타클의 사회》 51

자본주의체제가 본격화하면서 근대사회는 시작된다. 근대를 의미하는 '모던^{modern}'이란 말은 '새로움'을 뜻하는 라틴어 '모데르나^{moderna}'에서 유래한 말이다. 사람들은 이제 새로운 옷, 새로운 집, 새로운 운송수단을 이용하기 시작했다. 자본주의체제를 상징하는 공장이 거대한 검은 연기를 뿜어내기 전, 즉 전근대에서는 삶에 진짜로 필요한 상품이 만들어졌다. 그리고 진짜로 필요했기에 소비자는 그것을 구매했다. 그러니까 이 시대의 상품들은 기 드보르가 말한 "경제적 필연성"을 가지고 있었던 것이다. 당연히 삶에 필요하지 않는 것은 생산하지도 소비하지도 않았다. 생산해봐야 아무도 소비하지 않으니 만들 필요가 없었던 것이다. 상품을 생산하는 사람들이 그저 소비자들의 구매 상품이 사용가치가 떨어질 때를 손 놓고 기다렸던 이유도 바로 여기에 있었다. 오래 입어 옷이 수선할 수 없을 정도로 해지지 않는다면, 오래 사용해 칼이 숫돌에 갈 수 없을 정도로 무뎌지지 않는다면, 소비자는 결코 새 옷이나 새 칼을 구매하지 않았으니까. 그렇지만 근대 자본주의체제에서 자본가는 더 이상 소비자의 구매 상품이 사용가치가 떨어지기를 기다릴 필요가 없었다. 소비자에게 거짓 욕구$^{pseudo-besoin}$를 각인시켜서, 필요하지 않는 상품을 소비하도록 만들기 시작했으니까. 소비자의 필요에 의존하지 않고 소비자의 필요마저 창출하니, 이제 자본주의는 누구에게도 의존하지 않는 자율성을 달성한 셈이다. 결과적으로 경제적 필연성은 그야말로 호랑이 담배 피우던 시절 이야기가 되고 만 것이다.

기 드보르는 말한다. "자율적인 경제가 유발시킨 힘들은 옛 사회들의 확고부동한 토대였던 경제적 필연성을 폐지한다"고. 경제적 필연성을 폐지하지 않았다면, 거짓 욕구의 세계, 즉 스펙타클의 세계는 열릴 수가 없었다. 잠시 거짓 욕구가 어떻게 만들어지고 작동하는지 조금 더 생각해보도록 하자. 스펙타클의 사회와 연루되어 있는 인간의 무의식적 욕망구조가 분명해질 테니 말이다. 우선 우리가 주목해야 할 것은 진짜 욕구가 경제적 필연성을 따른다면 거짓 욕구는 주로 허영의 논리에 지배된다는 점이다. 아니 정확히 말해 자기의 허영이 폭로될까봐 진짜로 필요했다고 역설하는 것이 거짓 욕구의 심리학인지도 모를 일이다. 실제 모습은 어떻든 간에 겉보기만이라도 자신이 남보다 소중하고, 남보다 사랑받고, 남보다 부유하고, 남보다 행복하고, 남보다 지적이라는 이미지를 과시하려는 것, 이것이 바로 허영이다. 아무래도 대중적으로 광범위하게 사용되는 상품보다는 새로운 상품이 이런 허영을 충족시키기 쉽다. 이렇게 새롭게 추가된 기능이나 요소, 혹은 새로운 디자인은 거짓 욕구를 정당화하는 데 결정적인 작용을 한다. "내가 이것을 새로 구매한 이유는 남에게 자신을 과시하려는 허영 때문이 아니야. 정말 이 제품은 너무 필요한 기능을 업데이트했거든." 비극적이게도 신상품의 매력은 필연적으로 아주 순간적일 수밖에 없다. 자신뿐만 아니라 웬만한 사람들이 다 구매해서 가지게 되면, 신상품은 신상품으로서 매력을 쉽게 상실할 테니까. 그러나 이제 어떤 것을 입고, 어떤 것을 먹고, 어떤 곳에 살아야 허영이 충족될지 걱정할 이유가 전혀 없다. 기다렸다는 듯이 자본주의체제는 과거보다 더 근사하고

한때는 사치품이었다가 이제는
필수품이 되어버린 자동차.
자본주의체제는 기술 개발을
통해 다시 우리에게 거짓 필요,
혹은 거짓 욕망을 각인시키는
신상품을 내놓고 있다. 1907년
프랭클린자동차 광고(위), 1946년
포드자동차 광고(아래).

더 세련된 신상품을 시장에 내놓을 테니 말이다.

흔히 자본주의체제가 본격화하면서 인류 문명이 발전했다고, 혹은 성장했다고 이야기한다. 발전과 성장에 우월성을 부여하는 데는 심지어 좌파를 자임하는 진보 세력마저도 예외가 아닐 정도다. 이렇게 좌우를 가리지 않고 발전과 성장을 통해 인간의 삶이 나아지리라는 믿음은 아무도 부정할 수 없는 진리로 통용되고 있는 실정이다. 그러나 과연 이런 믿음은 타당한 것일까? 자본주의가 자랑하는 경제발전의 본질은 사실 아주 단순하고 또한 동시에 그만큼 기만적인 데가 있다. 그냥 외워두자. 사치품이 필수품이 되는 부단한 과정이 자본주의 발전 과정의 핵심이라고. 전근대적 삶을 영위하고 있던 평범한 농부 한 사람을 생각해보라. 평상시 걸어 다닐 수 있는 범위 안에서 그의 공적 생활과 사적 생활은 영위되었다. 물론 간혹 먼 곳의 친척을 보거나 시장에 가기 위해 마을을 떠나는 경우도 있었지만, 이것은 정말 예외적인 상황이었다. 그런데 어느 순간 마을에 자본주의체제가 밀려들어오기 시작했다. 과감하게 자동차를 구매하자, 그 농부는 마을에서 선망의 대상이 된다. 마침내 농부의 허영은 충족되었지만, 허영은 은폐되어야 제맛이다. 그는 마을 사람들에게 말한다. "자주 찾아뵈어야 할 친척이 너무 멀리 살아서" 혹은 "시장이 너무 멀어서". 거짓 필요를 진짜 필요인 것처럼 가장하는 것이다. 그러나 그에게 자동차는 "경제적 필연성"이 없는 사치품일 뿐이다. 얼마 지나지 않아 자본주의체제는 농부가 살던 곳에서 상당히 떨어진 지역에 아파트라는 주거 공간, 철저하게 사생활이 보장되는 주택 상품을 내놓는다. 농부는 바로 이 아파트를 욕망하기 시작한다. 자동차를 소유할 정도로 세련된 자신에게 퇴비 냄새가 나는 곳에 집이 있다는 건 어울리지 않다고 생각했기 때문이다. 집을 옮겨도 아무런 문제가 있을 리 없다. 자동차를 타고 논밭으로 출퇴근하면 되니까 말이다. 이렇게 집을 옮기는 순간, 드디어 자동차는 이 농부에게 사치품이 아니라 필수품이 되고 만다.

자동차만 그럴까? 한때는 사치품이었다가 이제는 필수품이 되어버린 아파트, 에어컨, KTX, 스마트폰 등을 생각해보라. 모두 사치품이 필수품이 되는 과정을 겪거나 겪고 있다. 모든 상품이 필수품이 되는 그 순간이 바로 새로운 사치품이 문명발전과 경제성장의 미명하에 새롭게 출시되는 시점이기도 하다. 이렇게 자본주의 체제는 기술 개발을 통해 다시 우리에게 거짓 필요, 혹은 거짓 욕망을 각인시키는 신상품을 내놓고 있다. 새로운 사치품, 거짓 필요의 대상이 다시 우리를 유혹하기 시작한 것이다. 기 드보르의 영민함은 그가 바로 이런 사태를 한 치의 에누리 없이 간파했다는 데 있다. "자율적인 경제가 경제적 필연성을 끝없는 경제발전의 필연성으로 대체하는 것은, 간단하게 식별할 수 있는 인간의 기본적인 필요의 충족을 거짓 욕구의 부단한 생산으로 대체한다는 것을 의미한다." 서늘하지만 반박할 수 없는 통찰이다. 여기서 '경제적 필연성'이 '경제발전의 필연성'으로 대체되었다는 지적이 중요하다. 자본주의가 경제적 필연성으로부터 우리를 해방시킨 것처럼 보이지만, 자본주의는 우리를 다시 경제발전의 필연성 속으로 몰아넣은 것이다. 경제발전, 그것은 사치품이 필수품이 되는 부단한 과정을 의미하기에, 잉여가치를 영속적으로 확보하는 과정이기도 하다. 그래서 거짓 욕구를 창출해서 잉여가치를 확보하는 자본주의 때문에 우리의 삶은 휘청거리기만 한다. 도대체 어떤 집에서 살아야 우리는 꿀처럼 달게 잘 수 있는지, 어떤 옷이어야 우리는 편안함을 느끼는지, 어떤 음식을 먹어야 우리는 건강해지는지. 이처럼 새로운 기술과 새로운 상품들이 뿜어내는 스펙타클의 현란함 속에서 우리의 자율적 삶은 위축되고 있다. 거짓 욕구를 진짜 욕구로 오인한 대가는 이렇게 치명적이다. 그러니 이제 우리에게 한 가지 숙제가 남는다. 잃어버린 욕구, 혹은 잃어버린 욕망을 어떻게 되찾을 수 있을까?

> 욕망의 의식la conscience de désir과 의식의 욕망le désir de la conscience은 동일한 기획으로서, 이것은 부정적인 방식으로 모든 계급의 폐지를 추구하는, 다시 말해 노동자들이 자기 활동의 모든 측면을 직접적으로 소유하려는 기획이다.
>
> ―《스펙타클의 사회》 53

인간이 가진 놀라운 특징, 현대철학이 해명했던 것처럼 인간은 단독성singularity의 존재, 차이difference의 존재다. 유전 정보의 많은 부분을 공유한다고 하더라도 인간은 자신을 낳아준 부모와도 욕망이 다르다. 심지어 쌍둥이일 경우도 두 사람의 욕망은 다르다. 스피노자Baruch de Spinoza(1632~1677)가 말했던 것처럼 인간은 유한한 존재다. 그러니 인간에게 욕망이 있는 것이다. 스스로 자족적으로 생존할 수 없는 유한자는 외부와의 관계가 없다면 행복한 삶을 영위할 수 없다. 극단적인 예로 배가 고플 때 인간은 자기 살을 파먹고 살 수 없고, 반드시 외부에 존재하는 무언가를 먹어야만 한다. 그러나 먹었을 때 우리에게 힘을 주는 음식이 있고, 반대로 먹었을 때 힘을 주기는커녕 우리를 병들게 하거나 심하면 죽음에 이르게 하는 음식도 있다. 음식을 포함한 의식주만 그런 것이 아니다. 무언가를 했을 때 우리에게 '삶의 의지'를 강화해주는 것이 있고, 아니면 '삶의 의지'를 약화시키는 것도 있다. 나의 욕망이 진짜인지 아니면 가짜인지,

다시 말해 내가 필요하다고 느끼는 것이 진짜 필요한 것인지 가짜로 필요한 것인지는 나의 생각, 다시 말해 나의 짐작과는 아무런 상관이 없다. 나의 욕망이 그 욕망 대상과 직접 관계했을 때, 스피노자라면 코나투스^{conatus}라고 불렀을 삶의 의지가 강화된다면, 나의 욕망은 진짜 나의 욕망이다. 반대로 나의 욕망이 욕망 대상을 얻었을 때 나의 삶의 의지가 약화된다면, 그것은 가짜 욕망이라고 할 수 있다. 마르크스는 〈포이어바흐에 관한 테제들〉에서 말했던 적이 있다. "인간은 실천을 통해서 진리를, 즉 자신의 사유와 현실성과 힘을, 그 차안성을 증명해야 한다." 진리 대신 욕망을 넣어도 된다. "인간은 실천을 통해 욕망의 현실성을 증명해야 한다"고 말이다.

기 드보르는 "욕망의 의식과 의식의 욕망은 동일한 기획"이라고 말한다. 자기의 진짜 욕망이 무엇인지 의식하는 주체가 되어야, 주체는 자기의식에 따라 무언가를 진짜로 욕망할 수 있다는 이야기다. 그러니까 자기 욕망의 주체가 바로 자기의식의 주체일 수 있고, 반대로 자기의식의 주체가 바로 자기 욕망의 주체일 수 있다는 것이다. 여기서 주목해야 할 것은 자기만의 욕망과 자기만의 의식을 회복한다는 것은 "계급을 폐지하는 것"과 같다는 기 드보르의 생각이다. 계급은 기본적으로 지배와 복종의 관계를 전제한다. 전자본주의사회를 규정하는 타율적 복종관계를 생각해보라. 피라미드를 만들기 위해 돌을 나르는 노예들은 파라오가 피라미드를 욕망하기 때문에 그렇게 하고 있을 뿐이다. 파라오의 욕망을 거스르면, 목숨을 부지할 수 없으니까. 자본주의사회를 규정하는 자발적 복종관계는 또 어떤가? 자본주의체제는 돈이 없으면 살기 힘들게 사회를 만들었다. 이로부터 돈이 없어 노동을 상품으로 팔 수밖에 없는 다수의 노동자가 탄생한다. 생계를 유지하기 위해 노동자들은 돈을 가지고 있는 자본가들에게 자발적으로 머리를 조아린다. 그리고 자기가 원하는 상품이 아니라 자본가들이 원하는 상품을 만든다. 노예든 노동자든 자신의 욕망이 아니라 자신을 압도하는 지배자의 욕망에 따라 삶을 영위하는 것은 마찬가지다. 그저 차이라면 전자본주의사회에서 노예를 팔았던 사람이 노예 상인이었다면, 자본주의사회에서 노동자를 파는 것은 노동자 자신이라는 사실뿐이다.

간혹 어떤 노예는 파라오가 생각했던 것보다 더 근사한 피라미드를 만들고 싶다는 욕망을 가질 수도 있다. 마치 자신이 파라오라도 되는 듯이 행세하는 노예도 있을 수 있고, 혹은 정치와 무관하게 근사한 건축물을 만들려는 예술혼을 표방하는 노예도 있을 수 있다. 마찬가지로 어떤 노동자는 자신이 맡은 프로젝트를 더 근사하게 마무리하고 싶다는 욕망을 피력할 수 있다. 언제든지 상품가치가 떨어지면 해고될 신세지만, 그는 회사가 마치 자기 회사라도 되는 듯이 행세하고 있는 것이다. 심지어 해고되었으면서도 자신이 마무리하지 못한 프로젝트를 걱정하는 노동자가 있기도 하다. 자기 욕망을 부정하고 남의 욕망을 받아들일 수밖에 없었던 수치심을 잊기 위해서일 수도 있고, 아니면 스스로를 노예주나 고용주와 동일시함으로써 채찍이나 해고와 같은 가능한 비극을 관념적으로나마 피하려는 정신승리일 수도 있다. 어쨌든 바로 이것이 가짜 욕망의 전형적인 사례다. 남의 욕망을 나의 욕망으로 오인하니, 이것이 가짜가 아니면 무엇이겠는가. 물론 우리는 지배와 복종의 관계가 인간 내면에 가짜 욕망을 각인한다는 사실을 잊어서는 안 된다. 이것은 사회 차원에서 지배와 복종의 관계, 즉 계급관계가 철폐되면, 가짜 욕망이 사라질 가능성이 커진다는 것을 의미한다. 역으로 주체 차원에서 가짜 욕망을 극복해 진짜 욕망을 회복하게 되면, 계급관계를 철폐하려는 혁명적 주체가 탄생할 수도 있다는 것이다. 기 드보르가 "욕망의 의식과 의식의 욕망은 동일한 기획으로서, 이것은 부정적인 방식으로 모든 계급의 폐지를 추구하는, 다시 말해 노동자들이 자기 활동의 모든 측면을 직접적으로 소유하려는 기획"이라고 강조했던 것도 이런 이유에서다. 노동자들이 자기 활동의 모든 측면을 직접 소유한다는 것은 더 이상 그가 자본가의 욕망을 따르지 않고 자기 욕망에 따라 움직인다는 것을 의미하기 때문이다. 노동자들이 자기 활동의 모든 측면을 직접 소유하는 것, 이것이 혁명이 아니면 무엇이겠는가? 아니 혁명이 아니라면 어떻게 이것이 가능하겠는가?

2. 스펙타클, 더 깊이 들여다보기

스펙타클은 유동 상태에 있는 모든 인간 활동을 합병해 그것을 응고 상태로 소유하려고 한다. 마치 '체험된 가치la valeur vécue'가 음화négatif의 방식으로 '배타적인 가치la valeur exclusive'를 띠는 사진이 되는 것처럼 말이다. 이로부터 우리는 오래된 적, 즉 상품을 확인하게 된다. 상품은 얼핏 보면 사소하고 분명해 보이지만, 실제로는 아주 복잡할 뿐만 아니라 형이상학적 교묘함으로 충만해 있기 때문이다. 이것이 바로 상품 물신주의fétichisme de la marchandise의 원리, "지각적이면서 동시에 초지각적인 사물들des choses suprasensibles bien que sensibles"에 의한 사회의 지배로서, 스펙타클에서 궁극적으로 실현된다. 스펙타클에서 '지각할 수 있는 세계le monde sensible'는 세계에 투사된 '선택된 이미지들une sélection d'images'로 대체되지만, 동시에 스펙타클은 자신을 가장 탁월하게 지각 가능한 것으로 여겨지게끔 만드는 데 성공한다.

-《스펙타클의 사회》 35·36

기 드보르에게 '스펙타클' 개념은 인간과 사회, 그리고 역사의

문을 여는 일종의 만능열쇠다. 그가 이 개념이 독자들에게 잘 전달되지 않을까 노심초사했던 것도 이런 이유에서다. 그는 어떤 때는 이론적이거나 추상적으로 이 개념을 명료화하기도 하고, 또 다른 부분에서는 직관적인 이해를 돕기 위해 비유를 사용하기도 한다. 다양한 비유 중 가장 먼저 주목할 만한 것은 '사진'이라고 할 수 있다. "체험된 가치가 음화의 방식으로 배타적인 가치를 띠는 사진"은 여러모로 스펙타클을 닮았기 때문이다. 여기서 '음화'란 필름으로 사진을 찍을 때 필름에 각인된 피사체의 모양을 가리킨다. 피사체의 밝은 부분은 어둡게, 어두운 부분은 밝게 새겨져 있는 것이 특징이어서, 인화되기 전의 필름 이미지를 네거티브라고 부른다. 이걸 한자어로 옮긴 것이 바로 '음화陰畫'다. 어쨌든 사진의 비유로 기 드보르가 말하고자 했던 것을 이해하려고 할 때, 우리가 주목해야 할 것은 '배타적 가치'라는 개념이다. 배타적 가치를 띠는 사진은 간단히 말해 유명 사진작가가 찍은 저작권이 있는 사진을 의미한다. 그러니까 이 사진은 누구나 함부로 사용해서는 안 되고, 사용하려면 저작권자에게 사용료를 지불해야 한다.

카프카Franz Kafka(1883~1924)가 살았던 프라하의 야경은 압권이다. 독일에서 부르는 몰다우강으로 더 유명한 블타바강이 도심을 관통하고 있는 프라하, 특히 강을 가로지르는 중세풍 교량에 서서 프라하에 내려앉는 일몰을 본 사람이라면, 영원히 잊을 수 없는 풍광에 감동하게 될 것이다. 그러니 이 감격을 오래 기억하려고 사진을 찍어두는 사람이 많은 것도 충분히 이해가 가는 일이다. 그러나 찍는 사람, 장소, 시간, 날씨에 따라, 카메라 조작의 능숙도에 따라 천차만별의 사진이 나올 수 있다. 불행히도 일반인의 경우 남의 시선을 사로잡을 정도로 근사한 사진을 찍는 것은 쉽지 않다. 그래서 일반

프라하 여행 광고 포스터. 사진으로
프라하를 보는 것과 실제 프라하를
걷는 것. '표상'과 '직접 경험했던 것'
사이에는 건널 수 없는 간극이 있다.

인은 사진을 보며 답답해하기 쉽다. 사진은 전율할 정도로 매력적
인 실제 풍광을 담기에 적절하지 않다고 자위하면서 말이다. 반면
유명한 사진작가라면 사정은 전혀 다르다. 카메라를 다루는 데 능
숙하고, 풍경을 어떻게 찍어야 근사한 사진을 얻을 수 있는지 오랜
경험을 통해 알고 있으니까. 조금의 노력으로 그는 한 번 보면 눈을
뗄 수 없는 멋진 사진을 찍는다. 더군다나 노트북에 카메라를 연결
하면, 사진 편집 프로그램으로 실제 풍경에서 부족했던 부분을 보
충할 수 있으니, 그의 사진은 더 매력적으로 변할 수 있다. 이렇게
실제 풍경보다 더 근사한 풍경사진, '배타적 가치'를 가진 사진은
탄생하게 된다.

　　실제 프라하와 그 프라하를 담은 사진! 첫 번째 테제에서 기
드보르가 강조했던 "직접 경험했던 것"과 "표상"에 대한 비유 중 이

보다 근사한 것도 없을 것이다. 눈을 뗄 수 없는 프라하의 풍경사진은 과연 실제 프라하를 제대로 표상하고 있는 것일까? 아니 얼마나 표상하고 있을까? 표상을 뜻하는 '리프리젠테이션representation'이 '대표'라는 뜻을 가지고 있으니, 이 의문은 다음과 같이 명료화할 수도 있다. 이 근사한 풍경사진은 프라하를 제대로 대표하고 있는가? 풍경사진이 아니어도 좋다. 인물사진을 포함한 모든 사진은 기본적으로 피사체가 가진 이론적으로 무한한 이미지 중 오직 한 가지만 포착할 수 있을 뿐이다. 그러니 사진은 피사체를 대표하는 듯하지만 실제로 대표하는 것이 별로 없다고 할 수 있다. 사진으로 어떤 인물을 보는 것과 실제 그 인물을 직접 보는 것, 혹은 사진으로 프라하를 보는 것과 실제 프라하를 걷는 것! '표상'과 '직접 경험했던 것' 사이에는 이렇게 건널 수 없는 간극이 있다. 사진의 비유에서 기 드보르는 '배타적 가치'와 '체험된 가치'라는 용어로 바로 '표상'과 '직접 경험했던 것' 사이의 간극을 구체화하고 있었던 것이다. 그러니까 사진작가는 한 장의 근사한 사진을 찍기 전에 일몰 직전의 프라하, 일몰 상태의 프라하, 그리고 일몰 직후의 붉은 와인 빛깔 프라하를 모조리 체험했다. 수십 번, 아니 수백 번 셔터를 누른 끝에 그는 한 장의 사진, '배타적 가치를 띠는 사진'을 얻은 것이다. 그 결과 그가 온몸으로 체험했던 실제 프라하, 나아가 그가 찍었던 수많은 프라하 사진은 모두 그 근사한 사진이 부각되면서 뒤로 물러나 망각의 길로 나아가게 된다. 첫 번째 테제에서 기 드보르가 말했던 것처럼 이렇게 "직접 경험했던 모든 것은 표상 속으로 멀어지기" 때문이다.

다시 한 번 강조하지만 하나의 피사체가 있다면, 우리는 이론적으로 무수히 많은 사진을 찍을 수 있다. 동서남북뿐만 아니라 상하까지, 나아가 원근법까지 동원해서 피사체를 찍는 무한한 앵글이 가능할 테니 말이다. 그렇지만 어느 사진이든 그저 그것은 평면일 뿐이다. 피사체와 사진 사이에는 입체와 평면 사이처럼 사실 차원을 달리하는 간극이 있다. 3차원과 2차원이 어떻게 같을 수 있다는 말인가. 그렇기에 사진은 피사체를 대표하는 듯하지만 결코 대표할 수 없는 매체인 셈이다. 사실 이것은 누구나 아는 일이다. 근사한 사진을 얻기 위해 우리가 유명한 사진작가를 찾는 경우가 많다. 스스로 찍은 자신이나 친구가 찍은 사진보다 더 멋진 사진, 한마디로 말해 자신을 모르는 제3자가 보았을 때 호감을 보일 수 있는 사진을 얻을 수 있기 때문이다. 입학이나 취업을 하거나 혹은 맞선을 보는 데 사용되는 프로필 사진이 그 대표적인 예일 것이다. 여기에 컴퓨터 편집 기술이 더해지면, 프로필 사진은 피사체에서 얻을 수 있는 최선의 사진을 정말 가볍게 뛰어넘어버린다. 여기서 놀라운 가치 전도 현상이 간혹 벌어지기도 한다. 피사체가 판단 기준이 되는 것이 아니라, 이제 사진이 판단 기준이 될 수도 있으니까 말이다. '배타적 가치를 띠는 프라하 사진'을 보고 직접 프라하에 도착한 여행객은 말할 수 있다. "어! 프라하 같지 않잖아." 프라하 사진을 기준으로 실제 프라하를 판단하고 있는 것이다. 다른 예도 있다. 면접관이 이력서에 부착된 사진을 보고 응시자에게 말한다. "죄송한데, 8609번 응시자 맞나요?" 이것도 사진 속의 응시자를 기준으로 실제 응시자를 판단하고 있는 것이다. 어떻게 보면 프라하 사진이나 프로필 사진은 성공을 거둔 것이다. 비록 실제 프라하나 실제 응시자가 사진과 다르다고 할지라도, 이미 이런 '배타적 가치를 띠는 사진'에 노출된 사람은 무의식적으로 사진 속의 표상을 실제 프라하나 실제 응시자에게서도 찾으려고 할 것이기 때문이다. 사진 속의

5부. 스펙타클, 주체를 구경꾼으로 만드는 마법

이미지를 찾으려고 하면 실물에서 조금이라도 그걸 확인할 수 있는 것은 어려운 일이 아니다. 그래서 관광업체나 응시자들은 스펙타클한 사진을 얻으려고 그리 분주했던 것이다.

어쨌든 '배타적 가치를 띠는 사진'은 자본주의 논리와 깊게 연관되어 있다. 홍보 목적으로 어떤 업체가 사진작가에게 거액의 비용을 들여 찍어달라고 했던 사진일 수도 있고, 아니면 전시회를 통해 거액을 받고 팔려는 사진일 수도 있기 때문이다. 문제는 사진작가와 자본과의 관계만이 아니다. 한 번도 프라하에 가보지 못한 대중들이 더 중요하기 때문이다. 컴퓨터 화면이어도 좋고 잡지여도 좋다. '배타적 가치를 띠는 프라하 사진'은 사진작가의 손을 떠나 다양한 매체를 통해 프라하를 가보지 못한 사람들에게 노출된다. 일몰을 배경으로 중세 시절의 아스라한 향수를 풍기는 사진, 이 근사한 사진은 사람들의 시선을 단번에 사로잡아버린다. 어떤 사람은 소정의 사용료를 내고 프라하 사진을 구매하려고 할 수도 있고, 또 어떤 사람은 프라하 사진을 보고 프라하 여행 계획을 잡을 수도 있다. 누구나 쉽게 예상하겠지만, 직접 프라하를 방문해 그 고풍스러운 거리를 걷게 된 사람은 사진 속 프라하의 풍광을 결코 만날 수 없다. 그 사진은 카메라 앵글과 편집 프로그램의 매개를 거친 '선택된 이미지'를 담고 있기 때문이다. 그렇지만 선택된 이미지는 너무나 강렬해 직접 프라하를 방문한 사람들은 그 이미지와 유사한 걸 찾으려고 노력한다. 비록 찾지 못했다고 할지라도 이제 프라하의 모든 풍경은 선택된 이미지와 얼마만큼 유사한지 여부에 의해 판단된다. 프라하 여행을 마치고 돌아와서도 사정은 별로 달라지지 않는다. 분명 실제 프라하의 다른 풍광들을 보았고, 심지어 몸소 카메라에 그것을 담았을 수도 있다. 그 모든 경험과 사진들은 '배타적 가치를 띠는 프라하 사진'에 비해 무가치한 것처럼 보이기 쉬울 것이다. 결국 프라하 여행이 먼 추억으로 남을 때쯤, 그들의 뇌리에는 그 사진작가의 프라하 사진만이 남아 있을 수도 있다. 결국 진짜 여행을 하지 못하고 가짜 여행을 한 셈이다. 몸은 프라하에 있었지만 관념은 오직 사진작가나 자본가에 의해 '선택된 이미지'에 사로잡혀 있었기 때문이다. 프라하가 아니어도 좋다. 자본에 의해 선택된 이미지가 주는 스펙타클에 휘말려 지금도 우리나라뿐만 아니라 세계 도처를 여행하는 사람들이 많으니까.

기 드보르는 '배타적 가치를 띠는 사진'을 비유로 상품이 어떻게 스펙타클로 기능하는지 보여주려고 한다. 프라하의 거의 무한대에 가까운 실제 풍경들, 그리고 프라하와 관련된 대부분의 사진들을 보지 못하게 할 정도로 압도적인 그 근사한 프라하 일몰 사진을 생각해보라. 모든 여행과 실제 경험을 대체할 만큼 강력하다. 그래서 기 드보르의 사진 비유가 정말 말하려고 했던 것은 바로 '상품 물신주의'라는 개념으로 압축할 수 있다. 상품이 신의 위치에 올랐다는 이야기다. 바로 이럴 때 상품은 스펙타클이 된다. 물론 자본주의체제에서 신은 바로 자본, 즉 돈이다. 그러니 10만 원 상당의 상품과 10만 원의 현금 중 우리는 후자를 선택하는 것이다. 그러나 이렇게 되면 자본가가 애써 만든 상품이 팔릴 가능성은 현저히 낮아지게 된다. 신이라고 할 수 있는 돈을 포기하고 상품을 구매하도록 하려면, 최소한 돈만큼의 신성을 상품이 가지고 있어야 한다. 아니 자본가는 자신이 만든 상품이 돈보다 더 강력한 신성을 구비하는 것처럼 느껴지도록 만들어야만 한다. 마치 사진작가가 실제 프라하보다 더 멋진 풍경사진을 만들어 구매자들을 유혹했던 것처럼 말이다. 바로 이것이 상품 물신주의다. 그래서 기 드보르는 물신이 되어버린 상품, 즉 스펙타클을 "지각적이면서 동시에 초지각적인 사물"
이라고 설명한다. 여기서 '지각적'이라는 말은 상품이 우리가 볼 수
도 있고 만질 수도 있는 대상이라는 걸 가리킨다면, '초지각적'이라
는 말은 그 상품이 돈만이 가질 수 있는 신성을 가지고 있다는 걸
나타낸다. 누가 이 스펙타클이 되어버린 상품에 기꺼이 돈을 쓰지
않겠는가? 삶의 모든 불안과 불행을 씻어줄 신성을 갖추고 있는 것
으로 보이기 때문이다. 그래서 기 드보르는 "자신을 가장 탁월하게
지각 가능한 것으로 여겨지게끔 만드는 데 성공한 것"이 바로 스펙
타클이라고 이야기했던 것이다. 마침내 자본가는 불가피한 위기에
서 벗어날 실마리를 얻게 된다. 돈은 쓰지 않고 그냥 가지고 있으면
가치가 떨어질 수밖에 없기에, 자본가는 반드시 상품을 생산하고
판매해서 가치를 증식시켜야만 한다. 그러나 문제는 자본가로서는
소비자의 소비를 강제할 수 없고, 나아가 소비자가 자신처럼 돈을
우월시하는 것을 막을 방도도 없다는 점이다. 스펙타클이 만들어지
면서, 이런 모든 문제점은 봄눈 녹듯이 해결된다. 돈보다 우월하다
고 느껴지는 상품, 돈처럼 신성을 가진 상품, 물신이 되어버린 상품,
스펙타클에 직면하는 순간, 소비자는 자발적으로 기꺼이 지갑을 열
게 되니까 말이다.

> 스펙타클의 스크린l'écran du spectacle으로 제한된 평평한 우주
> un univers aplati에 감금되었기에, 그리고 자기만의 고유한 삶
> propre vie이 그 스크린 뒤편으로 추방되었기에, 구경꾼의 의식
> la conscience spectatrice은 단지 허구적인 대화자들les interlocuteurs fictifs
> 만 알 수 있을 뿐이다. 이 허구적 대화자들은 구경꾼을 상품
> 과 관련된 일방향적 독백과 상품들의 정치학에 종속시킨다.

총체적으로 말해 스펙타클은, 구경꾼에게 '일반화된 자폐증 un autisme généralisé'으로부터 환각적인 탈출을 보여주는 '거울 징후 signe du miroir'라고 할 수 있다. …… 소외된 일상의 현실을 수동적으로 수용하게끔 운명지어진 개인은, 환각적인 마술적 장치들에 의존함으로써 이런 운명에 반응하는 광기 folie에 빠져들게 된다. 반응 없는 소통 communication sans résponse에 대한 이런 거짓 반응 pseudo-résponse에 본질적인 것은 바로 상품의 식별 reconnaissance과 소비 consommation다. 소비자의 모방 욕구 le besoin d'imitation는, 근본적 박탈의 모든 측면에서 작동하는 정말 유아적인 욕구다.

-《스펙타클의 사회》218·219

사진의 비유 외에 스펙타클이 무엇인지 직관적으로 알려주는 것은 바로 동영상이 펼쳐지는 스크린의 비유다. 뭐, 어렵게 생각할 필요는 없다. 공중파나 케이블 방송에 등장하는 상품 광고 방송을 생각하면 쉽다. 아주 노골적으로 쇼 호스트를 통해 상품을 광고하는 경우도 있고, 아니면 '선택된 이미지'를 강하게 각인하는 방식으로 소비자의 가짜 욕구를 자극하며 상품을 광고하는 경우도 있을 것이다. 전자의 경우는 사용가치가 강한 상품을 판매하는 사례가 많다. 보통 식료품이나 가정용품, 중저가형 의류, 혹은 간단한 헬스기구 등이 주를 이룬다. 그러니까 스펙타클이 함축하는 허영의 논리와는 일정 정도 거리를 두고 삶의 편의와 경제성을 도모하는 상품들이라고 할 수 있다. 물론 여기서도 스펙타클은 일정 정도 역할을 한다. 예를 들어 늘씬한 여성 모델이나 식스팩이 뚜렷한 남성 모델이 속옷을 입고 있거나, 헬스기구를 시용해보는 장면 등이 그 예라고 할 수 있다. 반면 전자의 경우보다 상대적으로 고가일 가능성이 큰 후자의 경우는 사용가치보다는 스펙타클이 더 부각된다. 팔려는 상품을 노골적으로 선전하기보다는 모던하고 세련된 분위기, 섹시하고 몽환적인 분위기, 간혹 감동적인 이야기 속에 상품을 묻어두는 식이다. 신상품을 스펙타클로 만드는 가장 말초적인 방법은 최근 폭발적인 인기를 등에 업은 스타가 광고에 등장하는 것이다. 새로운 스타와 새로운 상품! 볼거리와 볼거리, 그러니까 스펙타클과 스펙타클은 서로 충돌하며 놀라운 시너지 효과를 낸다. 물론 그렇다고 해서 출연한 스타가 쇼 호스트처럼 노골적으로 상품을 홍보할 필요는 전혀 없다. 최신 에어컨이라면 그저 근사한 와인 한 잔을 들고 에어컨이 설치된 거실에서 행복한 미소로 창밖을 바라보는 것으로 충분하고, 최신 소파라면 깊게 기대어 앉아 커피와 함께 음악에 심취하는 것으로 충분하다.

누구나 알고 있지만 쉽게 간과하는 사실이 하나 있다. 상품 광고만이 아니라, 모든 대중매체는 기본적으로 스펙타클을 지향한다는 것이다. 드라마, 교양, 예능 심지어 시사 뉴스 프로그램마저도 시청자들의 눈길을 끌기 위해 다양한 볼거리를 총동원한다. 예를 들어 스펙타클과 가장 거리가 먼 것처럼 보이는 뉴스 프로그램을 생각해보자. 여기서도 볼거리, 즉 스펙타클의 논리가 강하게 작동한다. 정치적이든 사회적이든 시청자들의 눈을 사로잡을 만한 사건이 발생하면, 각 매체는 다른 매체와의 시청률 경쟁에서 이기기 위해 사활을 건다. 사건 현장에 기자를 파견해 더 생생한 화면을 만들려고 하거나, 뉴스를 근사한 컴퓨터 그래픽으로 처리해 내보내기도 한다. 어떻게 해서든지 시청자들의 눈을 사로잡으려는 것이다. 그러나 해당 사건이 말끔한 기승전결로 신속하게 마무리되지 못하면,

아무리 촬영과 편집 기술을 동원한다고 해도 시청자들의 관심을 받기 어렵다. 이럴 때 뉴스 매체는 조금씩 해당 사건에서 발을 빼기 시작한다. 발생한 사건의 사회적 중요성보다는 시청자들의 호기심과 관심, 즉 시청률이 중요하기 때문이다. 다행스러운 것은 시청자의 관심을 끌 만한 새로운 사건들은 항상 일어난다는 점이다. 설령 새로 발생한 사건이 중요한 사건이 아니라고 해도 상관은 없다. 관점과 논조를 잘 조절하고 근사하게 편집하면, 작은 사건도 큰 사건이 되기 때문이다. 노골적으로 말하면, 중요한 사건이어서 뉴스에 나오는 것이 아니라 뉴스에 나오기에 중요한 사건이 될 수도 있다는 것이다. 어쨌든 이렇게 시청자의 눈길을 끌어야, 한마디로 시청률이 높아야 프로그램 전후에 배치된 수많은 상품 광고 방송에서 많은 이익을 얻을 수 있다. 심지어 자본주의를 비판하는 교양 프로그램마저 높은 시청률을 기록하면 이 프로그램에 상품 광고를 냈던 자본가가 쾌재를 부르는 아이러니가 발생하기도 한다. 돈만 된다면 마르크스나 벤야민, 혹은 체 게바라마저도 상품으로 만드는 자본주의의 후안무치, 아니 그 포식성이 놀랍기만 하다. 결국 대중매체는 자본주의체제의 산물이자, 동시에 자본주의를 위해 존재하고 있는 셈이다. 이것은 대중매체도 최종심급에서 이윤의 논리에 지배된다는 것을 말한다.

공중파든 케이블 방송이든 하루 동안 방송되는 대중매체의 프로그램들을 살펴보면, 양적으로나 질적으로 압도적인 것은 역시 드라마와 음악, 예능 프로그램이다. 볼거리로 우리의 눈을 현혹시키는 이런 오락 프로그램은 거의 하루 종일 방영된다. 그야말로 눈을 뗄 수 없는 스펙타클들의 향연이다. 드라마, 음악, 그리고 예능 프로그램은 회전목마처럼 시청자들 앞에서 돌아가고, 그 사이사이에 교양 프로그램이나 시사 프로그램이 감초처럼 끼어든다. 오락 프로그램이 주는 자극에 지친 시청자들을 조금 쉬게 해주는 역할이다. 자극의 강도를 잠시라도 낮추어야, 다음 자극도 나름 효과를 낳을 수 있을 테니까. 아울러 교양이나 시사 프로그램은 대중매체 종사자나 시청자들에게 자기 위안을 안겨주는 좋은 수단이기도 하다. 대중매체 입장에서는 시청자들을 자본주의의 노예로 만드는 작업에 일조하고 있다는 불편한 진실을 조금이라도 은폐할 수 있고, 시청자 입장에서는 말초적 감각을 충족하려고 대중매체와 접속한 것이 아니라 이를 통해 지적인 정보도 얻고 있다는 자기 위안이나 혹은 변명도 가능할 테니까 말이다. 어쨌든 TV 스크린이든 컴퓨터 모니터든, 아니면 스마트폰의 액정화면이든 스펙타클한 영상들은 이렇게 우리의 눈을 휘감아버린다. 이제 '배타적 가치를 띠는 사진'은 그나마 순진하고 낭만적인 스펙타클로 보일 정도다. 정지된 사진이 어떻게 움직이는 영상, 즉 동영상의 현란함을 따라갈 수 있다는 말인가.

'배타적 가치를 띠는 사진'도, 대중매체가 뿜어대는 스펙타클한 영상도 기본적으로 2차원의 평면 세계에 속한다. 기 드보르가 말한 것처럼 "스펙타클의 스크린으로 제한된 평평한 우주"에 빠져드는 순간, 우리는 구체적인 삶의 세계뿐만 아니라 "자기만의 고유한 삶"마저 망각하게 된다. 부모님의 약을 사러 가다가 서커스에 눈이 팔린 아이와 같고, 중요한 시험을 앞두고 게임에 몰두하는 수험생과 같은 처지니까 말이다. 드디어 우리는 세상과 자신의 삶을 관조하는 구경꾼spectateur이 된 것이다. 물론 그렇다고 해서 우리는 외롭지만은 않다. 스펙타클의 중심에 서 있는 쇼 호스트나 스타, 혹은 MC가 우리에게 친절히 이야기를 건네기 때문이다. 스펙타클을 이끌어가는 이 주인공들이 바로 기 드보르가 말한 '허구적인 대화자들'이다. 드라마라면 실연을 겪은 주인공은 우리 앞에서 자신의 고뇌를 진짜보다 진짜인 것처럼 토로하며 울부짖고, 음악 프로그램이라면 언제든지 우리와 사랑을 나눌 것처럼 가수들이 춤과 함께 달콤한 밀어를 속삭이고, 홈쇼핑 방송이라면 쇼 호스트가 우리의 삶에 결여된 것을 알려주려고 애를 쓰고, 정의감에 불타는 뉴스의 진행자는 정권의 부정부패를 뜨겁게 고발하고 있다. 그러니 평면 우주 바깥으로 나갈 필요는 없다. 허구적 대화자들은 지친 내색도 하지 않고, 짜증도 없이 우리에게 말을 건네고 춤추며 노래하고 있기 때문이다. 병 주고 약 주는 자본주의체제의 재주가 정말 놀랍기만 하다. 먼저 자본주의체제는 현란한 볼거리로 평평한 우주에 우리를 감금 상태에 있도록 만들고, 이어서 허구적 대화자들을 보내 외로운 우리에게 말을 건넨다. 그들이 건네는 대화와 춤은 정말 관능적이고 다채롭고 흥미로워서, 우리는 자신이 감금되어 있다는 사실조차 망각한다.

그러나 누구나 알고 있지 않은가. '허구적 대화자들'은 먼저 우리에게 교태를 부리며 말을 건네지만, 결코 우리의 말을 들을 수도 없을 뿐만 아니라, 사실 들을 생각조차 없다는 것을. 그러니 허구적 대화자와 시청자 사이의 소통은 드보르의 말처럼 "반응 없는 소통"에 지나지 않는다. 쇼 호스트는 진심으로 우리의 비만한 몸매를 걱정하고 있고, 연예인들은 자신이 출연한 영화나 드라마, 혹은 공연을 보았던 관객들에게 "사랑한다"는 고백을 반복하고 있고, 예리하고 영민한 뉴스 앵커는 우리의 삶을 진정으로 걱정하는 모습을 보여준다. 그러니 구경꾼들은 이런 허구적 대화자에게 열광하고 심지어는 그를 숭배하게 된다. 그 정도가 지나치면 스타의 사생활까지 들여다보려는 '사생팬'이 출현하기도 한다. 이것도 반응이라면 반응이라고 할 수 있지만, "거짓 반응"에 불과하다. 허구적 대화자들은 항상 시청자들을 사랑한다고 속삭이지만, 누구나 알다시피 이것은 모두 연기일 따름이니까. 허구적 대화자들의 연기에 속아서 구경꾼들이 그들을 사랑하게 되었다면, 이것은 거짓 반응일 수밖에 없다. 하긴 허구적 대화자들이 시도했던 것이 거짓 소통이었으니 구경꾼들의 반응이 거짓이 되는 것은 너무 당연한 일이다. 어쨌든 구경꾼들로부터 열렬한 거짓 반응을 끌어내는 데 성공하는 순간, 자본주의가 스펙타클로 의도했던 것은 마침내 완전히 실현된다. 스펙타클에 매료될수록, 구경꾼들의 무의식에는 허구적 대화자가 사용하는 혹은 지목하는 상품들, 혹은 그 스펙타클 앞뒤에 배치된 광고에 등장한 상품들이 매력적인 것으로 각인될 테니 말이다. 사랑하는 사람이 바흐의 음악을 좋아한다면, 평상시 클래식 음악에 문외한이었다고 하더라도 누구든 바흐의 음악에 관심을 기울이기 쉽다. 사랑하는 사람이 좋아하는 것을 좋아하게 되는 것, 이런 모방 충동은 인간 심리의 또 한 가지 특징이기 때문이다. 바로 여기서 스펙타클의 진정한 목적이 드러난다. 기 드보르가 말한 것처럼 스펙타클에 심취하는 구경꾼, 혹은 허구적 대화자들에게 열광하는 구경꾼의 "거짓 반응에서 본질적인 것은 바로 상품의 식별과 소비"이기 때문이다.

스펙타클의 세계, 혹은 평평한 우주에서 벌어지는 일들의 전모를 해명하기 위해서는 정신병리학이나 정신분석학의 통찰이 필요하다. '반응 없는 소통'에 반응하는 '거짓 반응'은 도대체 어떻게 가능했던 것일까? "총체적으로 말해 스펙타클은, 구경꾼에게 '일반화된 자폐증'으로부터 환각적인 탈출을 보여주는 '거울 징후'라고 할 수 있다"는 기 드보르의 말에 등장하는 '거울 징후'라는 개념이 그 실마리가 될 듯하다. 이 개념은 헝가리 출신으로 프랑스에서 활동했던 철학자이자 사회학자 가벨Joseph Gabel(1912~2004)이 1962년에 출간한《허위의식La Fausse Conscience》이란 책에서 유래한 것이다. 철학자와 사회학자로 본격적으로 활동하기 전 가벨이 제일 처음 공부했던 학문은 정신병리학psychopathology이었다. 그가 이데올로기를 비판하는 데 정신병리학적 관점을 도입했던 것도 이런 이유에서였는데, 그 결과물이 바로《허위의식》이었던 셈이다. '거울 징후'는 가벨이 활동하던 시절 프랑스 정신의학계에서 가장 빈번히 사용되었던 개념 중 하나였다. '거울 징후'라는 진단은 다음 두 가지 경우에 내려진다. 어떤 환자가 강박증적으로 거울 안에 비친 자신의 모습을 응시하는 경우, 아니면 환자가 거울에 비친 자신과 대화를 나누는 경우. 사실 두 가지 경우라고는 하지만, 두 가지 징후는 연속적이라고 할 수 있다. 거울 안에 비친 자신의 모습을 강박증적으로 응시하는 환자는 얼마 지나지 않아 거울 안의 자기와 대화를 나누게 되는 방향으로 상태가 악화되니까 말이다. 어쨌든 거울 징후를 보이는 환자는 거울 안에 감금되어 삶의 세계와 자신의 삶마저도 망각하게 된다는 점이 중요하다. 그래서 스펙타클을 정의하면서 기 드보르는 '거울 징후'라는 개념을 사용했던 것이다. 물론 정신병리학의 '거울 징후'와 스펙타클 논의에서의 '거울 징후'는 분명한 차이가 있다. 전자의 경우 환자는 거울 속의 자기를 대화자로 오인한다면, 스펙타클의 세계에서 구경꾼은 자본주의체제가 생산한 허구적 대화자를 자신으로 오인하기 때문이다. 내가 손을 들면 거울 안의 그도 손을 든다. 반대로 거울 안의 그가 운다면, 나는 지금 울고 있는 것이다. 거울로 상징되는 평평한 우주에 감금된다는 것은 이렇게 무서운 일이다. '스펙타클의 스크린'에서 펼쳐지는 허구적 대화자의 모든 욕망,

모든 감정, 모든 행동은 이제 나의 욕망, 나의 감정, 나의 행동으로 오인되기 때문이다. 이럴 때 구경꾼은 상품에 대한 가짜 욕구를 가진 가짜 주체가 되어버린다. 기 드보르가 "이 허구적 대화자들은 구경꾼을 상품과 관련된 일방향적 독백과 상품들의 정치학에 종속시킨다"고 진단했던 것도 이런 이유에서다.

프랑스의 정신분석학자 라캉Jacques Marie Émile Lacan(1901~1981)은 1956년에서 1957년까지 이루어졌던 세미나를 기록한 네 번째 세미나집《대상관계La relation d'objet》에서 '거울 단계stade du miroir, mirror stage'를 강조했던 적이 있다. 관찰에 따르면 빠르면 6개월, 늦으면 18개월까지 유아들은 거울을 가지고 노는, 아니 정확히 말해 거울 안의 자기 모습과 노는 거울 단계를 거친다고 한다. 이것은 유아가 거울 안의 자기 모습을 자기 모습이 아니라 타자로 오인하고 있다는 걸 말한다. 그러니 유아들은 거울 안의 자기와 이야기를 하거나 그와 노는 데 시간 가는 줄 모르는 것이다. 라캉의 독특함은 거울 단계를 유아에 국한시키는 발생론적 설명에 머물지 않고 이것을 성인을 포함한 인간 일반의 마음을 구조론적으로 해석하는 데 사용했다는 점이다. 라캉에 따르면 정상적인 인간은 거울 안에 비친 자기 모습이 타자가 아니라 바로 자기 자신이라는 걸 안다. 그래서 거울 단계를 거친 성인은 자기 모습을 확인하려는 목적이 아니면 거울을 보는 경우가 거의 없다. 문제는 거울 단계를 이미 거친 어른도 거울 안의 자기 모습을 타자로 오인하는 퇴행을 겪을 수 있다는 점이다. 그러나 라캉이 생각하지 못했던 더 심각한 퇴행이 있다. 그것은 바로 스크린 속의 허구적 대화자를 사랑하거나 숭배하다가, 어느 순간 허구적 대화자가 자기 자신이라고 오인하는 퇴행이다. 이것은 영상 속의 허구적 대화자가 손을 드니, 자신도 모르게 손을 드는, 아니 들어야만 할 것 같은 느낌이 드는 기묘한 퇴행이다. 이런 퇴행 속에서 모방적 소비 논리가 해명된다. 허구적 대화자가 무언가를 사용하고 소비하고 있다면, 구경꾼은 자신도 그걸 필요하다고 느끼고 욕망하게 되니까 말이다. 그래서 기 드보르는 "소비자의 모방 욕구는 정말 유아적인 욕구"라고 말했던 것이다. 그가 보기에 거울 속에 비친 자기 모습을 타인이라고 오인하는 거울 단계보다 더 퇴행적인 것, 혹은 더 유아적인 것은 영상 속의 타인을 바로 자기라고 오인하는 심리상태이기 때문이다.

대다수는 자본가에게 노동을 팔아 돈을 벌어 살 수밖에 없는 노동자들이다. 바로 이렇게 얻은 돈은 자신이나 동료 노동자들이 만든 상품을 구매하는 데 소비된다. 상품을 구매할 때 노동자는 소비자의 자유를 만끽한다. 그렇지만 동시에 이 순간은 그가 다시 노동자의 신세로 전락하는 때이기도 하다. 가짜 필요에 의해 사치품을 구매하느라 빈털터리가 되어버린 소비자는 노동을 팔지 않으면 안 되는 노동자로 되돌아가버린 셈이다. 어찌하겠는가. 사치품이 아니더라도 최소한 먹고살기 위해서 생필품은 구해야 하고, 여기에는 반드시 돈은 필요하니까 말이다. 바로 이것이 대부분 사람들이 겪고 있는 소외된 삶의 모습이다. 노동자로서 우리는 자신이 아니라 자본가가 원하는 상품을 생산하고, 소비자로서 우리는 자신이 진짜로 원하는 것을 소비하지 못한다. 이런 소외된 현실을 벗어나는 방법은 없을까? 이론적으로는 아주 간단하다. 노동자로서 우리는 우리가 원하는 걸 만들고, 소비자로서 우리는 진짜로 원하는 걸 소비하면 된다. 생산영역과 소비영역 모두 노동하는 사람들이 통제하는 사회, 즉 민주적이고 인문적인 사회는 가능할까? 물론 이런 멋진 사회는 자본을 가지고 있다는 이유로 이윤 획득이 가능한 사회,

즉 자본주의사회와는 양립 불가능하다. 자본주의체제는 대다수 사람을 소외된 노동자나 소외된 소비자로 살아갈 수밖에 없는 운명에 던져넣어야만 유지될 수 있기 때문이다. 자신들이 생산한 상품을 자신들이 소비함으로써 발생하는 잉여가치를 고스란히 자본가에게 넘겨주는 노동자들의 소외된 삶! 이런 굴욕적 삶을 잊기 위해서일까, 아니면 너무나 순진한 탓일까, 노동자들은 스펙타클이 조장한 가짜 욕망에 너무나 쉽게 몸을 맡긴다. 가짜 욕망에 휘둘릴수록 굴욕적 삶, 소외된 삶을 강요하는 자본주의체제는 견고해지니, 정말 이것은 미친 짓이라고 할 수 있다. 그래서 기 드보르는 탄식했던 것이다. "소외된 일상의 현실을 수동적으로 수용하게끔 운명지어진 개인은, 환각적인 마술적 장치들에 의존함으로써 이런 운명에 반응하는 광기에 빠져들게 된다"고 말이다.

실재 세계le monde réel가 단순한 이미지들images로 바뀔 때, 이 이미지들은 실재 존재êtres réels가 되고 또한 무자각적인 행동un comportement hypnotique의 효과적인 동인이 된다. 스펙타클의 임무는 '더 이상 직접 손으로 만질 수 없게 된 세계le monde qui n'est plus directement saisissable'를 전문화된 다양한 매체들에 의해 보일 수 있도록 만드는 것이기에, 시각la vue이란 인간적 감각에 한때 촉각la toucher이 차지하고 있었던 특별한 지위가 부여된다. …… 스펙타클은 정의상 인간 활동activité에서 벗어나 있는 것이며, 어떤 투사된 검토나 시정 작업으로도 접근 불가능하다. 그것은 대화dialogue와 대립물이다.

−《스펙타클의 사회》 18

전쟁을 다룬 블록버스터 영화가 실재 전쟁보다 더 현실적인 것으로 보인다. 귀를 찢을 듯한 유탄 소리, 폭탄 터지는 꽹음, 그리고 화면을 가득 채우는 피를 흘리는 사상자들. 그러나 실제 전쟁의 순간에 이런 전투가 항상 벌어지는 것은 아니다. 오히려 대부분의 시간은 전쟁과 무관한 시시콜콜한 일들, 밥을 먹고 잠을 자고 목욕을 하고 화장실에 가고 배탈이 나고 모기에 물리는 일들, 그나마 군대에서나 가능한 일로는 참호를 판다거나 수색과 정찰을 나간다거나 아니면 축구나 족구를 하는 반복적인 일과들로 채워지니까 말이다. 그렇지만 이런 시시콜콜한 장면들로 영화를 채운다면, 어느 누가 지갑을 열고 영화관에 들어오겠는가. 그러니 실재 전쟁 과정에서 벌어지는 90퍼센트 이상의 삶을 날려버리고, 1퍼센트도 되지 않는 전투 장면을 중심으로 영화는 촬영되고 편집되는 것이다. 현실을 있는 그대로 담고 있다는 다큐멘터리 영화도 사정은 별반 다르지 않다. 예를 들어 공수부대를 홍보하는 다큐멘터리 영화가 있다고 하자. 공수부대원이 낙하산을 타는 훈련은 1년에 채 한두 주도 되지 않는다. 그렇지만 다큐멘터리는 낙하산 훈련 장면이 중심이 되어 편집되고 만들어진다. 낙하산 훈련 장면을 통해 만들어진 늠름한 공수부대원, 진정한 남자로 거듭나는 장면을 연출함으로써 공수부대에 지원하라고 유혹하는 것이다. 평소 블록버스터 전쟁 영화를 좋아했던 청년이라면, 그는 이 유혹에 넘어가 공수부대에 직접 자원할 가능성도 있다. 이 불행한 청년의 뇌리에 군대는 결단과 용기, 그리고 전우애로 무장한 진정한 남자들의 세계라는 이미지, 즉 표상이 각인되었기 때문이다. 기 드보르가 말했던 것처럼 "실재 세계가 단순한 이미지들로 바뀔 때, 이 이미지들은 실재 존재가 되고 또한 무자각적인 행동의 효과적인 동인이 된다". 불행하게도 청년은 군 복무 기간 동안 빨래를 하든가, 식판을 세척하든가, 화장실 청소를 하든가, 모포를 말리느라 많은 시간을 보내게 될 것이다.

여기서 우리가 생각해봐야 할 것이 있다. 실재 세계를 직접 경험했던 사람들에게는 이런 이미지나 표상은 별다른 힘을 끼치지 못한다는 사실이다. 예를 들어 전투 경험이나 최소한 군대 경험이 있는 사람에게 블록버스터 전쟁 영화나 군대 다큐멘터리는 스펙타클로 절대 기능할 수 없다. 이미 그는 이런 전쟁이나 군인 스펙타클이 얼마나 허황되게 편집되는지 알고 있기 때문이다. 만약 인문학적 감수성을 가지고 있는 민주주의자였다면, 그는 전쟁 영화나 다큐멘터리가 인간을 전쟁으로 내몰려는 국가주의자들의 책략이라고 비판할 수도 있을 것이다. 마찬가지로 관광 당국이 배포한 '프라하 사진'은 프라하 시민들에게는 별다른 자극이 되지 않는다. 이미 그들은 프라하라는 실재 도시에서 오랫동안 살아왔기 때문이다. 여기서 우리는 스펙타클이 어떤 조건에서 작동하는지 이해할 수 있는 실마리를 찾게 된다. 기 드보르는 말한다. "스펙타클의 임무는 '더 이상 직접 손으로 만질 수 없게 된 세계le monde qui n'est plus directement saisissable'를 전문화된 다양한 매체들에 의해 보일 수 있도록 만드는 것이다." 결국 핵심은 프랑스어 '세지사블saisissable'이라는 단어에 있다. '직접 만질 수 있다'는 뜻의 이 형용사는 네티즌이나 구경꾼으로 세상을 관조하는 것이 아니라 우리가 온몸을 이끌고 무언가를 직접 경험하는 것을 의미한다. 그렇다면 '더 이상 직접 만질 수 없게 된 세계'가 무엇인지 궁금해진다. 우선 이 표현이 의미가 있으려면, '직접 만질 수 있었던 세계'가 전제되어야 한다. 과거에는 직접 경험할 수 있었던 것이 이제는 직접 경험할 수 없게 되어야, '더 이상 직접 만질 수 없게 된 세계'가 의미 있기 때문이다. 그렇다면 직접 경험의 세계를 위축시킨 결정적인 계기는 무엇이었을까? 18세기 중엽 이후 발달한 자본주의체제가 인간에게 강요한 분업과 전문화다.

전자본주의 시절 지배와 복종의 방식은 간단했다. 우선 민중들이 농사로만 먹고살 수 있도록 만든 다음에, 땅을 소수 지배자가 독점하면 되었기 때문이다. 농사를 짓는 데 땅이 필요한 민중들은 토지사용의 대가로 그 사용료, 즉 지대地代, rent를 지주에게 바쳤고, 그 결과 지주 등 지배계급은 무위도식할 수 있었던 것이다. 자본주의 시대에 들어와서도 마찬가지 패턴이 반복된다. 토지가 자본으로 바뀌었고, 농사가 노동으로 바뀌었을 뿐이다. 그러니까 민중들에게 임금노동을 유일한 생계 방법으로 만든 다음, 임금으로 줄 자본을 소수 자본가가 독점하는 것이다. 이런 자본주의체제에서 분업과 전문화는 노동자들이 영원히 임금노동의 상태를 벗어나지 못하게 하는 자본가들의 가장 강력한 무기다. 분업체계가 요구하는 전문화된 노동을 제공하지 않으면, 노동자들이 먹고살 방법이 없도록 만든 것이다. 당연히 생계라는 일차적 문제를 해결하기 위해 학생들이나 그들의 부모는 전문화된 노동을 가르쳐주는 대학이나 대학원을 선호하게 된다. 불행히도 치열한 취업 경쟁률은 그들을 더욱더 과도한 스펙 관리에 몰아넣게 된다. 그 결과는 치명적이다. 젊은 시절 대부분의 시간을 오직 자본이 필요로 하는 전문화된 노동을 익히는 데 보냈기에, 그들이 세상을 살아가거나 향유하는 다른 방법을 배우기는 힘들다. 그러니 그들은 노동자로 채용되는 것에 그야말로 목숨을 걸게 된다. 마침내 그들은 양자택일의 상황에 내던져진다. 취업을 할 것인가? 아니면 실업자로 있을 것인가? 다행히도 취업에 성공했다면 이 양자택일은 다르게 변주된다. 노동자로 있을 것인가? 아니면 해고되어 노숙자가 될 것인가? 취업을 하거나 유지한다면 이것은 사는 길이고, 실업 상태를 벗어나지 못하거나 해고 된다면 이것은 죽는 길이다. 20세기 중반부터 오늘날까지 노동자들 대부분이 마치 처절한 햄릿처럼 매일매일 고민하는 것은 바로 이것 이다. 그러나 놀랍게도 이런 고민은 20세기 초까지만 해도 상상도 할 수 없었다. 당시만 하더라도 노동자로 살기 힘들면 농사를 지으 면 되었고, 농사도 힘들면 물고기를 잡거나 산나물이나 약초를 채 취하면 되었고, 아니면 음악이나 연극 등 작은 공연을 열어 먹고살 수도, 혹은 작은 가죽 공방에서 근사한 가죽 제품을 만들 수도 있 었다. 분업과 전문화가 본격화되기 이전에는 아무리 못 배운 사람 들이라도 농사, 사냥, 낚시, 건축, 수공예, 음악, 미술에 두루두루 익 숙했기에 가능한 일이다. 예를 들어보자. 19세기 중엽 우리가 알고 있는 공장이 처음 생겼던 곳이 바로 영국 맨체스터 지역이다. 방직 기계를 갖춘 공장이 생겼을 때, 반복되는 기근과 강제 이주로 생계 가 힘들었던 농민들이나 수공업에 종사하던 방직 장인이나 기술자 들이 이곳에 몰려들었다. 바로 이들이 현대적 의미의 최초의 노동 자들이다. 그렇지만 당시 노동자들은 자본가의 착취가 심해지면 공 장을 떠날 수 있었다. 그들 중 어떤 사람들은 농사를 짓거나 사냥과 채집을 할 수 있는 기술이 있었고, 또 다른 사람들은 가내수공업을 할 수 있는 손기술을 가지고 있었기 때문이다.

이제 기 드보르가 말한 세계, 다시 말해 "더 이상 직접 손으로 만질 수 없게 된 세계"가 무엇인지 분명해진다. 그것은 회사, 사회, 나아가 지구 전체의 분업체계에 적응해버린 사람들의 세계, 다시 말해 아주 좁은 영역만 직접 손으로 만질 수 있게 된 사람들의 세계 였던 것이다. 그러나 인간이라면 할 수 있는 모든 것을 해보려는 욕 망을 포기할 수 없는 법이다. 액셀러레이터나 브레이크에만 자신의 다리를 사용하는 것에 만족할 사람이 어디 있겠는가. 산책도 하고, 등산도 하고, 아니면 마라톤도 하려고 할 것이다. 또한 컴퓨터 프로그램에만 마음을 쓰는 것에 만족할 사람이 어디 있겠는가. 모차르트의 피아노 소나타 연주회에도 가고 싶고 나아가 그걸 직접 연주해보고 싶을 것이고, 아니면 타르코프스키의 근사한 영화에 마음을 맡기거나 아니면 직접 작은 영화라도 찍고 싶을 것이다. 놀랍게도 자본주의체제는 바로 이런 자연스러운 욕망마저 이용해 잉여가치를 얻으려고 한다. '직접 손으로 만질 수 있는 세계'를 줄여버린 주범이 '더 이상 직접 손으로 만질 수 없게 된 세계'를 구경거리, 즉 스펙타클로 만들어 팔아먹으려는 것이다. 진짜 인간을 억압했던 체제 중 자본주의체제만큼 간교한 게 또 있었을까? 병 주고 약 주는 것도 모자라서, 그 약이 병을 만들면 다시 새로운 약을 제조해 공급하니 말이다.

체제를 유지하는 가장 확실한 통제 수단이라고 할 수 있는 스펙타클은 시각을 자극해 가짜 욕망, 즉 시각적 욕망을 우리 내면에 조성한다. 블록버스터 전쟁 영화를 보고 우리는 용감한 남자로 거듭나려고 군대에 입대할 수도 있다. 혹은 맛집 소개 영상을 보고 우리는 입맛을 되찾아줄 닭갈비를 먹으러 춘천에 갈 수도 있다. 아니면 애틋한 키스신으로 이별을 했던 주인공들의 흔적을 찾아 우리는 프라하로 여행을 떠날 수도 있다. 아직 경험하지 못한 일, 아직 먹어보지 못한 음식, 혹은 아직 가보지 못했던 장소가 아주 매력적인 볼거리로 눈앞에 던져진다. 협소한 분업체계에 감금된 대부분의 이웃들에게 스펙타클을 직접 경험해보겠다는 욕망이 발생하는 것은 어쩌면 너무 당연한 일이다. 이론적으로 욕망하는 대상을 획득하는 순간, 우리는 자신의 욕망이 가짜였는지 진짜였는지 알게 된다. 그러나 현실적으로 욕망 대상을 획득했다고 해서 모든 사람이 자기 욕망의 진위 여부를 바로 확인할 수 있는 것은 아니다. 대부분 가짜 욕망은 군대, 닭갈비, 그리고 프라하가 근사할 것이라는 일종의 선입견이 작용하기 때문이다. 아주 예민한 사람만이 직접 경험을 하자마자, 바로 자신이 선입견에 빠졌다는 걸 자각한다. 반면 대부분 평범한 사람이라면 충분한 시간이 주어져야 선입견이 조금씩 와해되기 시작할 것이다. 군생활은 상당히 오래 지속되기에 블록버스터 전쟁 영화가 제공한 선입견과 가짜 욕망은 금방 녹아내릴 수 있다. 반면 닭갈비를 먹고 싶다는 욕망이나 프라하를 거닐고 싶다는 욕망은 쉽게 진위 여부가 검증되지 않는다. 춘천의 경우 서울 사람들이라면 당일치기 여행일 가능성이 많고, 프라하라고 하더라도 이동 시간을 제외한다면 잘해야 이삼일 정도 머물 뿐이다. 스펙타클의 기만적 메커니즘을 자각하기에는 턱없이 짧은 순간이다. 그러니 춘천 여행이나 프라하 여행은 스펙타클을 확인하러 떠난 가짜 여행이 되기 쉽다. 여행을 통해 어떤 것도 배우지 못하고 그저 대중매체가 제공한 스펙타클만 재확인하고 왔다면, 이것이 어떻게 제대로 된 여행일 수 있다는 말인가?

잠시 우리는 불교 전통을 음미해볼 필요가 있다. 불교에서는 '안이비설신眼耳鼻舌身'이라는 다섯 가지 감각기관과 관련해 다섯 가지 감각의식이 있다고 이야기한다. '눈의 의식眼識', '귀의 의식耳識', '코의 의식鼻識', '혀의 의식舌識', 그리고 마지막으로 '몸의 의식身識'이다. 흥미로운 점은 불교는 이 다섯 가지 감각의식을 모두 동등한 것이라고 생각하지 않았다는 데 있다. 양파껍질처럼 가장 표피에 있는 것이 '눈의 의식'이고 아래로 내려가면 '귀의 의식', '코의 의식', '혀의 의식'을 거쳐 가장 심층에 이르면 바로 '몸의 의식'이 있다. 생각해보면 표층에 있는 감각의식, 즉 시각이 감각 대상과 일정 정도 거리를 두고 있다면 제일 심층의 감각의식, 즉 촉각에서는 감각 대상과의 거리가 거의 없어진다. 우리는 연애를 할 때도 이 과정을 그대로 거친다. 우선 시각을 통해 우리는 누군가에게 매력을 느끼기 쉽다. 그래서 사람들은 그렇게 첫인상을 중요시하는 것이다. 일단 보았을 때 매력을 느끼지 못하면, 관계가 심화되는 경우는 별로 없으니까. 그다음 우리는 점점 그에게 가까이 다가가려고 한다. 가까이 다가가면 그 사람의 숨소리를 들을 수 있고 몸 냄새도 맡을 수 있다. 그리고 최종적으로 키스를 하거나 포옹을 하는 관계가 된다. 시각에서부터 촉각으로 관계가 심화된 셈이다. 키스를 하거나 포옹을 할 때 눈을 뜨는 경우는 별로 없다. 눈을 감고 상대방과 촉각적 교감에 집중하려는 무의식적인 반응인 셈이다. 역으로 만약 키스를 하거나 포옹을 할 때 상대방이 눈을 뜨고 있는 경우를 생각해보라. 십중팔구 우리는 그가 자신을 멀리하고 있다는 느낌이 들 것이다. 본다는 것은 거리를 둔다는 것이고, 상대방을 경계한다는 의미니까 말이다. 그래서 한때 사랑하던 사람과 사이가 틀어지게 되면, 우리는 상대방의 몸이 자신에게 닿는 것마저 불쾌하게 느끼게 된다. 이어서 그 사람의 냄새를 맡는 것도 싫고, 그 사람의 목소리를 듣는 것도 싫어질 것이다. 그리고 마지막으로 보는 것조차도 싫어지면서, 한때 서로를 뜨겁게 안아주었던 사랑도 완전히 종언을 고하게 된다.

누구나 원한다. 그리운 사람의 사진을 쓰다듬기보다 직접 그를 만나 포옹할 수 있기를. 영정 사진 속에서 웃고 있는 어머니를 보는 것보다는 병실에 누워 계신 어머니의 머리를 쓰다듬을 수 있기를. 근사한 프라하 사진보다는 직접 프라하의 시원한 밤거리를 걷기를.

설악산 풍경사진을 보기보다는 직접 능선에 올라 시원한 바람을 쐬기를. 일반적인 사람이라면 대상과 거리를 둘 수밖에 없는 시각적 욕망에 결코 만족하지 않는다. 사람이든 사물이든 아니면 자연이든 상관없다. 촉각적 욕망을 충족시키지 못하면, 우리는 결코 만족할 수 없을 것이다. 바로 이것이 진정한 의미의 대화가 아닌가. 글자 그대로 대화dialogue는 '둘dia'이 펼치는 '이야기logos'이기 때문이다. 우리 자신도 상대방에게 영향을 끼치고, 상대방도 동시에 우리에게 영향을 끼친다. 바로 이것이 대화다. 여러모로 대화는 촉각을 닮았다. 나를 만지는 걸 허락하지 않고는 결코 상대방을 만질 수 없는 법이니까. 반면 시각은 상대방이 나를 보지 않아도 내가 그를 볼 수 있고, 반대로 내가 그를 보지 않아도 그는 나를 볼 수 있는 감각이다. 시각이 기본적으로 독백monologue, 즉 '홀로mono' 하는 '이야기logos'와 닮은 것도 이런 이유에서다. 불행히도 우리 삶은 시각적 욕망의 세계, 혹은 독백의 세계로 변하고 있다. 기 드보르가 말한 것처럼 "시각이란 인간적 감각에 한때 촉각이 차지하고 있었던 특별한 지위가 부여되는" 시대가 열렸기 때문이다. 시각적 욕망만을 기형적으로 증폭시키는 스펙타클 사회에 내던져진 순간, 우리의 청각, 후각, 미각, 그리고 촉각 역량은, 아니 우리의 삶은 극도로 퇴화하고 만다. 우리 모습은 반구형 유리 온실에 들어가 세상을 관조하고 있는 형국이다. 편안한 소파에 앉아 유리창 너머로 세상을 파괴할 것처럼 폭풍우가 몰아치고 있는 웅장한 장면을 볼 수 있다. 그러나 이것은 온실 문을 열고 폭풍우 속으로 나가는 것과는 완전히 다른 일이다. 온실 안에서 폭풍우를 관조하는 것은 시각적 욕망에만 의지하는 상태, 혹은 일종의 관음증, 일종의 독백 상태에 지나지 않는다. 그렇지만 폭풍우로 뛰어드는 순간, 우리는 폭풍우와 온몸으로 대화를 나누게 된다. 짭조름한 폭풍우의 맛, 땅이 내뱉는 숨과 같은 폭풍우의 냄새, 외로워서 화가 난 듯한 폭풍우의 소리, 차가운 듯 따뜻하고 날카로운 듯 풍만한 폭풍우의 촉감!

관조와 활동, 혹은 독백과 대화 사이에는 이렇게 건널 수 없는 심연이 있었다. 그럼에도 온실 유리창을 통해 세상을 관조하는 사람은 자신이 진짜 폭풍우를 경험하고 있다고 믿는다. 하긴 유리창 외벽에 폭풍우의 빗줄기가 쏟아지는 소리를 실감나게 듣고 있고, 나아가 유리창을 통해 폭풍우로 어두워진 검푸른 대기와 휘청거리는 나무들을 뚜렷하게 볼 수 있으니 이런 착각에 빠지는 것도 나름 이해는 간다. 기 드보르가 "스펙타클은 어떤 투사된 검토나 시정 작업으로도 접근 불가능하다"고 말했던 것도 이런 이유에서다. 어떻게 하면 관조의 세계가 아니라 활동의 세계로, 독백의 세계가 아니라 대화의 세계로 이 불행한 구경꾼을 안내할 수 있을까? 체제가 대중매체를 통해 제공한 스펙타클에 갇혀 이를 통해 세상을 보는 사람들을 어떻게 구출할 수 있을까? 신이라는 스펙타클, 스타라는 스펙타클, 발전과 성장이라는 스펙타클, 지도자라는 스펙타클, 돈이라는 스펙타클 등등. 이 무수히 많고 다양한 유리 온실에 갇혀 나올 줄 모르는 이웃들을 어떻게 할 것인가? 기 드보르는 앞서 살펴본 218번째 테제에서 스펙타클을 "일반화된 자폐증"이라고 말했던 적이 있다. 어쩌면 이것이 우리 고민을 해결할 실마리가 되지 않을까. 자폐증에 빠진 아이가 있다면, 부모나 형제는 그저 이 아이를 따뜻하게 대해주는 수밖에 없다. "애야, 나와도 돼. 여기에 너를 사랑하는 사람들이 있단다." 임상 결과에 따르면 자폐증 아이는 이 소리를 차단막에 가로막혀 들리는 소음처럼 듣고 있다고 한다. 마치 유리 온실에서도 그 바깥의 빗소리, 바람소리, 혹은 나무 흔들리는 소리가 조금이라도 들리는 것처럼 말이다. 그러니 결국 기다려야 한다. 마음의 문을 안에서 닫은 것이 그 아이였던 것처럼, 그 문을 열고 밖으로 나오는 것도 바로 그 아이이기 때문이다. 어쩌면 그래서 기 드보르는 18번째 테제를 마무리하면서 "스펙타클은 대화와 대립물"이라고 말했던 것 아닐까. 비록 소음이나 잡음으로 들린다고 하더라도, 우리는 스펙타클이란 유리 온실에 갇힌 이웃들에게 계속 대화를 시도해야 한다. 언제 대화의 결실이 맺어질지 모르지만 끈질기게 대화를 시도해야 하는 것! 어쩌면 말이다. 바로 이것이 진정한 대화인지 모를 일이다.

3. 스타, 혹은 스펙타클의 대리인

스타^{vedette}의 조건은 가상적 삶^{vécu apparent}의 전문화^{spécialisation}에 있다. 사람들은 자신들이 실제로 살아내고 있는 파편화된 생산 전문화의 길을 보상받으려고 자신을 깊이가 없는 가상적 삶의 대상과 동일시하는데, 바로 이 대상이 스타다. …… 스타는 접근할 수 없는 사회적 노동의 결실을 구현한다. 그것은 스타가 사회적 노동^{travail social}에 마법적으로 투사된 그 노동의 부산물^{sous-produits}을 그것의 궁극적인 목적—권력^{le pouvoir}과 여가^{les vacances}—이라도 되는 양 연기하기 때문이다. 여기서 권력과 여가, 다시 말해 결단(할 수 있는 권력)과 소비(할 수 있는 여가)는 결코 의심받지 않은 어떤 과정의 시작과 끝으로 상정된다.

–《스펙타클의 사회》 60

억압사회! 어렵게 생각할 것 없다. 소수가 삶의 수단 대부분, 즉 생산수단, 교환수단, 폭력수단, 정치수단 등을 독점하는 사회, 그래서 삶의 수단을 빼앗긴 다수가 울며 겨자 먹기 식으로 소수의 지배를 감당하는 사회가 바로 억압사회다. 삶의 수단을 독점하는 데 성공한 소수는 정신노동을 담당하는 지배층이 되고, 반대로 그걸 빼앗긴 불행한 다수는 육체노동에 종사하는 피지배층이 된다. 마르크스가 말한 가장 원초적 분업은 바로 이런 지배와 복종 관계를 정당화하면서 출현했던 것이다. 어느 하나 중요하지 않은 것은 없지만 가장 핵심적인 삶의 수단은 생산수단이라고 할 수 있다. 먹고사는 문제보다 더 중요한 것이 또 어디 있겠는가. 전자본주의사회에서 가장 결정적인 생산수단이 토지였다면, 자본주의사회에서는 자본, 즉 돈이다. 그러니 전자본주의사회에서 땅주인, 즉 지주가 지배층이 되고, 자본주의사회에서는 돈주인, 즉 자본가가 지배층으로 행세한다. 물론 살아가는 모든 사람이 공유해야 하는 땅을 독점한 행위나 사회적 교환수단인 돈을 독점한 행위는 정의롭지 않을 뿐만 아니라 기만적이기까지 하다. 대다수 선량한 사람들이 농사를 짓지 않으면 생계를 유지할 수 없게 만들어놓고 그들에게 땅을 빌려주고 무위도식하는 지주들의 삶, 혹은 마찬가지로 돈이 없으면 생계를 유지할 수 없게 만들어놓고 임금을 미끼로 노동을 강요하는 자본가들의 삶이 어떻게 인문적이고 민주적일 수 있겠는가? 그럼에도 과거 농업경제체제에서는 몸뚱이만 가지고 있는 다수 사람과 땅을 가지고 있는 소수 사람으로 사회가 구성되어 있었고, 18세기 중엽 이후 자본주의체제에서는 몸뚱이만 가지고 있는 다수 사람과 돈을 가지고 있는 소수 사람으로 사회가 구성되었다.

이론적으로 억압사회가 가능하려면 무엇보다 먼저 농민들에게 땅을 가지지 못하게 하는 조치가 선행되어야 하고, 노동자들에게 자본을 가지지 못하게 하는 조치가 선행되어야 한다. 아니 항상 이런 조치는 유지되어야만 한다는 것이 억압사회의 본질이라고 하겠다. 생산수단에 대한 원초적 독점, 혹은 원초적 수탈이 먼저다. 그

다음은 마치 선심을 베푸는 듯이 땅을 농민에게 대여해주고, 노동자에게 일자리를 제공하는 단계다. 원초적 수탈이 망각되는 순간 기묘한 가치전도 현상이 벌어진다. 지주나 자본가는 농민이나 노동자에게 생계를 보장하는 선심을 베푸는 것처럼 보이고, 반대로 농민이나 노동자는 그들이 베푼 선심과 우애에 대한 보답으로 지대나 이윤을 제공하는 것처럼 보이니까 말이다. 누가 지주인가, 아니면 누가 자본가인가가 중요한 것이 아니다. 중요한 것은 그것이 지주든 자본가든 생산수단을 독점하는 구조가 존재한다는 사실이다. 나쁜 지주는 토지사용료를 많이 거두고 좋은 지주는 토지사용료를 적당히 거둔다. 여기서 더 위험한 것은 바로 좋은 지주다. 좋은 지주가 있어서 농민들은 지주라는 제도, 즉 원초적 수탈구조를 망각하기 쉽기 때문이다. 잊지 말아야 할 것은 좋은 지주도 토지사용료를 토대로 무위도식하고 있기는 마찬가지라는 점이다. 좋은 자본가는 노동시간을 줄여주고 임금을 후하게 지불하고, 나쁜 자본가는 잔업이나 야간노동을 강요할 뿐만 아니라 임금을 어떻게 해서든지 줄이려고 노력한다. 그렇지만 좋은 자본가는 좋은 지주처럼 위험하기 이를 데 없는 존재다. 자본가와 노동자라는 원초적 수탈구조가 은폐되기 쉽기 때문이다.

지주나 자본가에게 마음이 쏠려 가장 오래되었을 뿐만 아니라 아직도 강력한 최고의 수탈기구가 있다는 걸 잊어서는 안 된다. 바로 국가다. 왕조국가의 경우 국가는 농민에게 조용조租庸調라고 불리는 의무, 즉 토지사용료, 병역과 노역, 그리고 특산물 상납의 의무를 폭력적으로 부과했다. 낼 수도 있고 안 낼 수도 있는 것이 아니라 반드시 내야만 한다면, 그것은 수탈일 수밖에 없다. 이렇게 수탈한 돈으로 왕이나 관료층들은 육체노동이 면제된 지배자의 삶을 영위하게 된다. 물론 원활한 재수탈을 위해 농지를 정비하거나 관개 사업을 펼치는 등 나름 다양한 시혜 정책을 펼치기도 한다. 그렇지만 이것은 농민들을 사랑해서가 아니라 그들로부터 더 많은 것을 수탈하기 위해서다. 여러모로 왕조국가의 정치는 그래서 소나 돼지 등 가축을 기르는 일과 유사하다. 근사한 축사와 맛난 사료를 소들에게 공급하고 소들을 정성스레 쓰다듬어주는 이유는 이 불쌍한 가축들을 사랑해서가 아니라 그들로부터 좋은 육질의 고기를 많이 얻기 위해서다. 동아시아에서 목민관牧民官이란 말이 나온 것도 단순한 우연이 아니었던 셈이다. 민중을 기른다는 뜻을 가진 '목민牧民'은 농민들을 소나 돼지로 봐야만 나올 수 있는 개념이다. 왕조국가의 경우에도 좋은 왕과 나쁜 왕의 구별은 그대로 작동한다. 소를 정성들여 길러 도살하는 목동과 소를 함부로 길러 도살한 목동 정도의 차이다. 구체적으로 말해 좋은 왕이 과도한 수탈을 자제하고 재분배에도 신경을 많이 쓴다면, 나쁜 왕은 지나치게 수탈하고 재분배에는 인색하기만 하다. 스타 지주가 있고, 스타 자본가가 있듯이 스타 왕도 여기서 출현한 것이다. 불행히도 스타 왕이 아니라 나쁜 왕이 국가를 운영하면, 왕조 자체가 위기에 빠지는 경우가 많다. 농민봉기와 역성혁명이 이어지기 때문이다. 수탈을 견디지 못한 농민들이 봉기를 하고, 이런 저항에 편승한 유력 지주, 즉 스타 지주가 새로운 왕조를 시작한다. 새로운 왕조는 창업 초기에는 예외 없이 좋은 왕을 표방하는 통치를 실시한다. 자신들이 붕괴시킨 왕조가 왜 몰락했는지 지켜봤기 때문이고, 동시에 과거 왕조의 잔존 세력이 농민과 재결합하는 걸 원천에 봉쇄하려는 목적에서다. 여기서 우리가 주목해야 할 것은 왕조시대 지주들의 기능이다. 평상시에 그들은 중앙 관료나 지방 관료 등 왕조를 지탱하고 호위하는 역할을 수행하지만, 유사시에는 기존 왕조를 뒤엎고 새 왕조를 세우는 잠재적 왕이 될 수 있기 때문이다. 동아시아에서 "가문이 변하면 국가가 된다"는 '화가위국化家爲國'이란 고사성어가 만들어진 것도 이런 이유에서다.

18세기 이후 자본주의체제가 본격화하자 국가도 그에 맞게 변신에 성공한다. 그 결과가 바로 지금의 국가체제다. 현대 국가는 수탈기구라는 자신의 본질을 충실히 그리고 과거보다 더 효과적으로 구현한다. 과거 왕조국가가 노골적으로 수탈했던 것과는 달리 현대 국가는 세련되고 효과적인 수탈을 자행하고 있다. 예를 들어 과거에는 노골적으로 포졸 등 공권력을 동원해 저항하는 농민들로부터 수탈을 강제했다. 그러나 지금은 일정 절차와 시기, 그리고 수탈 양을 명시한 통지서가 조용히 개별 민중에게 도착하는 것으로 수탈이 시작된다. 세금, 연금, 보험 혹은 병역이든 상관없다. 통지서가 지시한 대로 하지 않으면, 국가는 일차적으로 경제적인 불이익을 내린다. 수탈에 저항했던 민중에게 폭력적 조치를 시행했던 과거 왕조시대와는 구별되는 측면이다. 더군다나 과도한 수탈을 감당하기 힘든 사람들이 연기를 요청하거나 분납을 요청할 수 있는 등 나름 절차적 유연성마저도 갖추고 있다. 그렇지만 어떻게 해서든 정해진 수탈양을 국가기구는 모두 채운다. 실속은 실속대로 차리고 수탈자라는 맨얼굴도 나름 은폐하니, 국가 입장에서는 민중의 저항을 희석하는 데 이보다 좋은 방법도 없을 것이다. 또 한 가지 현대국가의 세련됨은 체제 자체의 붕괴를 막을 수 있는 시스템을 정착시켰다는 점이다. 바로 대의제도다. 과거 역성혁명이 일어나면 왕조국가의 지배층들은 거의 완전히 물갈이되는 경우가 많았다. 심지어 왕마저도 평민으로 강등될 정도였으니, 붕괴된 왕조국가를 떠받쳤던 지주들의 신분도 그야말로 상전벽해처럼 요동칠 수밖에 없었다. 그러니 언제든지 왕이나 지주가 평민이 되고 평민이 왕이나 지주가 될 수 있는 위험성을 줄이는 것이 지배층에게는 하나의 숙제였다. 극단적 혁명의 가능성을 줄여, 정치적 격변이 일어나도 자신의 기득권과 신분을 보장하는 방법은 없을까? 그런 방법이 있다면 그것은 혁명처럼 보이지만 결코 혁명이 아닌 무엇일 것이다. 그러니까 지배층에게는 본질적으로 혁명이 아니지만 피지배층에게는 혁명처럼 보이는, 다시 말해 '혁명인 듯 혁명 아닌 혁명'이 필요하다는 것이다. 이렇게 혁명의 제스처라고 불러도 좋고 아니면 혁명의 쇼라고 불러도 좋은 정치체제가 바로 대의민주제다. 물론 대의민주제의 핵심은 선거제도에 응축되어 있다. 선거를 통해 특수한 지배자들을 정기적으로 교체한다. 그러니 선거를 통해 이루어진 정권 교체를 '선거혁명'이라고 체제가 아무리 선전해도, 이것은 신채호의 표현을 빌리자면 그저 상전들의 교체에 지나지 않는다.

현대 국가는 삼권분립을 통해 효과적으로 피지배층의 저항을 무력화시키며 자본주의체제를 영속화한다. 여기서 중요한 것은 선거를 통해 바뀌는 것과 바뀌지 않는 것이 있다는 점이다. 한국의 경우 행정부의 수장 대통령이나 입법부의 국회의원들은 선거를 통해 바뀌지만, 흔히 공무원이라고 불리는 관료들, 그리고 부르주아 법률을 지탱하는 사법부는 선거를 통해 결코 바뀌지 않는다. 이것은 선거를 통해서는 결코 부르주아 법률이 바뀌지 않는다는 걸 의미한다. 부재지주의 권리와 부재자본가의 권리를 소유권이나 재산권의 명목으로 인정하고 있기에, 부르주아 법률은 자본계급의 이익을 보호하는 부르주아국가의 법적 토대라고 할 수 있다. 그래서 부르주아국가에서는 직접 노동하지 않아도 땅이나 부동산을 임대해 이윤

제25대 미국 대통령 윌리엄 매킨리(1843~1901)의 홍보 포스터. 큰 금화 위에 미국 국기를 들고 서 있는 대통령을 군인, 사업가, 농부, 노동자 등이 떠받치고 있다. 매킨리는 재임 시절 친기업적인 정책을 펼쳤고, 미국의 기업들은 일찍이 볼 수 없었던 속도로 성장했다.

을 남기거나 직접 노동하지 않아도 자본을 투여해 이윤을 얻는 것이 법적으로 정당화된다. 바로 이것이 부재지주나 부재자본가의 권리를 옹호하는 사유재산권의 핵심이다. 비록 상황에 따라 하위 법률은 입법부를 통해 개정되기는 하지만, 실제로 대부분의 법률 개정은 새롭게 대두한 상황에도 사유재산의 논리를 관철한다. 당연히 원초적 분업관계, 즉 부재지주가 농민을 지배하고 부재자본가가 노동자를 지배하는 억압적 관계는 헌법과 법률의 이름으로 확고히 보존된다. 결국 부르주아 법률이 선거를 통해 바뀌지 않는 한, 선거

5부. 스펙타클, 주체를 구경꾼으로 만드는 마법

혁명은 억압과 복종의 관계를 없애려는 피지배층의 희망을 우롱하는 미사여구에 지나지 않는다. 부르주아 법률에 따라 당선된 대통령이나 입법부, 부르주아 법률의 규정에 따라 임용된 2016년 말 기준으로 자그마치 102만 9528명이나 되는 관료들, 나아가 부르주아 법률을 수호하는 사법부가 자신의 존재 근거라고 할 수 있는 부르주아 법률을 부정할 가능성은 거의 없기 때문이다. 그래서 왕조시대 역성혁명이 지주-농민이란 계급관계를 철폐하지 못했던 것처럼, 지금의 선거혁명은 자본가-노동자라는 계급관계를 철폐하지는 못한다. 오히려 대의제를 통해 현대국가는 더 안정적으로 지배관계를 유지하는 데 성공했다고 할 수 있다. 국가의 수탈에 피지배층들의 불만이 쌓일 때쯤 선거를 통해 혁명의 싹을 원천에 무력화할 수 있기 때문이다. 마치 댐이 넘치기 전에 수문을 열어 수압을 낮추는 것처럼 말이다. 이처럼 지배계급은 셀프 혁명을 통해 피지배계급의 불만을 희석하고자 하는데, 이것이 바로 선거혁명이다. 그런데도 축제처럼 벌어지는 거짓 혁명에 대부분의 노동계급은 예외 없이 휘둘리곤 한다.

다시 한 번 강조하지만 억압사회를 이해할 때는 생산수단 혹은 폭력수단의 독점이 무엇보다도 중요하다. 누군가 땅이라는 생산수단을 독점하면 그는 지주로서 농민들을 지배할 것이고, 누군가 돈이라는 교환수단을 독점하면 그는 자본가로서 노동자들을 지배할 것이고, 누군가 폭력수단을 독점하면 그는 통치자로서 국민들을 지배할 수 있으니까 말이다. 그렇지만 체제는 입에 침도 바르지 않고 거짓말을 일삼는다. 토지를 독점한 이유는 농민에게 토지를 빌려주기 위해서이고, 자본을 독점한 이유는 노동자에게 임금을 주기 위해서이고, 세금을 강제로 거둔 이유는 민중의 복지를 위해서라고 말이다. 그러나 사정은 완전히 반대다. 먼저 토지 독점이 있었고, 자본 독점이 있었고, 그리고 폭력수단 독점이 있었다. 이것이 바로 너무나 쉽게 망각되는 원초적 수탈의 실상이다. 그다음 농민들로부터 지대를 받고, 노동자들로부터 노동을 착취하고, 국민들로부터 세금을 강제하는 파생적 수탈, 즉 1차 수탈이 가능했던 것이다. 그러나 수탈된 것을 농민이나 노동자, 혹은 국민에게 재분배하지 않으면, 어떤 억압체제도 안정적으로 유지되기 힘들다. 먹이거나 재우지도 않고 소를 밭일에 내몰면 순간적이나마 많은 일을 시킬 수 있지만, 얼마 못 가서 소는 지치거나 병들어 아예 죽어버릴 수도 있다. 그러니 사료도 잘 먹이고 쾌적한 축사에서 잘 쉬도록 하는 것이 장기적으로 소를 부리는 데 더 효과적인 법이다. 더군다나 다수 피지배계급은 소가 아니라 지배계급과 마찬가지로 감정이 있고 생각도 있는 사람이다. 그러니 소처럼 일하다가 허무하게 죽기보다는 어느 순간 지배계급에게 목숨을 걸고 저항할 수 있다. 결국 안정적이고 지속적인 수탈을 위해서, 그리고 동시에 피지배계급의 저항 가능성을 줄이기 위해서, 재분배는 억압체제의 선택 사항이 아니라 필수 사항이었던 것이다. 1차 수탈로 만족하지 않고 지속적인 수탈을 하려고 현명한(?) 지주, 자본가, 권력자는 재분배를 실시하고 있을 뿐이다. 그런데도 분배를 잘하는 지주, 자본가, 왕, 혹은 대통령을 마치 위인이고 스타라도 되는 양 농민, 노동자, 그리고 국민은 숭배하고 흠모하는 경우가 있다. 쓸쓸한 풍경이 아닐 수 없다.

땅을 독점한 다음 농민에게 땅을 빌려주고 지대를 받는 일, 돈을 독점한 다음 임금으로 노동자의 노동을 착취하는 일, 그리고 폭력수단을 독점한 다음 세금을 강요하는 일! 아무리 과거부터 지금까지 마치 법칙이라도 되는 양 반복된다고 하더라도, 옳지 않은 일은 하늘이 두 쪽이 나도 옳지 않은 일일 뿐이다. 불행히도 억압체제와 함께하는 일종의 어용 지식인들은 항상 원초적 수탈관계를 자명한 것으로 여기며 논의를 진행한다. 그러니까 지주와 농민, 자본가와 노동자, 그리고 국가와 국민은 자연스럽게 주어졌다는 것이다. 그다음 논의는 아주 쉽다. 땅을 가진 지주와 노동력을 가진 농부가 협력해 농작물을 길러 그 결과를 분배한다는 것이고, 돈을 가진 자본가와 노동력을 가진 노동자가 협력해 상품을 만들어 그 결과를 분배한다는 것이고, 폭력수단을 가진 국가가 폭력수단이 없는 국민과 협력해 공동체를 발전시키고 그 결과를 분배한다는 것이다. 그러나 이것이 어떻게 정의로운 협업이고, 분배일 수 있단 말인가? 농민이나 노동자, 그리고 국민은 비록 깨알 같은 저항을 하더라도 끝내 지주나 자본가, 그리고 국가의 요구 사항을 수용할 수밖에 없으니 말이다. 이 대목에서 손을 펴면 붉은 손바닥이 보이고 주먹을 쥐면 빈주먹이라는 뜻의 '적수공권赤手空拳'이란 사자성어가 떠오른다. 글자 그대로 맨손 이외에 아무것도 가진 것이 없다는 뜻이다. 한마디로 가난poverty이다. 그러나 이 가난은 지배층들의 재산property과 함께 출현한다. 땅을 재산으로 가진 지주가 있으니 소작농이, 돈을 재산으로 가진 자본가가 있으니 노동자가, 폭력수단을 독점한 국가가 있으니 국민이 탄생했다는 것이다. 결국 모든 억압체제는 영어 뉘앙스 놀이를 허락한다면 '파버티poverty'와 '프라퍼티property'의 조합과 배치로 작동한다고 정의할 수 있다. 누군가를 배고프게 만들어야 자기가 가진 음식으로 그를 지배할 수 있는 법이다. 문제는 그 누군가가 배고픈 이유는 그로부터 음식을 빼앗아 독점한 사람이 있었기 때문이라는 데 있다. 빼앗은 것을 가지고 빼앗긴 사람을 지배하니, 이보다 수지맞는 사기술도 없을 것이다. 그러니 인문적이고 민주적인 감성의 소유자라면 체제의 이데올로그들에 맞서 다수가 겪는 원초적 가난에 대해 고민할 수 있어야 한다. 농민들에게 왜 땅이 없는가? 노동자들에게 왜 돈이 없는가? 국민들에게 왜 폭력수단이 없는가? 결국 모든 불평등과 부정의의 기원은 오직 한 단어로 귀결된다. 그것은 재산이다. 다수의 가난을 낳고 불평등한 구조를 탄생시키는 것이 바로 이것이기 때문이다.

논의를 더 구체화하기 위해 예를 하나 들어보자. 자기 집 정원에 있던 거대한 돌을 옮기려고 어떤 자본가가 사람들을 고용하는데, 10명이 돌에 달려들어야 그것을 옮길 수 있다. 우선 자기 집 정원에 있던 돌을 옮겨야겠다는 자본가의 의지가 중요하다. 다행스럽게도 그는 자본주의사회에서 살고 있다. 자신이 가진 돈을 자유롭게 사용할 수 있는 재산권을 법적으로 정당화하는 사회에서 살고 있으니, 그에게 남은 일은 돈이 없는 노동자들에게 임금을 주고 그들의 노동을 사는 것이다. 노동자들은 자신들을 고용한 자본가에게 고마움을 느낄 수도 있다. 많은 지원자 중 자신을 뽑아준 것, 상대적으로 후한 일당 10만 원을 준 것, 나아가 일하는 과정에서 친절하게 대해준 것도 고마웠던 것이다. 어쨌든 그들에게 자본가는 '권력과 여가'의 존재로 보이게 된다. 먼저 그는 '권력'을 가진 사람이다. 지원자들 중 10명의 노동자를 선택하고 10만 원의 일당을 책정한 것뿐만 아니라, 혼자 들기 힘든 거대한 돌도 돈의 힘으로 땀 한 방울 흘리지 않고 옮기는 데 성공했으니 말이다. 또한 그는 '여가'가 있는 사람이기도 하다. 그는 생계를 위해 아등바등하지 않을 만큼 여유가 있기 때문이다. 권력과 여가를 구가하는 자본가로부터 노동자들은 삶의 진실을 한 가지 배우게 된다. '권력'이 있어야 '여가'가 가능하다는 진실을. 불행히도 그들의 생각은 더 깊은 진실에 이르지는 못한다. 교환수단의 독점이 그를 자본가로, 그리고 자신을 노동자로 만들었다는 원초적 수탈의 진실 말이다. 그 결과 그들에게는 기 드보르가 말했던 것처럼 "결단(할 수 있는 권력)과 소비(할 수 있는 여가)는 결코 의심받지 않은 어떤 과정의 시작과 끝으로 상정되고" 만다.

자본가를 '권력과 여가'의 존재로 판단하는 노동자들은 결과를 원인으로 착각하는 오류를 범하고 있는 것이다. 교환수단 독점이 진정한 원인이고 '권력과 여가'는 그 결과에 지나지 않으니까 말이다. 이것은 노동자에게만 해당되는 오류는 아니다. 농민과 국민을 포함한 대부분의 피지배자들에게서 반복적으로 관찰되는 오류이기 때문이다. 이런 오류에 빠지는 순간 농민, 노동자 그리고 국민은 정신노동과 육체노동, 혹은 지배자와 피지배자라는 불평등 관계를 받아들이게 된다. 지주에게 '권력'은 독점한 토지로, 자본가에게 '권력'은 독점한 돈으로, 그리고 국가에게 '권력'은 독점한 폭력수단으로 드러난다. 이렇게 생산수단이나 폭력수단을 독점하고 있기에 지주, 자본가, 그리고 국가는 직접 노동에 종사하지 않고서도 '여가'를 누릴 수 있었던 것이다. 그런데 불행히도 바로 이런 지배층의 '권력과 여가'를 자연적으로 주어진 것으로 수용하는 순간, 농민, 노동자, 그리고 국민은 스스로를 '복종과 노동'의 존재로 받아들이게 된다. 자신에게는 땅이나 돈 혹은 폭력수단이 없으니, 그런 수단을 가지고 있는 사람의 말에 복종해야 하고 그의 뜻에 따라 노동하는 것은 당연한 일이라고 여기는 것이다. 마침내 "당신이 정신노동을 하니 당연히 우리는 육체노동을 해야 한다고, 아니 우리가 육체노동을 할 것이니 당신은 정신노동을 해야 한다"는 서글픈 착각이 발생한다. 더군다나 지주가 마을을 위해 관개사업을 하거나, 자본가가 노동조건을 개선하고 심지어 사회적 봉사에 신경을 쓰거나, 국가가 국민들의 복지에 많은 예산을 투여하기라도 한다면, 이런 착각은 더 확고해진다. 자신의 가난을 당연시하며 그로부터 벗어나려고 아등바등하는 피지배층으로서는 재분배를 화끈하게 시행하는 지배층은 위대한 인물로 보일 수밖에 없다. 위인전의 주인공들은 바로 이렇게 탄생한다. 그들은 '권력과 여가'를 자신만이 아니라 공동체를 위해서 사용한 사람들이다. 그러나 화려한 모든 위인의 이면에는 그들 대부분이 계급적으로 지주이거나 자본가이거나 통치자였다는 자명한 사실이 숨어 있다. 변신에 성공한 그들은 그야말로 모든 사람이 우러러보는 별, 즉 스타가 된다. 그렇지만 재분배에 인색하고 향락에 빠져 있다고 하더라도 그 누가 지주, 자본가, 그리고 통치자의 일거수일투족에 무관심할 수 있다는 말인가?

이제 "스타의 조건은 가상적 삶의 전문화에 있다"는 기 드보르의 말이 쉽게 이해된다. 생각해보라. 수탈의 결과로 다수에게는 '가난'이, 그리고 소수에게는 '재산'이 주어진다. 물론 소수의 '재산'은 모두 다수를 가난하게 만들고서 얻어진 것이다. 이것이 불행하게도 국가가 등장한 이래 대부분의 인류가 영위하는 진짜 삶의 모습이다. 그러나 수탈의 실상이 망각되면, '복종과 노동'을 감내하는 다수 피지배층과 '권력과 여가'를 향유하는 소수 지배층으로 구성된 사회가 당연하다는 착각이 발생한다. 바로 이것이 '가상적 삶', 즉 전도된 삶이자 허구의 삶이다. 이처럼 가상적 삶이 전문화된다는 것은 정신노동과 육체노동이란 분업체계, 혹은 지배계층과 피지배계층이란 억압구조가 정당화된다는 것을 말한다. 정신노동에 종사하는 소수가 다수의 육체노동자들을 지배하는 이런 억압적 사회가 작동했기에 대규모 역사役事도 가능했다. 중국 양제煬帝 양광楊廣

(569~618)의 대운하大運河, 프랑스 루이 14세Louis XIV 루이 디외도네Louis-Dieudonné(1638~1715)의 베르사유궁전Château de Versailles, 아랍에미리트 세이크 칼리파Sheikh Khalifa(1948~)의 버즈 칼리파Burj Khalifa, 우리의 경우만 하더라도 백제시대 비류왕比流王 부여비류扶餘比流(?~344)의 벽골제碧骨堤, 조선시대 태조太祖 이성계李成桂(1335~1408)의 경복궁景福宮, 이건희李健熙(1942~)의 타워 팰리스Tower Palace와 같은 거대한 인공물이 탄생할 수 있었던 것이다. 그렇지만 양광, 루이 디외도네, 세이크 칼리파, 부여비류, 이성계, 이건희가 삽을 들었다는 이야기를 우리는 들어본 적이 없다. 그건 모두 엄청난 수의 농민, 노동자, 그리고 국민이 만든 것이다. 그러나 결국 이 거대한 사회적 노동의 결실은 스타들이 독점하게 된다. 그래서 기 드보르는 말한다. "스타는 접근할 수 없는 사회적 노동의 결실을 구현한다"고. 어쨌든 생계에 연연하느라 역사에 남을 거대한 업적을 남기는 것은 농민이나 노동자, 그리고 일반 국민에게는 언감생심이다. 그저 돌을 나르는 임무를 맡았다면 돌을 나르고, 땅을 파는 임무를 맡았다면 땅을 파고, 콘크리트를 타설하는 임무를 맡았다면 콘크리트를 타설할 따름이다. 그러나 어느 순간 거대한 건축물이 완공되었을 때, 그들은 마치 자기가 그걸 만들려고 노동을 제공했던 것처럼 감격하기 쉽다. 일종의 정신승리인 셈이다. 그래서 기 드보르는 말한다. "사람들은 자신들이 실제로 살아내고 있는 파편화된 생산 전문화의 길을 보상받으려고 자신을 깊이가 없는 가상적 삶의 대상과 동일시하는데, 바로 이 대상이 스타다."

거대한 유적이 아니어도 좋다. 정원에 걸리적거렸던 거대한 돌을 치우는 일만 하더라도, 마찬가지의 메커니즘이 작동하니까. 10명의 노동자들이 협동해 돌을 치워 근사한 정원이 만들어졌다. 이

피에르 파텔이 그린 베르사유궁전 전경(1668).
정신노동에 종사하는 소수가 다수의
육체노동자들을 지배하는 억압적 사회가
작동하기에 베르사유궁전 같은 대규모
인공물이 탄생할 수 있었다.

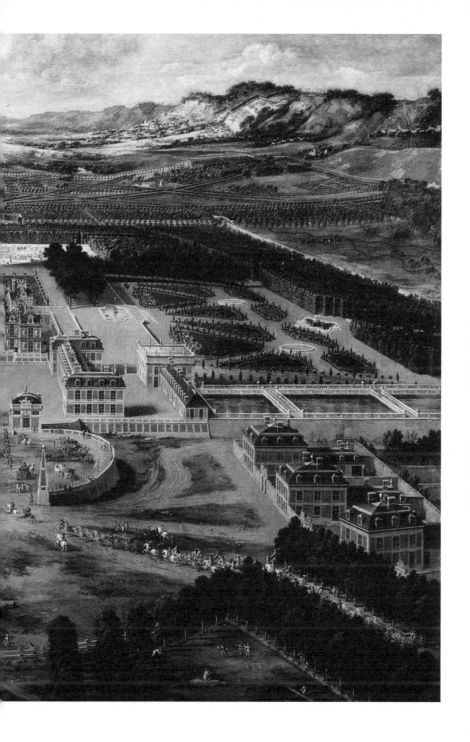

경우 한 사람의 노동자에게 일당 10만 원으로 10일 동안 돌과 씨름하라고 한다면, 돌은 옮겨질 수 있을까? 불가능할 것이다. 결국 10명의 노동자들이 동시에 노동하지 않으면, 돌을 옮기겠다는 자본가의 의지는 실현될 수 없다. 바로 이것이 노동의 사회성이다. 사유 실험을 해보자. 마을 입구를 막고 있는 거대한 돌을 치우기 위해 마을 사람들이 회의를 한다. 그리고 10명의 장정이 협동해 거대해 돌을 치우는 데 성공한다. 돌을 치운 노동도 그렇지만 그 결실마저도 모두 10명의 장정과 그의 마을 사람들에게 고스란히 돌아간다. 바로 이것이 노동의 사회성이 왜곡되지 않는 민주적이고 인문적인 공동체의 모습이다.

그러나 억압사회에서는 사회적 노동의 결실, 다시 말해 아름다운 정원을 소유하는 것은 10명의 노동자들이 아니라 1명의 자본가다. 10명의 노동자들은 그저 생계를 유지할 수 있는 임금, 즉 10만 원을 손에 들고 집으로 돌아갈 뿐이다. 물론 여기서도 근사한 정원을 만드는 데 참여했다고 뿌듯해하는 노동자가 있을 수도 있다. 어쨌든 근사한 정원을 갖게 된 자본가는 바로 양광, 루이 디외도네, 세이크 칼리파, 부여비류, 이성계, 그리고 이건희와 같다. 실제로는 혼자서 결코 옮길 수 없는 거대한 돌을 손 하나 대지 않고 깔끔하게 옮겨 근사한 정원을 소유하는 재주를 부린 것이다. 그렇지만 직접 노동에 참여한 노동자들 중 그 누구도 그 정원의 사회성을 주장하지는 못한다. 노동자 10명의 협동, 즉 사회적 노동은 철저하게 왜곡되지만, 그 사회적 노동의 부산물로 아름다운 정원이 만들어진 것은 어김없는 사실이다. 그러나 그 정원에서 노닐 수 있는 것은 권력과 여가를 향유할 수 있는 자본가일 뿐이다. 그러나 그 누구도 이걸 문제 삼지 않는다. 기 드보르의 말처럼 억압사회에서 "스타는 사회적 노동에 마법적으로 투사된 그 노동의 부산물을 그것의 궁극적인 목적―권력과 여가―이라도 되는 양 연기하기 때문이다". 그러니까 열심히 육체노동에 종사하면 자기처럼 권력과 여가가 있는 삶에 이를 수 있다는 것이다. 슬프게도 피지배층은 스타의 교태에 너무 쉽게 넘어간다. 그러니 농민은 토지 독점을 막기보다는 지주가, 노동자는 교환수단 독점을 막기보다는 자본가가, 국민은 폭력수단 독점을 막기보다는 권력자가 되려고, 한마디로 말해 자신도 스타가 되려고 한다. 지금 자신이 억압체제 지속에 일조하고 있다는 것을 꿈에도 모른 채 말이다.

> 스타로서 무대에 오른 스펙타클의 대리인l'agent du spectacle은 개체성l'individu의 대립물이다. 그는 자신의 개체성에 대해서뿐만 아니라 타자들의 개체성에 대한 적이기 때문이다. 동일시의 모델로 스펙타클에 개입할 때, 그는 사태의 추이에 대한 일반적 복종의 법칙과 자신을 동일시하기 위해 자신의 모든 자율적 특성qualité autonome을 포기한다. 겉으로는 다양한 유형의 개성들을 대변하는 소비의 스타들la vedette de la consommation은 다양한 유형의 모든 사람이 모두 전체 소비영역에 접근할 수 있고 그로부터 행복을 얻을 수 있다는 걸 연출한다. 결단의 스타들la vedette de la décision은 찬양되는 인간적 특성들을 완벽하게 갖추고 있어야만 한다.
>
> ─《스펙타클의 사회》 61

원칙적으로 '결단할 수 있는 권력'과 '소비할 수 있는 여가', 즉 권력과 여가는 지배자들의 덕목이다. 육체노동자들을 수탈하고 지배할 수 있는 힘이 있으니 '권력'이 있는 것이고, 육체노동을 하지 않고도 경제적 여유가 있으니 생계 외의 다른 것에 신경을 쓸 수 있는 '여가'가 있는 것이다. 체제로서는 이 두 가지 덕목이 자연스럽게 주어진 것이어서 아무런 문제가 없는 것처럼 보이도록 해야 한다. 다시 말해 체제는 권력과 여가의 공통된 뿌리라고 할 수 있는 원초적 수탈의 면모를 철저하게 은폐해야 한다는 것이다. 정신노동과 육체노동이라는 분업체계, 구체적으로 말해 소수의 정신노동자가 다수의 육체노동자를 지배하는 억압구조가 아주 당연하고 자연스러운 질서로 보이지 않는다면, 육체노동자들의 저항은 불가피할 테니 말이다. 그렇다면 체제는 어떤 전략으로 이 어려운 과업을 수행할까?

자본주의체제 이전과 이후 그 전략은 상이했다. 농업경제와 왕조국가가 지배적이었던 18세기 중엽 이전 체제의 전략은 '피의 형이상학'으로 요약할 수 있다. 예를 들어 조선시대는 국왕, 양반, 농민, 공인, 상인, 천민이란 신분질서가 작동했다. 바로 이 억압적 질서를 정당화하려고 등장한 것이 '피의 형이상학'이다. 이 황당한 형이상학에 따르면 왕의 피, 양반의 피, 농민의 피, 공인의 피, 상인의 피, 천민의 피가 다르다. 천민에게는 천민의 피가 흐르니 그 후손들도 계속 천민으로 살아야 하고, 전주이씨에게는 왕의 피가 흐르니 그 후손들도 계속 왕족으로 살아야 한다는 것이다. 아무리 능력과 의지가 있어도 천민은 양반이 될 수 없고, 만약 되려고 한다면 체제는 그것을 반역으로 다스린다. 그러니 "송충이는 솔잎을 먹어야 한다"는 속담마저 생겨났던 것이다. 피의 형이상학이 하나의 진리로 받아들여지는 순간, 지배층은 '권력과 여가'를 아주 마음 편히 향유하면 된다. 피지배층은 기꺼이 '복종과 노동'에 종사할 테니까 말이

5부. 스펙타클, 주체를 구경꾼으로 만드는 마법

다. 물론 피지배층은 자신의 삶에 불만을 갖게 되지만, 그 불만을 신분사회 혁파의 에너지로 삼지는 않는다. 이미 피의 형이상학을 받아들이고 있기 때문이다. 그들이 할 수 있는 유일한 일은 그저 내세에는 왕족이나 양반으로 태어나거나 그것도 불가능하다면 자유롭게 날아다니는 새로 태어나기를 희망하는 일뿐이었다.

18세기 중엽 이후 자본주의경제가 본격화하면서 억압체제는 자신을 보호하는 새로운 전략을 모색하지 않을 수 없게 된다. 자본주의체제에서 지배층의 투톱은 국가와 자본이라고 할 수 있다. 전 자본주의시대 지주와 손을 잡았던 국가가 이제는 지주의 손을 뿌리치고 자본가의 손을 잡아주게 된 셈이다. 그 결과 출현한 것이 바로 대의제다. 지배계급이 대표를 선출할 권한을 노동계급에게 넘겨준 제스처를 취한 것이다. 물론 노동계급이 대표로 출마하거나 당선될 수 있는 가능성을 이데올로기적으로나 구조적으로 봉쇄해버리면서 말이다. 그 상징적인 사례로 선거권과 피선거권 사이에 차별을 두는 공직선거법 15조와 16조의 규정을 생각해볼 수 있다. 선거권은 만 18세 이상 국민에게 주어지지만, 피선거권은 대통령의 경우 40세 이상, 국회의원의 경우는 25세 이상에게만 주어진다. 대표가 될 수 있는 나이와 대표를 뽑을 수 있는 나이를 비교해보라. 국회의원의 경우 7년의 차이가 나고, 대통령의 경우는 자그마치 22년의 차이가 난다. 민주주의라는 이름에 먹칠을 하는 정말 말도 안 되는 일이다. 대표가 될 자격이 없는 사람에게 대표를 뽑을 수 있는 자격만 부여한다면, 이들은 거수기에 지나지 않으니까 말이다. 물론 체제는 선거권자와 피선거권자 사이의 나이 차이를 국정 경험 유무 등으로 무마하려고 할 것이다. 국정 경험이 지배의 경험이라는 걸 염두에 둔다면, 이런 궤변은 결국 지배계급만이 지배를 해야 한다는 반민주적 발상에 지나지 않는다. 어쨌든 이런 무리수까지 두면서 간극을 유지하는 것은 지배계급이 지배계급으로 재생산되는 데 필요한 최소한의 여유 시간을 확보하려는 이유에서다. 바로 여기에 정당제도라는 안전장치까지 갖추어지면 노동계급이 국회의원이나 대통령이 될 확률은 더 떨어진다.

생각해보라. 취업을 걱정하는 노동계급 출신 청년들 중 국회의원을 꿈꾸는 사람이 얼마나 되겠으며, 중년 가장이 된 40세 노동자들 중 대통령을 꿈꾸는 사람이 얼마나 되겠는가. 생계유지에 목매는 사람에게 공동체를 생각할 여지와 여유는 사치일 뿐이다. 더군다나 정당 공천 없이 출마했을 때 정치자금이나 혹은 인지도의 문제를 해결할 수 있는 사람은 거의 없다. 물론 이론적으로 25세 국회의원이 탄생할 수 있고, 40세 대통령이 탄생할 수도 있다. 그렇지만 이런 이론적 가능성이 현실화되는 경우는 정당체제의 기득권자들이 정치적 쇼를 행하려고 할 때에만 가능할 뿐이다. 특히 보수정당일수록 자신들의 보수성을 희석하려는 정략적 목적으로 젊은 국회의원 후보와 젊은 대통령 후보를 공천하는 경우가 많다. 그렇다면 압도적 폭력수단을 독점하고 있는 국가기구가 대의제국가로 변모한 이유가 무엇일까? 자본주의경제에 맞추지 않으면, 국가기구 자체가 원활히 돌아가지 않기 때문이다. 전자본주의시대 지주는 소작농들에게 은혜를 베풀지언정 일체 경제적 자유를 주지 않았고, 군주는 국민들에게 은혜를 베풀지언정 일체 정치적 자유를 허락하지 않았다. 이와 달리 자본가들은 노동자들에게 소비의 자유를 주고, 대의제국가는 국민들에게 선거의 자유를 허락한다. 정치경제학적으로 말하자면 노동자들에게 주어진 소비의 자유만큼 국민에게 선거의 자유가 허락되었던 것이다. 국민 대다수가 임금노동자로 살아가는 현실을 생각해보면, 소비의 자유와 선거의 자유가 왜 구조적으로 공명하는지 어렵지 않게 짐작할 수 있다.

자본주의경제와 대의제국가는 우리 시대 억압체제의 이란성 쌍둥이다. 그러니 조금 더 쌍둥이의 면모를 들여다보도록 하자. 먼저 자본주의경제다. 자본가들이 잉여가치를 획득하는 방법은 아주 단순하다. 자본가들은 임금노동자를 고용해 자신이 만들기로 결정한 상품을 생산하도록 한다. 상품 판매 과정에서 투자한 돈보다 더 많은 돈이 회수될 때, 자본가는 잉여가치를 남기게 된다. 그러나 자본주의체제의 핵심을 포착하려면 우리는 다음 질문을 던질 수 있어야 한다. '생산된 상품들은 누가 구매하게 되는가?' 바로 노동자들이다. 그들은 노동을 제공하고 받은 임금을 가지고 있다. 바로 이 임금으로 상품을 구매하는 순간, 노동자는 소비자가 된다. 자본주의의 제1공리는 돈이 상품보다 우월하다는 것이다. 이로부터 돈을 가진 자본가가 그렇지 않은 노동자보다 우월하다는 공리도 도출된다. 그래서 적으나마 임금을 받은 노동자는 그 액수만큼 우월성을 확보하게 된 것이다. 아무리 상품을 팔아 잉여가치를 확보하고 싶어도 자본가나 나아가 체제는 '작은 자본가=소비자'에게 상품 구매를 강요할 수 없다. 이것은 상품에 대해 돈이 가지고 있는 존재론적 우월성, 즉 자본주의 자체를 부정하는 행위이기 때문이다. 대의제국가도 마찬가지다. 역사상 존재했던 모든 국가와 마찬가지로 대의제국가도 수탈과 재분배, 즉 조세를 강제하는 힘과 아울러 이렇게 모인 막대한 자산을 투여하는 재정 정책을 수행한다. 조세와 재정의 내용과 양을 결정하는 대통령과 국회의원들이 일반 국민보다 압도적인 우월성을 가지는 것도 이런 이유에서다. 여기서 대의제국가의 핵심에 이르기 위해 우리는 다시 다음과 같은 질문을 던져야 한

자본주의경제와 대의제국가

자본주의경제	작동 원리	대의제국가
자본1-상품1…상품2-자본2…	작동 원리	수탈1-재분배1-수탈2-재분배2…
• 자본가 • 교환수단 독점 • 고용 결정과 임금 지불 • 소비 가능성 높은 상품들 생산	지배자	• 대표자 • 폭력수단 독점 • 조세와 재정 • 선출 가능성 높은 후보자들 생산
• 노동자=소비자 • 노동자: 체제와 자본가에 복종 • 소비자: 소비의 자유(혹은 상품 선택의 자유)	피지배자	• 피지배자=선거권자 • 피지배자: 체제와 대표자에 복종 • 선거권자: 선거의 자유(혹은 대표자 선택의 자유)
• 자본주의: 돈의 우월성 • 소비의 자유: 자본가는 특정 상품의 소비, 나아가 소비 자체를 강제할 수 없다. • 소비의 거부: 자본주의경제의 붕괴	아킬레스건	• 민주주의: 표의 우월성 • 선거의 자유: 대표자는 특정 후보 선출, 나아가 선거 자체를 강제할 수 없다. • 선거의 거부: 대의제국가의 붕괴

다. '대표자들은 어떻게 정해지는가?' 바로 국민들에 의해서다. 국민들은 특수한 날, 즉 선거일에는 대표자를 뽑을 수 있다. 그렇지만 대의제국가는 선거를 강요할 수도, 나아가 특정 후보를 선출하라고 강요할 수도 없다. '작은 권력자=선거권자'에게 선거를 노골적으로 강요하는 것은 대의제의 근간을 부정하는 행위이기 때문이다.

소비자들이 자유롭게 선택하는 것처럼 보이지만, 사실 그들이 선택하는 상품들은 모조리 자본가가 미리 정해놓은 것뿐이다. 마찬가지로 선거권자들이 자유롭게 선택하는 것처럼 보이지만, 사실 그들이 투표하는 후보자들은 이미 체제의 검증 절차를 거친 사람들일 뿐이다. 정해진 하나의 정답을 강요하는 주관식 문제보다 사지선다형 문제가 수험생에게 더 많은 자유를 부여하지 않듯이, 다양한 상품들이나 후보자들이 주어졌다고 해서 선거권자에게 더 많은 자유가 주어지지는 않는다. 선택 대상 자체를 소비자나 유권자가 정하는 것이 아니니까. 자본주의경제가 '작은 자본가=소비자'에게 소비의 자유를 부여할 수밖에 없기에, 대의제국가도 '작은 권력자=선거권자'에게 선거의 자유를 부여한 것이다. 노동하고 임금을 받고 그 임금을 상품 소비로 탕진하고, 다시 노동을 하고 임금을 받고…… 노동자가 소비자가 되고 소비자가 다시 노동자가 되는 이런 다람쥐 쳇바퀴와 같은 과정이 반복되어야 자본주의경제는 유지된다. 마찬가지로 선거로 대표를 뽑고 정해진 임기 동안 대표의 지배에 환멸을 느끼고 다시 선거를 해 다른 대표를 뽑고…… 국민이 선거권자가 되고 선거권자가 다시 국민이 되는 이 반복적인 과정을 통해 대의제국가는 국가기구로서 안정성을 확보한다. 그러나 비록 기만적 일지언정 지배계층이 피지배계층에게 '결단할 수 있는 권력'과 '소비할 수 있는 여가'를 일정 정도 부여한 것은 어김없는 사실이다. 이에 따라 '피의 형이상학'은 더 이상 기능할 수 없는 이데올로기로 전락하고, 새로운 이데올로기가 등장하게 된다. 바로 '능력의 형이상학'이다.

'피의 형이상학'에서는 개인보다 가족이나 혈족에 방점이 두어졌다면, '능력의 형이상학'은 이제 개인의 능력을 가장 중시한다. "송충이는 솔잎을 먹어야 한다"는 속담이 이제 "고생 끝에 낙이 온다"는 속담으로 대치된 것이다. 능력의 형이상학은 간단하게 요약된다. 누구든지 능력만 있으면 자신이 원하는 지위를 얻을 수 있다는 것이다. 표면적으로 과거 신분사회보다 더 진보한 사회처럼 보임에도 불구하고, '능력의 형이상학'이란 표현을 사용한 이유는 다른 데 있는 것이 아니다. 실제로 이 논리가 지배자와 피지배자, 혹은 자본가와 노동자라는 원초적 억압구조를 영속화하기 때문이다. '능력의 형이상학'에 따르면 치열한 경쟁을 통해 자신의 능력을 입증한다면, 누구든지 통치자나 자본가가 될 수 있다는 것이다. 그러나 현실은 전혀 그렇지 않다는 걸 누구나 알고 있지 않은가. 노동계급 출신이 국회의원 혹은 대통령이 되는 경우나 공장 노동자든 사무 노동자든 노동자들이 자본가가 되는 경우는 거의 없다. 반대로 자본계급 출신이 자본가의 지위를 차지하는 경우나 아니면 자본계급 출신이 정계나 관계에 진출하는 경우는 상당히 많다.

능력을 증명하는 경쟁, 혹은 게임이 공정한 듯 보이지만 전혀 그렇지 않다는 것, 바로 여기에 능력의 형이상학이 가지는 묘수가 있다. 이를테면 지배계급 출신이든 피지배계급 출신이든 모든 아이가 동일한 100미터 출발선에, 거의 비슷한 운동복을 입고 서 있다고 하자. 그러나 모든 아이가 동일한 역사와 경험을 가지고 동일한 출발선에 서 있는 것은 아니다. 가난한 집에서 태어난 어떤 아이는 밤을 새우고 밥도 굶주린 채 출발선에 서 있을 수 있고, 유복한 아이는 이미 운동 능력을 갖추고 있을 뿐만 아니라 좋은 몸 상태를 유지한 채 출발선에 서 있을 수 있다. 출발 신호가 울리면 두 아이는 100미터를 전력 질주하게 된다. 그러나 결승선에는 유복한 아이가 먼저 들어올 가능성이 아주 높다. 바로 이것이다. 능력을 입증하는 자유로운 경쟁이 가능하다는 점을 강조하지만, 경쟁이 시작되기도 전에 이미 피지배계급 출신에게는 유무형의 구조적인 핸디캡이 부여된다는 것, 이것이 바로 '능력의 형이상학' 이면에 있는 맨얼굴이다. 더 무서운 것은 이 형이상학이 피지배계급 출신의 내면에 엄청난 심리적 자괴감을 심어준다는 데 있다. 그들은 실패를 자기 탓으로 돌리기 쉽다. 다시 말해 실패의 이유를 자기 능력 부족, 자기 의지 부족, 혹은 자기 노력 부족으로 여길 수 있다는 것이다. 이런 자괴감에 빠진 그들이 구조적 불평등과 부정의를 자행하는 억압체제의 맨얼굴을 볼 수 있을까?

'피의 형이상학'이 노골적으로 100미터 경주에서 출발선보다 30미터 앞에서 뛰는 사람, 50미터 앞에서 뛰는 사람, 70미터 앞에서 뛰는 사람을 정해놓았다면, '능력의 형이상학'은 100미터 경주가 열리기 전에 이미 작동하는 구조적 불평등을 은폐하고 모든 사람을 동일한 출발선에 세워놓고 경주를 실시한다. 그리고 어쨌든 모든 사람이 동일한 100미터를 뛰었지 않느냐는 강변이 이어진다. 바로 이 대목에서 '능력의 형이상학'은 피지배계급의 이의 제기를 원천 봉쇄하기 위해 개인의 노력과 능력, 그리고 의지로 승자가 된 사람들을 찬양하기 시작한다. 바로 그들이 기 드보르가 "스펙타클의 대리인"이라고 말했던 스타다. 스펙타클은 문제가 되는 대상이 가진 많은 이미지 중 체제에 이로운 이미지를 부각하거나 아니면 창조하는 작업으로 만들어진다. 예를 들어 체제는 '노동자=소비자'의 경우 가급적 '소비자'의 이미지를, '피지배자=선거권자'의 경우 가급적 '선거권자'의 이미지를 부각한다. 상품을 자유롭게 선택하고 나아가 대표자를 자유롭게 선출하는 이미지가 부각되면서, 자본가에게 착취당하고 국가기구에 수탈당하는 피지배층의 엄연한 현실은 그만큼 은폐되니까 말이다.

현대 억압체제의 이란성 쌍둥이를 생각해본다면, 스타는 두 종류로 구분할 수 있다. 자본주의경제라는 측면에서 스타는 노동으로 엄청난 부를 쌓아 소비할 수 있는 여가를 얻은 개인으로, 기 드보르가 "소비의 스타"라고 부른 사람들이다. 한마디로 대자본가처럼 돈을 많이 번 사람들이다. 대의제국가라는 측면에서 스타는 엄청난 표를 얻어 국회의원이나 대통령으로서 국가 정책을 결정할 수 있는 자리에 오른 개인으로, 기 드보르가 말한 "결단의 스타"다. 물론 이들은 모두 체제가 만든 경쟁 게임에 참여해 결승선에 제일 먼저 들어온 사람들이다. 연예계의 스타일 수도 있고, 스포츠계의 스타일 수도 있고, 벤처사업으로 성공한 스타일 수도 있고, 아니면 고졸 출신으로 국회의원이나 대통령에 당선된 정치계의 스타일 수도 있다. 이 스타들은 노동계급 출신일 가능성이 크다. 그래야 1983년 전두환 독재 시절 유행했던 대중가요 〈아! 대한민국〉의 가사처럼 "원하는 것은 무엇이든 할 수 있고, 뜻하는 것은 무엇이든 될 수가 있는" 사회, 즉 공정한 사회라는 인상이 만들어지기 때문이다. 설령 자본계급이나 지배계급 출신일지라도, 어떻게 해서든 체제는 스타에게 노동계급과 관련된 이미지를 강조하거나 날조하려고 한다. 그 결과 모든 노동자는 언제든지 자본가가 될 수 있는 '작은 자본가'라고 자신을 오인하고, 언제든지 국회의원이나 대통령이 될 수 있는 '작은 통치자'라고 자신을 오인하게 된다. 그래서 그 자체로 스펙타클, 즉 볼거리로 기능하는 '소비의 스타'나 '결단의 스타'는 피지배층들의 올바른 인식을 방해하는 존재들일 수밖에 없다. 스타에 열광하는 피지배층들은 구조적 억압관계를 망각한 채 자신도 노력만 하면 언제든지 스타가 될 수 있다는 백일몽에 빠지기 때문이다. 스타가 스펙타클, 즉 '체제의 대리인'이라고 기 드보르가 규정했던 것도 이런 이유에서다.

자본계급이나 지배층이 쉽게 오를 수 있는 지위에 다다르기 위해 노동계급 출신 스타들은 정말 초인적인 노력을 기울인다. 기 드보르의 말처럼 그는 "사태의 추이에 대한 일반적 복종의 법칙과 자신을 동일시하기 위해 자신의 모든 자율적 특성들을 포기했던" 것이다. '사태의 추이에 대한 일반적 복종의 법칙'은 별것 아니다. 자본가가 되려면 자본주의경제의 규칙을 따라야만 하고, 국회의원이나 대통령이 되려면 대의제국가의 법률을 따라야만 한다. 어떤 게임이든 승자가 되려면 우리는 무엇보다 먼저 게임의 규칙을 인정하고 그것을 준수해야만 하니까 말이다. 예를 들어 '소비의 스타'는 자본주의경제가 규정한 분업체계를 받아들이고 그중 한 분야에서 최고 전문가가 되어 고소득을 얻는 사람이다. 또한 '결단의 스타'는 대의제국가의 법률을 받아들이고 선거라는 게임에서 승리한 사람이다. 여기서 중요한 것은 노동자가 자본가가 되거나 혹은 평범한 국민이 정치가가 되는 과정은 연속적이지 않다는 점이다. 자본가가 되었다는 것은 이제 육체노동자를 착취하는 지위에 올랐다는 것이고, 정치가가 되었다는 것은 이제 국민을 수탈하는 지위에 올랐다는 것이기 때문이다. 한때 어떤 노동자는 자신이 자본가가 되면 노동자들의 권익을 보호하는 자본가가 되리라 각오를 다졌을 수도 있다. 한때 노동계급 출신 아이는 자신이 국회의원이나 대통령이 되면 수탈을 자제하고 재분배에 힘쓰는 정치가가 되리라 다짐했을 수도 있다. 구조적인 불평등과 한계를 뛰어넘어 마침내 자본가나 정치가의 자리에 오르게 되면, 노동계급 출신 자본가와 정치가는 경영상의 이유로 노동자를 얼마나 정리해고할지 헤아리거나, 혹은 파업 현장에 공권력을 투입할 시기를 조율하게 될 것이다. 초심을 잃고 지배계급의 이익에 복무하는 자신의 모습을 자각하는 순간, 이들은 달라진 자신의 모습에 당혹감을 느낄까? 결코 그렇지 않다. 자본가가 되었다는 것은 그가 노동계급을 착취하는 데 주저하지 않았다는 것을 말해주고, 대통령이 되었다는 것은 그가 수탈과 재분배의 달인이 되었다는 것을 말해주기 때문이다. 이미 그들은 "자신의 모든 자율적인 특징들을 포기하는"데 성공한 사람이다.

오늘날 자본가의 자식이나 정치가의 자식은 스타가 되기 힘들고, 따라서 숭배나 애정의 대상이 되는 경우는 별로 없다. 그들은 '능력의 형이상학'이 마련한 공정한 게임을 거치지 않고, 과거 통용되던 '피의 형이상학'을 따르는 사람들로 보이기 때문이다. 한마디로 말해 현대사회에서 금수저는 피지배층에게 질투의 대상은 될지언정 애정과 동일시의 대상은 될 수 없다는 것이다. 물론 원하기만 한다면 체제는 이들마저 스타로 말끔하게 만들 수 있다. 어린 시절 어머니와 사별한 경험도 좋고, 아버지의 사업 실패 경험도 좋고, 아니면 학창 시절 아르바이트하던 경험도 좋다. 과장할 수조차 없다면 날조하면 그만이다. 어쨌든 스타를 만드는 방법은 무궁무진하다. 핵심은 '노동계급이나 서민'의 이미지를 덧칠하는 데 있다. 그래야 '능력의 형이상학'이 제대로 작동할 수 있는, 다시 말해 스타가 탄생할 수 있는 여건이 마련될 수 있으니까. 그렇지만 아예 없는 걸 날조해 만드는 것보다는 있었던 것을 부각해 조명하는 것이 훨씬 편한 법이다.

자본가가 되는 데 성공한 노동자, 혹은 대통령이 되는 데 성공한 노동계급의 아이! 얼마나 근사한가. 그렇기에 피지배층들은 그를 사랑하고 자신도 그처럼 되려고 하는 것이다. 불행히도 그는 이미 자본가이고, 그는 이미 대통령이다. 단지 체제는, 아니 이 자본가나 이 대통령은 자신이 노동계급 출신이라는 사실을, 그리고 서민적이라는 사실을 연기하고 있을 뿐이다. 그래야 다수의 노동자를 구원하려고 소수의 노동자를 정리해고할 수밖에 없다고, 노동자들의 일자리를 확충하기 위해서 자본에 대한 규제를 완화할 수밖에 없다고 선전할 수 있을 테니 말이다. 누구나 능력이 있다면 성공할 수 있다는 걸 보여주는 존재, 다시 말해 행복한 삶은 구조의 문제가 아니라 능력과 노력, 즉 개인의 문제라는 걸 입증하는 존재가 바로 스타다. 바로 이것이다. 체제는 스타를 통해 '노동자/자본가', 혹은 '피지배자/지배자' 사이의 질적 대립을 '작은 자본가/큰 자본가', 혹은 '작은 지배자/큰 지배자' 사이의 양적 대립으로 착각하도록 만들었던 것이다. 어쩌면 스타는 체제가 만든 또 하나의 비극적인 희생양인지도 모른다. 한때 노동계급 출신으로 평범한 국민이었던 누군가가 마침내 꿈에 그리던 스타가 되었지만, 결국 그는 억압적 구조를 은폐하여 영속화하는 역할, 다시 말해 지배계급을 지키는 경비견에 지나지 않기 때문이다. 불길한 고사성어 하나가 떠오르는 대목이다. 토사구팽兎死狗烹! 토끼 사냥이 끝나면 사냥개는 잡아먹는 법이다. 스타는 금방 시들어지고, 새로운 스타가 그의 자리를 차지하고 만다.

> 경솔하게도 자신을 최고라고 주장했던 것이 '분산된 스펙타클le spectaculaire diffus'과 '집중된 스펙타클le spectaculaire concentré' 속에서 모두 교체된다. 계속해야 하는 것은 오직 체제système뿐이다. 스탈린은 마치 유행에 뒤진 상품처럼 자신을 전면에 내세웠던 사람들에 의해 부정된다. 광고에서 행해지는 매번의 새로운 기만은 앞서 행했던 기만에 대한 자백이기도 하다.
>
> ─《스펙타클의 사회》70

18세기 중엽 이후 지금까지 부르주아체제는 자본주의와 대의제를 두 축으로 지탱되어왔다. 두 축에 걸맞게 체제는 두 종류의 스타를 만들어냈다. 하나는 '소비의 스타'이고, 다른 하나는 '결단의 스타'였다. 당연한 이야기일 테지만 이 세련된 억압체제에서 새롭게 부각된 것은 '소비의 스타'다. '소비의 스타'는 자본주의적 분업체계가 규정한 다양한 분야에서 정점에 서 있는 유명인들이다. 그러니까 분야의 수만큼 다양한 '소비의 스타'가 가능하게 된다. 출판계, 언론계, 예능계, 예술계, 스포츠계, 학계, IT산업계, 금융계, 디자인계, 요리업계 등등. 각 분야의 정점에 이른 사람은 엄청난 고소득이 주어진다. 그리고 그만큼 전체 사회의 생산품을 소비하는 데 거침이 없게 된다. 예를 하나 들어보자. 유럽에는 우리 돈으로 2000억 원을 가볍게 넘는 이적료를 자랑하는 축구 스타들이 많다. 이들이 얼마나 많은 소득을 올리는지, 그리고 그들의 소비 규모가 어떨지는 말할 필요도 없을 것이다. 사회 전체가 분업체계로 구획되지 않았다면, 축구로 먹고사는 일은 불가능했을 것이다. 프로스포츠만이 아니다. 어떤 사람은 댄스로만, 어떤 사람은 데이터 분석으로만, 어떤 사람은 컴퓨터 보안으로만 먹고살 수 있다. 아니 최상급의 전문가가 되면서, 즉 업계의 스타로 군림하면서 과거 왕족이나 귀족처럼 호화로운 소비생활을 영위할 수 있게 된 것이다. 그러나 이렇게 될 때까지 이들 모두는 다른 분야에는 눈길 한번 주지 않을 정도로 자기 분야에 헌신했다. 그러나 그 결과 축구밖에는 할 수 있는 것이 없고, 데이터 분석 외에는 할 수 있는 것이 없고, 춤과 연기 외에는 할 수 있는 것이 없고, 컴퓨터 프로그래밍 외에는 할 수 있는 것이 없는 분업적 인간형이 탄생하게 된다. 자기 분야에만 마음을 쓰니 사회 전체를 볼 수 있는 안목이 결여된 인간들, 자기 분야에서 얻은 소득으로 다른 분야의 상품들을 구매하면서 자본가들의 잉여가치를 증가시켜주는 인간들, 타인과의 유대보다는 자기 분야에만 몰입하는 인간들. 각 분야의 고소득 전문가들, 혹은 소비의 스

　　　　　5부. 스펙타클, 주체를 구경꾼으로 만드는 마법

타들이 체제에 의존적이고 보수적일 수밖에 없는 이유도 바로 여기에 있다. 시위나 파업 등 사회 혼란, 대통령 탄핵 등 극심한 정치적 변화, 나아가 자연재해나 인재 등으로 축구경기가 취소되거나 관중수가 줄어드는 것을 원할 프로축구 선수가 어디에 있겠는가.

  '소비의 스타'가 우리 시대의 중요한 징후라고 할지라도, '결단의 스타'가 낡았다고 생각해서는 안 된다. 분명 과거 왕조시대 군주들과 현대의 통치자들은 다르다. 현대 정치에서 가장 중요한 것은 국민 다수의 관심과 지지이기 때문이다. 이것이 바로 대의제의 힘이다. 연예계나 스포츠계에서도 팬들의 지지를 받아야 스타가 되는 것처럼 정치계에서도 마찬가지인 셈이다. '결단의 스타'로 사랑받아야 정치가는 대통령이나 국회의원의 자리에 오를 수 있고, 또한 권좌에 올라서도 '결단의 스타'로 계속 추앙받아야 지속적인 통치력을 발휘할 수 있다. 그렇지만 이런 대의제적 요소로 대통령과 왕이 본질적으로 다르다고 오해해서는 안 된다. 중요한 것은 통치자와 피통치자라는 근본적 구조는 같으니까 말이다. 다시 말해 선거로 최고 통치자를 선출하는 대의제국가든, 왕위를 계승받아 최고 통치자가 되는 왕조국가든 국가가 수탈과 재분배를 하는 기구라는 사실과 최고 통치자는 이 억압기구의 정점에 있다는 사실은 전혀 변함이 없는 것이다. 그래서 '결단의 스타'는 가장 오래되었지만 가장 강력한 분업, 즉 소수 정신노동자가 다수 육체노동자를 지배해야 한다는 원초적 분업의 적장자라고 할 수 있다. '소비의 스타'가 '다자多者'라는 형식을 취하고 있다면, '결단의 스타'는 여전히 '일자一者'의 형식을 띠고 있는 것도 이런 이유에서다. 쉽게 설명하자면 '소비의 스타'는 분업체계를 이루는 다양한 분야의 수만큼 존재하지만, '결단의 스타'는 이 모든 분야를 한 번에 조망할 수 있는 국가

권력의 정점에 서 있기에 '하나'일 수밖에 없다는 것이다.

태양이 모든 사물을 비추는 것처럼 일자는 다자 위에서 군림한다. 정치경제학적으로 이것은 '결단의 스타'가 다양한 분야로 분절되어 있는 노동계층과 자본계층을 대상으로 수탈과 재분배를 수행하고 있다는 의미다. 그래서 '결단의 스타'는 대의제적 요소를 제외한다면 과거 왕조시대 군주와 동일한 기능을 수행하는 존재라고 할 수 있다. 아이러니하게도 현대사회에서는 이런 일자의 자리가 희석되는 경향을 보인다. 대의제의 요소가 강해지면서 국가와 최고 통치자에 대한 복종이 약해진 탓도 있지만, 정치계도 예능계, 스포츠계, 예술계, 학계, 금융계와 동일한 위상에 있는 것 아니냐는 생각이 팽배해졌기 때문이다. 어느 경우든 국가로서는 별로 도움이 되지 않는다. 국가로서는 결코 바라지 않는 수탈에 대한 저항, 즉 조세저항이나 병역 불복종 사태가 발생할 수도 있기 때문이다. 그래서 대의제국가는 과거 왕조시대 군주나 지배층을 소환해 '결단의 스타'로 만드는 작업을 쉬지 않는다. 우리의 경우만 하더라도 세종世宗 이도李祹(1397~1450)나 수군 장수 이순신李舜臣(1545~1598)이 바로 이렇게 소환되어 '결단의 스타'로 추앙된다. 대부분 이렇게 사후적으로 구성된 '결단의 스타'들은 국가 전체를 통제하는 일자로서 군주, 혹은 군대 전체를 지휘하는 일자로서 장수인 경우가 많다. 이렇게 대의제국가는 위인전의 형식이든 거대한 조성물의 형식이든 과거 왕조시대의 향수를 불러일으켜 '다자'를 지배하는 '일자'의 필요성을 피지배층의 뇌리에 각인하려고 한다.

스타가 스펙타클의 대리인이라는 기 드보르의 말이 맞다면, 결국 우리 시대를 지배하는 스펙타클은 두 종류로 구별될 수 있다. '분산된 스펙타클'과 '집중된 스펙타클'! 스펙타클은 실재 세계를 이미지의 세계로, 실천의 세계를 관조의 세계로 만드는 체제의 힘이자 작동 원리다. '분산된 스펙타클'은 자본주의적 분업체계에 갇혀 고립된 노동과 소비를 반복하고 있는 노동자들의 혼을 빼놓는다. 그 핵심은 노동계급의 실제 모습보다는 소비의 자유를 구가하는 소비자의 이미지만 강조하는 데 있다. 바로 이 대목에서 다양한 분야에서 빛을 발하는 '소비의 스타들'이 중요한 역할을 한다. 누구나 노력하면 자본가만큼 소비할 수 있다는 헛된 희망을 노동계급에게 심어주니까 말이다. 그만큼 돈의 독점을 허용하는 체제를 바꿀 실천은 요원해진다. 이와 달리 '집중된 스펙타클'은 스스로 대표가 되기보다는 대표의 말에 따르는 것이 공동체에 도움이 된다는 환각을 심어준다. 이 스펙타클의 핵심은 국가가 부여한 의무에 복종할 수밖에 없는 국민의 실제 모습보다는 선거의 자유를 구가하는 선거권자를 부각하고, 폭력수단 독점으로 수탈을 강요할 수 있는 국가기구나 최고 통치자의 맨얼굴보다는 재정 정책, 즉 재분배의 기능을 강조하는 데 있다. 다양한 분업체계를 가장 높은 지점에서 조망하고 통제하는 '결단의 스타'가 부각되는 지점도 바로 여기다. 결단의 스타가 내뿜는 강렬한 빛에 휘둥그레진 대다수 국민들의 눈에 국가기구가 근본적으로 수탈의 기구라는 엄연한 사실이 들어올 리 만무한 법이다. 그렇지만 언제까지 이런 눈속임이 지속되겠는가.

누군가 거짓말을 했다고 해보자. 한두 번의 짧은 만남이라면 우리는 그의 거짓말에 속을 수 있다. 그렇지만 그와의 만남이 반복되다보면 우리는 그가 거짓말쟁이라는 걸 알게 된다. 물론 영민하지 못한 사람이라면 더 오래 속겠지만 말이다. 이와 마찬가지로 시간이 지나면 '소비의 스타들'도 어차피 분업체계에 포획된 노동자에 지나지 않는다는 사실, 그리고 '결단의 스타'도 결국 국민을 수탈하는 최고 책임자일 뿐이라는 사실이 스펙타클을 뚫고 돌출하게 된다. 그렇지만 체제는 별로 걱정이 없다. 새로운 '소비의 스타'나 새로운 '결단의 스타'를 캐스팅해서 다시 화려한 볼거리를 연출하면 되니까 말이다. 어떤 종류든 스타는 신상품의 논리를 따르는 법이다. 소비의 스타들을 보라. 빌 게이츠Bill Gates(1955~)가 사라져도 그가 한때 앉았던 자리가 사라지는 것은 아니다. 그 자리에는 마크 주커버그Mark Elliot Zuckerberg(1984~)가 앉으면 된다. 펠레Pelé(1940~)가 사라져도 그가 한때 앉았던 자리에는 지금 크리스티아누 호날두Cristiano Ronaldo(1985~)가 앉아 있다. 그리고 한때 엘리자베스 테일러Elizabeth Taylor(1932~2011)가 앉았던 자리에는 안젤리나 졸리Angelina Jolie(1975~)가 앉은 지 오래다. 결단의 스타들도 마찬가지다. 스탈린Joseph Stalin(1878~1953)이 자리를 비우자 그 자리에는 흐루쇼프Nikita Sergeevich Khrushchyov(1894~1971)가 앉았고, 부시George Walker Bush(1946~)가 앉았던 자리에는 오바마Barack Hussein Obama, Jr.(1961~)가 앉았으며, 박근혜朴槿惠(1952~)의 자리에는 문재인文在寅(1953~)이 앉았다.

'자리'는 그대로지만 '사람'이 바뀌면 무언가 바뀐 것 같은 착시효과가 드는 법이다. 노동계급을 착취하는 자본주의적 분업체계라는 구조는 여전하고, 원초적 수탈 능력을 갖춘 국가라는 지배구조도 바뀐 것이 없다. 그렇지만 새로운 '소비의 스타'가 현란한 스포트라이트 속에서 화려하게 등장하면 다시 노동자들에게는 환각이 시작된다. 자신도 자기 분야에서 노력하면 자본가처럼 소비할 수 있게 되리라는 환각 말이다. 마찬가지로 새로운 '결단의 스타'가 새로운 모세라도 되는 양 등장하면 국민에게 다시 환각이 찾아든다. 이번 최고 통치자는 다수 국민의 복지를 증진하리라는 환각 말이다. 스타 탄생이 발생시키는 환각 속에서 노동자들을 착취하는 경제구조와 국민을 수탈하는 정치구조, 즉 체제는 계속된다. 물론 이번에도 스타가 식상해질 때, 혹은 환각이 깨어날 때가 얼마 지나지 않아 찾아올 것이다. 그렇지만 체제는 다시 저글링을 시작할 것이다. 억압적인 경제구조와 정치구조를 지키기 위한 체제의 작업은 상업 광고와 유사한 데가 있다. 상업 광고는 매번 지금 선전하는 상품이 더 보충할 것이 없이 가장 완전하다고 속삭이기 때문이다. 그러나 누구나 알고 있지 않은가. 상업 광고는 얼마 지나지 않아 새로운 기능을 업데이트한 새로운 상품을 출시하면서 똑같은 이야기를 반복하리라는 사실을. 그렇다. "광고에서 행해지는 매번의 새로운 기만은 앞서 행했던 기만에 대한 자백인 것처럼" 새롭게 탄생한 스타들은 자신이 과거 스타와는 진짜 다르다고 침을 튀기고 있다. 이렇게 거듭되는 기만과 거짓말이 먹히니, 체제는 계속되고 있는 것이다.

《스펙타클의 사회》70번째 테제에서 쉽게 지나쳐서는 안 되는 부분이 있다. 그것은 바로 스탈린에 대한 기 드보르의 언급이다. 기 드보르는 스탈린도 스스로를 유지하려는 억압체제의 스펙타클, '결단의 스타'라고 이야기한다. 기 드보르가 정당코뮌주의, 국가코뮌주의, 나아가 국가독점자본주의체제를 부르주아체제만큼이나 억압체제로 규정했다는 사실이 중요하다. 노동하지 않은 자들의 생산수단 사유도 문제지만, 국가기구의 생산수단 국유도 문제라는 것이다. 결국 기 드보르는 노동하는 사람들이 생산수단을 갖거나 공유해야 한다는 입장이다. 파리코뮌의 아들답게 그는 평의회코뮌주의자였던 셈이다. 1960년 냉전체제를 돌파하려고 했던 상황주의 인터내셔널의 깃발은 로자 룩셈부르크가 들었던 평의회코뮌주의 깃발이었다. 바로 이 대목에서 우리는 1966년 발표되어 프랑스의 모든 젊은이의 마음을 격동시켰던 유명한 팸플릿에 주목할 필요가 있다. 《대학생활의 빈곤에 관해: 경제적 측면, 정치적 측면, 심리적 측면, 성적인 측면, 그리고 특히 지적인 측면에서 고찰된 대학생활의 빈곤을 치유하는 몇 가지 방법들De la misère en milieu étudiant: considérée sous ses aspects économique, politique, psychologique, sexuel et notamment intellectuel et de quelques moyens pour y remédier》이라는 읽기에도 벅찬 상당히 긴 제목을 가진 팸플릿이다. 68혁명 내내 프랑스 젊은이들의 마음을 사로잡은 이 문건은 《스펙타클의 사회》에 대한 격정적 전주곡과도 같다. 더 자극적이고 더 직설적이고 더 선동적이고 더 강렬하다. 이 팸플릿은 정제되고 함축적인 《스펙타클의 사회》를 지적으로나 정서적으로 쉽게 이해할 수 있도록 해준다. 1847년 마르크스의 《철학의 빈곤Misère de la philosophie》을 패러디한 이 문건은 '상황주의 인터내셔널IS 멤버'와 '스트라스부르대학 학생들'이란 공동 명의로 발표된다. 그렇지만 초안은 기 드보르와 긴밀한 논의 끝에 튀니지 출신 IS 멤버 무스타파 카야티Mustapha Khayati가 작성한 것으로 알려져 있다.

먼저 이 문건이 탄생하게 된 배경을 확인하는 것이 우선일 듯하다. 경제 호황이 정점으로 치달을 때 자본은 저임금·미숙련 노동자들뿐만 아니라, 국가 관료든 자본 관료든 간에 화이트칼라도 엄청 필요로 한다. 호황을 이끌어가고 관리할 중간 관리층으로서 화이트칼라를 키우는 데는 그에 어울리는 교육환경과 아울러 적정한 시간도 필요한 법이다. 대호황기가 정점으로 치달을 때 유럽 도처에서 대학이 우후죽순으로 설립되고 아울러 기존 대학들도 정원을 엄청 늘린 것은 바로 이런 이유에서다. 프랑스 경우만 하더라도 1960년에는 20만 명이었던 대학생 수가 1968년에는 55만 명으로 2배 이상 증가한다. 젊은이들은 에스컬레이터에 올라타듯 대학에 입학했고, 그들의 부모들은 기꺼이 고액의 학비를 부담했다. 당시 통계에 따르면 대학생 학부모 중 5분의 1만이 육체노동자, 즉 블루칼라였고, 나머지는 대부분 화이트칼라였다. 한마디로 당시 대학은 화이트칼라의 대물림 수단이었던 셈이다. 그렇지만 젊은이들과 부모 세대 사이에는 대학에 대한 시차가 존재한다. 신입생들에게 대학은 성인, 그것도 지적인 독립체가 되는 관문이었다면, 그들의 부모에게 대학은 고액의 연봉과 안정된 노동조건을 약속하는 화이트칼라 진입 관문이었기 때문이다. 확실한 것은 대학생활을 하는 것은 젊은이들이지 그들의 부모가 아니라는 사실이다. 설레는 마음으로 캠퍼스에 첫발을 내딛는 순간부터 젊은이들은 당혹하지 않을 수 없었다. 학문과 예술의 전당이라는 상아탑의 전설이 바로 눈앞에서 무너져 내렸기 때문이다.

입학하자마자 신입생들은 대학의 맨얼굴을 보고 만다. 그들의 순진한 믿음과 달리 대학은 지성인과 자유인의 산실이 아니라, 부르주아체제에 복무하는 마름을 양산하는 공장에 지나지 않았다. 신입생들의 절망은 대학의 열악한 교육환경과 만나면서 환멸로 바뀌고 만다. 호황기 부르주아체제의 요구에 부응해 졸속으로 설립된 모든 대학뿐만 아니라 급하게 정원을 늘렸던 기존 대학들도 교육시설이나 주거시설, 나아가 과밀 학급과 교원 부족 등 여러 문제에 직격탄을 맞아 휘청거리고 있었으니까. 파리 외곽 낭테르에 1964년 설립된 낭테르대학Université Paris Nanterre의 경우를 보라. 학생 수는 1만 2000명이었지만 교실 전체 좌석 수는 1만 석에 지나지 않았다. 심지어 주변 시설도 제대로 갖추어지지 않아 비가 오는 날이면 학생들이 진흙탕을 건너 등교할 정도였다. 상아탑은커녕 고등학교나 사설 학원보다도 못한 캠퍼스의 풍경은 대학이 산업화된 가축 공장과 같다는 인상을 준다. 돼지나 닭, 혹은 젖소를 기계화된 공정으로 사육하는 가축 공장을 떠올려보라. 살을 찌우거나 우유를 얻는 것이 목적일 뿐 가축들의 삶은 돌보지 않는다. 운동이 불가능한 좁은 우리, 자신의 배설물 위에서 이루어지는 생활, 많은 살과 우유를 얻으려고 주입되는 호르몬제와 약물들! 차이라면 가축들은 강제로 공장에 감금되었고, 대학생들은 자발적으로 대학에 들어온 것뿐이다. 그렇지만 타율적 복종이든 자발적 복종이든 중요한 것은 두 가지 모두 '복종'의 양태에 지나지 않는다는 사실이다. 구조적으로 복종하지 않을 수 없도록 만든 다음 복종의 선택이나 자유를 피지배계급에게 넘겨준다는 점에서, 대학이 가축 공장보다 더 기만적이라는 건 확실하다.

생각해보라. 노동계급은 물적 생산수단을 독점한 자본계급에게 자신의 노동력을 팔지 않으면 생계를 유지할 수 없다. 자기 노동력에 확실한 구매력을 부여하기 위해, 한마디로 자본계급이 기꺼이 고용할 수 있는 노동력을 갖추기 위해, 노동계급은 그야말로 고군분투하는 것이다. 대학은 구매력을 갖춘 노동력을 인증하는 기관이다. 구매력을 갖출수록 생계의 안정을 도모할 수 있으니, 울며 겨자 먹기 식으로 노동계급은 자신의 아이들에게 고급 노동력, 혹은 고가 노동력을 공인해주는 대학에 입학시켰던 것이다. 결국 중요한 것은 졸업장과 성적증명서다. 자본계급이나 지배계급 입장에서 대학은 얼마나 유용한 기관인가? 대학 4년 동안 대학생들이 익힌 그 많은 문자와 숫자를 필요로 하는 것이 자본이나 국가임에도 불구하고, 그 비용을 고스란히 대학생들과 그들의 부모에게 전가할 수 있다. 부르주아체제가 표방하는 '소비주의'의 원리, 즉 "1달러, 하나의 목소리"라는 원칙이 적용되지 않는 유일한 공간이 대학이 되는 이유도 바로 여기에 있다. 소비자가 상품 생산을 결정한다는 것이 바로 소비주의다. 그렇지만 대학생들은 고가의 학비를 지불하고도 자신이 원하는 수업을 들을 수 없다. 모든 과목은 자본계급과 지배계급의 필요에 따라 정해지기 때문이다. 대개의 경우 이에 문제를 제기하는 학생들도 별로 없다. 암묵적으로 그들은 취업에 용이한 과목을 수강하는 데 동의하고 있기 때문이다.

흙탕물을 건너 캠퍼스로 들어갈 때, 혹은 도떼기시장처럼 어수선한 강의실에 앉을 때, 대학생들은 일종의 모멸감에 휩싸이고 만다. 대학이 진리와 자유, 혹은 지성의 전당이 아니라 자본계급이 필요로 하는 스펙을 얻는 공장, 혹은 화이트칼라를 기르는 공장이라는 걸 직감하기 때문이다. 삶의 주인이 되는 공부를 하는 것이 아니라 상급 마름이 되는 공부를 하고 있을 뿐이다. 그나마 모두 마름이 되는 데 성공한다면 불만을 삼킬 수도 있다. 그렇지만 당시 프랑스는 마르크스가 말한 '이윤율 하락 경향의 법칙'을 실감하기 시작한 때가 아닌가? 프랑스의 대호황기는 그 정점을 찍고 이제 하향 국면에 접어들고 있었다. 예비 화이트칼라들은 대량으로 그리고 졸속으로 길러지고 있었지만, 부르주아체제는 졸업 이후 그들을 흡수할 여력을 조금씩 잃어가고 있었다. 1960년대 프랑스 대학생들 중 5분의 3 정도가 중도에 학업을 포기한 이유도 바로 여기에 있다. 화이트칼라로 가는 에스컬레이터에 하차한다는 것! 이것은 젊은이들이 마름으로서 살아가야 할 미래의 운명에 대한 거부이자 자본주의체제와 기성세대들에 대한 본능적 거부이기도 하다. 1951년 소르본이라는 별칭으로 더 유명한 프랑스 최고 명문대학 파리대학에서 법학을 공부하다가 자퇴했던 기 드보르가 그들의 선구자가 될 수밖에 없었던 것도 이런 이유에서다.

대학과 관련된 젊은이들과 부모 세대 사이의 시차, 나아가 자유로운 인간과 자본주의체제 사이의 시차에는 대학의 교과과정 자체도 한몫 단단히 한다. 중세 시절 대학은 육체노동과는 아무런 상관이 없는 고상한 정신노동, 정확히 말해 육체노동을 하지 않아도 되었던 지배계급의 자제를 기르는 산실이었다. 하긴 지배계급을 재생산하는 것이 당시 대학의 임무였으니, 이것은 어쩌면 당연한 귀결인지도 모른다. 상아탑의 전설도 바로 이때 만들어졌다. 그러나 부르주아체제로 편입되면서, 대학의 소임은 지배계급의 재생산보다는 오히려 중간 관료의 양성으로 바뀐다. 문제는 대학들이 중세 대학의 전통을 폐기하지 않고 그것을 이용한다는 사실이다. 부르주아 대학은 지성인과 자유인, 한마디로 엘리트를 양성했던 중세 대학의 전통을 교양과정으로 흡수하는 기지를 발휘한 것이다. 상아탑의 전설은 여러모로 젊은이들을 모집하는 데 좋은 미끼다. 안정적인 학생 수급은 대학의 경제적 기반에 필수적인 요소니까 말이다. 의식적이든 무의식적이든 대학의 교직원과 교수진은 자기 대학이 지성인과 자유인을 양성한다는 홍보에 기꺼이 참여한다.

하긴 자신들이 지배계급과 자본계급이 필요로 하는 화이트칼라를 양성하고 있다는 현실은 대학의 성원들, 특히 대학의 교수진들에게 여간 불편한 진실이 아닐 것이다. 예비 마름들을 기르는 대학의 마름들이라는 진실보다는 진리와 정의와 자유를 대변하는 지성인들이라는 명분이 그들의 지적 허영심에 더 어울릴 테니 말이다. 이런 식으로 겉으로는 엘리트의 산실, 속으로는 화이트칼라의 공장이라는 부르주아 대학의 표리부동이 드디어 완성된다. 교양과정과 전공과정의 분리는 바로 이 표리부동을 제도화한 것에 지나지 않는다. 교양과정은 신입생들에게 엘리트라는 환각을 부여한다. 하긴 다양한 교양과정과 특강을 통해 스피노자, 마르크스, 알튀세르, 사르트르의 강렬한 주장을 듣거나 카프카의 고뇌와 프루스트의 열정, 그리고 베케트의 심오함을 접한다면, 어떻게 신입생들이 자신이 진리의 상아탑에 있다는 환각에 빠지지 않을 수 있겠는가? 역사쯤은 한 번에 정리하고, 자본주의체제도 단칼에 베어버리고, 혁명과 자유와 정의를 노래할 수 있는 희열을 대학 신입생이 어떻게 거부할 수 있다는 말인가? 그렇지만 이것도 잠시, 2학년이나 3학년쯤 전공과목에 들어서면 대학생들은 '한여름 밤의 꿈'에서 깨어난다. 그들 앞에는 화이트칼라가 되는 관문만 남기 때문이다. 정부나 회사의 중간 관리자가 되려면 경제학, 경영학, 법학, 정치학, 행정학 등의 문과 계열 전공과목을, 산업 현장의 중간 관리자가 되려면 물리학, 화학, 기계공학, 전기공학 등 이과 계열 전공과목을 우수한 성적으로 통과해야만 한다.

1960년대 프랑스 대학의 풍경은 단순히 1960년대 프랑스에만 머물지 않는다. 그것은 동서양을 가리지 않고 지금 부르주아체제에 속한 모든 대학에서 그대로 반복되니까. 아니 정확히 말해 더 악화된 형식으로 반복되고 있다고 해야 할 듯하다. 그나마 부르주아체제의 논리를 은폐하려고 설립되었던 교양과정이나 부르주아체제의 작동원리와 무관한 인문학 전공들이 노골적으로 억압되어 축소되거나 폐지되는 것이 21세기 세계화된 부르주아체제, 그 모든 곳에서 확인되는 일상적 풍경이기 때문이다. 정부든 자본이든 화이트칼라가 되는 데 방해가 되는 일체의 과목들은 생계의 위협을 느낀 대학생들과 대학 당국자의 서글픈 밀약으로 사라지고 있다. 현대 대학생들은 자신이 희열을 느끼며 들을 수 있는 과목보다는 취업에 도움이 되는 과목을 들으려고 한다. 신입생 때부터 이미 그들에게 대학은 화이트칼라 양성소인 것이다. 모든 수단을 총동원해 자신의 스펙을 자본계급이 침을 흘릴 수 있도록 치장해야만 한다. 청년실업과 고용 불안! 자본주의체제가 만든 이 구조적 압박을 수용하지 않으면 먹고살 길이 막연하기 때문이다. 그렇지만 아직 기성세대와 지배체제에 완전히 길들여지지 않은, 아니 길들여질 수 없는 젊은 이들이다. 바로 이것이, 1960년대 프랑스 대학생들과 1980년대 우리 대학생들의 고뇌와 저항에는 양적으로 미치지 못한다고 하더라도, 여전히 자유와 정의, 그리고 진정한 삶이 무엇인지를 고뇌하는 움직임이 21세기 현재 대학가나 젊은이들 사이에 미약하나마 존재하는 이유이다.

1966년 대학생들에게 뿌려져 1968년 프랑스의 5월혁명을 촉발했던《대학생활의 빈곤에 관해》를 다시 꼼꼼히 읽을 이유도 분명해진다. 부르주아체제가 존재하는 한, 화이트칼라 양성소로서 대학이 존재하는 한, 대학생과 젊은이들이 존재하는 한, 삶의 주인으로서 자유를 구가하려는 인간의 본능적 욕망이 존재하는 한, 이 팸플릿은 여전히 그리고 아직도 유효한 보편적 진리를 보여주기 때문이다. 팸플릿은 세 부분으로 구성되어 있다. 〈대중에게 공개해 부끄러움을 더 부끄럽게 만들자Rendre la honte plus honteuse encore en la livrant à la publicité〉는 슬로건으로 묶인 부분이 첫 번째 부분이고, 〈사유는 자신의 실현을 추구하는 것으로 충분하지 않다. 현실이 자신의 사유를 추구해야만 한다Il ne suffit pas que la pensée recherche sa réalisation, il faut que la réalité recherche sa pensée〉는 슬로건으로 묶인 부분이 두 번째 부분이다. 그리고 〈뒤로 되돌아가는 것이 불가능한 상황을 최종적으로 창조하라Créer enfin la situation qui rende impossible tout retour en arrière〉라는 슬로건으로 묶인 부분이 마지막 세 번째 부분이다. 팸플릿의 세부 목차로도 사용되는 세 가지 슬로건은

5부. 스펙타클, 주체를 구경꾼으로 만드는 마법

1960년대 프랑스 학생운동의 정신을 요약한다.

첫 번째 슬로건을 먼저 살펴보라. 대학생들은 겉보기의 화려함과 풍요로움과는 달리 하염없이 남루하고 빈곤한 삶을 영위한다는 처절한 성찰이다. 팸플릿의 부제처럼 대학생활의 빈곤은 단순히 경제적인 빈곤만이 아니라, 정치적 빈곤, 심리적 빈곤, 성적인 빈곤, 지적인 빈곤까지 포괄한다. 질병을 고치려면 그 환부를 공개해야만 한다. 그래야 치료할 수 있는 희망도 생기는 법이니까. 두 번째 슬로건은 '대상적 활동'을 강조했던 마르크스의 정신과 공명한다. 하긴 이미 이 팸플릿 제목 자체도 마르크스의 1847년 저작《철학의 빈곤 Misère de la philosophie》을 패러디하고 있지 않은가. 어쨌든 두 번째 슬로건은 생각한 것을 실현하는 것보다 더 중요한 것이 주어진 현실 속에서 그 현실을 극복할 수 있는 사유를 만들어내는 것이라고 강조한다. 백일몽으로서의 사유, 자신의 정합성을 문제 삼지 않고 그저 세상을 자신에게 맞게 개조하려는 독단적인 사유가 아니다. 현실에 기반을 둔 사유, 혹은 현실과 역동적인 피드백이 가능한 사유를 요구하는 셈이다. 세 번째 슬로건은 구경꾼처럼 세상을 관조하는 것이 아니라 실천 주체로서 세상에 참여할 것을 다짐하는 내용이다. 구경꾼에게 세상은 스펙타클, 즉 볼거리로 드러나지만, 실천 주체에게 세상은 살아내고 견뎌내고 그리고 이겨낼 수밖에 없는 '상황'으로 드러나는 법이다. 키스를 할까, 포옹을 할까? 새로 사귄 사람과 관련된 이런 고민은 홀로 있을 때에만 가능하다. 반면 새로 사귄 사람과 함께 있는 '상황'에서는 키스든 포옹이든 아니면 무엇이든 그 행동은 두 사람을 과거로 결코 되돌릴 수 없도록 만든다. 상대방이 나를 품어줄 수도 있지만, 반대로 상대방이 나의 뺨을 때릴 수도 있으니까.

《대학생활의 빈곤에 관해》는 1960년대 대학생들의 삶과 그들의 저항을 보여줄 뿐만 아니라, 부르주아체제가 지속되고 있는 21세기 현재 대학생들의 삶도 돌아볼 수 있게 하는 힘을 가지고 있기에, 조금 길더라도 이 팸플릿을 상세히 살펴보도록 하자. 먼저 〈대중에게 공개해 부끄러움을 더 부끄럽게 만들자〉라는 슬로건에 속한 첫째 부분을 개괄해보자.

대학생의 역할은 임시방편적인 역할^{rôle provisoire}, 즉 상품체제^{système marchand}를 작동시키는 보수적 성분으로서 그의 졸업 이후의 역할을 준비하는 데 있다. …… (그렇지만) 우리의 "풍요사회^{société d'abondance}" 속에서 대학생들은 여전히 극빈자다. 학생들의 80퍼센트는 노동계급 이상의 수입을 가지고 있는 부모를 두고 있지만, 그들 중 90퍼센트는 저임금노동자들보다 가난하다. 대학생의 빈곤은 스펙타클의 사회에서의 빈곤, 새로운 프롤레타리아의 새로운 빈곤에 지나지 않는다. …… 대학생들이 경멸받을 만한 것은 그들의 현실적 빈곤 때문만이 아니라 모든 종류의 빈곤^{toutes les misères}에 대한 그들의 자기만족 때문이고, 일반 사람들이 별다른 관심이 없음에도 자신들의 특수한 결여에 대한 관심을 일으킬 수 있다는 희망 속에서 자신의 소외에 빠져드는 그들의 불건전한 경향성 때문이다. 현대 자본주의의 요건들에 따라 대학생들은 19세기 숙련된 노동자들이 수행했던 기능과 유사한 임무에 종사하는, 단지 '작은 관료^{petits cadres}'가 될 수밖에 없다. 현재 자신이 겪는 부끄러운 빈곤에 대한 그런 우울하고 평범한 미래의 보상에 직면해 있으면서도, 대학생들은 비현실적으로 체험된 현재, 그들이 환각적인 화려함으로 치장한 그 체험된 현재 속에서 위안을 얻으려고 한다. 대학생들은 금욕적인 노예^{esclave stoïcien}에 지나지 않는다. 권위가 그들을 더 많은 사슬로 묶을 때, 그들은 자신들이 더 자유로워졌다고 느끼기 때문이다. 자신의 새로운 가족, 대학처럼 그들은 자신도 가장 "독립적인" 사회적 존재라고 생각한다. 그렇지만 그들은 사실상 두 가지 가장 강력한 사회적 권위체제, 즉 가족과 국가에 직접적으로 종속되어 있다. 가족과 국가에 맞게 잘 처신하고 가족과 국가에 감사를 느끼고 순종하는 아이로서 대학생들은 체제의 모든 가치와 신비들을 공유하고 체화하고 있다. …… 현재 대학생에게 이루어지는 기계적이고 전문화된 교육은 (이전-18세기-부르주아 문화의 수준과 비교했을 때) 대학생 자신의 지적 수준만큼이나 심각하게 타락했다. 현대 경제체제는 '사유^{pense}'를 할 수도 없는 불모의 대학생들을 대량생산하기 때문이다. 이제 대학은 무지를 가르치는 제도적 조직이 된 것이다. "고귀한 문화^{haute culture}"는 교수들을 만드는 대량생산 라인으로 타락하고 만다. 현재 교수들 대부분은 바보들이거나 고등학교 수준의 신입생들의 관심을 받기 위해 움직인다. 그렇지만 정신적 불모 상태에 있는 대학생들은 이 모든 것을 자각하지 못한다. 그들은 계속 자기 스승의 이야기를 존경스럽게 경청하고, 의식적으로 모든 '비판적 정신^{esprit critique}'을 억압한다. 그래야 그들은 자신이 대학생이 되었다는 신비한 환각에 빠져들 수 있으니까. …… 분명한 경제적 빈곤 때문에 대학생들은 하찮은 생존 형식에 던져진다. 그렇지만 항상 자기만족적이기에 그들은 일상적인 빈곤이 마치 고유한 "삶의 양식"이라도 되는 양 과시한다. 자신의 남루함을 일종의 덕으로 만들어 보헤미안인 척하면서 말이다.

보헤미안주의는 어느 경우에든 결코 독창적인 해법이 될 수 없다. 대학으로부터 완전하고 결정적으로 단절하지 않은 채 진짜로 보헤미안의 삶을 살아낼 수 있다는 것은 바보나 하는 생각일 뿐이다. 그렇지만 대학생 보헤미안 그리고 영혼에서는 자신이 보헤미안이라고 말하기를 좋아하는 대학생들은 잘해야 평범한 개인적 해법, 그것도 독창적이지 않고 타락한 형태의 해법에 매달리고 있는 셈이다. 심지어 늙은 촌부村婦도 그들보다 삶에 대해 더 많이 알고 있을 것이다. 젊은이들의 탁월한 교육자였던 빌헬름 라이히 이후 30년이 지난 뒤, 이 '기묘한 친구들originaux'은 여전히 전통적인 사랑과 성욕의 방식을 따르고 있다. 그들은 남성과 여성의 관계에서 계급사회의 일반적 관계들을 관철시키고 있기 때문이다. …… 그렇지만 일상적인 대학생활의 진짜 빈곤은 문화상품들la marchandise culturelle이란 아편 속에서 '상상적일지라도 직접적인 보상compensation immédiate, fantastique'을 발견한다는 데 있다. 문화적 스펙타클le spectacle culturel 속에서 대학생들은 공손한 제자라는 자신의 자연스러운 자리를 발견한다. …… 문화적 스펙타클을 생산하고 조직하는 "신들"이 단상 위에서 인간의 형식을 취할 때, 대학생들은 그들의 주된 청중, 그들의 구경꾼이 된다. 대학생들은 떼지어 그 신들의 외설적인 전시회에 모습을 드러낸다. 다양한 교회 사제들이 보잘것없고 결론도 나지 않는 이야기들을 나열할 때(마르크스 사유에 대한 세미나들, 가톨릭 지성인들의 회담들), 혹은 문학적 찌꺼기들이 모여 자신들의 무능력을 입증할 때('문학의 가능성은 무엇인가'라는 주제로 열린 포럼에는 5000명의 학생들이 참석했다), 대학생들이 아니라면 누가 그 홀을 채울 수 있겠는가? 진정한 열정이 없기에, 대학생들은 유명한 바보들[les vedettes de l'Inintelligence]——알튀세르[Althusser]/가로디[Garaudy]/사르트르[Sartre]/바르트[Barthes]/피카르[Picard]/르페브르[Lefebvre]/레비스트로스[Levi-Strauss]/할리데이[Halliday]/샤틀레[Châtelet]/앙트완[Antoine], 그리고 거짓 문제를 논쟁함으로써 진짜 문제를 은폐하는 그들의 이데올로기들——휴머니즘[Humanisme]/실존주의[Existentialisme]/구조주의[Structuralisme]/과학주의[Scientisme]/신비평주의[Nouveaucriticisme]/변증법적 자연주의[Dialecto-naturalisme]/사이버네티시즘[Cybernétisme]/생태주의[Planétisme]/초철학주의[Metaphilosophisme]——사이에서 벌어지는 무기력한 논쟁들에서 일시적인 만족을 추구한다. 최신 고다르 영화를 보았다면, 최신 논쟁적 서적을 구매했다면, 혹은 그 바보 같은 라파사드[Georges Lapassade](1924~2008)가 조직한 해프닝에 참여했다면, 대학생들은 자신이 아방가르드라고 생각하지 않는가? …… 대학생들이 선호하는 읽을거리는 문화적 신상품들을 열광적으로 소비하도록 만드는 데 특화된 언론의 기사들이다. 그들은 조금도 의심하지 않고 그런 언론 기사를 자기 취향의 가이드라인으로 받아들인다. 그들은 시사주간지 《렉스프레스[l'Express]》나 《옵세르바퇴르[l'Observateur]》를 탐닉하거나, 아니면 일간지 《르몽드[Le Monde]》를 좋아할 것이다. 그들은 이런 매체들이 설령 그 문제가 다소는 어렵다고 할지라도, 현실을 정확히 반영하는 객관적인 언론이라고 느낀다. …… 이런 지침들로 대학생들은 현대 세계를 이해하려고 하고 정치적 의식을 갖기를 원한다. 다른 어떤 곳보다 프랑스에서 대학생들은 정치화되는 것을 좋아한다. 그렇지만 그들의 정치적 참여는 동일한 스펙타클에 의해 매개될 뿐이다. 그래서 대학생들은 사회주의적 수정주의와 스탈린의 반혁명으로 40년 전에 파괴되어버린, 애석하게도 산산조각이 난 좌파의 유물들에 집착한다. 지배자들은 노동운동이 이미 패배했음을 잘 알고 있고, 비록 혼돈되었다고 할지라도 노동자들 자신도 이 사실을 알고 있다. 그렇지만 대학생들만은 이 사실을 망각한 채, 자신과 같은 대학생들을 제외한 어떤 사람의 관심도 끌 수 없는 우스운 시위들에 계속 즐겁게 참여하고 있다. 이런 전적인 정치적 무지는 대학을, 프랑스공산당에서부터 프랑스전국학생연맹Union nationale des étudiants de France, UNEF까지 죽어가는 조직들의 유령적 관료들bureaucrates fantomatiques이 조종할 수 있는 이상적인 기지가 되도록 한다. 이 유령적 관료들은 대학생들의 정치적 의견을 전체주의적으로 프로그램화한다. …… 대학생들은 드골 통치의 "낡은" 측면들을 반대하는 데 자부심을 느끼지만, 그렇게 함으로써 그들은 (토글리아티Togliatti, 가로디, 흐루쇼프Kroutchev, 마오쩌둥Mao 시대의 스탈린주의적 범죄와 같은) 오래된 범죄들을 부지불식간에 인정하고 만다. 대학생들의 "젊음"이 실제로 드골 통치보다 훨씬 더 낡게 되는 것도 이런 이유에서다. 드골주의자들은 최소한 현대사회를 운영할 만큼 이 사회를 이해하고 있으니까. 그렇지만 이것만이 대학생들의 유일한 의고주의archaïsme는 아니다. 대학생들은 모든 것을 포괄하는 일반적 관념들을 가져야만 한다고, 마음의 동요와 섹스를 수반하지 않는 음란함에 대한 자신의 욕구besoin d'agitation et de promiscuité asexuée에 의미를 부여할 수 있는 정합적인 세계관을 형성해야만 한다고 느낀다. 그 결과 이런 대학생들은 교회의 무기력한 마지막 선교활동의 먹이로 전락하고 만다. …… [다행히도] 몇몇 대학생들은 이미 도래하는 혁명운동의 이론가들 중 일부가 되었고, 자신이 두려움의 대상이 되었다는 것에 자부심을 느끼고 있다.

수업체제^{système des études}로부터 쉽게 추출할 수 있는 것이 그것의 파괴에도 사용될 수 있다는 것은 더 이상 그들에게는 비밀이 아니다. 대학생들은 자신들의 수업^{études}에 대한 반란 없이는 어떤 것에 대한 반란도 시도할 수 없기 때문이다. 설령 노동조건에 대해 자발적으로 반란을 시도하는 노동자들보다 대학생들이 이런 반란의 필요성을 자연스럽게 느끼지 못한다고 할지라도 말이다. 그렇지만 대학생들은 고다르와 코카콜라만큼이나 현대사회의 산물이다. 그들의 극단적 소외^{extrême aliénation}는 단지 전체 사회를 의문시해야만 의문시될 수 있다. 이런 비판은 대학생이란 영역에서는 결코 수행될 수 없다. 자신을 대학생이라고 규정하는 대학생들은, 자신의 진짜 박탈^{dépossession réelle}을 자각하는 것을 방해하는 가짜 가치와 자신을 동일시할 수밖에 없고, 따라서 그들은 허위의식^{la fausse conscience}의 정점에 그대로 머물기 때문이다.

－〈대중에게 공개해 부끄러움을 더 부끄럽게 만들자〉,

《대학생활의 빈곤에 관해》(1966)

대학생들의 가장 큰 부끄러움은 무엇일까? 카야티는, 아마도 기 드보르도 단언한다. "대학생의 역할은 임시방편적인 역할, 즉 상품체제를 작동시키는 보수적 성분으로서 그의 졸업 이후의 역할을 준비하는 데 있다." 국가나 자본으로 상징되는 지배계급의 지배를 용이하도록 하는 관료가 되는 준비를 하는 것, 바로 이것이 대학생들의 역할이다. 카야티는 '상품체제를 작동시키는 보수적 성분'이라고 말한다. 이것은 상품-자본의 관계다. 지배체제가 대부분의 사람들에게서 물적 생산수단을 박탈한 이유는 인간들이 자발적으로 자기 노동력을 상품으로, 노골적으로 말해 자신을 상품으로 만들어 팔도록 하기 위해서다. 정부 관료나 자본 관료 등 사무실 책상에 앉아 자본가나 통치자의 의지를 관철시키는 화이트칼라는 블루칼라 입장에서는 지배계급을 대변하지만, 그들은 분명 블루칼라와 마찬가지로 임금노동자에 지나지 않는다. 소작농들 사이에 선택되어 지주의 이익을 대변하며 특권을 누리는 소작농을 마름이라고 한다면, 화이트칼라는 결국 마름에 지나지 않는다. 억압당하고 착취당하는 것은 안타깝고 서글픈 일이지만 정의롭지 않거나 부끄러운 일은 아니다. 그렇지만 마름이 된다는 것은 정의롭지도 않을 뿐만 아니라 사실 부끄러운 일이다. 같은 임금노동자이면서 높은 임금을 받기 위해 동료 노동자들을 감시하고 통제한다. 이것이 대학생들의 원초적 부끄러움이다.

이어서 팸플릿은 대학생들의 경제적 가난에 대해 이야기한다. "학생들의 80퍼센트는 노동계급 이상의 수입을 가지고 있는 부모를 두고 있지만, 그들 중 90퍼센트는 저임금노동자들보다 가난하다." 부모가 노동계급 이상의 수입을 가지고 있다는 것은 화이트칼라라는 이야기다. 그럼에도 학생들은 가난하다. 생산 인구가 아니라 교육서비스를 고액의 학비를 들여 소비하는 소비 인구이기 때문이고, 이 학비를 전적으로 부모에게 의존하기 때문이다. 언젠가 화이트칼라가 되어서 얻을 수 있는 이득을 위해 부모들은 지금 학비로 지출되는 손실을 기꺼이 감당하고 있다. 어쩌면 부족한 학비를 은행에서 대출받은 학자금이나 대학에서 받은 장학금으로 메우고 있는지도 모를 일이다. 당연히 겉보기와 달리 대학생들은 항상 가난할 수밖에 없다. 바로 이 빈곤에 대한 경험이 대학생들에게 화이트칼라가 되려는 꿈을 더 강화시킨다. 그만큼 대학생들의 뇌리에는 자유로운 공동체, 억압과 착취가 사라진 공동체에 대한 꿈이 사라지고, 그 자리에 지배체제와 억압체제의 현실에 순응하려는 이기적 본성이 똬리를 틀게 된다. 정부를 위해 일하는 관료나 검사나 법관이 되어야 한다! 자본을 위해 일하는 사무직 직원이든 연구원이든 취업해야 한다! 이렇게 대학생들의 빈곤은 목숨을 걸고 근사한 노동력을 갖추겠다는 그들의 결의를 다지는 동력이 된다. 벌거벗은 노동력이라는 서글픈 자각이다. 카야티는 말한다. "대학생의 빈곤은 스펙타클의 사회에서의 빈곤, 새로운 프롤레타리아의 새로운 빈곤에 지나지 않는다"고. 가난하게 혹은 배고프게 만들어야 지배할 수 있다는 지배의 공식이 떠오르는 대목이다.

대학생들의 경제적 빈곤은 마조히스트적인 빈곤이다. 블루칼라가 아니라 화이트칼라에 대한 꿈을 가졌기에 감당하는 빈곤이니까. 마름이 되고자 하는 이기적 욕망이 대학생들의 영혼마저 잠식하는 상황에서 어떻게 자유, 정의, 사랑에 대해 떠들 수 있다는 말인가? 카야티가 대학생들의 경제적 빈곤도 경멸받아야 한다고 말한 것도 이런 이유에서다. 불행히도 화이트칼라 양성소라는 대학의 소임에 따라 대학에 입학해 가난을 감내하는 대학생들, 바로 이들이 대학생들의 주류를 차지한다. 카페나 술자리에서 부르주아체제와 기성세대들에 대한 비판을 늘어놓을지라도, 아무리 공동체의 정의와 개인의 자유를 격정적으로 토로한다고 해도, 이들은 나머지 시간 대부분을 학점 등 스펙을 관리하며 취업에 유리한 고지를 선점하는 데 할애한다. 그들은 자신과 같은 대학생이 "새로운 프롤레타리아의 새로운 빈곤"을 감당하는 계층이라는 걸 알기 때문이다. 그러니 그들은 어떻게 하든지 빈곤에서 벗어나 화이트칼라가 되어 기성 체제 안으로 진입하려고 발버둥치는 것이다. 지배계급을 위해 블루칼라를 감시하고 통제하는 화이트칼라가 되려는 것만으로도 대학생들은 경멸받아 마땅하다. 그러니 그들과 그들의 부모가 기꺼이 감당하는 현실적 빈곤도 경멸받아 마땅하다. 그렇지만 카야티는 더 큰 경멸을 "모든 종류의 빈곤에 대한 그들의 자기만족", 혹은 정신승리로 은폐하는 대학생들의 태도에 부여한다. 극단적으로 말해 이런 대학생들은 "작은 관료"가 될 수밖에 없는 자신의 현실을 애써 보지 않으려는 학생들이다. 현실적으로 이것은 대학의 교과과정 중 전공과정을 무시하고 교양과정을 절대시하는 것으로 드러난다. "대학처럼 그들은 자신도 가장 '독립적인' 사회적 존재"라고 착각한다. 얼마 지나지 않아 자신이 대학을 졸업하고 냉정한 노동시장에 던져져야 한다는 사실을 가급적 의식하지 않으려고, 그들은 대학 캠퍼스와 카페들에 머무는 시간을 영원시하고 절대화한다. 카야티의 말대로 "현재 자신이 겪는 부끄러운 빈곤에 대한 그런 우울하고 평범한 미래의 보상에 직면해 있으면서도, 대학생들은 비현실적으로 체험된 현재, 그들이 환각적인 화려함으로 치장한 그 체험된 현재 속에서 위안을 얻으려고 한다". 술, 담배, 마약, 섹스, 그리고 로큰롤이 대학생들의 일시적 마취제가 되는 것도 이런 이유에서다.

자신이 화이트칼라 양성소에 다니고 있다는 사실을 외면하는 학생들! 대학이 주는, 특히 교양과정과 특강이 제공하는 중세적 엘리트 분위기에 완전히 취해버린 학생들! 인간의 자유와 정의를 읊조리는 교양과정과 인문학 교수들처럼 자신도 영원히 대학에 있으리라 착각하는 학생들! 카야티는 정말 경멸해야만 하는 대학생들, '모든 종류의 빈곤을 자기만족으로 은폐하는' 대학생들의 서글픈 풍경들을 묘사하기 시작한다. ① 이들은 대량생산되어 대학 관료가 되어버린 교수들의 강연을 "존경스럽게 경청하고, 의식적으로 모든 '비판적 정신'을 억압한다". 교수의 권위를 인정함으로써 대학생에 대한 자신의 유치한 환각을 유지하려는 순진한 대학생들이다. ② 대학생으로서 겪는 현실적 빈곤을 자신이 자유롭게 결정했다는 보헤미안적 삶의 태도라고 치장하지만, 결코 대학을 떠날 수 없는 가짜 보헤미안 대학생들. 겉으로는 모든 것을 초월한 듯하지만 속으로는 모든 것에 연연한 속물적 인간형이다. ③ 최신 문화상품에 대한 얼리 어답터, 즉 앵무새에 지나지 않으면서도 마치 자신이 작가라도 되는 양 지적 허위에 빠진 대학생들. 사르트르의 책을 옆구리에 끼고서는 자신이 사르트르라도 되는 양 행세하는 지적 허영으로 가득 차 있는 대학생들이다. ④ 프랑스공산당 등 정당코뮌주의자들의 지지와 격려로 학생회를 이끌며 대표자 놀이에 여념이 없는 정치적 대학생들. 이미 시효가 지난 낡은 정치 이념과 정치조직의 생명 유지를 위해 동료 학생들의 저항의식을 왜곡해 허비하는 대학생들이다. ⑤ 엘리트 산실로서의 대학과 화이트칼라 공장으로서의 대학 사이에서 우왕좌왕하느라, 혹은 체제가 요구하는 공손하고 예의바른 모습과 금지된 것을 향유하려는 내면의 욕망 사이에서 우왕좌왕하느라 종교에 귀의하는 대학생들. 자신이 해결해야 할 삶의 문제들을 회피하느라 신과 종교적 의례에 집중하지만, 이 때문에 인간적 성숙이 지체되고 그에 따라 더욱더 신에게 몰입하게 되는 치명적인 퇴행을 반복하는 대학생들이다. 다섯 종류의 대학생들은 자신의 빈곤을 자기만족으로 대체하고 있으니, 이들이 바로 '대학생들의 진정한 빈곤'을 드러내는 존재들 아닌가.

예비 화이트칼라가 운 좋게 실제로 주변 친지들이 부러워하는 화이트칼라가 되었다고 하자. 그렇지만 국가에 복무하든 자본에 복무하든 화이트칼라는 자신이 원하는 것이 아니라 국가나 자본이 원하는 것을 수행하는 관료일 수밖에 없다. 이것이 소외 아니면 무엇이겠는가? 자기 행위의 산물을 자신이 아니라 자본이나 국가가 가지니 말이다. 문제는 화이트칼라나 대학생들이 지배계급의 욕망에 복종하는 자신의 모습을 가리고, 동료 노동계급, 즉 블루칼라 위에 군림하는 모습만을 의식하고자 한다는 점이다. 지배계급 입장에서는 노동계급에 지나지 않지만, 화이트칼라나 예비 화이트칼라는 자신을 '작은 지배자'로 오인한다. 마치 자신이 소작료를 부과하고 걷고 있다고 착각하지만, 사실은 모두 지주의 권력을 등에 업고 지주의 이익을 대변하는 것에 지나지 않는 마름처럼 말이다. 바로 이런 허위의식 속에서 대학생들의 진정한 빈곤이 드러나고, 바로 이 빈곤 속에서 대학생들의 자기만족이 그 싹을 틔우는지도 모를 일이다. 잘되어야 화이트칼라라는 상위 노동자로 사회에 진출하면서도 마치 노동계급과는 완전히 다른 계급인 듯이 살아가는 대학생들의 허영을 비판하면서, 카야티는 일군의 대학생들에게서 하나의 희망을 본다.

혁명적 대학생들이다. 마르크스의 표현을 빌리자면 '즉자적 대학생'이 아니라 '대자적 대학생'인 셈이다. 정확히는 "대자적 예비 프롤레타리아"라고 해도 좋다. 바로 부르주아체제로부터 "두려움의 대상이 되었다는 것에 자부심을 느끼고" "도래하는 혁명운동의 이론가들 중 일부가" 되어버린 학생들이다. 그들은 화이트칼라 양성소로서의 대학의 맨얼굴을 직시하고 화이트칼라를 필요로 하는 자본과 국가에 도전하려고 한다. 이 대학생들은 더 이상 자신을 대학생이라고 규정하지 않는다. 그들은 "대학생들은 고다르와 코카콜라만큼이나 현대사회의 산물"이라는 것, 다시 말해 부르주아체제의 산물이라는 것을 알고 있다. 옳은 판단이다. 대학생이라는 신분도,

5부. 스펙타클, 주체를 구경꾼으로 만드는 마법

고다르의 영화도, 코카콜라도 기본적으로 상품이다. 물론 영화와 코카콜라와 달리 대학생이란 신분, 혹은 졸업장과 성적증명서는 묘한 상품이기는 하다. 고다르의 영화나 코카콜라는 구매해 바로 향유하지만, 대학생이란 신분은 자신이 더 고가의 상품이 되기 위해 구입한 상품이기 때문이다. 어쨌든 자본과 상품, 혹은 자본가와 노동자라는 억압구조가 없었다면, 고가로 자본이 구매할 수 있는 상품으로서의 화이트칼라도, 아울러 화이트칼라 공장으로서의 대학도 존재할 수 없다. 혁명적 대학생들은 이 모든 메커니즘을 자각하고 있다. 이것은 그들이 대학에서 겪는 젊은이들의 모든 빈곤과 그들의 자기만족의 근본적 원인이 대학을 넘어선 곳에 있다는 사실을 알았다는 걸 말해준다. 대학생이 본질적으로 동료 노동계급 위에 군림하며 지배계급의 이익에 복무하는 예비 화이트칼라라는 사실에 눈을 감지 않는 대학생들, 혹은 자신의 극단적인 소외를 깨달은 대학생들이 존재한다. 자신의 허위의식을 자각하고 버리려는 대학생들! 자신을 대학생이라고 규정하지 않는 대학생들! 겉으로는 대학생이지만 대학이란 틀에 갇히지 않고 부르주아체제 전체를 응시했던 젊은이들! 이들은 화이트칼라 양성소의 책임자들, 대학 당국이나 교육 당국, 나아가 국가로서는 두렵기도 하고 당혹스런 존재들이다. 어떻게 그들은 체제로부터 두려움의 대상이 되었는가?

젊은이들 특유의 자유정신도 한몫 단단히 하지만, 중요한 것은 바로 대학이란 묘한 공간이 가진 구조적 힘이다. 먼저 주목해야 할 것은 대학의 수업체제가 모순적 성격, 교양과정과 전공과정 사이에 미봉되기 힘든 간극과 모순을 가지고 있다는 사실이다. 지배계급 재생산이라는 중세 대학의 유산이 응축되어 있는 것이 교양과정이라면, 화이트칼라 재생산이라는 현대 부르주아체제의 요구가 반영되어 있는 것이 바로 전공과정이다. 전공과정이 분업체제가 강요하는 분리의 논리에 기초한다면, 교양과정은 분업과 분리를 가로지르는 종합의 논리에 기초하고 있다. 역사, 사회, 정치, 경제, 철학, 예술 등 삶을 종합적으로 성찰하는 교육, 과거 귀족이나 왕족 등 소수 지배계급의 자제들에게 행해졌던 교육이 교양과정의 형식으로 대학생들에게 이루어지는 것이 문제가 된다. 전공과정 속에서 대학생들은 국가나 자본에 복무하는 화이트칼라가 되는 훈련을 받지만, 교양과정 속에서 대학생들은 일순간이나마 지배/피지배 관계가 무화되는 경험을 하게 된다. 교양과정 안에서 극소수 지배계급 출신 학생들과 화이트칼라든 블루칼라든 대부분의 노동계급 출신 학생들은 모두 수평적인 관계 속에 들어가 일종의 학생코뮌의 장관을 연출한다. 여기서 교양과정을 수업과정에만 국한해서는 안 된다. 교양수업일 수도, 비판적 지성인이나 문인들을 초빙한 특강일 수도, 아니면 동료들끼리 이루어지는 독서모임이나 강독모임일 수도 있다. 이런 다양한 과정과 모임들을 통해 부르주아체제 유지에는 별로 도움이 되지 않는, 심지어 부르주아체제마저 의문시할 수 있는 가능성이 존재한다는 것이 중요하다. 모두가 자유롭고 동등하게 어떤 주제든 발언하고 행동하니 이런 과정과 모임에는 지배/피지배 관계가 들어설 여지가 없다.

여기서 교양과정이나 자유로운 토론 등에서 이루어지는 언어 사용에 주목할 필요가 있다. 수직적 관계가 아니라 수평적 관계이기에 언어, 즉 문자와 숫자는 본래 목적을 일탈한다. 문자와 숫자는 원래 지배와 통제를 위해, 혹은 관료주의적 필요에 의해 발명되고 사용되었던 것 아닌가? 교양과정에서 사용되는 문자와 숫자는 관료주의적인 언어가 아니라 자유로운 인간들의 언어다. 명령의 언어가 아니라 감동의 언어이고, 텍스트로서의 언어가 아니라 콘텍스트 속의 언어다. 다양하고 구체적인 문맥들을 일의적으로 지배하고 규정하는 법률적인 언어가 아니라 구체적인 문맥들을 상기시킬 뿐만 아니라 화자의 역사와 감정까지도 함축하는 인문학적 언어다. 시적 언어, 연대와 사랑을 위한 언어가 탄생하면서, 언어의 근본적 탄생 목적이 조롱받고 희화화되는 셈이다. 지배와 통제의 관료주의적 언어가 아니라 연대와 사랑의 시적 언어가 교양과정과 관련된 일련의 모임들을 통해 번성한다. 바로 이것이 대학이 가진 유일한 희망이다. 그렇지만 이 희망이 결실을 맺으려면 시적 언어가 작동해 사랑과 연대의 언어가 될 수 있는 충분한 시간이 필요하다. 다행히도 대학생들에게는 제도적으로 그들이 자유롭게 사용할 수 있는 시간이 무진장 보장된다. 과거 고등학교 때보다 현저히 줄어든 대학의 수업시간이 어떤 구조적 효과를 낳는지 생각해보라. 많아야 주당 20시간 정도가 대학의 수업시간이다. 한 주는 168시간이다. 여기에 수업시간 20시간을 빼면 148시간이나 남는다. 하루에 8시간 수면을 한다면 일주일에 56시간인데 이 시간을 빼고도 대학생들에게 남는 시간은 자그마치 92시간이나 된다. 고독한 사색, 공적회합, 사적 모임 등 성숙과 연대의 시간이 대학생들에게 충분히 허락된 셈이다. 대학교 안에 그어진 문과와 이과 사이의 경계, 철학과 전기공학 사이의 경계, 경제학과 국문학 사이의 경계, 클래식 음악과 힙합 음악 사이의 경계, 연극과 영화 사이의 경계 등등을 가로지르는 장관이 펼쳐질 수 있다. 심지어 대학 내외의 경계마저 허물어뜨릴 수도 있다. 영화와 음악 등 다양한 대중문화와 연결될 수도 있고, 노동자들의 투쟁이나 사회적 약자의 분노에도 참여할 수 있다. 체제가 강요하는 분업과 분리를 넘어서 연대와 종합이 가능한 것도 이런 이유에서다. 연대와 종합이, 그것도 자유롭고 자발적인 연대와 종합이 가능하려면, 기본적으로 마주침과 지속의 시간이 확보되어야 한다. 한마디로 지루할 정도로 시간이 남아돌아야 한다는 것이다.

"심심한데 학교 뒷산에 올라가 산책이나 해야겠다." "시간이 많이 남네. 참, 사르트르가 특강을 한다고 했지. 거기나 가봐야겠다." "수업이 일찍 끝났네. 베케트의 연극을 보러 가야겠다." 마르크스의 에피쿠로스주의를 따라 알튀세르가 자신의 문제작 〈마주침의 유물론이라는 은밀한 흐름Le courant souterrain du matérialisme de la rencontre〉에서 말하지 않았던가? "원자화된 개인들individus atomisés, 그리고 그들의 운동조건으로서의 공백le vide comme la condition de leur mouvement"을. 공백은 공간적으로 여백이지만, 시간적으로는 여가이기도 하다. 공백이 없다면 원자들은 자유롭게 움직여 서로 마주칠 가능성이 없다. 서로 마주치지 않으면 어떻게 새로운 연대와 종합이 가능할 수 있다는 말인가? 실제로 1980년대 우리 대학의 경우 모든 과목에서 수업시간의 3분의 2만 채워도 학점에 불이익을 받지 않았다. 결국 당시 대학생들이 어떻게 하느냐에 따라 연대와 종합의 시간은 무진장 허락되었던 셈이다. 대학 바깥에 나가 새로운 연대의 시간을 보낼 수도 있고, 아니면 자전거로 전국을 여행할 수도 있고, 그것도 아니면 도서관이나 하숙집에서 독서삼매에 빠질 수도 있다. 불행히도 주류 대학생들이나 혹은 전공과정에 들어간 대학 고학년생들은 연대와 종합에 할애할 수 있는 그 소중한 시간을 전공과정이나 취업이 요구하는 분업과 분리, 혹은 전문화를 심화시키기 위해 허비하지만 말이다. 그렇지만 마주침도, 사랑도, 연대도, 그리고 혁명도 충분한 시간과 여유가 필요한 법이다. 대학제도가 부여한 교양과정과 여가시간의 제도화는 이렇게 미래의 혁명가를, 체제가 두려워할 연대와 종합의 실천가들을 조용히 길러내고 있었던 셈이다.

교양과정과 여가시간을 급진화할 수 있다! 바로 이것이 화이트칼라 양성소로서의 대학이 가진 어두운 면, 혹은 인문주의자의 시선에서 대학이 가진 가능성의 중심이라고 할 수 있다. 동구권의 몰락으로 더 이상 자유주의를 이데올로기로 표방할 필요가 없어진 부르주아체제의 1990년대 이후 대학 정책을 살펴보라. 첫째, 교양과정과 인문과정의 부실화다. 생계를 걱정하는 시간강사들이 엄청난 규모의 학급을 맡아 졸속으로 강의를 하는 경우가 태반이다. 당연히 선생과 학생 사이의 진지한 관계가 맺어질 수도 없다. 교양과정이 주체적인 성숙과 종합의 과정이라는 자기 본령을 일탈한 것이다. 둘째, 수업시간의 엄격한 통제다. 한두 번 수업에 참여하지 못하면 학점에 치명적인 악영향을 받도록 했다. 이것은 사적인 모임이나 공적인 집회를 차단하거나 억제하는 직접적인 효과를 낳는다. 수업시간 통제가 연대의 가능성을 막는 가장 좋은 장치인 것도 이런 이유에서다. 학내 문제나 사회문제와 관련된 집회가 열리는 특정 시간과 수업시간이 겹치면, 이제 대학생들은 스펙을 위해 집회를 포기하고 수업에 참여하기 때문이다. 셋째, 전공과정의 심화다. 청년실업을 만성화하면서 대학생들에게 취업에 대한 불안과 공포를 심어주면, 대학생들은 교육 당국과 대학 당국의 전공과정 심화 정책을 받아들이고 거기에 적응하기 쉽다.

세계화된 부르주아체제의 교육 정책에 비해 1960년대 프랑스나 미국의 대학생들, 그리고 1980년대 우리 대학생들은 교양과정과 인문과정을 향유했고, 과감히 수업을 포기하고 연대의 장에 나갈 수 있었으며, 전공과정에 목숨을 걸기보다는 부단히 주체적 성숙과 종합의 과정을 심화시킬 수 있었다. 그렇다고 해서 20세기의 대학과 21세기 현재 대학의 풍경을 너무나 극단적으로 구별해서는 안 된다. 교양과정과 여가시간을 과거처럼 급진화하지 못한다고 하더라도, 혹은 급진화하기 힘든 조건에 놓여 있다고 할지라도, 지금 대학생들도 여전히 교양과정과 여가시간을 급진화하려고 분투하고 있으니 말이다. 이제 카야티가 혁명적 "대학생들이 수업체제로부터 쉽게 추출할 수 있는 것이 그것의 파괴에도 사용될 수 있다는 것은 더 이상 그들에게는 비밀이 아니다"라고 진단했던 배경이 명확해진다. 부르주아 수업체제가 허용한 교양과정과 여가시간을 이용해 전공과정과 수업시간에 저항하기! 대학에 있을 때나 대학을 졸업한 뒤에도 자신들의 삶에 분업과 분리의 논리를 관철시키려는 전공과정의 논리, 즉 부르주아체제의 분업 논리에 반란을 일으키기! 갈등과 충돌은 불가피하다. 교양과정을 자신이 섬길 지배계급을 이해하는 화이트칼라의 소양 과정 정도로 축소하고 전공과정을 통해 분업체계 각 분야에 필요한 화이트칼라를 양성하려는 대학 당국! 교양과정의 전통을 노동계급이 삶의 주인이 되는 종합과 성숙의 과정으로 확대해 전공과정까지 지배계급이 아니라 노동계급의 이익을 위해 활용하겠다는 혁명적 대학생들! 대학 당국이 이기면 부르주아체제는 안도의 한숨을 내쉴 것이고, 대학생들이 이기면 대학 당국을 넘어 그 파장은 부르주아체제의 심장부에 이를 것이다.

혁명적 대학생들의 '이이제이以夷制夷' 전략을 숙고하면서 카야티는 더 심각한 문제를 언급한다. "대학생들은 자신들의 수업에 대한 반란 없이는 어떤 것에 대한 반란도 시도할 수 없"다! 지배계급에 순응하는 화이트칼라를 양성하려는 대학을 비판적이고 종합적인 인간의 산실로 만들려는 반란, 그 반란의 성공 여부를 결정하는 최종 심급에 대한 고민이다. 이 고민은 대학의 문제를 자본과 상품 관계, 즉 자본가와 노동자 관계를 강요하는 부르주아체제로까지 확장한다. 생각해보라. 부르주아체제는 소비자의 자유가 긍정되어야만 유지될 수 있다. 물론 여기서 소비자는 돈을 가진 사람, 즉 자본가다. 자본가는 막대한 자본으로 노동자를 고용하고 공장부지를 매입하고 생산설비도 구입한다. 투자의 자유와 생산의 자유는 바로 이 소비의 자유를 토대로 작동하는 법이다. 아이러니하게도 노동계급도 순간적이나마 상품을 구매하는 소비자로 탈바꿈할 수 있다. 상품 구매의 여부, 나아가 특정 상품 구매의 여부는 철저하게 소비자로 변신한 노동자의 자유다. 노동자들의 소비를 강제하는 순간, 부르주아체제는 자기모순에 빠지고 만다. 돈을 가진 자가 상품을 가진 자보다 우월하다는 원칙을 버리는 순간, 부르주아체제는 사상누각이 되고 말기 때문이다. 부르주아체제에서 대학생들은 본질적으로 고액의 학비를 들여 교육서비스를 받는 소비자로 규정된다.

물론 현실의 대학생활은 철저한 소비의 자유를 이야기하기에는 묘한 구석이 있다. 대학생들은 수업을 향유하지 못한다. 그들이 수업을 통해 얻으려는 것은 졸업증과 성적증명서, 다시 말해 화이트칼라로 진입하는 티켓이기 때문이다. 결국 주류 학생들에게 수업은 그 자체로 쾌락을 주는 향유 대상이 아니라, 단지 화이트칼라가 되는 가능성을 높여주는 수단에 지나지 않는다. 성적 등 학사일정을 관리하고 기록하는 대학 당국과 교육 당국이 대학생들을 통제할 수 있는 것도 이런 이유에서다. 그렇다고 해서 원칙적으로 대학생들이 소비자라는 사실을 대학 당국이 모르지는 않는다. 대학생들은 언제든지 자퇴나 휴학을 할 수도 있고, 수업을 거부하거나 자신이 원하는 수업을 요구할 수도 있기 때문이다. 그렇지만 화이트칼라가 되려는 이기적 본능을 수치스럽게 여기지 않는다면, 미래를 위해 현재를 포기하는 목적론적 사유를 폐기하지 않는다면, 그리고 부르주아 대학을 규정하는 부르주아체제에 대한 단절 의지가 확고하지 않다면, "수업에 대한 반란"은 시도조차 될 수 없다. 카야티의 말대로 "자신들의 수업에 대한 반란"도 시도할 수 없는 대학생들이 어떻게 억압사회 전체에 대한 반란을 시도할 수 있다는 말인가! 하긴 대학 안이나 바깥에서 개최되는 집회에 참여하려면, 연대의 손길을 내민 노동계급의 손을 잡으려면, 아니면 최소한 외로움을 호소하는 애인의 곁을 지키려면, 대학생들은 자신의 수업을 기꺼이 포기해야만 한다.

혁명적 대학생들, 즉 앞으로 도래할 혁명의 젊은 이론가들은 프랑스에서만 탄생한 것이 아니다. 카야티가 보았을 때, 그것은 1960년대 세계를 관통하는 현상이었기 때문이다. 카야티가 《대학 생활의 빈곤에 관해》의 두 번째 부분, 〈사유는 자신의 실현을 추구하는 것으로 충분하지 않다. 현실이 자신의 사유를 추구해야만 한다〉는 슬로건에 묶인 두 번째 부분에서 다루려고 했던 것이 바로 이것이다. 첫 번째 부분이 프랑스 젊은이들의 빈곤한 상황과 아울러 그에 대한 젊은이들의 대응을 묘사했다면, 두 번째 부분에서 카야티는 프랑스를 넘어 세계적 규모에서 동시다발적으로 일어나는 젊은이들의 반란을 다룬다. 이를 통해 카야티는 아직 명확한 사유에 이르지는 못했지만 세계의 모든 젊은이들이 자신의 삶을 옥죄는 억압체제, 즉 부르주아체제의 숨통에 점점 더 가까이 접근하고 있다는 걸 보여주려고 한다.

실제로 자신에게 부과된 삶의 양식에 반대하는 젊은이들의 반란은, 이 사회에서 살아가는 것이 점점 힘들다고 느끼는 모든 사람을 포괄하는, 훨씬 더 광범위한 전복의 선구자이거나 예비적 표현, 즉 다음에 있을 혁명적 시대의 전주곡이다. 실재를 뒤집는 통상적인 방법으로 지배 이데올로기와 그 일상적 대변인들은 이런 실재적인 역사적 운동을 하나의 사회-자연적 가짜 범주une pseudo-catégorie socio-naturelle, 즉 젊음이란 이념l'Idée de la Jeunesse으로 축소한다. 이에 따라 젊은이들의 새로운 반란은, 매 세대마다 발생하고 "젊은이들이 생산이란 심각한 일에 참여해 그들에게 구체적인 진짜 목표들이 주어질 때" 사라지는, 영원히 반복되는 젊은이들의 반란으로 설명된다. …… 젊은 세대는 현대사회의 가장 탁월한 산물이다. 그들이 현대사회에 통합되기를 선택하든, 아니면 통합을 근본적으로 거부하든 간에 말이다. 놀라운 일은 젊은이들이 반란 중에 있다는 사실이 아니라 어른들이 그렇게나 순종적이라는 사실이다. 그렇지만 그 이유는 생물학적인 것이 아니라 역사적이다. 이전 세대들은 모든 패배를 겪으며 살았고, 혁명적 운동이 수치스럽게 해체되었던 시기에 횡행하던 모든 거짓말을 흡입했기 때문이다. …… 살아가는 것에 대한 걷잡을 수 없는 분노를 처음으로 공언하는 사람들이 젊은이들이고, 낡은 세계가 그 모든 현대화 작업에도 불구하고 양산하는 일상적 지루함과 죽은 시간에 맞서 자발적으로 반란을 일으키는 사람들도 바로 젊은이들이다. 그들 중 가장 혁명적인 젊은이들은 이런 사회에 대해 순수하고 허무주의적인 거부를 표현하고 있다. 비록 이 사회를 대체할 가능성에 대한 어떤 자각도 없지만 말이다. 그렇지만 그런 전망은 세계 도처에서 추구되고 계발되고 있다. 그것은 이론적 비판의 정합성과 이런 정합성에 걸맞은 실천 조직을 달성해야만 한다. ① 가장 원시적 수준에서 세계 도처의 '비행 청소년들Blousons noirs'은 가장 폭력적인 방식으로 사회로의 통합에 대한 명백한 거부를 표현하고 있다. …… (불행히도) 그들은 노동을 경멸하지만 상품들은 수용한다. …… ② (1960년대 네덜란드의 반문화운동이었던) 프로보Les Provos는 비행 청소년들의 경험을 최초로 넘어서 젊은이들의 정치적 표현을 처음 조직한 것이다. …… 프로보는 파편적인 저항을 선택함으로써 끝내 총체성을 수용하고 만다. …… ③ 자신들의 수업에 반란을 일으킴으로써 미국 대학생들은 그런 수업을 필요로 했던 사회를 직접적으로 의문시했다. …… (불행히도) 자기 사회에 대한 추상적 적대감L'hostilite abstraite은 그들로 하여금 자기 사회의 공공연한 적들, 중국이나 쿠바의 "사회주의적" 관료주의를 찬양하거나 지지하도록 했다. …… ④ 동구권에서 관료주의적 전체주의는 자신을 부정하는 힘을 생산하기 시작했다. …… 동구권 일부 젊은이들은 (가장 혐오할 만한 부르주아 형식으로 동구권에 여전히 남아 있었던) 도덕적이고 가족적인 질서를 더 이상 존중하지 않고, '방탕한 생활la débauche'에 몸을 맡기고, 노동을 경멸하며, 그리고 더 이상 정당 경찰을 따르지 않고 있다. …… 동구권 관료주의에서 투쟁은 분명히 존재하고 목표도 알려져 있다. 문제는 그 목표를 실현할 수 있는 형식들을 고안하는 데 있다. ⑤ 영국에서는 젊은이들의 반란이 반핵운동le mouvement anti-atomique에서 최초로 조직화된 표현을 얻었다. …… (그렇지만) 영국 젊은이들의 투쟁은 영국 노동계급의 투쟁과 연대해야만 한다. …… ⑥ 일본은 젊은 대학생들과 급진적인 노동자들의 융합이 이미 발생했던 유일한 선진 산업국가다. ……

5부. 스펙타클, 주체를 구경꾼으로 만드는 마법

(그렇지만) 그들은 관료주의적 착취의 정확한 본성을 규정하지 못했을 뿐만 아니라, 현대 자본주의의 특성들, 즉 일상적 삶에 대한 비판, 그리고 스펙타클에 대한 비판을 명시적으로 공식화하지 못했다.

－〈사유는 자신의 실현을 추구하는 것으로 충분하지 않다.
현실이 자신의 사유를 추구해야만 한다〉, 《대학생활의 빈곤에 관해》(1966)

젊은이에 의한 젊음 예찬이 패기만만하다. 특히나 "놀라운 일은 젊은이들이 반란 중에 있다는 사실이 아니라 어른들이 그렇게나 순종적이라는 사실이다"라는 문장에서 카야티나 기 드보르 등 1960년대 젊은 지성의 자부심은 그야말로 폭발한다. 카야티는 어른들이 순종적인 이유를 생물학적인 것이 아니라 역사적인 데서 찾는다. 소수 지배계급의 승리로 점철된 역사를 온몸으로 경험하면서 기성세대들은 지배계급이 강요하는 삶의 양식을 그냥 받아들이고 말았다는 이야기다. 카야티의 말대로 기성세대, 즉 어른들이 순종적인 이유는 그들이 "모든 패배를 겪으며 살았고, 혁명적 운동이 수치스럽게 해체되었던 시기에 횡행하던 모든 거짓말을 흡입했기 때문이다". 물론 부모나 선생의 영향이든 아니면 매스컴의 영향이든 기성세대의 질서를 받아들이는 젊은이들도 많고, 이런 젊은이들이 대학생의 주류를 형성하는 것도 분명한 사실이다. 그럼에도 "자신에게 부과된 삶의 양식에 반대하는" 반란은 젊은이들에게 더 빈번히 확인된다. 그래서 지배체제는 근사한 이데올로기를 만들어낸다. '젊은이=반항, 어른=성숙'이라는 등식으로 설명할 수 있는 이데올로기다. 이 이데올로기는 "실재를 뒤집는 통상적인 방법으로 지배 이데올로기와 그 일상적 대변인들"이 "이런 실재적인 역사적 운동을 하나의 사회-자연적 가짜 범주, 즉 젊음이란 이념으로 축소"
하는 과정을 통해 만들어진다.

　문제는 지배 이데올로기가 효과적으로 작동할 때 삶과 체제에
대한 젊은이들의 반란은 그들이 성숙한 어른이 되면 사라질 일종의
성장통이나 통과의례로 치부된다는 사실이다. '젊은이=반란, 어른
=순종'의 도식을 '젊은이=반항, 어른=성숙'이란 도식으로 바꿔치기
하는 기묘한 전도인 셈이다. 결국 젊은이들의 반란을 희화화하려는
이데올로기의 핵심은 그들의 반란을 역사적인 것이 아니라 생물학
적인 것으로 규정하는 데 있다. 카야티가 지배 이데올로기를 비판
하기 위해 반란과 순종에는 생물학적인 이유가 아니라 역사적인 이
유가 있다고 강조했던 것도 이런 이유에서다. 참고로 카야티의 생
각을 더 급진화할 수도 있다. 생물학적 나이와 상관없이 자신과 무
관하게 자신에게 가해진 삶의 양식에 반란을 일으키는 인간은 진정
한 젊은이라고 할 수 있고, 동시에 생물학적 나이와 상관없이 치열
한 반란 끝에 자신만의 고유한 삶의 양식을 만드는 데 성공하는 인
간은 진정한 어른이 된다고 말이다. 그래서 카야티의 청춘 예찬에
는 조금 지나친 부분도 있다. 생물학적인 어른이 항상 순종적인 것
도 아니고, 생물학적인 젊은이가 항상 반란을 일으키는 것도 아니
기 때문이다. 백발의 반란자도 있을 수 있고, 애어른도 있을 수 있
다. 그렇지만 분명 어른들이 순종적이기 쉽고 젊은이들이 반란을
일으키기 쉬운 것은 어김없는 사실이다.

　헤켈Ernst Haeckel(1834~1919)은 1866년《일반형태학Generelle Morphologie》
에서 "개체발생Ontogenesis은 계통발생Phylogenesis을 압축해 급속도로 반
복한다"고 주장한다. "개체발생은 계통발생을 반복한다"는 말로 요
약되는 헤켈의 주장에 따르면 새롭게 탄생한 개체는 그가 성체가

될 때까지 자기 종의 모든 역사를 압축해서 보여준다는 것이다. 바로 여기서 우리는 젊은이들의 힘을 확인할 수 있을지도 모른다. 20만 년 전부터 BC 3000년까지 두 발로 걷고 손으로 도구를 잡았던 인류, 수렵과 채집을 하던 인류에게는 강자와 약자는 있어도 지배자와 피지배자는 존재할 수 없었다. BC 3000년 전후 다람쥐나 늑대 등에게서는 찾을 수 없는 비극, 같은 종이 같은 종을 지속적으로 지배하고 수탈하는 비극이 인간이란 종에게 찾아온다. 그렇지만 사실 이것은 BC 8000년경 인간의 농업혁명으로 충분히 예견되었던 사건이었다. 특히나 동물들을 잡아 가축으로 기를 때 이미 동료 인간도 가축화할 수 있다는 가능성이 잠복해 있었으니까. 유전학적 영역이 아니더라도 역사학적으로도 개체발생은 계통발생을 반복하는 것 아닐까? 인류라는 종의 역사 그 대부분의 시간 동안 인간은 다른 인간에 대해 자유로웠다. 수렵채집의 자유로운 인간을 반복하고 있는 시기가 어쩌면 유아기나 청소년기 아닐까. 수렵채집 시기 인간이 배가 고팠기 때문에 물고기를 잡고 과일을 땄다고 생각해서는 안 된다. 배가 고프면 수렵과 채집이란 행위 자체가 불가능하니까 말이다. 오히려 수렵과 채집을 하면서 그들은 무언가를 계속 먹을 수 있었다고 해야 한다. 포만을 기다리며 배고픔을 감내하는 농부들, 수확을 기다리며 배고픔의 시간을 계산했던 농부들로서는 짐작도 되지 않는 일이다. 그러니까 수렵과 채집은 그들에게는 노동이라기보다는 일종의 반복적인 향유 행위였을 가능성이 높다. 아이들에게서 향유로서의 수렵과 채집 활동의 흔적이 보인다. 아이들은 들꽃, 돌, 나뭇가지, 말라버린 곤충, 혹은 그 무엇이든 모으는 것을 좋아하니까. 가장 원초적인 향유의 감각이다. 누가 시켜서 모으는 것도 아니고, 미래를 위해서 모으는 것도 아니다. 그냥 모으는 것이 즐거워 모았을 뿐이다. 아이들에게 대부분의 어떤 행위는 그 자체로 수단이면서 동시에 목적이다. 불장난을 하는 아이들, 폭죽을 터뜨리는 아이들을 보라. 자신이 하고 있는 행위 바깥에 다른 목적이란 있을 수 없다. 즐거우면 하고, 즐겁지 않으면 그만둔다. 그러니 아이들에게 향유란 곧 행위이고, 행위가 바로 향유가 된다.

반면 BC 3000년 이후 발생한 억압체제의 삶을 반영하는 어른들의 행위는 어떠한가? 그들의 행위는 항상 그 행위의 외적인 목적을 지향하고 있다. 예를 들어 아침에 일어나 가스레인지에 물을 끓이는 행위는 커피를 타기 위한 목적에 종사하고, 커피를 타는 행위는 잠에서 완전히 깨어나 출근하기 위한 목적에 종사한다. 행위 A의 목적은 B이고, 행위 B의 목적은 C이고, 행위 C의 목적은 D이고 등등. 부르주아체제에 적응한 어른들의 행위도 마찬가지다. 자본주의는 보험이나 연금의 논리로 작동하는 법이다. 현재를 희생하고 미래를 도모한다. 그러니 일 자체가 수단이면서 목적인 경우는 거의 없다. 크게 보면 일은 임금을 받기 위한 수단에 지나지 않고, 작게 보면 모든 일이 다음 일을 위한 수단에 지나지 않고, 다음 일은 지금 일의 목적이 된다. 빨간 얼굴로 연신 모닥불에 나뭇가지를 던져 넣는 아이들, 꽃들을 한 아름 품에 안고 미소를 던지는 아이들, 시간 가는 줄 모르고 물가에서 자맥질하는 아이들. 그들은 자기 행위를 향유한다. 아마 이런 아이들을 보았다면 어른들은 반문할 수도 있다. "모닥불을 피우면, 꽃들을 따면, 혹은 자맥질을 하면, 거기에서 쌀이 나오니 돈이 나오니?" '수단=목적'이란 등식으로 설명되는 향유의 삶을 파괴해 그 자리에 '수단≠목적'이란 등식으로 설명되는 노동의 삶을 각인해놓는 것, 바로 이것이 어른들이 아이들에게 저지르는 만행 아닌가?

5부. 스펙타클, 주체를 구경꾼으로 만드는 마법

예를 들어 예나 지금이나 학교에서는 교과서 밑에 다른 책을 숨겨두고 보는 학생들이 많다. 만화일 수도 있고, 소설일 수도 있고, 아니면 B급 도색잡지일 수도 있다. 자신이 향유할 수 있는 것이고 동시에 자신이 선택한 것이다. 이런 책들은 졸음을 유발하기는커녕 시간 가는 걸 망각하도록 만든다. 반면 교과서는 어떤가? 어른들이, 사회가 학생들이 숙지하기를 원해서, 아울러 그 숙지의 정도를 판단해 성적을 매기기 위해 만든 것이다. 그러니 숨겨놓고 읽는 책과는 달리 교과서는 향유의 대상도 자유의 대상도 아니다. 이것은 모두 지배계급이나 지배체제가 학생들을 포함한 모든 구성원의 행위, 그리고 그 행위의 목적을 지배하기에 불가피하게 벌어진 현상이다. 교과서를 보면 미래에 체제로부터 혜택이 주어진다는 것을 알아도, 학생들은 기꺼이 현재의 향유를 선택하며 교과서 밑에 다른 책을 숨겨놓고 읽는다. 물론 시간이 갈수록 학생들은 어른들, 선생들, 그리고 체제가 부여한 목적을 받아들이고 만다. 그럴수록 학생들의 얼굴은 찬란한 장밋빛을 잃어버리고 회색빛 도시의 색깔을 띠게 된다. '수단≠목적'의 회로는 노동의 회로이자 노예의 회로, 그리고 노동자의 회로다. 과거 귀족사회의 타율적 노예이든 아니면 부르주아사회의 자발적 노예, 즉 출퇴근 노예이든 간에 노동자는 일터에 갈 때 발걸음이 무겁고 일터를 떠날 때 발걸음이 가볍다. 그만큼 출근시간부터 퇴근시간까지의 시간은 '죽은 시간'으로 경험된다. 반면 '수단=목적'의 회로, 즉 향유의 회로에서의 상황은 완전히 달라진다. 들판에 나갈 때부터 들판을 배회하며 꽃을 찾을 때까지, 혹은 꽃을 가슴 한가득 품고 돌아올 때까지, 아이가 경험했던 시간은 완전히 '살아 있는 시간'이기 때문이다.

이제야 우리는 갑자기 생물학적 나이를 감안한 카야티의 청춘 예찬을 음미할 배경을 얻게 되었다. "살아가는 것에 대한 걷잡을 수 없는 분노를 처음으로 공언하는 사람들이 젊은이들이고, 낡은 세계가 그 모든 현대화 작업에도 불구하고 양산하는 일상적 지루함과 죽은 시간에 맞서 자발적으로 반란을 일으키는 사람들도 바로 젊은이들이다." 유년기의 아이들이 할 수 없는 반란이다. 아이들은 숨어서 향유를 계속할 수 있지만 어른들 앞에서 향유의 권리를 당당히 요구할 수는 없다. 어른 정도의 신체적 강건함뿐만 아니라 당당한 대의와 함께 논리도 갖출 수 있어야 반란도 시도할 수 있다. 카야티는 1960년대 젊은이들의 반란이 들불처럼 번지고 있다는 걸 이야기한다. "일상적 지루함과 죽은 시간"으로 점철되는 "살아가는 것"에 대한 젊은이들의 분노가 지금 네덜란드, 영국, 미국, 일본뿐만 아니라 동구권에서 동시다발적인 반란을 낳았다는 것이다. 그런데 왜 1960년대에만 유독 젊은이들의 반란이 두드러진 것일까? 바로 동구권이든 서구권이든 관료계층을 양성하기 위해 지배체제가 대학을 폭발적으로 늘려놓았기 때문이다. 대학이 존재하는 곳에서 고등학교 생활은 대학을 가기 위한 수단에 지나지 않는다. 그러니까 고등학생들은 자신들의 학창 시절을 철저하게 대학 입학을 위해 희생했던 것이다. 그렇지만 대학에 들어서는 순간, 삶과 역사를 종합적으로 음미하는 교양과정과 아울러 새로운 마주침을 도모할 수 있는 방대한 여가시간이 주어진다. 바로 이것이 '수단=목적'이 지배하던 유년기 시절의 향수와 자유를 불러낸 것이다. 음악, 연극, 만남, 모임, 대화, 연애 등 향유의 삶이 펼쳐진다. 자신이 원하면 참여하고 그렇지 않으면 멈추면 그뿐이다. 그러나 문제는 대학을 떠난 뒤, 아니 고학년 전공과정에 들어서는 순간, 그들 앞에는 다시 '수단≠목적'의 세계가 펼쳐진다는 데 있다.

죽은 시간을 강요하던 고등학교를 지나서 간신히 살아 있는 시간을 조금 되찾은 젊은이들이다. 살아 있는 시간, 향유의 시간을 되찾지 않았으면 그만이지만, 이미 그 과실을 맛본 그들이다. '수단=목적'의 자유인들과 '수단≠목적'의 억압체제 사이의 긴장과 갈등, 심지어는 전쟁도 불가피하다. 대학을 거점으로 성장한 자유인들은 자신들의 자유를 가로막는 적들과 맞서 싸우기 시작한다. 바로 이것이 카야티가 말한 "가장 원시적 수준에서" 발생한 "비행 청소년들"의 반항과는 구별되는 1960년대 학생운동, 즉 젊은이들의 반란이 가진 의의다. "대의"나 "이유"가 없는 반항이 아니라 충분한 "대의"나 "이유"를 갖춘 반란이다. 이것은 대학생들이 사태를 파악할 수 있는 지적인 토대를 갖추고 있었기에 가능했던 것이다. 뜨거운 젊음과 냉철한 지성으로, 혹은 지치지 않는 실천과 새롭게 구성한 이론으로 그들은 조금씩 BC 3000년 즈음에 탄생한 국가, 문명, 그리고 문자의 세계, 즉 5000여 년이 지난 지금까지 자신을 효과적으로 재생산하는 데 성공한 억압체제의 숨통에 접근해간다. 카야티의 말대로 억압체제를 대체할 수 있는 "전망은 세계 도처에서 추구되고 계발되고 있다". 그렇지만 "그것은 이론적 비판의 정합성과 이런 정합성에 걸맞은 실천 조직을 달성해야만 한다".

　1966년 스트라스부르대학을 중심으로 1만 부나 뿌려져 모든 대학생의 영혼을 격동시켰던 팸플릿, 흔히 스트라스부르 스캔들Strasbourg Scandal이라고 불리는 파문을 일으켰던 《대학생활의 빈곤에 관해》가 중요한 이유가 다른 데 있는 것이 아니다. 1960년대 세계 도처에서 우후죽순으로 발생했던 대학생들과 젊은이들의 반란과 투쟁을 개관하고, 그 한계를 극복하려고 했기 때문이다. 모든 것은 자본과 노동 사이의 대립의 문제다. 노동이 현실의 프롤레타리아를 가리키든, 아니면 대학생처럼 예비 프롤레타리아를 가리키든 간에 말이다. 바로 여기서 노학연대의 가능성이 확보된다. 현직 노동자나 미래 노동자나 프롤레타리아이긴 마찬가지니까. 바로 여기서 관리직과 생산직 사이의 연대 가능성도 확보된다. 관리직 노동자나 생산직 노동자도 모두 프롤레타리아이긴 마찬가지니까. 아주 짧은 시간이지만 프랑스의 젊은이들, 특히 IS의 이름 아래 모인 젊은 지성들은 5000년 동안 지속된 억압체제의 비밀과 아울러 그것을 해체하는 원칙을 천명하는 데 성공했던 셈이다. 마침내 억압체제 일반에 대한 "이론적 비판의 정합성"과 "이런 정합성에 걸맞은 실천 조직"을 달성할 수 있는 수준에 젊은이들은 도달했으니까.《대학생활의 빈곤에 관해》중 가장 아름답고 감동적인 〈뒤로 되돌아가는 것이 불가능한 상황을 최종적으로 창조하라〉는 바로 이렇게 탄생한다.

볼셰비키 질서의 승리는, 독일 "사회민주주의"가 스파르타쿠스 동맹을 짓뭉개면서 시작된 국제적인 반혁명운동과 동시적이다. 볼셰비키와 독일사회민주당의 공통된 승리는 그들 사이의 표면적 적대관계보다 더 심오하다. 볼셰비키 질서는 낡은 질서의 특수한 형상이자 새로운 외양에 지나지 않기 때문이다. 러시아의 반혁명의 결과들은, 내적으로는 국가의 관료주의적 자본주의le capitalisme bureaucratique d'État라는 새로운 착취양식의 설립이자 발전이고, 외적으로는 세계 도처에 러시아적 모델을 옹호하고 재생산하기 위한 코민테른l'Internationale dite communiste의 확산이다. 관료주의적이고 부르주아적인 변형태로서 자본주의는 크론시타트 수병들, 우크라이나 농부들, 그리고 베를린, 키엘, 토리노,

상하이, 그리고 최종적으로 바르셀로나 노동자들의 시체 위에서 생명을 연장했던 것이다. …… 학생회운동, 즉 대학생조합주의Le Syndicalisme étudiant는 하나의 광대극의 패러디, 다시 말해 오래전 타락한 노동조합주의에 대한 조악하고 쓸데없는 반복에 지나지 않는다. 스탈린주의의 모든 형식에 대한 이론적이고 실천적인 폐기는 미래의 모든 혁명조직의 너무나 자명한 기초가 되어야만 한다. 예를 들어 경제적 후진성이 위기에 대한 자각을 미루고 있는 프랑스의 경우, 혁명운동은 스탈린주의라는 시체 위에서만 다시 탄생할 수 있다는 것은 분명한 일이다. 스탈린주의의 파괴는 낡아빠진 시대의 최종 혁명la dernière révolution de la préhistoire의 '단호한 결의le delenda Carthago'가 되어야만 한다. …… 모든 것은 궁극적으로 어떻게 하면 새로운 혁명운동이 조직 문제를 해결하는지, 달리 말해 혁명운동의 조직적 형식들이 자신의 본질적 기획, 즉 이번 세기 프롤레타리아 운동에서 예시되었던 것처럼 '노동자평의회의 절대적 권력의 국제적 현실화la réalisation internationale du pouvoir absolu des Conseils Ouvriers'와 일관적인지에 달려 있다. 그런 조직은 자신이 대적하는 사회의 모든 기초들, 즉 상품 생산la production marchande, 다양한 외양 속에서 실현되는 이데올로기l'idéologie sous tous ses déguisements, 그리고 국가와 그것이 부여하는 분리들l'État et les scissions qu'il impose 등을 근본적으로 비판해야 한다. …… 볼셰비키 운동은 노동계급의 자발성이 '노동조합적 의식la conscience trade-unioniste'을 넘어설 수 없고 따라서 총체성la totalité을 파악할 수 없다고 집요하게 믿었다. 이것은 프롤레타리아의 머리를 잘라 정당이 혁명의 머리가 되어야 한다는 주장과 같다. 레닌이 매몰차게 했던 것처럼, 스스로 해방할 수 있는 프롤레타리아의 역사적 역량을 의문시했다는 것은 미래 사회를 총체적으로 운영할 수 있는 프롤레타리아의 역량을 의문시한다는 것을 의미한다. 이런 관점에서 "모든 권력을 소비에트로tout le pouvoir aux Soviets!"라는 슬로건은 단지 정당에 의한 소비에트의 정복, 그리고 무장한 프롤레타리아의 소멸하는 국가 대신 정당 국가의 설치만을 의미할 뿐이다. "모든 권력을 소비에트로!"는 다시 한번 우리의 슬로건이 되어야 하지만, 이번에는 볼셰비키의 은밀한 동기가 사라진 글자 그대로의 슬로건이 되어야 한다. 전체 세계가 걸려 있을 때에만 프롤레타리아는 혁명이란 게임을 할 수 있다. 그렇지 않다면 그것은 아무것도 아니다. 프롤레타리아 권력의 유일한 형식, 즉 '일반화된 자율관리l'autogestion généralisée'는 다른 권력과 공유될 수 없다. 모든 권력의 실질적인 해체를 의미하기에, 일반화된 자율관리, 즉 오토제스티옹은 (지리학적이든 무엇이든) 어떤 제약도 참을 수 없다. 오토제스티옹이 받아들인 어떤 타협도 즉시 양보나 항복으로 변형되기 때문이다. ······ 진짜 욕망의 유효한 실현la réalisation effective des désirs réels은 체제가 자기 권력을 영속화하기 위해 제조한 '가짜 필요와 욕망들les pseudo-besoins et désirs'의 폐기를 의미하는데, 이것은 상품의 스펙타클spectacle marchand에 대한 억압과 실질적인 대체가 없다면 일어날 수 없다. 현대 역사는 자신이 억압했던 힘들—자기 활동의 조건들, 의미, 그리고 산물에 대한 권력을 박탈당했던 노동자들—에 의해서만 해방될 수 있고 그것의 수많은 업적들도 자유롭게 사용될 수 있다. 19세기에 프롤레타리아가 이미 철학의 계승자였듯이, 이제 프롤레타리아는 현대 예술의 계승자뿐만 아니라 일상생활에 대한 최초의 의식적인 비판의 계승자가 된다. 프롤레타리아는 '예술과 철학l'art et la philosophie'을 실현하지 않고서는 자신을 폐기할 수 없다. 프롤레타리아에게 '세계를 변형시키는 것과 자신의 삶을 바꾸는 것Transformer le monde et changer la vie'은 동일한 것이며, 이것은 계급으로서 자기를 폐기하려면, 필요la nécessité가 지배하는 현재 사회를 해체하려면, 그리고 최종적으로 자유la liberté가 지배하는 사회로 이행하려면, 떼어놓을 수 없는 행동 지침les mots d'ordre이다. 소외된 현실이 강요했던 행동의 모든 가치와 패턴에 대한 근본적 비판과 자유로운 재구성은 프롤레타리아의 최대 프로그램이고, 삶의 모든 계기와 사건을 구성하는 자유로운 창조성la créativité libérée은 프롤레타리아가 인정하는 유일한 시poésie, 모든 이에 의해 만들어지는 시, 혁명적 축제la fête révolutionnaire의 시작이다. 프롤레타리아혁명은 축제가 아니라면 아무것도 아니고, 그들이 선포하는 삶은 축제의 징후le signe de la fête로 창조된다. 유희Le jeu는 이 축제의 유일한 원리이고, 프롤레타리아가 인정하는 유일한 규칙은 죽은 시간 없이 살아가는 것, 그리고 어떤 제약도 없이 향유하는 것이다.

－〈뒤로 되돌아가는 것이 불가능한 상황을 최종적으로 창조하라〉,
《대학생활의 빈곤에 관해》(1966)

파리코뮌의 후예답다. 카야티 등 IS 멤버와 스트라스부르대학의 학생들은 파리코뮌을 지키려던 선배들의 정신을 계승하고자 한다. 파리코뮌은 물질적 생산수단과 인적 생산수단의 분리를 지양하는 사회, 혹은 노동자들이 물질적 생산수단을 공유하는 사회를 꿈꾸었다. 카야티가 물질적 생산수단을 독점한 국가나 관료의 사회에 반대 입장을 표명한 것도 이런 이유에서다. 물질적 생산수단을 빼앗기는 순간, 그 강탈의 주체가 자본가든 지주든 국가든 혹은 관료든 상관없이, 노동계급은 피지배계급에서 벗어나지 못하는 것 아닌가? 그래서 카야티는 소련 등 동구권에서 통용되는 "국가의 관료주의적 자본주의"가 "새로운 착취양식의 설립이자 발전"에 지나지 않는다고 비판한다. 국가독점자본주의는 자본가와 지주가 독점했던 물적 생산수단을 노동계급이 아니라 국가와 관료의 수중에 집중하겠다는 이념이었으니까. 어쨌든 20세기 전반기 노동계급은 새로운 억압체제, 그것도 아주 가증스럽고 기만적인 억압체제에 직면해야만 했다. 노동계급을 위한다는 미명으로 단행된 국유화가 새로운 지배 논리라는 사실이 자명해졌기 때문이다. 국가독점자본주의가 주도한 반혁명의 물결에 맞서 농민이나 노동자 등 노동계급은 다시 저항하기 시작했다. 불행히도 20세기 전반기의 역사는 국가독점자본주의가 "크론시타트 수병들, 우크라이나 농부들, 그리고 베를린, 키엘, 토리노, 상하이, 그리고 최종적으로 바르셀로나 노동자들의 시체 위에서 생명을 연장했던" 역사, 즉 노동계급의 참담한 패배의 역사를 보여준다. 러시아의 경우 레닌과 트로츠키의 지시로 볼셰비키 군대가 크론시타트소비에트를 괴멸했고, 독일의 경우 독일사회민주당의 사주와 묵인으로 파시즘적 테러 조직 자유군단이 스파르타쿠스동맹을 피로 물들인 비극은 평의회코뮌주의를 요구했던 노동계급을 배신하지 않고서는 정당코뮌주의가 생명을 유지할 수 없다는 가장 분명한 증거다. 이렇게 간신히 싹을 틔울 뻔한 민주주의와 사회주의는 정당코뮌주의에 의해 고사되고 사회는 다시 권위주의와 국가주의로 회귀하고 만다.

IS 멤버와 스트라스부르대학 학생들은 자신의 대표에게 철저히 이용당하고 배신당했던 노동계급의 편에 서고자 한다. 그들은 패배와 죽음 속에서도 왜 노동계급이 평의회코뮌주의의 깃발을 놓지 않았는지 알았으니까. 평의회코뮌주의는 프랑스 젊은이들이 냉전시대가 강요했던 허구적 이분법을 넘도록 만든 힘이 된다. 동구권에서 국가나 관료가 물적 생산수단을 독점한다면, 서구권에서는 자본계급이 그것을 독점할 뿐이다. 어느 경우든 노동계급이 생산수단을 공유해 생산을 결정하지 않기는 마찬가지다. 평의회코뮌주의가 결여되는 순간, 다시 말해 일하는 자들에게 공장과 땅이 주어지지 않는 순간, 억압과 착취는 불가피한 것 아닌가? 1966년 스트라스부르대학 캠퍼스에서는 1917년 레닌이 러시아 노동계급을 뜨겁게 달구게 했던 구호, 그렇지만 레닌 본인이 싸늘하게 내버렸던 구호가 작지만 힘차게 울려 퍼진다. 1917년 러시아 페트로그라드를 뒤덮었던 구호 "프샤 블라스찌 사볘땀$^{Вся\ власть\ советам}$!"이 1966년 스트라스부르에서 "투 레 푸브와 로 소비에트$^{tout\ le\ pouvoir\ aux\ Soviets}$!"로 다시 살아난 셈이다. 그렇지만 카야티의 말처럼 "이번에는 볼셰비키의 은밀한 동기가 사라진 글자 그대로의 슬로건"이다. 정당코뮌주의가 평의회코뮌주의로 이행하려면 반드시 거쳐야 하는 절대적인 수단이란 주장은 이제 더 이상 통용되지 않는다. "프샤 블라스찌 사볘땀"과 "투 레 푸브와 로 소비에트"라는 구호 사이에는 이런 차이가 있었던 셈이다. 자본가도 아니고 지주도 아니고 국가도 아니고 그렇다고 관료도 아니다. 일체의 단서 조항이나 유보 조항 없이 모든 권력을 노동계급에게 돌리자는 외침이다. 노동자평의회가 유일한 권력이 되는 순간, 더 이상 인간이 노동력이란 상품으로 팔리는 "상품 생산"도, 지금까지 지배/피지배 관계를 정당화했던 "다양한 외양 속에서 실현되는 이데올로기"도, 억압체제를 무력으로 유지하는 "국가와 그것이 부여하는 분리들"도 소멸하고 만다. 바로 이것이

코뮌주의이자 바로 이것이 사회주의 아닌가.

평의회코뮌주의를 현실화하려면 노동계급의 자발성을 저주했던 레닌의 주문을 파괴해야만 한다. "노동계급의 자발성이 '노동조합적 의식'을 넘어설 수 없고 따라서 총체성을 파악할 수 없다"는 저주이자 프롤레타리아는 "미래 사회를 총체적으로 운영할 수 있는" 역량을 가지고 있지 않다는 저주다. 결국 사회와 역사의 총체성을 파악한 레닌 등의 엘리트들과 그들이 모여 만든 볼셰비키 정당이 프롤레타리아를 이끄는 모세가 되어야 한다는 이야기다. 저주의 주문을 반복해서 읊조렸던 레닌과 트로츠키마저 저주에 빠지고 말았으니, 러시아 노동계급은 말해 무엇 하겠는가? 저주의 주문은 레닌과 트로츠키 등 볼셰비키에게도 그리고 러시아 노동계급에게도 강력한 영향을 미쳤다. 한때 노동계급의 아들이었던 레닌과 트로츠키가 노동계급의 아버지가 되었고, 레닌과 트로츠키의 아버지였던 노동계급이 이제는 레닌과 트로츠키의 순종적인 아들이 되었으니까. 정당코뮌주의, 혹은 국가주의의 저주에 걸려 사경을 헤매는 코뮌주의나 사회주의를 소생시키고 싶은가? 저주를 무력화할 수 있는 퇴마 주문을 외워야 한다. "프샤 블라스찌 사볘땀Вся власть советам!", "투 레 푸브와 로 소비에트!", "올 파워 투 더 소비에츠All power to the soviets!", "모든 권력을 소비에트로!" 스스로 모든 것을 결정하는 삶, 주인으로서의 삶을 향유하려는 노동계급만이, 설령 그 결정이 잘못되어도 그것마저 감당하고 새로운 결정을 다시 시도할 수 있는 노동계급만이, 자기 이외에 어떤 지배자도 상전으로 모시지 않겠다는 노동계급만이, 지배계급이나 지배기구를 더 이상 용납하지 않으려는 노동계급만이 당당하게 외칠 수 있는 사자후다.

"모든 권력을 소비에트로!" 이것은 노동계급의 연대와 유대의 공식이다. 평의회를 통해 생산을, 투쟁을, 정치를, 문화를, 예술을 노동계급이 주도하겠다는 선언이기도 하다. 이 선언이 발화되고, 실천되려면, 노동계급은 다수에 대한 소수의 지배 전략을 돌파해야만 한다. 분리와 분업의 논리, 이데올로기적 공세, 그리고 스펙타클의 작용이 녹아내리지 않으면, 노동계급이 소비에트로 모여들 수 없기 때문이다. "모든 권력을 소비에트로!"라는 절규가 "만국의 노동자여, 단결하라!"라는 마르크스의 요구와 공명하는 것도 이런 이유에서다. 그래서 카야티도 말한다. "전체 세계가 걸려 있을 때에만 프롤레타리아는 혁명이란 게임을 할 수 있다"고. "전체 세계"다. 명문대 입학 여부도 아니고, 대기업 입사 여부도 아니고, 공무원 시험 합격 여부도 아니고, 내 집 마련 여부도 아니고, 내 자식 성공 여부도 아니다. 자기만의 호의호식, 자기만의 행복, 가족의 안녕도 아니다. 공동체 전체, 나아가 전체 세계가 문제가 되어야 한다. 바로 이 순간 프롤레타리아는 억압체제의 분리 전략을 무화시킬 수 있다. 이것이 혁명이 아니면 무엇이겠는가.

카야티는 1960년대 프랑스에서 당당한 노동자들의 함성을 다시 듣는다. 프랑스공산당이나 유력 노동조직들의 지도를 거부한 채 자발적으로 발생한 오토제스티옹 운동이다. '자신'이나 '스스로'를 의미하는 '오토auto'라는 어원과 '관리'나 '경영', 혹은 '운영'을 의미하는 '제스티옹gestion'이라는 어원이 보여주는 것처럼, 오토제스티옹은 노동자가 생산을 자율적으로 관리하겠다는 평의회코뮌주의 이념의 결정체, 노동자 자율관리 운동을 말한다. 그렇지만 이 소망스러운 운동도 언제든지 프랑스공산당이나 노동총연맹이 불러내는 레닌의 저주에 다시 걸릴지도 모른다. "프롤레타리아의 머리를 잘라"야 자신들이 "혁명의 머리"가 될 수 있다는 사실을 본능적 권력욕을 가진 프랑스공산당이나 노동총연맹 지도부가 놓칠 리 없다. 노동계급이 선출하고 소환할 수 없는 모든 노동계급 대표들! 노동계급 누구도 원하지 않았음에도 마치 신처럼 내려와 노동계급을 위한다며 그들의 대표를 자임하는 대표들! 그들은 노동계급을 철저하게 이용하고 배신해 대표로서의 기득권을 유지하려는 야심가들이기 때문이다. 그렇기에 카야티는 단호하게 경고했던 것이다. "프롤레타리아 권력의 유일한 형식, 즉 '일반화된 자율관리'는 다른 권력과 공유될 수 없다. 모든 권력의 실질적인 해체를 의미하기에, 일반화된 자율관리, 즉 오토제스티옹은 (지리학적이든 무엇이든) 어떤 제약도 참을 수 없다. 오토제스티옹이 받아들인 어떤 타협도 즉시 양보나 항복으로 변형되기 때문이다." 생산수단, 폭력수단, 정치수단, 행정수단 등등 모든 삶의 수단을 오토제스티옹으로 수렴해야 하는 것도 이런 이유에서다. 외부에 의해 통제되지 않는 국가나 관료, 혹은 대표를 방치하는 순간, 오토제스티옹 운동은 크론시타트소비에트와 스파르타쿠스동맹의 비극을 다시 반복할 테니 말이다.

여기서 주목해야 할 것이 하나 있다. 《대학생활의 빈곤에 관해》 중 결론에 해당하는 마지막 세 번째에서는 대학생이란 표현이, 대학생조합주의, 즉 학생회운동에 대해 신랄하게 비판하는 대목을 제외하고는 거의 등장하지 않는다는 사실이다. 이미 대학생은 예비 프롤레타리아라는 사실이 분명해졌기 때문이다. 이제 프롤레타리아라는 자각을 결여한 대학생과 학생운동은 기만적인 것일 수밖에 없다. 1907년에 설립되어 학생들의 복지와 권익을 대변했던 프랑스전국학생연맹을 보라. 자본과 노동을 중재하는 중개업으로 생명을 유지하기에 노동조합은 자본을 노동에 흡수하려는 혁명에 반대할 수밖에 없다. 마찬가지로 학생회운동으로 학생 대표들은 학생과 대학 당국 사이를 중재하며 동료 학생들과는 다른 특권을 누렸다. 카야티가 "대학생조합주의는 하나의 광대극의 패러디, 다시 말해 오래전 타락한 노동조합주의에 대한 조악하고 쓸데없는 반복에 지나지 않는다"고 말했던 것도 이런 이유에서다. 대학생이란 표현 대신 카야티는 인적 생산수단으로서 노동력만 갖춘 계급, 혹은 벌거벗은 노동력을 나타내는 프롤레타리아라는 개념만 사용한다. 예비 화이트칼라로서 대학생들은 이미 프롤레타리아에 지나지 않는다는, 혹은 예비 프롤레타리아에 지나지 않는다는 근본적인 통찰이 전제되어 있다. 하긴 〈대중에게 공개해 부끄러움을 더 부끄럽게 만들자〉에서 카야티는 말하지 않았던가? 대학생들의 "극단적 소외는 단지 전체 사회를 의문시해야만 의문시될 수 있다"고 말이다. 화이트칼라 공장으로서의 대학에서 대학생들은 자기 행위를 제대로 향유하지 못한다. 대부분의 시간을 자신이 원하는 것이 아니라 대학 당국이나 교육 당국이 원하는 것을 하느라 소비하기 때문이다. 대학생들에게 고가 상품이라는 스펙을 붙여주는 당사자가 바로 대학이나 교육 당국이니 말이다. 소외다. 졸업 이후 용케 화이트칼라가 되어서도 그들이 자기 행위를 향유하지 못하기는 마찬가지다. 자신을 고용한 국가나 자본이 원하는 행위를 하지 않으면 그들에게서 임금조차 받을 수 없기 때문이다. 이것도 소외다.

분명 직장생활과 달리 대학생활의 소외에는 무언가 묘한 데가 있다. 직장생활에서는 돈을 받는 대가로 소외를 감당하지만, 대학생활에서는 돈을 지불하면서 소외를 감당하기 때문이다. 카야티가 '극단적 소외'를 이야기하는 문맥은 바로 여기에 있다. 극단적 소외가 완성되는 지점은 그들이 다양한 모습으로 대학생활의 현실적 빈곤을 자기만족으로 대체할 때다. 교수들을 맹종하며 비판의식을 저버린 대학생들, 대학에 기생하면서도 보헤미안이라고 자처하는 대학생들, 최신 문화상품의 얼리 어답터임에도 앵무새가 아닌 척하는 대학생들, 이미 폐기된 진보 이념을 받아들였으면서도 자신이 진보적이라 믿는 대학생들, 그리고 세상이 무서워 신의 품으로 다시 돌아간 대학생들. 대학생활의 빈곤을 은폐하는 수많은 자기만족의 양상들은 이렇게 대학생활을 더 빈곤하게 만든다. 소외지만 더 극단적인 소외다. 자신의 진정한 욕망과 필요를 긍정하지 못하고 교수로부터, 대학으로부터, 문화적 스타들로부터, 낡은 정치 세력으로부터, 그리고 더 낡은 종교로부터 '가짜 필요와 욕망'을 찾아내려고 하기 때문이다. 그러니 부르주아체제가 "자기 권력을 영속화하기 위해 제조한 '가짜 필요와 욕망들'"에서 벗어나야 한다. 예비 화이트칼라로서 대학생이 된다는 것은 나 자신이 아니라 대학 자본의 필요와 욕망을 충족시키는 일이고, 졸업 이후 화이트칼라가 된다는 것도 나 자신이 아니라 국가나 자본의 필요와 욕망을 충족시키는 일이니까. 아니 정확히 말해 대학에 입학해야만 한다는 필요나 욕망 자체가 가짜 필요나 가짜 욕망이라고 해야 한다. 놀랍게도 "가짜 필요와 욕망들"을 극복하는 순간, 가짜가 주는 공허함을 은폐하려는 자기만족도 더 이상 발생할 수 없다. 바로 이것이 카야티가 "진짜 욕망의 유효한 실현은 체제가 자기 권력을 영속화하기 위해 제조한 '가짜 필요와 욕망들'을 폐기"해야만 가능하다고 역설했던 이유다. 부르주아체제가 만든 '가짜 필요와 욕망들'을 폐기하려면, 대학생들은 대학을 자퇴하고 젊은이들은 대학 입학을 거부해야만 하는가? 그렇기도 하고 그렇지 않기도 하다. 사실 상황이 그렇게 녹록지 않기 때문이다. 대학 바깥도 여전히 '가짜 필요와 욕망들'로 넘실대고 있으니 말이다. 그야말로 진퇴양난의 형국인 셈이다.

사치품을 필수품으로 만드는 과정을 통해 자본주의체제는 자기 수명을 연장한다. 필수품이 되어버린 사치품, 바로 이것이 가짜 필요와 욕망들의 실체라고 할 수 있다. 결국 '가짜 필요와 욕망들'의 폐기는 부르주아체제에 맞서 역으로 필수품을 사치품으로 만드는 과정일 수밖에 없다. 지금까지 자신이 필수품이라고 생각해 욕망했던 것을 점진적으로 자기 삶에 반드시 필요하지 않은 사치품으로 만들어야 한다. 명문대학, 고급 자동차, 고가 아파트, 명품 가방에 대한 가짜 필요와 가짜 욕망이 사라지면, 그만큼 부르주아체제는 그 힘을 잃어갈 테니 말이다. 반면 가짜 필요와 가짜 욕망을 받아들이는 순간, 모든 사람은 부르주아체제로부터 지배되고 착취된다. 가짜 필요와 가짜 욕망을 따르면, 사치품에 지나지 않는 상품도 필수품이라고 오인되어 쉽게 구매된다. 가짜 필요와 가짜 욕망은 상상적인 것인 만큼 무한히 커질 수 있다. 대량생산된 상품들이 대량소비되려면 가짜 필요나 가짜 욕망을 불러일으켜야 하는 것도 이런 이유에서다. 노동계급이 가짜 필요나 욕망을 진짜 필요나 욕망으로 오인하는 순간, 자본계급은 자신이 원하던 잉여가치를 얻는다. '가짜 필요 vs. 진짜 필요', 혹은 '가짜 욕망 vs. 진짜 욕망'이란 대립을 강조하는 순간, 프롤레타리아의 범주는 임금노동자를 넘어서는 범주로 확장된다. 필요와 욕망이란 개념은 생산의 차원이 아니라 소비의 차원과 관련되기 때문이다. 임금노동자는 상품 소비자이지만, 모든 상품 소비자가 임금노동자는 아니다. 그렇지만 모든 상품 소비자는 어느 경로로든 획득한 임금을 소비하면서 다시 벌거벗은 노동력의 존재로 추락하고 만다.

아버지만 경제활동을 하는 4인 가족을 생각해보라. 아버지의 월급은 아버지뿐만 아니라 나머지 가족들도 모두 사용한다. 그러니까 임금노동자는 아버지뿐이지만, 상품 소비자는 아버지를 포함한 전체 4인 가족이다. 어느 순간 아버지의 임금이 가족 전체의 소비로 탕진되는 때가 온다. 이 경우 아버지를 포함한 가족 전체는 돈을 벌지 않으면 생계를 유지할 수 없는 신세에 직면하게 된다. 벌거벗은 노동력이 일차적 문제이고 임금은 이차적 문제에 지나지 않는다. 그래서 임금노동자만을 프롤레타리아라고 해서는 안 된다. 상품 소비자 전체를 프롤레타리아라고 해야 한다. 그렇다면 프롤레타리아 개념을 임금노동자에만 국한시켜서는 안 된다. 상품을 소비하면서 벌거벗은 노동력 상태를 반복하는 전업주부, 대학생, 취업 준비생, 실업자 등도 모두 프롤레타리아니까 말이다. 어쩌면 임금노동에 종사하는 누군가에 의지해 상품을 소비하는 이들이야말로 진정한 의미에서 프롤레타리아인지도 모른다. 사전적 의미로 프롤레타리아는 물적 생산수단은 없고 인적 생산수단만 가진 사람을 의미하니까. 《대학생활의 빈곤에 관해》의 마지막 부분에 이르러 대학생 대신 프롤레타리아란 개념만 사용되는 것도 이런 이유에서다. 이미 카야티의 프롤레타리아 개념은 정규직 노동자, 비정규직 노동자, 아르바이트, 전업주부, 대학생, 취업 준비생, 취업 포기생, 혹은 실업자 등 어떤 경로에서든 상품을 소비하는 모든 인간을 가리키기 때문이다.

상품 소비자, 혹은 줄여서 소비자로 이해되는 프롤레타리아! 바로 이 대목이 《대학생활의 빈곤에 관해》라는 팸플릿이 소비 차원보다 생산 차원을 훨씬 더 강조했던 마르크스를 넘어서는 대목이다. 잊지 말아야 할 것은 가짜와 진짜의 논리에 따라 프롤레타리아가 두 종류로 나뉜다는 사실이다. 첫째는 가짜 필요와 가짜 욕망에 지배되는 프롤레타리아다. '노동-소비-노동-소비……'로 무한히 반복되는 회로에 갇혀 살아가는 프롤레타리아다. 착취당하는 줄도 모른 채 이들은 상품 소비를 통해 자신의 땀과 피로 자본계급을 부양한다. 반면 진짜 필요와 진짜 욕망을 회복해 그에 따라 삶을 향유하려는 두 번째 종류의 프롤레타리아도 가능하다. 마르크스가 《철학의 빈곤》에서 말한 '대자적 계급classe pour elle-même'이란 바로 이 두 번째 종류의 프롤레타리아를 가리킨다. 글자 그대로 대자적對自的 계급은 '자신自'에 '직면할 수 있는對' 계급을 말한다. 자신의 삶을 직시하거나 반성하지 못한다면, 부르주아체제의 광고 폭탄과 최신 유행의 논리에 따라 이식된 수많은 가짜 필요와 가짜 욕망을, 그리고 현란한 가짜들 속에서 냇가의 조약돌처럼 빛나는 진짜 필요와 진짜 욕망을 식별할 수도 없다. 반성과 성찰이 깊어짐에 따라 두 번째 종류의 프롤레타리아는 지금까지 필수품들이라고 구매했던 것이 사실 자신의 진짜 필요와 욕망과는 무관한 사치품에 지니지 않는다는 걸 알게 된다. 그는 더 이상 스마트폰이나 컴퓨터, 혹은 대형 TV가 내뿜는 최신 상품의 스펙타클에 시선을 빼앗기지 않는다. 이에 따라 그의 눈은 점점 맑아지고 그의 얼굴은 점점 복숭아빛을 되찾고 그의 수면은 점점 깊어지고 그의 삶은 점점 충만해진다. 이것은 그가 자신의 필요와 자신의 욕망을 되찾아가고 있다는 걸 말해준다.

카야티는 "상품의 스펙타클에 대한 억압과 실질적인 대체"를 강조했다. 우리를 지배하는 가짜 필요와 가짜 욕망을 억누르고 그것을 진짜 필요와 진짜 욕망으로 바꾸어야만 한다는 이야기다. 모든 대중매체들, 예를 들어 스마트폰을 최소 한두 주 정도 인위적으로 차단해보라. 가짜 필요와 가짜 욕망을 낳는 상품의 스펙타클뿐만 아니라 노동보다는 자본이 우월하다는 자본의 이데올로기에 대한 인위적 단절인 셈이다. 하루나 이틀 정도는 심한 금단증상이 생길 것이다. 무언가 세상에서 고립되었다는 느낌, 습관적으로 잡고 있던 스마트폰이 사라진 손은 공허하다는 느낌마저 든다. 금단증상을 참다보면 주변 환경이나 사람들의 모습이 점차 보이기 시작한다. 스마트폰을 보느라 보지 못했던 것들이 점점 보이기 시작하고, 느껴지기 시작한다. 스마트폰 액정화면에 펼쳐지는 세계가 가공할 속도를 자랑했다면, 실제로 살아내는 삶의 세계는 한가하고 여유롭기만 하다. 부르주아체제의 스펙타클과 이데올로기를 차단하자, 가짜 필요와 가짜 욕망은 들끓지 않게 되고 자신만의 진짜 필요와 진짜 욕망이 조금씩 싹을 틔우기 시작한다. 그렇다고 반드시 가짜 필요와 가짜 욕망을 억압해야만 진짜 필요와 진짜 욕망이 등장한다고 말해서는 안 된다. 진짜 필요와 진짜 욕망을 키워내야 가짜 필요와 가짜 욕망이 실질적으로 사라질 수 있으니 말이다. '진짜 욕망의 유효한 실현은 가짜 필요와 욕망들을 폐기해야만 가능하다'는 카야티의 주장은 옳지만, 진짜 욕망이 실현되어야 가짜 욕망들도 폐기될 수 있다는 주장도 충분히 가능하다. 진짜 필요와 진짜 욕망을 회복해 실현하려는 노력과 가짜 필요와 가짜 욕망을 폐기하려는 노력이 동시에 이뤄져야 우리를 자유롭게 만들 수 있다는 것을 잊지 말자.

수어지교水魚之交라는 말이 있다! 어떤 생명체가 있다고 해보자. 다른 동물들의 조언에 따라, 혹은 다른 동물들이 살아가는 모습을 보고, 그는 다양한 곳에서 살아보았다. 건조한 땅에서도, 어떤 때는 사막에서도, 어떤 때는 숲에서도, 그리고 어떤 때는 습지에서도 살아보았다. 어느 날 우연찮은 사건으로 그 생명체는 물에 떨어지게 된다. 너무나 자유롭고 너무나 편안했고 너무나 행복했다. 바로 이 순간 그는 자신이 물고기라는 걸 알게 된다. 자신이 물고기라는 걸 알게 된 그를 유혹할 수 있는 동물들이 과연 있을까? 이제 더 이상 그에게 가짜 필요와 가짜 욕망을 불러일으킬 수는 없다. 진짜 필요나 진짜 욕망에 대한 자각이 강력한 이유가 바로 이것이다. 일체의 유혹에 흔들리지 않는다. 동아시아 전통에서 강조하는 부동심^{不動}^心이나 서양 전통의 아타락시아^{ataraxia}라는 개념은 바로 이 상태를 가리키는 용어가 아니었던가. 철학에서 항상 논의되는 '본질'의 문제도 여기서 해결의 실마리를 얻는다. 물고기는 자기 본질을 안다. 물이 진짜로 필요하고 물을 진짜로 욕망하는 존재가 바로 자기 본질이라는 사실을. 물고기의 본질은 물이 필요하고 물을 욕망하고 물을 지키려는 데서 확인된다. 간혹 '나는 누구인가?'라는 문제로 고뇌하는 사람들이 많다. 지혜로운 사람이나 책을 찾아 해답의 실마리를 얻으려는 사람도 있고, 아니면 아예 노골적으로 참선을 통해 자신과 직면하려고 하는 사람도 있다. 그렇지만 자기 본질을 알려면 내면에 대한 침잠이 아니라 외부로 나아가야 한다. 나의 본질은 '나에게 진짜 필요하고, 내가 진짜로 욕망하는 것을 욕망하는 존재다!'라는 자각으로 확인되기 때문이다. 자신이 누구인지, 혹은 자신의 정체성을 고민하는 사람은 자신의 진짜 필요와 진짜 욕망을 발견하지 못한 사람, 체제나 혹은 타인들이 불어넣은 가짜 필요와 가짜 욕망에 흔들리는 사람일 뿐이다.

카야티는 "프롤레타리아는 '예술과 철학'을 실현하지 않고서는 자신을 폐기할 수 없다"고 이야기한다. 예술은 인간이 외부에 무언가 아름답고 새로운 것을 만드는 기술이고, 철학은 인간이 자신을 반성해 자신의 본질을 통찰하는 기술이다. 결국 카야티가 말한 예술은 자신의 진짜 필요와 진짜 욕망에 의해 세계를 바꾸는 기술을, 그리고 그가 말한 철학은 자신의 진짜 필요와 진짜 욕망을 회복해 자기 본질에 따라 삶을 영위하는 기술을 말한다. 그렇지만 예술과 철학은 별도의 기술이 아니다. 가짜 필요와 가짜 욕망이 아니라 진짜 필요와 진짜 욕망에 따라 삶을 영위하는 것이 철학이라면, 진짜 필요와 진짜 욕망에 맞게 세계를 재편하는 것이 바로 예술이니까 말이다. "프롤레타리아에게 '세계를 변형시키는 것과 자신의 삶을 바꾸는 것'은 동일한 것"이라고 카야티가 강조했던 것도 이런 이유에서다. 가짜 필요와 가짜 욕망에 지배되는 사람의 방에 들어가 보라. 상품들의 스펙타클이 그대로 옮겨져 있을 것이다. 유행하는 고가의 초대형 TV, 명품 침구, 최신형 VR 기기 등. 그것보다 중요한 것은 그 방을 장식하고 있는 책들이다. 자신의 지적 능력을 스펙타클로 치장하려는 의도겠지만, 후쿠야마^{Francis Fukuyama}(1952~)의 《역사의 종언^{The End of History and the Last Man}》과 벤야민의 《아케이드 프로젝트》가 어떻게 함께 있을 수 있다는 말인가? 반면 자기 본질을 회복한 사람의 방은 사뭇 다르다. 냇가에서 우연히 발견한 조약돌, 최근 산책길에서 가져온 정갈한 나무토막이 있을 것이다. 아니면 소박한 책상에 친구가 만든 작은 옹기들이 있을 수도 있다. 책꽂이에는 스피노자의 《윤리학》과 마르크스의 《자본론》이 있을 수도 있다. 중요한 것은 가짜 필요와 가짜 욕망에 휘둘리는 사람의 방이 남들이 보았을 때 근사하도록 꾸며졌지만 자세히 보면 어떤 일관성도 찾을 수 없다면, 진짜 필요와 진짜 욕망을 회복한 사람의 방은 남의 시선과는 무관하게 그 자신이 진짜로 좋아하는 것들로 채워지고 동시에 그것들 사이에는 강한 연관성도 드러난다는 사실이다.

자신의 진짜 필요와 진짜 욕망이 자신의 본질이다. 자기 본질을 회복한 사람은, 물고기가 물을 떠나지 않는 것처럼, 혹은 물고기가 물을 갈망하는 것처럼, 그에 부합하는 세계를 조성하려고 한다. 반대로 물고기가 자신을 물에서 떼어놓으려는 온갖 외압에 목숨을 걸고 저항하는 것처럼, 자기 본질을 회복한 사람은 자신을 세계에서 떼어놓으려는 억압과 착취에 맞서 싸우려 할 것이다. 그래서 카야티는 진짜 필요와 진짜 욕망에 따라 '세계를 변형시키고 자신의 삶을 바꾸는 것'이 프롤레타리아가 "계급으로서 자기를 폐기하려면, 필요가 지배하는 현재 사회를 해체하려면, 그리고 최종적으로 자유가 지배하는 사회로 이행하려면, 떼어놓을 수 없는 행동 지침"이라고 이야기한다. 더 이상 지배계급의 필요와 욕망에 따라 살아가지 않으니, 정확히 말해 살아가지 않으려고 하고 그렇게 살 수도 없으니 프롤레타리아는 더 이상 피지배계급일 수 없다. 물론 지배계급은 무슨 수를 써서라도 프롤레타리아를 피지배계급으로 묶어두려고 할 것이다. 그렇지만 이미 물을 알아버린 물고기가 어떻게 물을 떠날 수 있다는 말인가? 물적 생산수단을 독점해 노동을 필요로 강요했던 억압체제는 프롤레타리아의 저항에 흔들리고, 마침내 사회는 구성원들의 진짜 필요와 진짜 욕망을 긍정하는 '자유가 지배하는 사회'로 이행될 수 있다. 여기서 한 가지 잊지 말아야 할 것이 있다. 물고기가 물이 자신의 진정한 욕망 대상이라는 걸 알았다고 하더라도, 그가 너구리에게 물에서 살라고 강요하지 않는다는 사실이다. 자기 본질을 회복한 사람은 누구나 타인의 필요와 욕망을 긍정한다. 다행히도 어떤 사람이 자신과 모순되지 않는 필요와 욕망의 대상을 가지고 있다면, 그는 그와 함께하려고 할 것이다. 바로 이것이 '수어지교'와 함께 '유유상종類類相從'이란 고사성어가 중요한 이유다. 타르코프스키^{Andrei Tarkovsky}(1932~1986) 영화를 좋아하는 사람이 있다면, 어떻게 그가 타르코프스키를 좋아하는 타인을 멀리할 수 있다는 말인가? 물론 두 사람이 느끼는 타르코프스키는 미미하게 다를 수밖에 없지만, 바로 그것이 타르코프스키에 대한 두 사람의 애정을 깊게 만들고 동시에 두 사람의 유대도 돈독하게 만든다.

자기 본질을 회복한 인간, 더 이상 즉자적 프롤레타리아가 아니라 프롤레타리아라는 계급 자체를 소멸시키려는 대자적 프롤레타리아인 사람의 방에는 자본주의체제의 이데올로그 후쿠야마의 책 대신에 벤야민의 책 옆에 랑시에르의 책이 놓인다. 그리고 인간의 자유와 평등을 노래하는 사람들을 만난다. 바로 이것이 "소외된 현실이 강요했던 행동의 모든 가치와 패턴에 대한 근본적 비판과 자유로운 재구성"이자, "삶의 모든 계기와 사건을 구성하는 자유로운 창조성"의 정체다. '수어지교'와 '유유상종'이 함께 작동하니, 이것이 "모든 이에 의해 만들어지는 시"나 "혁명적 축제"가 아니면 무엇이겠는가? 여기서 시는 단순한 문학 장르를 넘어서 고대 그리스 철학의 포이에시스^{poiesis, ποίησις}, 즉 과거에 존재하지 않았던 것을 만드는 제작의 의미도 포함된다. 물고기와는 다른 인간의 특이성이 부각되는 대목이다. 물고기는 물을 찾지만, 인간은 물이 없다면 물을 제작할 수 있으니까 말이다. 어쨌든 '수단≠목적'의 세계는 혁명적 축제를 통해 '수단=목적'의 세계로 바뀌게 된다. 어린아이가 영위하는 향유의 세계가 드디어 현실이 된 셈이다. 고된 노동을 통해 임금을 받는 날만 기다리는 삶, 상품을 소비하는 짧은 순간이 지난 뒤 황망하게 한 달의 노동시간을 기다리는 절망적인 삶, 남들이 부러워할 만한 상품들로 방을 치장하지만 홀로 있을 때는 그 모든 스펙타클이 물고기의 물이 아니라 물고기의 사막처럼 느껴지는 삶은 사라진다. 자신에게 진짜 필요하고 자신이 진짜로 욕망하는 것과 함께하는 삶, 자신이 좋아하는 것을 진정으로 좋아하는 사람과 함께하는 삶을 어떻게 거부할 수 있다는 말인가? 그 어느 누가 축제와 유희의 세계, 죽은 시간이 아니라 생생하게 살아 있는 시간을 거부할 수 있다는 말인가? 그래서 이 책을 마무리하면서 카야티는 마지막으로 강조했던 것이다. "유희는 이 축제의 유일한 원리이고, 프롤레타리아가 인정하는 유일한 규칙은 죽은 시간 없이 살아가는 것, 그리고 어떤 제약도 없이 향유하는 것"이라고.

《대학생활의 빈곤에 관해》는 1960년대 학생운동의 정점을 상징한다. 그렇지만 이 팸플릿은 당시 학생운동을 넘어서 억압체제를 붕괴시키겠다는 억압받는 자들의 전통에 서고자 한다. 동시에 이 문건을 통해 기 드보르와 카야티는 1871년 이후의 마르크스와 20세기 초의 로자 룩셈부르크 이후 넘겨져 먼지를 덮어쓰고 있던 평의회코뮌주의의 깃발을 다시 흔든다. 땅이 지주가 아니라 농민에게 가야 하듯, 생산수단은 자본가도 국가도 아닌 노동자에게 가야 한다. 냉전시대를 이끌었던 시장자본주의체제나 국가독점자본주의체제가 좋아할 리 없는 주장이다. 그래서 두 억압체제는 잡초처럼 다시 살아난 평의회코뮌주의를 은폐하고 축소하려고 했다. 1960년대를 젊은이들의 '이유 없는 반항'의 시대로 규정하면서 말이다. 바로 이런 이데올로기 공세에 맞서려고 기 드보르는 《스펙타클의 사회》를 완성했던 것이다. '예비 프롤레타리아'로서 대학생을 넘어 가능한 모든 프롤레타리아를 주어로 하는 평의회코뮌주의 저작은 이렇게 탄생한다. 이로써 우리에게는 자본주의, 국가주의, 정당주의, 엘리트주의뿐만 아니라 사이비 사회주의, 사이비 코뮌주의, 사이비 진보사상을 두려움에 떨게 하는 강력한 무기가 주어진 셈이다.

정치철학
2장

———

스펙타클의 정치경제학적 계보학

1. 분리, 지배 논리의 알파와 오메가

분리^{séparation}는 스펙타클의 알파와 오메가다. 계급 분할의 형식으로 노동의 사회적 분할이 제도화되면서, 최초의 성스러운 관조$^{contemplation\ sacrée}$가 탄생했다. 권력은 이런 신비한 질서로 자신의 기원을 치장했다. 성스러운 것은 주인들의 이익에 부합하는 우주질서와 존재질서를 정당화했으며, '사회가 할 수 없는$^{la\ société\ ne\ pouvait\ pas\ faire}$' 것을 설명했고 윤색했다. 이런 의미에서 모든 분리된 권력은 항상 스펙타클적이었다. 그럼에도 불구하고 대부분의 사람들이 그와 같은 확고부동한 이미지에 집착했던 것은, 여전히 모든 사람이 동일한 삶의 조건으로 경험하고 있었던 '실재 사회적 활동의 빈곤함$^{la\ pauvreté}$ $^{de\ l'activité\ sociale\ réelle}$'에 대한 상상적 보상이 있어야 한다는 것이 그들의 공유된 믿음이었기 때문이다. 대조적으로 현대의 스펙타클은 '사회가 할 수 있는$^{la\ société\ peut\ faire}$' 것을 표현하고 있지만, 이와 같은 표현 속에 '허용된 것$^{le\ permis}$'은 '가능한 것$^{le\ possible}$'과는 절대적으로 모순된다.

−《스펙타클의 사회》 25

'연대'가 아니라 '분리'다. 보통 지배계층에 대해 '한 줌도 안 되는 것'이라는 표현을 쓴다. 그만큼 소수라는 것이다. 그럼에도 지배와 억압이 유지되는 것은 이 소수가 다수를 깨알처럼 분리시키기 때문에 가능한 법이다. 그렇지만 어떻게 인간이 같은 인간에 의한 억압과 지배를 감내할 수 있겠는가? 그러니 암울한 시대에도 피지배층의 저항은 끊이지 않았던 것이다. 20세기 후반 억압사회에 대한 저항은 주로 대학생들이 주도했다. 20세기 초반 세계를 뜨겁게 달군 노동계급의 혁명 열기에 놀란 지배계급은 세련된 분업체계와 경쟁 논리로 노동운동을 효과적으로 통제했던 탓이다. 우리의 경우만 하더라도 1960년 4월 학생운동 이후 대학생은 억압체제에 도전할 수 있는 거의 유일한 세력으로 자리를 잡게 된다. 실제로 1980년대 전두환全斗煥(1931~)의 신군부 세력을 괴멸 직전까지 몰고 간 것도 역시 대학생들이었다. 마침내 체육관 선거로 영구 집권을 노리던 신군부 세력은 학생운동의 도전에 맞서 타협책을 제시한다. 1987년 6월 29일 독재자 전두환의 허락 아래 노태우盧泰愚(1932~)가 발표한 '6·29선언'이 바로 그것이다. 지금 생각하면 너무나 당연한 대통령 직선제를 울며 겨자 먹기 식으로 신군부 세력은 수용하게 된 것이다. 이렇게 1961년 5월 16일 박정희朴正熙(1917~1979)의 군사쿠데타에서 시작된 참담한 군부독재가 종언을 고한다.

1987년 노태우가 국민 직접선거로 대통령에 당선된 이후, 체제의 가장 큰 관심사는 무엇이었을까? 그것은 바로 학생운동의 고사, 혹은 괴멸이었다. 방법은 간단하다. 과거 노동운동을 통제할 때 사용했던 분업체계와 경쟁 논리를 그대로 대학에 적용한 것이다. 먼저 다양한 학과 형식으로 분업체계가 이미 갖추어져 있으니, 이 안에 학생들을 가두어놓는 묘책이 필요했다. 그래야만 교내 집회가

5부. 스펙타클, 주체를 구경꾼으로 만드는 마법

주로 열리는 중앙도서관 앞 광장에 학생들이 모이는 걸 애초에 봉쇄할 수 있을 테니 말이다. 체제의 전략은 단순했지만 그만큼 강력했다. 학점 이수에서 출석 시간이 많은 비중을 차지하도록 만들면 그만이었으니까. 학점에 대한 경쟁 심리를 부추기고 해묵은 이기심을 자극한 것이다. 대학생은 개인마다 수업하는 시간과 공강 시간이 다른 법이다. 그러니 출석과 학점에 신경을 지나치게 쓰게 되면, 중앙도서관 앞 광장에서 열린 집회에 학생들이 참여하는 것이 점점 더 힘들어진다. 이런 식으로 대의를 위해, 유대와 연대를 위해, 혹은 공동체를 위해 과감히 수업의 권리를 포기하는 학생들은 점차 사라지게 된 것이다. 한때 사회 변화를 낳는 거대한 강물을 이루었던 대학생들은 이제 서로 '분리'되고 '고립'되었으니, 체제로서는 더 이상 학생운동을 두려워하지 않게 되었다.

'분리'는 두 가지가 있다. 하나는 근본적 분리이고, 다른 하나는 파생적 분리다. 근본적 분리가 위계적이고 수직적인 분업이라면, 파생적 분리는 비위계적이고 수평적인 분업이다. 근본적 분리는 지배층과 피지배층, 혹은 정신노동자와 육체노동자 사이의 위계적 분리다. 이런 분리를 근본적이라고 부르는 이유는 이 분리가 피지배층들에게 파생적 분리를 강요하는 힘을 가지고 있기 때문이다. 파생적 분리는 표면적으로 전혀 위계성이 없어 보이는 분업체계로 실현된다. 예를 들어 학생운동을 고사시키려는 교육 당국이나 학교 당국의 정책을 다시 생각해보자. 교육 당국과 대학생들 사이에는 근본적 분리가 존재하고, 이어서 체제는 정해진 학과 수업에 학생들을 밀어넣어 그들 사이의 연대 가능성을 막는 파생적 분리를 강요한다. 이렇게 근본적 분리와 파생적 분리는 사실 아주 밀접히 관련되어 있다. 근본적 분리에 저항할 수 있는 다수의 연대를 미연에 무력화시키는 분리가 바로 파생적 분리이기 때문이다. 이것은 반대로 파생적 분리가 없다면 근본적 분리라는 지배구조가 유지될 수 없다는 걸 말해주기도 한다. 자본주의시대로 진입하면서 생긴 변화라고 할 수 있다. 실제로 자본주의경제 이전, 즉 농업경제가 지배했던 억압체제에서는 파생적 분리가 그다지 필요하지 않았다. 지주와 농민 사이의 분리만 중요했지, 농민들 사이의 분리는 부차적이었다는 이야기다. 근본적 분리만으로 충분히 피지배층들의 저항을 봉쇄할 수 있었기 때문이다. 물론 그러기 위해서 초기 억압체제는 지배층과 피지배층을 가르는 분리장벽을 정당화하는 "신비한 질서"를 만들어내야 했다. 기원전후에 발달한 형이상학과 종교가 바로 그런 역할을 담당했다.

예를 들어 플라톤Plato(BC 428?~BC 348?)의 《티마이오스Timaios》를 보면 전체 사회를 사람의 몸에 비유하며 분리장벽을 정당화하는 대목이 등장한다. 그러니까 머리는 '이성'의 작용과 '최고 통치자'의 통치로, 배꼽 위 상반신에 있는 심장은 '정신'의 작용과 '무사계급'의 용기로, 마지막으로 배꼽 아래 영역은 '충동'의 작용과 '육체노동계급'으로 비유할 수 있다는 것이다. 흥미로운 것은 이런 식의 발상이 사실 동시대 인도나 중국에서도 그대로 관찰된다는 사실이다. 물론 차이는 있다. 인도의 경우는 플라톤의 세 가지 위계질서가 카스트제도로 정당화되는 네 가지 위계질서로 변주된다. 사제나 학자 계급인 브라만Brahmin, 전사와 귀족 계급인 크샤트리아Kashatriya, 농민이나 상인 계급인 바이샤Vaishya, 그리고 육체노동계급인 수드라Shudra가 그것이다. 중국의 경우에는 세 가지 위계질서가 정신노동자와 육체노동자로 깔끔하게 양분되는데,《춘추좌씨전春秋左氏傳》〈양공襄公·9년〉에 등장하는 정신노동에 종사하는 군자君子와 육체노동에 종사하는 소인小人의 구분이 바로 그것이다. 참고로 어느 경우든 노예는 아예 인간으로 취급되지 않아 이런 위계적 신분질서에도 편입되지 않는다는 사실을 잊어서는 안 된다.

성스러운 것을 동원하는 형이상학적이고 종교적인 이데올로기만으로 근본적 분리장벽을 지킬 수 있는 것이 아니다. 반드시 지배 이데올로기를 피지배층들에게 내면화하는 제도적 훈육, 혹은 강력한 징벌 절차가 수반되어야만 한다. 그래서 기 드보르는 말했던 것이다. "성스러운 것은 주인들의 이익에 부합하는 우주질서와 존재질서를 정당화했으며, '사회가 할 수 없는' 것을 설명했고 윤색했다"고 말이다. 《순자荀子》〈예론禮論〉을 보아도 신분질서에 따라 상례를 치르는 시기, 사용하는 관의 종류와 두께, 그리고 제사를 모시는 방법마저도 차별적으로 정해졌다. 당연히 노동계급이 천자天子의 삼년상을 치러서는 안 된다. 굳이 이런 구체적인 제도를 생각하지 않아도 된다. 플라톤의 비유를 빌리자면 심장은 머리가 하는 일이나 생식기가 하는 일을 할 수 없고, 생식기는 심장이 하는 일이나 머리가 하는 일을 할 수 없다. 머리, 심장, 생식기는 자기에게 주어진 역할만 수행해야 한다. 마찬가지로 통치계급, 무사계급, 그리고 노동계급도 자기 역할만 수행하고 다른 계급이 하는 일을 하려고 해서는 안 된다. 머리, 심장, 생식기로 구성된 인간의 몸은 우리가 어찌할 수 없이 우주적 질서, 혹은 성스러운 질서로 주어진 것이다. 여기서 사회의 계급들도 성스러운 질서로 만들어졌다는 종교적인 윤색은 한 걸음이면 족하다.

기 드보르가 "성스러운 것은 '사회가 할 수 없는' 것을 정당화하고 윤색했다"고 말했던 것도 이런 이유에서다. 전자본주의시대 스펙타클은 하위계급들이 근본적 분리를 유지하는 일종의 분리장벽을 넘지 못하게 금지했기 때문이다. 통치계급이 노동계급의 일에 그리고 노동계급이 통치계급의 일에 관여하지 않는다면, 이것은 통치계급이 영원히 노동계급의 노동을 착취한다는 의미다. 그런데 놀라운 것은 다수의 피지배 노동계급이 이런 성스런 스펙타클을 별다른 저항 없이 수용했다는 사실이다. 당시 노동계급은 성스런 스펙타클을 맹신할 정도로 우매했던 것일까? 그랬을 수도 있다. 아니면 지배계급이 독점하던 폭력수단이 두려워 숨을 죽이고 있었던 것일까? 이것도 가능한 추정이다. 그렇지만 당시의 경제적 토대가 농업경제라는 사실과 또 한 가지 요소도 반드시 고려해야만 할 것 같다. 농업은 성격상 자연과의 싸움일 수밖에 없다. 예상치 못한 기후 변화, 혹은 해충들의 공격으로 한 해 농사를 그냥 망칠 수도 있는 것이 바로 농업이다. 바로 여기에 성스러운 질서로부터 은총을 기대하는 종교적 심성이 싹트게 된다. 예를 들어 인간의 활동으로 극복할 수 없는 엄청난 가뭄의 공포에 맞서기 위해 지배계급과 피지배계급이 모두 참여했던 기우제를 생각해보라. 물론 기우제와 비 사이에는 필연적인 연관관계는 없다. 그렇지만 기우제는 자연 앞에 나약했던 당시 인간의 내면에 비가 오리라는 강한 희망을 심어 절망을 극복하는 데 도움이 된다. 그러니 기우제는 기 드보르가 말했던 것처럼 "실재 사회적 활동의 빈곤함에 대한 상상적 보상"으로 행해졌던 셈이다.

자본주의가 농업경제를 대신하면서, 근본적 분리만으로 억압체제 유지는 거의 불가능해진다. 자본주의체제는 체제 유지를 위해 노동계급에게 순간적이나마 주인의 역량을 허락해야 하기 때문이다. 노동계급이 자신들이 만든 상품을 구매해야만, 다시 말해 자본계급이 노동계급에게 주었던 임금을 상품 판매로 회수해야만, 자본주의는 생명을 연장할 수 있다. 그렇기에 자본계급은 위험한 도박을 할 수밖에 없다. 자본계급은 교환수단인 돈을 독점해서 대부분의 사람들을 노동계급으로 만든 다음 그들을 고용해 자신이 원하는 걸 만들도록 한다. 그러나 그 대가는 치명적인 데가 있다. 노동계급에게 제공한 임금, 바로 그것이 문제가 된다. 자본주의의 제1공리를 떠올려보라. 돈을 가진 사람이 상품을 가진 사람보다 우월하다는 공리 말이다. 돈을 모은 노동계급은 이제 더 이상 자본계급에게 복종하지 않을 수 있다. 심지어 그들은 자본계급으로 신분 상승을 꿈꿀 수도 있다. 자본계급에게 골치 아픈 숙제가 생긴 것이다. 돈을 가진 노동계급을 자본계급에게 계속 종속시키는 방법은 무엇일까? 다시 말해 노동자의 수중에 있는 돈을 회수해, 다시 그를 벌거벗은 노동력으로 만드는 방법은 무엇일까? 바로 이런 물음에 대한 답으로 제기된 것이 파생적 분리다. 바로 수평적 분업체계다.

파생적 분리를 이해하려면 먼저 농업경제가 지배하던 시절 평범한 사람의 삶을 생각해보는 것이 필요하다. 놀라운 것은 생산과 관련해 그는 거의 모든 일에 능숙했다는 점이다. 자연의 미세한 변화로 일기를 예측하기, 자신이 기르는 밀이나 쌀 등 작물의 생리에 능통하기, 들판과 숲에서 자라는 식물들 중 먹을 수 있는 것과 그렇지 않은 것을 정확히 구분하기, 소나 말, 심지어 가족 중 누가 아프면 치료하기, 단백질원으로 사냥했던 토끼나 사슴, 나아가 물고기의 행태에 정통하기, 농기구나 사냥도구 등을 만들고 수선하기, 가족들이 머물 집을 아주 튼튼하게 만들기, 동물 가죽 등 자연재료로 근사한 옷을 만들기, 마을 축제 때는 전통악기를 연주하며 노래하기, 밤에는 동료나 아이들을 모아놓고 환상적인 이야기를 들려주기 등등. 결국 당시 국가나 지주가 지대나 부역을 심하게 강요한다면,

그는 가족들을 이끌고 다른 먼 곳으로 떠나 새로운 삶을 일굴 힘이 충분히 있었던 것이다. 그렇지만 현대사회의 노동자들을 보라. 그들은 국가나 자본가의 착취가 심해져도 직장을 두고 떠날 수가 없다. 직장을 떠나서는 할 수 있는 것이 별로 없기 때문이다. 자본주의체제로 이행하면서 이미 인간의 전인적 활동은 머나먼 전설이 되었고, 이제 그 자리에는 파편화된 분업적 활동이 들어선 것이다. 마침내 파생적 분리가 정착되었던 것이다.

자본주의 분업체제가 규정한 하나의 전문 분야에만 익숙하도록 만드는 것이 파생적 분리의 핵심이다. 먼저 대기업에 다니는 고연봉의 프로그래머를 예로 들어보자. 아마 그는 대학에서 전자공학이나 프로그램과 관련된 전공을 선택했을 것이고, 프로그래머 자격증을 따려고 많은 시간을 할애했을 것이다. 마침내 그는 전문 프로그래머가 되어 노동자들이 범접할 수 없는 연봉을 받게 된 것이다. 웬만한 자본가의 소비수준을 부러워하지 않을 정도로 수중에 돈을 갖고 있지만, 이 프로그래머는 끝내 자본주의체제에 복종할 수밖에 없다. 프로그래밍이란 노동을 팔아 고액의 연봉을 받을 수 있으려면, 그는 어느 정도 규모의 대기업에 취직해야 하기 때문이다. 그는 결코 자본주의체제에서 탈출할 수 없다. 물론 그는 고액의 연봉을 모아 자본계급으로 신분 상승을 시도할 수도 있고 아니면 직업을 바꾸는 모험을 할 수도 있지만, 성공 가능성은 그다지 높지 않다. 그는 프로그래밍을 제외한 웬만한 일은 거의 하지 못하기 때문이다. 이 프로그래머의 현실적 삶을 떠올려보라. 그는 자신의 고액 연봉을 상품 구매에 사용할 수밖에 없다. 스스로 농사도 못 짓고, 스스로 옷을 만들 수도 없고, 스스로 집을 지을 수도 없고, 스스로 자동차를 제조할 수도 없다. 바로 이것이다. 그의 돈은 다양하고 복잡한 경로로 다시 자본계급에게로 돌아간다. 돈이 빠져나가는 순간, 그는 다시 자본계급에 종속되고 만다. 다시 돈을 벌어야 상품을 구매해 생계를 유지할 수 있으니까.

겉으로 보면 이 프로그래머가 살고 있는 사회는 과거 신분사회와는 질적으로 다른 것처럼 보인다. 과거 신분사회에서 지배계급과 피지배계급 사이에는 결코 넘을 수 없는 근본적 분리가 장벽처럼 서 있었다면, 자본주의사회에서는 개인의 노력 여하에 따라 모든 분리장벽을 넘을 수 있는 것처럼 보이기 때문이다. 다시 말해 노동계급은 자본계급이 될 수도 있고, 아니면 원하기만 하면 어떤 분야의 전문가도 될 수 있는 것처럼 보인다는 것이다. 그래서 기 드보르는 과거 신분사회의 스펙타클이 '사회가 할 수 없는' 것을 강조했다면, "현대의 스펙타클은 '사회가 할 수 있는' 것을 표현한다"고 말했던 것이다. 과거 억압체제는 분리장벽을 넘는 걸 금지했다면, 현대의 억압체제는 분리장벽을 넘는 걸 허용하고 있다는 것이다. 그렇지만 여기서 기 드보르는 한 가지 단서를 단다. "허용된 것은 가능한 것과는 절대적으로 모순된다"고. 체제는 분리장벽을 넘는 걸 허용은 했지만 현실적으로 넘을 수 없도록 만들었다는 말이다. 앞에서 살펴본 프로그래머를 다시 불러보자. 분명 그가 수직적으로는 자본가나, 혹은 수평적으로는 셰프가 되는 것은 허용된 일이다. 그렇지만 학창 시절뿐만 아니라 그는 직장생활 대부분의 시간을 지금 자리에 오르는 데 할애한 사람이고, 그만큼 이제 나이가 먹었다. 젊다면 30대 중반이거나 어느 정도 나이가 들었다면 40대 초반일 가능성이 크다. 이런 그가 과연 현실적으로 거대한 자금을 운용하는 자본가나 이탈리아 요리의 대가가 될 수 있을까? 물론 거의 불가능에 가까운 일이다. 이미 그의 몸과 마음은 프로그래밍에 특화되어 있을 뿐만 아니라, 새로운 변화를 시도할 만큼 젊지도 않기 때문이다. 더군다나 전문 프로그래머로서 받는 고소득 연봉마저 포기할정도로 새로운 삶을 시도할 사람은 현실적으로 그다지 많지도 않다. 그러니 "허용된 것은 가능한 것과 모순된다"는 기 드보르의 통찰이 중요한 것이다.

잊지 말아야 할 것은 그의 통찰은 경제 영역뿐만 아니라 다른 모든 영역에도 그대로 관철된다는 사실이다. 국민이라면 누구나 대통령이 될 수 있지만, 현실적으로 노동계급 출신이 대통령이 되는경우는 거의 없다. 자기뿐만 아니라 가족도 먹여 살리기 빡빡한데,어떻게 현실적으로 노동계급 출신이 정치가로서 경험과 지혜를 쌓을 수 있다는 말인가? 억울한 사람이 있다면 행정적으로나 사법적으로 다양한 불복의 절차가 마련되어 있지만, 현실적으로 노동계급이 자신의 억울함을 해소하는 경우는 별로 없다. 예를 들어 부당해고를 당한 노동자가 있다고 해보자. 그는 법원에 소송을 할 수 있지만, 회사 측이 고용한 유능한 변호사와 맞서 싸워야만 한다. 물론 소송에서 진다고 해도 그에게는 항고와 항소를 할 수 있는 권리가 있다. 그렇지만 이런 절차를 밟은 뒤 남는 것은 엄청난 소송비용이거나 아니면 이겼다는 정신승리뿐이다. 소송에서 이겼다고 하더라도 부당해고 이전 상태로 돌아가기 힘들기 때문이다. 회사가 부도로 공중분해가 되었을 수도 있고, 혹은 회사의 주인이 바뀌었을 수도 있다. 다행히 회사가 그대로 있다고 하더라도, 오랜 소송 끝에이미 노동환경이 완전히 바뀌어 다시 회사에 나가는 것이 힘들 수도 있다. 경제적으로나, 정치적으로나, 법률적으로 바로 이것이 우리가 살고 있는 사회의 맨얼굴이다. 그러니 "할 수 있는 것"이 많은현대사회가 "할 수 없는 것"이 많았던 과거 신분사회보다 더 자유롭고 더 평등하다고 생각하거나 말해서는 안 된다. 안타까운 것은 이런 착각이 21세기에 들어와서 바로잡히기보다는 오히려 더 심화되고 있다는 사실이다. 당분간 우리가 "허용된 것이 가능한 것과 절대적으로 모순된다"는 기 드보르의 말을 곱씹어야 하는 것도 이런 이유에서다.

> 노동자와 그의 생산물 사이의 일반화된 분리는 완료된 활동에 대한 통일된 관점point de vue unitaire과 생산자들 사이의 직접적인 모든 개인적인 소통communication personnelle direct을 소멸시킨다. 분리된 생산물들의 축적과 생산 과정의 집중이 심화되면서 통일성l'unité과 소통la communication은 체제 관리자들의 배타적 속성이 된다. 분리된 경제체제의 성공은 세계의 프롤레타리아화prolétarisation와 다름없다.
>
> −《스펙타클의 사회》 26

파생적 분리는 인간의 전인적인 활동을 파괴한다. 그리고 인간에게 파편화된 활동을 주입해 체제에 의존하도록 만들어버린다. 수평적 분업으로 보이는 파생적 분리가 무서운 이유가 바로 여기에 있다. 국가기구와 결탁해 무기사업을 벌이는 록히드마틴Lockheed Martin을 예로 들어보자. 1995년 설립된 록히드마틴은 2017년 기준 510억 달러, 그러니까 우리 돈으로 57조 원의 자산을 자랑하는 무기회사 겸 우주항공회사다. 같은 해 한국 정부의 예산이 280조 원이었다는 걸 생각해보면, 정말 엄청난 규모의 회사가 아닐 수 없다. 그렇지만 기본적으로 록히드마틴은 국가기구의 파렴치함과 관련된 회사다. 국가기구는 폭력수단을 독점했기에 국민들을 수탈할 수 있는 힘과 전쟁을 수행할 수 있는 힘을 동시에 가지고 있다. 이런 국가기구가 없었다면 록히드마틴은 존재할 수조차 없었을 것이다. 제2차 세계 대전 때부터 시작되어 1991년 소련 붕괴로 막을 내린 냉전체제에서 미국 정부는 민중들로부터 수탈한 돈을 재분배하기는커녕 그들을 사지로 내모는 전쟁공학에 쏟아붓는다. 바로 이때 미국의 군수산업이 비약적으로 발전하게 된다. 냉전체제가 막을 내린 뒤, 정부의 군비 지출이나 군수산업 육성은 별다른 정당성을 갖기 어려웠다. 그렇지만 폭력수단 독점과 강화는 국가 자체의 본질이니 국가가 이를 멈출 이유는 없었고, 상품을 팔아 잉여가치를 남기는 것이 자본의 본질이니 전쟁자본이 군수품 생산을 멈출 이유도 없었다.

1990년대 이후 탈냉전시대에 맞게 국가나 전쟁자본은 탈바꿈할 수밖에 없었다. 국가가 갈등과 분쟁을 일으키고, 나아가 전쟁을 시작하는 것이 먼저다. 분쟁이나 전쟁이 있어야 무기를 판매할 수 있다. 그렇다면 먼저 분쟁이나 전쟁을 조장해야만 한다. 아나나 다를까 대처와 레이건 이후 부르주아국가들이 주도했던 신자유주의가 그런 기능을 화끈하게 수행하게 된다. 동구권 몰락 이후 동유럽의 국가독점자본주의를 해체하고 시장자본주의를 강요하기 위해 미국과 영국이 주도적으로 벌였던 보스니아전쟁Bosnian War(1992~1995)과 코소보전쟁Kosovo War(1999)은 아마 가장 확실한 예일 것이다. 신자유주의를 동유럽 국가들에게 강요하려는 영국과 미국의 입장에 쌍수를 들어 환영을 표했던 것은 누구일까? 영국이나 미국의 시민들이나 군인들도 아니고 동유럽의 시민들이나 군인들도 아니다. 바로 탈냉전시대에 자구책을 마련하려고 했던 전쟁자본들이었다. 실제로 냉전시대 내내 호황을 누리던 록히드사와 마틴사가 서둘러 1995년에 록히드마틴으로 통합해 발족한 것도 이런 이유에서다. 미국이 주도하는 신자유주의 전쟁에 맞게 새로운 군수산업을 개시한 셈이다. 21세기에 들어서면서 인류의 삶과 평화를 가장 위협하는 국가는 미국이다. 보스니아전쟁과 코소보전쟁이 가진 역사적 의미도 바로 여기에 있다. 미국은 세계를 신자유주의 질서로 재편하기 위해 무슨 짓이라도 할 수 있다는 걸 보여주었던 것이 바로 동유럽을 피로 물들인 두 전쟁이었기 때문이다. 그렇지만 보스니아전쟁과 코소보전쟁은 단지 시작일 뿐이었다. 미국은 냉전시대 우방들뿐만 아니라 거의 모든 국가에게 신자유주의를 강요했기 때문이다.

이런 때 미국의 전쟁자본으로서는 너무나 큰 기회가 찾아온다. 동유럽 국가들을 신자유주의 시장으로 강제로 재편한 뒤, 미국은 2001년 9월 11일 이슬람 근본주의자들의 공격을 받게 되니까 말이다. 3000여 명의 사망자가 발생했을 뿐만 아니라 미국 자본주의의 상징이라고 할 수 있는 세계무역센터빌딩이 붕괴되었던 9·11테러가 발생한 것이다. 이걸 빌미로 미국은 석유 자원의 보고였던 중동 지역을 신자유주의로 재편하려는 야욕을 노골화한다. 그것이 바로 '테러와의 전쟁War on Terror'이다. 어쨌든 록히드마틴으로서는 쾌재를 부를 일이다. 제2차 세계대전이나 혹은 냉전시대와는 전혀 다른 전쟁 양상이 벌어졌으니, 그만큼 새로운 무기체계가 요구되었다. 물론 그 핵심은 미국 내 반전 여론을 원천 봉쇄할 수 있는 최첨단 무기들을 개발하고 양산하는 데 있었다. 그래서 록히드마틴은 미국 군인들의 생명은 철저히 보호하고 공격 대상에게는 치명적인 타격을 줄 수 있는 최첨단 무기들을 개발하고 공급하면서 탈냉전시대 미국을 대표하는 전쟁자본으로 거듭난 것이다. 영국이나 미국이 주도했던 동유럽의 전쟁들, 그리고 중동 등 다양한 지역에서 벌어진 전쟁들은 록히드마틴이 만든 최신 무기의 시연장이었다. 이렇

9·11테러로 미국 자본주의의
상징이라고 할 수 있는
세계무역센터빌딩이
붕괴되었다. 이걸 빌미로
미국은 석유 자원의 보고였던
중동 지역을 신자유주의로
재편하려는 야욕을
노골화한다. 그것이 바로
'테러와의 전쟁'이다.

록히드마틴의 차세대 전투기
F-35 선전물.

5부. 스펙타클, 주체를 구경꾼으로 만드는 마법

전쟁무기 판매 국가 순위

종합 순위(2012~2016)	무기 공급 국가	판매액(단위: 백만 달러)
1	미국	47,169
2	러시아	33,186
3	중국	9,132
4	프랑스	8,564
5	독일	7,946
6	영국	6,586
7	스페인	3,958
8	이탈리아	3,823
9	우크라이나	3,677
10	이스라엘	3,233

게 자세하게 록히드마틴을 이야기하는 것은 이 전쟁자본은 21세기 억압체제를 이해하는 데 중요한 단서일 뿐만 아니라, 우리의 삶과 도 밀접한 관련이 있기 때문이다. 국방부가 차세대 전투기로 결정 한 F-35를 생산해 판매하는 곳도 바로 록히드마틴이고, 심지어 사 회 전체를 떠들썩하게 만들며 우리나라에 들어온 고고도 미사일 방 어체계^{Terminal High Altitude Area Defense, THAAD}, 즉 사드를 판매한 곳도 바로 이 회사이기 때문이다. 창도 팔고 방패도 파니, 정말 놀라운 재주를 가 진 록히드마틴이다. 참고로 세계 도처에 전쟁무기를 판매해 수익을 올리는 국가들의 순위도 알아보자.

　그냥 복잡하게 생각할 것 없다. 냉전체제의 두 종주국이었던 미국과 러시아가 여전히 양대 악의 축 노릇을 하고 있다. 그러니 까 국가독점자본주의를 시장자본주의로 바꾼 러시아는 이제 미국

전쟁무기 구입 국가 순위

종합 순위(2012~2016)	무기 공급 국가	판매액(단위: 백만 달러)
1	인도	18,239
2	사우디아라비아	11,689
3	아랍에미리트	6,593
4	중국	6,381
5	호주	5,636
6	알제리	5,312
7	터키	4,721
8	이라크	4,598
9	파키스탄	4,494
10	베트남	4,273

과 자본주의적 경쟁을 하고 있는 것이다. 공급이 있다는 것은 수요가 있다는 걸 말한다. 미국과 러시아가 주도하는 무기 수출시장의 주요 고객은 어느 나라일까? 폭력수단 강화를 통해 민주주의에 역행하려는 국가는 어떤 국가일까? 혹은 신자유주의시대 국지적 분쟁이 일어나고 있거나 그 조짐이 뚜렷한 지역은 어디일까? 미국이나 러시아, 혹은 중국 등 강대국들이 경제적으로나 정치적으로 자기 영향력하에 두려고 하는 국가들은 어디일까? 미국이 선포한 '테러와의 전쟁'에 두려움을 느낀 국가들은 아마 러시아로부터 무기를 사들일 것이고, 이렇게 폭력수단이 강해진 국가와 적대적인 관계에 있는 국가들은 아마 미국으로부터 무기를 사들이게 될 것이다. 혹은 또 다른 패권국가를 꿈꾸는 중국의 영향력이 확대되는 걸 두려워하는 국가들은 미국이나 러시아에서 무기를 구매하게 될 것이다.

어쨌든 대량살상무기를 합법적으로 그것도 가장 많이 강매하거나 판매하는 나라는 바로 미국이다. 그러니 21세기 최고 악의 축은 바로 미국이었던 것이다. 실제로 군수업체 세계 랭킹을 보면 세계 10위 안에 미국 업체가 자그마치 7개나 있을 정도다. 겉으로는 평화와 인권을 떠들고 있지만, 전쟁과 살육을 가장 조장하는 국가가 바로 미국이었던 것이다.

군수업체 세계 1위는 바로 13만여 명의 직원을 거느리고 있는 록히드마틴이다. 여기서 한 가지 궁금해진다. 록히드마틴에서 고액 연봉을 받는 노동자들은 정말 자신들이 무엇을 만들고 있는지 자각하고 있을까? 분명 대부분 노동자들은 고액 연봉만을 바라고 록히드마틴에 입사했을 가능성이 크다. 그렇지만 자신의 일이 누군가를 살육하는 데 이바지한다는 걸 정확히 알았다면, 아마 대부분 노동자들은 이 전쟁 회사에 입사하는 걸 꺼려했을 것이다. 그들은 맹목적으로 이윤만을 추구하는 자본가들과는 달리 최소한의 인간성을 유지하고 있으니 말이다. "우리의 무기들이 코소보의 작은 농촌 마을을 초토화시키고 있어요. 우리 항공기는 팔레스타인 가자지구의 아이들에게 폭탄을 투하하죠." 이런 슬로건으로 고급 기술 노동자들을 고용할 수는 없는 법이다. 분명 미국이 하는 것처럼 세계 평화를 지키기 위해, 테러와의 전쟁에서 이기기 위해, 혹은 자유와 평등의 국가 미국을 지키기 위해서라는 명분을 록히드마틴은 노동자들에게 제공했을 것이다. 아니나 다를까, 록히드마틴이 공식적으로 채택한 회사 슬로건을 보면 애국주의 냄새가 물씬 풍긴다. "우리는 자신이 누구를 위해 일하는지 결코 잊지 않는다We never forget who we're working for!" 그러나 아무리 애국주의와 평화주의를 표방해도, 록히드마틴은 무기 수출 세계 1위의 전쟁기업일 뿐이다. 그럼에도 13만

군수업체 순위

랭킹 (2015)	전쟁자본/해당 국가	무기 판매액 (백만 달러)	고용 노동자 (명)
1	록히드마틴Lockheed Martin/미국	36,440	126,000
2	보잉Boeing/미국	27,960	161,400
3	BAE 시스템BAE Systems/영국	25,510	82,500
4	레이시온Raytheon/미국	21,780	61,000
5	노스롭 그루먼Northrop Grumman/미국	20,060	65,000
6	제너럴 다이내믹스General Dynamics/미국	19,240	99,900
7	에어버스Airbus/유럽연합	12,860	136,570
8	유나이티드 테크놀로지스United Technologies Co./미국	9,500	197,200
9	레오나르도 S.p.A.Leonardo S.p.A./이탈리아	9,300	47,160
10	L3 테크놀로지스L3 Technologies/미국	8,770	38,000

명이 넘는 노동자들 중 대다수는 자신이 어떤 것을 만들고 있는지 정확히 알지 못한다. 자신은 통신 기술의 전문가로 일하고 있고, 자신은 핵융합 기술 전문가로 일하고 있고, 자신은 레이저 등 광학 기술 전문가로 일하고 있고, 자신은 화학공학 전문가로 일하고 있을 뿐이다. 그러나 이런 기술들이 모두 합쳐지는 순간, 가공할 만한 전쟁무기들이 만들어진다. 이런 전문가 외에도 수많은 노동자가 록히드마틴에 근무하고 있을 것이다. 식당 아주머니, 청소하는 아주머니, 회사 전기를 관리하는 배관공, 경비 업무를 보고 있는 아저씨 등등.

바로 이것이 분업, 즉 파생적 분리가 가진 힘이다. 전체를 보지 못하고 부분만 보도록 만들고, 자신이 다니는 회사가 최종적으로 만든 상품이 무엇인지를 고민하지 못하게 만들기 때문이다. 현시대 가장 독보적인 전쟁자본 록히드마틴에서 근무하는 노동자들! 파생적 분리에 감금되어 있기에 그들은 자기가 무엇을 하는지 제대로 알지 못한다. 한자리에 모여 허심탄회하게 자신들이 무엇을 하고 있는지 총체적으로 알게 된다면, 아마 그들의 마음은 심하게 요동치게 될 것이다. 고소득의 연봉이 인류의 피값이라는 걸 알고 마음 편할 사람은 없을 테니까. 록히드마틴이란 자본이 가장 우려하는 상황은 바로 이것이다. 13만 명의 노동자들이 파생적 분리의 장벽을 뛰어넘어 소통하는 순간, 록히드마틴은 최첨단 대량살상무기 생산에 대한 내적 저항에 봉착할 수도 있기 때문이다. 그러니 록히드마틴으로서는 파생적 분리를 견고히 유지해야만 한다. 그래서 기 드보르는 말했던 것이다. "노동자와 그의 생산물 사이의 일반화된 분리는 완료된 활동에 대한 통일된 관점과 생산자들 사이의 직접적인 모든 개인적인 소통을 소멸시킨다"고 말이다. 파생적 분리가 어떤 효과를 낳게 되는지 기 드보르만큼 명확히 보여준 사람도 없을 것이다. 일단 분업체계에 갇힌 노동자들은 자신들이 무엇을 만드는지 정확히 알지 못한다. 바로 이것이 "노동자와 그의 생산물 사이의 일반화된 분리"다. 이런 분리가 완성되면 노동자들은 "완료된 활동에 대한 통일된 관점"을 상실하게 된다. 나아가 자기 부서의 일만 하면 되니 노동자들은 다른 노동자들과의 직접적인 소통도 불필요하다고 생각하게 된다. "생산자들 사이의 모든 직접적인 개인적 소통이 소멸"되는 사태는 바로 이렇게 찾아온 것이다.

이것은 록히드마틴에만 해당되는 것이 아니라, 거의 모든 자본에 해당되는 상황이다. 모든 자본가가 본능적으로 노동조합에 거부반응을 보이는 것도 이런 이유에서다. 표면적으로 임금조건이나 노동조건 개선을 도모하는 권익단체처럼 보이지만, 사실 노동조합은 그 이상의 역할을 한다. 모였다는 사실 그 하나만으로 노동자들은 "생산자들의 직접적인 개인적 소통"을 도모할 수 있고, 아울러 이를 통해 자본가에게 빼앗긴 "완료된 활동에 대한 통일된 관점"을 회복할 수 있으니까 말이다. 결국 노동자들이 파생적 분리를 뛰어넘지 못하면, 자본계급은 자기 뜻대로 생산을 기획하고 추진할 것이며, 노동자들 사이의 소통마저도 장악하게 될 것이다. 지금도 회사 내에서 이루어지는 단합대회, 체육대회, 그리고 회식 모임을 보라. 이런 모든 소통의 자리를 기획하고 통제하는 것은 자본계급이고, 노동자들은 수동적으로 회사가 마련한 소통의 자리에 참여한다. 그렇지만 참여자의 자발성이 없다면, 소통은 하나의 제스처일 뿐 진정한 의미의 소통일 수는 없는 법이다. 파생적 분리의 심화, 기 드보르의 표현을 빌리자면 "분리된 생산물들의 축적과 생산과정의 집중이 심화되는" 과정은 엄청난 결과를 가져온다. 다수의 노동자는 자발적인 소통에 참여하기 힘들어지고, 당연히 자신들이 만드는 생산물에 대한 통일된 관점을 공유할 수 없게 된다. 노동자들이 통일성과 소통을 포기하면, "통일성과 소통은 체제 관리자들의 배타적 속성이 되고 만다." 이미 깨알처럼 분열되어 있으니, 소수 자본가들이 모든 것을 결정하는 건 너무나 쉬운 일 아닌가. 어떤 상품을 만들지는 이제 모두 자본계급이 결정하게 되고, 노동자들 사이의 소통 또한 이제 모두 자본계급에 의해 주도된다. 무엇을 만드는지도 모르고 고립된 채 일을 한다는 것! 정말 무서운 일이다.

록히드마틴의 노동자들을 다시 생각해보자. 무고한 생명만이 자기가 만든 최첨단 무기들의 표적이 되는 것이 아니다. 언제든지 자기 가족도 그 무기의 표적이 될 수 있으니까 말이다. 파생적 분리가 본격화하기 이전의 생산자들, 즉 장인들은 달랐다. 장인들은 자신이 무엇을 만들고 있는지, 나아가 누가 그걸 사용하게 될지도 정확히 알고 있었다. 한마디로 "완료된 활동에 대한 통일된 관점"을 그들은 가지고 있었던 것이다. 나아가 그들은 다른 장인들과 소통하면서 생산자라는 연대의식을 공유할 수 있었으니, "생산자들 사이의 직접적인 개인적 소통"마저도 그들은 향유하고 있었던 것이다. 반면 록히드마틴의 노동자들은 자신이 만든 생산물의 사회적 효과에 대해 별로 관심이 없고, 오직 자신이 수령할 연봉 수준에만 신경을 쓴다. 결국 그들은 전쟁자본이 원하는 상품을 기꺼이 만들게 된다. 주인이 자기가 원하는 것을 만드는 사람이라면, 노예는 타인이 원하는 것을 만드는 사람이다. 그렇다. 록히드마틴의 13만 명 노동자들은 자발적 노예일 뿐이다. 물론 이 전쟁자본은 노예가 되어준 대가로 그들에게 고액의 연봉뿐만 아니라 근사한 소통의 쇼도 베풀어줄 것이다. 통일성과 소통의 역량을 빼앗긴, 아니 정확히 말해 통일성과 소통의 역량을 방기한 노동자들은 말초적 흥분과 쾌락에 몸을 맡기는 것밖에 할 일이 없다. 그래서 기 드보르의 마지막 구절은 소름끼치는 구석이 있다. "분리된 경제체제의 성공은 세계의 프롤레타리아화와 다름없다." 통일성과 소통의 힘을 회복하지 않는다면, 세계는 자본가들이 지배하는 세계가 될 뿐이라는 경고인 셈이다.

고립l'isolement에 기초한 경제체제는 고립의 순환적 생산 production circulaire이다. 고립은 기술la technique을 기초하고, 그 대가로 기술 과정le processus technique도 고립된다. 스펙타클 체제가 선별한 재화들biens sélectionnés은 자동차에서 TV에 이르기까지 모두 '고독한 군중foules solitaires'의 고립 조건을 영구히 강화하는 무기다. 항상 더 구체적으로 스펙타클은 자기만의 전제들을 재생산한다. 스펙타클의 기원은 세계의 통일성unité의 상실에 있다. …… 스펙타클을 통해 세계의 한 부분은 세계를 대표하고, 세계보다 우월하게 된다. 스펙타클은 단순히 이런 분리séparation를 나타내는 공통 언어la langage commun일 뿐이다. 구경꾼들은, 자신들을 고립시키는 바로 그 중심과 일방향적irréversible 관계에 의해서만 서로 결합될 뿐이다. 스펙타클은 분리된 것들을, 분리된 상태가 유지된다는 조건에서, 다시 결합한다.

-《스펙타클의 사회》 28·29

전자본주의시대에 근본적 분리가 억압을 주도했다면, 자본주의시대 이후 억압은 근본적 분리와 파생적 분리가 함께 작동하면서 이루어진다. 그만큼 우리 시대 억압 양상은 더 교묘해진 셈이다. 파생적 분리가 심화되면서 노동계급들이 근본적 분리가 없다면 파생적 분리도 불가능하다는 사실을 쉽게 망각하기 때문이다. 이렇게 수평적 분업체계, 즉 파생적 분리는 지배와 피지배라는 근본적 분리를 은폐하는 경향이 있다. 어쨌든 파생적 분리가 노동계급의 고립을 낳고, 그만큼 자본계급의 잉여가치를 상승시킨다는 사실이 중요하다. 그리고 자본의 규모가 커질수록 파생적 분리는 더 강화될 수밖에 없다. 고립이 고립을 낳고, 새로운 고립이 또 고립을 더 심화시키는 형국이다. 다시 말해 노동계급의 고립을 통해 자본의 규모는 커지고, 이렇게 강화된 자본은 노동계급을 더 고립시킨다는 것이다. 그래서 기 드보르는 "고립에 기초한 경제체제는 고립의 순환적 생산"이라고 말했던 것이다. 연대와 유대가 불가능하다면, 노동계급은 자본계급의 요구를 그대로 받아들일 수밖에 없고, 아울러 자본계급이 던지는 당근을 얻으려는 생존 경쟁에 매몰될 수밖에 없다. 그래서 고립된 노동자들에게 생산과정 전반에 대한 관심이 생길 리 만무한 일이다. 이제 노동계급에게 남은 것은 자기 분야에서 경쟁력을 입증해 자기 생계를 유지하려는 이기심뿐이다. 그래서 록히드마틴의 노동자들은 더 효율적인 핵융합 기술이나 혹은 더 정밀한 계측장치를 개발하려고 경쟁했던 것이다.

기 드로브가 "고립은 기술을 기초하고, 그 대가로 기술 과정도 고립된다"고 말했던 것도 바로 그 때문이다. 핵융합 기술은 그것을 개발한 노동자의 통제를 넘어서, 전쟁자본에 의해 새롭게 출시된 전투기에 장착될 테니까 말이다. 이 경우 이 기술을 개발한 기술자는 자신은 이동 가능한 핵융합 기술을 개발한 것이지, 전투기에 장착해 더 많은 인명을 살상할 수 있는 핵심 기술을 개발한 것이 아니라고 항변할 수도 있다. 아니 이런 항변은 그나마 귀여운 데가 있다. 최소한 자기가 개발한 기술의 의미에 대해 고민은 하고 있으니 말이다. 그러나 대부분의 노동자들은 그런 생각 자체를 하지 않는다. 그저 하늘을 나는 핵발전소를 만들어야 록히드마틴에서 인정받아 높은 연봉을 보장받을 수 있다는 생각만 할 테니 말이다. 이런 노동자들에게 사회에 대한 고민과 타인에 대한 애정을 기대할 수 있을까? 사실 이런 소중한 덕목은 고립된 노동자가 품을 수 있는 것이 아니다. 어쩌면 분리와 고립의 최종 목적은 바로 여기에 있는지도 모를 일이다. 노동자들의 내면에 생산의 사회성과 관련된 일체의 고민을 말끔하게 삭제하는 것. 생산의 사회성 혹은 목적에 대한 자각이 없다면, 노동자들은 그저 자본계급이 원하는 걸 만들 수밖에 없다. 그리고 이제 생산에 대한 모든 결정은 오직 자본계급만이 담당하게 된다. 주인으로서의 생산이 아니라 노예로서의 생산은 이렇게 완성되는 셈이다.

파생적 분리가 심화될수록, 노동자들의 고립은 걷잡을 수 없이 심각해진다. 정치경제학적 의미에서뿐만 아니라 일상생활 자체에서도 고립은 불가피하다. 노동자들은 출근해 주어진 부서에서 자기에게 주어진 일만 고독하게 수행할 뿐이고, 퇴근해서도 주어진 주거공간에 갇혀 고독한 사생활을 영위하게 된다. 광화문, 여의도, 혹은 강남 등 자본이 똬리를 틀고 있는 고층빌딩을 살펴보라. 각 층마다 해당 부서가 배치되어 있으니 층마다 분리가 관철되어 있다. 각층의 해당 부서도 다양한 방들로 세분화되어 있으니 방마다 분리가 관철된다. 나아가 이 작은 방들도 개별 사무직 노동자의 업무공간을 분할하는 칸막이로 구획되어 있다. 노동을 마친 뒤 이 회사원들의 삶도 고층빌딩에서의 삶과 별로 다를 것이 없다. 고가의 주상복합 아파트여도 좋고 중저가의 아파트여도 좋다. 아니면 작은 단지의 빌라여도 좋고 단독주택 단지여도 좋다. 아파트나 빌라와 같은 공동주택들은 층마다 철저하게 분리되어 삶이 영위된다. 단독주택 단지여도 사정이 더 좋은 것은 아니다. 오직 주거를 위한 공간이기에 주변 이웃들과 철저히 고립된 삶을 영위하기는 마찬가지니까 말이다.

자본주의의 놀라운 힘은 바로 이 고립마저 잉여가치를 올릴 수 있는 기회로 삼는다는 데 있다. 병 주고 약 주는 자본주의의 후안무치다. 바로 이 대목에서 기 드보르는 자동차와 TV를 언급한다. 모두 고립에서 수반되는 고독감을 치유하기 위한 장치들이다. 외롭고 쓸쓸할 때 우리는 자동차에 앉아 시동을 걸며 어디론가 떠나려고 하거나, 아니면 TV를 켜는 리모컨을 찾을 수 있다. 그러나 자동차 창밖이나 TV 화면에 펼쳐지는 세상은 관조된 세상일 뿐, 우리의 근본적인 고독을 치유해줄 진짜 세상일 수는 없다. 그러니 홀로 드라이브를 즐기거나 아니면 홀로 화려한 TV 쇼를 보아도, 우리의 근본적 고독은 치유되지 않는다. 그저 잠시 잊는 정도라고나 할까. 고독을 치유하려고 만든 것들이 오히려 고독을 심화시킨다는 것, 이것은 정말 아이러니한 일이다. 그래서 기 드보르는 말했던 것이다. "스펙타클 체제가 선별한 재화들은 자동차에서 TV에 이르기까지 모두 '고독한 군중'의 고립 조건을 영구히 강화하는 무기"라고. 자본주의체제의 파생적 분리가 우리에게 고립과 고독을 안기고, 이에 편승해 체제는 우리의 고독을 달래주는 상품들을 만들어 잉여가치를 남긴다. 문제는 잠시나마 고독을 달래주는 것처럼 보였던 상품들도 우리의 고립과 고독을 강화한다는 점이다.

그렇지만 여기서 끝이 아니다. 이렇게 성장한 자본주의체제는 파생적 분리를 심화시킬 것이고, 더 심각해진 고립과 고독에 빠진 우리는 더 강한 진통제를 요구하게 될 것이다. 고립과 고독을 잠시 잊게 만드는 마약이다. 끊는 순간 고립과 고독이 더 강해지니 이보다 더 강력한 마약도 없다. 이런 식으로 자본주의체제는 발달해왔다. 20세기 중반을 장악했던 자동차, TV와 더불어 20세기 말에는 퍼스널컴퓨터가, 그리고 21세기에 들어서는 스마트폰이 추가되었다. 2018년 현재 스마트폰은 30억 명이나 되는 인류의 혼을 쏙 빼놓고 있다. 지하철 등 대중교통을 한번 타보라. 대부분의 사람들은 스마트폰을 들고 그 현란한 화면에 몰입하고 있다. 스마트폰은 그야말로 어디든지 우리를 따라온다. 출근할 때, 업무를 볼 때, 점심식사 때, 퇴근할 때, 화장실에 들를 때, 산책을 할 때, 사진을 찍을 때, 길을 찾을 때, 정보를 검색할 때, 음악을 들을 때, 프로스포츠를 관람할 때, 영화나 드라마를 볼 때 등등 거의 모든 시간 우리의 손에는 스마트폰이 들려 있다. 이제 이 작고 귀여운 친구의 충전 용량이 줄어들기라도 하면, 마치 심장이 조금씩 정지하기라도 하는 듯 불안감이 엄습하기까지 한다. 스마트폰은 이렇게 우리의 체온을 받아 따뜻하기만 하다. 그렇지만 이 작은 기계에 체온을 빼앗긴 만큼 우리는 고립과 고독으로 더 차갑게 식어가고 있는 것은 아닐까?

정말 무서운 일이다. "항상 더 구체적으로 스펙타클은 자기만의 전제들을 재생산하고" 있으니 말이다. 화려한 볼거리, 즉 스펙타클은 우리의 고독을 쓰다듬으면서 동시에 가중시킨다. 그러니 우리가 스펙타클의 마수에 걸려들면 빠져나오기 힘들다. 마치 목마른 사람이 갈증을 못 견디고 바닷물을 마시는 것과 같다. 목구멍으로 바닷물이 들어오는 순간 목마름이 가신 것처럼 느껴지지만, 바로 과거보다 더 심한 갈증에 목이 타들어가는 고통을 느끼게 된다. 이 정도에서 그치지 않고 고통을 완화하기 위해 다시 바닷물을 들이켜는 순간, 우리는 죽어야 끝나는 치명적인 악순환에 던져지게 된다. 이 꼬리에 꼬리를 무는 악순환은 고독과 상품 사이의 악순환을 설명해준다. 체제가 던진 악순환에 빠져 허우적대는 순간, 억압체제의 맨얼굴을 직시하는 구조적 인식에 이를 여유가 없다. 우리에게 고독을 심어준 것도, 우리의 고독을 완화할 상품을 만든 것도, 나아가 고독과 상품 사이의 악순환을 구조화한 것도 모두 억압체제다. 근본적 분리로 억압을 시작하고 억압을 영속화하려고 했던 초기 억압사회의 논리, 혹은 근본적 분리를 관철하려고 고안된 파생적 분리를 정교화했던 현대 억압사회의 논리에 대한 역사철학적 안목이나 정치경제학적 안목이 필요한 이유도 바로 여기에 있다. 억압체제를 극복하기 위해서 우리는 분리 일반을 극복해야 한다. 기 드보르가 "스펙타클의 기원은 세계의 통일성의 상실에 있다"고 말했던 것도 이런 이유에서다.

억압체제는 하늘과 땅, 왕과 백성, 대통령과 국민, 신과 인간, 서울과 지방, 부자와 빈자, 남자와 여자, 아버지와 아들, 선생과 학생, 지주와 소작농, 자본가와 노동자 등등으로 세계를 분절하고, 전자가 세계를 대표하고 세계보다 우월하다고 강요하거나 수식했다. 분리와 가치평가라는 이중적 작업을 통해 탄생한 세계, 억압체제가 허구적으로 날조한 바로 이 세계가 스펙타클의 세계다. 그래서 기드보르는 말한다. "스펙타클을 통해 세계의 한 부분은 세계를 대표하고, 세계보다 우월하게 된다"고. 이런 스펙타클의 세계를 자연적이고 당연한 질서, 즉 불변하는 질서로 받아들이는 순간, 우리는 세계에 대한 구경꾼이 될 수밖에 없다. 지배계층이 만든 허구적 질서, 자신의 삶을 옥죄는 날조된 질서를 변혁하기는커녕 마르크스의 말처럼 정당화하고 해석하려고만 하니까 말이다. 그 결과 땅은 하늘을, 백성은 왕을, 국민은 대통령을, 인간은 신을, 지방은 서울을, 빈자는 부자를, 여자는 남자를, 아들은 아버지를, 학생은 선생을, 소작농은 지주를, 노동자는 자본가를, 한마디로 말해 열등한 다수는 탁월한 소수를 숭배하고 스스로를 멸시하게 된다. "분리된 것들을, 분리된 상태가 유지된다는 조건에서, 다시 결합하는" 힘, 바로 이것이 스펙타클의 힘이다. 결국 억압체제를 극복하고 민주적이고 인문적인 사회를 만드는 방법은 아주 간단하다. 근본적 분리든 파생적 분리든 우리를 가로막고 있는 수천 겹의 분리장벽을 뚫고 세계의 통일성을 복원하는 길이다. 길은 멀기만 하다. 심지어 해마저 지려고 하지만 지치지 않고 앞으로 나아갈 일이다. 우리에게 다른 선택지는 없으니까.

2. 스펙타클의 씁쓸한 뒤안길

자본주의 축적의 초기 단계에서 정치경제학은 프롤레타리아
le prolétaire를, 노동력 유지에 필수적인 최저 생계비만 받는 노
동자l'ouvrier로만 취급했고, 당연히 여가생활loisirs과 인간다움
humanité의 측면에서 노동자를 고려하지는 않았다. 그런데 지
배계급의 이런 견해는 노동자의 협력이 더 필요할 정도로 상
품 생산이 풍요롭게 되자 곧바로 돌변한다. 노동자는 뜻하지
않게 생산에 대한 온갖 형태의 조직화와 감시가 자신에게 분
명히 드러냈던 전반적인 경멸을 말끔히 씻어낸다. 그는 '소비
자consommateur'라는 새로운 역할을 맡아서 성인grande personne으로
정중한 대우를 매일 받고 있음을 알게 된다. 이 순간부터 상
품의 휴머니즘l'humanisme de la marchandise은 노동자의 여가생활과
인간다움을 감당하게 된다. 왜냐하면 정치경제학은 정치경제
학으로서 이런 영역들을 지배할 수 있고 또 지배해야만 하기
때문이다. 이렇게 인간의 완벽한 부정le reniement achevé de l'homme
이 인간의 모든 삶la totalité de l'existence humaine을 감당하게 된다.

－《스펙타클의 사회》 43

자본주의의 간교함을 이해하려면 결코 잊지 말아야 할 것은 '노동자=소비자'라는 공식이다. 공식은 아주 단순하게 설명된다. 무엇보다 먼저 교환수단으로서 돈을 독점하는 것이 가능한 사회, 즉 자본주의체제가 전제되어야 한다. 돈을 가진 자본가는 돈이 없는 대다수 사람을 '노동자'로 고용한다. 자본가는 노동자를 생산 현장에 투여해서 상품을 생산하고, 노동자는 노동을 제공한 대가로 임금을 받는다. 임금으로 받은 돈으로 상품을 구매하는 노동자는 그 순간 '소비자'가 된다. 노동자가 소비자가 되는 극적인 순간, 자본가는 잉여가치를 확보하게 되고 노동자는 다시 노동을 팔아야 하는 신세로 전락한다. 이런 과정을 무한대로 진행하는 것이 바로 자본주의가 선전하는 '진보'나 '발전'의 맨얼굴이라고 할 수 있다. 그렇지만 18세기 중엽 본격화한 자본주의체제는 19세기까지는 자신이 무엇을 하고 있었는지, 혹은 자신이 어떻게 해야 제대로 작동하는지 자각하지 못하고 있었다. 무지에서 자각으로 이르는 과정이 바로 '정치경제학', 혹은 '경제학'의 역사라고 할 수 있다. 기 드보르가 지적했던 것처럼 초기 정치경제학은 무지했다. "프롤레타리아를, 노동력 유지에 필수적인 최저 생계비만 받는 노동자로만 취급" 했으니까. 아니 정확히 말해 무지했다는 말보다 초기 자본주의 역사에서는 불가피했는지도 모른다. 아직 자본주의체제가 충분히 발달하지 않았던 초기에는 '노동자=소비자'라는 공식이 강력하게 부각되지 않았다. 당시 상품의 주된 소비자는 비자본주의체제, 즉 농업경제와 신분사회에 속해 있는 사람들이었기 때문이다. 물론 소비자 중 노동자도 있었지만 대부분은 농민이나 상인, 혹은 귀족이었다. 한마디로 임금노동자는 19세기까지만 하더라도 상당히 적었다는 것이다. 당연히 자본가들은 노동자들의 인건비를 최소화하려고 혈안이 될 수밖에 없다. 예나 지금이나 잉여가치를 늘리는 가장 확실한 방법은 인건비를 줄이는 것이다. 1만 원 상당의 상품을 팔아서 이윤이 3000원이 남는다면, 임금을 줄였을 때 자본가의 잉여가치는 당연히 증가할 테니 말이다. 그래서 당시 자본가들은 "여가생활과 인간다움의 측면에서 노동자를 고려하지는 않았"고, 단지 "노동력 유지에 필수적인 최저 생계비"만 지급하려고 했던 것이다. 거의 이 정도면 가축에게 사료를 주는 것과 다름이 없었다.

마침내 예상했던 문제가 발생한다. 생산성이 높아지면서 인류는 점점 자본주의경제에 편입하게 된 것이다. 그에 따라 임금으로 살아가는 노동자가 더 많이 증가하고 아울러 상품 생산도 폭발적으로 증가하게 된다. 극단적으로 말해 '노동자 < 소비자'라는 공식이 '노동자=소비자'라는 공식으로 전환되는 시대가 도래한 셈이다. 이제 자본주의체제가 양산한 상품들이 더 이상 노동자가 아닌 사람들의 소비로는 감당할 수 없게 된 것이다. 상품이 소비되지 않으면 자본은 잉여가치를 남길 수 없다. 결국 자본주의가 발달하면서 양적으로 팽창된 노동자들이 소비에 가담해야만, 그것도 아주 엄청나게 소비에 참여해야만 하는 시대가 시작되었다. 이제 자본가가 노동자들에게 최저 생계비만을 줄 수 없는 상황이 벌어진 셈이다. 돈이 없다면 소비를 할 수 없는 것이 자본주의의 생리이기 때문이다. 최저 생계비 이상의 임금을 주는 것은 단순한 자선의 문제가 아니라 불가피한 일이 되어버린 것이다. 과거 농민이나 상인들, 혹은 지주나 귀족들이 소비했던 중고가의 상품들도 노동자들이 소비할 수 있어야 하기 때문이다. 노동자가 최저 생계비만 받던 시절, "여가생활과 인간다움"은 오직 자본가만 향유했던 것이다. 여기서 '여가생활'이란 돈을 버는 활동이 아니라 돈을 쓰는 소비활동이고, '인간

1940년대 미국 맥주 펩스트 블루 리본 광고. 드디어 노동자들에게도 '여가생활과 인간다움'을 향유할 권리가 부여된다. 그러나 치열한 투쟁을 통해 노동자들이 여가생활과 인간다움을 쟁취한 것이 아니다. 자본계급이 노동계급에게 여가생활과 인간다움을 허락했던 것에 불과했다.

다움'이란 동물처럼 먹고사는 데 연연하지 않아야 가능하다. 아니나 다를까 과거 사회에서 "여가생활과 인간다움"은 모두 소수 지배계층만이 누릴 수 있는 특권이었다. 그런데 드디어 이제 "여가생활과 인간다움"을 향유할 권리가 노동자들에게 부여된다. 기 드보르가 이야기했던 것처럼 이제 노동자들은 "소비자라는 새로운 역할을 맡아서 성인으로 정중한 대우를 매일 받게" 된 것이다. 과거 노동자들은 아이처럼 훈육과 감시의 대상이었다. 그러니 노동자들의 마음은 얼떨떨하기만 하다. 갑자기 자신들을 어른으로 대우하는 사회에 살게 되었으니, 어떻게 당황하지 않을 수 있겠는가? 잊지 말자. 치열한 투쟁을 통해 노동자들이 여가생활과 인간다움을 쟁취한 것이 아니다. 자본주의 메커니즘의 내적 압력에 의해 자본계급은 노동계급에게 여가생활과 인간다움을 허락했던, 아니 정확히 말해 조장했던 것이다. 대량으로 그리고 항상 새롭게 출시된 상품들을 과거 지주나 귀족처럼 근사하게 소비하라고 부추긴 셈이다. 당연히 체제는 노동자들에게 부여한 여가생활과 인간다움을 철저히 통제하고 지속적으로 감시하려고 한다. 여가생활과 인간다움이란 특권은 잘못하면 삶을 주체적으로 살겠다는 인문학적 결단이나 혹은 연대를 도모하는 민주적 의지로 비화될 수 있기 때문이다. 그렇기에 체제는 노동자에게 허용된 여가생활과 인간다움이 소비생활에만 국한되는지 지속적으로 관리한다는 것이다.

한국사회의 경우 "저녁이 있는 삶"이나 "소득 주도 성장" 등의 슬로건이 유행할 때가 있었다. 사실 이런 정치 슬로건은 노동계급에게 여가생활과 인간다움을 부여하겠다는 20세기 초반 체제의 의지를 그대로 반복하고 있을 뿐이다. 너무나 낡아빠진 내용이지만 수사학적 몸단장을 근사하게 마친 슬로건들이기에 노동자들은 아직도 체제의 농간에 휘말리는 경우가 많다. 얼마나 근사한가? 야근을 하지 않고 일찍 퇴근해 가족이나 친구와 고급 식당에서 스파게티를 먹으며 미소 짓는 노동자들, 혹은 넉넉한 임금으로 원하는 상품을 구매하며 활짝 웃는 노동자들. 기 드보르는 이런 체제의 전략에 "상품의 휴머니즘"이란 멋진 이름을 붙인다. 예술가적 기질이 충만한 그답게 '상품'이란 글자를 붙여 체제가 홍보하는 휴머니즘을 근사하게 조롱한다. '정치의 휴머니즘'도, '연대의 휴머니즘'도, 그렇다고 해서 '주체의 휴머니즘'도 아니다. '상품'이란 범주에 제약된 '상품의 휴머니즘'이다. 이것은 여가생활과 인간다움을 오직 상품 소비에만 국한시키자는 이야기다. 그래서 기 드보르는 "상품의 휴머니즘이 노동자의 여가생활과 인간다움을 감당한다"고 말했던 것이다.

자본주의체제에서 자신의 노동을 자본가에게 판매하기에 노동자들은 기본적으로 돈으로 구매 가능한 '상품'이다. 여기서 이미 '휴머니즘'은 사실상 붕괴되고 만다. 휴머니즘이 무엇인가? 그것은 인간의 가치가 가장 중요하다는 선언, 한마디로 말해 인간은 다른 무엇과도 교환할 수 없는 소중한 존재라는 선언이다. 그러니 휴머니즘은 자본주의와 대립할 수밖에 없다. 인간을 중시하는 이념과 자본을 중시하는 이념이 어떻게 양립할 수 있다는 말인가? 자본주의체제에서 대부분의 인간, 즉 노동계급은 '자발적 노예'를 지향할 수밖에 없다. 노동자로 고용되지 않으면 생계가 힘든 사회에 살고 있기 때문이다. 자본계급에게 간택되어 임금을 받으려면 인간은 스스로 그들이 원하는 상품이 되어야만, 다시 말해 내가 원하는 모습이 아니라 자본계급이 원하는 모습을 갖추어야만 한다. 이렇게 자본계급이 원하는 모습이 완성되었을 때, 우리는 훌륭한 '스펙spec'을 갖추었다는 이야기를 듣는다. 상품을 구매할 때 우리가 살펴보는 상품의 상세 설명서, 혹은 제품 사양이 바로 스펙, 즉 스페시피케이션specification이다. 제품 사양이 높은 상품을 사려면 고가의 돈이 필요하고 반대로 제품 사양이 떨어지는 상품은 적은 돈으로 구입할 수 있다. 이처럼 자본주의체제는 기 드보르의 말처럼 "인간의 완벽한 부정"을 꿈꾸고 있었던 것이다. 이런 체제 속에서 어떻게 '휴머니즘'을 이야기할 수 있다는 말인가?

'상품의 휴머니즘'은 '네모난 원'이나 '뜨거운 얼음'과 마찬가지로 일종의 형용모순에 지나지 않는 말이다. 소비영역에서 노동계급은 과거 지배계급처럼 '여가생활과 인간다움'을 누릴 수 있다고 체제는 강조한다. 체제가 원하는 대로 혹은 유도하는 대로 '여가생활과 인간다움'을 소비생활에서 얻으려고 하는 순간, 노동계급이 받은 임금은 모조리 자본계급에게로 회수되고 그것은 자본계급의 잉여가치로 전환되고 만다. 그 결과 노동계급은 소비자가 아니라 노동자라는 원래 상태로 되돌아가게 된다. 마침내 '인간의 완벽한 부정'을 꿈꾸던 자본주의체제는 "인간의 모든 삶을 감당하게" 된 것이다. 과거 귀족이나 왕족처럼 멋지게 소비생활을 영위하면 노동자들은 영원히 노동자라는 지위를 벗어던지지 못하니까 말이다. 그러니 우리는 "개같이 벌어서 정승처럼 쓴다"는 속담에 속아서는 안 된다. 사실 이 속담은 부분적으로 자본주의 논리와도 부합되는 이야기다. 자본주의는 돈을 가진 자가 상품을 가진 자보다 우월하다는 걸 긍정하는 이념이기 때문이다. 노동자일 때 우리가 돈을 가진 자본가의 말을 들었던 것처럼, 소비자일 때 우리는 자기 마음대로 상품을 선택해서 구매할 수 있다. 그러니까 우리에게는 생산의 자유가 아니라 오직 소비의 자유만 허락되었던 것이다.

물론 돈을 쓰고 말고는 돈을 가진 사람의 자유이니, 소비자로서 우리는 돈을 쓰지 않기로 결정할 수도 있다. 소비자 주권 등을 강조하며 '소비자 불매운동'을 지향하는 사람들의 논리다. 그러니까 소비의 자유로 자본주의체제를 견제할 수 있다는 것이다. 그렇지만 소비자가 돈을 쓰지 않으면 자본계급은 잉여가치를 얻을 수 없고, 당연히 생산 규모는 축소되고 노동자들은 해고될 것이다. 임금을 받을 수 없는 사람들, 즉 실업자들이 양산되는 불경기에 과연 소비자운동이 무슨 의미가 있다는 말인가? 더군다나 소비자운동은 보통 구매한 상품에 대한 불만족이나 혹은 특정 자본가의 부도덕에 대한 분노에서 시작되기 쉽다. 이처럼 개별 자본에게 압박을 가하는 데 나름 효과적이기는 하지만, 소비자운동은 자본주의체제 자체와 맞서기에는 역부족이다. 소비자운동이 잘해야 체제가 조장했던 '상품의 휴머니즘'이 수반할 수밖에 없는 부작용에 지나지 않는 것도 이런 이유에서다. 자본주의체제는 소비를 잘하라고 노동계급을 어른으로 대우했지, 소비에 저항하라고 어른으로 대우한 것이 아니기 때문이다. 어쨌든 '상품의 휴머니즘'이 지배하는 시절 노동계급은 더 지혜롭고 더 용감해야만 한다. 체제가 허락했던 "여가생활과 인간다움"이란 휴머니즘의 요소를 소비영역이 아니라 생산영역에 집중시킬 수 있어야 하니까 말이다. 씨름 종목에는 '뒤집기 기술'이란 것이 있다. 상대의 압도적 힘을 역이용하는 지혜와 용기를 갖춘다면 노동계급에게 '정치의 휴머니즘', '생산의 휴머니즘', 나아가 '연대의 휴머니즘'은 그리 먼 이야기만도 아닐 것이다.

> 체제 발전이 절정에 이르자, 초기 사회들에서 주요 노동과 관련된 근본적인 경험은 무노동non-travail과 비활동inactivité으로 바뀌고 있다. 그렇지만 이런 비활동은 결코 생산활동에서 해방된 것은 아니다. 생산활동에 의존하고 있기에, 비활동은 생산의 필요조건들nécessités과 결과물들résultats에 대한 불편하지만 경건한 복종이다. 실제로 비활동 자체는 생산적 합리성의 산물이다. 활동l'activité이 없으면 자유liberté도 존재할 수 없으며, 스펙타클 안에서는 모든 활동이 금지된다. 사실상 모든 실재 활동l'activité réelle은 스펙타클의 총체적 구성물에 강제적으로 접속된다. 그래서 "노동으로부터의 해방"이라고 언급되는 것, 즉 증가된 여가시간은 노동에서의 해방도 아니고 노동이 만든 세계로부터의 해방도 아니다.
>
> −《스펙타클의 사회》 27

국가라는 억압조직이 아예 없었던 수렵채집 시절과 초기 농경 사회를 떠올려보자. 20만 년 전부터 BC 8000년까지 인류에게는 누구를 지배하고 누구로부터 지배를 받는 억압이란 생각할 수도 없었다. 엄청난 힘을 가진 타인이 압력을 가할 때, 저항할 수 없으면 자신의 주거지를 옮기면 그만일 뿐이었다. 그러나 BC 8000년 전후 모든 것이 변해버렸다. 이것은 농업혁명과 밀접한 관련이 있다. 특히나 이 시기를 농업혁명이라고 부르는 이유는 야생 식물과 야생 동물을 기르기 시작했기 때문이다. 채집이 농사로, 사냥이 목축으로 변한 것이다. 참고로 최초의 가축은 수렵채집을 하던 시절, 그러니까 BC 13000년 전후에 발생하는데, 그것이 바로 개였다. 이후 소, 양, 닭, 말 등 가축으로 길러지는 동물들은 점점 확장되었고, BC 4000년쯤 말을 가축으로 기르기 시작한 것으로 가축화는 어느 정도 마무리된다. 왜 다른 동물을 가축화하는 작업이 멈춰졌던 것일까? 개, 소, 닭, 말보다 가축화했을 때 더 유익한 동물을 발견했기 때문이다. 그 동물은 무엇이었을까? 바로 동료 인간이었다. 농사와 목축의 대상이 이제 다른 생명체가 아니라 인간이 된 것이다. 마침내 BC 3000년 전후 국가라는 억압기구가 탄생하면서, 지배계급과 피지배계급이란 계급 분화가 시작된다. 간혹 요새도 고위층 인사가 "민중은 개돼지에 불과하다"는 오래된 비밀을 누설해 우리의 분노를 자아내는 경우가 있다. 그렇지만 이건 BC 3000년 이후 현재까지 적용되는 어김없는 진실이다. 인간 가축화domestication의 가장 세련되고 강력한 형태가 바로 자본주의체제다. 그리고 그 가축화된 인간을 바로 '노동자'라고 부른다. 어느 소도 밭을 가는 걸 원하지 않는다. 그렇지만 인간의 채찍과 사료에 길들여진 소는 서글프고 커다란 눈망울을 깜박이며 밭을 갈게 된다. 어느 인간도 직장에 나가

5부. 스펙타클, 주체를 구경꾼으로 만드는 마법

기를 원하지 않는다. 그렇지만 자본계급의 해고와 고용에 길들여진 인간은 억지로 아침잠을 깨우며 노동 현장에 발걸음을 재촉한다. 밭일과 휴식이라는 반복적인 과정을 통해 소는 채찍을 피하고 사료를 먹지만, 소의 생산물은 대부분 인간에게 돌아간다. 마찬가지로 노동과 소비라는 반복적인 과정을 통해 노동자는 생계를 유지하지만, 그 생산물 대부분은 자본계급에게 고스란히 돌아간다.

자본주의체제가 어떻게 우리의 삶을 가축화하는지 조금 자세히 살펴보자. 가장 먼저 우리가 주목해야 할 것은 자본주의는 우리의 활동을 분리하고 여기에 묘한 가치평가를 수행한다는 점이다. 먼저 자본에 팔리는 노동과 그렇지 않은 노동이라는 분리가 이루어진다. 그리고 여기에 자본에 팔리는 노동은 가치가 있고, 그렇지 않은 노동은 무가치하다는 평가가 덧붙여진다. 예를 하나 들어보자. 농업경제가 지배적이던 시절 여성의 가사노동은 남성의 사회노동과 거의 대등한 존중을 받았다. 그렇지만 지금 전업주부의 가사노동은 폄하된다. 직접 자본으로부터 임금을 받지 않는, 다시 말해 자본이 높게 평가하지 않는 노동이기 때문이다. 그래서 기 드보르는 말했던 것이다. "체제 발전이 절정에 이르자, 초기 사회들에서 주요 노동과 관련된 근본적인 경험은 무노동과 비활동으로 바뀌고 있다"고. 임금노동이 아닌 모든 노동은 무노동이나 혹은 심하면 비활동으로 보이게 되었다는 말이다. 가사노동만 그럴까? 농부의 삶을 떠올려보자. 모내기를 할 때 그는 마을 사람들과 함께 근사한 노동요를 부르며 일을 했다. 벼가 자랄 때 간혹 물꼬를 터주거나 잡초를 제거하는 일을 제외하고는 많은 시간을 가족과 마을 사람들과 어울리는 데 보냈다. 한 해 농사를 마무리한 뒤에도 그의 활동은 정말 풍성했다. 아이들과 토끼사냥도 떠나고 마을 축제에 모여 노래판과 연극판도 자주 벌였으니까. 간혹 계절의 변화에 마음이 동하면 그는 삶의 애환을 표현하는 글도 지어 읊조리기도 했다. 그러나 자본주의체제가 발달하면서, 그가 향유하던 활동들 대부분은 무가치한 것으로 변하게 된다. 봉숭아 꽃잎에 손가락을 물들이는 활동, 나뭇조각에 동물이나 사람을 새기는 활동, 근사한 바람을 맞으러 뒷동산 바위에 오르는 활동, 얼마 전 잔치에서 들은 판소리를 따라 부르는 활동, 아이와 함께 물고기를 잡는 활동, 낡은 부엌을 아내를 위해 근사하게 수선하는 활동, 농사를 시작하기 전 복숭아꽃을 모아두고 마을 잔치에 참여하던 활동 등등. 우리 삶을 풍성하게 만들었던 이런 '근본적 경험'은 자본주의에 의해 노동이 아닌 것으로 심하면 아무런 활동도 하지 않는 것으로 전락해버린 것이다. 인간이 완전한 노동자로 탄생하는 지점, 그러니까 자본계급의 가축이 되는 지점은 우리가 이런 자본주의체제의 가치평가를 수용하던 순간이었다.

퇴근한 뒤나 휴일에 집에서 아무 일도 하지 않고 쉬려고 할 때, 한마디로 말해 돈이 되지 않는 활동은 하려고 하지 않을 때, 우리는 자본계급의 가축, 즉 노동자가 된 것이다. 마치 밭일을 하고 축사에 들어온 소가 아무런 일도 하지 않고 멍하니 쉬고 있는 것처럼 말이다. 인간이 기쁨을 느끼는 대부분의 활동을 무노동과 비활동으로 만들었지만, 자본주의체제는 무노동과 비활동 시간마저 착취하려고 한다. 자본주의의 내적 논리에 따르면 소처럼 일하고 쉬기만 해서는 자본주의체제는 유지될 수 없기 때문이다. 노동자들은 소비자가 되어야만 한다. 노동자의 시간이 두 종류로 양분된다는 점에 주목해보자. 하나는 자본에 고용되어 노동하는 노동시간이고, 다른 하나는 일터를 벗어난 여가시간이다. 기 드보르가 말했던 것처럼 여가시간에서의 "이런 비활동은 결코 생산활동에서 해방된 것은 아니다". 하긴 소가 축사에서 쉬는 시간은 밭일하는 시간에서 해방된 것이 아니다. 축사에서의 시간은 밭일을 하기 위한 충전의 시간이기 때문이다. 현명한 소라면 주인이 여물도 많이 주고 축사도 잘 정비해주었을 때, 곧 엄청난 밭일이 찾아오리라는 걸 짐작할 것이다. 소와 달리 인간이란 가축은 이 여가시간에 휴식 외에 다른 한 가지 활동을 하도록 저주받았다. 주변을 돌아보라. 그냥 먹고 자고 쉬는 것이 아니라 대부분 TV, 영화, 인터넷 등을 보면서 여가시간을 보낸다. 흥미로운 드라마나 영화, 스포츠, 음악 프로그램을 구경하면서, 우리는 최신 유행 코드에 직간접적으로 접속된다. 이를 통해 우리는 쇼핑의 욕망을 기르고 이를 직접 구매하려는 대열에 합류하게 된다. 이것이 바로 기 드보르가 "비활동을 생산의 필요조건들과 결과물들에 대한 불편하지만 경건한 복종"이라고 말했던 것이다. 여기서 '생산의 필요조건'이 노동을 하기 위한 재충전과 휴식시간을 의미한다면, '생산의 결과물들'이란 신상품이라는 이름으로 대량생산된 상품들을 의미한다. 자본주의체제는 노동자들에게 명령을 내린 것이다. 여가시간을 재충전의 시간과 소비의 시간으로 보내라고 말이다.

불행히도 예나 지금이나 우리는 체제의 명령에 "불편하지만 경건하게 복종"하고 있다. 그러니 노동시간 단축과 여가시간의 증가를 사회가 발전한 징후라고 착각하지 말자. "증가된 여가시간은 노동에서의 해방도 아니고 노동이 만든 세계로부터의 해방도 아니다." 그저 증가된 여가시간은 단지 소비시간의 증가만을 의미한다는 말이다. 결국 노동자가 보내는 대부분의 시간, 즉 노동시간, 휴식시간, 소비시간은 자본주의체제나 자본계급을 위한 시간이거나 가축으로 살고 있는 인간의 시간일 뿐이다. 그렇다면 어떻게 가축이 아닌 자유로운 삶을 되찾을 수 있을까? 원칙적으로 자본주의체제를 극복해야 가능한 일이지만, 우선적으로 우리는 돈이 되지 않는 활동을 긍정하도록 노력해야만 한다. 판소리도 제대로 배우고, 물가에 가서 예쁜 조약돌도 구하고, 문학이나 인문학 책도 읽고, 집에서 근사한 밥도 짓고, 들판에서 예쁜 꽃도 찾아 화관을 만들 일이다. 이렇게 그 자체로 기쁨을 주는 활동, 한마디로 말해 쌀도 돈도 나오지 않는 활동에 기쁨을 느낄 수 있는 연습을 해야만 한다. 그럴 때 우리는 기 드보르가 언뜻 던진 말에 고개를 끄덕일 수 있을 것이다. "활동이 없으면 자유도 존재할 수 없다!"

> 자본주의경제의 상수, 즉 사용가치의 저하 경향la baisse tendancielle de la valeur d'usage은 연장된 생존la survie augmentée 내부에 새로운 형태의 결핍을 낳는다. 연장된 생존은 과거의 궁핍에서 그만큼 더 해방되었음을 의미하지 않는다. 연장된 생존은 다수의 사람에게 임금노동자로서 쉴 새 없이 계속 노력할 것을 강제하기 때문이다. 인간은 이것에 복종하든지 아니면 죽음을 각오하든지 간에 다른 선택의 여지가 없음을 잘 알고 있다. 바로 이런 위협적인 현실—심지어 가장 빈약한 형식(음식, 주택)에서조차 사용가치는 연장된 생존이라는 환상적 부유함la richesse illusoire에 근거한다는 사실—은 현대의 상품 소비에 있어 (대부분 사람들이) 환상illusion을 일반적으로 수용하고 있다는 걸 설명해준다. 실재 소비자consommateur réel는 환상의 소비자consommateur d'illusions가 된다.

—《스펙타클의 사회》 47

《자본론》에서 마르크스가 해부한 자본주의를 관통하는 법칙은 '이윤율 하락 경향의 법칙the Law of the Tendency of the Rate of Profit to Fall'이다. 19세기에서 20세기 초반까지 자본주의가 제국주의를 취했던 것도 바로 이 법칙으로 설명된다. 닫힌 공동체에서 이윤율, 혹은 자본가의 잉여가치는 감소하기에, 외부 시장을 찾아 자본주의는 팽창할 수밖에 없으니까 말이다. 1907년 합성수지를 원료로 최초의 플라스틱이 만들어진다. 미국의 전기화학회사 운영자이자 화학자였던 베이클랜드Leo Henricus Baekeland(1863~1944)의 공이다. 플라스틱은 돌이나 나무, 유리나 쇠라는 오래된 물질을 대체했다. 석기시대, 청동기시대, 철기시대를 거쳐서 마침내 플라스틱시대가 도래한 것이다. 돌그릇은 정교하게 만들기 어려울 뿐만 아니라 지나치게 무겁고, 나무그릇은 담은 액체를 흡수할 뿐만 아니라 썩기 쉽고, 유리그릇은 깨지기 쉬울 뿐만 아니라 비싸다. 쇠그릇은 정교하게 만들 수 있지만 상대적으로 무겁고 더군다나 쉽게 녹이 슨다. 그렇지만 플라스틱그릇은 썩지 않고 깨지지 않고 가볍고 녹도 슬지 않고, 심지어 정교한 제품으로 대량으로 만들 수 있어 값싸기까지 하다. 그러니 시장에 나온 플라스틱그릇이 얼마나 폭발적인 반응을 보였을지 미루어 짐작이 가는 일이다. 당연한 일이지만 플라스틱그릇의 판매가 저조해지는 순간이 온다. 웬만한 가정이면 어느 정도 구비했기 때문이다. 바로 이것이 '이윤율 하락 경향의 법칙'이다. 이윤율 하락을 막으려면 새로운 시장, 다시 말해 돌, 나무, 유리, 쇠 등으로 그릇을 만드는 아프리카나 아시아로 눈을 돌려야 한다. 그렇지만 이것이 어디까지 가겠는가? 어차피 지구 자체가 닫힌 세계이니 말이다.

아니나 다를까, 제2차 세계대전이 끝난 20세기 중반부터 이윤율 하락을 막을 수 있는 새로운 외부 시장은 거의 고갈되고 만다.

외부가 아니면 내부다. 아니 정확히 말해 지구 전체가 자본주의체제 입장에서 내부가 되었다고 하는 것이 정당한 평가일 것이다. 외부가 없으니 내부에서 이윤율 하락을 막아 잉여가치를 올릴 방법을 찾아야만 한다. 그것은 무엇일까? '필요한 상품을 구매하는 세계'가 아니라 '필요하다고 느껴 상품을 구매하는 세계'를 창조, 혹은 날조하는 방법이다. 20세기의 마르크스라고 자부했던 기 드보르는 여기서 '이윤율 하락 경향의 법칙'을 대신할 영민한 슬로건 하나를 만들어낸다. 바로 '사용가치의 저하 경향la baisse tendancielle de la valeur d'usage'의 법칙이다. 이윤율 하락을 막기 위해 공간적 팽창이 불가능하다면, 결국 남는 것은 시간적 팽창뿐이다. 바로 이것이 외부가 아니라 내부에서 이윤율 하락을 막으려는 자본주의 생존 전략의 핵심이다. 새로운 상품을 만들어 기존 상품을 쓸모없는 것으로 만드는 기법이다. 그러니 '사용가치의 저하 경향'은 정확히 말해 신상품의 출현으로 쓰고 있던 상품의 '사용가치가 저하되어 보이는 경향'이라고 할 수 있다. 돌아보면 인류 문명의 발달은 사치품이 필수품이 되어가는 과정에 지나지 않는다. 자본주의체제에서 이런 경향은 더 노골화한다.

처음 출시되었을 때 사치품에 지나지 않았던 스마트폰을 생각해보라. 당시에는 핸드폰도, 퍼스널컴퓨터도, 디지털카메라도, 그리고 내비게이션도 있었다. 스마트폰은 그저 이 모든 상품을 하나의 기기로 애매하게 압축했을 뿐이다. 스마트폰의 통화 기능은 핸드폰보다 떨어지고, 스마트폰의 검색 기능은 퍼스널컴퓨터보다 떨어지고, 스마트폰의 사진 기능도 디지털카메라보다 떨어지고, 스마트폰의 위치 확인 기능도 내비게이션보다 떨어졌다. 그러니까 사용가치 때문에 사람들이 스마트폰을 구입했던 것은 아니다. 오히려 모던한 삶을 살고 있다는 사실을 자신이나 타인에게 알리고 싶어서 스마트폰을 구입하는 경우가 많았다. 그에 따라 핸드폰, 퍼스널컴퓨터, 디지털카메라 등은 사용가치가 떨어지고 만다. 바로 이것이 기 드보르가 '사용가치의 저하 경향'으로 말하고자 했던 것이다. 사용가치는 별로 없지만 인간의 허영을 만족시켜주는 것, 이것이 바로 사치품 아닌가. 그렇지만 사치품은 어느 순간 필수품이 되고 만다. 예를 들어 스마트폰이 제공하는 SNS 기능을 생각해보라. 동료들과 집단으로 일을 할 때 서로 행동을 맞추기 위해 우리는 SNS를 이용한다. 이 경우 스마트폰은 이제 단순한 사치품이 아니다. "내일 사무실에 가서 메일을 확인하고 답신을 주겠습니다." 스마트폰 시대에 이런 말은 핑계에 불과하다. 어느 때든 스마트폰으로 메일을 읽고 답신을 할 수 있으니 말이다. 휴가지에서도 직장 상사가 급하게 보낸 메일을 보려면 스마트폰은 이제 필수품이 되어버린 것이다. 처음 등장했을 때 사용가치가 떨어졌던 스마트폰이 점점 사용가치가 증가하게 된 것이다. 바로 이것이 사치품이 필수품이 되는 과정, 즉 사용가치가 별로 없던 것이 사용가치가 증대되는 과정이다.

신상품의 사용가치가 증가하는 만큼, 기존 상품의 사용가치는 저하된다. 바로 이것이 자본주의가 시간을 지배하게 되는 힘이다. 낡은 것과 새로운 것이 이제 과거와 현재, 그리고 미래의 새로운 토대가 된다. 진보와 발전의 이데올로기가 자본주의체제에 기초하는 것도 이런 이유에서다. 어쨌든 누구나 가지고 있는 필수품이 되어 사용가치가 증가하는 순간, 다시 자본의 이윤율은 감소할 수밖에 없다. 누구나 가지고 있으니 새로운 필수품은 더 이상 팔리지 않기 때문이다. 바로 이럴 때 새로운 사치품이 출시된다. 예를 들어 스마트폰만 하더라도 1년 주기로 새로운 버전이 등장하는 것이 상식이

의식주의 연장된 생존

	사용가치	1차 연장	2차 연장	3차 연장	n차 연장
의	몸과 수치심 보호	중저가 브랜드	대중적 명품 브랜드	에르메네질도 제냐	자본의 결정
식	필수 영양분 공급	마트의 식료품	유기농 매장 식료품	샤토 라투르	자본의 결정
주	휴식과 안전 확보	40평 아파트	70평 주상복합 아파트	트라움하우스 5차	자본의 결정

다. 아직 충분히 사용가치가 있는 스마트폰은 새로운 버전에 밀려 점점 사라진다. 물론 새로운 버전의 스마트폰은 어느 사이엔가 필수품으로 자리 잡을 것이다. 새로운 버전의 스마트폰에 맞추어 새로운 프로그램, 즉 앱^{application, App}들이 등장할 테니 말이다. 사실 신상품은 별거 아니다. 사치품에 지나지 않지만 우리의 허영을 충족시켜주는 상품, 혹은 사용가치가 높지 않지만 구매욕을 느끼게 만드는 상품이다. 이렇게 자본은 신상품이 흔드는 치명적인 유혹의 손짓에서 이윤율의 하락을 막는 주된 동력을 찾았던 것이다.

사용가치 하면 빠질 수 없는 것이 의식주와 관련된 상품일 것이다. 의식주를 갖추지 못하면 생존 자체가 불가능하기 때문이다. 바로 이 대목에서 지금 우리는 스스로 되물어보아야 한다. 옷은, 음식은, 그리고 집은 어느 정도가 되어야 만족스러운가? 이 질문을 받았을 때 대부분의 사람들은 당혹감을 느끼기 쉽다. 다다익선^{多多益善}을 표어로 20만 원짜리 의류를 입고 있는 사람은 50만 원짜리 의류를 입으려고 하고, 단품 요리를 먹고 있는 사람은 코스 요리를 먹으려고 하고, 30평 아파트에 살고 있는 사람은 70평 아파트에 살려고 하니까 말이다. 이렇게 대부분의 사람들은 의식주와 관련된 상품들에서도 사용가치를 따지지 않은 지 오래다. 사용가치가 아니라 허영이 더 중요한 본능이자 욕망이 되었다. 상품의 사용가치를 따지지 않는다면 그것은 기본적으로 상품의 교환가치, 즉 얼마에 팔고 살 수 있는지만을 따진다는 것을 말한다. 결국 비싸니까 가치가 있다는 생각이 사회를 지배한다는 것이다. 바로 여기에서 기 드보르가 만든 최고의 개념 중 하나인 '연장된 생존la survie augmentée'의 중요성이 빛을 발한다. 배고플 때 생존을 위해 먹어야 한다. 추울 때 생존을 위해 입어야 한다. 환경이 척박할 때 생존을 위해 주거지를 마련해야 한다. 이 경우 음식과 옷, 그리고 집은 사용가치가 극대화된다. 문제는 명품 옷, 고급 요리, 그리고 호화 주택이다. 실제로는 '생존'과 직접 관련이 없는데도 인간은 이것들이 없다면 죽을 것 같다고 느끼는 허영의 존재다. 그러나 어떻게 하겠는가. 먹지 않으면, 입지 않으면, 그리고 살지 않으면 죽을 것 같다고 느낀다면, 이 모든 상품은 생존에 필수적인 것 아닌가. 바로 이것이 '연장된 생존'이다. 문제는 생존에 필수적이라고 느끼는 수준이 계속 연장되고 강화될 수 있다는 데 있다. 40평 아파트에서 70평 주상복합 아파트로, 그리고 트라움하우스로 주거와 관련된 생존조건은 연장되고 강화된다. 중저가 브랜드에서 명품 브랜드로, 그리고 에르메네질도 제냐로 옷과 관련된 생존조건은 연장되고 강화된다. 마트의 식료품에서 유기농 야채로, 그리고 샤토 라투르로 음식과 관련된 생존조건은 연장되고 강화된다. "여가생활과 인간다움"을 강조했던 상품의 휴머니즘이 구체화되는 대목이다.

겉으로는 과거 농경 시절 왕족이나 귀족이 누렸던 소비생활을 이젠 노동계급도 충분히 누릴 수 있게 된 것이다. 상품의 휴머니즘은 결국 왕족이나 귀족의 소비생활을 노동계급에게도 권장하는 논리였던 것이다. 프로테스탄티즘은 인간을 가톨릭의 신으로부터 해방시킨 것이 아니라, 사실 성당에 갇혀 있던 신을 인간 내면으로 해방시켰다. 이와 마찬가지로 자본주의체제는 인간을 왕족이나 귀족으로부터 해방시킨 것이 아니라, 신분질서에 갇혀 있던 왕족이나 귀족을 인간 내면으로 해방시켰던 것이다. 그렇지만 연장된 생존을 계속 충족한다고 해도 노동계급이 자본계급이 되는 것은 아니다. 언제든지 실직하면 그는 3차 연장에서 2차 연장으로 혹은 1차 연장으로 삶이 퇴화할 수밖에 없기 때문이다. 그럼에도 체제가 마련한 '연장된 생존'의 논리에 포획되는 순간, 노동계급은 의식주의 사용가치를 망각하고 허구적 결핍감을 채우기 위해 동분서주하게 된다. 이렇게 "현대의 상품 소비에 있어 (대부분 사람들이) 환상을 일반적으로 수용하고 있다". 실제로 없다면 죽는 것도 아닌데, 죽을 것 같다는 확실한 느낌을 갖고 있으니 '환상'이 아닐 수 없다. 그 대가는 치명적이다. "연장된 생존은 다수의 사람에게 임금노동자로서 쉴 새 없이 계속 노력할 것을 강제하기 때문이다." 그러나 어쩌겠는가? 없으면 죽을 것 같은 느낌을 주는 상품을 구매하려면, 그만큼 돈이 필요하니까 말이다. 그 사이에 회심의 미소를 짓는 것은 자본주의체제다. 생산된 상품들이 소비로 모두 소진될 때, 잉여가치는 고스란히 자본계급의 품으로 들어가기 때문이다.

3. 20세기의 풍경, 집중되었거나 혹은 분산되었거나

가장 선진적인 경제의 발달이 특정 당면과제^{priorité}와 다른 당면과제 사이의 충돌인 것처럼, 경제를 전체주의적으로 관리하는 관료국가들이나 식민화된 혹은 반식민화된 국가들은 다양한 유형의 생산과 권력을 규정한다. 자신이 따르는 상이한 기준들에 호소함으로써 스펙타클은 (다른 스펙타클과 대립되는) 자기 체제를 전적으로 별개의 사회체제라고 설명할 수도 있다. 그렇지만 실재로 동일한 본질을 공유하는 특수한 구역들만이 존재할 뿐이다: 대립하는 체제들을 포함한 세계체제, 즉 전체 지구를 자기 활동 영역으로 만들고 있는 단일한 운동으로서의 자본주의. …… 스펙타클적 대립들은 비참함의 통일성$^{unité de la misère}$을 은폐한다. 동일한 소외의 다양한 형태들이 화해 불가능한 적대관계라는 가면을 쓰고 서로 투쟁하고 있다면, 이것은 그것들이 모두 억압된 현실적 모순에 기초하고 있기 때문이다. 스펙타클은, 자신이 부정하거나 지지하는 비참함의 특수한 국면에 따라, 집중된 형식$^{forme concentré}$이나 아니면 분산된 형식$^{forme diffuse}$으로 존재한다. 두 경우 모두에서 스펙타클은 비탄과 고뇌로 둘러싸인 채 불행이란 고요한 중심centre tranquille de malheur에 존재하는 '행복한 통일unification heureuse'의 이미지와 다름없다.

　　　　　　　　　　　　　　　　　　　　　　－《스펙타클의 사회》 56·63

　　코뮌주의communism나 소셜리즘socialism, 번역하면 공산주의共產主義나 사회주의社會主義만큼 오해와 편견에 노출되어 너덜너덜해진 개념도 없을 것이다. 특히나 냉전체제의 대표적 산물인 한국전쟁과 체제 갈등을 겪은 한국사회에서는 그 정도가 지나치다고 할 만큼 심하다. '소련-평등주의-사회주의-공산주의-북한'이란 계열과 '미국-자유주의-개인주의-자본주의-남한'이란 계열이 차가운 얼음과 뜨거운 석탄처럼 대립했기 때문이다. 한국사회를 아직도 지배하는 선과 악의 구도, 혹은 극단적인 이분법은 바로 여기에서 기원한다. 물론 이런 극단적 이분법을 통해 가장 이득을 얻은 것은 소련이나 북한의 지배계급과 미국이나 남한의 지배계급이었다. 정치를 가장 냉정한 시선에서 진단했던 슈미트Carl Schmitt(1888~1985)는 1927년 자신의 주저《정치적인 것의 개념Der Begriff des Politischen》에서 '적과 동지'가 정치적인 것의 근본 범주라고 말했던 적이 있다. 아버지와 자식 사이에 불화가 생길 때, 간악한 아버지라면 이 갈등을 쉽게 미봉할 수 있다. 자식이 귀가하는 순간, 아버지가 앞집 아저씨와 멱살을 잡고 시비를 벌이면 된다. 아버지는 아들에게 거친 이분법을 던진 것이다. "너는 아버지 편이냐 아니면 앞집 아저씨 편이냐?" 슈미트식으로 표현하자면 이 이분법은 다음과 같이 표현된다. "너는 적이냐 동지냐?" 아마 평범한 자식이라면 아버지 편을 들 것이다. 가재는 게 편이라는 속담이 괜히 생긴 것은 아니니까. 항상 지배계급은 이런 식이다. 피지배계급의 불만과 저항이 커지면 전쟁을 통해서라도 내분을 가라앉히는 것, 우리가 역사에서 많이 봐왔던 패턴이다.

지배계급은 피지배계급에게 반강요에 가깝게 호소한다. "지금은 너희 피지배계급이 지배계급을 공격할 때가 아니야. 일단 우리는 단결해서 적의 공격을 막아야 해." 이어서 지배계급은 자신이 피지배계급을 얼마나 위하는지 감언이설도 주저하지 않는다. "적의 공격을 물리친 다음, 너희의 욕구를 아무런 전제 조건 없이 논의하도록 하자." 어쨌든 상대방 체제를 '악'으로 규정하는 체제 경쟁은 그야말로 '적과 동지'의 경연장일 수밖에 없다. 양 체제의 지배계급은 '적과 동지'라는 범주를 교묘히 이용해 피지배계급의 저항을 무력화시키면서 지배체제를 영속화한다. 구체적인 방법은 단순하다. 장기적으로는 피지배계급에게 지금은 내분에 빠지지 말고 단결할 때라는 생각을 각인하는 체제 교육을 강화하거나, 단기적으로는 피지배계급의 저항을 '이적행위'라는 범법행위로 몰아가는 공안정국을 조성하는 것이다. 불행하게도 십중팔구 피지배계급은 슈미트적인 전략에 넘어가면서, 양 체제는 피지배계급을 억압하는 반민주성을 강화하게 된다. 북한의 경우 김일성金日成(1912~1994) 왕조가 가능했던 것도 남한의 경우 박정희와 전두환으로 이어지는 군부독재가 가능했던 것도 이런 이유에서다.

사회주의와 코뮌주의는 모두 "자유로운 개인들의 공동체"를 지향한다. 그러니 민주주의가 가장 구체적으로 실현된 이념이다. 사회주의와 코뮌주의는 삶의 수단의 공유共有를 지향한다. 여기서 중요한 것은 '함께'와 '더불어'를 의미하는 '공共'이라는 관념이다. 그러니까 생산수단의 독점, 정치수단의 독점, 나아가 폭력수단의 독점은 사회주의나 코뮌주의에서는 생각할 수도 없다. 땅을 가졌다는 이유로 농민을 지배하는 지주나 교환수단을 독점해 노동자를 지배하는 자본가도 있을 수 없고, 대표자라는 이유로 모든 정치력을 독점하는 정치가도 있을 수 없고, 상비군 전체를 임의로 지휘하는 지배자도 있을 수 없다. 19세기와 20세기 초를 뜨겁게 달구었던 사회주의나 코뮌주의는 드디어 지구상에 민주주의가 실현될 수 있는 희망을 안겨주었다. 문제는 민주주의를 뜨겁게 달구었고 동시에 차갑게 냉각해버린 당사자가 바로 소련이었다는 데 있다. 1917년 러시아혁명으로 최초로 피지배계급의 공동체, 아니 지배와 피지배 관계가 사라진 공동체를 설립했다고 주장했지만, 사실 볼셰비키 정부는 태생적으로 반혁명의 계기를 품고 있었다. 1917년 '10월혁명'은 사실 피지배계급과는 무관한 소수 엘리트 혁명가들이 주도한 '10월쿠데타'였으니까. 아나나 다를까, 얼마 지나지 않아 혁명을 대표했던 소수 지식인들은 공산당이라는 이름으로 국가 관료들과 결탁하면서 새로운 지배계급으로 행세하기 시작했다. 물론 자신들의 지배를 정당화하기 위해 러시아의 새로운 지배계급은 미국 등 자본주의 국가에 맞서 사회주의나 코뮌주의를 지켜야 한다고 주장했다. 새로운 지배계급의 등장에 경악했던 것은 러시아혁명에 참여했던 수십만의 피지배계급이었다.

반혁명에 대한 피지배계급의 비판과 저항은 불가피했고 당연한 일이었지만, 그들의 문제 제기에는 이적행위자, 노골적으로 말해 미국의 간첩이라는 주홍글자가 찍히게 된다. 특히나 혁명과 반혁명 사이에서 머뭇거렸던 레닌^{Lenin}(1870~1924)을 이어 최고 통치자로 등극한 스탈린^{Joseph Stalin}(1878~1953)에게서 반혁명은 그야말로 정점에 이른다. 스탈린주의, 다시 말해 사회주의라는 이름으로 사회주의를 억압했던 일종의 정신분열적 억압체제는 바로 이렇게 탄생한 것이다. 피지배계급을 위해서 피지배계급을 억압한다고 외치니,

정신분열이 아니면 감당하기 힘든 상황인 셈이다. 사회주의의 자살! 코뮌주의의 자폭! 민주주의의 자멸! 지금까지 역사는 소수 지배계급, 다시 말해 왕이나 지주, 혹은 자본가가 생산수단을 독점했던 사유私有의 역사였고, 이 질곡의 역사를 극복해 공유共有의 논리로 나아가려는 인류의 희망이 바로 사회주의와 코뮌주의였다. 사회주의와 코뮌주의를 팔아서 억압체제를 구축했던 것, 가장 성공적인 진보팔이가 바로 스탈린주의였다. 그렇다고 노골적으로 공산당이나 국가 관료가 모든 것을 독점한다고 말할 수는 없기에, 스탈린주의는 기묘한 논리를 창안하게 된다. 국유國有나 공유公有의 논리가 바로 그것이다.

국유는 자본주의체제가 표방하는 사유의 논리를 부정하는 것처럼 보인다. 그렇지만 생산수단, 교환수단, 정치수단, 나아가 폭력수단까지 국가가 독점하는 순간, 국가는 모든 인간 위에 군림하는 신적인 존재가 되는 것 아닌가. 삶의 모든 수단을 독점한 소수는 지배계급이 되고, 삶의 수단을 빼앗긴 다수는 피지배계급이 되는 법이다. 아무리 국가기구가 인격체가 아니라고 강변해도, 국유는 여러모로 왕정을 닮은 데가 있다. 왕조시대 군주는 모든 토지와 모든 신민의 절대적 소유자였기 때문이다. 더군다나 국가기구가 인공지능Artificial Intelligence, AI이 아니라면, 그걸 운용하고 통제하는 사람들이 있을 수밖에 없다. 국유를 빌미로 스탈린을 정점으로 하는 공산당 지도부와 핵심 관료들, 러시아혁명 이전 차르Tsar, царь와 귀족들이 앉아 있던 권좌에 다시 앉은 사람들이 바로 그들이다. 왕조국가가 아닌 듯 보이지만 왕조국가인 국가가 이렇게 탄생한다. 이처럼 국유의 논리는 겉으로는 공유共有의 제스처를 취했지만 왕조국가에 버금가는 강력한 사유私有의 논리였다. 말장난을 허락한다면 공유共有와 공유^{公有}의 차이라고 할까? 더불어 삶의 수단을 소유하는 수평적 원리와 공권력이 삶의 수단을 독점하는 수직적 원리는 질적으로 다른 것이다. 한글에서는 구분이 되지 않지만 한자에서는 '함께'를 뜻하는 '공^共'과 '공권력'을 뜻하는 '공^公'은 하늘과 땅처럼 차이가 있다. 바로 여기에 공유^{共有}를 공유^{公有}로, 혹은 공유^{公有}를 공유^{共有}로 착각할 수 있는 실마리가 담겨 있다.

혁명 당시 러시아는 농업경제에서 벗어나지 못한 낙후된 국가, 거대한 땅덩어리를 가진 가장 가난한 나라였다. 그러나 러시아혁명으로 러시아의 피지배계급은 비록 배는 여전히 고팠지만 정신적으로 충분히 포만감을 느끼고 있었다. 일체의 억압이 사라진 최초의 민주사회에 살게 되었다는 자부심은 뜨겁게 가슴을 채우고 있었던 것이다. 이미 레닌이 권력을 행사하던 시절 자부심에 상처를 입었던 러시아 민중들이다. 불행히도 스탈린의 반혁명은 상처 입은 자부심마저 산산이 찢어버리고 만다. 실제로 레닌은 1921년부터 1928년까지 네프^{NEP}, 즉 신경제정책^{New Economic Policy, NEP; новая экономическая политика, НЭП}을 통해 낙후된 러시아에 자본주의체제를 발달시키려고 했다. 사유재산과 자유시장을 허용해 네프만^{NEPman}이라고 불리는 자본계급을, 토지의 사적 소유를 허락해 쿨라크^{Kulak}라고 부르는 부유한 지주계급을 만들려고 했다. 이를 토대로 국영기업을 발달시키려는 복안이었던 것이다. 차르와 귀족 대신 자본가, 지주, 국가 관료가 전면에 등장할 수도 있는 위험한 도박, 러시아혁명을 상전이 또 다른 상전으로 바뀐 것에 지나지 않는 사이비 혁명으로 변질시킬 수도 있는 치명적인 도박이었다. 모두가 레닌의 조바심이 빚어낸 결과였다. 그는 러시아혁명 이후 러시아 사람들이 과거 억압체제 때보다 더 잘살아야 한다고 생각했다. 레닌은 끝없이 주장했다. 러시아 민중들이 배를 곯게 되면 그 틈을 이용해 내외의 반혁명 세력들이 발호할 수 있다고.

어쩌면 레닌의 판단은 옳았는지도 모른다. 생각해보라. 외적으로는 미국과 영국 등 자본주의체제는 최초로 등장한 노동계급 정부에 불안감을 느끼고 있었다. 언제 러시아혁명과 같은 노동계급 혁명이 자국 내에서 일어날까 불안했다. 나아가 러시아 내부에서도 볼셰비키에게 권력을 빼앗긴 채 절치부심하고 있던 과거 기득권층들이 호시탐탐 다시 전면에 부상할 기회를 노리고 있었던 것이다. 레닌이 진정으로 두려워했던 것은 사실 1917년 2월혁명을 일으켰던 러시아 노동계급 아니었을까. "모든 권력을 소비에트로!"되돌려주겠다는 약속을 어겼으니, 노동계급의 배라도 불려주려는 속셈이다. 그래야 볼셰비키 정권이 유지될 수 있다고 레닌은 판단한 것이다. 1917년 2월혁명에 목숨을 걸었던 러시아 노동계급이다. 억압이 사라진 세상을 위해 목숨까지 걸었던 사람들에게 일시적 빈곤과 궁핍이 무슨 대수이겠는가. 억압이 없는 세계에 살게 되었다는 그들의 자부심, 후손들이 주인으로서 삶을 영위할 것이라는 기대감만 충족시키면 그만이다. 그러나 레닌은 모든 권력을 노동계급에게 주기보다는 빵과 치즈를 그들에게 주려고 했다. 이것은 레닌 스스로 지배자가 되려는 의지의 발로다. 어쨌든 조바심에 빠진 레닌은 위험한 도박을 시도한다. 레닌의 신경제정책으로 러시아혁명을 이끌었던 동지들도 양분되고 만다. 물론 당시 지도부 중 그 누구도 레닌이 러시아혁명을 배신했다고 생각하지는 않았다. 단지 레닌의 신경제정책의 효과에 대한 이견이 있었을 뿐이다. 그러니까 레닌의 신경제정책을 지지했던 부하린Nikolai Ivanovich Bukharin(1888~1938)이나 레닌의 신경제정책을 비판했던 트로츠키Leon Trotsky(1879~1940)도 레닌의 혁명정신을 의심하지는 않았다는 것이다.

1924년 레닌이 죽은 뒤 실권을 잡은 스탈린은 1928년 러시아의 모든 산업시설을, 1929년 러시아의 모든 농지를 국유화하게 된다. 스탈린은 레닌의 신경제정책 중 자본주의적 요소를 완전히 제거하고 국유화를 통해 국가기구가 생산수단을 독점하도록 했다. 국가독점자본주의state monopoly capitalism, stamocap가 시작된 것이다. 이어서 그는 1929년 2월 트로츠키를 국외로 추방하고, 같은 해 4월 부하린을 실각시키며, 독재자의 길을 걸어가게 된다. 마침내 러시아혁명은 완전히 배신당하게 된 것이다. 절대 자본가, 절대 지주, 그리고 절대 권력의 삼위일체가 이루어졌으니, 러시아혁명의 그나마 남은 불씨마저 완전히 꺼져버린 셈이다. 비록 배는 여전히 고팠지만 러시아 민중들은 최초의 민주혁명을 달성했다는 자부심으로 마음만은 풍족했었다. 스탈린의 국가독점자본주의는 러시아 민중들의 마음마저 굶주리도록 만들었던 것이다. 이미 독재의 길로 들어선 스탈린은 그들의 마음을 위로할 수는 없었다. 하긴 레닌도 할 수 없었던 일을 스탈린이 할 수 있었겠는가. 마음을 충족시키지 못하면 배라도 충족시켜야 한다. 스탈린과 국가 관료들에게 민중들의 배를 불리는 것은 권력을 유지할 수 있는 유일한 선택이었다. 1928년부터 스탈린의 국가독점자본주의의 상징 '소련 국가경제 발전 5개년 계획the five-year plans for the development of the national economy of the Soviet Union, USSR; Пятилетние планы развития народного хозяйства, СССР', 즉 '5개년 계획Five-Year Plan, Пятилетка'은 바로 이렇게 시작된 것이다.

1928년에 첫 번째 '5개년 계획'이 시작된 후 1991년에도 13번째 '5개년 계획'에 착수했으니, 그야말로 국가가 주도하는 '5개년 계획'은 소련 국가독점자본주의의 상징이라고 할 수 있다. 실제로

1931년 소련의 프로파간다 포스터.
"5개년 계획의 승리로 자본주의에
타격을 주자"라고 쓰여 있다.

스탈린의 '5개년 계획'은 나름 효과를 봤다. 1928년 산업 생산량 세계 점유율이 4퍼센트 정도였던 소련은 1937년 점유율이 12퍼센트나 뛰어올랐고, 그 사이 산업 생산량도 5배나 증가했기 때문이다. 구체적으로 말하자면 전력은 8배, 철강은 5배, 석탄은 4배, 석유는 3배, 그리고 시멘트는 2배로 생산량이 증가했고 철도를 포함한 수송수단은 4배나 증가했을 정도였다. 물론 공산당 지도부와 관료를 제외한 많은 민중을 노동자로 만들어 중공업 현장에 내몰았기 때문에 가능했던 일이다. 여기서 1928년에서 1939년까지 소련의 산업 생산량 점유율이 비약적으로 올라간 배경에 우리는 주목해야 한다. 1929년 10월 24일 미국 월스트리트 주식시장이 붕괴되면서 시작된 대공황Great Depression이 전 세계를 강타한다. 1929년 말 세계무역 총액이 대공황 이전보다 3분의 1로 줄어들었고, 세계적으로 1000만 명

1929년 미국 주식시장이 붕괴되자 군중이
월스트리트로 몰려들고 있다. 사유재산에 입각한
자본주의체제가 여지없이 흔들리고 그 혼란을 틈타서
파시즘이 유럽에서 점점 유행하게 되었을 때, 스탈린의
국가독점자본주의체제는 홀로 독야청청했다.

의 실업자가 순식간에 양산되었으며 반년도 안 되어 그 수는 4000만 명으로 늘었다. 사유재산에 입각한 자본주의체제가 여지없이 흔들리고 그 혼란을 틈타서 파시즘이 유럽에서 점점 유행하게 되었을 때, 스탈린의 국가독점자본주의체제는 홀로 독야청청했던 셈이다. 당시 소련의 산업 생산량 점유율이 그렇게까지 비약적인 증가치를 보여주었던 것도 이런 이유에서다.

1930년대 당시 미국, 영국, 프랑스, 독일 할 것 없이 서구 대도시에는 축 처진 어깨로 일자리를 구하려는 굶주린 실업자들이 수천만 명이나 득실거리고 있었지만, 소련에서는 '5개년 계획'에 따라 우후죽순으로 중공업 공장이 들어서며 어떤 노동자라도 쉽게 일자리를 구할 수 있었다. 스탈린은 정말 운이 좋았던 셈이다. 사유재산에 입각한 자본주의체제가 주기적인 불경기에 이르렀지만, 러시아혁명을 배신했던 국가독점자본주의체제는 노동자와 농민을 국가가 경영하는 거대한 공장과 거대한 농장에 몰아넣어 생산량을 증가시킬 수 있었기 때문이다. 물론 이것은 사회주의나 코뮌주의의 승리는 아니었다. 생산수단을 모두 국가에 빼앗긴 노동자나 농민은 생산 현장을 지배할 수 있는 지배권을 완전히 상실했기 때문이다. 국가독점자본주의가 어렵다면, 그냥 공산당 지도부나 정부 관료가 유일한 자본계급이었고 이들 소수를 제외한 대다수 러시아 민중은 착취되는 노동계급이었다고 생각하면 쉽다. 어쨌든 나름 스탈린은 농업이 지배적이었던 러시아를 산업화시키는 데 성공하는데, 대공황의 여파로 그 성공은 훨씬 더 극적인 인상을 주게 된다.

미국과 영국, 혹은 독일이나 일본보다 산업화가 뒤처진 국가들, 한때 식민지나 반식민지 상태에 있었던 저개발 국가들은 스탈린의 국가독점자본주의를 벤치마킹했다. 그중 가장 극적인 체제가

1977년 박정희와 박근혜. 5개년 계획을 통해 박정희는 남한 전체를 하나의 거대한 기업으로 개조했다.

한반도에서 탄생한다. 바로 군부독재자 박정희의 국가독점자본주의다. 아마 박정희는 20세기 가장 탁월한 스탈린주의자로 기억되어야 할 것이다. 러시아혁명에 대한 배신을 희석하기 위해 러시아 민중의 배를 채울 수밖에 없었던 스탈린, 그리고 민주주의에 대한 배신을 희석하기 위해 남한 민중의 배를 채울 수밖에 없었던 박정희! 집단농장과 국영농장에 농민들을 몰아넣고 잉여 인력을 값싼 노동자로 중화학공업에 투여했던 스탈린, 그리고 새마을운동으로 상징되는 농촌 개조 작업으로 생긴 잉여 인력을 값싼 노동자로 경상도와 경기도 등의 산업단지로 몰아넣었던 박정희! 제2차 세계대전(1939~1945)으로 국가독점자본주의를 강화했던 스탈린, 그리고 베트남전(1955~1975)으로 국가독점자본주의를 강화했던 박정희! 5개년 계획을 통해 러시아 전체를 하나의 거대한 기업으로 개조했던 스탈린, 그리고 5개년 계획을 통해 남한 전체를 하나의 거대한 기업으로 개조했던 박정희! 그냥 복잡하면 작은 스탈린이 박정희이고 큰 박정희가 스탈린이라고 정리하면 깔끔하다.

1991년 12월 26일 소련이 해체될 때까지 국가독점자본주의와 서구 자본주의는 세계의 패권을 놓고 다투고 있었다. 사회주의와 개인주의, 혹은 코뮌주의와 자본주의 사이의 대립이 아니다. 상이한 형식의 자본주의 사이의 대립이다. 바로 여기서 기 드보르의 영민함이 빛을 발한다. "자신이 따르는 상이한 기준들에 호소함으로써 스펙타클은 (다른 스펙타클과 대립되는) 자기 체제를 전적으로 별개의 사회체제라고 설명할 수도 있다. 그렇지만 실재로 동일한 본질을 공유하는 특수한 구역들만이 존재할 뿐이다: 대립하는 체제들을 포함한 세계체제, 즉 전체 지구를 자기 활동 영역으로 만들고 있는 단일한 운동으로서의 자본주의." 다양한 자본가들이 경쟁하는 서구의 자본주의와 국가기구라는 유일한 자본가가 활동하는 국가독점자본주의! 슈미트를 다시 언급하자면 서구 자본주의와 국가독점자본주의 사이의 적대관계, 혹은 사유와 국유 사이의 대립은 두 체제에 공통적인 자본가와 노동자라는 적대관계를 억압하고 은폐하는 데 이바지한다. 그래서 기 드보르는 말했던 것이다. "스펙타클적 대립들은 비참함의 통일성을 은폐한다"고 말이다. 비참함의 통일성이다. 국가독점자본주의체제에서 국가로부터 생산수단을 박탈당한 노동자들의 삶도 비참하고, 서구 자본주의체제에서 다양한 자본가들로부터 생산수단을 박탈당한 노동자들의 삶도 비참하다는 것이다. 비참함의 통일성이 비참함의 단일성으로 번역될 수 있는 것도 이런 이유에서다. 미국이든 소련이든 노동계급의 삶은 한결같이 비탄과 고뇌에 젖어들었기 때문이다.

그럼에도 서구 자본주의체제는 국가독점자본주의체제가 개인의 자유를 빼앗는 획일적 사회라고 비판하며 자기 체제의 미덕은 다양성에 있다는 걸 강조하고, 국가독점자본주의체제는 서구 자본주의체제가 퇴폐적 소비문화를 조성해 정치적 무관심을 확산시키는 환락의 사회라고 비판하면서 자기 체제의 미덕은 정치적 공동체성에 있다고 선전한다. 그 결과 20세기에는 두 가지 자본주의체제와 부합되는 두 종류의 스펙타클이 자기 체제 안의 노동계급의 눈을 현혹시키게 된다. "집중된 형식"의 스펙타클과 "분산된 형식"의 스펙타클이 바로 그것이다. 그렇지만 서구 자본주의든 국가독점자본주의든 동일한 자본주의체제이기에 서구의 '분산된 스펙타클'이나 소련의 '집중된 스펙타클'은 모두 자본가와 노동자 사이의 적대관계, 혹은 자본가가 노동자를 착취하는 현실을 은폐한다. 그래서 기 드보르의 말처럼 "두 경우 모두에서 스펙타클은 비탄과 고뇌로 둘러싸인 채 불행이란 고요한 중심에 존재하는 '행복한 통일'의 이미지와 다름없다". 서구 자본주의체제가 생산과 소비로 하나가 되는 행복한 사회를 강조한다면, 국가독점자본주의체제는 지도자와 하나가 되는 황홀경을 강조한다. 그러나 행복한 통일의 이미지에 포획될수록, 노동계급의 비탄과 고뇌는 깊어지기만 한다. 당연히 사유든 국유든 생산수단 독점이라는 불행의 중심은 어떤 흔들림도 없이 고요한 상태를 유지하게 될 것이다.

분산된 스펙타클le spectaculaire diffus은 상품의 풍요, 현대 자본주의의 부단한 발전과 관련된다. 여기서 개별 상품은 전체 상품 생산이란 화려한 이름으로 정당화되고, 이 경우 작동하는 분산된 스펙타클은 상품 생산을 변호하는 카탈로그라고 할 수 있다. 여기서 화해 불가능한 상품들의 자기주장들은 '풍요로운 경제l'économie abondante'라는 통일된 스펙타클이란 무대에서 유리한 자리를 차지하려고 분투한다. 모든 상품은 다른 상품들을 인정하지 않으면서 자신을 위해 투쟁하며 도처에서 자신만이 유일하다고 주장한다. 스타 상품들은 동시에 사회적 정책들이 갈등하도록 조장하기도 하는데, 자동차 스펙타클이 교통의 원활한 흐름을 위해 구시가지를 파괴하려고 한다면 도시 스펙타클은 관광 상품으로 구시가지를 보존하려고 하는 것이 그 예일 것이다. …… 소비를 통한 사회의 행복한 통일l'unification heureuse de la société이라는 이미지는, 소비자가 특수한 상품에 대한 환상에서 벗어날 때까지, 현실적 분할la division réelle에 대한 소비자의 자각을 유예하도록 만든다. …… 스펙타클 속에서 매혹적이었던 대상은 소비자가 그것을 구입하자마자, 동시에 모든 다른 소비자가 구입하자마자, 진부한 것이 되고 만다. 이렇게 상품은 너무 늦게 자신의 본질적 빈곤성pauvreté essentielle, 즉 자신이 생산될 필요가 없었다는 사실을 반영하는 빈곤성을 드러낸다. 그렇지만 이미 벌써 다른 대상은 그 상품을 대체하며 체제를 정당화하고, 이제 자신이 인정받아야 한다고 요구하고 있다.

–《스펙타클의 사회》 65·69

자본주의체제는 평상시에는 노동계급의 땀을, 그리고 유사시에는 노동계급의 피를 영양분 삼아 생존을 유지한다. 자본주의체제에서 불경기란 별것 아니다. 만들어진 상품이 팔리지 않게 되는 것

1939년 폴란드를 침공하는 독일군을 보고 있는 히틀러. 1930년대를 지배했던 대공황은 시한폭탄의 초침처럼 불길하게 전쟁을 가리키고 있었고, 마침내 제2차 세계대전이 시작된다.

을 의미한다. 당연히 대량실업 사태가 뒤따른다. 노동자들이 고용되지 않으니 상품을 소비할 수 있는 소비력도 점점 감소하고, 상품은 더더욱 팔리지 않게 된다. 그냥 이제 자본주의는 늪에 빠져버린 셈이다. 몸부림을 치면 칠수록 더 빠져드는 늪 말이다. 늪에서 벗어나는 방법은 간단하다. 사물 형식의 상품이든 노동력 형식의 상품이든 간에 상품들을 어떤 식으로든지 깔끔하게 소진하면 된다. 대량으로 남은 상품과 대량실업 상태에 있는 노동자들을 한꺼번에 정리하는 가장 확실한 방법, 혹은 자본주의체제를 완전히 새롭게 리셋하는 가장 단순한 방법이 있다. 전쟁이다. 1930년대를 지배했던 대공황은 시한폭탄의 초침처럼 불길하게 전쟁을 가리키고 있었다. 마침내 1939년 9월 1일 새벽 4시 45분 히틀러의 독일군이 폴란드를 기습공격하면서 제2차 세계대전이 시작된다. 군인과 민간인 포함

5부. 스펙타클, 주체를 구경꾼으로 만드는 마법

약 7300만 명의 사망자와 함께 유럽의 거의 모든 기간시설과 생산 시설이 파괴된다. 그렇지만 당시 승전국이었던 소련, 미국, 영국 등은 패전국 독일과 일본이 식민지로 장악했던 지역을 전리품으로 나누며 나름 피해 보상을 받는다. 더 중요한 것은 전쟁을 통해 노동력을 포함한 유무형의 상품들이 깔끔하게 정리된다는 점이다. 그래서 전쟁이 끝난 뒤 자본주의체제는 완연하게 활기와 생기를 되찾게 된다. 생필품을 비롯해 다양한 상품들이 필요하니 생산 공장은 제대로 돌아가게 되고, 아울러 새로운 식민지를 갖게 되면서 안정적인 노동시장과 소비시장도 확보되었기 때문이다.

이렇게 제2차 세계대전을 통해 서구 자본주의체제는 대공황의 후유증을 극복하고, 소련의 독점자본주의체제도 생산력 감소의 위기를 얼떨결에 극복하게 된다. 1948년부터 1973년까지 지속되었던 대호황의 시대가 마침내 열린 셈이다. 흥미로운 것은 제2차 세계대전이 끝난 뒤 서구 자본주의체제에서 국가의 기능이 현저히 강화되었다는 사실이다. 전쟁의 상처를 복구하는 것도 그렇지만 소련을 중심으로 하는 동구권 국가들과의 체제 경쟁도 국가가 주도할 수밖에 없었기 때문이다. 경제학자 케인스John Maynard Keynes(1883~1946)의 간섭주의interventionism, 혹은 수정자본주의modified capitalism가 서구 자본주의체제의 주류 경제학 담론으로 대두된 것도 바로 이때부터였다. 사실 케인스의 간섭주의는 여러모로 레닌의 신경제정책과 닮았다. 사유재산제에 입각한 자본주의체제를 유지하면서 국영기업 등을 발달시켜 안정된 고용을 창출하려고 했기 때문이다. 이것은 노동계급 혁명을 원천에 봉쇄하지 않으면 냉전에서 승리할 수 없다는 서구 지배계급의 조바심이 반영된 것이기도 했다. 고용 불안, 장기 실업 상태는 노동계급의 불만을 혁명으로 비화시킬 수도 있기 때문이다.

케인스의 간섭주의는 여러모로 레닌의 신경제정책과 닮았다. 사유재산제에 입각한 자본주의체제를 유지하면서 국영기업 등을 발달시켜 안정된 고용을 창출하려고 했기 때문이다.

1953년 포드가 출시한 자동차 선라이너와 빅토리아 광고 전단. 전쟁 후 서구 경제는 급속도로 성장한다. 당시 노동계급의 생활수준은 비약적으로 발전해 웬만한 사람이라면 TV, 냉장고, 세탁기, 청소기, 자동차 등을 구매할 수 있을 정도였다.

어쨌든 수정자본주의 전략은 한때 스탈린의 국가독점자본주의가 그랬던 것처럼 엄청난 효과를 낳는다. 예를 들어 미국의 경제 총생산량은 1970년대 제2차 세계대전 직후보다 3배나 증가했고, 심지어 패전국이었던 독일의 경우 같은 시기 동안 경제 총생산량이 5배나 증가했다. 기 드보르가 활동하던 프랑스의 경우만 하더라도 경제 총생산량은 4배로 증가하게 된다. 총생산량 증가는 실업률 하락과 임금 수준 상승을 유도하는 법이다. 그래서 당시 노동계급의 생활수준은 비약적으로 발전해 웬만한 사람이라면 TV, 냉장고, 세탁기, 청소기, 자동차 등을 구매할 수 있을 정도였다. 여기서 잊지 말아야 할 것은 노동계급의 임금 상승률 이상으로 당시 자본계급은 잉여가치를 엄청나게 획득하고 있었다는 사실이다. 어쨌든 대호황 시절 서구 자본주의체제는 기 드보르가 말했던 것처럼 '풍요로운 경제'라는 단어로 요약될 정도로 잘나갔다. 자동차 업계에서는 새로운 자동차를 출시해 패권을 차지하려는 치열한 경쟁이 이루어지고 있었고, 이것은 다양한 가전제품 업계에서도 마찬가지였다. 생필품을 넘어 사치품까지 소비할 여력이 있었던 노동계급의 구매욕은 대다수 사람의 집을 그야말로 '풍요롭게' 채울 수 있었다. 모든 개별 자본들은 앞다퉈 신제품을 출시했고, 이에 걸맞게 노동계급도 탐욕스런 소비욕에 매몰되어 신제품을 경쟁적으로 소비했다. 바로 이것이 대호황 시대의 맨얼굴이다. 심지어 해당 업계의 패권을 둘러싼 경쟁만이 있었던 것이 아니라, 업계와 업계 사이에도 '풍요로운 경제'의 지분을 놓고 치열한 싸움이 벌어졌다. "스타 상품들은 동시에 사회적 정책들이 갈등하도록 조장하기도 하는데, 자동차 스펙타클이 교통의 원활한 흐름을 위해 구시가지를 파괴하려고 한다면 도시 스펙타클은 관광 상품으로 구시가지를 보존하려고 하는 것이 그 예일 것이다." 기 드보르가 바로 앞에서 살펴본 56번째 테제에서 "가장 선진적인 경제의 발달이 특정 당면과제와 다른 당면과제 사이의 충돌"이라고 규정했던 것도 이런 이유에서다.

21세기를 넘은 지금 한국사회는 완전한 자본주의체제로 움직이고 있다. 그래서일까, 대부분의 사람들은 자본주의체제를 최선의 체제라고 낙관하고 있다. 자본주의에 대한 이런 낙관적 이미지는 모두 1948년에서 1973년까지 지속되었던 대호황 시대에서 유래한 것이다. 어쨌든 자본주의체제는 대공황을 겪으며 풍요로운 소비를 유지하지 않으면 체제가 항시 위기에 빠질 수 있다는 걸 온몸으로 배웠고, 그 결과 탄생한 것이 '연장된 생존'의 심리학과 '상품의 휴머니즘'이란 이데올로기였다. 가지고 있지 않으면 실제로 생존을 위협할 수 있는 상품만으로는 자본주의체제가 잉여가치를 남길 수 없다. 그러니 가지고 있지 않으면 생존할 수 없을 것 같은 느낌을 주는 상품들을 영구적으로 소비자들에게 공급하려는 전략을 모색했던 것이다. 실제로 필요한 것이 아니고 관념적으로만 필요하다고 느끼는 것이니, 상품 소비는 현실적 제약을 넘어설 수 있다. 여기에 '여가생활과 인간다움'을 강조하는 상품의 휴머니즘으로 노동계급의 허영을 부추길 수 있다면 그야말로 금상첨화다. 결국 호황기의 자본주의체제 속에서 이루어진 생산과 소비는 반복되는 근사한 백일몽처럼 진행되고 만다. 왜냐고? 기 드보르가 말했던 것처럼 "스펙타클 속에서 매혹적이었던 대상은 소비자가 그것을 구입하자마자, 동시에 모든 다른 소비자가 구입하자마자, 진부한 것이 되고 만다. 이렇게 상품은 너무 늦게 자신의 본질적 빈곤성, 즉 자신이 생산될 필요가 없었다는 사실을 반영하는 빈곤성을 드러낸다." '연장된 생존'이나 '상품의 휴머니즘'이 조장하는 것은 남보다 두드러져 보여

5부. 스펙타클, 주체를 구경꾼으로 만드는 마법

남에게서 인정받으려는 인간의 해묵은 허영이다. 다시 말해 "나는 다른 사람과 달리 특별하다", "나는 다른 사람보다 자유롭다", "나는 다른 사람보다 행복하다", "나는 다른 사람보다 능력 있다"는 평판을 들으려는 인간의 유아적 욕망이 자본주의체제에 의해 극단적으로 증폭된다는 것이다. 실제로 스스로 남보다 더 근사한 사람이 되는 것은 힘든 일이다. 그러니 남들이 부러워할 만한 무언가를 가지는 것이 손쉬운 방법이다. 가장 세련되고 가장 비싼 그리고 가장 희귀한 것을 가지면 남의 눈에 띄기 쉽다. 바로 이 대목을 집요하게 파고든 것이 자본주의체제였던 것이다. 마침내 이윤을 맹목적으로 추구하는 자본주의체제와 허영을 맹목적으로 충족시키려는 인간 욕망이 만나 거대한 향연이 벌어진 셈이다. 문제는 진정한 승자가 항상 자본계급이라는 점이다. 자본계급에게는 막대한 잉여가치가 남지만 노동계급의 가정에는 돌아보면 구매할 필요가 없는 상품들이 점점 쌓여만 간다.

호황기 때 노동자들은 자신의 본질을 쉽게 망각하곤 한다. 실업률도 낮아 어디든지 취업할 수 있고, 그래서 기회만 주어지면 더 높은 임금을 얻기 위해 이직도 용이하기 때문이다. 당연히 임금을 받지 않으면 생존할 수 없는 노동자라는 엄연한 자기 본질에 직면하기보다는 풍요로운 상품의 전시장에서 무엇을 살 것인지 고민하는 소비자로서 살려고 한다. 분산된 스펙타클이 노동계급의 내면에 각인하려고 했던 이미지, 즉 "소비를 통한 사회의 행복한 통일이라는 이미지"가 드디어 노동계급의 판단과 행동을 제대로 왜곡하기 시작한 순간이다. 그리고 심각한 환각이 이어지게 된다. 세계에는 노동자란 존재하지 않고 오직 자본가만 존재한다는 거짓된 착각 말이다. 돈을 가지고 있기에 자신을 고용할 수 있는 자본가가 큰 자본가라면, 임금을 받아 상품들을 구매할 수 있는 소비자는 작은 자본가라고 믿는 것이다. 하긴 돈을 쓰는 입장이 본질적으로 자본가의 입장이니 이런 환상도 나름 일리가 있기는 하다. 허영이든 무지든 간에 이런 환각에 빠지는 순간, 노동계급은 자신을 다람쥐 쳇바퀴처럼 반복적인 생산과 소비 과정, 혹은 시계추처럼 반복되는 노동시간과 여가시간에 몰아넣어야 자본가가 잉여가치를 남긴다는 진실에 눈을 감게 된다. 풍요로운 사회를 만들기 위해 자본계급도 경쟁적으로 신상품을 출시하고 있다고 믿으며, 노동계급은 풍요로운 삶을 누리기 위해 얼리 어답터early adopter가 되고자 경쟁할 뿐이다. 결국 기 드보르의 말처럼 "소비를 통한 사회의 행복한 통일이라는 이미지는 현실적 분할에 대한 소비자의 자각을 유예하도록 만든다". 현실적 분할, 이것은 별것 아니다. 자본주의체제에서는 자본가와 노동자의 분할이 이루어지고, 전자가 후자를 착취하도록 만드는 근본적 분리를 의미하니까. 현실적 분할을 자각해야 자본가와 노동자 사이를 가로막고 있는 분리장벽을 뛰어넘을 수 있다. 장벽을 의식하지 못하고서 어떻게 그걸 뛰어넘을 생각을 할 수 있다는 말인가. 그러니 먼저 자신이 소비자라기보다는 노동자라는 사실을, 그리고 자신이 부당하게 자본계급에게 착취당하고 있다는 사실을 노동계급은 자각해야만 한다. 병을 고치려면 무엇보다 먼저 자신이 병들었다는 걸 자각해야 하는 것처럼.

'집중된 스펙타클le spectaculaire concentré'은 본질적으로 관료 자본주의capitalisme bureaucratique에 속한다. …… 관료 경제의 독재La dictature de l'économie bureaucratique는, 모든 선택을 독점하기에, 착취되는 대중에게 어떤 선택의 여지도 부여하지 않는다. 이 체제와 무관한 어떤 선택도, 그것이 음식이든 음악이든 아니면 다른 무엇과 관련된 것이든 간에, 체제에 대한 전쟁 선언으로 간주된다. 이 독재는 영구 폭력violence permanente을 수반한다. 이 경우 '집중된 스펙타클'은 공식적으로 존재하는 모든 것을 포괄하는 선이라는 하나의 이미지, 즉 전체주의적 응집력cohésion totalitaire을 보증하는 단 한 사람의 개인에게 집중되는 이미지를 부과한다. 모든 사람은 이 절대적 스타와 동일시되지 않는다면, 사라져야만 한다. …… 만일 모든 중국인이 마오쩌둥과 동일시되는 지점까지 그를 학습해야만 한다면, 그들은 그를 제외하고는 될 수 있는 것이 없기 때문이다. 집중된 스펙타클은 치안la police 통제를 함축한다.

―《스펙타클의 사회》 64

서구 자본주의체제는 풍요로운 상품들 속에 억압자의 맨얼굴을 숨긴다. 바로 이것이 '분산된 스펙타클'이다. 반면 독점자본주의체제는 진리 자체로 빛을 발하는 지도부, 특히 최고 통치자의 신적 능력 속에 억압을 숨긴다. '집중된 스펙타클'이란 바로 이것이다. 집중된 스펙타클은 여러모로 이집트에서 유대인을 구출해 가나안으로 인도했던 《히브리 성경Hebrew Bible》에 등장하는 모세Moses, מֹשֶׁה를 닮았다. 모세를 따르면 신이 약속한 땅에서 행복을 누릴 것이고, 그렇지 않은 사람은 이집트에서 노예생활을 영위하거나 아니면 광야를 떠돌다 객귀가 될 것이다. 그러니 모든 유대인은 모세가 인도하는 방향을 절대적으로 긍정하고 그를 따르기만 하면 된다. 모세를 따르지 않는다는 것은 자살행위이기 때문이다. 모세는 이집트, 홍해, 그리고 가나안에 이르는 여정을 기획하고 관리한다. 20세기 모세를

필리프 드 샹파뉴의 〈십계명을
들고 있는 모세〉(1648).
'집중된 스펙타클'은 여러모로
모세를 닮았다. 모든 유대인은
모세가 인도하는 방향을
절대적으로 긍정하고 그를
따르기만 하면 된다. 모세를
따르지 않는다는 것은
자살행위이기 때문이다.

그대로 반복했던 사람이 바로 스탈린이었다. 지주나 자본가에게 착
취당한 피지배계급에게 젖과 꿀이 흐르는 세상을 약속하고, 그에
이르는 여정을 모세보다 더 섬세하게 기획하고 관리했던 사람이니
까. 스탈린이 모세를 넘어서려면 한 가지 논리적 비약이 필요하다.
모세의 지휘를 따르지 않는 유대인이 노예로 굴종적인 삶을 살다
가 죽거나 아니면 길을 잃고 광야에서 외롭게 죽어갈 것이라면, 쓸
데없는 시간 낭비를 인정하지 않고 바로 죽이는 것이 나은 것 아닐
까? 어차피 불행하게 죽을 수밖에 없다면 아예 불행의 시간을 줄여
주려는 뜻에서 먼저 죽이는 것이 최소한의 애정 아닌가? 이런 기묘
한 논리로까지 비약되는 것이 바로 '집중된 스펙타클'이다. "집중된
스펙타클은 공식적으로 존재하는 모든 것을 포괄하는 선이라는 하

5부. 스펙타클, 주체를 구경꾼으로 만드는 마법

1932년 수용소에서 강제노동을 하고 있는 사람들. 1928년에서 1953년까지 대략 2500만 명의 사람들이 굴라크에서 사라져갔다.

나의 이미지, 즉 체제의 전체주의적 응집력을 보증하는 단 한 사람의 개인에게 집중되는 이미지를 부과하기" 때문이다.

스탈린은 절대 선이다. 이것은 그를 따르지 않는 노동계급은 병들었거나 악이란 걸 의미한다. 병은 고쳐야 하고, 악은 제거되어야 한다. 그래서 스탈린은 말한다. 자기 지도를 받지 않는 사람은 피지배계급으로 신음하다가 죽을 수밖에 없다고, 나아가 자신에게 저항하는 사람은 어차피 피지배계급으로 살 수밖에 없으니 그에 어울리는 대우를 해주겠다고 말이다. 1928년에서 1961년까지 시베리아를 포함한 러시아 전역에 설치되었던 강제노동 수용소 굴라크 Gulag, ГУЛАГ는 이렇게 만들어진 것이다. 굴라크는 '구금 캠프와 구금 지역 총괄 관리소Главное управление лагерей и мест заключения'를 뜻하는 러시아 약어에서 유래한 말이다. "모든 사람은 이 절대적 스타와 동일시되지 않는다면, 사라져야만 한다." 그러니 그들이 사라져야 할 장소가 필요했던 것이다. 굴라크가 바로 그곳이었다. 자세한 내막은 알려지지 않지만 알려진 통계 자료만 참조해도 1928년에서 1953년까지 대략 2500만 명의 사람들, 즉 스탈린과 자신을 동일시하지 않았던 사람들이 사라져갔다. 1937년 한 해만 하더라도 35만 명이 이 굴라크에서 목숨을 잃었으니, 이 강제노동 수용소가 얼마나 참담했는지 미루어 짐작이 가는 일이다.

스펙타클은 부분으로 전체를 대표하거나, 혹은 볼거리로 실제 모습을 은폐하는 작업으로 탄생한다. '집중된 스펙타클'도 마찬가지다. 그렇다면 소련의 경우 스탈린을 탁월한 지도자, 혹은 진리의 선지자로 부각시켰던 작업으로 은폐하고자 했던 것은 무엇이었을까? 바로 '관료자본주의'라고도 불리는 국가독점자본주의다. 당시 스탈린체제의 소련은 하나의 거대한 자본주의 기업에 지나지 않았다. 그러니 스탈린은 이 기업의 CEO, 당 중앙위원회 지도부는 이사회 멤버, 관료들은 부장이나 팀장이었던 셈이다. 이건 단순한 비유가 아니다. 한국사회의 경우 국민총생산량을 현대자동차그룹과 양분하고 있는 삼성그룹이 어떻게 작동하고 있는지 생각해보라. 삼성그룹의 경영권은 3대째 세습되고 있고, 사업과 관련된 모든 기획, 실행, 그리고 점검까지도 철저하게 그룹 총수와 그 일가에 의해 이루어지고 있다. 고용된 노동자들의 생살여탈권은 모두 위계질서에 따라 그룹 총수 이재용李在鎔(1968~)에게 수렴된다. 한마디로 삼성왕조가 구축되어 있는 것이다. 자본주의체제에서 가장 확실한 생산수단이자 절대적인 교환수단인 '돈'을 총수와 그 일가가 독점하고 있기 때문이다. 반면 생계에 필요한 돈이 부족한 노동자들은 총수를

5부. 스펙타클, 주체를 구경꾼으로 만드는 마법

중심으로 하는 삼성그룹 위계질서에 복종하는 것이다. 소련그룹도 예외가 아니다. 스탈린을 정점으로 하는 관료들이 자본뿐만 아니라 토지, 나아가 폭력수단까지도 독점하고 있다. 땅을 가진 지주는 땅이 없는 농부를 지배할 수 있는 법이다. 생산수단, 교환수단, 정치수단, 나아가 폭력수단까지 독점하고 있으니, 스탈린과 관료들이 러시아 민중들을 철저하게 통제하는 일은 정말 식은 죽 먹기다.

삼성왕조의 노동자들이 생산 계획에 개입할 수 없듯이, 소련그룹의 민중들은 상부의 선택을 따를 뿐 스스로 무언가를 선택할 수 없다. "관료 경제의 독재는, 모든 선택을 독점하기에, 착취되는 대중들에게 어떤 선택의 여지도 부여하지 않기" 때문이다. 결국 관건은 스탈린이나 관료들의 선택과 결정은 절대적으로 옳아야 한다는 데 있다. 더군다나 소련그룹의 슬로건은 "지배계급과 피지배계급이 사라진 평등사회"이니, 소련그룹 CEO의 선택과 결정은 바로 러시아 민중들의 선택과 결정이어야만 한다. 만약 민중들 중 누구라도 다른 선택과 결정을 한다면, 이것은 그룹 슬로건이 허구라는 걸 폭로하는 일일 수밖에 없다. 그러니 이 그룹과 "무관한 어떤 선택도, 그것이 음식이든 음악이든 아니면 다른 무엇과 관련된 것이든 간에, 체제에 대한 전쟁 선언으로 간주되는" 것이다. 삼성왕조가 3대째 시행하고 있는 노동조합 파괴 공작은 소련그룹에 비한다면 그야말로 조족지혈이자 애교에 불과했던 것이다. 결국 그룹 슬로건을 지키고 권력도 유지하려는 CEO 스탈린에게 러시아 민중들에 대한 '영구 폭력' 정책, 다시 말해 '치안' 통제 외에 다른 대안은 없다고 할 수 있다.

스탈린의 소련그룹이 1928년 발족한 뒤, 소련 경제는 외형적으로 분명 성장한다. 절대 지주이자 절대 자본가였던 스탈린은 중공업과 중화학 중심의 '5개년 계획'을 밀어붙여 농업이 주류였던 러시아 경제를 산업화했기 때문이다. 농업경제에서 산업경제로 이행할 때, 항상 이런 외형적 성장은 관찰되고 기록된다. 농부의 노동시간에 비해 노동자의 노동시간이 질적으로 강화되고 양적으로도 증가하기 때문이다. 그러나 국가독점자본주의도 자본주의이기에, 스탈린체제도 '이윤율 하락 경향의 법칙'을 따를 수밖에 없다. 바로 이럴 때 제2차 세계대전이 발발한 것이다. 국가독점자본주의가 한계를 점점 드러내기 직전 전쟁이 시작되면서, 중공업과 중화학공업은 히틀러에 맞설 수 있는 유력한 산업적 기반으로 기능했다. 더군다나 전쟁의 와중이었기에 러시아 민중들에게는 스탈린체제의 난점에 주목할 여유도 없었다. 다행히도 제2차 세계대전의 승전국이 되면서, 스탈린은 영국이나 미국으로부터 동유럽 국가들 대부분에 대한 지배권을 확보한다. 이를 통해 스탈린체제는 '이윤율 하락 경향의 법칙'을 무한히 연기할 수 있게 된다. 동유럽 국가들을 새로운 노동시장과 소비시장으로 활용할 수 있는 길이 열렸기 때문이다. 이것은 동유럽에만 국한되지 않는다. 멀리 동아시아의 중국이나 북한의 경우도 마찬가지였으니까.

제2차 세계대전 이후 소련은 국가독점자본주의체제의 종주국이 되었고, 자신의 영향력하에 있던 국가들을 기묘한 식민지로 거느리게 된다. 겉으로 스탈린은 만국의 노동자에게 단결을 요구했던 마르크스의 정신을 따르는 제스처를 취했다. 그렇지만 스탈린이 수출했던 것은 혁명도 민주주의도 인문주의도 아니었다. 국가독점자본주의라는 독재의 방법이었으니까. 실제로 동유럽도 그렇지만 중국이나 북한도 스탈린체제 초기 러시아와 마찬가지로 농업경제에서 벗어나지 못했다. 중국의 마오쩌둥毛澤東(1893~1976)과 북한의 김

1975년 김일성과 마오쩌둥. 두 사람은 사회주의권의 맹주 스탈린을 벗어나 스스로 '집중된 스펙타클'이 되는 우상화 과정을 밟았다.

일성은 스탈린이 했던 걸 그대로 답습하고자 한다. 국유화를 통해 모든 삶의 수단을 국가로 수렴시키는 국가독점자본주의만이 자신의 권력을 영구화할 수 있다는 걸 알았기 때문이다. 중공업 중심의 산업화 '5개년 계획', 토지의 국유화, 나아가 혁명동지들의 숙청은 물론 스탈린이 했던 것이라면 방귀마저 따라 뀌었을 마오쩌둥이나 김일성이었다. 이어서 국유화에 반대하는 민중들을 중국식 굴라크와 북한식 굴라크에 감금하는 '영구 폭력'의 '치안' 통치 체제가 강화된다.

　　마오쩌둥과 김일성에게는 자신의 독재를 영속화하기 위한 마지막 화룡점정畵龍點睛이 필요했다. 현실 사회주의권의 맹주 스탈린을 벗어나 스스로 '집중된 스펙타클'이 되는 우상화 과정이다. 대리점을 본점에서 독립시키지 않으면, 언제든지 자국 내 정치적 헤게모니가 도전받을 수 있기 때문이다. 마오쩌둥은 스스로 "절대적 스타"가 되려는 작업에 착수한다. 그는 공자^{孔子}(BC 551~BC 479)나 싯다르타$^{Siddhārtha\ Gautama}$(BC 563/480~BC 483/400), 혹은 예수^{Jesus}(BC 4~30/33)와 같은 성인^{聖人}의 반열에 오르려고 한다. 그가 모든 중국 민중에게 진리를 수록한 자신의 책을 학습하도록 했던 것도 이런 이유에서다. 이제 공자도 아니고, 싯다르타도 아니고, 예수도 아니고, 마르크스도 아니고, 레닌도 아니고, 스탈린도 아니고, 마오쩌둥만 읽으면 된다는 것이다. 1964년 출간된 《마오 주석 어록^{毛主席語錄}》은 작은 판형으로 학생들을 포함한 거의 모든 사람이 들고 다녔다. 이 새로운 성인의 책은 중국인에게는 서양 사람들에게 《성경》이 갖는 동일한 위상을 갖게 되는데, 당시 아예 '붉은 보물 서적'이란 뜻의 '홍보서^{紅寶書}'라고 불릴 정도였다.

　　"만일 모든 중국인이 마오쩌둥과 동일시되는 지점까지 그를 학습해야만 한다면, 그들은 그를 제외하고는 될 수 있는 것이 없기 때문이다"고 기 드보르가 말했던 문맥은 바로 여기에 있었다. 공자는 《논어^{論語}》 〈자한^{子罕}〉 편에서 '후생가외^{後生可畏}'라고 말했던 적이 있다. "뒤에 태어난 사람을 두려워할 만하다"는 뜻이다. 아마 스탈린이 마오쩌둥을 보았으면 이런 마음이었을 것이다. 그렇지만 마오쩌둥마저 경악시킬 '후생', 아마도 기 드보르도 알았더라면 아연실색했을 '절대적 스타'가 한 명 더 남아 있다. 바로 김일성이다. 1972년 그는 아예 헌법마저 우상화 작업에 이용하는 기염을 토한다. 흔히 '주체 헌법'이라고 불리는 '조선민주주의인민공화국 사회주의 헌법' 서문을 보면 김일성은 "조선민주주의인민공화국의 창건자"이자 "사회주의 조선의 시조"이고, 나아가 "민족의 태양"으로 규정된다. 성인을 넘어 태양의 경지로 올라갔으니, 정말 '집중된 스펙타클'의 정점이자 막장이라고 할 만하다. 이쯤 되면 뒤에 태어난 사람이 두려운 걸넘어 공포스럽기까지 하다. 흥미로운 것은 스탈린의 국가독점자본주의를 벤치마킹해서 제대로 성공한 독재자는 마오쩌둥도 김일성도 아니라는 점이다. 스탈린의 진정한 적장자는 아이러니하게도 남한의 군사독재자 박정희였기 때문이다.

마지막으로 여기서 잠시 마오쩌둥에 대해 알아볼 필요가 있다. 마르크스 이후 레닌주의, 트로츠키주의와 함께 제도권 사회주의에서는 마오주의Maoism라고 불리는 새로운 마르크스주의를 창안했던 중요한 인물이기도 하지만, 동시에 한반도의 역사와 정치, 나아가 지성계에도 지대한 영향을 미친 사람이었기 때문이다. 그렇기에 《스펙타클의 사회》에서 마오쩌둥이 정말 별다른 비중 없이 다루어지는 것은 무척 이채로운 일이다. 기껏해야 마오쩌둥은 우상화의 사례, 즉 '집중된 스펙타클'의 사례 정도로 다루어지고 있을 뿐이다. 마오쩌둥이 독재를 강화하는 우상화 작업으로 사회주의 이념에 먹칠을 했다는 사실을 21세기 현재 그 누가 부정할 수 있다는 말인가? 그렇지만 1967년 기 드보르가 《스펙타클의 사회》를 집필할 때라면 이야기가 달라진다. 1960년대는 전 세계의 비판적 지식인들, 특히 프랑스 지식인들에게 마오주의는 트로츠키주의와 함께 마르크스주의의 새로운 가능성으로 주목받았던 시절이다. 그러니 트로츠키주의와 더불어 마오주의에 대한 기 드보르의 심드렁한 태도는 매우 징후적이다. 기 드보르가 1960년대 새로운 마르크스주의의 양두마차 마오쩌둥과 트로츠키에 냉소적이었던 이유는 무엇일까? 기드보르는 마르크스 사유를 업데이트하는 데 마오주의나 트로츠키주의로는 충분하지 않다고 생각했다. 기 드보르는 국가주의, 정당

1924년의 트로츠키. 스탈린에게 추방된 트로츠키는 스탈린체제가 사회주의 이념을 배신한 국가주의와 관료주의 사회, 관료들이 좌지우지하는 국가독점자본주의사회라고 폭로했다.

주의, 엘리트주의와 단절한 일관적인 민중주의, 혹은 모든 권력을 노동계급에게 되돌려주는 평의회코뮌주의를 지향했기 때문이다. 그럼에도 기 드보르는 마오쩌둥과 트로츠키에 대한 비판을 의도적으로 최소화하고 있다.

사실 로자 룩셈부르크를 마르크스의 온전한 계승자로 보고 있던 기 드보르다. 이런 그에게 트로츠키나 마오쩌둥이 눈에 들어올 리 만무한 일이다. 그럼에도 이 두 사람에 대한 비판을 의도적으로 최소화한 이유는 무엇일까? 아마도 1967년 당시 마오쩌둥이나 트로츠키가 스탈린주의에 대한 가장 강력한 비판자였기 때문이다. 이유나 동기가 어쨌든 스탈린주의는 마르크스의 이름으로 마르크스를 왜곡했던 가장 기만적인 반혁명 아니었던가. 기 드보르는 적전분열을 피하고 싶었던 것이다. 1960년대 프랑스의 경우만 하더라도 스탈린주의를 공식 입장으로 채택한 프랑스공산당이 비판적 지성의 헤게모니를 장악했던 시절이었다. 기 드보르는 프랑스공산당을 앞세운 스탈린주의와 맞서기 위해 우군이 필요하다고 판단했던 것이다. 68혁명 당시 혁명을 이끌었던 학생운동 조직들을 보라. 자비에르 랑글라드Xavier Langlade(1947~), 알랭 크리빈Alain Krivine(1941~), 앙리 베베르Henri Weber(1944~), 다니엘 벤사이드Daniel Bensaïd(1946~2010) 등이 이끌었던 '혁명적 코뮌주의 청년회Jeunesse communiste révolutionnaire, JCR'는 트로츠키주의를 표방했고, 파리고등사범학교École Normale Supérieure, ENS 출신 린아르트Robert Linhart(1944~) 등 알튀세르Louis Althusser(1918~1990)의 제자들이 이끌었던 '마르크스-레닌 코뮌주의 청년연합Union des Jeunesses Communistes Marxistes-Leniniste, UJCML'은 마오주의의 깃발을 들지 않았던가? 실제로 기 드보르가 이끌던 상황주의 인터내셔널은 68혁명 내내 이들 학생운동 조직과의 연대에 많은 신경을 쓴다.

1960년대 마오주의와 트로츠키주의의 유행은 스탈린주의에 대한 실망과 염증의 반사 효과였다. 스탈린에게 추방된 트로츠키는 스탈린체제가 사회주의 이념을 배신한 국가주의와 관료주의 사회, 관료들이 좌지우지하는 국가독점자본주의사회라고 폭로했다. 1937년 출간했던 그의 저서 《배반당한 혁명》이 중요한 이유도 바로 여기에 있다. 이 책은 러시아혁명, 즉 사회주의와 코뮌주의에 대한 스탈린의 배반을 소상히 다루고 있을 뿐만 아니라, 스탈린이 배반하기 전 트로츠키와 레닌이 주도했던 러시아혁명과 그 정신을 역설하고 있기 때문이다. 물론 트로츠키는 자신과 레닌 등 볼셰비키들이 스탈린이란 괴물의 인큐베이터였다는 사실은 슬며시 은폐한다. 어쨌든 지금까지 소련은 자신을 노동계급을 위한 최초의 정부라고 자랑했지만, 이것이 모두 허위라는 사실이 드러난 셈이다. 이제 서

유럽의 지성인들, 특히 억압체제에 저항했던 비판적 지식인들은 더이상 소련체제에 주눅이 들 필요가 없다. 억압이 없는 사회에 대한 꿈을 소련이 '배반했다면', 억압에 맞서 싸웠던 마르크스의 지혜와 실천은 아직도 유효할 테니 말이다. 사회주의혁명은 완성되지 않았을 뿐만 아니라 왜곡되었고 심지어 교살되고 있다! 이렇게 트로츠키는 러시아혁명 초기의 정신, 더 거슬러 올라가 마르크스의 정신을 되살리는 데 커다란 기여를 한다. 그래서 트로츠키주의의 부활은 이론적인 측면이 아니라 정서적인 것이었다. 권력의 맛을 보기 전 레닌이나 트로츠키의 혁명가로서의 열정적이고 순수했던 모습, 혹은 러시아혁명 초기 모든 권력을 소비에트, 즉 노동자평의회가 가지고 있었던 시절에 대한 향수를 불러일으켰으니 말이다.

반면 마오쩌둥과 마오주의에 대한 프랑스 지성계의 열광은 스탈린주의라는 먹장구름 속에 언뜻 비친 푸른 하늘 정도가 아니었다. 마오주의는 정치적 영향력뿐만 아니라 이론적 파괴력도 아울러 가지고 있었기 때문이다. 1945년 제2차 세계대전이 끝난 뒤, 세계는 냉전시대로 돌입한다. 미국과 소련이란 두 국가가 세계의 패권을 다투었던 것이다. 정치경제학적으로 이것은 영국, 프랑스, 독일, 일본 등의 식민지였던 아시아, 아프리카, 라틴아메리카, 즉 제3세계가 미국과 소련의 식민지로 재편되는 과정을 수반한다. 두 거대 제국은 과거처럼 자국 총독을 파견해 식민지를 통제하는 노골적인 지배형식이 아니라, 경제적으로나 군사적으로 식민지를 간접 지배하는 형식을 채택했다. 제3세계 민중들을 직접 통제하는 것보다 자기구미에 맞는 정권을 세워서 간접적으로 통제하는 것이 더 효율적이고 안전했기 때문이다. 이렇게 신식민지주의neocolonialism는 출현했다. 그러니까 제3세계 국가들에는 친미 정권이냐 혹은 친소 정권이냐

1955년의 마오쩌둥. 마오쩌둥은 제3세계 민중들이 제국주의와 맞서 식민지에서 벗어날 수 있고, 토호나 지주로부터 해방될 수 있으며, 억압이 없는 사회를 구현할 수 있다고 말했다.

는 선택지만 남았던 셈이다.

　마오주의는 바로 제3세계 민중을 위한 마르크스주의를 표방한다. 바로 이것이다. 스탈린체제의 경전 《코뮌주의정당 선언》에 따르면 생산력이 충분히 발전하지 않으면 노동계급이 주인이 되는 사회가 만들어질 수 없다. 결국 인간의 해방, 혹은 인간의 평등은 생산력이 충분히 발전한 사회에서만 가능하다는 것이다. 전근대적 사회형식과 식민지 상황이란 이중의 질곡에 빠진 제3세계에 이런 경제결정론은 일종의 사망선고나 다름없다. 노동계급의 생산물은 소수 기득권층, 혹은 제국주의에 결탁한 매판자본, 아니면 식민지 모국으로 흘러들어갈 테니, 이런 상황에서 사회적 생산력이 증가하거나 축적되는 일은 거의 불가능에 가깝기 때문이다. 이런 현실적 이유를 떠나서도 생산력결정론은 제3세계 민중들에게 이론적 절망을 안겨주기 쉽다. 농업경제를 기반으로 해서는 억압이 없는 평등한 사회가 불가능하다는 것, 오직 고도로 발전한 산업경제에서만 억압이 없는 사회가 가능하다는 것이 바로《코뮌주의정당 선언》의 근본적인 입장이기 때문이다. 부르주아혁명, 즉 왕족이나 귀족, 그리고 지주 대신 자본계급이 사회의 실권을 잡는 혁명도 발생하지 않았는데, 어떻게 프롤레타리아혁명을 꿈꾼다는 말인가? 프롤레타리아, 즉 벌거벗은 노동력만을 갖춘 노동계급이 있어야 프롤레타리아혁명도 가능한 것 아닌가? 결국 아무리 좋게 평가해도《코뮌주의정당 선언》은 유럽중심주의를 전제한다.

영국, 프랑스, 혹은 독일은 수많은 식민지를 통제하며 부를 쌓았고 그를 기반으로 산업을 발달시켰다. 유럽 선진국들이 국민 대다수를 임금노동자로 아우를 수 있었던 이유도, 그리고《코뮌주의정당 선언》이 노동계급이 주인이 되는 사회를 꿈꿀 수 있었던 이유도 바로 여기에 있다. 반면 산업노동자들, 즉 임금노동자들이 제대로 형성되지 않은 제3세계, 주로 소작농이나 소규모 자영농으로 살고 있던 그곳 민중들에게《코뮌주의정당 선언》의 이야기는 그야말로 외계인의 이야기에 지나지 않는다. 생산력발전을 기다리며 식민지로 착취되는 현실을 견뎌야 한다는 말인가? 생산력발전을 기다리며 지방 토호나 지주의 수탈을 감수해야만 한다는 말인가? 제3세계 민중들, 제3세계 농민들은 억압이 없는 사회를 꿈꾸고 이를 현실화시킬 수 없다는 말인가? 마오쩌둥은 그럴 필요가 없다고 이야기했을 뿐만 아니라 그럴 필요가 없다는 걸 입증했다. 이제 제3세계 민중들은 제국주의와 맞서 식민지에서 벗어날 수 있고, 토호나 지주로부터 해방될 수 있으며, 억압이 없는 사회를 구현할 수 있다. 마오쩌둥이 말했고 그리고 마오쩌둥이 했듯이 말이다. 바로 이것이 마오쩌둥과 마오주의의 중요성이다. 일단 마오쩌둥의 삶과 그의 사상은 불가분의 관계에 있으니, 마오주의의 핵심을 시간 순서로 살펴보는 것이 좋을 듯하다.

마오주의는 크게 세 단계로 구성된다. 첫 번째 단계는 1921년 마오쩌둥이 중국공산당 창립대회에 참가한 후부터 일본제국주의와 싸웠던 항일투쟁 시기이고, 두 번째 단계는 1949년 중화인민공화국 정부를 수립하고 국가주석에 오른 마오쩌둥이 중국에 스탈린식 국가독점자본주의를 이식하려는 '대약진운동大躍進運動'을 펼치다, 이 운동의 실패로 국가주석에서 물러나는 1959년까지의 시기이다. 세 번째 단계는 1966년 '문화혁명文化革命'을 주도하며 다시 권좌의 중심부에 섰던 마오쩌둥이 1976년 제1차 톈안먼天安門사태 때 울려 퍼진 민중들의 함성 속에서 쓸쓸히 퇴장해 죽어가게 되는 마지막 시기다. 간단히 말해 '항일투쟁 시기', '대약진운동 시기', 그리고 '문화혁명 시기'로 나누면 된다. 대약진운동은 스탈린체제 소련을 벤치마킹하던 시절이기에, 마오주의라고 할 만한 요소가 별로 없다. 항일투쟁 시기와 문화혁명 시기가 마오주의의 개성이 가장 분명히 드러나기에, 여기에서는 두 시기 마오주의의 특색을 잘 보여주는 마오쩌둥의 글을 읽어보도록 하자. 먼저 1937년 8월 발표된 《모순론矛盾論》이다. 이 중편의 글은 마르크스주의의 역사에서 마오주의의 이론적 기여를 잘 보여준다. 먼저 '주요 모순'과 '부차적 모순'을 다루는 부분, 제3세계 민중도 충분히 억압체제를 돌파할 수 있다는 희망을 갖게 해주었던 부분을 먼저 살펴보자.

복잡한 사물의 발전과정에는 많은 모순이 존재하고 있는데, 그 중에는 반드시 하나의 주요 모순이 있으며 이 주요 모순의 존재와 발전에 의해 다른 모순의 존재와 발전이 규정되거나 영향을 받게 된다. 예를 들면 자본주의사회에서는 무산계급과 자산계급이란 두 모순되는 힘이 주요 모순이고, 그 밖의 다른 모순되는 힘, 예컨대 잔존하는 봉건계급과 자산계급 사이의 모순, 자산계급 민족주의와 자산계급 파시즘 사이의 모순, 자본주의국가 상호 간의 모순, 제국주의와 식민지 사이의 모순, 그리고 여타 다른 모순들, 이들은 모두 이 주요 모순의 힘에 의해 규정되고 영향을 받는다. 중국과 같은 반半식민지국가에서는 '주요 모순主要矛盾'과 '주요하지 않은 모순非主要矛盾'의 관계가 복잡한 양상을 띠고 있다. 제국주의가 이런 나라에 침략전쟁을 일으켰을 때, 이런 나라의 내부 각 계급은 일부 매국노를 제외하고는 모두가 일시적으로 단결하여 제국주의에 반대하는 민족전쟁을 수행한다. 이때 제국주의와 이런 나라 사이의 모순이 주요 모순이 되고, 이런 나라 내부 각 계급 간의 모순(봉건제도와 인민대중 사이의 주요 모순을 포함하여)은 모두 '부차적·종속적 위치次要和服從的地位'로 떨어지게 된다. …… 그러나 다른 상황에서는 모순의 지위에 변화가 생긴다. 제국주의가 전쟁을 통해 억압하는 것이 아니라 정치·경제·문화 등 비교적 온건한 형식으로 억압하는 경우, 반식민지국가의 지배계급은 제국주의에 투항하고 양자는 동맹을 맺어 인민대중을 공동으로 억압하게 된다. 이런 경우 인민대중은 흔히 내전이라는 형식으로 제국주의와 봉건계급의 동맹에 반대하고, 제국주의는 직접 행동이 아닌 간접적인 방식으로 반식민지국가의 반동 세력이 인민대중을 억압하도록 지원하기 때문에 내부 모순이 매우 첨예하게 드러난다.

-《모순론》(1937년 8월)

중국 대륙 주요 부분이 일본제국주의 식민지로 전락했던 중국인의 아픈 경험이 십분 녹아 있는 구절이다. 마오쩌둥은 헤겔의 관념론적 변증법이든 아니면 엥겔스^{Friedrich Engels}(1820~1895)의 유물론적 변증법이든 변증법에서 핵심인 '모순' 개념에서 논의를 시작한다. 대립되는 두 힘이 충돌하는 상태를 모순이라고 이해하면 쉽다. 예를 들어 지주와 소작농의 관계를 생각해보라. 토지를 독점했기에 풍족한 생활을 영위하는 지주, 그리고 빌린 토지로 농사를 짓고 그 생산물 중 상당 부분을 토지임대료로 지불하는 소작농! 지주는 토지를 계속 독점하기를 원하고, 소작농은 자기 땅을 갖거나 아니면 토지임대료를 낮추기를 원한다. 바로 이것이 중세 농업경제의 가장 주요한 모순 아니었던가? 이것은 마르크스나 엥겔스, 혹은 레닌도 이야기했던 것이다. 마오쩌둥은 모순을 그야말로 보편화^{universalization} 시킬 뿐만 아니라, 복수화^{pluralization}시킨다. 한마디로 모순은 모든 것을 설명해주는 보편적 원리일 뿐만 아니라, 하나가 아니라 엄청 다양하다는 이야기다. 영국, 프랑스, 독일, 일본, 미국 등 자본주의국가의 모순들만 열거해봐도 숨이 찰 지경이다. "무산계급과 자산계급이란 모순, 잔존하는 봉건계급과 자산계급 사이의 모순, 자산계급 민족주의와 자산계급 파시즘 사이의 모순, 자본주의국가 상호 간의 모순, 제국주의와 식민지 사이의 모순, 그리고 여타 다른 모순들." 비록 전근대사회를 가볍게 뛰어넘는 생산력을 자랑한다고 할지라도, 자본주의사회 내부에는 수많은 모순이 우글거리고 있다. 물론 마오쩌둥은 자본주의사회 내부의 모든 모순이 동등하다고 이야기하지는 않는다. 자본주의사회의 억압 상황을 극복하는 데 결정적인 모순은 무산계급과 자산계급 사이의 모순, 즉 노동계급과 자본계급, 혹은 프롤레타리아와 부르주아 사이의 모순이기 때문이다.

그 외 중요하지 않은 모순, 다시 말해 부차적인 모순들은 모두 이 주요 모순에 의해 "규정되거나 영향을 받는다". 반면 제3세계의 다양한 국가들은 사정이 전혀 다르다. "제국주의가 전쟁을 통해 억압하는" 경우, 주요 모순은 제국주의와 식민지 사이의 모순이고, 무산계급과 자산계급 사이의 모순은 부차적인 모순들 중 하나가 된다. 이와 달리 "제국주의가 정치·경제·문화 등 비교적 온건한 형식으로 억압하는 경우", 주요 모순은 "제국주의 세력과 동맹한 지배계급과 인민대중" 사이의 모순이고, 나머지는 부차적인 모순이 된다.

1960년대 제국주의, 자본계급, 나아가 봉건계급으로부터 이중, 삼중의 억압 상태에 신음하던 제3세계 민중에게 마오쩌둥의 이야기는 그야말로 복음이었다. 먼저 겉보기와는 달리 미국과 서유럽이란 제1세계, 소련과 동유럽이란 제2세계, 그리고 아시아, 아프리카, 라틴아메리카 등 제3세계가 그렇게 질적으로 다른 세계가 아니라는 자각을 가져다준 것이 중요하다. 제3세계의 열등의식이 소멸되는 계기가 마련된 셈이다. 선진 자본주의사회에도 여전히 봉건영주와 농민 사이의 전근대적 모순이 존재하고, 유사하게 제3세계도 미약하나마 자본계급과 노동계급 사이의 모순이 존재하니까. 바로 이 대목에서 《코뮌주의정당 선언》이 얼마나 선형적이고 추상적인 역사관을 피력했는지도 폭로된다. 고대사회, 중세사회, 근대사회라는 흐름은 여타의 모순들을 배제하고 주요 모순만을 유일한 모순인 것처럼 왜곡해야 가능했던 것이다. 이제 더 이상 생산력이 발전하지 않았다고 해서 억압체제를 감내할 이유는 없다. 사실 마오쩌둥의 모순론을 온몸으로 입증했던 그의 선배 혁명가가 있지 않은가? 바로 레닌이다. 어느 사회든 주요 모순만 정확히 포착한다면, 억압과 수탈을 돌파할 실마리를 찾은 셈이다. 레닌은 바로 이것을 "약

5부. 스펙타클, 주체를 구경꾼으로 만드는 마법

1965년 콩고의 젊은 학생들이 마오쩌둥의 초상화를 들고 거리 행진을 하고 있다. 제국주의, 자본 계급, 나아가 봉건계급으로부터 이중, 삼중의 억압 상태에 신음하던 제3세계 민중에게 마오쩌둥의 이야기는 그야말로 복음이었다.

한 고리"라고 말한다. 사실 1917년 러시아혁명 당시 러시아는 1960 년대 제3세계만큼이나 낙후된 곳이었다. 심지어 서유럽 마르크스 주의자들에게 러시아는 프롤레타리아혁명이 불가능한 곳으로 간 주될 정도였다. 1917년 5월 17일(서력 6월 9일) 자 《프라우다》에 발표 된 〈쇠사슬은 그 약한 고리만큼 강하지는 않다The Chain Is No Stronger Than Its Weakest Link〉에서 레닌은 역설했던 적이 있다. "만일 쇠사슬이 1638킬 로그램의 무게를 지탱하는 데 필요하다고 하자. 만일 우리가 쇠사 슬 고리 중 하나를 나무로 대치한다면 무슨 일이 벌어질까? 쇠사슬 은 부서질 것이다. 다른 모든 고리가 진정 강하고 견고하다고 할지 라도, 나무 고리가 부서지는 순간 전체 쇠사슬은 폭발하고 만다. 정 치에서도 이것은 마찬가지다." 실제로 강력한 쇠사슬에서 "약한 고 리"를 찾는 데 성공함으로써 레닌은 러시아에서 10월 쿠데타에 성 공했다. 비록 10월 쿠데타, 즉 볼셰비키의 표현을 빌리자면 10월혁명으로 레닌은 평의회코뮌주의를 버리고 정당코뮌주의라는 타락된 길로 들어섰지만 말이다. 1960년대 제3세계의 해방운동에 헌신했던 아프리카, 아시아 그리고 라틴아메리카의 투사들이 마르크스나 엥겔스보다는 레닌이나 마오쩌둥에게 더 친밀감을 느꼈던 것도 이런 이유에서다. 레닌과 마오쩌둥, 두 사람은 낙후된 사회의 혁명가였으니까.

마오쩌둥은 주요 모순과 부차적인 모순의 구별과 관련된 논의를 사회구성체론에도 적용하면서 그 이론적 정점을 찍는다. 불행히도 엥겔스의 생산력발전주의를 넘어서지 못하던 1859년에 마르크스는 《정치경제학 비판을 위하여Zur Kritik der Politischen Ökonomie》를 출간했던 적이 있다. 이 책 〈서문Vorwort〉에서 마르크스는 엥겔스의 생산결정론을 그 유명한 '상부구조/토대'론으로 정당화한다. 법과 정치 등 상부구조는 경제적인 토대가 떠받친다는 건축학적 상상력이다. 물론 1867년 마르크스는 《자본론》을 출간하면서 건축학적 사회구성체론을 극복한다. 어쨌든 바로 이 사회구성체론을 마오쩌둥은 경쾌하고 명확하게 돌파하고 만다.

마르크스주의에 대한 맹목적인 상태에서 마르크스주의를 자유롭게 운용하는 상태로 변해야 한다. (그럼에도) 몇몇 모순은 결코 이렇지 않다고[저자 설명: 자유롭게 운용할 수 있는 것이 아니라고] 생각하는 사람이 있다. 예를 들어 생산력과 생산관계의 모순에서 생산력이 주요한 것이고, 이론과 실천의 모순에서 실천이 주요한 것이고, 경제적 토대經濟基礎와 상부구조上層建築의 모순에서는 경제적 토대가 주요한 것인데, 이들의 지위는 서로 바뀔 수 없는 것이라고 생각한다. 이것은 기계적 유물

5부. 스펙타클, 주체를 구경꾼으로 만드는 마법

론의 견해이지 변증법적 유물론의 견해가 아니다. 사실 생산력·실천·경제적 토대는 일반적으로 주요하고 결정적인主要的決定的 작용을 하는 것인데, 이 점을 인식하지 못하면 그는 유물론자가 아니다. 그러나 생산관계·이론·상부구조라는 측면도 일정한 조건 아래서는 거꾸로 주요하고 결정적인 작용을 할 수 있는데, 이 점 또한 인정하지 않으면 안 된다. 생산관계를 바꾸지 않으면 생산력이 발전할 수가 없을 경우, 생산관계의 변화는 주요하고 결정적인 작용을 한다.

-《모순론》

하나의 주요 모순과 다양한 부차적 모순이란 생각으로 모순을 보편화하고 다양화했던 논의가 제3세계 비판적 지식인들에게 강하게 영향을 미쳤다면, 제도권 사회주의의 사회구성체론을 해체하는 마오쩌둥의 논의는 제1세계, 특히 프랑스 지식인에게는 엄청난 지적인 자극을 준다. 1859년 마르크스는 자신이 받은 엥겔스의 영향력을 토대와 상부구조라는 사회구성체론으로 집약한다. 그 이후 생산력 등 경제적 토대가 정치와 법률 등 상부구조를 지배한다는 경제결정론이 마치 마르크스주의의 공리인 것처럼 알려져왔다. 물론 이런 평가는 스탈린이 국가독점자본주의를 경제결정론으로 정당화했던 것과 무관하지 않다. 생산력 등 경제적인 측면은 일개인이 아니라 전체 사회가 개입해야 변할 수 있다. 당연히 국가를 장악하고 있는 공산당과 관료들이 최고 권력자와 함께 주도적인 역할을 해야 한다. 여기서 노동계급이나 혹은 지식인들의 자발성은 극도로 위축되고 만다. 그런데 마오쩌둥은 "생산력·실천·경제적 토대"보다 부차적이라고 생각되었던 "생산관계·이론·상부구조라는 측면"도 "일정한 조건 아래서는 거꾸로 주요하고 결정적인 작용"을 한다고 강조한다. 한마디로 말해 생산관계와 관련된 사회적 활동이나, 이론과 관련된 지적인 활동, 나아가 상부구조와 관련된 정치적인 활동도 중요하다는 것이다. 이제 생산력이 발전되지 않으면 인간의 평등이나 자유는 아무런 의미도 없다고 절망할 필요가 없다. 자신을 해방하려는 개개인의 치열한 노력들이 사회를 변화시킬 만큼 충분히 마주치고 응고되면, 오히려 이것이 전체 사회를 정의로운 사회로 변형시킬 수도 있으니까. 사회구조도 중요하지만, 행동의 주체나 역사의 주체도 그만큼 중요해진다. 어쩌면 이것은 너무나 당연한 주장인지도 모른다. 사실 1917년 러시아혁명도 1949년 완성된 중국혁명도 생산력과 경제적 토대를 중시하는 경제결정론으로는 전혀 설명할 수 없는 사건이었으니까.

어쨌든 프랑스의 비판적 지성인들은 마오쩌둥 논의에 열광했고, 1960년에 출간이 시작되는 사르트르^{Jean-Paul Sartre}(1905~1980)의 진정한 주저 《변증법적 이성 비판^{Critique de la raison dialectique}》이 갖는 의미도 바로 여기에 있다. 완성되지 못한 이 문제적인 대작을 통해 사르트르는 구조와 실존, 사회와 개인, 역사와 주체, 경제와 정치를 포괄하려고 시도하기 때문이다. 경제적 토대가 모든 것을 결정한다는 거친 경제결정론을 뒤흔들었던 마오쩌둥의 영향력이 스탈린의 교조적 마르크스주의에 환멸을 느낀 사르트르를 마르크스적 실존주의자로 성숙시키는 하나의 계기였다. 여기서 사르트르가 마오쩌둥과 완전히 손을 잡을 수 없는 지점에 주목할 필요가 있다. 마오쩌둥은 말한다. "사실 생산력·실천·경제적 토대는 일반적으로 주요하고 결정적인 작용을 하는 것인데, 이 점을 인식하지 못하면 그는 유물론자가 아니"라고. 사르트르가 "생산력·실천·경제적 토대"와 "생

The New York Times (by Reginald V. Gray)
Jean-Paul Sartre

1965년 《뉴욕타임스》에 실린 사르트르 삽화. 프랑스의 비판적 지성인들이 마오쩌둥 논의에 열광했지만, 사르트르는 마오쩌둥의 사상에 동의하지 않았다.

산관계·이론·상부구조" 사이의 완전한 균형을 도모했다면, 마오쩌둥은 그의 말대로 "일반적으로", 다시 말해 특이한 조건이나 상황이 아니라면, "생산력·실천·경제적 토대"가 결정적이고 중요하다고 생각했던 것이다. 이 지점에서 프랑스 지성계에서 마오쩌둥의 진정한 계승자가 탄생했다. 마오쩌둥의 통찰에 따라 전체 마르크스주의의 역사를 재구성하려고 했던, 파리고등사범학교의 영재들을 마오주의적 마르크스주의로 이끌었던 알튀세르였다.

1965년 알튀세르는 《마르크스를 위해Pour Marx》로 자신이 프랑스판 마오주의를 완성했다는 걸 공개한다. 이 책은 스탈린주의를 우회하고 마르크스와 레닌의 정신을 마오쩌둥과 연결하려는 그의 집요한 노력의 결정체다. 그중 압권은 〈모순과 중층결정Contradiction et

알튀세르는 마오쩌둥의 통찰에
따라 전체 마르크스주의의
역사를 재구성하려고 했고,
파리고등사범학교의 영재들을
마오주의적 마르크스주의로
이끌었다.

surdétermination〉, 그리고 〈유물론적 변증법에 대해Sur la dialectique matérialisme〉
라는 논문이다. 두 논문을 읽어보면 마오쩌둥의 《모순론》에 대
한 알튀세르의 광적인 열광과 집착을 쉽게 확인할 수 있다. 다양
한 모순들에 대한 마오쩌둥의 섬세한 논의가 없었다면, "주요 모순
la contradiction 'principale'"과 "부차적 모순들les contradictions 'secondaires'" 개념으로
직조된 알튀세르의 사유 자체가 불가능했을 것이다. 더 결정적인
것은 지금도 알튀세르의 트레이드마크처럼 각인되어 있는 '중층결
정' 개념이다. 〈모순과 중층결정〉에서 알튀세르는 말한다. "마르크
스는 우리에게 '사슬의 양쪽 끝'만을 제시하면서 이 둘 사이에서 찾
으라고 한다. 한편으로 '생산양식(경제적인 것)에 의한 최종층위에서

의 결정la détermination en dernière instance par le mode de production(économique)'과 다른 한 편으로 '상부구조들의 상대적 자율성과 고유한 효력l'autonomie relative des superstructures et leur efficace spécifique'이 그것이다." 이 말은 프랑스 학계의 엘 리트코스를 제대로 밟은 알튀세르의 현학적 표현, 기껏해야 지적 허영으로 가득 찬 표현일 뿐이다. 차라리 못 배운 마오쩌둥의 투 박하지만 진솔한 표현이 더 친절하지 않은가? "사실 생산력·실천 ·경제적 토대는 일반적으로 주요하고 결정적인 작용을 하는 것인 데, 이 점을 인식하지 못하면 그는 유물론자가 아니다. 그러나 생산 관계·이론·상부구조라는 측면도 일정한 조건 아래서는 거꾸로 주 요하고 결정적인 작용을 할 수 있는데, 이 점 또한 인정하지 않으 면 안 된다." 마오쩌둥의 《모순론》을 읽은 사람이라면 누구나 알튀 세르가 마오쩌둥의 바울이었다는 걸 알 수 있다. 그럼에도 알튀세 르는 자신이 누구의 바울도 아니고 독창적인 안목을 가진 철학자인 양 행세한다. 마오쩌둥이란 안경을 쓰고 알튀세르는 마르크스, 엥 겔스, 레닌, 그리고 스탈린을 독해하고 있을 뿐이다. 마오쩌둥이란 안경을 벗으면 아무것도 못 본다는 걸 들키기 싫었던지, 알튀세르 는 마오쩌둥을 마르크스, 레닌 옆에 나란히 두고 언급하는 재기를 발휘하기까지 한다. 자신이 마오쩌둥의 바울이 아니라는 걸 보여 주려면, 마오쩌둥을 객관적으로 다루고 있다는 인상을 주는 것보다 좋은 것도 없을 테니 말이다.

이제 1960년대 프랑스 지성인들에게 마오쩌둥의 마지막 결정 적인 영향, 어쩌면 정서적으로 가장 강력했던 영향을 다룰 차례다. 마오쩌둥은 당시 프랑스 지성계에 지식인이란 무엇인지를 고민하 도록 만들었다. 세계에 대해, 정치에 대해, 경제에 대해, 사회에 대 해, 삶에 대해, 자유에 대해, 사랑에 대해 지식인들은 들을 만한 이야기를 한다. 그런데 마오쩌둥은 되묻는다. 다 좋은데, 당신 지식인들은 도대체 누구인가? 지금 제대로 살고 있는가? 프랑스 지성인들에게 지성인, 혹은 지식인이 무엇인지를 반성하는 계기를 제공했던 마오쩌둥의 많은 글 중 대표적인 것을 하나 읽어보도록 하자.

> 많은 지식분자知識分子들이 진보를 이룩한 것은 사실이지만, 그렇다고 자만해서는 안 된다. 새로운 사회의 요구에 충분히 적응하고 노동자工人·농민農民과 일치단결하기 위해서 지식분자는 계속 자신을 개조하고 점차 유산계급적 세계관資産階級的世界觀을 버리고 무산계급적·공산주의적 세계관無産階級的·共産主義的世界觀을 수립해야 한다. 세계관의 변화는 근본적인 변화다. 현재 많은 지식분자들이 이런 변화를 완성했다고 말할 수 없는 상황이다. 우리는 지식분자들이 계속 전진하기를 바란다. 이들이 자신의 사업과 학습과정을 통해 점차 공산주의적 세계관을 수립하고 마르크스레닌주의를 잘 학습하며, 노동자·농민과 혼연일체가 되기를 바란다. 중도에 멈추거나 후퇴해서는 안 된다. 후퇴하는 자에게는 미래가 없다. 중국의 사회제도가 바뀌었고 유산계급의 사상적 토대가 근본적으로 소멸했기 때문에, 많은 지식분자들이 자신의 세계관을 개조하는 일은 필요할 뿐만 아니라 가능하기도 하다.
>
> ─〈인민 내부의 모순을 올바르게 처리하는 문제에 관하여關于正確處理人民內部矛盾的問題〉,
>
> 《인민일보人民日報》(1957년 6월 19일)

지성인은 많이 아는 사람이고, 당연히 그는 모르는 사람들을 이끌어야 한다. 철인정치를 꿈꾸었던 플라톤을 연상시키지만 이런 엘리트주의는 지성인에 대한 사회 통념이다. 소수의 선택된 사람, 즉 엘리트들은 갈 바를 모르고 방황하는 민중을 올바른 방향으로 이끌어야 한다는 것이다. 정당에 참여하고 의회에 진출해 정계로 나가 전체 사회를 좋게 만들겠다는 체제 지향적 지성인들도 있고, 시위나 집회를 주도해 민중의 구심점이 되려는 반체제적 지성인들도 있다. 혹은 사회 참여가 두려워 최소한 학교에서 학생들을 지성인으로 성장시키려는 학자 지성인들도 있다. 체제적 지성인이든 아니면 반체제 지성인이든 지성인들은《독일이데올로기Die Deutsche Ideologie》에서 마르크스가 말한 "정신노동과 육체노동"이란 원초적 분업을 전제한다. 억압체제는 소수가 정신노동을 빌미로 다수의 육체노동을 착취하면서 작동한다. 그래서 억압체제는 다수 노동계급이 생각하는 것을 극히 꺼린다. 그저 억압체제는 다수 노동계급이 소수 엘리트가 전하는 지침이나 명령을 이해할 정도의 지성만을 허락할 뿐이다. 반면 억압이 사라진 사회, 즉 모든 사람이 동등하게 공동체의 운명에 참여할 수 있는 사회에서는 기본적으로 정신노동과 육체노동의 분할 자체가 소멸한다. 코뮌사회에서 모든 인간이 정신노동과 육체노동의 균형을 다시 회복하는 것도 이런 이유에서다. 사실 코뮌사회에서 노동계급은 정신노동에 종사할 수밖에 없다. 노동자평의회를 통해 공동체의 경제와 정치에 참여하는 주체들이기 때문이다. 엄격한 의미에서 코뮌사회에서는 순수한 정신노동자, 즉 엘리트로서 지성인이 존재할 수 없는 이유도 바로 여기에 있다. 모든 사람이 생각하고 판단하는데, 사유와 판단을 독점한 지성인들이 어떻게 과거와 같은 우월한 지위를 유지할 수 있다는 말인가? 불행히도 코뮌사회는 인류의 궁극적인 도달점일 뿐, 억압체제는 견고하기만 하다.

결국 중요한 것은 체제에 복종하는 노동계급이 아니라 체제를 극복하려는 노동계급이 빼앗겼던 정신노동의 힘을 되찾고 그 힘을 제대로 발휘하는 연습을 해야 하고, 동시에 억압체제에 복무하는 지성인이 아니라 억압체제를 비판하는 지성인이라면 노동계급이 대신해주었던 육체노동의 힘을 되찾고 그것을 연습해야만 한다는 점이다. 이것은 두 가지 길이 아니다. 억압체제를 극복하려는 노동계급과 억압체제를 비판하는 지성인의 마주침은 가능할 뿐만 아니라 필요하기 때문이다. 코뮌사회로 가는 길에서 노동계급은 비판적 지성인에게서 사유하는 방법을, 그리고 비판적 지식인은 노동계급에게서 노동하는 방법을 배울 수 있기 때문이다. 마오쩌둥이 지식인들에게 "노동자·농민과 혼연일체가 되어야" 한다고 요구했던 것도 이런 문맥에서다. 마오쩌둥의 요구는 엘리트주의를 당연시했던 프랑스 지성인들에게는 하나의 충격으로 다가왔다. 노동계급을 위한다고 프랑스공산당에 가입해 활동했던 지식인들, 노동계급의 처지를 일깨울 집필이나 강연 활동에 매진했던 지식인들, 혹은 노동계급을 탄압하는 부르주아체제와 싸웠던 지식인들은 모두 자신들이 없다면 노동계급은 억압이 없는 사회에 이르지 못할 것이라고 자부했다. 비판적 지식인마저도 여전히 과거 억압자들처럼 "나 아니면 안 돼"라는 엘리트 의식으로 무장하고 있었던 셈이다.

지식인의 엘리트주의는 어쩌면 너무 당연한 것인지도 모른다. 불행히도 그들이 엘리트가 되는 과정에서 흡수했던 지식은 기본적으로 지배계급 중심의 지식, 혹은 억압체제의 지식체계일 수밖에 없다. 벤야민의 말대로 BC 3000년 이래 지금까지 전승되는 지식은 승자가 남긴 것, 혹은 승자를 위한 것에 지나지 않는다. 전승된 지식 중 노동계급의 주체성을 긍정하는 지식을 찾아보기 힘든 것도 이런 이유에서다. 모든 지배계급은 다수 피지배계급의 수동성, 무능력, 나약함, 혹은 동물성을 강조한다. 그래야 능동성, 능력, 강함, 인간성으로 무장한 자신들이 지도자가 돼야 한다는 지배 이데올로기가 힘을 발휘할 수 있으니까. 마르크스주의자나 혹은 마르크스에 동조적인 지식인들마저도 전승된 승자의 지식체계를 배운 탓에, 노동계급에 대한 부정적 이미지도 아울러 계승하고 만다. 아무리 자신은 지배계급이 아니라 피지배계급의 이익을 도모한다고 변명해도 소용이 없다. 그들이 도달할 수 있는 최고 지점은 잘해야 무지하고 부도덕하고 근시안적인 노동계급을 젖과 꿀이 흐르는 곳으로 인도하는 정의롭고 선한 지도자일 뿐이다. 그들이 지배와 피지배, 혹은 전위와 후위, 엘리트와 대중이란 근본적인 억압구조를 돌파할 수 없었던 것도 이런 이유에서다. 아무리 비판적인 지식인일지라도 승자의 지식체계를 배울 수밖에 없었다는 사실은 또 다른 심각한 문제를 낳는다. 노동계급의 이익을 도모한다고 해도 비판적 지식인들은 그 구체적인 전략과 방법을 지배계급의 지배원리나 지배규칙으로 운용되던 지식체계에서 얻을 수밖에 없다. 바로 이것이 정당코뮌주의가 가졌던 태생적 한계 아니었던가? 부르주아 의회제도를 모방해 코뮌주의정당을 이야기하거나, 부르주아 국가제도를 모방해 사회주의 국가제도를 이야기하거나, 부르주아독재를 모방해 프롤레타리아독재를 이야기하는 식이 바로 그것이다. 과거 억압체제의 지배형식은 그대로 답습하고, 그 내용만 바꾼 형국이다. 그렇지만 개별적이고 구체적인 억압보다 더 심각한 것은 구조적이고 형식적인 억압 아닌가. 비판적 지식인들이 개별 억압에는 민감하지만 구조적 억압에는 무력하기 쉬운 이유도 바로 여기에 있다. 나쁜 군주를 비판하지만 군주제라는 형식 자체를 비판하지는 못하는 식이다. 흔히 비판적 지식인들이 할 수 있는 최선이 나쁜 군주 대신 좋은 군주를 옹립하거나 나쁜 대통령 대신 좋은 대통령을 지지하는 일인 것도 이런 이유에서다.

1960년대까지 프랑스의 비판적 지식인들은 자신들이 소수 지배계급이 아니라 다수 피지배계급의 이익에 봉사하는 진정한 지식인이라고 자신했다. 1947년《문학이란 무엇인가Qu'est-ce que la literature》에서 사르트르가 피력한 앙가주망engagement 개념은 이런 지식인상의 상징이다. 진정한 지식인은 사회적, 혹은 정치적 쟁점에 적극 개입하고, 불의와 억압에 맞서는 실천을 해야 한다. 이런 사회적 참여나 개입이 바로 앙가주망이다. 문제는 앙가주망을 가능하게 만들었던 그들의 식견이 기본적으로 지배계급이 체계화했던 지배원리와 지배규칙에서 유래했다는 데 있다. 결국 비판적 지식인들은 지배계급의 담론 안에서 길러지고 그 안에서 저항하고 그 안에서 새로운 대안을 모색하고 있을 뿐이다. 놀라운 일 아닌가! 비판적 지식인들은 한 번도 노동계급으로부터 배운 적이 없다! 노동계급은 그들에게 선생이 아니라 항상 학생이었던 셈이다. 이것은 마르크스주의자를 자처했던 사람도 예외가 아니다. "노동자·농민과 혼연일체가 되어야" 한다는 마오쩌둥의 요구가 중요한 이유도 바로 여기에 있다. 노동계급을 선생으로 삼아야 한다는 거친 주장이 아니다. 혼연일체다. 그러니까 노동계급과 비판적 지식인은 수평적 관계를 유지해야 한다는 것이다. 어느 때는 노동계급이 비판적 지식인에게 가르침을 주기도 하고 어느 때는 비판적 지식인이 노동계급에게 가르침을 주기도 한다. 더 이상 노동자나 지식인이라는 구별 자체가 소멸될 때까지 말이다. 엘리트주의에서 벗어난 새로운 지식인상이다. 사르트르가 엘리트주의를 벗어난 앙가주망, 노동계급과 혼연일체가 되는

1960년 사르트르는 보부아르와 함께 쿠바를 방문해 체 게바라를 만난다. 마침내 두 사람은 그곳에서 새로운 지식인의 전범을 게바라에게서 발견하고 감동한다.

앙가주망, 혹은 억압체제를 극복하는 앙가주망을 집요하게 모색했던 이유도 바로 여기에 있다.

1960년 사르트르는 쿠바 아바나를 보부아르와 함께 방문한다. 쿠바혁명의 두뇌라고 불리던 게바라Ernesto Che Guevara(1928~1967)로부터 새로운 지식인상을 발견할 수 있으리라는 희망을 품고서 말이다. 새로운 지식인상에 대한 순례의 길이었던 셈이다. 마침내 그는 새로운 지식인의 전범을 게바라에게서 찾고 감동한다. 국립은행장과 산업장관을 역임하면서도 게바라는 근무가 끝난 뒤 논과 밭, 사탕수수 농장에 가서 농민들과 함께 일하며 함께 쉬며, 함께 이야기를 했기 때문이다. 1974년 사르트르는 새로운 지식인상을 《반항에는 이유가 있다On a raison de se révolter》에서 멋지게 규정한다. "지식인은 민중이 원하는 보편을 지금 현재의 직접적인 현실 속에서 파악할 줄 알아야 한다. 즉 구체적 보편을 알아야 한다"고. 지식인 자신이 옳다고 생각하는 보편이 아니라, 민중이 원하는 보편이다. 노동계급이 원하는 보편이란 억압과 착취가 없는 세계, 그래서 모든 사람이 평등하고 자유로운 세계일 수밖에 없다. 불행히도 민중은 자신이 원하는 보편이 자신의 현실에서 어떻게 달성될 수 있는지 알기 어렵다. 바로 이것이다. 지식인은 민중의 꿈이 현실에서 싹틀 수 있도록, 추상적인 보편이 아니라 구체적인 보편을 포착할 수 있어야 한다. 물론 이런 인식이 가능하려면, 지식인은 민중과 함께 일하고 쉬고 이야기하고 사랑하며 그들과 함께 삶을 영위해야만 한다. 사르트르만큼 "노동자·농민과 혼연일체가 되는" 지식인상을 멋지게 표현한 철학자가 또 있을까?

1960년대 마오주의가 사르트르나 알튀세르 등 프랑스의 비판적 지식인들에게 지속적인 영향을 미친 이유, 아니 배경을 이해할 필요가 있다. 이야기를 '인민전선Front populaire'에서 시작하는 것이 좋을 듯하다. '프랑스공산당', '노동자 인터내셔널 프랑스 지부Section Française de l'Internationale Ouvrière, SFIO', 그리고 '공화주의자·급진주의자·급진사회주의자당Parti républicain, radical et radical-socialiste, PRRRS' 등 진보정당 연합체로 결성된 인민전선은 1936년 5월 프랑스 노동계급의 압도적 지지로 총선에서 승리한다. SFIO 소속 레옹 블룸André Léon Blum(1872~1950)을 수상으로 인민전선 정부가 출범하면서, 프랑스 노동계급은 그야말로 '봄'을 맞이하게 된다. 인민전선 정부가 들어서자 노동계급은 아래로부터의 민주주의를 과감하게 추구해나갔다. 150만 명에서 195만 명에 이르는 노동자들이 파업과 공장 점거에 참여했으며, 그 결과 단결권과 단체행동권을 법적으로 보장받았고, 아울러 최소 7퍼센트에서 최대 25퍼센트에 이르는 임금 인상, 그리고 연간 2주의 유급휴가와 주 40시간 노동도 달성했다.

프랑스 인민전선 정부를 이끌었던 레옹 블룸. 인민전선 정부가 들어서자 노동계급은 아래로부터의 민주주의를 과감하게 추구해나갔다.

1938년 4월 국방장관을 지낸 달라디에 Édouard Daladier (1884~1970)가 블룸에 이어 프랑스 수상이 되면서 프랑스 노동계급에게는 '겨울'이 시작된다. 달라디에 정부가 파업 진압, 대량해고, 노동시간 확대 등의 조치로 정국의 무게 중심을 노동계급에서 정부와 부르주아계급으로 옮겨놓았기 때문이다. 이것은 노동계급의 전위를 자처하던 인민전선이 해체되는 계기가 된다. 프랑스 노동계급에 닥친 겨울이 깊어질 때, 바로 1939년 제2차 세계대전이 발발한다. 1939년 9월 1일 히틀러가 폴란드를 침공하자, 달라디에의 프랑스는 영국과 함께 히틀러에게 선전포고를 한다. 부르주아계급을 중시하는 정부에 대한 노동계급의 불만을 복지 정책 확장으로 간신히 달래고 있던 달라디에 정부로서는 히틀러의 폴란드 침공은 그야말로 호재였던 셈이다. 외부에 적이 있으면 내부의 갈등은 순간적이나마 미봉할

히틀러와 함께 서 있는 달라디에(왼쪽). 블룸에 이어 달라디에가 프랑스 수상이 되면서 프랑스 노동계급에게는 '겨울'이 시작된다.

수 있을 테니 말이다. 불행히도 달라디에의 생각과 달리 나치 독일은 강력했고, 그 결과 1940년 6월 14일 프랑스의 자랑 파리가 히틀러의 손에 떨어지고 만다. 달라디에 정부와 군대가 무력화되는 순간, 나치 독일에 맞서는 프랑스의 마지막 보루는 노동계급과 지식인들이었다. 나치 정규군에 맞서 그들은 프랑스 도처에서 게릴라전을 개시한다. 바로 이것이 1940년 6월 25일에서 1944년 8월 25일까지 이루어졌던 레지스탕스La Résistance 운동이다.

흔히 드골Charles André Joseph Marie de Gaulle(1890~1970)이 레지스탕스 운동의 지도자로 불리지만, 이것은 과장된 평가다. 드골의 주도로 설립되었던 망명정부 자유프랑스La France Libre는 런던에 있었기에, 드골이 프랑스 도처에서 전개되던 레지스탕스 운동 전체를 통괄하는 것은 거의 불가능에 가까운 일이었다. 생각해보라. 자발적으로 모여 나치 독일에 맞섰던 레지스탕스 민병대를 외부에서, 그것도 총탄 하나 날아다니지 않는 런던에서 어떻게 통제할 수 있겠는가? 더군다나 레지스탕스 투사 대부분은 드골에게 강한 반감을 가지고 있었

1942년경의 드골. 흔히 드골이 레지스탕스 운동의 지도자로 불리지만, 이것은 과장된 평가다. 드골의 주도로 설립된 망명정부 자유프랑스는 런던에 있었기에, 드골이 레지스탕스 운동을 통괄하는 것은 거의 불가능에 가까운 일이었다.

다. 강한 프랑스를 주장했던 국가주의자 드골은 노동계급에게 봄을 다시 안겨주기보다 더 가혹한 겨울을 안겨줄 것이 뻔했기 때문이다. 이미 드골은 전국저항평의회Conseil National de la Résistance, CNR에 임시정부 소속 정규군에 편성되지 않으면, 무기를 버려야 한다고 압박을 가했던 전력이 있지 않은가. 밑에서부터 꾸려진 전투조직을 상명하복의 전투조직으로 만들려고 했던 것이다. 그런데도 레지스탕스 투사들은 드골에 대한 불만을 노골화하지는 않는다. 나치 독일을 프랑스에서 몰아내려면 드골의 외교력으로 영국과 미국의 군사력을 움직이게 하는 것이 가장 효과적이라고 판단했기 때문이다. 마오쩌둥의 지적이 떠오르는 대목이다. 주요 모순은 바로 프랑스와 나치 독일 사이의 모순이었다고 당시 프랑스 노동계급은 판단했던 것이다.

1944년 6월 6일 미국과 영국 연합군의 노르망디 상륙작전 성공으로 나치 독일은 프랑스에서 퇴각하고 1944년 9월 9일 드골은 파리로 의기양양하게 개선한다. 1945년 총리 겸 국방장관을 거치면서 드골은 자신의 정치적 야심을 드러냈지만, 바로 대통령이 되는 데는 실패한다. 야인으로 돌아간 드골은 1947년 극우반공 정치조직 프랑스국민연합French Rassemblement du Peuple Français, RPF을 조직해 정치적 기

프랑스 레지스탕스 대원들. 파리가 히틀러의
손에 떨어지자 노동계급과 지식인들이 나서
프랑스 도처에서 게릴라전을 벌였다. 그것이
레지스탕스 운동이다.

5부. 스펙타클, 주체를 구경꾼으로 만드는 마법

프랑스군을 막기 위해 알제리 군인들이 "마수 만세"라는 현수막을 펼쳐들고 바리케이드를 쳤다. '마수'는 당시 알제리군을 이끈 자크 마수를 말한다. 알제리 민중이 프랑스에 맞서 반식민지주의 운동을 펼치자, 프랑스는 대규모 군대를 파병해 그들을 학살했다.

반을 다진다. 그러나 그가 대통령이 된 것은 10여 년 뒤 1959년 1월 8일에나 가능했다. 여기서 한 가지 의구심이 발생한다. 드골이 바로 프랑스의 권력을 장악하지 못한 이유는 무엇일까? 레지스탕스 시절부터 드골은 노동계급 등 프랑스 민중의 지지를 받지 못했기 때문이다. 오리올Vincent Jules Auriol(1884~1966)이 나치 독일로부터 해방된 프랑스의 첫 대통령이 된 것도 이런 이유에서다. 그가 대통령이 된 결정적인 이유는 드골의 국가주의에 대한 노동계급의 반감과 노동계급에 대한 부르주아계급의 반감을 적절히 이용해 중도 좌파, 중도 우파 등 수정주의적이고 개량주의적인 정파들을 '제3의 힘Troisième

^{Force}'이란 이름으로 통합하는 데 성공했기 때문이다. 어쨌든 레지스탕스의 주력이 1938년 '봄'을 만끽했던 노동계급과 비판적 지식인들이라는 사실, 한마디로 프랑스를 떠난 지배계급이 아니라 프랑스에 남은 민중이 레지스탕스의 진정한 주역이었다는 사실을 잊지 말자. 레지스탕스는 노동계급뿐만 아니라 비판적 지식인들에게 엄청난 축복이었다. 나치 독일과 싸우면서 억압이 무엇인지, 나아가 자유가 무엇인지를 온몸으로 경험하고 배웠으니까. 1940년대 초반 히틀러와 맞서 싸우면서 프랑스의 이성과 양심은 깨어났던 것이다.

사실 제2차 세계대전 이전 프랑스는 북아프리카의 알제리와 인도차이나반도의 베트남 등 수많은 식민지를 거느렸던 제국주의 국가였다. 자유, 평등, 박애를 외쳤지만 그건 모두 프랑스 내부의 일이었을 뿐이다. 자신의 모국이 어떻게 식민지 민중에게 부자유를, 불평등을, 그리고 무자비함을 선사했는지 진지하게 고민했던 프랑스 지식인들은 극소수에 불과했다. 그렇지만 나치 독일의 점령으로 프랑스 지성인들은 4년여의 짧은 시간이었지만, 베트남 민중이 그리고 알제리 민중이 되는 경험을 했던 것이다. 그렇지만 나치로부터 해방되자마자 프랑스는 잠시 일본에게 빼앗겼던 베트남을 식민지로 회수하기 위해 베트남 민중의 독립 열망을 짓밟고 만다. 1946년 12월 19일에 시작되어 1954년 8월 1일에 끝나는 인도차이나전쟁^{la guerre d'Indochine}이 바로 그것이다. 동시에 1954년 11월 1일 알제리 민중이 프랑스에 맞서 반식민지주의 운동을 펼치자, 프랑스는 대규모 군대를 파병해 알제리전쟁^{la Guerre d'Algérie}, 1962년 3월 19일 알제리 독립으로 간신히 끝나는 그 비극적인 전쟁은 시작되고 만다. 불행히도 제2차 세계대전이 끝난 뒤 히틀러가 가르쳐준 교훈을 잊어버리고, 프랑스 정부, 아니 정확히 말해 프랑스 부르주아계급은 약자

를 능욕하는 히틀러가 되고 만 것이다. 레지스탕스 운동을 펼쳤던 노동계급, 특히 비판적 지식인들은 자신들이 자랑했던 조국 프랑스에 분노했다. 더 이상 프랑스는 자유, 평등, 박애의 국가가 아니었고, 제3세계 민중을 억압하고 착취하는 제국주의국가, 그것도 이제 미국과 소련에 패권을 넘겨준 쇠퇴한 제국주의국가일 뿐이다. 제국주의와 식민주의가 무엇인지에 대한 명확한 인식, 그리고 제국주의로 치닫는 자본주의 속성에 대한 자각! 히틀러에게 상장을 주어야 할 일이다. 나치 독일을 겪은 뒤 프랑스 지성인들의 눈과 귀는 활짝 열리고 만다. 보았으니, 들었으니 1960년대 프랑스의 비판적 지식인들은 외칠 수밖에 없었다. 반제국주의, 반자본주의, 반식민지주의, 그리고 반전주의라는 구호를.

사르트르를 필두로 거의 모든 비판적 지식인은 프랑스 정부나 미국 정부, 나아가 소련 정부에 저항하며 제3세계 민중과 함께하고자 했다. 이런 그들의 눈에 마오주의의 글귀, 그리고 그들의 귀에 마오쩌둥의 육성이 들리지 않을 리 없었다. 마오쩌둥과 마오주의는 알제리 민중, 베트남 민중, 나아가 쿠바 민중이 이제는 비탄의 소리를 멈추고 투쟁의 함성을 지를 수 있도록 했다. 주요 모순과 부차적인 모순을 구별하고 주요 모순을 약한 고리로 삼아 치열하게 투쟁하면, 그것이 프랑스든, 미국이든, 아니면 소련이든 어떤 억압체제라도 무력화시킬 수 있다. 자유와 해방을 위한 투쟁은 생산력발전에 전적으로 의지할 필요가 없이 정치와 법률 등 상부구조에 대한 적극적인 개입, 즉 정치적 혁명으로도 충분히 성공할 수 있다. 더군다나 인간에 의한 인간의 억압을 비판하는 지식인에게 그들이 나아갈 바마저 알려주었으니, 마오주의는 얼마나 근사한 담론인가? 1960년대 마오주의는 프랑스의 비판적 지식인뿐만 아니라 제3세계 민중들에게는 해방의 복음이었던 셈이다. 사르트르도 그렇지만 알튀세르가 마오주의에서 마르크스주의의 새로운 가능성을 보았던 것도 이런 이유에서다. 1966년 시작된 '문화혁명'의 참극이 향후 10여 년 중국을 철저하게 파괴할 때까지도, 프랑스 지성인들은 마오주의에 대한 신뢰를 저버리지 않는다.

줄여서 '문혁文革'이라고 불리는 문화혁명의 정식명칭은 '무산계급문화대혁명無産階級文化大革命'이다. 대약진운동이라고 불리던 스탈린식 경제개발이 참담한 실패로 끝나자 잠시 권좌에서 물러나 있던 마오쩌둥이 잃어버린 권좌를 되찾으려고 개시한 운동이다. 문화혁명은 1966년 5월 16일 마오쩌둥이 공산당과 국가 내부에 무산계급의 이익과 대립되는 유산계급의 사상과 문화가 침투해 있다고 선언하면서 시작된다. 마오쩌둥은 역설한다. 자본주의, 봉건주의, 관료주의로 대변되는 유산계급적 문화를 없애기 위해 무산계급이 주도하는 문화적 혁명이 필요하다고 말이다. 마치 대약진운동의 실패는 당과 국가 안에 자본주의자, 봉건주의자, 나아가 관료주의자가 암약했기 때문이라는 듯. 문화혁명의 대상은 네 가지 적폐, 즉 "사구四舊"로 명문화되었다. 구문화舊文化, 구풍속舊風俗, 구사상舊思想, 그리고 구습관舊習慣! 낡은 문화이고 낡은 풍속이고 낡은 사상이고 낡은 습관이니, 그걸 척결하는 선봉대로는 어린아이와 젊은이들이 적격이다. 어느 시대나 기성세대에 대해 불만을 갖는 것은 바로 젊은 세대니까. 홍위병紅衛兵은 바로 이렇게 탄생한다. 초등학생부터 대학생에 이르는 젊은 학생들은 '붉음紅'을 지키는衛 병사들兵'이 되어 약탈, 방화, 구타, 살인, 고문을 자행했다.

불행히도 홍위병은 무산계급을 지키려는, 혹은 사회주의를 지키려는 투사들은 아니었다. 그들에게 '붉음'은 모든 권력을 민중에

1967년 홍위병들이
베이징대학교에 벽보를
붙이고 있다. 홍위병에
둘러싸여 있는 마오쩌둥.
문화대혁명 기간
초등학생부터 대학생에
이르는 젊은 학생들이
'붉음紅을 지키는衛 병사들兵'이
되어 약탈, 방화, 구타, 살인,
고문을 자행했다.

문화대혁명 기간에 훼손된
불상.

한 지방 당 간부가
홍위병에게 '반혁명
분자'라고 공개적으로
비난을 받고 있다. 어린
학생에게 모욕당한
선생이나 문인들은
굴욕감에 도처에서 스스로
목숨을 끊기도 했다.

1966년 8월 18일부터 11월 26일까지 마오쩌둥은 톈안먼 누각에 서서 8회에 걸쳐 1300만 명의 젊은이들의 환호를 받았다. 이때 그는 군복을 입고 홍위병을 상징하는 붉은 완장을 차고 있었다. 사진은 1966년 9월 15일 톈안먼광장에서 열린 세 번째 집회.

게 되돌린다는 사회주의 이념이 아니라 마오쩌둥이란 반신반인의 최고 권력자를 상징하기 때문이다. 당시 유명했던 홍위병의 벽보가 모든 걸 말해준다. "신선한 피와 생명으로 마오 주석을 보위하라!"는 뜻의 "용선혈화생명보위모주석用鮮血和生命保衛毛主席!" 그리고 "신선한 피와 생명으로 당중앙을 보위하라!"는 뜻의 "용선혈화생명보위당중앙用鮮血和生命保衛黨中央!" 1966년 8월 18일부터 11월 26일까지 마오쩌둥은 톈안먼 누각에 서서 8회에 걸쳐 1300만 명의 젊은이들의 환호를 받았다. 물론 이때 그는 군복을 입고 홍위병을 상징하는 붉은 완장을 차고 있었다. 기 드보르가 말한 '집중된 스펙타클'의 장관이 연출되던 장면이다. 8월과 9월 사이 홍위병은 유산계급 문화에 젖어들었다는 이유로 베이징의 경우 1773명을, 그리고 상하이의 경우 1238명을 죽음으로 내몬다. 그렇지만 이것은 시작에 불과했다. 1966년에서 1967년까지 홍위병은 중국 전역의 문물과 인명을 그야

5부. 스펙타클, 주체를 구경꾼으로 만드는 마법

말로 철저하게 파괴하고 도륙했으니까. 수많은 사찰과 사당들이 내뿜는 연기는 그칠 줄 몰랐고, 어린아이에게 모욕당한 선생이나 문인들은 굴욕감에 도처에서 스스로 목숨을 끊는 일이 이어졌다. 이 모든 광기는 마오쩌둥의 사주 속에서, 그리고 군대와 경찰의 방조 속에서 이루어졌다.

마오쩌둥은 대약진운동의 실패로 덩샤오핑鄧小平(1904~1997)과 류사오치劉少奇(1898~1969)에게로 넘어갔던 권좌를 되찾으려고 했다. 마오쩌둥의 의도는 예상을 뛰어넘는 홍위병의 광기로 그 자신도 놀랄 만큼 쉽게 달성되었다. 1967년 4월에 열린 중앙군사위원회확대회의에서 덩샤오핑과 류사오치는 체제의 죄인으로 규정되었기 때문이다. 마침내 토사구팽의 시간이 시작된다. 1300만 홍위병이란 미친개들의 용도는 사라져가고 있었다. 아니 더 무서운 것은 먹이를 잃어버린 그들이 주인을 물 수도 있다는 사실이다. 마오쩌둥은 그들이 어떻게 중국을 휩쓸었는지 직접 보았지 않은가? 1967년 10월 14일 마오쩌둥이 〈대학, 고등학교, 중학교, 초등학교 교실로 돌아가 혁명에 매진할 것에 관한 통지〉를 발표한다. 그렇지만 한 번 피의 맛을 본 홍위병들을 완전히 통제하기란 만만한 일은 아니었고, 동시에 그들이 돌아갈 학교는 정상이 아니었다. 당시 중국의 초등학교, 중학교, 고등학교, 대학교는 그야말로 모든 게 중단된 상태였다. 대약진운동의 실패로 졸업 후 갈 곳을 잃은 대학생들은 하릴없이 대학에 머물 수밖에 없었고, 그에 따라 1967년에는 대학입시도 정지된 상황이었으니까. 대학생들이 사회로 나갈 수 없자, 당연히 고등학생도 대학에 진학할 수 없었고, 이어서 중학생도 고등학교에, 그리고 초등학생도 중학교에 진학할 수 없었다. 바로 이것도 1300만 학생들이 홍위병이 되어 불만과 광기를 표출했던 이유이기도 하다.

어쨌든 사회주의국가 성격상 '졸업생 분배'는 당중앙과 국가의 몫이었다. 1967년 10월 22일 교육부가 "졸업생 분배가 이루어지지 않으면 신입생을 입학시킬 수 없다"고 교육 상황에 대한 고초를 토로한 것도 이런 이유에서다. 어떻게 해서든지 대학 졸업생들을 사회에 분배해야만 했다. 그래야 학교들은 홍위병들을 교육이란 틀로 흡수해 다시 훈육할 수 있을 테니 말이다. 마오쩌둥과 그 지지자들은 어느 순간 무릎을 치게 된다. 홍위병과 관련된 정치적 문제와 아울러 고질적인 교육 문제를 동시에 해결할 수 있는 묘책이 떠올랐던 것이다. 1957년 《인민일보》에 기고한 마오쩌둥의 〈인민 내부의 모순을 올바르게 처리하는 문제에 관하여〉라는 글에 등장하는 결정적인 문장, "우리는 지식분자들이 …… 노동자·농민과 혼연일체가 되기를 바란다"는 글이 그 실마리다. 바로 하방下放, 즉 하방운동이 시작된다. 1957년 이념으로 제안되었던 하방이 마침내 1968년 들어서 제도화되고 만 것이다. 하방은 무산계급의 세계관에 입각해 지식인들이 노동자·농민과 혼연일체가 되어야 한다는 이념으로 정당화되었다. 1968년 12월 25일 자 《인민일보》의 사설은 하방이 자율적인 것이 아니라 이데올로기적으로 강요된 억압이었다는 걸 잘 보여준다. "하방을 바라는지 아닌지, 혹은 노농병勞農兵과 결합하는 길을 걸을지 말지는 마오쩌둥 주석의 혁명노선에 충실한가 아닌가의 큰 문제와 직결된다. 하방은 수정주의 교육노선과 철저하게 결별하고 부르주아계급의 '사私' 자와 철저하게 결별하는 구체적인 표현이다." 어쨌든 1968년과 1969년 두 해 동안 약 400만 명의 도시 졸업생이 농촌과 변경으로 하방되어, 궁핍하고 비참한 생활을 견디게 된다.

《마오 주석 어록》을 들고
시골로 떠나는 학생들을 그린
선전 포스터. 하방운동은
자율적인 것이 아니라
이데올로기적으로 강요된
억압이었다.

홍위병의 광기와 하방의 비참함을 몰랐던 탓일까? 아니면 이 모든 어두운 측면이 혁명의 그림자에 지나지 않는다고 치부했던 탓일까? 프랑스 지성인들은 문화혁명에 정말 열광했다. '무산계급'이 '지배계급의 문화를 없애려는 혁명'이니, 어떻게 반기지 않을 수 있겠는가? 알튀세르의 중층결정론을 떠올려보라. 생산력 등 경제적 토대를 변화시키지 않고 문화 등 상부구조에 개입할 수 있다는 논리가 현실에 그대로 적용되니, 알튀세르와 그의 지지자들은 얼마나 감동했겠는가? 문화혁명 자체는 경제결정론이나 생산력발전의 형이상학을, 나아가 이런 형이상학에 기초해 억압과 착취를 자행했던 스탈린체제에 대한 사망선고와 다름없었으니까. 사실 지성인들이 가장 사랑하면서 동시에 혐오하는 분야가 바로 문화다. BC 3000년 이래 끈질기게 유지되었던 소수 지배계급의 문화적 잔재가 해소되어 정말 억압이 사라진 사회를 품어줄 문화가 만들어진다고 하니, 어떻게 감동하지 않을 수 있겠는가? 중국의 대학생들이나 지식인들이 권력의 상층부가 아니라 농촌이나 변경 등 민중의 삶으로 내려가는 모습을 보면서 프랑스 지성인들은 중국에서 근사한 일이 일어나고 있다고 설레어하기까지 했다. 말로는 억압받는 자, 궁핍한 자, 수고로운 자의 편에 서겠다고 했지만, 프랑스 지식인들은 자신의 안온한 삶을 유지하려는 욕망이나 권력의 중심부로 들어가려는 욕망에서 자유롭지 않았다. 그런데 지금 중국에서는 대학생들마저 기득권을 버리고 농촌이나 변경으로 기꺼이 내려가고 있으니, 어떻게 존경스럽지 않을 수 있겠는가?

문화혁명의 일환으로 펼쳐진 하방운동을 본받기 위해 1968년 68혁명 전후 그렇게도 많은 마오주의 학생운동가들이 미래의 성공을 포기하고 과감히 공장이나 농촌에 뛰어들었던 것도 이런 이유에서다. 그들은 마오쩌둥의 말대로 "노동자·농민과 혼연일체가 되려고" 했던 것이다. 동양과 서양의 역사가 너무나 달랐고 그에 따라 생각하고 행동하는 것이 너무나 달랐던 탓이었을까, 아니면 문화혁명에 대한 마오쩌둥의 대외적 선전작업이 너무나 효과적이었던 탓이었을까, 프랑스 지성인들은 그야말로 문화혁명을 완전히 오판했다. 아니 정확히 말해 그들은 자신이 보고 싶었던 것만을 보았고, 자신이 듣고 싶었던 것만을 들었다고 해야 할 것이다. 그러니 그들은 무산계급문화대혁명의 주체는 무산계급이 아니라 마오쩌둥이라는 분명한 사실마저 쉽게 간과하고 만다. 홍위병들은 자발적으로 낡은 문화와 낡은 사람들을 파괴하고 제거하려고 했던 것이 아니다. 이 불쌍한 아이들은 마오쩌둥의 사주로, 그리고 군대와 경찰의 방조로 움직인 꼭두각시들이었다. 대학생과 지식인들은 "노농병勞農兵과의 결합"을 위해 하방한 것이 아니다. 그들은 마오쩌둥의 명령에 의해 시행된 귀양이나 유배생활을 견뎠을 뿐이다. 한마디로 말해 초등학생, 중학생, 고등학생, 대학생, 지식인, 문인, 관료 등은 혁명의 주체가 아니라 혁명의 객체였던 것이다.

문화혁명이 이미 노쇠한 마오쩌둥의 치명적인 실수라고 옹호해서는 안 된다. 문화혁명과 무관하게 마오주의는 그 자체로 판단할 가치가 있다고 이야기해서도 안 된다. 문화혁명은 마오주의의 필연적 귀결일 뿐, 우발적인 사건이 결코 아니기 때문이다. 한마디로 말해 문화혁명의 한계는 마오주의의 한계라는 것, 문화혁명이란 비극은 마오주의에서 싹텄다는 것이다. 다시 생각해보자. 《모순론》에서 마오쩌둥은 두 가지 이야기를 했다. 하나는 복잡한 모순들 속에서 하나의 주요 모순과 다양한 부차적인 모순들이 있다는 주장이고, 다른 하나는 일반적으로 경제적 토대가 결정적이지만 상부구조가 특이한 조건에서는 결정적일 때가 있다는 주장이다. 그렇지만 사후적으로 돌아보았을 때에만 어느 것이 주요 모순인지, 혹은 어떤 조건에서 생산관계·이론·상부구조라는 측면이 주요하고 결정적인 작용을 하는지 식별하기는 쉽다. 그렇지만 사전적인 상황에서 그런 식별작업은 만만한 것이 아니다. 주요 모순이라고 생각해서 그에 집중했지만 정세를 변화시키는 데 실패할 수도 있다. 주요 모순을 잘못 규정해서일까, 아니면 제대로 실천을 집중하지 못해서일까? 정치적 투쟁에 집중할 때라고 생각해서 그에 집중했을 때에도 동일한 문제가 발생한다. 마오쩌둥의《모순론》이 기본적으로 사후적인 논의에 지나지 않는 이유도 바로 여기에 있다. 그렇다. 마오쩌둥의 논의는 자의적이고 동시에 절대적이다. 마오쩌둥의 모순론은 이현령비현령耳懸鈴鼻懸鈴, 즉 "귀에 걸면 귀걸이, 코에 걸면 코걸이" 식이다. 그러니 자의적이라는 것이다. 나아가 우리는 어느 것이 주요 모순인지를 결정하는 주체, 혹은 지금은 상부구조가 결정적일 때라는 걸 판단하는 주체가 바로 마오쩌둥 본인이었다는 사실에 주목할 필요가 있다. 마오쩌둥의 모순론이 절대적이라는 것도 이런 이유에서다.

1950년대 대약진운동은 경제적 토대가 가장 중요하다는 마오쩌둥의 판단으로 시작되었지만 분명 실패했다. 1960년대 문화혁명도 상부구조가 가장 결정적이라는 마오쩌둥의 판단으로 시작되었지만 이 역시 명백히 실패했다. 1970년대 농촌과 변경으로 반강제적으로 이루어진 하방운동도 대학생과 지식인들이 "노농병과의 결합"은커녕 생계를 잇는 것마저 힘들었으니, 이 운동 역시 분명한 실패였다. 그렇지만 대약진운동이 실패해도, 문화혁명이 실패해도, 하방운동이 실패해도 그 탓을 마오쩌둥에게 돌릴 수는 없다. 상부구조에서나 하부구조에서나 마오쩌둥은 총체적 무능을 보였지만, 모든 책임은 실천에 집중해야 할 때 집중하지 않았던 당원들이나 관료들, 혹은 지식인들이 떠안았으니까. 마오쩌둥과 마오주의는 결코 반증할 수도, 결코 반박할 수도 없다. 아니다. 반증하거나 반박할 수는 있다. 마오쩌둥이 권좌에서 물러나거나 죽은 다음에 말이다. 결국 마오주의는 마오쩌둥에게 무소불위의 권력을 정당화하는 논의에 지나지 않았던 것이다. 다양한 모순들 중 주요하고 결정적인 모순을 선택할 수 있는 역량을 권력자에게 부여하고, 그 실패의 책임을 권력자에게 물을 수 없는 구조니까 말이다. 정당코뮌주의를 넘어서는 일인코뮌주의이자, 평범한 엘리트주의를 넘어서는 절대적 엘리트주의다.

　마오쩌둥의 모순론은 자의적이고 절대적인 권력을 정당화한다. 주요 모순이 무엇인가? 최고 권력자의 입김이 가장 크게 작용할 수밖에 없는 질문이다. 물론 최고 권력자의 견해에 반대하는 입장들도 지도부 내부에서 발생할 수 있고, 아니면 민중들 속에서도 발생할 수도 있다. 그렇지만 반대 의견은 부차적 모순에 입각한 것으로 치부되고 바로 묵살된다. 왜냐고? 제국주의든 아니면 지배계급이든 압도적인 힘에 맞설 때 주요 모순을 놓고 벌이는 갈등은 적전분열로 간주되기 때문이다. 최고 권력자가 주요 모순을 규정했다면, 남은 사람들은 그것을 "약한 고리"로 만드는 데 심신을 바쳐야 한다는 논리다. 그래서 마오쩌둥의 모순론은 제도권 사회주의국가 내부의 권력론, 혹은 권력투쟁의 논리와 함께한다. 달리 말한다면 주요 모순을 둘러싼 투쟁은 일종의 권력투쟁일 수밖에 없다는 이야기다. 주요 모순을 결정하고 그것을 모든 성원에게 관철할 수 있다는 것이 바로 최고 권력자의 권력이니 말이다. 물론 최고 권력자가 주장한 주요 모순이 지도부 내부에서 부차적 모순으로 결정될 가능성은 존재한다. 그렇지만 현실적으로 불가능에 가깝지만 이론적으로는 충분히 생각해볼 수 있는 이런 가능성이 현실화한다면, 이것은 사실 최고 권력자의 실각을 의미한다. 주요 모순을 결정하는 사람이 최고 권력자이고, 최고 권력자는 주요 모순을 결정하는 사람이다. 여기에 주요 모순을 돌파하지 못한 책임은 실천적 역량을 최고 권력자의 지시대로 모으지 않았다는 이유로 정당 관료들과 민중들에게 돌려진다는 사실을 덧붙이면, 최고 권력자의 지위는 그야말로 난공불락의 요새가 되고 만다. 여기서 우리는 하나의 주요 모순과 다양한 부차적인 모순들 사이의 관계가 군주와 신민이라는 권력구조와 상응한다는 걸 확인할 수 있다. 마오쩌둥은 모순론으로 사회주의에서 상상할 수 없는 황제가 된 셈이다. 이제 주요 모순과 부차적 모순을 두고 벌이는 권력의 논리가 은폐하는 것이 한눈에 들어온다. 그것은 바로 마오쩌둥이 소수 전위와 다수 후위로 양분되는 억압 논리를 반복하고 있다는 사실이다. 이런 상황에서 모든 권력을 국가가 아니라 사회로 되돌리려는 사회주의의 이념, 언제든지 소환될 수 있는 대표와 관료를 요구하는 코뮌주의의 이념이 왜곡되고 상처받는 것은 불가피한 일이다. 중국에서 평의회코뮌주의가 질식한 이유도 바로 여기에 있지 않은가.

사변적 관점에서 마오쩌둥의 모순론은 알튀세르의 열광처럼 제3세계를 해방시키는 데 현실적인 힘을 가진 이론으로 보인다. 그렇지만 현실적 관점에서 모순론은 알튀세르의 생각과는 달리 권력의 자의성과 절대성을 긍정하는 이데올로기로 전락하기 쉽다. 1950년대와 1960년대 제3세계에서 탄생한 사회주의국가들, 앙골라, 콩고, 소말리아, 북한, 베트남, 라오스, 몽고, 쿠바 등에서 사회주의라는 이름도 무색하게 자의적이고 절대적인 권력이 탄생하게 되는 것도 같은 맥락이다. 아마도 북한체제는 가장 좋은 예라고 하겠다. 《모순론》에서 마오쩌둥은 말한다. "제국주의가 이런 나라에 침략전쟁을 일으켰을 때, 이런 나라의 내부 각 계급은 일부 매국노를 제외하고는 모두가 일시적으로 단결하여 제국주의에 반대하는 민족전쟁을 수행한다. 이때 제국주의와 이런 나라 사이의 모순이 주요 모순이 되고, 이런 나라 내부 각 계급간의 모순(봉건제도와 인민대중 사이의 주요 모순을 포함하여)은 모두 '부차적·종속적 위치'로 떨어지게 된다." 주체사상의 주체란 별것 아니다. 제국주의에 반대하는 민족주의운동의 주체일 뿐이다. 당연히 북한체제에서 당원 관료와 노동계급 사이의 모순은, 다시 말해 노동계급의 해방은 부차적이고 종속적인 지위로 떨어지고 만다. 노동계급은 주요 모순을 결정할 권력, 즉 김일성, 김정일金正日(1941~2011), 그리고 김정은金正恩(1984~)으로 이어지는 왕조체제와는 다른 목소리를 내서는 안 된다. 바로 그 순간 그들은 마오쩌둥이 말한 대로 "매국노"로 간주될 테니 말이다.

결국 북한 민중들은 '백두 혈통'이 결정한 주요 모순에 따르면 주체가 되고, 그와 다른 것을 주요 모순으로 주장하면 매국노가 되고 만다. 주체가 아니면 죽음인데, 어떻게 주체가 되지 않을 수 있겠는가? 그래서 북한체제 입장에서 제국의 노골적인 침략이 없다면, 제국을 자극해서라도 그들에게 압박을 받는 것이 좋다. 조금씩 사정거리를 늘리며 대륙간탄도미사일을 쏘아대며 미국을 압박하는 북한의 핵무기 정책은 이렇게 탄생한다. 북한의 주체사상은 너무나도 비주체적인 사상이었다. "제국주의가 이런 나라에 침략전쟁을 일으켰을 때, …… 제국주의와 이런 나라 사이의 모순이 주요 모순이 되고, 이런 나라 내부 각 계급간의 모순(봉건제도와 인민대중 사이의 주요 모순을 포함하여)은 모두 '부차적·종속적 위치'로 떨어지게 된다"는 마오쩌둥의 말을 금과옥조로 삼고 있으니 말이다. 그래서 1974년 김정일이 처음 제안한 후 지금까지 북한의 정치, 경제, 사회, 문화 등 모든 면을 지배하는 "생산도 학습도 생활도 항일유격대식으로"라는 슬로건은 매우 상징적이다. 마오쩌둥이 제국주의와 식민지 사이의 모순을 주요 모순으로 설정했던 때를 기억하라! 바로 1930년대 일본제국주의의 침략에 맞서 싸우던 시절 아닌가.

물론 제3세계 사회주의자들은 마르크스를, 엥겔스를, 레닌을 이야기하곤 한다. 간혹 로자 룩셈부르크도 베른슈타인도 이야기한다. 그렇지만 그들은 마오주의의 배경에서 수많은 사회주의자를 언급하고 있을 뿐이다. 제3세계 사회주의자들 대부분은 마오주의자였던 셈이다. 이것은 어쩌면 불가피한 일인지도 모른다. 20세기 중후반 경제적으로나 정치적으로 낙후되어 있었던 제3세계는 제1세계와 제2세계의 패권 다툼 속에서 휘청거리며 점차 신식민지로 편입되고 있었다. 《모순론》은 이들 제3세계 사회주자들에게는 일종의 나침반이었다. 일단 그들은 "무산계급과 자산계급 사이의 모순이 주요 모순으로 작동하는" 선진 "자본주의사회"에 살고 있지 않다. 그들이 살고 있는 사회는 마오쩌둥에 따르면 둘 중 하나였다. "제국주의가 노골적으로 침략전쟁을 수행하는" 사회이거나, 아니면 "제국주의가 정치·경제·문화 등 비교적 온건한 형식으로 은밀히 억압하고 있는" 사회이거나. 전자가 반식민지주의Semi-colonialism가 관철되는 반식민지사회라면, 후자가 바로 신식민지주의Neo-colonialism가 관철되는 신식민지사회다. 반식민지사회에 살고 있다면 이 질곡을 돌파하는 주요 모순은 마오쩌둥의 말대로 "제국주의와 약소국 사이의 모순"이고, 반면 신식민지사회에 살고 있다면 주요 모순은 "반식민지국가의 반동 세력과 인민대중 사이의 모순"일 수밖에 없다.

해방 이후 1960년대부터 1990년대 초까지 자유와 통일을 위해 분투했던 우리 사회 저항운동의 면면들이 떠오르지 않는가? 냉전시대 제3세계 한반도만큼 이중 삼중의 질곡에 던져졌던 곳도 없었다. 생각해보라. 1945년 제2차 세계대전 종전과 미국과 소련에 의한 한반도 분단, 냉전시대를 더 차갑게 얼려버린 1950년의 한국전쟁, 분단의 고착화와 휴전선을 경계로 남북 양측에 거의 동시에 수립된 일종의 군사독재체제 성립 등. 설상가상이랄까. 1950년 이후 북한은 소련과 중국에, 그리고 남한은 미국에 정치, 경제, 문화, 군사 등 거의 모든 측면에서 휘둘리게 된다. 남한사회의 비판적 지식인들의 고민이 깊어질 수밖에 없는 대목이다. 남한사회를 신식민지로 볼 것이냐, 반식민지로 볼 것이냐? 계급 문제를 중시할 것인가, 아니면 민족 문제를 중시할 것인가? 노동계급의 정치화를 시도할 것인가, 아니면 통일 문제에 집중할 것인가? 어쩌면 1960년대 후반 진보적 지식인들이 남한사회의 사회적 성격을 둘러싼 치열한 논쟁에 돌입한 것도 당연한 수순일 수 있다.

남한사회의 사회적 성격과 관련된 논쟁, 구체적으로 말해 주요 모순을 무엇으로 봐야 하는지와 관련된 논쟁의 서막은 서울대 경제학과 동문들 사이에서 펼쳐진다. 박현채朴玄埰(1934~1995)가 신식민지국가독점자본주의론新植民地國家獨占資本主義論을 주장했다면, 이에 안병직安秉直(1936~)이 식민지반봉건사회론植民地半封建社會論으로 맞서면서 논쟁은 촉발되기 때문이다. 전자가 노동계급을 중시하며 계급 문제에 초점을 맞추었다면, 후자는 통일을 쟁점으로 민족 문제에 초점을 맞추고 있다. 경제학을 전공한 진보적 지식인들의 논쟁은 1980년대 가장 강력한 사회운동 세력이었던 학생운동권을 관통한다. 식민지반봉건사회론(=식민지반자본주의이론植民地半資本主義論)은 흔히 '자주파 自主派'라고도 불렸던 '민족해방National Liberation, NL파'가 추종했고, 신식민 지국가독점자본주의이론은 '평등파平等派'라고도 불렸던 '민중민주People's Democracy, PD파'가 계승한다. "신반론(=식민지반봉건사회론)", "신식국독자 론(=신식민지국가독점자본주의이론)", "사회구성체론"이라는 이름으로 불 렸던 지엽적인 논쟁에 빠져들지 말고, 한반도를 둘러싼 정치, 경제, 그리고 사상이라는 거대한 흐름에만 주목할 필요가 있다. 무엇보다 먼저 눈에 띄는 것은 박현채든 안병직이든 아니면 NL이든 PD든 모 두 마오주의라는 자장 안에 있다는 사실이다. 주요 모순이 무엇이 고 부차적 모순이 무엇인지 그 규정이 달랐을 뿐이기 때문이다.

결국 우리는 박현채도 마오주의자였고, 안병직도 마오주의자 였고, NL의 학생운동가들도 마오주의자들이었고, PD의 학생운동 가들도 마오주의자들이었다고 말해야 한다. 아니나 다를까, 학생운 동이 본격화되던 1970년대부터 NL과 PD가 정말 치열하게 경쟁하 며 학생운동의 전성기를 구가하던 1980년대까지 학생운동가들은 농활農活이란 이름으로 농민들의 생활로 내려가려고 했고, 공활工活 이란 이름으로 노동자들의 생활로 내려가려고 했다. "지식분자들이 …… 노동자·농민과 혼연일체가 되기를 바란다"는 마오쩌둥의 가 르침, 1960년대 후반부터 10년 동안 하방운동으로 구체화된 그의 가르침을 충실히도 따른 셈이다. 중국을 제외한 지역에서 일어난 자발적 하방운동은 남한이 프랑스보다 강력하고 지속적이었던 것 도 이런 이유에서였다. 1960년대, 1970년대, 그리고 1980년대 남한 사회 비판적 지식인들은 의식하든 의식하지 않았든 마오쩌둥의 모 순론과 하방운동에서 한 걸음도 벗어나지 못했다. 이것은 속칭 남 한의 진보 세력들이 마오주의의 한계를 그대로 답습하는 불행을 초래했다. 주요 모순을 민중이 아니라 소수의 선택받은 사람들만이 결정할 수 있다는 엘리트주의에 매몰된 사람들이, 그리고 다른 입장을 부차적 모순에 근거한 것이라고 내뱉고 권력투쟁에 목숨을 걸었던 사람들이 어떻게 마르크스가 《프랑스내전》에서 이야기했던 파리코뮌의 정신을 이해할 수 있다는 말인가? 평의회주의가 아니라면 사회주의나 코뮌주의가 무슨 의미가 있다는 말인가?

그렇지만 사회주의, 코뮌주의, 나아가 마르크스주의에 대한 진지한 고민을 하기도 전에, 남한의 진보 세력들에게도 거대한 위기가 찾아온다. 1989년 6월 4일 폴란드에서 시작되어 1991년 12월 26일 소련 해체로 냉전시대 한 축이었던 제도권 사회주의체제가 붕괴하고 만 것이다. 동유럽과 소련 등 제도권 사회주의의 몰락으로 남한의 비판적 지식인들은 그야말로 '멘붕'에 빠진다. 정말 우스운 일 아닌가? 당시 몰락한 것은 제3세계 사회주의 맹주 중국체제가 아니었다. 마오주의 자장 안에서 사유하고 논쟁했던 당시 진보 세력들이 '멘붕'에 빠질 이유가 어디에 있는가? 남한 진보적 지식인들은 이렇게도 무지했던 것이다. 마르크스도, 엥겔스도, 레닌도, 트로츠키도, 스탈린도, 심지어 마오쩌둥도 제대로 몰랐으니까. 아니면 스스로 사유하지 못하는 무능함이라고도 할 수 있다. 아니나 다를까, 우리 진보 지식인들은 지푸라기라도 잡는 심정으로 알튀세르를 너무나 때늦게 소환한다. 68혁명의 주된 동력이었던 학생운동을 부정한 탓으로 이후 프랑스 지성계에서 그 영향력이 땅에 떨어진 그 알튀세르를 말이다. 어쨌든 1965년 알튀세르는 스탈린주의로 상징되는 제도권 사회주의를 가장 강렬하게 비판했던 마르크스주의자였다. 그러니 알튀세르는 그 존재만으로도 제도권 사회주의와 무관하게 마르크스주의가 가능하다는 것을 입증하는 것 아닌가. 1965

1989년 11월 9일 베를린장벽에 올라가 있는
사람들. 소련이 붕괴됨에 따라 동서 냉전의
상징물인 베를린장벽도 철거되었다.

5부. 스펙타클, 주체를 구경꾼으로 만드는 마법

년 알튀세르가 출간했던 《자본론 읽기Lire 'le Capital'》와 《마르크스를 위해》가 각각 1991년 1월 두레출판사에서 《자본론을 읽는다》는 이름으로, 그리고 1년 뒤 1992년 1월 백의출판사에서 《마르크스를 위하여》라는 이름으로 번역·출간되면서 그야말로 알튀세르는 남한의 비판적 지식인들 사이에서 '구조주의적 마르크스주의structural Marxism'라는 이름으로 숭배와 열광의 대상이 되고 만다.

그렇지만 당시 그 누구도 1965년의 알튀세르가 마오쩌둥의 바울이었다는 걸 심각하게 생각하지 못했다. 자신의 손에 들어온 것이 세련되고 현학적이고 매혹적인 마오주의라는 걸 받아들이기 힘들었던 탓일까? 아니면 알튀세르가 자신의 마오주의적 사유와 너무나 부합된다고 느낀 탓일까? 어쨌든 확실한 것은 1990년대 남한 진보 세력들이 알튀세르를 통해 마오주의를 의식적이든 무의식적이든 영속화했다는 사실이다. 이제 1960년대 지성인들처럼 《모택동 선집毛澤東選集》을 일본이나 중국어로 읽을 필요도 없고, 1980년대 지성인들처럼 신식민지국가독점자본주의론이나 식민지반봉건사회론과 같은 마오쩌둥의 어휘들, 너무나 고리타분해 보이는 용어를 쓰지 않아도 된다. 나아가 NL이니 PD니 하는 용어마저도 지나간 것으로 치부할 수도 있다. 1965년 마치 자신의 독창적인 철학이라도 되는 것처럼 마오주의를 근사하게 포장했던 알튀세르도 있지만, 20세기 인문학의 패권을 잡았던 프랑스 지성계의 마지막 생존자 바디우Alain Badiou(1937~)는 아예 지금도 마오주의를 표방하며 활동하고 있지 않은가? 이제 21세기 현재 남한의 진보적 지식인들이 큰 마오쩌둥 아니면 작은 마오쩌둥이 되어 자신의 엘리트주의와 권력주의를 계속 관철해도 아무런 문제가 없다. 보수정당에 들어가 당당히 전향을 선언해도 무엇이 문제인가? 진보정당에 들어가면서 부르주아체제에 편입된 것을 잠시 은폐하는 일이 또 무엇이 문제인가? 국회의원이나 고위 관료, 나아가 대통령이라는 큰 마오쩌둥의 길을 걸을 뿐이다. 큰 마오쩌둥을 꿈꾸는 작은 마오쩌둥의 길도 있다. 엘리트로서 명문대학에서 교편을 잡으며 시민단체 일을 하면 된다. 시대가 변하면 주요 모순도 변하고 상부구조의 자율성도 중요할 때가 있다는 진리, 바로 이것이 마오주의자가 걸어갈 길이니까. 알튀세르의 이름이든 바디우의 이름이든 마오주의가 그 생명을 연장하는 일이 무서운 이유도 바로 여기에 있다.

엘리트주의와 권력주의만 남은 곳에서 어떻게 1871년 파리코뮌, 1917년 상트페테르부르크소비에트, 1919년 베를린의 스파르타쿠스동맹, 1921년 크론시타트소비에트에서 찬란하게 명멸했던 평의회코뮌주의가 숨을 쉴 수 있다는 말인가.《스펙타클의 사회》64번째 테제가 중요한 이유도 바로 여기에 있다. 알튀세르가 마오쩌둥의 바울을 자처하고 프랑스 지성계 전체가 마오주의에 열광할 때, 기 드보르만이 마오주의가 평의회코뮌주의의 적이라는 걸 폭로했기 때문이다. 다시 한 번 꼼꼼히 기 드보르의 이야기를 읽어보자. "'집중된 스펙타클'은 공식적으로 존재하는 모든 것을 포괄하는 선이라는 하나의 이미지, 즉 전체주의적 응집력을 보증하는 단 한 사람의 개인에게 집중되는 이미지를 부과한다. 모든 사람은 이 절대적 스타와 동일시되지 않는다면, 사라져야만 한다. …… 만일 모든 중국인이 마오쩌둥과 동일시되는 지점까지 그를 학습해야만 한다면, 그들은 그를 제외하고는 될 수 있는 것이 없기 때문이다. 집중된 스펙타클은 치안 통제를 함축한다." 기 드보르, 그는 마오주의의 명줄을 제대로 잡고 있었던 것이다.

코만단테 코무니스타 체 게바라 ①
"만약 마르크스가 권력을 가졌다면……"

파이프 담배에서 짙은 연기가 뿜어져 나온다. 1967년 10월 8일 새벽! 라몬^{Ramón}은 조용히 일기를 꺼낸다. 그가 쓰는 마지막 일기였지만, 아직 그는 그 사실을 모르고 있다. 그렇지만 라몬은 예감하고 있었다. 얼마 지나지 않아 더 이상 일기를 쓰고 싶어도 쓸 수 없게 될 것이다. 자신과 게릴라 동지들을 압박해오는 토벌군의 공세가 견디기 힘들 정도로 지속되고 강화되고 있었으니까. 하긴 게릴라전을 수행하는 순간, 목숨을 던질 각오를 해야 하는 것 아닌가? 그렇지만 상황은 더 좋지 않았다. 4월 20일 레지 드브레^{Jules Régis Debray}(1940~)와 시로 부스토스^{Ciro Bustos}(1932~)가 볼리비아군에 붙잡힌 것이 게바라로서는 위기의 서막이었다. 생명의 위협을 느낀 두 사람은 게릴라 지도자 라몬이 바로 에르네스토 체 게바라^{Ernesto Che Guevara}(1928~1967)라는 걸 CIA에게 확인해주었기 때문이다. 심지어 미술을 전공했던 부스토스는 게바라를 포함한 동지들의 몽타주를 작성하는 친절함마저 보여준다. 하긴 게바라, 즉 라몬과 함께했던 게릴라 투쟁을 견디지 못하고 그를 떠났던 두 사람에게서 무엇을 더 바란다는 말인가? 라몬, 즉 게바라가 누구인가? 한때 라틴아메리카에 대한 미국 패권주의를 최초로 좌절시킨 1959년 쿠바혁명의 지도자이자, 미국을 핵

1961년 일요일 노동을 마치고
휴식을 취하고 있는 체 게바라.

전쟁의 위험에 던져넣은 1962년 소련 핵미사일 쿠바 배치에 깊숙이
관여했던 인물 아닌가? 한마디로 게바라는 제2차 세계대전 이후 미
국이 상대했던 최고의 적이었던 것이다. 그런데 지금 그 게바라가 볼
리비아 산악지대에 소수의 인원으로 게릴라전을 펼치고 있다는 걸
안 것이다. 어쨌든 게바라를 눈엣가시처럼 여겨 암살 대상으로 분류
했던 미국이 가만히 있을 리 없는 일이다. 당시 볼리비아 대통령 바
리엔토스^{René Barrientos Ortuño}(1919~1969)는 CIA의 지원으로 쿠데타에 성
공한 인물이었으니, 미국으로서는 아무런 거리낌 없이 게바라를 합
법적으로 암살할 수 있는 천재일우의 기회를 잡은 셈이다. CIA와 미
국대사관은 긴밀히 움직이기 시작했다. 게릴라 토벌에 참가했던 볼

리비아 정규군 병력은 2000명에서 바로 5000명으로 증원되고, 이제 토벌작전도 CIA와 미군 군사고문단에 의해 주도되었다. 아무리 깊은 숲과 험준한 산의 보호를 받는다고 해도, 한때 53명에 이르렀던 게바라, 즉 라몬과 게릴라들이 지상 병력 5000명과 전투기와 헬기로 무장한 토벌군의 공세를 견딘다는 것은 쉬운 일이 아니다. 적의 지속적인 공세에 동지들은 대열을 이탈하거나 전사하고 만다. 10월 8일 게바라와 16명의 동지, 즉 17명만이 남게 된다.

10월 8일 새벽 2시 라몬은 일기를 꺼내 7일부터 지금까지 있었던 일을 손을 호호 불어가며 기록하기 시작한다. 볼리비아에서 겨울은 6월 21일부터 9월 21일까지 지속되니, 2000미터 고지의 밤은 아직도 건조하고 쌀쌀하기만 했다. 글쓰기가 불편했지만 웬일인지 라몬은 일기를 꽤나 길게 적는다. 마지막 일기일 수 있다는 불길한 예감이 그의 펜을 멈추지 못하게 한 것은 아닌지.

10월 7일

게릴라 활동을 전개한 지 11개월째 되는 날이다. 12시 30분 협곡으로 한 노파가 염소 떼를 몰고 와서 곧바로 체포했다. 노파에게서 정부군에 대한 정확한 정보를 얻을 수는 없었다. 한동안 그리로 가지 않아서 아는 것이 없다고만 말했다. 근처 길에 대한 정보는 그나마 도움이 됐다. 그에 따르면 우리는 대략 라이게라 La Higuera에서 5킬로미터, 히구에이 Jagüey에서도 5킬로미터, 푸카라 Pucará에서는 10킬로미터 정도 떨어진 지점에 있다.

오후 5시 30분 인티 Inti, 아니세토 Aniceto, 파블리토 Pablito가 노파의 집으로 가보니 병으로 몸져누운 딸과 매우 작은 두 딸이 있었다고 한다. 50페소를 주면서 아무에게도 말하지 말 것을 당부했지만 노파가 약속을 지켜줄지는 모르겠다.

희미한 달빛 아래 행군을 재개했다. 지치고 고통스런 걸음을 옮기느라 발자국을 지우지도 못했다. 민가는 보이지 않았지만 계곡에서 물을 끌어댄 감자밭이 나왔다. 더 움직일 수 없을 정도로 지쳐서 2시경에 멈춰 휴식을 취했다. 야간 행군 시 치노Chino는 진짜 짐이 된다.

라디오에서는 250여 명의 정부군이 세라노Serrano 지역에 주둔하고 있다는, 좀처럼 발표하지 않던 내용을 전했다. 그들은 우리의 위치를 아세로Acero강과 오로Oro강 사이로 파악하고 있으며, 약 서른일곱 명으로 구성된 게릴라들의 포위망 통과를 저지할 목적으로 와 있다고 한다. 이 보도 내용은 우리를 압박하기 위한 것 같다.

고도: 2000미터.

–《볼리비아 일기The Bolivian Diary》

몇 가지 정보가 필요할 듯하다. 먼저 지리적 정보다. 볼리비아 남동쪽에는 산타크루스Santa Cruz주가 있는데, 산타크루스는 15개 지역으로 나뉜다. 산타크루스주의 15개 지역 중 가장 서쪽에 있는 작은 지역이 바로 바예그란데Vallegrande인데, 중심 도시는 지역 이름과 같은 바예그란데다. 일기에 등장하는 라이게라, 히구에이, 푸카라는 모두 바예그란데 지역에 속한 작은 시골 마을이다. 이 중 라이게라 마을은 해발고도가 1950미터다. 이것은 게바라가 게릴라로 활동하던 곳이 상당히 고지대라는 인상을 준다. 그렇지만 사실 이것은 볼리비아 전체를 놓고 보았을 때 일종의 착시효과일 뿐이다. 안데스산맥 방향에 위치한 볼리비아의 행정수도 라파스La Paz만 하더라도 해발고도 3640

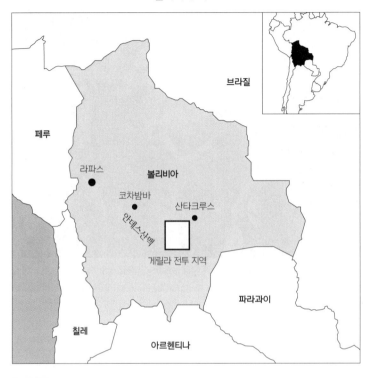

볼리비아 지도

미터에 있다. 결국 열대 지역에 속한 볼리비아에서 고지대는 인간이 살기에 쾌적하지만, 저지대는 밀림과 해충으로 우글거리는 열악한 곳이다. 게바라가 활동했던 바예그란데 지역은 체감적으로는 온대와 열대의 중간 정도 되는 곳이라고 보면 된다. 결국 토벌군의 압박이 거세져서 은신처를 찾으려면, 게릴라들은 고지대가 아니라 저지대로 도망할 수밖에 없다. 해충과 육식동물이 우글거리는 저지대 밀림 지역으로 대규모 군대를 투입하지는 않을 테니 말이다. 라몬이 바예그란데를 게릴라 거점으로 삼은 것도 이런 이유에서일 것이다. 최

볼리비아의 체 게바라와 게릴라 전사들. 왼쪽부터 우르바노, 미구엘, 마르코스, 게바라, 치노, 파초, 코코.

악의 경우 저지대 밀림 지역으로 은신할 수 있으니 말이다.

다음으로 라몬을 포함한 17명 게릴라에 대한 정보다. 라몬의 10월 7일 일기에 등장하는 인물은 17명 중 4명이다. 게바라가 라몬으로 불렸던 것처럼 모든 게릴라는 보안을 위해서 별명을 사용했다. '인티', 즉 기도 페레도 레이게Guido Peredo Leigue(1938~1969)는 볼리비아공산당Partido Comunista de Bolivia, PCB 중앙위 위원으로 활동했던 볼리비아 사람으로 게릴라부대에서 최고의 전투력을 자랑했다. '아니세토', 즉 아니세토 레이나가 고르디요Aniceto Reinaga Gordillo(1940~1967)는 볼리비아청년공산당Juventud Comunista de Bolivia, JCB 소속이었지만 라몬의 게릴라 활동에 함께함으로써 JCB에서 제명된다. '파블리토', 즉 프란시스코 우앙카 플로레스Francisco Huanca Flores(1945~1967)는 광부 출신 젊은이로 게바라 게릴라군의 최연소 게릴라였다. '치노'는 중국계 페루 사람 후안 파블로 창 나바로 Juan Pablo Chang Navaro(1930~1967)의 별명이다. 치노는 학생운동과 공산주의운동으로 프랑스로 망명해 소르본대학에서 심리학을 전공했으며, 페루공산당 Partido Comunista Peruano, PCP 중앙위 위원을 역임했던 지성이다. 불행히도 치노는 게릴라 활동에 적합하지 않았다. 두꺼운 안경을 착용했던 치노는 밤에는 거의 장님과 다름없었고, 아울러 그의 운동 능력도 다른 게릴라에 비해 많이 뒤처졌기 때문이다.

10월 7일 일기를 읽을 준비가 된 것 같다. 일기의 담담한 문체에 속아서는 안 된다. 라몬과 16명의 게릴라들은 생사존망의 위기 상태에 던져져 있다. 얼마나 토벌군에게 정신없이 쫓겨 다녔는지, 게바라는 낮에 노파를 만나서야 자신들이 어디에 있는지 확인할 수 있었을 정도였다. 이미 그들에게는 게릴라의 이점마저 사라진 뒤였다. 유리한 지형과 지물을 이용해 정규군과 맞서는 것이 바로 게릴라전 아닌가. 토벌군의 압박에 게릴라들은 이미 너무나 낯선 곳에 들어온 셈이다. 지형과 지물을 이용할 수 없는 게릴라의 운명은 사실 뻔하다. 물고기가 물 바깥으로 나온 꼴이고, 원숭이가 나무에서 내려온 꼴이니까. 아무리 다급해도 라몬과 동료들은 민중해방 투사로서의 품격을 잃지는 않는다. 그들은 노파를 죽이지 않고 그가 밀고할지도 모른다는 위험을 무릅쓴다. 토벌군의 추적으로 생사의 기로에 서 있던 그들로서는 사실 하기 힘든 결정이다. 그렇지만 라몬과 그의 동지들에게 노파를 죽인다는 것은 생각도 할 수 없는 일이었다. 억압받는 자들의 군대를 자임했던 그들이 어떻게 무고한 노파를 죽일 수 있다는 말인가? 차라리 그들은 지친 몸을 이끌고 더 빨리 움직이는 걸 선택한다. 혹시라도 노파가 그들의 위치를 볼리비아군에게 알려줄 수도 있을 테니. 얼마나 다급했던지, 그들은 "이동 중 발자국을 지워야 한다"는 게릴라의 철칙마저 어길 수밖에 없었다. 거의 8시간가량 라몬이 야간 행군을 쉬지 않은 것도 이런 이유에서다. 그러나 최소한의 휴식은 필요한 법이다. 더군다나 라몬 자신도 치노를 도우며 행군을 했기에 몸은 이미 만신창이였다. 치노는 밤에는 거의 앞을 보지 못했기 때문이다. 이런 치노를 부축하며 8시간 넘게 산을 탔으니 라몬의 피로가 어느 정도일지 미루어 짐작이 가는 일이다. "야간 행군 시 치노는 진짜 짐이 된다"고 라몬이 토로했던 것도 이런 이유에서다. 그렇지만 라몬은 뿌듯하기만 하다. 치노는 야간 행군이나 전투에서 짐이 되지만 버릴 수 없는, 아니 결코 버려서는 안 되는 짐이기 때문이다. 억압이 없는 세상을 함께 꿈꾸는 동지마저 업지 못한다면, 어떻게 라틴아메리카, 나아가 제3세계 민중들의 무거운 몸을 감당할 수 있다는 말인가?

야간 행군에 지쳐서 죽은 듯 잠들어 있는 치노를 보면서 라몬은 타니아의 얼굴을 떠올린다. 타니아Tania는 아이디 타마라 분케 비데르Haydee Tamara Bunke Bider(1937~1967)라는 독일계 아르헨티나 여성의 별명이다. 1952년 가족과 함께 독일로 귀국한 뒤 그녀는 사회주의운동을 하다가 1961년 쿠바로 들어온다. 혁명가 게바라와 그의 정신에 완전히 매료되었던 그녀로서는 당연한 결정이었다. 쿠바 아바나대학에서 공부하면서 그녀는 게바라의 활동을 본격적으로 돕기 시작한다. 게바라는 타니아를 먼저 볼리비아로 파견해 그녀에게 게릴라 활동을 위한 사전 정지작업을 맡긴다. 타니아는 헌신적으로 자신의 임무를 완수하고, 그 결과 게바라와 그의 쿠바 게릴라 동지들은 무사히 볼리비아 게릴라 거점에 안착하게 된다. 라몬이 치노의 잠든 모습을 보다가 타니아를 떠올린 이유는 무엇일까? 치노를 데리고 온 장본이

1972년 쿠바에서 발행된 타마라 분케 추모 우표. 1967년 그녀는 리오그란데강을 건너다 매복에 걸려 전사하고 만다.

바로 타니아였기 때문이다. 3월 19일 타니아는 게릴라부대로 웃으며 귀환한다. 게릴라부대가 거점을 마련하자 라몬은 그녀를 다시 돌아오지 말라는 조건으로 아르헨티나로 돌려보낸 적이 있다. 전투에 익숙하지 않은 그녀가 게릴라 활동을 견디기 힘들 것이라고 판단했던 것이다. 그렇지만 타니아는 억압이 없는 사회를 만들려는 라몬과 함께 싸우고 싶었다. 그렇다고 라몬의 당부이자 명령을 어기기도 무엇하니 게바라의 게릴라 활동에 관심을 가진 동지들을 규합해 게릴라 거점으로 돌아온 것이다. 레지 드브레, 시로 부스토스, 그리고 치노를 라몬이 처음 본 것도 이때다. 게릴라전의 대가였던 라몬은 한눈에 그들이 별다른 도움이 되지 않으리라 직감한다. 하긴 게릴라전을 경험하지 못했던 타니아의 안목이니 말해 무엇 하겠는가? 드브레와 부스토스는 게릴라 생활을 할 만큼 의지가 굳지 않았고, 치노는 의지는 굳었지만 육체적 역량이 따르지 못했다. 그렇지만 라몬은 타니아와 함께 드브레도 부스토스도 그리고 치노도 기꺼이 품어버린다.

조직의 효율성이 아니라 인간에 대한 애정을 평생 좌우명으로 삼았던 그다운 결정이었다. 그렇지만 불길한 예감은 언젠가 현실이 되는 법! 드브레와 부스토스는 한 달을 못 버티고 게릴라부대를 떠나게 된다. 불행히도 4월 20일 볼리비아 정부군에게 생포된 그들은 라몬의 정체마저 CIA에게 알려주고 만다. 이때 타니아의 마음이 어땠을지 라몬은 너무나 잘 알았다. 미숙한 판단으로 자신이 그다지도 존경하던 라몬을 위기에 빠뜨린 셈이니 말이다. 타니아가 적극적으로 게릴라 여전사로 헌신하게 된 것도 이런 이유에서일 것이다. 더군다나 치노마저 게릴라부대에 도움이 되기는커녕 짐이 되는 걸 알았으니, 그녀의 마음이 어떠했겠는가? 그럴수록 타니아는 드브레와 부스토스의 잘못을 만회하기 위해, 그리고 치노의 전투력을 보완하기 위해, 더 적극적으로 전투에 참여했다. 그렇지만 드브레와 부스토스의 폭로로 이미 라몬과 게릴라부대는 커다란 위기에 봉착한 뒤였다. 이제 게릴라와 볼리비아 정규군 사이의 싸움은 게바라와 미국 사이의 싸움으로 확전되었고, 미국은 게바라를 사살하기 위해 엄청난 물량을 투여했기 때문이다. 4월 20일 이후 하루하루 라몬과 게릴라부대들은 위축되어만 갔다. 그 와중에 8월 31일 해발고도 2350미터에 위치한 리오그란데^{Río Grande}강을 건너던 타니아는 매복에 걸려 전사하고 만다. 리오그란데강이 흐르던 지역, 바도 델 예소^{Vado del Yeso}를 본떠 '바도 델 예소 전투'라고 불리는 전투에서 타니아는 라몬이 신뢰했던 최정예 대원 9명과 함께 운명을 달리했던 것이다.

몸은 따라오지 않지만 의지만은 굳건한 치노! 억압체제의 폭력 앞에 게릴라부대 전체를 사지에 몰아넣었던 드브레와 부스토스! 자신의 실수를 만회하려 감당하기 힘든 전투에 참여해 그 대가를 치렀던 타니아! 자신도 한때 겪었던 너무나도 인간적인 모습 아닌가. 아니, 지금 남아 있는 17명의 전사도 모두 마찬가지 아닌가. 그러니 애정과 연대의 마음이 필요한 것이다. 일기를 마무리하면서 라몬은 서글픈 미소를 치노에게 던져본다. 일기를 배낭에 넣으며 라몬은 서너 시간 뒤 해가 떠오른 뒤의 일정을 고민하기 시작했다. 이제 잠시 게 릴라전을 접고 자신을 의지하는 동지들의 목숨을 건지는 것이 그의 급선무가 되었다. 그래서 17명을 세 부대로 편성하기로 결심한다. 환 자였던 모로, 에우스타키오, 차파코와 스물두 살 최연소 게릴라 파블 리토가 한 부대가 된다. 환자들과 어린 게릴라를 구하려는 라몬의 마 음이다. 파블리토는 분명 자기 곁에 남아 생사를 같이하려고 할 것이 다. 그러니 환자들을 무사히 탈출시키라는 임무를 부여해 파블리토 도 살리고 싶었던 것이다. 두 번째 부대는 인티, 냐토, 폼보, 베니뇨, 우르바노, 다리오 등 6명으로 구성된다. 남은 17명 게릴라들 중 생존 가능성이 가장 높은 전사들로 구성된 부대다. 라몬은 두 번째 부대의 리더로 쿠바인 폼보와 함께 최고 전투력을 자랑하는 볼리비아인 인 티를 생각한다. 실제로 이 두 번째 부대는 라몬의 생각처럼 안데스산 맥을 넘어 무사히 탈출에 성공한다. 세 번째 부대는 라몬, 윌리, 안토 니오, 아르투르, 파충고, 아니세토, 그리고 치노, 도합 7명으로 구성 된다. 여기서 가장 큰 문제는 바로 치노다. 어느 사이엔가 그는 게릴 라부대에 죽음의 그림자를 안겨준 드브레와 부스토스를 연상시키는 꺼림칙한 존재였을 뿐만 아니라, 현실적으로 부대 전체의 효율을 떨 어뜨리는 거추장스러운 존재가 되었으니까. 결국 라몬이 치노를 돌 보지 않으면 그를 돌볼 사람은 없었던 셈이다. 밤사이 8시간 지속된 야간 행군에서 라몬이 다른 누구에게도 명령하거나 부탁하지 않고 몸소 치노를 부축하면서 고초를 자처했던 것도 이런 이유에서다. 그 러니 라몬으로서는 그를 자신이 이끌 세 번째 부대에 편성하는 것 외 에 다른 선택지는 없었던 셈이다. 물론 이것은 세 번째 부대의 생존 가능성을 떨어뜨리는 결정이었지만, 라몬은 자신이 충분히 치노의 눈과 발이 되어줄 수 있으리라 자신했던 것이다.

10월 8일 오전 5시 30분! 라몬과 16명의 동지들은 평생 잊지 못할 찬란한 일출을 배경으로 행군을 시작한다. 물론 새벽 행군을 시작할 때, 라몬은 밤사이에 세워두었던 계획에 따라 전체 대원을 세 부대로 편성한 뒤였다. 라몬은 부대를 편성하면서 두 가지 지침을 아울러 내렸다. 토벌군과 직면하는 경우 인티 부대와 라몬 부대는 파블리토 부대의 탈출을 돕는 엄호 사격을 수행한다는 지침, 그리고 세 부대는 개별적으로 움직여 포위에서 벗어나는 데 성공한다면 어제 염소를 끌던 노파를 만났던 곳에서 합류한다는 지침이다. 불행히도 그들의 행군은 감자밭에 물을 대러 산에 올라온 라이게라 마을 읍장 아들에게 목격되고 만다. 황급히 라이게라로 뛰어온 읍장 아들은 마을에 거주하던 연락장교에게 그 사실을 신고하고, 이어서 미국 군사고문이 지휘하는 볼리비아 정규군 327명이 서둘러 현장에 급파된다. 자세한 내막을 알 길 없는 라몬은 오전 8시 30분 길이 7킬로미터, 최대 폭 60미터의 추로협곡Quebrada del Churo을 따라 저지대로 내려가기로 결정한다. 협곡에 몸을 숨기고 내려가지 않고는 금방 행군이 적에게 발각될 우려가 있었기 때문이다. 이제 라몬과 동지들은 험준한 협곡을 따라 조심스레 내려가기 시작한다. 오전 11시 30분 한 방의 총성이 추로협곡에 울려 퍼진다.

제일 처음 피를 흘리며 쓰러진 것은 아니세토였다. 이렇게 라몬의 찬란했던 마지막 전투는 시작된다. 사실 시작부터 승패가 결정된 전투이기도 했다. 아무리 정예 병사라고 할지라도 밤이라는 갑옷을 이미 벗어버린 소수 게릴라가 협곡 안에서 포위된 형국이었으니까. 그나마 다행인 것은 라몬 일행과 토벌군 사이가 너무나 가까워 추로협곡 상공을 선회하던 AT-6 전투기가 네이팜탄을 투하할 수 없었다는 사실이다. 치열한 전투로 일단 토벌군과 맞서고는 있지만, 라몬은 갈수록 상황이 불리해지라는 걸 직감한다. 기관총과 박격포의 엄청 난 화력, 연신 날아다니는 헬리콥터, 전투기의 굉음! 더군다나 얼마 지나지 않아 지금보다 더 압도적인 병력과 화력이 추로협곡으로 들 이닥칠 것이다. 마침내 라몬은 새벽에 내려진 작전을 시행하고자 한 다. 이제 파블리토 부대, 인티 부대, 그리고 라몬 자신의 부대는 개별 적으로 행동해야 한다. 물론 그전에 파블리토 부대의 협곡 탈출을 엄 호 사격해주어야 한다. 파블리토 부대가 먼저, 그리고 이어서 인티 부대가 협곡을 탈출하는 것을 확인한 라몬은 안도의 숨을 내쉰다. 참 고로 추로협곡을 벗어난 두 부대의 운명은 확연히 갈린다. 파블리토 부대의 네 사람은 추로협곡을 벗어났지만, 1967년 10월 12일 리오그 란데강과 미스케강이 합류하는 카호네스^{Cajones}라는 지역에서 생포되 어 처형되고 만다. 당시 어린 파블리토가 추로협곡을 벗어났다는 사 실에 너무나 안심했던 탓이다. 반면 인티 부대는 최고 정예 전투원들 답게 안데스산맥을 넘어 칠레로 무사히 들어간다. 1970년에 칠레 대 통령으로 취임하는 사회주의 지도자 살바도르 아옌데$^{Salvador\ Guillermo}$ $^{Allende\ Gossens}$(1908~1973)의 도움으로 인티 부대는 타히티, 파리, 그리 고 프라하를 경유해 쿠바 아바나로 무사히 들어간다.

두 부대가 무사히 탈출한 대가는 라몬 부대에게는 치명적이었 다. 7명의 부대원들은 뿔뿔이 흩어져 누가 죽고 누가 살았는지 확인 할 수 없었고, 라몬 곁에는 자신이 돌봐야만 하는 치노만 남아 있었 다. 더군다나 파블리토 부대와 인티 부대가 협곡을 탈출하고 얼마 지 나지 않아, 추로협곡은 토벌군에 의해 모든 출구가 완전히 봉쇄된 상 태였다. 이런 사실을 알 리 없는 라몬은 치노와 함께 서둘러 협곡을 탈출하려고 했다. 또 치노가 문제였다. 약속했던 합류지로 서둘러 가 야 했지만, 치노가 또 짐이 된 것이다. 물론 치노를 부축하고 안내하

17명의 게릴라 대원들

별명	실명	국적	약력	참고
라몬 Ramón	에르네스토 체 게바라 Ernesto Che Guevara	아르헨티나	• 1928~1967 • 쿠바혁명 사령관(1957년) • 쿠바 국립은행장(1959년) • 쿠바 산업부장관(1960년) • 쿠바 전권대사(1959년)	1967년 10월 8일 추로협곡에서 생포, 10월 9일 처형
치노 Chino	후안 파블로 창 나바로 Juan Pablo Chang Navaro	페루	• 1930~1967 • 학생운동으로 아르헨티나로 추방(1948년) • 프랑스 망명, 소르본대학 수학(1955년) • 페루공산당PCP 중앙위 위원(1956년) • 아바나 3대륙회의 페루 대표단(1966년)	라몬과 운명을 함께함
윌리 Wily	시메온 쿠바 사나브리아 Siméon Cuba Sanabria	볼리비아	• 1935~1967 • 볼리비아 우아노이 광산 노조운동(1952년)	라몬과 운명을 함께함
안토니오 Antonio	올란도 판토하 타마요 Orlando Pantoja Tamayo	쿠바	• 1933~1967 • 쿠바 시에라마에스트라 전투 참전(1957년) • 쿠바 해안 경비대장 • 게바라와 함께 콩고 게릴라전 참여(1965년) • 게바라 부대의 핵심 대원	1967년 10월 8일 추로협곡에서 전사
아르투로 Arturo	레네 마르티네스 타마요 René Martinez Tamayo	쿠바	• 1941~1967 • 쿠바인 최연소 게릴라 • 첩보 업무와 무전 담당	안토니오와 운명을 함께함
파충고 Pachungo	알베르토 페르난데스 몬테스 데 오카 Alberto Frenández Montes de Oca	쿠바	• 1935~1967 • 교사 출신 • 쿠바 게릴라 훈련소장(1958년) • 쿠바 설탕공장 대표(1959년) • 쿠바 광업회사 대표(1963년) • 프라하 이후 게바라의 수행비서(1966년)	안토니오와 운명을 함께함
아니세토 Aniceto	아니세토 레이나가 고르디요 Aniceto Reinaga Gordillo	볼리비아	• 1940~1967 • 시몬 볼리바르 사범학교 졸업(1961년) • 볼리비아 청년공산당JCB 가입(1961년)	안토니오와 운명을 함께함
파블리토 Pablito	프란시스코 우앙카 플로레스 Francisco Huanca Flores	볼리비아	• 1945~1967 • 최연소 게릴라 • 게릴라 부상병을 보호하는 임무 • 부상 대원 에우스타키오, 차파코, 모로를 살리는 임무를 맡았지만, 끝내 실패	추로협곡을 벗어났지만, 1967년 10월 12일 리오그란데강과 미스케강 합류 지점 카호네스에서 생포, 처형

에우스타키오 Eustaquio	루시오 에딜레르토 갈반 이달고 Lucio Edilberto Galván Hidalgo	페루	● 1937~1967 ● 페루민족해방군FLN 대원 ● 치노의 권유로 게바라 부대에 합류 ● 무전 업무 담당	파블리토와 운명을 함께함
차파코 Chapaco	하이메 아라냐 캄페로 Jaime Arana Campero	볼리비아	● 1938~1967 ● 볼리비아민족혁명당MNR 청년 행동대원 ● 쿠바에서 수력자원 관리원 연수 ● 게바라 부대에 비전투원으로 합류	파블리토와 운명을 함께함
모로 Moro	옥타비오 데 라 콘셉시온 데 라 페드라하 Octavio de la Concepción de la Pedraja	쿠바	● 1935~1967 ● 아바나의대입학(1952년) ● 관타나모 군사병원장 ● 게바라 부대 군의관	파블리토와 운명을 함께함
인티 Inti	기도 페레도 레이게 Guido Peredo Leigue	볼리비아	● 1938~1969 ● 페루민족해방군FLN에 참여(1962년) ● 볼리비아공산당PCB 중앙위 위원(1964년) ● 냐토, 폼보, 베니뇨, 우르바노, 다리오를 　이끌고 추로협곡 탈출에 성공 ● 볼리비아 라파스로 돌아와 　볼리비아민족해방군EZLN 활동 중 진압군에 　의해 살해(1969년 9월)	추로협곡의 생존자
냐토 Ñato	훌리오 멘데스 코르네 Julio Méndez Korne	볼리비아	● 1937~1967 ● 볼리비아공산당 멤버 ● 게바라 부대 최고 살림꾼, 밀림 전문가	추로협곡의 생존자
폼보 Pombo	아리 비예가스 타마요 Harry Villegas Tamayo	쿠바	● 1941~? ● 쿠바에서 게바라 경호대로 활동 ● 게바라와 함께 콩고 게릴라전 참여 ● 게바라 부대 최고 전사	추로협곡의 생존자
베니뇨 Benigno	다니엘 알라르콘 라미레스 Daniel Alarcón Ramírez	쿠바	● 1939~2016 ● 폼보와 함께 게바라의 최측근으로 활동 ● 프랑스로 망명(1994년) ● 《쿠바 군인의 회상Memorias de un soldado 　cubano》 출판(1997년)	추로협곡의 생존자
우르바노 Urbano	레오나르도 타마요 뉴녜스 Leonardo Tamayo Núñez	쿠바	● 1941- ● 쿠바 시에라마에스트라 전투 참전(1957년) ● 게바라의 경호대 활동(1957년)	추로협곡의 생존자
다리오 Dario	다비드 아드리아솔라 베이사가 David Adriazola Veizaga	볼리비아	● 1939~1969 ● 볼리비아 라파스로 돌아와 　볼리비아민족해방군ELN 활동 중 체포, 　경찰에 의해 살해(1969년 12월)	추로협곡의 생존자

는 역할은 라몬이 고스란히 떠안는다. 오랜 강행군으로 체력이 약했던 치노는 그야말로 산송장이나 다름없었다. 이제는 아예 잘 걷지도 못할 정도였다. 합류 지점을 얼마 남기지 않은 곳에서 라몬의 부축을 받던 치노는 발을 헛디디며 안경을 떨어뜨리게 된다. 치노는 안경을 찾느라 바닥을 더듬고 있었지만, 그의 안경은 상당히 멀리 튕겨 떨어져 있었다. 안경을 발견한 라몬은 그것을 줍기 위해 걸음을 옮겼다. 라몬은 그 서너 걸음이 자신이 토벌군의 사격선에 들어간다는 걸 짐작도 하지 못했다. 토벌군들의 기관총 진지는 라몬의 모습이 보이자마자 불을 뿜는다. 그중 한 방이 라몬의 오른쪽 장딴지 아래쪽에 박혔다. 라몬의 M-1 소총은 이미 기관총 사격으로 망가졌고, 45구경 독일제 권총에도 총알은 더 이상 없었다. 이제 그에게 남은 것은 독일제 졸리겐 단검이 전부였다. 다행히도 더 이상 총상을 입지 않고 라몬은 사격선에서 벗어나 치노가 엎드린 곳까지 기어간다. 이제 치노와 라몬은 묘한 동반자 관계가 되고 만다. 총상으로 오른쪽 다리를 움직일 수 없는 라몬을 부축해 치노는 그의 다리 노릇을 하게 되고, 안경을 잃어버려 앞이 제대로 보이지 않는 치노를 대신해 라몬은 그의 눈이 되었으니 말이다. 사격선을 벗어난 곳에서 라몬은 오른쪽 장딴지에서 흘러나오는 피를 지혈한다. 그러고는 두 사람은 유황 냄새가 짙게 풍기는 협곡을 거슬러 약속된 집결지로 가는 걸음을 멈추지 않았다. 어쨌든 치노는 너무나 행복했다. 드디어 자신이 라몬, 즉 자신이 그리도 존경했던 게바라에게 도움이 되고 있으니까. 그리고 순진한 치노는 라몬의 거친 숨소리를 느끼며 집결지까지 그를 부축하리라 다짐한다. 얼마나 다행스러운 일인가? 협곡 바로 위 3명의 정찰 대원이 총을 겨누고 있는 모습을 치노는 볼 수 없었다. 그렇지만 총을 든 그들을 확인한 라몬은 따뜻한 목소리로 치노에게 말한다. "치노! 여기 협곡 옆 수풀에서 잠시 쉬자!"

1967년 10월 8일 오후 3시 30분, 수풀에서 쉬고 있던 게바라는 세 정찰대원 중 최고 선임자 잉카 인디오 출신 베르나르디노 우안카Bernardino Huanca 중사가 총을 들고 다가오는 것을 조용히 지켜본다. 미국이 최고의 적을 포획하는 데 성공하는 순간이다. 치노와 게바라가 포로로 잡힌 뒤 얼마 지나지 않아 그 주변에 몸을 숨기고 있던 윌리도 포로로 잡힌다. 볼리비아군은 이제 그를 더 이상 라몬이라고 부르지 않는다. 이제 그는 미국이 가장 두려워하는 혁명가 게바라가 되어버린 것이다. 게바라를 데려가기 위해 헬리콥터가 접근했지만, 착륙할 수는 없었다. 게바라가 최초로 포로로 억류된 곳은 인티 부대와 파블리토 부대가 합류하기로 예정되었던 곳 근방이었다. 인티 부대와 파블리토 부대는 헬리콥터 접근을 결사적으로 막았다. 물론 그 헬리콥터가 무엇을 의미했는지 그들로서는 알 리가 없다. 그 와중에 손이 묶인 게바라는 들것에 실린 안토니오와 아르투로의 시체, 그리고 얼마 지나지 않아 사망하게 되는 중상을 입은 파충고를 보게 된다. 오후 5시 30분 최초의 억류 장소를 떠나 게바라는 치노와 윌리와 함께 손이 묶인 채 볼리비아군의 부축을 받으며 8킬로미터 떨어진 작은 마을 라이게라La Higuera로 호송된다. 파블리토 부대가 아니더라도 인티 부대가 건재하다는 걸 볼리비아군도 잘 알고 있었던 것이다. 2시간여의 힘든 여정 끝에 게바라, 치노, 윌리는 아르투로, 아니세토, 파충고, 안토니오의 시신과 함께 라이게라 마을에 들어선다. 마을의 작은 학교 세 교실에 게바라, 치노, 윌리는 격리된 채 감금된다.

밤새 총상의 고통을 견디던 게바라에게도 10월 9일의 태양은 허허롭게 떠올랐다. 볼리비아 육군 대령 호아킨 센테노 아나야Joaquín Zenteno Anaya(1921~1976)와 미국 CIA 요원 펠릭스 라모스Felix Ramos, 즉 펠

굳은 표정으로 볼리비아
정부군에 붙잡혀 끌려가고
있는 체 게바라.

릭스 로드리게스^{Félix Ismael Rodríguez Mendigutia}(1941~)가 게바라가 감금된
교실에 들어선 것은 오전 6시 30분이었다. 게바라가 진짜로 잡혔는
지 확인하러 온 것이다. 특히 펠리스 라모스는 게바라가 쿠바 국립은
행을 맡고 있을 때 이 은행에 근무했던 사람이니, CIA의 관심사를 해
결하는 데 적격이었다. 마침내 공식적으로 볼리비아 군사독재정권
과 미국에 의해 게바라가 확인된다. 게바라 처형에 대해 바리엔토스
대통령은 심하게 망설였지만, 미국의 입장은 단호했다. 이미 볼리비
아 미국대사였던 헨더슨^{Douglas Henderson}(1914~2010)은 10월 8일 밤 11
시경 바리엔토스에게 게바라 처형을 노골적으로 요구했다. 그렇지
만 게바라가 누군가? 전 세계의 민중, 나아가 라틴아메리카 민중의
절대적인 신망을 받는 민중의 친구이자 민중을 위한 혁명가가 아닌
가. 바리엔토스는 게바라의 피를 자기 손에 묻히는 것이 너무나 두려
웠다. 그렇지만 더 무서운 것은 바로 미국 아닌가. 결국 고민 끝에 바

체 게바라가 감금된 작은 마을 라이게라의 학교. 체 게바라는 이곳에서 총살된다.

리엔토스가 재가한 게바라 처형 명령서는 라이게라 마을에 10월 9일 오전 10시에 도착하고, 센테노 대령과 펠릭스 라모스는 그 사실을 오전 11시에 알게 된다. 그렇지만 볼리비아 장교들이나 CIA 요원들 중 그 누구도 악역을 맡지 않으려고 했다. 결국 볼리비아 젊은 하사관 마리오 테란^{Mario Terán Salazar}(1940~)에게 그 악역을 맡으라는 명령이 하달된다. 그렇지만 테란은 쉽게 방아쇠를 당기지 못한다. 그사이 윌리와 치노가 감금되었던 교실에서 약간의 시간 간격을 두고 총성이 울려 퍼진다. 이제 정말 게바라를 라몬이라고 부를 동지들은 그의 곁에서 완전히 사라진 셈이다. 명령자들은 테란에게 반강제적으로 술을 먹였지만, 별다른 도움이 되지 않는다. 그러나 어찌하겠는가? 상부의 명령이니 말이다. 마침내 1967년 10월 9일 오후 1시 10분 테란의 흔들리는 총구에는 연달아 불빛들이 반짝였다. 이렇게 게바라가 없는 무정한 세상은 시작된다.

1950년 한국전쟁은 한반도에 국한된 내전은 아니었다. 분단에서 전쟁까지 모든 것이 제2차 세계대전 이후 세계의 패권을 다투던 미국과 소련의 야욕으로 발생한 것이다. 어쨌든 한국전쟁은 미국과 소련이 패권을 다투던 냉전체제가 본격화했다는 선언이나 다름없었다. 군사력, 경제력, 이념 등 모든 측면에서 소련과 미국은 경쟁했다. 그러니 대포와 총이 불을 뿜는 열전이 아니라 냉전이라고 불린 것이다. 냉전시대에 소련도 그렇지만 미국에서도 강한 국가주의가 대두한다. 열전이든 냉전이든 전쟁은 국가의 힘을 더 강하게 만드는 법이니까. 당시 서구가 국가 주도의 자본주의, 즉 케인스의 간섭주의 정책을 선택한 것도 이런 이유에서다. 표면적으로 자유주의와 사회주의 사이의 이념적 대결로 보이지만, 냉전은 사실상 국가 주도 시장자본주의체제와 국가독점자본주의체제 사이의 헤게모니 쟁탈전에 지나지 않았다. 1915년《자본의 축적: 반비판The Accumulation of Capital: an Anticritique》에서 로자 룩셈부르크도 말하지 않았던가? "유일한 자본주의적 환경에서 축적은 불가능하다. 이런 이유로 자본 발전의 맨 처음부터 비자본주의적 계층과 국가로의 팽창에 대한 욕구, 수공업과 농업의 파괴, 중산층의 무산계급화, 식민지 정책, '개방 정책', 그리고 자본 수출을 보았다. 오로지 새로운 생산영역과 새로운 국가들로의 지속적인 팽창을 통해 자본주의의 생존과 발전이 이전부터 지금까지 가능했다." 로자의 통찰력은 제1차 세계대전에만 적용되는 것은 아니다. 제2차 세계대전이나 냉전체제, 심지어 21세기 세계화의 시대에도 여전히 유효하니까. 사실 수많은 인명을 앗아간 두 차례의 세계대전은 낡은 제국주의국가와 신흥 제국주의국가 사이의 탐욕스런 식민지 쟁탈전 아니었던가? 그 결과 영국, 프랑스, 독일, 일본 등이 향유하던 패권은 이제 미국과 소련이란 두 제국이 인수하게 된 것이다. 압도적 힘과 찬란한 부는 하늘에서 떨어질 수 없다. 로자의 이야기처럼 그것은 자국 내의 노동계급을 효율적으로 관리하고 착취해야, 나아가 다른 국가를 식민지로 구축해야 가능하다. 과거 제국과는 달리 미국과 소련은 자신의 제국주의를 정당화하는, 혹은 미화하는 이데올로기를 발전시킨다. '자본', '자유', '인권'이 미국제국주의 정책의 핵심 키워드였다면, '혁명', '평등', '정의'는 소련제국주의 정책의 핵심 키워드였다. 어떤 약소국가를 식민지로 만든다고 해보자. 미국이 해당 국민의 자유와 인권을 신장하기 위해 부득이하게 그 국가에 개입했다고 선전한다면, 소련은 해당 국민의 평등에 대한 갈망을 돕기 위해 그 국가에 개입할 수밖에 없었다고 선전한다는 것이다. 그렇지만 현실을 살펴보면 미국이나 소련이 사탕발림으로 개입한 국가들이 석유나 사탕수수 등 무언가 풍족한 자원을 가지고 있거나, 아니면 지정학적 요충지라는 사실이 어렵지 않게 확인된다.

여기서 궁금증이 생긴다. 냉전이 열전으로 확산되지 않았던 이유는 무엇일까? 그것은 바로 핵무기로 상징되는 핵전쟁의 가능성 때문이었다. 여기서 1945년 일본에 투하된 두 발의 원자폭탄은 제2차 세계대전 종식과 아울러 냉전시대 개막을 알리는 상징이 된다. 상호 절멸로 이끌 수 있는 핵전쟁의 가능성이 오히려 열전이 아니라 냉전을 낳았다는 건 정말로 아이러니한 일이다. 어쨌든 냉전시대 두 제국은 상대방을 압도할 수 있는, 아니 정확히 말해 상대방이 자신을 공격할 생각조차 할 수 없을 정도의 강력한 경제력과 군사력, 그리고 외교력을 확보하려고 부단히 노력한다. 냉전시대의 개막이 새로운 식민지시대의 개막일 수밖에 없었던 것도 이런 이유에서다. 영국, 프

히로시마에 터진 원자폭탄. 1945년 일본에 투하된 두 발의 원자폭탄은 제2차 세계대전 종식과 아울러 냉전시대 개막을 알리는 상징이 되었다.

랑스, 독일, 일본 등이 포기한 아프리카, 중동, 아시아, 남아메리카를 자기 식민지로 만들려고 미국과 소련은 치열하게 싸웠기 때문이다. 그건 체제의 생존을 건 싸움이었다. 그렇지만 냉전시대 식민지 정책은 19세기와는 사뭇 달라진다. 과거처럼 총독을 보내 식민지를 직접 통제하는 식이 아니라, 친소련 정권이나 친미국 정권을 만들어 은밀하고 간접적인 방식으로 통제를 했다. 식민지시대가 가고 신식민지시대가 도래한 셈이다. 냉전시대 제3세계 국가들의 씁쓸한 풍경이 만들어진 것도 이런 이유에서다. 제3세계 정치적 야심가들은 소련이나 미국을 등에 업고 권력을 잡으려고 했으며, 혹은 소련과 미국의 이익에 반했다는 이유로 많은 권력자가 권력을 상실하기도 했다. 국가기구가 본질적으로 수탈기구라는 것을 상기한다면, 제3세계 민중들의 삶은 나아질 리가 없었다. 그들의 노동력은 자국 내 지배계급뿐만 아니라 소련이나 미국을 먹여 살리는 데 사용되었으니까 말이다.

제3세계 노동계급에게는 사실 미국보다는 소련이 더 큰 문제였다. 소련은 사회주의라는 미명하에 제국주의를 은밀히 관철하려고 했기 때문이다. 겉으로는 마르크스의 유언, 즉 "만국의 노동자여! 단결하라!"라는 명령을 충실히 이행하는 척은 했다. 그렇지만 소련은 국가독점자본주의라는 원칙하에 자국의 이익을 우선시했다. 바로 이것이 스탈린의 '일국사회주의'론의 핵심 아니었던가? 불행히도 자국 내 억압에 맞서 싸우던 제3세계 혁명가들은 순진하게도 소련을 동지로 착각하는 경우가 너무나 많았다. 그들은 소련이 '사회주의' 팔이라는 걸, 자본주의의 한 변종인 국가독점자본주의체제였다는 걸 짐작도 하지 못했던 것이다. 제3세계 혁명가들은 소련이 아무런 대가 없이 억압받는 자들 사이의 국제적 연대를 도모하고 혁명을 돕는 줄 알고 그저 고마워했을 뿐이다. 국가기구가 모든 생산수단을 독점하기에, 소련은 사회주의와 아무런 관련이 없을뿐더러 사회주의의 가장 곤혹스러운 적일 수밖에 없다. 1875년 〈고타강령 비판^{Kritik des Gothaer Programms}〉에서 마르크스는 사회주의가 무엇인지 분명히 밝히지 않았는가. "국가^{Staat}를 사회^{Gesellschaft}보다 상위 기관에서 사회보다 하위 기관으로 전화시키려는" 이념이 바로 사회주의라고 말이다. 그렇지만 소련은 자신에게 이득을 가져다주는 제3세계 민중들과만 연대하려고 했을 뿐이다. 아니나 다를까 제3세계 민중들의 혁명을 이데올로기적으로나 군사력으로 지원한 다음, 소련은 그 대가로 경제적 이득뿐만 아니라 정치적이고 외교적인 이득을 제대로 챙겼다. 냉전 시대 소련은 그야말로 경제적이거나 정치적인 의미에서 제3세계 국가들에게 혁명을 수출했던 것이다. 1950년대와 1960년대 제3세계에서 발생한 사회주의혁명에 항상 소련이 깊숙이 개입한 것도 이런 이

1960년 쿠바혁명 1주년을 기념해 아바나에서 승리 행진을 하고 있다. 피델 카스트로, 쿠바 대통령 오스발도 도르티코스, 체 게바라 등 당시 쿠바를 이끌었던 지도자들의 얼굴이 보인다.

유에서다. 이렇게 냉전시대 내내 제3세계 민중들은 혁명, 반혁명, 그리고 반반혁명으로 점철된 정치적 격동기를 보낸다. 소련과 미국의 패권 다툼에 제3세계는 그야말로 롤러코스터를 제대로 탔던 셈이다. 사실 제3세계의 이런 정치적 혼란은 소련과 미국으로서는 여간 다행스러운 일이 아니다. 식민지 주민들이 단결하고 유대해서 제국주의와 맞서 싸우기보다는 갈등과 대립으로 콩가루처럼 흩어져 있는 것이 그들로서는 너무 좋았기 때문이다. 냉전시대가 낳은 이런 정치적 불안정성 속에서, 제3세계에서 혁명은 그야말로 상투어가 되어버린다. 실제로 수많은 야심가나 젊은이들은 앞다투어 혁명을 시도했다. 그러나 혁명이 결실을 맺으려면, 어쨌든 소련과 미국의 도움과 지지

1959년 1월 4일 피델 카스트로가 대중들 앞에서 혁명이 성공했다고 말하고 있다.

가 있어야만 했다. 물론 혁명 세력이든 반혁명 세력이든 권좌에 오른 제3세계 정치 지도자들은 소련이든 미국이든 두 제국과의 은밀한 관계를 민중들에게 은폐해야만 했다. 어느 민중이 기꺼이 괴뢰정부를 지지할 수 있다는 말인가? 어느 민중이 자국 민중의 이익보다 소련이나 미국의 이익을 우선시하는 정부를 신뢰할 수 있다는 말인가?

1959년 1월 1일! 냉전시대의 해묵은 패턴을 날려버린 경천동지할 사건이 발생한다. 쿠바혁명이다! 1958년 12월 31일 친미 군사독재자 바티스타Fulgencio Batista y Zaldívar(1901~1973)가 쿠바를 떠나 도미니카로 도망간 것이다. 쿠바혁명의 시작은 미미했다. 모든 것은 1956년 11월 25일 혁명군 82명이 정원 25명의 그란마Granma호에 억지로 몸을 싣고 출항하면서 시작된다. 12월 2일 그란마호의 82명 혁명군은 라스 콜로라도스^{Las Colorados} 해안에 상륙하지만, 12월 5일 바티스타 정부군의 습격으로 15명을 남기고 모조리 전사하고 만다. 간신히 생존한 15명은 라스 콜로라도스 해안과 가까운 쿠바 제일 동쪽에 있던 시에라마에스트라^{Sierra Maestra}산맥에 들어가 게릴라 활동을 시작한다. 1956년 12월 21일의 일이다. 당시 게릴라부대는 세 젊은이가 이끌었다. 피델 카스트로^{Fidel Alejandro Castro Ruz}(1926~2016), 그의 동생 라울 카스트로^{Raúl Modesto Castro Ruz}(1931~), 그리고 아르헨티나 출신 의사이자 사령관, 즉 코만단테^{Comandante}라고 불리던 체 게바라^{Ernesto Che Guevara}(1928~1967)였다. 당시 피델은 서른 살, 라울은 스물여섯 살, 그리고 게바라는 스물아홉 살이었다. 게릴라 활동 2년 만에 15명의 게릴라는 700만 쿠바 민중의 지지를 받는다. 잊지 말아야 할 것은 쿠바 혁명이 소련의 지원을 일체 받지 않고 달성되었다는 사실이다. 동유럽의 많은 국가들, 그리고 아시아의 중국과 북한 등 시장자본주의체제에 맞서는 제도권 사회주의국가들이 직접적으로 스탈린의 도움으로 탄생한 것과는 사뭇 다르다. 쿠바혁명은 아무런 도움도 없이 15명의 게릴라들의 외침에 700만 쿠바 민중이 화답하면서 이루어졌다. 15명에서 우후죽순으로 늘어난 게릴라들은 바르부도스^{Barbudos}, 즉 '털북숭이들'이라고 불리며 민중들의 엄청난 사랑을 받았을 정도였다. 쿠바 민중을 해방하기 위해 수염도 깎지 못한 그들은 말끔하게 면도하고 정장을 입은 바티스타 정권 사람들과는 엄청난 대조를 이뤘다. 이제 쿠바 민중은 자발적으로 그리고 앞다투어 제16, 제17, 제18의 게릴라가 되어 바티스타 정권에 맞서려고 했다. 한마디로 쿠바에서 혁명은 거부할 수 없는 트렌드가 되어버린 것이다. 이러니 어떻게 쿠바혁명이 성공하지 않을 수 있겠는가? 1960년 4월 게바라는 15

명의 게릴라들이 무엇을 했는지, 그리고 그것이 어떻게 쿠바혁명을 낳게 되었는지 술회했던 적이 있다.

> 바티스타 독재에 대한 쿠바 민중들의 무장 승리는 세계 도처의 언론들이 보도한 것처럼 기념비적인 승리일 뿐만 아니라, 라틴 아메리카 민중들의 행동에 대한 낡은 도그마들에도 변화를 강요하고 있다. 쿠바의 승리는 게릴라 투쟁을 통해 민중들이 스스로 자신들을 억압하는 정부로부터 자유로울 수 있는 역량이 있다는 것을 명확히 보여준다. 우리는 쿠바혁명이 라틴아메리카 혁명운동에 세 가지 근본적인 측면에서 기여를 했다고 믿는다.
> 1. 민중의 힘은 군대와 맞선 전투에서 승리할 수 있다.
> 2. 혁명의 조건들이 갖추어질 때까지 기다리는 것은 항상 필연적이지 않다. 봉기 거점el foco insurreccional이 혁명의 조건들을 창조할 수 있다.
> 3. 저개발된 라틴아메리카에서 무장투쟁의 장소는 기본적으로 시골 지역이어야만 한다.
>
> –《게릴라전의 본질Esencia de la lucha Guerrillera》(1960)

레닌 이후 억압받는 자들의 사회를 만들었다고 자부할 수 있는 사람이 몇이나 될까? 바로 그 어려운 일을 게바라는 해낸 것이다. 그래서일까, 불가능한 것을 이룬 사람만이 할 수 있는 단호한 어조로 게바라는 주장한다. 첫째, 국가의 폭력수단 독점에 맞서 민중들은 무장을 할 수 있고, 그럴 때에만 민중들은 정규군과의 전투에서 승리할 기회를 얻을 수 있다. 국가나 통치자에 대한 간절한 호소나 평화적인 시위만으로 억압사회가 사라질 수는 없다. 지금 게바라는 폭력수단 독점의 문제에 정면으로 맞서고 있는 셈이다. 둘째, 충분한 경제적 토대가 갖추어진 다음에야 억압이 없는 사회가 가능하다는 엥겔스주의에 대해 단호히 거부한다. 경제적 조건만이 아니라 여기에는 정치적 조건이나 외교적 조건도 포함될 수 있다. 그렇지만 게바라는 말한다. "혁명의 조건들이 갖추어질 때까지 기다리는 것은 항상 필연적이지 않다"고. 한마디로 말해 억압이 있다면 억압을 없애려는 단호한 노력을 수행해야 한다는 것이다. 혁명의 조건이 갖추어지기를 수동적으로 기다리기보다는 혁명의 조건을 만들어야 한다. 여기서 게바라는 "봉기 거점"을 이야기한다. 쿠바혁명의 경우 시에라마에스트라산맥에 웅거한 15명의 게릴라들이 마련한 '거점foco'이 바로 그것이다. 훗날 게바라를 위기에 몰아넣는 레지 드브레는 1967년《혁명 속의 혁명Révolution dans la révolution》에서 게바라가 강조했던 봉기 거점을 체계화해 '거점 이론la théorie du foquisme'을 만든다. 스페인어 '포코foco'와 영어 '포커스focus'에서 유래한 '포키즘'은 혁명의 조건을 조성하는 혁명 거점에 대한 이론이다. 셋째, 저개발된 라틴아메리카에서 거점은 시골 지역 근처에 마련해야 한다. 정확히 말해 험준한 산악 지역이나 아니면 밀림 지역으로, 정규군이 쉽게 게릴라들을 압박하기 힘든 곳이어야 한다는 것이다. 물론 그렇다고 해서 완전히 민중들과 괴리되어서는 안 된다. 렌즈가 아무리 탁월해도 작열하는 태양빛이 없는 밤에 무슨 힘을 발휘할 수 있다는 말인가? 일사광선이 있어야 렌즈는 그것들을 모아 무언가를 태울 수 있는 법이다. 마찬가지로 민중의 힘을 모으는 초점을 자부했던 게릴라들이 어떻게 민중을 떠날 수 있다는 말인가? 덤으로 민중들 근처에 있게 되면 게릴라들은 용이하게 식료품이나 생필품, 혹은 의료품을 얻을 수 있다.

결국 혁명의 조건을 만들 수 있는 거점은 민중과 지속적으로 접

체 게바라는 게릴라 활동을 시작한 지 1년도 되지 않아 1958년 시에라마에스트라산맥에 게릴라 거점을 구축했다. 이 일을 기념해 게릴라 부대원들과 "축하 1958"이란 글을 현수막에 새긴 뒤 사진 촬영을 했다.

촉할 수 있고 동시에 정규군의 직접적인 위협에서 벗어날 수 있는 곳이어야 한다. 쿠바혁명 최고 이론가이자 최고 실천가다운 진단이다. 파리코뮌의 상징 블랑키Louis Auguste Blanqui(1805~1881)는 〈혁명에 관해Sur Révolution〉라는 글에서 "우리는 요람을 준비할 수는 있지만, 오래 기다린 존재를 탄생시킬 수는 없다"고 말했던 적이 있다. 게바라의 봉기 거점은 블랑키의 요람과 다름없었던 셈이다. 요람과 존재 사이에, 혹은 거점과 혁명 사이에는 우발성이 존재한다. 거점을 만들었다고 필연적으로 혁명이 일어나거나 실현되는 것은 아니기 때문이다. 그렇지만 한 가지 확실한 것은 거점을 만들지 못하면 민중들이 혁명을 일으킬 조건 자체가 만들어지지 못한다는 점이다. 물론 혁명의 조건이 만들어졌다고 해도 혁명은 일어나지 않을 수 있다. 마치 요람을 만들어도 아이가 태어나지 않을 수 있는 것처럼 말이다. 거점이 혁명의 필요조건인 이유도 바로 여기에 있다. 억압사회를 종식시키려는 소수 게릴라들의 노력에 민중들이 화답해야만, 혁명은 발생할 수 있다. 뜨거운 일사광선이 있어야 렌즈는 그것들을 모아 무언가를 태울 수 있는 것처럼 말이다. 쿠바혁명은, 일사광선을 모아 제대로 초점을 맞추어 무언가를 태운 렌즈처럼, 게릴라들이 민중들의 힘을 모아 바티스타 정권을 괴멸시킨 사건이다. 1959년 1월 쿠바 혁명정부가 발족했을 때, 미국이 바로 개입할 수 없었던 것도 이런 이유에서다. 물론 미국으로서는 지금까지 쿠바 민중들을 통제하며 쿠바 내 미국 자본을 지키는 경비견 노릇을 톡톡히 했던 친미 독재자가 사라진 것은 분명 못마땅한 일이었다. 그렇다고 해서 자유와 인권, 민주주의를 선전했던 미국이 쿠바 민중들 대다수의 지지로 탄생한 혁명정부를 노골적으로 부정하는 것도 여간 부담스러운 일이 아니었다. 더군다나 다시 친미 정부를 쿠바에 강요한다면, 소련과 무관했던 쿠바 혁명정부가 뒤늦게 소련 진영에 가입할 수도 있다.

당시 미국 대통령 아이젠하워^{Dwight David Eisenhower}(1890~1969)와 CIA는 쿠바 정세를 잠시 관망하기로 결정한다. 하긴 당시 아이젠하워는 소련 최고 지도자 흐루쇼프^{Nikita Sergeyevich Khrushchev}(1894~1971)와 제 살 파먹는 냉전체제를 완화하려는 노력을 하고 있지 않았는가? 잘못 쿠바에 개입했다가는 소련과의 갈등에 다시 불이 붙을 판이었던 것이다. 피델, 라울, 게바라에게는 정말 행운이었다. 어쨌든 친미 군사독재정권을 축출하는 순간, 쿠바 혁명정부가 나아갈 길은 사실 누구나 예상할 수 있는 것이었다. 바티스타 정권 시절 쿠바 광산의 90퍼센트, 토지의 50퍼센트뿐만 아니라, 쿠바에 있던 많은 은행과 회사, 나아가 거대한 정유공장들도 모두 미국 자본의 소유였다. 그런데 1959년 10월 이후 쿠바혁명 최고 전략가 게바라가 쿠바 경제 개

쿠바혁명에 성공한 체 게바라, 라울 카스트로, 피델 카스트로(왼쪽부터). 1959년 피델은 서른 살, 라울은 스물여섯 살, 게바라는 스물아홉 살이었다. 미국에서 이 젊은 혁명가들에 대한 우호적인 여론이 생기기까지 했다.

혁을 담당하자마자, 미국 자본이 소유한 것들을 강제로 국유화하기 시작했다. 1960년에 들어서 미국이 정신을 못 차릴 정도로 쿠바 내 미국 자산은 사라졌으며, 미국 자본계급의 손실액은 전체 1조 달러에 육박하게 된다. 아이젠하워는 완화되려는 냉전체제를 다시 냉각시키는 것이 싫어 인내심을 발휘하고 있었던 것이다. 실제로 거칠 것 없이 진행되는 쿠바 행보에 제동을 거는 조치도 너무나 늦게 1960년 7월 6일 최초로 취해지고, 그것도 쿠바로부터 70만 톤 설탕을 수입하겠다는 약속을 철회하는 정도의 소극적인 것이었다.

　아이젠하워가 주저하는 동안 미국 내에서는 이 30대 초반 젊은 혁명가들에게 우호적인 여론이 생기기까지 했다. 1945년 제2차 세계대전이 끝난 뒤에도 냉전, 즉 열전보다 더 뜨거운 체제 경쟁에 미국 민중들도 지쳐갔던 것이다. 전쟁 영웅들이 대통령에서부터 미국

1960년 8월 8일 발간된 《타임》. 체 게바라를 표지 모델로 해서 쿠바에 관한 특집 기사를 실었다.

사회 요직을 장악하면서 사회 전체가 일종의 병영 분위기를 조성하고 있었기에, 당연히 자유와 열정, 그리고 낭만을 꿈꾸는 젊은 세대들 특유의 저항의식은 의식적이든 무의식적이든 지속적으로 표출되고 있었다. 당시 미국 대중문화를 1955년 9월 30일 불의의 교통사고로 세상을 떠난 제임스 딘James Byron Dean(1931~1955)이 아직도 지배하고 있었던 것도 이런 이유에서다. 그가 죽은 뒤 얼마 안 돼서 그를 영원한 청년 아이콘으로 만든 영화 〈이유 없는 반항Rebel Without a Cause〉이 1955년 10월 27일 개봉된다. 이런 분위기에서 미국의 뒷마당 쿠바에서 일어난 청년들의 혁명이 어떻게 미국 젊은이들뿐만 아니라 대중에게 인상적이지 않을 수 있었겠는가. 특히나 매력적인 외모와 함께 저항적인 이미지를 가진 게바라는 그야말로 청춘 아이콘으로 소비되기에 적절했다. 마침내 1960년 8월 8일 발간된 《타임Time》은 체 게바라를 표지 모델로 해서 특집 기사를 실을 정도였다.

서른세 살의 수상 카스트로는 현재 쿠바의 심장, 영혼, 목소리 그리고 턱수염이다. 그의 동생이자 국방상 스물아홉 살 라울 카스트로는 혁명의 단검을 쥐고 있는 주먹이다. 서른두 살 쿠바 국립은행장 체 게바라는 두뇌다. 게바라는 쿠바를 급격히 좌익으로, 즉 자신이 경멸하는 미국에서 벗어나 러시아와 자발적으로 동맹을 맺는 방향으로 몰고 가는 최고 책임자다. 그는 쿠바를 이끌어가는 세 지도자 중 가장 매력적이고 가장 위험한 사람이다. 많은 여성의 마음을 녹여버릴 멜랑콜리하고 달콤한 미소를 가진 게바라는 냉정한 계산력, 어마어마한 권한, 고도의 지성, 그리고 섬세한 유머감각으로 쿠바를 이끌고 있다. 피델 카스트로가 그를 토박이 쿠바인이라고 선언했음에도 체는 쿠바인들이 자신을 외국인으로 간주한다는 걸 잘 알고 있다. 지금까지 그가 자신의 개인적 야망에 한계를 설정한 것도 이런 이유에서다. 사실 '체'라는 그의 이름도 "형씨"나 "어이, 당신"이라는 아르헨티나 말에서 유래한 것이다. 쿠바 사람들의 이야기에 따르면 언젠가 피델이 내각 회의를 소집했을 때 불현듯 그의 뇌리에 떠오른 생각을 말했다고 한다. "어쨌든 나는 오늘 국립은행장을 해고해야만 할 것 같아요. 여기 이코노미스트^economist가 있을까요?" 체가 손을 들고 말했다. "수상! 접니다." 그러자 피델은 말했다. "좋아, 체. 당신이 이제 국립은행장입니다." 회의가 끝난 뒤 카스트로는 잠시 남아 게바라와 담소를 했다. 피델은 말했다. "놀랍군요. 저는 당신이 이코노미스트라는 걸 몰랐어요." 체는 놀라면서 "이코노미스트!"라고 외쳤다. "저는 당신이 코뮤니스트^communist

라고 말했다고 생각했어요.”

– 〈쿠바: 카스트로의 두뇌CUBA: Castro's Brain〉, 《타임》(1960년 8월 8일)

모든 언론이 그렇지만 아무리 지적인 척해도 그들이 전하는 이야기는 표피적이고 단편적이고 때로는 선정적인 경우가 많다. “게바라는 쿠바를 이끌어가는 세 지도자 중 가장 매력적이고 가장 위험한 사람이다. 많은 여성의 마음을 녹여버릴 멜랑콜리하고 달콤한 미소를 가진 게바라는 냉정한 계산력, 어마어마한 권한, 고도의 지성, 그리고 섬세한 유머감각으로 쿠바를 이끌고 있다.” 당시 미국 대중이 열광했던 게바라의 이미지에 편승하려는 《타임》 편집부의 의도가 엿보이는 표현이다. 어쨌든 《타임》의 커버스토리에 등장함으로써 게바라는 미국을 포함한 전 세계의 주목을 받게 된다. 또 한 가지 《타임》의 커버스토리가 중요한 이유는 이 기사가 게바라에게 부여한 이미지는 나중에 상품으로 팔렸던 게바라 이미지의 원천이 되기 때문이다. 이때부터 반자본주의 혁명가로서 게바라는 젊음, 섹시함, 자유로움, 저항, 힘, 지성, 유머감각 등의 ‘심벌symbol’이 되기 시작한다. 젊음, 섹시함, 저항, 자유, 유머감각 등을 과시하고 싶다면, 이미 상품으로서 게바라의 트레이드마크가 되어버린 사진, 다시 말해 1960년 3월 6일 알베르토 코르다Alberto Korda(1928~2001)가 찍은 그 유명한 사진만 가지면 된다. 그래서 자본은 머그잔, 속옷, 티셔츠, 장신구에서 자동차와 스마트폰에 이르기까지 코르다의 사진을 변주한 이미지로 분칠을 하고, 자본주의체제에서 갈피를 잡지 못하는 젊은 소비자들은 기꺼이 게바라를 소비했다. 제국주의와 자본주의와 맞서 목숨을 던졌던 1960년대 최고의 인문주의자에 대한 조롱도 이 정도면 블랙코미디를 연상시킨다. 그렇지만 이런 묘한 선정적 이미지 주변부에

1960년 3월 6일 알베르토 코르다가 찍은 체 게바라.

게바라를 알려주는 보석과도 같은 정보들도 있다는 걸 잊어서는 안된다. '체Che'라는 게바라 본인도 마음에 들어 했던 애칭이 무슨 의미인지도 알게 된다. 《타임》은 이야기하고 있지 않지만, 쿠바혁명에 참여했던 아르헨티나 사람으로서 게바라는 자신도 모르게 무의식적으로 쿠바 혁명동지들을 부를 때 자주 '체'라고 불렀다고 한다. 그냥 우리 식으로 말하자면 '어이, 이봐'라고 말을 건넨 것이다. 아르헨티나식 라틴아메리카 표현이 재미있었던지 그의 쿠바 동지들도 그다음부터 아예 게바라를 '체'라고 부르기 시작했고, 이것이 굳어져 게바라가 가장 좋아하는 애칭이 된 것이다. 심지어 국립은행장으로서 발생한 화폐에도 국립은행장의 사인으로 게바라는 '체'를 사용했을 정도였다. 타인과 동등하고 대등한 관계라는 걸 상징할 뿐만 아니라 일체의 허례허식 없이 소탈하고 민중적인 느낌을 주었기에, 게바라는 이 애칭을 그렇게도 좋아했던 것으로 보인다.

또 한 가지 게바라 하면 빈번히 언급되는 재미난 에피소드에도 주목할 요소가 있다. 이코노미스트와 코뮤니스트, 그러니까 스페인어로는 에코노미스타economista와 코무니스타comunista를 혼동해서 게바라가 쿠바 국립은행장에 임명된 해프닝이다. 이 해프닝은 쿠바 혁명지도부가 얼마나 미숙하고 경황이 없었는지, 나아가 쿠바혁명 최고 지도자 피델 카스트로가 얼마나 게바라를 높이 평가하고 있었는지를 잘 보여준다. 1959년 10월 7일 국가농지개혁위원회INRA 산업부흥부장에 취임한 후 과중한 업무에 지쳐 게바라가 내각 회의에서 잠시 졸고 있었던 것이 사달이 된 셈이다. 졸음이 게바라로 하여금 에코노미스타라는 말을 코무니스타로 잘못 듣도록 만들었으니까. 그렇지만 이 해프닝을 통해 우리는 게바라 본인의 사상적 경향을 알게 된다. 그는 코뮌주의를 가슴에 품은 코무니스타였던 것이다. 여기서 잠시 오해의 여지를 미리 줄이도록 하자. 원칙적으로 '코뮌주의communism'는 자유로운 공동체, 즉 코뮌을 지향하는 입장이지만, 당시 소련식 국가독점자본주의체제도 코뮌주의로 불렸다. 그러니까 1960년대 코뮌주의란 단어는 서구 시장자본주의에 반대하는 입장이라면 어느 경우에나 사용되었던 것이다. 다시 말해 사유私有에 반대하는 국유國有나 공유共有, 혹은 국유나 공유가 혼합된 형태에도 코뮌주의란 용어가 적용되었다는 것이다. 여기서는 국유를 공유로 가는 과도기로 보거나 다시 말해 궁극적으로 공유를 지향하는 입장이라면 '코뮌주의'로 번역하고, 그렇지 않고 국가독점자본주의체제를 유지하려는 입장은 '공산주의'로 번역하도록 하겠다. 그렇다고 용어의 문제가 깔끔하게 정리되는 것은 아니다. 국가독점자본주의체제를 선택한 현실 사회주의국가들도 베케트$^{\text{Samuel Barclay Beckett}}$(1906~1989)의 1952년 희곡《고도를 기다리며$^{\text{En attendant Godot}}$》처럼 자신들도 "공유를 기다린 다"고 말하기 때문이다. 어쨌든 1960년 게바라는 코무니스타, 즉 코 뮌주의자라는 뚜렷한 자의식을 가지고 있었다는 건 확실한 사실이 다. 섹스심벌이나 청춘스타와 같은 이미지에 빠져 허우적거리지 말 고, 혹은 '체'라는 애칭의 기원에서 가십거리를 찾지도 말고, 게바라 가 국립은행장이 되는 해프닝에서 웃음을 터뜨리지도 말고, 우리는 코무니스타라는 게바라의 자의식에 더 집중해야만 한다.

《타임》커버스토리의 피상성을 보여주는 중요한 대목 한 가지 를 아직 살펴보지 않았다. "서른세 살의 수상 카스트로는 현재 쿠바 의 심장, 영혼, 목소리 그리고 턱수염이다. 그의 동생이자 국방상 스 물아홉 살 라울 카스트로는 혁명의 단검을 쥐고 있는 주먹이다. 서 른두 살 쿠바 국립은행장 체 게바라는 두뇌다." 그저 쿠바 혁명정부 의 표면적 권력 순위에 따라 도식적으로 피델에게는 심장, 라울에 게는 주먹, 게바라에게는 두뇌라는 평가를 내리고 있을 뿐이다.《타 임》은 게바라의 중요성을 간과하고 있다. 실제로 쿠바혁명의 심장이 자 주먹이고 그리고 동시에 두뇌였던 사람은 바로 게바라였다. 피델 은 단지 친미 군사독재자 바티스타를 축출하는 것 이상을 생각한 적 이 없었다. 물론 그도 억압과 착취, 그래서 빈곤이 없는 쿠바를 만들 고는 싶었다. 어떻게 하면 그것이 가능한지, 피델은 막연하기만 했 다. 실제로 1959년 5월 21일 연설에서 피델은 말하지 않았던가? "우 리 혁명은 자본주의적이지도 공산주의적이지도 않다. …… 자본주 의^{capitalism}는 인간 존재를 희생시키고, 공산주의^{communism}는 전체주의 적 발상으로 인간 권리를 희생시킨다. …… 우리의 혁명은 레드가 아 니라 올리브 그린 색이다. 시에라마에스트라산맥 게릴라군의 군복

1958년 산타클라라 전투를 지휘하고 있는 체 게바라. 최종심급에서의 공포를 무너뜨렸다는 것! 자신뿐만 아니라 민중들을 공포로부터 해방시켰다는 것! 바로 이것이 산타클라라 전투를 지휘했던 게바라의 위대함이다.

색처럼 말이다." 피델이 말한 자본주의는 라틴아메리카 노동력을 착취하는 미국의 제국주의를 말하고, 그가 말한 공산주의는 스탈린식의 국가독점자본주의를 말한다. 한마디로 말해 아르헨티나 대통령 후안 페론 Juan Domingo Perón(1895~1974)의 페론주의 Peronismo와 비슷하게 쿠바를 이끌어나겠다는 이야기다. 페론주의의 양대 축은 사회정의와 자립경제였다. 1950년대 초 페론은 사회정의의 이념을 지향하며 소련과 일정 정도 거리를 두고, 자립경제 정책으로 미국과 일정 정도 거리를 두려고 했다. 1959년 쿠바혁명 직후 피델은 페론주의를 쿠바에 이식하려고 했던 것이다. 쿠바라는 국가를 벗어나지 못했던 피델과는 달리 게바라의 사유는 전체 라틴아메리카, 나아가 제국주의에

쿠바혁명 체 게바라 행로

라쿠바나
산안드레스
아바나 마탄사스
피나르델리오
체 게바라 부대
체 게바라 부대 행로
산타클라라
쿠바
피노스섬
페드레로
카마구에이
시에라
마에스트라
그린마호 상륙
산티아고
라메사
옴브리트

신음하는 제3세계 민중들을 고민하고 있었다. 그에게 혁명에 성공한
쿠바는 자본주의와 제국주의를 상징하는 미국과 맞서는 라틴아메리
카 민중의 저항 거점으로 이해되었기 때문이다.

　　아니나 다를까, 게바라가 1959년 10월 7일 국가농지개혁위원회
산업부흥부장, 그리고 11월 26일 쿠바 국립은행장이 되어 쿠바 경제
를 이끌어나가면서 피델의 어정쩡한 페론주의는 쑥 들어가고 만다.
《타임》의 기사처럼 그는 "쿠바를 급격히 좌익으로, 즉 자신이 경멸하
는 미국에서 벗어나 러시아와 자발적으로 동맹을 맺는 방향으로 몰
고 가는 최고 책임자"였던 것이다. 피델과 게바라 중 누가 쿠바혁명
의 영혼 혹은 심장인지 너무나 자명해지는 대목 아닌가? 라울의 경
우도 마찬가지다. 《타임》은 라울을 "혁명의 단검을 쥐고 있는 주먹"
이라고 이야기한다. 이 말은 사실일까? 아니다. 쿠바혁명을 성공으
로 이끈 결정적인 계기, 다시 말해 쿠바 정세의 주도권을 바티스타

1958년 체 게바라가 산타클라라 전투를 시작하기 전 대중들 앞에서 연설을 하고 있다.

정권에서 게릴라들로 이양시키는 계기를 생각해보라. 바로 산타클라라Santa Clara 전투다. 산타클라라는 쿠바 중심지에 있는 교통의 요충지로, 이곳의 점령은 바티스타 정권의 목줄을 잡아채는 일이라고 할 수 있다. 바티스타 정권과의 전면전을 앞두고 피델이 1958년 8월 21일 전체 혁명군 사령관, 즉 코만단테comandante로 임명한 사람이 누구인가? 400명의 직속 게릴라 부대원을 이끌고 10배에 가까운 바티스타 정규군 3000여 명과 중무장한 22량 장갑기차를 궤멸한 사람은 누구인가? 1958년 12월 28일 공격을 시작해 탁월한 용기와 지혜로 게릴라 부대원과 산타클라라 민중들을 규합해 30일 마침내 산타클라라를 접수한 사람은 누구인가? 1958년 12월 31일 산타클라라 함락으로 위기를 느낀 바티스타를 야간도주하도록 만든 사람은 누구인가? 바로 게바라였다. 혁명이 성공한 뒤 혁명정부는 당연히 바티스타 독재정권과 관련된 혁명재판을 주도한다. 혁명재판은 쿠바 수도 아바나에 있던 카바냐^Cabaña 요새에서 이루어졌는데, 1959년 1월 2일부터 6월 12일까지 카바냐 요새 사령관으로 혁명재판을 총괄했던 사람은 누구일까? 바티스타 정권에 참여했던 인물들, 반정부 인사들을 밀고했던 배신자들, 그리고 게릴라부대를 막기 위해 원주민 마을을 불태우고 그곳 주민들을 도륙했던 전범들에 대한 혁명재판을 감정적 보복이 아니라 정의로운 심판일 수 있도록 관리했던 사람은 누구일까? 또 게바라다. 혁명재판 결과 수백 명이 처형되었지만, 당시 쿠바 민중 대다수는 이것을 부당하다고 생각하지 않았다. 그들은 바티스타 정권이 자신을 반대했던 국민을 자그마치 2만 명이나 처형했다는 걸 기억하고 있었기 때문이다. 자, 이제 물어보자. "혁명의 단검을 쥐고 있는 주먹"은 라울인가, 아니면 게바라인가?

**

코만단테 코무니스타! 게바라는 쿠바혁명의 영혼이자 주먹이며 두뇌였던 사람이다. 아니 영혼과 주먹과 두뇌가 일치되는 탁월한 혁명가였다. 처음 쿠바 혁명동지들에게 합류할 때만 해도 피델 등은 그에게 아르헨티나 명문 부에노스아이레스대학 출신 의사답게 군의관 역할만을 기대했다. 그렇지만 혁명이 진행되면서 그는 약통과 탄통이란 선택에서 후자를 선택하는 전사로, 나아가 모든 게릴라가 그 명령에 목숨을 기꺼이 거는 코만단테로, 마침내 마르크스 이후 가장 탁월한 혁명정신의 상징으로 성장한다. 유년 시절부터 그는 책을 손에서 놓은 적이 없었다. 시에라마에스트라산맥에서 게릴라 활동을 할 때에도 그리고 혁명이 성공한 아바나에서도 마찬가지였다. 주어진 사태에 대한 정확한 인식과 그에 맞는 과감한 결단! 의사란 무엇인가? 그것은 환부를 과감히 도려내 환자를 살리는 사람이다. 더러운 피고름과 환자의 아우성도 기꺼이 감내해야만 한다. 혁명가란 무엇인가? 사회의 환부를 도려내 사회를 건강하게 만드는 사람이다. 산타클라라 전투에서도 그리고 카바냐 혁명재판에서도 번뜩였던 게바라의 과단성은 어쩌면 의사가 갖는 이런 현실감각에서 유래한 것인지도 모른다. 불행히도 혁명이 성공한 다음, 피델 이하 혁명지도부는 쿠바를 어떻게 이끌어갈지 감을 잡지 못하고 있었다. 그렇지만 게바라가 보았을 때 혁명의 대의와 그 활동 속에 이미 쿠바가 어디로 가야 할지가 결정되어 있었다. 친미 바티스타 독재정권을 타도한 것이 바로 쿠바혁명 아닌가? 그렇다면 쿠바가 나아갈 길은 자명하다. 미국으로 상징되는 자본주의와 제국주의라는 균이 침범하지 못하는 쿠바, 그리고 소수가 다수를 지배하는 계급사회라는 균이 범접하지 못하는 쿠바를 만들면 된다. 《타임》의 커버스토리 서두는 바로 이런 게바라의 생각을 기사 형식으로 그대로 옮기는 것으로 시작된다. 게바라는 블랑키극장 무대에 서서 라틴아메리카 각국에서 모인 청소년들 앞에서 쿠바혁명의 정신을 피력한다.

아바나의 어두운 블랑키극장Blanquita Theater에서 에르네스토 체 게바라가 제1회 라틴아메리카 청소년 의회에 참석한 열광적인 대표들 앞에서 조용히 서서 소음이 잦아들기를 기다렸다. 소음이 사라지자 그는 아주 명료하게 쿠바혁명을 설명하기 시작했다. "이데올로기는 무엇입니까? 우리의 혁명이 공산주의적communist인지 묻는다면, 나는 마르크스주의적Marxist이라고 정의할 겁니다. 제 이야기를 잘 들으세요. 저는 마르크스주의적이라고 말했습니다. 우리 혁명이 방법으로 발견했던 것은 마르크스가 가리켰던 길이기 때문이죠." 그는 토지 개혁에 대해 말했다. "만일 근본적인 농업 개혁을 수행하지 않는다면, 어떤 정부도 자신을 혁명적이라고 말할 수 없을 겁니다. 농부들에게는 쓸모없는 땅이 주어져서는 안 됩니다. 그들은 옛날 농부들로부터 땅을 훔친 지주들이 소유한 비옥한 땅을 가져야만 합니다." 이어서 게바라는 세계에서 쿠바가 차지하는 지위를 설명했다. "지금 여기서 나는 힘주어 말합니다. 소련, 중국과 모든 사회주의국가, 그리고 스스로를 해방시켰던 모든 식민지나 반식민지 민중들은 우리의 친구입니다." 그의 적은 미국이었는데, 그는 미국이 자기만의 고유한 혁명과 해방의 원리를 가지고 있다는 걸 알지 못했다. 게바라는 덧붙였다. "여전히 우리를 때리려는 손을 핥으라고 조언하는 중남미 정부들이 있습니다. 그렇지만 우리는 우리의 위대한 노예주와의 연맹에 참여할 수는 없습니다." 그는 모든 라틴아메리카 정부가 독재의 후원자들을 처형하기 위해 그들을 벽에 세워야 한다고 촉구했다. 적을 다루는 이 방법은 그에게는 너무나 익숙한 것이다.

–〈쿠바: 카스트로의 두뇌〉, 《타임》

1949년 아바나에 설립된 블랑키극장 무대에 게바라는 조용히 오른다. 그리고 라틴아메리카 도처에서 쿠바를 방문한 청소년들의 소란과 주의산만이 가시기를 웃으면 기다린다. 해맑은 아이들의 얼굴과 외모는 라틴아메리카의 모든 상처가 흉터로 남아 있어, 마음은 아려왔지만 게바라는 애써 미소를 잃지 않으려고 한다. 백인White도 있고, 흑인Black도 있고, 아메리카 원주민, 즉 인디오Indio도 있고, 백인과 흑인의 혼혈인 물라토Mulattoe도 있고, 백인과 인디오의 혼혈인 메스티소Mestizo도 있다. 비록 소수지만 흑인과 인디오의 혼혈인 삼보 Zambo도 한두 명 눈에 보인다. 게바라는 다양한 인종으로 이루어진 해 맑은 청소년들을 보고 깊은 죄책감을 다시 한 번 느낀다. 그의 아버 지 에르네스토 게바라 린치Ernesto Guevara Lynch는 스페인과 아일랜드의 피가 섞인 백인이었고, 그의 어머니 셀리아 데 라 세르나Celia de la Serna 는 순수한 스페인 혈통 백인이었다. 게바라는 16세기 인디오의 고 장에 불법으로 침입한 스페인 백인의 후손이었던 것이다. 더군다나 게바라의 피에는 19세기 초반 라틴아메리카를 휩쓸었던 독립운동 에 마지막까지 저항했던 페루의 총독 호세 데 라 세르나José de la Serna e Hinojosa(1770~1832)의 피가 흐르고 있지 않은가? 게바라의 어머니 이 름을 다시 상기해보자. 셀리아 데 라 세르나! 다행스러운 것은 이 부 끄러운 선조가 1824년 시몬 볼리바르Simón José Antonio de la Santisima Trinidad Bolívar Palacios Ponte y Blanco(1783~1830)의 라틴아메리카 해방군에 맞서 싸 우다 패배했다는 사실이다. 19세기 볼리바르는 스페인으로부터 라 틴아메리카를 지금처럼 분열된 많은 국가의 형태가 아니라 하나의 전체로 독립시키기를 원했다. 지금 게바라는 이와 구조적으로 유사 한 투쟁을 시작하려고 하는 것이다. 미국에 정치적으로 그리고 경제 적으로 종속되어 억압되고 착취되는 전체 라틴아메리카 민중들의 자유와 독립이 바로 그것이다. 볼리바르가 이루지 못했던 것을 호세 데 라 세르나의 후손이 이루려고 하니, 얼마나 아이러니한 일인가? 라틴아메리카 청소년들, 스페인과 포르투갈의 지배에서 생긴 흉터 와 미국의 제국주의 정책으로 그 흉터에 덧난 상처를 가진 라틴아메 리카의 미래들 앞에서 게바라는 자신의 원대한 소망을 피력한다. 그 소망의 핵심에는 마르크스주의가 있었다.

"우리의 혁명이 공산주의적인지 묻는다면, 나는 마르크스주의적이라고 정의할 겁니다." 1960년 게바라에게는 공산주의와 마르크스주의는 이렇게 구분된다. 앞에서 말했지만 여기서 공산주의는 소련이 지향했던 국가독점자본주의를 가리킨다면, 마르크스주의는 원래 코뮌주의의 뜻, 자유로운 공동체를 지향하는 입장을 말한다. 결국 게바라는 쿠바혁명을 국가독점자본주의가 아니라 왜곡되기 이전의 코뮌주의, 즉 마르크스주의로 이끌겠다고 선언한 것이다. 이어서 게바라는 마르크스주의적이라는 것이 무엇인지 라틴아메리카의 미래들에게 쉽게 설명한다. "만일 근본적인 농업 개혁을 수행하지 않는다면, 어떤 정부도 자신을 혁명적이라고 말할 수 없을 겁니다. 농부들에게는 쓸모없는 땅이 주어져서는 안 됩니다. 그들은, 옛날 농부들로부터 땅을 훔친 지주들이 소유한 비옥한 땅을 가져야만 합니다." 생산수단을 가진 자가 그렇지 않은 자를 지배한다는 마르크스의 근본적 입장이 그대로 반영된 주장이다. 게바라는 생산수단에 집중하는 마르크스의 속내를 정확히 알고 있었던 것이다. 당시만 해도 게바라는 소련식 국가독점자본주의의 한계에 대해 정확히 알지 못했다. 아니 알기도 힘들었다고 하는 것이 정확할 듯하다. 중요한 것은 소련을 포함한 당시 제도권 사회주의국가들은 억압받는 자들의 정부를 표방하며 미국과 맞서고 있었으니까. 그래서 게바라는 청소년들에게 말할 수 있었던 것이다. "소련, 중국과 모든 사회주의국가, 그리고 스스로를 해방시켰던 모든 식민지나 반식민지 민중은 우리의 친구"라고. 지금 게바라는 미국으로 대표되는 시장자본주의체제의 본질에는 제국주의가 존재하고 있다는 것에만 주목하고 있다. 이것은 그가 1951년 1월부터 1953년 12월까지 두 차례에 걸친 라틴아메리카 여행을 통해 온몸으로 배운 것이었으니까. 여행에서 온몸을 열고 진실을 흡입하는 놀라운 능력을 가진 게바라다. 아니나 다를까, 1960

라틴아메리카 주요 국가

	총인구수 (2014년)	인종 분포	참고
과테말라	13,824,463	①인디오 53.0% ②메스티소 42.0% ③백인 4.0% …	• 16세기 스페인 식민지 • 과테말라와 여기에 인접하는 멕시코 남부 치아파스Chiapas주는 마야문명을 일군 인디오들의 활동 영역이었음 • 1821년 과테말라는 멕시코에 속한 상태로 독립했다가, 1839년에 완전 독립 • 20세기 초 미국 과일회사 유나이티드푸르트United Friut Co.와 미국이 세운 친미 독재자에 의해 지배
멕시코	121,724,226	①메스티소 70.0% ②백인 15.0% ③인디오 14.0% …	• 16세기 스페인 식민지 • 1813년 스페인으로부터 독립 • 1994년 1월 1일 과테말라 국경 지대 치아파스주에 사파티스타 민족해방군Ejército Zapatista de Liberación Nacional, EZLN에 의해 인디오의 지지를 받는 반신자유주의 해방공동체 설립
베네수엘라	27,635,743	①메스티소 37.7% ②물라토 37.7% ③백인 16.9% …	• 16세기 스페인 식민지 • 1819년에 콜롬비아와 에콰도르와 함께 그란콜롬비아Gran Colombia 공화국이란 이름으로 독립, 1830년에 분리 독립
볼리비아	10,118,683	①인디오 55.0% ②메스티소 28.0% ③백인 15.0% …	• 16세기 스페인 식민지 • 1780년 토착 인디오 잉카문명이라는 이름으로 반란 • 볼리비아라는 국명은 라틴아메리카 전체를 해방시키려는 꿈을 품고 독립운동을 했던 시몬 볼리바르의 이름에서 유래 • 1825년 독립
브라질	203,429,773	①백인 53.8% ②물라토 39.1% ③흑인 6.2% …	• 16세기 포르투갈 식민지 • 1822년 9월 7일에 포르투갈 왕족 페드루 1세Dom Pedro I(1798~1834)가 황제로 즉위하면서 포르투갈로부터 브라질제국으로 독립 • 1850년까지 커피 농장을 위해 노예제를 유지 • 1889년 브라질제국이 공화제 혁명으로 막을 내림
아르헨티나	41,769,726	①백인 85.0% ②메스티소 11.1% ③아시아 2.9% …	• 16세기 스페인 식민지 • 1816년 스페인으로부터 독립 • 1826년 당시 브라질제국에 속했던 지금의 우루과이 독립을 지지하다 아르헨티나-브라질 전쟁 발발
칠레	16,888,760	①백인 52.7% ②메스티소 39.3% ③인디오 8.0% …	• 16세기 스페인 식민지 • 1818년 아르헨티나의 도움으로 스페인으로부터 독립, 외세에 의한 독립이어서 과거 식민지 시절의 위계가 그대로 보존

라서 인간에 의한, 인간을 위한 인간적 본질의 현실적 획득으로
서의 코뮌주의. 그러므로 사회적(즉 인간적) 존재로서 인간의 자
기 자신으로의 완전한 회귀—의식적으로 완성된 그리고 과거
발전의 부를 포괄하는 회귀—로서 코뮌주의. 완전히 발전된 인
간주의=자연주의, 그리고 완전히 발전된 자연주의=인간주의로
서 코뮌주의는 인간과 자연 그리고 인간과 인간 사이의 갈등의
진정한 해결—실존과 본질, 대상화와 자기 확신, 자유와 필연,
개체와 종 사이의 참된 해결—이다. 코뮌주의는 해결된 역사의
수수께끼이고, 코뮌주의는 자신이 이 해결임을 **의식한다**."(《1844
년 경제학-철학 수고》) '의식한다conciencia'라는 말을 강조했는데, 문
제되는 진술에서 이 말이 가장 기본적이기 때문이다. 마르크스
는 인간 해방이란 문제를 분석했고, 코뮌주의를 인간 소외를 낳
는 모순들의 해법으로, 그렇지만 의식적인 행동un acto consciente으
로 간주했다. 달리 말해 코뮌주의는 단순히 고도로 발전한 사회
에서의 계급 모순들, 정점에 이르기 위해 이행 단계에서만 해소
될 수 있는 모순들의 산물만이 아니다. 역사에서 인간은 의식적
인 행위자el actor consciente다. 자신을 사회적 존재라고 생각하는 의
식을 포괄하는 이런 의식 없이는 코뮌주의는 존재할 수 없다.

－〈예산재정시스템에 관하여〉, 《우리 산업, 경제학 저널》(1964년 2월)

　게바라는 불가능을 꿈꾸었던 이상주의자, 현대판 돈키호테Don
Quijote라는 평가가 무색해지는 글이다. 1964년 그는 최고 정치경제학
자일 뿐만 아니라 최고 마르크스주의자이기도 했다. 우선 그는 〈포
이어바흐에 관한 테제들〉로 요약되는 《1844년 경제학-철학 수고》
를 썼을 때 마르크스가 단순히 미숙했다는 엥겔스나 이후 제도권 마

르크스주의자들의 편견을 부정한다. 한마디로 청년 마르크스의 사유는 청년답지 않게 성숙했다는 것이다. "마르크스는 전성기였고, 이미 그는 가난한 자들의 대의를 가슴에 품고 가난을, 비록 《자본론》의 과학적 엄격함은 결여하고 있다고 할지라도, 철학적으로 설명하고 있다." 철학자로서 마르크스의 핵심 개념은 무엇인가? 바로 '대상적 활동'이다. 그러니까 인간은 주어진 환경에 순응하는 존재라기보다 그것을 대상으로 여겨서 그에 맞서 능동적인 활동을 하는 존재라는 것이다. 이 개념에서 대상이 인간 삶에 주어진 조건을 가리킨다면, 활동은 의식적인 반성에서 기원하는 실천을 의미한다. 그래서 마르크스는 (낡은) 유물론과 관념론을 대상적 활동 개념으로 극복했다고 자부했던 것이다. 인간의 대상성만을 강조했던 것이 낡은 유물론의 전통이라면, 인간의 의식성과 활동성만을 강조했던 것이 관념론의 전통이기 때문이다. 소련의 경제 모델이나 이를 벤치마킹한 쿠바의 AFS는 인간의 동물적인 측면, 즉 대상성에 휘둘리는 측면만을 강조하지만, 게바라는 마르크스의 대상적 활동 개념에 온전히 기초하는 경제 모델을 만들었던 것이다. 우선 쿠바 민중들의 삶의 조건을 BFS로 바꾸려고 한다. 더 이상 기업이나 은행이나 국가가 생산수단 독점으로 이윤을 얻을 수 없도록 만들려고 한 것이다. 그렇지만 이것만으로 억압이 사라진 사회, 즉 코뮌사회가 바로 도래하는 것은 아니다. 쿠바 민중들에게는 자본주의사회라는 환경보다 더 나은 BFS가 통용되는 환경이 만들어졌지만, 다시 말해 대상적 활동에 저항하는 대상성의 수위가 낮아진 것은 사실이지만, 그들이 이 새로운 환경에서 자신의 능동성을 발휘하지 않으면 코뮌사회는 만들어질 수 없다. 억압체제가 주입했던 사적 이익의 욕망을 의식적으로 극복해야만 하고, 자기 노동의 사회성을 깨달아 그것이 공동체 내의 다른 성원의 삶을 편안하게 해준다는 자각도 해야 한다는 것이다.

결국 쿠바혁명이 게릴라들의 희생적 투쟁에 쿠바 민중들이 능동적으로 대응해서 가능했던 것처럼, 혁명 이후 쿠바에서 만들어야만 하는 억압이 없는 사회도 지도부의 제도적 조치에 쿠바 민중들이 능동적으로 참여해야만 가능하다. 역으로 말해 사적 이익을 포기하고 공동체를 위했기에 쿠바혁명이 가능했던 것처럼, 쿠바 민중들이 공적 이익을 고민하고 타인을 사랑해야만 쿠바에 억압체제가 회귀할 가능성을 미연에 방지할 수 있다는 것이다. 더 나아가 민중들의 이런 형제애적 연대의식이 자리를 잡는다면, 노동자들의 생산물에 금수저를 올리려는 지배계급이 발생할 가능성은 거의 사라질 것이다. 게바라는 강조한다. "자신을 사회적 존재라고 생각하는 의식을 포괄하는 이런 의식이 없이는 코뮌주의는 존재할 수 없다"고. 그렇지만 이런 의식을 어떻게 강요할 수 있다는 말인가? 지도부의 자기희생과 모범으로 쿠바 민중들을 각성시키는 방법 이외에 어떤 방법이 있다는 말인가? 마르크스의 표현을 빌리자면 모든 인간은 '대상적 활동'의 주체이고, 게바라의 표현을 빌리자면 모든 인간은 '의식적 행위자'이기 때문이다. 게바라가 자신의 생각을 쿠바 민중들에게 강요해서 그들을 자기 생각처럼 움직이도록 한다면, 그는 쿠바 민중들의 대상적 활동이나 그들만의 의식을 부정하는 셈이 된다. 이것은 소수 엘리트가 다수 민중을 이끌어가는 억압사회의 그림 아닌가? 게바라를 포함한 모든 사람이 대상적 활동을 향유하는 의식적 행위자가 될 때, 바로 이런 공동체가 코뮌주의사회가 아닌가? 결국 지도부나 민중이 모두 타인에 대한 애정과 희생정신을 갖게 된다면, 그래서 지도부니 민중이니 하는 구분이 작동하지 않아야, 바로 이것이 코뮌주의사회라고 게바라는 확신했던 것이다. 그러니 소련의 국가독점자본주의 옹호자나 쿠바의 AFS 옹호자, 혹은 사적 소유를 제도화해 권력욕을 충족시키려는 사람들이 어떻게 게바라, 그리고 코뮌주의사회를 좋아하겠는가?

코뮌주의는 무엇인가? 《1844년 경제학-철학 수고》에서 마르크스는 "코뮌주의는 인간과 자연 그리고 인간과 인간 사이의 갈등의 진정한 해결"이라고 말한다. 인간과 인간 사이의 갈등이란 예를 들어 지주와 소작농의 관계를 생각하면 쉽다. 땅을 독점한 지주가 노동력만 가진 소작농을 착취한다면, 다시 말해 생산수단의 독점을 막지 않으면 인간 사이의 갈등은 불가피하다. 그렇다면 인간과 자연 사이의 갈등이란 무엇인가? 지주와 소작농이란 억압구조를 인간과 자연 사이에 그대로 옮겨놓으면 된다. 자연을 그 생산력의 원천까지 고갈시키며 착취하는 것이다. 그 결과 자연뿐만 아니라 자연에 의존해서 사는 인간의 삶마저 위태롭게 된다. 벼, 보리, 밀, 옥수수 등을 대규모로 기르는 농업이나, 소, 돼지, 닭을 기르는 축산업이나 다양한 물고기와 어패류 등을 기르는 양식업을 보라. 최대한의 이윤을 얻기 위해 기업화된 농업, 축산업, 그리고 양식업은 생물종의 고유한 생명력을 임의대로 조작할 뿐만 아니라 그 주변 환경을 거침없이 병들게 하고 있지 않은가? 여기에 석유화학에 기반을 둔 다양한 산업은 인간을 포함한 모든 생명체의 공유지를 그야말로 회복 불가능하게 파괴하고 있다. 여기서 한 가지 되물어보자. 자신이 사는 곳에서 자신이 먹을 쌀, 사과, 닭, 물고기를 얻고 남은 찌꺼기나 배설물을 처리한다고 해보자. 과연 어느 인간이 함부로 주변 생물종을 고갈시키고 그 본성을 왜곡할 것인가? 과연 어느 인간이 자신뿐만 아니라 아이들이 살고 있는 자연환경을 쓰레기로 범벅되게 만들겠는가? 결국 기업화된 농업, 축산업, 양식업과 어업이 문제였던 것이다. 다시 말해 자연 착취의 현장에서 멀리 떨어져 이윤을 계산하는 자본가로 인해 노동자들이 자연을 과도하게 착취할 수밖에 없기에, 인간과 자연 사이의 갈등이 발생한다는 것이다. 물론 이런 생태 문제에 가장 직접적으로 노출되는 사람들은 자본가가 아니라 바로 노동자라는 것도 잊어서는 안 된다.

1960년 10월 19일 미국이 교역 봉쇄 조치를 취하자, 당시 쿠바 경제를 책임져야 했던 게바라는 그야말로 동분서주할 수밖에 없었다. 20세기에 들어서서 식민지 본국이 스페인에서 미국으로 바뀐 다음에도 쿠바 경제는 계속 미국의 거대한 설탕공장 역할을 맡았다. 이것이 항상 냉전시대 미국이 제국주의 정책을 추진했던 방식이다. 물론 소련도 예외는 아니지만. 신식민지로 편입된 제3세계 국가들의 경제를 많아야 한두 가지 생산품을 만드는 공장으로 재편하는 것이 미국의 제국주의 전략의 핵심이었다. 물론 신식민지가 만든 생산품 대부분은 값싼 가격으로 미국으로 수입되고, 역으로 미국에서 만든 다양한 저가 상품이 신식민지로 유입된다. 이런 식으로 진행되다보면 신식민지국가의 경제는 갈수록 미국에 의존하게 되고, 결국 미국 자본의 자장에서 결코 벗어날 수 없는 종속 상태에 이르게 된다. 라틴아메리카 국가들의 단일 생산체제는 이렇게 만들어진 것이다. 멕시코의 면화, 베네수엘라의 석유, 볼리비아의 주석, 칠레의 구리, 아르헨티나의 목축과 밀, 브라질의 커피, 과테말라의 과일, 쿠바의 설탕! 게바라가 서둘러 전 세계를 순방하며 사탕수수 판로를 개척하려고 노력했고, 아울러 쿠바 산업의 다양화를 시도했던 것도 이런 이유에서다. 그렇지만 게바라는 이 와중에도 마르크스의 코뮌주의 정신을 한순간도 놓지 않는 집요함을 보인다. 사탕수수 증산의 노력이나 산업 다양화가 동료 인간에 대한 착취나 환경 파괴를 낳아서는 안 된다는 걸 한시도 잊지 않았으니까. 1964년 쿠바 노동자들 앞에서 게바라는 감동적인 역설을 했던 적이 있다.

만일 여러분이 허락한다면, 여러분 모두의 내면에 시 한 구절을 아로새기고 싶습니다. 걱정할 필요는 없습니다. 이 시는 제 자신의 영감에서 나온 건 아니니까요. 시 한 수, 절망적이었던 어떤 남자가 지은 몇 줄 안 되는 시입니다. 삶의 끝자락에 이른 어느 늙은 시인이 쓴 겁니다. 그는 여든 살이 넘었고, 자신이 지키려고 분투했던 정치적 대의, 스페인공화국이 붕괴되는 것을 오래전에 지켜보았고, 이후 그는 계속 망명 중에 있습니다. 지금 그는 멕시코에 살고 있죠. 몇 년 전 출간된 그의 가장 최근 시집에는 몇 가지 흥미로운 시들이 들어 있습니다. 그는 말합니다.

그렇지만 인간은 고생만 하는 어리석은 아이일 뿐.
노동을 지루하고 땀나는 일상으로 만들었고
북채를 괭이로 만들었으며
기쁨의 노래를 이 땅에서 연주하기보다는
대신 땅을 파기 시작했다네.

제 기억이 정확하다면, 시인은 한두 가지를 더 이야기합니다.

나는 말하려 하네, 태양의 리듬에 맞춰
이제는 그 누구도 땅을 팔 줄 모른다는 것을,
사랑과 은총의 마음으로
이제는 그 누구도 옥수수 열매를 따지 않는다는 것을.

게바라가 가장 좋아했던 시인 레온 펠리페. 그는 프랑코의 군사쿠데타와 맞서 싸운 전사이기도 했다.

노동에 대한 우리의 태도 변화를 통해, 자연으로 돌아가려는 우리의 욕망과 매일의 삶을 불꽃으로 변화시키려는 우리의 욕망을 통해, 우리가 이미 떠나버린 세계, 바로 그 낡은 세계에 살고 있는 패배한 자들의 태도를 묘사하고 있습니다.

－《기억으로부터의 체Che desde La Memoria》(2004)

1960년 이후 게바라가 가장 좋아했던 시인, 아니 점점 외로워져 가는 자신을 위로해주었던 유일한 시인이 바로 레온 펠리페León Felipe Camino Galicia(1884~1968)다. 여러모로 게바라와 펠리페는 닮았다. 부모님의 뜻에 부응해 의사가 되었던 게바라나 부모님의 뜻에 부응해 약사가 되었던 펠리페! 인문주의와 민주주의, 나아가 코뮌주의에 대한

열망으로 아르헨티나를 떠나 쿠바에서 자발적 망명생활을 하고 있
던 게바라와 스페인내전 때 스페인공화국을 위해 프랑코의 군사쿠
데타와 맞서 싸우다 1938년 스페인을 떠나 멕시코로 자발적 망명생
활을 하고 있던 펠리페! 시인이 되고자 했던 혁명가 게바라와 혁명가
가 되고 싶었던 시인 펠리페! 점점 쿠바가 자신이 주창하던 코뮌주
의 경제체제 BFS가 아니라 소련식 경제 모델로 선회할 때, 그리고 점
점 피델 등 혁명동지들로부터 고립되어가고 있을 때, 게바라의 외로
움을 달래주던 것이 바로 펠리페의 시였다. 마침 쿠바 지도부에서 자
의 반 타의 반 밀려나고 있던 게바라는 자신이 그리도 아꼈던 노동자
들 앞에서 연설하는 기회를 얻는다. 공개적으로 쿠바의 민중들과 만
날 시간이 얼마 남지 않았던 것을 직감했던 게바라는 펠리페의 시 한
수를 남기려고 한다. 시는 살아 있는 글이라 영혼에 각인되면 놀라운
생명력을 자랑하는 법이다. 마치 계속 즙이 나오는 신선한 과일처럼.
게바라가 인용한 시는 1958년 출간된 펠리페의 시집 《사슴 El Ciervo》에
등장하는 시의 일부분이다. 〈레온 펠리페에게 보내는 편지 To León Felipe〉
(1964년 8월 21일)를 보면, 우리는 게바라가 당시 연설장에서 어린 시
절부터 키워온 시인적 감수성을 폭발시켰다는 것을 알 수 있다. "열
정적인 노동자들이 행사장에 가득했고, 불현듯 저는 제가 다른 사람
처럼 느껴졌습니다. 갑자기 제 안에 숨어 있던 '실패한 시인'이 튀어
나왔을 때 저는 당신의 시가 떠올랐습니다. 멀리 떨어져 있는 당신의
시를 가지고 오게 된 것입니다."

실패를 예감한 혁명가의 속내에서 실패한 시인이 등장했다는
것은 애달픈 일이다. 그렇지만 게바라는 코뮌주의 이념이 옳다는 사
실을 조금도 회의하지 않는다. 그래서 그는 펠리페의 시를 자신을 지
지하는 노동자들에게 들려주고 있다. 덧없이 흘러갈 훈계조의 뻔한

연설이 아니라 노동자들의 마음을 흔들 수 있는 시를 선택한 이유는 무엇일까? 지금 쿠바가 어디로 가고 있는지 정확히 알지 못한 채 행사장에 열정적으로 참여한 노동자들의 마음에 영원히 새겨질 무언가가 필요했던 것이다. 게바라가 선택한 시는 인간과 자연이 갈등하는 억압사회와 그 갈등이 해소되는 코뮌사회를 노래하는 펠리페의 시였다. 노동이 그 자체로 향유되지 못하고 타인을 위해 이루어질 때, 노동은 고생일 수밖에 없다. 귀족은 채찍으로 노예를 포도밭으로 내몰고, 농노나 소작농은 영주나 지주의 곳간을 채우기 위해 들판에 나간다. 노동자는 생계수단을 얻는 대가로 자본가의 계좌에 잉여가치를 채워준다. 한때 수렵채집 시기 인간은 하고 싶을 때 노동을 했고 하기 힘들 때 노동을 멈추었다. 펠리페는 그 시기 노동을 "북채"라는 단어로 요약한다. 흥에 겨우면 북채를 들어 북을 치고 지치면 북채를 거두어들인다. 일을 하고 싶으면 농기구를 들고 힘들면 일을 하고 싶을 때까지 쉬니, 농기구가 북채가 아니면 무엇이겠는가. 당연히 노동도 "땅에서 연주되는 기쁨의 노래"일 수밖에 없다. 그렇지만 왕, 귀족, 영주, 자본가에 의한 생산수단 독점이 이루어지면서, 신민, 노예, 농노, 노동자는 일을 하고 싶을 때 하지 못하고 멈추고 싶을 때 멈추지 못하게 된다. 이렇게 "북채가 괭이가 되면서" "인간은 고생만 하는 어리석은 아이"로 전락하고 만 것이다. 게바라가 예산재정시스템, 즉 BFS로 만들고자 했던 세상은 어렵지 않다. 괭이가 다시 북채가 되는 세상, 노동이 고생이 되지 않는 세상이다. 펠리페는 그것을 "태양의 리듬에 맞춰 땅을 팔 줄 아는" 세상이라고 그리워한다. 인간과 자연 사이의 갈등이 사라진 코뮌사회다. 펠리페는 그것을 "사랑과 은총의 마음으로 옥수수 열매를 따는" 세상이라고 노래한다. 인간과 인간 사이의 갈등이 사라진 코뮌사회다.

〈예산재정시스템에 관하여〉라는 논문에서 우리가 확인해야 할 것이 하나 더 있다. 게바라는 수많은 마르크스의 저작 중 무엇을 가장 중요하다고 생각할까?《1844년 경제학-철학 수고》에서 그는 마르크스가 자신의 이상, 다시 말해서 억압이 사라진 코뮌사회와 소외되지 않는 인간이란 이념을 철학적으로 정초했다고 확신한다. 이어서《자본론》에서 게바라는 마르크스가 코뮌사회를 이루기 위해 극복해야 할 대상으로서 자본주의사회를 해부하고 있다고 이해한다. 이 두 가지 업적에 게바라는 1875년 저작 〈고타강령 비판〉을 덧붙인다. 엘리트주의로 무장한 '고타강령', 사회주의가 아니라 국가주의를 선택한 '고타강령'의 취지에 대한 마르크스의 분노에 동감했겠지만, 이 말년 저작이 게바라에게 중요한 이유는 그가 이 문건에서 자신이 추구했던 BFS를 직접 정당화할 수 있는 마르크스의 언급을 발견했기 때문이다. 방금 살펴본 〈예산재정시스템에 관하여〉에 등장하는 글을 더 읽어보자.

마르크스는《자본론》을 준비할 때도 자신의 전투적 태도를 포기한 적이 없다. 1875년 독일에 존재하던 노동조직들(독일사회민주노동자당과 전독일노동자협회)을 통합하려고 고타 회의가 열렸고 그 통합 강령이 만들어졌을 때, 이에 대한 마르크스의 대답이 바로 〈고타강령 비판〉이다. 가장 근본적인 연구를 하던 도중에 집필된 그리고 분명히 논쟁적인 성격을 갖는 이 문건은 매우 중요하다. 이 문건으로 그는 비록 지나가는 말처럼 언급했지만 이행기라는 문제를 다루고 있기 때문이다. '고타강령'의 세 번째 논점을 분석하면서 마르크스는, 발전된 자본주의체제와 결정적으로 단절된다고 생각하는 이행기와 관련된 몇몇 가장 중요한 쟁점들을 다룬다. 그는 이 이행기에서 화폐의 사용이 있을 거라고 는 생각하지 않지만, 노동에 대한 개인적 지불은 있을 거라고 말 한다. "우리가 여기서 다뤄야만 하는 것은 자기만의 기초를 토대 로 발전한 코뮌주의사회가 아니라 반대로 자본주의사회에서 발 생한, 따라서 경제적, 도덕적, 그리고 지적인 모든 측면에서 낡 은 사회라는 자궁에 탄생 증명서를 갖고 있는 코뮌주의사회다. 따라서 개별 생산자들은—공제가 이루어진 후에—자신이 사회 에 제공했던 것을 사회로부터 모두 돌려받는다. 그가 사회에 제 공하는 것은 바로 그의 개인적인 노동량이다."(〈고타강령 비판〉)

–〈예산재정시스템에 관하여〉, 《우리 산업, 경제학 저널》(1964년 2월)

생산력이 거의 무한대로 발전해서 더 이상 착취가 필요 없는 이 상사회, 즉 코뮌사회가 올지도 모른다. 그렇지만 이것은 그야말로 인 간이 상상해보는 이상사회일 뿐이다. 현실적으로 과연 자본주의사 회가 생산력을 폭발시켜 코뮌사회가 도래하는지는 의심스러운 일이 다. 절대적인 빈곤이 사라지고, 다시 말해 인간이 필요의 세계에서 벗어난다고 해도, 여전히 착취와 억압은 가능하다. 노동계급에게 빈 곤Poverty을 안겨주어야 자본계급의 재산Property과 국가기구의 권력Power 도 가능하기 때문이다. 더군다나 인간의 생산력이란 기본적으로 자 연을 착취하는 형식이기에, 근본적으로 생산력의 발달은 제약될 수 밖에 없다. 언제가 자연은 고갈될 수 있을 뿐만 아니라, 생산력 발달 의 부산물로 인간이 생존하기 어려울 정도로 환경이 파괴될 수도 있 기 때문이다. 어쨌든 이상사회는 생각할 수 있다. 생태 문제도 발생 시키지 않고 자연과 공존하며 생산력이 폭발하는 사회를 꿈꾸는 것 자체가 무슨 문제가 있다는 말인가? 그렇지만 이런 사회가 기적처럼 도래하기를 기다리면, 인간은 자신의 대상적 활동이나 의식적 행위의 역량을 포기하는 셈이 된다. 그러니 노예제사회에서도, 농노제사회에서도, 그리고 노동자제사회에서도 인간은 부당한 억압과 수탈에 맞서 싸워야만 한다. 칸트의《순수이성비판》의 표현을 빌리자면 코뮌사회는 구성적 이념Konstitutive Idee이 아니라 규제적 이념regulative Idee으로 생각할 필요가 있는 것도 이런 이유에서다. 칸트에게서 신이 실재로 존재한다고 생각할 때 이런 신이 구성적 이념이다. 반면 우리의 행동을 감시하고 심판하는 신이 없다고 해도, 그런 신이 있다고 가정하면 인간은 선한 행동을 할 가능성이 높아진다. 이렇게 없어도 있다고 추정된 신이 바로 규제적 이념이다. 1846년에 출간된《독일이데올로기》에서 마르크스는 자신이 코뮌주의라는 말을 규제적 이념으로 사용하고 있다는 뉘앙스를 주기도 한다. "코뮌주의Kommunismus는 우리에게 조성되어야 할 하나의 '상태Zustand'가 아니며, 혹은 현실이 따라가야 할 하나의 '이상Ideal'도 아니다. 우리는 코뮌주의를 현재의 상태를 폐기해나가는 '현실적 운동wirkliche Bewegung'이라고 부른다." 코뮌주의는 현재의 상태를 대상으로 설정해 그것을 극복해나가는 현실적 운동이라는 것이다.

마르크스처럼 인간의 능동성, 즉 의식적 활동을 강조했던 게바라에게 코뮌주의가 근본적으로 규제적 이념일 수밖에 없는 것도 이런 이유에서다. 그렇다면 중요한 것은 대상적 활동 주체 혹은 의식적 행위자 앞을 일종의 저항처럼 가로막고 있는 대상성, 다시 말해 주체가 극복해야 할 "현재의 상태"다. 그래서 게바라는 "자본주의사회에서 발생한, 따라서 경제적, 도덕적, 그리고 지적인 모든 측면에서 낡은 사회라는 자궁에 탄생 증명서를 갖고 있는 코뮌주의사회"라는 마르크스의 표현에 꽂혔던 것이다. 바로 혁명 이후 쿠바사회 아닌가?

낡은 사회의 잡초도 존재하고 동시에 미래 사회의 꽃씨도 자라고 있으니 말이다. 그러니 쿠바는 이행기 상태에 있다는 것이다. 사적 이익을 추구하는 개인들, 서로 경쟁하는 개인들, 노동을 저주로 생각하는 개인들도 존재한다. 동시에 게바라와 그를 따르는 민중들처럼 공적 이익을 우선시하는 개인들, 형제애로 타인과 희로애락을 함께하는 개인들, 노동을 삶의 증거로 긍정하는 개인들도 존재한다. 그렇지만 흑백처럼 인간이 이기적 인간과 이타적 인간으로 구분되는 경우는 많지 않다. 사실 대부분의 인간은 사적 인간의 측면과 공적 인간의 측면을 모두 가지고 있는 지킬 박사다. 게바라가 제도적으로 BFS를 건설하려고 했던 이유도 바로 여기에 있다. BFS에 인간은 하이드보다는 지킬 박사로 성장할 가능성이 많다는 확신 때문이다. 이런 게바라에게 〈고타강령 비판〉에 BFS라는 제도의 본질을 규정하는 마르크스의 언급이 나왔으니, 얼마나 쾌재를 부를 일인가? "개별 생산자들은—공제가 이루어진 후에—자신이 사회에 제공했던 것을 사회로부터 모두 돌려받는다. 그가 사회에 제공하는 것은 바로 그의 개인적인 노동량이다." 국가도, 은행도, 기업도 생산수단을 독점했다는 이유로 잉여가치를 독점할 수는 없다. 이런 기구들이 노동자들로부터 얻는 것은 최소한도, 즉 조직을 운영하는 경비일 뿐이다. 바로 이것이 BFS의 핵심 아닌가? 노동자들의 사회적 생산물은 국가, 은행, 기업에 들어와도 운영 경비를 제외하고는 모두 다시 노동자들에게 되돌아가는 제도가 바로 게바라의 BFS니까 말이다.

　여기서 한 가지 궁금한 것이 있다. 게바라는 왜 이다지도 소련식 국가독점자본주의 모델을 거부하는가? 여행 때문이다. 제1차 라틴아메리카 여행으로 라틴아메리카 민중의 비통한 삶을 배웠던 게바라다. 제2차 라틴아메리카 여행으로 마르크스의 정신과 교감했던 게바라다. 국립은행장과 산업부장관으로 쿠바 경제를 책임져야 했던 게바라는, 그리고 미국의 교역 봉쇄로 급속히 냉각되는 쿠바 경제를 돌봐야 했던 게바라는 새로운 무역 통로를 찾아야만 했다. 미국 외의 국가에 사탕수수를 팔고 생필품을 살 수 있는 국가가 필요했던 것이다. 1960년 10월 22일부터 12월 22일까지 그가 소련, 체코, 중국 등 사회주의국가들을 차례로 순방했던 것도 이런 이유에서다. 당시는 냉전시대였기에, 미국과 척을 지는 순간, 쿠바가 의지할 수 있는 것은 서구권西歐圈, the Western Bloc의 라이벌 동구권東歐圈, the Eastern Bloc일 수밖에 없었으니까.

몽테뉴Montaigne(1533~1592)의 《수상록Essais》에는 흥미로운 이야기가 나온다. "여행을 통해 아무것도 얻지 못했던 사람이 있었다는 말을 듣고 소크라테스는 말한다. '아마도 그는 자기 자신을 짊어지고 갔다 온 모양일세.'" 다행히도 게바라는 여행을 통해 너무나 많은 것을 얻은 사람이었다. 자기 자신을 짊어지고 가지 않았을 뿐만 아니라, 아니 정확히 말해 자기 자신을 버리려고 여행을 했으니까. 비워진 만큼만 새로운 걸 담을 수 있는 법이다. 1954년 과테말라시티에서 공부하기 시작했던 마르크스와 제도권 사회주의국가에 대한 선입견을 가지고 소련 등 동구권 국가들을 방문했던 것이 아니다. 아니 선입견이 있었다고 하더라도 온몸으로 경험한 것과 부합되지 않는다면, 그따위 선입견일랑 즉각적으로 버리는 사람이 바로 게바라였다. 소련의 국가독점자본주의체제, 그리고 있어서는 안 되는 다른 제도권 사회주의국가들의 소련의 식민지화! 게바라는 이런 것들을 다 보고 말았던 것이다.

**

1963년 소련 모스크바에서 서로 손을 맞잡은 카스트로와 흐루쇼프.

　보지 않았다면 그만인데 게바라는 보고 말았다. 소련 경제체제 자체도 국가가 생산수단을 독점해 전체 민중을 노동자로 착취해 잉여가치를 얻는다는 것, 나아가 민중들이 연대하지 못하도록 그리고 착취의 효율을 높이기 위해 그들에게 물질적 인센티브라는 당근을 제공하고 있다는 것. 미국에게 쿠바가 값싼 설탕 농장이었던 것처럼, 소련에게 동구 사회주의권 국가들도 소련의 원자재시장이자 소비시장에 지나지 않는다는 것. 자국 민중마저 수탈하는 소련이 다른 국가들의 민중을 착취하는 정도는 말할 필요도 없을 것이다. 이미 소련 등 사회주의국가들은 국가주의에 포섭되어, 1848년《코뮌주의정당 선언》에서 "노동계급에게는 조국이 없기에 만국의 노동자들은 단결하라"라는 마르크스의 외침은 그저 공허한 메아리에 지나지 않았던 것이다. 게바라의 슬픈 직감이다. 거대한 독수리를 피하려다 북극곰을 만난 셈이기 때문이다. 그의 직감은 1960년 10월 15일에서 10월 28일까지 전 세계를 핵전쟁의 위기로 내몰았던 속칭 쿠바 미사일 위기에서 현실로 입증되고 만다. 소련 최고 권력자 흐루쇼프는 미국이 모스크바도 타격할 수 있는 미사일 PGM-19 주피터^{PGM-19 Jupiter}를 터키에서 철수하도록 유도하려고 쿠바에 핵미사일을 설치한다. 쿠바 혁명정부의 다급한 심정을 이용해 소련은 프롤레타리아 국제주의를 저버리고 자국의 이익만 도모했던 것이다. 물론 미사일을 철수할 때도 소련은 쿠바의 그 누구와도 일언반구 상의하지 않았다. 그렇지만 소련은 강한 척했던 젊은 미국 대통령 케네디^{John Fitzgerald Kennedy}(1917~1963)를 가지고 놀면서 두 마리 토끼를 다 잡은 셈이다. 터키의 미국 미사일을 철수시켰고, 동시에 미국으로부터 쿠바를 침공하지 않겠다는 약속을 받음으로써 쿠바를 자기 영역 안으로 편입시켰으니 말이다. 잠시 쿠바 경제 최고 책임자의 역할을 내려놓고 코만단테로 돌아가 쿠바군을 지휘하고 있던 게바라로서는 얼마나 황당한 일이며, 얼마나 분노할 일인가?

쿠바 미사일 위기 이후 피델은 자의 반 타의 반 스스로 흐루쇼프를 사회주의권 맹주로 인정해 그 휘하에 들어가기로 작정한다. 1963년 5월 몸소 모스크바를 방문해 흐루쇼프에게 존경을 표했던 피델 카스트로는 마침내 소비에트-쿠바 공동선언을 발표하게 되니까. 이제 피델은 과거 바티스타가 미국의 힘으로 권력을 유지했던 것처럼 소련의 힘을 등에 업고 권력을 공고히 하게 된 것이다. 쿠바혁명을 위해 피를 흘렸던 동지들이나 민중들에게 얼마나 부끄러운 일인가? 일종의 반혁명이다. 미국의 식민지 대신 소련의 식민지가 되는 것이 쿠바혁명의 이념은 아니기 때문이다. 물론 카스트로에게 명분이 없었던 것은 아니다. 바로 현실주의다. 미국의 쿠바 침공을 막으려면 소련의 힘이 필요하다는 논리다. 그렇지만 쿠바혁명 자체가 외세의 힘에 의존하지 않았던 혁명이다. 혁명가들과 민중들의 힘만으로 성공한 혁명이다. 당연히 카스트로의 친소련 정책은 민중들에 대한 배신, 나아가 소련의 힘으로 노동계급을 억압할 수도 있는 권력을 지향한다. 그래서일까, 피델은 속으로는 게바라를 멀리하기 시작했지만, 겉으로는 그런 속내를 가급적 드러내지 않으려고 노력한다. 확고히 권력을 잡기 전까지 카스트로는 소련과 게바라 사이, 나아가 소련과 쿠바 민중들 사이에 줄타기를 하기로 결정했던 셈이다. 1963년 8월 23일 피델이 소련식 자율금융시스템을 받아들이면서도 게바라의 예산재정시스템을 유지한 것도 이런 이유에서다.

어쨌든 양립 불가능한 두 가지 경제 시스템이 불안한 동거를 시작하자, 게릴라 코만단테답게 게바라는 주어진 조건에서 코뮌주의를 관철하기 위해 나름 최선을 다한다. 비록 위상은 과거보다 위축되었지만 자신이 쿠바 경제를 맡고 있는 한, 게바라는 국가, 기업, 그리고 은행이 노동계급 위에 군림하거나 물질적 이윤으로 노동계급을 이간질하는 일을 방치할 수는 없었다. 그는 마르크스주의자였기 때문이다. 그렇지만 1964년에 들어서면서 게바라가 고안했던 예산재정시스템은 너무나 이상적이라고, 다시 말해 비현실적이라고 비판하는 분위기가 점점 더 고조되기 시작한다. 게바라의 우려와 노력에도 불구하고 〈고타강령 비판〉에서 마르크스가 말한 "경제적, 도덕적, 그리고 지적인 모든 측면에서 낡은 사회라는 자궁에 탄생 증명서를 갖고 있는 코뮌주의사회"의 한계가 쿠바사회에 점점 드러난 것이다. 새로운 사회를 위한 목소리가 줄어든 만큼 낡은 사회로 회귀하려는 목소리들은 커져만 갔다. 이것은 사적 이익을 추구하는 개인들, 이익을 위해 서로 경쟁하는 개인들, 노동을 저주로 생각하는 개인들이 점점 늘어간다는 것을 말한다. 농가성진弄假成眞이란 말이 있다. 가짜가 늘어나 그 가짜들이 진짜 노릇을 하게 되면, 진정한 진짜는 있을 자리를 잃게 되는 법이다. 이런 시류에 존경할 만한 지식인들마저 휩쓸리려고 하자, 게바라는 그중 한 지식인에게 안타까운 마음에 펜을 들 게 된다.

> 분배라는 점에서 사회주의는 의문의 여지가 없는 장점을 가지 고 있고, 중앙화된 계획이란 점에서 사회주의는 자본주의와 비 교할 때 두드러졌던, 기술적인 약점과 조직적인 약점을 극복해 왔습니다. 그렇지만 낡은 사회와 단절하려면, 혼성적인 새로운 사회una sociedad nueva con un híbrido를 만들어야만 합니다. 인간에 대한 인간의 착취가 사라졌기 때문에, 이제 늑대와 같은 인간, 늑대들 의 사회는 더 이상 동료 인간에게 도적질을 하려는 절망적인 충 동을 갖지 않는 또 다른 종류로 대체되어야 한다는 겁니다. 그렇 지만 여전히 (비록 양적으로 얼마 되지 않는다고 하더라도) 일부 인간 은 낡은 유형의 충동을 가지고 있습니다. 물질적 이익이란 지렛 대가 개인들이나 (예를 들어 공장과 같은) 작은 집단의 안녕을 결 정하고 있기 때문입니다. 그리고 바로 그것이 제가 악의 뿌리라 고 보는 겁니다. 자본주의를 그것의 물신들과 함께 정복한다는 것, 자본주의의 가장 마법적인 성질인 이윤을 제거한다는 것은 그래서 그만큼 힘든 일이죠.
>
> ―〈호세 메데로 메스트레에게 보내는 편지A José Medero Mestre〉(1964년 2월 26일)

편지에 등장하는 사회주의는, 〈고타강령 비판〉에서 마르크스가 강조했던 사회주의가 아니라 소련식 경제 모델, 즉 국가독점자본주 의체제를 가리킨다. 1917년 10월 쿠데타가 성공한 뒤 볼셰비키는 억 압받는 자들의 정부를 수립했다고 대내외적으로 선포했지만, 그들 은 영국, 미국, 프랑스, 독일 등 시장자본주의체제의 공격을 걱정하지 않을 수 없었다. 당시 러시아는 제국주의적으로 팽창하는 자본주의체제에 맞서기에는 너무나 낙후된 국가였기 때문이다. 이렇게 출현한 소련은 노동계급의 정부라는 명목에 걸맞게 노동계급에 대한 광범위한 분배 정책을 수행했다. 문제는 분배를 하려면 재원이 충분해야 하는데, 소련의 경제 사정은 그걸 감당하기 힘들었다는 데 있다. 여기서 중화학공업을 육성해 영국, 미국, 프랑스 등 서구 국가와 비등한 경제력을 갖추어야 할 필요가 대두되었다. 1921년부터 1928년까지 레닌이 추구했던 신경제정책도 그리고 그 후 스탈린의 국가독점자본주의 노선도 모두 이와 관련되어 나온 것들이다. 신식민지에서 벗어나려고 발버둥 치던 1960년대 쿠바의 사정도 1920년대 소련의 사정과 별로 다를 바가 없었으니, 피델의 권력욕이 아니더라도 쿠바 경제 관료들 중 상당수가 게바라의 BFS보다는 로드리게스의 AFS를 선호한 것도 다 이유가 있었던 셈이다. 어쨌든 1950년대 소련은 중화학 중심의 산업체계를 나름 발전시켜 미국과 체제 경쟁을 할 수 있는 단계에까지는 도달했기 때문이다. 게바라도 이 점을 모르는 것은 아니었다. 그러니 그는 "분배라는 점에서 사회주의는 의문의 여지가 없는 장점을 가지고 있고, 중앙화된 계획이란 점에서 사회주의는 자본주의와 비교할 때 두드러졌던 기술적인 약점과 조직적인 약점을 극복해왔다"고 이야기할 수 있었던 것이다. 그렇지만 소련의 현실 사회주의가 과연 사회주의의 이념을 감당하고 있는가? 그렇지 않다는 것이 게바라의 진단이었다. 소련에서는 국가, 은행, 그리고 기업은 노동계급의 노동에서 잉여가치를 얻을 뿐만 아니라, 노동계급을 효율적으로 지배하고 노동계급의 연대를 무화하는 방법으로 물질적 인센티브가 제도적으로 허용된다. 어떻게 이것이 사회주의적일 수 있다는 말인가? 사랑과 연대가 아니라 이윤과 이익이 지배하는 사회가 어떻게 사회주의적일 수 있다는 말인가?

생각해보라. 사적 이익 때문에 지배계급이 노예를, 농노를, 그리고 노동자를 경쟁적으로 착취했던 사회가 과거 억압사회 아니었던가? 주인으로부터 사적 이익, 즉 알량한 당근을 얻으려고 동료 노예와, 동료 농노와, 그리고 동료 노동자를 배신했던 사회가 과거 억압사회 아니었던가? 노동을 고용으로 만든 지배체제를 공격하기보다는 노동자들이 노동 자체를 저주하도록 만들었던 사회가 과거 억압사회 아니었던가? 억압사회의 다양한 얼굴들은 하나로 수렴된다. 이윤이라고 해도 좋고 이익이라고 해도 좋다. 직접 일하지 않고 호의호식하는 것은 분명 개인으로서는 이익이다. 자본계급의 불의에 맞서서 불이익을 당하느니 연대를 배신하는 것은 분명 개인으로서는 이익이다. 노동을 자본계급에게 팔아 생계를 유지하는 것보다 자본계급처럼 돈놀이를 하는 것은 분명 개인으로서는 이익이다. 인간이 동료 인간을 가축화하는 비극이 발생한 BC 3000년 이래, 억압체제는 '경제적 인간', 즉 '호모 에코노미쿠스Homo Economicus'라는 이념을 전파해왔다. 아마 그 정점은 《리바이어던Leviathan》에서 피력된 홉스Thomas Hobbes(1588~1679)의 생각일 것이다. 그는 말한다. "인간의 자연상태는 만인의 만인에 대한 전쟁상태이며, 이런 상황에선 각각의 사람들은 오로지 그 자신의 이성에 의해서만 통치되며, 자신의 생명을 그 적들로부터 지키고 유지하기 위해선 그가 유익하다고 생각하는 것으로서 이용할 수 없는 것, 이용해서 안 되는 것은 없다"고. 홉스가 말한 이성이란 바로 자신의 이익만을 고려하는 경제적인 이성, 혹은 계산적 이성을 가리킨다. 이런 상태를 그대로 방치하면 모든 개인은 일종의 전쟁상태에 빠지고 만다. 항상 상대방은 자신의 이익을 위해 나의 재산을 약탈하거나 나를 노예로 만들 수 있고 심하면 나의 목숨도 빼앗아갈 수 있으니까. 이런 전쟁상태에서 어떻게 우리가 편안히 잠을 청할 수 있겠는가? 그래서 홉스는 리바이어던이라 불리는 국가를 정당화한다. 만인의 만인에 대한 전쟁상태를 통제할 수 있는 공권력, 즉 국가가 필요하다는 것이다. 국가라는 괴물이 존재할 때 자기 이익을 위해 타인을 공격하려는 사람은 고민하게 된다. 타인에게서 강제로 빼앗은 이익과 국가로부터 받을 불이익을 계산하는 것이다. 여기서도 어김없이 '호모 에코노미쿠스'의 논리는 작동한다. 당연히 하나의 공동체가 안정적이고 평화로운 상태를 지속하려면, 국가는 편파적이지 않고 공정해야 할 뿐만 아니라 전쟁상태를 초래하는 개인에 대해 단호함을 보여야 한다.

게바라가 보았을 때 소련의 국가독점자본주의체제는 홉스의 리바이어던을 완전히 구현한 체제다. 일단 개개인들은 언제든지 자기이익을 도모하느라 공동체적 질서를 와해시킬 수 있는 '호모 에코노미쿠스'로 정의되고, 이와 달리 국가나 공산당은 공동체적 질서를 개개인들의 이기심으로부터 보호하는 역할을 담당하기 때문이다. 국가독점자본주의체제나 시장자본주의체제나 모두 전쟁상태를 만들수 있는 '호모 에코노미쿠스'를 전제한다는 점에 주목하자. 사실 시장의 자율에 공동체적 질서를 맡기는 것처럼 보이지만, 시장자본주의체제도 최종심급에서는 국가기구가 개인들 사이의 갈등에 강하게 개입하기는 마찬가지다. 결국 1776년 자신의 주저 《국부론An Inquiry into the Nature and Causes of the Wealth of Nations》에서 애덤 스미스Adam Smith (1723~1790)가 말한 "보이지 않는 손invisible hand"은 과장된 것에 지나지 않는다. 보이지 않는 손이 작동하지 않을 때, 국가는 언제든지 칼을 휘두를 수있는 "거대한 손"을 뒤에 숨기고 있으니까. 어쨌든 소련의 국가독점자본주의체제는 마르크스가 말한 '사회주의체제'라기보다는 오히려 여러모로 시장자본주의체제와 유사한 데가 많다. 1875년 〈고타강령 비판〉에서 마르크스는 사회주의란 "국가를 사회보다 상위의 기관에서 사회보다 하위의 기관으로 전화시키는" 이념이라고 강조하지 않았던가? 이것은 홉스의 리바이어던을 거부하는 선언이었다. 지금 마르크스는 국가라는 초월적 권력을 부정한다. 이것은 그가 '호모 에코노미쿠스'란 인간관을 거부한다는 것을 의미한다. 인간은 자기 자신과 자기 이익에만 매몰된 이기적 동물이기도 하지만, 동시에 타인의 삶에 공감하고 타인의 행복을 도모하는 사회적 존재이기도 하다. '공감적 인간', 즉 '호모 엠파티쿠스Homo emphaticus'도 충분히 가능하다는 것이다. 홉스의 논리에는 사실 반전의 계기가 숨어 있다. 개개인들의 유대와 연대가 가능하다면, 다시 말해 개개인들의 의지로 만인의 만인에 대한 전쟁상태가 사라진다면, 리바이어던은 존재 이유를 상실하기 때문이다. 바로 이럴 때 국가는 사회의 상위 기관이 아니라 공동체 성원들이 통제할 수 있는 사회의 하위 기구가 되는 것 아닌가? 바로 이것이 게바라가 확신했던 마르크스의 사회주의이자 코뮌주의였다.

사실 홉스의 사유에는 종교적으로나 아니면 피의 형이상학으로나 국가와 주권자를 정당화하기 어려운 근대 지식인의 고뇌가 반영되어 있다. 홉스가 모든 사회적인 것을 계약론으로 설명하는 당시 유행을 따르고 있는 것도 이런 이유에서다. 문제는 홉스가 사후적 정당화의 논리를 따르고 있다는 점이다. 이미 존재하는 국가와 주권자를 긍정한 채, 그것들이 존재하는 이유를 찾았다는 것이다. 사후적 정당화의 논리에 빠지면 누구나 역사적 안목을 상실하기 쉽다. BC 3000년 전후 탄생한 국가기구는 압도적 폭력수단에 근거해 특정 지역을 점유하여 거주민들에게 조세, 징집, 치안 등 무소불위의 권력을 행사하는 원초적인 수탈기구에 지나지 않았다. 국가기구의 지속적인 수탈에도 불구하고 거주민들이 도망가지 않는 이유는 무엇일까? 거주민들은 이미 농사에 익숙한 사람들이고 국가가 강제로 점유한 지역은 곡창 지역이기 때문이다. 수렵채집경제에서 농업경제로 생산 방식이 변하지 않았다면, 국가는 발생할 수조차 없었을 것이다. 대부분의 고대국가가 하천이 흐르는 곡창 지역을 중심으로 발달했던 것도 이런 이유에서다. 결국 국가는 하나의 거대한 인간농장에 지나지 않는다. 소나 돼지 혹은 닭들은 동물농장 안에서 모이를 두고 반복적으로 싸운다. 충분히 모이를 주지 않았거나 아니면 너무나 밀집된 공간에서 살고 있어 스트레스를 받았기 때문이다. 모이를 분산해서 제공한다든가, 아니면 축사 안에 칸막이를 두는 식으로 농장 주인은 그들의 싸움을 효과적으로 방지해야 한다. 그렇지 않으면 가축들은 서로 물어뜯고 서로 할퀴게 되어, 온전한 몸을 가진 것이 별로 없게 될 것이다. 가축들은 온전한 몸과 건강한 몸을 유지해야만 한다. 왜냐고? 그래야 농장 주인은 더 큰 이득을 얻을 테니까 말이다. 가축들을 식용으로 시장에 내어놓든 아니면 들판에서 쟁기를 달아 농사를 짓든 간에 말이다. 다른 생물종을 가두고 길러서 이익을 도모했던 동물농장과 동류 인간을 가두고 길러 이익을 도모하는 인간농장은 얼마나 다른 것일까? 동물농장을 효과적으로 관리해 가축들의 스트레스와 갈등을 막았다는 이유로 농장 주인의 존재를 정당화할 수는 없는 법이다. 마찬가지로 인간농장을 효과적으로 관리해 농장 안에 발생할 수 있는 전쟁상태를 막았다는 이유로 국가의 존재를 정당화할 수는 없다. 가축들의 이기심과 갈등을 조장한 주범이 바로 동물농장이고, 인간들의 이기심과 대립을 조장한 주범은 바로 인간농장이기 때문이다.

결국 리바이어던이 없다면 개개인들은 늑대처럼 서로 으르렁거린다는 홉스의 주장은 거짓말이다. 사정은 그 반대다. 인간농장으로부터 막대한 이익을 얻는 리바이어던이 자신이 감금한 인간들을 상호 파괴적인 전쟁상태에 던져넣었기 때문이다. 우리에 갇혀 있는 늑대들만이 으르렁거릴 뿐이다. 감금되지 않은 늑대들이 얼마나 사회적이고 희생적인지 누구나 다 아는 일 아닌가. 인간도 예외는 아니다. 자유롭게 만나고 헤어질 수 있는 관계에 있을 때, 인간들이 서로에게 으르렁거릴 필요가 어디에 있겠는가? 마음에 들지 않으면 결별하고 마음에 들면 연대할 뿐이다. 게바라가 "인간에 대한 인간의 착취가 사라졌기 때문에, 이제 늑대와 같은 인간, 늑대들의 사회는 더 이상 동료 인간에게 도적질을 하려는 절망적인 충동을 갖지 않는 또 다른 종류로 대체되어야 한다"고 강조했던 것도 이런 이유에서다. 마르크스의 〈포이어바흐에 관한 테제들〉의 10번째 테제가 기억나는가? "낡은 유물론의 입장은 '부르주아사회^{bürgerliche Gesellschaft}'이며, 새로운 유물론의 입장은 '인간사회^{menschliche Gesellschaft}' 또는 '사회적 인간^{gesellschaftliche Menschheit}'이다." 부르주아사회가 부르주아가 프롤레타리아를 착취하는 사회였다면, 인간사회는 인간에 대한 인간의 착취가 사라진 사회다. 부르주아사회는 늑대들의 사회일 수밖에 없다. 큰 늑대들은 서로를 물어뜯을 뿐 아니라 작은 늑대들도 물어뜯고, 작은 늑대들은 또 큰 늑대들에게 으르렁거리고 동시에 서로 물어뜯기 때문이다. 반대로 '인간사회'는 늑대들이 사라진 사회일 수밖에 없다. 당연히 '인간사회'의 주민들은 자기 이익을 위해 으르렁거리는 호모 에코노미쿠스가 아니라 타인의 삶에 공감하는 호모 엠파티쿠스일 수밖에 없다. 바로 이것이 마르크스가 말한 '사회적 인간' 아닌가. 게바라는 이것을 '혼성적인 새로운 사회^{una sociedad nueva con un híbrido}'라고 말끔하게 규정한다. 여기서 '혼성적인^{con un híbrido}'이란 말에 우리는 시선을 집중해야 한다. 원래 뜻은 '잡종과 함께'다. 잡종^{híbrido}이라니? 정신노동/육체노동, 혹은 지배자/피지배자 사이에 장벽을 설치했던 일종의 순혈주의가 사라지는 순간, 모든 사람은 정신노동뿐만 아니라 육체노동도 동시에 수행하고 지배자이면서 동시에 피지배자라는 민주적 관계에 돌입한다. 과거 정신노동을 했던 사람이 육체노동을 하지 않으려고 했다면, 이제 모든 사람은 정신노동뿐만 아니라 육체노동도 하게 된 것이다. 이것이 잡종적인 상태가 아니면 무엇이겠는가?

쿠바혁명으로 미국의 제국주의적 착취를 막았고 동시에 미국의 이익을 보호했던 독재정권도 괴멸되었다. 리바이어던이 작동할 수 없도록 제도도 고민해 BFS를 만들었다. 그러나 이것으로 충분하지 않다. 오랜 기간 리바이어던에 감금되어 서로를 물어뜯어 사사로운 이익을 추구하도록 훈육된 인간들, 다시 말해 '호모 에코노미쿠스'로 길러진 인간들이 이제는 '호모 엠파티쿠스'의 힘을 되찾아야만 한다. 그래야 국가든 기업이든 은행이든 그 어떤 종류건 간에 리바이어던의 귀환을 막을 수 있으니 말이다. 이제 다시는 모이를 던져주면 동료에게 이를 보이며 으르렁대는 늑대들로 돌아가서는 안 된다. 이제 함께 모여서 사냥하고, 나아가 어린 늑대와 나이 든 늑대를 돌보는 자유로운 늑대들이 되어야 한다. 바로 이것이 게바라가 주문처럼 강조했던 "새로운 인간^{El Hombre Nuevo}"이다. 이런 그에게 소련식 경제 모델, 나아가 로드리게스의 AFS가 어떻게 보였겠는가? 잉여가치를 남기는 국가, 기업, 은행이 그대로 존재하니, 리바이어던은 그대로 존속하는 셈이다. 비록 소련의 국가독점자본주의체제나 그것을 벤치마킹한 쿠바의 AFS는 시장자본주의체제보다 더 많은 모이를 인간들에게 던져줄 수 있지만, 이것은 여전히 인간을 '호모 엠파티쿠스'가 아니라 '호모 에코노미쿠스'로 훈육하고 있는 것 아닌가? 마침내 게바라는 아픈 결론에 이른다. 소련의 국가독점자본주의체제는 사회주의가 아니라 엄연히 자본주의를 지향하고 있다고. 생산수단 독점으로 이윤을 남기는 국가, 기업, 은행이 존재하고, 나아가 노동계급의 내면에 이윤 추구의 욕망을 각인하는 체제가 어떻게 사회주의적일 수 있다는 말인가? 지배계급과 피지배계급이 존재하고 두 계급이 모두 이윤을 추구하고 있으니 말이다.

소련의 지지를 받는 로드리게스의 AFS에 대해 게바라가 그렇게도 날을 세웠던 이유도 이제 분명해진다. 계급 적대가 사라진 인간사회를 꿈꾸지만, 이윤의 논리가 도입되자마자 간신히 걸음마를 하게 된 인간사회는 그 뿌리에서부터 시들어갈 테니 말이다. 그래서 호세 메데로 메스트레라는 지식인에게 게바라는 거듭 환기시켰던 것이다. "여전히 (비록 양적으로 얼마 되지 않는다고 하더라도) 일부 인간은 낡은 유형의 충동을 가지고 있습니다. 물질적 이익이란 지렛대가 개인들이나 (예를 들어 공장과 같은) 작은 집단의 안녕을 결정하고 있기 때문입니다. 그리고 바로 그것이 제가 악의 뿌리라고 보는 겁니다. 자본주의를 그것의 물신들과 함께 정복한다는 것, 자본주의의 가장 마법적인 성질인 이윤을 제거한다는 것은 그래서 그만큼 힘든 일이죠." 이윤을 생각하는 순간, 인간은 눈에 들어오지도 않게 될 것이다. 자신의 사적 이익을 위해 환경 파괴를 거들떠보지도 않는 자본가들이 얼마나 많은가? 자신의 사적 이익을 위해 정리해고를 자행하는 자본가들이 얼마나 많은가? 이윤을 중시하는 순간, 돈을 많이 가진 사람이 그렇지 않은 사람보다 더 많은 결정권을 가지게 될 것이다. 실제로 1937년 소련 국영기업의 경우 공장 관리자가 숙련 노동자에 비해 10배나 많은 봉급을 받았지 않았는가? 이런 사회에서 그 누가 육체

노동을 긍정하겠는가? 어떤 식이든 고위직에 올라 육체노동을 멀리
하려고 할 테니 말이다. 과연 이것이 노동계급의 정부라고 할 수 있
을까? 게바라가 1950년대 스탈린의 명령으로 소련 사회과학원이 만
들고 수차례 보완했던 《정치경제학 편람》을 꼼꼼히 분석하고 이를
신랄하게 비판했던 것도 이런 이유에서다. 그 결과물은 미발표 노트
에 남아 있는데, 2006년에 출판된 《정치경제학에 대한 비판적 노트
Apuntes Críticos a la Economía Política》에서 확인할 수 있다.

> 우리의 실천과 이론 조사 과정을 통해 우리는 누구보다 가장 비
> 난받아 마땅한 사람의 이름과 성을 알고 있다: 블라디미르 일리
> 치 레닌. 사실 레닌에 대한 이런 평가는 상당히 무례한 일이기도
> 하다. 그렇지만 인내심을 갖고 계속해서 이 저작의 마지막 부분
> 까지 읽은 사람들은 우리가 이 '죄 많은' 사람에 대해, 그리고 비
> 록 그의 행위 결과가 그의 원래 의도와는 다르게 되었지만, 그의
> 의도에 담긴 혁명적 동기에 대해 존경과 감탄을 금치 못하고 있
> 다는 걸 알게 될 것이다. …… 우리의 명제는 신경제정책이 발생
> 시킨 변화가 소련의 일상적 삶에 스며들면서 그 이후로 지금까
> 지 큰 상처를 아로새겼다는 것이다. 그 결과는 정말 끔찍하다고
> 할 수 있다. 자본주의적 상부구조는 생산관계에 점점 더 영향을
> 주게 되었고, 신경제정책이라는 잡종이 야기한 갈등들은 오늘
> 날 (자본주의적) 상부구조를 위해서 해소되고 있다. 결국 이것은
> 자본주의로의 회귀에 지나지 않는다.
>
> ─《정치경제학에 대한 비판적 노트》(2006)

누가 유사 이래 최초로 억압받는 민중의 정부를 만들었던 레닌

의 "혁명적 동기"를 부정할 수 있다는 말인가? 게바라도 마찬가지다. 차르체제와 서유럽과 미국체제에 맞서 레닌은 어쨌든 러시아에 노동자 정부를 만들었지 않았는가? 더군다나 노동계급이 아직 충분히 형성되지 않은 러시아의 열악한 조건에서 말이다. 게바라에게 러시아혁명과 레닌은 그의 교사였다. 생각해보라. 1960년대 쿠바도 그렇지만 전체 라틴아메리카의 경제적 조건도 1920년대 러시아와 비교될 정도로 열악하지 않았던가? 문제는 혁명의 성공이 아니라, 이 혁명이 어떻게 새로운 사회에 왜곡되지 않고 뿌리를 내릴 수 있느냐의 문제였다. 돌아보라. 과거 모든 혁명은 신채호의 표현을 빌리자면 "상전들의 교체로" 막을 내리지 않았던가? 지배구조는 그대로 유지된 채 지배자만 바뀐 혁명이었을 뿐이니, 사실 혁명 자체가 없었다고 해도 과언은 아니다. 러시아혁명 이전의 모든 혁명은 억압에 저항했던 민중들로부터 시작되어 새로운 권력자를 탄생시키는 블랙코미디로 귀결되었다. 러시아혁명은 과연 이런 역사의 전철을 다시 밟은 것인가? 아니면 정말 지배계급과 피지배계급으로 분할되는 억압체제 자체가 없어지도록 사회를 다시 다질 수 있을 것인가? 결국 혁명의 성공보다 더 중요한 것은 억압에 저항했던 혁명정신을 제도화하는 데 있다.

표면적으로 게바라는 레닌의 혁명정신을 부정하지 않는다. 오히려 그의 혁명정신에 존경과 감탄을 표하기까지 한다. 그렇지만 이것은 레닌을 신성시하는 사람들의 거부 반응을 의식한 레토릭일 뿐이다. 일종의 충격 완화책이다. 레닌에 대한 게바라의 근본 입장이 곧바로 이어진다. 게바라는 레닌이 혁명정신을 제도화하는 작업에 실패했다고 진단한다. 레닌의 신경제정책이 혁명정신을 배신하고 혁명 이후 러시아 사회에 자본주의를 이식했다고 판단한 것이다. 게바라가 "소련이 자본주의로 돌아가고 있는" 책임을 레닌에게 물었던 것도 이런 이유에서다. 그것은 레닌이 국영기업, 은행, 혹은 사적 기업의 생산수단과 교환수단 독점을 허락했기 때문이다. 상전들 자체를 없애려는 러시아혁명의 정신은 이렇게 국가와 공산당을 최고 상전으로 하는 새로운 상전체제를 등극시키면서 퇴락하고 만다. 레닌의 신경제정책은 생산수단 독점 문제를 해결하지 못했을 뿐만 아니라, 이윤과 경쟁의 논리에 위축된 연대와 사랑의 정신을 회복시키지도 못했다. 이제 노동계급은 생산수단과 교환수단을 독점한 국가의 눈치를 봐야만 하고, 아울러 물질적 인센티브라는 당근을 얻으려고 연대가 아니라 경쟁의 각축장으로 내몰리게 된다. 스탈린 통치기부터 만개했던 국가독점자본주의체제는 이렇게 시작된 것이다.

어쨌든 그야말로 놀라운 혜안 아닌가? 게바라는 1960년대에 1991년 12월 8일 소련의 해체를 예언하고 있었던 것이다. 소련 해체는 사회주의 이념의 몰락이 아니라 사회주의라는 거추장스런 가면을 벗어던지고 노골적으로 러시아가 자본주의를 표방한 사건에 지나지 않았으니까. 한 가지 확실한 것은 소련의 경제 모델, 나아가 그걸 벤치마킹한 AFS를 공격함으로써 게바라가 점점 더 고립무원의 처지에 빠져들게 되었다는 사실이다. 그렇지만 현실에 순응하는 것이 아니라 그에 능동적으로 개입하는 것이 마르크스의 대상적 활동 아닌가? 게바라가 마르크스가 가르쳐준 사회주의 정신을 지키고, 동시에 라틴아메리카로 가는 길을 묵묵히 걸어가고자 했던 것도 이런 이유에서다. 그렇지만 게바라는 이제 쿠바에서의 자신의 역할이 끝나가고 있다는 걸 직감한다. 이미 피델은 AFS에 손을 들어주고 있지 않은가? 결국 게바라에게 남은 마지막 임무는 자명하다. 혼자서라도 '인간사회'와 '사회적 인간'이라는 마르크스의 이념을 외치고 실천하는 일이다. 1964년 12월 9일 게바라는 뉴욕에 마지막 발걸음을 한다. 뉴욕 UN총회에서 미국의 제국주의 정책을 통렬히 비판하고 라틴아메리카의 해방을 역설하기 위해서였다. 미국과의 평화로운 공존을 약속했던 흐루쇼프와 피델의 입장을 정면으로 공격한 셈이다. 미국도, 소련도, 그리고 피델도 결코 좋아할 리 없는 연설을 마친 다음, 게바라는 쿠바를 들르지도 않고 1964년 12월 17일에 뉴욕을 떠나 알제리, 말리, 콩고, 기니, 가나, 탄자니아, 이집트로 이어지는 아프리카 순방길에 오른다. 마지막으로 프롤레타리아 국제주의를 실천하기 위한 장도에 오른 것이다.

1965년 3월까지 지속된 아프리카 순방의 하이라이트는 1965년 2월 24일 알제리에서 열렸던 '아시아-아프리카민중연대기구Afro-Asian People's Solidarity Organisation, AAPSO'에서의 연설이다. 1964년 12월 9일에 냉전시대의 한 축이었던 미국의 제국주의적 시장자본주의체제를 공격했다면, 1965년 2월 24일에 게바라는 다른 한 축이었던 소련의 제국주의적 국가독점자본주의체제를 공격한다.

인류에 대한 새로운 형제애적 태도를 낳는 의식의 변화가 없다면 사회주의는 존재할 수 없습니다. 사회주의가 만들어지고 있거나 이미 만들어진 사회 안에 살고 있는 개인들의 차원에서도 그렇고, 제국주의의 억압에 고통받는 모든 인민에 대한 세계적인 차원에서도 그렇습니다. 우리는 종속국가들을 도울 책임에 오직 그런 정신으로만 접근할 수 있다고 믿습니다. 가치법칙과 이 법칙에 근거한 국제적인 불평등한 교환관계에 의해 낙후된 국가들에게 강요된 가격들로 상호 이익이 되는 교역을 발달시켜야 한다는 헛소리는 더 이상 없어야만 합니다. 저개발국가에

1965년 2월 24일 알제리에서 연설을 하고 있는 체 게바라.

게 엄청난 땀과 고통을 강요하는 원자재를 세계 시장가격으로 파는 것, 그리고 오늘날 거대한 자동화 공장에서 기계가 생산하는 제품들을 세계 시장가격으로 사는 것이 어떻게 상호 이익일 수 있겠습니까? 두 집단의 국가 사이에 이와 같은 관계를 발달시킨다면, 우리는 사회주의국가들 역시 어느 부분에서 제국주의적 착취의 공모자라는 사실을 받아들여야만 합니다. …… 인간에 의한 인간의 착취를 폐지한다는 것보다 사회주의에 대한 타당한 정의도 없을 겁니다. 착취가 폐지되지 않은 한, 비록 우리가 사회주의 건설 단계에 있다고 생각할 수는 있지만 착취를 종식시키는 대신 착취를 억눌러야 하는 작업이 멈추게 된다면, 더 나쁘게는 착취를 종식시키지 않고 우리가 사회주의 건설 단계에 있다고 생각한다면, 우리는 결코 사회주의 건설을 입에 담을 수조차 없게 될 겁니다.

－〈알제리 아프리카-아시아 회의 연설〉(1965년 2월 24일)

쿠바에서의 모든 지위와 권한을 내려놓을 생각이 없었다면, 심지어 목숨까지 버릴 각오가 없었다면 할 수 없는 연설이다. 이제 "안내자가 되어줄 길동무" 피델 카스트로와 헤어져 혼자서 프롤레타리아 국제주의를 실현하겠다는 연설이기도 하다. 자신이 가진 모든 걸 희생할 각오로 게바라는 미국과 소련의 제국주의적 경쟁에서 우왕좌왕하는 아시아와 아프리카 민중들마저 보듬는다. 이제 그의 눈에는 제3세계 민중들이 동일한 조건에서 억압되고 착취되는 것이 명확히 보였던 것이다. 1959년, 1960년, 그리고 마지막 1964년의 여행으로 게바라는 또 한 단계 성숙한 셈이다. 이제 형제애적 연대를 도모하는 데 라틴아메리카를 넘어 아시아와 아프리카로까지 나아갔기 때문이다. 소련에 대한 비판은 냉정하고 단호하기까지 하다. "저개발국가에게 엄청난 땀과 고통을 강요하는 원자재를 세계 시장가격으로 파는 것, 그리고 오늘날 거대한 자동화 공장에서 기계가 생산하는 제품들을 세계 시장가격으로 사는 것이 어떻게 상호 이익일 수 있겠습니까?" 지금 게바라는 소련이 어떻게 자기 휘하의 사회주의국가들을 착취하는지 보여주고 있다. 그것은 미국이 라틴아메리카에서 저질렀던 제국주의적 정책과 동일한 방식이다.

소련은 제3세계 국가들을 단일 생산 공장일 뿐만 아니라 동시에 자기 상품을 내다 팔 수 있는 소비시장으로 만든다. 그 결과 소련은 저가로 원자재를 사들이고, 동시에 소련 내 공장에서 대량으로 만든 생필품들을 고가로 팔 수 있었던 것이다. 결국 소련도 제국주의국가였던 것이다. 자신을 따르든, 아니 따를 수밖에 없도록 만든 사회주의국가들을 형제가 아니라 착취의 대상으로 보았기 때문이다. 자본의 논리에 따라 미국은 시장이 자율적으로 정한 가격, 혹은 수요와 공급의 법칙에 따른 가격이란 빌미로 자신의 제국주의를 정당화할 수 있다. 그렇지만 지금 문제가 되는 것은 사회주의국가들의 맹주를 표방하는 소련이고 "만국의 노동자여, 단결하라"는 마르크스의 요구를 따른다고 자처하는 소련이다. 이 소련이 미국과 마찬가지로 "가치법칙과 이 법칙에 근거한 국제적인 불평등한 교환관계에 의해 낙후된 국가들에게 강요된 가격들로 상호 이익이 되는 교역을 발달시켜야 한다는 헛소리"를 하고 있으니 문제라는 것이다. 가치법칙이라니? 이것은 사랑과 연대의 논리가 아니라 이윤과 이익의 논리, 인간의 논리가 아니라 자본의 논리일 뿐이다. 실제로는 호모 에코노미쿠스를 지향하면서 어떻게 호모 엠파티쿠스를 입에 올릴 수 있다는 말인가? 이것은 허위이자 사기이고 나아가 기만일 뿐이다. 사회주의적 국가라면, 더군다나 1917년 인류 최초로 노동계급 정부를 만든 국가라면, 소련은 인류 전체를 호모 엠파티쿠스로 재탄생시키는 인큐베이터가 되어야 한다. 한때 모든 억압받는 자들의 친구였던 소련은 자신의 책무를 방기하고, 어느 사이엔가 마르크스를 팔아, 사회주의를 팔아, 혹은 혁명을 팔아 자국 이익을 도모하는 제국주의국가가 되어버린 것이다.

프롤레타리아 국제주의! 바로 그것이 마르크스의 정신 아니었던가. 그래서 게바라는 소련에 대해 단호한 입장을 표명했던 것이다. "인류에 대한 새로운 형제애적 태도를 낳는 의식의 변화가 없다면 사회주의는 존재할 수 없다"고. 그리고 이것은 "사회주의가 만들어지고 있거나 이미 만들어진 사회 안에 살고 있는 개인들의 차원에서도" 나아가 "제국주의의 억압에 고통받는 모든 인민에 대한 세계적인 차원에서도" 예외가 없다고 말이다. 그렇지만 소련은 지금 어떠한가? 호모 엠파티쿠스를 팔아먹는 호모 에코노미쿠스일 뿐이다. 바로 이것이 게바라의 최종 사자후였다. 소련은 양두구육羊頭狗肉의 제국주의국가, 다시 말해 사회주의라는 양머리를 걸어놓고 자본주의라는 개고기를 팔고 있는 제국주의국가에 지나지 않는다고. 어쩌면 게바라의 지적인 정직함에 비추어 구두구육^{狗頭狗肉}, 즉 개머리를 내걸고 개고기를 노골적으로 파는 미국이 상대적으로 정직한 제국주의국가로 보였을 것이다. 당시 인문주의와 민주주의를 표방하는 지식인과 민중은 양두구육의 제국 소련과 구두구육의 제국 미국 사이에서 우왕좌왕하고 있었다. 미국이 통제하던 신식민지국가 지식인들은 미국의 제국주의 정책에 반대하느라 소련이 표방한 사회주의를 동경하고, 소련이 통제하던 신식민지국가 지식인들은 소련의 제국주의 정책에 반대하다 미국이 표방한 자유주의를 동경했기 때문이다. 이런 와중에 오직 게바라만이 사회주의를 표방한 소련과 자유주의를 표방한 미국이 모두 제국주의국가라는 걸 간파하고 그걸 폭로했던 것이다. 결국 라틴아메리카, 아시아, 아프리카 민중들, 즉 제3세계 민중들이 소련과 미국의 신식민지 주민으로 감당하고 있는 억압과 수탈을 넘어서는 방법은 분명하다. 제3세계 민중들이여! 단결하고 연대해서 두 제국을 붕괴시켜라!

　이제 게바라는 인류를 냉전체제로 몰고 갔던 두 제국의 공공의 적이 되기로 결정한 것이다. 그것도 아주 공개적이고 당당하게 말이다. 이미 게바라는 미국의 적이었다. 1961년 11월 30일에 미국은 게바라 암살을 포함한 쿠바 혁명정부 전복 프로젝트, 즉 몽구스 작전Operation Mongoose을 추인하지 않았던가? 이제 게바라는 소련이라는 거대한 적을 하나 더 가지게 된다. 당시 쿠바에서 게바라의 알제리 연설을 "코만단테가 발사한 마지막 총알"이라고 우려했던 것도 이런 이유에서다. 쿠바와 코만단테의 운명을 걱정하면서도 동시에 소련 앞에서도 당당했던 코만단테를 자랑스러워하는 복잡한 심경이었으리라. 영민했던 게바라가 1965년 2월 24일 알제리 연설이 어떤 파장을 불러일으킬지 모를 리 없다. 연설이 끝난 뒤 소련이 격분했다는 것도 직간접적으로 들은 게바라다. 게바라가 이집트의 카이로와 체코의 프라하를 거쳐 대략 3주 정도 외유를 연장한 것도 이런 이유에서다. 코만단테답게 게바라는 앞으로 전개될 모든 사태 전개의 경우의 수를 헤아릴 시간적 여유가 필요했던 것이다. 계산이 섰던지 마침내 그는 쿠바로 가는 비행기에 몸을 싣는다.

*
**

1965년 3월 15일 쿠바 아바나의 공항, 지금은 호세 마르티 국제공항José Martí International Airport이라고 불리는 란초-보예로스 공항Rancho-Boyeros Airport에는 무거운 적막과 팽팽한 긴장감이 가득했다. 아바나를 떠난 지 4개월 만에 게바라를 실은 비행기가 쿠바로 돌아온 것이다. 게바라를 기다리던 네 사람, 즉 게바라의 두 번째 부인 알레이다 마르치Aleida March(1936~), 쿠바의 실질적 최고 권력자 수상 피델 카스트로, 쿠바의 형식적 최고 지도자 도르티코스Osvaldo Dorticós Torrado(1919~1983) 대통령, AFS 옹호자이자 국가농지개혁위원회Instituto Nacional de Reforma Agraria, INRA 위원장 라파엘 로드리게스의 속내는 복잡하기만 했다. 알레이다는 피델, 도르티코스, 그리고 로드리게스의 무거운 분위기가 거슬렸고, 무표정한 로드리게스는 게바라가 스스로 무덤을 팠다고 속으로 쾌재를 부르고 있었고, 피델의 얼굴 마담이었던 도르티코스 대통령은 피델과 게바라의 관계가 어떻게 될지 노심초사했고, 마지막으로 피델은 게바라와 브레즈네프Leonid Ilyich Brezhnev(1906~1982) 사이에서 갈팡질팡하고 있었다. 중요한 것은 쿠바

실권자 피델의 복잡한 심경이다. 1964년 10월 13일 서기장에 취임한 브레즈네프는 흐루쇼프처럼 융통성이 있는 지도자는 아니었다. 그는 소련을 스탈린 시대로 급격히 회귀시켰으며 사회주의권에서 소련의 지위를 확고히 하려고 했던 인물이다. 그런데 게바라는 마르크스와 사회주의의 이름으로 소련을 "제국주의적 착취의 공모자"라고 몰아붙였으니, 브레즈네프의 분노는 하늘을 찌를 듯했다. 이미 피델은 군사적으로나 경제적으로 심지어 정치적으로 너무나 깊숙이 소련과 연루되어 있었다. 미국의 위협에 맞서는 일뿐만 아니라 쿠바 내의 헤게모니를 유지하기 위해 피델은 브레즈네프의 눈치를 볼 수밖에 없었다. 한때 게릴라부대 최고 전사가 이제는 노회한 정치가로 타락한 것이다. 물론 그렇다고 해서 소련의 의지대로 피델이 게바라를 공개적으로 비판하거나 혹은 은밀히 제거할 수도 없는 일이었다. 그것은 게바라를 지지하는 혁명동지들과 쿠바 민중들, 나아가 제3세계 전체 민중을 적으로 만드는 일이었으니까. 사실 이것이 소련이 게바라의 모욕을 묵묵히 견뎌냈던 이유이기도 했다. 이미 게바라는 쿠바 민중들의 코만단테일 뿐만 아니라 제3세계 민중들의 코만단테로 성장한 뒤였다. 정말 아이러니한 일 아닌가. 한때 게바라의 애정을 듬뿍 받았던 혁명동지들과 쿠바 민중들이 제3세계 민중들을 대표해서 이제는 보답이라도 하는 듯 브레즈네프와 피델의 손에서 게바라를 지키는 든든한 힘이 되었으니까. 하긴 쿠바혁명 당시 함께했던 동지들과 민중들을 게바라만큼 보듬은 사람이 어디에 있었는가? 혁명 이후 논에서 밭에서 그리고 공장에서 누가 민중들 옆에서 땀 흘리며 일했는가? 산업부장관 재직 시절 공장에 노동자자율관리 workers' self-management 체제를 만들려고 고군분투했던 사람이 누구인가? 쿠바 민중들은 그가 바로 게바라라는 것을 알고 있었던 것이다.

1965년 3월 15일 체 게바라는 쿠바를 떠난 지 4개월 만에 아바나의 공항에 도착했다. 공항에는 피델 카스트로, 알레이다 마르치, 라파엘 로드리게스, 오스왈도 도르티코스(왼쪽부터)가 마중 나와 있었다.

    1965년 3월 15일 공항에 내린 게바라는 로드리게스를 보자마자, 그가 소련의 분노 사절이라는 걸 직감하고는 미소를 짓는다. 그러나 그의 미소는 노심초사하는 혁명동지 피델의 모습이 들어오는 순간 곧 사라졌다. 곧바로 두 사람은 공항 내에 마련된 회의실에서 비밀회의를 시작한다. 무슨 이야기가 오갔을까? 피델은 소련을 자극했던 게바라에게 화를 냈을까? 아니면 소련으로부터 친구이자 동지를 공식적으로 지켜줄 수 없다는 미안함을 게바라에게 표했을까? 2016년 죽는 날까지 피델은 1965년 3월 15일 게바라와 있었던 마지막 비밀회의 내용에 대해 침묵으로 일관했기에, 우리로서는 모를 일이다. 여러 시간이 걸린 것으로 봐서 분명 게바라의 거취에 대한 깊은 이야기도 오갔을 것이다. 그 결과 쿠바 정부와 게바라 사이의 공식적인 관계는 종결되고 게바라와 피델 사이의 비공식적인 관계를 유지하는 식으로 대화가 마무리된 것은 분명하다. 후에 확인된 게바라와 피델의 행동을 보면 회의 결과를 어렵지 않게 추정할 수 있다. 향후 게바라는 쿠바를 떠나 제3세계에서 독자적인 게릴라 활동을 전개하고 피델은 게바라의 게릴라 활동을 비밀리에 돕고 비공식적인 쿠바 체류를 언제든지 허용하기로 한 것이다. 물론 그 대가로 게바라는 쿠바 지도부 내에서의 피델의 권위를 긍정하는 육필 서신을 쓰기로 한다. 4월 1일 자로 작성된 〈피델 카스트로에게^{A Fidel Castro}〉라는 편지가 바로 그것이다. 게바라를 따르던 혁명동지들과 민중들의 불만을 막기 위한 안전장치가 피델로서는 필요했던 것이다. 아니나 다를까, 자신에 대한 불만이 쌓이고 게바라에 대한 그리움이 커져갈 때, 피델은 이 마지막 편지를 적극 활용한다. 1965년 10월 3일 막 창립된 쿠바공산당 중앙위에서 피델은 게바라의 마지막 편지를 공개적으로 낭독한다. 자신을 비판하는 것은 게바라를 비판하는 것과 마찬가지라고 혁명동지들과 민중들의 불만을 무력화시키기 위해서.

여기서 주목해야 할 것은 3월 15일 쿠바로 돌아올 때 게바라는 최악의 상황에 대비하고 있었다는 사실이다. 살해당하거나 침묵을 강요당하거나. 미국 CIA나 소련 KGB가, 아니면 불행히도 피델이 사고사를 위장해 자신을 죽일 수도 있다. 다행히 죽음을 면하더라도 공적인 발언을 할 수 없는 처지에 놓일 수도 있다. 알제리에 있을 때 게바라는 마지막 공개적 발언이 될 수도 있는 글, 일종의 사상적 유서를 작성한다. 완성된 글을 게바라는 심사숙고 끝에 우루과이 몬테비데오에서 발간되던 정치저널 《마르차^{Marcha}》에 투고한다. 마침내 3월 12일 자 《마르차》에는 그의 글 〈쿠바의 사회주의와 인간^{El socialismo y el hombre en Cuba}〉이 실린다. 두 가지 점에 주목하자. 첫째는 게바라의 글이 쿠바가 아니라 우루과이에서 공개되었다는 점이고, 둘째는 그의 글을 게재한 《마르차》가 출판된 날짜가 그가 쿠바에 도착했던 3월 15일보다 이른 3월 12일이었다는 점이다. 어쩌면 자신의 글이 발간되어 민중들의 손에 넘어간 사실을 확인한 다음, 게바라는 쿠바행 비행기에 몸을 실었을 수도 있다. 그만큼 〈쿠바의 사회주의와 인간〉은 게바라에게는 의미심장한 자료다. 목숨을 잃는다면 사상적 유서가 될 수 있는 글이고, 침묵을 강요당하면 마지막 공적 발언일 수도 있는 글이기 때문이다. 물론 그렇다고 해서 이 글을 일종의 감상적인 회고록이라고 오해해서는 안 된다. 이 작은 글에는 게바라의 모든 것이 그대로 응축되어 있기 때문이다. 한마디로 말해 〈쿠바의 사회주의와 인간〉이라는 글로 게바라는 자신의 정치철학적 안목을 조금의 가감도 없이 피력하고 있다는 것이다. 아니나 다를까, 이 글은 라틴아메리카 사회주의자들을 격렬한 소용돌이 속으로 던져넣고 만다. 물론 치열한 논쟁의 핵심은 소련이 "제국주의적 착취의 공모자"라는 게바라의 주장을 받아들일 것이냐, 말 것이냐는 문제였다. 사실 〈쿠바의 사회주의와 인간〉은 소련 경제 모델에 맞서 쿠바에 정착시키려고 했던 게바라의 BFS뿐만 아니라, 소련의 제국주의적 속성을 비판했던 그의 알제리 선언을 철학적으로 정당화하는 글이기도 하기 때문이다.

어쨌든 라틴아메리카의 지성계를 뒤흔든 〈쿠바의 사회주의와 인간〉은 우루과이에서 공개된 지 한 달 뒤 1965년 4월 11일 쿠바에서도 《베르데 올리보 Verde Olivo》라는 저널에 게재된다. 아무리 공적인 자리에서 떠났다고 하더라도 게바라를 지지하는 혁명동지들과 민중들이 많았기에, 이것은 피델로서도 불가피한 선택이었다. 〈쿠바의 사회주의와 인간〉에서 게바라는 크게 네 가지 사항을 이야기한다. 첫째는 자본주의체제의 반인간적이고 반인문적인 속성을 비판하는 대목이고, 둘째는 타율적 노동이 아니라 자발적 노동의 가치를 역설하는 부분이고, 셋째는 호모 엠파티쿠스라는 새로운 인간을 기르는 방법, 즉 새로운 교육을 강조하는 부분이고, 그리고 마지막 넷째는 자신을 포함한 혁명지도부가 어떻게 혁명을 완수해야 하는지를 강조하는 부분이다. 먼저 게바라가 자본주의체제를 어떻게 진단하고 있는지 살펴보자.

자본주의사회에서 개인들은 흔히 그들의 이해 범위를 넘어서는 냉혹한 법칙에 의해 통제된다. 소외된 인간은 보이지 않는 은밀한 코드, 즉 가치법칙에 의해 하나의 전체로서 사회에 연결된다. 이 법칙은 인간의 삶과 운명을 형성하면서 우리 인생의 모든 측면에 영향을 끼친다. 일반 사람들에게는 보이지 않는 자본주의 법칙들은, 그나 그녀가 의식하지 않아도 개인들에게 영향을 끼치고 있다. 우리는 자기 앞에서 겉보기에 무한한 광대한 지평선만을 볼 뿐이다. 록펠러John Davison Rockefeller(1839~1937)의 사례로부터 교훈, 즉 사실이건 아니건 간에 개인적 성공의 가능성이라는 교훈을 끌어내려는 자본주의 옹호자들이 자본주의를 채색하는 방식은 바로 이것이다. 민중들의 가난과 고통을 대가로 록펠러가 출현했다는 사실 그리고 민중들을 착취한 대가로 방대한 재산 축적을 낳았다는 사실은 자본주의 묘사로부터 누락되어 있다. 민중의 힘이 이런 사실을 분명히 폭로하는 것은 항상 가능한 일이 아니다. (어떻게 제국주의국가들의 노동자들이, 종속국가들의 착취에 연루되는 정도에 따라 노동계급의 국제주의 정신espíritu internacional을 점점 잃어버리게 되는지, 그리고 어떻게 이런 경향이 동시에 제국주의국가들에서 대중의 투쟁성espíritu de lucha de las masas을 약화시키는지를 논의하는 것은 여기서 타당한 일일 테지만, 이 주제는 현재 글의 범위를 넘어서는 일이다.) 어쨌든 성공으로 가는 길은 위험들에 노출되어 있는 것으로 묘사된다. 다시 말해 고유한 자질을 갖춘 개인들은 목표에 도달하기 위해 이런 위험들을 극복할 수 있다는 것이다. 그 보상은 멀리 보이지만 그 방법은 외롭기만 하다. 그것은 늑대들 사이의 경쟁una carrera de lobos이기 때문이다. 우리는 타인의 패배를 대가로 해서만 승리할 수 있을 뿐이다.

- 〈쿠바의 사회주의와 인간〉(1965년 3월 12일)

돈을 가진 소수 자본가가 있고, 노동력만 가진 다수 노동자가 있다. 앞의 소수가 뒤의 다수를 지배하고 착취하는 것이 자본주의사회다. 노동자들은 노동력 이외에 일체의 생산수단과 생계수단을 박탈당한 사람들이다. 원하든 원치 않든 대부분의 사람들은 노동계급으로 태어난다. 노동자들은 자기 노동력을 팔아서 돈을 벌어야만 한다. 사회는 이미 돈이 없다면 생존할 수 없도록 정비되어 있으니까. 대부분 아이들이 자본가에게 쉽게, 그리고 고가로, 팔릴 수 있는 노동력을 갖추기 위해 어린 시절과 청년 시절을 허비하는 것도 이런 이유에서다. 반면 이미 충분한 돈을 가진 자본가는 만사태평이다. 그들은 더 큰돈을 벌기 위해 무엇을 만들지를 결정하고, 그에 따라 필요한 노동력을 사들이면 된다. 벌거벗은 노동력이 지천으로 깔렸으니, 작은 공고 하나만으로도 노동자들은 자발적으로 모여든다. 자본가는 그중 필요한 노동자들을 취사선택하면 된다. 이렇게 고용된 노동자들을 통해서 자본가는 원래 자신이 투자한 돈보다 더 많은 돈을 벌게 된다. 반대로 노동자들은 노동을 대가로 임금을 받지만, 그것으로는 육체노동 자체를 벗어나기 힘들다. 대부분의 임금을 자신이나 동료 노동자들이 만든 상품이나 서비스를 구매하느라 탕진하기에, 다시 회사나 공장으로 출근해 노동력을 팔 수밖에 없기 때문이다. 그래서 게바라는 말한다. "자본주의사회에서 개인들은 흔히 그들의 이해 범위를 넘어서는 냉혹한 법칙에 의해 통제된다"고, 그리고 "일반 사람들에게는 보이지 않는 자본주의 법칙들은, 그나 그녀가 의식하지 않아도 개인들에게 영향을 끼치고 있다"고. 간혹 영민한 노동자들이 무언가 잘못되었다는 걸 직감하고 문제를 제기할 수도 있다. 그렇지만 자본주의 이데올로그들은 "록펠러의 사례로부터 교훈, 즉 사실이건 아니건 간에 개인적 성공의 가능성이라는 교훈"을 이야기하며 그들의 불만을 무력화시킨다. 다시 말해 록펠러와 같은 대자본가도 원래 자본가는 아니었으니, 노동자들도 열심히 돈을 모으면 언젠가 록펠러처럼 될 수 있다는 것이다. 분명 이것은 자본주의사회에서 관찰되는 사실이기도 하다. 자본가가 파산해 빈털터리가 되는 경우도 많으니까. 바로 여기에 함정이 있다. 자본주의 이데올로그들은 "민중들의 가난과 고통을 대가로 록펠러가 출현했다는 사실 그리고 민중들을 착취한 대가로 방대한 재산 축적을 낳았다는 사실"을 은폐하기 때문이다.

중요한 것은 록펠러나 이병철과 같은 자본가가 아니라, 누구든지 자본을 확보하면 자본가가 될 수 있는 보이지 않는 구조다. 록펠러나 이병철이 파산한다고 해도 자본가라는 형식에 다른 누군가가 들어올 수 있다는 것이고, 그 순간 그는 노동계급을 다시 착취할 수밖에 없다는 것이다. 내용이 아니라 형식이나 구조가 핵심이다. 자본가와 노동자라는 형식이 존재하는 한, 누군가는 자본가가 되고 누군가는 노동자가 된다. 자본가라는 형식에 들어서는 순간, 그 누구도 민중을 착취해서 그들을 가난과 고통으로 몰고 가지 않으면 자본가로서의 삶을 유지할 수 없다. 게바라가 BFS를 통해 국가, 기업, 은행이 자본을 가지지 못하도록 했던 것도 이런 이유에서다. 예를 들어 게바라가 은행이 대출이자를 받을 수 없도록 했던 조치를 생각해보라. 이 조치가 시행되면 돈을 운용해 육체노동을 하지 않고도 이윤을 얻을 수 있는 길이 사전에 차단된다. 자본주의 구조를 방치한다면 자본가는 노동자가 되지 않으려고 서로 경쟁하고 반대로 노동자는 자본가가 되려는 치열한 경쟁에 몸을 던지게 된다. 얼마나 무섭고도 우스운 일인가? 노동자들을 착취해야만 이윤을 얻을 수 있는 자본가의 자리, 다수 동료들의 피로 물든 그 야만과 부정의의 자리를 두고 노동자들은 경쟁하고 있다. 착취와 억압의 대상이 아니라 착취와 억압의 주체가 되려고 노동자들은 발버둥치고 있다. 자본주의 이데올로그들의 감언이설에 속아도 이렇게 깔끔하게 속아 넘어갈 수도 없는 법이다. 하긴 그 이데올로그들은 노동자의 귀에 항상 속삭여왔다. "성공으로 가는 길은 위험들에 노출되어 있지만, 이런 위험들을 극복할 수 있다"고 말이다. 결국 자본가와 노동자의 대립은 구조적 문제가 아니라 개개인들의 역량과 노력의 문제라는 것, 다시 말해 성공한 사람이 자본가가 되고 실패한 사람이 노동자가 된다는 것이다.

간혹 노동자 중 누군가는 자본가가 될 수도 있다. 임금으로는 자본가가 되기에 불가능하니 부동산이든 주식이든 비트코인이든 투기적 운영이 성공했기 때문일 것이다. 그렇지만 투기로 얻은 그의 이윤은 모두 누군가의 손실이 있어야 가능한 법이다. 물론 그는 스스로를 위로할지도 모른다. 이익을 본 자신뿐만 아니라 손실을 본 타인들도 모두 부동산 시장이나 주식 시장, 혹은 어떤 투기 시장이라도 기꺼이 위험을 감수하여 뛰어든 것 아니냐고. 어차피 사회는 늑대들의 전쟁터 아니냐고. 어느 사이엔가 그는 자기 이익만 바라보는 잔인한 늑대가 되어버린 것이다. 이렇게 그는 점점 억압과 착취의 대상에서 벗어나 억압과 착취의 주체로 재탄생하게 된다. 자신의 이익에 매몰되어 그것이 다수 동료들의 노동을 착취한 결과물이라는 걸 생각하지도 않고, 자신의 승리에만 도취되어 수많은 다른 사람들의 패배를 보려고 하지 않으니까. 사실 이런 자아를 이미 구축한 사람에게 "우리는 타인들의 패배를 대가로 해서만 승리할 수 있을 뿐"이라는 게바라의 이야기가 들리기라도 할까? 노동자들은 본질적으로 약한 존재일 뿐, 비윤리적인 존재는 아니다. 그들은 단지 자본가로부터 착취와 억압을 당할 뿐이니까. 그렇지만 자본주의사회가 유포하는 이윤의 논리를 수용하는 순간, 그들은 약할 뿐만 아니라 비윤리적인 존재로 전락하고 만다. 자본주의에 대한 노동자들의 저항이 힘이 있는 이유는 다른 데 있는 것이 아니다. 모든 이익은 기본적으로 사회적인 것이라는 걸 알고 있고 그것을 당당히 주장했기 때문이다.

《정치경제학과 조세의 원리에 관해On the Principles of Political Economy and Taxation》에서 피력된 리카도David Ricardo(1772~1823)의 공식을 다시 생각해보자. 토지, 자본, 노동이 결합되어야 무언가가 생산된다. 그리고 그 생산물은 토지를 제공한 자에게, 자본을 제공한 자에게, 그리고 노동력을 제공한 자에게 분배된다. 이것이 공정한 분배일 수 있는가? 중요한 것은 토지를 제공한 자나 자본을 제공한 자는 전혀 육체노동을 하지 않고서도 노동자보다 엄청난 부를 획득한다는 사실이다. 마르크스가 생산수단 소유라는 문제가 생산물의 결실을 분배하는 문제보다 수천 배 중요하다고 강조했던 것도 이런 이유에서고, 게바라가 BFS를 통해 토지나 자본의 소유로 이윤을 얻는 걸 막으려고 했던 것도 이런 이유에서다. 이런 문맥에서 게바라가 지나가는 듯 언급한 이야기는 매우 중요하다. "어떻게 제국주의국가들의 노동자들이, 종속국가들의 착취에 연루되는 정도에 따라 노동계급의 국제주의 정신을 점점 잃어버리게 되는지, 그리고 어떻게 이런 경향이 동시에 제국주의국가들에서 대중의 전투성을 약화시키는지를 논의해야 한다." 답은 단순하다. 제국주의국가의 노동자들은 노동의 사회성, 여기서는 노동의 국제성을 간과했던 것이다. 라틴아메리카 등 제3세계 노동자들은 저임금 등 열악한 노동조건으로 주석, 구리, 커피 등 원자재를 생산하고 있다. 미국 등 산업자본은 이 원자재들을 저가로 수입해 새로운 상품을 만들고 그것을 라틴아메리카 등 전 세계로 수출한다. 제3세계 노동자들도 착취되고 미국 노동자들도 착취되기는 마찬가지지만, 착취의 강도는 후자의 경우보다 전자에서 심할 수밖에 없다. 그럼에도 제국주의국가 노동자들은 제3세계 노동자들의 착취에 눈을 감기 쉽다. 제3세계 노동자들이 착취되는 만큼, 자신에게 오는 이익은 더 커지기 때문이다. 노동계급에게는 너무나 치명적인 병균, "사적 이윤"의 논리는 이렇게 무서운 법이다. 당연히 종속국가들과 직접 연루된 제국주의 자본의 노동자들은 "만국의 노동자여! 단결하라!"라는 마르크스의 요구를 등한시하고, 아울러 자신들의 이율배반을 정당화하기 위해 다른 노동자들의 전투성도 약화시키는 데 일조한다. 자본과 노동 사이의 대립이 치열해지면, 제3세계 노동자가 아니라 자신이 속한 다국적기업의 손을 들어주었던 볼썽사나운 자신의 치부가 드러날 테니 말이다.

노예든 노동자든 자기 노동으로부터 소외되기는 마찬가지다. 무엇을 생산할지 결정할 수 없고, 아울러 자신의 생산품도 기본적으로 자신이 아니라 자본가의 소유이기 때문이다. 〈쿠바의 사회주의와 인간〉에서 게바라가 부르주아사회에서 인간사회로 이행하려면, 즉 자본주의사회에서 사회주의사회로 이행하려면, 노동에 대한 이해가 새로워져야 한다고 강조했던 것도 이런 이유에서다. 아무리 BFS라는 제도적 틀을 갖추었어도 노동에 대한 자본주의적 견해가 그대로 유지된다면, 언제든지 쿠바사회가 과거로 퇴행하리라는 우려 때문이다.

새로운 문화를 발전시키려면 노동^{trabajo}이 새로운 지위를 획득해야만 한다. 상품으로서의—인간—존재가 지속하기를 그치고, 우리의 사회적 의무를 달성하는 데 필요한 몫을 정하는 체계가 작동해야만 한다. 생산수단은 사회에 속하고, 기계는 단지 의무를 수행하는 참호일 뿐이다. 이제 개인은 인간이 자신의 동물적 필요를 충족하기 위해 노동해야만 한다는 짜증나는 사실을 더 이상 생각하지 않아도 된다. 개인들이 이제 자신들이 자기 노동에 반영되어 있다는 것을 알고, 인간 존재로서 자신들의 충만한 지위를, 창조한 대상들을 통해, 그리고 달성된 노동을 통해 이해하기 시작했다. 노동은 더 이상 우리 존재의 일부분을 '팔린 노동력—자본가에게 팔렸기에 더 이상 개인에게 속하지 않는 노동력—'의 형식으로 포기하는 것이 아니라, 자신이 반영된 공통된 삶^{la vida comúne}에 대한 기여나 자신의 사회적 의무^{deber social}의 수행이 된다. 우리는 노동에 사회적 의무라는 새로운 지위를 부여하기 위해 가능한 모든 일을 하고 있다. 한편으로는 노동을 더 큰 자유의 조건을 만들 수 있는 기술의 발달에, 다른 한편으로는 노동을 자발적 노동^{el trabajo voluntario}과 연결시키고 있다. 자발적 노동은, 더 이상 자신을 상품으로 팔아야만 하는 물리적 필요에 의한 생산이 존재하지 않을 때에만 인간이 제대로 충만한 인간적 조건에 이를 수 있다는 마르크스의 생각에 기초한 것이다.

–〈쿠바의 사회주의와 인간〉

'애愛'라는 한자가 있다. 사랑한다고 평범하게 해석해서는 안 된다. 이 한자에는 '아낀다'는 의미가 있다는 게 핵심이기 때문이다. 누군가를 아낀다는 말은 그 사람을 함부로 부리지 않는다는 것이다. 어떤 사람 대신 내가 무거운 짐을 기꺼이 든다면 나는 그 사람을 아끼는 것이고, 이것이 바로 사랑의 진정한 의미라고 할 수 있다. 상대방을 위해 내가 노동을 기꺼이 감당한다는 것이다. '부르주아사회'가 자기 이익을 위해 으르렁거리는 이기적 인간들, 즉 호모 에코노미쿠스의 사회라면, 마르크스와 게바라가 한마음으로 꿈꾸었던 '인간사회'는 이와는 반대로 공동체 성원들의 고통과 슬픔을 함께하는 사회적 인간들, 즉 호모 엠파티쿠스의 사회다. 그렇지만 그것은 단순히 감정교류의 사회만이 아니라, 나의 노동이 타인들을 아끼는 일이라는 걸 아는 사람들의 사회라는 것이 중요하다. 물론 이런 사회가 가능하기 위해 먼저 생산수단을 독점하는 조직이나 개인들이 존재하지 않도록 제도가 먼저 구축되어야 한다. 그래서 게바라는 "상품으로서의―인간―존재가 지속하기를 그치고, 우리의 사회적 의무를 달성하는 데 필요한 몫을 정하는 체계가 작동해야만 한다"고 강조했던 것이다. 물론 이 제도의 핵심은 이어지는 게바라의 말대로 "생산수단들을 사회에 속하도록" 하는 데 있다. 돈이나 토지가 이제 일부 사람들의 무위도식을 가능하게 하는 도구가 아니라 모두 사회에 속하는 공유共有 영역이 되어야 한다. 그래야 노동자들에게 더 이상 자기 노동을 자본가나 지주에게 상품으로 판매할 이유가 없어질 테니 말이다. 이렇게 노동자들의 노동은 사회성을 확보하게 된다. 이제 노동은 자본가나 국가의 이윤 추구로 작동하는 것이 아니라 자기 행복과 함께 동료들, 즉 사회 성원들의 행복을 위해 이루어진다. 자기 이윤이 아니라 자기 애정과 타인에 대한 애정이다.

먼저 "우리의 사회적 의무를 달성하는 데 필요한 몫을 정하는 체계"가 구축되어야 한다. 사회를 살 만한 곳으로 만드는 데 병든 환자를 돌볼 의사도 필요하고, 먹거리를 해결해야 하는 농부나 어부도 필요하고, 옷을 만드는 재단사도 필요하고, 편안히 잠을 잘 수 있는 공간을 만드는 엔지니어도 필요하다. 호모 에코노미쿠스를 호모 엠파티쿠스로 탄생시키는 교육자도 필요하고, 공동체의 축제를 관장하는 방송인도 필요하고, 개개인들의 실존적 고민을 함께할 수 있는 시인과 철학자도 필요하고, 미숙한 어린아이나 거동이 불편한 노인을 돌볼 수 있는 사회복지사도 필요하다. 그렇지만 개인들은 이 모든 일을 더 이상 돈을 벌기 위해서 배우지 않는다. 이미 사회는 개개인이 "동물적 필요를 충족하기 위해 노동해야만 하는" 사회가 아니라, 개개인의 최소한의 생계가 보장되는 사회가 되었기 때문이다. 게바라는 말한다. BFS라는 제도를 통해 "개인들은 이제 자신들이 자기 노동에 반영되어 있다는 것을 알고, 인간 존재로서 자신들의 충만한 지위를, 창조한 대상들을 통해, 그리고 달성된 노동을 통해 이해하기 시작했다"고. 어려운 말이 아니다. "사회적 의무를 달성하는 데 필요한 몫들" 중 가장 좋아하고 뿌듯하다고 생각하는 일을 한다는 것이다. 그러나 그 결과가 묘하다. 어느 일이나 그것은 공적인 이익이나 혹은 타인의 행복을 증진시키니 말이다. 아니 이미 사회적 의무를 달성하는 데 필요한 몫들이 정해졌고 그중에 자신이 가장 좋아하고 가장 뿌듯하다고 느끼는 일을 한 것이니, 그 효율이 극대화된다는 것은 말할 필요도 없을 것이다. 어쨌든 개인들이 자기 노동에서 소외되지 않지만, 동시에 그 노동이 타인들의 행복을 증진하게 된다는 사실이 중요하다. 그렇지만 과연 이것이 가능할까? 가능하다는 걸 게바라 본인이 보여주었지 않은가. 실제로 게바라가 죽은 뒤 거침없이 독재의 길로 나아간 피델로 인해 쿠바를 인간사회로 만들려는 게바라의 노력은 무산되었지만, 게바라의 흔적이 아직도 빛을 발하는 영역이 있다. 병원과 의료제도 부문이다. 아직도 쿠바는 국민 200명당 1명에 달하는 의사의 수와 세계에서 가장 낮은 영아 사망률을 자랑할 뿐만 아니라, 최고 수준의 의료 지식을 축적하고 있다. 사적 이윤이 아니라 환자와 함께하겠다는 사랑이 없었다면, 의료 상황에 대한 이런 통계적 수치와 의학의 발달을 설명할 길이 없을 것이다.

마르크스의 꿈이기도 했던 인간사회에 대한 게바라의 꿈이 아직도 의사들의 심장을 움직인다는 것은 기적적인 일이다. 그만큼 게바라의 시도는 강력했던 것이다. 의료, 교육, 복지 등 다양한 측면에서 게바라는 우리에게 보여주었다. "노동이 더 이상 우리 존재의 일부분을 '팔린 노동력—자본가에게 팔렸기에 더 이상 개인에게 속하지 않는 노동력—'의 형식으로 포기하는 것이 아니라, 자신이 반영된 공통된 삶에 대한 기여나 자신의 사회적 의무의 수행이 될 수 있다"는 것을. 이 부분에서 많은 사람은 고개를 갸우뚱거릴 수도 있다. BC 3000년 이후 인류의 대다수를 차지했던 노예, 농노, 노동자 등 육체노동 종사자들은 항상 자신이 원하는 노동이 아니라 주인, 즉 귀족, 영주, 자본가가 원하는 노동을 해왔기 때문이다. 그러니 노동이 상품으로 팔리는 것이 아니라 사회적 의무의 수행으로 이루어진다는 표현에 저항감을 가질 수 있다. 의무라는 말이 함축하는 강제성 때문에 무언가 노동을 강요받고 있다는 느낌이 들기 때문이다. 이것은 부르주아사회를 포함한 모든 억압사회에서 통용되던 '무위도식=강자=지배계급'과 '육체노동=약자=피지배계급'이란 공식이 만든 착시효과일 뿐이다. 그렇지만 인간사회에서는 '무위도식=약자=사랑의 대상'과 '육체노동=강자=사랑의 주체'라는 공식만 통용된다. 이것은 인간사회에서도 노동을 하지 않으면서 생계를 유지하는 사람이 있지만 그 사정은 과거와 매우 다르다는 걸 의미한다. 이 사람은 지배계급이어서 남의 노동을 착취해 먹고사는 것이 아니라, 사회적 약자여서 타인들의 배려와 사랑으로 먹고사는 것이다. 그래서 게바라가 말한 사회적 의무로서 노동은 아이, 노인, 병자, 여성 등 약자에게 적용되는 것이 아니라 육체노동을 하지 않고도 호의호식하려는 강자에게 적용되는 발상이란 걸 잊어서는 안 된다. 그래서 "자신이 반영된 공통된 삶에 대한 기여나 자신의 사회적 의무에 대한 수행"이라는 게바라의 말에 한 가지 덧붙일 것이 있다. 공통된 삶에 기여하거나 사회적 의무를 수행한 사람은 자기 일에서 자기 존재를 긍정하는 기쁨을 누리게 된다고.

노동이 사회적 의무라는 말은 그래서 노동이 사회적 애정이라는 말로 이해할 필요가 있다. 남의 노동으로 자신의 짐이 줄어들었다는 것을 고마워하고, 동시에 나의 노동도 남의 짐을 줄어들게 한다는 것에 행복감을 느끼니 말이다. 여기서 한 가지 조심해야 할 것이 있다. 공감도 그렇지만 사랑도 기본적으로 우리 인간의 자발성에 기초해야만 가치가 있다는 사실이다. 그래서 인간사회에서는 "노동을 자발적 노동과 연결시켜야" 한다는 게바라의 이야기가 매우 중요하다. '애愛'라는 한자로 다시 돌아가 보자. 우리는 사랑하는 사람에게 일을 시키지 않고 오히려 우리가 그 일을 감당하려고 한다. 그 사람이 물주전자에 가까이 있어도 몸소 가서 물을 컵에 따른다. 그 사람을 아끼는 것이다. 그런데 만약 사랑한다고 생각하는 사람이 이렇게 말했다고 해보자. "당신은 나를 사랑하고 아낀다고 했으니, 무조건 힘든 일은 당신이 해야 하는 거야." 이 말을 듣는 순간 누구든지 아마 사랑의 감정이 싸늘하게 식어버릴 것이다. 지금 상대방은 우리에게 노동을 강요하고 있으니 말이다. 사랑하는 사람이라면 결코 할 수 없는 말을 지금 들은 셈이다. 상대방이 나를 아껴 몸소 노동을 기꺼이 감내하려고 하면, 상대방은 나를 사랑하는 것이다. 마찬가지로 내가 상대방을 아껴 몸소 노동을 기꺼이 감내하려고 하면 나는 상대방을 사랑하는 것이다. 이렇게 노동을 서로 강요하지 않고 기꺼이 상대방을 위해 하려고 할 때, 두 사람은 사랑하는 사이가 된다. 사회적 의무로서의 노동, 다시 말해 사회적 사랑으로서의 노동, 혹은 타인에 대한 공감으로서의 노동은 자발적이지 않으면 아무런 가치가 없다. 결국 BFS를 만들어 육체노동을 하지 않고도 호의호식하는 강자를 제거하는 제도적 토대를 마련했지만, 게바라는 인내하고 기다려야만 한다. 호모 에코노미쿠스의 흔적을 지우고 호모 엠파티쿠스로서의 노동에 쿠바 민중들이 자발적으로 참여할 때까지 말이다.

〈쿠바의 사회주의와 인간〉에서 게바라가 교육의 중요성을 그렇게나 강조했던 것도 이런 이유에서다. 억압사회의 흔적을 가진 쿠바 혁명 전후의 기성세대들을 바꾸는 것보다는 과거의 잔재가 없는 새로운 세대들, 이윤을 추구하지 않는 제도 속에서 자란 새로운 세대들이 호모 엠파티쿠스로 살아가도록 하는 것이 훨씬 더 용이하기 때문이다.

우리의 임무는 갈등으로 산산이 와해된 현재 세대가 스스로 비뚤어지거나 다음 세대를 비뚤어뜨리는 걸 막는 것이다. 물론 우리는 말로만 자유를 실천하는, 공인된 사상의 유순한 충복이나 국가의 비용으로 살아가는 '장학생'을 만들지는 않을 것이다. 민중의 참된 목소리로 새로운 남성과 새로운 여성의 노래를 부르는 혁명가들이 도래할 것이다. 이것은 시간이 걸리는 과정이다.

…… 젊은이들이 특히 중요한 이유는, 그들은 새로운 인간형이 과거의 일체 결함들이 없이 만들어질 수 있는 부드러운 찰흙과도 같기 때문이다. 젊은이들은 우리의 열망에 부응해 다루어진다. 그들의 교육은 매일 더 완전해지고 있고, 우리는 그들을 처음부터 노동과 결합시키는 일을 게을리하지 않는다. 우리 장학생들은 방학 때 혹은 공부와 병행해서 육체노동을 하고 있다. 노동은 몇몇 경우에는 보상이고, 다른 경우에는 교육수단이다. 그렇지만 노동은 결코 처벌의 수단으로 이용되지는 않는다. 새로운 세대는 이렇게 태어나고 있다.

─〈쿠바의 사회주의와 인간〉

군사부일체君師父一體! 억압사회에서 통용되는 교육의 제1모토다. 군주는 스승이면서 아버지이기도 하고, 스승은 군주이면서 아버지이기도 하고, 아버지는 군주이면서 스승이기도 하다. 그러니까 상급자에게 저항하지 말고 그의 뜻을 받들어 살아야 한다는 것이다. 결국 억압사회 교육은 가축화의 논리라고 할 수 있다. 일체 저항도 없이 목동의 말에 순종하는 소처럼 새로운 세대를 키우겠다는 것이니까. 억압사회의 교육이 순종과 복종을 내면화하는 교육인 것도 이런 이유에서다. 반대로 게바라가 생각하는 인간사회의 주민, 즉 사회적 인간을 만드는 교육의 핵심은 '자유'다. 자신의 판단과 자신의 감정에 따라 어떤 일을 결정하고 그것을 당당하게 실천하는 자유인을 키우겠다는 것이다. 그러니 게바라가 생각한 교육의 모토는 자명하다. "스승인 내 말을 듣지 말라!" 하긴 제대로 된 스승이라면 누구나 제자가 스스로 생각하고 판단하기를 원한다. 매번 어려운 일이 있을 때마다 찾아와 자문을 구하는 제자가 있다면, 참된 스승은 안타까울 것이다. 제자를 더 이상 스승이 필요하지 않는 당당한 주체로 교육하는데 실패했다는 걸 인정할 수밖에 없으니까. 스승이 한 말대로 항상 따라 산다면, 그 제자는 앵무새거나 꼭두각시에 지나지 않는다. 바로 여기에 교육의 아이러니가 있다. 스승의 뜻과는 다른 자기만의 뜻을 세운 제자, 스승이 갔던 길과는 다른 자기 길을 개척해나가는 제자를 보는 시원섭섭함이다. 억압사회 교육에서 주체가 스승이고 객체가 제자였다면, 게바라의 교육에서는 주체가 제자이고 객체는 스승일 수밖에 없다. 게바라가 무상교육의 기회가 "공인된 사상의 유순한 충복이나 국가의 비용으로 살아가는 '장학생'을 만들려는" 의도가 아니라고 강조했던 것도 이런 이유에서다. 이렇게 군사부일체가 뒤집어진다. 오히려 민중=제자=자식이란 새로운 일체성이 만들어진다. 그래서 게바라는 자신이 새로운 교육을 통해 "민중의 참된 목소리로 새로운 남성과 새로운 여성의 노래를 부르는 혁명가들"을 꿈꾼다고 말했던 것이다.

게바라 교육의 핵심은 "우리는 그들을 처음부터 노동과 결합시키는 일을 게을리하지 않았다"는 그의 말에 담겨 있다. 가장 먼저 우리가 주목해야 할 것은 게바라가 육체노동과 정신노동의 분화가 지배관계를 정당화한다는 마르크스의 생각과 공명하고 있다는 점이다. 《독일이데올로기》에서 마르크스는 말하지 않았던가? "육체노동과 정신노동의 분화가 나타나는 순간부터 노동 분업이 진정으로 노동 분업이 된다. 〔마르스크 주: 이데올로그의 첫 번째 형식인 사제가 함께 출현한다.〕" 인간사회가 부르주아사회와 다른 이유는 다른 데 있는 것이 아니다. 인간사회에서는 모든 인간이 예외 없이 육체노동에 종사한다면, 부르주아사회에서는 과거 귀족사회나 영주사회에서 귀족이나 영주가 육체노동에 종사하지 않았던 것처럼 자본계급도 육체노동에 종사하지 않는다. 그래서 과거 억압사회에서 노동, 즉 육체노동은 부정의 대상이었다. 대부분의 지배계급이나 피지배계급에게 육체노동은 노예의 징표일 수밖에 없었다. 노동에 대한 폄하와 부정의식은 이렇게 탄생했다. 얼마나 황당한 일인가? 그렇지만 부르주아사회가 사라지고 인간사회가 도래하는 순간, 강자의 무위도식은 부정의한 것으로 폄하되고 동시에 인간의 육체노동은 정의로울 뿐만 아니라 숭고하다는 원래 가치를 회복하게 된다. 하나의 공식처럼 기억해둘 일이다. 억압사회에서 노동은 가급적 피하고 싶은 천한 활동이지만, 억압이 사라진 사회에서 노동은 강자의 당당한 표시이자 동시에 사회적으로 칭송받는 활동이 된다.

부르주아사회에서 노동은 노동자가 생계를 유지하기 위해 자본가에게 팔았다. 한마디로 말해 노동은 돈보다 가치가 떨어지는 상품에 지나지 않았던 것이다. 그러나 인간사회에서 노동은 자신의 행복뿐만 아니라 타인의 행복을 증진시키는 사랑의 행동이게 된다. 누군가를 대신해 운전을 하거나, 누군가를 대신해 짐을 짊어지거나, 누군가를 대신해 논밭에서 땀을 흘리거나, 누군가를 대신해 도로를 청소하고, 누군가를 대신해 수술실에서 메스를 잡는다. 그만큼 그 누군가는 행복해지고 그의 삶의 질은 향상된다. 반대로 그 누군가도 자신이 원하는 노동을 통해 다른 누군가의 짐을 대신 짊어지게 된다. 이제 육체노동은 정신적으로나 육체적으로 강건한 사람, 다시 말해 누군가를 아낄 수 있는 힘을 가진 사람만이 수행할 수 있는 최상의 가치가 된다. 아내의 무거운 짐을 대신 짊어질 수 없을 때 남편은 무력감을 느끼기 마련이다. 자식에게 근사한 아침을 더 이상 차려줄 수 없는 노모도 서글픔을 느끼기 마련이다. 건강한 자와 사랑하는 자는 바로 노동하는 자였던 것이다. 노동이 돈의 노예에서 해방되는 순간,

돈을 가졌다는 이유로 부를 축적하는 자본계급이 사라지는 순간, "그것을 하면 돈이 나오니, 아니면 쌀이 나오니?"라는 노동 폄하의 분위기는 자취를 감추게 된다. 그것이 무엇이든 간에 일은 자신이 건강하고 자신이 살아 있다는 증거이고, 그것이 무엇이든 간에 일은 자신에게 타인을 사랑할 수 있는 힘이 있다는 증거이기 때문이다. 노동의 긍정이 삶의 긍정이자 사랑의 긍정이란 걸 알게 되는 순간, 인간은 인간사회의 주민, 즉 사회적 인간으로 재탄생하게 된다. 바로 이 순간이 '강자=무노동=지배계급'과 '약자=육체노동=피지배계급'이란 억압사회 도식이 붕괴되고, 그 대신에 인간사회와 사회적 인간의 공식, 즉 '강자=육체노동=사랑하는 자'와 '약자=무노동=사랑받는 자'라는 공식이 자리를 잡는 순간이기도 하다.

억압사회든 인간사회든 학생들의 하루 일과를 떠올려보라. 그들의 대부분의 학습 활동은 교재나 선생님을 통한 간접경험에 지나지 않는다. 아무리 수영 교본을 공부해 필기시험에 100점을 맞아도 그것으로 수영을 할 수는 없는 법이다. 아무리 프랑스와 관련된 교재를 공부해 100점을 맞아도 프랑스 파리에 들어서는 순간 그 학생은 자신이 프랑스에 대해 거의 아무것도 알지 못한다는 사실을 인정해야만 한다. 그렇다고 해서 모든 것을 직접경험으로 배울 수 있는 것도 아니다. 그러니 남의 다양한 간접경험을 접해서 자신이 직접 부딪쳐 경험하고 싶은 대상을 찾는 것은 여러모로 요긴한 일이다. 그렇지만 아무래도 학생들은 간접경험, 그러니까 머리로만 이해된 세계에 매몰되기가 쉽다. 바로 이 대목에서 "우리는 그들을 처음부터 노동과 결합시키는 일을 게을리하지 않았다"는 게바라의 말은 새로운 빛을 준다. 그렇지만 체험학습 정도를 강조했다는 식으로 그의 취지를 축소해서는 안 된다. 오히려 그가 노동을 학생들의 학습과 연결시키

1962년 체 게바라가 일을 하는
모습. 체 게바라는 틈만 나면 논에서,
밭에서, 공장에서 노동자들과 함께
육체노동을 했다.

려고 했던 이유가 더 중요하기 때문이다. 우선 학생들에게 육체노동
은 머리로만 이해된 세계가 얼마나 협소한지를 가르쳐줄 수 있는 진
정한 스승이기 때문이고, 또한 육체노동을 통해 학생들은 노동이 자
신의 삶에서 가장 긍정적인 행위라는 사실과 아울러 항상 사회적일
수밖에 없다는 사실도 배울 수 있기 때문이다. 소수의 학생들은 분명
학자나 아니면 정부 고위직에 오르게 되고 불가피하게 육체노동에
서 멀어질 수 있다. 그렇지만 이것이 육체노동 폄하로 이어져서는 안
된다. 그 순간 인간사회는 다시 억압사회로 퇴행할 수 있으니 말이
다. 바로 이것이 학생들에게 노동의 긍정성과 아울러 사회성에 대한
기억을 아로새기려고 했던 게바라의 속내였다.

　여기서도 또 한 가지 오해가 가능하다. 공부하는 학생들을 논이나 밭, 혹은 사탕수수 농장에서 노동하도록 하는 일은 가혹한 일로 보이기 때문이다. 이런 오해는 부르주아사회에 적응해 살아가는 노동자들이라면 누구나 할 수 있다. 자신이 원하는 일이 아니라 자본가가 원하는 일을 하기에 노동자는 가급적 노동을 하지 않으려고 한다. 자본주의사회에서 출근할 때 노동자들의 발걸음이 무거워지고, 퇴근할 때 발걸음이 가벼워지는 이유도 바로 여기에 있다. 이런 노동자들에게 게바라의 교육 정책이 어떻게 보였을까? 노동자들은 자식이 자신보다 편한 일을 하면서 고소득을 얻기를 희망한다. 그래서 그들은 임금을 쪼개 자식들에게 고학력의 스펙을 갖춰주려고 노력하는 것이다. 많이 배울수록 자식은 고위 관리직이 되어 육체노동의 수고로움을 피하리라는 희망인 셈이다. 그런데 지금 게바라는 학생들을 육체노동과 연결시키려고 한다. 자본가를 꿈꾸는 노동자들로서는 분노가 치밀 일이다. 그렇지만 게바라의 이야기를 좀 더 숙고해보자. "노동은 몇몇 경우에는 보상이고, 다른 경우에는 교육수단이다. 그렇지만 노동은 결코 처벌의 수단으로 이용되지는 않는다." 노동은 어떤 학생들에게는 보상이거나 다른 학생들에게는 교육수단이다. 전자의 경우 뛰어난 학습력을 보인 학생들에게는 그들이 원하는 종류의 노동을 경험할 기회를 제공한다는 의미다. 노동이 교육수단인 것은 몇몇 학생들은 노동을 통해 삶의 긍정성과 아울러 노동의 사회성을 배울 수 있기 때문이다. 그렇지만 어느 경우든 학생들에게 노동에 대한 부정적인 이미지, 즉 가급적 회피해야만 하는 저급한 행동이란 이미지를 남겨서는 안 된다. 그래서 게바라는 "노동은 결코 처벌의 수단으로 이용되지는 않는다"고 강조했던 것이다. 결국 보상으로서의 노동도 학생들이 원하는 긍정적인 노동이었고, 교육수단으로서의 노동도 노동의 긍정성을 학생들이 자각하도록 하는 계기였을 뿐이다.

여기서도 '자발적 노동'에 대한 게바라의 신념이 빛을 발한다.

게바라의 이야기가 힘들다면 과거 중국의 백장百丈(749~814) 선사가 제자를 가르쳤던 정신을 상기하면 쉽다. "하루 일하지 않으면 하루 먹지 않는다一日不作, 一日不食!"《조당집祖堂集》〈백장화상장百丈和尚章〉에 나오는 말이다. 큰스님이라고 일하지 않고 먹는다면, 그것은 제자나 중생들이 생산한 것을 빼앗아 먹는 일이다. 권위를 내세워 일하지 않고 먹는 것을 당연하다고 여기는 불교도가 어떻게 자비, 즉 사랑을 이야기할 수 있는가? 자비와 사랑은 노동하는 사람만이 감당할 수 있는 가치니까. 쟁기 들기도 버거운 노선사의 사자후가 우리 모골을 송연하게 한다. 바로 이 노선사의 패기를 학생들이 생생히 가지는 것, 교육을 강조할 때 게바라의 속내도 이와 다르지 않다. 이제야 쿠바 국립은행장이나 산업부장관이면서도 게바라가 틈만 나면 논에서 밭에서 그리고 공장에서 노동자들과 함께 육체노동을 했던 이유, 고위 관직이 제공하는 높은 연봉을 스스로 거부하고 게릴라 시절의 코만단테 저임금만 받았던 이유가 분명해진다. 바로 이것이 수많은 민중을 코만단테 코무니스타가 사랑하고 존경하는 방식이었다.

우스꽝스러워 보일지라도 나는 진정한 혁명은 강렬한 사랑에 의해 인도된다고 말하고 싶다. 그런 자질을 갖추지 못한 진정한 혁명가는 생각할 수조차 없다. …… 독단주의적 극단, 냉혹한 스콜라주의, 그리고 대중으로부터의 고립을 피하려면, 혁명가는 상당한 인간성, 상당한 정의감과 진실성을 가지고 있어야만 한다. …… 지역적 수준에서 가장 긴급한 임무가 달성되었을 때도 우리는 프롤레타리아 국제주의el internacionalismo proletario를 망각해서는 안 된다. 우리의 혁명적 열망이 흐려진다면, 우리가 이끄는 혁명은 추진력을 잃게 되고 편안한 나른함에 빠져들 테니까. 바로 이 순간 화해 불가능한 우리의 적, 제국주의는 이런 상황을 이용해 더 강해지게 된다. …… 또한 우리가 쉽게 빠질 수 있는 인간적 약점이란 위험도 존재한다. 만일 어떤 사람이 자신이 평생 혁명에 헌신한 대가로 자기 아이가 어떤 것을 결여하고 있지나 않은지, 자기 아이의 신발이 해진 것은 아닌지, 자신의 가족에게 생필품이 부족하지나 않은지 걱정하지 않는 것이라고 생각한다면, 그는 미래에 발생할 부패라는 병균에 감염된 것이다. 그래서 우리는 주장했다. 우리의 아이들은 평범한 시민들의 아이가 갖거나 결여하고 있는 것을 똑같이 갖거나 결여할 것이라고 말이다.

–〈쿠바의 사회주의와 인간〉

〈쿠바의 사회주의와 인간〉의 네 번째 대목에서 게바라는 혁명 동지들과 혁명정부 지도부에게 마지막 간곡한 부탁을 남긴다. 바티스타 독재정권을 타도했던 혁명가들의 초심이 쿠바에서 점점 희석되고 있다는 안타까움이 가득 담겨 있다. 모든 억압체계는 최초의 억압체제 중 하나였던 이집트왕조의 상징, 피라미드를 닮았다. 피라미드의 상층 꼭짓점이 파라오를 상징한다면, 제일 하층 기단은 육체노동으로 지배계급 전체를 떠받치고 있는 노예들을 나타낸다. 피라미드가 작으면 하단에 가해지는 압력이 적을 것이고, 피라미드가 크다면 하단에 가해지는 압력은 상상 이상일 것이다. 쿠바 민중들이 견뎠던 지배계급의 착취와 압박은 유사 이래로 가장 큰 것 중 하나였다. 쿠바 민중들은 바티스타 독재정권의 하중을 견뎠을 뿐만 아니라 그 위로는 미국제국주의라는 어마어마한 하중도 견뎠기 때문이다. 그러니 쿠바혁명은 라틴아메리카에서는 엄청난 사건이었다. 자신들을 짓누르던 친미 독재정권뿐만 아니라 미국제국주의라는 거대한 암석을 쿠바 민중들은 허공으로 튕겨내 제거했기 때문이다. 쿠바혁명이 냉전시대 미국의 신식민지로 전락했던 라틴아메리카 민중들에게는 새로운 희망이었고, 동시에 해방신학의 영향을 많이 받은 라틴아메리카 민중들이 쿠바 게릴라 지도자들, 특히 게바라를 재림한 예수처럼 신봉했던 것도 이런 이유에서다. 사실 15명의 게릴라들의 저항운동이 바티스타 독재정권뿐만 아니라 미국제국주의도 쿠바에서 몰아낸 사건은 예수가 물 위를 걷는 것보다 더 기적적인 일이었으니까. 그렇다면 쿠바혁명 이후 쿠바사회가 가야 할 곳은 자명했다. 제국주의의 기원인 자본주의체제, 즉 부르주아사회를 극복하고 그 자리에 마르크스의 일관된 꿈, 인간사회를 만들어야 한다. 부르주아사회가 부르주아사회로 불리는 이유는 이 사회가 소수인 자본계급이 다수인 노동계급을 자기 뜻대로 부렸던 억압사회이기 때문이다. 반면 인간사회는 계급적 대립이나 계급적 지배가 사라진 사회, 즉 사회 성원 누구나 동등한 발언권을 가진 사회다.

1963년 8월 23일 피델 등 혁명지도부는 게바라의 BFS와 아울러 소련식 AFS를 모두 동등한 쿠바 경제 시스템으로 법적으로 승인하고 만다. AFS는 국가가 생산수단을 독점하고, 나아가 노동계급에게 물질적 유인책을 사용하는 경제체제다. 생산수단을 사회로 돌리고 아울러 모두가 노동하는 사회를 만들겠다는 게바라의 꿈은 마침내 꺾이기 시작한 것이다. 이제 국가기구, 국영기업, 나아가 국영은행은 담보로 대출을 함으로써 자본으로 잉여가치를 얻을 수 있게 되었고, 나아가 생산수단과 생계수단을 독점한 국가기구를 노동계급은 새로운 상전으로 받아들일 수밖에 없게 된 것이다. 무엇이 달라졌는가?

바티스타 독재 대신 피델의 독재가 시작되고, 미국제국주의 대신 소련제국주의가 발호하기 시작한 것이다. 바티스타 정권이 미국 자본을 지키는 경비견이 되었던 것처럼, 피델 정권도 소련 이익을 지키는 경비견으로 전락하기 직전이었다. 이제 다시 쿠바 민중들 위에는 그들도 자각하지 못하는 사이에 피라미드가 쌓여가게 될 것이다. 그렇지만 1965년 알제리에서 〈쿠바의 사회주의와 인간〉을 쓸 때, 게바라는 혁명지도부에 의해 점진적으로 자행된 반혁명을 정확히 파악하고 있었다. 시에라마에스트라산맥에서 시작된 15명의 게릴라 활동이 성공한 이유는 그들이 민중들을 지배하거나 부리려고 하지 않고 몸소 미국과 바티스타 독재정권에 맞서는 투쟁에 솔선수범했기 때문이다. 당시 게바라를 포함한 그 누구도 독단주의적 극단, 냉혹한 스콜라주의, 그리고 대중으로부터의 고립과는 상관이 없었다. 그러나 혁명이 성공한 뒤, 혁명정부는 민중들과 함께 호흡하기는커녕 소련식 경제 모델을 교조적으로 받아들이고 그 모델을 민중들에게 강요하고 있지 않은가?

이것뿐인가? 쿠바 혁명정부는 미국이란 제국주의와 돈키호테처럼 싸웠던 그 혁명정신을 잃고 자기 기득권에 취해 소련의 제국주의적 간섭을 방관하고 있지 않은가? 그에 따라 쿠바 민중들의 노동력은 AFS체제하의 기업이나 은행에 의해 착취될 뿐만 아니라, 소련의 독점자본주의에 의해서도 착취되고 있는 것 아닌가? 또한 혁명정부 지도부는 게릴라 시절 민중들에게 했던 약속을 어기고 있지 않은가? "우리는 주장했다. 우리의 아이들은 평범한 시민들의 아이가 갖거나 결여하고 있는 것을 똑같이 갖거나 결여할 것이라고 말이다." 그런데 이제 권좌에 오른 혁명지도부는 "자신이 평생 혁명에 헌신한 대가로 자기 아이가 어떤 것을 결여하고 있지나 않은지, 자기 아이의 신발이 해진 것은 아닌지, 자신의 가족에게 생필품이 부족하지나 않은지 걱정하지 않아야 한다"고 뻔뻔하게도 민중들을 설득하고 있지 않은가? 한마디로 혁명지도부는 지금 호모 엠파티쿠스였던 자신을 망각하고 가장 노골적인 호모 에코노미쿠스가 되어가고 있던 것이다. 한때 신식민지 주민으로 겪은 이중의 착취, 그리고 그로부터 발생한 극심한 빈곤과 인간 내면의 파괴! 그것이 아파서 자신과 가족까지 버리고 혁명을 시작했던 것 아닌가? 그러나 어느 사이엔가 혁명지도부는 민중들보다 자신들을 더 사랑하게 된 것이다. 사랑은 사랑하는 사람을 아끼는 것이다. 그래서 사랑은 사랑하는 사람의 수고를 자신의 노동으로 덜어주는 것이다. 그렇지만 지금 혁명지도부는 사랑하는 사람을 함부로 쓰고, 사랑하는 사람에게 생산성이란 미명하에 노동을 강요하고 있다. 이렇게 게바라의 명석한 두뇌는 혁명정신을 잃어버리고 있는 혁명동지들과 혁명지도부에 가혹할 정도로 비판적이다.

그러나 마지막일 수도 있는 글에서 그는 희망을 놓지 않으려고 한다. 끝까지 피델 등 혁명동지들이 잠시 길을 잃고 방황하고 있다고 믿고 싶었다는 것이 그의 속내였으니까. 이런 복잡한 게바라의 심경이 〈쿠바의 사회주의와 인간〉 마지막 대목에 고스란히 담겨 있어, 애달프고 안타깝기만 하다. 혹시나 하는 마음에서 피델과 로드리게스 등 지도부에게 보내는 게바라의 부탁은 세 가지로 요약된다. 첫째, 쿠바 혁명지도부는 "독단주의적 극단, 냉혹한 스콜라주의, 그리고 대중으로부터의 고립"을 경계해야 한다. 둘째, 쿠바 혁명지도부는 혁명을 쿠바 내부에만 국한시키지 말아야 한다. 셋째, 쿠바 혁명지도부는 민중들보다 더 많은 혁명의 대가를 요구하는 인간적 약점에 빠져서는 안 된다. 게바라는 생각한다. 아마도 피델 등 혁명동지들은 여전히 자신을 돈키호테와 같은 이상주의자라고, 쿠바 정치뿐만 아니라 국제 정치에 대한 현실감각을 결여하고 있다고 혀를 찰 것이라고. 그래서 게바라는 말한다. "우스꽝스러워 보일지라도 나는 진정한 혁명은 강렬한 사랑에 의해 인도된다고 말하고 싶다. 그런 자질을 갖추지 못한 진정한 혁명가는 생각할 수조차 없다." 그렇지만 어떻게 인간의 가장 자발적인 감정인 사랑을 궤도를 이탈한 혁명지도부에게 강요할 수 있다는 말인가? 자신만이라도 민중들을 아끼고 민중들 대신 온갖 수고를 아끼지 않으리라 다짐할 수밖에. 그것이 사랑이고, 그것이 혁명이니까. 머리로는 피델 등 혁명동지들을 배신자라고 수천 번 저주하지만, 가슴으로는 옛 동지들을 절대 포기하고 싶지 않은 게바라다. 버림을 받을지언정 버리지 않는 것 또한 사랑이니까. 바로 이 사람이 너무나도 사랑스런 우리의 코만단테 코무니스타 체 게바라다.

역사철학
2장

분단의 계보학과 4월 학생운동

압도적인 무력을 갖춘 점령자가 언어도 문화도 다른 지역으로 쳐들어옵니다. 점령자는 당연히 통역관이 필요하지요. 점령자의 언어와 점령지의 언어가, 점령자의 문화와 점령지의 문화가 다르니까요. 그래서 통역관은 중요합니다. 점령자의 의지를 점령지에 관철하고, 점령지 주민들의 반응을 점령자에게 알려주는 역할을 통역관은 맡아야 하니까 말입니다. 통역관은 그래서 묘한 위상을 가지고 있습니다. 점령지 주민들의 입장에서 보면 통역관은 점령자의 일원으로 보일 것이고, 점령자의 입장에서 보면 점령지 주민으로 보일 겁니다. 그러나 이것만으로 통역관으로서 자기 자리를 유지하기에 충분하지 않습니다. 반드시 점령지 주민들의 입장에서 통역관은 자신들의 입장을 옹호하는 사람으로 보여야 하고, 점령자의 입장에서 통역관은 자신의 입장을 그대로 점령지에 관철하는 사람으로 보여야 하기 때문이지요. 정말 이중 삼중의 줄타기입니다. 그러나 이 위험해 보이는 줄타기에 성공한다면, 그는 얼마 지나지 않아 새로운 권력자로 등극할 수 있을 겁니다. 결국 권력의 통역을 통해 통역관은 통역의 권력을, 나아가 최종적으로 새로운 권력을 얻게 되는 겁니다. 특히나 제2차 세계대전 이후 냉전이 조장했던 신식민지 상황

1945년 8월 16일 서대문형무소 앞에서 석방된 항일 운동가들을 환영하며 군중들이 만세를 부르고 있다.

에서 통역의 권력은 쉽게 신식민지를 지배하는 권력이 되기 쉽죠. 점령자가 직접 식민지를 다스리는 것이 아니라, 식민지 주민 중 한 명을 뽑아 간접적으로 식민지를 지배하는 것이 신식민지 시대의 패턴이었으니까요.

1945년 8월 15일! 지금 우리가 광복절로 기리는 바로 그날입니다. 36년간 일본제국주의의 지배를 받던 한반도가 해방된 날이지요. 그러나 8월 15일, 일본 천황 미치노미야 히로히토迪宮裕仁(1901~1989)가 지지직거리는 라디오 방송을 통해 항복 선언을 했던 당일 조선총독부가 있던 서울은 너무나 조용했습니다. 8월 16일 여운형呂運亨(1886~1947)이 총독부에 정치범 석방을 요구해서 서대문형무소에서 1100여 명의 정치범이 풀려나자, 마침내 서울 시민들은

건국준비위원회 집회에서
연설하고 있는 여운형.
여운형이 중심이 되어
만들어진 건국준비위원회는
해방된 바로 그날부터 새
나라를 세우기 위한 활동에
구체적으로 착수했고, 1945년
9월 6일 조선인민공화국
설립을 선포했다. 하지만
여운형은 1947년 7월 19일
서울 혜화동 로터리에서
암살되고 만다.

해방을 실감하게 되었습니다. 그제야 해방을 축하하는 시민들이 거리에 쏟아져 나와 만세를 부르며 환호하게 된 겁니다. 지금도 우리는 해방에 환호하는 당시 시민들의 모습을 다양한 사진들로 확인할 수 있습니다. 그러나 이것들은 모두 8월 16일 이후에 촬영된 것이지요. 물론 모든 사람이 해방을 축하한 것은 아닙니다. 지금까지 일본의 통역관 노릇을 하던 사람들, 흔히 친일파라고 기억되는 사람들에게 해방은 하나의 절망이었을 테니 말입니다. 이제 일본어의 시대가 가고 러시아어나 영어의 시대가 도래한 것이니까요. 아마도 통역의 권력을 구가하던 사람들은 앞으로 누가 자신을 대신해서 통역의 권력을 행사할지 촉을 세우고 있었을 겁니다. 어쨌든 기억해야만 합니다. 8월 15일 서울은 8월 14일과 다름없이 조용했다는 사실을 말입니다. 타의로 합병되었던 것과 마찬가지로 우리는 타의로 해방되었던 겁니다. 당당한 주체로 해방을 달성한 것이 아니라, 해방의 객체가 되어버린 셈이지요. 어쩌면 일본으로부터 독립하는 것을 기대하기에는 너무 지쳤던 것인지도 모릅니다. 1919년에 있었던 3·1운동도 이제 까마득하기만 했던 1945년이었던 겁니다. 그러니 8월 15일에 아무런 일도 없었던 겁니다. 결국 당시 서울 시민들의 환호는 주인이 없어졌다는 노예의 환호였던 겁니다. 신채호가 우려했던 것처럼 상전들의 혁명에만 익숙한 우리 조상들이었던 셈이지요.

조선왕조가 상전의 자리를 일본제국주의에 빼앗겼고, 이제 일본제국주의가 상전의 자리를 비운 겁니다. 아마도 자신들이 주인이 되어야겠다는 생각은 하지 못하고, 앞으로 누가 자신들의 상전이 될 것인지를 짐작하려고 했을 겁니다. 아니나 다를까, 38선 이북 지역에는 1945년 8월 8일 일본을 대신해서 새로운 점령군이 진주하게 됩니다. 스티코프Terentii Fomich Shtykov(1907~1964)를 사령관으로 해서 소련군이 들어온 겁니다. 한 달 뒤 9월 8일 38선 이남 지역에는 하지John Reed Hodge(1893~1963)를 사령관으로 하는 미국군이 점령군으로 들어오지요. 1945년 8월 12일 일본이 항복할 뜻을 보이자 미국이 소련에 제안했던 것이 그대로 실현된 겁니다. 소련은 38선 이북 지역의 일본군을 무장해제하고 자신은 38선 이남에서 무장해제를 수행하겠다는 거죠. 그러나 38선 분할이 공식적인 문서로 처음 등장한 것은 1945년 9월 5일 연합국 최고사령부의 〈일반명령 제1호 General Order No.1〉에서였습니다. 어쨌든 이남에 진주한 미군은 군정청을 중심으로 노골적인 점령군 정책을 피력했다면, 이북에 진주한 소련군은 북조선인민위원회를 설치해 간접적으로 점령군 정책을 실시하려고 합니다. 그러니까 표면적으로는 38선 이남에는 미군정이라는 말을 사용할 수 있지만 38선 이북은 소련군정이란 말을 쓸 수는 없습니다. 그러나 어차피 점령군의 의지가 절대적이었기에, 그냥 미군정이나 소련군정이라는 말을 써도 상관이 없을 듯합니다.

이제 한반도에는 일본제국주의 대신 새로운 상전들이 들어온 셈입니다. 이 와중에서도 우리는 여운형이 1945년 8월 15일 전국 145개의 '인민위원회'를 토대로 조선건국준비위원회, 즉 건준을 발족시켰다는 걸 잊어서는 안 됩니다. 그러나 만들면 뭐합니까? 한반도는 소련군정과 미군정, 즉 군정의 시대가 되었으니까요. 군정軍政! 즉 압도적 폭력수단에 입각한 정치, 그러니까 일종의 외세에 의한 군사독재를 말합니다. 권력이 둘이 있을 수는 없겠지요. 그러나 여운형은 마지막 저항을 해봅니다. 소련군이 이미 한반도에 들어왔고 미군이 아직 들어오기 전, 그러니까 1945년 9월 6일, 서둘러 여운형은 건준을 환골탈태시켜 조선인민공화국 설립을 선포합니다. 한반도가 무주공산無主空山, 즉 주인이 없는 빈산이 아니라 주인이 있는 산이라고 선언한 겁니다. 소련군도 그렇지만 미군도 황당했을 겁니다. 일본제국주의를 물리치는 데 어떤 역할도 하지 못했던 식민지 주민들이 일종의 '알박기'를 시도한 것으로 보였을 테니 말입니다. 당연히 미군정이나 소련 측은 조선인민공화국 자체를 부정하고 맙니다. 하긴 당연한 일 아닌가요? 점령지 주민이면 점령지 주민답게 점령자의 의지를 받들어야 하니까요. 결국 한반도는 자신들을 지배했던 늑대가 떠나자마자, 그 늑대를 쫓아낸 호랑이 두 마리를 주인으로 다시 받들어야 하는 굴욕을 겪게 된 겁니다.

문제는 소련군이나 미군은 압도적 폭력수단을 가지고 있지만, 한반도의 그 누구도 그들을 대적할 수 있는 폭력수단을 가진 사람이 없었다는 데 있습니다. 그러니까 사실 해방이 되는 순간, 지식인

1945년 9월 9일 미군이 도열한 가운데
조선총독부 건물 앞 국기 게양대에서 일장기가
내려오고 있다(왼쪽). 이어서 성조기가 게양되고
있다(오른쪽). 이제 한반도에는 일본제국주의
대신 새로운 상전들이 들어온 셈이다.

502

들이 모여서 이러저러한 경제제도나 정치제도를 논하는 것을 무시하고 민중들은 일본제국주의가 두고 간 무기들로 아주 빨리 신속하게 무장을 했어야 했습니다. 그리고 8월 8일 이북으로 들어오려는 소련군을 막고, 9월 8일 이남으로 들어오려는 미군을 막았어야 했습니다. 물론 그렇다고 해서 소련군이나 미군이 이것을 묵과하고 한반도를 떠나려고 하지는 않았을 겁니다. 결국 무기도 부족하고 체계도 없는 우리 민중들의 저항은 소련군이나 미군에 의해 괴멸되었을 테니까요. 그러나 더 많은 것을 얻을 수 있었고 더 소중한 것을 남길 수 있었을 겁니다. 미국이나 소련은 자신의 의지를 관철시키려는 새로운 상전으로 돌아왔다는 걸 알릴 수 있었을 테니 말입니다. 영웅적 패전! 미래를 위해 당장의 승리보다 이것이 더 중요했는지도 모를 일입니다. 어쨌든 점령군의 입장에서 한반도의 민중들은 무장이 해제된 순진한 양 떼처럼 보였다는 것이 중요하지요. 다시 말해 폭력수단은 오직 점령군만이 가지고 있어야 한다는 겁니다.

실제로 소련 점령군은 만주에서 항일무장투쟁을 선도하던 조선의용군이 이북으로 들어오는 것을 막았고, 미국 점령군은 상해 임시정부의 광복군이 이남으로 들어오는 것을 막았습니다. 중국공산당과 함께 일본과 무장투쟁을 했던 조선독립동맹은 옌안延安을 거점으로 활동했습니다. 그래서 당시 지명을 따서 '연안파延安派'라고 불리기도 했던 조선독립동맹은 한때 상해 임시정부 의정원 의원으로 활동했던 김두봉金科奉(1889~1961?)을 주석으로 해서 조선의용군이라는 무장부대도 가지고 있었지요. 조선독립동맹 간부들과 조선의용군 선발대 1500여 명은 신의주에서 소련군에 의해 무장해제되고 맙니다. "정부가 없는 민족에게는 군대가 있을 수 없다"는 이유에

김구를 비롯한 대한민국 임시정부 요인들이 중국
충칭에서 광복을 맞아 기념사진을 촬영했다.
연합국이 귀국을 막았기 때문에 이들은 개인
자격으로 11월 23일에야 한국으로 올 수 있었다.

5부. 스펙타클, 주체를 구경꾼으로 만드는 마법

서였지요. 결국 김두봉 등 조선독립동맹 간부들은 1945년 12월 13일이 되어서야 개인 자격으로 평양으로 돌아오게 됩니다. 김구金九(1876~1949)와 상해 임시정부 간부들도 마찬가지 신세였지요. 당시 상해 임시정부는 광복군이라는 무장부대를 가지고 있었습니다. 그러나 광복군과 함께 당당히 귀국하려던 계획은 미군에 의해 방해되거나 좌절됩니다. 조선독립동맹과 마찬가지로 김구 등 임시정부 간부들은 개인 자격으로 11월 23일 서울에 돌아오게 되죠.

우리 민중에게는 이제 폭력수단은 없고 단지 무력한 지식인들의 입만 남은 셈입니다. 신채호가 떠오르는 대목입니다. "아래로부터의 혁명, 혹은 아래로부터의 독립"이 이루어지지 않는다면, 항상 "위로부터의 혁명이나 위로부터의 독립"만이 남는 법이지요. 그러나 결국 이것은 우리 민중들이 혁명이나 독립의 객체가 된다는 의미이고, 진정한 민주주의, 즉 직접민주주의의 주체가 되는 길과는 멀어졌다는 의미이지요. 어쨌든 무장해제를 당한 뒤 돌아온 조선독립동맹이나 임시정부 간부들은 무력할 수밖에 없었습니다. 이제 중요한 것은 일본 대신 점령자로 들어온 소련군이나 미군의 간택 여부였지요. 그렇습니다. 이제 누가 권력의 통역관 노릇을 하느냐는 게임, 즉 통역관을 둘러싸고 벌어지는 치열한 게임만이 남은 겁니다. 이 게임에서 낙오하는 순간, 항일독립운동이라는 과거 찬란했던 활동 자체도 아무런 의미가 없게 될 겁니다. 간택이 아니어도 좋지요. 그저 몸값만 올려도 됩니다. 양측 군정에서 중요한 사람이라고 인정받는 순간, 나름대로 군정 치하에서 자신의 존재감을 영위할 수 있을 테니 말이지요. 그렇지만 자신들의 점령지에서 압도적인 권력을 행사하게 된 점령자는 통역관을 선발할 권리마저도 갖고 있었습니다. 그러니까 원한다고 해서 누구나 통역관이 될 수 있는

1945년 '붉은 군대 환영 평양시민대회'에 참석한 김일성.

것은 아닙니다.

이북의 경우 소련군은 통역관 후보로 두 사람을 염두에 두고 있었습니다. 물론 두 사람 모두 러시아어에 능통했지요. 한 사람은 8월 8일 소련군과 함께 들어온 허가이許哥而(1904~1953)였고, 다른 한 사람은 9월 9일 블라디보스토크에서 출발했던 소련군함을 타고 원산항에 내린 김일성金日成(1912~1994)이었지요. 2명의 통역관 후보 중 공식 통역관으로 스탈린Joseph Vissarionovich Stalin(1878~1953)은 김일성을 내정해버리죠. 아마도 김일성이 만주에서 항일 빨치산 경험을 했던 것이 가산점을 받았던 것으로 보입니다. 이남의 경우 미군은 통역관으로 1명을 그냥 선택해버립니다. 바로 프린스턴대학교 박사학위 소지자이자 미국 여인을 아내로 둔 이승만李承晩(1875~1965)이었지요. 1945년 8월 27일 이승만은 극동 지역 최고사령관 맥아더Douglas MacArthur(1880~1964)에게 편지를 씁니다. 한반도에 대한 미국과 소련의 공동 점령이나 신탁통치에는 반대하지만, 미국만의 단독 점령

5부. 스펙타클, 주체를 구경꾼으로 만드는 마법

은 환영한다는 취지의 글이었지요. 이제 제2차 세계대전은 마무리 되었지만, 유일하게 남은 초강대국 미국과 소련 사이에 전쟁은 불가피하다고 판단했던 맥아더로서는 쾌재를 부를 일이었습니다. 미국의 이익을 대변할 통역관이 바로 눈에 들어왔으니까요. 맥아더의 도움으로 이승만이 외국에서 활동하던 주요 지도자들 중 가장 빨리 (10월 16일) 서울로 들어오게 된 것도 이런 이유에입니다.

김일성과 이승만! 소련군정과 미군정의 공식 통역관! 두 사람에게는 공통점이 있지요. 첫 번째, 점령국의 언어와 점령군의 논리에 정통하다는 겁니다. 그리고 두 번째, 나름 한반도 독립을 위해 노력했던 개인사가 있다는 겁니다. 소련군정에서 김두봉 등을 그리고 미군정에서 김구 등을 통역관으로 부적절하다고 느낀 것은 첫 번째 이유 때문이었고, 소련군정에서 허가이를 최종 탈락시킨 것은 그에게는 독립운동을 했던 개인사가 없었다는 이유, 즉 두 번째 이유와 관련이 깊었던 겁니다. 통역관은 점령자와 점령지 모두의 신뢰를 얻어야 하는 자리니까 말입니다. 그러니까 김일성이나 이승만은 본질적으로 점령국이 간택한 통역관이지만, 점령지의 주민에게는 독립투사로 보여야 했던 겁니다. 왜냐고요? 그래야 점령국으로서 자신들이 떠난 뒤 자신들이 선정한 통역관이 점령지 주민들의 지지를 받는 권력자가 될 가능성이 높기 때문이지요. 제2차 세계대전 이후 트렌드는 식민지체제의 해체였습니다. 그러니까 제2차 세계대전 패전국인 독일, 이탈리아, 일본의 식민지를 승전의 대가로 영국, 프랑스, 소련, 미국이 나누어 가질 수는 없었지요. 그 대신 그들은 점령지의 통역관을 자기 체제에 우호적인 권력자로 만들려는 프로젝트를 시행했던 겁니다.

해방 이후 우리 역사를 다루는 많은 학자들은 지금까지 1945

1945년 10월 중앙청에서 열린 귀국 환영
대회에서 연설하고 있는 이승만. 사진 왼편에
앉아 있는 사람이 미군정청 존 하지 사령관이다.

5부. 스펙타클, 주체를 구경꾼으로 만드는 마법

년 12월 16일에서 12월 26일까지 모스크바에서 열렸던 제2차 세계 대전 승전국, 즉 미국, 영국, 소련의 외무장관 회담, 보통 모스크바 삼상회의라고 불리는 회담에 주목합니다. 여기서 한반도의 신탁통치 문제가 논의되니까 말입니다. 그러나 이미 스탈린의 국가독점자본주의체제는 8월 8일 이북을 점령했고, 나아가 9월 9일 통역관 후보 김일성도 수입한 상태였습니다. 마찬가지로 미국의 시장자본주의체제도 9월 8일 이남을 점령했을 뿐만 아니라 10월 16일 통역관 후보 이승만도 수입한 상태였지요. 그러니까 정말로 중요한 것은 얄타회담을 통해 1945년 2월 11일 자로 합의된 〈일본과 관련된 합의문Agreement regarding Japan〉이었고, 나아가 1945년 9월 5일 자로 작성된 연합국 최고사령부의 〈일반명령 제1호〉였다고 할 수 있지요. 〈일본과 관련된 합의문〉을 보면 미국과 영국은 스탈린을 대일본 전쟁에 끌어들이기 위해서 동아시아와 관련된 많은 지정학적 이익을 제공하고 있습니다. 당시 미국이나 소련에게는 일본이 항복한 뒤 한반도를 어떻게 할지 구체적인 생각은 없었던 것으로 보입니다. 그래서 미국의 제안으로 38선 분할이 결정된 〈일반명령 제1호〉가 중요한 것이지요.

중요한 것은 이미 남과 북에 미국과 소련의 점령군이 들어와 있었을 때, 모스크바삼상회의가 열렸다는 사실입니다. 일본이 항복한 뒤 전후 처리 문제를 두고 미국 국무장관 번스James Francis Byrnes(1882~1972), 영국 외무장관 베빈Ernest Bevin(1881~1951), 그리고 소련의 외무장관 몰로토프Vyacheslav Mikhailovich Molotov(1890~1986)가 만난 겁니다. 1945년 서울 시간으로 12월 28일 공식 발표된 합의문을 보면 이 회의에서 사실 쟁점은 한반도가 아니었지요. 패전 일본에 대한 미국의 주도권을 인정하는 대신, 소련은 루마니아와 불가리아에서 패권을 인정받는다는 것이 핵심이었습니다. 또 패전국에 대한 땅따먹기가 반복된 셈이지요. 그리고 또 한 가지 원자력에 대한 평화적 이용을 합의한 것도 주목할 필요가 있을 것 같네요. 아마도 일본에 투하된 원자폭탄이 스탈린으로서는 영 꺼림칙했던 것으로 보입니다. 어쨌든 이런 중요한 합의 사항 한구석에 한반도와 관련된 합의가 등장합니다. 이 합의는 네 조목으로 구성되어 있지요. 첫째, 한국을 독립국가로 다시 만들기 위해 한국의 민주적 임시정부provisional Korean democratic government가 수립되어야 하며 다양한 원조가 필요하다는 것, 둘째, 한국의 임시정부 수립을 위해 소련군정과 미군정은 공동위원회the Joint Commission를 만들고, 각자의 제안을 준비할 때 한국 내부의 민주적 정당democratic parties과 사회단체와 협의한다는 것, 셋째, 한국에 5년 동안 실시할 신탁통치도 공동위원회가 한국의 민주적 임시정부와 민주단체들의 참여하에 시행한다는 것, 마지막으로 넷째, 2주일 안에 소련군정과 미군정 사이에 대표자 회의가 열린다는 것.

12월 27일 당시 정치 1번지였던 서울에서는 난리가 났죠.《동아일보東亞日報》에 "소련은 신탁통치 주장, 미국은 즉시 독립 주장, 소련의 구실은 38선 분할 점령"이라는 자극적인 카피로 기사가 나왔기 때문이지요. 그것도 '동아일보'라는 제호 바로 옆, 1면에 등장하니 더 자극적으로 보이기에 충분했습니다. 당시《동아일보》기자나 데스크는 정말 놀라운 능력을 가지고 있었던 것으로 보입니다. 모스크바삼상회의의 합의문이 나오기도 전에, 그 합의 내용을 보도하고 있으니까요.《동아일보》에 우주의 기운이 모였던 것일까요? 그렇지 않습니다. 이 기사는 완전히 오보였습니다. 말이 좋아 오보지, 사실 그 저의가 의심스러울 정도로 날조되고 왜곡되어 있습니다. 한번 이 황당한 기사를 읽어보죠.

《동아일보》 12월 27일
자 왜곡 보도 기사. 이날
《동아일보》는 1면 톱기사로
"소련은 신탁통치 주장,
…… 미국은 즉시 독립
주장"이라는 제목 아래
'소련은 남북 양 지역을
일괄한 일국 신탁통치를
주장'한다고 보도했다.

모스크바에서 개최된 삼국 외상회담을 계기로 조선 독립 문제
가 표면화하지 않는가 하는 관측이 농후해가고 있다. 즉 번즈
미 국무장관은 출발 당시에 소련의 신탁통치안에 반대하여 즉
시 독립을 주장하도록 훈령을 받았다고 하는데 삼국 간에 어떠
한 협정이 있었는지 없었는지는 불명하나 미국의 태도는 '카이
로선언'에 의하여 조선은 국민투표로서 정부의 형태를 결정할
것을 약속한 점에 있는데, 소련은 남북 양 지역을 일괄한 일국
신탁통치를 주장하여 38도선에 의한 분할이 계속되는 한 국민
투표는 불가능하다고 하고 있다.

–《동아일보》(1945년 12월 27일)

잊지 말아야 할 것이 하나 있습니다. 1945년 전후 한반도 신

탁통치를 일관적으로 주장했던 것은 소련이 아니라 미국 측이었습니다. 얄타회담이 열리던 중 1945년 2월 8일 루스벨트[Franklin D. Roosevelt(1882~1945)]는 스탈린과 독대를 한 적이 있습니다. 이 만남에서 루스벨트는 스탈린에게 한반도 신탁통치를 20년에서 30년 정도로 하자고 제안하게 됩니다. 한반도 신탁통치 문제와 관련해 스탈린은 항상 루스벨트의 제안을 수용하는 쪽이었습니다. 그의 관심사는 여전히 동아시아보다는 동유럽에 가 있었기 때문이지요. 모스크바삼상회의 선언문에는 신탁통치 기간이 5년으로 줄어들어 있습니다. 소련 측에서 20~30년 신탁통치가 지나치게 길다고 반론을 제기했던 결과가 아닐까 추정할 수 있는 대목이지요. 또 한 가지 《동아일보》는 '카이로선언[Cairo Declaration]'을 이야기하고 있습니다. 그러나 1943년 11월 27일에 발표된 이 선언에서 《동아일보》가 언급하고 있는 "조선은 국민투표로 정부의 형태를 결정한다"는 구절은 찾으려야 찾을 수가 없죠. 그 대신 다음과 같은 구절이 선언문에 등장합니다. "적당한 과정을 거쳐 한국은 자유와 독립을 얻게 될 것[in due course Korea shall become free and independent]"이라는 구절이 나옵니다. 국민투표니 즉시 독립이니 하는 이야기 자체가 등장하지 않죠. 오히려 "적당한 과정"이란 구절은 신탁통치를 암시하고 있기까지 합니다.

《동아일보》의 오보, 아니 날조 기사가 왜 중요하냐고요? 이 기사가 서울 정치판, 나아가 38선 이남 전체에 묘한 프레임을 만들었기 때문입니다. 36년간 식민지로 전락했던 우리에게 해방은 바로 독립이라는 공식은 자명한 것으로 보였습니다. 그런데 신탁통치란 무엇입니까? 아직 독립되지 않았다는 것을 의미하는 것이지요. 당연히 신탁통치를 찬성하는 것, 즉 찬탁은 독립을 부정하는 것이 되고, 신탁통치를 반대하는 것, 즉 반탁은 독립을 긍정하는 것이 됩니다. 여기까지는 문제가 없습니다. '반탁=독립 긍정'이나 '찬탁=독립 부정'의 도식은 충분히 이해가 됩니다. 그러나 《동아일보》는 여기서 소련이 찬탁 입장을 가지고 있고, 미국은 반탁 입장을 가지고 있다고 왜곡합니다. 결국 '반탁=친미=친자본주의'라는 도식과 '찬탁=친소=친공산주의'라는 도식이 탄생하게 되지요. 두 도식을 합해보세요. '반탁=친미=반공'이 되지요. 2017년까지 아직도 보수 기득권 세력이 이용하는 색깔론은 바로 이 《동아일보》의 날조 기사에서부터 시작된 겁니다. 색깔론의 계보학이라고 할 수 있지요. 어쨌든 미군정 측도 혹은 남한 통역관 이승만도 쾌재를 부를 만한 오보라고 할 수 있습니다. 이제 미국은 우리의 독립을 긍정하는 친구가 되었고, 소련은 우리를 다시 지배하려는 적으로 돌변했으니 말입니다.

다시 강조하지만 사실 모스크바삼상회의는 당시 우리의 삶을 결정하기에는 충분하지 않았습니다. 중요한 것은 북한에 소련군이, 남한에는 미군이 점령군으로 이미 진주했다는 점이지요. 결국 우리 민족이 반탁운동을 하든, 찬탁운동을 하든, 신탁통치를 하느냐 마느냐는 전적으로 소련이나 미국이 결정하는 것이지요. 그러나 한반도에는 이미 이질적인 두 가지 권력이 들어왔습니다. 하나는 국유國有라는 개념으로 상징되는 국가독점자본주의체제이고, 다른 하나는 사유私有로 상징되는 시장자본주의체제였죠. 이 두 이질적인 경제시스템이 하나로 묶여 모스크바삼상회의에서 결의했던 것처럼 한반도의 유일한 정부, 즉 '한국의 민주적 임시정부'를 출범시킬 수 있을까요? 국유와 사유가 결합될 수 있을까요? 사유를 부정하는 것이 국유이고, 국유를 부정하는 것이 바로 사유니까 말입니다. 당연히 불가능하지요. 아나나 다를까, 1946년 3월 20일에 시작된 미소공동위원회는 1947년 7월에 파국으로 끝나게 됩니다. 냉전을 눈앞

좌익의 모스크바삼상회의 지지 시위. 좌익은 모스크바삼상회의의 결정을 지지한 것이지, 신탁통치를 지지한 것은 아니었다.

우익의 신탁통치 반대 시위. 이 시위에는 친일파들이 적극 가세했고, 이들은 갑자기 애국자로 둔갑했다.

5부. 스펙타클, 주체를 구경꾼으로 만드는 마법

에 두고 있던 미국이나 소련은 지정학적 차원에서 한반도에서의 패권을 조금도 양보할 수 없었던 겁니다. 미국 입장에서 한반도는 소련이 일본과 태평양을 공격하는 전초기지가 될 수 있고, 소련 입장에서 한반도는 미국이 유라시아 대륙을 공격하는 전초기지가 될 위험이 있었던 겁니다.

자, 이제 남과 북에서 통역의 권력을 누리는 통역관으로 낙점된 두 사람, 이승만과 김일성으로 되돌아가보죠. 미소공동위원회가 좌절되는 순간, 이제 한반도에 두 정치체제가 들어서는 것은 기정사실이 됩니다. 이제 두 통역관이 각각 북한과 남한의 최고 권력자로 승격되는 절차만 남은 겁니다. 여러 우여곡절 끝에 1948년 8월 15일 남한에서는 이승만을 초대 대통령으로 하는 '대한민국'이, 같은 해 9월 9일 북한에서는 김일성을 내각수상으로 하는 '조선민주주의인민공화국'이 발족하게 됩니다. 38선에 기대 출현한 북한 정권이나 남한 정권은 자신들에게 권력을 이양했던 점령군의 정책을 그대로 답습할 수밖에 없죠. 그러니 북한과 남한의 핵심 정책은 김일성 정권이 북한에 들어서기 직전 소련군의 정책이고, 이승만 정권이 남한에 들어서기 직전 미군의 정책이라고 할 수 있습니다. 그러니까 간혹 작은 권력자로서 큰 권력자에 대한 앙탈은 있었다고 할지라도, 김일성이나 이승만은 모두 큰 틀에서는 점령자의 정책을 유지했다는 겁니다. 자신이 얻게 된 권력의 뿌리가 통역관에서 유래되었다는 걸 너무나 잘 알고 있기 때문입니다. 간혹 주체적이고 민족주의적인 것으로 포장되었던 김일성이나 이승만의 앙탈은, 소련이나 미국이 현재 자신이 가진 권력을 망각하고 과거 통역관을 대하듯이 자신들을 대할 때에만 발생했던 겁니다. "과거 통역관은 잊어주세요! 비록 당신의 말은 계속 듣겠지만, 이제 권력자로 나름 인정해주어야 하는 것 아닌가요." 뭐, 이런 투정이었던 겁니다.

스탈린의 국가독점자본주의체제! 미국이 표방하는 시장자본주의체제! 핵심은 바로 이거였습니다. 결과적으로 소련은 이 작업을 성공적으로 수행합니다. 최근 공개된 스탈린 시대 소련 정치국 비밀문서들에 따르면 1948년 9월 8일 '조선민주주의인민공화국 헌법'은 북한의 어떤 지도자도 참여하지 않은 채 소련에서 소련 헌법을 본떠 1947년에 만든 거였죠. 심지어 헌법 초안의 일부분을 스탈린이 직접 집필했을 정도였습니다. 흥미롭게도 북한 헌법을 보면 국가독점자본주의를 염두에 두고는 있지만 한반도의 현실이 나름 반영되어 있습니다. 국가독점자본주의를 관철하기에는 한반도의 경제 사정이 너무나 열악했으니까요. 일본이 남기고 간 몇 가지 산업시설에서 나오는 생산물을 제외하고는 농업에서 나오는 생산물이 전부였던 겁니다. 그러니까 국유나 협동조합의 소유 이외에도 개인의 소유도 인정한다는 조목이 등장하는 겁니다. 일정 정도 자본주의적 경제가 발전해야 사회주의도 가능하다는 도식적인 생각이었지요. 남한 '제헌헌법'의 〈전문〉에 해당하는 1948년 북한 헌법의 제1장인 〈근본 원칙〉에는 스탈린이 북한이 어떤 국가로 나아가야 한다고 생각했는지 보여주는 열 가지 조목이 등장합니다. 그중 중요한 조목만 간략히 살펴보죠.

2조: 조선민주주의인민공화국의 주권은 인민에게 있다. 주권은 인민이 최고 주권기관인 최고인민회의와 지방 주권기관인 인민위원회를 근거로 하여 행사한다. …… 4조: 일체 주권기관의 대의원은 선거자 앞에서 자기 사업 활동에 대하여 책임을 진다. 선거자는 자기가 선거한 대의원이 그 신임을 잃은 경우에는 임기 전에 소환할 수 있다. 5조: 조선민주주의인민공화국의 생산수단은 국가, 협동단체 또는 개인 자연인이나 개인 법인의 소유다. …… 전 일본국가·일본인 또는 친일분자의 일체 소유는 국가의 소유다. …… 6조: 전 일본국가와 일본인의 소유 토지 및 조선인 지주의 소유 토지는 몰수한다. 소작제도는 영원히 폐지한다. …… 8조: 법령에 규정한 토지, 축력, 농구, 기타 생산수단, 중소 산업, 기업소, 중소 상업기관, 원료, 제조품, 주택과 그 부속 시설, 가정 용품, 수입, 저금에 대한 개인 소유는 법적으로 보호한다. 개인 소유에 대한 상속권은 법적으로 보장한다. …… 10조: 국내의 일체의 경제적 자원과 자원이 될 수 있는 것을 인민의 리익에 합리적으로 리용하기 위하여 국가는 유일한 인민경제계획을 작성하며 그 계획에 의하여 국내의 경제·문화의 부흥과 발전을 지향한다. 국가는 인민경제계획을 실시함에 있어서 국가 및 협동단체의 소유를 근간으로 하고 개인 경제 부문을 이에 참가하게 한다.

-〈근본 원칙〉, 조선민주주의인민공화국 헌법

제일 먼저 눈에 띄는 것은 이론적으로나마 민중들에게 자신들이 뽑은 대표자를 소환할 수 있다고 규정한 네 번째 조목입니다. 인민위원회나 최고인민위원회의 구성원뿐만 아니라 내각수상 김일성마저 현실적으로 소환 가능하다면, 정말 북한 헌법은 완전한 직접민주주의 전범이라고 할 수 있을 겁니다. 불행히도 역사는 다른 이야기를 전해줍니다. 수많은 사람들이 소환되어 숙청되었지만, 오직 한 사람 김일성만은 한 번도 소환된 적이 없었다는 사실을요. 하긴 대표 소환제를 숙청수단으로 먼저 이용했던 것도 스탈린이었으

북한 주민들이 김일성과 스탈린의 초상을 들고 행진하고 있다.

니, 작은 스탈린은 말해서 무엇 하겠습니까? 그러나 은밀한 독재마저 싫었던지 김일성 정권은 1972년 12월 27일 '조선민주주의인민공화국 헌법'을 '조선민주주의인민공화국 사회주의 헌법'으로 바꾸면서 대표 소환제를 포함한 소비에트 전통 자체도 헌법 차원에서 제거해버립니다. '사회주의 헌법'의 〈서문〉을 보면 소비에트 전통을 은근히 배신했던 스탈린마저도 관 뚜껑을 열고 나올 정로로 경악스럽습니다. "조선민주주의인민공화국은 위대한 수령 김일성 동지와 위대한 령도자 김정일 동지의 사상과 령도를 구현한 주체의 사회주의 조국이다. 위대한 수령 김일성 동지는 조선민주주의인민공화국의 창건자이시며 사회주의 조선의 시조이시다. 김일성 동지께서는 영생불멸의 주체사상을 창시하시고……" 이건 민주주의나 사회주의는커녕 완전히 왕조적 사유이지요. 그래서일까요, 김일성 정권은 "사회주의와 민주주의를 부정하는 헌법"을 만든 것이 켕겼던지 아

5부. 스펙타클, 주체를 구경꾼으로 만드는 마법

예 새로운 헌법 앞에 '사회주의'라는 용어를 붙이죠. 사실 사회주의 가 아니지만 사회주의라고 보자고 강변하는 치졸함을 내보인 겁니다. 혹은 도둑이 제 발 저리는 형국이지요.

잠시 곁길로 샌 것 같습니다. 다시 스탈린이 마련한 〈일반 원칙〉을 살펴보죠. 독점자본주의체제를 이식시키겠다는 스탈린의 꿈은 겸손하게(?) 마지막 10조에 드러납니다. 지금 스탈린은 10개의 일반 원칙에 미래에 대한 청사진의 역할도 부여하고 있지요. 그러니까 1조에서부터 9조까지의 원칙들이 현실에 충분히 적용된 다음에, 국가독점자본주의체제를 개시해야 한다는 속내였다고 할 수 있지요. 어쩌면 북한 헌법을 만들면서 스탈린은 소비에트 전통을 배신하고 새로운 억압체제를 만든 자신을 정당화하고 있는 중인지도 모릅니다. 러시아도 처음에는 북한만큼이나 농업에만 의존했던 후진적 경제였으니까요. 어쨌든 마지막 10조에서 "유일한 인민경제계획"이란 표현이 중요합니다. 국가독점자본주의체제를 암시하니까요. 그러니까 5조, 6조, 8조에서 제한적이나마 인정했던 개인 소유가 충분히 발전한 다음에 국가 경제, 즉 국유체제에 개인 경제를 포섭시키겠다는 복안인 셈입니다. 한 가지 더 주목해야 할 것은 한때 일본인과 친일파가 가지고 있던 자산을 몰수한다고 강조하는 조목이 10개 중 두 가지나 된다는 사실입니다. 정말 스탈린은 김일성 정권을 통해 자신의 국가독점자본주의체제를 한반도에 제대로 이식하려고 많은 고민을 했던 것으로 보입니다. 특히 한때 조선 민중들을 가혹하게 수탈했던 친일파들을 단죄하는 조목을 두 가지나 넣어서, 김일성 정권이 민중들의 지지를 받도록 유도하고 있는 대목이 매우 인상적입니다.

자, 이제 남한의 '제헌헌법'을 살펴보지요. 스탈린과는 달리 미군정은 남한 헌법에 직접적으로 개입하지는 못합니다. 물론 미군정 측에서도 1946년 초 사법부장 에머리 우달^{Emery J. Woodall} 중령을 중심으로 남한 헌법의 초안을 만들었지만, 미국 헌법을 본뜬 이 초안을 강요하지는 못했죠. 아니 정확히 말해 강요할 여력이 없었다고 해야 정확한 진단일 겁니다. 당시 미군정의 유일한 관심사는 스탈린 체제가 한반도에 뿌리를 내리지 못하게 하는 데 있었으니까요. 그래서일까요? 당시 헌법기초위원회 위원장 서상일徐相日(1886~1962) 등 30명의 헌법기초위원들은 다양한 헌법안을 참고는 하되 별다른 검열을 겪지 않고 초안을 만들 수 있었던 겁니다. 중요한 임무를 담당하기 위해 이들이 공식적으로 모인 날은 1948년 6월 1일이었죠. 그런데 놀랍게도 이들이 만든 제헌헌법은 1948년 7월 12일 국회를 통과해서 17일 반포됩니다. 헉! 한 달도 안 되어 헌법을 만든 겁니다. 그렇다고 졸속으로 만든 것은 아니죠. 제헌헌법이 졸속이 아니라고 보는 이유는 당시 위원장이었던 서상일을 포함해 대부분의 위원들이 만주에서 독립운동을 했던 경력이 있다는 사실에서 찾아야 할 겁니다. 그렇습니다. 바로 임시정부입니다. 한반도의 독립을 꿈꾸었던 임시정부입니다. 임시정부도 정부이지요. 정부가 어떻게 헌법을 소홀히 할 수 있겠습니까?

실제로 1941년 11월 28일 임시정부는 '대한민국 건국 강령'을 《임시정부 공보》 제72호에 게재한 적이 있지요. 1919년 발족한 뒤 헌법을 고민했던 역량을 집대성한 글입니다. 그러니까 헌법기초위원들은 1919년 이후 헌법에 대한 임시정부의 집요한 고민을 계승했던 셈이지요. '대한민국 건국강령'의 〈전문〉을 읽기 쉽게 조금 윤문해보았습니다.

우리나라의 독립선언은 우리 민족의 빛나는 혁명의 원동력이며 새로운 세계의 개벽이다. …… 이는 우리 민족이 자력으로 이민족 전제정치를 전복하고, 5000년 지속된 군주정치의 낡은 틀을 파괴하고, 새로운 민주제도를 건립하고, 사회 계급을 없애는 첫걸음의 시작이었다. …… 임시정부는 1933년 4월에 대외 선언을 발표하고 삼균三均제도라는 건국 원칙을 천명하였다. "보통선거제도를 실시하여 정치권리政權를 균등하게均 하고, 국유제도를 채용하여 '경제권리利權'를 균등하게均 하고, 공교육을 통해 '학습권리學權'을 균등하게均 해야 하고, 국내외에 대하여 민족자결의 권리를 보장해서 민족과 민족, 국가와 국가 사이의 불평등을 없애야 한다. 이것을 국내에 실현하면 특권 계급이 바로 소멸할 것이고, 소수민족은 몰락을 면할 것이고, 정치와 경제와 교육의 권리를 고르게 하여 높고 낮음의 차별이 없게 하고, 같은 민족과 이민족에 대해서도 또한 이렇게 한다"고 말했던 적이 있다.

－〈전문〉, 대한민국 건국강령

〈전문〉은 1919년 3·1운동이 사회 계급을 없애는 첫걸음이라고 규정하는 것으로 시작됩니다. 이런 해석도 불가능한 것은 아니지요. 제국주의 본국과 식민지 주민처럼 완고한 계급관계가 어디에 있겠습니까? 그런데 3·1운동을 통해 일본과 우리는 동등하다고, 총독부 공권력과 우리는 대등하다고 주장했던 셈이니, 3·1운동에 참여했던 수많은 학생들과 민중들은 계급 자체를 부정했다고 해석할 여지도 있는 겁니다. '대한민국 건국 강령'을 기초했던 조소앙趙素昂(1887~1958)은 사회 계급을 없애는 구체적인 정책으로 일종의 한국판 사회주의 정책을 제안합니다. 그 유명한 삼균주의이지요. 선거제도를 통해 모든 사람에게 동등하게 정치권을 인정해야 하고, 생산수단을 국가가 소유해서 특정인이 생산수단을 독점하지 못하도록 하고, 그리고 마지막으로 학력 세습에 의한 신분 고착을 막기 위해서 공교육을 강화하자는 겁니다. 놀라운 일 아닙니까? 최소한 1941년 상해 임시정부는 분명 사회주의의 경향을 띠고 있

대한민국 건국강령의 기초인 삼균주의를 제창한 조소앙.

었던 겁니다. 신채호가 이미 간파했던 것처럼 일본제국주의 시절은 아이러니하게도 억압체계의 맨얼굴을 드러냈던 때이기도 했기 때문입니다. 같은 민족 중 누군가가 군주나 상전 노릇을 하고 있을 때는 몰랐던 것이 백일하에 드러난 셈이지요. 그러니까 지배자의 자리, 신채호의 표현을 빌리자면 상전의 자리에 같은 민족이 오든 이민족이 오든 이것은 중요한 것이 아닙니다. 핵심은 상전이란 형식이 존재하는 한 억압이 발생한다는 통찰이니까요.

　불행히도 조소앙은 정당코뮌주의와 평의회코뮌주의 사이의 차이, 혹은 국가주의와 사회주의의 차이를 정확히 간파하는 데는 실패합니다. 〈전문〉에 등장하는 "국유제도를 채용해 경제권리를 균등하게 한다"라는 구절을 보세요. 국가가 생산수단을 소유해, 지배계급과 피지배계급이란 구분을 없애겠다는 발상입니다. 그렇지만 생산수단을 가진 자가 그것을 빼앗긴 자를 지배한다는 것은 정치경제학의 공리가 아닌가요? 정말 아이러니한 일입니다. 조소앙은 마르

크스, 로자 룩셈부르크, 신채호의 길이 아닌, 레닌, 트로츠키, 스탈린의 길로 나아가고 있었던 겁니다. 하긴 이것은 어쩌면 당연한 선택인지도 모릅니다. 임시정부 자체가 국가주의를 전제하지 않는다면 아무런 의미가 없는 것이니까요. 어쨌든 우리는 임시정부가 마련한 건국강령이 부르주아체제와 아무런 상관이 없다는 걸 기억해야만 합니다. 오히려 임시정부는 1917년 10월 쿠데타로 출범한 러시아 볼셰비키 정부를 벤치마킹하고 있습니다.

국가 안에서의 계급 철폐는 국가 사이의 불평등 철폐와 논리적으로 연결되지요. 한마디로 국가 안이나 밖이나 일체의 억압적인 위계관계를 소멸시켜야 한다는 겁니다. 이런 혁명적인 대한민국 건국강령을 임시정부에서 채택했다는 것은 무엇을 의미할까요? 임시정부 요인들은 독립된 대한민국의 미래를 계급이 없는 사회로 구체화하고 있었다는 것을 말해줍니다. 결국 계급이 없는 사회를 가능하도록 만드는 제도적 장치가 민주적 제도들이겠지요. 정말 혁명적인 생각 아닌가요? 비록 국가주의의 해악에 대해 심각하게 고민하는 데 실패했다고 하더라도, 1941년 임시정부는 강한 민중주의와 사회주의로 무장하고 있었던 겁니다. 어떻게 이런 혁명적인 대한민국 건국강령을 임시정부에서 준공식적인 헌법으로 인정했던 것일까요? 비록 독립을 스스로 달성하기에는 무력했지만, 임시정부 사람들은 꿈이라도 거창하게 꾸었던 겁니다. 더군다나 일본제국주의에 의해서 기득권 자체가 박탈된 사람들이니, 특정 계급 이익을 대변할 필요도 없었겠지요. 생각해보세요. 지금도 법률 하나를 제정하려면 얼마나 많은 이익단체들이 목숨을 걸고 달려드는지를 말이지요. 그러나 임시정부의 낡은 청사에서는 그런 이익단체들이 찾아오지 않았습니다. 이익을 좇는 조선인이라면 이미 일본제국주의에 붙어서 아주 잘살고 있었으니까요. 그들이 무엇하러 상해에까지 와서 로비를 하겠습니까? 그러니까 현실적 권력관계나 이익관계를 전혀 고려하지 않는 근사한 헌법이 만들어질 수 있었던 겁니다. 이제 드디어 제헌헌법의 〈전문〉을 읽어볼 준비가 된 것 같습니다.

유구한 역사와 전통에 빛나는 우리들 대한국민은 기미 삼일운동으로 대한민국을 건립하여 세계에 선포한 위대한 독립정신을 계승하여 이제 민주 독립국가를 재건함에 있어서 정의인도와 동포애로써 민족의 단결을 공고히 하며 모든 사회적 폐습을 타파하고 민주주의제도를 수립하여 정치, 경제, 사회, 문화의 모든 영역에 있어서 각인의 기회를 균등히 하고 능력을 최고도로 발휘케 하며 각인의 책임과 의무를 완수케 하여 안으로는 국민 생활의 균등한 향상을 기하고 밖으로는 항구적인 국제 평화의 유지에 노력하여 우리들과 우리들의 자손의 안전과 자유와 행복을 영원히 확보할 것을 결의하고 우리들의 정당 또 자유로이 선거된 대표로서 구성된 국회에서 단기 4281년 7월 12일 이 헌법을 제정한다.

-〈전문〉, 제헌헌법

제헌헌법 기초위원들은 1948년 당시 남한의 정치적 상황을 정확히 알고 있었던 것 같습니다. 〈전문〉을 보면 우리는 그들이 미군정이나 이승만을 자극하지 않으려고 무던히 애를 쓰고 있는 걸 확인할 수 있습니다. 더 긍정적으로 표현하자면 기초위원들은 미군정과 이승만을 가지고 놀고 있지요. 그들을 자극할 수 있는 용어나 개념을 가급적 피하면서, 건국강령에서 노골적으로 표현된 임시정부의 사회주의적 정신을 제헌헌법에 담고 있으니 말입니다. 일단 〈전문〉은 제헌헌법이 1919년 3·1운동의 정신을 계승한다고 명확히 하고 있고, "안으로는 국민 생활의 균등한 향상을 기하고 밖으로는 항구적인 국제 평화의 유지에 노력한다"고 헌법의 이념을 구체화하고 있습니다. 건국강령의 〈전문〉에서 피력된 정신, 국가 안이든 밖이든 일체의 계급과 불평등을 제거해야 한다는 정신은, 비록 약간 김이 빠진 문체로 작성되어 아쉽지만, 그런대로 근사하게 표현되어 있지요. 스탈린체제나 사회주의 이념에 거의 경기를 일으키는 미군정과 그 통역관 이승만이 당시 남한 내 헤게모니를 장악하고 있으니, 건국강령처럼 아예 직설적으로 "사회 계급을 없애자!"라고는 주장하지 못했을 뿐이지요.

러시아혁명의 경험이 물씬 풍기는 북한 헌법이나 삼균주의의 영향을 깊게 받은 남한 헌법이 모두 시장자본주의체제와는 상당히 결을 달리하고 있다는 사실은 주목할 만한 일입니다. 36년간의 식민지 생활, 그 굴욕적인 노예생활이 일체의 억압과 차별이 사라진 사회를 꿈꾸게 했다는 사실에서, 남과 북을 떠나 당시 한반도의 혁명적인 분위기를 어렵지 않게 이해할 수 있을 것 같습니다. 한반도의 평범한 민중들은 일본제국주의와 친일파를 척결하자는 데 모두 동의했고, 몇몇 지식인들은 일체의 차별과 불평등 구조 자체를 없애자는 더 근본적인 주장으로 나아가고 있었던 겁니다. 이런 해방된 민중들의 기대에 소련군정은 나름 부응했다고 할 수 있지요. 노골적으로 군정이란 형식을 취하지 않았던 것도 그렇지만 아예 일본제국주의 잔재를 없애자는 입장을 일관적으로 관철했으니까 말입니다. 이에 비해 미군정의 정책은 우리 민중들의 입장에서는 여러모로 불편하고 못마땅한 것이었지요. 일단 소련군과는 달리 아예 미군정청USAMGIK, United States Military Government in Korea을 설치해서 점령군 노릇을 단단히 한 것도 문제였지요. 총독부의 자리에 군정청이, 즉 일본이란 외세의 자리에 미국이란 새로운 외세가 들어선 꼴이니까 말입니다. 더 심각한 것은 미군정청이 식민지 시절 일본제국주의에 복무했던 조선인 관료, 경찰, 그리고 군인들, 즉 친일파들을 군정청의 핵심 관료로 그대로 승계했다는 사실에 있습니다.

"미국은 친일파를 척결하기는커녕 자신들의 점령 정책의 동반자로 만들었다!" 미군정에 대한 당시 민중들의 평판은 이렇게 요약할 수 있을 것 같네요. 그렇지만 미국 입장에서는 원자폭탄을 투하하면서까지 적대했던 과거의 일본과 현재의 일본은 다릅니다. 지금은 소련과 대치하고 있으니까요. 미국은 시장자본주의체제를 지키는 보루로 일본을 다시 간택한 겁니다. 미국의 이익에 따라 일본과의 관계를 재조정한 탓도 있겠지만, 친일파들이 기본적으로 공산주의에 적대적이었다는 사실도 한몫 단단히 했습니다. 그들은 이미 38선 이북에서 친일파들이 얼마나 단호하게 청산되었는지 알고 있었으니까 말입니다. 결국 친일파들은 자신의 기득권을 지키기 위해서라도 반공 투사를 자처할 수밖에 없었던 겁니다. 스탈린체제의 확장을 극히 경계했던 미군정청으로서는 정말 너무나 든든한 우군을 만난 셈이지요. 더군다나 그들은 총독부 치하에서 민중들을 통제했던 관료 경험이 있었으니, 미군정청은 그들을 제거하기보다는 이용하는 것이 낫다고 판단한 겁니다. 고기도 먹어본 놈이 먹는다는 안이한 판단이었지요. 당시 누가 보아도 친일파를 부정했던 소련군정이 정상이라면, 친일파를 끌어안았던 미군정은 비정상으로 보였을 겁니다. 이제 불행히도 남한에서는 친일파가 친미파로 변신해서 여전히 민중들 위에 군림하게 되는 참담한 사태가 벌어진 거

5부. 스펙타클, 주체를 구경꾼으로 만드는 마법

1945년 9월 9일 조선총독 아베 노부유키가 미군 대표단이 보는 가운데 항복문서에 서명을 하고 있다. 미국은 친일파를 척결하기는커녕 자신들의 점령 정책의 동반자로 만들었다.

한국을 방문한 맥아더를 반갑게 맞이하는 이승만.

죠. 결국 미군정청은 친일파와 결합된 점령군이라는 이미지를 스스로 자초한 셈이 된 겁니다.

1945년 해방 이후 최초의 대규모 민주항쟁이 1946년 10월 1일 미군정 치하 대구에서 발생합니다. 대구를 중심으로 경북 지역으로 확산된 항쟁에는 300만 명 정도나 참여했으니, 정말 미군정을 뒤흔들 만한 시위였다고 할 수 있죠. 불행히도 이 항쟁은 아직까지 '대구 10·1 폭동 사건'이나 '대구 사건' 정도로 폄하되고 있습니다. 그러나 이것이 어디 '폭동'이나 '사건'으로 규정될 수 있는 규모인가요? 1919년 3·1운동 당시 시위 참여자가 200만 명이었다는 걸 생각해보세요. 결국 이 정도의 호응을 불러일으켰다면 이것은 당시 38선 이남에 살고 있던 우리 민중들의 속내가 드러난 중요한 민주항쟁이라고 규정해야 할 겁니다. 항쟁은 당시 '조선의 모스크바'라고 불렸던 대구에서 시작되었습니다. 대구는 일본제국주의 시절에 민족주의운동과 사회주의운동의 역사적 경험이 그대로 보존되어 있던 곳이었으니까요. 발단은 미군정청의 '미곡 수집령'이었습니다. 한 사람당 4말 5되만 남기고 수확물을 모두 강제 수매한다는 명령이었습니다. 당연히 식량 부족이 발생했고, 그만큼 쌀값은 폭등하게 되었지요. 대구의 경우 초등학생 중 50퍼센트가 도시락을 싸지 못할 정도로 식량난이 심해졌습니다. 배가 고파서 시작했던 기아飢餓 시위는 1946년 3월 11일을 처음으로 해서 8월 19일까지 네 차례나 일어나게 됩니다. 이 불쌍한 시위를 무자비하게 진압하고 참가자들을 감금, 구타, 고문했던 사람들이 바로 미군정청으로부터 면죄부를 받아 다시 경찰로 근무하게 된 친일파들이었죠.

3월 11일에서 8월 19일까지 네 차례 발생했던 기아 시위는 대구 지역을 포함한 전체 경북 지역에서 미군정의 본질을 여실히 확인한 자리가 되었던 겁니다. 10월 1일 대구역에는 학생들과 시민들 뿐만 아니라 당시 파업 중이던 노동자들도 모여듭니다. 시위 인원이 3000~4000명이 될 정도로 큰 시위였죠. 시위가 마무리되려는지 군중들의 수가 줄어들자 경찰들은 진압을 시작합니다. 바로 이 순간 경찰의 발포로 시위하던 한 사람이 죽게 되면서 대구를 포함한 경북 전체 지역의 민심은 폭발하게 됩니다. 민중들의 분노는 공권력에 대한 물리적 저항으로 표출되었고, 또 그에 대해 미군정청과 경찰들은 더 큰 폭력으로 맞대응합니다. 마침내 10월 2일 오후 5시 대구에는 계엄령이 내려지죠. 이제 미군들은 탱크와 기관총으로 무장한 정규군을 파견하게 된 겁니다. 계엄령이 해제된 10월 21일 밤까지 경북 전역으로 확산된 저항은 압도적 무력을 갖춘 미군과 경찰들, 그리고 우익 단체들의 폭력으로 무자비하게 진압되면서 마무리되죠. 그러나 당시 10·1 대구항쟁의 열기는 10월 내내 전국적으로 퍼져갑니다. 처음으로 지리산에서 유격대 활동이 시작된 것도 이때이고, 38선 근처 개성에서도 동조 파업이 벌어졌고 저 멀리 전라도에서도 민중들의 호응은 끊이지 않았습니다.

최소 300여 명의 사망자, 3600여 명의 행방불명자, 2만 6000여 명의 부상자, 그리고 1만 5000여 명의 체포자를 낳으면서 마무리된 10월항쟁은 비극으로 끝나게 됩니다. 미군정청은 10월항쟁이 남한 내의 좌익 세력의 선동이라고 규정하면서, 이념 공세를 강화합니다. 이를 서막으로 얼마 안 있어 박헌영朴憲永(1900~1955)이 이끌었던 조선공산당뿐만 아니라 대부분의 진보 세력들은 남한 내에서 합법적 활동이 불가능하게 되죠. 물론 조선공산당이 10월항쟁에 개입하지 않았다는 것은 아닙니다. 당연히 개입해야죠. 생산수단을 갖고 있지 않은 노동계급과 농민을 위한다는 정당이 민중들의 봉기

1946년 10월 1일 낮에 개최된 대구의 메이데이 행사.

1946년 10월 대구에서 시위를 하고 있는 시민들.

5부. 스펙타클, 주체를 구경꾼으로 만드는 마법

1946년 10월 2일 미군과 경찰들은 시민들에게 발포하며 시위를 무자비하게 진압했다.

10월항쟁 당시 피살된 시민들의 모습.

에 개입하지 않는 게 더 이상한 일 아닌가요. 그러나 그렇다고 해서 우리는 300만 명 민중의 자발성을 잊어서는 안 됩니다. 그러니 몇몇 작은 증거들로 조선공산당이 폭동을 주도했다고 주장하는 미군정청의 목소리나 자신들은 직접 개입하지 않았다고 반발하는 조선공산당의 목소리에 너무 귀를 기울여서는 안 됩니다. 어느 경우든 직접민주주의의 씨앗, 민중들의 자발성을 폄하하거나 부정하는 논의에 불과하니 말입니다. 그러니 당시 항쟁에 참여했거나, 항쟁을 목격했던 민중들의 증언을 들어보는 것이 더 좋을 것 같습니다.

1) 경찰보다 더 무서운 것은 서울에서 파견되었다는 군복 차림의 방첩대원들이었다. 이들은 영장도 없이 사람들을 대량으로 잡아 가두고 구타하는 등의 사형私刑을 가했다. 그 밖에도 타도에서 흘러들어온 우익 단체들이 많았다. 이들은 주민들을 괴롭히는 데 "너는 빨갱이"라는 소리를 이용했다.(이목우, 〈대구 10·1 폭동사건〉, 《세대》, 1965년 10월)

2) 파업은 자유 합법적인 것이며 폭동은 조선 민족이 살기 위해서 결사적으로 싸워온 결과로서의 사건이다. …… 군중은 본인의 명령으로 좌우할 수 없는 것이었다. 그것은 전체 정권이 우리에게 오지 않는 한 불가능하다.(윤장혁 전평 경상북도위원장, 《영남일보》, 1947년 2월 28일)

3) 일제강점기 왜정에 협력하여 조선 사람을 구박했던 사람이 오늘날 우리들을 구형하려 함은 어찌 된 일인가? 고로 검찰관은 이 자리에서 물러나기를 요구한다.(김일식, 《영남일보》, 1947년 8월 1일)

―《한국전쟁 전후 민간인 학살 실태 보고서》

이제야 당시 민중들의 당당한 사자후가 들리시나요. 대구나 경북을 넘어서 당시 남한의 민중들은 이렇게 근사했습니다. 그들은 일본과 다름없는 미군정의 착취에 정면으로 맞섰던 겁니다. 개돼지가 아닌 이상 당연한 겁니다. 그들은 일본 경찰이었다가 이제는 미군정청 경찰이나 사법 당국자로 활동하는 친일파들에게 분노했던 겁니다. 정치 논리에 따라 친일파와 부정적이든 긍정적이든 관계를 맺으려고 했던 당시 지도층에 비하면 민중들의 행동은 얼마나 멋집니까. 나아가 그들은 자신들의 정당한 저항을 '빨갱이'라는 색깔론에 가두고 단죄하려고 했던 당시 권력에 주눅이 들지 않았습니다. 여기서 주목해야 할 사람은 전평 경상북도위원장이었던 윤장혁입니다. '전평'은 1945년 11월 5일 설립된 조선노동조합전국평의회朝鮮勞動組合全國評議會의 약칭입니다. 당시 조선공산당과 밀접한 관련이 있는 조직이었지요. 그러니까 전평 경북위원장이 항쟁과 관련되어 체포되었다는 것만으로도 미군정청은 항쟁의 주도자나 선동자로 조선공산당을 주목할 수 있었던 겁니다. 당연히 미군정청도 윤장혁을 취조해 그 사실을 자백받으려고 했을 겁니다. 미군정청에 굴하지 않고 윤장혁은 말합니다. 민주주의사회라면 파업과 시위는 합법적 권리라는 사실을요. 당연한 이야기이죠. 시민들의 파업이나 시위 등, 정치적 표현의 자유를 억압한다면, 어떤 정부라도 민주주의를 배신하고 있는 겁니다. 권력을 위임받은 소수가 판단하는 정의가 권력을 위임한 다수가 판단하는 정의와 충돌할 때, 다수의 정의를 따르는 것이 민주주의의 철칙이지요. 이어서 윤장혁은 자신이 10월항쟁을 선동했고 지도했다는 혐의를 완강히 부인합니다. 물론 그가 조선공산당의 밀명으로 10월항쟁을 지도했을 수도 있습니다. 그러나 현장에서 그는 경험한 겁니다. 10월항쟁과 같은 민중들의 대규모 저항운동은 소수 지도자가 통제할 수 있는 것이 아니라, 자발적인 민중들의 의지와 연대로 시작되고 진행되며 그리고 마무리될 뿐이라는 것을요. 그래서 윤장혁은 로자 룩셈부르크를 연상시키는 말을 한 겁니다. "군중은 자신과 같은 소수의 지도자에 의해 움직이지 않는다"고.

당시 미군정은 반민주적 지배자였던 겁니다. 민중들의 생존을 위협하는 미곡 수집령을 강제했다는 것도 그렇고 거기에 저항했던 민중들에게 계엄령으로 응대했으니 그렇습니다. 또한 미군정은 반민족적 지배자였습니다. 친일파로 무장된 경찰과 사법 당국을 자신의 권력을 집행하는 도구로 사용했기 때문이지요. 미군정의 반민족성과 반민주성은 어쩌면 그리 놀랄 일도 아니지요. 미군정은 점령군이었으니 말입니다. 그들의 존재 이유는 스탈린체제의 확장을 막는 것, 오직 그것 하나에 있었습니다. 그러니 남한 민중들이 그들의 눈에 들어올 리도 없죠. 바로 이것이 미군정이 남한에서 반민주성과 반민중성을 띠게 된 결정적인 이유였지요. 그러나 더 중요한 것은 미군정의 구체적인 통치나 지배 전략, 다시 말해 그들의 반민주성과 반민중성이 작동하는 방식이라고 할 수 있죠. 왜냐고요? 미군정을 계승했던 이승만 정권에서부터 대한민국을 오랫동안 좌지우지했던 보수우익 정권들은 1946년 10월항쟁을 진압하는 방식을 그대로 답습하기 때문입니다. 첫째, 계엄령 등 압도적 무력으로 민중들을 상대한다(공포론). 둘째, 색깔론으로 여론 몰이를 하고 동시에 우익 테러 단체들을 적절히 이용한다(색깔론). 셋째, 민중들의 자발성을 희석하기 위해서 북한 정권이나 혹은 진보 세력들이 개입했다고 부각하거나 과장한다(개돼지론). 1946년 10월항쟁을 진압했을 때 마련한 전략들은 1948년 4월 3일 분단을 고착화하는 남한 내의 단

5부. 스펙타클, 주체를 구경꾼으로 만드는 마법

독선거에 반대했던 제주도민을 학살하는 데 모두 사용되었죠.

　공포론, 색깔론, 개돼지론! 민중주의와 민주주의를 억압하는 세 가지 칼, 혹은 '한국판 파시즘'의 세 가지 칼이라고 할 수 있죠. 이 칼들은 1960년 4월 학생운동에서 이승만에 의해, 1964년 6월 3일 절정에 이르렀던 한일회담 반대 투쟁에서 군사독재자 박정희 朴正熙(1917~1979)에 의해, 1980년 광주민주항쟁이나 1987년 6월 민주항쟁에서 군사독재자 전두환全斗煥(1931~)에 의해 그대로 휘둘러집니다. 미군정의 저주에 제대로 걸려든 우리였고, 서글픈 우리 민주주의였던 겁니다. 간혹 민주주의에 대한 열망이 순간적으로 성공했을 때, 그것은 세 자루의 칼을 우리가 무력화시켰기 때문이었습니다. 그러나 항상 세 자루의 칼은 다시 더 날카롭게 벼려져 우리 민중들에게 향해졌지요. 실제로 2017년 초반을 뜨겁게 달궜던 촛불집회에서도 우리 민중들은 혹여 이 세 가지 칼이 휘둘러지지나 않을까 노심초사했을 정도입니다. 1946년 대구 10월항쟁에 적용되었던 칼들이 아직도 녹슬지 않고 날카롭기만 하니, 도대체 해방 이후 우리 삶이 어떠했을지 짐작이 가는 일입니다. 그래서 10월항쟁은 해방 이후 남한사회를 이해하는 가장 중요한 구조적 상징이라고 할 수 있죠. 해방 이후 오랜 시간 우리 사회를 지배했던 보수우익 세력들이 10월항쟁을 일시적이고 우발적인 '사건'이나 '폭동'으로 폄하했던 것도 이런 이유에서입니다.

　1946년 10월 계엄령을 통해 탱크를 대구에 진주시켰던 미군정은 반민주적이고 반민중적인 독재 세력이었죠. 이런 모습에 쾌재를 부르는 세력이 있었으니, 바로 일본의 패망으로 함께 좌초하리라 믿어졌지만 기적처럼 되살아난 친일파들이었죠. 맹목적인 반공주의를 탄생시킨 미군정과 친일파의 잘못된 만남! 해방 이후 남한 역사에서 결코 있어서는 안 되는 일이 벌어진 겁니다. 태생적으로 반민중적이고 반민주적이었던 친일파가 자신들의 기득권을 부정하는 스탈린체제나 북한 정권에 맞서는 데 미군정과 연대하지 않을 이유는 없지요. 심지어 이들 친일파들은 제헌헌법에 자신들의 기득권을 유지하기 위한 조항까지 새겨 넣는 꼼꼼함도 보여줍니다. 3·1운동 정신이나 삼균주의가 피력된 제헌헌법 〈전문〉 밑에 숨어서 그들은 헌법뿐만 아니라 남한사회 전부를 갉아먹을 수 있는 병균을 심어놓은 겁니다. 명분은 독립운동을 하던 사람들이나 가지고 가라고 하고, 실속은 자기가 챙기려는 전략이었지요. 99조부터 103조까지 5개 조목으로 이루어진 제헌헌법의 제일 마지막 부분 제10장 〈부칙〉을 넘겨보죠.

제100조: 현행 법령은 이 헌법에 저촉되지 아니하는 한 효력을 가진다.

제101조: 이 헌법을 제정한 국회는 단기 4278년 8월 15일 이전의 악질적인 반민족행위를 처벌하는 특별법을 제정할 수 있다.

……

제103조: 이 헌법 시행 시에 재직하고 있는 공무원은 이 헌법에 의하여 선거 또는 임명된 자가 그 직무를 계승할 때까지 계속하여 직무를 행한다.

– 〈부칙〉, 제헌헌법

100조에서 말한 현행 법령이란 미군정청의 법률을 말하고, 103조의 공무원이란 바로 미군정청이 그대로 계승했던 친일 관료들을 말합니다. 이렇게 친일파 청산은 물 건너갑니다. 그나마 101

조에 '반민족행위를 처벌하는 특별법'과 관련된 내용이 있으니, 작으나마 희망적이라는 인상도 주죠. 그러나 반복해서 한번 읽어보세요. 100조나 103조의 조항과 달리 101조에는 무언가 불길한 뉘앙스가 숨어 있으니까요. 100조의 "효력을 가진다"라는 어구나 103조의 "직무를 행한다"라는 어구는 매우 단정적이지만, 101조는 "특별법을 제정할 수 있다"라는 구절로 뭔가 여운을 남기고 있습니다. 헉! "만들 수도 있고, 아니면 만들지 않을 수도 있다"는 의미니까, 친일파를 제거할 수도 있고 그렇지 않을 수도 있다는 이야기가 성립되죠. 1948년 8월 15일 수립된 대한민국 정부는 제헌헌법의 〈전문〉에서 밝혔듯이 일본제국주의를 극복하고 들어선 국가입니다. 당연히 친일파는 새로운 국가에서 청산되어야 할 존재입니다. 그러나 미군정청은 그들과 손을 잡아버린 겁니다. 미군정의 법령과 미군정의 친일파 관료들을 그대로 인수하는 순간, 대한민국 정부의 친일파 청산 작업이 유야무야되는 것은 그야말로 시간문제였죠. 아니나 다를까, 미군정의 통역관에서 대통령에 오른 이승만은 1948년 8월 5일 국회에서 애써 만든 반민족행위처벌법안(반민법안)과 반민족행위특별조사위원회(반민특위)를 1년도 되지 않아서 공권력을 동원해 와해시키죠. 1949년 6월 6일 중부경찰서장은 경찰들을 동원해 반민특위를 기습해서 특경대를 해산하고 당시 현장에 급히 출동했던 권승렬 검찰총장마저 무장해제해버리죠. 이승만! 대통령이라고요? 아닙니다. 그는 미국과 친일파의 이익을 지키기 위해 아무것도 가리지 않고 짖어대고 물어뜯었던 충직한 개였던 겁니다.

　　1945년 해방 이후부터 1950년 한국전쟁까지 5년이란 짧은 시간에 남한사회에는 묘한 공식이 하나 들어옵니다. '친일파=반공주의자=민족주의자'라는 괴이한 공식이지요. 당시 반민법이 국회에서 논의될 때 친일파들은 시위대를 사주해 국회 앞에서 시위를 하도록 했습니다. 당시 그들이 뿌린 유인물 카피를 한번 살펴볼까요. "대통령은 민족의 신성이다. 절대 순응하라!" "민족 처단을 주장하는 놈은 공산당의 주구다!" 1947년 10월항쟁에서 확인된 보수우익들이 휘둘렀던 세 가지 칼날이 다시 번뜩이는 대목이죠. 대통령이 된 다음 이승만이 제일 먼저 했던 일이 뭔지 아시나요? 1948년 4월 3일 무장봉기했던 제주도민에 대한 학살을 명령한 것이지요. 남조선노동당 제주도당 출신 350명이 중앙당에 보고도 하지 않고 독자적으로 무장봉기를 했던 겁니다. 분단을 고착시켜 통일을 가로막는 남한 내 단독정부 설립에 반대하는 취지였지요. 이들의 봉기에 제주도민은 열띠게 환호하게 됩니다. 바로 이들에 대한 민간인 집단학살이 1948년 11월부터 이듬해 2월까지 진행되는 거죠. 그 와중에 화룡점정은 미군정청이 대구에서 했던 것처럼 이승만은 11월 17일 제주도에 계엄령을 선포합니다. 작전통제권을 장악하고 있던 미군은 민간인 학살에 수수방관했을 뿐만 아니라, 심지어 진압군에게 무기도 제공했습니다. 미군으로서는 얼마나 뿌듯한 일인가요? 한때 일본 총독부가 친일파로 하여금 동족을 탄압하도록 했던 것처럼, 이승만은 지금 미국 대신 자기 동족들을 살육하고 있으니까요. 전투기까지 동원된 학살 사건에 제주도민이 어떻게 무사할 수 있었겠습니까? 공식적으로 신고가 접수된 1만 715명의 사망자 그리고 3171명의 행방불명자를 낳은 민간인 집단학살로 제주도는 인구 10분의 1, 약 3만 명의 생명을 희생해야만 했습니다.

참, 1946년 대구 10월항쟁, 그리고 1948년 제주도 4·3항쟁과 함께 미군, 친일파, 그리고 이승만 등을 궁지에 몰았던 사건이 하나 더 있습니다. 1948년 11월 17일 제주도민 학살을 위한 계엄령이 떨

5부. 스펙타클, 주체를 구경꾼으로 만드는 마법

1948년 4월 3일 제주도 폭동 사건을 진압하기 위해 출동하는 군경비대를 격려하는 이승만.

1948년 5월 처형을 기다리는 사람들.

1949년 6월경 제주 관덕정 광장에 전시된 유격대 사령관 이덕구의 주검.

제주농업학교 수용소에 수감된 사람들.

5부. 스펙타클, 주체를 구경꾼으로 만드는 마법

어지자, 여수 주둔 14연대가 제주도 출병을 거부하고 반란을 일으킨 겁니다. 군인들의 항쟁이라고 할 수 있죠. 여기에 남조선노동당 소속 장교들이 일을 더 크게 만들어 순천 지역까지 점령하게 되면서, 한때는 여수, 순천, 광양, 구례, 보성까지 인민위원회가 설립됩니다. 이승만 정권으로서는 정말 심각한 사태였죠. 자신의 통치권을 관철시키는 핵심 수단인 군대가 반란을 일으킨 셈이니까요. 어쨌든 여수와 순천에서의 반란 사건은 제주도 민주항쟁의 부산물이라고 할 수 있을 겁니다. 노파심에 한마디 덧붙입니다. 남조선노동당이어도 좋고 전평이어도 좋습니다. 그렇지만 어떤 좌익 지도부의 선동만으로 민중들의 대규모 저항이 발생하지는 않는다는 로자 룩셈부르크의 통찰을 기억해야 합니다. 단지 당시 좌익 지도부들은 민중들의 항쟁에 숟가락을 얹으려고 했던 것이지요. 아니 러시아에서나 독일에서도 항상 이런 식이었습니다. 그러니 늘 혁명은 어떤 식으로든지 배신을 당하는 겁니다. 더군다나 제주도의 경우나 여수와 순천의 경우는 좌익 지도부들의 오판으로 심각한 결과를 초래하기도 했지. 준비가 되지 않은 민중들이 돌이킬 수 없는 대규모 희생을 감당했어야 했으니까요. 어쨌든 바로 이 대목에서 이승만은 앞으로 한국사회를 좌지우지할 법률 한 가지를 관철시키게 됩니다. 1948년 11월 20일 국회를 통과해서 이승만 정부가 12월 1일 공포한 '국가보안법'이죠. 자! 이제 완성되었습니다. 보수우익들의 전가의 보도, 공포론, 색깔론, 개돼지론이 하나로 결합되어 국가보안법이라는 법적 지위마저 얻게 된 겁니다. 민주주의와 친일파 청산, 나아가 통일을 원했던 민중들의 자발적 저항에 이제 완전히 족쇄가 채워지는 순간입니다.

　　1945년 우리는 해방되었습니다. 아니 정확히 말해 외부에 의해

여순사건 희생자 주검 앞에서
가족을 찾고 있는 주민.

여순사건이 진압된 후
여수초등학교 교정에서
왼쪽과 오른쪽 대열로
구분된 사람들. 오른쪽
대열에 앉은 사람들은 부역
혐의 용의자로 분류되어
대부분 처형되었다고 한다.

제주도 출병을 거부하고
반란을 일으켰던 14연대의
깃발을 들고 웃고 있는 미군.

　　　　　　　　　　　　5부. 스펙타클, 주체를 구경꾼으로 만드는 마법

해방이 된 겁니다. 이것이 어쩌면 모든 비극의 출발점인지도 모르죠. 신채호의 말대로 우리 민중들이 일본제국주의를 축출하고 직접 민주주의를 관철했어야 했단 겁니다. 그러지 못하니 자꾸 상전들만 들어오고 바뀌고 그 와중에 죽어가는 것은 민중들뿐이었습니다. 특히나 1945년 앞다투어 들어온 소련군과 미군은 한반도 상황을 끔찍하게 몰고 갔죠. 외세 상전이 일본에서 소련과 미국으로 바뀐 것이니까요. 이게 무슨 해방이고, 독립인가요. 그러나 더 심각한 것은 자칭 타칭 지도자라고 했던 사람들의 노예근성이었습니다. 〈차라리 괴물을 취하리라〉라는 에세이에서 신채호가 했던 말이 떠오릅니다. "도통한 사람은 삽시간에 애국자·비애국자, 종교가·비종교가, 민주주의자·비민주주의자로 다방면으로 모습을 드러내니, 어디에 이런 사람이 있는가. 그 원인을 따져보면 나는 없고 남만 있는 노예의 근성을 가진 까닭이다. 노예는 주장은 없고 복종만 있어, 갑의 판이 되면 갑에 복종하고 을의 판이 되면 을에 복종할 뿐이니, 비록 마음의 차원에서라도 무슨 혁명할 조건이 있겠는가!" 아마 미군이 38선 이북에 진주했다면, 이승만은 서울을 떠나 평양으로 올라갔을 겁니다. 반대로 소련군이 38선 이남에 진주했다면, 김일성은 블라디보스토크에서 배를 타고 강릉 부근쯤에서 내렸을 겁니다. 당제국이 불교를 숭상하니 불교를 받아들이고, 명제국이 신유학을 숭상하니 신유학을 받아들였던 지도자들이 주도권을 잡았던 슬픈 역사가 있습니다. 슬픈 역사가 반복되니 우리 지식인의 뇌리에는 주인의 간을 보는 노예근성이 제2의 천성으로 자리 잡게 된 겁니다.

간혹 아직도 남과 북, 자유주의와 사회주의와 관련된 이념 논쟁을 이야기하는 사람이 있습니다. 그러나 이념 논쟁이 먼저가 아닙니다. 그 바닥에는 압도적인 힘에 기생하려는 노예근성이 있었던 겁니다. 소련군이 사회주의에 입각해 있기에 북쪽 사람들은 사회주의를 배운 것이고, 미군이 자유주의를 떠들기에 남쪽 사람들은 자유주의를 진리라고 받드는 겁니다. 이 부분에서 우리는 정직할 필요가 있습니다. 해방 이후 지금까지 기독교가 우리 사회를 지배하는 것은 그것이 제2차 세계대전 이후 패권을 잡은 영국과 미국의 영향이 아닌가요. 만약 기독교가 저 멀리 중앙아프리카 어느 부족만이 믿고 있는 종교였다면, 과연 기독교가 지금처럼 한국에서 번성할 수 있었을까요? 정말 비극이죠. 누가 판세를 주도하는가만 민감하게 살피고 줄을 서려고 한 겁니다. 지도자라고 자처하는 대부분의 사람들이 말이지요. 누구 하나 우리 민중들과 함께하고자 몸을 낮춘 사람은 없었던 겁니다. 이런 판국에 민중주의와 민주주의가 어떻게 싹을 틔울 수 있었겠습니까? 이승만이나, 김일성이나 누구든 마찬가지입니다. 김일성이나 이승만은 태생적으로 반민중적이고 따라서 반민주적일 수밖에 없지요. 민중으로부터 권력을 위임받은 것이 아니라, 점령군의 무력에 근거해 이식된 권력이었으니까 말입니다. 그러니까 두 사람은 모두 통역관 콤플렉스에서 자유로울 수 없게 된 겁니다. 생각해보세요. 선거 등 모종의 정당화 절차를 아무리 동원한다고 해도, 김일성이나 이승만이 부각될 수 있었던 것도 그리고 그들이 최고 권력자가 될 수 있었던 것도 모두 점령군의 압도적 무력에 근거합니다. 이걸 너무나 잘 알고 있는 두 사람에게는 점령지 주민들과 다른 정적들은 겉으로는 자신을 존중하는 척하지만 속으로는 점령자 하수인에 불과하다고 조롱할 수도 있다는 일종의 자격지심이 작용했던 거죠. 그래서 남과 북의 최고 권력자가 된 뒤, 김일성이나 이승만은 자신들의 정적들에게 그렇게 가혹했던 겁니다. 민중들의 자유로운 의지로 권력을 위임받지 못한 결과는 이렇게 무서운 겁니다.

　김일성과 이승만! 권력의 기반과 주어진 조건이 유사해서 그런지, 그들이 보이는 정치적 행태는 사뭇 비슷한 데가 있습니다. 먼저 정적들 중 그나마 민중주의에 입각했던 사람들을 어떻게 처리했나 살펴보죠. 우선 일본이 패망하자마자 건국준비위원회를 만들어 행정적이고 정치적으로 우리 힘만으로 독립국가를 만들려고 했던 여운형 등 건국준비위원회 측 인사들이 중요합니다. 물론 건국준비위원회나 인민위원회는 소련군이나 미군에게 모두 부정당하고 말지요. 점령군으로 들어온 양측 군대가 한반도에서 자발적으로 탄생하려는 권력을 인정할 수는 없는 일이었으니까요. 어쨌든 당시 건국준비위원회는 각 지역마다 인민위원회를 만들었습니다. 조만식曺晩植(1883~1950)은 바로 평양 인민위원회 위원장이었습니다. 그러니까 건준 측의 남측 대표선수가 여운형이었다면, 북측 대표선수는 조만식이었다고 보시면 됩니다. 처음에 소련군이나 김일성은 조만식을 나름 북한사회를 함께 이끌어갈 지도자로 인정하지요. 그러나 어떻게 되었습니까? 1946년 2월 소련군과 김일성은 그를 가택 연금시킵니다. 조만식의 실각! 그것은 한때 '동양의 예루살렘'이라고 불렀던 평양의 패권이 김일성에게 완전히 넘어갔다는 것을 상징하는 사건이었습니다. 한국전쟁 때 유엔군이 평양을 넘보자 조만식은 1950년 10월 15일 처형당하고 맙니다. 물론 서울에 남아 있던 여운형도 신세가 좋았던 것은 아닙니다. 미군정과 이승만의 묵인 아래 여운형은 우익 테러분자들의 총격으로 1947년 7월 19일 서울 혜화동 로터리에서 암살되니까 말입니다.

　외세보다 한발 앞서 총독부로부터 권력을 인수하려고 했던 건국준비위원회, 그리고 그들이 서둘러 선포했지만 바로 미국과 소련

1947년 8월 3일 거행된 여운형 장례식. 만장에는 '근로 인민의 최고 지도자' '세계 평화의 위대한 공헌자'라고 적혀 있다.

에 의해 부정되었던 조선인민공화국! 1945년 전후를 신채호가 보았다면 그나마 고개를 끄덕일 유일한 것은 건준의 설립과 조선인민공화국의 선포라는 두 가지 사건일 겁니다. 우리에게 그나마 있던 독립 민주국가의 유일한 기회였을 뿐만 아니라, 우리 지도자들 중 제정신을 가졌던 사람들도 있었다는 위안을 주니까요. 사실 바로 이때 건준은 더 강력하게 미군과 소련군에 투쟁을 전개했어야 했죠. 무장투쟁도 불사할 정도였어야 했을 겁니다. 그렇지만 아쉽게도 준비도 부족했지만 대담하지도 못했기에 우리로서는 천재일우의 기회를 놓친 겁니다. 어쨌든 남과 북에서 이제 그나마 민중들의 속내를 민감하게 읽으려고 했던 건준 지도자들은 이렇게 사라진 겁

5부. 스펙타클, 주체를 구경꾼으로 만드는 마법

니다.

그렇다면 이제 무장 병력으로 중국에서 항일 독립운동을 하다가 귀국했던 지도자들은 어떻게 되었는지 살펴보죠. 조선의용군을 이끌었던 김두봉 등 연안파 등은 1956년 8월 31일 완전히 숙청됩니다. 한국전쟁 때 북한군 주력을 이루었던 조선의용군 출신들이 완전히 괴멸되어버린 겁니다. 이때는 이미 조선공산당 서열 1위이기도 했던 박헌영이나 '북한 노동당의 망각된 창조주'라고 불렸던 허가이 등은 1953년 한국전쟁이 끝난 뒤 숙청되거나 죽임을 당한 뒤였습니다. 북한 민중들의 지지를 받던 조만식도 죽이고, 중국 측의 지지를 받던 김두봉 등도 숙청했으며, 소련 측의 지지를 받던 허가이마저 죽였으니, 이제 김일성은 통역관에서 완전히 탈피해 그야말로 절대 지존으로 등극한 겁니다. 뭐, 이걸 정당화하는 것이 주체사상이었죠. 박정희가 강조했던 '한국적 민주주의'의 도플갱어 '한국적 사회주의'는 이렇게 탄생한 겁니다. 이승만은 어떻게 했을까요? 광복군을 이끌었던 임시정부 주석 김구가 어떻게 되었는지 잘 아시지요. 1949년 6월 26일 김구는 미군 방첩대^{CIC} 정보원이자 정식 요원이었던 우익 테러분자에 의해 암살됩니다. 결국 절대 지존의 자리에 먼저 오른 것은 '국부國父'라고 칭송된 이승만이라고 할 수 있고, 그에 비해 상당히 젊었던 김일성은 1950년대 말에 그야말로 '민족의 태양'이 되죠. 민족의 태양이든 국부든 그들에게 로자 룩셈부르크의 이야기를 읽어주고 싶군요. 물론 김일성과 이승만! 두 사람은 들으려고 하지도 않을 테지만 말입니다.

정부 지지자들만을 위한 자유, 당의 구성원들만을 위한 자유. 설령 그들이 아무리 많다고 하더라도 이런 자유는 결코 자유가 아니다. '자유'는 항상 다르게 생각하는 사람의 자유를 인정하는 것이다. '정의'라는 개념에 매료되어서가 아니라, 정치적 자유에서 유용하고 온전하며 순수한 모든 것은 정의의 이런 본질적 특성에 의존하기 때문이다. 자유가 특권이 될 때, 자유는 더 이상 작동하지 않게 될 것이다.

—《러시아혁명Zur Russischen Revolution》

김일성이 무슨 말을 했는지, 어떻게 대중들을 감동시켰는지 잘 모르겠습니다. 그리고 이승만이 어떻게 대중들에게 연설했는지 잘 모르겠습니다. 아니 알 필요도 없죠. 한 가지 분명한 것은 두 사람이 모든 결정과 모든 행동에서 "다르게 생각하는 사람의 자유"를 인정하지 않았다는 겁니다. 비슷한 경력과 지성을 갖춘 동료들에게도 다르게 생각할 자유를 인정하지 않고 잔인하게 제거했는데, 두 사람이 민중들을 어떻게 생각할지 미루어 짐작이 가는 일입니다. 국부가 되고 태양이 되고 싶었던 사람들이고, 민중들을 모조리 희생하더라도 한반도의 절대 권력이 되려고 했던 사람들입니다. 1950년 6월 25일 한국전쟁이 현실적으로 발발하기 전에, 두 사람은 항상 전쟁에 의한 무력통일을 떠들고 다녔죠. 이른바 남진통일과 북진통일입니다. 제2차 세계대전을 고통스럽게 치렀고 냉전체제의 아찔한 균형을 간신히 잡은 데 성공했던 소련이나 미국은 당분간 휴식이 필요했을 때였습니다. 그러니 당혹스러운 일이었죠. 한반도에서 북한이 승리하든 남한이 승리하든, 그것은 일시적인 현상일 뿐이죠. 독점자본주의체제와 시장자본주의체제의 경계선이 압록강이 되든지 아니면 현해탄이 되든지의 차이만 있을 테니까요. 물론 냉전의 경계선이 압록강으로 정해지면, 미국으로서는 좋죠. 반면 그 경계선이 현해탄으로 정해지면, 소련은 쾌재를 부를 겁니다. 문제는 당시 미국이나 소련은 작은 지정학적 이득보다는, 혹은 작은 지정학적 이익을 얻기보다는 안정과 휴식이 필요했다는 것입니다. 더군다나 작은 지정학적 이익을 도모하는 것도 당시로서는 너무나 위험한 일이었죠. 이제 핵무기까지 보유한 두 강대국이었으니까요.

잘못하면 제3차 세계대전이 벌어질 판입니다. 제3차 세계대전이 일어나기만 하면 그냥 소련이나 미국뿐만 아니라 인류가 절멸할 수도 있습니다. 그런데 이승만과 김일성은 경쟁적으로 전쟁을 이야기하고 다녔던 겁니다. 분단에 대한 불만과 통일에 대한 여망을 폭력과 살육의 전쟁으로 승화시킨 겁니다. 권력욕이었죠. 당시 미국 대통령 트루먼^{Harry S. Truman}(1884~1972)이 남한의 병력을 줄인 것도 이런 이유에서입니다. 이승만의 무력 도발을 원천에 봉쇄하려고, 남한에는 10만 명의 육군과 공군, 그리고 6000명 규모의 해안경비대만 유지하도록 만들고 탱크나 대구경 대포 등과 같은 중화기나 현대식 비행기의 보유는 금지했던 겁니다. 소련도 마찬가지였죠. 기밀 해제된 소련 정치국 자료에 의하면 1949년 9월 11일 소련 외무부가, 그리고 9월 24일 정치국도 김일성의 남진통일을 금지했습니다. 그러나 김일성은 졸랐습니다. 1950년 초 수차례 열렸던 스탈린과의 회담 때마다 김일성은 조르고 또 졸랐지요. 마침내 1950년 4월 25일 회담에서 스탈린은 김일성의 모험에 '오케이' 사인을 주죠. 아마 1949년 10월 마오쩌둥^{毛澤東}(1893~1976)이 성공시킨 중국혁명 그리고 1950년 2월에 체결된 중소동맹이 스탈린에게 자신감을 불어넣었던 것으로 보입니다. 마침내 한국전쟁은 북한의 기습으로 1950년 6월 25일 일어나게 되죠. 핵무기 사용을 검토했을 정도로 인간이 만들었던 대량살상무기가 모두 동원된 전쟁이 마침내 시작된 겁니다.

북한군은 공격 개시 3일 만에 6월 28일 서울을 점령합니다. 미국 대통령 트루먼은 바로 6월 27일 해군과 공군의 출동을 지시했고 이어서 30일 미국 지상군의 투입을 명령하지요. 7월 7일 맥아더를 총사령관으로 하는 UN군이 결성되고, 7월 8일 한반도에 UN 깃발이 처음으로 휘날리게 됩니다. 그러나 북한의 공세는 그야말로 파죽지세였죠. UN군의 주력이었던 미군과 한국군은 부산 근처까지 퇴각하게 됩니다. 이때까지 정말 김일성은 신이 났죠. 이제 한반도의 유일한 태양이 되는 순간이었으니까요. 그러나 9월쯤 부산을 둘러싸고 있는 낙동강 주변에서 전쟁은 교착 상태에 빠지죠. 마침내 9월 15일 인천상륙작전이 성공하면서 전세는 완전히 반전됩니다. 9월 28일 마침내 서울을 탈환한 미군과 한국군은 이제 북진을 시작해서, 10월 19일에는 북한의 수도 평양을 점령하게 됩니다. 이제 이승만이 신날 차례죠. 새파란 김일성이 어떻게 한반도의 국부가 될수 있겠습니까? 자신처럼 경륜이 있는 지도자만이 최고 권력을 감당할 수 있다고 뻐겼을 겁니다. 10월 25일 중국군이 압록강을 넘어 미군과 한국군을 가로막게 되죠. 또 반전이 일어난 겁니다. 이제 중국군과 북한군이 미군과 한국군을 밀어붙여 남진을 시작하니까요. 12월 5일 평양을 탈환한 중국군과 북한군은 남진을 계속해 1951년 1월 4일에는 서울을 다시 점령하죠. 그러나 재정비에 성공한 미군과 한국군은 다시 반격을 가해서 3월 14일 서울을 재탈환하게 됩니다. 이후 1953년 7월 27일 휴전 조약이 이루어질 때까지 38선 근처에서 전선은 교착되고 말지요. 물론 이때도 이승만은 휴전을 결사반대하며 북진을 해야 한다고 떼를 썼던 것으로 유명합니다.

국가 간의 전쟁! 이건 그 자체로 최악의 범죄입니다. 불가피한 전쟁! 그런 것은 없습니다. 그냥 전쟁은 반민주적이고 반민중적인 범죄입니다. 불가피한 전쟁, 이 말은 민주주의는 언제든지 유보될 수 있다는 말과 같은 겁니다. 사실 상황은 정반대죠. 민주주의가 후퇴했기에, 항상 전쟁의 위험성이 대두하는 것이니까요. 상비군을 제도적으로 유지하고 일체의 폭력수단을 국가가 독점하고 있으니 소수의 권력자는 전쟁을 쉽게 결정할 수 있죠. 그렇기에 대규모 살육을 동반하는 국가 간의 전쟁은 본질적으로 반민주적이고 당연히 반민중적입니다. 전쟁이 일어나기 전에 인류의 성원이라면 누구든지 자신이 속한 사회를 민주적으로 만들어야 하는 겁니다. 폭력수단을 국가가 독점하는 것을 가급적 막고 이미 존재하는 국가의 폭력수단도 민주적 절차를 거쳐 사용할 수 있도록 만들어야 합니다. 그러면 전쟁은 원초적으로 막을 수 있지요. 전쟁이 일어나더라도 그것을 종결시키는 궁극적인 힘도 여전히 대다수 민중들에게서 찾아야 할 겁니다.

제1차 세계대전이 어떻게 종결되었는지 기억을 더듬어보세요. 각국의 '노동자=군인'이나 '농민=군인'들이 전쟁 명령을 거부하고 자국 내 민중들과 연대하여 대규모 혁명을 일으켰기에, 독일이나 러시아는 더 이상 전쟁을 지속할 수 없었던 겁니다. "만국의 노동자여! 단결하라!"는 평화 시의 주장은 전쟁 때에는 "만국의 군인들이여! 단결하라!"로 바뀌어야 하죠. 그렇게 되면 바로 이 순간 발발했던 전쟁도 그냥 흐지부지되어버릴 겁니다. 민주주의자! 그것은 반전주의자입니다. 생각해보세요. 다수의 민중들 중 그 누가 전쟁을 원하겠습니까? 전쟁이 발발하는 순간, 상비군으로 징집된 아들도 그렇지만 남겨진 가족들도 그야말로 풍전등화의 신세에 던져집니다. 민중들 중 누가 이런 상황을 원하겠습니까? 그래서 해방 이후

1951년 1월 8일 강릉 부근에서
피란을 떠나는 사람들.

5부. 스펙타클, 주체를 구경꾼으로 만드는 마법

전쟁이 불가피하다는 둥, 혹은 먼저 공격하면 승리할 수 있다는 둥 전쟁에 안달했던 김일성과 이승만은 그 자체로 민주주의의 적이었던 겁니다. 민중들의 삶은 전혀 생각하지도 않았죠.

3년 동안 벌어졌던 한국전쟁은 450만 명의 희생자를 만들었습니다. 남한의 경우 군인과 민간인을 합쳐 약 100만 명, 북한의 경우 군인과 민간인을 합쳐 250만 명이 생명을 잃었습니다. 중국군의 경우 최대 100만 명이 전사했고, UN군의 경우 4만 530명이 전사했습니다. UN군의 주력군이었던 미군은 3만 6570명이 전사했지요. UN군과 미군의 사상자가 적었던 이유는 미군은 지상군보다는 공군력이나 폭탄을 이용한 전투를 많이 수행했기 때문입니다. 통계에 따르면 당시 미군은 파열탄과 소이탄 등 폭탄 46만 톤, 네이팜탄 3만 2357톤, 로켓탄 31만 3600발, 연막 로켓탄 5만 5797발, 기관총 1억 6685만 3100발을 한반도에 쏟아부었다고 합니다. 결국 전체 한국전쟁의 그림은 북한군과 중국군의 보병부대와 미군의 공군력과의 싸움이라고 정리할 수 있지요. 그래서 미군의 피해가 현저히 적었던 겁니다. 얼마나 미군이 한반도에 포탄을 쏟아부었냐 하면, 당시 사용되었던 네이팜탄 양은 1960년부터 1975년까지 지속되었던 베트남전쟁 때 미군이 사용했던 양의 두 배나 되었을 정도였죠. 놀랍게도 이 가공할 네이팜탄 대부분은 1950년 6월부터 9월까지 집중적으로 사용됩니다. 적군, 아군, 심지어 민간인을 가리지 않고 피해가 속출하니 여론이 좋을 리 없었죠. 그래서 미군도 네이팜탄 사용을 접은 겁니다. 그러나 그 대신 다른 폭탄들이 엄청 사용되었지요. 한반도에 살던 수많은 민간인들을 죽음으로 몰고 간 계기 중 하나가 바로 미군의 폭탄이었던 겁니다. 그 대표적인 사례가 1950년 7월 16일 B29 폭격기 폭탄 투하로 용산 지역 민간인 1600명이 사

1951년 1월 미국 공군이 북한 지역을 폭격하고
있다. 미군의 폭격으로 수많은 사람들이 죽었고
북한 지역은 철저하게 파괴되었다.

5부. 스펙타클, 주체를 구경꾼으로 만드는 마법

1950년 7월 처형장으로 이송되고 있는 공주형무소 재소자들. 이들은 모두 보도연맹원 사건 희생자들이다.

망한 사건을 들 수 있을 것 같습니다. 전쟁에 휘말려 애꿎게 희생된 민간인들도 부지기수였지만, 우리는 이승만과 김일성이 저지른 학살행위에 주목하고자 합니다.

먼저 이승만의 경우를 살펴보죠. 그는 자신에게 반대했던, 혹은 반대할 가능성이 있는 적대자들이 기록된 방대한 목록을 가지고 있었죠. 죽음의 목록인 셈입니다. 북한군이 서울을 점령하기 하루 전날, 1950년 6월 27일부터 이승만은 이들을 살해하기 시작합니다. 여기서 '보도연맹保導聯盟'이 매우 중요합니다. 한때 좌익 활동을 했던 사람들의 전향을 유도하기 위해서 1949년 발족한 관변 단체지요. 자진해서 보도연맹에 가입해서 이승만에게 충성을 다한다면, 모든 죄를 사해주겠다는 겁니다. 한때 시위에 참여했거나 아니면 좌익 정당에 가입했던 사람들은 정권의 말을 믿고 보도연맹에 가입했죠. 그들은 색깔론과 폭력으로 무장한 권력으로부터 자신을 지키기 위해 보도연맹에 이름을 남겼던 겁니다. 보도연맹 목록에 이름을 올린 사람들은 자그마치 30만 명이나 되었죠. 1950년 6월 27일부터 이승만은 이들에 대한 학살을 시작합니다. 동시에 자신에게 반대하던 수많은 지식인들을 불법 체포한 뒤, 6월 28일부터 이들도 총살하기 시작합니다. 이른바 '예비검속'이었습니다. 당연히 대전형무소에 갇혀 있던 정치범들도 무사할 수 없었죠. '보도연맹'과 '예비검속'으로 학살당한 사람들의 수는 수십만 명을 헤아립니다. 물론 조선의 모스크바, 즉 대구도 가만히 둘 리 없었습니다. 대구는 1946년 10월항쟁의 성지였던 곳이라 이곳에서만 이승만 정권은 3만 명을 처형하니까요. 물론 이런 학살은 대구에서만 국한된 것은 아니었지요. 남한 전체에서 아주 골고루 집요하게 학살은 이루어졌습니다. 학살에 맛을 들였던지 이승만 정권은 인천상륙작전으로 38선 이남을 회복하자, 또 수많은 사람들을 '부역' 혐의로 그야말로 청소하죠.

　이제 김일성의 경우를 살펴보죠. 6월 28일 서울을 점령했을 때, 김일성 정권은 전쟁 전에 자신들이 이미 꼼꼼하게 만든 '죽음의 목록'을 가지고 있었습니다. 저승사자처럼 '죽음의 목록'에 있던 사람들을 체포해서 처형했던 조직이 바로 '특별기동대'였습니다. 그러나 김일성 정권의 '죽음의 목록'은 항상 현장에서 추가되었고, 아예 목록에도 없는 사람들마저 학살했죠. 승승장구 남진을 계속했을 때, 김일성 정권은 대전, 청주, 무안 등의 수많은 주민들을 이승만 정권에 '부역'했다는 의심을 하며 체계적으로 총살해버리죠. 이것이 바로 김일성이 그렇게도 꿈꾸던 통일 전쟁의 실체였던 겁니다.

1950년 9월 28일 서울을 빼앗긴 북한군은 데려가기 어려운 포로들을 처형해버립니다. 미군과 한국군의 공세로 평양과 함흥을 떠나야했을 때, 김일성 정권은 서울을 떠날 때 이승만이 했던 청소 작업을 그대로 수행합니다. 1950년 10월 15일 그동안 가택연금 상태에 있던 조만식을 처형하면서, 동시에 대략 1만 5000명을 총살해버립니다. 물론 여기서도 '특별기동대'가 자기 역할을 충실히 수행하죠. 중국군의 개입으로 평양을 회복했을 때, 김일성은 어떻게 했겠습니까? 이승만과 마찬가지로 남은 주민들을 '부역' 혐의로 다시 처형했죠. 평양만이었겠습니까? 38선 이북 거의 도처에서 일어난 일이지요. 그나저나 이 와중에 서울은 정말 불행한 곳이었습니다. 1951년 1월 4일 중공군과 북한군이 서울을 다시 점령했을 때, 어떤 일이 벌어졌는지 말하지 않아도 짐작이 가실 겁니다. 그런데 서울의 불행은 여기서 끝나지 않죠. 1951년 3월 14일 미군과 한국군이 다시 들어오니까요. 정말 당시 서울 시민들은 죽고 싶었을 겁니다. 아니 죽음마저 체념했을 겁니다.

이승만과 김일성! 김일성과 이승만! 그냥 악질 전범들입니다. 그러나 휴전이란 남북 대립 상태의 지속은 두 사람에게 면죄부뿐만 아니라 전쟁 이전보다 더 절대적인 권력을 부여했지요. 이제 휴전선은 소련과 미국 사이의 체제 경쟁, 즉 냉전의 최전선이 되어버렸으니까요. 그러니 총구가 불을 뿜고 폭탄이 터지지 않았을 뿐이지, 남한과 북한은 전쟁 상태였던 겁니다. 당연히 최고 통치권자에 대한 문제 제기는 '이적행위'가 되는 겁니다. 슈미트는 1927년 출간한 자신의 주저 《정치적인 것의 개념》에서 '정치적인 것'에 대해 이야기했던 적이 있죠. '적'과 '동지'라는 범주가 작동되면, 바로 정치는 작동하는 것이라고요. 슈미트가 강조하는 정치적인 것은 인문주의자의 눈에는 '억압적인 정치'를 의미하는 거죠. 적과 동지를 설정하면서 자신의 권력을 공고히 하는 것은 부당한 권력이 자주 선택하는 기법이니까요. 1945년 이후 정적들을 숙청하거나 민중들을 탄압할 때 김일성이나 이승만이 즐겨 쓰던 것도 바로 이 기술이었죠. 그러니 한국전쟁이나 휴전 상태는 절대 권력을 지향하던 김일성이나 이승만에게는 얼마나 좋은 조건이었겠습니까? 이제 자신의 권력을 부정하거나 이에 문제를 제기하는 사람, 그러니까 자신의 정적이거나 아니면 깨어 있는 민중들은, 김일성에게는 미국이나 이승만의 간첩이 되고, 이승만에게는 소련이나 김일성의 간첩이 되니까 말입니다. 실제로 김일성이 1955년 12월 5일 자신의 정적 박헌영을 처형할 때 그 죄목은 미국의 간첩이라는 것이었고, 이승만이 1959년 7월 31일 자신의 정적 조봉암曹奉岩(1898~1959)에게 사형을 언도하면서 그 죄목으로 거론한 것도 바로 간첩죄였죠.

미국과 소련의 체제 경쟁, 즉 냉전시대가 본격적으로 한반도를 냉각시키기 시작한 겁니다. 이제 권력에 대한 일체의 비판이 '이적행위'로 몰리게 되니, 남한이나 북한 사회는 모두 저 멀리 일본제국주의 시절, 아니면 더 멀리 왕조 시절 수준까지 후퇴한 거죠. 이미 3년 동안 지속된 한국전쟁 동안 민간인 학살을 통해 양 체제는 자신의 권위에 맞설 수 있는 싹, 비판적 지성과 민중의 자발성을 거의 괴멸하는 데 성공했습니다. 그야말로 민주주의의 싹 자체를 제거해버린 겁니다. 그나마 두 체제 중 그래도 상태가 좋았던 것은 남한사회였다고 할 수 있습니다. 북한의 경우 1972년 12월 27일 '조선민주주의인민공화국 사회주의 헌법', 즉 '주체헌법'이 탄생하면서, 헐떡이고 있던 민주주의의 숨통마저 그냥 완전히 끊어버렸기 때문입니다. 사회주의를 표방한 세습 왕조가 탄생한 겁니다. 개인 숭배 등 유사한 독재 논리를 구사했던 스탈린의 국가독점자본주의체제에 동아시아 왕조 전통의 고색창연한 색을 근사하게 칠한 거죠. 그러나 남한의 이승만 정권은 달랐습니다. 아무리 파고다공원에 거대한 동상을 만들어 개인 숭배를 해도, 형식적으로 미국체제를 모방했던 것이 이승만 정권이었기 때문이지요. 그렇습니다. 바로 선거가 문제가 된 겁니다. 어쨌든 바로 이 선거를 통과해야만 대통령으로서 누리는 자신의 절대 권력도 지속될 수 있지요. 아마 선거 때마다 이승만은 김일성을 엄청 부러워했을 겁니다.

1959년 3월 20일 이승만은 1960년 3월 15일에 있을 정부통령 선거에서 자신의 정치 생명을 연장하기 위한 작전, 국민을 개돼지로 보는 반민주적인 프로젝트를 개시합니다. 3번의 대통령으로는 성이 차지 않았나 봅니다. 네 번째 대통령이 되기 위해 그는 자기 똘마니 최인규崔仁圭(1919~1961)를 내무장관으로 임명합니다. 최인규는 3월 23일 내무장관 취임사에서 부정선거 개시를 선포하며 기염을 토합니다. "지금 형편으로는 이승만 대통령 각하께서 이 나라에 안 계신다고 하면 나라는 망하고 만다는 결론밖에 나오지 아니하는 것입니다. …… 경찰관이나 일반 공무원이 열성과 지혜를 가지고 일을 다 해서 이 대통령 각하를 도웁시다." 최인규는 정말 꼼꼼한 사람이었습니다. 1960년 부정선거를 위해 경찰관이나 공무원이 어떻게 선거를 통제할 수 있는지를 확인하는 예행연습마저 실시하니까요. 그 결과 1959년 6월 영덕, 인제, 울산, 월성에서 실시되었던 재선거에서 경찰 등 공권력을 총동원해 이승만의 자유당이 압승하는 개가를 올리게 됩니다. 당시 이승만의 유력한 경쟁자였던 조봉암을 간첩죄로 1959년 7월 31일 교수형에 처하는 것으로 이제 만반의 준비를 갖추죠. 이승만은 방긋 미소를 띠며 설레는 마음으로

1960년이 오기를 기다렸죠. 그러나 사실 더 생각해보면, 이승만의 미소 안에는 어떤 두려움이 읽힙니다. 그는 선거가, 그러니까 민주주의가 무서웠던 겁니다.

물론 그렇다고 해서 선거를 없앨 수는 없죠. 미국체제를 모방한 정권이고 북한체제를 반민주적이라고 몰아붙였으니 선거는 불가피한 절차였으니까요. 사실 이승만이 더 무서워해야 할 것은 선거가 아니었죠. 그가 정말 경계해야 할 것은 아이들이 무럭무럭 자라고 있었다는 사실이었으니까요. 미군정과 이승만이 어떻게 친일파를 품었는지 보았던 꼬맹이들, 한국전쟁 3년 동안 생사의 기로에서 있었던 꼬맹이들, 민간인 학살로 가족이나 친지를 억울하게 잃은 꼬맹이들. 1960년에 이들은 냉전으로 얼어붙은 땅에서 새봄의 새싹처럼 자라고 있었던 겁니다. 빠르면 비판적 지성을 갖춘 대학생이 되었고, 느려도 중학생이나 고등학생이 되었을 나이였죠. 이승만 정권은 어느새 훌쩍 자란 이 새싹들을 경시했던 겁니다. 학교! 세상과 일정 정도 거리를 두고 있는 공간입니다. 세상과 거리를 두고는 있지만 그것에 등을 지지는 않는 공간! 이런 묘한 공간이 바로 학교였습니다. 1960년은 미국과 소련이 세운 거대한 냉전체제, 그리고 450만 명의 피로 점철된 한국전쟁과 휴전으로 강화된 분단체제가 거대한 산맥처럼 세상을 짓누르고 있던 때였습니다. 정상 부분에 만년설이 쌓여 있을 정도로 높고 험한 산! 그 앞에서 대부분 절망하기 쉽습니다. 그러나 아주 멀리서 그 산을 보면 그다지 크게 보이지 않죠. 기성세대들이 냉전과 분단체제 앞에서 좌절했고 절망했지만, 무럭무럭 자라 청년이 된 우리 꼬맹이들이 그 거대한 체제 앞에서 희망을 이야기하고 당당히 맞설 수 있었던 이유는 바로 여기에 있습니다. 냉전으로도 젊은이들의 뜨거운 피는 식힐 수 없었

1960년 2월 28일 대구 지역 고등학생들이 교문을 박차고 거리로 나섰다. 노동계급과 노동운동을 대신해서 자유와 정의를 외쳤던 학생운동의 서막은 바로 이렇게 대구에서 시작되었다.

던 겁니다.

1960년 3월 15일 정부통령 선거에 맞춘 최인규의 작전에 최초로 브레이크를 건 것도 바로 학생들이었습니다. 조선의 모스크바! 기억나시나요. 바로 대구입니다. 일본제국주의 시절 반제국주의 투쟁의 본거지, 미군정의 억압에 맞서던 1946년 대구 10월항쟁의 성지, 그리고 그 대가로 3만 명이 이승만에 의해 처형당한 비극의 땅! 바로 대구입니다. 대구의 꼬맹이들도 이제 근사하게 자란 겁니다. 1960년 2월 28일 대구 경북고 학생들 800명이 교문을 나서 시위를 시작한 겁니다. "학원을 정치도구화하지 말라!" "학원의 자유를 달라!" 당시 야당 부통령 후보였던 장면張勉(1899~1966)의 대구 유세를 막기 위해 최인규 사단은 학생, 공무원, 노동자, 시민들이 유세장에 가지 못하도록 조직적으로 방해했죠. 경북고의 경우만 하더라도 3월 3일에 치를 예정이었던 시험을 일요일인 2월 28일에 치르겠다고 발표할 정도였습니다. 다른 학교도 마찬가지였습니다. 2월 28일 일요일 대구고는 전교생이 토끼 사냥을, 경북대 사대부고는 일요일임에도 임시 수업을 실시하려고 했으니까요. 어쨌든 교문을 나선 경북고 학생들은 오후 1시 30분쯤 도청에 들어가 시위를 벌였고, 120여 명이 연행되었지만 시위는 3시까지 진행됩니다. 기가 죽은 진보적 지성인들이 흉내 낼 수 없는 당당한 기세였지요. 기억하셔야 합니다. 이건 세계사적 사건이니까요. 냉전 논리에 사로잡혀 얼어붙었던 세계에 그나마 온기를 제공했던 1960년대의 세계적 규모의 학생운동, 노동계급과 노동운동을 대신해서 자유와 정의를 외쳤던 학생운동의 서막은 바로 이렇게 대구에서, 냉전체제 최고의 부산물이었던 한반도 남동쪽 작은 도시에서 시작된 겁니다.

돌아보면 1919년 3월 1일 우리 학생들과 민중들의 만세운동은 세계사적으로 선도적이었지요. 제국주의에 맞선 식민지 주민들의 투쟁, 그 서막을 화려하게 열었으니까요. 1919년 4월 16일에 시작되어 인도를 뜨겁게 달구었던 간디의 비폭력 저항운동도, 그리고 5월 4일 중국에서 벌어졌던 5·4운동도 모두 우리의 3·1운동에서 강한 자극을 받았던 겁니다. 정말 조상의 빛나는 얼을 본받은 것일까요? 1960년 대구에서 시작된 학생운동도 마찬가지 역할을 수행합니다. 세계를 양강 구도로 재편했던 미국과 소련의 냉전체제는 너무나 거대하고 압도적이어서, 기존의 노동계급이나 농민들은 아예 저항할 생각도 하지 못하고 있었죠. 1917년 러시아혁명 전후 직접민주주의가 뿌리를 내리지 못한 대가는 이렇게 치명적이었던 겁니다. 국가나 자본 등 반혁명 기구의 반격이 제대로 시작되었으니까요. 억압과 차별이 없는 사회를 약속했던 러시아혁명의 정신마저 스탈린의 반혁명에 의해 배신당했으니, 노동계급을 포함한 민중들은 그야말로 의지할 곳이 없었던 상황이었죠. 바로 이럴 때 냉전체제에 적으나마 온기를 불어넣으려는 몸부림이 생긴 겁니다. 학생들이죠. 그들의 순수한 열정은 차가운 세계를 견디지 못한 겁니다. 1960년대 세계를 뒤흔들었던 학생운동이 1960년 2월 28일 대구 경북고등학교 교정에서 출발하고 있었다는 걸 아무도 몰랐지요. 경북고등학교 학생들도 말입니다. 그러나 그들의 목소리는 대구를 벗어나 조금씩 조금씩 퍼지고 커져가게 됩니다.

3월 5일 서울에서의 학생 시위, 3월 8일 대전에서의 학생 시위, 3월 10일 수원과 충주에서의 학생 시위, 3월 14일 포항과 인천, 그리고 원주에서의 학생 시위! 얼어붙은 땅에서 그나마 무럭무럭 자란 우리 꼬맹이들의 반란은 점점 더 커져만 갔습니다. 이승만에게는 이때가 부정선거 작전을 멈출 마지막 기회였지요. 그러나 3월 15일 부정선거는 공공연히 자행되고 맙니다. 이승만은 우리 학생들을 우습게 보았던 겁니다. 당장 1960년 3월 15일 저녁 마산에서 부정선거를 규탄하는 시위가 열렸습니다. 이제 시위는 고등학생들을 넘어서 일반 시민까지 합세해 1만 명의 대규모 시위로 변모했죠. 이날 경찰들은 최루탄뿐만 아니라 시민들을 향해 총을 쏘기 시작했습니다. 자, 이제 이승만 정권의 반민주성과 반민중성이 백일하에 드러난 겁니다. 이승만은 다시 미군정으로부터 받은 세 가지 칼을 휘두르기 시작합니다. 공권력을 이용한 무자비한 탄압(폭력론)을 시도하면서, 마산 시위는 철없는 어린아이들(개돼지론)이 북한의 사주를 받아(색깔론) 일어났다고 선전하는 거죠. 그러나 이 와중에 1960년 4월

11일 마산 중앙부두 앞바다에 한 달 동안이나 실종되었던 마산상고 학생 김주열金朱烈(1944~1960)의 시신이 떠오릅니다. 해방 직전에 태어나 미군정을 거쳤고, 한국전쟁과 민간인 학살을 속수무책으로 경험했던 열일곱 살의 젊은이가 이리 허무하게 세상을 떠난 겁니다. 머리와 눈에 최루탄이 박힌 끔찍한 김주열의 시신은 하나의 상징이었죠. 부정선거를 규탄하거나 이승만을 부정한다면, 너희들의 눈에 최루탄이 박힐 거라는 경고를 의미했으니까요.

"나도 죽여라!" 4월 11일 오후 6시경에 마산에 모인 3만 명의 시위대는 외쳤습니다. 이제 학생운동은 시민의 호응 속에서 걷잡을 수 없이 전국 각계각층으로 폭발하게 됩니다. 고등학생을 주축으로 전개되었던 학생운동이 대학생까지 끌어들인 날은 1960년 4월 18일이었습니다. 여기서도 이승만은 무리수를 둡니다. 미군정 치하도 아니고 그렇다고 해서 민간인 학살을 자행하던 한국전쟁 때도 아닌데, 이승만 정권은 조직 폭력배로 이루어진 반공청년단에게 고려대 학생들에 대한 백색테러를 지시하죠. 이제 일은 걷잡을 수 없이 커진 겁니다. 운명의 4월 19일 거의 모든 대학생들과 고등학생들이 이승만이 있던 경무대로 향하고 있었지요. 이승만은 마지막까지 권좌를 놓지 않으려고 했습니다. 곧 경찰들의 발포가 있었고, 총격으로 사망한 학생이 21명, 그리고 부상자 172명이 발생합니다. 이어서 이승만은 전가의 보도를 꺼내듭니다. 공포론의 대명사 계엄령을 발동한 겁니다. 그러나 학생들과 시민들의 정당한 요구에 당시 계엄 군들은 중립적인 자세를 취했죠. 곧이어 숨죽이고 있던 대학교수들마저 4월 25일 "학생들의 피에 보답하라"라고 쓴 플래카드를 들고 시위를 하게 됩니다. 1960년 2월 28일 대구에서 발생했던 고등학생들의 시위가 대학생들을 거쳐 대학교수들에게까지 이른 순간입

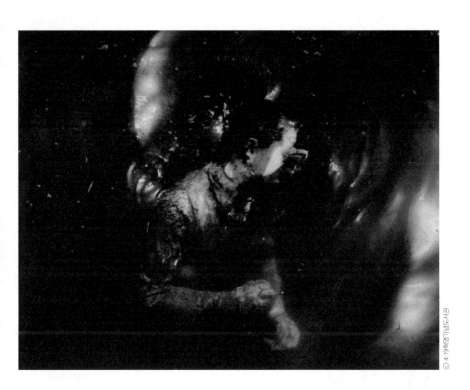

3·15 시위 때 경찰 발포로 사망한 김주열의
시체가 마산 중앙부두 앞바다에 떠올랐다.

마산성지여고 학생들이 김주열의 시신에 꽃을 바치겠다며 시가행진을 하고 있다.

1960년 4월 19일 동국대학교 학생들이 상수도용 철관을 굴리며 경무대 앞으로 진격하고 있다.

니다. 4월 26일, 그날은 '승리의 화요일'로 기억되는 날입니다. 오전 9시에 광화문은 이미 학생과 시민들 3만 명으로 북적거렸죠. 그리고 9시 40분경 파고다공원에 있던 이승만 동상의 목에는 철사 줄이 걸리고 곧 동상은 바닥에 떨어집니다. 동상이지만 자신이 넘어졌다는 것을 직감이라도 했던지, 이승만은 마침내 오전 10시쯤 하야를 발표하게 됩니다.

1960년 4월 26일 이승만의 하야! 그리고 1960년 5월 29일 이승만의 하와이 망명! 1960년 봄은 유독 따뜻했습니다. 소련군과 미군이 한반도에 진주하면서 시작된 냉전체제, 냉전을 분단체제로 고착화시킨 한국전쟁, 냉전과 분단에 편승했던 이승만 정권의 독재 행각. 이 모든 냉기가 순간적이나마 사라지는 듯했으니까요. 고등학생들과 대학생들의 풋풋한 생기와 뜨거운 피의 힘이었습니다. 그러나 이들의 열정과 생기만으로 한반도를 지배하고 있던 냉전 논리를 녹이기에는 충분하지 않았습니다. 이것은 물론 학생운동이 가진 한계라고 할 수도 있지요. 혁명이 성공해도 혁명 세력들은 항상 반혁명에 직면하는 법입니다. 이것은 역사의 교훈이지요. 어쩌면 반혁명과의 싸움에서 최종적으로 승리하지 못한다면, 혁명은 항상 반쪽자리 혁명이 되고 말죠. 시작은 창대하나 끝은 미미하게 되는 용두사미의 혁명은 이렇게 탄생하는 겁니다. 이승만의 하야로 고등학생들, 대학생들, 대학교수들, 나아가 시민들은 당연하다는 듯 혁명 이후 뒤처리를 국회에 맡기고 원래 자기 자리로 돌아가버렸죠. 이제 민주주의가 꽃필 것이라는 희망을 가지고 말입니다. 그러니 반혁명은 발생할 필요도 없었죠. 이제 그냥 반혁명 세력들이 정치권력을 장악하게 되니까요. 4월 19일과 4월 26일에 벌어진 사건들을 수수방관했던 민주당 정치인들은 학생들과 시민들이 남겨놓은 정

파고다공원에 있던 이승만 동상이 시민들에 의해 철거되었다. 시민들은 철사줄에 매인 동상을 질질 끌고 세종로 쪽으로 이동했다.

치권력을 그냥 날로 먹습니다. 바로 장면이 책임 총리로 정국을 이끌었던 민주당 정권이 1960년 8월 23일 탄생한 겁니다.

　19세기 내내 프랑스 노동계급은 부정의한 정권에 저항해 그 정권을 붕괴시킵니다. 그러나 그들은 파리코뮌이 탄생한 1871년까지 비어 있는 권좌에 앉기를 주저하죠. 피지배계급이 지배계급이 남긴 권좌에 앉아야 '지배-피지배'라는 억압구조가 무력화될 수 있습니다. 그렇지만 오랜 피지배의 경험 탓인지, 혁명을 일으켰던 노동계급은 스스로의 역량과 가능성을 믿지 못합니다. 그러니 권력을 붕괴시키기는 하지만, 스스로 권력을 잡지 않으려 하죠. 이것은 1917

년 러시아에서도, 그리고 1918년 독일에서도 반복되었던 서글픈 풍경입니다. 안타까운 것은 1960년 우리 사회에서도 동일한 일이 벌어진 겁니다. 한국 정치사에서 민주당 계열 정치인들의 모습이 바로 그렇습니다. 혁명이 발생하면 마치 처음부터 민중과 함께했다는 듯 숟가락을 올려놓기! 2016년 10월부터 2017년 4월까지 정권을 붕괴시켰던 촛불혁명에도 숟가락을 쓱 얹은 사람들이 누구인지 확인해보세요.

내각책임제의 국무총리로서 정권을 이끌었던 장면! 일본제국주의 시절 부산 세관장을 지냈던 사람의 아들이 국정 수반이 된 거죠. 상징적인 일입니다. 결국 민주당 인사들도 친일로부터 자유롭지 않은 사람들이었던 겁니다. 그들이 이승만과 자유당 인사들과 마찬가지로 냉전의식에 사로잡힌 반공 보수주의를 피력했던 것도 이런 이유에서입니다. 그래서 장면 정권은 언론과 관련된 몇몇 조항만 개정한 채 국가보안법을 그대로 두었던 겁니다. 물론 학생들과 시민들의 눈치를 보면서 몇몇 미지근한 개혁 정책을 피력하기는 합니다. 얼마 지나지 않아 학생들과 시민들은 알게 됩니다. 미군정과 이승만이 민중들을 탄압하고 민주주의를 훼손하려고 만든 세 가지 칼들이 그대로 남아 있다는 사실을요. 폭력론, 색깔론, 그리고 개돼지론이었습니다. 계엄령에 죽음으로 맞섰기에 4월 학생운동은 폭력론을 극복하는 데 성공했고, 고등학생부터 대학교수까지 지성인들이 혁명을 주도했기에 개돼지론 자체는 아예 무력화된 거죠. 그런데 색깔론은 괴멸되지 않았던 겁니다. 실제로 1960년 4월 19일 서울대 학생들이 교문을 박차고 나올 때 그들이 들고 있던 플래카드를 들여다보죠. "민주주의 바로잡아 공산주의 타도하자!" 계엄령을 의식했던 정치적 포석이라고 할 수도 있지만, 학생들도 색깔론을 정면 돌파할 생각은 하지 못했던 겁니다.

폭력론, 색깔론, 개돼지론! 그중 하나라도 남으면 나머지 두 가지도 다시 살아나게 되죠. 하나만 살아남아도 그것이 다른 두 머리를 살려내는 괴물과도 같습니다. 세 가지 칼날은 북한이나 남한의 독재정권을 지키는 세 가지 머리였던 겁니다. 한국전쟁 동안 냉전 논리의 본질을 온몸으로 겪어냈던 시인 김수영金洙暎(1921~1968)이 장면 정권이 혁명정부가 아니라는 걸 직감했던 것도 이런 이유에서입니다.

'김일성 만세'
한국의 언론자유의 출발은 이것을
인정하는 데 있는데

이것만 인정하면 되는데

이것을 인정하지 않는 것이 한국
정치의 자유라고 장면張勉이란
관리가 우겨대니

나는 잠이 깰 수밖에

- 〈김일성 만세〉(1960년 10월 6일)

브라보! 1960년 10월 6일 김수영은 4월 학생운동 이후 상황을 〈김일성 만세〉라는 시에 반영합니다. 국가보안법이 그대로 작동하는 순간, 이승만의 망령으로부터 우리는 자유롭지 않다는 걸 김수

　　　　　　　5부. 스펙타클, 주체를 구경꾼으로 만드는 마법

영은 직감했던 거죠. 아마도 한국전쟁의 냉전 논리를 온몸으로 겪어냈기에, 김수영은 이런 감수성을 갖게 되었을 겁니다. 김수영은 북한체제와 남한체제에 치여서 거제도포로수용소까지 흘러간 그야말로 파란만장한 경험을 했던 시인이었으니까요. 어쨌든 얼마 지나지 않아 학생들이나 진보적 지성인들도 색깔론을 극복하지 못한다면 4월 학생운동은 미완의 혁명일 수밖에 없다는 걸 절감하게 됩니다. 1945년 일본 대신 새로운 점령군으로 들어온 미군과 소련군이 조장한 냉전 논리, 그리고 이 논리를 교묘하게 이용해 정권을 잡고 유지했던 김일성과 이승만의 분단 논리를 넘어서야 합니다. 한반도에 살고 있는 사람들이 직접민주주의를 일구지 못한다면, 냉전체제와 분단체제는 극복될 수 없으니까요. 역으로 말해도 됩니다. 직접민주주의, 자유로운 개인들의 공동체가 한반도에 정착되어야만 냉전체제와 분단체제는 종언을 고하게 된다고요. 1961년 2월 학생들과 진보적 지식인들은 문제의 본질을 직시하게 됩니다. 마침내 장면 정권에 맞선 시위, 4월 학생운동을 완수하려는 노력을 시작한 겁니다. 당시 시위 현장에 울려 퍼졌던 대표적인 구호를 다시 외쳐볼까요. "오라! 남으로. 가자! 북으로." "한국 문제는 한국인 손으로!" "소련에 속지 말고, 미국을 믿지 말자!"

안타까운 일입니다. 4월 19일이나 아니면 4월 26일, 아직도 학생들과 시민들에게 힘이 있을 때 밀어붙였어야 했던 일을 배가 떠난 뒤 하려고 했으니까요. 만시지탄이지만, 그래도 해야 할 것은 해야겠죠. 그러나 상황은 너무 좋지 않았습니다. 이미 정치권력은 장면 정권에 들어와 있고, 대부분 민중들은 아직도 색깔론에 걸려들어 허우적거리고 있었으니까요. 색깔론마저 괴멸시키려는 이런 학생들의 움직임에 대해 장면 정권은 어떻게 반응했을까요? 1961년

3월 9일 정권 핵심 인사들, 즉 기획의원들, 법무장관, 그리고 내무장관 등은 반도호텔에 모여듭니다. 그리고 이곳에서 반공특별법안과 데모규제법안을 검토하죠. 국가보안법으로 부족했다고 판단한 겁니다. 민주당! 학생들이나 시민들의 눈치는 보지만 자유당과 별반 다를 것 없었죠. 노골적으로 반민주성을 드러냈던 역대 독재정권보다는 그나마 인간적이고 민주적인 척이라도 한 것! 이것이 한국 현대 정치사에서 민주당이 한 역할이었죠. 민주주의와 밀고 당기기를 하던 민주당 정권도 오래가지 못합니다. 진정한 반혁명, 이승만 독재정권보다 더 독한 세력이 등장하니까요. 1961년 5월 16일 새벽! 박정희朴正熙(1917~1979)가 3600명의 군인과 탱크를 이끌고 한강 다리를 건너죠. 군사쿠데타가 발생한 겁니다. 쿠데타군은 오전 8시 마침내 중앙청을 접수하죠. 선글라스를 낀 채 광화문 대로를 득의만만한 자세로 쳐다보면서 박정희는 승리의 환희와 함께 권력자로서 미래를 꿈꾸게 되죠. 이 순간까지만 해도 박정희는 몰랐을 겁니다. 1961년 5월에서 1987년 6월까지 지속되는 진정한 전쟁을 자신이 먼저 시작했다는 것을요. 민주주의를 괴멸하려는 군사독재 세력과 민주주의를 실현하려는 청년학생들! 양자 사이의 물러날 수 없는 전쟁의 거대한 서막은 마침내 이렇게 열리게 된 겁니다.

6부

코뮌주의 역사철학과 기 드보르의 유산

역사철학
3장

사비오의 연설과 존 바에즈의 노래

헉! 포크가수 밥 딜런$^{Bob\ Dylan}$(1941~)이 노벨문학상을 받다니. 스웨덴 한림원은 현지 시간으로 2016년 10월 13일 노벨문학상 수상자로 밥 딜런을 선정한 겁니다. 당장 난리가 났죠. 대중가요 싱어송라이터가 노벨문학상을 받았으니, 보통 시나 소설을 쓴다는 작가들로서는 여간 불만이 아니었을 겁니다. 유명하기는 하지만 딴따라에 불과하다고 폄훼했던 가수에게 자신들이 가장 원하던 권좌를 빼앗겼으니까요. 물론 노회한 작가들 중 대부분은 부글거리는 속을 꾹 누르고 밥 딜런의 노벨상 수상을 인정하기도 했습니다. 이런 경우도 그 행간을 자세히 읽어보면, 밥 딜런의 노랫말을 시라고 보자면 시와 비슷하다는 묘한 뉘앙스가 깔려 있지요. 그러니까 이 수상에 딴죽을 걸어봤자 자신에게 이익이 될 것 없다는, 잘못하면 꼰대취급이나 받는다는 처세술인 셈이지요. 세계 주요 대학 문학 교수들도 불쾌감을 피력하기는 마찬가지였습니다. 어쩌면 기본적으로 평론가라고 할 수 있는 그들의 신분으로는 당연한 반응일 수도 있을 것 같네요. 작품의 형식이나 내용의 비밀을 풀어주는 직업이 바로 평론가입니다. 그러니 그들은 난해한 정신이나 특이한 표현양식을 가진 작가들이나 그들의 작품들을 좋아합니다. 그러나 밥 딜런의 가사에 어디 해명할 게 있나요. 초등학생이나 혹은 학력이 짧은 사람이라도 누구나 쉽게 파악할 수 있으니까요. 심지어 문맹이어도 밥 딜런의 가사를 음미하는 데 아무런 문제가 없지요. 그의 가사는 CD나 LP로 쉽게 들을 수 있고, 아니면 공연장에서 밥 딜런 본인이나 다른 가수들이 주요 레퍼토리로 부르고 있으니까요. 평론하고 해명할 가치가 없는 작품은 문학성이 낮다고 주류 문학 담당 교수들은 생각하고 있었던 겁니다. 밥 딜런의 노벨상 수상에 불만을 가진 사람들이 시인이나 소설가 아니면 평론가에만 국한된 것은 아니었습니다. 문학 독자들도 난리가 났죠. 진지한 독자들은 누구든지 정말 자신이 좋아하는 작가, 그러니까 신간만 나오면 반드시 구매하고야 마는 작가가 한두 명은 반드시 있는 법이죠. 자신이 좋아하는 작가가 상을 받지 않고 대중 가수가 상을 받았으니, 그들도 기분이 좋을 리 없었던 겁니다. 좋아하거나 존경하는 사람이 다른 모든 사람에게 인정받기를 원하는 것은 인지상정이니까요.

대중가요가 문학이냐 아니냐는 논쟁은 사실 별 재미가 없습니다. 일반 대중들을 개돼지로 보는 일종의 엘리트주의가 전제되어 있는 거의 치졸한 지적 허영을 전제로 해야만 가능한 논쟁이니까요. 그러나 이런 논쟁 와중에 쉽게 망각된 것이 하나 있어 아쉽습니다. 구설수라면 구설수라고 할 수 있고, 물의라면 물의일 수도 있는 사태를 뻔히 예견하면서도 스웨덴 한림원은 왜 밥 딜런에게 노벨상을 수여했던 것일까요? 한림원의 사라 다니우스Sara Danius는 선정 이유를 다음과 같이 말합니다.

밥 딜런은 귀를 위한 시poetry for the ear를 썼지만, 그의 작품을 시로 읽는 것도 완전히 멋진 일이다. 만일 과거, 아주 먼 과거를 돌아본다면, 여러분은 호머나 사포를 발견하게 될 것이다. 그들은 사람들이 들을 수 있는 시적 텍스트들을 썼다. 그것들은 공연될 수 있었던 것이다. 밥 딜런의 경우도 마찬가지다. 그렇지만 우리는 여전히 호머와 사포를 읽고 있다. 그들처럼 밥 딜런도 읽힐 수 있고 또 읽히게 될 것이다.

옛날에는 그랬습니다. 과거에는 문맹자가 대부분이었던 관계로 시를 글로 읽는 경우는 거의 없었죠. 시인은 자기 앞에 있는 사람이나 청중 앞에서 시를 낭송해야 했습니다. 구슬픈 부분은 느리게, 즐거운 부분은 경쾌하게 읽었겠죠. 때로는 인상도 쓰고 때로는 웃으며, 때로는 우는 퍼포먼스도 꺼리지 않았습니다. 뭐, 어렵게 생각할 필요가 없습니다. 아직도 글을 모르는 아이에게 온갖 퍼포먼스를 총동원해서 그림책을 읽어주는 부모를 떠올려보세요. 그러니까 한림원의 입장은 20세기의 인물이지만 밥 딜런이 저 멀리 고대 그리스 시절 기원전 8세기쯤 활동했던 호메로스^{Hómēros}나 기원전 5세기쯤 활동했던 사포^{Psappho}와 같은 계열이라는 겁니다. '눈을 위한 시'가 아니라 '귀를 위한 시'의 전통인 셈이지요. 실제로 시집을 통해서 시를 읽는 전통은 근대 이후의 산물이었죠. 글을 읽을 수 있는 사람들이 많아야 가능했던 겁니다. 결국 밥 딜런은 시를 썼지만 독자가 아니라 청자를 위한 방식으로 썼다는 겁니다. 이것이 한림원의 입장이지요. 그러니까 그는 20세기의 음유시인이라는 겁니다. 물론 이런 평가의 이면에는 밥 딜런이 마음먹고 '눈을 위한 시'를 쓰고자 한다면, 그러한 시도 근사하게 썼을 것이라는 기대가 깔려 있지요.

음! 그러나 또 문제는 여전히 남습니다. 사실 밥 딜런보다 더 탁월하거나 아니면 비슷한 싱어송라이터들이 엄청 많기 때문이지요. 그래서 사실 한림원의 선정 이유는 아직도 100퍼센트 납득이 가지 않는 겁니다. 왜 하필 밥 딜런인가요? 밥 딜런! 그냥 노골적으로 그는 어떤 사람입니까? 1960년대 미국을 휩쓸었던 학생운동, 그 저항의 아이콘이 바로 밥 딜런이었습니다. 당시 집회나 시위 현장에서 빈번히 불렸던 노래 중 하나가 바로 밥 딜런의 노래였죠. 1964년 12월 2일 캘리포니아대학 버클리 캠퍼스, 즉 버클리대학으로 떠나보죠. 이곳에는 6000여 명의 학생들이 집회를 열고 있습니다. 대학 내에서의 정치활동을 금지하는 대학 당국과 맞서는 집회였지요. 당시 미국사회는 흑인 인권운동이 정점에 이르렀고, 서서히 베트남 반전운동에도 불이 붙고 있던 때였습니다. 당연히 체제 입장에서는 이런 인권운동과 반전운동이 달가울 리 없죠. 국가기구나 자본계급의 이익을 공유하는 대학 당국은 당연히 "학생은 공부나 해라"라는 입장을 견지했습니다. 대학생들까지 시위와 집회에 참여한다면, 시국의 불안정은 걷잡을 수 없이 확산될 테니까요. 이에 맞서 버클리 학생들은 "사회의 일원으로서 우리도 사회의 이슈에 참여할 수 있다"는 생각이었던 겁니다. 그러니 충돌은 불가피하죠.

어쨌든 버클리대학 집회가 중요한 이유는 냉전체제의 한 축이었던 미국에서 처음 대규모로 학생운동이 발생했기 때문입니다. 소련의 사회주의를 비판하면서 자유주의를 선전했던 미국이 결코 자유롭지 않다는 것을 공개적으로 드러낸 사건이니, 그 의미도 상당하죠. 1964년 내내 지속되었던 학생들과 대학 당국의 갈등이 폭발한 날이 바로 12월 2일이었죠. 이날 버클리대학 본부 건물, 즉 스프라울홀Sproul Hall 전체 4층을 1500여 명의 학생이 점거하거든요. 먼저 학생 6000여 명은 스프라울홀 앞에서 집회를 하게 되죠. 당시 학생

1964년 12월 버클리대학 철학과 3학년 생이었던 마리오 사비오가 학생들 앞에서 연설을 하고 있다. '자유연설운동'이란 학생 단체의 지도자였던 그는 이미 학교 당국으로부터 조만간 퇴학 처분될 것이라는 통보를 받은 상태였다.

운동의 지도자는 이 대학 철학과 3학년 생이었던 마리오 사비오^{Mario}

Savio(1942~1996)였습니다. '자유연설운동^{Free Speech Movement, FSM}'이란 학생 단체의 지도자였던 그는 이미 학교 당국으로부터 조만간 퇴학 처분될 것이라는 통보를 받은 상태였습니다. 두 달 전 학교 당국을 당혹스럽게 했던 시위에 가담했다는 명목으로 말입니다. 12월 2일 사비오는 스프라울홀로 가는 계단에 올라섭니다. 이곳에서 그의 연설은 시작됩니다. '기계 연설^{The Machine Speech}'로 알려진 전설적인 연설이죠.

만약 버클리대학이 하나의 기업이라면, 만일 대학 이사회가 기업의 이사회라면, 그리고 만일 커^{Kerr} 총장이 사실상 경영자라고 한다면, 그렇다면 나는 말하고 싶습니다. 교직원들은 피고용자들이고 우리는 원료가 된다고. 그렇지만 우리는 어떤 처리가 가해져야만 하는 원료가 아닙니다. 어떤 생산물product로라도 만들어질 수 있는 원료raw material가 아닙니다. 결코 아니죠. 우리는 대학의 몇몇 고객들에 의해 팔리는 생산물, 그 생산물이 되는 원료가 아닙니다. 그 고객들이 정부든, 산업체든, 협동조합이든, 아니 그 고객이 누구든지 간에 말입니다. 우리는 인간 존재입니다We're human beings! …… 기계의 작동이 너무 불쾌할 때가, 그래서 여러분이 너무 역겨워 결코 그 작동에 참여할 수 없을 때가, 심지어 수동적으로나마 참여하기 힘들 때가 있습니다. 이경우 여러분은 자신의 몸을 톱니바퀴 위에, 바퀴 위에, 손잡이 위에, 아니 모든 장치 위에 올려놓아야만 합니다. 그래서 기계의 작동을 멈추도록 해야만 합니다. 그리고 사람들에게 보여주는 겁니다. 누가 그 기계를 작동하는지, 누가 그것을 소유하고 있는지. 그러나 만일 여러분이 자유롭지 않다면, 기계는 결코 작동을 멈추지 않을 겁니다. …… 우리는 근사했고 길었던 집회에 참가하고 있습니다. 나는 여기에 있는 다른 누구보다 집회를 좋아하는 사람입니다. 그런데 그녀는 오래 있을 수가 없을 것 같습니다. 이제 마지막 남은 한 사람을 소개하도록 하겠습니다. 우리가 스프라울홀에 들어가기 전에 만나는 마지막 사람입니다. 바로 존 바에즈입니다.

-'기계 연설'(1964년 12월 2일)

21세기 초반 우리 대학의 상황도 1964년 미국의 명문 버클리 대학과 별반 다르지 않다는 것이 인상적입니다. 예나 지금이나 대학 당국은, 나아가 자본주의체제는 대학생들을 원료로 취급하고 있지요. 고객들이 구매할 수 있도록 원료들을 잘 다듬는 것, 자본주의 체제에 필요한 노동력을 만드는 것이 자본주의체제 아래의 대학이 하는 일입니다. 근사하게 다듬어지면 A학점이 제품에 찍히고, 그보다 못하지만 괜찮은 것은 B나 C가 찍히게 되죠. 마치 소고기나 돼지고기에 등급을 알려주는 붉은 도장이 찍히듯 말입니다. 그 유명한 스펙이죠. 스펙은 상품 상세 명세서입니다. 스펙 사항이 좋으면 비싸게 그리고 잘 팔리게 되겠지요. 반대로 스펙 사항이 좋지 않으면, 낮은 가격에 팔리거나 잘 팔리지 않을 겁니다. 아마 스펙이 딸리는 학생들은 팔렸다고 해도 금방 버려지기 쉬울 겁니다. 산업자본주의체제를 염두에 두고 있어서인지 사비오는 대학생들을 원료라고 표현했지만, 그냥 노예라고 불러도 좋을 것 같습니다. 자신이 원하는 것이 아니라 타인이 원하는 것을 하는 사람을 노예라고 부르니까요. 4년이란 기간 동안 다니게 되는 대학은 원료가 시장에서 팔릴 수 있는 생산품이 되는 공장이자, 자본가가 구매할 수 있는 근사한 능력을 갖춘 노예를 만드는 노예 양성소였던 겁니다.

노예는 대학의 정책, 나아가 대학이란 산업을 필요로 하는 자본주의체제에 대해 의문을 가져서는 안 됩니다. 그러니까 버클리대학에서도 학생들의 모든 정치적 발언을 금지했던 겁니다. 스프라울홀 앞에 모여 있던 사비오와 6000여 명의 학생들은 바로 이것에 저항했던 겁니다. "우리는 인간 존재입니다!" "우리는 노예가 아닙니다!" "우리는 상품이 아닙니다!" 학생들은 이렇게 절규했던 겁니다. 대학생들은 대학 정책에 문제를 제기할 수 있고, 자본주의체제를 비판할 수 있어야 합니다. 노예가 아니라 주인이고, 상품이 아니라 인간이기 때문이지요. 그렇지만 이미 거대한 공장이 되어버린 버클리대학은 학생들의 요구를 받아들일까요? 노예가 아니라 주인이 되는 교육, 상품이 아니라 인간이 되는 교육을 허락할까요? 아마도 불가능할 겁니다. 그래서 사비오는 스프라울홀 점거를 제안했던 겁니다. 그것은 마치 노동자가 파업을 하는 것과 같습니다. 공장의 기계가 잘 돌아갈 때, 사람들은 착각에 빠집니다. 노동자가 없어도 공장이 작동되리라는 착각이지요. 그렇지만 노동자들이 기계를 작동시키지 않고 오히려 기계 작동을 막는다면, 사람들은 알게 됩니다. "누가 그 기계를 작동하는지, 누가 그것을 소유하고 있는지." 사비오는 버클리도 마찬가지라고 생각했던 겁니다. 학교라는 공장, 그곳의 기계 작동을 점거농성으로 막자는 겁니다. 이것이 사비오의 연설이 '기계 연설'이라고 불리는 이유였던 겁니다.

사비오가 연설을 마무리할 때쯤, 동료 학생 중 하나가 그의 귀에 대고 무언가 말합니다. 포크 가수 존 바에즈Joan Chandos Baez(1941~)가 버클리 학생들의 요청으로 먼 길을 마다않고 방금 도착한 겁니다. 미국 지성의 중심 버클리대학 초유의 일, 본부 건물 점거농성이 개시되기 직전입니다. 앞으로 있을 위험을 감내해야만 가능한 일이지요. 대학 당국으로부터 불이익도 감당해야 하고, 공권력의 폭력도 감당해야만 하니까요. 지성만으로는 불가능한 일입니다. 저 가슴 깊은 곳, 그 영혼과 감성을 뒤흔들어 분연한 용기가 온몸을 가득 채워야 가능한 일입니다. 그래서 사비오는 존 바에즈를 불렀고, 존 바에즈도 몸소 기타를 들고 버클리를 찾았던 겁니다. 사비오의 소개를 받은 바에즈는 희미한 미소로 6000여 명의 학생들 앞에 섭니다. 이어서 학생들 한 사람 한 사람 그 깊은 내면을 뒤흔드는 그녀의 애절한 목소리가 시작되죠.

사람들이여 한데 모여라.

그대가 배회하는 곳마다
그대 주위로 물이
점점 차오르고 있음을 인정하라
받아들여라. 곧 그대가 뼛속까지 흠뻑 젖을 것임을.
그대에게 남은 시간을 아끼려면
헤엄치는 게 좋을 것이고,
그렇지 않다면 돌처럼 가라앉을 것이다.
왜냐하면 시대가 변하고 있기 때문이다.

펜으로 예언하는
작가들과 비평가들이여 오라!
눈을 크게 뜨고 있으라,
기회는 다시 오지 않을 테니.
너무 성급하게 말하지는 말라,
바퀴는 여전히 돌아가고 있고
누가 그것에 이름을 붙일 수 있는지 말할 수 없고,
지금의 패자는 훗날 승리할 것이니.
왜냐하면 시대가 변하고 있기 때문이다.

상원의원들과 하원의원들이여 오라!
제발 사람들의 외침을 경청하라.
출구를 막지 말라!
홀을 봉쇄하지 말라!
결국 상처를 받는 사람은
시간을 벌려는 자들일 것이다.

바깥에 싸움이 있고 그것은 더 과격해지고 있다.
곧 그것은 그대의 창문을 흔들고 벽을 치게 될 것이다.
왜냐하면 시대가 변하고 있기 때문이다.

이 땅 모든 곳의
어머니들과 아버지들이여 오라.
비판하지 말라,
당신들이 이해할 수 없는 것을.
당신의 아들과 딸들은
당신들의 통제를 벗어났다.
당신들의 오랜 길은 빠르게 낡아가고 있다.
도울 수 없다면 새로운 길을 막지 말라.
왜냐하면 시대가 변하고 있기 때문이다.

－〈시대는 변하고 있다The Times They Are A-Changin'〉

지금 바에즈가 부르고 있는 노래는 1964년에 발표된 밥 딜런의 세 번째 앨범 《시대는 변하고 있다》의 동명 타이틀곡입니다. 기성세대들, 혹은 기득권자들에 대한 단호한 단절의식이 뚜렷한 곡입니다. 정치적 감각이 탁월했던 바에즈는 버클리대학 농성 시위가 실패로 끝날 것이라는 걸 이미 알았나 봅니다. 무력한 대학생들이 체제의 공권력과 여론 공세를 오래 버티기는 만만치 않은 일이니까요. 그래서 "지금의 패자는 훗날 승리할 것"이라는 가사가 의미심장하지요. 아마 바에즈가 이 비장한 장소에서 부를 노래로 밥 딜런의 이 노래를 선정했던 것은 이런 이유에서일 겁니다. 그렇습니다. 아마 작가들이나 평론가들, 혹은 정치권 인사들, 나아가 학생들

1964년 존 바에즈가
스프라울홀 앞에서 노래를
부르고 있다.

의 부모들은 모두 이 점거농성을 이구동성으로 비난할 겁니다. 노회한 지성인들은 아직 지적으로 미숙한 학생들의 시위라고 할 겁니다. 상하원 의원들은 세상사, 그 정치적 생리를 알지도 못하는 철부지들의 장난이라고 혀를 끌끌 찰 겁니다. 그들의 부모들은 좋은 직업을 가지라고 대학에 보냈는데 자신들의 뜻을 어기고 있다고 낙담할 겁니다. 그러나 밥 딜런의 가사로 바에즈는 말하고 있습니다. 작가들이나 평론가들은 너무 쉽게 말하지 말라고, 정치권은 학생들의 요구를 무력으로 막지 말라고, 부모들은 도울 수 없다면 물러나 있으라고. 왜냐고요? 1960년대 젊은이들은 민주주의를 부르는 시대

존 바에즈가 스프라울홀을 점거하고 있는 학생들과 함께 웃고 있다.

1963년 8월 23일 존 바에즈가 흑인 인권운동을 상징하는 워싱턴 대행진에서 〈우리 승리하리라!〉 를 부르고 있다.

　　　　　　　　　　　　　6부. 코뮌주의 역사철학과 기 드보르의 유산

의 흐름을 타고 있기 때문이고, 그만큼 "시대가 변하고 있기 때문"
이죠.

　존 바에즈의 노래는 이어집니다. 밥 딜런이나 존 바에즈에게
지대한 영향을 끼친 포크음악의 대부 피트 시거$^{Pete Seeger}$(1919~2014)
가 발굴해 포크음악으로 편곡했던 〈우리 승리하리라$^{We Shall Overcome!}$〉
라는 곡이었지요. 이 노래는 1963년 8월 23일 흑인 인권운동을 상
징하는 워싱턴 대행진에서 바에즈가 불러서 유명해진 곡입니다. 당
시 집회에 참여했던 20만여 명의 군중들은 바에즈의 노래에 '떼창'
으로 화답하게 됩니다. "우리 승리하리라 / 우리 승리하리라 / 우리
승리하리 그날에 / 깊은 마음속으로 나는 믿네 / 우리 승리하리라."
바에즈의 노래를 함께 부르며 버클리 학생들은 스프라울홀로 들어
갑니다. 1960년 4월 한반도에서 시작된 학생운동의 파도가 본격적
으로 1960년대를 범람하기 시작한 역사적인 순간이지요. 불행히도
그다음 날 아침 버클리 학생들의 점거농성은 권총과 곤봉으로 무장
한 경찰들에 의해 강제 해산됩니다. 대학 당국, 정부, 그리고 자본주
의체제의 모든 본성이 적나라하게 드러난 겁니다. 그렇지만 존 바
에즈의 노래처럼 버클리대학 점거농성에서 학생들은 패자였지만
끝내 승리하게 됩니다. 이때부터 전 세계 거의 모든 대학생들의 가
슴은 분노와 혁명의 열기로 뜨거워지기 시작하니까요. 마침내 미국
버클리에서 존 바에즈의 노래와 함께 시작되었던 학생들의 반란은
냉전체제를 가로질러 전 세계로 폭발하게 됩니다.

　냉전체제! 사회주의와 자유주의 사이의 이념 경쟁으로 기억되
곤 하죠. 그렇지만 이념 경쟁은 냉전을 주도했던 소련과 미국의 표
면적인 명분이었을 뿐이지요. 소련은 사회주의 이념을 내걸고 다른
국가에 충분히 진주할 수 있고, 미국도 자유주의라는 깃발로 다른

1964년 12월 7일 마리오 사비오가 경찰에게 끌려가고 있다.

국가에 군대를 파견했으니까요. 이것이 무슨 사회주의이고, 무슨
자유주의입니까? 그냥 허울뿐이죠. 1945년 한반도에 진주했던 소
련군과 미군은 그 대표적인 사례일 겁니다. 소련의 국가독점자본주
의체제, 그리고 미국의 시장자본주의체제! 두 자본주의 패권 국가
사이의 제국주의 경쟁이 바로 냉전이었던 겁니다. 소련처럼 국가기
구나 관료가 자본계급인지, 아니면 전통적인 방식으로 미국처럼 자
본가들이 자본계급인지의 차이만 존재했을 뿐입니다. 자본주의 메
커니즘에 지배되는 두 패권 국가는 로자 룩셈부르크가 말했던 것
처럼 자본주의의 제국주의적 경향에서 자유로울 수 없었던 겁니다.
마르크스가 말했던 것처럼 폐쇄된 시장에서 자본의 평균 이윤율은
항상 하락하는 법이죠. 이 하락을 보충하기 위해 두 패권 국가는 바
깥으로 향했던 겁니다. 그러니 해외시장이 불가피한 겁니다. 만일
소련이 세계시장을 많이 확보하게 되면 그만큼 미국은 잃게 되고,

반대로 미국이 세계시장을 많이 확보하게 되면 소련은 그만큼 잃게 됩니다. 그러니 경쟁과 대립은 불가피했던 겁니다. 다른 때 같으면 제국주의적 시장 쟁탈전, 즉 열전이 바로 일어나도 무방했을 상황이었지만 그렇게 되지 않았던 이유는 무엇일까요? 재래식 무기 시대가 지나고 핵무기 시대가 열렸기 때문이지요. 1950년 한국전쟁 때에도 거의 핵무기가 사용될 뻔했죠. 전쟁이 일어나는 순간, 두 체제 자체마저 괴멸될 위험이 있었던 겁니다. 그러니 군비 경쟁을 통해 상대방이 자신을 선제공격할 생각조차 하지 못하도록 하는 것이 중요한 전략이 되었죠. 어쩌면 그보다 중요한 이유를 생각해볼 수도 있겠네요.

제2차 세계대전이 종전되면서 소련이나 미국, 나아가 서유럽 대부분의 국가들이 경제 호황을 누리고 있었거든요. 당연한 일이지요. 전후 복구도 해야 되고 부족한 생필품도 만들어야 하니까, 자본주의가 호황을 맞게 된 겁니다. 자본주의의 저주스런 공식이 다시 반복된 셈이지요. 불황이 되면 전쟁을 일으켜 인간과 자원을 고갈시키고, 그 대가로 다시 호황을 누린다는 자본주의의 공식 말입니다. 제1차 세계대전도 그랬고 제2차 세계대전도 마찬가지였습니다. 제2차 세계대전 이후 미국의 경우 20년 동안 총생산량이 3배가 뛰었고, 독일의 경우는 5배, 프랑스의 경우는 4배가 늘었습니다. 미국과 서유럽에 비해서는 떨어지지만 소련의 경우도 1966년부터 1970년까지 매년 총생산량이 5퍼센트 내외로 신장되었고요. 당시 경제적 성장을 상징하는 대표적인 사례가 자동차와 TV 판매량일 겁니다. 제2차 세계대전 직전보다 1960년대까지 서유럽에서 자동차는 4배 이상 더 팔렸습니다. 상대적으로 자동차에 비해 저렴했던 TV의 경우는 더 극적이죠. 미국의 경우 1946년 TV 판매량은 7000대수준이었는데, 1960년대에는 5000만 대로 증가했을 정도였습니다. 영국도 마찬가지였죠. 1950년대 30만 대였던 TV 판매량이 1960년 대에는 자그마치 1500만 대로 늘었으니까요. 정도상의 차이는 있지만 독일도 프랑스도 모두 마찬가지였습니다. 이제는 웬만한 가정 거실에 TV 한 대쯤은 놓여 있었던 겁니다.

냉전이란 차가운 단어에도 불구하고 1950년대와 1960년대 당시 자본주의는 뜨거운 호황을 구가했습니다. 사실 냉전체제마저도 호황을 방해하기는커녕 커다란 도움을 주었죠. 자본주의의 놀라운 적응력입니다. 공장의 발달로 식수가 오염되면, 바로 그 순간 생수 공장을 만드는 것이 자본주의의 생리니까요. 영구적 무기 경쟁은 국가로 하여금 경제에 깊숙이 개입하도록 했습니다. 군비 경쟁에서 우위를 차지하기 위해 모든 국가는 경쟁적으로 군수산업을 지원했지요. 당연히 그 군수산업을 지원하는 산업들, 즉 전자산업, 중화학 산업, 철강산업 등도 우후죽순으로 발전하게 된 겁니다. 어쨌든 냉 전체제 동안 미국이나 소련은 호황을 만끽했고, 당연히 직접 식민 지 전쟁을 개시할 필요가 없었던 겁니다. 물론 자본주의 생리상 언 제든지 다시 치명적인 불황이 찾아올 겁니다. 그러니 직접적인 식 민지는 아닐지라도 자신의 영향력이 미치는 곳, 혹은 자신에게 우 호적인 국가들을 확보해야만 했습니다. 미국이 1949년 북대서양조 약기구North Atlantic Treaty Organization, NATO를 만들어 맹주 노릇을 하자, 이어 1955년 소련이 바르샤바조약기구Warsaw Treaty Organization, WTO를 만들어 대 응했던 것도 모두 이런 필요에서였습니다.

어쨌든 1960년대는 경제적 호황의 시기였습니다. 당연히 자본 주의체제는 많은 고급 인력과 전문 인력이 필요했지요. 그러니 앞 다퉈 서유럽과 미국에는 대학들이 설립되고 정원도 증가되었습니다. 영국의 사례를 살펴볼까요? 1939년 제2차 세계대전이 일어난 해 영국의 대학생 수는 6만 9000명 정도였지만 1972년에는 그 수가 60만 명으로 늘어납니다. 당연히 20대 초반 젊은이들 중 대학생이 차지하는 비율도 기하급수적으로 증가하게 되죠. 1939년 1퍼센트 정도 되었던 대학생 비율은 1972년 15퍼센트로 늘어납니다. 그러니까 1972년 영국으로 타임머신을 타고 가서 젊은이들을 본다면, 100명 중 15명은 대학생이었다는 겁니다. 물론 신설된 대학이나 정원이 증가된 기존 대학도 입학생을 걱정할 필요는 없었습니다. 1960년대에 이르면 '베이비붐' 세대들이 급속하게 늘어났을 때이니까 말입니다. 전쟁으로 생긴 생존과 죽음에 대한 걱정이 사라지면, 생식과 번식에 대한 욕망이 걷잡을 수 없이 폭발하는 법입니다. 제2차 세계대전 이후 너도나도 마치 유행에 뒤처지지 않으려는 듯 임신을 했고 출산을 했습니다. 더군다나 미래는 장밋빛이었으니 아이들을 낳는 것에 어떤 장애도 없었지요. 전후 세대를 특징짓는 '베이비붐' 세대는 이렇게 탄생한 겁니다. 당시 웬만한 가정에서는 자식들을 대학에 보내려고 했지요. 경제적 호황으로 교육비도 충분했을 뿐만 아니라, 더 많은 투자가 더 많은 이득을 낳으리라는 경제적 확신도 여기에 한몫 단단히 했죠. 그러니 교육열이 정말 제대로 폭발했던 겁니다.

대학과 대학생의 양적인 증가가 대학의 본질 자체도 바꿉니다. '엘리트elite'라는 말을 아시나요? '고르다'나 '선택하다'를 의미하는 라틴어 '엘리고eligo'에서 유래한 단어입니다. 그래서 엘리트는 선택된 소수의 사람을 가리키죠. 역사적으로 엘리트는 중세 시절 수도원에서 교육을 받았고, 18세기 중엽 이후 자본주의가 발달하면서는 대학에서 교육을 받았습니다. 그러나 중세시대의 엘리트와 근대의 엘리트는 그 의미가 달랐죠. 수도원에서 육성했던 엘리트가 신의 충실한 시종이었다면, 대학의 엘리트는 세속사회를 이끌어갈 수 있는 지도자였습니다. 그렇습니다. 수도원의 엘리트가 "나는 신을 따른다"고 고백하는 '팔로어follower'를 지향했다면, 대학의 엘리트는 "나는 나 자신과 세상을 이끈다"고 긍정하는 '리더leader'를 지향한 겁니다. 물론 그렇다고 해서 중세의 엘리트가 신을 맹목적으로 따르는 '팔로어'를 지향했던 것은 아닙니다. 신과 피조물 사이에서 그는 최고의 마름을 지향했던 것이니까요. 신의 뜻을 가장 잘 알기에, 그는 인간을 포함한 모든 피조물을 이끌었던 겁니다. 반면 근대의 엘리트, 즉 부르주아체제의 엘리트는 신을 매개로 사회를 이끌어간다는 생각 자체를 거부하죠. 그저 자신의 이성과 결단으로 자신뿐만 아니라 사회를 이끈다고 믿었던 겁니다. 새롭게 역사의 주역이 된 부르주아계급의 자신감이 돋보이는 대목이죠. 이미 근대의 엘리트들은 노동계급을 통제할 수 있는 내재적 신, 즉 자본을 가득 채워두고 있었으니까요. 어쨌든 20세기 초반까지만 하더라도 대학 교육은 미래 사회의 지도자를 교육하는 요람으로 생각되었죠.. 현재 우리나라 대학들이 "미래의 지도자 양성" 등을 입에 달고 다니게 된 것도 이런 전통에서 유래합니다.

1900년 영국만 하더라도 대학을 통해 이런 엘리트 교육을 받았던 젊은이들이 대략 2만 명 정도였다고 합니다. 1972년의 60만 명에 비한다면, 정말 소수였죠. 20세기 초반만 하더라도 대학생은 그야말로 희소했던 겁니다. 당시 대학생들이 얼마나 자부심을 느꼈을지는 미루어 짐작이 가는 일이죠. 자신들이 선택받은 사람들이라고, 그리고 언젠가 지도자가 될 것이라고 믿고 있었으니까요. 20세기 초 대학에서는 지금과는 달리 시험이나 평가는 그다지 중요한 것이 아니었죠. 시험이나 평가와 같은 제도는 소수의 자리에 다수가 경쟁할 때에만 의미가 있는 것이니까요. 당시는 퇴학이나 정학을 당하지 않고 다음 학년으로 진급하면 되었습니다. 전체 대학 교육도 그렇지만 한 학년이 올라갈 때마다 일종의 통과의례 성격이 강했던 겁니다. 오히려 남과는 다른 괴짜 행각, 무언가 특이하고 비범한 행위를 할 수 있느냐의 여부가 더 중요했지요. 물론 대학 교칙을 심각하게 어겨서 퇴학당할 수도 있습니다. 그러나 그렇다고 해서 인생이 망가지는 것은 아니죠. 어차피 기득권을 가지고 태어난 자제들이었으니까요. 1900년까지만 해도 퇴학당할 만한 행위를 하되 퇴학당하지 않는 그 묘한 경계선에 있는 학생이야말로 동료들에게 미래의 지도자로 신망을 받았던 겁니다. 반대로 교칙을 충실히 지키는 학생들은 선생님들의 인정을 받을 수는 있지만 동료들이나 후배들로부터 인정받기는 어려웠죠. 지도자란 주어진 규칙에 순종하는 사람이 아니라 새로운 규칙을 만들 수 있는 사람이고, '따르는 사람'이 아니라 '이끄는 사람'이라는 통념 때문이었습니다. 대학을 졸업하는 순간, 그들의 내면에는 무엇이든지 마음먹은 대로 할 수 있다는 자부심, 그리고 지도자가 될 준비가 갖추어졌다는 자신감이 충만하게 됩니다. 1900년의 대학생은 그래서 엘리트 의식으로 충만했습니다. 누군가 명령을 할 때 본능적인 거부감을 보인다면, 분명 그는 엘리트 의식으로 무장한 사람일 겁니다.

1960년대에 들어오면서 대학의 엘리트 이미지는 동요하기 시작합니다. 부르주아계급의 자제만이 아니라 화이트칼라를, 그러니까 중간 관리자를 꿈꾸는 노동계급의 자제도 입학이 가능해지니까요. 1960년대 양적으로 증가한 대학은 일차적으로 고급 인력과 전문 인력이 필요했던 자본주의의 요구에 응답한 겁니다. 그런데 아이러니한 것은 기존 대학이나 신설된 대학들이 과거 1900년대에나 통용되던 교육 전통과 슬로건을 그대로 내걸었던 거지요. '지도자의 요람' '미래의 지도자' 등등. 여기서 묘한 시대착오anachronism가 발생하게 됩니다. 대학은 여전히 '리더' 양성을 명분으로 내걸었지만, 속으로는 자본에 복종하는 '팔로어'를 키우려고 했으니까요. "너희는 졸업 후에 취직할 수도 있지만, 그것보다 더 중요한 것은 지적인 지도자가 되는 거야." 뭐, 이런 묘한 분위기, 대학의 목적과 관련된 수정주의 분위기가 만들어진 겁니다. 이제 입학생들도 헷갈리게 되었죠. 리더가 되려고 대학에 가는 것인지, 아니면 팔로어가 되려고 대학에 가는 것인지. 그 결과 대학 교과과정도 애매하게 구성되었죠. 저학년에 집중되는 교양 교육이 '엘리트' 교육을 지향하는 과거 전통을 따르고 있다면, 고학년이나 대학원의 전공 교육은 '전문가' 교육을 필요로 하는 자본의 현실적 요구를 반영하고 있으니까요. 세상 물정을 조금이라도 아는 사람이라면 대학의 현실을 직시할 겁니다. 교양보다는 전공이 중요하다는 사실, 그리고 교양과정은 단지 대학제도 초창기에 이루어졌던 엘리트 교육의 흔적에 지나지 않는다는 사실을요.

불행히도 순진한 신입생에게 대학은 무엇보다도 먼저 지적인 지도자, 혹은 스스로 생각하고 판단하는 지성인을 양성하는 곳이라는 인상이 깊게 각인되죠. 리더를 기르는 활기찬 분위기, 다양한 능력을 기르는 자유로운 교내 활동, 그리고 지성인으로 인정하는 사회 분위기 등등. 대학교 1학년 동안의 낭만적 분위기에 젖은 순진한 청년은 전공과정에 들어가는 순간 방황할 가능성이 클 겁니다. 교양과정에서 만끽했던 엘리트라는 자부심은 사라지고, 전공과정에서는 리더가 아니라 팔로어를 강요하니까 말입니다. 아예 처음부터 대학이 자본주의를 위한 직업 교육기관이라고 선언했다면 이런 일은 없었을 겁니다. 제2차 세계대전 이전에 전통적인 대학 교육을 받았던 1960년대 대학의 이사진이나 교수진 등도 대학생들의 혼란을 가중시키는 데 일조합니다. 그들은 자신이 속한 대학교가 직업학교로 보이는 것을 원하지 않았던 겁니다. 대학생활의 이상과 현실의 괴리 속에 신입생만 난감해지게 된 셈이지요. '리더'와 '팔로어'. '이끄는 사람'과 '따르는 사람'! 이건 해결할 길이 없는 모순이지요. 1960년대부터 20세기 말까지 모든 대학생을 분열시킨 근본적인 모순은 바로 이거였습니다. 1960년대 대학체제가 이 모든 모순을 만든 셈이지요. '리더'와 '팔로어'를 동시에 요구한다는 것은 학생들을 베이트슨^{Gregory Bateson}(1904~1980)이 말한 '이중구속^{double bind}'의 역설에 던져 넣는 것이니까요. 《마음의 생태학^{Steps to an ecology of mind}》에서 베이트슨은 모순되는 두 가지 요구는 아이들을 이러지도 저러지도 못하는 상태, 즉 이중구속 상태에 빠지게 한다고 분석합니다. 베이트슨은 이 상태가 지속되면 아이는 정신분열증에 빠지게 될 거라고 경고하기도 합니다.

1960년대 대학생들은 베이트슨이 말한 것처럼 일종의 이중구속의 심리 상태에 있었던 겁니다. 리더가 되면 팔로어가 될 수 없고, 팔로어가 된다면 리더가 아니기 때문이지요. 순진한 학생들 눈에는 대학교가 리더도 요구하고 팔로어도 동시에 요구하고 있는 것으로 보였습니다. 그것은 교과과정뿐만 아니라 스승과의 관계에서도 확인되었죠. 자기 말에 저항하는 학생에게는 불이익을 가하지만 속으로는 나름 인정해주고, 동시에 자기 말을 무조건적으로 신뢰하는 학생이라면 칭찬은 하지만 지성인은 아니라고 은근히 깔보는 방식으로 말입니다. 그러니 대부분 평범한 대학생들에게 대학 시절은 정말 시련의 날이라고 할 수 있을 겁니다. 자유롭게 판단해야 한다는 요구와 충직하게 복종해야 한다는 요구! 이런 모순된 요구들이 캠퍼스에서 충돌하니, 어느 장단에 춤을 춰야 할지 당혹스럽기 그지없으니까요. 모순이 해결되지 않고 심화된다면, 삶은 걷잡을 수 없이 망가지기 십상이죠. 그러니 어떻게 해서든 모순은 해결되거나 완화되어야만 합니다. 어떻게 하면 리더와 팔로어 사이의 모순을 해결할 수 있을까요? 이론적으로 세 가지가 있을 수 있습니다. 먼저 첫 번째 해결 방식과 두 번째 해결 방식을 살펴보죠.

　비범한 소수의 대학생들은 대학제도가 던진 모순적인 두 가지 요구 사항 중 하나를 선택하고 다른 하나는 배척해버립니다. 맛난 음식 두 가지를 모두 먹을 수 없다면, 하나는 과감히 버리는 겁니다. 팔로어의 길을 가는 소수의 학생 그리고 리더의 길을 가는 소수의 학생은 이렇게 탄생하게 되죠. 팔로어의 길! 그건 자본의 요구, 대학의 메커니즘, 나아가 부모의 욕망을 그대로 수용하는 겁니다. 내가 원하는 것이 무엇이 중요한가? 나를 고용할 자본가, 내게 학점을 주는 교수, 그리고 내게 등록금을 제공하는 부모가 원하는 것이 중요하다는 겁니다. 언젠가 자본가의 자리에, 교수의 자리에, 그리고 부모의 자리에 들어갈 때까지는 저항할 필요가 없다는 입장이지요. 상당히 노회하고 보수적인 학생들이라고 할 수 있습니다. 실제로 바로 1960년대 팔로어의 길을 선택한 사람들은 향후 체제의 주류를 형성하게 되지요. 반대로 리더의 길을 걷는 학생도 있죠. 자본, 교수, 그리고 부모 대신 바로 자신이 지금 세상을 이끌려고 합니다. 니체Friedrich Wilhelm Nietzsche(1844~1900)가 말한 '초인Übermensch'의 길이지요. 1869년 스물네 살의 나이로 바젤대학University of Basel 정교수가 되었던 니체는 그야말로 대학 초기 '엘리트' 교육의 정점에 있었던 철학자로, '팔로어'가 아닌 '리더'의 길을 철학적으로 기초했죠. 리더를 꿈꾸는 대학생들, 특히나 1960년대 프랑스 대학생들이 항상 니체의 철학에 동질감을 강하게 느꼈던 것도 다 이유가 있었던 셈입니다.

니체는 초인이 되려고 발버둥을 쳤지만, 그걸 감당하지 못해 정신적으로 부서지고 말죠. 마찬가지로 대학생의 신분으로 세상을 이끌어간다는 것은 그리 만만한 일이 아닙니다. 강력한 리더십으로 동료 학생들을 규합해 교내에서 집회를 하거나 점거농성을 할 수도 있습니다. 아니면 학교 밖에서 보도블록 조각이나 화염병을 경찰들에게 던질 수도 있죠. 그러나 이것만으로 사회를 자신이 원하는 대로 이끌 수는 없는 법이죠. 그럼에도 리더의 길을 가고자 하는 학생들은 자신의 선택을 밀어붙입니다. 힘든 길이지만 꿋꿋하게 가려는 그들의 패기는 우리의 박수를 받아 마땅합니다. 그건 엄청난 용기가 필요한 자유의 길이니까요. 1964년 12월 2일 버클리대학 스프라울홀을 점거했던 사비오와 1500여 명의 학생들을 생각해보세요. 학교로부터 받을 불이익, 체제의 강제 진압, 나아가 부모들의 탄식도 다 감당해야 하죠. 사비오가 격앙된 목소리로 외쳤고 광장에 모였던 학생들이 환호했던 구절이 기억나시나요. 그들은 상품으로 가공되는 "원료"가 아니라 "인간 존재"이기를 원했습니다. 원료와 인간! 이것만큼 팔로어와 리더를 상징하는 근사한 은유도 없을 겁니다. 당연히 사비오와 학생들은 자신들을 원료로 취급하는 대학과 맞서 싸워야 했죠. 불행히도 대학이나 정부 당국이 대학생들의 자유 선언을 받아들일 리 없죠. 잘못했다가는 버클리대학뿐만 아니라 거의 모든 대학에서 학생들의 반란이 이어질 테니 말입니다. 그러나 학생들은 체제의 압력과 탄압을 감당하기로 작정한 겁니다. 물론 나약하고 여린 대학생들에게는 체제의 압도적 힘을 견디지 못하는 임

1967년 샌프란시스코 골든게이트 파크에 모여
있는 히피들. 히피들은 물질적 풍요에 대립되는
자발적 가난, 합리주의에 대립되는 신비주의,
도시에 대립되는 전원생활, 경쟁보다는 사랑
등을 추구했다.

계점이 찾아오게 될 겁니다.

대학을, 나아가 사회를 새로운 방향으로 이끌겠다는 의지가 현실적으로 꺾인다고 하더라도, 리더로서의 삶은 완전히 폐기되지는 않습니다. 자본 대신, 학교 대신 혹은 부모 대신 사회를 이끌 수 없다면, 그들에게는 리더로 살아가는 마지막 방법이 남아 있으니까요. 그것은 바로 자신들의 삶을 이끄는 거죠. 자신의 몸, 자신의 행동, 자신의 사랑 등등을 자신의 의지대로 꾸려나가는 겁니다. 1966년에서 1967년까지 샌프란시스코 골든게이트 파크에서 집단 캠핑 생활을 시도했던 젊은이들이 바로 그들이었죠. 바로 히피^{Hippie}라고 불렸던 젊은이들이었습니다. 사회를 바꾸기보다는 작게나마 새로운 사회를 그냥 자신들이 만들고자 했던 겁니다. 버클리 학생들이 꿈꾸었던 리더가 '정치적^{political}'인 것이었다면, 히피들은 '미학적^{aesthetic}' 리더를 꿈꾸었던 셈이지요. 타인에게 자신의 이념을 설득하기를 포기하고, 이념에 어울리는 삶을 만들어 타인들에게 보여주려고 했으니까요. 미학적 삶이자 예술적인 삶은 이렇게 탄생하는 겁니다. 구체적으로 히피의 삶은 무엇을 지향했을까요? 물질적 풍요에 대립되는 자발적 가난, 합리주의에 대립되는 신비주의, 현대 미국 문명에 대립되는 과거 인디언 문명, 도시에 대립되는 전원생활, 경쟁보다는 사랑, 위계적 사회보다는 자유로운 개인들의 연대, 미래에 대한 기대보다는 현재에 대한 긍정. 학생운동을 했던 젊은이들의 행동과 은둔적이었던 히피들의 행동은 분명 구별됩니다. 그러나 버클리 학생들과 히피들이 1960년대 학생운동의 두 가지 측면이란 걸 잊어서는 안 됩니다. 왜냐고요? 두 그룹은 모두 자본을, 학교를, 그리고 부모를 따르는 것을 거부했으니까요. 단지 버클리 학생들이 학교를, 나아가 사회를 이끌려고 했다면, 히피들은 자신만의 삶을 주체적으로 이끌려고 했다는 차이만 있을 뿐이죠.

이제 마지막으로 제3의 길, 리더와 팔로어 사이의 모순에 대처하는 세 번째 길을 이야기할 순서네요. 이건 대다수 대학생들이 선택하는 슬픈 길이지요. 모순을 제거한다기보다는 오히려 모순이 주는 압력을 일시적으로 완화하는 방법도 있습니다. 리더와 팔로어의 길이 나뉘는 분기점에 서서, 양쪽 길의 분기점으로 다시 쉽게 나올 수 있을 만큼만 걸어가보는 겁니다. 중간고사나 기말고사 때는 시험에 집중해 학점을 관리하고, 그렇지 않을 때는 학내 이슈나 사회적 이슈에도 지속적인 관심을 갖고 간혹 안전한 집회에도 참여하는 겁니다. 물론 연좌농성이나 가두시위는 가급적 피하는 거죠. 그러나 시험도 없고 학내 집회도 없는 묘한 경우가 있을 수 있습니다. 바로 이때 제3의 길을 걷는 학생들에게는 심한 불안감이 엄습하게 됩니다. 환경에 맞춰 보호색을 만들었던 카멜레온이 무채색의 환경을 접했을 때 생기는 당혹감과 비슷한 겁니다. 도서관에 공부를 하러 가기도 뭐하고, 그렇다고 해서 다음 집회를 기획하는 모임에 참가하기도 뭐합니다. 부모의 뜻에 따라 대기업에 취직해서 관리자의 길을 가는 것도 마땅치 않고, 그렇다고 해서 모든 불이익을 감당하며 사회 변화와 혁명에 투신할 용기도 없으니까요. 아무 일도 없을 때 제3의 길에 있던 학생들은 자신의 맨얼굴을 직면하게 됩니다. 저항도 아니고 그렇다고 해서 순응도 아닌, 팔로어도 아니고 그렇다고 해서 리더도 아닌 애매한 삶, 자신들의 적나라한 맨얼굴 말입니다. 남루한 자신의 삶이 주는 불쾌감, 혹은 역겨움을 없애는 데 역시 돈이 필요하지요. 자본주의사회니까요.

다행인지 불행인지 1960년대 학생들에게는 술과 담배뿐만 아니라 마리화나나 LSD와 같은 환각제가 있었습니다. 그리고 집 바깥에는 로큰롤 공연장과 영화관도 있었고, 집 안 자기 방에는 레코드 플레이어, 그리고 그 옆에는 수많은 LP들이 쌓여 있었지요. 아니면 낭만적인 연애도 그리고 자극적인 섹스도 할 수 있었죠. 음악, 마약, 그리고 섹스가 평범한 대학생들뿐만 아니라 예비 대학생들이었던 틴에이저들을 기다리고 있었던 겁니다. 자본주의의 놀라운 적응력이죠. 자본은 알았던 겁니다. 빠르면 대학생이거나 늦으면 틴에이저들이 가지는 내적 긴장을 해소해주는 대가로 엄청난 이윤을 얻을 수 있다는 사실을요. 젊은이들의 내면을 분열시킨 주범이 그걸 미봉하는 당의정도 만든 겁니다. 자본에 대한 저항, 학교에 대한 저항, 부모에 대한 저항을 베이비붐 세대들은 얄팍한 지갑을 열어 소비했고 향유하게 됩니다. 저항의 주체가 아니라 저항의 소비자가 되어버린 셈이죠. 마약은 일순간이나마 그들에게 리더로서의 삶, 혹은 초인으로서의 삶을 허락했습니다. 레코드플레이어나 공연장에서 울려 퍼지는 로큰롤의 광기 속에서 같은 세대 학생들과 함께 저항의식을 임시적이나마 배출할 수 있었죠. 그들에게는 1963년 첫 앨범으로 혜성처럼 등장했던 비틀스The Beatles와 1964년 첫 앨범으로 데뷔한 롤링스톤스The Rolling Stones가 있었으니까요. 혹은 아이가 아니라 어른이 되었다는 생생한 증거였던 섹스도 콘돔이나 경구용 피임약의 사용으로 완전히 해방되죠. 이것마저도 부담이 되었던 학생들이라면 영화관은 그들의 마지막 천국, 즉 '시네마 천국Cinema Paradiso'이 되어주었죠. 현실에서 불가능했던 것이 영화에서는 근사하게 가능했으니까요. 1960년대가 영화의 시대로 기억되는 것도 이런 이유에서죠. 그래서 이제 기성세대가 아니라 젊은 세대가 어두운 영화관을 점거하게 됩니다. 당시 프랑스의 누벨바그, 영국의 뉴웨이브, 독일의 뉴저먼시네마, 그리고 미국의 할리우드는 바로 이들 전후 세대들의 은밀한 욕망을 간접적으로 충족시키려고 탄생한 거죠. 가상의 저항, 가상의 혁명, 가상의 섹스를 향유하면서 2시간 동안이나마 학생들은 리더로서의 삶, 초인으로서의 삶을 간접적으로 체험할 수 있었던 겁니다. 그러니 그들에게 영화관은 정말 현실에서는 존재하지 않는 '천국'이었던 겁니다.

1960년대 대학에서는 '리더'라는 이념이 교양 과목이란 제도로, 그리고 교수와 학생의 만남에서도 통용되고 있었습니다. 분명 니체가 초인 개념으로 정당화했던 리더의 이념은, 자본이 압도적 지배력을 발휘했던 1960년대에는 시대착오적인 것이었죠. 그러나 묘하게도 이 이념은 일종의 '향수적 이념Nostalgic Idea'으로 대학 캠퍼스와 대학생들의 내면에 강림합니다. 정말 역사는 선형적으로 깔끔하게 지적으로 이해되지 않는 측면이 있는 것 같습니다. 아이러니한 것은 냉전체제에 그나마 인간다운 온기를 불어넣을 수 있던 동력이 바로 이 향수적 이념이라는 점이지요. 학생들에게는 생산수단도 없고 폭력수단도 없습니다. 아니 더 정확히 말해 부모를 착취해서 학교생활을 유지하는 것이 바로 대학생이었죠. 그들의 부모님이 자본계급이든 아니면 노동계급이든 상관이 없습니다. 어느 경우든 생산보다 소비에 특화된 계층이 대학생이니까 말입니다. 더군다나 고등학생과 마찬가지로 대학생들은 여전히 학교 당국으로부터 경쟁을 강요당하고 평가를 받는 처지였죠. 그런데 이들은 냉전체제에 주눅이 들었던 노동계급보다 더 강력하게 체제에 맞섰던 겁니다. 현실적으로 리더가 아닌 학생들이 상상적으로나마 리더라고 자부하기에 발생했던 강력한 저항의식이었죠. 대통령이 현실적 리더라면 나는 잠재적 리더이고, 자본가가 현실적 리더라면 나는 잠재적 리더이고, 아버지가 현실적 리더라면 나는 잠재적 리더라는 겁니다. 그러니 충돌과 대립은 불가피하죠. 그만큼 20세기 초 대학 시절에나 유효했던 '리더'라는 향수적 이념은 강력했던 겁니다.

자본, 대학, 부모를 대신해 사회를 자신이 이끌겠다는 이념! 그 것이 어렵다면 자기 자신의 삶이라도 자신이 이끌겠다는 이념! 따 르기보다는 이끈다는 생각! 1960년대 학생운동을 이해하려면 이 런 생각을 더 깊게 숙고해볼 필요가 있습니다. 먼저 리더의 덕목, 이끈다는 것이 무엇을 의미하는지 생각하는 것으로 시작하도록 하 죠. 그것은 과거와는 다르게 새로운 '방향'이나 새로운 '목적'을 정 한다는 겁니다. 결국 리더가 되고자 했던 학생들에게 중요했던 것 은 기존의 목적을 비판하고 새로운 목적을 제안하는 이성, 즉 수단 차원이 아니라 목적 차원에서 작동하는 이성이었습니다. 철학에서 는 '수단'과 '목적'이란 개념 쌍이 매우 빈번히 사용되죠. 홍수로 범 람한 강을 건너는 것이 목적이라면, 우리는 밧줄이나 배, 혹은 튜브 등을 구할 수 있습니다. 바로 이런 것들이 수단입니다. 혹은 119 비 상전화를 통해 외부의 도움을 요청하는 것도 수단이라고 할 수 있 습니다. 이렇게 일정한 목적에 이르도록 하는 수단들을 보통 도구 라고도 부릅니다. 그러니까 수단과 목적이란 개념 쌍에 따르면 인 간의 이성은 두 종류로 분류될 수 있습니다. 목적 차원에서 작동하 는 '목적적 이성'과 수단 차원에서 작동하는 '도구적 이성', 바로 이 두 가지입니다. 삶을 살아갈 때 두 가지 이성은 모두 중요합니다. 그렇지만 자신의 삶을 주체적으로 살아가고자 한다면 그가 누구든 지 간에 목적 이성을 먼저 가지고 있어야 하죠.

우리가 1960년대 학생운동과 함께 독일 프랑크푸르트학파^{The} _{Frankfurt school}의 사유에 주목해야 하는 것도 이런 이유에서입니다. '도 구적 이성 비판!' 바로 이것이 프랑크푸르트학파가 내걸었던 핵심

프랑크푸르트학파의 두 지성 호르크하이머(왼쪽)와 아도르노. 프랑크푸르트학파가 내건 핵심 슬로건은 '도구적 이성 비판'이었다.

슬로건이니까요. 프랑크푸르트학파의 주도적 사상가들 중 한 사람이었던 호르크하이머^{Max Horkheimer}(1895~1973)의 이야기를 들어보죠.

> 이성은 자율을 포기한 후에 도구로 전락했다. 실증주의가 부각시킨 주관적 이성의 형식주의적 관점에서 이성이 객관적 내용과는 무관하다는 점이 강조되었다. 실용주의가 부각시킨 이성의 도구적 관점에서 타율적 내용에 굴복했음이 강조된다. 이성은 전적으로 사회적 과정에 구속되었다. 인간과 자연을 지배하는 과정에서 이성이 수행하는 역할, 즉 이성의 조작적 가치만이 유일한 기준이 되었다. …… 사유 자체가 마치 산업 생산과정의 수준으로 축소된 것처럼 치밀한 계획에 복속되었는데, 간단히 말하자면 생산의 고정된 구성 요소로 전락한 것이다.
>
> ─《도구적 이성 비판Zur Kritik der instrumentellen Vernunft》

독일 철학자답게 호르크하이머는 난해한 글을 쓰고 있네요. 그렇다고 주눅들 필요는 없습니다. 책 제목처럼 그는 '도구적 이성'을 비판하고 있으니까요. 20세기 철학의 트렌드였던 프랑스의 실증주의positivism나 영미권의 실용주의pragmatism가 수단만을 고민하고 있는 도구적 이성일 뿐이라고 호르크하이머는 비판하고 있는 겁니다. 다시 말해 20세기 철학이 '무엇what' 자체를 비판적으로 음미하기는커녕 그저 주어진 '무엇'을 맹목적으로 수용한 채 '어떻게how'만 고민하고 있다는 겁니다. 이렇게 수단만 고민하는 사유가 자율적인 사유, 즉 철학적 사유일 수 있을까? 뭐 이런 철학의 나라 출신다운 비판이지요. 예를 들어보죠. 노벨물리학상 수상자였으며 양전자기학의 대가였던 파인만Richard Phillips Feynman(1918~1988)을 아시죠. 놀랍게도 그는 1941년 원자폭탄을 만든 미국 정부의 프로젝트, 즉 맨해튼 프로젝트Manhattan Project에 참여합니다. 원자폭탄의 목적을 심각하게 고민했다면 참여하기 힘들었을 겁니다. 젊은 나이에 자신의 천재성을 정부에서 인정해주니, 그저 행복했던 거죠. 반면 파인만보다 앞서 노벨물리학상을 수상했던 아인슈타인Albert Einstein(1879~1955)은 맨해튼 프로젝트에 참여하기를 거부하죠. 인류에 원자폭탄이 어떤 위험이 될 것인지 그는 고민했던 겁니다. 그래서 파인만이 최고 수준의 '도구적 이성'이었다면, 아인슈타인은 원자폭탄의 목적을 고민했던 '목적적 이성'이라고 할 수 있습니다.

호르크하이머의 '도구적 이성' 개념은 매우 중요합니다. 1960년대 학생운동을 관통하는 핵심 개념이기 때문이지요. 1960년대 학생운동은 대학들이 '도구적 이성'을 양산하려 한다고 폭로했던 겁니다. "목적은 생각하지 말라! 그저 우리가 설정한 목적에 도달할 수 있는 수단만을 생각하라!" "아인슈타인이 되려고 하지 말고, 파

1945년 7월 16일 뉴멕시코주 앨라모고도의 폭격
연습장에서 이루어진 인류 최초의 핵폭탄 실험
장면. 인류에 원자폭탄이 어떤 위험이 될 것인지
고민하지 않은 '도구적 이성'들이 이 프로젝트에
참여했다.

인만이 되도록 노력하라!" 자본과 국가는 그렇게 요구했고, 대학은 그것을 충실히 대학생들에게 강요했던 겁니다. 그래서 사비오는 대학생이 "원료"가 아니라 "인간 존재"라고 대응했던 겁니다. 남이 정한 목적을 따르는 도구가 아니라는 거고, 스스로 목적과 관련된 행동을 할 수 있는 존재라는 겁니다. 아마도 사비오의 내면에는 호르크하이머의 목소리가 울려 퍼졌을 겁니다. "이성은 자율을 포기한 후에 도구로 전락했다!" 자율은 스스로 목적을 설정할 수 있다는 걸 의미합니다. 만일 다른 사람이 정해놓은 목적을 맹목적으로 따른다면, 이것이 어떻게 자율이겠습니까? 타율이지요. 분명 타율에 지배되는 이성, 즉 도구적 이성은 리더의 덕목이 아닙니다. 오직 자율적 이성, 다시 말해 목적적 이성만이 리더의 유일한 덕목일 테니까요. 그렇기에 호르크하이머의 '도구적 이성'이란 개념이 중요하다는 겁니다. 냉전체제 학생운동의 핵심을 규정하는 데 이보다 더 명확한 개념도 없으니까요. '도구적 이성 비판!' 그렇습니다. 1960년 4월 한국에서 시작되어 1964년 미국에서 본격화했으며, 마침내 1968년 세계를 뜨겁게 달구었던 학생운동은 도구적 이성과 그것을 강요하는 체제에 대한 반란이었던 겁니다. 그래서 도구적 이성 비판은 중요한 정치철학적 의미도 함축하고 있습니다. 전체주의와 민주주의를 규정할 수 있는 개념적 힘을 제공하니까요.

대부분 사람들이 도구적 이성을 수용하는 순간, 사회는 전체주의로 물들게 됩니다. 목적을 권력이나 자본이 독점하고, 그것에 대해 아무도 문제 제기하지 않으니까요. 반대로 목적적 이성을 사람들이 자유롭게 실현하면, 사회는 민주주의적 경향을 강하게 띠게 됩니다. 그래서 도구적 이성 비판은 파시즘이나 전체주의에 대한 비판이기도 한 겁니다. 전체주의란 결국 권력자나 자본가가 자신이 설정한 목적을 전체 사회에 강요하는 논리이니까요. 물론 전체주의가 관철되려면, 대다수 민중들의 저항은 없어야겠죠. 이렇게 저항을 애초에 무력화시키는 방법이 바로 사회 성원들에게 '도구적 이성'을 강요하는 겁니다. 목적은 권력자가 정하니, 너희는 그것에 이를 근사한 수단만 고민하라는 겁니다. 물론 근사한 수단을 마련한 사람들에게는 승진 등 미래의 행복을 보장하죠. '도구적 이성'은 이렇게 무서운 겁니다. '도구적 이성'이 지배적인 사회에서는 권력자나 체제가 선하기만을 바랄 수밖에 없으니까요. 자신의 운명뿐만 아니라 사회의 운명마저 모조리 외부에 맡기는 형국이지요. 그러나 이럴 때 사회는 전체주의로 흘러가기 쉽습니다. 우리의 경우만 하더라도, 일본제국주의 시절 친일파들, 이승만이나 박정희 독재 시절 친독재 세력들이 있었습니다. 일본제국주의가 정해놓은 목적을, 이승만이나 박정희가 강요했던 목적을 그대로 수용했던 사람들입니다. 그리고 도구적 이성을 정말 성실히 발휘해 일본제국주의나 독재 권력의 이익에 봉사하며 살았던 사람들이죠. 이들이 항상 강조했던 것은 경륜이나 행정 경험이죠. 말이 경륜이지, 그냥 도구적 이성이라고 보면 됩니다. 1945년 미군정 시절 군정청이 친일파 관료, 경찰, 군인을 그대로 사용했던 것도 이런 이유에서입니다. 어차피 권력자가 설정한 목적을 맹목적으로 수용하는 사람들이니 이용하기에 이보다 더 좋은 사람들도 없었을 겁니다. 그래서 민주주의자는 항상 도구적 이성을 비판해야 하고, 나아가 다양한 사람들만큼이나 다양한 목적이 존재한다는 걸 긍정해야 합니다. 목적의 독점! 이것이 바로 민주주의의 적, 전체주의의 본질이기 때문이지요.

1960년대 학생운동의 의의 한 가지가 분명해졌습니다. 그것은 목적 독점에 대한 저항이었던 겁니다. 물론 목적을 독점하려면 생산수단과 폭력수단의 독점이 선행되어야 하지요. 그러나 생산수단과 폭력수단을 독점하려면 목적의 독점도 필요하다는 걸 잊어서는 안 됩니다. 그러니까 생산수단, 폭력수단, 그리고 목적을 독점해야 억압적 권력은 완성될 수 있다는 겁니다. 이 세 가지 독점은 서로 원인과 결과의 관계로 묶여 있습니다. 목적 독점이 생산수단 독점이나 폭력수단 독점을 유발하고, 생산수단 독점이 폭력수단 독점이나 목적 독점을 유발하고, 폭력수단 독점이 생산수단 독점이나 목적 독점을 유발하니까 말입니다. 1960년대 냉전체제는 미국과 소련을 중심으로 세 가지 수단의 독점이 거의 완성되기 직전의 상황이었죠. 스탈린이 추구했던 국가독점자본주의에서는 이미 그 조짐이 확연히 보입니다. 국가가 유일한 자본가가 되어 모든 생산수단을 독점했고, 아울러 냉전을 이용해서 폭력수단의 독점마저 더 강화되었습니다. 물론 생산수단과 폭력수단을 독점하기 위해서 스탈린은 이미 1930년대 '대숙청'으로 목적마저 독점하죠. 그나마 미국은 상황이 조금 나았습니다. 국가기구가 냉전 논리에 힘입어 폭력수단을 강화했지만, 미국은 거대 자본이 분점하고 있던 생산수단마저 독점하려고 하지는 않았거든요. 시장자본주의체제가 나름 유지되고 있었던 겁니다. 그러나 영구적 군비산업 육성 정책으로 국가기구는 간접적으로나마 자본가들을 통제할 수 있었죠. 어차피 자본가들은 이윤에 따라 움직이니까 말입니다. 그리고 소련과 마찬가지로 목적을 독점하려는 움직임도 발생하게 됩니다. 1950년대 미국 상원의원 매카시Joseph McCarthy(1908~1957)가 주도했던 매카시 열풍입니다. 시장자본주의나 미국의 정책에 비판적인 입장이라면 무조건 소련 스파이로 규정하는 미국판 색깔론이었죠.

1964년 버클리대학 스프라울홀 점거농성이나 사회 도처에서 발생했던 젊은이들의 문화적 저항은 목적 독점에 저항하기 위해서였던 겁니다. 그것이 바로 호르크하이머의 '도구적 이성 비판'이란 개념이 가진 의의였죠. 대학생들에 의해 '도구적 이성', 혹은 '목적 독점'의 논리에 금이 가기 시작하자, 그들의 눈에는 폭력수단 독점이나 생산수단 독점이 문제로 포착되기 시작합니다. 목적 독점을 유지하기 위해 체제가 폭력수단이나 생산수단을 작동했으니까요. 그래서 1960년에 시작되어 1975년까지 지속된 베트남전쟁은 당시 학생운동에서 매우 중요합니다. 1968년 미국, 영국, 독일, 그리고 프랑스 등 서양 세계를 휩쓸었던 학생운동은 반전운동으로 확산되니까요. 목적 독점에 대한 저항이 폭력 독점에 대한 저항으로 번진 겁니다.

여기서 잠시 베트남전쟁에 관해 알아둘 필요가 있습니다. 당시나 지금이나 이 전쟁이 가진 세계사적 의의를 정확히 알고 있는 사람도 드무니까요. 일단 베트남은 20세기 들어와 자그마치 세 제국주의국가의 식민지가 되었던 비극적인 나라라는 걸 알아야 합니다. 기본적으로 베트남전쟁은 이 세 제국주의 국가에 맞선 민족주의 전쟁이었습니다. 비극은 1887년 베트남이 캄보디아와 라오스와 병합되어 프랑스령 인도차이나L'Indochine francaise가 되면서 시작되죠. 제2차 세계대전 때 독일과 맞서느라 경황이 없었던 프랑스가 프랑스령 인도차이나에서 자국 군대를 본국으로 송환하자, 그 공백을 틈타 1941년 7월 일본군이 베트남을 점령하게 됩니다. 이때 일본은 베트남에 바오다이Bảo đại, 保大(1913~1997)를 수반으로 하는 괴뢰정권을 세우죠. 제2차 세계대전 내내 독일 그리고 일본과 싸웠던 프랑스나 미국은 가만히 있지 않았습니다. 프랑스와 미국은 호찌민Hồ Chi Minh, 胡志明(1890~1969)이 이끄는 저항운동 세력 '베트남 독립을 위한 연맹'

1945년 일본군이 연합군 측에 총을 내려놓으며 항복하고 있다. 이후 원래 식민지였던 베트남을 놓치기 싫었던 프랑스가 야욕을 부리면서 제1차 인도차이나전쟁이 발발한다.

베트남 안남 해변에 상륙한 프랑스 해병대. 1954년 프랑스는 베트남 민중들의 힘에 밀려 패배한다.

을 뜻하는 비엣민Việt Minh을 지원했으니까요. 당시로는 소련과도 연합을 맺었기에 프랑스와 미국으로서는 호찌민이 코뮌주의자라는 건 아무런 문제가 되지 않았던 겁니다.

실제로 1945년 일본이 연합군 측에 항복하자, 비엣민은 평화적으로 정권을 넘겨받게 됩니다. 호찌민과 비엣민의 역할은 우리의 경우와 비교하면 여운형呂運亨(1886~1947)과 건국준비위원회의 그것과 너무나 유사하죠. 문제는 원래 식민지였던 베트남을 놓치기 싫었던 프랑스의 야욕입니다. 1946년 3월 6일 프랑스 정부는 베트남 공화국이 독자적인 정부와 의회, 그리고 군대를 가진 독립적 국가로 프랑스연합의 일원이 된다는 협정을 호찌민과 체결합니다. 영국의 영연방을 벤치마킹한 겁니다. 마음 같아서는 군대를 파견해 다시 식민지로 만들고 싶지만, 그럴 여력이 없기에 프랑스는 이런 꼼수를 부린 거죠. 호찌민을 일종의 꼭두각시로 만들어 베트남을 계속 지배하겠다는 책략이었던 겁니다. 그렇지만 반제국주의 투사였던 호찌민은 프랑스의 유혹에 넘어가지 않습니다. 그러자 프랑스는 다시 홍콩에 칩거 중이던 바오다이를 불러들여 그를 국가수반으로 삼고, 비엣민을 불법 세력으로 규정하게 됩니다. 호찌민과 비엣민과의 협정을 프랑스 스스로 파기해버린 거죠. 마침내 1946년 12월 19일에 제1차 인도차이나전쟁The First Indochina War, 혹은 프랑스-베트남전쟁the Franco-Vietminh War이 발발합니다. 비엣민과 베트남 민중들은 정말 열악한 무기와 조건에서 프랑스 군대와 치열하게 맞서 싸우죠. 결국 1954년 5월 7일 디엔비엔푸 전투Chiến dịch điện Bien Phủ로 베트남 민중들은 프랑스군을 격퇴하는 데 성공합니다.

프랑스의 공백을 메우려고 등장한 것이 바로 미국입니다. 제1차 인도차이나 전쟁 내내 프랑스를 지원했던 미국은 프랑스군이 패배하자 본격적으로 베트남에 개입합니다. 1954년 7월 20일 체결된 제네바협정Geneva Conference에서 미국과 소련은 한반도에서 했던 것처럼 베트남을 북위 17도선을 기준으로 분단해버리고, 호찌민 지지자들은 북쪽으로 옮겨가고 바오다이 지지자들은 남쪽으로 옮겨가도록 했습니다. 그리고 2년 안에 총선거를 치러 베트남 전체의 단일 지도자를 선출한다고 약속했죠. 제국주의의 전매특허, 협정 위반이 바로 이어집니다. 선거를 치르면 호찌민이 압도적 지지로 국가수반이 되는 것이 자명하다는 걸 파악했기 때문이죠. 잘못하면 인도차이나반도 전체가 냉전시대 최고의 라이벌 소련이나 중국의 영향권 아래에 들어가게 생긴 겁니다. 협상문의 잉크가 마르기도 전에 미국은 바오다이를 쿠데타로 축출하고 응오딘지엠Ngo Đinh Diệm(1901~1963)을 초대 대통령으로 만들어 그로 하여금 베트남공화국을 선포하도록 하죠. 미국과 응오딘지엠은 제네바협정이 약속한 총선거를 거부한 겁니다. 이것만이 아니었죠. 미국의 사주를 받은 응오딘지엠은 두 개의 베트남은 존재할 수 없다고 호찌민과 비엣민을 압박하기까지 합니다. 미국의 이런 조치는 북위 17도 이북의 베트남 민중들뿐만 아니라 북위 17도 이남의 민중들로부터도 거센 저항을 받게 되죠. 바로 이때 우리에게 너무나 친숙한 베트콩Việt Cộng, 즉 남베트남민족해방전선Mặt Trận Dan Tộc Giải Phong Miền Nam Việt Nam이 남베트남에 결성되어 시위와 봉기를 주도하며 응오딘지엠 정권에 맞서게 됩니다. 미국의 군사적·경제적 후원으로 유지되었던 응오딘지엠 정권이 얼마 지나지 않아 심하게 부패했기 때문이죠. 하긴 지주계급, 자본계급, 가톨릭계, 그리고 군부와 결탁한 정권이 민중들을 어떻게 억압했을지 미루어 짐작이 가는 일입니다.

반면 북베트남의 지도자 호찌민은 달랐죠. 민족주의자이자 민

베트남전쟁 당시 베트콩의 모습.

중주의자였던 그는 민중과 함께하려고 했으니까요. 그가 프랑스든 일본이든 미국이든 제국주의국가들의 침탈에 맞섰던 이유도 식민지 주민으로 전락한 민중들의 삶에 대한 애정 때문이었으니, 어쩌면 호찌민의 민중주의는 너무 당연한 귀결인지도 모릅니다.

노동계급과 일하는 사람들의 힘은 무한하며 거대합니다. 그러나 승리하려면 당이 그들을 선도해야만 하죠. 혁명이 성공하려면 당은 대중 곁을 지키며 그들을 훌륭하게 조직하고 선도해야 합니다. 혁명적 도덕이란 대중과 하나 되어 그들을 믿고 그들의 의견에 귀를 기울이는 겁니다. 말과 행동으로 말입니다. 당원과 노동청년조합원, 그리고 간부들은 민중의 신뢰와 존경과 사랑을 얻고, 당을 중심으로 민중과 긴밀히 단결해야 합니

프랑스, 일본, 미국의 식민지 지배에 맞서
베트남의 독립과 자유를 위해 싸웠던
호찌민.

다. 또한 민중을 조직하고 교육하고 동원하여 민중이 당의 정
책과 결의안을 열심히 실천할 수 있도록 도와야 합니다. 혁명
과 저항전이 한창일 때, 우리는 이같이 행동했습니다. 그러나
지금은 개인주의가 수많은 동지들을 유혹하고 있습니다. 그들
은 모든 면에서 영리해져야 한다며 민중들에게서 멀어지고, 배
우려 하지 않고 가르치려고만 합니다. 동시에 대중조직, 선전
과 교육 활동에 참여하기를 꺼리며 관료주의와 명령지상주의
에 물들어 있습니다. 결과적으로 대중은 그들에게 애정을 보내
기는커녕, 신뢰하지도 존경하지도 않습니다. 결국 그들은 의로
운 일을 하지 못하게 됩니다.

-〈혁명적 도덕에 관하여On Revolutionary Morality〉,

《호찌민: 식민주의를 타도하라!Ho Chi Minh: Down with Colonialism!》(1958)

프랑스, 일본, 미국의 식민지 지배에 맞서 베트남의 독립과 자유를 위해 싸웠던 지도자다운 말입니다. '제국주의국가/식민지'는 구조적으로 '지배자/피지배자'를 반복하는 겁니다. 당연히 제국주의와 맞서 싸우는 사람은 본질적으로 지배/피지배 관계 자체를 부정하는 사람일 수밖에 없습니다. 한마디로 민중들의 자발성을 긍정해야 한다는 거죠. 개나 소처럼 끌고 다녀야 되는 존재로 민중들을 규정하는 지도자가 있다면, 즉 민중들을 타율적인 존재로 생각하는 지도자가 있다면, 그는 새로운 제국주의자 혹은 새로운 지배자에 지나지 않게 됩니다. 북베트남이 어느 정도 독립적인 국가 기능을 수행할 때, 호찌민이 당과 지도부에 새로운 지배자 노릇을 하려는 경향이 대두하는 걸 극히 경계했던 것도 이런 이유에서죠. 북베트남이 역사적 정통성이 있음에도 호찌민은 이렇게 독립된 베트남을 자유로운 공동체로 끌고 가려고 했던 겁니다. 특히나 지도부가 "민중들에게서 멀어지고, 배우려 하지 않고 가르치려고만 해서는" 안 된다며, "관료주의와 명령지상주의"를 비판하는 호찌민의 언급은 매우 인상적입니다. 불행히도 호찌민의 정신은 1969년 그가 죽은 뒤 급속히 후퇴합니다. '관료주의와 명령지상주의'로 정당코뮌주의와 국가코뮌주의가 득세하니까요. 어쨌든 1960년대까지만 해도 북베트남은 호찌민의 정신과 의지로 수많은 민중들의 지지를 받습니다. 남베트남의 응오딘지엠 정권과는 정말 현격한 차이가 나는 부분이죠.

왜 남베트남 민중들, 특히 농민들이 베트콩이 되어 응오딘지엠 정권과 맞서게 되었는지 이제 너무 자명합니다. 당시 농업경제에 의존했던 남베트남은 가톨릭계 기독교인이었던 대지주들에 의해 장악되어 있었습니다. 여기에 토지개혁으로 땅을 빼앗긴 북베트남

1963년 6월 11일 틱꽝득이 자신의 몸에
불을 붙였다. 이 소신공양은 베트남 민중의
정신을 일깨우고, 미국의 제국주의적 맨얼굴을
세계에 폭로하는 기폭제가 되었다. 당시
영부인 역할을 했던 응오딘지엠 동생의 부인
쩐레수언(가톨릭교도)은 한 미국 언론과의
인터뷰에서 "승려의 바비큐 쇼"라고 발언해
베트남 민중들의 분노를 샀다.

1967년 미군에 체포되어 눈을 가린 채 심문을 기다리고 있는 베트콩. 명분 없는 전쟁 때문에 베트남 민중들의 피해는 걷잡을 수 없이 커졌다.

기독교인들이 남베트남에 모여들어 남베트남의 지배계급에 합류합니다. 제3세계 국가에서 가톨릭이든 개신교든 기독교인은 친제국주의자일 수밖에 없죠. 그들이 믿는 기독교는 결국 제국주의 지배자의 종교였으니까요. 어쨌든 결국 남베트남에서는 아주 오랫동안 베트남 민중들과 동고동락했던 불교 탄압이 심해집니다. 이것은 농업경제의 버팀목이었던 농민들에 대한 억압과 수탈을 상징하는 것이었죠. 1963년 6월 11일 전 세계에 생방송된 틱꽝득Thich Quảng Đức, 釋廣德 (1897~1963)은 사이공 캄보디아대사관 앞에서 자신의 몸을 불태우는 소신공양을 하게 됩니다. 일체의 동요도 없이 정좌한 채 죽어가는 모습은 베트남 민중들의 정신을 일깨우게 되고, 동시에 미국의 제국주의적 맨얼굴을 세계에 폭로하는 기폭제가 됩니다. 사실 미국이 응오딘지엠 정권을 지원한 이유는 명확하죠. 응오딘지엠 정권이 남베

1968년 오스트리아 빈에서 열린 반전시위. 베트남전쟁을 제국주의적 전쟁으로 규정했던 유럽 대부분 국가들의 민중들은 미국 편을 들어주기는커녕 오히려 베트남 민중에 더 우호적이었다.

트남을 근사한 부르주아국가로 만들어 언젠가 베트남 전체를 통일하기를 원했던 겁니다. 그래야 베트남 전체를 소련이나 중국에 맞서는 튼튼한 방벽으로 만들 수 있을 테니까요. 그렇지만 응오딘지엠 정권은 미국의 뜻과는 완전히 다른 식으로 가고 말죠. 최악으로 부패한 독재정권의 길을 가고 있었으니까요. 응오딘지엠 정권을 미국이 다시 쿠데타로 괴멸했을 때, 사실 때는 이미 늦었죠. 남베트남 전체는 이미 베트콩이 활동하는 전쟁터로 변하고 말았기 때문입니다.

　　1964년 8월 2일 일어났던 통킹만 사건Gulf of Tonkin Incident을 빌미로 미국은 베트남 내전에 참전하게 됩니다. 이제 미국이 손을 걷어붙이고 직접 나선 겁니다. 자기 손으로 베트남 전체를 신식민지로 만들겠다는 거죠. 이때까지만 해도 제1차 세계대전과 제2차 세계대전의 승전국이었던 미국은 자신이 20세기 들어와 처음으로 참담한 패배를 맛보리라는 걸 예상하지 못했죠. 생각해보세요. 1968년 기준 남베트남 진영에는 남베트남 군대 85만 명, 미군 50만 명, 한국군 5만 명이 있었고, 북베트남 진영에는 북베트남 군대 30만 명, 베트콩 12만 명, 중국군 17만 명, 북한군 200명이 있었습니다. 미국이 베트남 전체를 신식민지로 만드는 데 실패하리라고 누가 생각이나 했겠습니까? 압도적인 무기를 갖춘 140만 군대 vs. 재래식 무기로 무장한 60만 군대! 그렇지만 미국은 처참히 패하고 베트남을 떠날 수밖에 없었습니다. 마침내 미군과 한국군이 철수하자마자 1975년 4월 30일 북베트남군은 사이공을 함락하게 되죠. 베트남전쟁은 흔히 냉전체제의 대리전이라고 불립니다. 그렇지만 베트남전에 참전한 국가들의 면면을 보세요. 일단 소련은 직접적으로 베트남전에 개입하지 않았고, 오히려 중국이 그 역할을 맡고 있습니다. 그것도 미군 병력에 비추어 3분의 1 정도의 병력만 투입된 정도였습니다. 결국 북베트남 진영에서 중국의 역할이 보조적이었다면, 남베트남 진영에서 미국의 역할은 주도적이고 결정적이었다는 걸 잊어선 안 됩니다. 베트남전쟁이 베트남 민중과 미군과의 싸움, 나아가 식민지 민중과 제국주의 사이의 싸움이라고 할 수 있는 것도 이런 이유에서죠.

미국은 베트남전쟁에서 왜 패전했던 것일까요? 일단 첫째, 베트남 민중의 자유와 독립에 대한 열망이 가장 중요한 원인일 겁니다. 둘째, 자신이 주도했던 제네바협정을 스스로 어김으로써 미국은 전통적인 동맹국을 포함한 세계로부터 지지를 받지 못했습니다. 베트남전쟁을 제국주의적 전쟁으로 규정했던 유럽 대부분 국가들의 민중들은 미국 편을 들어주기는커녕 오히려 베트남 민중에 더 우호적이었기 때문이죠. 셋째, 베트남전쟁이 장기화하자 베트남 민중들의 피해와 함께 파병 미군들의 피해도 걷잡을 수 없이 커집니다. 특히나 명분 없는 전쟁에 뛰어들었던 미국 젊은이들의 피해가 전사자 6만 명, 부상자 30만 명에 이르자, 반전운동은 미국을 들불처럼 휩쓸게 됩니다. 결국 베트남 민중과 미국이나 유럽 민중들 사이에 의도하지 않는 연대가 맺어진 겁니다. 베트남 민중들의 제국주의에 대한 단호한 저항에 직면하고 미국과 유럽, 나아가 한국을 제외한 제3세계 민중들로부터 제국주의라 지탄을 받자, 미국은 마침내 베트남에서 군대를 철수하게 되죠. 제1차 세계대전이 각국의 노동계급 운동으로 흐지부지 종결되었던 것처럼, 베트남전도 제국주의에 맞섰던 각국 민중들의 우발적인 연대로 종식되었던 셈입니다. 폭력수단을 독점한 국가가 제국주의 전쟁을 수행한다고 해도, 단결된 민중들은 전쟁을 막을 수 있다는 전례가 다시 한 번 만들어진 겁니다. 그러나 이것은 불행히도 절반의 승리였을 뿐이죠. 여전히 국가는 상비군의 형식으로 폭력수단을 독점하고 있었고, 언제든지 다시 전쟁을 자의적으로 일으킬 수 있으니까요.

또 한 가지 주목해야 할 것은 1968년 학생운동은 위축되었던 노동계급에게 다시 투쟁의 힘을 부여한다는 사실입니다. 그렇지만 학생운동이 노동운동과 제대로 만난 경우는 1960년대 주로 유럽에 국한된 현상이었다고 봐야 할 겁니다. 물론 1990년대 전후 한국사회에서 다시 노동운동과 학생운동의 마주침이 발생한다는 사실도 잊어서는 안 됩니다. 먼저 서유럽의 경우를 살펴보죠. 1960년대 서유럽 노동계급이 자본주의체제에 강한 반감을 가지게 된 이유는 무엇일까요? 제2차 세계대전 이후 영국, 프랑스, 독일 등은 소련과 미국에 밀려 이제 더 이상 식민지를 거느리고 식민지 주민을 착취할 수 없게 되죠. 당연히 영국, 프랑스, 독일의 노동계급의 삶은 과거보다 피폐해집니다. 식민지를 착취해 이윤을 얻을 수 없는 서유럽 자본계급은 자국 노동계급에게서 그 부족분을 메우려고 할 테니 말입니다. 역으로 말해 제국주의 시절 영국, 프랑스, 독일의 노동계급은 제국주의 착취의 은밀한 공모자였던 겁니다. 제국주의 본국의 노동계급에서 이제 단일 국가 노동계급으로 전락한 다음에야, 그들은 자본주의의 야만적 본성을 자각하게 된 거죠. 참고로 미국의 학생운동이 노동운동과 연결되지 않은 이유도 분명해집니다. 1960년대 미국은 가장 강력한 제국주의국가였기에, 미국 노동계급은 자국 자본계급의 제국주의 착취의 떡고물을 충분히 맛보고 있었던 겁니다.

1960년대 학생운동에 자극받아 활성화되었던 서유럽 노동운동의 사례로 1968년 5월 프랑스를 살펴보죠. 당시 프랑스 대학생들이 바리케이드를 치며 드골^{Charles de Gaulle}(1890~1970) 정권에 저항하자 1000만 명의 노동자들이 파업으로 화답했죠. 민주주의에 대한 노동계급의 자발적 요구는 항상 생산수단 독점을 표적으로 하는 법입니다. 아니나 다를까, 당시 프랑스 노동운동에서 '오토제스티옹^{autogestion}'이 화두였죠. 모든 생산과정을 노동자들이 자율적이고 자주적으로 통제해야 한다는 입장, 즉 평의회코뮌주의의 입장이 대두한 겁니다. '노동자 자율관리'를 표방했던 오토제스티옹은 당시 프랑스 부르주아체제의 명줄을 제대로 잡은 셈입니다. 자본가가 생산수단을 독점하거나 국가기구가 생산수단을 독점하지 못한다면, 권력과 지배는 작동할 수 없기 때문이죠. 노동계급이 평의회코뮌주의의 깃발을 들려는 순간, 프랑스 부르주아체제와 프랑스공산당은 손을 잡게 됩니다. 프랑스 부르주아체제든 소련의 자장에 있든 두 세력은 노동계급에게 생산수단을 돌려주어서는 유지가 불가능했기 때문이죠. 68혁명이 평의회코뮌주의로 비화되기 전에 서둘러 소련이 프랑스공산당에 파업을 철회하라는 반혁명적 명령을 내린 것도 이런 이유에서입니다.

동유럽의 노동계급과 노동운동의 사정은 서유럽과는 달리 조금 복잡합니다. 낙후된 동유럽 국가들은 사실 제3세계 국가들과 별다른 차이가 없는 상황이었죠. 그러니까 미국이 라틴아메리카를 신식민지로 만들었던 것과 똑같이 소련은 동유럽 국가들을 신식민지로 편입했던 겁니다. 당시 동유럽 노동계급은 상당한 이율배반에 빠져 있었습니다. "만국의 노동자여! 단결하라!"는 슬로건으로 소련은 동유럽 국가들을 신식민지로 만들었기 때문입니다. 소련으로부터 억압과 착취를 당하는 것은 분명한 사실이지만, 동유럽 노동계급은 헷갈렸던 겁니다. 소련의 선전대로 시장자본주의체제와 맞서기 때문에 자신들의 삶이 힘들다고 생각했으니까요. 그렇지만 이런 착각이 언제까지 가겠습니까? 곧 동유럽 노동계급은 소련이 사회주의 종주국이 아니라 사회주의라는 미명하에 자신의 제국주의적 야욕을 은폐한다는 걸 알게 되니까요. 소련이 이식한 사회주의 이념이 이제 소련에게 칼을 겨누는 촌극이 벌어진 셈이죠. 이 점에서 1968년 체코슬로바키아 학생운동은 상징적입니다. 노동계급이 학생운동에 호응하면서 민주주의를 요구하자, 8월 20일 밤 소련과 그의 듬직한 바르샤바조약기구 국가는 군대를 프라하로 진주시키죠. 생산수단 독점을 유지하기 위해 국가의 폭력수단이 이용된 겁니다. 파리의 봄이나 프라하의 봄은 바로 이런 식으로 차갑게 얼어버리고 말죠. 국가독점자본주의체제에서도 시장자본주의체제와 마찬가지로 생산수단 독점은 억압적 권력의 숨통과도 같다는 사실이 다시 확인되는 순간입니다.

1960년대 뜨거웠던 학생운동은 도구적 이성을 비판하는 데는

1968년 체코 시민이 불타는 소련 탱크 옆으로
국기를 흔들며 지나가고 있다. 그러나 봉기는
소련군을 포함한 바르샤바조약기구 5개국
군대에 의해 진압되고 만다.

6부. 코뮌주의 역사철학과 기 드보르의 유산

성공했습니다. 불행히도 목적 독점에 효과적으로 저항할 수 있었지만, 당시 대학생들은 폭력수단 독점이나 생산수단 독점 문제를 돌파하지는 못했죠. 물론 이것만으로도 엄청난 수확이라고 할 수 있을 겁니다. 제1차 세계대전을 유야무야 만들었던 민중들의 힘이 극도로 얼어붙어 있던 시절, 그들을 깨운 것만으로도 정말 훌륭한 성과니까요. 어쨌든 당시 학생운동은 냉전체제가 견고하게 구축했던 얼음성의 표면을 살짝 녹이는 데는 성공한 겁니다. 얼음성에 갇힌 잠자는 공주를 완전히 구출하는 데는 실패했지만 말입니다. 그러나 그 실패의 원인은 학생들에게 있지 않습니다. 오히려 얼음성을 유지하려고 했던 체제의 힘이 학생운동보다 압도적으로 컸다고 해야 하니까요. 생각해보면 1960년대 냉전체제를 완전히 녹여버리기에는 대학생들에게 너무나 치명적인 한계가 있었습니다. 그들은 '상상적 코뮌'의 주민, 최소한 4년 동안만 유지되는 코뮌의 주인이었으니까요. 상상적 코뮌이나마 주민으로 등록하려면, 등록금이 필요한 법입니다. 아이러니하게도 그것은 전적으로 부모 세대나 아니면 자본가에게서 나올 수밖에 없죠. 그러니 1960년대 학생운동은 '상상적 코뮌'이라는 겁니다. 폭력수단은 차치하고 생산수단마저도 없는 학생들이 오직 정신의 힘만으로 유지했던 코뮌이니까요.

1960년대 학생운동이 목적을 독점하려고 했던 체제를 뒤흔들어버리자, 체제는 반격을 시작합니다. 자신들이 독점했던 생산수단과 폭력수단의 힘으로 말입니다. 체제는 '상상적 코뮌'을 체계적으로 와해하는 작업에 돌입하죠. 단기적으로는 독점적 폭력수단으로 '상상적 코뮌'을 강제 진압하기도 하지만, 장기적으로 독점적 생산수단으로 대학에서 '팔로어'의 이념을 강화합니다. 사비오의 연설을 빌리자면 이제 대학생들이 자신이 '인간 존재'라는 생각조차 하지 못하게 만들고, 비싸게 팔리는 '원료'를 지향하도록 만드는 겁니다. 학점 경쟁과 스펙 경쟁이 가장 좋은 수단이죠. 결국 21세기에 이르러 대학에서는 '리더'라는 이념, 그 향수적 이념마저 거의 사라져버리고 맙니다. 1968년을 정점으로 대학생은 예비 노동자, 즉 팔로어의 길로 점점 기울게 된다고 할 수 있을 것 같네요. 학생운동에 밀렸던 체제가 반격을 준비했던 때가 바로 1968년이기도 하니까요. 불행히도 1968년 대학생들은 체제가 가진 생산수단과 폭력수단을 회수하지 못했고, 극소수의 학생들을 제외하고는 아예 그럴 생각마저도 품지 않았습니다. 1968년 체제가 반격을 시작하고 있을 때, 대부분의 대학생들은 자신들의 삶이나 사회의 미래를 낙관했던 겁니다. 그래서 1969년, 1960년대를 뜨겁게 달궜던 학생운동이 마무리되려고 하던 그해에 대학생들은 장밋빛 축제를 시작하게 되죠. 슬프게도 이것이 마지막 축제가 되리라는 불길한 예감을 가진 학생들은 거의 없었습니다.

우드스톡Woodstock! 1969년 8월 15일부터 17일까지 뉴욕 북부 베델 평원에 있던 이곳에서 대규모 음악 페스티벌이 열립니다. 정식 명칭은 '우드스톡 뮤직 앤드 아트 페어The Woodstock Music and Art Fair'입니다. '시장'을 뜻하는 페어라는 말이 보여주듯이, 원래 젊은이들의 저항 정신을 돈벌이 목적으로 이용하려고 시작한 대규모 예술 페스티벌이라고 생각하면 좋을 것 같습니다. 이 페스티벌에서는 음악, 행위 예술, 서커스, 마술 등 거의 모든 장르의 공연이 벌어집니다. 1960년대 저항 문화에 편승해서 엄청난 부를 쌓았던 대중 스타, 비틀스나 롤링스톤스, 혹은 밥 딜런을 우드스톡에 불러오기는 힘들었죠. 출연료가 너무 비쌌던 사람들이니까요. 결국 당시 어느 정도 알려졌지만 완전한 스타는 아닌 아티스트들이 주로 섭외되었습니다. 산타나^{Santana}, 재니스 조플린$^{Janis\ Joplin}$, 제퍼슨 에어플레인$^{Jefferson\ Airplane}$, 더 후$^{the\ Who}$, 크리던스 클리어워터 리바이벌$^{Creedence\ Clearwater\ Revival}$, 컨트리 조 앤드 더 피시$^{Country\ Joe\ And\ The\ Fish}$, 크로스비 스틸스 내시 앤드 영^{Crosby,} $^{Stills,\ Nash\ \&\ Young}$, 텐 이어즈 에프터$^{Ten\ Years\ After}$ 등이 바로 그들이었습니다. 물론 우드스톡에 참여했던 음악가들은 뒤에 완전히 스타가 되죠. 3박 4일 동안 50만 명의 참가자들과 동고동락했던 노력의 대가를 과분하게 받은 셈입니다. 그런데 문제는 50만 명의 참가자 중 상당수가 히피였다는 겁니다. 사랑과 평화라는 광고 문구를 보고서 히피들은 우드스톡에 몰려들었지만, 페스티벌이 유료 공연이라는 걸 알고 망연자실하죠. 그러나 곧 히피들은 주최 측이 쳐놓은 울타리를 그냥 부숴버리고 맙니다. 울타리를 경계로 입장료를 받으려던 주최 측의 계획이 그렇게 무화되어버린 겁니다. 자의 반 타의 반 우드스톡은 반자본주의적 예술 페스티벌이 되어버리고 맙니다.

1969년 8월 15일 첫날 메인 공연은 충격적이었습니다. 섭외하기에 너무나 힘든 대단한 스타의 공연이 예정되어 있었으니까요. 바로 존 바에즈의 공연입니다. 1960년대 내내 흑인 인권운동, 반전운동, 그리고 학생운동 등과 함께하며 이미 전 세계적인 저명인사가 된 아티스트입니다. 그런 그녀가 우드스톡에 나타나 첫날 메인 공연을 담당하게 되었던 겁니다. 놀라운 일이지요. 술과 마약, 그리고 로큰롤에 빠져 있던 대학생들과 틴에이저 앞에 그 유명한 존 바에즈가 서 있었으니까요. 마리화나의 몽환적 분위기, 로큰롤의 광기, 그리고 도처에서 벌어졌던 자유로운 섹스! 거의 원시적인 축제, 히피적인 분위기 속에 바에즈가 서 있었던 겁니다. 우드스톡 무대에 오르는 대부분의 아티스트들이 축제의 광란에 편승하는 노래를 부르거나 연주했죠. 그야말로 젊은 세대들의 해방감이 폭발하는 공연이었습니다. 밤이 되자 드디어 존 바에즈가 조용히 무대에 오릅니다. 그리고 어쩌면 축제의 열기에 찬물을 끼얹는 노래를 예의 청아한 목소리로 차분하게 부르기 시작합니다. 한번 들어보시죠.

지난밤 꿈에서 나는 조 힐을 보았어.
당신과 나만큼 생생하더군.
나는 말했어. "그렇지만 조, 당신은 10년 전에 죽었잖아."
"나는 결코 죽지 않았어." 그가 말했어.
"나는 결코 죽지 않았어." 그가 말했어.

"경찰 두목들이 당신을 살해했어. 조!"
"그들이 당신에게 총을 쏘았어. 조!" 나는 말했어.
"한 사람을 살해하기에 충분히 많은 총이었어."
조는 말했어. "나는 죽지 않았어."
조는 말했어. "나는 죽지 않았어."

눈에 미소를 띠며
살아 있을 때처럼 큰 몸으로 저기에 서서 조는 말했어.
"그들이 무엇을 살해할 수 있겠니?
계속 조직해라!
계속 조직해라!"

샌디에이고에서 메인에 이르기까지
노동자가 자신의 권리를 지키고 있는
모든 광산과 모든 공장에서

왕성한 노동운동을 하던 조 힐은
1914년 1월 10일 권총 살인강도
사건의 범인이라는 누명을 쓰고
1915년 11월 19일 사형된다.
카를로스 코르테스가 그린
그림(1979).

너는 조 힐을 발견하게 될 거야.

너는 조 힐을 발견하게 될 거야.

지난밤 나는 꿈을 꾸었어. 꿈에서 조 힐을 보았어.

당신과 나만큼 생생하더군.

나는 말했어. "그렇지만 조, 당신은 10년 전에 죽었잖아."

"나는 결코 죽지 않았어." 그가 말했어.

"나는 결코 죽지 않았어." 그가 말했어.

"나는 결코 죽지 않았어." 그가 말했어.

−〈조 힐Joe Hill〉

스웨덴 출신 이민자였던 조 힐Joe Hill(1879~1915)은 1910년 '세계산업노동자동맹Industrial Workers of the World, IWW'에 가입해 활동했던 유명한 노동운동가였습니다. 왕성한 노동운동을 하던 그는 1914년 1월 10일 권총 살인강도 사건의 범인이라는 누명을 씁니다. 끝내 조 힐은 1915년 11월 19일 사형이 집행되면서 이 세상을 떠나게 되죠. 살인 사건을 빌미로 체제는 자신에게 저항했던 조 힐을 죽여버리고 만 겁니다. 처형 직전 조 힐은 당시 세계산업노동자동맹의 지도자였던 헤이우드William Dudley Haywood(1869~1928)에게 유언이 될 수도 있는 편지를 한 통 씁니다. 편지에서 조 힐은 남은 노동자들에게 간곡한 당부의 말을 남기죠. "조문을 하느라 시간을 낭비하지 마세요. 조직하세요Don't waste any time in mourning. Organize!" 조 힐이 죽은 지 10년이 지났을 때, 노동자이자 동시에 작가였던 헤이스Alfred Hayes(1911~1985)는 비극적으로 세상을 떠난 이 노동운동가에게 헌정하는 시를 짓게 됩니다. 이 시를 포크음악 작곡가 로빈슨Earl Hawley Robinson(1910~1991)이 노래로 만들었죠. 지금 우드스톡 첫날 메인 무대에서 존 바에즈가 부른 노래는 바로 이렇게 탄생한 겁니다.

존 바에즈는 왜 〈조 힐〉을 불렀던 걸까요? 어쩌면 우드스톡 축제의 열기를 싸늘하게 식힐 수도 있는 노래를 선곡했던 이유는 무엇일까요? 사랑 때문입니다. 아니 연민이라고 해도 좋습니다. 존 바에즈는 직감했던 겁니다. 10년 동안 지속되었던 학생운동, 즉 찬란했던 '상상적 코뮌'의 축제가 이제 저물 때가 되었다는 걸요. 그녀는 체제의 역습이 점점 강해지리라는 사실을 예감했던 겁니다. 그녀는 흑인 인권운동이나 학생운동 아니면 반전운동에 게스트로 노래나 불러주었던 흔한 아티스트는 아니었습니다. 노래가 끝난 후, 그녀는 대개의 경우 운동하던 사람들과 함께하려고 했습니다. 공권력의 무력시위 앞에서도 굴하지 않고 웃으면서 킹 목사와 손을 잡고 행진했고, 사비오와 1500명의 학생들이 스프라울홀을 점거할 때도 그들과 함께 점거농성에 참여했습니다. 운동을 시작할 때나 마무리할 때, 항상 약한 인간들 옆을 떠나지 않았던 그녀였죠. 싸우는 사람들을 홀로 남겨두지 않았던 그녀였습니다. 이런 현실적 경험들이 그녀에게 현실을 읽는 날카로운 눈매를 주었나 봅니다. 우드스톡에 모인 50만 명의 젊은이들에 대한 사랑으로 존 바에즈는 그들이 불편해할 이야기, 그렇지만 꼭 들어야 할 이야기를 하기 시작한 겁니다.

존 바에즈는 마음이 아팠습니다. 오늘의 축제가 마지막 축제일 수도 있다는 걸 아니까요. '상상적 코뮌'은 과연 '현실적 코뮌'으로 자리를 잡을 수 있을까요? 아니면 그냥 젊은 날의 찬란했던 기억으로만 머물게 될까요? 어쨌든 우드스톡에 모인 50만 명의 젊은이들은 먹고살아야 할 겁니다. 언제까지 히피 생활을 지속할 수 있겠습니까? 언제까지 대학에 머물 수 있겠습니까? 그렇습니다. 50만 명의 젊은이들은 이제 노동자가 되어야 할 겁니다. 생산수단이 없기에 자신의 노동력을 팔아서 생계를 유지해야 하죠. 존 바에즈는 '상상적 코뮌'이 와해된 뒤, 혹은 '상상적 코뮌'을 떠난 뒤, 젊은이들이 노동자로 삶을 영위할 때 명심하기를 바랐습니다. "만국의 노동자여! 단결하라!" 소수의 자본가, 혹은 소수의 권력자에게 맞서는 유일한 방법은 연대와 유대니까 말입니다. 바로 그겁니다. 1915년 조 힐은 죽으면서 "계속 연대하라!"는 유언을 남깁니다. 조 힐의 유언이 지켜질 때, 그러니까 우드스톡에 모인 50만 명의 젊은이들이 노동자가 되어 연대를 할 때, '상상적 코뮌'은 현실에 뿌리를 내려서 '현실적 코뮌'이 될 수 있을 겁니다. 한 사람 한 사람의 젊은이들이 조 힐이 되기를 바랐던 존 바에즈의 속내가 애절하기만 합니다.

이것이 바로 존 바에즈입니다. 2016년 노벨상 수상자 밥 딜런이 감히 따라갈 수 없는 존 바에즈의 성숙함입니다. 2017년 노벨상 상금을 받으려 이것저것 준비를 하느라 밥 딜런이 분주할 때, 존 바에즈는 폭풍우 속에서 샌프란시스코 여성행진운동San Francisco Women's March의 시작을 알리는 노래를 부르고 있었습니다. 밥 딜런이 대중 공연장에서 1960년대의 저항을 팔고 있을 때, 존 바에즈는 여전히 삶을 위해 투쟁하는 사람들 옆에 있었던 겁니다. 그렇다고 존 바에즈를 너무 어렵게 생각할 필요는 없습니다. 음악 잡지 《롤링스톤RollingStone》 2017년 2월호에는 존 바에즈의 흥미로운 인터뷰가 하나 실려 있습니다. 자신이 누구인지 잘 몰라 머리를 긁적이는 젊은이들을 만날 때마다, 이 귀여운 76세의 할머니가 어떻게 대응하는지 알려주는 대목이 있죠. "네 부모에게 물어봐! 이런 식으로 나는 말하지 않아요. 그 대신 구글로 검색해보라고 말하죠. 이렇게 관계들은 다시 만들어져요." 이런 근사하고 다정한 할머니라니!

코만단테 코무니스타 체 게바라 ②

"진정으로 울지 않으면, 시도, 사랑도, 혁명도 없지!"

1965년 3월 15일 피델과 게바라는 란초-보예로스 공항^{Rancho-Boyeros} ^{Airport} 후미진 사무실에서 오랜 시간 독대한다. 게바라는 이제 피델에게는 계륵과도 같은 존재다. 그러니 이 독대는 대등한 친구 사이의 대담일 수는 없다. 브레즈네프를 의식해야 하는 그로서는 게바라를 쿠바에 오래 둘 수도 없다. 이미 쿠바는 정치적, 군사적, 그리고 외교적으로 너무나 소련과 연루되어 있기 때문이다. 그렇다고 해서 혁명동지이자 쿠바 나아가 라틴아메리카 민중들에게 예수처럼 존경받는 게바라를 공식적으로 추방할 수도 없다. 피델은 자신이 소련의 눈치를 보고 있다는 인상을 혁명동지들이나 민중들에게 보여주고 싶지 않았다. 추방은 해야 하지만 추방이 아닌 것처럼 보이도록 만드는 묘수가 필요한 순간이었다. 여기서 핵심은 당분간 게바라가 살아 있어야 한다는 사실이다. 만약 쿠바에서든 어디에서든 게바라가 죽는다면, 게바라를 보호하지 못한 책임은 피델 본인이 전적으로 감당해야하니까. 게바라의 죽음은 잘못하면 쿠바 민중들의 마음이 피델을 떠나거나, 혹은 제3세계 맹주를 자처하는 피델의 자부심에 치명타를 주는 계기가 될 수 있다. 게바라 본인이 자발적으로 쿠바에서 떠나는 것이 가장 좋다. 그렇지만 어떤 명분도 없이 쿠바를 떠난다면, 아무리 게바라가 자발적으로 떠났다고 선전해도 그 말을 곧이곧대로 믿을 사람이 어디에 있겠는가?

다행히도 피델의 곁에는 소련의 KGB나 미국의 CIA와 같은 비밀정보기관이 있다. G2라고 불리던 정보 지휘부^{Dirección de Inteligencia, DI}가 바로 그것이다. 2월 24일 알제리 선언 이후 G2는 피델의 고민을 해결할 방책을 이미 마련해두었다. 그것은 게바라를 콩고 지원군 사령관으로 삼아 콩고로 파견하는 것이다. 피델과 G2가 콩고 파견 작전을 이용하기로 결정한 이유는 복합적이다. 첫째, 이미 소련도 콩고에서의 미국의 영향력 확대를 경계해 쿠바의 콩고 파견 작전을 직간접적으로 원하고 있었다. 아마도 콩고 파견 부대 최고사령관으로 게바라를 임명하는 조치를 소련으로서도 거부하기는 힘들 것이다. 콩고 파견 작전이 성공한다면 아프리카에서 미국의 영향력이 확대되는 걸 막을 수 있고, 비록 실패한다고 하더라도 게바라를 남의 손으로 제거할 수 있기 때문이다. 소련으로서도 직접 게바라를 제거하는 일은 여간 부담스러운 일이 아니다. 그는 이미 제3세계 민중들의 아이콘이었으니까. 둘째, 콩고 파견 작전은 평소 프롤레타리아 국제주의를 외쳤던 게바라가 거부하기 어려운 제안이다. 비록 쿠바에서의 정치적 입지를 상실했지만 게바라는 콩고에서 인간사회의 꿈을 다시 꿀 수 있을 것이다. 미국에 이어 이제 소련의 압박을 받게 된 게바라가 자신의 생존뿐만 아니라 신념을 위해서라도 피델의 제안을 받아들일 것이라는 판단이었던 셈이다. 셋째, 설령 뒤에 게바라가 게릴라전에서 전사하더라도 피델은 혁명동지들이나 쿠바 민중들에게 자신이 게바라의 게릴라전을 도왔다는 알리바이를 확보할 수 있다. 잘하면 자신도 게바라처럼 소련에 은밀히 맞섰던 프롤레타리아 국제주의자라는 평판도 얻을 수 있으리라는 판단이다.

콩고에 쿠바 지원군을 파견할 수 있었던 것도 사실 1959년에 서 1962년까지 게바라가 쿠바의 외교 정책을 프롤레타리아 국제주의로 정했기 때문에 가능했던 것이다. 제3세계의 다른 어떤 국가에서 혁명이 발생한다면, 쿠바에 대한 미국의 압력도 분산될 테니까. 당시 게바라가 가장 신경을 썼던 곳은 프랑스 식민지 알제리와 벨기에 식민지 콩고였다. 그곳은 충분히 반제국주의 혁명이 가능하다는 판단 때문이었다. 제2차 세계대전 이후 세계 패권이 이미 소련과 미국으로 넘어간 상황에서 프랑스나 벨기에가 자신의 식민지를 유지하는 것은 경제적으로나 군사적으로 버거울 수밖에 없는 상황이기도 했다. 더군다나 제3세계 민중들의 연대와 단결을 강조했던 혁명 지도자가 알제리나 콩고에는 있었다. 알제리의 경우 벤 벨라^{Ahmed Ben Bella}(1916~2012), 그리고 콩고의 경우 파트리스 루뭄바^{Patrice Émery Lumumba}(1925~1961)가 바로 그들이다. 그러니 알제리와 콩고는 프롤레타리아 국제주의를 표방했던 쿠바 혁명정부와 쉽게 손을 잡을 수 있었던 것이다. 물론 당시 경제력과 군사력에 비추어 쿠바가 알제리나 콩고에 주었던 도움은 실질적이라기보다는 정신적인 것이었다. 잘 해야 쿠바혁명의 전략과 노하우를 알려줄 군사고문단 파견이 전부였으니까. 그렇지만 제국주의와 고독한 싸움을 하던 알제리나 콩고 혁명가들에게는 쿠바 혁명정부 자체가 무엇과도 바꿀 수 없는 원조였다. 친미 독재정권과 미국을 몰아내는 것이 가능하다는 것을 쿠바는 보여주었으니 말이다.

어쨌든 알제리는 1962년 9월 27일 벤 벨라가 알제리 초대 대통령으로 취임하면서 미국의 영향을 받지 않고도 프랑스로부터 완전히 독립한다. 문제는 루뭄바의 콩고였다. 벨기에로부터 독립하려고 했던 콩고는 벨기에보다 더 강한 제국, 콩고의 막대한 천연자원에 눈

1962년 10월 쿠바 아바나에서 카스트로, 게바라와 함께 있는 알제리 혁명 지도자 벤 벨라(맨 오른쪽).

1960년 무렵의 콩고 혁명 지도자 파트리스 루뭄바.

독을 들인 미국을 상대해야 했기 때문이다. 콩고는 자중지란에 빠지는데, 그 그림은 뻔하다. 벨기에뿐만 아니라 미국으로부터도 완전히 독립한 민주정부를 세울 것인가, 아니면 미국으로부터 군사적으로나 경제적으로 종속되는 신식민지 친미 독재정부를 세울 것인가? 루뭄바 쪽 사람들은 민중의 지지는 있지만 미국의 지원이 없고, 루뭄바의 정적들은 민중의 지지는 없어도 미국의 화끈한 지원을 등에 업고 있다. 이런 와중에 루뭄바가 1961년 1월 17일 벨기에와 미국의 묵인하에 정적에게 살해되고 만다. 민중의 지지를 받던 강력한 지도자가 사라지자, 수세에 몰린 루뭄바 쪽 콩고 혁명가들은 쿠바에 지원 요청을 하게 된다. 사실 1963년 5월 피델이 소련과 공동선언을 발표하면서, 게바라가 만든 쿠바 외교 정책의 기조, 즉 프롤레타리아 국제주의는 명목상의 원칙으로 전락한다. 그러니 1965년 1월부터 피나르델 리오Pinar del Río에 소집된 5000명 정도의 물라토 쿠바군이 콩고 파견을 위해 훈련 중이었던 것은 사실 소련의 영향력 때문이라고 봐야 한다. 아프리카에서 미국의 영향력 확대를 견제하려고 쿠바를 이용하는 것은 소련으로서도 나쁜 선택이 아니었으니까.

게바라는 콩고 민중을 돕는 파견군 사령관을 맡으라는 피델의 거부할 수 없는 제안을 받아들인다. 게바라가 쿠바로 귀국해 피델과 독대한 날이 1965년 3월 15일이고, 피델이 장도를 떠나는 게바라 부대에게 고별인사를 했던 날이 3월 31일이고, 게바라가 피델에게 마지막 서신을 보냈던 날이 4월 1일이고, 게바라가 아프리카 콩고에 도착해 타투Tatú라는 별명으로 게릴라 활동을 시작한 날이 4월 24일이다. 게바라에게는 전광석화와 다름없는 급박한 상황 변화가 아닐 수 없다. 쿠바로 귀국한 3월 15일 이후 2주 만에 게바라는 자신을 호위, 혹은 감시하는 G2 요원과 함께 쿠바를 떠나 콩고로 향한다. 무언가에 쫓기는 듯 긴박했던 상황에서 게바라는 두 통의 편지를 쓴다. 하나는 피델에게 주는 고별편지였고, 다른 하나는 아르헨티나에 있던 부모님에게 보내는 편지였다. 먼저 피델에게 보내는 서신을 보자. 이 편지가 중요한 이유는 1965년 3월 15일 란초-보예로스 공항에서 피델과 독대할 때 피델이 게바라에게 어떤 제안을 했는지 짐작하게 해주기 때문이다.

> 나는 당에서의 내 직책과 장관의 자리, 코만단테라는 계급, 그리고 쿠바 시민권을 공식적으로 내려놓으려고 합니다. 이제 쿠바와 나를 묶어두었던 법적 구속은 완전히 사라진 셈이죠. 유일한 끈이 있다면 그것은 또 다른 속성의 것, 다시 말해 공식적인 문서로는 파기될 수 없는 걸 겁니다. …… 돌아보자면 나는 혁명의 승리를 공고히 하기 위해 자부심을 갖고 일해왔다고 믿습니다. 내가 저지른 유일한 큰 실수는 시에라마에스트라에서 투쟁하던 시절보다 당신을 더 신뢰하지 못했다는 것과, 지도자와 혁명가로서 당신의 역량을 충분히 이해하지 못했다는 것입니다. …… 이 세계의 다른 땅에서는 미약하나마 나의 헌신을 요구하고 있습니다. 나는 당신이 쿠바 수반으로서 감당하고 있는 책임 때문에 할 수 없는 일을 하려고 합니다. 이제 우리가 작별할 시간이 온 셈이죠. …… 제국주의가 있는 곳이라면 어디든 막론하고 새로운 전장에서 나는 당신이 나에게 심어주었던 신념, 민중의 혁명신, 가장 성스런 의무를 수행한다는 감정을 늘 간직할 생각입니다.

−〈피델 카스트로에게A Fidel Castro〉(1965년 4월 1일)

게바라의 편지는 크게 네 부분으로 분석할 수 있다. 첫째는 쿠바와의 공식적인 관계를 스스로 단절해 게바라에 대한 소련의 적대감이 쿠바로 옮겨가는 것을 사전에 방지하는 것이고, 둘째는 혁명가와 지도자로서 피델을 높이 평가해주어 자신을 존경하는 쿠바 민중들이 피델을 중심으로 단결할 실마리를 제공하고, 셋째로 자신은 이제 독자적으로 제3세계 민중혁명에 매진하기 위해 쿠바를 떠나겠다는 뜻을 밝히고, 마지막으로 프롤레타리아 국제주의는 자신과 피델의 공통된 이념이지만 자신과는 달리 피델은 "쿠바 수반으로서 감당하고 있는 책임 때문에" 그걸 실천하기 힘들 것이라고 그를 옹호하는 것이다. 그렇지만 생각해보라. 첫째, 게바라가 쿠바와의 모든 관계를 끊으려면 굳이 3월 15일에 입국할 필요가 어디에 있겠는가? 게바라는 알제리 선언으로 피델과 쿠바 혁명정부에 일종의 최후통첩을 한 셈이다. 프롤레타리아 국제주의를 선택할 것인가, 아니면 국가주의를 선택할 것인가? 자신이 귀국한 3월 15일 게바라는 피델과 함께 로드리게스가 서 있는 것을 보고 피델이 무엇을 선택했는지 분명히 알았을 것이다. 둘째, 아무리 피델을 인정해줘도 혁명이 성공할 때나 혁명 이후 쿠바사회를 지키고 혁명을 완수하는 작업을 일관적으로 이끌었던 사람이 바로 게바라라는 것은 누구나 아는 일 아닌가? 오히려 브레즈네프와 게바라, 혹은 소련의 제국주의와 쿠바 민중들 사이에서 우왕좌왕했던 당사자는 바로 피델이었다. 완전한 사회주의경제체제 BFS와 소련식 국가독점자본주의체제 AFS를 동시에 합법화하는 우유부단함을 보였던 것이 바로 피델이었으니까. 셋째, 제3세계 민중혁명에 매진하려고 이제 쿠바를 떠난다는 게바라의 선언은 이런 중대한 결정과 실행이 귀국한 지 2주 만에 이루어진 것으로 보아 설득력이 많이 떨어진다. 원래 게바라는 쿠바를 미국과 소련에 대항하는 제3세계 혁명운동의 거점으로 생각하지 않았던가? 넷째, 이윤의 논리를 중시했던 경제체제 AFS를 공인했던 피델이 별다른 이윤도 생기지 않는 제3세계 민중혁명에 헌신한다는 것은 있을 수도 없는 일이다. 사실 피델은 경제나 정치 모든 면에서 스탈린의 일국사회주의론을 수입한다. 1965년 이후 쿠바가 제3세계 다른 국가들보다 자국을 우선시하는 국가주의statism를 선택한 것도 우연만은 아닌 셈이다. 게바라가 없는 쿠바는 소련이 그랬던 것처럼 실질적으로 자국의 이익을 도모하면서 명목상으로는 제3세계를 지원하는 제스처를 취했을 뿐이니까.

게바라가 평소의 지론을 꺾고 피델이 좋아할 만한 구절로 가득한 고별편지를 보냈던 이유는 무엇일까? 편지란 기본적으로 사적인 매체다. 고별편지를 보고 우리는 게바라가 1965년 3월 15일 란초-보예로스 공항에서 피델을 만난 뒤, 그를 다시는 못 보고 콩고로 떠났다고 추측할 수 있다. 그렇지만 사실 전혀 그렇지 않다. 콩고 지원군 최고사령관의 제안을 받아들인 게바라는 신분을 숨기고 피나르델리오에 머물면서 콩고행을 준비하고 있었다. 3월 31일에 열렸던 게바라와 파견 부대원들의 환송행사에 피델이 참석했고, 두 사람은 다시 만나게 된다. 지금 공개된 사진들을 보면 게바라와 콩고 파견 부대 수뇌부와 유쾌하게 환담하는 피델의 사진도 있고, 게바라 앞에서 그의 콩고행 위조 여권을 애정 어린 눈빛으로 살펴보는 피델의 사진도 있다. 분명 이날 게바라의 고별편지는 몰래 피델의 손에 들어갔을 가능성이 크다. 눈앞의 피델에게 고별편지를 직접 전달한다? 무언가 수상하지 않은가? 그래서 이 고별편지는 순진하게 독해해서는 안 되는 무언가 기묘한 데가 있다. 게바라가 피델에게 보낸 고별편지는 단지 게바라나 피델 중 그 누군가가 죽어야 공개가 가능한 사적인 성격

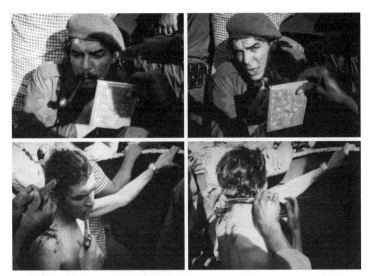

체 게바라가 콩고로 떠나기 전에 변장을 하고 있다.

의 것이다. 그럼에도 피델이 게바라에게 고별편지를 요구했던 이유, 그리고 게바라가 피델의 요구대로 고별편지를 써준 이유는 무엇이었을까?

먼저 피델의 입장이다. 게바라의 고별편지는 소련의 입장을 대변하는 로드리게스나 KGB에게 보여주어 이제 더 이상 게바라가 쿠바와 무관하다는 걸 알려줄 수 있는 증거로, 동시에 게바라가 게릴라전을 펼치다 제3세계 어느 후미진 곳에서 죽음을 맞게 되었을 때 발생할 수 있는 쿠바 내 혁명동지들과 민중들의 동요를 잠재우고 쿠바 사회를 안정화하는 호신부로 사용할 수 있다. 다음으로 게바라의 입장이다. 게바라는 알고 있다. 옛 혁명동지 피델은 자신을 소련으로부터 지켜줄 생각이 없을 뿐만 아니라, 심지어 자신을 걸림돌로 생각하고 있다는 사실을. 하긴 이미 그 조짐은 1962년 8월 23일에 발생하지 않았던가. 피델은 게바라가 고안했던 BFS, 다시 말해 국가, 기업, 은행이 앞으로는 더 이상 잉여가치를 얻을 수 없도록 만든 경제 시스템에 브레이크를 걸지 않았던가? 분명 피델은 변하고 있다. 쿠바 민중들을 위해 목숨을 던졌던 그는 자기 권력을 위해 혁명정신을 이용할 수 있는 피델이 되어가고 있었던 것이다. 그렇지만 게바라는 희망의 끈을 놓을 수 없었다. 게바라의 심장은 피델이 "쿠바 수반으로서 감당하고 있는 책임" 때문에 잘못된 길로 들어섰다고 믿고 싶었고, 언제든 피델이 혁명 초기의 그 순수했던 정신을 되찾으리라 기대했던 것이다.

동지가 자신을 배신해도, 그것이 100퍼센트 확실할 때까지는 동지의 손을 놓지 않았던 사람! 그가 바로 게바라였다. 더군다나 자기 앞에서 피델은 프롤레타리아 국제주의를 버리지 않았다는 걸 보여주려고 노력하고 있지 않은가? 쿠바 파견대를 지휘해 콩고에서 게릴라 활동을 하면서 소련의 분노를 잠시나마 피하라는 비겁한 제안을 했지만, 피델은 제3세계에서 펼쳐질 게바라의 게릴라 활동을 소련 몰래 은밀히 원조하겠다고 약속하고 있지 않은가? 소련의 눈치를 보고 있는 피델을 보면서 게바라의 마음은 어떠했겠는가? 한때 무엇에도 굴하지 않던 혁명동지의 변화된 모습을 보고 어떻게 게바라가 안타까운 마음을 숨겼겠는가? 피델은 게바라의 순수한 마음과 강한 동지애를 적절히 자극했던 것이다. 게바라는 죽을지언정 강압과 협박 때문에 이런 고별편지를 피델에게 줄 사람은 아니다. 민중에 대한 한없는 애정과 헌신으로 수차례 사선을 돌파했던 코만단테가 아닌가. 결국 1965년 4월 1일 자 고별편지는 게바라와 피델 사이의 동상이몽으로 탄생한 문건이라고 할 수 있다. 어쨌든 피델로서는 엄청난 성취가 아닐 수 없다. 외적으로는 소련으로부터, 그리고 내적으로는 혁명

동지들과 쿠바 민중들로부터 자신을 지켜줄 아주 강력한 보증서를 얻었으니까. 물론 애써 외면하려고 했지만 게바라가 이런 사실을 몰랐을 리 없다. 그에게는 코만단테로 단련된 뛰어난 상황 판단 능력이 있었기 때문이다.

당시 물라토로 구성된 쿠바 파견 부대를 훈련시켰던 사령관 빅토르 드레케Víctor Emilio Dreke Cruz(1937~)라는 인물이 있었다. 본인도 물라토였던 드레케는 후에 게바라를 도와 콩고 파견 부대를 현지에서 지휘했던 인물이다. 쿠바를 떠나기 하루이틀 전 그는 상부에서 파견된 최고사령관이 게바라라는 걸 알고 깜짝 놀랐고, 게바라와 처음 만나이 전설적인 인물과 악수를 나누면서 자신의 일차적 임무가 콩고 민중해방이 아니라 게바라 보호라는 걸 직감했다고 술회한다. 게릴라부대의 최고사령관으로 임명되었지만, 게바라는 신분을 숨겨야 한다는 피델의 입장에 따라 게릴라부대 선발 과정에서도 완전히 배제된다. 바로 이때 게바라는 자신을 콩고로 파견하려는 피델의 숨은 의도를 간파했을 것이다. 동고동락하는 소수 정예부대만이 감당할 수 있는 것이 게릴라전이다. 그런데 명색이 최고사령관이라는 사람이 대원들에 대한 사전 파악도 불가능하고, 아울러 그들과의 스킨십도 불가능했던 것이다. 이로써 게바라도 분명하게 직감했다. 피델의 진정한 목적은 콩고 민중들의 해방이 아니라, 자신을 합법적으로 콩고로 유배하는 것이었음을.

하지만 어쩌겠는가? 이미 엎질러진 물이다. 코만단테답게 게바라는 자신이 운신할 수 있는 폭을 진지하게 계산해본다. 일단 게바라는 콩고 파견 부대가 자신을 포함한 백인 5명과 드레케를 포함한 물라토 131명으로 구성되었다는 것을 안다. 게바라로서는 이 중 몇 명이나 진정한 프롤레타리아 국제주의자인지, 나아가 몇 명이나 게릴라전을 수행할 전투력이 있는지 의심할 수밖에 없는 상황이었다. 일부는 분명 G2 요원들로 게릴라전보다 자신의 일거수일투족을 감시하며 동시에 자신을 호위하는 역할을 부여받았을 것이다. 나머지 일부는 동족상잔의 비극이 벌어지는 콩고의 복잡한 상황을 간과한 채 피부색이 같은 아프리카 민중들을 해방시키러 간다는 데 들뜬 낭만적 물라토 병사들도 있을 것이다. 물론 콩고에서의 작전 중 프롤레타리아 국제주의라는 신념을 공유하고 전투력도 월등한 동지들을 찾아낼 수도 있겠지만, 이것은 그의 소박한 바람일 뿐이다. 콩고로 출발하기 직전, 게바라는 이번 게릴라전이 여러모로 불리한 조건에서 시작된다는 사실을 받아들일 수밖에 없었다. 게바라의 불안하고 불길한 마음은 콩고로 떠나기 전 부모에게 보내는 편지에 여실히 드러나 있다.

연로하신 부모님께
다시 한 번 제 발꿈치 밑에 로시난테^{Rocinante}의 갈비뼈가 느껴집니다. 한 번 더 방패를 들고 길을 떠나려고 해요. 거의 10년 전 저는 부모님께 또 다른 작별편지를 쓴 적이 있었죠. 제가 훌륭한 병사도 그렇다고 훌륭한 의사도 되지 못한 것을 한탄했던 편지로 기억합니다. 훌륭한 의사는 이제 제 관심사는 아닙니다. 그렇지만 저는 이제 그렇게 나쁜 병사에서는 벗어난 것 같네요.
훨씬 더 성숙한 의식을 갖게 되었다는 것을 제외하고 저의 본질에는 변한 것이 없습니다. 저의 마르크스주의는 이제 뿌리를 내렸을 뿐만 아니라 근사해졌습니다. 자유를 위해 투쟁하는 민중들의 유일한 해법이 무장투쟁이라는 걸 저는 믿고 있습니다. 저의 믿음에 대해 저는 추호의 의심도 없습니다. 많은 사람들은 저를 모험가라고 부를 겁니다. 자신의 진리를 입증하려고 목숨을 거는 특이한 종류의 사람이라고 말이죠.

이것이 저의 최후일 수도 있을 겁니다. 그렇지만 저는 최후를 추구하지는 않아요. 단지 저의 최후가 논리적으로 충분히 가능하다는 것은 사실입니다. 만일 최후의 순간이 온다면, 저는 부모님께 마지막 포옹을 보내드릴 겁니다. 저는 부모님을 너무 많이 사랑했지만, 제 애정을 표현할 방법은 잘 몰랐던 것 같습니다. 지금까지 저는 제 행동에 극단적으로 엄격했고, 제 생각에 부모님은 때때로 저를 이해하지 못했던 같아요. 사실 저를 이해한다는 것은 쉬운 일이 아니죠. 그럼에도 오늘은 저를 믿어주세요.

이제 예술가적 통찰력으로 벼려왔던 제 의지의 힘이 제 부실한 다리와 지친 폐를 지탱해줄 겁니다. 저는 해내려고 합니다.

가끔은 20세기의 이 작은 용병을 생각해주시겠지요.

셀리아Celia에게, 로베르토Roberto에게, 후안 마르틴Juan Martín과 파토틴Patotín에게, 베아트리스Beatriz에게, 그리고 모든 사람에게 키스를 보냅니다. 부모님께는 고집 세고 방자한 아들의 힘찬 포옹을 보냅니다.

에르네스토

–〈부모님께A mis padres〉(1965년 4월)

게바라의 서신은 "다시 한 번 제 발꿈치 밑에 로시난테의 갈비뼈가 느껴진다"는 이야기로 시작된다. 로시난테! 돈키호테가 타고 다니던 애마다. 편지를 쓰면서 게바라는 자기 신세를 무의식중에 돈키호테와 같다고 토로한다. 돈키호테가 누군가? 동명 제목의 세르반테스Miguel de Cervantes Saavedra(1547~1616)의 소설《돈키호테Don Quijote》의 주인공 아닌가? 인간에게 해를 끼치는 거인이라고 착각해 거대한 풍차와 당당히 맞서 싸웠던 바로 그 인물, 이발사가 머리에 쓰고 오던 놋대야를 이탈리아 기사소설에 등장하는 무어족^{Moors}의 왕 맘브리노 ^{Mambrino}가 남긴 황금투구로 오해해 그를 제압하고 빼앗아 자기 머리에 썼던 바로 그 인물 아닌가? 지금 게바라는 자신을 모험을 떠나는 돈키호테에 비유한다. 지금 세상과는 완전히 다른 세계를 꿈꾸기에 손가락질을 받는 자기 신세에 대한 풍자이자, 그만큼 고독한 자기 신세에 대한 한탄인 셈이다. 그렇지만 코만단테 코무니스타로서의 확신만큼은 흔들리지 않는다. 먼저 코무니스타로서의 게바라다. 그는 말한다. "저의 마르크스주의는 이제 뿌리를 내렸을 뿐만 아니라 근사해졌습니다." 1954년 과테말라에서 본격화된 코무니스타로서의 사유가 1965년까지 지속된 치열한 투쟁으로 이제 자기 삶에 제대로 뿌리를 내렸다는 선언이다. 옳은 판단이다. 20세기 중반 지성인 중에서 게바라만큼 마르크스를 이해했던 사람이 어디에 있는가? 게바라는 마르크스의 정신이 어떻게 《1844년 경제학-철학 수고》에서 시작되어 《자본론》을 거쳐 마침내 〈고타강령 비판〉에 이르는지 정확히 파악할 만큼 철학적으로 성숙했으니까. 게바라의 철학적 성숙은 사변적 관심이 아니라 쿠바 경제의 최고 책임자로서 그의 현실적 관심에서 영근 것이다. 코무니스타로서 그의 철학이 항상 코무니스타로서 그의 정치경제학과 함께했던 것도 이런 이유에서다. 마침내 그는 코무니스타로서 정점에 이른다. 마르크스의 모든 정신과 이론을 하나의 제도로 응결시키는 데 성공했기 때문이다. 바로 그것이 게바라의 BFS가 지니는 의의였다. 코무니스타로서 그가 마르크스의 이름으로 소련의 국가독점자본주의체제와 이를 벤치마킹한 로드리게스의 AFS를 비판했던 것은 어쩌면 너무 당연한 귀결이었다. 두 체제는 겉보기에는 마르크스적인 것처럼 보이지만, 사실 자본주의의 변종에 지나지 않았기 때문이다.

쿠바혁명을 게릴라전으로 성공시켰던 코만단테로서 그의 확신도 자부심이라고 부를 만큼 확고하다. "자유를 위해 투쟁하는 민중들의 유일한 해법이 무장투쟁이라는 걸 저는 믿고 있습니다." 국가는 무엇인가? 자신이 점유한 지역에서 폭력수단을 독점함으로써 얻은 압도적 힘의 우위를 가진 기구다. 작은 국가도 마찬가지고, 제국을 꿈꾸는 국가도 마찬가지다. 어느 국가든 압도적인 폭력수단을 독점하면서, 소수 지배계급의 이익을 보호하고 확대하는 기능을 맡는다. 결국 억압사회를 없애고 인간사회를 만들려면, 억압사회를 보호하는 최종 버팀목인 국가와 맞서 싸울 수밖에 없다. 이것은 결국 민중들이 폭력수단을 적극적으로 가져야 한다는 것을 의미한다. 그렇지만 조세, 징집, 치안 등 국가의 공권력에 이미 적응한 온순한 민중들이다. 채찍을 맞은 소는 고통에 신음할 뿐, 감히 주인과 맞서려 하지 않는다. 이들이 어떻게 무기를 쉽게 들 수 있다는 말인가? 그렇지만 가축화된 민중들도 자기 안에 꿈틀대는 자유에 대한 본능을 완전히 없애지는 못한다. 그러니 자신의 처지에 대해 한탄과 슬픔을 토해내고 소수 지배계급과 국가에 대해 분노하는 것이다. 바로 여기에 불을 당길 수 있는 촛불이 필요하다. 쿠바혁명 시절 게바라를 포함한 15명의 게릴라들이 바로 그런 역할을 했고, 그들이 처음 활동을 시작했던 시에라마에스트라산맥이 바로 그 혁명의 거점이었다. 국가기구에 맞서 무기를 들고 당당히 싸우는 것, 나아가 작은 승리라도 거두는 것! 이것이 바로 민중들의 자유정신에 불을 붙이는 유일한 방법이다. 그렇지만 전체 민중들의 마음에 자유의 불이 언제 붙을지 게릴라들로서는 알 수가 없다. 억압 상태에 순응한 정도가 심하면 혁명의 불은 늦게 붙을 것이고, 반대로 심하지 않다면 생각보다 쉽게 붙을 것이다. 그때까지 게릴라는 싸우고 또 싸워 작은 승리들을 축적해야만 한다. 큰 승리는 오직 민중들이 게릴라처럼 손에 무기를 들 때에만 가능하니까. 쿠바혁명 때 코만단테로서 게바라가 했던 것은 바로 이것 아닌가. 코만단테가 자신이 지휘하는 소수의 게릴라들뿐만 아니라 다수 민중이란 잠재적 게릴라들을 동시에 지휘하지 않으면 안 되는 이유도 바로 여기에 있다.

콩고로 들어간다는 것! 코무니스타로서 게바라보다는 코만단테로서 게바라가 필요한 일이다. 거대한 억압체제를 치우지 않고 어떻게 인간사회를 새롭게 세울 수 있다는 말인가? 문제는 게바라가 물라토 게릴라 대원들의 성격과 능력에 대해 잘 알지 못할 뿐만 아니라 콩고 거점이나 콩고내전 상황, 심지어 콩고의 언어와 문화도 정확히 숙지하지 못했다는 데 있다. 3월 31일 피델과 만나 고별편지를 건네준 뒤, 게바라의 뇌리에는 자신이 미국과 소련에 맞서던 쿠바 혁명정부 지도자라는 생각은 신기루처럼 사라진다. 이제 그는 자신을 포함한 136명의 게릴라와 아울러 미지의 콩고 민중들의 코만단테일 뿐이다. 게릴라들은 자기 거점 주변의 지형지물에 정통하고 생사고락을 함께하는 강력한 동지애로서 압도적인 무기와 병력을 가진 정규군과 싸우는 사람들 아닌가. 그래서 게바라는 부모님에게 차마 하기 힘든 이야기도 던진다. "이것이 저의 최후일 수도 있을 겁니다. 그렇지만 저는 최후를 추구하지는 않아요. 단지 저의 최후가 논리적으로 충분히 가능하다는 것은 사실입니다." 사실 게릴라전은 목숨을 내걸고 하는 일이다. 그렇지만 정말 별다른 준비도 없이 게릴라전에 뛰어든 지금 상황은 게바라로서도 정말 계산이 서지 않았다. 준비는 모두 피델과 G2에 의해 주도되었기 때문이다. 이제 게릴라부대 콩고 파견이

제3세계 민중해방이란 미명하에 추진되었지만, 그 이면에는 자신에 대한 합법적 추방, 혹은 호위병과 감시병이 딸린 유배라는 사실이 분명해졌지 않은가? 더군다나 콩고내전 한복판에 던져진 그로서는 언제 소련 KGB나 미국 CIA의 표적이 될지 알 수 없는 일이다. 물론 그의 말대로 "최후를 추구하지는" 않겠지만 게바라로서는 자신의 죽음을 생각하지 않을 수 없는 상황이었다. 그러니 연로한 부모님에게 보내는 편지에 "최후"라는 말을 언급했던 것이다. 미리 마음의 준비를 시켜, 자신이 죽었을 때 부모님이 받을 충격을 조금이라도 완화하려는 생각에서다. 그리고 마지막 말인 듯 게바라는 부모님께 마지막 애정을 표현한다. "만일 최후의 순간이 온다면, 저는 부모님께 마지막 포옹을 보내드릴" 거라고.

피델의 환영을 받으며 게바라는 쿠바를 떠나 콩고로 가는 장도에 오른다. 코만단테로서 자신이 준비하지 못했던 것을 콩고에 도착해 아주 신속하게 보완하리라 다짐하며. 어느 사이엔가 게바라는 완전히 코만단테로서 감각을 되찾은 것이다. 기밀 유지를 위해 게바라의 게릴라부대는 분산되어 다양한 루트를 거쳐 4월 24일 마침내 탄자니아 키고마에 합류한다. 드디어 136명의 게릴라들이 한자리에 제대로 모인 셈이다. 이곳에서 드레케를 제외한 물라토 대원들은 그제야 자기들을 이끌 최고사령관이 게바라라는 걸 알고 놀라게 된다. 일주일 동안 이곳에 머문 게바라와 부대원들은 5월 1일 키고마를 떠나 중앙아프리카에서 가장 큰 탕가니카 호수Lake Tanganyika를 건너는 배에 몸을 싣게 된다. 이 뱃길은 콩고 킨샤사에 이미 마련된 게릴라 거점에 들어가는 가장 안전한 루트였을 뿐만 아니라, 게바라가 위기에 빠지면 그를 도와 신속하게 퇴각할 수 있는 루트이기도 했다. 게릴라 거점에 도착한 게바라 게릴라부대는 곧 진퇴양난의 곤경에 빠진다.

1965년 체 게바라가 콩고에서
갓난아이를 안고 있다.

체 게바라가 부대원들에게
뭔가를 설명하고 있다.
게바라는 콩고에서
부대원들에게 매일 문화와
언어를 학습시켰다.

콩고에서 활동 중이던 루뭄바 계열 혁명군들은 완전히 오합지졸이었다. 혁명조직과 전투조직도 느슨했고, 통신체계도 엉망이었을 뿐만 아니라, 기강과 훈련 상태도 전투원인지 의심될 정도였으며, 정치적 신념마저 혼란스러웠고, 신뢰와 성실함마저 바닥을 치고 있었다. 당연히 그들에게 전투의지나 자기희생의 각오를 기대하는 것은 어불성설이었다. 심지어 당시 루뭄바 계열 지역 게릴라 사령관들은 게바라 부대를 견제해 자율적인 작전권마저도 부여하지 않았다. 더군다나 게바라와 그의 부대원들에게는 자신들과 콩고 현지 민중들을 가로막고 있는 언어적, 문화적 장벽을 넘는 것도 여간 어려운 문제가 아니었다. 이렇게 옴짝달싹 못하는 상황에서 게바라 부대가 콩고 민중해방에 무슨 도움이 되겠는가? 더군다나 물라토로 구성된 부대원들도 마찬가지였다. 어느 사이엔가 그들은 콩고내전에서 발을 빼고 쿠바로 귀국할 생각만 하고 있었다. 과거 선조가 살았던 아프리카를 해방시킬 수 있다는 그들의 희망은 이미 완전히 너덜너덜해졌던 것이다. 그렇지만 이 모든 것은 게바라로서는 충분히 예상했던 상황이었다. 중요한 것은 어떻게 해서든 버티면서 벨기에 용병들과 미군에 맞서 작은 승리를 거듭 축적해야만 한다는 사실이다.

주어진 조건에서 최대한 효율적인 게릴라전을 고민하고 있던 게바라에게 쿠바로부터 치명적인 소식이 전해진다. 쿠바에서는 10월 1일 쿠바공산당Partido Comunista de Cuba, PCC이 공식 출범했고, 사흘 뒤 10월 3일에 공산당 중앙위원회가 열렸다. 바로 이 중앙위 회의 석상에서 피델이 게바라의 편지를 공개하고 만 것이다. 회의 석상에서 로드리게스 지지자들과 게바라 지지자들이 정면으로 충돌하게 된다. AFS와 BFS 사이의 충돌, 친소련주의와 반소련주의 사이의 충돌, 국가주의자와 프롤레타리아 국제주의 사이의 충돌, 엘리트주의와 민중주의 사이의 충돌이 벌어진 것이다. 당연히 전자의 입장에 섰던 제1대 쿠바공산당 서기장 피델의 권위는 땅에 떨어지게 된다. 소련 서기장이 누리던 권력을 꿈꾸었던 피델은 게바라의 고별편지를 읽어버리며 반대자들을 무력화시킨다. 마침내 4월 1일 게바라로부터 받은 고별편지를 호신부로 사용할 순간이라고 판단한 것이다. "내가 저지른 유일한 큰 실수는 시에라마에스트라에서 투쟁하던 시절보다 당신을 더 신뢰하지 못했다는 것과, 지도자와 혁명가로서 당신의 역량을 충분히 이해하지 못했다는 것입니다." 게바라를 존경했고 지지했던 혁명동지들의 말문이 막힐 수밖에 없는 순간이었다. 이미 피델은 혁명가나 지도자이기보다는 노회한 정치가였던 것이다. 그렇지만 얼마나 남루한 일인가? 자신의 권위를 인정받기 위해 게바라의 편지를 읽어가는 피델의 모습은. 그러나 동시에 우리는 당시 게바라가 쿠바 상층부나 하층부를 가리지 않고 얼마나 커다란 영향력을 끼치고 있었는지 확인하게 된다.

게바라는 피델이 언젠가 자신의 고별편지를 은밀한 방식으로 사용하리라 짐작은 했지만, 이렇게 만천하에 공개하리라고는 예상하지 못했다. 더군다나 자신은 지금 콩고에서 쿠바 게릴라부대를 지휘하느라 고군분투하고 있지 않은가? 그런데 이제 쿠바와의 모든 법적인 관계가 없다는 게바라의 언급이 만천하에 공개되고 만 것이다. "나는 당에서의 내 직책과 장관으로서의 자리, 코만단테라는 계급, 그리고 쿠바 시민권을 공식적으로 내려놓으려고 합니다. 이제 쿠바와 나를 묶어두었던 법적 구속은 완전히 사라진 셈입니다." 물론 게바라를 존경했을 뿐만 아니라 프롤레타리아 국제주의를 지향했던 부대원들에게는 별다른 문제도 아니었겠지만, 내심 쿠바 귀국을 원했던 다수 부대원들은 좋은 빌미를 하나 건진 셈이다. "우리 쿠바 군인들이 이제 쿠바와 아무런 상관이 없는 게바라의 말을 들을 이유가 있는가?" "게바라가 자기 야심을 위해 우리를 이용하고 있는 것 아닌가?" 더군다나 더 심각한 문제는 이제 게바라가 콩고에 들어와 있다는 사실을 미국도 알았다는 점이다. 내전을 기회로 콩고 혁명 지도자 루뭄바도 그의 정적의 손에 죽도록 공작을 펼쳤던 미국 아닌가? 다시 한 번 게릴라부대를 정비하려고 했던 게바라로서는 난제가 한두 가지가 아니었다. 시간이 갈수록 피델의 서신 공개가 게바라의 게릴라부대에게 미친 악영향은 점점 커져가게 된다. 콩고내전의 진탕에 던져져 지쳐가던 게릴라부대는 게바라 고별편지 공개로 억눌렀던 불만과 답답함을 표출하기 시작한 것이다. 게릴라전의 속성상 코만단테의 권위 실추는 더 이상 게릴라전을 지속할 수 없다는 것을 의미한다.

실제로 1965년 11월 22일 게바라는 콩고를 떠나기로 결정하고 다시 배를 타고 탕가니카 호수를 건너 탄자니아로 회군한다. 이곳에서 그는 한 달 정도 머물며 콩고 게릴라전을 회고하는데, 그 결과물이 바로 《콩고 일기Congo Diary》다. "이 책은 실패에 관한 이야기다"로 시작되는 《콩고 일기》 마지막 부분은 콩고에 있던 게릴라부대를 완전 철수시켜야 했던 1965년 11월 22일 새벽 전후의 이야기가 들어 있다. 철수를 앞둔 게바라의 복잡한 심정이 드러나는 이 대목에는 그가 피델의 서신 공개가 자신을 고립무원의 처지로 만들었다는 걸 안타까워하는 부분도 있다.

콩고에 남는다는 것은 내게는 희생도 아니다. 과거 1년도 아니고 무려 4년 동안 나는 내 부하들을 괴롭혔던 적도 있지 않았던가. 그것은 이미 내 머릿속에 충분히 구체화된 투쟁 개념의 일부분일 뿐이다. 그렇지만 인상을 쓰지 않고 나를 따를 사람들이 과연 6명, 혹은 8명이나 될까? 그 나머지는 나와 함께 콩고에 남는 것을 자신들의 의무로 간주할 것이다. 나에 대한 인간적인 의무이거나 아니면 혁명에 대한 도덕적 의무이거나. 그렇지만 싸울 열정을 가지지 않는 사람들은 없느니만 못하다. …… 실제로 콩고에 남아야 한다는 생각이 밤새 나를 사로잡았지만, 나는 결단을 내리지 못했고 그 대신 또 한 명의 도망자가 되고 만 것이다. 콩고 동지들이 게릴라 캠프 소개^{evacuation}를 보는 방식은 나를 너무나 비참하게 만들었다. 그들은 우리 철수를 단순한 도망이라고 보았고, 더 나쁘게는 우리가 땅에 버려진 사람들을 속였던 공모자라고 보는 것이었다. 게다가 지금 나는 도대체 누구인가? 피델이 내 고별편지를 공개한 뒤, 쿠바 동지들은 나를 이방인, 즉 쿠바 문제와는 다소 거리가 있는 사람으로 간주했다. 그래서 나는 더 이상 그들에게 콩고에 머물 희생을 요청할 수가 없게 된 것이다. 나는 이렇게 고독하고 당혹스러운 채 마지막 시간을 보냈다. …… 콩고에서의 마지막 시간 동안, 나는 혼자라는 걸 처음으로 느꼈다. 쿠바에서도 그리고 전 세계를 돌아다니면서도 한 번도 느끼지 못했던 감정이었다. 그래서 나는 말할 뻔했다. "수많은 여행에서 돌아올 때 오늘만큼 내가 고독을 느꼈던 적이 없었다"고.

−《콩고 일기》(1966년 1월)

게바라 개인으로서는 콩고를 떠날 생각이 전혀 없었다! 그렇지만 코만단테로서 게바라는 콩고를 떠날 수밖에 없었다! 게릴라 코만단테는 자기 부대원들과 함께 민중들을 잠재적 게릴라로 품고 있어

야 한다. 혁명 거점의 거점이 바로 코만단테라는 것이다. 코만단테는
부대원들이 결합되는 거점이고, 이렇게 결합된 게릴라부대는 억압
받는 민중들이 결합할 수 있는 확대된 거점이어야 한다. 불행히도 게
바라의 부대원들은 게바라를 중심으로 뭉쳐 있지 않다. 강력한 형제
애와 전투 능력이란 인간적 요소와 유리한 지형지물이란 환경적 요
소는 게릴라부대의 두 가지 근원적 힘이다. 그런데 콩고에서는 이 두
가지 근원이 모두 취약하기만 하다. 지형지물의 파악은 오래지 않아
가능한 것이지만, 강력한 형제애와 전투 능력은 쉽게 확보할 수 없는
것이다. 전투 능력은 전투를 거치면서 향상될 수 있다는 희망을 가질
수도 있지만, 강력한 형제애는 자발성에 기초하기에 아무리 게바라
와 같은 유능한 코만단테라고 해도 어찌할 수 없는 측면이 있다. 그
렇다면 지금 콩고에 파견된 쿠바 게릴라부대의 상황은 어떤가? 콩고
에서 좌충우돌하는 과정에서 게바라는 어느 정도 부대원들을 파악
했다. 그 결과 싸울 열정이 있는 대원의 수는 136명 중 고작 예닐곱
명뿐이었다. 게바라가 콩고에 남아 게릴라전을 수행한다고 하면, 이
들은 자발적으로 그의 곁에 남아 자기희생을 감내할 것이다. 그렇지
만 나머지 130명은 무엇인가? 아마 게바라가 콩고에 남기로 작정한
다면, 이들도 분명 남았을 것이다. 그들이 남은 이유는 "게바라에 대
한 인간적인 의무이거나 아니면 혁명에 대한 도덕적 의무" 때문이다.
"코만단테가 남으니 자신도 남아야 한다"는 대원들, 혹은 "콩고 민중
들에게 자유를 안겨주어야만 한다"는 대원들은 장기적인 게릴라전
에 적합하지 않다. 싸울 열정을 가진 대원들과도 승패를 결정할 수
없는 것이 게릴라전인데, 하물며 순교를 생각하는 대원들과 함께하
는 것은 자살행위에 지나지 않기 때문이다. 그래서 게바라는 말한다.
"싸울 열정을 가지지 않은 사람들은 없느니만 못하다"고. 이것이 게

바라의 원칙적인 입장이다.

　모든 것이 자의 반 타의 반 코만단테로서 콩고 게릴라전 전반을 장악하지 못하고 콩고로 들어왔기에 벌어진 일이다. 만약 게바라가 콩고 게릴라전을 주도적으로 준비했다면, 136명의 대원 중 최소한 80~90퍼센트는 전투의 열정에 불타는 대원들이었을 것이다. 그러나 이제 와서 후회한들 무엇 하겠는가? 주어진 인원과 상황에 맞게 최대한 효율적인 게릴라전을 준비할 뿐이다. 어쨌든 게바라가 콩고에 남기로 결정하면, 전체 부대원들도 콩고에 남아 게릴라전에 참여할 것은 확실하다. 물론 예닐곱 명의 대원들은 자발적으로 남을 것이고, 다수의 나머지 대원들은 의무감으로 남을 것이다. 그런데 게바라는 콩고를 떠나기로 결정한다. 아니 결정할 수밖에 없었다. 피델이 게바라의 고별편지를 공개해버린 것이다. 이것이 얼마나 치명적이었는지 게바라는 담담한 어조로 술회한다. "피델이 내 고별편지를 공개한 뒤, 쿠바 동지들은 나를 이방인, 즉 쿠바 문제와는 다소 거리가 있는 사람으로 간주했다. 그래서 나는 더 이상 그들에게 콩고에 머물 희생을 요청할 수가 없게 된 것이다." 피델의 서신 공개는 게바라에게 코만단테로서의 권위를 땅에 떨어뜨리고 만다. 이제 게바라는 싸울 열정을 가진 예닐곱 명의 대원들도 자신을 따를지 확신할 수 없는 상황에 봉착한 셈이다. 이렇게 게릴라부대는 와해되어버린 것이다. 최소한의 대원 없이 백인 혼자 아프리카에서 무슨 게릴라전을 펼친다는 말인가? 그것은 그냥 자살에 지나지 않는다. 처음으로 게바라는 자괴감을 느낀다. "콩고 동지들은 우리 철수를 단순한 도망이라고 보았고, 더 나쁘게는 우리가 땅에 버려진 사람들을 속였던 공모자라고 보았기" 때문이다. 콩고 민중들이 장래에 모일 거점을 든든히 지키겠다는 약속을 이행하지 못하고, 그들을 버리고 도망가는 꼴이니

체 게바라(맨 왼쪽)와 게릴라 부대원들. 결국 콩고에서의 게릴라전은 실패로 끝나고 말았다.

입이 열 개가 있어도 게릴라 코만단테로서는 할 말이 없었다.

처음으로 게바라는 되묻지 않을 수 없었다. "지금 나는 도대체 누구인가?" 지금까지 한 번도 뇌리에 떠오르지 않았던 생각이다. "콩고에서의 마지막 시간 동안, 나는 혼자라는 걸 처음으로 느꼈다." 게바라는 처음으로 민중들을 버리는 경험을 한 것이다. 불가피한 상황에 휘말려 그렇게 되었다는 것이 더 속상한 일이다. 그의 말대로 게바라에게는 "콩고에 남는다는 것은 희생도 아니었기" 때문이다. 게릴라 코만단테는 단지 자기 부대원만을 돌보는 것이 아니라, 민중 전체를 돌보는 사람이다. 억압사회의 지휘관에게는 상부의 일방적 명령과 그에 대한 무조건적 복종이 가장 중요하지만, 코만단테 코무니스타는 민중들의 눈물과 탄식, 그리고 그들에 대한 희생적인 사랑이 가장 중요하지 않은가? 시에라마에스트라산맥에서 15명의 동지들과 게릴라전을 시작할 때 게바라가 외롭지 않았던 것도 이런 이유에서다. 700만 쿠바 민중을 사랑하고 있었으니, 어떻게 그가 외로울 수 있었겠는가? 그러나 이제 그는 외롭다. 혼자다. 콩고 민중들을 사랑하고 그들 앞에서 싸울 기회마저 박탈된 것이다. 항상 주저하는 민중들 제일 앞에서, 아무런 대가도 바라지 않고, 억압체제와 맞섰던 것이 바로 자신 아닌가? 민중들보다 앞서 험지로 들어갔고 후퇴할 때도 민중들보다 늦게 나왔던 코만단테 코무니스타가 바로 자신 아닌가? 그런데 지금 콩고 민중들을 벨기에와 미국의 마수에 남겨두고 홀로 빠져나오는 신세가 되고 만 것이다. 《콩고 일기》의 첫 문장이 "이 책은 실패에 관한 이야기다"로 시작되는 이유도 바로 여기에 있다. 《콩고 일기》 탈고는 콩고를 탈출한 뒤 두 달이 채 안 돼서 탄자니아에서 이루어지며, "수많은 여행에서 돌아올 때 오늘만큼 내가 고독을 느꼈던 적도 없었다"는 탄식이 본문의 마지막 문장으로 기록되어 있다.

게바라와 피델은 언제 완전히 갈라서게 되는가? 바로 피델이 게바라의 고별편지를 공개했던 1965년 10월 3일이다. 머리로는 이미 피델이 쿠바혁명을 배신하고 있다고 진단했던 게바라였다. 이제 게바라의 심장마저도 피델에 대해 싸늘하게 식어버린 것이다. 피델은 10월 3일 공개된 게바라의 고별편지로 게바라가 가진 모든 혁명정신을 자기 것으로 만들고, 아울러 쿠바 혁명동지들과 민중들을 게바라로부터 분리하는 데 성공한다. 반면 게바라는 다시는 쿠바에서 활동을 재개할 수 없게 된 것이다. 그만큼 게바라의 운신 폭은 현저히 줄어든다. 고별편지에서 게바라는 말하지 않았던가. "이 세계의 다른 땅에서는 미약하나마 나의 헌신을 요구하고 있습니다." 어떤 과정을 거쳐서 고별편지를 썼든 고별편지가 공개되면서, 게바라는 쿠바로 돌아갈 명분을 상실하고 만 것이다. 그가 갈 곳은 이제 쿠바가 아니라 제3세계 다른 곳이다. 그러나 어디로 누구와 함께 갈 것인가?

다행스럽게도 그의 옆에는 콩고 게릴라전에서 그마나 얻은 수확, 즉 "인상을 쓰지 않고 나를 따를" 3명의 전사가 있었다. 탄자니아 키고마에 후퇴한 모든 부대원들이 도착했을 때, 게바라는 코만단테로서 쿠바로 돌아갈 사람은 돌아가도 좋다고 작별인사를 한다. 바로 이때 게바라 곁에 있기로 결정했던 3명의 전사가 바로 폼보Pombo, 파피Papi, 그리고 투마이니Tumaini였다. '폼보'는 아리 비예가스 타마요Harry Villegas Tamayo(1941~?)의 별명이고, '파피'는 호세 마리아 마르티네스José María Martínez Tamayo(1937~1967)의 별명이고, '투마이니'는 카를로스 코엘로Carlos Coello(1940~1967)의 별명으로 간혹 줄여서 '투마Tuma'라고 불리기도 했다. 그렇지만 당시 게바라의 심리 상태로는 이 세 사람마저 의심스럽기 그지없었다. 피델이 자신을 감시하라고 남겨놓은 첩자일 수도 있으니까. 여담이지만 세 사람의 운명을 미리 이야기하는 것이 좋을 듯하다. 폼보, 파피, 투마는 볼리비아 게릴라전의 준비과정뿐만 아니라 실제 볼리비아 게릴라전에서도 게바라와 운명을 같이한다. 불행히도 파피와 투마는 게릴라전을 펼치는 와중에 먼저 전사하고 만다. 마지막 추로협곡 전투 때 게바라는 "인상을 쓰지 않고" 자신을 따르던 전사 3명을 모두 전장에서 잃는 것이 싫어서인지, 콩고 게릴라전 이후 자신을 경호했던 폼보를 생존 가능성이 큰 그룹에 편성해 목숨을 건지도록 배려한다. 다행히도 게바라의 배려로 폼보는 무사히 볼리비아를 탈출해 쿠바로 돌아가는 데 성공한다.

쿠바로 귀환하라는 피델의 요청을 거부하고, 게바라는 탄자니아 다르에스살람Dar es Salaam에 있는 쿠바대사관 안가에 칩거한다. 이미 쿠바와 무관한 사람이고 아울러 제3세계 혁명을 위해 헌신하겠다고 했으니, 쿠바로 들어갈 수도 없는 일이었다. 1965년 12월 내내 게바라를 사로잡고 있던 감정은《콩고 일기》마지막을 장식했던 "콩고

1965년 탄자니아에 있는 쿠바대사관에 칩거해 있을 당시의 체 게바라.

에서의 마지막 시간 동안, 나는 혼자라는 걸 처음으로 느꼈다"는 말
로 대신할 수 있다. 다행스럽게도 그의 고독감 혹은 홀로 버려졌다는
느낌을 위로해주던 것이 있었다. 큰 고통을 겪은 사람 속에서 우리
의 작은 고통은 치유되고, 큰 슬픔을 견딘 사람 속에서 우리의 눈물
은 멈추는 법이다. 게바라의 고독을 넉넉하게 품어준 한 권의 시집이
그의 곁에 있었다. 1965년 멕시코에서 출간된 레온 펠리페의 새로운
시집《오, 이 낡고 부서진 바이올린!Oh! este viejo y roto violin!》이다. 펠리페
가 누군가? 코만단테 코무니스타로 성장한 다음, 그의 모든 것을 품
어주었던 유일한 시인 아닌가. 시집 제목부터가 게바라의 고독한 마
음을 휘어잡는다. '낡고 부서진 바이올린'이라니. 지금 자신의 처지
를 표현하는 데 이보다 적절한 것이 또 어디에 있겠는가? 한때 많은
사람들이 한 번이라도 켜보고 싶었던 바이올린, 탁월한 바이올리니

스트를 만나 천상의 소리를 만든 바이올린이 있었다. 이 근사한 바이올린은 시간이 지나 사라지고, 그 자리에는 낡고 부서진 바이올린만 덩그러니 남아 있을 뿐이다. 쿠바 민중들이 '체'라고 부르며 환호했던 혁명가, 수많은 사람이 친구처럼 믿고 따랐던 혁명가는 어디로 갔는가? 자기 부대원에게 이방인 대접을 받는 아르헨티나인, 콩고 민중을 불가피하게 버리고 나온 프롤레타리아 국제주의자, 탄자니아 쿠바대사관의 짐이 된 채 갈 곳이 없이 버려진 자. 정말 낡고 부서진 바이올린 아닌가? 이런저런 생각에 시집을 넘기다 게바라는 울음이 터질 것 같은 시 한 편을 만나게 된다. 게바라는 녹색 표지의 노트를 조용히 편다. 이 노트는 훗날 《(체의) 녹색노트 El cuaderno verde del Che》라고 불리는 그의 시 창고였다. 한 단어 한 단어 눈물로 《녹색노트》에 게바라가 옮겨 적은 것은 영원히 낮을 볼 수 없게 감금된 밤에 관한 시, 〈닫힌 밤 Noche cerrda〉이다.

이제 더 이상 못 가겠어
자꾸만 딱딱하고 시커먼 돌에 부딪혀
더 이상 못 가겠어
돌아가야 할 것 같아……
뒤로……
길,
장님의 길,
다시 한 번 나를 못 가게 만드는……
딱딱하고 시커먼 돌에 부딪혀,
하늘은 어두워지고 그 역시 딱딱해지네
난 깜짝 놀라 소리를 지르고

아무것도 듣질 못해,

아무것도 보질 못하겠어

울 수도 없어

홀로 길을 잃어버렸어

낮은 오질 않아

결코

결코

결코

천사 친구들이여, 왜 날 버리고 가는 거야?

날 버리지 말아다오!

어떤 소리라도 내봐!

날개들을 움직여봐!

날갯짓 소리라도……

어디 있니? 내 천사 친구들.

-〈닫힌 밤〉, 《오, 이 낡고 부서진 바이올린!》(1965)

너무 어둡다. 앞이 보이질 않으니, 걸을 때마다 무언가에 부딪힌다. 그렇다면 뒤로 돌아가야 한다. 최소한 지금까지 걸어온 길이니 충분히 걸을 수 있을 것 같다. 그런데 뒤로 돌아 걸어가려고 하자 놀라운 일이 벌어진다. 기억과는 달리 되돌아가는 길에도 무언가 가로막는 것들이 속출한다. 정말 내가 걸어온 길이었는지 의심이 들 정도다. 홀로 버려진 게바라가 바로 이런 심정 아닌가? 자기 미래가 어떻게 펼쳐질지 전혀 짐작이 되지 않는다. 쿠바로 갈 수도, UN본부가 있는 뉴욕에 갈 수도, 그렇다고 크렘린궁전이 있는 모스크바로 갈 수도 없다. 그렇다고 해서 쿠바 국립은행장과 산업부장관으로 쿠바에 진정한 사회주의사회를 만들려고 고심했던 시절로도, 과테말라에서 미국의 제국주의적 침략에 분노하던 시절로도, 혹은 오토바이를 타고 라틴아메리카를 여행하며 인디오와 메스티소들의 삶에 아파하던 시절로도, 이제 더 이상 갈 수 없다. 완전히 캄캄한 밤이다. 영원히 낮이 오지 않을 것 같은 깜깜한 밤이다. 그러니 주변에는 사람도 없고 어디로 움직여야 할지 방향도 모른다. 앞으로 가도 뒤로 가도 그저 무언가에 계속 부딪힐 뿐이다. 그는 "홀로 길을 잃어버린" 것이다. 영원한 밤에 갇히자, 게바라는 화창했던 낮이 떠오른다. 라틴아메리카로 가는 길, 혹은 제3세계 민중에게로 가는 길을 걷고 있지 않았는가. 그 길에서 그는 모든 것을 보고 모든 것을 듣지 않았던가. 어느 지점에서 멈추어도 어디로 가는지, 어디서 왔는지 너무나 명확했다. 저 멀리 프롤레타리아 국제주의로 가는 길, 그 너머로 제3세계 민중들의 해방과 자유, 노동이 사랑이라는 것을 아는 아이들의 미소, 인류를 형제애로 보듬는 사회가 보였다. 심지어 길을 잠시 잃어도 당황하지도 않았다. 낮이니까, 조금 걷다보면 다시 가던 길에 올라설 수 있었으니까. 그러나 지금은 아무도 없는 밤, 지금 자신이 어디에 서 있는지, 앞에 뒤에 혹은 옆에 무엇이 있는지 알 수 없는 깜깜한 밤이다. 다시 낮이 올까. 게바라는 되묻지만, 그의 입에는 절망적인 신음만 흘러나온다. "낮은 오질 않아 / 결코 / 결코 / 결코."

깜깜한 밤에 갇혀 펠리페의 시적 화자는 천사들을 애타게 찾는다. "천사 친구들이여, 왜 날 버리고 가는 거야?" 홀로 버려진 이유가 천사 친구들이 자신을 떠났기 때문이라고 생각했던 셈이다. 그러니 절망스럽게 외친다. "날 버리지 말아다오"라고. "날갯짓 소리라도" 들려달라고. 그렇지만 과연 천사들이 그를 떠난 것일까? 그렇지 않다. 천사들을 떠나 깜깜한 밤에 들어온 사람, '닫힌 밤'에 자신을 던져 넣은 사람은 다른 누구도 아닌 바로 자신이었기 때문이다. 천사들이 자신을 떠난 것이 아니라 자신이 천사들을 떠났던 것이다. 그러면서도 지금까지 자신은 천사들을 그리워하며 찾고 있었으니, 얼마나 우스운 일인가? "천사 친구들"이라고 말했다. 친구다. 이것은 캄캄한 밤에 홀로 있는 시적 화자도 천사라는 걸 암시하는 것 아닐까? 게바라도 천사였다. 페루와 볼리비아의 인디오들과 메스티소들 옆에 날갯짓하던 천사! 과테말라시티에서 민중투사들 옆에서 분노했던 천사! 멕시코에서 피델 등 쿠바 혁명동지들에게 날아들었던 천사! 시에라마에스트라에서 그리고 산타클라라에서 민중들 앞에서 희망을 안겨주었던 천사! 국립은행장과 산업부장관이면서도 사탕수수 농장에 그리고 공장에 날아들었던 천사! 라틴아메리카 아이들 앞에서 인간사회의 미래를 노래했던 천사! 뉴욕에서 그리고 알제리에서 두 거대 제국 미국과 소련을 사정없이 질타했던 천사! 권력과 부를 가진 사람들이 아니라 억압받고 가난한 사람들 옆에 머물렀고, 결코 당신들을 떠나지 않겠다는 집요한 사랑을 보여줌으로써 그들에게 희망과 용기를 주었던 사람! 이 사람이 바로 게바라였고, 그가 민중들의 천사인 이유였다. 피델이 자신을 멀리해서 자신이 고독해진 것도 아니다. 혹은 고별편지 공개로 콩고 게릴라 부대원들이 이방인 취급을 해서 자신이 고독해진 것도 아니다. 그건 핵심이 아니었다. 핵심은 어떤 이유에서든 자신이 콩고 민중들을 버리고 탄자니아로 숨어들어왔다는 데 있다. 프롤레타리아 국제주의자가 민중들을 버리고 도망친 것이다! 가난한 그들에게 날아가 그들이 날 수 있을 때까지 다시는 날개를 펴지 않겠다고 다짐했던 천사다. 그런데 콩고 민중들의 퇴화된 날개가 채 나오기도 전에 그들을 남겨두고 하얀 날개를 퍼덕이며 혼자 날아가버린 천사! 이것은 도대체 무슨 천사인가?

**

    1965년 12월과 1966년 1월 동안 게바라는 탄자니아 안가에서 그야말로 '갇힌 밤'처럼 지냈다. 게바라가 콩고를 떠난 3일 뒤, 그러니까 11월 25일 콩고에는 미국의 지원을 받은 군사쿠데타가 일어난다. 마침내 1982년 한국의 군사독재자 전두환을 방한해 유유상종의 미덕을 보였던 모부투Mobutu Sese Seko Kuku Ngbendu Wa Za Banga(1930~1997), 그 잔인했던 독재자의 피의 정치는 이렇게 시작된다. 이제 콩고에는 과거 쿠바의 바티스타 독재정권과 같은 괴물이 들어선 것이다. 루뭄바와 함께 독립과 자유의 꿈을 꾸었던 콩고 민중들은 향후 30년간 자신들의 피를 미국과 독재정권의 제단에 흘릴 운명에 던져진 셈이다. 아니 그것은 차라리 그냥 양민학살이라고 하는 것이 좋을 듯하다. 비록 쿠바 게릴라부대의 퇴각 때문은 아니지만, 게바라에게 중요한 것은 자신이 군사독재와 미국제국주의의 마수에 던져진 콩고 민중들을 두고 나왔다는 사실이다. 다행스럽게도 천사들의 날갯짓 소리를 처절하게 갈구했던 펠리페의 고독 속에서 게바라는 위로를 받았고, 《콩고 일기》를 집필하며 게바라는 자신의 처절한 실패와 고독을 정면으로 응시하는 힘을 얻는다. 라틴아메리카의 인디오, 메스티소, 그리고 물라토도 콩고의 흑인도 나아가 제3세계 모든 민중은 날개가 퇴화된 천사들이었다. 자유롭게 날았던 기억이 너무나 멀기에 그들은 날지 못하고, 아니 날 생각도 하지 않는다. 그래서 자신은 그들에게로 날아갔던 것 아닌가? 나는 법을 배웠기에, 그것을 그들에게 알려주려고. 그들이 날 때 그들을 따뜻하게 지켜보려고. 1965년 4월 24일부터 11월 21일까지 펼쳐졌던 처절한 실패의 경험은 그래서 게바라에게 결정적이다. 날지 못하는 천사들을 버려두는 참담한 일, 그것을 다시는 반복하지 않겠다는 결의다. 날지 못하는 천사들과 함께 땅에서 뒤뚱거리는 것, 그러다가 사냥꾼들에게 함께 도륙당하는 것이 캄캄한 밤에 갇히는 고독보다 수천 배나 행복하다는 걸 자각하는 계기였으니까.

《콩고 일기》에서 게바라는 도망치는 천사가 되려는 순간에 되물어보았다. "지금 나는 도대체 누구인가?" 이제 한 가지 확실한 것은 있다. 게바라는 이제 뜬구름 잡는 정치적 이유를 대면서 도망치는 천사보다는, 민중들 옆에서 날개를 접고 함께 피 흘릴 수 있는 천사를 선택하리라는 것을. 점점 게바라는 영원할 것만 같았던 밤에서 벗어난다. 1966년 1월 《콩고 일기》를 탈고한 뒤, 그가 《철학노트 Apuntes filosóficos》와 《정치경제학에 대한 비판적 노트 Apuntes Críticos a la Economía Política》로 발표될 작업을 본격화한 것도 이런 이유에서다. 마르크스의 철학을 새롭게 해석하고 소련식 경제 모델을 비판하는 작업을 하면서 게바라는 억압당한 자와 가난한 자들을 품었던 날개를 다시 펼치기 시작한다. 그만큼 게바라에게 피델에 대한 분노는 사라지고, 자신에게 주어진 상황을 냉철하게 돌아볼 여유를 얻게 된다. 더 강해진 천사가 탄생한 셈이다. 참고로 게바라는 자신의 두 저작 《철학노트》와 《정치경제학에 대한 비판적 노트》를 매우 중요하게 생각했다. 실제로 게바라는 설탕부장관을 지냈던 오를란도 보레고 Orlando Borrego(1936~), 자신을 스승으로 생각했던 이 젊은 정치경제학자에게 《정치경제학에 대한 비판적 노트》와 BFS에 대한 이론적 개요를 맡긴다. 자신은 마지막이 될 수도 있는 볼리비아 게릴라 활동에 뛰어들어야 했기 때문이다. 제자 보레고가 소련식 정치경제학을 비판하고 마르크스 정신에 입각한 새로운 정치경제학을 체계화하기를 원했던 것이다. 게바라가 자신을 따라 볼리비아에 들어가려는 보레고를 극

1966년 볼리비아로
떠나기 전 오를란도
보레고(왼쪽)와 체 게바라.
게바라는 자신을 스승으로
생각했던 보레고에게
《정치경제학에 대한
비판적 노트》와 BFS에
대한 이론적 개요를 맡기고
볼리비아로 떠난다.

구 만류했던 것도 이런 이유에서다.

이제 게바라에게 남은 것은 날개를 다시 펴고 민중들에게 날아
가는 일이다. 그의 날개는 점점 기분 좋은 긴장감에 푸드득거린다.
마르크스의 표현을 빌리자면 대상적 활동의 힘을 게바라는 회복한
것이다. 주어진 대상적 조건을 냉정히 진단하고 그 조건에 능동적으
로 개입하는 것이 바로 대상적 활동 아닌가. 게바라는 숙고하기 시작
한다. 가장 먼저 고민해야 할 것은 바로 콩고 게릴라부대를 와해시켰
던 피델이 공개한 고별편지다. 어차피 고별편지가 공개되었다면, 이
것을 어떻게 극복하고 천사 친구들을 만나러 가는 계기로 삼을 것인
가? 바로 여기서 반전이 시작된다. 게바라는 공개된 고별편지에 대
한 대상적 진리를 파악했기 때문이다. 마침내 게바라는 자신을 옴짝
달싹 못하게 만든 고별편지 공개가 동시에 피델도 옴짝달싹 못하게

만드는 양날의 검이라는 걸 안 것이다. 게바라는 고별편지에서 말했다. "나는 당신이 쿠바 수반으로서 감당하고 있는 책임 때문에 할 수 없는 일을 하려고 합니다." 쿠바 수반이기에 피델이 할 수 없는 일? 그것은 바로 게바라가 지금까지 했던 일, 그리고 앞으로 해야 할 일 아닌가? 게바라는 UN총회에서 미국을, 알제리 연설에서 소련을 제국주의로 규정하며 제3세계 민중들의 연대를 도모했고, 아울러 몸소 그 연대를 실천하기 위해 콩고에서 게릴라 활동을 하지 않았던가? 고별편지를 공개하는 순간, 피델은 자신이 실제로 프롤레타리아 국제주의자라는 걸 선언한 셈이 된다. 더군다나 게바라는 "지도자와 혁명가로서 피델의 역량"을 극찬하지 않았던가? 생각해보라. 1965년 10월 3일 쿠바공산당 제1대 서기장으로서 피델은 게바라의 고별편지를 공개함으로써 게바라를 지지했던 혁명동지들의 정치적 도전을 누를 수 있었다. 그러나 이것은 잠시 숨 고르기에 지나지 않는 상황이다. 쿠바식 일국사회주의가 아니라 프롤레타리아 국제주의를 가슴에 품은 제2의 게바라들, 국가가 아니라 사회로 생산수단을 돌리는 BFS라는 게바라의 경제체제를 지지하는 제3의 게바라들이 많았기 때문이다. 결국 게바라 지지자들의 불만을 무마하지 않는다면, 쿠바공산당 제1대 서기장의 권력은 약화될 수밖에 없다.

고별편지에 따르면 피델과 게바라의 차이는 쿠바 수반을 맡고 있느냐, 그렇지 않느냐의 차이뿐이다. 더군다나 게바라의 고별편지는 피델을 지도자로서의 역량과 혁명가로서의 역량을 모두 갖춘 위대한 인물로 만들어버렸다. 이제 피델은 쿠바 지도자로서의 임무와 아울러 제3세계 해방을 위한 혁명가로서의 임무도 동시에 수행할 수밖에 없게 된 것이다. 게바라의 고별편지를 읽은 순간, 서기장 피델은 앞으로 쿠바공산당을 어떻게 이끌어나갈지에 대한 공약을 발표

1966년 쿠바 아바나에서 열린 제1회 아시아, 아프리카, 라틴아메리카 민중연대기구 회의. 이 자리에서 피델 카스트로는 제3세계의 연대를 노골적으로 주장하며 소련과 중국을 당혹스럽게 만든다.

하고 있었던 셈이다. 피델로서는 당혹스런 상황이 벌어진 것이다. 미국과 소련으로부터 제3세계를 완전히 독립시킬 수는 없겠지만, 제3세계 해방의 중추적인 거점 역할을 지속적으로 수행할 수밖에 없게 되었으니 말이다. 실제로 피델은 '아시아, 아프리카, 라틴아메리카 민중연대기구Organización de Solidaridad con los Pueblos de Asia, África y América Latina, OSPAAAL'의 설립을 주도하고, 마침내 쿠바 아바나에서 1966년 1월 3일부터 1월 14일까지 OSPAAAL 1차 회의를 개최한다. 이 회의에서 피델은 제3세계의 연대를 노골적으로 주장하며 아예 1966년을 '연대의 해'로 정하기까지 해서 소련과 중국을 당혹스럽게 만든다. 피델은 자신과 게바라 사이에 균열이 생겼다는 여론, 나아가 콩고 게릴라전 실패도 쿠바의 지원 부족 때문이 아니냐는 여론을 무마하느라 곤혹을 치렀다. 그만큼 당시 제3세계 민중들에게 프롤레타리아 국제주의의 상징으로서 게바라의 지위는 확고했다. 심지어 콩고의 실패마저도 흠이라기보다는 민중들에 대한 게바라의 강력한 애정의 증거로 통용될 정도였으니까. 1965년 3월 12일 《마르차》에 발표된 〈쿠바의 사회주의와 인간〉이 드디어 라틴아메리카 지식인들뿐만 아니라 민중들의 마음에도 꽃을 피운 것이다. 이제 피델은 게바라가 게릴라 활동을 새롭게 돌파할 수 있는 터전을 마련해주어야 했다. 한 가지 단서가 있다. 게바라가 하루속히 새로운 활동을 개시해야 하고, 그 활동은 반드시 자신 피델의 지원으로 이루어져만 한다. 쿠바로 돌아오라는 제안을 거듭 거부했던 게바라를 위해 G2에게 게바라가 활동할 수 있는 지역을 알아보라고 피델이 지시했던 것도 이런 이유에서다. 그렇지만 게릴라 활동의 최적지를 선택하는 최종 결정의 몫은 게바라에게 있었다. 1966년 3월 이후 탄자니아를 떠나 체코 프라하에 머물던 게바라는 이렇게 여유만만했다. 상황의 반전이자 역전도 이 정도면 거의 영화처럼 드라마틱하다. 새로운 게릴라 거점을 확보하는 데 폼보와 파피, 그리고 투마는 결정적인 역할을 한다. 피델이 알려준 다양한 후보지를 검토한 뒤 게바라는 한두 후보지를 정해 그들로 하여금 직접 가보게 했으니까. 콩고에서의 전철을 다시는 밟지 않기 위해서였다. 마침내 6월 초순 피델이 제안했던 곳 중 하나인 볼리비아를 게바라는 게릴라 활동 거점으로 최종적으로 결정한다. 무슨 이유로 볼리비아를 라틴아메리카 민중해방의 거점으로 정했던 것일까?

첫째, 볼리비아 정치 상황이 게릴라 거점으로서는 최적의 조건이라고 판단한 것이다. 1960년대 쿠바혁명 이전 볼리비아는 과테말라와 함께 미국제국주의에 맞서던 가장 단호한 국가였다. 1964년 11월 4일 빅토르 파스 에스텐소로^Ángel Víctor Paz Estenssoro (1907~2001) 볼리비아 대통령은 CIA 사주를 받은 바리엔토스의 군사쿠데타로 실각한다. 에스텐소로는 1953년 취임한 뒤 미국 자본을 축출하기 위해 주

빅토르 파스 에스텐소로 대통령이 이끈 볼리비아는 당시 과테말라와 함께 미국에 맞서던 가장 단호한 국가였다. 하지만 1964년 CIA 사주를 받은 바리엔토스의 군사쿠데타로 실각하고 만다.

석광산 국유화를 단행했고, 아울러 토지를 농민들에게 분배하는 사회주의적 정책을 과감하게 시도했던 대통령이었다. 당연히 에스텐소로 대통령이 미국에 의해 실각했을 때, 볼리비아 지식인들이나 민중들은 미국에 엄청난 적개심을 품게 된다. 다시 미국의 신식민지로 전락한 볼리비아에서 미국 이익을 옹호하는 군사독재정권의 억압과 착취가 가중될 것이 뻔했기 때문이다. 게바라는 게릴라 활동을 통해 이들을 묶을 생각이었던 것이다. 둘째, 볼리비아는 게바라의 아르헨티나에 인접한 국가였다. 평상시 게바라는 라틴아메리카 민중해방의 성패뿐만 아니라 제3세계 민중해방의 최종적 거점으로 아르헨티나를 염두에 두고 있었다. 페론 이후 아르헨티나는 냉전시대의 두 제국, 즉 소련과 미국으로부터 일정 정도 거리를 둘 만큼 라틴아메리카의 중심이란 자부심이 강한 국가였으니까. 쿠바혁명이 성공한 뒤, 게바라는 혁명을 취재했던 아르헨티나 기자이자 자신의 친구가 되었던 호르헤 마제티^{Jorge Jose Ricardo Masetti Blanco}(1929~?)와 의기투합해 아르헨티나에 게릴라 거점을 조성했을 정도였다. 아르헨티나 게릴라 거점이 완전히 파괴된 뒤에도 게바라의 아르헨티나에 대한 관심은 지속적이었다. 실제로 볼리비아에 설치된 게릴라 거점이 있던 산타크루스주는 바로 아르헨티나에 붙어 있었던 곳이기도 하다. 셋째, 볼리비아에는 페루와 함께 과거 스페인 식민지 시절 파괴된 잉카문명 인디오들의 후예가 가장 많이 살고 있다. 국민 중 55퍼센트가 인디오이고 28퍼센트가 인디오와 스페인 백인 혼혈 메스티소다. 스페인 지배자의 피가 흐르는 게바라로서는 볼리비아가 역사적으로나 정서적으로 너무나 상징적인 곳이었다. 과거 스페인의 만행을 조금이라도 속죄하려면, 볼리비아 민중들은 반드시 품어야 하는 사람들이었다. 그들을 어떻게 다시 미국의 착취와 군사독재의 억압에 방치할 수 있다는 말인가? 게바라가 볼리비아를 최종 게릴라 거점으로 낙점한 이유에는 이런 결자해지의 정신도 한몫 단단히 했던 것이다.

볼리비아를 최종 거점으로 결정한 뒤, 게바라는 쿠바를 들르지 않고 프라하에서 바로 볼리비아로 가려고 했다. 피델이 공개한 자신의 고별편지에 따르면 이제 그는 쿠바와 아무런 상관이 없기 때문이다. 라틴아메리카에 대한 정보를 제공하고 볼리비아공산당과 협력해 산타크루스 게릴라 거점을 준비하는 정도만으로 피델의 지원은 충분하다고 판단한 것이다. 그렇지만 이것만으로 피델은 부족했다. 자신과 게바라 사이에 균열이 없다는 걸 보여주려면, 게바라가 쿠바에 들어와서 게릴라 활동을 준비하는 것만큼 좋은 일도 없었으니까.

피델은 게바라의 게릴라 활동을 지원했다는 확고한 물증을 가질 필요가 있었던 것이다. 게바라의 활동과 밀접히 연결되지 않으면, 피델로서도 자신이 프롤레타리아 국제주의를 실천하는 지도자, 혹은 제3세계 민중해방의 지도자라는 걸 증명할 길이 없었기 때문이다. 자신이 감당할 수 없는 걸 하려고 발버둥치는 옛 친구가 측은했던 것일까, 아니면 조바심을 치던 피델에게서 더 많은 지원을 받으려고 했던 것일까. 어쨌든 1966년 7월 게바라는 쿠바로 은밀히 들어와 피나르 델 리오 게릴라 훈련지에 돌아온다. 콩고와는 완전히 다르다. 이곳에는 볼리비아에 자신과 함께 들어갈 게릴라 동지들, 게바라가 몸소 선정에 개입했던 동지들 12명이 모여 있었다. 콩고에 게바라와 함께 파견된 부대원들은 피델과 G2가 선정했다면, 이번 볼리비아에 파견될 부대원들은 게바라가 직접 선정한 사람들이다. "인상을 쓰지 않고" 프롤레타리아 국제주의라는 대의에 목숨을 걸 만한 동지들이라고 확신했던 사람들로서, 모두 게바라와 오랜 시간 함께 투쟁했던 사람들이다.

12명의 동지들이 피나르 델 리오 훈련장에서 변장한 게바라를 만났을 때, 그들의 감격은 어떠했겠는가? 쿠바혁명의 정신이 식어가는 쿠바에서 그들이 얼마나 답답했을지 미루어 짐작이 가는 일이다. 수평적 동지들 사이의 관계는 관료주의가 도입되어 수직적으로 바뀌었고, 그만큼 쿠바 정부도 점점 권위주의와 관료주의에 물들어가고 있었다. 더군다나 쿠바혁명 당시 목숨을 내놓고 바티스타 정규군과 싸웠던 혁명동지들보다 소련과 선을 대고 있는 인사들이 어느 사이엔가 정부나 당 요직을 차지하고 있었다. 소련과 완전히 무관한 혁명을 민중들과 함께 이루었다는 자부심은 땅바닥에 내던져진 지 오래였다. 바로 이들이 쿠바 혁명정신 그 자체라고 할 수 있는 코만단

체 게바라와 12명의 동지들

별명	본명	경력
베니뇨 Benigno	다니엘 알라르콘 라미레스 Daniel Alarcón Ramírez(1939~2016)	게바라와 함께 콩고 게릴라전 참전
롤란도 Rolando	엘리세오 레예스 로드리게스 Eliseo Reyes Rodríguez(1940~1967)	쿠바혁명 당시 게바라 부대 대원
올로 Olo	올란도 판토하 타마요 Orlando Pantoja Tamayo(1933~1967)	첩보 임무와 통신장비 전문가
아르투로 Arturo	구스타보 마친 호에드 Gustavo Machin Hoed de Beche(1937~1967)	게바라 부대원이자 게바라 산업부장관 시절 차관 역임
알레한드로 Alejandro	마누엘 에르난데스 Manuel Hernádez Osorio(1931~1967)	쿠바혁명 당시 게바라 부대 선봉대 대장
파충고 Pachungo	알베르토 페르난데스 몬테스 데 오카 Alberto Frenández Montes de Oca(1935~1967)	교사 출신으로 1966년 3월 프라하 시절 이후 게바라 수행비서
모로 Moro	옥타비오 데 라 콘셉시온 데 라 페드라하 Octavio de la Concepción de la Pedraja(1935~1967)	직업군인이자 군의관
브라울리오 Braulio	이스라엘 레예스 자야스 Isarael Reyes Zayas(1933~1967)	라울 카스트로 경호원 출신으로 게바라와 함께 콩고 게릴라전 참전
우르바노 Urbano	레오나르도 타마요 뉴녜스 Leonardo Tamayo Núñez(1941~)	1957년 이후 게바라 경호대 대원으로 활동
호아킨 Joaquín	후안 비탈리오 아쿠냐 누녜스 Juan Vitalio Acuña Núñez(1925~1967)	쿠바혁명 당시 게바라 부대 장교였으며 혁명 막바지에 코만단테로 승진
마르코스 Marcos	안토니오 산체스 디아스 Antonio Sánchez Díaz(1927~1967)	시에라마에스트라 게릴라전 동지이자 공산당 중앙위원회 위원
루비오 Rubio	헤수스 수아레스 가욜 Jesús Suárez Gayol(1936~1967)	쿠바혁명 당시 아바나의 지하투쟁을 지휘, 공산당 중앙위원회 위원

테 게바라를 다시 만난 것이다. 게바라와 12명의 동지들! 이들은 나중에 프롤레타리아 국제주의라는 깃발 아래 모일 볼리비아 등 라틴 아메리카 동지들과 게릴라 거점에서 만날 것이다. 그전에 콩고 파견 때는 하지 못했던 준비를 해야 한다. 코만단테 게바라의 명령으로 일사불란하게 전투를 할 수 있는 준비다. 아울러 콩고에서의 전철을 피하기 위해 게바라와 12명의 동지들은 볼리비아의 문화뿐만 아니라 케추아어라는 볼리비아 원주민 언어도 충실히 배워나갔다.

10월 어느 날 드디어 라몬, 즉 게바라는 마지막으로 피델을 만나는 자리를 갖는다. 죽어서 못 만나고 살아도 다시 만날 일 없는 두 친구다. 서로 근사한 이별 만찬도 필요한 법! 이 자리에서 피델은 게바라를 라몬이라 속여 이미 정부 요직에 이른 과거 혁명동지들에게 소개한다. 게바라가 과거 혁명동지들을 만나고 싶다고 부탁했기 때문이었다. 당시 혁명동지들 중 변장한 라몬이 게바라라는 걸 알아챈 사람은 없었다고 한다. 게바라도 피델도 서로 이것이 마지막 만남이라는 걸 알고 있었다. 여기서 게바라는 콩고로 떠날 때 고별편지를 피델의 손에 쥐여주었던 것처럼, 이번에도 친구의 손에 고별편지를 전해준다. 전자가 피델이 원한 편지였다면, 이번에는 게바라가 주고 싶은 편지였다. 진정한 고별편지, 제발 피델이 프롤레타리아 국제주의를 정치적 의도에서가 아니라 진심으로 따르기를 소망하는 고별편지다. 1967년 4월 16일 이번에도 피델은 게바라의 고별편지를 공개한다. 게바라의 영민함이다. 제3세계 맹주를 자처하던 피델이 다시 자신의 후광이 필요하리라는 걸 예측했던 것이다. 물론 제3세계 민중들과의 연대가 형식적이라는 비판을 무마하기 위한 것이다. 피델이 어떤 의도를 가지고 공개했는지가 무엇이 중요하겠는가? 게바라는 쿠바 최고 권력자를 가장 안전한 배달부로 선택했고, 그의 뜻대로

변장한 체 게바라와 함께 있는 피델 카스트로. 피델은 게바라를 라몬이라 속여 과거 혁명동지들에게 소개했지만, 변장한 라몬이 게바라라는 걸 알아챈 사람은 없었다.

배달부는 제3세계 민중들에게 게바라의 유언을 전했으니 말이다. 바로 그 유언이 쿠바 아바나에서 출간된 《세 대륙 민중들에게 보내는 전언Mensaje a la Tricontinental》이다.

> 우리는 미래를 예상할 수 없지만, 그렇다고 우리는 민중의 비겁한 지도자가 되려는 유혹에 굴복해서는 안 된다. 자유와 함께하는 투쟁을 포기했으면서도 자유를 갈망하거나, 자유가 약간의 승리로 도래하기를 기대하는 듯 기다려서도 안 된다. 물론 불필요한 희생을 피해야 한다는 것은 절대적으로 옳다. …… 지금이 투쟁을 개시해야 할 바로 그 순간일 수도 그렇지 않을 수도 있지만, 우리는 자유가 투쟁이 없이도 달성될 수 있다는 환각을 가지고 있지는 않고, 그렇게 믿을 권리도 없다. 게다가 전투는 최루가스에 맞서 돌을 던지는 가두시위도 아니고, 평화로운 총파업

도 아니다. 또한 전투는 하루이틀 지배계급의 억압장치를 파괴하는 분노한 민중들의 투쟁도 아니다. 그것은 장기적인 유혈투쟁이다. 이 끝 모를 유혈투쟁의 최전선은 도시 안의 게릴라 은신처일 수도, 전투원들의 고향—억압체제는 그들의 가족에서 손쉬운 희생자를 찾으려고 한다—일 수도 있고, 학살된 농민들 속일 수도 있고, 적의 폭탄으로 파괴된 마을과 도시들일 수도 있다. 우리는 이런 투쟁을 하지 않을 수 없다. …… 투쟁을 응결시키는 인자로서 증오, 적에 대한 불굴의 증오는 우리를 인간 존재의 자연적 한계를 뛰어넘어 효율적이고 폭력적이고 선택적이고 냉혹한 살인무기로 변형시킨다. 우리의 전사들은 그런 존재가 되어야 한다. 증오를 품지 않는 민중은 잔인한 적에게 승리할수 없으니까. 적이 전쟁을 가져다놓은 곳까지 우리는 전쟁을 수행해야만 한다. 적들의 집과 그들의 여가 장소까지 우리는 전쟁을 총력전으로 만들어야 한다. 우리의 적이 병영 안에 있든 밖에 있든 조금의 평화도 조금의 고요도 누려서는 안 된다. 그들이 존재하는 곳마다 그들을 공격하라! 그들이 가는 곳마다 그들이 사냥감이 되었다고 느끼도록 하라! 오직 이럴 때에만 그들의 사기는 떨어지기 시작할 것이다. 그들이 더 야만적으로 변할 수도 있지만, 이것은 그들이 쇠락하는 징후들일 뿐이다. 국제적인 프롤레타리아 군대와 함께 진정한 프롤레타리아 국제주의를 전개하자. 우리의 싸움에 휘날리는 깃발이 인류의 해방을 위한 성스런 대의가 되도록 하자. …… 죽음이 우리를 놀라게 하며 찾아올 때마다, 죽음을 환영하도록 하자. 우리의 함성이 귀를 가진 사람에게 이를 수만 있다면, 다른 손들이 우리의 무기를 잡으려 한다면, 다른 사람들이 기관총을 쏘며 전투와 승리의 함성으로 우리의 장송곡을 불러줄 수만 있다면.

-《세 대륙 민중들에게 보내는 전언》(1967년 4월 16일)

모든 억압체제의 바닥에는 생산수단 독점을 유지하려는 소수 지배계급의 탐욕이 도사린다. 농업기술만 가진 다수 노동자가 있을 때는 땅을 독점하면 된다. 그들은 땅을 빌리려 지주에게 모여들 것이다. 돈이 절대적인 교환수단이 되면 돈만 가지고 있으면 된다. 노동력을 팔겠다는 노동자들로 자본가 앞은 문전성시를 이룰 테니. 이것도 귀찮으면 그냥 노동력마저도 노예의 형식으로 소유해버리면 된다. 바로 이 구조적 부정의가 문제다. 당연히 다수의 불만은 커져만 간다. 다수의 저항과 분노로부터 소수 지배계급을 지키는 것이 필요해진다. 소수 지배계급과 일정 정도 거리를 두고 있는 국가거나 아니면 아예 지배계급이 장악한 국가가 바로 이 역할을 한다. 그렇다면 국가가 다수로부터 소수 지배계급이나 자기 자신을 지킬 수 있는 방법은 무엇일까? 두 가지 방법이 중요하다. 첫째, 민중의 일부를 국가기구의 구성원으로 편입시키는 방법이다. 행정 공무원, 경찰, 군인 등이 바로 그들이다. 그들은 자기 생계를 위해 국가를 보호하며, 결과적으로 소수 지배계급의 이익을 지키는 경비견으로 전락한다. 이 이제이以夷制夷이면서 동시에 민중들을 깨알처럼 이간질시키니 이보다 좋은 묘책도 없다. 둘째, 폭력수단을 독점할 뿐만 아니라, 아울러 국가의 막대한 재정으로 다수 민중이 범접할 수 없는 가공할 폭력수단을 발달시키는 방법이다. 1871년 파리코뮌 때만 하더라도 대포 정도만이 강력한 폭력수단이었다. 그래서 국가는 파리 시민들로부터 몽마르트르언덕에 설치된 대포를 빼앗으려고 했고, 반대로 시민들은 그걸 지키려고 사활을 걸었던 것이다. 그렇지만 20세기 들어와 이

678   BRIDGE

미 국가는 민중들이 어찌할 수 없을 정도로 압도적인 폭력수단을 경쟁적으로 발달시켜, 그것을 독점하고 있다. 예를 들어 핵무기를 생각해보라. 몽마르트르의 대포와 어떻게 비교할 수 있겠는가? 핵무기가 없더라도 억압적 사회에서는 군사력을 자랑하는 퍼레이드를 자주 펼치곤 한다. 물론 적대적인 국가에 대한 허장성세이기도 하지만, 동시에 이것은 자국 민중들을 무의식 그 깊은 층위에서부터 겁박하고 훈육하는 효과를 가진다. 돌이나 화염병, 쇠파이프로 전투 헬기, 장갑차, 그리고 미사일을 이길 수 있는지 헤아려보라는 은근한 위협이고 훈육이다.

왜 20세기 중반의 쿠바혁명이 중요한가? 소련의 힘을 빌리지도 않고 미국의 비호를 받던 바티스타 독재정권의 정규군에 민중들이 무기를 들고 맞섰기 때문이다. 핵무기와 전투기, 항공모함이 있던 시절 민중들이 무기를 들었던 것이다. 1968년을 뜨겁게 불태웠던 유럽의 지식인과 민중들은 경찰의 곤봉과 최루탄에 화염병과 쇠파이프로 맞섰다. 바로 이것이 유럽 지성인들이 자랑하는 68혁명이다. 그렇지만 그보다 10년 전 1958년 쿠바 산타클라라에서는 바티스타 군대에 무기를 들고 맞섰던 게릴라와 민중들이 있었다. 더 놀라운 것은 민중들이 최종적인 승리를 거두었다는 점이다. 쿠바혁명이다. 냉전시대 압도적 폭력수단으로 무장한 국가에 맞서, 그것도 미국이란 제국의 비호를 받는 독재정권을 괴멸했던 민중무장혁명이 성공했다. 이건 기적이다. 활이나 총, 혹은 대포 시대가 아니라 핵무기의 시대다. 핵무기의 위협에 맞선 민중들의 혁명은 로마시대 스파르타쿠스의 혁명, 중세 독일의 재세례파의 혁명, 혹은 1871년 파리코뮌 시대의 혁명과는 질적으로 다르다. 정서적으로 그리고 현실적으로 극복해야 할 폭력수단의 파괴력이 과거 사람들이 접했던 것과는 확연히 다르기 때문이다. 바로 이것이 쿠바혁명이 가진 역사적 의의다. 무장혁명이 불가능하다고 자조하던 시대에 무장투쟁이 가능하다는 걸 보여주었으니까. 쿠바혁명의 위상은 프랑스 68혁명과 비교된다. 68혁명이 결실을 맺지 못하고 흐지부지된 것은 당시 1000만 명이 넘는 시위자들이 정서적으로 군대에 대한 두려움을 넘어서지 못했기 때문이다. 현대 부르주아사회에서 억압사회에 저항하는 지식인과 민중들에게는 기묘한 면이 있다. 시위라도 발생하면 공권력이 자의적으로 설정한 '폴리스 라인'을 지킬 뿐만 아니라, 시위 진행을 가로막는 경찰 등 공권력에 부딪히는 시위대라도 있다면 그들의 입에서는 어김없이 "질서! 질서!"라는 구호가 울려 퍼진다. 스스로 질서를 지켜서 공권력이 폭력을 행사할 수 있는 명분을 주지 않겠다는 약자 나름의 생존 전략이다. 부드러운 공권력을 상징하는 경찰 뒤에는 공권력의 최종 보루인 군대와 직면할지도 모른다는 두려움이 존재한다. 최종심급에서의 공포! 그것은 생명을 잃을 수도 있는 상황에 대한 염려, 혹은 압도적 폭력수단과 직대면할 수도 있다는 공포다. 바로 이 최종심급에서의 공포를 무너뜨렸다는 것! 자신뿐만 아니라 민중들을 공포로부터 해방시켰다는 것! 바로 이것이 산타클라라 전투를 지휘했던 게바라의 위대함이다.

유럽, 미국, 소련의 지식인과 민중들은 제3세계 지식인과 민중들보다 더 똑똑할 수도 있지만, 그만큼 자국이 가진 압도적 폭력수단에 대한 공포도 심하다. 그래서 그들은 원시시대의 투쟁 방법을 본능적으로 선택한다. 돌멩이, 몽둥이, 잘해야 화염병이 전부다. 물론 이런 투쟁 방법으로는 근본적으로 억압체제를 제거할 수 없지만, 억압양식의 완화에는 도움이 되기도 한다. 흔히 말하는 '민주화' 과정은 바로 이것을 말한다. 우리에서 탈출하기보다는 모이의 양을 늘리려고 투쟁하는 가축들! 그렇지만 생산수단의 독점이나 폭력수단의 독점 문제가 해결되지 않는다면, 억압체제의 본질은 변함이 없다. 1958년 이후 게바라는 BC 3000년 이후 다양하게 변주되었던 억압체제 그 자체를 없애고, 그 대신 마르크스가 말한 인간사회를 실현하려고 노력했다. 그렇지만 억압체제를 없애려면, 억압체제 자체이자 동시에 억압체제를 유지하는 국가를 넘어서야만 한다. 공권력이란 미명하에 작동하는 강력한 폭력을 넘어서지 못하면, 억압체제를 극복하는 것은 불가능하기 때문이다. 제3세계의 쿠바혁명이 유럽의 68혁명보다 수천 배 가치 있는 이유는 다른 데 있는 것이 아니다. 민중들이 폭력수단을 가지고 압도적 폭력수단을 갖춘 국가와 맞서 싸웠고 승리했기 때문이다. 정의롭지 않은 적이 칼을 들고 위협한다면 돌이라도 들고 맞서야 한다는 자명한 진리를 실천한 것이다. 바로 이 중심부에 게바라가 있었다. 무장혁명으로 바티스타 독재정권을 붕괴시키는 중심이 되었을 뿐만 아니라, 혁명 이후에도 소수 지배계급의 재탄생을 막는 제도를 고민했던 중심이었기 때문이다. 국가를 돌파하지 않는다면 억압체제에는 손도 댈 수 없다. 생산수단 독점을 막으려면 독점된 폭력수단을 돌파해야만 한다. 그렇지 않을 때 마르크스의 위대한 꿈, 즉 인간사회라는 이상은 실현될 수 없다! 바로 이것이 코만단테 코무니스타 게바라의 확신이었다. 바로 이것이 게바라의 위대함이다. 그는 코무니스타의 꿈을 펼치려면 코만단테가 되지 않을 수 없다는 걸 알았을 뿐만 아니라 그걸 목숨을 걸고 실천했다.

　게바라가 세상을 떠난 뒤 서구 지식인들이 게바라를 우회하고 그에 대해 침묵하려고 하는 반면, 젊은이들은 게바라가 현실의 제임스 딘이라도 되는 듯 그에게 열광한다. 전자가 코만단테로서 게바라가 마음에 걸렸다면, 후자는 코만단테 게바라가 멋졌던 것이다. 마르크스에게 우호적이었던 서구 지식인들에게 국가라는 성곽을 넘거나 돌파하지 않고서는 인간사회를 만들 수 없다는 게바라의 목소리는 여간 불편한 것이 아니었다. 게바라의 사상과 실천은 펜대로도 혁명이 가능하다는 서구 지식인들의 나약한 정신승리를 좌절시키기 때문이다. 이런 이유에서인지 서구 지식인들은 코무니스타로서 게바라의 측면에 침묵하곤 한다. 사실 여기에는 모종의 유럽중심주의도 작동하는 듯 보인다. 저 멀리 쿠바에서 떠돌이 아르헨티나 의사가 시장자본주의와 국가독점자본주의를 동시에 극복하려는 이론적 모색을 했다는 것은 최고 문명과 최고 지성을 자랑하는 서구 지식인들에게는 여간 불편한 일이 아니었다. 더군다나 그의 정치경제학적 사유를 인정하는 순간 코무니스타로서 게바라뿐만 아니라 코만단테로서 게바라도 부각될 수밖에 없다. 그러니 그냥 게바라를 우회하거나 혹은 그에 대해 침묵하는 전략을 선택한 것이다. 반면 젊은이들은 코만단테 게바라의 당당함과 자유로움이 부러웠다. 그들에게 쿠바혁명은 할리우드 블록버스터 전쟁영화였고, 게바라는 그 영화의 주인공으로 보였던 것이다. 20대의 젊은 게바라가 민중들을 이끌고 독재정권뿐만 아니라 당시 최고의 무력을 자랑하던 미국을 곤경에 빠뜨린다! 더군다나 그는 얼마나 멋진 외모를 가졌는가? 냉전시대 암울한 청년기를 보내던 많은 젊은이들은 게바라를 통해 대리만족을 했던 것이다. 게바라 티셔츠를 입고 게바라 머그잔에 커피를 마시고 잠시 "우리 코만단테"라고 떠벌리는 것으로 충분했다. 그렇지만 누구나 알지 않은가? 생각 속의 게릴라전과 현실의 게릴라전, 혹은 목숨의 안전이 보장된 상태와 목숨을 내거는 상태는 생각 이상의 간극이 있는 법이다. 더군다나 총을 든 제임스 딘의 모습에 취한 젊은이들은 게바라가 얼마나 탁월했던 코무니스타였는지 보려고도 하지 않는다. 아니 애써 보지 않으려고 할 것이다. 코무니스타 게바라를 직면한다면, 부르주아사회를 받아들이고 시장에 자신을 파는 굴욕을 감당하기 힘들 테니.

게바라의 마지막 유언 《세 대륙 민중들에게 보내는 전언》이 중요한 이유도 바로 여기에 있다. 누가 게바라를 아는가? 그를 전설이나 심지어 재림한 예수로 생각했던 제3세계 민중들, 그의 사유에 침묵했던 서구 지식인들, 그에게 과도하게 열광했던 젊은이들 중 그를 아는 사람이 얼마나 있는가? 구조적 폭력으로 억압되고 착취되는 민중들, 불행히도 억압과 착취를 하나의 숙명으로 받아들인 민중들에게 날아든 천사가 아닌가. 이 천사는 민중들도 천사라는 걸 알려주었고, 민중들에게 나는 법을 가르쳐주었고, 민중들과 함께 날면서 천사들의 사회가 가능하다는 걸 보여주려고 했다. 이제 그는 볼리비아로 향하는 거대한 날갯짓을 시작하려고 한다. 볼리비아 독재정권의 정규군뿐만 아니라 미국 CIA와도 맞서려고 떠나는 길이다. 마치 거대한 풍차에 돌진하는 돈키호테처럼 말이다. 이제 그는 쿠바혁명의 성공이 하나의 기적이라는 걸 알 만큼 성숙한 상태다. 민중들 옆에서 최선을 다하겠지만, 이것이 볼리비아 민중들의 해방과 자유, 억압체제로부터의 승리를 필연적으로 약속하지는 않는다. 그렇지만 게바라는 다시는 민중들을 버리는 일을 반복하고 싶지 않다. 콩고에서의 실패는 그것이 목숨을 잃는 것보다 더 고독하고 더 쓸쓸한 일이라는 걸 가르쳐주었으니까. 가장 힘들 때가 바로 사랑을 증명해야 할 시기라는 걸 온몸으로 배웠던 게바라다. 생명을 바쳐야만 멈출 수 있는 억압체제와의 전투이고 생명을 바쳐야만 만족할 수 있는 민중에 대한 사랑이다. 장도에 오르면서 게바라가 가장 마음 썼던 것은 무엇이었을까? 혹시라도 있을지 모를 게릴라전의 패배, 나아가 자신의 죽

1958년 시에라마에스트라산맥에서 게릴라 활동을 하던 시절의 게바라와 카스트로(오른쪽).

음이 민중들의 마음을 격동시키기는커녕 더 위축시키지 않을까 두려웠다. "저 위대한 게바라마저 실패했으니, 우리가 어떻게 억압체제와 맞서 승리할 수 있겠는가?" 더군다나 벤야민의 말처럼 역사는 승자가 기록하는 법이다. 혹여 자신의 실패와 죽음이 억압체제가 자유와 해방에 대한 민중들의 열의를 빼앗는 데 이용될 수도 있다. 그래서 그는 논리적으로 충분히 가능한 비극에 대한 글을 미리 남기게 된 것이다.

그 글은 첫 구절부터 우리 눈을 사로잡는다. "우리는 미래를 예상할 수 없지만, 그렇다고 우리는 민중의 비겁한 지도자가 되려는 유혹에 굴복해서는 안 된다." 마르크스를 입으로 펜으로 팔아가며 살아가는 정치인들과 지식인들이 들었으면 당황했을 구절이다. BC 3000년 이후 인류는 문명이란 이름으로 거대한 억압체제를 발족시켰고, 이 안에서 허우적거리며 20세기까지 살아왔다. 소수 인간이 다수 동료 인간을 가축화해 이익을 취하는 사회가 지속되고 있으니까. 억압과 착취에 익숙해진 인간 가축들! 역사적으로 이들이 바로 노예였고, 농민이었고, 그리고 노동자 아니었던가. 자기 이익을 위해 동료를 가축으로 부리는 사람들에게 인류애나 동료애를 기대할 수 있겠는가? 결국 이 불의와 이 부자유를 없애기 위해서는 투쟁이 불가피하다! 자유를 목적으로 하는 투쟁은 투쟁하는 순간 자신의 자유를 입증하는 행위이기도 하다. 가축이 주인을 들이받는 순간, 이미 그 가축은 자유이기 때문이다. 그래서 게바라는 "자유와 함께하는 투쟁"을 이야기했던 것이다. 억압사회에서 '자유=투쟁'이다! 그래서 투쟁의 실패가 두려워 투쟁을 주저할 때, 우리는 비겁함에 빠진다. 지배계급이 강하다는 걸, 혹은 억압체제가 공고하다는 걸 우리가 받아들였기 때문이다. 그렇지만 투쟁은 그 자체로 자유를 증명하는 행위이기에 겉보기에는 실패일지라도 항상 승리일 수밖에 없지 않은가? 평상시 우리 안팎에는 적이 아직도 강하고 자신은 약하다는 비겁한 속삭임이 끊이질 않는다. 심지어 이 비겁한 속삭임은 억압체제와 건곤일척을 겨룰 결정적인 순간에도 들려온다. "지금은 투쟁할 때가 아니고 혁명을 시도할 때가 아니다!" 억압체제가 견고하든 약하든 억압받는 자들은 목숨을 다해 투쟁해야만 한다. 억압체제가 견고하다면 민중의 투쟁은 억압체제를 약화시킬 수 있을 것이고, 억압체제가 취약하다면 민중의 투쟁은 억압체제를 붕괴시킬 수 있을 것이다. 결국 가축화된 동물의 내면에 존재하는 채찍에 대한 두려움이 문제였다. 민중의 지도자들은 이 두려움을 극복한 사람이어야 한다. 그래서 그는 언제든지 어디서든지 억압체제와 맞서 싸우는 것이다. 오직 이것만이 오랜 억압과 착취 속에서 만들어진 민중들의 비겁함을 깰 수 있다. 그런데 지도자마저 투쟁을 주저한다면, 도대체 억압체제는 언제, 그리고 누가 극복한다는 말인가?

그래서 게바라는 이야기한다. "자유와 함께하는 투쟁을 포기했으면서도 자유를 갈망하거나, 자유가 약간의 승리로 도래하기를 기대하는 듯 기다려서는 안 된다"고. 투쟁 자체가 자유를 입증하는 행위이기에, 투쟁을 포기한 사람이 자유를 갈망한다는 것 자체가 어불성설이다. 물을 마시지 않고 갈증이 해소되기를 기다리는 것과 마찬가지니까. 또한 약간의 승리로 자유가 도래하지도 않는다. 자유는 전적으로 질적인 개념이기 때문이다. 자유롭거나 억압되거나 둘 중 하나일 뿐이다. 주 6일 노동이 아니라 주 5일 노동이 실시되었다고 과거보다 더 자유로워진 것은 아니다. 임금이 올랐다고 해서 과거보다 더 자유로워진 것도 아니다. 야간노동을 하지 않고 칼퇴근을 했다고 해서 과거보다 더 자유로워진 것은 아니다. 사실 자유에는 '더'와 '덜'이라는 수식어가 붙을 수 없다. 이런 수식어는 지배계급과의 타협에서 나오기 때문이다. 언제든지 지배계급은 '더'를 '덜'로 바꾸고, '덜'을 '더'로 바꿀 수 있다. '덜'을 '더'로 바꾼 이유는 항상 둘 중 하나다. 잠시 민중들의 분노와 저항의 예봉을 피하고 그들의 단결을 와해시킬 시간을 벌기 위해서이거나, 아니면 '더'가 실제로는 민중들을 더 착취할 수 있는 방법이기 때문이다. 예를 들어 자본계급에게 노동시간 단축은 분명 생산량 축소로 이어져 자신이 얻을 수 있는 잉여가치를 줄이기 마련이다. 그렇지만 노동시간 단축은 '노동자들=소비자들'에게 소비할 시간을 더 많이 부여하게 된다. 결국 자본계급은 잉여가치를 나름 확보하게 된다. 그러니까 자본계급은 노동시간 단축의 두 가지 결과가 초래한 잉여가치의 변동을 계산했던 것이다. 노동시간 단축으로 인한 잉여가치 감소분과 소비시간 증가로 인한 잉여가치 증가분을 더해서 플러스가 된다면, 자본계급은 기꺼이 노동시간을 단축할 수 있다는 이야기다. 그러니 '덜'에서 '더'로 나아지고 있다는 부르주아사회에서의 민주화 논리는 얼마나 기만적인가?

"더"와 "덜"이라는 지배계급의 허구적 논리에 대응하는 것이 바로 민중들의 "이만하면"이란 논리다. 우리는 "이만하면 자유롭다"고 생각해서는 안 된다. 그것은 "이만하면 사랑했다"고 말하는 것과 마찬가지니까. 일주일에 한 번 가족과 외식을 하고, 한 달에 한 번 부모님을 찾아뵙고, 휴가철에는 가족들과 해외여행을 가는 사람이 있다고 하자. 아마 그는 "이만하면 사랑했다"고 말할 수도 있다. 그렇지만 이것은 사랑이 아니다. 사랑은 "이만하면"이란 수식어가 붙을 수 없으니까. "이만하면 사랑했다"는 사랑은 단지 의무만을 수행한 것이다. 누구나 알고 있지 않은가? 진짜 사랑에 빠진 사람은 늘 부족하다고 생각한다는 것을. 그는 미안해한다. '매일 함께 근사한 식사를 하지 못해, 가족들에게 너무 미안하네.' 결코 그는 '이만하면 가족들을 충분히 사랑한 거야'라고 생각하지는 않는다. 아픈 아이를 밤새 병구완한 어머니는 잠을 설쳤다는 걸 잊어버린다. 아이를 사랑하는 어머니에게는 결코 "이만하면 아이를 사랑한 거야"라는 생각이 들지 않는다. 자유도 마찬가지다. "이만하며 자유롭다"는 것은 있을 수 없다. 사랑이 항상 더 사랑을 하지 못했다는 느낌을 주듯이, 자유도 항상 더 큰 자유를 누리지 못했다는 느낌을 준다. 사랑하는 사람에게 아무리 희생해도 그것으로는 부족하다는 느낌이 들 때 우리는 진짜 사랑에 빠진 것이고, 자유를 행사해도 그것으로 부족하다는 느낌이 들 때 우리는 자유를 구가하는 중이다. 특히나 억압체제에서 "이만하면 자유롭다"는 의식은 사실 억압체제를 정당화하는 기제로 작동한다는 것이 중요하다. 이미 "이만하면"이란 단어에는 억압체제와 타협하는 비겁함이 전제되어 있기 때문이다. 이만하면 자유로우니 투쟁할 필요 없고 아울러 목숨을 걸 필요가 없으니 다행이라는 의식이다. 특히나 이런 비겁함은 제3세계 신식민지의 민중들보다 제국주의 본국 민중들의 의식, 비정규직 노동자보다는 정규직 노동자들의 의식, 하급 노동자들보다는 상급 노동자들의 의식을 규정한다. 게바라는 비겁한 지도자가 무엇인지 안다. "더"와 "덜"을 계산하고 "이만하면"이라는 의식에 지배되는 지도자다. 그렇지만 자유를 위한 투쟁이나 혹은 민중에 대한 사랑에는 이런 비겁한 의식이 자리를 차지할 틈이 없다.

억압사회가 존재하는 한 "자유와 함께하는 투쟁"은 조금이라도 멈출 수 없다. 투쟁을 멈추는 순간, 혹은 멈추는 만큼, 우리는 자유를 포기하는 것이고, 동시에 억압체제에 굴복하는 것이기 때문이다. 그렇다면 게바라가 생각하고 있던 투쟁은 구체적으로 어떤 모습일까? 지속적인 유혈투쟁이다. 억압체제가 사라지고 인간사회가 도래할 때까지 한순간도 멈춰서는 안 되는 투쟁이니, 당연히 투쟁은 지속적이어야 한다. 동시에 억압체제 자체이자 소수 지배계급을 보호하는 국가에 대한 투쟁이니, 투쟁은 유혈투쟁일 수밖에 없다. 그래서 게바라는 "전투"라는 표현을 썼던 것이다. 바로 이 대목에서 학생운동 지도자들, 노조운동 지도자들, 시민단체 지도자들이 불편하게 생각할 수도 있는 단호한 입장을 게바라는 피력한다. "전투는 최루가스에 맞서 돌을 던지는 가두시위도 아니고, 평화로운 총파업도 아니다. 또한 전투는 하루이틀 지배계급의 억압장치를 파괴하는 분노한 민중들의 투쟁도 아니다. 그것은 장기적인 유혈투쟁이다." 게바라가 원하는 것은 시위도 파업도 폭동도 아니라 '전투'다. 시위, 파업, 폭동이 "덜"에 불만을 가지고 "더"를 지향하는 반정부 투쟁이라면, 게바라가 말한 "전투"는 억압체제와 전사들 중 어느 하나가 없어져야 끝나는 억압체제 자체에 대한 반체제 무장투쟁이다. 달리 말해 시위, 파업, 폭동은 "더"를 억압체제가 허락하고 양보하는 순간 마무리가 되지만, 전투는 억압체제가 "더"라는 미끼를 던질 때 오히려 더 억압체제를 밀어붙이려고 한다. 그러니까 전투에 참여한 전사들은 "자유가 약간의 승리로 도래하기를 기대하는 듯 기다리지" 않는다. 시위나 파업, 폭동의 경우 약간의 승리에 취해 민중들은 억압체제에 재정비의 시간을 준다면, 전투의 경우 약간의 승리는 항상 더 큰 승리를 위한 자산으로 이용되기 때문이다. 여기서 한 가지 주목해야 할 것은 시위나 파업 등에 참여하는 민중들의 의식과 전투에 참여하는 민중들의 의식은 질적으로 다르다는 점이다. 시위와 파업에 참여한 민중들의 내면 깊은 곳에는 국가의 가공할 폭력에 대한 공포가 도사리고 있고, 그렇기 때문에 억압체제가 "더"를 제공할 때 그들은 안도하게 된다. 반면 전투에 참여한 민중들에게는 국가에 대한 원초적 두려움을 찾을 수 없기에, 그들은 억압체제가 제공하는 "더"를 오히려 승리가 가까워졌다는 징후로 판단한다.

억압체제에 대한 전투는 적대적인 국가들 사이에 벌어지는 전투와는 다르다. 억압체제 안에서 그에 맞서는 전투이기에, 민중들의 전투는 게릴라전일 수밖에 없다. 그래서 게바라는 말한다. "이 끝 모를 유혈투쟁의 최전선은 도시 안의 게릴라 은신처일 수도, 전투원들의 고향—억압체제는 그들의 가족에서 손쉬운 희생자를 찾으려고 한다—일 수도 있고, 학살된 농민들 속일 수도 있고, 적의 폭탄으로 파괴된 마을과 도시들일 수도 있다"고. 그렇지만 게릴라전은 얼마나 고달픈 일인가? 억압체제에 포섭되어 지배계급의 이익을 지키는 경비견으로 전락한 민중들, 게릴라를 추적해 포상을 받으려는 민중들, 포상은 아니더라도 게릴라를 자발적으로 고발해 자신이 양민임을 입증하려는 민중들, 억압체제에 무기력하게 순응하는 민중들, 억압체제와 게릴라 양자에 모두 무관심한 민중들. 이런 다양한 민중들 속에서 끝 모를 유혈투쟁에 몸을 맡긴 게릴라들이 어떻게 한시라도 경계를 늦출 수 있겠는가? 그렇지만 생각해보라. 민중들을 위해 싸우는 와중에 그들로부터 배신을 당하는 일, 민중들에 대한 사랑을 민중들이 사랑이 아니라 배신으로 돌려주게 되는 일은 얼마나 서럽고 서글픈 일인가? 불행히도 자신을 배신하는 민중들이 있다고 하더라도 그들을 증오해서는 안 된다. 민중들을 이간질하고 자기 이익을 추구하도록 훈육한 억압체제에 증오를 집중해야만 한다. 억압체제에 대한 증오가 동료 민중에게 전가되는 순간, 게릴라 전투는 사실상 끝장난 것이나 다름없으니까. 설령 민중들에게 배신을 당했다고 하더라도, 그들에게 배신할 수 있는 여지를 주었던 자신을 탓해야 한다. 이런 과정을 거쳐 게릴라는 점점 더 인간적으로 성숙해진다. 억압체제에 다양하게 반응하는 민중들의 내면을 읽어내는 감각도 발달하고, 억압체제에 대한 증오와 함께 민중들에 대한 대가 없는 사랑도 커져만 가니까.

　게릴라를 지배하는 정서는 두려움이 아니라 증오다. 게바라는 말한다. "투쟁을 응결시키는 인자로서 증오, 적에 대한 불굴의 증오는 우리를 인간 존재의 자연적 한계를 뛰어넘어 효율적이고 폭력적이고 선택적이고 냉혹한 살인무기로 변형시킨다. 우리의 전사들은 그런 존재가 되어야 한다. 증오를 품지 않는 민중은 잔인한 적에게 승리할 수 없으니까." 벤야민도 〈역사의 개념에 관하여 Über den Begriff der Geschichte〉에서 이미 말하지 않았던가? 억압과 착취에 맞서는 노동계급의 힘은 "증오 Haß뿐만 아니라 희생정신 Opferwillen"이라고 말이다. 벤야민에게 증오의 대상이 소수 지배계급과 억압체제라면, 희생정신의 대상은 동료 민중들이다. 이것은 게바라에게도 마찬가지다. 억압체제와 지배계급에 대한 증오와 동료 민중들에 대한 사랑은 게릴라에게는 동전의 양면에 해당하니까. 게릴라는 억압체제와 그것을 지키는 적들에 대해 "효율적이고 폭력적이고 선택적이고 냉혹한 살인무기"가 되어야 한다. 조금이라도 인간적 약점을 억압체제에 보여서는 안 된다. 억압체제가 게릴라를 두려워하지 않으면, 게릴라는 억압체제를 괴멸할 수 없으니까. 그래서 게바라는 강조한다. "그들이 존재하는 곳마다 그들을 공격하라! 그들이 가는 곳마다 그들이 사냥감이 되었다고 느끼도록 하라! 오직 이럴 때에만 그들의 사기는 떨어지기 시작할 것이다." 억압체제가 게릴라를 두려워할 때, 혹은 게릴라가 승리를 축적할 때, 대부분의 민중들은 점점 억압체제에 대한 두려움을 씻어내게 된다. 체제에 대한 두려움이 사라질수록, 그들은 억압체제의 맨얼굴을 응시할 용기를 회복하고 지금까지 자신들이 당한 굴욕을 수치로 느끼기 시작한다. 게릴라가 혁명의 거점이 되는 이유나, 게릴라들이 동료 민중들의 배신에도 불구하고 그들을 탓하지 않는 이유도 바로 여기에 있다. 억압체제의 최종적 붕괴는 게릴라의 투쟁만으로 불가능하다. 민중을 위한 게릴라의 희생정신이 침묵하던 다수 민중들의 희생정신을 불러일으켜야만 한다. 바로 그 순간 민중들은 하나의 거대한 게릴라로 응집해 증오로써 억압체제에 맞설 수 있기 때문이다.

누군가 먼저 억압체제에 증오로 맞서고 민중들을 위해 희생해야만 한다. 이렇게 증오가 쌓이고 희생이 쌓여야 혁명이라는 놀라운 기적이 발생할 가능성이 생긴다. 작게는 하나의 단일 국가 안에서 민중들의 연대와 투쟁이 발생하고, 더 크게는 만국의 민중들의 연대와 투쟁도 발생할 수 있다. 억압하는 자들에 대한 불굴의 증오와 동료 민중들에 대한 한없는 희생정신이 없다면, 억압받는 자들의 연대와 투쟁이 어떻게 가능하겠는가? 증오를 품은 민중들이기에 그들은 소수 지배계급과 억압체제와 타협하지 않고, 억압받는 동료들에 대한 희생정신을 가졌기에 그들은 무기를 들 수 있다. 하긴 역사가 우리에게 말해주지 않는가? 억압체제를 괴멸하기 직전까지 갔던 모든 혁명은 이런 식으로 발생했다는 사실을. 고대 로마사회를 붕괴 진전까지 몰고 갔던 BC 73년 스파르타쿠스의 혁명도, 1871년 파리코뮌의 혁명도, 1917년 러시아혁명도, 1959년 쿠바혁명도, 1894년 동학혁명도 마찬가지다. 그래서 게바라는 "프롤레타리아 국제주의"라는 이름으로 "우리의 싸움에 휘날리는 깃발이 인류의 해방을 위한 성스런 대의가 되도록 하자"고 요구했던 것이다. 프롤레타리아라는 말이 부르주아라는 지배계급에 타협하지 않는 억압받는 자들의 증오를 함축한다면, 국제주의라는 말에는 억압받는 동료들에 대한 희생정신이 함축되어 있다. 그렇지만 볼리비아 민중들이 증오와 희생정신을 품을 수 있을 만큼 충분히 게바라 게릴라부대는 그곳에서 버틸 수 있을 것인가? 언제 볼리비아 민중들이 제2, 제3의 게릴라가 될지는 예측할 수 없는 일이다. 게바라와 그의 동지들에게 남은 일은 그저 치열하게 억압체제에 맞서 싸우면서 적들과 타협하지 않는 증오심을 민중들에게 보여주는 것뿐이다. 설령 그 와중에 자신들이 죽는다고 하더라도, 그것은 아무런 상관이 없다. 민중들에 대한 사랑을 어떻게 희생 없이 보여줄 수 있다는 말인가? 그렇지만 게바라는 조금은 희망해본다. 머나먼 볼리비아 땅에서 일어날 수도 있는 자신들의 죽음이 민중들이 자유를 위한 투쟁에 나가는 길에 불을 밝힐 수 있기를. 그래서 게바라는 마지막 각오를 다진다. "죽음이 우리를 놀라게 하며 찾아올 때마다, 죽음을 환영하도록 하자. 우리의 함성이 귀를 가진 사람에게 이를 수만 있다면, 다른 손들이 우리의 무기를 잡으려 한다면, 다른 사람들이 기관총을 쏘며 전투와 승리의 함성으로 우리의 장송곡을 불러줄 수만 있다면."

**

1966년 7월부터 10월까지 게바라가 쿠바에 머문 이유는 볼리비아 게릴라전을 준비하기 위해서만은 아니었다. 영원한 이별! 지금까지 행복했다는 걸 말하고 싶었던 이별 예식이었다. 1965년 콩고에서의 실패를 반복하지 않기로 작정한 게바라다. 물론 그가 생각하는 성공과 실패는 게릴라전으로 혁명이 성공하느냐 혹은 좌절하느냐의 여부가 아니라 민중들과 함께하느냐 혹은 그들을 버려두고 탈출하느냐의 여부와 관련된 것이다. 그러니 정말 이별 예식이 필요했던 것이다. 볼리비아 게릴라전이 성공하면 살아서 친구나 가족들을 만날 수 있지만, 성공하지 못한다면 죽을 때까지 볼리비아 민중들과 함께할 테니 말이다. 그래서 게바라는 피델 등 혁명동지들과 이별하고, 제3세계 민중들에게도 작별인사를 한 것이다. 그렇지만 한 가지 이별이 더 남아 있다. 그것은 쿠바에 살고 있던 가족들과의 이별이다. 부인 알레이다^{Aleida March}(1936~)와 자식들과의 이별! 또 변장이다. 혁명동지들도 속일 정도니 아이들을 속이는 것은 식은 죽 먹기다. 알레이다는 남편을 '라몬 삼촌'이라고 아이들에게 소개했다. 알레이다 ^{Aleida}(1960~), 카밀로^{Camilo}(1962~), 셀리아^{Celia}(1963~), 그리고 에르네스토^{Ernseto}(1965~)다. 식사를 함께한 후 '라몬 삼촌'은 아이들에게 말한다. "내 뺨에 키스하면, 너희 아버지에게 전해줄게." 아버지를 생각하며 라몬 삼촌에게 키스를 한 뒤, 카밀로는 부끄러운 듯 엄마 품으로 달려간다. "엄마, 저 아저씨가 나를 좋아하나 봐요!" 알레이다의 눈에서는 눈물이 흐르고, 라몬 삼촌도 마찬가지였다. 라몬 삼촌의 정

1966년 볼리비아로 떠나기 전
체 게바라는 부인 알레이다와 함께
시간을 보냈다. 당시 체 게바라는
변장한 채 가족과 만났다.

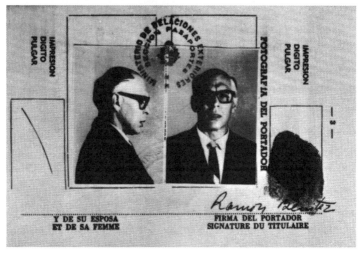

라몬으로 변장한 체 게바라의 여권.

체가 폭로될 뻔한 순간이다.

이별을 고한 뒤, 마침내 게바라는 볼리비아로 천사의 날개를 펼친다. 물론 유럽을 거쳐 날아가는 아주 먼 여행이었지만. 게바라는 1966년 11월 3일 라몬이란 이름으로 감쪽같이 변장한 채 무사히 볼리비아에 입국하고, 11월 7일 마침내 볼리비아 산타크루스주 낭카우아수Ñancahuazú에 있던 게릴라 거점에 도착한다. 바로 이날 라몬은《볼리비아 일기》를 쓰기 시작한다.

11월 7일

오늘부터 새로운 여정이 시작된다. 밤이 이슥할 무렵 농장에 도착했다. 여정은 매우 순조로웠다. 꼼꼼히 변장을 하고 코차밤바Cochabamba로 들어온 뒤, 파충고Pachungo와 만나 지프차 두 대로 이틀간 달렸다. 농장에 도착하기 전 주민들의 눈에 띄지 않기 위해 차량 한 대에 옮겨 탔다. 주민들은 우리가 비밀리에 코카인을 제조하기 위해 온 것으로 알고 쑥덕거렸다. 황당하게도 튀는 외모의 투마이니Tumaini가 코카인 제조 기술자라고 생각했기 때문이다. 이튿날 농장으로 가는 길에 내 정체를 알고 놀란 비고테스Bigotes가 지프차를 도랑으로 모는 바람에, 우리가 지프차를 버리고 20킬로미터를 걸어야 했다. 농장에 도착했을 때는 자정이 넘어 있었다. 그곳에는 3명의 당원이 기다리고 있었다. 비고테스는 당이 어떤 결정을 내리든 우리와 협력하기로 했지만, 몬헤Monje에게 충성할 것이라고 했다. 그는 몬헤를 존경하는 듯했다. 그에 따르면 로돌포Rodolfo와 코코Coco도 뜻은 같지만 당이 먼저 투쟁을 결정해야 한다고 믿고 있다고 했다. 나는 비고테스에게 불가리아를 여행 중인 몬헤가 돌아올 때까지는 당에 어떤 보고도

1966년 11월 볼리비아에 도착한 직후 체 게바라가 자신의 모습을 직접 찍은 사진.

하지 말고 우리에게 협력해줄 것을 부탁했고 그는 이를 받아들였다.

-《볼리비아 일기》

'파충고'는, 1966년 3월 프라하 시절부터 게바라의 수행비서 노릇을 했던 알베르토 페르난데스 몬테스 데 오카^{Alberto Frenández Montes de Oca}(1935~1967)의 별명이고, '투마이니'는 콩고 게릴라 부대원 중 게바라 곁에 남았던 3명 중 하나인 카를로스 코엘로^{Carlos Coello}(1940~1967)의 별명이다. 게릴라 거점으로 들어가기 위해 이틀이 걸린 것으로 보인다. 두 번째 날 지프를 몰던 사람은 '비고테스'라는 볼리비아 출신 혁명가였다. '비고테스'는 바스케스 비아냐^{Jorge Vázquez Viaña}(1939~?)의 별명이다. 여기서 재미있는 것은 자기 차에 태운 인물이 게바라라는 걸 알고 놀라 자동차를 도랑에 처박아 고철로 만들었던 비고테스의 일화다. 이 일화는 그 자체로 미소를 짓게 만들지만, 더 중요한 것은 이 이야기가 게바라가 당시 라틴아메리카 혁명가들에 게 어떤 의미였는지를 보여준다는 점이다. 게바라는 이미 국적과 당 파를 떠나서 혁명가들의 절대적인 로망, 아니 거의 신과 같은 초월적 권위를 지니고 있었다. 그러니 이 젊은 볼리비아 출신 혁명가는 경악 한 것이다. 게바라가 자신이 모는 지프차에 타고 있다니, 더군다나 자신이 만든 게릴라 거점이 게바라를 위한 것이었다니. 비고테스가 흥분해 도랑에 차를 처박은 것도 이해가 되는 일이다. 어쩌면 더 흥 미로운 것은 이 해프닝에 대한 게바라의 쿨한 반응일 수도 있다. "지 프차를 버리고 우리는 20킬로미터를 걸어야 했다. 농장에 도착했을 때는 자정이 넘어 있었다." 거의 18시간 이상 걸은 것으로 보이는데, 그의 일기 문체는 이리도 담담하다. 산길 20킬로미터라면 우리 감각 으로 표현하자면 설악산 종주를 한 것 아닌가. 만약 게바라가 권위적 인 인물이었다면 지프차 사고에 화를 많이 냈을 것이다. 게릴라부대 코만단테가 첫날부터 사고로 죽을 뻔한 것 아닌가. 그 대가로 코만단 테는 자그마치 18시간 정도를 걸어야만 했다. 그렇지만 게바라는 지 프차 사고를 볼리비아 혁명가들의 근사한 환영행사로 받아들였던 것 같다. 게바라가 비고테스와 걷는 18시간의 행군을 허투루 보냈을 리도 없다. 존경하는 인물 앞에서 비고테스가 볼리비아 정세와 혁명 에 관해 얼마나 수다를 떨었을지 미루어 짐작이 가는 일이다. "비고 테스는 당이 어떤 결정을 내리든 우리와 협력하기로 했지만, 몬헤에 게 충성할 것이라고 했다"고 게바라는 기록한다. 몬헤는 볼리비아공 산당 제1서기였던 마리오 몬헤Mario Monje(1929~2019)를 말한다. 그런데 비고테스의 이야기는 묘하다. 볼리비아공산당이 게바라를 지원하지 않을 수도 있다는 뉘앙스를 흘리면서, 동시에 자신은 게바라와 함께 하겠다고 말하기 때문이다. 더군다나 그는 몬헤에게 충성할 것이라고 다짐까지 한다. 이것은 볼리비아공산당이 게바라의 게릴라 활동을 두고 양분되어 있다는 것, 그리고 다행히도 몬헤는 게바라의 활동을 지원할 뜻이 있다는 것을 말해준다. 게바라는 몬헤의 지원이 있을 거라는 피델의 이야기가 거짓이 아니라는 걸 확인하게 된 셈이다. 어쨌든 비고테스는 18시간의 행군 동안 볼리비아 정세뿐만 아니라 게릴라 거점에 대한 다양한 정보를 제공한 것으로 보인다. 동시에 게바라는 18시간의 예기치 않은 행군을 통해 게릴라 거점 낭카우아수 주변 지형을 숙지하는 유익한 시간도 가졌을 것이다.

자정이 넘어 게릴라 거점에 도착했을 때, "그곳에는 3명의 당원이 기다리고 있었다". 볼리비아공산당에서 파견된 세 사람의 혁명가가 게바라 일행을 목이 빠지게 기다리고 있었던 것이다. 3명 중 2명은 로돌포와 코코가 분명하다. '로돌포'는 로돌프 살다냐Rodolfo Saldaña(1932~?)를 가리키고, '코코'는 로베르토 페레도 레이게Roberto Peredo Leigue(1939~1967)의 별명이다. 그렇다면 나머지 한 사람은 누구일까? 코코의 형 '인티'일 것이다. '인티'는 코코의 형 기도 페레도 레이게Guido Peredo Leigue(1938~1969)의 별명이다. 당시 볼리비아공산당 제1서기였던 몬헤는 우선 4명의 당원들을 파견해 게바라를 돕도록 했다. 비고테스와 로돌프, 두 사람의 임무는 낭카우아수에 있던 농장을 게릴라 거점으로 근사하게 만드는 것이었다. 이와 달리 코코와 인티는 볼리비아공산당의 최고 전투원들이었다. 아마도 게릴라 거점에 게바라가 익숙해질 때까지 그를 근접 경호하는 역할을 맡았던 것으로 보인다. 수다스러운 비고테스는 자신과 함께 파견된 볼리비아 동지들의 정치적 성향도 게바라에게 털어놓는다. 그의 이야기에 따르면 볼리비아공산당보다는 몬헤에게 충성을 다하는 비고테스와는 달리 "로돌포와 코코도 뜻은 같지만 당이 먼저 투쟁을 결정해야 한다고 믿고 있다". 결국 정리해보면, 비고테스는 게바라를 지원해야 한다는 몬헤의 입장을 따르고 있지만, 로돌프와 로코의 입장은 조금 복잡하다. 게바라를 지원해야 한다는 입장에는 동의하지만, 게바라의 게릴라 활동은 볼리비아공산당이 무장투쟁을 결정할 때에만 가능하다는 생각이다. 영민했던 게바라는 바로 상황을 파악한다. 몬헤는 일단 게바라를 지원할 것이 확실한 것으로 보이지만, 볼리비아공산당은 무장투쟁을 두고 의견이 갈린다. 그렇다면 볼리비아공산당이 무장투쟁을 주저하는 이유는 무엇인가? 게바라는 아마 쉽게 두 가지 이유를 추론했을 것이다. 볼리비아공산당은 최근 총선에서 나름 약진했기에 제도권 내에서 개혁을 꿈꾸는 비겁한 지도자의 길을 선택했기 때문일 수도 있고, 아니면 "제국주의 착취의 공모자"로서 소련이 제3세계 민중혁명을 달가워하지 않기 때문일 수도 있다. 어느 경우든 볼리비아공산당은 프롤레타리아 국제주의를 저버릴 가능성이 크다. 게바라가 비고테스에게 "불가리아를 여행 중인 몬헤가 돌아올 때까지는 당에 어떤 보고도 하지 말고 우리에게 협력해줄 것을 부탁했던" 것도 이런 이유에서다. 당연히 볼리비아공산당보다는 몬헤 개인을 존경했던 비고테스는 게바라의 부탁을 기꺼이 받아들이게 된다.

낭카우아수에 모인 19명의 면면들을 보라. 코만단테 게바라, 피나르 델 리오에서 합류한 12명의 동지들, 볼리비아공산당에서 파견한 4명의 동지들, 콩고의 실패 때 자기 곁을 지켰던 3명의 동지 중 2명, 즉 '폼보'라고 불리던 아리 비예가스 타마요Harry Villegas Tamayo(1941~?)와 '투마이니' 혹은 '투마'라고 불리던 카를로스 코엘로! 이렇게 19명의 전사들로 게바라의 볼리비아 게릴라전은 시작된

볼리비아 낭카우아수에 모인 체 게바라와 게릴라 전사들. 왼쪽부터 알레한드로, 폼보, 우르바노, 롤란도, 체 게바라, 투마, 아르투로, 모로.

셈이다. 그렇지만 비고테스의 이야기를 통해 게바라는 볼리비아 게릴라전이 그리 녹록지 않으리라는 걸 직감한다. 비고테스와 대화를 마친 뒤 게바라의 마음에는 찜찜함이 가시지 않는다. 비고테스의 말에 따르면 몬헤는 지금 불가리아에 있다. 왜? 게릴라전이 시작되는 이 판국에 자신의 게릴라전을 돕기로 약속했던 몬헤가 왜 볼리비아를 떠나 있는 것일까? 말이 불가리아지, 이것은 볼리비아공산당 제1서기로서 몬헤가 지금 모스크바 크렘린궁전에 들어가 브레즈네프를 만나고 있다는 이야기 아닌가? 아니나 다를까, 몬헤가 바로 문제를 일으킨다. 1966년 12월 31일 게바라와 회담하려고 낭카우아수 농장을 방문했던 몬헤는 게바라를 돕겠다던 태도를 바꾸고 만다. 몬헤는 볼리비아공산당이 게바라의 게릴라 활동과 연대하지 않을 뿐만 아니라, 게릴라 활동마저 자신이 통제하겠다고 주장한다.

12월 31일

오전 7시 30분경 메디코^{El Médico}가 와서 몬헤가 도착했다는 소식을 전했다. 인티^{Inti}, 투마^{Tuma}, 우르바노^{Urbano}, 아르투로^{Arturo}를 데리고 가서 그를 만났다. 환영행사는 정중했지만 긴장감이 감돌았다. 그가 왜 이곳에 왔을까 하는 의문이 떠올랐다. 몬헤는 신입대원 판 디비노^{Pan Divino}, 타니아^{Tania}, 리카르도^{Ricado}와 함께 왔다. 타니아는 명령을 받으러, 리카르도는 대원으로 참여하기 위해서다. 의례적인 인사를 나눈 후 회담이 시작되었다. …… 첫째, 그는 자신이 당 지도부를 떠날 것이지만 지도부가 적어도 중립을 유지하도록 할 것이며 곧 투쟁 계획이 마련될 것이라고 말했고, 둘째, 혁명이 볼리비아 내에서 전개되는 한 정치·군사적 지휘권은 자신이 가져야 한다고 했다. …… 나는 다음과 같이 대답했다. 비록 당신의 입장에 문제가 있다고 생각하지만 첫 번째 사항은 당 대표로서 자신의 견해에 따라 처리할 일이다. 당신이 지금 취하는 태도는 우유부단하고 타협적이다. 불분명한 입장으로 단죄되었던 역사적 인물들을 연상시킨다. …… 두 번째 사항은 절대로 받아들일 수 없다. 군사 지도자로서 나의 권한을 침범하는 것은 어림없는 이야기이며 이 점에는 타협의 여지가 없다. 이 문제에 부딪혀서 토론은 더 이상 진전되지 못했다. 결국 볼리비아 대원들과 논의해보기로 했다. 새 캠프로 자리를 옮긴 후 몬헤는 대원들에게 이곳에 남을 것인지 아니면 당을 지지할 것인지를 토의에 부쳤다. 하지만 모두 그대로 남아 있기로 했기 때문에 몬헤는 큰 충격을 받은 듯했다. 자정 무렵 우리는 건배를 했다. 몬헤는 오늘이 역사적으로 남을 중요한 날이라고 말했다. 나는 무리요^{Murillo}의 대륙 혁명을 위한 꿈을 떠올리자고 화답하며 우리의 목숨은 혁명의 대의 앞에 아무것도 아니라고 말했다.

-《볼리비아 일기》

　'메디코'는 피나르 델 리오에 함께했던 쿠바 동지 옥타비오 데 라 콘셉시온 데 라 페드라하^{Octavio de la Concepción de la Pedraja}(1935~1967)를 말하는데, 이 동지는 '모로^{Moro}'라는 별명도 가지고 있다. '우르바노'와 '아르투로'도 쿠바에서 함께 온 동지들의 별명으로, 우르바노는 레오나르도 타마요 누녜스^{Leonardo Tamayo Núñez}(1941~)이고, 아르투로는 구스타보 마친 호에드^{Gustavo Machin Hoed de Beche}(1937~1967)이다. '타니아', 즉 아이디 타마라 분케 비데르^{Haydee Tamara Bunke Bider}(1937~1967)는 볼리비아공산당의 도움을 받아 게릴라 거점을 마련하는 사전 정비 작업을 맡았고, 게바라가 거점에 안착한 후에는 게바라와 외부 세계를 연결하는 연락책을 맡았던 독일계 아르헨티나 여성 혁명가였다. 12월 31일 몬헤가 타니아의 안내로 낭카우아수 농장에 들렀을 때, 그는 두 사람의 전사를 대동하고 있었다. 한 사람은 볼리비아 혁명가로서 '페드로'라는 별명과 함께 '판 디비노'라는 별명을 사용하는 안토니오 히메네스 타르디오^{Antonio Jiménez Tardío}(1941~1967)였고, 다른 한 사람은 '리카르도'라는 별명보다는 '파피^{Papi}'라는 별명으로 유명했던 호세 마리아 마르티네스^{José María Martínez Tamayo}(1937~1967)였다. 콩고 게릴라전 실패 후 "인상을 쓰지 않고" 게바라를 따랐던 세 사람이 이제 모두 합류한 셈이다. 게릴라전에 동참할 동지들과 함께 오랜만에 타니아를 볼 수 있어 게바라는 행복했지만, 몬헤의 거동을 보면서 그의 마음은 여간 꺼림칙한 것이 아니었다. 볼리비아공산당 제1서기를 보자마자 게바라의 뇌리에는 "그가 왜 이곳에 왔을까 하는 의문이 떠올랐기" 때문이다. 불가리아, 아니 정확히 말해 소련으로부터 무슨 지시를 받고

702

온 것일까? 피델에게 게바라의 활동을 적극 돕기로 약속했던 몬헤는 아니나 다를까 변해 있었다. 교사 출신답게 몬헤는 애매하게 말을 했지만, 결국 그가 게바라에게 이야기한 요지는 두 가지다. "첫째, 그는 자신이 당 지도부를 떠날 것이지만 지도부가 적어도 중립을 유지하도록 할 것이며 곧 투쟁 계획이 마련될 것이라고 말했고, 둘째, 혁명이 볼리비아 내에서 전개되는 한 정치·군사적 지휘권은 자신이 가져야 한다고 했다."

당혹스런 사태 변화이자 몬헤의 변심이었다. 우선 볼리비아공산당은 게바라의 게릴라전에 중립을 유지하겠다고 입장을 정한 것이다. 중립이라니? 누구와 누구 사이의 중립인가? 그것은 게바라의 게릴라 활동과 CIA의 애견 바리엔토스 독재정권 사이의 중립, 억압받는 사람들과 압제자 사이의 중립일 뿐이다. 어떻게 지금 볼리비아 민중들의 자유와 해방을 위한다며 1960년에 발족한 볼리비아공산당이 이런 결정을 할 수 있다는 말인가? 지금 게바라는 볼리비아 민중들을 미국의 이익을 지키는 독재정권으로부터 해방시키려고 게릴라 거점을 만들었다. 바로 이 대목에서 볼리비아공산당은 프롤레타리아 국제주의를 버리고 무장투쟁을 포기한 것이다. 최근 총선의 승리로 볼리비아공산당은 제도권 내에서 독재정권과 "더"와 "덜"을 놓고 타협하겠다는 것이다. 더군다나 지금 몬헤는 이상한 소리를 하고 있지 않은가? 제1서기로서 당을 떠나는데 어떻게 볼리비아공산당이 게릴라전에 중립을 지키도록 할 수 있다는 말인가? 이것은 사실 형식적으로 당을 떠나도 그가 여전히 볼리비아공산당을 통제할 수 있다는 말이다. 결국 볼리비아공산당이 프롤레타리아 국제주의를 포기하도록 만든 책임자는 바로 몬헤였던 것이다. 에둘러 자신과 볼리비아공산당의 배신을 흐리려는 몬헤에게 게바라는 냉정하게 말한

마리오 몬헤(왼쪽)와 체 게바라가 대화를 나누고 있다. 피델에게 게바라의 활동을 적극 돕기로 약속했던 몬헤는 불가리아를 방문하고 나서 마음을 바꿨다.

다. "비록 당신의 입장에 문제가 있다고 생각하지만 첫 번째 사항은 당 대표로서 자신의 견해에 따라 처리할 일입니다. 당신이 지금 취하는 태도는 우유부단하고 타협적이기만 합니다. 불분명한 입장으로 단죄되었던 역사적 인물들을 연상시키네요."《세 대륙 민중들에게 보내는 전언》의 표현을 빌리자면 몬헤는 "민중의 비겁한 지도자가 되려는 유혹"을 극복하지 못했던 것이다.

몬헤의 두 번째 주장은 더 황당하기만 하다. 게바라의 게릴라 활동을 자신이 통제하겠다는 이야기 말이다. 볼리비아공산당 지도부를 떠나겠다는 말도 사실 이 두 번째 주장의 복선이었다고 할 수 있다. 볼리비아공산당을 떠나야 낭카우아수 게릴라 거점에 들어와 활동할 수 있을 테니 말이다. 어쨌든 바로 이 두 번째 주장도 첫 번째 주장과 마찬가지로, 소련의 의지가 그대로 반영된 것이다. 볼리비아공산당으로 하여금 과거 피델과의 약속을 어기고 게바라의 게릴라 활동을 지원하지 못하도록 한 것도 모자라서, 게바라가 독자적으로 게릴라 활동을 하는 것마저 막겠다는 소련의 의지다. "혁명이 볼리비아 내에서 전개되는 한 정치·군사적 지휘권은 자신이 가져야 한다"는 주장은 사실 게바라와 그의 게릴라 활동을 자신이 감시하고 무력화한다는 이야기다. 말은 "혁명이 볼리비아 내에서 전개되는 한"이라고 했지만, 여기서의 "혁명"이란 결국 게바라의 게릴라 활동을 가리키기 때문이다. 어차피 볼리비아공산당은 게바라를 돕지 않기로 결정했다. 이런 상황에서 몬헤가 게바라의 게릴라 활동을 정치적으로 군사적으로 통제한다는 것은 결국 게릴라 활동을 하지 않겠다는 주장과 무슨 차이가 있다는 말인가? 결국 볼리비아공산당 제1서기는 볼리비아 민중들의 이익이 아니라 소련의 이익을 위해 움직이기로 결정한 것이다. 소련의 의지를 따르는 몬헤의 제안에 대한 게바라의 입장은 단호하다. "군사 지도자로서 나의 권한을 침범하는 것은 어림없는 이야기이며 이 점에는 타협의 여지가 없다." 또 담담한 게바라의 문체에 속아서는 안 된다. 자신이 몬헤의 모든 제안을 거부했을 때, 게바라는 콩고 게릴라전을 떠올렸을 것이다. 당시 루뭄바 계열 혁명군들은 무능력했을 뿐만 아니라 게바라의 게릴라 활동을 제약하지 않았던가? 그나마 볼리비아 게릴라전은 콩고 게릴라전과는 다른 희망적인 조건들은 있어서, 게바라의 마음이 그렇게 불안하지는 않았다. 그의 옆에는 "인상을 쓰지 않고" 그를 따를 일당백의 동지들이 있었고, 동시에 결코 자신의 안위를 위해 다시는 민중들을 버리지 않겠다는 그의 결의가 있었으니까.

게바라가 제안을 거부하자 몬헤의 치졸한 행위는 바로 이어진다. 그는 "대원들에게 이곳에 남을 것인지 아니면 당을 지지할 것인지를 토의에 붙였기" 때문이다. 소련의 지시를 받기 전에 파견한 대원들을 철수시키겠다고 나름 게바라를 압박했던 것이다. 대원들이라고 해야 처음 파견되었던 4명의 대원, 비고테스, 로돌포, 코코, 인티, 그리고 방금 그와 함께 온 판 디비노다. 몬헤는 이 5명의 볼리비아 전사들에게 그들의 거취를 물었던 것이다. 당연히 그들은 볼리비아공산당 소속이기에 자신의 뜻에 따라 게바라 부대를 떠날 것이라고 확신하면서 말이다. "하지만 모두 그대로 남아 있기로 했기 때문에 몬헤는 큰 충격을 받고" 만다. 몬헤에게는 충격이었던 만큼 게바라에게는 축복이었다. 5명은 게바라의 프롤레타리아 국제주의라는 대의의 힘을 입증했을 뿐만 아니라, 게바라의 쿠바 동지들과 볼리비아 민중 사이의 연결고리였기 때문이다. 몬헤는 애써 충격을 감추고 낭카우아수에서 벌어졌던 게바라와의 회담을 마무리하려고 한다. 자정 무렵 몬헤와 게바라는 건배를 한다. 몬헤는 "오늘이 역사적으로 남을 중요한 날"이라고 말하며 게바라의 활동에 행운이 있기를 빌었지만, 사실 그의 속내는 분명했다. "게바라, 당신은 앞으로 볼리비아공산당으로부터 일체 후원을 받지 못할 거야. 아마도 그것은 당신의 죽음을 재촉하겠지." 그의 속내를 모를 리 없는 게바라는 몬헤에게 이별의 말을 던진다. "무리요의 대륙 혁명을 위한 꿈을 떠올려 보세요. 우리의 목숨은 혁명의 대의 앞에 아무것도 아닐 겁니다." 무리요가 누구인가? 바로 1809년 스페인에 맞서 볼리비아 독립운동을 전개했던 페드로 도밍고 무리요 Pedro Domingo Murillo(1757~1810)다. 프롤레타리아 국제주의를 위해, 혹은 볼리비아 민중들을 위해, 혹은 스페인 지배자의 후손으로 선조의 잘못을 조금이라도 덜기 위해, 기꺼이 목숨을 내놓겠다는 게바라의 결의다. 스페인 군대에 잡혀 1810년 1월 29일 교수대에 오를 때, 무리요는 외쳤다고 한다. "동포들이여! 나는 죽지만 폭군들은 내가 불을 지핀 횃불을 끌 수는 없을 것이다! 자유여! 영원하라!" 무리요의 횃불을 다시 집어든 게바라와 20명의 동지들이었던 것이다.

건배를 하는 몬혜의 미소를 보며 게바라는 불길한 예감을 지울 수가 없었다. 이제 게바라의 게릴라부대는 볼리비아공산당의 지원을 일체 받지 못할 테니까. 단순히 지원만 끊기는 것이 문제가 아니다. 소련의 사주를 받은 몬혜가 볼리비아 출신 혁명가들이 게바라 부대에 합류하는 것을 직간접적으로 방해할 것이 자명하기 때문이다. 그렇지만 게바라는 "우리의 목숨은 혁명의 대의 앞에 아무것도 아니다"라는 그의 말대로 게릴라전을 준비한다. 마침내 1967년 3월 23일 볼리비아 정부군과 예기치 않은 교전으로 본격적인 게릴라전이 시작된다. 그렇지만 볼리비아공산당으로부터 지원은커녕 방해를 받았던 게바라 부대는 악전고투할 수밖에 없었다. 아니나 다를까, 8월 31일 게바라 게릴라부대 후발 대원 10명이 바도 델 예소^{Vado del Yeso} 전투에서 전사하면서, 게바라 부대는 치명적인 타격을 입게 된다. 게바라가 자랑하던 최고 정예부대원을 잃었기 때문이다. 이 비극은 4월 20일 볼리비아 토벌군에 드브레와 부스토스가 포로로 잡히면서 발생한 것이다. 그들이 볼리비아 게릴라부대 코만단테 라몬이 바로 게바라라는 걸 볼리비아 독재정권과 CIA에 알렸기 때문이다. 이제 볼리비아 게릴라들은 흔한 게릴라가 아니게 된 것이다. 냉전시대 미국의 권위에 정면으로 도전했던 대가로 이미 CIA로부터 암살 명령이 내려졌던 게바라가 게릴라부대를 지휘하며 볼리비아 산중에 있었기 때문이다. 더군다나 이미 미국은 소련마저도 게바라의 죽음을 싫어하지 않는다는 걸 알고 있었다. 그러니 무슨 꺼릴 것이 있겠는가? 볼리비아 정부군의 숫자는 2000명에서 5000명으로 증편되었고, 토벌군의 지휘는 아예 CIA와 미국 군사고문단에 의해 주도되었다. 이제

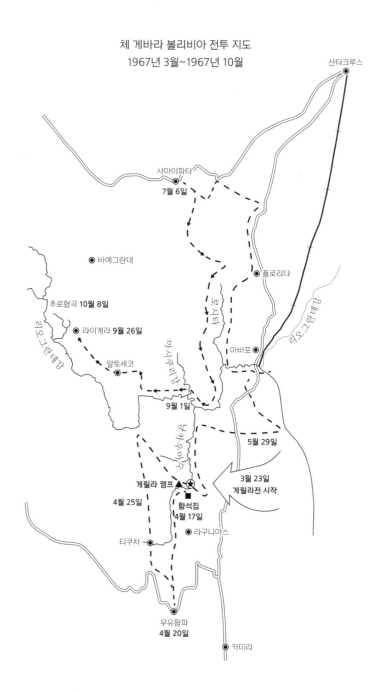

체 게바라 볼리비아 전투 지도
1967년 3월~1967년 10월

산타크루스

사마이파타
7월 6일

바예그란데

플로리다

추로협곡 10월 8일

로시타

라이게라 9월 26일

마시쿠리강

리오그란데강

아바포

알토세코

리오그란데강

9월 1일

냥카우아수

5월 29일

게릴라 캠프

3월 23일
게릴라전 시작

4월 25일

함석집
4월 17일

티쿠차

라구니야스

무유팜파
4월 20일

카미리

게바라의 게릴라부대는 사냥꾼들에게 쫓기는 토끼 신세였다. 게릴라전을 수행하기보다 토벌군에 정신없이 쫓기던 게바라 부대는 게바라를 포함해 17명만 남았다. 공세가 가중되자 게바라는 토벌군의 작전 지역을 벗어날 궁리를 한다. 추로협곡을 따라 아마존강 방향으로 내려가기로 결정한 것이다. 작열하는 태양, 밀림, 습기, 모기, 파리, 거미 등이 자신과 부대원들을 지켜줄 수 있다고 확신한 것이다.

10월 8일 새벽 2시, 게바라 부대는 간신히 추로협곡 초입에 도달한다. 밤새 눈이 잘 보이지 않는 치노를 부축하며 행군하느라 게바라의 몸은 그야말로 파김치가 되어버렸다. 숨을 돌리며 게바라는 10월 7일의 일을 일기장에 적어 내려간다. "야간 행군 시 치노는 진짜 짐이 된다"는 구절을 적을 때 게바라의 입에는 엷은 미소가 저절로 번졌다. 짐은 되지만 결코 버릴 수 없는 짐, 치노! 후안 파블로 창 나바로는 세상모르게 코를 골며 자고 있다. 은하수의 은은한 별빛을 받은 치노의 얼굴은 순수하고 평화롭기만 하다. 체력이나 전투력 면에서는 게릴라전에 부적합하지만 프롤레타리아 국제주의라는 대의에 누구보다 더 열정적이었던 치노! 남보다 더 성실하게 임무에 몰입해도 다른 대원들의 수준에는 턱없이 모자라는 측은한 치노! 간혹 다른 대원들이 보이는 귀찮아하는 내색 때문에 어느 사이엔가 자신이 돌보게 된 치노! 그래서 게바라는 치노를 자의 반 타의 반 전담하게 된 것이다. 놀라운 일은 치노를 안전하게 보호해야 한다는 생각에 어려운 상황에서도 위축되지 않았다는 사실이다. 천진하게 잠이 든 치노를 바라보면서 게바라는 알게 된다. 치노는 짐이 아니라, 자신을 가볍게 해주는 날개였다는 것을. 어느 사이엔가 게바라에게 치노는 프롤레타리아 국제주의를 상징하는 그 무엇이었다. 치노는 작게는 게바라가 코만단테로서 끝까지 돌봐야 하는 게릴라 부대원 전체를, 크게는 게바라가 결코 버려두고 떠날 수 없는 전체 라틴아메리카 민중이나 제3세계 민중들을 상징했다. 아무도 돌보지 않으려는 치노를 부축해 어두운 산길을 행군한다는 것은 콩고 민중들을 버려두었던 전철을 다시는 밟지 않겠다는 게바라의 의지이기도 했다. 놀라운 것은 이 의지로 인해 게바라는 위기 상황에서도 희망을 놓지 않고 있다는 점이다. 자신이 치노의 천사라고 생각했지만, 사실 치노가 자신에게 힘을 주는 천사가 아니었던가? 이렇게 게바라의 뇌리에는 깨달음이 일어난다. 자기 자신과 치노 사이의 기묘한 관계에 놀라다, 마침내 게바라는 천사의 이미지를 떠올리게 된 것이다. 바로 이 순간 게바라는 어떤 기시감에 사로잡히고 만다. 또 레온 펠리페다. 배낭을 뒤져 게바라는 녹색노트를 꺼내든다. 달과 별빛은 마치 조명처럼 녹색노트 후반부에 있는 펠리페의 시들을 비춘다. 과거에 게바라는 무엇엔가 홀린 듯 노트에 필사하기에는 지나치게 길었던 한 편의 시를 녹색노트에 기록했던 적이 있다. 《오, 이 낡고 부서진 바이올린!》에서 필사했던 시 〈위대한 모험La gran aventura〉이다.

4세기가 지났다……
로시난테는 어둡고도 피투성이 모험의
역사의 떫고 까칠한 길을 걷고 또 걸어
아주 피곤하게 터벅거리고
기사와 그의 종자는 침묵을 지키며 저 멀리서 온다

……

"대모험"

저기 두 사람이 온다

기사와 종자……

클래식한 기마 자세로

저기 온다

저 앞 큰길……

천천히, 조용히……

돈키호테는 멀리 지평선을 살핀다

로시난테는 갑자기 몸부림을 치면서 간질병을 앓듯

머리를 흔든다

낌새가 수상하다

로시난테는 스치는 바람에 무슨 냄새를 맡았나?

고조되는 흥분

냄새가 코를 아리게 하나 보다

저기 하늘은 파르르 떠는 한 장의 빨간 함석이다……

빛과 공기, 모두 떨고 있다

돈키호테는 투구를 이마까지 눌러쓰고

숨을 깊이 들이마신 뒤

안장에서 엉덩이를 치켜들곤

창을 똑바로 세운 뒤 머리를 곧추세워

딱 한 곳만을 바라본 채, 어딘지도 모른 채,

몽유병 환자처럼 그의 미치광이 일생 중 가장 활활 불붙는 시점
인 양,

최대한 눈을 크게 뜨고 외친다

(그의 목소리는 뜨거운 하늘 아래 움푹 들어간 함석판까지 파르르 떨게 한다)

"저기 있어!!!…… 저기 온단 말이야! 보이지, 산초?"

......

둘은 기다린다

돈키호테는 손에 들고 있던 창을 내리고

다시 한 번 뚫어져라 바라본다, 광기와 초자연적인 눈빛으로……

이어 가늘게 떨며 입을 연다

"저기 오는 이는 누군가? 어디서 오는 걸까?

땅 아니면 하늘? 진동이 하도 강해 지평선이 쫙 펴지다가 드르륵 말리고 있구나

지평선이 없어, 지평선이 사라져버렸다구! 누가 오고 있는 거야? 누가……?"

돈키호테는 계속 외친다

"맘브리노요!"

산초가 반복한다

"아니야, 산초! 맘브리노가 아니냐, 머리 위에 쓰고 있는 건 투구가 아니란 말이야!"

"그럼 뭐예요?"

"금은 결코 저토록 반짝이지 않아, 저건 금보다 훨씬 값진 것이야

마치 하늘에서 내려오는 후광 같은, 현기증이 날 정도의……

그걸 머리에 쓰고 다니는 이는 결코 유랑 기사일 수는 없어"

"그럼 누구인가요?"

"몰라…… 천사 같아…… 머리에 불을 이고 다니는……"

돈키호테는 눈앞에 펼쳐진 광경을 묘사하는 데 한계를 느낀다

"이제 와요, 왔어…… 지나가요…… 엄청 빨리 지나갔어요……"

산초는 놀란 표정으로 눈을 이리저리 굴리며 말한다

갑자기 번개가 치고 둘은 말안장에서 떨어진다

그러곤 땅에 처박혀버린다

……

땅에 떨어졌던 기사와 종자가 일어났을 땐, 이미 그들의 말은 사

라지고 없다

"로시난테는 어디 있어?

루시오는 어딜 간 거야"

산초가 이리저리 찾아보지만 무기들도 오간 데 없다

투구도,

창도,

칼도,

방패도……

돈키호테는 찢어지고 더러운 양말 한 짝과

한 세기를 입은 듯한 낡은 조끼 하나 외, 거의 발가벗고 있다

하지만…… 그의 머리에는…… 뭐지?

산초는 더 이상 그를 알아보지 못한다

그를 경이적인 눈빛으로 바라보며 전율한다

"산초 무슨 일이야?"

돈키호테는 그런 그에게 의아하다는 듯 묻는다

그러자 산초는 돈키호테에게 되묻는다

"주인님, 대체 당신은 어떤 존재이십니까? 광채가 나요, 빛을 입

으셨다구요……

빛, 불의 왕관을 머리에 쓰신 듯"

......

시인이 불쑥 개입한다. "당신의 왕국으로 오세요"
라고 단지 낱말들만 낭랑하게 들릴 뿐이니……
돈키호테는 말한다
"방금 지나간 이는 천사야, 난 이미 그가 맘브리노가 아니란 걸
알고 있었지"
산초가 확신을 갖고 맞장구친다
"맞아, 돈 맘브리노가 아니었어요!"
돈키호테는 말한다
"천사였어, 산초! 평화의 천사 el ángel de la Paz,
그래서 우리 무기들을 가져간 거야, 갑옷도……
그리고 투구도 바꿔놓았어, 아직도 내 이마에 남은 이 빛으로……
우리 무기들을 모조리 가져가버리시곤 대신 그의 왕관 su corona을
남겨두신 거야"

......

"기사님들도 우시나요?"
"그럼…… 기사도 울지! 울고말고!
왜 우는지, 누굴 위해 우는지는 모를 일이지만,
진정으로 울지
진정으로 울지 않으면 시가 없어!
이 시를 쓰는 시인도 늙고 못났어……
그 또한 울지

하지만 그 또한 왜 우는지를 모르지……
하지만 진정으로 울지 않으면 그에게도 시는 없어!
인간은 이상한 동물이야, 어느 날 울곤 더 이상 울지 않아……
왜 우는지도 몰라,
누구를 위해서인지도,
눈물이 뭘 의미하는지도……"

돈키호테는 머리를 땅 쪽으로 돌리며 그의 종자에게 묻는다
"산초 나의 친구여, 이게 무엇을 의미하는 것 같나?"
산초는 무릎을 꿇고 울면서 그의 손에 입을 맞춘다
그렇게 둘은 조용히 머문다, 꿈적도 않고……
마치 인간들의 피의 역사 속,
그 시간의 단면에 정지해버린 듯……
"이제…… 주인님, 우리는 어디로 가야 하나요?"
종자가 말한다……
……
정지Alto!

-〈위대한 모험〉, 《오, 이 낡고 부서진 바이올린!》(1965)

방금 읽은 것은 게바라가 필사했던 펠리페의 〈위대한 모험〉 중 10분의 1도 안 된다. 그만큼 〈위대한 모험〉은 엄청 긴 호흡의 시다. 게바라의 녹색노트에는 9편의 펠리페 시가 필사되어 있는데, 나머지 8편을 다 합쳐도 〈위대한 모험〉의 3분의 1도 되지 않을 정도다. 과거 콩고로 떠날 때, 부모님에게 보냈던 마지막 편지가 기억나는가? "다시 한 번 제 발꿈치 밑에 로시난테의 갈비뼈가 느껴집니다." 냉전시

대, 프롤레타리아 국제주의를 실천하는 게바라에게는 돈키호테와 같다는 평가가 지금도 그렇지만 당시에도 많았다. 그렇지만 현실에 안주하지 않고 인간사회라는 이상을 집요하게 관철했으니, 게바라가 나쁜 거인으로 착각해 풍차에 돌진했던 돈키호테처럼 보였던 것도 이유가 없지는 않다. 그래서일까, 펠리페의 〈위대한 모험〉을 읽는 순간, 게바라는 깜짝 놀랐던 것이다. 착각인지도 모르지만 게바라는 이 시가 바로 자신에게 헌정된 시라는 걸 직감했던 것이다. "4세기가 지났다…… / 로시난테는 어둡고도 피투성이 모험의 / 역사의 떫고 까칠한 길을 걷고 또 걸어 / 아주 피곤하게 터벅거리고 / 기사와 그의 종자는 침묵을 지키며 저 멀리서 온다." 세르반테스의 소설 마지막 부분에서 돈키호테는 자신이 지금까지 기사 이야기를 너무 읽어 제정신이 아니었다고 술회한다. "이제 나는 자유롭고 맑은 이성을 갖게 되었구나. 그 증오할 만한 기사도 책들을 쉬지 않고 지독히도 읽은 탓에 내 이성에 내려앉았던 무지의 어두운 그림자가 이제는 없어졌거든." 그렇지만 이것은 돈키호테가 현실을 극복해야 할 대상으로 보지 않고 현실에 순응하게 되었다는 것을 말해주는 것 아닌가? 돈키호테는 이렇게 죽어갔던 것이다. 병들어 죽어가게 되는 것이 논점이 아니다. 병에서 쾌차해 그가 건강하게 살아간다고 해도, 이미 돈키호테는 죽어버리고 말았으니까. 시종 산초는 주인의 내면을 너무나 잘 알고 있다. 이상주의자 돈키호테가 현실주의자 돈키호테가 되는 순간, 주인은 죽을 수밖에 없다는 사실을. 그런데 펠리페는 돈키호테가 이런 식으로 죽은 걸 받아들이지 않는다. 왜냐고? 스페인내전 때 자신도 돈키호테였듯 자신이 아끼는 까마득한 혁명 후배 게바라도 돈키호테였으니까. 4세기가 지난 다음에도 돈키호테는 계속 로시난테를 타고 그의 종자 산초와 함께 "역사의 떫고 까칠한 길을 걷고 또 걸"으며 "어둡고도 피투성이 모험"을 떠난다.

펠리페가 〈위대한 모험〉을 자신에게 헌정했던 것일까? 아닐 수도 있다. 여기서 말한 돈키호테는 자신뿐만 아니라 현실에 안주하지 않는 모든 이상주의자를 가리키는 것인지도 모른다. 그렇지만 〈위대한 모험〉을 읽으면서 게바라는 이 시가 자신의 운명을 예언하고 있다는 느낌을 지울 수가 없었다. 〈위대한 모험〉의 후반부에서 돈키호테와 산초는 무언가 압도적인 것이 자신들에게 쇄도하고 있다는 걸 알게 된다. 그들에게 엄청난 속도와 엄청난 위압감으로 달려오고 있는 그것은 정말 묘사할 수단도 없다. 너무나 압도적이고 너무나 빠르며, 심지어 지금까지 본 적도 없는 것이었으니까. 돈키호테는 그저 "몰라…… 천사 같아…… 머리에 불을 이고 다니는……"이라는 말로 곧 다가올 그 무언가를 묘사할 수 있을 뿐이다. 마침내 그것은 돈키호테와 산초를 휩쓸고, 아니 두 사람을 관통해 지나간다. 정말 엄청나게 압도적일 뿐만 아니라 무슨 일이 있었는지도 모를 정도로 빠르게 그것은 마치 번개처럼 작열한 채 지나간 것이다. 그 결과 돈키호테는 로시난테에서 떨어지고 산초도 자신이 타고 있던 당나귀 루시오에서 떨어진다. 정신을 차리고 일어난 두 사람은 당혹감을 느낀다. 로시난테와 루시오도 사라졌을 뿐만 아니라, 투구도, 창도, 칼도, 방패도 모든 무기가 감쪽같이 사라졌기 때문이다. 더군다나 몰골은 또 어떠한가? 더러운 양말 한 짝을 신고 낡은 조끼만 걸친 채 돈키호테는 벌거벗었다. 돈키호테가 "머리에 불을 이고 다니는" 천사와 같다고 묘사했던 그것이 모든 것을 빼앗아간 것이다. 그렇지만 그 천사는 돈키호테에게 자신의 것과 비슷한 후광, 산초가 "불의 왕관"이라고 부른 빛을 그의 머리에 남겨주었다. 당혹한 산초에게 돈키호테는 무슨 일이 있었는지 설명한다. "천사였어, 산초! 평화의 천사, / 그래서

볼리비아 시절의 체 게바라.

체 게바라가 한 대원의 이를 빼주고 있다.

우리 무기들을 가져간 거야, 갑옷도…… / 그리고 투구도 바꿔놓았어, 아직도 내 이마에 남은 이 빛으로…… / 우리 무기들을 모조리 가져가버리시곤 대신 그의 왕관을 남겨두신 거야." 도대체 두 사람에게는 무슨 일이 있었던 것일까? 이 물음의 답은 펠리페가 직접 개입해서 한 말 "당신의 왕국으로 오세요"에 있다. 무슨 이유에서인지 모르지만, 돈키호테와 산초는 죽은 것이다. 그래서 로시난테, 루시오, 투구, 창, 칼, 방패가 없었던 것이다. 4세기 동안이나 돈키호테와 산초는 인간들을 괴롭히는 불의한 것들과 맞서 싸웠다. 그것이 너무나 측은했던 것일까? 평화의 천사가 그들을 그들의 소임으로부터 해방시켰던 것이다.

달빛에 은은히 퍼지는 펠리페의 목소리에서 게바라는 자신의 운명을 예감한다. 그리고 어느 순간 치노가 바로 자신의 산초였다는 사실을 알게 된다. 얼마 지나지 않아 자신에게도 평화의 천사가 찾아오리라는 것, 그리고 그 옆에는 치노가 있으리라는 사실을 그야말로 보게 된다. 평화의 천사! 모든 이상주의자들의 죽음을 맞이하는 천사다. 현실의 급류에 저항하는 사람이 이상주의자다. 지금 없는 것을 있도록 하려는 사람! 인간사회의 씨앗을 뿌려 든든한 휴식처가 되어줄 수 있는 거대한 나무로 만들려는 사람! 때로는 흘러가지 않으려고 그 물결에 버티고, 때로는 그 물결을 용감하게 거슬러 올라갔던 사람이다. 당연히 이상주의자의 죽음은 일종의 평화와 안식으로 찾아온다. 이제는 더 버티지 않아도 되고 더 거스르지 않아도 되니, 그의 죽음은 차라리 평화와 안식이 된다. 돈키호테는 눈물을 흘리면서 이것이 자신이 흘리는 마지막 눈물이라는 걸 안다. 자신이 지켜야 할 민중들을 두고 떠난 것이 슬퍼서 울고, 더 이상 그들에게 도움을 줄 수 없다는 것이 슬퍼서 운다. 산초보다 빨리 돈키호테는 자신들이 죽었다는 걸 안 셈이다. 자신은 이제 더 이상 무기를 들 수 없다. 당연한 말이지만 모든 무기는 지상의 것이니까. 그렇지만 산초는 아직 자신이 죽었다는 걸 잘 모른다. 그러니 물어본다. "기사님들도 우시나요?" 자신도 모르게 흐르는 눈물을 닦으며 게바라는 펠리페와 돈키호테와 함께 대답한다. "그럼…… 기사도 울지! 울고말고! / 왜 우는지, 누굴 위해 우는지는 모를 일이지만, / 진정으로 울지 / 진정으로 울지 않으면 시가 없어!" 게바라는 덧붙이고 싶었다. 진정으로 울지 않으면 사랑도 혁명도 없다고. 곧바로 산초도 알게 된다. 돈키호테와 자신이 죽었다는 것을. 산초가 "무릎을 꿇고 울면서" 돈키호테의 손에 입을 맞추는 것도 이런 이유에서다. 돈키호테와 산초는 어디로 갈 것인가? 시인이 말한 대로 그들의 왕국으로 갈 것인가? 여기서 돈키호테는 비장한 결정을 한다. "인간들의 피의 역사 속, / 그 시간의 단면에 정지해버"리기로 말이다. 이것은 돈키호테가 계속 삶을 위해 시를 위해 혁명을 위해 사랑을 위해 울겠다는 결의다. 다시 민중들의 세계로 돌아갈 수 없다면, 그는 자신의 왕국으로 갈 생각도 없는 것이다. 돈키호테의 결정을 아는지 모르는지 산초는 물어본다. "이제…… 주인님, 우리는 어디로 가야 하나요?" 펠리페도, 돈키호테도, 그리고 게바라도 외친다. "정지!"

*
**

녹색노트를 덮으며 게바라는 잠든 치노를 다시 내려다본다. 이제 그의 눈물은 사라지고 그의 얼굴은 과거 어느 때보다 맑기만 하다. 평화의 천사가 언제 자신과 치노를 덮칠지 모를 일이지만, 이제 잠시 눈을 붙여야 한다. 해가 뜨기 전 출발해야 토벌군에게 발각되지 않을 가능성이 높을 테니까. 10월 8일 오늘은 상당히 고단하고 긴 하루가 될 것이라 짐작하지만, 눈을 붙이면서 게바라는 짐작도 하지 못한다. 자신이 방금 마지막 일기를 썼다는 것을. 그리고 펠리페의 시를 다시는 읽지 못하리라는 것을. 1967년 10월 8일 추로협곡을 따라 내려가다가 오전 11시 30분경 게바라 부대원들은 이미 매복하고 있던 볼리비아군의 기습을 받고, 게바라는 오른쪽 다리에 총상을 입고 만다. 오후 3시 30분 마침내 추로협곡에서 게바라는 치노와 함께 부상당한 채 사로잡힌다. 저녁 7시가 넘어서 게바라와 치노는 그들처럼 포로로 잡힌 윌리와 함께 작은 마을 라이게라La Higuera로 호송되고, 마을에 있던 작은 학교의 세 교실에 각각 격리되어 감금된다. 10월 9일에 들어서는 깊은 밤, 텅 빈 교실 의자에 묶인 채 홀로 있던 게바라에게는 총상의 고통이 조금씩 사라져가고 있었다. 이제는 명확해졌다. 코만단테 코무니스타로서의 그의 삶이 대단원의 막을 내리리라는 사실이. 교실 바깥 군인들의 움직임과 그들의 말소리를 통해 게바라는 바리엔토스 정권과 CIA 고위층 인사들이 헬리콥터로 라이게라를 곧 찾으리라는 걸 알 수 있었다. 아마도 내일 평화의 천사가 자신을 찾아오리라. 그렇지만 무슨 상관이란 말인가? 그는 사르트르의 말처럼 "20세기 가장 완전한 인간"으로 살았기 때문이다.

교실 바깥이 조용해지자, 게바라의 마음에는 자신의 인생이 영화처럼 펼쳐지기 시작했다. 젊은 시절 아버지와 어머니의 모습, 첫사랑 치치나, 알베르토 그라나도와의 오토바이 여행, 마추픽추의 서러운 풍광, 과테말라에서의 첫 부인 힐다와의 만남, 쿠바로 들어가다 폭풍우에 휘청거렸던 그란마호의 모습, 시에라마에스트라 게릴라전과 두 번째 부인 알레이다와의 만남, 정말로 찬란했던 산타클라라 전투, 쿠바 국립은행장으로서 농민들과 함께 노동했던 일, 미국의 제국주의 정책을 공격했던 UN총회 연설, 소련의 제국주의 정책을 비판했던 알제리 연설, 콩고에서의 게릴라전과 그곳에 두고 온 콩고 민중들의 모습, 볼리비아에 들어오기 전 가족들과의 마지막 만찬 등등. 비록 마흔 살의 나이로 세상을 떠나지만 열 사람 이상의 인생을 모아야 가능한 충만한 삶이자 뿌듯한 삶이었다. 출혈은 임시 조치로 멈추었고 이제 총상의 고통도 어느 정도 사라졌지만 게바라는 그것이 무슨 상태인지 충분히 짐작한다. 적에게 처형당하기 전에 자신이 죽을 수도 있는 상태였다. 몸 상태가 좋지 않으니, 과거 기억들이 족쇄에서 풀린 것처럼 터져나온 것이다. 그렇지만 얼마나 근사한 일인가? 과거 일면들이 마치 영사기를 틀어놓은 것처럼 자기 앞에 진짜처럼 펼쳐지는 일은. 마치 근사한 영화를 보는 듯하다. 갑자기 게바라에게는 또 다른 환각이 찾아왔다. 1962년 10월 21일 아바나의 한 강당에서 청년들 앞에서 연설하는 자기 모습이 앞에 스크린이 있기라도 하듯 펼쳐진 것이다. 연설문은 청년 코무니스타 대회가 열리기 전날 1962년 10월 20일에 작성된 것이었다. 자신도 청년들 틈에서 그 연설을 듣고 있는 것 같으니, 정말 신기한 경험이다.

로드리게스와 피델, 그리고 소련과의 갈등. 떠밀리듯 참전한 콩고 게릴라전. 민중들을 처음으로 버리게 되었다는 자괴감. 볼리비아에서 고독하게 펼친 마지막 게릴라전. 그사이에 게바라는 잠시나마 자신을 그리고 타인을 불신하고 의심했다. 물론 불가피한 불신이고 자연스러운 의심이었지만, 순간적이나마 자신도 모르게 과테말라에서 탄생한 젊은 코무니스타를 잃었던 것 아닐까? 적과 싸우다보면 적을 닮게 되고, 적과 피 흘리다보면 적의 피를 묻히기 마련이다. 더 자신의 모습을 돌봐야 했고, 더 자신의 모습을 닦아야 했다는 안타까움이 그의 마음을 무겁게 만든다. 그런 게바라에게는 1962년 10월

21일의 연설은 그야말로 순수하기 이를 데 없었다. 코무니스타가 된다는 것이 무엇인지 청년들에게 연설하는 자신의 모습은 그 자체로 정말 젊었고 정말 순수했고 정말 열정적이기만 하다. 일체의 타협 없이 마르크스의 가장 순순한 정신의 힘으로 옳은 이야기, 아름다운 이야기, 그리고 선한 이야기만을 하고 있다. 일체의 먼지도 묻을 수 없는 수정과도 같은 투명한 정신이자 말이다.

항상 자신이 더불어 살고 있는 인간 대중la masa humana에게 주의를 기울여야만 합니다. 즉 모든 청년 코무니스타들el joven comunista은 본질적으로 인간적humano이어야만 한다는 겁니다. 여러분이 인간적이어야 인류의 최선의 자질에 더 가까이 갈 수 있습니다. 다시 말해 여러분이 인간적이어야, 노동을 통해, 배움을 통해, 그리고 쿠바 민중과 세계의 모든 민중과의 지속적인 연대를 통해 인간 본질의 최선을 뽑아낼 수 있다는 겁니다. 한 인간이 세계 어느 구석에서 살해되었을 때 고통을 느낄 수 있는 감수성, 자유의 새로운 깃발이 세계 어느 구석에서 세워졌을 때 환호하는 감수성을 발전시켜야만 합니다. 청년 코무니스타는 국경에 제약될 수 없습니다. 청년 코무니스타는 '프롤레타리아 국제주의'를 실천하고 그것을 자기 것으로 느껴야만 합니다. 청년 코무니스타는 자신에게나 우리 모두—즉 여기 청년 코무니스타들과 쿠바에서 청년 코무니스타가 되려는 사람들—에게 실재로 확인할 수 있는 모범ejemplo이 되어야 하고 이를 환기시켜야만 합니다. 쿠바의 모범, 전체 라틴아메리카의 모범, 그리고 다른 대륙에서 식민주의, 신식민주의, 제국주의 나아가 부당한 체제에 의한 모든 형태의 억압에 맞서 자유를 향해 투쟁하는 모든 국가의 모범이 되어야 한다는 겁니다. 청년 코무니스타는 우리가 횃불이라는 걸 잊어서는 안 됩니다. 우리 개개인이 쿠바 민중의 모범인 것처럼, 우리는 또한 자신들의 자유를 위해 투쟁하는 라틴아메리카 민중들과 세계 도처에서 억압받는 민중들의 모범이라는 걸 잊어서는 안 됩니다. 우리는 그런 모범에 값하는 사람이 되어야만 합니다. 모든 계기와 모든 순간에서 우리는 모범에 값하는 사람이어야만 합니다. 그것이 우리가 청년 코무니스타에게 바라는 겁니다. 만일 누군가 우리가 불가능한 것을 꿈꾸는 낭만주의자나 고질적인 관념론자에 지나지 않는다고 말한다면, 만일 누군가 민중들은 결코 완전한 인간 존재로 변할 수 없다고 말한다면, 우리는 수천 번 대답할 겁니다. "아니야. 할 수 있어. 우리가 옳아. 전체 민중은 나아질 수 있어. 그들은 우리가 지난 4년의 혁명 동안 쿠바에서 했던 것처럼 모든 사소한 인간적 악덕을 청산할 수 있고, 우리가 매일 우리 자신을 개선했던 것처럼 그들도 스스로를 개선할 수 있어."

— 〈청년 코무니스타가 되기 위해Ser un joven comunista〉(1962년 10월 20일)

게바라는 청년들에게 코무니스타가 되는 첩경을 먼저 강조한다. 무엇보다도 먼저 '인간적'이지 않으면 코무니스타가 될 수 없다. 물론 인간적이기 위해서 코무니스타는 프롤레타리아 국제주의를 감당할 수 있는 감수성을 키워나가야만 한다. 게바라는 말한다. "한 인간이 세계 어느 구석에서 살해되었을 때 고통을 느낄 수 있는 감수성, 자유의 새로운 깃발이 세계 어느 구석에서 세워졌을 때 환호하는 감수성을 발전시켜야만 합니다." 자신의 안위와 자신의 이익만 돌본다면 불가능한 감수성이다. 총알이 다리에 박히면 우리는 아픔을 느긴다. 그건 내 다리이기 때문이다. 그리고 그 아픔을 제거하려고 노력할 것이다. 만약 아픔을 느끼지 못한다면, 우리의 다리는 의족이거나 아니면 마비 상태에 있는 것이다. 지구상의 어떤 인간이 살해되었을 때 우리가 아픔을 느낀다면, 그 사람은 나와 무관한 사람이 아니라 '내 사람'이기 때문이다. 당연히 우리는 그의 아픔을 없애거나 줄여주려고 노력할 것이다. 이렇게 인류 전체의 고통에 공감하는 사람이라면, 어떻게 그가 인류 전체의 기쁨에 공감하지 않을 수 있겠는가. 억압과 착취에 맞서는 자유의 새로운 깃발이 자신이 가보지도 않았던 곳의 민중들에 의해 하늘 높이 세워질 때, 호모 엠파티쿠스가 환호하는 것도 이런 이유에서다. 그 민중들은 '내 사람'이기 때문이다. 과거 억압사회 지배계급은 호모 에코노미쿠스로서 이익의 논리에 따라 타인들을 억압하고 착취했다. 그렇지만 인간사회를 꿈꾸는 호모 엠파티쿠스는 사랑의 논리에 따라 타인들과 희로애락을 공유한다. 게바라가 "청년 코무니스타는 '프롤레타리아 국제주의'를 실천하고 그것을 자기 것으로 느껴야만 한다"고 강조했던 것도 이런 이유에서다. 소수 지배계급의 억압과 착취가 다수 민중을 깨알처럼 분리시키고 이간질해야 가능하다는 지적인 통찰도 중요하지만, 프롤레타리아 국제주의를 자기 것으로 느껴야만 한다는 게바라의 생각이 중요하다. 모든 민중에 대한 강력한 형제애를 갖추지 못하면, 코무니스타는 마르크스의 정신에 공감하는 코무니스타로 자처할 수 없다는 생각이기 때문이다. 1965년 게바라가 〈쿠바의 사회주의와 인간〉에서 코무니스타가 "독단주의적 극단", "냉혹한 스콜라주의", "대중으로부터의 고립"에 빠질 수 있다는 것을 극히 경계했던 것도 이런 이유에서다. 이 모든 오류는 프롤레타리아 국제주의를 머리로만 이해하고, 그것을 "자기 것으로" 느끼지 못했기 때문이니까.

선원들을 아끼는 선장이 있다고 해보자. 항해를 하는 도중 폭풍우를 만나 항로를 변경해야만 하는 상황이 발생했다. 대부분의 선원들이 항로를 조금만 변경해 항해를 하자고 주장한다. 그렇지만 선장은 더 크게 항로를 변경해야 배와 선원들이 무사할 수 있다고 생각하고 있다. 어떻게 할 것인가? 이런 대립이 있기 전에 선장이 선원들과 인간적인 관계를 맺고 있었다면 이런 갈등은 애초에 피할 수 있었다는 점에 주목하자. 선원들이 선장이 자신의 이익이 아니라 선원들의 이익을 위해 배를 몬다는 것, 다시 말해 선장이 자신들을 아낀다는 것을 안다면, 이런 갈등 속에서 그들은 선장의 말을 듣기로 결정할 가능성이 크다. 그렇지만 지금 갈등이 너무나 첨예해 해결 조짐이 보이지 않는다면, 어떻게 할 것인가? 선장은 선원들의 말을 일단 따르면 된다. 선원들의 오랜 항해 경험을 일단 믿는 것이다. 불행히도 만약 선원들의 주장이 틀렸다는 것이 확인되었다면, 주어진 조건에서 선장은 최선을 다해 배와 선원들을 지키려고 노력하면 된다. 이것이 원칙이다. 선장은 선원들을 아끼는 마음과 존중하는 마음을 잊어서는 안 된다. 당연히 그는 선원들의 오랜 항해 경험을 신뢰할 것이고, 당연히 그들 대부분이 원하는 방향으로 배를 움직일 것이다. 설령 선원들의 생각이 잘못되었다는 것이 확인되었다고 할지라도, 선장은 자신의 생각이 옳았다고 불평불만을 늘어놓지는 않는다. 중요한 것은 그들과 함께 항구에 무사히 도착하는 일이니까. 그들을 탓하지 않고 주어진 상황에서 선장으로 최선을 다해 위기에 빠진 배와 선원들을 이끌 뿐이다. 만약 선장이 누군가를 탓한다면, 그것은 그들을 설득하지 못했던 자신, 나아가 그들에게 애정을 제대로 전달하지 못한 자신을 탓할 뿐이다. 여기에 한 가지 덕목이 선장에게 더 요구된다. 선원들이 원하는 길이 비록 상당히 힘든 항로가 되더라도, 최선의 노력을 다하면 선원들과 배는 무사히 항구에 도착할 수 있으리라는 여유다. 그러니까 자신이 생각한 항로든 선원들이 생각한 항로든 항구로 배를 무사히 이끌 수 있다는 낙천성이 필요하다는 것이다. 비관과 조바심을 피하지 못하면, 선장은 선원들과의 갈등을 해결할 수 없을 것이다.

코무니스타는 선원들을 아끼는 선장과도 같다. 억압사회를 없애고 인간사회를 만들어야 한다는 열망을 가진 것이 바로 코무니스타다. 그렇지만 코무니스타의 가슴에는 민중들을 내 사람이라고 느끼는 프롤레타리아 국제주의가 심장처럼 뛰고 있어야 한다. 그래야 인간사회를 만드는 과정에서 발생하는 치명적인 실수를 피할 수 있으니까. 생각해보라. 새로운 사회를 만들려면 과거 사회를 파괴해야만 한다. 물론 새로운 사회에 저항하는 과거 억압사회의 관성은 만만치 않다. 지배계급은 자신의 기득권을 지키려고 하고, 피지배계급도 억압사회에 이미 적응해 변화를 두려워하기 때문이다. 당연히 코무니스타는 억압사회 파괴에 더 몰두하게 된다. 바로 이 순간 억압사회의 파괴가 단순히 인간사회 건설을 위한 수단에 지나지 않는다는 걸 망각하기 쉽다. 더 큰 문제는 피지배계급이면서도 민중 대부분이 억압체제를 지키는 경비견으로 코무니스타에게 저항할 때 발생한다. 억압체제를 옹호하는 민중들과 민중들을 억압에서 해방하려는 코무니스타! 서글픈 갈등은 불가피한 법이다. 그렇지만 이 순간 코무니스타는 억압체제에 적응하거나 억압체제를 비호하는 민중들을 미워해서는 안 된다. BC 3000년 이후 억압체제에 순응했던 그들이다. 5000년 동안 병들어왔다면, 5000년은 아니더라도 그들이 당당한 자유인이 되는 데까지는 상당히 오랜 시간이 걸릴 수밖에 없다. 중병이면 먼저 미음으로 몸을 추슬러야 한다는 말이 있듯, 코무니스타는 병치료를 거부하는 민중들을 미워해서는 안 되고, 억지로 민중들을 새로운 사회라는 틀에 맞추어서도 안 된다. 이런 무리수를 쓰는 순간 코무니스타는 민중들을 억압하고 착취했던 과거 지배계급의 행태를 자신도 모르게 반복하게 된다. 게바라가 청년들에게 무엇보다도 먼저 인간적이어야 한다고 강조했던 것도 이런 이유에서다. 민중을 미워하거나 민중을 폄훼하는 코무니스타라면 누구나 지향하는 '프롤레타리아 국제주의'라는 신념을 훼손하는 것이기 때문이다. 게바라의 주장은 청년 코무니스타가 '호모 엠파티쿠스'가 되어야 한다는 요구라고 할 수 있다. 알량한 생계 때문에 근본적인 억압에 맞서지 못하는, 심지어 억압체제를 지키고 있는 동료 인간의 마음에 동감하는 것이다. 비록 동료 민중들이 코무니스타 자신을 배신하고 나아가 총을 겨눈다고 할지라도 말이다. 아니 민중들의 배신도 민중들의 적의마저도 모두 자기 탓이라고 코무니스타는 생각해야만 한다. 다시 말해 코무니스타는 자신이 민중들을 사랑하지 못했기에 민중들도 자신을 사랑하지 않았던 것이라고 생각해야만 한다는 것이다. 게바라가 프롤레타리아 국제주의의 "모범"이 되어야 한다고 강조했던 것도 이런 이유에서다. 민중들에게 당신들이 나를 사랑하면 나도 당신들을 사랑하겠다고 해서는 안 된다는 것이다. 그저 프롤레타리아 국제주의라는 감수성이 무엇인지 먼저 보여줄 뿐이고, 어떤 대가도 기대하지 않고 사랑을 베풀 뿐이다.

모범의 길! 그것은 등대와 같은 외로운 길이다. 그렇지만 코무니스타는 이 길을 선택해야만 한다. 자신이 타인에게 도움이 된다고 확신하는 일을 그 타인에게 행하는 것이 사랑이 아니라는 걸 알기 때문이다. 정말로 타인에게 주어야 할 것은 어떤 음식도, 어떤 약도, 혹은 어떤 옷도 아니라, 자신의 마음인지도 모른다. 마음을 준 타인에

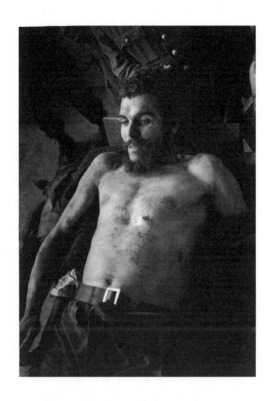

1967년 10월 9일
체 게바라의 마지막 모습.

게 어떻게 그가 원하지 않는 음식을, 약을, 옷을 줄 수 있다는 말인
가? 역으로 타인에게 우리의 마음이 전해진다면, 그가 어떻게 내가
주는 음식, 약, 옷을 거부할 수 있다는 말인가? 부담이나 강요가 아니
라 타인의 자발적 행동을 기다려야만 한다. 이것은 사랑의 원칙이자
코무니스타의 원칙이다. 바로 이것이 호모 에코노미쿠스가 생각하
지도 못했던 호모 엠파티쿠스가 살아가는 방식 아닌가? 그렇지만 아
직도 바깥의 호모 에코노미쿠스나 혹은 아직도 내면에 존재하는 호
모 에코노미쿠스가 악마의 모습으로 유혹할 수 있다. 우리는 "불가능
한 것을 꿈꾸는 낭만주의자나 고질적인 관념론자에 지나지 않는다"

고 호모 에코노미쿠스는 혀를 찰 수도 있고, 아니면 "민중들은 결코 완전한 인간 존재로 변할 수 없다"고 냉소할 수도 있다. 바로 이 유혹에 맞서 우리는 단호하게 말할 수 있어야 한다. "아니야. 할 수 있어. 우리가 옳아. 전체 민중은 나아질 수 있어. 그들은 우리가 지난 4년의 혁명 동안 쿠바에서 했던 것처럼 모든 사소한 인간적 악덕을 청산할 수 있고, 우리가 매일 우리 자신을 개선했던 것처럼 그들도 스스로를 개선할 수 있어." 프롤레타리아 국제주의로 뜨거워진 심장을 자신이 회복했던 것처럼, 모든 인간도 더 이상 동료 인간을 가축으로 부릴 수 없는 감수성을 갖게 되리라 확신해야 한다. 그것이 바로 자신에 대한 사랑이자 민중에 대한 사랑이고, 자신에 대한 확신이자 동시에 민중에 대한 확신이다. 왜냐고? 우리는 모두 똑같은 인간일 뿐이기 때문이다.

"짝! 짝! 짝!" 라이게라 어느 학교 교실 안에는 박수소리가 요란하다. 덩그러니 놓여 있는 의자에 손이 묶인 게바라다. 그렇지만 게바라는 손이 자유로울 때보다 더 열광적으로 영원히 지속될 것만 같은 박수를 보낸다. 게바라의 연설은 얼마나 근사한가. 게바라는 얼마나 멋진 코무니스타인가? 1962년 쿠바 아바나로 돌아가 청년들과 함께 쿠바혁명의 지도자 게바라의 연설을 들으며, 게바라는 드디어 죽음으로부터 완전한 자유를 얻게 된다. "청년 코무니스타는 우리가 횃불이라는 걸 잊어서는 안 됩니다." 청년들에게 했던 이 말을 정말 한 치의 어긋남이 없이 견뎌왔던 게바라가 아닌가? 내일 볼리비아 독재정권과 CIA는 메스티소나 인디오 출신 병사들에게 자신을 처형하라고 명령을 내릴 것이다. 자유를 되찾아주려고 노력했던 그 볼리비아 민중이 자신에게 총을 쏘게 될 것이다. 사랑이 사랑으로 되돌아오지 않는 순간이다. 《1844년 경제학-철학 수고》에서 마르크스는 이것을 비극이라고 표현했지만, 게바라는 이번만큼은 그와 생각이 다르다. 그것은 사랑의 본질에 해당하기 때문이다. 내가 사랑했다면 반드시 당신도 나를 사랑한다는 것은 있을 수 없는 일이니까. 사랑은 횃불 같아서 들 수만 있을 뿐, 그 횃불 주변에 사람들이 모이도록 강제할 수는 없다. 충분히 횃불이 크고 화려했다면 사람들이 모일 수도 있었을 것이다. 결국 자신에게 닥친 비극은 그저 자신이 들고 있던 횃불이 더 밝지 않아서 생긴 문제였을 뿐이다. 그렇지만 후회는 없다. 자신을 환하게 불태웠던 그 횃불은 자신이 가진 모든 역량과 모든 애정을 다한 것이었으니까. 1967년 10월 9일 오후 1시 10분 게바라는 떨리는 손으로 총을 들고 있는 볼리비아 군인을, 자신의 맑고 투명한 눈을 마주 보지 못하는 이 불쌍한 인디오 병사를 마주 보고 있다. 마지막으로 본 사람이 라틴아메리카 마추픽추 정상을 날았던 콘도르의 후예라는 사실은 얼마나 다행스런 일인가? 평화의 천사가 자신을 관통해 지나가자마자, 게바라는 "무릎을 꿇고 울면서" 자신의 "손에 입을 맞"추는 산초, 아니 치노를 보게 된다. 이렇게 게바라는 "인간들의 피의 역사 속, / 그 시간의 단면에 정지해버린" 것이다. 아디오스 Adiós! 체Che! 안녕 잘 가! 체! 아스타 프론토hasta pronto! 누에스트로 코만단테 코무니스타nuestro comamdante comunista! 다시 만나! 우리 코만단테 코무니스타!

'20세기 가장 완전한 인간' 체 게바라의 모습들.

체 게바라 연표

연도 (나이)	활동	참고
1928 (1세)	• 아르헨티나 로사리오에서 아버지 에르네스토 게바라 린치와 어머니 셀리아 데 라 세르나의 첫째 아이로 출생(6월 14일)	• 아르헨티나 명문가 출신이었던 아버지와 어머니는 자신이 속한 지배계급의 허례허식에 본능적인 반감을 가진 인문주의자들이었다. 아버지는 1937년 스페인내전 때 스페인공화국을 후원하는 위원회를 설립했을 정도였다.
1930 (3세)	• 평생 지병이었던 천식 최초로 발생(5월 2일)	• 천식으로 정상적인 학교생활이 어려웠던 게바라는 어머니 셀리아의 자유로운 인문정신을 빨아들이게 된다. 셀리아는 스페인어, 영어, 프랑스어를 아들에게 가르쳤고, 침대에 많이 누워 있던 게바라는 방대한 독서로 자유를 만끽하게 된다. 특히 시에 대한 게바라의 애정은 남다른 데가 있었다. 프랑스 시인 말라르메Stephane Mallarmé(1842~1898)와 보들레르Charles Pierre Baudelaire(1821~1867)뿐만 아니라 스페인 시인 안토니오 마차도Antonio Machado y Ruiz(1879~1939)와 가르시아 로르카Federico García Lorca(1899~1936), 칠레 시인 파블로 네루다Pablo Neruda(1904~1973)의 시집은 거의 외우다시피 반복해서 읽은 것으로 유명하다. 이 시기에 그가 프로이트Sigmund Freud(1856~1939)의 글을 많이 읽은 것도 주목할 만한 일이다.
1947 (20세)	• 게바라 가족 부에노스아이레스로 이주(3월) • 부에노스아이레스대학 의대 입학(11월)	• 당시 아르헨티나는 1946년 6월 4일에 대통령에 당선된 후안 페론의 페론주의에 의해 통치되고 있었다. 후안 페론은 에비타Evita라는 이름으로 민중들의 폭발적인 사랑을 받던 부인 마리아 에바 페론María Eva Duarte de Perón(1919~1952)의 후광을 입고 있었다. 페론주의는 자립경제라는 이념으로 미국 자본주의에 거리를 두고, 사회정의라는 이념으로 소련 사회주의와 거리를 두는 이념이다. 이 이념은 미소 냉전 갈등에 일정 정도 거리를 두면서 일종의 사회주의적 민족주의라는 성격을 강하게 띤다.
1950 (23세)	• 모터가 달린 자전거로 아르헨티나 북부 지역 4500킬로미터를 도는 6주 동안의 여행 시작(1월 1일) • 아르헨티나 명문가의 딸 마리아 델 카르멘 치치나 페레이라를 만나 처음으로 사랑에 빠짐(10월)	• 최초의 자전거 여행을 통해 게바라는 말할 입을 박탈당한 사회 주변인들, 즉 병든 자, 떠돌이 노동자, 불법으로 감금된 자를 만난다. 부에노스아이레스의 지식인들이나 대학생들이 경험하지 못했던 민중들이었다.

1951 (24세)	• 제1차 라틴아메리카 여행을 친구 알베르토 그라나도와 시작(12월 29일) • 제1차 라틴아메리카 여행은 아르헨티나에서 시작하여 페루와 콜롬비아를 거쳐 베네수엘라에 도착해 1952년 8월 31일 부에노스아이레스로 귀환하는 것으로 끝난다. 제1차 여행에서 게바라는 미국의 제국주의적 정책으로 인한 라틴아메리카 민중들의 비탄과 고뇌를 목격한다.	• 과테말라 자코보 아르벤스 대통령이 중남미를 거대 플랜테이션으로 만들어 민중을 착취했던 미국 거대 자본 유나이티드프루트를 축출하고 토지를 농민들에게 분배(3월) • 여행을 시작하면서 치치나가 휴가를 보내던 아르헨티나 대표 해변 휴양지 미나마르에 들러 그녀에게 '컴백come-back'이란 이름의 강아지를 선물하나 결별을 예감함(1952년 1월 4일~1월 14일). 게바라에게 치치나는 아르헨티나 상류계급의 안온한 삶을 상징하고, 라틴아메리카 여행은 억압받는 노동계급과 인디오들의 거친 삶으로 들어가는 것을 상징한다. 그래서 치치나와 보낸 10일은 그의 이런 내적 갈등을 상징하는 시간이었다고 할 수 있다.
1953 (26세)	• 박사학위 취득(6월 12일). • 제2차 라틴아메리카 여행을 친구 카를로스 페레르Carlos Ferrer와 시작(7월) • 카를로스 페레르와 에콰도르에서 헤어진 뒤 제2차 여행의 마지막 목적지 과테말라에 도착(12월) • 페루 출신으로 과테말라에 망명 중이던 사회주의자이자 경제학자 힐다 가데아Hilda Gadea Acosta(1925~1974)와 만남(12월 20일) • 제2차 라틴아메리카 여행은 볼리비아와 에콰도르를 거쳐 과테말라에 도착했던 12월까지 지속된다. 제2차 여행에서 게바라는 특히 볼리비아와 과테말라의 사회주의적 개혁 정책으로 라틴아메리카의 희망을 본다.	• 바티스타 독재정권에 맞서 피델 카스트로와 라울 카스트로가 주도했던 혁명군이 산티아고의 몬카다 병영을 기습했으나 80명의 사상자를 내고 실패(7월 26일) • 빅토르 파스 에스텐소로 볼리비아 대통령은 4월 16일 취임하자마자 주석광산의 국유화와 토지 분배를 주축으로 하는 '1952혁명'을 주도함. • 당시 과테말라시티에서 힐다는 망명 중인 혁명가들의 대모 노릇을 했을 정도로 영향력이 있었다. 힐다와의 토론은 게바라가 확고한 정치경제학적 감각을 기르는 데 결정적인 영향을 끼친다. 이를 통해 게바라는 마르크스, 크로포트킨, 마오쩌둥 등의 저작을 숙고하고 그녀와 토론한다. 더군다나 힐다도 게바라가 좋아하던 프랑스 시인과 라틴아메리카 시인을 매우 좋아했으니, 두 사람의 만남은 빈번할 수밖에 없었다.
1954 (27세)	• 몬카다 병영 기습 사건으로 과테말라에 망명 중인 카스트로의 측근 니코 로페스Ñico López를 힐다의 소개로 만나 카스트로를 간접적으로 알게 됨(1월 4일) • 과테말라시티에서 미국 공군의 폭격을 경험(6월 18일) • 폭격으로 엉망이 된 과테말라시티에서 힐다에게 청혼(6월 24일) • 힐다와 함께 멕시코시티에 도착(9월 21일)	• 자코보 아르벤스 대통령이 CIA가 기획하고 미군이 지원한 아르마스Carlos Castillo Armas(1914~1957)의 군사쿠데타로 실각(6월 27일) • 아르벤스 과테말라 정부 시절, 과테말라시티는 라틴아메리카 혁명의 인큐베이터이자 플랫폼이었다. 라틴아메리카 도처에서 미국의 제국주의에 반대했던 젊은 혁명가들을 품어주었던 곳이 바로 과테말라시티였다. • 가데아에게 청혼한 시기가 중요하다. 인디오의 피가 강하게 흐르는 그녀에게 청혼함으로써 게바라는 무의식적으로 어떤 위기를 맞아도 민중과 함께하겠다는 의지를 드러낸다.

1955 (28세)	• 피델 카스트로와 만남(7월 9일) • 힐다 가데아와 결혼(8월 18일)	• 아르헨티나 대통령 후안 페론, 군사쿠테타 로 실각(12월 16일) • 힐다와 결혼한 이유는 두 사람 사이의 사 랑 때문이 아니라 그녀가 게바라의 아이 를 임신했기 때문이다. 멕시코에 들어온 다음부터 두 사람 사이의 관계는 남녀보 다는 동지에 가깝게 조금씩 변한다.
1956 (29세)	• 첫딸 힐디타 출생(2월 15일) • 멕시코 찰코에서 게릴라 군사 훈련을 시작하면서 동시에 마르크스의 사유를 정리하기 시작함(4월) • 게바라와 피델 카스트로를 포함한 82명의 게릴라를 실 은 그란마호 출항(11월 25일) • 쿠바 라스 콜로라도스 해안 상륙, 《쿠바 일기》 작성 시작 (12월 2일) • 바티스타 정부군 습격으로 15명을 남기고 대다수 전사 (12월 5일) • 시에라마에스트라산맥에 게릴라 거점 구축(12월 21일)	• 모로코, 프랑스와 스페인으로부터 독립 (3월 2일) • 튀니지, 프랑스로부터 독립(3월 20일)
1957 (30세)	• 게릴라부대의 첫 승리(2월) • 코만단테, 즉 사령관으로 선임(7월)	• 가나, 영국으로부터 독립(3월 6일) • 국제원자력기구IAEA 설립(7월 29일) • 소련, 대륙간탄도미사일 시험 성공 (8월 21일)
1958 (31세)	• 정식으로 전체 혁명군 사령관으로 선임(8월 21일) • 148명의 직속 부대원과 함께 쿠바 중앙 요충지로 출격 (8월 30일) • 3000명이 넘는 정부군과 기관총, 로켓 발사기, 대포로 무장한 장갑 열차를 괴멸하며 교통 요지 산타클라라 접 수(12월30일)	• 친미 군사독재자 바티스타 도미니카로 망 명(12월 31일) • 쿠바혁명의 분수령이라고 할 수 있는 산 타클라라 전투는 이곳 민중들의 호응과 게 바라의 지휘가 없었다면 승리할 수 없었 다. 게바라가 쿠바 민중들의 전설이 되는 계기이기도 하다.
1959 (32세)	• 게릴라부대 아바나 개선 행진(1월 2일) • 6월 12일까지 카바냐 요새 사령관이 되어 혁명재판을 관리(1월 2일) • 페루에 딸과 함께 있던 힐다 가데아, 쿠바 아바나 도착 (1월 21일) • 쿠바 국적 획득(2월 7일) • 힐다 가데아와 이혼(5월 22일) • 게릴라 동지였던 알레이다 마르치와 결혼(6월 2일) • 전권대사로 이집트, 가자지구, 수단, 인도, 일본, 인도네시 아, 유고슬라비아, 파키스탄 등 순방(6월 12일~9월 9일) • 국가농지개혁위원회 산업부흥부장 선임(10월 7일) • 쿠바국립은행장 선임(11월 26일)	• 소련 무인 달 탐사선 루니크 1호 발사 (1월 2일) • 피델 카스트로가 미국을 방문했지만 아이 젠하워 대통령이 회담을 거부해 닉슨 부통 령과의 면담만 성공(4월 15일~26일) • 쿠바 혁명정부 농지법 개혁(5월 17일) • 피델 카스트로가 연설을 통해 쿠바혁명이 자본주의적 혁명도 아니고 공산주의적 혁 명도 아니라고 강조(5월 21일) • 새로운 농지법에 따르면 최대 소유 농지는 1000에이커로 한정되고, 나머지는 농민들 에게 분배된다.

1960 (33세)	• 《게릴라전》 출간(4월) • 텍사코, 에소, 셸 등 미국계 정유공장 국유화(6월 29일~7월 1일) • 쿠바 내 주요 미국 회사들 국유화(8월 6일) • 쿠바 은행과 미국계 은행들 국유화(10월 13일) • 경제협정 체결차 소련, 체코, 동독, 중국, 북한 등 사회주의국가 순방(10월 22일~12월 22일)	• 케네디, 미국 대통령 취임(1월 20일) • 소련과 외교관계 개시(5월 8일) • 미국, 설탕 70만 톤 수입 감량(7월 6일) • 미국, 교역 봉쇄 조치(10월 19일)
1961 (34세)	• 미국, 망명 쿠바인 1500명으로 이루어진 무장 부대를 쿠바에 상륙시켜 혁명정부를 붕괴시킨다는 작전, 즉 미국 CIA 주도로 이루어진 이른바 피그만 작전을 20만 명의 민병대를 동원해 격멸(4월 16일~4월 19일) • 라틴아메리카정부회의(우루과이)에서 반제국주의를 역설(8월) • 쿠바 산업부장관 선임(10월 7일)	• 미국, 쿠바와 외교관계 단절(1월 3일) • 미국, 자국민 쿠바 여행 금지(1월 17일) • 콩고 혁명 지도자 파트리스 루뭄바가 미국의 묵인하에 정적에 총살, 이후 콩고는 극심한 내전에 휩싸임(1월 17일) • 마오쩌둥은 흐루쇼프의 소련을 수정주의로 규정하는 대규모 선전활동 비준(8월) • 모스크바에서 열린 소련공산당 22차 회의에서 소련과 중국 갈등이 공식적으로 표출(10월 17일-10월 31일) • 케네디 대통령이 피델 카스트로, 라울 카스트로, 게바라 등 혁명지도부 암살을 포함 쿠바 혁명정부를 괴멸하려는 작전, 즉 연간 5000만 달러가 소용되는 CIA 역사상 최대의 작전인 몽구스 작전을 추인(11월 30일) • 중소분쟁의 핵심은 사회주의가 자본주의와 공존 가능한지의 여부, 소련에서 물질적 풍요를 추구하는 경향이 발생하면서 계급이 생겼는지의 여부다. 마오쩌둥은 사회주의는 자본주의와 공존 불가능하다는 입장과 아울러 소련이 이미 자본주의와 타협하는 수정주의를 취하면서 마르크스를 배신했다고 주장한다.
1962 (35세)	• 5월 31일 소련이 제안했던 핵미사일 배치 제안을 미국의 침략을 막는 수단이라는 단서로 수용(6월) • 소련을 방문해 '쿠바가 공격을 받을 경우 국토를 방어하기 위한 소련-쿠바 무기 원조 협정'을 들고 가지만 흐루쇼프는 협정서 사인을 미룸(8월 27일~9월 6일) • 미국 침공에 대비 피나르 델 리오 지역에서 쿠바군 직접 지휘(10월 22일~10월 28일) • 쿠바 미사일 위기의 핵심은 흐루쇼프가 터키에 설치되어 모스크바 타격이 가능한 PGM-19 주피터 미국 미사일을 철수시키기 위해 쿠바를 이용한 것이다. 물론 케네디로부터 흐루쇼프는 미국이 쿠바를 침공하지 않는다는 약속을 받아냈지만, 게바라는 소련이 프롤레타리아 국제주의를 버리고 자국의 이익만 도모한다는 사실을 확인한다.	• 아메리카국가연합OAS에서 쿠바 축출(1월) • 알제리, 프랑스로부터 독립 선포(7월 5일) • 협정이 공식 조인되지 않았음에도 소련 흑해 항구에서 미사일을 숨긴 화물선이 쿠바로 출항(7월 15일) • 알제리 초대 대통령으로 벤 벨라 취임(9월 27일) • 쿠바 미사일 위기(10월 15일~10월 28일) • 흐루쇼프는 쿠바와 협의도 하지 않고 쿠바 배치 미사일들을 철수하기로 케네디와 합의(10월 28일) • 미사일 위기 이후 소련 KGB, 러시아 통역관의 명목으로 게바라를 본격적으로 감시하기 시작(11월) • 당시 논의된 쿠바 배치 소련 무기 및 군인 현황 ①준중거리 탄도미사일 발사대 24기 ②중거리 탄도미사일 발사대 16기 ③미그 요격기 42기 ④코마르급 미사일 함정 12대 ⑤해안 방어용 크루즈 미사일 수십 기 ⑥SAM-2 지대공 미사일 포병 24개 중대 ⑦4만 2000명 소련 전투부대원

1963 (36세)	• 프랑스로부터 독립한 알제리 순방(7월) • 쿠바의 경제 모델 논쟁을 촉발(10월) • 게바라는 자신이 추구했던 예산재정시스템BFS을 지키기 위해 소련식 자율금융시스템AFS 지지자들과 치열하게 논쟁한다. 게바라는 물질적 동기가 아닌 도덕적 동기로 작동하는 쿠바 경제를 만들어야 한다고 주장했다. 억압이 없는 사회를 만들려면 이윤이 아니라 인간이 중심이 되어야 한다는 확신 때문이었다. AFS를 지지했던 프랑스 정치경제학자 베틀랭Charles Bettelheim(1913~2006)은 물질적 동기, 즉 이윤이 없다면 경제가 돌지 않는다고 게바라를 비판했다면, 벨기에 정치경제학자 만델Ernest Ezra Mandel(1923~1995)은 게바라의 BFS에 우호적이었다. 1964년 후반 피델 카스트로는 베틀랭과 흐루쇼프 소련 경제 모델을 쿠바 경제에 적용하기 시작한다.	• 피델 카스트로, 소련과 굴욕적인 무역협정 체결(2월) • 모스크바를 방문한 피델 카스트로, 흐루쇼프와 함께 소비에트-쿠바 공동선언 발표(5월) • 피델, 게바라의 예산재정시스템과 아울러 소련식의 자율재정시스템을 동등한 쿠바 경제 시스템으로 법적 승인(8월 23일) • 미국 대통령 케네디 암살(11월 22일) • 소비에트-쿠바 공동선언에 따르면 소련은 쿠바를 사회주의국가의 일원으로 받아들이고 쿠바의 독립과 자유를 수호하는 데 노력할 것임을 밝혔고, 쿠바는 흐루쇼프가 지향하는 서구와의 평화 공존과 사회주의 단결을 지지한다고 밝혔다. 이후 쿠바는 급속도로 정치적으로나 경제적으로 소련에 영향을 받기 시작한다. • 1963년 8월 23일은 게바라에게 상징적인 날이다. 소비에트-쿠바 공동선언으로 소련 휘하의 사회주의국가로 편입한 카스트로는 소련식 자율재정시스템도 법적으로 허용한다. 이를 통해 1960년에서 1963년까지 쿠바 경제를 주도했던 게바라의 정치경제학은 그 힘을 잃게 된다. 쿠바 민중뿐만 아니라 다수 혁명동지의 지지를 받았던 게바라와의 결별을 피델은 조용히 준비한다.
1964 (37세)	• 제네바에서 열린 UN 무역과 발전 회의에서 연설(3월 25일) • 세 번째이자 마지막으로 모스크바를 방문해 소련이 일국사회주의론으로 완전히 회귀했다는 걸 확인함(12월 11일) • 뉴욕 UN총회에서 라틴아메리카 해방을 요구하는 연설(12월 9일) • 1965년 3월까지 지속된 알제리, 말리, 콩고, 기니, 가나, 탄자니아, 이집트로 이어지는 아프리카 순방 시작, 아바나로 돌아오지 않고 UN총회가 열렸던 뉴욕에서 출발해 순방을 시작하면서 피델과의 갈등을 표출(12월 17일)	• 쿠바혁명 당시 유일한 아르헨티나 기자이자 게바라의 친구가 되었던 요르게 마제티가 게바라와 의기투합해서 조성한 아르헨티나 게릴라 거점이 완전히 파괴(4월 18일) • 통킹만 사건을 조작해 미국은 보복이란 명분으로 북베트남에 폭격을 감행하며 베트남 내전이 작은 세계대전으로 확전(8월 7일) • 흐루쇼프가 실각하고 브레즈네프가 서기장으로 취임하면서, 소련은 스탈린 시대로 회귀(10월 13일) • 빅토르 파스 에스텐소로 볼리비아 대통령이 CIA 사주를 받은 바리엔토스의 군사쿠데타로 실각(11월 4일) • 1966년 11월 게바라가 볼리비아에서 게릴라전을 시도한 이유도 볼리비아 민중들의 반미 감정과 실각한 자신들의 대통령에 대한 그리움이 있었기 때문이다.

1965 **(38세)**	• 아시아-아프리카 민중연대기구AAPSO(알제리)에서 소련을 비판하는 연설(2월 24일) • 우루과이 주간지 《마르차》에 〈쿠바의 사회주의와 인간〉을 발표(3월 12일) • 세계사적 파란을 일으킨 뒤 쿠바 아바나 란초 보예로스 공항에 도착(3월 15일) • 도착 후 피델 카스트로와의 오랜 독대 이후 공식 석상에서 사라짐(3월 15일) • 피델 카스트로에게 고별편지를 보냄(4월 1일) • 아프리카 콩고에서 타투라는 별명으로 게릴라 활동 시작(4월 24일) • 작전 실패로 콩고에서 탄자니아로 이동, 현지 쿠바대사관 안가에 칩거, 《콩고 일기》로 알려진 일종의 회고록 집필 착수(11월 22일)	• 피델 카스트로는 "코만단테(게바라)가 원할 때 그의 행선지를 알려줄 것"이라는 취지의 성명 발표(6월 1일) • 쿠바공산당 공식 발족(10월 1일) • 피델 카스트로가 공산당 중앙위에서 게바라의 고별편지를 낭독(10월 3일) • 콩고에 미국의 지원을 받는 군사쿠데타가 발생, 모부투의 군사독재정권 출범(11월 25일) • 게바라와 피델 카스트로의 결별은 기본적으로 2월 24일 소련을 비판하는 연설 때문이었다. 소련은 이제 게바라를 눈엣가시로 생각했던 것이다. 게바라의 프롤레타리아 국제주의와 피델의 국가주의는 여기서 충돌하고 만다. 어느 사이엔가 피델은 스탈린의 일국사회주의론을 쿠바에 적용하고 있었던 것이다. 라틴아메리카의 민중들, 나아가 아시아나 아프리카 등 제3세계 민중들의 해방을 도모하던 게바라로서는 더 이상 쿠바에 머물 수가 없어진다. 게바라와 피델 사이의 독대에서는 모종의 거래가 이루어진 것으로 추정된다. 그 내용은 피델은 게바라에게 제3세계 민중 전체의 해방투쟁을 후원하고, 게바라는 피델의 권력을 공고히 하는 것이다.
1966 **(39세)**	• 체코 프라하에 있던 쿠바대사관 안가로 이동, 2월 탄자니아에서 시작된 《철학노트》와 《정치경제학에 대한 비판적 노트》 집필 속개, 라틴아메리카 게릴라 거점 후보지 검토(3월) • 피나르 델 리오에 모인 쿠바 게릴라들과 합류, 공동 훈련을 받기 위해 쿠바 귀국(7월 21일) • 볼리비아에 변장한 채로 입국(11월 3일) • 볼리비아 냥카우아수 게릴라 거점에 도착, 라몬이란 이름으로 활동 개시. 《볼리비아 일기》 시작(11월 7일) • 냥카우아수 게릴라 거점에서 볼리비아공산당 지도자 마리오 몬헤와 만남, 그리고 연대 결렬(12월 31일)	• 아시아, 아프리카, 라틴아메리카 민중연대기구 1차 회의, 쿠바 아바나에서 개최(1월 3일~1월 14일) • 마리오 몬헤와의 불화는 일차적으로 게바라가 소련과 KGB의 적이 되었기 때문이다. 소련의 지시로 몬헤는 볼리비아공산당이 게바라의 게릴라 활동을 통제해야 한다고 주장했다. 당연히 게바라는 이 주장을 거부한다. 이후 볼리비아공산당은 게바라의 게릴라부대에 합류한 볼리비아공산당원들에게 출당 조치를 취하는 등 게릴라부대를 지속적으로 약화시킨다. 문제는 몬헤의 친소련적인 경향을 피델은 이미 알고 있었다는 데 있다. 피델은 몬헤를 과소평가했던 것일까? 아니면 게바라를 궁지에 내몰려고 묵인했던 것일까? 모를 일이다.
1967 **(40세)**	• 4월 20일에 생포된 드브레와 부스토스로 인해 게바라의 정체 폭로(4월 24일) • 바도 델 예소 전투에서 최정예 게릴라 대원 10명을 잃음(8월 31일) • 추로협곡 마지막 전투에서 생포됨(10월 8일) • CIA와 바리엔토스 대통령의 명령으로 처형됨(10월 9일)	• 쿠바 아바나에서 《세 대륙 민중들에게 보내는 전언》 출판(4월 16일) • 《세 대륙 민중들에게 보내는 전언》은 1966년 11월 볼리비아로 들어가기 전에 집필된 것으로 게바라의 공식적 유서라고도 할 수 있다.

정치철학
3장

마르크스, 그 알맹이만 남고 껍데기는 가라!

1. 누가 베를린과 크론시타트를 피로 물들였는가?

> 볼셰비즘le bolchevisme이 자기 힘으로 러시아에서 승리를 거두
> 고 사회민주주의la social-démocratie가 낡은 세계를 위해 성공적으
> 로 싸웠던 동일한 역사적 순간은, 현대적 스펙타클 지배의 핵
> 심에 있는 다음과 같은 사태가 개시된 기점이기도 하다. 즉
> 노동자 대표la représentation ouvrière가 자신을 노동계급과 근본적으
> 로 대립시킨다는 것.
>
> ─《스펙타클의 사회》 100

1967년 11월 14일! 이날 《스펙타클의 사회》가 파리의 뷔세/샤
스텔Buchet/Chastel 출판사에서 출간된다. 무엇 때문에 기 드보르는 테
제 221개로 이루어진 이 책을 집필했던 것일까? 1957년 출범한 '상
황주의 인터내셔널Internationale Situationniste, IS'은 초창기에는 뒤죽박죽이었
다. 예술가의 자유만을 강조했던 엘리트주의와 전체 사회의 자유,
그러니까 노동자의 자유마저 강조했던 민중주의가 불안하게 동거
했기 때문이다. 치열한 내부 노선 싸움 끝에 1965년을 전후해서 민
중주의를 표방하는 혁명가들이 엘리트주의를 따랐던 예술가들을 IS
에서 추방하는 데 성공한다. 이것은 IS가 마르크스의 정신으로 새롭

게 무장했다는 걸 의미한다. 선택받은 예술가의 자유가 아니라 노동자들의 자유를 도모하려는 IS가 어떻게 마르크스를 우회할 수 있다는 말인가? 그래서 민중주의 노선을 이끌었던 기 드보르에게는 한 가지 과제가 주어진다. 19세기에 박제된 마르크스를 20세기에 맞게 업데이트해 새롭게 체계화하고, 그것을 기초로 IS의 근본적 입장을 정비하는 것이다. 마침내 1967년 11월 14일, 기 드보르는 자신의 과제가 완성되었음을 IS 동지들뿐만 아니라 대중들에게도 알린다. 바로 이것이 《스펙타클의 사회》의 출간 의의다.

이 작은 책에서 기 드보르가 새롭게 정비한 IS의 이념적 지향은 세 개념으로 요약할 수 있다. '스펙타클', '상황', '인터내셔널'이 바로 그것이다. 과거 중국에는 권력 최상층에서 사용하던 정鼎이라고 불리는 다리가 세 개 달린 솥이 있었다. IS의 이념과 기 드보르의 사상을 정에 비유한다면, '스펙타클', '상황', '인터내셔널'은 그것을 떠받치는 세 다리라고 할 수 있다. 우리가 세 개념 중 어느 하나라도 간과해서는 안 되는 이유가 바로 여기에 있다. 그렇지 않으면 IS와 기 드보르라는 정은 바로 땅바닥으로 넘어져버릴 테니 말이다. 불행히도 기 드보르를 이해하는 우리 방식은 더 심각하다. '상황주의'와 '인터내셔널'이라는 두 다리를 망각한 채, 그저 '스펙타클' 개념만으로 기 드보르와 IS를 이해했다고 자부하는 경우가 많기 때문이다. 아직도 《스펙타클의 사회》가 현란한 눈요깃거리를 제공하는 자본주의의 소비문화를 비판하는 책으로 가볍게 읽히는 것도 이런 이유에서다.

이제 간단히 《스펙타클의 사회》를 떠받치는 세 다리를 알아보자. 먼저 '스펙타클'이란 개념이다. 이것은 '볼거리'라는 뜻으로 민중들의 직접적인 행동과 참여를 가로막는 기능을 수행한다. 그렇지만 스펙타클은 '볼거리' 이상이다. 볼 수도 있고 보지 않을 수도 있는 것이 아니라 반드시 보도록 유혹하는 강력하고 치명적인 '볼거리'가 스펙타클이니까. '분산된 스펙타클le spectaculaire diffus'은 매력적인 상품들로 민중들의 눈을 현혹시켜 자본가의 지배를 은폐하고, '집중된 스펙타클le spectaculaire concentré'은 최고 권력자나 지도자를 태양으로 삼아 민중들의 눈을 현혹시켜 관료들의 지배를 은폐한다. 이렇게 스펙타클은 민중들을 수동적인 구경꾼, 즉 스펙타퇴르spectateur로 만드는 기능을 한다. 명품이든 신상이든, 대중 스타든, 지도자든, 대통령이든, 국회의원이든 상관이 없다. 넋 놓고 그 스펙타클을 관조하는 순간, 우리는 스펙타퇴르가 되고 만다. 그러니 그냥 외워두는 것이 편하다. 스펙타클은 인간을 스펙타퇴르로 만드는 것이고, 스펙타퇴르는 스펙타클에 사로잡힌 인간이라고 말이다. 결국 스펙타클은 인간으로부터 능동성을 빼앗는 것을 목적으로 한다. 소수가 다수를 지배할 때 스펙타클이 불가피한 이유도 바로 여기에 있다.

두 번째 '상황'이란 개념이다. 영화관 스크린에서 펼쳐지는 장면에 관객이 개입할 수 없는 것과는 달리, 우리가 개입할 수밖에 없는 현실적 국면이 바로 상황이다. 마르크스는 인간이 '대상적 활동'의 주체라고 이야기했던 적이 있다. 주어진 대상적 조건을 능동적으로 극복하는 존재가 인간이란 의미다. 결국 '상황'은 인간의 '대상적 활동'이 펼쳐지는 공간이라고 정의할 수 있다. 불어난 계곡물에 휩쓸려가는 생면부지의 아이를 보고 우리는 안타깝게 발을 동동구를 수 있다. 이와 달리 물에 휩쓸린 것이 친구나 애인이고 우리가 그를 구하기 위해 물에 뛰어들었다면, 우리는 바로 단독적인 '상황'에 던져져 있는 것이다. 반대로 생면부지의 아이라도 두려움과 공포를 이기고 우리가 물에 몸을 던지면, 이 경우도 우리는 단독적인

'상황'에 있다고 말할 수 있다. 이처럼 상황은 관조된 현실이 아니라 우리가 주체적으로 개입하려는 실천적 현실이라고 정의할 수 있다. 풍경과 반대되는 것, 바로 그것이 '상황'이다.

세 번째가 바로 역사철학적으로나 정치철학적으로 중요한 '인터내셔널'이란 개념이다. "만국의 노동자여! 단결하라!"는 마르크스의 요구에 의해 만들어진 것이 인터내셔널이다. 억압사회는 소수가 다수를 지배하는 사회다. 같은 인간이면서 다른 인간을 지배하는 부정의와 그것도 소수가 다수를 지배하는 기적이 유지되려면, 전자는 후자를 깨알처럼 분열시켜야 한다. 귀족사회를 극복하려면 만국의 노예들은 단결해야 하고, 영주사회를 극복하려면 만국의 농노들은 단결해야 하고, 부르주아사회라면 만국의 노동자들은 단결해야 한다. 바로 이것이 인터내셔널의 이념이다. 당연히 인터내셔널에는 원칙적으로 소수에 의한 다수의 지배가 관철되어서는 안 된다. 인터내셔널은 근본적인 민주주의 조직이어야 하는 것도 이런 이유에서다.

'스펙타클', '상황', '인터내셔널'이란 세 개념을 통해 우리는 IS가 왜 IS인지를 알게 된다. '스펙타클'에 현혹된 다수의 구경꾼들은 '상황'을 조성해서 억압체제를 극복하려고 노력해야 하지만, '상황'에 능동적으로 개입해 소기의 목적을 얻으려면 인터내셔널이란 이름으로 단결해야 한다! 바로 이것이 스펙타클과 맞서는 혁명조직 '상황주의 인터내셔널'이 탄생한 이유였다. 사실 1967년까지 인터내셔널은 네 가지가 있었다. '제1인터내셔널'(1864~1876)은 노동자들이 주도했고 마르크스Karl Marx(1818~1883)가 개입했던 '국제노동자연합International Workingmen's Association'을, '제2인터내셔널'(1889~1920)은 비록 로자 룩셈부르크Rosa Luxemburg(1871~1919)와 카를 리프크네히트Karl

Liebknecht(1871~1919)도 개입했지만 베른슈타인Eduard Bernstein(1850~1932) 등 독일 사회민주주의자들이 주도했던 인터내셔널을, '코뮌주의자 인터내셔널Communist International', 줄여서 '코민테른Com-intern'이라고 불리던 '제3인터내셔널'(1919~1943)은 레닌Vladimir Ilyich Lenin(1870~1924)과 스탈린 Joseph Vissarionovich Stalin(1878~1953)이라는 이름으로 사회주의 종주국을 자처했던 소련을 중심으로 움직였던 인터내셔널을, 그리고 마지막으로 '제4인터내셔널'은 소련의 국가독점자본주의와 관료주의를 비판했던 트로츠키Leon Trotsky(1879~1940)가 망명 중이던 1938년 창립했지만 그가 스탈린에 의해 암살된 뒤 유명무실해진 인터내셔널을 말한다. 분명 IS가 "억압받는 자들의 단결과 억압체제에 맞선 투쟁"이란 마르크스의 꿈과 인터내셔널의 이념을 그대로 가슴에 품고 있다는 것은 옳다. 그렇지만 IS는 제1인터내셔널도, 제2인터내셔널도, 제3인터내셔널도, 그렇다고 해서 제4인터내셔널을 맹목적으로 계승하지도 않는다.

IS의 최고 이론가 기 드보르가 마르크스의 사유와 그의 실천에 대해서 비판적인 거리를 두는 것도 이런 이유에서다. 그러니 베른슈타인, 레닌, 스탈린, 그리고 트로츠키에 대해서는 말해 무엇 하겠는가? 1871년 파리코뮌의 정신을 계승하는 사람들이라면 누구나 자신의 정치적 신념을 코뮌주의라고 밝힌다. 코뮌주의는 왕이든 귀족이든 영주든 자본가든 소수가 다수를 지배하고 착취하는 억압사회와 반대되는 이념이다. 코뮌사회의 가장 큰 특징으로는 생산수단과 폭력수단의 공유共有뿐만 아니라 정치수단도 공유한다는 걸 잊어서는 안 된다. 그래서 코뮌사회에서는 대표뿐만 아니라 관료마저도 민중의 회의로 선출되고 소환될 뿐만 아니라, 그 봉급도 노동자들의 평균 임금을 넘지 못한다. 바로 이것이 1871년 파리코뮌이 지향했던 코뮌주의였다. 생산자에게 생산수단이 있는가? 대표나 관료는 소환 가능한가? 이 두 가지 물음이 코뮌주의를 판가름하는 시금석이다. '예'라고 하면 그 사회는 코뮌사회다. 반면 '아니요'라고 말하거나 대답을 유보할 수밖에 없다면, 그 사회는 억압사회이거나 말뿐인 코뮌사회일 뿐이다. 1871년 파리코뮌이 괴멸된 뒤 집필되었던 《프랑스내전The Civil War in France》 첫 번째 초고에서 마르크스는 파리에서 관철되던 코뮌주의가 무엇인지 말했던 적이 있다.

> 코뮌—그것은 사회를 통제하고 제압하는 대신에 사회 자신의 살아 있는 힘으로서 사회가 국가권력을 다시 흡수하는 것이다. 그것은 억압의 조직된 힘 대신에 자기 자신들의 힘을 형성하는 민중 자신이 국가권력을 다시 흡수하는 것이다. …… 보통선거권은 지금까지 신성한 국가권력에 대한 의회의 재가를 위해서 남용돼오거나 몇 년에 한 번씩 의회주의적 계급지배를 재가하기 위해서(계급지배의 도구들을 선출하기 위해서)만 민중에 의하여 이용되는 지배계급의 손안에 있는 장난감으로 남용돼오다가, 다음과 같은 그 진정한 목적에 합치되게 되었다. 코뮌이 그 자신의 행정직 관청 직원이나 법률을 발의하는 관청 직원을 선출하는 일. …… 국가 위계를 모두 폐지하는 것, 민중의 오만한 주인들이 언제나 공중의 감독 아래 활동하기 때문에 언제든지 해임할 수 있는 공무원으로 대체되고 가짜 책임이 진정한 책임으로 대체되는 것, 숙련 노동자들처럼 한 달에 12파운드, 가장 많은 봉급도 240파운드를 넘지 않게 지불함.
>
> —《프랑스내전》(첫 번째 초고, 1871년 4월 하순에서 5월 10일)

코뮌주의는 바로 이것이다. "민중 자신이 국가권력을 다시 흡수하는 것!" 여기서 중요한 것은 입법과 행정을 책임지는 관청 직원들을 코뮌에서 직접 선출하고 그 책임을 물어 해임할 수 있도록 한 조치다. 하긴 군대의 장교마저 부대원들이 선출하고 해임할 수 있었으니, 이건 어쩌면 당연한 조치라 하겠다. 더군다나 이렇게 선출된 공무원들이 숙련 노동자들의 평균 임금 이상을 받을 수 없도록 했다. 공무원이 노동자들보다 더 많은 봉급을 받게 되면, 공무원의 지위를 유지하려는 욕망과 아울러 농간도 들끓을 가능성이 커진다. 결국 파리코뮌이 궁극적으로 막으려고 했던 것은 이제 자명해진다. 억압사회를 규정짓는 분리, 즉 지배계급과 피지배계급, 혹은 정신노동과 육체노동이라는 원초적 분업이 바로 그것이다. 이제 과거 억압사회에서 소수 지배계급이 독점했던 국가권력은 이렇게 코뮌의회Conseil de la Commune라는 형식을 통해 민중들에게로 되돌려진다. 물론 코뮌의회, 혹은 정확히 말하면 코뮌평의회 의원도 민중에 의해 언제든지 소환될 수 있고, 그들의 봉급도 공무원에 적용되던 원칙에 지배받는다. 1875년 〈고타강령 비판〉에서 마르크스가 '사회주의 이념'을 "국가를 사회보다 상위의 기관에서 사회보다 하위의 기관으로 전화시키는" 것이라고 강조했을 때, 그가 염두에 둔 사회주의란 바로 이 파리코뮌의 코뮌주의에 다름 아니었던 것이다. 문제는 어떤 이유에서든 파리코뮌의 원칙, 나아가 《프랑스내전》과 〈고타강령 비판〉에서 피력된 마르크스의 정신이 후대 코뮌주의자나 마르크스주의자들에 의해 일관적이고 지속적으로 관철되지 못했다는 데 있다.

베른슈타인도, 레닌도, 스탈린도, 나아가 트로츠키도 코뮌주의를 이야기하지만, 그들의 코뮌주의에는 하나의 수식어가 붙는다. 사회민주당이든, 볼셰비키든, 아니면 공산당이든 그들은 코뮌주의를 현실화하고 유지하는 전위조직, 혹은 지도조직으로서 '당'을 상정했던 것이다. 기 드보르가 못마땅하게 생각했던 혁명 선배들은 당을 중시했던 코뮌주의자들이었던 것이다. 바로 '정당코뮌주의communisme de parti'다. 당과 대중, 전위와 후위! 전위가 있다면 후위가 있을 수밖에 없고, 지도부로서 당이 있다면 지도를 따르는 대중들이 있다는 이야기다. 전위를 후위가 소환하거나 당의 지도부를 대중들이 소환할 수 있다면, 정당코뮌주의는 파리코뮌 정신을 그대로 관철하고 있다고 할 수 있다. 그렇지만 이론적으로나 현실적으로 정당코뮌주의에서 전위정당으로서 공산당이나 사회당은 반복적으로 지도부 소환 가능성을 무력화했다. 부르주아사회가 프롤레타리아의 혁명에 맞서 집요하게 반혁명을 획책하고 있는 상황에서, 억압사회를 없앨 의지와 지성을 갖춘 엘리트들이 모여 있는 정당이니 억압받는 자들은 당을 믿고 따라야 한다고 강변하면서 말이다. 이런 논리에 따르면 전위전당에 대한 민중들의 어떤 이의 제기도 무력화되기 마련이다. 전위정당에 대한 이의 제기는 부르주아 세력들이나 하는 반혁명 행위로 단죄되기 때문이다. 이런 상황에서 전위정당과 그 핵심 인사들에 대한 소환은 언감생심의 일일 수밖에 없다. 바로 이것이 독재가 아니면 무엇인가?

정당이란 제도가 부르주아국가를 전제한다는 점도 잊지 말자. 결국 정당주의는 국가주의를 전제하므로 사회주의, 최소한 〈고타강령 비판〉의 사회주의와 대립된다. 정당코뮌주의는 말만 코뮌주의일 뿐, 당의 무게로 코뮌주의를 질식시키고 있다. 이것은 1871년 부르주아 세력들의 역습으로 괴멸될 때까지, 반혁명 세력에 맞서 효율적인 지배조직을 갖추어야 한다는 악마의 유혹을 견디며 파리코뮌이 지키려고 했던 코뮌주의와는 질적으로 다른 것이다. 1871년 파리 민중들은 정당코뮌주의가 아니라 '평의회코뮌주의communisme de conseils'를 자기 목숨보다 소중히 여겼던 것이다. 정당코뮌주의와 평의회코뮌주의의 결정적인 차이점은 대표자들이 민중들에 의해 소환 가능한가의 여부다. 그렇지만 대표자들이 프롤레타리아 등 민중들로부터 소환되지도 않는다면, 이것은 정당 독재에 지나지 않는 것 아닌가? 결국 정당코뮌주의가 관철되는 사회에서 프롤레타리아, 즉 노동계급은 자유를 획득하기는커녕 단지 자신들을 위한다는 새로운 상전을 모신 것일 뿐 달라진 것은 별로 없는 셈이다.

정당코뮌주의 vs. 평의회코뮌주의! 혹은 정당주의Partisme, partism vs. 평의회주의Conseilisme, counselism! 바로 이런 대결 구도에서 기 드보르는 자신의 지적 섬세함을 발휘한다. 그는 20세기 초반 억압사회에 대한 도전이 비극적 실패로 귀결된 이유를 정확히 간파했기 때문이다. 《스펙타클의 사회》의 100번째 테제가 중요한 이유도 바로 여기에 있다. "볼셰비즘이 자기 힘으로 러시아에서 승리를 거두고 사회민주주의가 낡은 세계를 위해 성공적으로 싸웠던 동일한 역사적 순간 …… 노동자 대표가 자신을 노동계급과 근본적으로 대립시킨다"는 걸 간파했기 때문이다. 기 드보르가 기억하고 있었던 것은 1918년 독일혁명과 1917년 러시아혁명의 성공에 취해서 우리가 간과하고 있던 두 가지 사건이다. 바로 1919년 베를린코뮌 붕괴 사건과 1921년 크론시타트코뮌 붕괴 사건이다.

먼저 독일의 경우를 보자. 1919년 1월 14일 노동계급의 지지로 정권을 잡은 독일사회민주당은 1월 4일 발족한 베를린코뮌을 괴멸한다. 이 과정에서 독일사회민주당 동지들은 스파르타쿠스동맹Spartakusbund의 핵심 지도자이자 한때 자신의 동료였던 로자 룩셈부르

1911년 카를 리프크네히트가 베를린 시민들 앞에서 연설을 하고 있다. 1919년 독일사회민주당은 스파르타쿠스동맹의 핵심 지도자이자 한때 자신의 동료였던 로자 룩셈부르크와 카를 리프크네히트를 무참히 살해하고 만다.

1921년 크론시타트 군인들이 "노동자의 자유에 반대하는 모든 사람에게 죽음을!"이라는 플래카드를 들고 있다. 소련공산당은 발트함대의 거점이자 러시아혁명 성공의 주동력이었던 크론시타트에 군대를 파견해 정당코뮌주의에 반대하던 크론시타트코뮌을 괴멸하고 만다.

크와 카를 리프크네히트를 무참히 살해하고 만다. 다음은 러시아다. 1921년 3월 17일 소련공산당은 발트함대^{Baltic Fleet}의 거점이자 러시아혁명 성공의 주동력이었던 크론시타트^{Kronstadt}에 군대를 파견해 정당코뮌주의에 반대하던 크론시타트코뮌을 괴멸하고 만다. 베를린코뮌과 크론시타트코뮌의 공통점은 두 코뮌이 모두 평의회코뮌주의를 표방했으며 그것을 전체 독일과 전체 러시아에 관철하려고 했다는 데 있다. 한마디로 말해 베를린코뮌과 크론시타트코뮌은 독일사회민주당이든 아니면 볼셰비키든 간에 정당코뮌주의는 결코 코뮌주의가 될 수 없다는 걸 보여주었다는 것이다. 바로 이것이 정당코뮌주의를 표방하던 독일사회민주당과 볼셰비키의 반감을 샀던 것이다. 노동자 대표가 자신을 노동계급과 근본적으로 대립시켰다! 아니 정확히 말해 정당코뮌주의가 평의회코뮌주의를 부정했던 것이다. 여기서 노동자 대표는 스스로를 대표하는 지배계급, 다시 말해 '노동자'보다는 '대표'에 방점을 찍으며 대표라는 기득권을 유지하려는 지배계급이 되고 만다. 소환을 거부하는 노동자 대표! 당연히 그는 소환을 요구하는 노동계급을 힘으로 억눌러야만 한다. 귀족국가, 영주국가, 부르주아국가를 극복하고 탄생한 노동자국가는 사실 노동자 대표자의 국가, 즉 전위정당의 국가에 지나지 않았던 것이다. 이제 기 드보르와 IS가 걸으려는 길은 분명해진다. 베를린코뮌의 전사들과 크론시타트코뮌의 전사들, 그들의 시신 옆에 피 묻은 채 나뒹구는 '평의회주의'의 깃발을 다시 들고 진군하는 것!

어찌 보면 베른슈타인은 환상으로 가득 차 있었지만, 자본주의적 생산의 위기가 기적적으로 사회주의자들의 행동을 강제할 것이라는 견해에는 부정적이었다. 사회주의자들은 합

1918년 킬의 독일 수병들의 봉기 전단지.
킬 반란으로 독일혁명은 시작된다.

법적 대관식$^{sacre\ légitime}$과 같은 모양새로 혁명의 계승자가 되고자 했다. 제1차 세계대전과 함께 찾아온 극심한 사회적 격동기는 (혁명적) 의식^{conscience}에 유리한 환경이었지만, 사회민주당의 위계^{hiérarchie}는 독일 노동자들을 혁명적으로 훈련시켜 이들을 이론가들로 만드는 데 무능했다. 그것은 두 번씩이나 입증된다. 첫 번째는 대다수 당원들이 제국주의 전쟁에 합류할 때이고, 두 번째는 전쟁의 패배로 인해 스파르타쿠스동맹에 소속된 혁명가들이 철저하게 탄압당할 때다. 노동자 출신 에베르트는 마치 '죄악이라도 되는 양' 혁명을 증오한다고 고백하면서 여전히 그 죄악을 믿고 있었다. "사회주의는 더 많이 노동하는 것을 의미한다"고 새로운 소외를 표방하는 강령을 공식화했을 때, 그는 사회주의적 대표la représentation socialiste의 선구자가 되고 만다. 곧 등장할 사회주의적 대표들은 러시아나 그 외 다른 곳에서 프롤레타리아에 대한 절대적인 적으로 기능하니까 말이다. …… 로자 룩셈부르크는 1918년 12월 21일 자 《붉은 깃발Die Rote Fahne》에서 말했다. "과거 혁명에서 투사들은 모든 것을 드러내놓고─계급 대 계급, 강령 대 강령─당당하게 싸웠다. 현재의 혁명에서는 낡은 질서l'ancien ordre를 보호하려는 무리들이 지배계급classes dirigeantes의 휘장이 아닌 '사회민주당'의 깃발 아래 개입한다. 혁명의 핵심적 문제, 이를테면 '자본주의인가 아니면 사회주의인가'라는 문제가 공개적으로, 그리고 솔직하게 제기됐다면 오늘날 다수 프롤레타리아는 전혀 주저함이 없었을 것이다."

─《스펙타클의 사회》 97·101

1918년 11월 9일 마침내 독일의 마지막 황제 빌헬름 2세Wilhelm II, Friedrich Wilhelm Viktor Albert(1859~1941)는 네덜란드로 망명해버린다. 10월 29일 독일 해군기지로 유명한 킬Kiel에서 벌어진 독일 수병들의 반란, 이른바 '킬 반란'이 제대로 나비효과를 일으킨 셈이다. 함부르크, 하노버, 프랑크푸르트, 뮌헨 등에서 군인, 농민, 노동자들은 도시를 장악하고 노동자병사평의회die Arbeiter und Soldaten räte를 설치했다. 마침내 11월 9일 베를린마저 "전쟁 반대"와 "세계혁명"이란 구호로 휩싸이고 만다. 독일제국이 무력화되고 황제가 망명하자 제국 총리였던 막스 폰 바덴Max von Baden, Maximilian Alexander Friedrich Wilhelm(1867~1929)은 독일사회민주당 지도자 에베르트Friedrich Ebert(1871~1925)에게 임시정부 구성

1918년 11월 9일 베를린에서 총파업과 무장투쟁이 시작되었다. 독일제국은 무력화되고 황제는 망명하고 만다.

의 임무를 위촉한다. 무엇 때문에 막스 폰 바덴은 에베르트를 선택했던 것일까? 막스 폰 바덴는 11월 7일 에베르트의 다짐을 들었기 때문이다. "만일 황제가 사임하지 않는다면, 사회혁명은 불가피할 겁니다. 그렇지만 저는 혁명을 원하지 않습니다. 심지어 저는 혁명을 죄악인 것처럼 싫어합니다Wenn der Kaiser nicht abdankt, dann ist die soziale Revolution unvermeidlich. Ich aber will sie nicht, ja, ich hasse sie wie die Sünde." 바로 이것이다. 독일제국 지배계급은 자신의 지위는 내어놓더라도 자신들의 재산을 보호해줄 적임자를 찾았던 것이다. 이렇게 독일혁명의 결실은 혁명 주체였던 민중이 아니라 에베르트와 독일사회민주당에게로 돌아가고 있었다. 그렇지만 독일사회민주당은 "반전"과 "혁명"을 부르짖었던 독일 민중의 열망을 충족시키기 힘들었다. 1914년 8월 4일 제국의회 다수당이었던 독일사회민주당은 제1차 세계대전 참전에 찬성했던 주범이었기 때문이다. 어쩌면 바로 이것이 독일제국 지배계급이 임시정부 구성을 에베르트와 독일사회민주당에 위촉했던 배경이기도 하다. 임시정부 구성을 위촉받자 독일사회민주당이 바로 독립사회민주당USPD, Unabhängige Sozialdemokratische Partei Deutschlands에 임시정부 참여를 부탁했던 것도 이런 이유에서다. 독일사회민주당이 전쟁에 찬성하자, 이에 불만을 품은 당내 사회주의자들이 탈당해 만든 정당이 바로 독립사회민주당이었으니까. 안타깝게도 독립사회민주당은 독일사회민주당의 제안을 받아들이게 되고, 마침내 11월 10일 독일사회민주당과 독립사회민주당 인사들이 장관을 나누어 가지고 에베르트를 총리로 하는 새로운 임시정부가 출범하게 된다.

여기서 잠시 제1차 세계대전 참전과 관련해 독일사회민주당의 행보를 되짚어보자. 독일사회민주당은 노동계급을 위한다는 마르크스주의 정당이었다. 1912년 당시 독일사회민주당은 당원 100만 명과 일간신문 90종을 보유한 세계 최대의 노동조직이었고, 당시 노동조합에 가입했던 노동자들 150만 명의 압도적인 지지를 받고 있었다. 바로 이것이 1912년 1월 12일 선거에서 독일사회민주당이 부르주아정당들과 보수정당들을 모두 제치고 제국의회 전체 397석 중 110석을 확보해 다수당이 될 수 있었던 힘이었다. 그런데 다수당이 되자마자 주제넘은 짓을 하기 시작한다. 노동계급의 대표라는 본연의 자세를 잊고 점점 자신들이 독일제국 전체를 고민하는 지도자 행세를 하기 시작한 것이다. 이렇게 독일사회민주당은 부르주아 논리에 빠져들게 된다. 그들은 자본계급의 이익 증대가 끝내 전체 독일사회의 이익을 증대시키고, 그것이 최종적으로 노동계급의 고용뿐만 아니라 임금 수준도 상승시킨다고 주장한다. 자본이란 생산수단과 생계수단을 독점한 자본계급을 인정하는 것이 어떻게 사회주의자가 취할 입장이란 말인가? 어쨌든 이제 우리는 당시 세계 최대 노동조직이었던 독일사회민주당이 세계대전이란 전쟁에 찬성해 노동계급을 사지로 모는 결정을 했는지 이해하게 된다. 두 차례에 걸친 세계대전은 식민지 재편을 놓고 벌어진 제국주의 전쟁이다. 전쟁에서 이기면 패전국의 식민지를 얻을 수 있고, 패배하면 승전국에 자기 식민지를 빼앗기는 게임이었던 것이다. 제국주의국가에게 식민지는 값싼 원료와 노동력을 확보하는 생산수단 구매시장이자, 자국 자본이 만든 상품을 안전하게 팔 수 있는 소비시장 기능을 수행했다. 결국 제1차 세계대전이나 제2차 세계대전은 자본주의가 가진 제국주의적 속성이 노골적으로 드러난 비극이었던 것이다. 제국주의 전쟁은 자본계급의 이익을 위해 민중들, 즉 '노동자=병사'들을 사지로 내몰게 된다. 이제 전쟁에 승리를 해도 그 결실은 노동계급이 아니라 대부분 자본계급에게 돌아가고, 패하면 그 패전의 모든 후유증은 노동계급이 거의 전적으로 감당할 수밖에 없다. 1914년 7월 28일부터 노동계급을 포함한 독일 민중들이 베를린 등 주요 도시에서 7월 28일부터 나흘 동안 80만 명 정도가 참여한 반전시위를 자그마치 288건 이상이나 했던 이유도 바로 여기에 있다. 자본계급과 국가기구의 희생양이 되지 않겠다는 의지였다. 그렇지만 1914년 8월 4일 독일사회민주당은 이런 노동계급의 열망을 배신하고 만다.

　당연히 당내에서는 당 지도부에 대한 강한 반발이 발생했다. 하긴 제정신이 있는 사회주의자들이라면 전쟁 찬성 조치가 노동계급과 사회주의, 그리고 마르크스에 대한 배신이란 걸 모를 리 없는

1918년 무장한 독일 병사들이 트럭을 몰고 베를린 시내를 질주하고 있다.

일 아닌가. 지도부가 노동계급을 배신하던 1914년 8월 4일 바로 그
날, 카를 리프크네히트와 로자 룩셈부르크가 '스파르타쿠스동맹'
을 만들어 당내 투쟁을 시작한 것도 이런 이유에서다. 그렇지만 스
파르타쿠스동맹에 참여한 사람들은 극소수에 지나지 않았다. 하긴
스파르타쿠스동맹에 상당한 사회주의자들이 참여할 정도였다면,
8월 4일에 어떻게 독일의 사회주의자들이 사회주의 이념을 교살하
는 만행을 저지를 수 있었겠는가. 다행스럽게도 제1차 세계대전에
서 독일제국이 허우적거리자, 스파르타쿠스동맹에 가입하지 않았
던 사회주의자들 중 점점 당 지도부의 전쟁 의지에 반발하는 사람
들이 늘어나게 된다. 이렇게 해서 당내에 사회민주주의 노동자그
룹Sozialdemokratische Arbeitsgemeinschaft, SAG이란 모임이 만들어진다. 당연히 정
치적 부담을 느낀 에베르트는 1917년 1월 18일 이 모임의 멤버들을
당에서 제명하고 출당시키게 된다. 사회민주주의 노동자그룹보다
더 근본적으로 당을 비판했던 스파르타쿠스동맹 멤버들도 같은 신

6부. 코뮌주의 역사철학과 기 드보르의 유산

1918년 독일 수병들이 "사회주의 공화국 만세"라고 쓰여 있는 팻말을 들고 있다.

세에 처하게 된다. 1917년 4월 6일 마르크스의 〈고타강령 비판〉으로 유명해진 고타에서 출당된 사회주의자들은 마침내 새로운 사회주의정당을 출범시킨다. 바로 이 정당이 독립사회민주당이었다. 결국 1918년 11월 독일혁명 당시 사회주의자들은 세 그룹으로 나뉜 상태였다. 슬로건으로 이 세 그룹의 입장을 간단히 구별해본다면, 독일사회민주당의 구호가 '전쟁 찬성, 혁명 반대'였고 독립사회민주당의 구호는 '전쟁 반대, 개혁 찬성'이었다면, 스파르타쿠스동맹의 구호는 '전쟁 반대, 혁명 찬성'이었다. 여기서 개혁과 혁명의 차이는 중요하다. 개혁이 '자본, 토지, 노동'이란 생산수단을 문제 삼지 않고 '이윤, 지대, 임금'의 분배만을 문제 삼는다면, 혁명은 분배라는 표면적인 문제보다는 자본이나 토지를 가진 이유로 노동하지 않고도 막대한 부를 얻는 생산관계를 뜯어고치겠다는 입장이다. 결국 스파르타쿠스동맹만이 1875년 〈고타강령 비판〉에 피력된 마르크스의 생각을 계승했던 것이다. 당연히 스파르타쿠스동맹에게 자본가와 지주의 존재는 부정되고, 자본과 토지는 노동자나 농민들이 소유하거나 공유해야 하는 대상이 된다. 노동하는 사람들이 생산수단을 소유하거나 공유하고 생산을 결정하는 형식이 바로 '평의회' 아닌가? 그러니 스파르타쿠스동맹이 파리코뮌 정신을 계승해 평의회주의를 지향한 것은 어쩌면 당연한 일이라 하겠다.

1918년 11월 독일혁명은 병사들과 노동자들이 도처에 노동자병사평의회를 만들면서 정점에 이른다. 이미 1917년 러시아혁명 때 당시 페트로그라드의 병사들과 노동자들이 소비에트라고 불리는 평의회를 만들었던 전례가 독일의 병사들과 노동자들에게 큰 힘이 된 탓이다. 그렇지만 평의회의 논리는 자본주의나 국가주의와는 양립할 수 없다는 걸 러시아나 독일 민중들은 정확히 인식하지 못했다. 노동자가 생산수단을 공유하고 생산을 결정하는데, 여기서 어떻게 자본계급이 존재할 수 있다는 말인가? 병사들이 스스로 규칙을 만들고 장교를 선출하는데, 여기서 어떻게 위계적 관료주의로 작동하는 국가기구가 존재할 수 있다는 말인가? 1966년 라캉은 《에크리Écrits》〈무의식에서의 문자의 심급 혹은 프로이트 이후의 이성L'instance de la lettre dans l'inconscient ou la raison depuis Fréud〉에서 "나는 내가 존재하지 않는 곳에서 생각한다. 그러므로 나는 내가 생각하지 않는 곳에서 존재한다Je pense où je ne suis pas, donc je suis où je ne pense pas"고 말했던 적이 있다. 불행히도 러시아도 그렇지만 당시 독일에 설립된 노동자병사평의회의 노동자들과 병사들은 평의회 자체가 혁명의 완성이란 걸 자각하지 못했다. 실제로 그들에게 남은 유일한 임무는 분명했다. 바로 평의회로 완성된 혁명을 지키는 것이었다. 그렇지만 혁명이 완성되었다는 것을 모르는 병사들과 노동자들은 무언가 미흡함을 느끼게 된다. 억압사회의 이데올로기에 길들여진 그들은 국가나 지도자가 필요하다는 관성적 생각에서 벗어나지 못했던 것이다.

자신이 주인이 되어놓고서, 즉 평의회를 만들어놓고서, 독일 노동계급은 새로운 주인을 찾아 나섰다. 이런 그들의 눈에 포착된 것은 전쟁에 반대했던 독립사회민주당의 유명 인사들이었다. 당시 독립사회민주당에 참여했던 면면들을 보면 평의회의 군인들과 노동자들이 왜 이 당을 신뢰했는지 고개가 끄덕여진다. 엥겔스^{Friedrich Engels}(1820~1895)의 개인비서였던 베른슈타인, 마르크스 사유의 적장자로 불리던 카우츠키^{Karl Johann Kautsky}(1854~1938), 그리고 마르크스의 미완의 과제 금융자본 문제를 해명했던 힐퍼딩^{Rudolf Hilferding}(1877~1941) 등. 바로 이것이 에베르트와 독일사회민주당이 독립사회민주당에 임시정부 구성에 참여하기를 권한 이유였다. 전쟁 찬성이란 흑역사를 가진 독일사회민주당이 정국을 주도할 수 없다면, 에베르트는 얼굴마담으로서 전쟁에 반대했던 옛 동지들을 내세울 필요가 있었던 것이다. 노동자병사평의회의 노동계급이 몰랐던 것을 에베르트는 명확히 알고 있었다. 독립사회민주당이 말로는 '전쟁 반대, 혁명 찬성'을 외치고 있지만, 사실 그들의 구호는 정확히 '전쟁 반대, 개혁 찬성'이라는 사실을. 에베르트는 어디서 이런 확신을 얻었던 것일까? 1889년 안장을 만들던 노동자 출신으로 에베르트는 독일사회민주당에 입당한다. 신입 당원 시절 사회주의 교육을 받을 때, 그는 마르크스나 엥겔스뿐만 아니라 지금은 독립사회민주당에 속한 베른슈타인도 공부했다. 이런 경험을 통해 에베르트는 베른슈타인으로 대표되는 독일사회민주당 내부의 사회주의자 지식인들이 '혁명'보다는 '개혁'을 지향한다는 걸 알게 된다. 독일 사회민주주의

1925년 무렵의 에베르트. 그는
사회민주당 지도자였으면서도 혁명을
원하지 않는다고 말했다.

1930년 80세를 맞이한 베른슈타인. 베른슈타인으로 대표되는 독일사회민주당 내부의 사회주의
자 지식인들은 '혁명'보다는 '개혁'을 지향했다.

최고 이데올로그인 베른슈타인의 육성을 직접 들어보고, 조금 더 자세하게 그의 주장을 음미해볼 필요가 있다.

일정 수준의 민주적 제도Einrichtungen와 전통Ueberlieferungen이 없었다면 오늘날의 사회주의 이론도 있을 수 없었을 것이며, 노동운동Arbeiterbewegung은 있어도 사회민주당Sozialdemokratie은 존재할 수 없었을 것이다. 근대 사회주의운동과 그 이론적 내용은 사실상 프랑스혁명을 통해 보편적 타당성을 획득하게 된 법 개념Rechtsbegriffe이 산업노동자들의 임금 및 노동시간 운동에 미친 영향의 산물이라고 할 수 있다. 물론 그런 법 개념이 아직 존재하기도 전에 원시 기독교와 결합된 민중코뮌주의Volkskommunismus가 있었던 것처럼 이런 권리의 개념 없이도 노동자들의 운동은 있을 수 있다. 그러니 이 민중코뮌주의는 매우 모호한 것이었고 반쯤 신비적인 것이었으며 노동운동도 그런 법률제도Rechtseinrichtungen와 법률이해Rechtsauffassungen라는 토대가 없다면 내용이 없는 것으로 되어버릴 것이다. …… 《코뮌주의정당 선언》에 등장하는 "프롤레타리아에게는 조국이 없다Der Proletarier hat kein Vaterland"라는 구절은 …… 사회민주당의 힘으로 노동자Arbeiter가 갈수록 프롤레타리아Proletarier에서 부르주아Bürger로 되어가는 오늘날에는 그 타당성을 이미 잃었거나 혹은 점차로 잃어가고 있다. 노동자들은 그들이 국가와 지방자치단체에서 똑같은 권리를 가진 유권자Wähler가 되고, 그렇기 때문에 국민적 공동 재산의 공동 소유자가 되며, 또한 그들의 어린이를 사회가 교육하고 그들의 건강을 사회가 지켜주며, 그들에 대한 부당한 대우를 사회가 보호해줌에 따라서 그들은 조국을 가지게 될 것이다. …… 원칙적으로 사회주의나 노동운동에서 새로운 식민지를 얻느냐 못 얻느냐 하는 문제는 오늘날 전혀 상관없는 문제다. 식민지를 확대하는 것이 사회주의의 실현을 가로막는다는 생각은 궁극적으로 사회주의의 실현이 전체 부자들^{ganz} ^{Wohlhabenden}의 덩어리가 점차 줄어들고 민중의 빈곤^{Verelendung der} ^{Massen}이 증가함으로써 이루어진다고 생각하던 완전히 낡아빠진 옛날 이론에 근거하고 있다.

– 〈사회민주당의 과제와 수행 가능성Die Aufgaben und Möglichkeiten der Sozialdemokratie〉,

《사회주의의 전제와 사회민주당의 과제Die Voraussetzungen des Sozialismus und die

Aufgaben der Sozialdemokratie》(1899)

부르주아 법률의 핵심은 '소유권'을 보호하는 데 있다. 그러나 막연히 개인이 가지고 있는 것의 권리를 보호한다고 순진하게 생각해서는 안 된다. 정확히 말해 소유권의 논리는 자본가의 자본과 지주의 토지를 자본가와 지주의 소유로, 즉 재산으로 보호하는 것과 관계되기 때문이다. 소유권의 논리에 따라서 진정으로 보호되는 것은 자본가나 지주라는 걸 우리는 쉽게 알 수 있다. 예를 들어 직접 농사를 짓지 않으면서 거대한 토지를 소유한 지주가 있다고 해보자. 소유권은 지주가 가진 대토지를 보호하면서 지주라는 신분 자체를 보호한다. 그렇지만 과거 신분사회에서는 '피의 형이상학'을 통해, 그러니까 양반의 피에는 많은 것을 소유해도 좋을 신비한 힘이 있는 반면, 소작농의 피에는 그런 신비한 힘이 없다는 논리로 지주의 소유권을 지켰다. 프랑스혁명은 신분사회 질서와 피의 형이상학을 붕괴시키고 만다. 귀족 출신이 아니었던 대부분의 부르주아가 자신의 헤게모니를 정당화할 이데올로기를 모색하면서, 혈족의 이데올로기는 시들어버린다. 마침내 부르주아는 함께 탄생한 새로운 피지배계급 프롤레타리아가 자신들의 아성에 도전하는 것을 막을 수 있는 이데올로기를 구성하는 데 성공한다. 바로 그것이 법률이라는 이데올로기였다.

법률의 핵심부에 존재하는 것이 바로 소유권, 혹은 재산권의 논리다. 아이에게서 그가 먹고 있던 사탕을 빼앗아도 안 되고, 사냥꾼에게서 그가 잡은 멧돼지를 빼앗아도 안 되고, 낚시꾼에게서 그가 잡은 우럭을 빼앗아도 안 되고, 남의 집에 가서 그 집을 빼앗아도 안 된다. 다른 사람에게 무언가를 빼앗겼던 사람이라면, 혹은 빼앗길 것을 두려워하는 사람이라면 여기에 반론을 제기하기는 힘들 것이다. 그런데 바로 이 논리를 부르주아계급은 자본가와 지주에게도 그대로 적용했던 것이다. 자본가가 가진 자본이나 지주의 땅도 다른 사람에게 빼앗겨서는 안 된다는 식으로 말이다. 그런데 자본가의 자본이나 지주의 땅이 어린아이의 사탕이나 낚시꾼의 우럭과 질적으로 같은가? 이것을 고민하는 순간, 부르주아 법률은 자신이 가진 맹점을 그대로 노출하고 만다. 생산수단이자 생계수단인 돈을 독점해야 자본가는 노동자들을 고용해 '이윤'을 얻을 수 있고, 마찬가지로 땅을 독점해야 지주는 농민들에게 땅을 빌려주고 '지대', 즉 토지사용료를 얻을 수 있다. 바로 이것이 자본과 토지의 소유가 사탕과 우럭의 소유와는 질적으로 다른 이유다. 지배와 착취를 위한 소유와 그렇지 않은 평범한 소유, 혹은 생산수단의 소유와 생산물의 소유는 이렇게 완전히 다른 것이다.

생산수단에 대한 사적 소유, 나아가 독점적 소유를 정당화하는 것이 바로 프랑스혁명 이후 복잡하게 체계화된 부르주아 법률의 핵심이다. 부르주아 법률은 바로 이것을 '자유'라는 이름으로 정당화한다. 무언가를 소유할 자유와 처분할 자유를 모든 사람에게 허락한다는 논리다. 당연히 사탕, 시계, 책, 자동차, 우럭, 감자 등을 가진 사람들은 소유권과 관련한 자유의 논리를 쌍수를 들고 환영한다. 그렇지만 부르주아 법률이 강조하는 자유의 논리에서 핵심은 생산물에 대한 소유권이 아니라 생산수단에 대한 소유권에 있다. 바로 이것이 '자유민주주의'라는 개념의 실체다. 생각해보라. 지주가 땅을 가질 자유를 마음껏 행사하는 순간, 농사일밖에 모르는 농민은 소작농의 신세를 면치 못할 것이고, 자본가가 자본을 운용할 자유를 마음껏 행사하는 순간, 노동력만 가진 노동자들은 영원히 고용 불안과 착취 상태를 벗어나지 못할 것이다. 그러니 자유민주주의 이념을 맹신하는 노동계급은 얼마나 측은한 일인가? 지배체제의 이데올로기가 노동계급의 역사감각을 박탈한 탓일 것이다. 사실 과거 귀족사회나 중세사회에서도 귀족이나 영주 등은 노예나 농노가 소유했던 사탕, 우럭, 감자 등 생산된 소유물들을 웬만하면 빼앗지 않았다. 중요한 것은 생산수단을 빼앗아 독점하는 일이었으니까. 이웃에게 감자를 빼앗긴 농부는 쉽게 분노한다. 현실적으로 눈앞에서 자기가 가졌던 감자를 빼앗겼기 때문이다. 그렇지만 토지 사용료, 즉 지대를 지주에게 낼 때 분노하는 농부는 드물다. 이것은 구조적인 착취이기 때문이다.

농부가 구조적 착취의 부당함에 분노하려면, 그는 스스로 물어보아야 한다. "왜 땀 흘려 노동하지 않고서도 지주는 풍족한 생활을 하는가? 땅은 일하는 사람이 일할 수 있을 만큼 가지고 있어야 하는 것 아닌가? 수만 평의 땅을 독점한 채 소작료가 마음에 들지 않으면 아예 땅을 휴경지로 방치하는 것은 정당한 일인가? 농사 기술은 있지만 땅이 없는 농부들이 모조리 자살하면, 지주도 굶어죽는 것 아닌가? 지주는 농부들의 피와 땀에 기생하는 기생충 같아서, 지주를 없애려면 소작농이라는 숙주가 죽어야 한다는 것인가? 지주를 몰아내고 농사를 짓는 사람들이 땅을 가져야 하는 것 아닌가? 지주를 몰아낼 때 국가는 정의가 바로 세워졌다고 환호할 것인가? 아니면 소유권에 근거한 법률의 논리로 국가는 농부들을 처벌하고 땅을 다시 지주에게 돌려줄 것인가?" 지주 대신 자본가를, 땅 대신 자본을, 소작농 대신 노동자를 대입해도 상황은 마찬가지다. 눈앞에 보이는 현실적인 생산물 문제보다 구조적이어서 잘 보이지 않는 생산수단 문제를 직시하지 않는다면, 노동계급도 부르주아계급이란 기생충에게 영양분을 빼앗기는 숙주 신세를 벗어나지 못할 테니 말이다. 여기서 잠시 명확히 해두어야 할 것이 있다. 20세기부터 지금까지 다수 노동계급의 안목을 흐리는 두 가지 이념, 정확히 말해 사이비 이념이 있다. '자유민주주의'와 '정당코뮌주의'다. 전자가 부르주아사회를 지배하는 이데올로기였다면, 후자는 제도권 사회주의국가를 지배한 이데올로기였다. 두 이념 모두 20세기 초반 코뮌주의로 구체화된 노동계급의 민주주의에 대한 열망을 희석시키기 위해 출현했다는 공통점이 있다.

먼저 자유민주주의다. 이 이념은 자유라는 개념으로 민주주의를 교살하고자 한다. 여기서 자유라는 개념은 생산수단 독점의 자유를 의미하기 때문이다. 지주나 자본가라는 신분을 긍정하는데 어떻게 민주주의가 가능하겠는가? 소수 지주와 다수 소작농, 혹은 소수 자본가와 다수 노동자가 어떻게 동일한 지분을 가지고 공동체에 대해 발언할 수 있다는 말인가? 물론 지주나 자본가는 소작농과 노동자들에게 자유롭게 의견을 피력하라고는 말할 것이다. 자유로운 민주주의사회에서는 표현의 자유가 있다는 흰소리와 함께 말이다.

그렇지만 어느 노동자가 사장에게, 어느 소작농이 지주에게 당당히 자기 의견을 피력할 수 있겠는가? 그러니까 결국 자유민주주의라는 이념은 정확히 말해 부르주아민주주의일 수밖에 없다. 자신이 가진 자본의 양만큼 발언권과 영향력을 가지니까 말이다. 주주총회를 생각하면 쉽다. 이와 비슷하게 정당코뮌주의라는 이념은 정당이란 개념으로 코뮌주의를 교살한다. 파리의 코뮌이나 독일과 러시아의 소비에트는 모두 노동자병사평의회라는 형식으로 움직였다. 그러나 여기에 사회당이든 공산당이든 정당이 들어오는 순간 복잡해진다. 평의회는 다수 노동계급이 대표를 선출하고 소환할 수 있는 권력을 가졌기에 유사 이래 인간이 가졌던 가장 강력한 민주주의형식이다. 반면 정당과 정당의 지도부들은 노동계급이 선출할 수 없을 뿐만 아니라 당연히 소환할 수도 없기에 반민주적인 것이다. 이런 정당이 평의회나 코뮌 위에 있다고 상정해보라. 만약 독일의 사회민주당이든 러시아의 볼셰비키든 정당이 정권을 잡았을 때, 심각한 문제가 발생할 수 있다. 평의회의 아래로부터의 권력과 정당의 위로부터의 권력이 충돌할 수 있기 때문이다. 그러나 독일의 경우든 러시아의 경우든 모두 정당코뮌주의를 표방했던 정당들은 평의회 권력을 유혈로 무력화시키지 않았던가?

20세기 이후 역사를 보면 시장자본주의체제든 독점자본주의체제든 유사한 패턴이 확인되는 것은 단순한 우연의 일치만은 아니다. 자유민주주의는 자유주의로 귀결되고, 정당코뮌주의는 정당주의로 귀결되고 만다. 이것은 결국 자본계급의 독재와 유일 정당의 독재가 민주주의와 코뮌주의를 교살했다는 걸 말한다. 그 구체적인 메커니즘은 단순하다. 서구 자본주의체제에서는 '민주주의→자유민주주의→자유주의.' 동구 사회주의체제에서는 '코뮌주의→정당

코뮌주의→정당주의'. 돌아보면 자유주의와 정당주의는 노동계급의 민주주의와 코뮌주의에 대한 열망에 이식된 병균이었고, 마침내 민주주의와 코뮌주의를 잡아먹어버린 것이다. 시장자본주의체제가 자유주의라는 이데올로기에까지 이르면, '민주주의'라는 이상은 그야말로 완전히 붕괴되고 만다. 자유주의는 돈, 혹은 재산을 가진 자의 양적 자유를 의미하기 때문이다. 1억의 자본가보다 10억의 자본가가 더 자유로운 것도 이런 이유에서다. 마찬가지로 국가독점자본주의체제가 정당주의라는 이데올로기에까지 이르면, '코뮌주의'는 '국가주의'로 인해 질식하고 만다. '자본가=지주=관료'라는 권력의 삼위일체 속에 자유로운 공동체라는 이념은 숨도 쉴 수 없을 테니까.

어쨌든 베른슈타인이 강조했던 '법'은 별것 아니다. 그건 소유권의 논리일 뿐이다. 부르주아 법률이 지키려는 소유권은 추상적이라는 것이 그 특징이다. 감자를 억지로 빼앗은 행위도 처벌하고, 지주를 몰아내고 그의 땅을 빼앗는 행위도 처벌하고, 경영자를 몰아내고 그의 공장을 빼앗는 행위도 처벌한다. 그렇지만 부르주아 법률의 숨겨진 의도는 감자 절도보다는 오히려 땅 점거나 공장 점거를 막으려는 데 있다. 부르주아사회에서 법률이 이데올로기로 작동하는 것도 이런 이유에서다. 감자의 소유권, 사탕의 소유권, 시계의 소유권, 의자의 소유권을 보호하는 제스처를 통해 부르주아 법률이 진짜로 지키고 싶은 것은 '자본'과 '토지'라는 생산수단의 소유권이기 때문이다. 그렇지만 엥겔스의 개인비서 출신인 베른슈타인은 생산수단 문제에 아예 눈을 감고 있다. 진정한 마르크스주의자라면 '자본'과 '토지'의 사적 소유를 공격해야 하는데도 말이다. 일하지 않는 자가 구걸하지 않고도 먹고사는 것이 가능한 사회, 심지어 일하지 않는 자가 일하는 자보다 더 풍족하게 살 수 있는 사회에 대해 단호하게 '아니요'라고 분노하지 않는 사람이 어떻게 마르크스주의자일 수 있다는 말인가?

1875년 〈고타강령 비판〉에서 마르크스는 독일 사회주의자들을 비판했던 적이 있다. "이른바 분배를 가지고 야단법석을 떨고 거기에 중점을 두는 것은 거의 항상 잘못된 것이다. 소비수단의 그때그때의 분배는 생산조건 자체의 분배의 귀결일 뿐"이라고. 불행히도 베른슈타인은 생산수단 독점의 문제를 우회하고 그저 분배의 문제만을 고민한다. 바로 이것이 베른슈타인을 포함한 독일사회민주당 지식인들이 수정주의Revisionism라고 비판받는 이유다. 자본가와 지주를 옹호하는 부르주아 법률을 내버려둔 채 노동자들의 처우를 개선하려고 하기 때문이다. 아니나 다를까 베른슈타인도 프랑스혁명 이후 체계화된 부르주아 법률과 제도들을 긍정하고 만다. "근대 사회주의운동과 그 이론적 내용은 사실상 프랑스혁명을 통해 보편적 타당성을 획득하게 된 법 개념이 산업노동자들의 임금 및 노동시간 운동에 미친 영향의 산물이라고 할 수 있다." 이제 사회주의자의 임무는 단순하다. 사회민주당에 입당해 선거로 의회에 들어가는 것, 그리고 부르주아 법률과 제도 안에서 합법적으로 노동자들을 위한 입법 활동에 매진하는 것!

《스펙타클의 사회》 97번째 테제에서 기 드보르가 "사회주의자들은 합법적 대관식과 같은 모양새로 혁명의 계승자가 되고자 했다"고 지적했던 것도 이런 이유에서다. 노동자들이 주 6일 근무했다면 이제 주 5일 근무하도록 입법하는 것, 혹은 과거에 노동자들이 월급으로 300만 원을 받았다면 이제는 350만 원을 받도록 입법하는 것, 과거 노동자의 최저임금이 시간당 5000원이었다면 이제 시간당 1만 원이 되도록 입법하는 것! 국회에 들어가 합법적 의정 활동을 하겠다는 한국의 진보주의자들이 연상되는 대목이다. 의회에서 입법 활동을 통해 노동계급의 삶을 향상시키겠다! 말로는 노동계급을 위한다고 하지만 이것은 실제로 자본계급에 투항하는 것과 다름없다. 의회를 긍정하는 것, 이것은 정당제도와 함께 부르주아 국가기구 전체를 받아들여야 가능하니까. 의회, 정당, 법원, 경찰 등을 수용한다는 것은 이런 제도들이 비호하는 자본주의체제를 긍정한다는 것을 의미한다. 그러나 생각해보라. 사회주의는 소수가 독점한 생산수단을 사회 전체로 되돌려야 진정한 민주주의가 가능하다는 입장 아닌가. 부르주아의 법률 이데올로기를 받아들이는 순간, 베른슈타인이 사유와 공유 사이에, 혹은 자본주의와 사회주의 사이에 옴짝달싹 못하게 되는 것도 이런 이유에서다. 바로 이것이 독일사회민주당이 수정주의라고 비판받는 첫 번째 이유다.

　지배계급의 생산수단 독점만 막으면 모든 것이 해결될 텐데, 베른슈타인과 독일 사회민주주의자들은 그럴 의지도 혹은 그럴 용기도 없었다. 왜 그럴까? 말로는 노동계급을 위한다고 하지만 그들이 정말로 위하는 것은 바로 자기 자신이었으니까. 그래서 그들은 두려웠던 것이다. 생산수단 문제에 개입하는 순간 국가기구와 목숨을 내놓을 수도 있는 전면전을 해야 하는 상황이 말이다. 이에 비해 의원이 된다는 것은 얼마나 근사한 일인가? 잘하면 노동계급을 위한 입법도 할 수 있고 입법이 좌절된다고 해도 별로 손해 볼 것도 없다. 다음 입법 활동을 기약하며 그냥 의원으로서 지위와 특권을 향유하고 있으면 되니까. 사회민주주의자들이 의원의 지위를 얻는 것은 자신을 위해서일까, 아니면 노동계급을 위해서일까? 바로 이것이 독일사회민주당이 수정주의라고 비판받는 두 번째 이유가 된다. 결국 독일사회민주당이 걸었던 수정주의 노선은 한마디로 정리된다. 노동계급의 대표로서 의회에 진출해 그들을 위한 입법 활동을 하겠다! 여기서 중요한 것은 입법 활동은 항상 좌절될 수 있다는 사실이다. 이럴 때 이 노동자 대표들이 할 수 있는 일은 별로 없다. 그저 의석수의 부족으로 노동 입법이 좌절되었다고 탄식하는 정도다. 심지어 노동 입법이 좌절된 책임도 사회민주당에 표를 몰아주지 않은 노동계급에게 전가하면 그만이다.

베른슈타인은 사회주의를 왜곡한 최초의 수정주의 이데올로그이자, 훗날 제도권 사회주의자들의 근사한 롤 모델이다. 지금도 노동계급 운운하며 제도권 정당을 꿈꾸는 모든 진보주의자들이 제2의 베른슈타인, 제3의 베른슈타인에 지나지 않는 것도 이런 이유에서다. 얼마나 완전한 논리인가? 부르주아사회에서 자본계급보다 노동계급은 압도적인 다수일 수밖에 없다. 부르주아 선거제도에 따르면 모든 사람은 그가 자본가든 아니면 노동자든 상관없이 의원을 뽑는 선거에서 한 표를 행사하기 마련이다. 그렇다면 노동계급의 대표를 표방하는 사회민주당이 다수당이 되는 것은 식은 죽 먹기 아닌가. 베른슈타인이 "노동자들은 그들이 국가와 지방자치단체에서 똑같은 권리를 가진 유권자가 되고"라고 역설한 것도 이런 이유에서다. 문제는 부르주아사회에서 노동자 정당이 다수당이 되는 경우는 별로 없다는 사실이다. 무슨 이유일까? 자본계급의 이윤이 커져야 노동계급의 떡고물도 커지리라는 부르주아 이데올로기가 힘을 발휘한 까닭일 수도 있고, 스스로 주인이 되기보다는 좋은 주인을 찾으려는 해묵은 노예근성에 노동계급이 허우적거리는 탓일 수도 있다. 그렇지만 가장 중요한 것은 노동계급이 본능적으로 노동자 정당을 표방하는 사회주의 지식인들의 속내를 간파하고 있다는 사실 아닐까? 결국 분배를 강조하는 사회민주당의 입장은 자본계급의 이윤이 증가하지 않으면 불가능하리라는 걸 노동계급은 알고 있었던 것이다. 그러니 무엇 때문에 복잡하게 사회민주당을 거칠 필요가 있겠는가? 차라리 경기를 부양시켜 자본계급의 잉여가치가 넘쳐 노동계급에게 흘러갈 방도를 고민하는 부르주아정당에 표를 던지는 것이 낫지 않은가? 다시 생각해보라. 사회적 생산의 결과는 자본가에게는 이윤으로, 그리고 노동자에게는 임금으로 분배된다. 마르크스는 자본가에게 돌아가는 이윤을 근본적으로 불로소득이라고 규정한다. 자본을 투자했다는 이유로 아무런 노동도 하지 않은 채 노동자들이 넘볼 수 없는 이윤을 배당받는 것은 정의롭지 못하다는 것이다. 베른슈타인은 자본가에게 돌아가는 이윤을 일단 긍정하고, 그 이윤을 가급적 덜어서 노동자의 임금에 보태주려고 한다. 문제는 자본가에게 돌아갈 이윤이 줄어들거나 혹은 없어질 때 발생한다. 이런 경우 베른슈타인과 독일사회민주당은 바로 자본가의 이윤을 증가시키는 정책을 추진할 수밖에 없다. 자본가의 이윤이 증가하지 않으면, 노동자들의 임금도 증가할 수 없을 테니 말이다. 위기의 순간이 닥치면 어떤 친구가 진정한 친구인지 아는 법이다. 이 점에서 독일사회민주당은 노동계급의 진정한 친구일 수 없다. 경기 불황이 다가오면 독일사회민주당은 노동계급을 저버리고 자본계급의 이익에 복무하기 때문이다.

호황일 때는 사회주의를 추구하고, 불황일 때는 자본주의를 추구한다. 호황일 때는 노동계급의 친구를 자처하고, 불황일 때는 자본계급의 친구로 돌변한다. 바로 이것이 독일사회민주당이고, 이걸 감언이설로 미화했던 이가 바로 베른슈타인이었다. 아무런 부끄러움도 없이 그는 말한다. "일정 수준의 민주적 제도와 전통이 없었다면 오늘날의 사회주의 이론도 있을 수 없었을 것이며, 노동운동은 있어도 사회민주당은 존재할 수 없었을 것이다." 프랑스혁명 이후 정착한 의회제도 등 부르주아 제도가 없었다면 사회주의 이론도 없었다! 우리를 아연실색하게 만드는 주장이다. 부르주아 제도의 핵심에는 생산수단 독점을 정당화하고 그걸 공권력으로 지키는 소유권의 논리, 달리 말해 직접 노동하지 않아도 이윤이나 토지사용료로 대다수 노동자들이나 농민들보다 우월한 삶을 영위하는 것을 가능하게 한 지배계급의 논리가 도사리고 있기 때문이다. 〈고타강령 비판〉에서 피력된 마르크스의 정신, 즉 생산수단의 사적 독점을 막고 생산수단을 노동계급에게 되돌려주어야 한다는 사회주의 정신을 배신한 것으로 충분하지 않았나 보다. 베른슈타인은 사회주의 이론이 부르주아 법률 이데올로기의 발전된 형태라고 기염을 토하니까. 하긴 이렇게 해야 사회주의자로서 부르주아 의회의 의원이 되려는 자신들의 모습을 합리화할 수 있다.

더 심각한 것은 "(의회제도가 없었다면) 노동운동은 있어도 사회민주당은 존재할 수 없었을 것"이라는 베른슈타인의 주장이다. 노동계급의 자발적인 노동운동보다 사회민주당이 노동계급을 대표해서 벌이는 정치활동이 더 중요할 뿐만 아니라 더 진보적이라는 것이다. 그의 주장에는 두 가지 전제가 깔려 있다. 하나는 그가 '엘리트/민중'이란 전통적인 지배 도식으로 사회를 이해하고 있다는 것이고, 다른 하나는 그가 정당과 의회제도의 발달이 진보의 척도라고 생각하고 있다는 것이다. 결국 억압과 착취가 없는 사회는 노동계급만으로는 가능하지 않고 반드시 사회민주당이 주도해야만 한다. 당연히 민중이 자발적으로 코뮌을 조직하는 '민중코뮌주의'는 폄하될 수밖에 없다. 베른슈타인이 "민중코뮌주의는 매우 모호한 것이었고 반쯤 신비적인 것이었으며 노동운동도 그런 법률제도와 법률 이해라는 토대가 없다면 내용이 없는 것으로 되어버릴 것"이라고 극언한 이유도 바로 여기에 있다. '민중코뮌주의'가 아니라 '정당코뮌주의'다! 베른슈타인에게서 우리는 '평의회코뮌주의'와 '정당코뮌주의'가 극명히 대립되는 장면을 처음으로 목도하게 된다. '민중코뮌주의'라는 신조어를 만든 것에서부터 사실 베른슈타인의 의도가 엿보인다. 민중코뮌주의라는 말을 쓰는 순간 다른 종류의 코뮌주의도 가능하다는 잘못된 인상을 주기 때문이다. 그렇지만 코뮌주의는 기본적으로 민중주의다. 억압받는 민중들이 사회의 주인이 되는 것이 바로 코뮌주의이기 때문이다.

《프랑스내전》첫 번째 초고에서 마르크스가 "코뮌은 억압의 조직된 힘 대신에 자기 자신들의 힘을 형성하는 민중 자신이 국가권력을 다시 흡수하는 것"이라고 강조했던 것도 이런 이유에서다. 코뮌주의, 그것은 민중을 위한, 민중에 의한, 그리고 민중의 정치를 말한다. 그래서 코뮌에서는 모든 성인 국민에게 자격 요건의 제한 없이 주어지는 보통선거권의 의미가 부르주아사회의 그것과는 완전히 다르다. 마르크스가 지적한 것처럼 이제 "보통선거권은 지금까지 신성한 국가권력에 대한 의회의 재가를 위해서 남용돼오거나 몇년에 한 번씩 의회주의적 계급지배를 재가하기 위해서(계급지배의 도구들을 선출하기 위해서)만 민중에 의하여 이용되는 지배계급의 손안에 있는 장난감"이 아니라 "코뮌이 그 자신의 행정직 관청 직원이나 법률을 발의하는 관청 직원을 선출하는 일"에 사용되기 때문이다. 물론 이런 관청 직원들은 코뮌에 의해 언제든지 소환 가능하고, 아울러 숙련 노동자의 평균 임금 이상의 봉급을 받을 수 없다. 초고를 토대로 완성된 《프랑스내전》에서 마르크스는 대표자, 정확히 말해 행정 공무원과 입법 공무원들이 민중들, 즉 코뮌에 대해 맺는 관계를 생생하게 표현했던 적이 있다. "보통선거권은 3년이나 6년마다 지배계급의 어떤 구성원이 의회에서 민중을 대표하고 짓밟을 것인가를 결정하는 대신에 코뮌을 구성하는 민중에게 봉사해야 하는데, 이것은 마치 다른 모든 고용주의 경우에 개인적 선택권이 자기 사업에서 노동자, 감독관, 경리를 찾는 데 봉사하는 것과 마찬가지다. 그리고 개인과 마찬가지로 회사도 실제 사업에서 통상적으로 적절한 사람을 발견할 줄 알고 또한 잘못 생각한 경우라면 곧 다시 그것을 적절하게 시정할 줄 안다는 것은 잘 알려져 있다."

1871년 파리코뮌이 보여주었던 것처럼 코뮌주의는 부르주아체제가 보장하는 의회나 정당 제도와는 아무런 상관이 없을 뿐만 아니라, 오히려 의회나 정당 제도를 무력화시키는 이념이다. 베른슈타인이 조롱하고 있지만 '민중코뮌주의'에서 '민중'과 '코뮌'이란 말은 서로 부합되는 개념이다. 그러니까 민중코뮌주의는 민중주의나 혹은 코뮌주의라고 불려도 아무런 상관이 없다는 이야기다. 어차피 민중, 즉 노동자들이나 농민들이 정치적 주체로 등장해 능동성과 자발성을 발휘하는 사회가 바로 코뮌이니까 말이다. 그러나 베른슈타인이 지향하는 '정당코뮌주의'의 상황은 그렇지 않다. '정당코뮌주의'에서 '당'과 '코뮌'은 서로 어울릴 수 없는 개념이다. 당이 코뮌의 전위라면 코뮌은 당의 후위니까. 그러니까 정당코뮌주의에서 능동성과 자발성을 담당하는 것은 '당'이지 '민중들'이 아니라는 말이다. 진정한 코뮌주의에서 대표자들은 항상 코뮌이 선출하고 소환할 수 있다. 그렇지만 정당코뮌주의에서 당의 엘리트들에 대해 코뮌은 아무런 견제를 하지 못한다. 말로는 코뮌주의를 사용하고 있지만, 정당코뮌주의는 '당'이 '코뮌'을 압도하고, 심하게 말하면 압살할 수 있는 이유도 바로 여기에 있다. 정당코뮌주의는 정신노동이 육체노동을 지배해야 한다는 과거 지배 논리를 그대로 답습하고 있다. 원칙적으로 생각해보자. 코뮌은《프랑스내전》첫 번째 초고에 등장하는 표현을 빌리자면 "타인의 노동으로 생활하지 않는 모든 노동자"의 공동체라면, 당은 정신노동이라는 미명하에 타인의 노동으로 생활하는 사람들의 조직일 뿐이다. 결국 코뮌에서 정신노동과 육체노동 사이의 분할이 폐지된다면, 당은 순수한 정신노동을 긍정하면서 정신노동과 육체노동 사이의 분할을 유지하고 있다. 아무리 당이 육체노동에 종사하는 노동자들의 입장을 대변한다고 강변해도 말이다. 역사적으로 봐도 당은 부르주아사회를 유지하는 핵심 제도이고, 반면 코뮌은 부르주아사회를 극복한 민중자치제도였다. 당과 코뮌의 만남은 잘못된 만남이고, 정당코뮌주의는 사이비적 개념일 수밖에 없는 것도 이런 이유에서다.

참고로 부르주아국가에서 정당이 무엇인지를 생각해보자. 우리 헌법의 '정당법'을 넘겨보는 것으로 충분하다. '정당법' 제1장(총칙) 제2조에 따르면 "정당은 국민의 이익을 위하여 책임 있는 정치적 주장이나 정책을 추진하고 공직선거의 후보자를 추천 또는 지지함으로써 국민의 정치적 의사 형성에 참여함을 목적으로 하는 국민의 자발적 조직"이다. 부르주아사회에서 국민의 이익은 본질적으로 자본계급의 이익을 말한다. 자본계급의 이윤이 증가해야 노동계급의 삶도 풍족해진다는 것이 부르주아사회의 이데올로기니까. 또한 정당은 국민의 자발적 조직이라고 했지만, 누구나 정당을 만들 수 있는 것도 아니다. '정당법' 제2장(정당의 성립)을 보면 "창당준비위원회는 중앙당의 경우 200명 이상의 발기인, 시·도당은 100명 이상의 발기인을 필요로 하고"(제6조), "정당은 최소 다섯 개 이상의 시·도당을 가져야 하며"(제17조), 나아가 "시·도당은 관할 구역에 주소를 가진 1천 명 이상의 당원이 있어야"(제18조) 한다. 그러니까 합법적 정당을 만들려면 발기인만 최소 700명, 당원은 최소 5000명이 되어야 한다. 발기인을 모집하는 것도 당원을 모집하는 것도 하향식으로 이루어지며, 동시에 여기에는 엄청난 자본이 투여된다. 하루하루 생계를 걱정하는 노동계급으로서는 창당조차 꿈꿔볼 수 없는 조건이다. 여기서 잠시 과거 신분사회의 지배 방식과 부르주아사회의 지배 방식 사이의 차이점을 정리해볼 필요가 있다. 과거 신분사회에서는 정치를 담당하는 계급과 그렇지 않은 계급이 신분, 즉 피의 논리로 정해져 있었다. 그러니까 백정은 아무리 노력해도 국정에 참여할 수 없는 법이다. 반면 신분사회를 극복했다고 자임하는 부르주아사회에서는 이론적으로 모든 사람이 대통령이나 국회의원, 혹은 자본가가 될 수 있지만, 현실적으로 아무나 대통령이나 국회의원, 혹은 자본가가 될 수는 없다. 이론적으로는 가능하지만 현실적으로는 힘들거나 불가능하도록 만든다! 바로 이것이 부르주아사회 지배 공식이다.

이데올로기에서뿐만 아니라 현실적으로도 부르주아사회의 원리에 따라 만들어진 정당은 정치적 강령을 만들고 이를 시행할 공직 후보자들을 공천한다. 바로 이들이 대통령, 국회의원, 나아가 지방자치단체장이 되는 것이다. 흥미로운 것은 대통령이나 국회의원 등 행정부와 입법부의 주요 공직 입후보자들이 대개 정당의 지도부나 유력 인사라는 사실이다. 여기서도 하향식 논리는 그대로 관철된다. 이렇게 정당은 잠재적 국가기구라고는 할 수 있지만, 아주 강하게 엘리트주의를 표방하기에 결코 민주적인 조직이라고는 할 수 없다. 2014년 1월 2일 헌법재판소의 결정문을 보자. "정당은 국민과 국가의 중개자로서 정치적 도관^{導管}의 기능을 수행하여 주체적·능동적으로 국민의 다원적 정치 의사를 유도·통합함으로써 국가 정책의 결정에 직접 영향을 미칠 수 있는 규모의 정치적 의사를 형성하고 있다." 여기서 주목해야 할 것은 정당은 "주체적·능동적으로 국민의 다원적 정치 의사를 유도·통합"한다는 엘리트주의적 발상이다. 국민들, 즉 민중들은 주체적으로나 능동적으로 공동체의 지향점을 결정할 능력이 없다는 것이다. 그러니 정당들은 추상적으로는 자신들의 강령과 정책을 만들고 구체적으로는 입법과 행정 두 차원에서 고위 공직 후보자들을 공천한다.

정당이 네 개라면 민중들에게는 이제 네 가지의 답지가 주어진 셈이다. 선생이 문제를 내고 학생들이 답을 푸는 형국이다. 문제를 내는 것도 답지를 만드는 것도 모두 선생이고, 학생들은 문제를 결정할 수도 없고 당연히 답지를 만들어낼 수도 없다. 이런 식으로 정말 중요한 문제는 중요하지 않은 문제와 답지들에 가려 은폐되기 십상이다. 자본 등 동산과 토지나 주택 등 부동산을 가지고 투자라는 명목으로 노동을 하지 않고 이익을 얻는 것이 정당한가? 노동을 하지 않고 이익을 얻는 것은 무위도식에 지나지 않는 것 아닌가? 생산수단 독점은 결국 노동력만 가진 다수 노동계급을 착취하는 구조적 범죄 아닌가? 뭐 이런 문제들은 제기조차 될 수 없다. 그렇기에 부르주아국가는 정당에 보조금을 아낌없이 내놓는 것이다. 우리의 경우만 하더라도 매년 2월, 5월, 8월, 11월 네 번에 걸쳐 경상 보조금이 의석수와 득표수 비율에 따라 차등 지급된다. 2019년 8월에 지급된 보조금이 106억 8800여만 원이니, 1년으로 환산하면 400억 이상이 정당에 배분되는 셈이다. 배분된 보조금을 주어진 법적 한도 내에서 사용할 수 있으니, 각 정당을 지배하는 최고 엘리트들의 힘은 그만큼 안정적이고 막강하게 된다. 하긴 이미 공천권마저 쥐고 흔드니 누가 그 엘리트들을 견제할 수 있다는 말인가. 어쨌든 정당이란 현란한 답지들을 통해 부르주아사회를 흔들 수 있는 근본적인 문제 제기, 생산수단 독점에 관한 노동계급의 문제 제기가 희석될 수 있으니, 부르주아사회는 체제 유지를 위해서 기꺼이 그 대가를 치르고 있는 셈이다.

정당에 가입해 최종적으로 의원이 되려는 이유는 무엇일까? 그들의 말처럼 국민, 서민, 노동계급을 위한 법을 만들려는 활동을 할 수 있어서일까? 그러나 좀 더 노골적으로 생각해보자. 우리의 경우 국회의원은 연봉이 1억 5000만 원이니 월 1000만 원 이상의 고소득자다. 더군다나 조금만 부지런하면 특수활동비나 연구용역비 등의 명목으로 주어지는 돈도 충분히 챙길 수 있다. 100일 동안 열리는 한 차례의 정기국회, 30일 동안 열리는 네 차례의 임시국회에 참여하는 것이 의원으로서 할 일의 전부지만, 회의에 참석하지 않는 요령을 충분히 부릴 수 있다. 회의에 참석하지 않았다고 해서 의원을 제재할 수단은 전무하니까 말이다. 상임위 활동을 하거나 본회의 활동을 할 때도 대부분의 일은 국가에서 봉급을 주는 보좌관 9명이 도맡아 하니, 그야말로 직접 일하지 않아도 일한 티를 낼 수 있는 최고의 직장 중 하나가 바로 국회의원인 셈이다. 더군다나 해당 상임위 활동과 관련된 업체나 조직에 대해 엄청난 권력을 행사할 수 있을 뿐만 아니라 불체포와 면책이라는 형사상의 특권과 소소한 일상생활의 혜택도 많으니, 정말 최고의 직업이라는 건 숨길 수 없는 사실이다. 이런 생계형 의원도 가능하겠지만, 자신이 가진 부를 안정적으로 유지하거나 증가시키는 가장 좋은 방법으로 의원이 되는 경우가 더 많다.

실제로 우리의 경우 선거 공탁금 제도가 있다. 대통령은 3억, 국회의원은 1500만 원, 도지사는 5000만 원이다. 유효 투표수의 100분의 15를 얻지 못하면 그냥 날리는 돈이다. 사실 이것만으로도 부르주아사회 공직자들은 기본적으로 지배계급 일원이라는 걸 쉽게 알 수 있다. 이 대목에서 우리 헌법 '국회법' 제29조 2(영리 업무 종사 금지)의 1항은 매우 흥미롭다. "의원은 그 직무 이외에 영리를 목적으로 하는 업무에 종사할 수 없다. 다만 의원 본인 소유의 토지·건물 등의 재산을 활용한 임대업 등 영리 업무를 하는 경우로서 의원의 직무 수행에 지장이 없는 경우에 그러하지 아니하다." 그러니까 의원이 되어서도 직접 회사를 차리지 않는 이상, 자본으로 이윤을 남길 수 있다는 것이다. 의원들 대부분이 자본계급이 아니라면 쓸데없는 규정일 것이다. 그보다 더 심각한 것은 의원들에게는 더 큰 이윤을 남길 수 있는 길이 활짝 열렸다는 사실이다. 경제생활에 밀접히 영향을 끼치는 법률을 다루는 의원들로서는 투자해야 할 곳과 그렇지 않은 곳을 사전에 알 수 있으니 말이다. 1871년 파리코뮌 때 입법 공무원이나 행정 공무원은 항상 소환 가능하도록 만든 조치와, 그들의 봉급이 숙련 노동자 평균 연봉 이상을 받지 못하도록 만든 조치가 중요한 이유도 바로 여기에 있다. 수많은 특권과 특혜를 철폐하고 노동자 평균 임금 월 300만 원 정도를 수령하도록 만든다면, 더군다나 다수 민중에 의해 항상 소환 가능하다면, 지금 의원들 중 몇 명이나 국회에 남아 있으려고 할 것인가?

베른슈타인의 정당코뮌주의! 그것은 코뮌주의랑 아무런 상관이 없을 뿐만 아니라 심지어 코뮌주의를 무방비 상태에서 무기력에 빠뜨리는 치명적인 이념이다. 베른슈타인의 입장은 명확하다. 부르주아국가와 부르주아 법률이 존재하지 않는다면, 정당제도도 있을 수 없고 나아가 사회민주당도 있을 수 없다는 것이다. 결국 독일이란 국가가 가장 중요한 토대가 된다. 사회주의를 표방하는 지식인이 끝내 국가주의의 손을 들어주게 되는 것도 이런 이유에서다. 국가의 모든 권력을 사회로 되돌리지 않고 오히려 사회에 그나마 남은 권력을 국가에 귀속시키는 일, 사회주의자로서는 할 수 없는 이 일을 베른슈타인은 아무런 죄책감 없이 수행했던 것이다. 그렇지만 사회주의, 혹은 코뮌주의의 길을 이론화했던 마르크스를 의식할 수밖에 없는 것 또한 엥겔스의 수행비서 출신 베른슈타인의 처지였다. 물론 그 방법은 마르크스의 사유가 19세기에나 적용될 수 있는 낡은 것이라고 폄하하는 것이다. "《코뮌주의정당 선언》에 등장하는 '프롤레타리아에게는 조국이 없다'라는 구절은 …… 사회민주당의 힘으로 노동자가 갈수록 프롤레타리아에서 부르주아로 되어가는 오늘날에는 그 타당성을 이미 잃었거나 혹은 점차로 잃어가고 있다."

마르크스와 인터내셔널의 이념을 조롱하는 베른슈타인의 패기를 분석하기 전에 한 가지 점검해야 할 것이 있다. 세계화와 금융화로 상징되는 21세기 현재 자본주의 상황과 비교해, 19세기와 20세기 초반 자본주의 상황이 보여주는 두 가지 특이점이 바로 그것이다. 첫째, 21세기 현재 직접 투자나 간접 투자라는 형식으로 자본이 국경을 넘나들며 이윤을 확보하고 있지만, 19세기 이후 20세기 초반까지 영국, 독일, 프랑스, 미국, 일본 등 부르주아국가들은 직접 식민지를 확보해 이윤을 얻으려고 했다. 금융기법, 정보통신, 그리고 교통수단이 발달하지 않은 상황에서는 직접 노동시장과 소비시장을 폭력적으로 장악하는 것이 이윤을 얻는 가장 확실한 방법이었기 때문이다. 요약하자면 20세기 초반 자본주의체제는 실물경제를 통한 직접 식민화를 도모했다면, 21세기 현재 자본주의체제는 금융경제를 통한 간접 식민화에 주력한다는 것이다. 둘째, 21세기 현재 다국적기업을 가진 부르주아국가들의 노동계급은 미취업과 실업 문제에 노출되지만, 20세기 초반까지 식민지를 거느린 제국의 노동계급은 식민지 노동계급의 착취를 통해 일자리가 늘었고 상대적으로 생활수준도 향상되었다는 사실이다. 다시 말해 20세기 초반까지 국경을 넘어선 자본은 자신이 속한 제국의 무력에 편승해 식민지를 지배한 만큼 국적성이 강했다면, 21세기 현재 자본은 상대적으로 다국적성을 띠게 되었다는 것이다. 가령 우리의 대표적인 다국적기업 삼성전자만 하더라도, 저임금노동자와 새로운 소비시장을 찾아 공장을 중국이나 베트남으로 옮긴다. 자국의 일자리 문제를 고민했다면 이런 일은 벌어지지도 않았을 것이다.

20세기 초반 독일은 영국과 프랑스 등과 뜨거운 식민지 쟁탈전에 돌입하고 있었고, 식민지가 커질수록 독일 내 자본계급의 이윤은 급증했으며 아울러 노동계급의 삶도 과거보다 좋아지고 있었다. 결국 세계사적으로 보면 독일이 제국주의 활동을 하면서 독일 노동계급은 일등 노동계급이, 식민지 노동계급은 이등 노동계급이 되었다. 이런 배경에서 베른슈타인은 "노동자가 갈수록 프롤레타리아에서 부르주아로 되어"간다고 기염을 토한다. 이 순간 독일 노동계급은 세계사적 안목을 열어두어야 했다. 노동계급으로서 자신들의 처지가 개선된 이유가 식민지 노동계급에 대한 가혹한 착취 때문이란 걸 자각해야 했다는 것이다. 식민지를 상실하는 순간 독일 자본계급은 착취의 표적을 자국 노동계급에 돌릴 것이 자명한 일이기 때문이다. 제국이든 식민지든 노동계급은 자본계급을 먹여 살리는 서글픈 존재일 뿐이다. 물론 제국의 노동자가 식민지 노동자보다 착취의 강도가 약한 건 사실이다. 그렇지만 언제든지 이 상황은 역전될 수 있다. 제국이 식민지를 잃거나 아니면 제국이 식민지가 되는 순간 노동계급은 열악한 노동조건에 바로 던져질 테니 말이다. 더군다나 식민지나 제국의 분리도, 그리고 식민지를 소유하려는 전쟁, 식민지가 되지 않으려는 전쟁, 상대방의 식민지를 빼앗으려는 전쟁도 사실 자본계급의 맹목적 이윤 추구 충동에 의해 나타난 역사적 현상 아닌가? 자본의 맹목적 충동에 휘말린 인간 사이의 갈등과 대립에서 가장 먼저 피를 흘리고 쓰러지는 것은 누구인가? 누가 최전선에서 피를 흘리는가? 바로 국민 다수를 차지하는 노동계급 출신 젊은이들이다. 이겨도 노동계급일 뿐이고 져도 노동계급일 뿐인 젊은이들이다. 과연 파리코뮌처럼 노동계급이 사회를 주도했다면, 그들은 자신이 피를 흘릴 전쟁을 그렇게 쉽게 결정했을까? 그러니 "프롤레타리아에게는 조국이 없다"는 말은 19세기뿐만 아니라 20세기, 나아가 21세기에도 유효한 원칙이다.

제국의 노동계급으로 산다는 것! 자신의 행복이 식민지 노동계급의 착취로 가능하다는 걸 망각한다는 것! 이런 삶과 이런 무지의 상태에 있어서야, 어떻게 노동계급이 인간사회의 꿈을 감당할 수 있다는 말인가? 맹목적 이윤 추구의 괴물 자본이 가볍게 국경을 넘어 지구 전체 노동계급을 억압하고 착취한다는 걸 안다면, "프롤레타리아에게는 조국이 없"어야만 한다. 자본계급의 칼날이 잠시 자국 노동계급이 아니라 식민지 노동계급에게 겨누어졌다고 안도하는 노동계급은 얼마나 우매한 사람들인가? 자본계급 사이의 치열한 경쟁과 그와 함께 이루어지는 식민지 쟁탈 전쟁에서 죽어나가는 것은 결국 노동계급일 뿐이다. 그렇지만 베른슈타인은 독일 노동계급에게 악마의 유혹을 던진다. 마치 자본가들처럼 '이익'의 논리를 내세워 독일 노동계급이 세계사적 안목을 철회하도록 만들기 때문이다. "노동자들은 그들이 국가와 지방자치단체에서 똑같은 권리를 가진 유권자가 되고, 그렇기 때문에 국민적 공동 재산의 공동 소유자가 되며, 또한 그들의 어린이를 사회가 교육하고 그들의 건강을 사회가 지켜주며, 그들에 대한 부당한 대우를 사회가 보호해줌에 따라서 그들은 조국을 가지게 될 것이다." 식민지 노동계급에 대한 착취를 보지 말고, 식민지를 거느리며 얻는 그 달콤한 과실만 향유하라는 것이다. 베른슈타인이 말한 조국은 정확히 말해 바로 식민지를 착취하는 독일의 자본계급과 국가기구를 말한다. 독일 자본계급과 국가기구로 흘러들어온 막대한 부는 노동계급에게로 흘러넘칠 것이다. 식민지에서 유래한 막대한 부를 전제로 독일사회민주당의 이데올로그 베른슈타인은 독일 노동계급에게 자기 정당에 표를 던지라고 유혹한다. 사회주의를 표방하는 독일사회민주당만이 확실히 노동계급의 삶을 보호하고 증진해줄 수 있다는 것이다.

바로 이 대목에서 노동계급에게는 조국이 생긴다고 베른슈타인은 강조한다. 영국도 아니고 프랑스도 아니다. 오직 독일만이 자신들의 삶을 돌본다고 노동계급이 생각하는 순간, 독일 노동계급은 '독일'이란 조국이 생긴다는 이야기다. 그렇지만 제정신을 가진 노동자들 중 그 누가 베른슈타인의 이야기에 속겠는가? 생산수단을 독점한 자본계급에게 착취당하는 것도 노동계급이고, 폭력수단을 독점한 국가기구에 의해 징집되어 전쟁에 나서는 것도 바로 노동계급이니 말이다. 결국 제국주의 전쟁에서 독일이 승리해도 그 피해는 고스란히 독일 노동계급에게 전가되는 법이다. 현명해진 노동자들이 점점 늘어나고 그들의 발언이 강해진다면, 식민지 경제로 얻은 부를 노동계급에게 분배하겠다는 독일사회민주당의 입장은 약해질 수밖에 없다. 당장 생계가 곤란한 노동계급이나 혹은 세계사적 안목이 없는 순진한 노동계급마저 독일사회민주당에 등을 돌릴 수도 있는 일이다. 베른슈타인이 서둘러 자본의 세계화에 맞서는 노동계급의 국제적 연대를 막으려고 했던 것도 이런 이유에서다. 물론 그 방법은 식민지를 둘러싼 제국주의 전쟁과 독일 내의 노동운동은 아무런 상관이 없다는 궤변을 늘어놓는 것이었다. "원칙적으로 사회주의나 노동운동에서 새로운 식민지를 얻느냐 못 얻느냐 하는 문제는 오늘날 전혀 상관없는 문제다." 식민지를 확보하는 전쟁이 벌어지면 노동계급이 전선으로 징집될 텐데, 어떻게 사회주의나 노동운동이 식민지와 무관하다는 말인가? 식민지를 얻으면 독일 노동계급의 처우가 상대적으로 개선되고, 식민지를 못 얻으면 독일 자본계급은 자국 노동계급에 대한 착취를 강화할 텐데, 어떻게 사회주의나 노동운동이 식민지와 무관하다는 말인가?

거짓 주장은 그걸 정당화하는 또 다른 거짓 주장을 낳는 법이다. 아니나 다를까, 베른슈타인은 사회주의자로서는 거의 지적 자살에 가까운 폭주를 자행하고 만다. "식민지를 확대하는 것이 사회주의의 실현을 가로막는다는 생각은 궁극적으로 사회주의의 실현이 전체 부자들의 덩어리가 점차 줄어들고 민중의 빈곤이 증가함으로써 이루어진다고 생각하던 완전히 낡아빠진 옛날 이론에 근거하고 있다." 지금 베른슈타인은 식민지 확대가 사회주의 실현, 정확히 말해 독일 내에 국한된 사회주의 실현의 첩경이라고 강조하고 있다. 식민지 확대는 약소국가나 약소민족뿐만 아니라 다른 제국주의 국가들과의 갈등과 전쟁도 함축하고, 독일 노동계급을 일등 노동계급으로, 식민지 노동계급을 이등 노동계급으로 만드는 일이다. 이것이 사회주의의 실현과 무슨 관련이 있다는 말인가? 나아가 베른슈타인은 '자본계급의 이윤이 넘쳐흘러야 노동계급의 삶도 풍성해진다'고 기염을 토하기까지 한다. 그러기 위해서 그는 파리코뮌이나 마르크스가 그렇게도 강조했던 사회주의 이념마저 왜곡하고 폄하하는 만행을 주저하지 않는다. "사회주의의 실현이 전체 부자들의 덩어리가 점차 줄어들고 민중의 빈곤이 증가함으로써 이루어진다"는 생각은 "완전히 낡아빠진 옛날 이론"이다. 부자들, 즉 자본가나 지주가 줄어들면, 민중이 빈곤해진다고? 자본이나 땅을 가지고 있다는 이유로 이윤이나 토지사용료를 받아 무위도식한 계급이 사라지는데, 어떻게 민중들이 빈곤해지겠는가?

에베르트는 베른슈타인과 카우츠키가 포진한 독립사회민주당이 기회주의적이라는 걸 정확히 간파하고 있었다. 1914년 베른슈타인과 카우츠키는 에베르트와 마찬가지로 독일 노동계급을 제1차 세계대전의 불구덩이로 몰아넣는 걸 찬성한 바 있다. 그렇지만 베른슈타인과 카우츠키 등은 전황이 불리하고 독일 내 노동계급의 반발이 무성하자 전쟁 찬성 입장을 반대 입장으로 바꾸었을 뿐이다. 노동계급의 표를 의식한 행위였던 것이다. 이미 우리는 베른슈타인이 식민지 쟁탈전에 찬성했던 사람이라는 걸, 아니 최소한 묵인했던 사람이란 걸 확인했지 않은가? 어쩌면 베른슈타인의 주장을 곧이곧대로 실천하려고 했던 사람이 에베르트인지도 모른다. 에베르트는 독립사회민주당이 반전으로 돌아선 것도 권력욕의 소산이라는 걸 정확히 이해하고 있었다. 이런 독립사회민주당이 전쟁을 중지할 테니 임시정부에 들어오라는 에베르트의 제안을 어떻게 거부할 수 있다는 말인가? 비극은 노동자병사평의회를 조직했던 독일 노동계급이 에베르트의 정치적 책략에 그대로 속아 넘어갔다는 데 있다. 독일 노동계급은 에베르트와 사회민주당은 불신했지만 베른슈타인, 카우츠키, 힐퍼딩은 신뢰했던 것이다. 그들은 베른슈타인 등 독일 사회주의 지식인들 대부분이 민중코뮌주의, 즉 평의회코뮌주의를 얼마나 혐오했는지, 그리고 그들이 노동계급의 대표라는 권력을 얼마나 유지하려고 했는지 몰랐다. 임시정부가 수립되자 각 지역의 노동자병사평의회 대표 1500여 명은 임시정부에 권력을 이양하고 만다. 당시 노동계급은 자신들이 애써 만든 평의회가 바로 혁명의 진정한 완성이라는 사실, 평의회코뮌주의 혹은 민중코뮌주의의 결실이라는 걸 몰랐던 셈이다.

용의주도한 에베르트는 평의회 대표들이 평의회 권력을 자신과 임시정부에 돌려주지 않을 가능성도 대비해야만 했다. 노동계급의 평의회 권력과 임시정부의 권력이 충돌할 때, 평의회 권력을 압도할 수 있는 무언가 확실한 보장이 있어야 했다. 에베르트가 노동자병사평의회로 상징되는 독일혁명으로 숨을 죽이고 있지만 여전히 힘을 가진 기득권 세력과 손을 잡으려고 했던 이유도 바로 여기에 있다. 노동계급에게 위축된 자본계급, 그리고 일반 병사들에게 위축된 군부 세력! 중요한 것은 군부를 움직이는 고위 장성들과 손을 잡는 일이었다. 이들의 지지를 얻는다면, 에베르트와 임시정부는 억압적 국가기구로 제대로 기능할 수 있으니까 말이다. 바로 폭력수단 독점이다. 군부의 지지를 받는다는 것이 확실해지면, 혁명에 숨을 죽이고 있던 자본계급과 지주계급도 에베르트를 실권자로 인정하고 그에게 고개를 숙일 것이다. 권력이란 그 사람에게 힘이 있다고 사람들이 믿을 때 생기는 법이니까. 에베르트의 고민은 하나로 귀결된다. 과연 군부가 자신과 사회민주당의 손을 잡을 것인가? 어쨌든 임시정부의 핵심 요인들은 사회주의를 표방하는 사람들 아닌가? 그렇지만 군부는 잘 알고 있었다. 에베르트든 베른슈타

독일의 군부 실권자 빌헬름
그뢰너(오른쪽). 1918년
'에베르트-그뢰너협약'이
맺어지는데, 그뢰너는 군대의
위계질서 복원뿐만 아니라
평의회코뮌주의 척결을 요구했고,
에베르트는 군부가 새롭게
발족한 임시정부에 대한 지지와
충성을 요구했다.

인이든 독일 사회민주주의자들 대부분은 권력욕의 화신이라는 사
실을, 그들은 노동계급을 위한다는 명분으로 노동계급 위에 군림하
려 한다는 사실을, 그리고 그들이 언젠가 손을 잡아야 하는 파트너
라는 사실을.

　1918년 11월 11일 임시정부 총리로 취임하기 전날, 그러니까
11월 10일이 되어도 에베르트는 다양한 물밑 제안에도 움직이지 않
는 군부에 그야말로 똥줄이 타고 있었다. 바로 그때 군부와 행정부
사이에 깔려 있던 비밀회선 전화가 울린다. 군부의 실권자 그뢰너
Karl Eduard Wilhelm Groener(1867~1939)가 이제 충분히 에베르트와 임시정부
의 애간장을 태웠다고 생각하고, 에베르트와의 거래에 응한 것이

다. 마침내 지금은 '에베르트-그뢰너 협약Ebert-Groener pact'이라고 부르는 비밀협정이 맺어진다. 그뢰너는 군대의 위계질서 복원뿐만 아니라 노동자병사평의회로 요약되는 평의회코뮌주의 척결을 요구했고, 에베르트는 새롭게 발족한 임시정부에 대한 군부의 지지와 충성을 요구했다. 전화 통화에서 에베르트는 11월 7일 막스 폰 바덴에게 했던 맹세를 다시 그뢰너에게 읊조린다. 자신은 "혁명을 죄악인 것처럼 싫어한다hasse sie wie die Sünde"고 말이다. 이렇게 질서, 정확히 말해 위로부터의 질서가 서서히 복원되기 시작한다. 베를린에서 에베르트가 임시정부 총리로 취임한 날 11월 11일 독일은 프랑스 콩피에뉴에서 열린 휴전협정에 조인한다. 말이 휴전협정이지 굴욕적인 조건들을 수용하며 독일은 프랑스, 영국, 미국 등의 연합군 측에 항복하고 만 것이다. 유럽 전체 노동계급 2000만 명을 사지로 내몰았던 제1차 세계대전이 독일의 병사들과 노동자들에 의해 종결되는 순간이었다. 이제 독일의 노동계급은 독일에는 지배계급의 탐욕에 의한 전쟁이나 착취가 사라지는 시대가 열리리라 낙관했다. 그러나 군부와 결탁한 에베르트 사회민주당 임시정부는 생각이 달랐다. 그들은 아래로부터의 질서를 꿈꾸었던 평의회코뮌주의를 괴멸하고 위로부터의 질서를 복원하는 작업을 서서히 추진했기 때문이다. 이런 사실을 모르고 에베르트 임시정부를 승인했던 노동자병사평의회 대표들은 새로운 정부가 사회주의 이념에 맞게 독일을 이끌어나갈 것이라고 순진하게 믿고 있었다. 스파르타쿠스동맹의 지성 로자 룩셈부르크만이 사회민주주의자들로 구성된 임시정부의 음모를 불안한 시선으로 보고 있을 뿐이었다.《스펙타클의 사회》101번째 테제에서 기 드보르는 1918년 12월 21일 자《붉은 깃발》에 실린 로자의 말을 기록한다. "현재의 혁명에서는 낡은 질서를 보호하려는 무

제1차 세계대전에서 독일군을 이끌었던 힌덴부르크(왼쪽)와 루덴도르프. 두 사람은 황제에게 더 이상 전쟁에서 승산을 기대할 수 없으니 연합군과 조속히 정전협정에 착수하는 것이 좋을 것이라는 보고를 올렸다. 휴고 포겔의 그림(1917).

리들이 지배계급의 휘장이 아닌 '사회민주당'의 깃발 아래 개입하고" 있다고.

　중요한 것은 1918년 11월 11일 제1차 세계대전의 종전이 독일의 지배계급과 노동계급에게 전혀 다른 의미였다는 사실이다. 독일 지배계급은 패전의 탓을 명령에 불복했던 병사들과 혁명을 꿈꾸었던 노동계급, 더 노골적으로 말해서 노동자병사평의회로 돌렸다. 반대로 병사들과 노동자들에게 패전은 지배계급의 패전일 뿐, 억압받는 자들에게는 승리였다. 11월 독일혁명의 도화선이 되었던 킬 해군 병사 반란 사건이 10월 29일에 있기 한 달 전, 정확히 9월 29일에 독일군을 이끌었던 힌덴부르크Paul von Hindenburg(1847~1934)와 루덴도르프Erich Friedrich Wilhelm Ludendorff(1865~1937)는 황제 빌헬름 2세에게 불리한 전황과 아울러 향후 조치를 권고했던 적이 있다. 더 이상 전쟁에서 승산을 기대할 수 없으니 연합군과 조속히 정전협정에 착수하는 것이 좋을 것이라는 보고와 함께, 패전 책임을 묻는 아래로부터의 혁명에서 체제를 지키려면 위로부터의 개혁을 단행해야 한다는 내용이었다. 이미 독일 지배계급은 전쟁뿐만 아니라 패전의 책임이 자신들에게 있다는 걸 알았던 것이다. 그렇지만 노동계급을 압도하려는 군부세력, 자본계급, 그리고 임시정부는 독일 패전의 원인을 독일혁명을 이끌었던 병사들과 노동자들로 돌리기 시작했다. 새로운 지배계급의 슬로건을 간단히 요약하자면 이렇다. "우리는 전쟁에서 패하지 않았다. 우리는 단지 사회주의자들, 노동조합, 그리고 유대인들에게 내부로부터 배신당했을 뿐이다."

독일 지배계급은 "(등 뒤에서) 단검 찌르기 전설Dolchstoßlegende"을 만들어낸 것이다. 이 전설에 갑자기 유대인이 등장했다고 당혹할 필요는 없다. 독일 노동계급이 절대적으로 신뢰하는 카를 리프크네히트와 로자 룩셈부르크는 모두 유대인 아닌가? 더군다나 마르크스나 심지어 레닌과 트로츠키마저도 유대인이었으니, '코뮌주의자=사회주의자=노조 지도자=유대인=독일 배신자'란 전설을 만드는 것이 무슨 힘든 일이겠는가? 이렇게 독일에서는 나치즘이 점점 뿌리를 내리게 된다. 당시 독일제국의 패전에 엄청난 충격에 빠져 순간적으로 실명 위기까지 겪은 독일군 상병Gefreiter이 한 명 있었다. 철십자Eisernes Kreuz 훈장을 두 차례나 받았던 이 젊은이는 독일이 연합군에게 패전했다는 걸 받아들일 수 없었다. 그것은 일반 사병으로는 받기 힘든 철십자 훈장 일등급을 가슴에 달았던 자부심에 먹칠하는 일이었으니까. 정신승리를 위해서라도 그는 단검 찌르기 전설을 받아들이게 된다. 이후 그는 지배계급이 날조한 전설에 휘말린 평범한 독일인들과 마찬가지로 노동계급, 코뮌주의, 사회주의, 그리고 유대인에 대한 반감을 토로하며 살아가게 된다. 바로 그가 1919년 당시 서른 살의 히틀러Adolf Hitler(1889~1945)라는 젊은이였다.

어쨌든 군부 세력과 임시정부는 협력하여 준군사조직 자유군단Freikorps을 만든다. 이 작업은 사회민주당 소속 사회주의자이자 당시 임시정부 국방장관Reichswehrminister이었던 노스케Gustav Noske(1868~1946)의 주도로 군부와 협력해 이루어진다. 무엇 때문에 의용군을 자처하는 자유군단을 만들었던 것일까? 과거 억압질서를 복원하려는 조치를 시행할 때, 에베르트 임시정부는 평의회 소속 병사들과 노동자들의 반발과 저항을 예상했던 것이다. 군대를 동원해 노동계급의 저항을 무력화시키는 것은 사회주의자로서는 면이 서지 않는 일이다. 의용군 형식을 갖춘 자유군단이 저항하는 노동계급을 테러로 진압하는 것은 여러모로 에베르트의 정치적 부담을 그만큼 줄여주는 일이었다. 낡은 지배질서, 혹은 지배구조를 복원하려는 준비가 갖추어지자, 에베르트는 제일 먼저 베를린을 장악하려고 했다. 베를린은 독일의 영혼이자 지성이기 때문이다. 베를린을 장악하지 못하면 독일도 장악하지 못한다! 권력욕에 불탔던 에베르트가 이걸 모를 리 없다. 그렇지만 베를린을 장악하려는 그에게는 한가지 걸림돌이 있었다. 당시 베를린 치안을 담당하던 아이히호른Emil Eichhorn(1863~1925)은 독립사회민주당 안에서 소수 그룹이었던 로자 룩셈부르크와 카를 리프크네히트의 스파르타쿠스동맹과 이 동맹이 주장하던 평의회주의를 옹호했기 때문이다. 1919년 1월 4일은 에베르트의 임시정부가 사회주의의 가면을 완전히 벗어던진 날이다. 임시정부 내각에서 아이히호른의 베를린 경찰서장의 직위를 박탈한날이기 때문이다. 최초의 반혁명 조치가 이루어지는 순간, 에베르

1914년 히틀러의 모습(맨 오른쪽에 앉은 이). 독일의 패전에 실망한 히틀러는 이후 지배계급이 날
조한 전설에 휘말린 평범한 독일인들과 마찬가지로 노동계급, 코뮌주의, 사회주의, 그리고 유대인
에 대한 반감을 토로하며 살아가게 된다.

1919년 독일 임시정부 국방장관 구스타프 노스케가 자유군단을 방문한 모습. 에베르트는 군대를 동원
해 노동계급의 저항을 무력화시키는 것보다 의용군인 자유군단을 통해 노동계급을 진압하려고 했다.

자유군단
모집 포스터.

트와 임시정부에 배신당한 것을 직감한 베를린은 들끓었다.

마침내 1월 5일 수십만 명의 베를린 시민이 독일혁명을 지키기 위해 자발적인 시위와 봉기에 착수했다. 스파르타쿠스동맹은 이번 봉기가 베를린에 국한되어 끝날 위험성을 너무나 잘 알고 있었다. 이미 몇몇 지역을 제외하고 평의회는 사라지고 그 자리에 구질서가 들어섰기 때문이다. 그렇지만 스파르타쿠스동맹은 반혁명에 맞서 봉기한 베를린 민중들과 함께하기로 결정한다. 1918년 11월 독일혁명 당시 노동계급이 의식하지는 못했지만 온몸으로 살아냈던 평의회코뮌주의의 불꽃을 다시 한 번 지필 수 있는 계기였기 때문이다.

노동자병사평의회die Arbeiter und Soldaten räte는 공장을 장악하고 군수 물자와 무기 징발을 실시한다. …… 위임받지 않은 장교들과 장교들의 명령권을 폐지하고, 시체와 같은 군사 규율을 병사들의 자발적 규율로 대체하며, 언제나 즉각 소환할 수 있는 권리

1918년 11월 노동자병사평의회가 독일 의회 앞으로 행진하고 있다.

와 함께 모든 단위에서의 관리자를 선발한다. …… 모든 성인 남녀 노동자들은 도시와 농촌, 기업 등 독일 전역에서 노동자 평의회^Soldatenräten를 선발하고 마찬가지로 전체 군대에서도 병사 평의회^Soldaten를 선발하며, 노동자와 병사들에게는 언제라도 그들 대표자를 즉각 소환^jederzeitigen Rückberufung할 수 있는 권리를 부여한다. …… '사회주의혁명'을 국제적 기반 위에 올려놓고 '국제적 연대^internationale Verbrüderung'와 '세계 노동계급의 혁명적 봉기^revolutionäre Erhebung des Weltproletariats'에 의해 평화를 정착하고 공고히 하려면, 즉각 다른 국가의 동지 정당들과 연합체^Verbindungen를 건설해야 한다.

– 〈스파르타쿠스동맹이 원하는 것Was will der Spartakusbund〉,

《붉은 깃발》(1918년 1월 8일)

만시지탄이란 말이 어울린다. 독일을 휩쓸었던 노동자병사평

6부. 코뮌주의 역사철학과 기 드보르의 유산

노동자병사평의회의 모습. "형제여! 쏘지 말라!"는 팻말이 보인다.

의회가 권력을 지키고 있었다면 군부와 임시정부의 주도로 이루어진 지배계급의 반혁명이 어떻게 발생할 수 있었겠는가? 노동자들과 병사들이 평의회라는 이름으로 잡았던 칼을 지배계급과 군부에게 돌려준 대가를 제대로 치르고 있는 셈이다. 사실 베를린의 노동자들, 병사들과 생사고락을 함께하기로 결정했던 스파르타쿠스동맹의 최고 지성 로자 룩셈부르크가 새롭게 할 일은 별로 없었다. 1918년 11월 독일혁명 때 노동계급이 무엇을 이루었는지 환기시키는 것으로 충분했기 때문이다. 여기서 우리는 베른슈타인의 입장을 다시 상기해볼 필요가 있다. '민중코뮌주의로는 사회주의가 달성될 수 없고 당이 개입해야 한다'는 정당코뮌주의! '노동계급에게도 조국은 있다'는 국가주의! '식민지의 획득 유무와 사회주의는 아무런 관계가 없다'는 제국주의! 반면 로자 룩셈부르크는 모든 면에서 베른슈타인과 대척점에 있었다. '평의회만이 진정한 사회주의라는' 평의회코뮌주의! '노동계급에게 조국은 있을 수 없다'는 반국가주의! '식민지를 긍정하는 제국주의는 노동계급 자살을 부추기는 반사회주의 논리에 지나지 않는다'는 프롤레타리아 국제주의!

　　로자 룩셈부르크와 '스파르타쿠스동맹이 원하는 것'은 1918년 11월 독일혁명 때 노동계급이 명확히 의식하지 못했지만 행동으로 실천했던 것 아닌가. 그렇지만 노동자병사평의회 대표 1500여 명은 평의회 권력을 임시정부에 넘겨주었고, 그 결과 지배계급은 이미 독일혁명 이전의 위세와 전열을 재정비한 뒤였다. 과연 이제 선량한 다수 시민과 소수 민병대만으로 혁명도시 베를린을 지킬 수 있을 것인가? 자유군단의 테러와 베를린 외곽의 정규군의 공격에 스파르타쿠스동맹과 베를린 민중들은 얼마나 견딜 수 있을 것인가? 아니나 다를까, 베를린 봉기는 1월 12일 독일 정규군의 개입으로 허무하게 진압되고 만다. 이어서 에베르트는 국방장관 노스케에게 자유군단을 베를린에 풀어 스파르타쿠스동맹 지도부에 대한 테러를 자행하도록 명령한다. 마침내 1월 15일 밤, 카를 리프크네히트와 로자 룩셈부르크는 은신처에서 사로잡힌 뒤 혹독한 고문을 받고 자유군단에 의해 살해되고 만다. 특히나 독일혁명의 붉은 장미 로자 룩셈부르크의 죽음은 참담했다. 소총 개머리판으로 머리를 강타당해 실신 상태에 있던 로자 룩셈부르크를 총으로 살해한 자유군단 대원들은 그녀의 시신을 란트베어 운하에 던져버리고 만다.

독일군과 자유군단에 의해 무참히 살해된 스파르타쿠스동맹 혁명가들.

독일혁명과 평의회코뮌주의도 로자 룩셈부르크와 함께 차가운 물속에 가라앉아버린다. 바로 이 순간 에베르트 등 독일 사회주의자들은 노동계급이 결코 소환할 수 없는 절대적인 노동계급 대표로 등극하게 된다. 로자 룩셈부르크와 평의회코뮌주의가 참수당한지 4일 뒤, 그러니까 1919년 1월 19일에 열린 독일 국회의원 총선거를 통해서 말이다. 에베르트와 지배계급이 서둘러 정규군과 자유군단을 동원해 베를린 봉기를 진압한 이유가 설명되는 부분이다. 베를린을 평의회주의에 맡겨놓고서, 어떻게 정당주의에 입각한 의원 선거에서 승리할 수 있다는 말인가? 지배계급 전체가 어떻게 자신들의 기득권 보호의 임무를 에베르트에게 맡기겠는가? 총선거에서 에베르트의 임시정부를 떠받치고 있던 독일사회민주당과 그와 손을 잡은 다수 독립사회민주당 소속 사회주의자들은 국회의원 의석 80퍼센트를 장악하는 데 성공한다. 마침내 2월 6일 최초의 국회가

자유군단 대원들이 로자 룩셈부르크의 시신을 버린 곳에 그녀를 기억하는 표지석이 있다.

1919년 에베르트가 이끈 사회민주당 세력에게 살해된 로자 룩셈부르크의 장례 행렬.

6부. 코뮌주의 역사철학과 기 드보르의 유산

바이마르에서 개최되고, 바로 이때 아직도 진보적인 정권, 혹은 사회주의 정권의 대명사로 불리는 바이마르공화국^{Weimarer Republik}이 탄생한다.

그런데 한 가지 궁금한 것이 있다. 제국의 시대를 지나 공화국의 시대로 돌입하는 최초의 독일 국회가 왜 독일의 심장부 베를린에서 열리지 않았던 것일까? 로자 룩셈부르크와 카를 리프크네히트의 살해로 상징되는 노동계급 탄압에 맞서는 노동계급의 저항이 베를린을 아직도 뜨겁게 달구고 있었기 여때문이다. 한마디로 노동계급 대표를 자처하는 사회주의 의원들은 노동계급의 저항이 무서워 바이마르로 도망쳤던 것이다. 어쨌든 2월 11일 국회의원들은 대통령을 선출하는 투표를 시행하는데, 이 투표에서 73.1퍼센트의 지지를 받은 에베르트는 바이마르공화국 초대 대통령으로 등극한다. 땅에 떨어져 군홧발에 밟힌 애절한 장미와 같았던 룩셈부르크의 죽음 앞에 너무 많이 울어서는 안 된다. 평의회코뮌주의에 대해 정당코뮌주의가 승리하는 최초의 사건, 혹은 사회주의 대표가 노동계급을 억압하는 최초의 선례가 에베르트를 통해 만들어졌다는 걸 간과하기 쉽기 때문이다. 그래서 기 드보르는 《스펙타클의 사회》 97번째 테제에서 우리의 감상주의를 질타라도 하듯 강조했다. "에베르트는 사회주의 대표의 선구자가 되고 만다. 곧 등장할 사회주의 대표들은 러시아나 그 외 다른 곳에서 프롤레타리아에 대한 절대적인 적으로 기능하니까."

　　소비에트의 프롤레타리아권력^{le pouvoir prolétarien des soviets}은 자작농계급에 맞서, 국내적으로나 국제적으로 이루어진 반혁명에 맞서, 그리고 국가, 경제, 표현수단, 나아가 곧이어 사상까

지도 통제하는 절대적 주인들maîtres absolus, 즉 노동당parti ouvrier 으로 외화되고 소외된 자신들의 대표에 맞서 자신을 방어할 수 없었다. …… 민주주의는 국가적으로 농민들에게는 용인되지 않으며, 노동자들도 같은 처지에 놓인다. 이것은 코뮌주의 노조 지도자들, 당 전체, 그리고 최종적으로는 당 위계의 최상층부로 하여금 민주주의를 거부하도록 만든다. 크론시타트평의회le soviet de Kronstadt가 무력에 의해 패배하고 온갖 중상모략 속에서 매장되고 있던 순간, 제10차 러시아공산당 볼셰비키 지도부 회의에서 레닌은 '노동자들의 반대Opposition Ouvrière'라는 이름으로 조직된 좌익 관료들에게 뒤에 스탈린이 세계의 완전한 분할division에까지 그 논리를 확대할 결론을 천명한다. "이곳저곳에서 총은 상관없지만 반대는 안 된다. 반대라면 이제 충분하다."

—《스펙타클의 사회》 103

1921년 3월 7일. 6만 명의 군대가 조용히 얼어붙은 바다를 건너 크론시타트로 진군한다. 크론시타트소비에트가 볼셰비키 정부에 맞서 봉기를 일으켰기 때문이다. 크론시타트는 핀란드만 중간에 위치한 섬으로 제국 시절부터 러시아 발트함대의 거점이 되었던 곳이다. 북방에 위치한 관계로 겨울철이면 핀란드만 바다는 단단하게 얼어붙는다. 그래서 '붉은 나폴레옹'이라 불리던 투하체프스키Mikhail Tukhachevsky(1893~1937)는 크론시타트를 공격하는 데 주저하는 볼셰비키 군대를 독려한다. 크론시타트와 그곳 소비에트가 1905년혁명, 1917년 2월혁명, 그리고 1917년 10월 쿠데타의 든든한 버팀목이자 동지였기에, 볼셰비키 군대는 자신들의 공격이 영 마뜩찮았기

크론시타트 위치

코트카

헬싱키

크론시타트 · ─── 상트
페테르부르크

핀란드만

가치나

탈린

나르바

때문이다. 그렇지만 크론시타트와의 교전이 교착 상태에 빠지면, 핀란드만의 얼음은 모두 녹아버릴 것이다. 섬으로 다시 돌아간 크론시타트는 압도적인 해군력을 회복하고 볼셰비키 정부로서도 어찌할 수 없는 난공불락의 요새가 된다. 그러니 서둘러야만 한다. 어쨌든 레닌과 트로츠키는 자신들이 권좌에 오르는 데 결정적인 역할을 했던 크론시타트를 괴멸하기로 결정한다. 평의회코뮌주의자라는 가면을 벗고 정당코뮌주의자의 맨얼굴을 드러내는 순간이다. 어떤 변명도 어떤 정당화도 필요 없다. 러시아혁명에 대한 반혁명이다! 레닌과 트로츠키는 최초의 노동계급 정부를 표방했던 러시아혁명에 대한 반혁명을 시도한 것이다. 물론 두 사람은 앞으로도 필요에 따라 정당코뮌주의는 일시적인 고육지책일 뿐 자신들은 초지일관 평의회코뮌주의자라고 이야기하지만 말이다. 그렇지만 누구나 알고 있지 않은가? 한 사람의 영혼과 정신은 위기 상황에서 그가 보이는 행동에 있다는 사실을. 1921년 3월 1일 크론시타트가 볼셰비키 정부를 반혁명 세력이라고 선언하면서 발표한 혁명 결의문은 사실 1917년 4월 볼셰비키 회의에서 레닌이 연설로 명시했던 그 유명한 '4월 테제The April Theses, апрельские тезисы'를 반복한 것에 지나지 않는다. 1917년 레닌이 말했던 것처럼 "모든 권력을 소비에트로!", 다시 말해 모든 권력을 볼셰비키라는 정당이 아니라 소비에트로 돌려야 한다고 주장했으니까. 한마디로 말해 크론시타트는 레닌에게 그 자신이 했던 말을 지키라고 요구했던 것이다.

볼셰비키와 소비에트 사이의 갈등을 정확히 이해하려면, 러시아뿐만 아니라 전 세계를 뜨겁게 달궜던 1917년 러시아혁명의 그 혼동기로 돌아갈 필요가 있다. 1917년 러시아혁명은 세 단계를 거친다. 첫째 단계는 '2월혁명The February Revolution, Февральская революция' 시기, 둘째 단계는 2월에서부터 10월까지의 이중권력Dual Power, Двоевластие 시기, 그리고 셋째 단계는 '10월혁명The October Revolution, Октябрьская революция'의 시기다. 먼저 첫 번째 단계인 '2월혁명'을 살펴보자. 그레고리력으로 표기하면 정확히는 3월에 일어난 혁명이 바로 2월혁명이다. 2월 23일(서력 3월 8일) 수천 명의 여성 섬유 노동자들이 세계 여성의 날을 맞아 페트로그라드 시내에서 시위를 하면서 혁명은 촉발된다. 2월 25일(서력 3월 10일) 식량 부족, 연료 부족, 직장 폐쇄로 곤란을 겪던 페트로그라드의 노동계급 전체가 합류하면서 시위는 걷잡을 수 없이 커지고, 러시아제국 정부는 파견된 군대에 발포 명령을 내린다. 그러나 병사들은 시위대가 아니라 장교들에게 총을 쏘며 제국에 반기를 들고 만다. 심지어 시위 진압 군인 중 절반이 시위대에 합류하기까지 한다. 제1차 세계대전에 참전했던 군대를 독려하려고 전선에 갔던 니콜라이 2세Nikolai II(1868~1918)는 서둘러 페트로그라드로 돌아오지만, 상황은 이미 걷잡을 수 없이 커진 뒤였다.

1917년 2월 23일 수천 명의 여성 섬유 노동자들이 세계 여성의 날을 맞아 페트로그라드 시내에서 시위를 하고 있다.

혁명 첫날 무장한 군인과 시민들이 차르의 경찰을 공격하고 있다. 병사들은 시위대가 아니라 장교들에게 총을 쏘며 제국에 반기를 들었다.

상트페테르부르크 궁전 앞에서 시민들이 제국의
상징을 불태우고 있다.

6부. 코뮌주의 역사철학과 기 드보르의 유산

2월 26일(서력 3월 11일) 크론시타트 해군 기지 수병들이 장교들을 사살하고 페트로그라드로 진입해 제국 정부 건물을 불사르면서 러시아제국의 자랑 발트함대가 황제와 맞선다는 걸 과시했다. 크론시타트가 노동계급 편을 든 것이다! 이것이 2월혁명 최고의 반전이었다. 명목상의 의회였던 두마Duma도 황제의 해산령을 무시하고 독자적 길을 걸어가기로 결정한 계기가 될 정도였으니까. 2월 27일(서력 3월 12일) 시위에 합류한 군인들이 페트로그라드로 돌아오는 황제의 기차를 세우자, 황제는 페트로그라드 서남쪽 군 기지로 도피한다. 제국을 지킬 수 있는 군대 대부분이 서부전선에 투입되어 있고 수도 페트로그라드 군인들 대부분은 시위대에 합류한 상태였기에, 황제와 제국을 지킬 군대는 없는 상태였다. 바로 이날 두마는 두마 의원과 유력 인사 20명으로 구성된 임시정부를 발족시킨다. 마침내 3월 2일(서력 3월 15일) 니콜라이 2세는 황위를 동생 미하일 Michael Alexandrovich(1878~1918)에게 넘겨주고 퇴위한다. 3월 3일(서력 3월 16일) 미하일이 자신의 권력을 임시정부에 물려주면서, 러시아제국은 로마노프Romanov, Романовы 왕조와 함께 정말로 허무하게 막을 내리고 만다.

'2월혁명'에서부터 두 번째 '10월혁명'까지는 일종의 과도기, 레닌이 1917년 4월 9일 자《프라우다》에서 동명의 칼럼 제목으로 말했던 것처럼 '이중권력'의 시기였다. 이 기간 동안 부르주아 변호사 케렌스키Alexander Fyodorovich Kerensky, Александр Фёдорович Керенский(1881~1970)를 수반으로 하는 임시정부와 2500명의 대의원으로 구성된 페트로그라드노동자병사대표소비에트Petrograd Soviet of Workers' and Soldiers' Deputies, Петроградский Совет рабочих и солдатских депутатов, 즉 페트로그라드소비에트가 권력을 양분했으니까. 참고로 소비에트soviet, совет라는 말은 평의회를 의

2월혁명 후 케렌스키와 더불어 권력을 양분했던 페트로그라드소비에트.

임시정부 수반 알렉산더
케렌스키.

미하는 러시아어 소베트^{sovét, совет†}라는 말에서 유래한 것이다. 이중 권력 시기에는 1918년 11월 독일혁명 때와 유사한 일이 벌어진 것이다. 생산을 장악했던 노동자소비에트와 폭력수단을 가진 병사소비에트로 이루어져 있기에 당시 페트로그라드소비에트는 그냥 권력을 잡으면 되었다. 그러나 페트로그라드소비에트는 그렇게 하기를 주저했다. 여기서도 해묵은 피지배의 습관이 소비에트를 감싸고 있었던 것이다. 무언가 근사한 지도자와 권력이 외부에서 오리라는 어떤 막연한 기대와 함께 병사들은 자신들을 너무나도 폄하하고 있었으니까. 그렇지만 폭력수단과 생산수단을 회수하지 못하면 어떻게 임시정부가 정부일 수 있겠는가? 1917년 8월 27일(서력 9월 10일)에 시작되어 8월 30일(서력 9월 13일)에 종료되는 코르닐로프 사건 ^{Kornilov affair}이 발생하는 것은 시간문제였을 뿐이다. 장군 코르닐로프 ^{Lavr Georgiyevich Kornilov}(1870~1918)가 혁명을 좌절시키기 위해 쿠데타를 일으킨 것이다. 케렌스키 임시정부가 페트로그라드소비에트에 포로로 잡혀 있다고 확신한 코르닐로프는 소비에트를 궤멸하려고 수도로 진군했다. 7월 3일(서력 7월 16일)부터 7월 7일(서력 7월 20일)까지 페트로그라드를 휩쓸었던 수만 명의 무장 군인들, 수병들, 그리고 노동자들의 시위, 흔히 '7월의 날들^{July Days, Июльские дни}'이라 불린 대규모 민중 시위가 코르닐로프를 자극했던 것이다. 그렇지만 케렌스키는 코르닐로프가 임시정부를 궤멸하기 위해 온다고 오판한다. 여기서 묘하게 임시정부와 페트로그라드소비에트 사이의 연대가 만들어지며 병사소비에트를 주축으로 쿠데타군에 맞서 수도 방위를 준비한다. 노동자소비에트는 철도 파업으로 쿠데타군의 보급로를 차단했고 병사소비에트도 쿠데타군에 심각한 타격을 주는 데 성공해, 코르닐로프 쿠데타군은 수도에 들어오지도 못하고 궤멸되고 만다. 페

1917년 7월 4일 군인의 발포로 시위대들이 흩어지고 있다. 수만 명의 무장 군인들, 수병들, 그리고 노동자들이 페트로그라드에서 시위를 벌였다.

혁명을 좌절시키기 위해 쿠데타를 일으킨 코르닐로프 장군.

트로그라드소비에트가 반혁명을 막는 확실한 힘을 보여주었던 것이다.

1917년 2월혁명이 이중권력만 탄생시킨 것은 아니다. 페트로그라드소비에트는 볼셰비키들이 뛰어놀 수 있는 발판을 마련해주었기 때문이다. 페트로그라드에서 비밀 활동 중이던 볼셰비키 지도자들도 이제 공개적으로 정치활동을 재개할 수 있었을 뿐만 아니라, 러시아제국을 떠나 망명 중이던 볼셰비키 지도자들도 속속 페트로그라드로 모여들었다. 미국 뉴욕에 있던 트로츠키가 1917년 5월 17일 페트로그라드에 들어오기 한 달 전, 4월 3일(서력 4월 16일) 스위스에 망명 중이던 레닌은 페트로그라드 핀란드역에 도착한다. 바로 이곳에서 자신을 환영하러 나온 페트로그라드 수병들, 군인들, 노동자들, 그리고 볼셰비키 동지들 앞에서 강력한 연설을 하며 레닌은 단번에 정치적 스타로 발돋움한다. 무슨 연설이었을까? 2월혁명 뒤에도 여전히 제1차 세계대전의 늪에서 빠져나오지 못하고 민중들을 전쟁과 빈곤 상태로 내몰고 있는 임시정부를 신랄하게 비판하고, 동시에 2월혁명을 본받아 "만국의 노동자들의 단결을 촉구하는" 연설이었다. 레닌의 연설로 페트로그라드소비에트를 따르던 수많은 군인들과 노동자들은 2월혁명 이후 러시아의 문제가 무엇인지, 나아가 자신들이 2월혁명으로 얼마나 위대한 일을 했는지 자각하게 된다. 4월 4일(서력 4월 17일) 레닌은 페트로그라드에서 열린 볼셰비키 회의에서 스위스에서 집필한 10가지 테제를 공개한다. 바로 이것이 〈4월 테제〉다. 핀란드역에서 임시정부를 부정하는 레닌의 연설로 당혹감을 느꼈던 볼셰비키 동지들은 더 큰 충격에 빠진다. 레닌이 볼셰비키 정당이 아니라 소비에트에 모든 권력을 집중해야 한다고 주장했기 때문이다. 지금까지 레닌은 러시아사회민주

1917년 4월 3일 스위스에 망명 중이던 레닌이 드디어 페트로그라드 핀란드역에 도착한다. 바로 이곳에서 자신을 환영하러 나온 페트로그라드 수병들, 군인들, 노동자들, 그리고 볼셰비키 동지들 앞에서 강력한 연설을 하며 레닌은 단번에 정치적 스타로 발돋움한다.

노동당은 직업 혁명가로 이루어진 중앙집권적이고 비밀스런 전위 정당이어야 한다고 주장했다. 그렇기에 1903년 레닌은 멘셰비키 지도자 마르토프^{Julius Martov}(1873~1923)와 첨예하게 맞섰던 것이다. 마르토프는 러시아사회민주노동당은 당 강령만 긍정하면 누구나 참여할 수 있는 정당이어야 한다고 주장했기 때문이다. 그 결과 러시아사회민주노동당은 멘셰비키와 볼셰비키로 양분되고 만다. 그런데 지금 레닌은 볼셰비키의 탄생 근거마저 부정하고 있지 않은가? 레닌의 입장에 동조해서 만들어졌고 유지되었던 볼셰비키 정당이 이제 레닌에 의해 부정되고 있는 셈이니, 볼셰비키 동지들이 당혹감을 느낀 것은 어쩌면 너무나 당연한 일이었다. 동지를 충격으로 몰아넣은 열 가지 테제 중 핵심적인 것만 점검해보자.

6부. 코뮌주의 역사철학과 기 드보르의 유산

첫 번째 테제: 현재 임시정부는 그들의 자본주의적 속성 때문에 야만적인 제국주의 전쟁을 지속할 것이며, 우리는 '혁명적 패전주의'에 한 치의 양보도 해서는 안 된다.

두 번째 테제: 현재 러시아의 국면에서 특징은, 국가가 프롤레타리아의 불충분한 계급의식과 조직으로 인해 권력을 부르주아 수중에 두고 있는 혁명의 첫 번째 단계에서 권력을 프롤레타리아와 빈농의 수중에 두어야만 하는 혁명의 두 번째 단계로 이행 중이다. ……

네 번째 테제: …… 민중들이 노동자소비에트가 가능한 유일한 혁명적 정부라는 걸 알도록 하자. 그러므로 우리 (볼셰비키의) 임무는, 이 혁명정부가 부르주아의 영향력에 굴복할 때, 혁명정부의 오류들에 대한 끈기 있고 체계적이고 꾸준한 설명, 특히 민중들의 실제적 필요에 부응하는 설명을 제공하는 데 있다. ……

다섯 번째 테제: 의회공화국으로 회귀해서는 안 된다. 노동자소비에트로부터 의회공화국으로의 회귀는 퇴보일 뿐이다. 철저하게 전국에 걸쳐 노동자소비에트와 농민소비에트의 공화국이어야 한다. 경찰, 군대, 그리고 관료제를 폐지하라! 언제든지 선출하고 소환될 수 있는 모든 공무원의 봉급은 숙련 노동자의 평균 임금을 넘어서는 안 된다. ……

여덟 번째 테제: 우리 (볼셰비키의) 임무는 사회주의를 도입하는 것이 아니라 사회적 생산과 생산물의 분배를 노동자소비에트의 통제하에 두는 것이다.

―〈4월 테제〉, 《프라우다》(1917년 4월 5일)

레닌은 1916년 완성되어 1917년에 출간된 저서 《제국주의, 자본주의의 최고 단계Империализм как высшая стадия капитализма》에서 피력한 통찰을 첫 번째 테제로 요약한다. 노동계급과 병사들을 죽음으로 모는 제1차 세계대전에 대해 '혁명적 패전주의'를 선택해야 한다! 이 테제는 제1차 세계대전이 자본주의의 탐욕에서 야기된 것이고, 그에 따라 이익을 얻는 것은 자본계급이고 피해를 보는 것은 전적으로 세계의 노동계급일 뿐이라는 통찰에 근거한다. 그러니 병사로 징집된 유럽 각국의 노동계급들은 패전을 선택해서 자국 지배계급을 흔들자는 이야기다. 야만적인 식민지 쟁탈전으로서 세계대전이 종료되기를 바란다면 말이다. 그렇지만 더 중요한 것은 첫 번째 테제 이후 펼쳐진 나머지 테제들에서 레닌이 강력한 '평의회코뮌주의'를 주창하고 있다는 사실이다. 생산과 분배의 권력뿐만 아니라 장교와 관료를 선출하고 소환할 권력을 모두 소비에트가 통제해야한다는 주장이다. 의회와 정당이란 부르주아제도를 부정하고 소비에트에 모든 권력을 양도하면 볼셰비키의 역할은 어떻게 될까? 네 번째 테제가 답을 제공한다. 볼셰비키는 소비에트를 지휘하는 전위정당이 아니라 소비에트의 활동에 대한 애정 어린 조언자가 되어야한다. 볼셰비키의 임무는 "혁명정부의 오류들에 대한 끈기 있고 체계적이고 꾸준한 설명, 특히 민중들의 실제적 필요에 부응하는 설명"일 뿐이다. 설명이고 조언이다. 지휘도 아니고 명령도 아니다. 노동계급을 위해 권력을 장악하고자 했던 볼셰비키 동지들이 아연실색할 주장이 아닌가? 노동계급의 전위를 주장했던 레닌이 노동계급의 조언자, 극단적으로 말해 노동계급의 후위를 자처하고 있으니 말이다. 이처럼 1917년 4월 레닌은 가장 강력한 평의회코뮌주의자로 행세한다. 레닌은 정말 평의회코뮌주의자였던 것일까? 정말 그는 마르크스의 《프랑스내전》과 〈고타강령 비판〉을 따라, 혹은 독일 사회민주당을 비판했던 로자 룩셈부르크를 따라 평의회코뮌주의자가 된 것일까?

그렇지 않다. 레닌은 철학자라기보다 정치가에 가까운 인물이다. 그는 페트로그라드소비에트로 응결된 노동계급의 힘을 인정했지만, 그는 결코 평의회코뮌주의자는 아니었다. 레닌은 뼛속까지 정당코뮌주의자였으니까. 그가 이끌던 볼셰비키의 근본 입장은 무엇인가? 직업 혁명가로 이루어진 전위정당이 노동계급을 이끌어야 한다는 입장이다. 그럼에도 레닌이 〈4월 테제〉에서 강력한 평의회코뮌주의를 천명했던 이유는 무엇일까? 이중권력 시기 그는 페트로그라드소비에트를 유혹해야만 했다. 케렌스키 정부를 이용해 볼셰비키 정권을 만들 수는 없으니, 이중권력의 한 축인 노동계급의 지지를 받아야만 했다는 이야기다. 케렌스키 정부가 소비에트를 괴멸하려고 기회를 엿보지만, 볼셰비키는 노동자 소비에트가 유일한 혁명정부라는 것을 긍정한다. 바로 이것이 〈4월 테제〉로 레닌이 페트로그라드소비에트에 던진 '떡밥'이다. 레닌은 속삭였던 셈이다. "우리 볼셰비키는 권력에 욕심이 없습니다. 노동자 소비에트만이 유일하게 권력을 잡아야 하는 혁명정부이기 때문이죠. 〈4월 테제〉 중 여덟 번째 테제로 볼셰비키의 대표로서 저는 분명히 약속했습니다. '볼셰비키의 임무는 사회적 생산과 생산물의 분배를 노동자 소비에트의 통제하에 두는 것'이라고요."

1917년 2월혁명은 페트로그라드소비에트로 응결된 러시아 민중들의 혁명이었고, 이 민중들이 레닌과 트로츠키 등 망명 중인 혁명가들의 무사 귀환을 가능하게 한다. 레닌으로서는 고마워해야 할 일이다. 〈4월 테제〉에서 레닌이 케렌스키 정부가 아니라 소비에트

편을 확실히 든 것도 이런 이유에서다. 하긴 케렌스키 정부는 레닌과 볼셰비키를 정적으로 생각했으니, 레닌이 소비에트 편을 들 수밖에 없었다는 것이 정확한 표현일 수도 있겠다. 2월혁명으로 지주들의 땅은 농민들에게 돌아가고 '노동자 관리'라는 이름으로 생산과 분배의 권력은 노동자들에게 귀속되었으며, 장교도 병사들이 선거로 선출하지 않았던가? 사실 레닌의 〈4월 테제〉는 페트로그라드 소비에트의 평의회주의에 숟가락을 얹은 것에 지나지 않는다고 할 수 있다. 그렇지만 레닌의 주변에는 노동계급과 소비에트를 지휘하고 통제해야 하는 전위정당이 필요하다는 다수 볼셰비키 동지들이 있었다. 실제로 이것은 1903년 멘셰비키와 투쟁할 때 레닌 자신이 주창한 입장이기도 하다. 〈4월 테제〉에 따라 볼셰비키는 이제 소비에트의 충실한 조언자로 활동하기 시작한다. 당연히 레닌이나 트로츠키 등 볼셰비키 지식인들에 대한 노동자들, 농민들, 그리고 병사들의 지지는 커져만 간다. 9월 25일쯤 볼셰비키는 지역 공장위원회, 노동조합, 지역 소비에트 선거에서 압도적 지지로 대표로 선출되어, 페트로그라드소비에트 지도부의 다수를 차지하게 된다. 1905년 상트페테르부르크소비에트 의장이었던 트로츠키가 이제 1917년 페트로그라드소비에트 의장으로 선출된 것은 가장 극적인 사건일 것이다.

1917년 10월 23일(서력 1917년 11월 5일) 볼셰비키 중앙위원회 회의가 열린다. 1917년 4월 소비에트의 조언자로 자처했던 〈4월 테제〉의 근본적 입장이 폐기되는 역사적인 날이다. 레닌이 평의회코뮌주의자라는 가면을 벗고, 원래 볼셰비키의 입장이었던 정당코뮌주의자라는 맨얼굴을 드러낸 날이었으니까. 이날 레닌은 볼셰비키 쿠데타를 역설한다. 케렌스키 정부를 권좌에서 몰아내고 그 자리에 볼셰비키 정부를 세우자는 이야기다. 탁월한 레닌의 정치감각 아닌가? 조언자로서 노동계급의 조직에 들어가 지도부로 선출되고, 평의회코뮌주의자로 행세한 결과물을 수확할 때가 왔다는 것이다. 쿠데타를 일으켜도 노동계급과 소비에트는 저항하지 않으리라는 레닌의 판단이었다. 볼셰비키 중앙위원회는 볼셰비키의 쿠데타에 대한 레닌의 제안을 통과시킨다. 잊지 말아야 할 것은 쿠데타가 결의된 곳이 페트로그라드소비에트가 아니라 볼셰비키 중앙위원회였다는 사실이다. 이것은 쿠데타가 성공하면 권력이 노동계급에게 돌아가는 것이 아니라, 볼셰비키의 수중으로 들어간다는 불길한 예언이니까.

마침내 1917년 10월 25일(서력 1917년 11월 7일)! 뒤에 '10월혁명'이라고 미화된 '10월 쿠데타'가 발생한다. 쿠데타는 볼셰비키의 민병조직이었던 적위대Red Guards, Красная гвардия의 작전 개시로 시작된다. 적위대는 아주 신속하고 정확하게 정부 건물, 경찰서, 국립은행, 우편국, 전화국, 발전소 등 주요 관공서와 함께 페트로그라드의 주요 도로와 교량을 장악해버리는데, 페트로그라드소비에트를 지지하던 페트로그라드 수비대 대부분도 임시정부를 버리고 봉기에 합류하게 된다.

10월 쿠데타가 성공하자, 레닌은 쿠데타에 의구심을 가지고 있던 노동계급에게 일종의 혁명공약이 필요하다고 느낀다. 페트로그라드소비에트의 어떤 의결도 거치지 않은 것이 바로 10월 쿠데타였으니 말이다. 10월 쿠데타 이후 레닌이 서둘러 출간했던, 지금은 소련 측의 홍보로 마치 레닌의 주저로까지 격상된 바로 그 책, 1917년 출간된 《국가와 혁명Государство и революция》이다. 이 얇은 책자로 레닌은 1917년 2월혁명과 평의회코뮌주의를 철학적으로 예찬한다. 그

볼셰비키의 민병조직인 적위대. 10월혁명은 적위대가 신속하고 정확하게 정부 건물 등을 장악하면서 시작된다.

1917년 첸트로발트 수병들. 당시 첸트로발트는 볼셰비키 혁명정부를 지지하기 위해 페트로그라드 근처로 전함 10척과 수병들을 파견했다.

6부. 코뮌주의 역사철학과 기 드보르의 유산

러니까 노동계급은 10월 쿠데타로 새로운 상전이 들어섰다고 의심하지 말라는 것이다. 도둑이 제 발 저린다는 말이 있다. 페트로그라드소비에트와 무관한 쿠데타를 일으킨 뒤, 다시 말해 정당코뮌주의자의 맨얼굴을 드러낸 뒤, 레닌은 더 강하게 자신이 평의회코뮌주의자라는 것을 노동계급 앞에서 강변할 수밖에 없었던 것이다. 2월 혁명으로 차르체제를 붕괴시킨 노동계급이자 소비에트 아닌가? 이들이 볼셰비키의 쿠데타를 지지하거나 최소한 묵인하지 않으면, 볼셰비키 혁명정부는 곧 붕괴될 수밖에 없다. 《국가와 혁명》에는 레닌의 이런 조바심이 깔려 있다. 아이러니한 것은 그 결과 우리는 '정당코뮌주의자'가 집필한 최고의 평의회코뮌주의 이론서를 손에 쥐게 되었다는 사실이다. 이제 10월 쿠데타가 성공한 후 노동계급을 달래려는 레닌의 감언이설, 지킬 수도 없고 지킬 의지도 없는 레닌의 혁명공약을 잠시 들어보자.

코뮌에서 억압 기관은 대다수 사람들이었지, 지금까지 노예제나 농노제, 임금 노예제에서 항상 그랬던 것처럼 소수가 아니었다. 다수 민중들이 자기들의 억압자를 억압한다면 '특수한 억압 권력'은 이미 더는 필요하지 않다. 이런 의미에서 국가는 소멸하기 시작한다. 특권을 가진 소수(특권적 관료와 상비군 장교단)의 특별한 기구들 대신에 다수 민중이 직접 그 일을 수행할 수 있다. 그리고 전체 민중이 국가권력의 기능을 수행하는 데 많은 부분을 담당하면 할수록 이 권력에 대한 필요는 더욱 줄어든다. 이와 관련하여 특히 주목할 만한 것은 온갖 종류의 교제비와 관료의 모든 금전상 특권을 폐지하고 모든 국가 공직자의 보수를 '노동자 임금' 수준으로 인하하는 등 마르크스가 강조한 코뮌의 조치들이다. 바로 여기에 부르주아 민주주의에서 프롤레타리아 민주주의로, 억압자의 민주주의에서 피억압계급의 민주주의로, 특정 계급을 억누르기 위한 '특수한 권력'으로서의 국가에서 민중 다수, 즉 노동자와 농민의 '일반적 권력'에 의한 억압자의 억압으로의 전환이 매우 분명하게 표현되어 있다. 그런데 마르크스의 이론에서 이처럼 매우 분명하고 국가와 관련하여 가장 중요한 이 사실이 아주 완전히 망각되고 있다! 수많은 통속적 주석서들에는 이 사실에 관한 언급조차 없다. 그런 사실에 대해서는 침묵하는 것이 보통이다. 마치 기독교가 국교가 된 후 기독교도들이 민주적이고 혁명적인 정신을 지닌 원시 기독교의 '소박함'을 망각해버린 것과 유사하게 이 사실은 시대에 뒤떨어진 '소박함'으로 취급되고 있다. 국가 고위 관리들의 봉급을 인하하는 것은 '단순히' 소박한 원시적 민주주의의 요구처럼 보인다. 최신 기회주의의 창시자 중 한 사람이며 이전에는 사회민주주의자였던 베른슈타인은 천박한 부르주아 입장에서 '원시적 민주주의'를 여러 번 비웃었다.

―《국가와 혁명》(1917)

《국가와 혁명》은 레닌의 대표작이라 일컬어진다. 그렇다고 해서 독창적인 정치철학서라고 오해해서는 안 된다. 내용을 직접 들여다보면 이 책은 마르크스의 《프랑스내전》에 대한 레닌의 학습 비망록이나 다름없으니까. 한마디로 말해 《국가와 혁명》은 《프랑스내전》의 주석서라는 것이다. 망명 중에 레닌은 마르크스를 통해 파리코뮌이 지닌 정치철학적 가치를 제대로 음미한다. 물론 파리코뮌의 의의는 명백하다. 파리코뮌은 억압사회에 맞서는 최종적 정치형식이 평의회일 수밖에 없다는 걸 알려주기 때문이다. 중요한 것은 평의회주의는 일체의 정당이나 의회 등 부르주아제도뿐만 아니라 국가주의 자체와도 단절한다는 사실이다. 모든 권력이 평의회를 중심으로 코뮌, 즉 사회로 되돌려졌기에, 국가마저도 필요가 없다는 것이다. 혁명가답게 레닌은 마르크스가 코뮌의 조치라고 강조했던 것에 지대한 관심을 표명한다. 그의 눈에 들었던 가장 인상적인 것은 파리코뮌에서 "특권을 가진 소수(특권적 관료와 상비군 장교단)의 특별한 기구들 대신에 다수 민중이 직접 그 일을 수행할 수 있다"는 것이다. "특권을 가진 소수(특권적 관료와 상비군 장교단)의 특별한 기구들!" 바로 이것이 국가가 아니면 무엇이겠는가? 민중들이 평의회를 통해 관료와 장교라는 대표를 교대로 수행할 수만 있다면, 특별한 기구는 누구나 참여할 수 있는 일반적 기구로 변형될 것이다. 민중들을 억압하고 통제하고 착취하는 특별한 기구들이 민중들의 일반적 기구로 전화되면서 소멸하게 되는 순간이 바로 국가기구가 소멸되는 순간 아닌가?

좀 더 생각해보자. 행정 관료나 입법 관료뿐만 아니라 장교마저도 평의회를 통해 민중들이 선출하고 언제든지 민중들에 의해 소환된다. 잠시 선출된 관료나 장교들마저 기본적으로 민중들이다. 국가주의자들은 어떻게 노동자나 농민이 관료가 되어 제대로 행정과 입법을 주관할 것이며 경찰이 되어 제대로 치안을 담당할 것이며, 나아가 장교가 되어 제대로 부대를 지휘할 수 있겠느냐고 조롱할지도 모른다. 물론 공장이나 들판에서 대부분의 시간을 보낸 노동자나 농민이 바로 능숙한 관료나 경찰, 장교가 되기는 힘들다. 그러나 이것은 시간문제일 뿐이다. 이것은 관료나 경찰, 혹은 장교로만 있던 사람이 공장이나 들판에서 제대로 노동하려면 시간이 필요한 것과 마찬가지다. 얼마 지나지 않아 동료에 의해 선출된 관료, 경찰, 장교는 자신이 맡은 임무에 능숙하게 될 것이다. 더군다나 중요한 일은 평의회에서 상의하면 되니 커다란 오류를 범할 일도 없다. 이런 식으로 민중들이 교대로 과거 특권층들이 했던 행정과 입법, 군사와 관련된 일을 맡다보면, 당연히 관료, 경찰, 장교는 더 이상 소수 특권층이 담당할 필요가 없게 된다. 마침내 민중들은 BC 3000년 이래 지속된 정신노동과 육체노동이란 해묵은 지배 논리를 돌파한 셈이다. 지금까지 지배체제가 행정, 입법, 군사 등 누구나 할수 있는 일을 아무나 할 수 없는 일로 신비화하면서 자신의 억압과 착취를 정당화했던 것이 백일하에 드러났기 때문이다. 이렇게 평의회를 통해 파리코뮌은 인류사회가 레닌의 말처럼 "부르주아 민주주의에서 프롤레타리아 민주주의로", "억압자의 민주주의에서 피억압계급의 민주주의로", "특정 계급을 억누르기 위한 '특수한 권력'으로서의 국가에서 민중 다수, 즉 노동자와 농민의 '일반적 권력'에 의한 억압자의 억압"으로 전환하는 계기가 된다.

평의회코뮌주의자로 자처하기로 한 이상, 레닌은 정당코뮌주의를 표방했던 독일 사회민주주의자들을 공격하기 시작한다. 노동계급을 정치의 주체가 아니라 일종의 거수기로 보는 정당코뮌주의를 공격함으로써, 자신이 확고한 평의회코뮌주의자라는 걸 부각하려는 의도에서다. 아울러 레닌은 독일식 정당코뮌주의자들이 생각도 하지 않던 10월 쿠데타에 성공했다는 자부심도 피력한다. 10월 쿠데타 성공은 레닌으로 하여금 독일 사회민주주의자들에 대한 지적 콤플렉스를 벗어던지게 한 계기이기도 했던 셈이다. 지금까지 레닌 등 러시아 혁명가들은 망명 중 직간접적으로 독일 사회주의자들로부터 얼마나 많은 무시와 괄시를 당했던가? 레닌만 하더라도

1900년에서 1917년까지 자그마치 15년 넘게 러시아 황제에 반대하는 반체제 활동으로 뮌헨, 파리, 제네바, 취리히를 전전하는 망명생활을 했다. 물론 1905년 레닌은 당시에는 상트페테르부르크라고 불리던 페트로그라드에 잠시 잠입했던 적이 있었다. 1905년 1월 9일(서력 1월 22일) 상트페테르부르크에서는 황제의 자비를 구하는 평화시위가 황제에 의해 무력으로 진압되는 사건이 벌어진다. '피의 일요일Red Sunday, Кровавое воскресенье'이라고 불리는 참담한 사건이다. 이 사건으로 노동계급의 분노가 폭발하면서 일어난 것이 '1905년혁명Russian Revolution of 1905, Русская революция 1905 года'이다. 바로 이때 레닌은 잠시 혁명을 주도했던 상트페테르부르크소비에트Saint Petersburg Soviet에 힘을 보태기 위해서 상트페테르부르크에 잠입한 적이 있었던 것이다. 그렇지만 혁명이 미완으로 끝나는 바람에 레닌은 다시 더 오랜 망명생활을 시작하게 된다. 어쨌든 레닌에 대한 조롱의 핵심은 그가 러시아에서 프롤레타리아혁명을 꿈꾸는 마르크스주의자였기에 발생한다. 아직도 황제가 다스리고 농업경제가 주도하는 중세적 국가에서 무슨 프롤레타리아혁명이냐는 조롱이다. 황제와 싸워도 시원치 않을 판에 별로 존재하지도 않는 부르주아계급과 싸우겠다니, 이것은 풍차를 거인으로 착각한 돈키호테와 같은 행동 아닌가. 페트로그라드나 모스크바 등을 제외하고 노동계급도 거의 존재하지 않았으니, 프롤레타리아혁명을 누가 한다는 말인가? 프롤레타리아가 있어야 부르주아에 맞서는 프롤레타리아의 혁명도 가능한 것 아닌가? 이런 조롱들이 그를 떠나지 않았다. 더군다나 독일 사회주의자들은 부르주아체제가 정착한 독일을 포함한 서유럽에서만 프롤레타리아혁명이 가능하리라는 자부심도 노골적으로 내비쳤을 것이다. 그렇지만 레닌은 위축되지 않았다. 왜냐고? 1905년 상트페테르

1905년 상트페테르부르크에서 황제의 자비를 구하는 평화 시위가 황제에 의해 무력으로 진압되는 '피의 일요일' 사건이 벌어진다. 이반 블라디미로프가 당시 현장을 묘사한 그림.

1905년 모스크바 시민들이 설치한 바리케이드. 그러나 혁명은 미완으로 끝나고 만다.

6부. 코뮌주의 역사철학과 기 드보르의 유산

부르크소비에트를 통해서 러시아에서도 혁명이 충분히 가능하다는 걸 확인했기 때문이다. 더군다나 1871년 파리와 1905년 페트로그라드는 여러모로 유사점이 있다는 판단도 레닌의 자신감을 더해주었다. 1871년 파리를 제외하고 프랑스는 농업경제가 주도하고 있었고, 1905년 러시아도 페트로그라드를 제외하고 농업경제에 기반하고 있었으니까. 이것은 파리에서 코뮌이 가능했듯이 페트로그라드에서도 코뮌이 가능할 수 있다는 걸 말해주는 것 아닌가?

1905년 미완의 러시아혁명은 독일 사회민주주의자들에게 당당할 수 있었던 레닌의 자부심이었다. 상트페테르부르크소비에트는 평의회주의가 이론적으로 타당할 뿐만 아니라 현실적으로 가능하다는 걸 온몸으로 보여주었으니까. 더군다나 1917년 2월혁명은 레닌의 자부심에 확신까지 더해주지 않았는가? 그렇다면 혁명은 다른 것이 아니다. 국가주의가 사회주의로 바뀌는 것이고, 의회제도가 평의회제도로 바뀌는 것이다. 구체적으로 혁명은 지배계급과 피지배계급으로 양분된 억압구조를 극복하고, 과거 피지배계급으로 억압받던 노예, 농노, 혹은 노동자 등 노동계급이 권력을 장악한 것을 의미한다. 《국가와 혁명》이 '국가와 혁명'이란 제목을 갖고 있는 것도 이런 이유에서다. 국가와 혁명을 가르는 '와'는 국가와 혁명의 공존을 의미했던 것이 아니라, 오히려 국가와 혁명 중 양자택일을 의미했던 것이다. 혁명은 국가라는 구조에 포획된다면 아무런 의미가 없다. 그것은 상전들의 교체에 지나지 않기 때문이다. 당연히 국가기구의 한 형식인 부르주아국가와 그 제도들 속에서 혁명은 불가능하다는 결론이 도출된다. 따라서 혁명을 선거에 의한 사회민주당의 합법적 권력 쟁취라고 생각했던 독일 사회민주주의자들은 혁명의 적일 수밖에 없다. 그들은 부르주아국가의 제도들, 정당제도, 의회제도, 선거제도 등등을 수용하고 있기 때문이다. 이것은 파리에서나 상트페테르부르크에서 노동계급이 관철했던 혁명, 즉 평의회주의에 대한 모독에 지나지 않는다. 혁명은 다수 노동계급이 권력을 잡는 것이지 소수 독일사회민주당의 집권과는 아무런 상관이 없으니까. 독일 사회민주주의의 최고 이데올로그 베른슈타인은 1899년 《사회주의의 전제와 사회민주당의 과제》에서 평의회주의를 '민중코뮌주의'라고 조롱했던 적이 있다. 그렇지만 이제 레닌은 베른슈타인의 조롱이 사실 마르크스의 혁명적 통찰을 왜곡하고 수정한 것에 지나지 않는다고 당당히 반박하게 된 셈이다.

10월 쿠데타 이후 의구심을 갖던 노동계급을 달래기 위해 이보다 근사한 혁명공약이 어디에 있겠는가? 《국가와 혁명》으로 레닌은 〈4월테제〉의 약속을 근사하게 재확인해준 셈이다. 그렇지만 10월 쿠데타가 지금 우리가 알고 있는 10월혁명이 되기 위해서는 무언가 결정적인 것이 필요했다. 정부를 무력봉기로 장악한 볼셰비키에게 정당성을 부여할 그 무엇, 러시아 각지 사람들이 이제 권력은 볼셰비키에 있다고 믿게끔 할 수 있는 그 무엇! 화룡점정畫龍點睛, 그러니까 용이 하늘로 날아오르려면 눈을 그려야 했다. 바로 그 눈이 이번에도 크론시타트, 구체적으로 말해 줄여서 '첸트로발트 Tsentrobalt, Центробалт'라고 불렸던 '발트함대중앙위원회Central Committee of the Baltic Fleet, Центральный комитет Балтийского флота'였다. 크론시타트병사평의회라고 할 수 있는 첸트로발트는 2월혁명 뒤, 그러니까 정확히 4월 28일(서력 5월 11일)부터 30일(서력 5월 13일) 사이에 크론시타트 해군 기지에서 설립된다. 크론시타트에서도 이중권력이 만들어진 것이다. 기존 위계적 군대조직과 함께 평의회조직이 발생했으니 말이다. 10월 볼셰비키 혁명이 일어나자마자 첸트로발트는 장군과 장교로 구

1917년 인민위원소비에트의 인민위원들. 가운데 레닌 옆에 서 있는 사람이 스탈린이다.

성된 위계 조직을 무너뜨리고 크론시타트의 모든 무력을 장악하는
데 성공한다. 곧바로 첸트로발트는 볼셰비키 혁명정부를 지지하기
위해 페트로그라드 근처로 전함 10척과 수병들을 파견한다. 지금
입장에서 생각하면 항공모함이 출동한 셈이니, 볼셰비키 쿠데타는
그야말로 이제 흔들리지 않는 대세가 된 것이다. 크론시타트는 러
시아의 중심 페트로그라드를 지키는 발트함대의 거점 아닌가. 크론
시타트의 지지는 그래서 다른 지역 군부대의 지지와 질적으로 다른
것이다. 이것은 러시아 군대가 볼셰비키 혁명정부를 지지한다는,
아니 지지해야만 한다는 선언과도 같은 것이었으니까.

어쨌든 크론시타트의 결정적인 지지로 정권 장악에 성공한 볼
셰비키는 1917년 10월 27일 인민위원소비에트Council of People's Commissars,
Совет народных комиссаров, 즉 줄여서 '소브나르콤Sovnarkom, Совнарком'이라
는 이름으로 소비에트 정부를 조직한다. 이에 따라 레닌이 인민위
원소비에트의 의장, 트로츠키가 외무 인민위원, 리코프Alexei Ivanovich
Rykov(1881~1938)가 내무 인민위원을 맡게 되는데, 이때 주가시빌리

Ioseb Besarionis dze Jughashvili(1878~1953)는 러시아 내 소수민족 문제를 담당하는 인민위원으로 드디어 모습을 드러낸다. 주가시빌리, 바로 이 사람이 훗날 평의회주의를 완전히 괴멸한 장본인 스탈린이다. 당시까지만 하더라도 주가시빌리가, 즉 스탈린이 후에 볼셰비키 동지들 대부분을 숙청하거나 처형하리라고는 누구도 예상하지 못했을 것이다. 어쨌든 10월 쿠데타가 성공한 뒤, 볼셰비키 정부는 러시아의 주요 지역에 소비에트를 만드는 데 공을 들인다. 1917년 11월 5일 북부 핀란드만 항구도시 탈린소비에트를 기점으로 해서 1918년 2월 25일 러시아 서남부 분지에 있던 도시 노보체르카스크소비에트를 건설하면서 볼셰비키 정부는 자신의 지배력을 공고히 한다. 그렇지만 위로부터 만들어진 지역 소비에트들은 명목만 소비에트일 뿐, 일종의 행정구역에 지나지 않는다. 노동자들과 농민들에 의해 완전히 자발적인 의사로 만들어졌다기보다는 기본적으로 볼셰비키 정부의 권력이 강한 영향을 미쳤기 때문이다. 물론 그렇다고 해서 지역 소비에트가 볼셰비키 정부에 반감을 가지고 있었다는 것은 아니다. 지주의 땅을 농민에게 나누어주고 공장 경영을 노동자들에게 준다는데, 농민이나 노동자 중 누가 지역 소비에트 건설에 반대했겠는가?

이 와중에 우리는 다시 또 크론시타트를 점검할 필요가 있다. 첸트로발트, 즉 크론시타트병사평의회는 어떻게 되었을까? 주요 지역에 소비에트를 건설하면서 볼셰비키 정부는 1918년 1월 31일(서력 2월 13일) 무정부주의자들이 주도하고 있다는 이유로 첸트로발트를 폐지하고, 그 대신 발트함대코미사르소비에트Baltic Fleet Council of Commissars, Совет комиссаров Балтийского флота, 즉 줄여서 소브콤발트Sovkombalt, Совкомбалт를 설립하게 된다. 그렇지만 첸트로발트 소속 사병들은 평의회주의를 외쳤던 볼셰비키를 믿었기에 대부분 이 조치를 순순히 받아들이고 만다. 어쨌든 부르주아 임시정부보다는 볼셰비키 혁명정부가 소비에트 정신에 더 가깝다는 확신을 가졌기 때문이다. 소브콤발트라는 약어에 들어 있는 '코미사르'를 의미하는 '콤'이라는 글자에 주목할 필요가 있다. 코미사르는 소비에트와 볼셰비키 정당을 연결하는 메신저를 가리키기에, 이 직책은 평의회코뮌주의가 아니라 정당코뮌주의를 상징한다. 완전히 평의회로 작동했던 첸트로발트가 소브콤발트로 바뀌었다는 것은 그래서 중요하다. 이것은 1917년 2월혁명이 1917년 10월 쿠데타로 이어지면서 러시아의 상황이 급변했다는 것을 상징하기 때문이다. 이제 발트함대, 즉 크론시타트에서는 '평의회와 코미사르 사이의 불안한 동거'가 시작된 셈이다.

코미사르! 10월혁명 이후 볼셰비키 정부를 이해하려면 가장 중요한 개념이다. 사실 이 개념은 중세 유럽에 있었던 코미사리우스commissarius라는 직위에서 유래한다. 가톨릭 중앙 교회로부터 전권을 부여받아 지방 사제의 행위를 평결하는 직무가 바로 코미사리우스다. 그러니까 지방 교회 입장에서 코미사리우스로 파견된 목회자는 중앙 교회의 권력을 대변하는 강력한 존재였던 것이다. 우리 경우 조선시대의 암행어사와 같은 위상을 가진 존재로 생각하면 쉽다. 그래서 우리는 10월혁명 이후 코미사르라는 개념이 러시아에 전면적으로 사용되는 현상에 주목해야 한다. 코미사르는 아래로부터의 코뮌주의가 아니라 위로부터의 코뮌주의를 상징하기 때문이다. 한마디로 말해 평의회코뮌주의가 아니라 정당코뮌주의와 함께 가는 개념이 바로 코미사르라는 것이다. 그래서 우리는 볼셰비키 정부의 내각 구성원, 우리의 경우 장관에 해당하는 인민위원들People's Commissars, народных комиссаров에도 '코미사르'가 사용되고, 발트함대코미사르평의회에도 '코미사르'가 사용된다는 사실을 주목해야 한다. 코미사르는 볼셰비키 군대에서는 정치를 지도하는 장교, 즉 정치장교를 가리키고, 내각에서는 정치를 지도하는 정치위원을 가리키는 말이다. 인민위원이든 정치장교든 여기서 중요한 것은 노동자와 농민 등 노동계급이 인민위원들을 선출하거나 소환할 수 없고, 일반 사병들이 정치장교를 선출하거나 소환할 수 없다는 사실이다.

사실 정치장교는 볼셰비키 정당이나 정부의 입장을 하부 군대조직에 관철시키는 장교, 전쟁 계획에는 깊게 개입하나 실제 전투와는 일정 정도 거리를 두고 있는 장교에 지나지 않는다. 그렇지만 정치장교는 실제 전투에 관여한 다른 장교와 사병들에 대해 절대적인 권한을 행사한다. 인민위원이든 정치장교든 코미사르가 러시아 민중들에 대해 혹은 사병들에 대해 지도와 지휘의 전권을 가지고 있다면, 여기에 '인민'이나 '민중', 혹은 '평의회'라는 말을 붙여서 무엇 하겠는가? 결국 10월혁명은 부르주아 임시정부와 노동계급 소비에트의 이중권력을 끝내고 소비에트가 권력을 장악한 혁명은 아니었다. 10월혁명은 2월혁명을 완성한 혁명이 아니라, 2월혁명을 희롱했던 쿠데타였을 뿐이니까. 이중권력의 시기 내내 레닌과 볼셰비키들은 외쳤다. "모든 권력을 소비에트로!All power to the soviets! Вся власть советам!" 그렇지만 결과는 어떤가? 볼셰비키 정당의 코미사르들, 즉 인민위원이나 정치장교에게로 모든 권력이 집중되지 않았는가? 사실 이미 노동계급의 일상생활 도처에도 비밀 코미사르들이 활동하고 있었다. 1917년 12월에 볼셰비키 정부가 발족한 비밀정치경찰조직, '반혁명과 사보타주와 싸우기 위한 전 러시아 특별위원회

All-Russian Extraordinary Commission for Combating Counter-Revolution and Sabotage, Всероссийская Чрезв

ычайная Комиссия По Борьбе с Контрреволюцией и Саботажем', 즉 체카Cheka, ВЧК의 요원들
이 바로 그들이다. 당혹스러운 일이다. 《국가와 혁명》과 〈4월 테제〉
에서 레닌이 주장했던 평의회주의는 어디로 간 것일까?

　1905년 상트페테르부르크소비에트 의장이던 트로츠키는 1917
년 2월혁명 뒤 5월에, 한때는 상트페테르부르크라고 불렸지만 이
제는 페트로그라드라 불리는 도시로 금의환향한다. 그는 2월혁명
의 산실이었던 페트로그라드소비에트를 방문하게 된다. 1905년 상
트페테르부르크소비에트와 민중들이 사랑했던 아들이었으니, 그가
얼마나 열렬한 환영을 받았을지 미루어 짐작이 가는 일이다. 뜨거
운 환영을 받으면서 트로츠키는 노동계급에게 진심 어린 충고를 아
끼지 않았다. 케렌스키를 수반으로 하는 부르주아 임시정부를 믿지
말고, 여러분이 선출한 대표자를 항상 견제해야 하며, 나아가 노동
계급 자신의 주체적 혁명 역량을 신뢰하라고 말이다. 평의회코뮌주
의를 지키는 방법을 설파한 셈이다. 그렇지만 얼마나 놀라운 일이
며, 당혹스러운 일인가? 소비에트의 조언자, 노동계급의 친구를 자
처했던 레닌과 트로츠키가 어느 사이엔가 조금씩 소비에트의 창시
자, 노동계급의 지도자가 되어가고 있다. 10월혁명, 부르주아 임시
정부가 볼셰비키 혁명정부로 바뀐 것 이외에 달라진 것은 별로 없
다. 여기서 우리는 러시아혁명, 즉 억압자가 사라지는 사회를 꿈꾸
던 혁명을 간략히 정리해둘 필요가 있다. 먼저 첫 번째 1905년 미
완의 러시아혁명은 분명 노동계급의 혁명이었다. 두 번째 1917년
2월혁명도 분명 노동계급의 혁명이었다. 그렇지만 세 번째 1917년
10월혁명은 노동계급이 아니라 볼셰비키 정당의 혁명이었다. 간
혹 10월혁명이 '볼셰비키 쿠데타Bolshevik Coup'나 '볼셰비키 혁명Bolshevik
Revolution'이라고 불리는 것도 이런 이유에서다. 볼셰비키 정당이 자체

무력을 동원해 무장봉기로 정권을 잡았던 혁명이었고, 노동계급이 선출한 대표들의 혁명이 아니라 노동계급의 대표라고 자임했던 정당의 혁명이었으니까.

레닌, 트로츠키, 스탈린 등 볼셰비키 인민위원들은 선출되지 않았으니 그들을 소환할 수도 없는 일이다. 조금씩 권력은 노동계급의 손에서 멀어지고 있었던 셈이다. 어쨌든 볼셰비키 혁명은 노동계급과 사병들의 지지가 없으면 불가능했다. 그래서 10월 쿠데타 이후 몇 달 동안 볼셰비키 정부는 노동계급의 입장에 따라 러시아를 움직였다. 농민들은 지역공동체와 신설된 소비에트를 통해 완전한 토지 이용권을 얻었고, 노동자 위원회는 경영자들을 감독할 수 있는 권한을 부여받았으며, 기존의 사법제도는 폐지되고 농민과 노동계급에 의해 선출된 사법 관료들이 운영하는 혁명재판소와 인민법정이 그것을 대신했다. 아울러 농민들과 노동자들, 그리고 군인들이 관료로 대거 채용되었다. 러시아제국에 편입되었던 소수민족의 자결권도 인정되었다. 덤으로 러시아제국을 상징하던 낡은 달력체계도 1918년 1월 31일 서양의 그레고리력으로 바뀐다. 그렇지만 이 모든 혁명적 조치들은 볼셰비키 정부가 노동자들, 농민들, 사병들, 나아가 소수민족의 혁명적 요구를 받아들일 수밖에 없어서 가능했다는 걸 잊어서는 안 된다. 억압받는 자들을 위한 정부를 표방하며 집권을 했기에, 볼셰비키 정부는 억압받는 자들의 정당한 요구를 뿌리칠 수 없었던 것이다. 하긴 뿌리쳤다가는 혁명정부 자체가 바로 붕괴될 수밖에 없었다고 해야 하는 것이 정확한 평가일 듯하다.

농민들, 노동자들, 병사들, 그리고 소수민족에게 끌려가던 볼셰비키 정부는 동시에 권력을 다시 거두어들이려는 노력도 병행한다.

얼마 지나지 않아 볼셰비키 정부로서는 위기이자 기회이기도 했던 사건이 발생한다. 볼셰비키가 권력을 무장봉기로 장악하고, 농민들, 노동자들, 사병들, 소수민족의 목소리가 커지자, 임시정부를 지지했던 사람들과 아울러 기득권 세력들이 러시아를 과거 권위적인 체제로 돌리기 위한 반혁명을 일으켰기 때문이다. 마침내 모든 혁명에 뒤따르는 공식, 반혁명이 발생한 셈이다. 볼셰비키 혁명정부는 반혁명에 맞서는 싸움을 개시한다. 1917년 11월 7일에 시작되어 1922년 10월 25일이 되어야 끝나는 러시아내전Russian Civil War, Гражда́нская война́ в Росси́и의 서막이 열린 셈이다. 내전에서 승리하려면 일사불란한 위계 조직이 불가피하다는 논리를 만들어내며, 볼셰비키는 조금씩 소비에트에 주었던 권력을 회수하기 시작한다. 그 유명한 전시코뮌주의War communism, Военный коммунизм 체제다. 정당코뮌주의에서 정당에 의해 코뮌주의가 억압되거나 유보되는 것처럼, 전시코뮌주의에서는 내전이란 이유로 코뮌주의가 억압되거나 유보될 수밖에 없다. 1918년 2월 29일에 토지의 국유화, 즉 농업의 국유화가 발표되고, 이어 6월 28일에 산업의 국유화가 발표된다. 생산수단이 소비에트로 상징되는 노동계급에서 국가로 이양되는 순간이다. 여기서 생산수단을 소유한 자는 권력을 장악한다는 기본 공식을 환기할 필요가 있다. 공장은 직접 노동하는 노동자들이 관리하고, 토지는 직접 노동하는 농민들이 가지고 있어야 한다. 그런데 내전은 이것을 유보하도록 만드는, 아니 철회하도록 만드는 명분을 제공한 셈이다. 더 심각했던 것은 전시체제라는 명분으로 볼셰비키 정부가 생존과 파종을 위한 최소량만을 제외한 나머지 수확량을 가차 없이 농민들로부터 강제로 징발했다는 사실이다. 당시 러시아 경제의 토대가 농업이었다는 걸 생각해보면, 정말 심각한 상황이 벌어진 셈이다.

러시아를 과거 권위적인 체제로 돌리기 위해 반혁명을 일으킨 사람들.

1918년 반혁명 세력에 맞서기 위해 조직된 모스크바의 적군.

6부. 코뮌주의 역사철학과 기 드보르의 유산

당연히 전시코뮌주의 내내 정부의 징발과 농민들의 저항은 반복적으로 일어난다. 이것만이 아니다. 전시코뮌주의는 코뮌주의에 대한 배신이라는 비판이 서유럽 지식인들, 특히 독일사회민주당 이론가들로부터 나왔다. 마르크스의 적장자라고 불렸던 독일사회민주당 최고 이론가 카우츠키의 비판은 신랄하기까지 했다. 전시코뮌주의를 주도했던 트로츠키는 이런 비판에 대응할 필요를 느낀다. 1920년 8월 독일 함부르크에서 독일어로 출간한 책《테러리즘과 코뮌주의: 카우츠키에 반대하며Terrorismus und Kommunismus: Anti-Kautsky》가 출간된 이유도 바로 여기에 있다. 이 책의 중요 부분을 읽어보자.

노동의 군사화는 이런 국가 강제를 토대로 삼는다. 국가 강제 없이는 자본주의경제를 사회주의경제로 바꾸는 것은 언제까지나 헛소리에 지나지 않을 것이다. 그렇다면 군사화를 이야기하는 이유는 무엇인가? 물론 이것은 유추에 지나지 않는다. 그렇지만 이 유추는 매우 풍부한 내용을 담고 있다. 군대를 제외하면, 사회 기관 중에서 프롤레타리아독재국가가 취하는 것과 같은 조치로 시민을 복종시키고 프롤레타리아독재국가와 같은 정도로 시민을 자신의 뜻대로 통제할 수 있는 것은 없다. …… 봉건사회에서 부르주아사회로 이행하는 시기에는 자유노동이 강제노동보다 생산적이라는 주장은 옳다. 그렇지만 이것을 영원한 진리라고 생각하여 자본주의 질서에서 사회주의 질서로 이행하는 시기에 이를 적용하는 것은 자유주의자, 또는 현재의 카우츠키주의자뿐이다. 멘셰비키 결의안에서 주장하듯 강제노동이 모든 조건에서 언제나 비생산적인 것이라면 우리의 건설 과업은 모두 실패할 수밖에 없을 것이다. 국가의 경제 동력과 자원을 강제로 조절하고, 노동력을 전반적인 국가 계획에 맞추어 중앙집중식으로 분배하지 않고서는 사회주의를 이룰 수 없기 때문이다. 노동자 국가에서는 모든 노동자를 필요한 곳에 보낼 권리가 국가에 있다. 제대로 된 사회주의라면 노동의무를 거부하는 노동자에게 노동자 국가가 조치를 취할 권리가 있다는 사실을 부인하지 않을 것이다. …… 사회주의에서는 강제기구 자체, 즉 국가가 존재하지 않는다. 생산과 소비의 코뮌에 완전히 흡수될 것이기 때문이다. 그렇지만 사회주의에 이르려면 국가 원칙을 최대한 강화하는 시기를 거쳐야 한다. 지금이 바로 그 시기다. 등불이 꺼지기 직전에 찬란한 빛을 내뿜듯 국가 또한 사라지기 직전에 프롤레타리아독재라는 가장 가혹한 국가 형태를 취한다. 이 형태는 모든 영역에서 시민의 삶에 독재를 행사한다.

–《테러리즘과 코뮌주의: 카우츠키에 반대하며》(1920)

1848년 《코뮌주의정당 선언》의 도식을 반복하고 있는 논의다. 정당주의, 국가주의, 그리고 사회주의, 혹은 코뮌주의라는 네 개념이면 충분하다. 국가권력을 장악한 프롤레타리아정당 볼셰비키는 가공할 폭력수단, 즉 군대의 무력으로 모든 노동계급을 통제하고 나아가 당의 계획에 따라 그들에게 강제노동을 부과해야 한다. 물론 그 목적은 국가가 사라진 사회, 즉 코뮌주의사회를 위해서다. 여기에는 내전에서의 승리와 사회주의경제 달성을 위해 생산력을 발전시켜야 한다는 엥겔스주의, 혹은 생산력발전주의가 전제되어 있다. 트로츠키가 "강제노동은 비생산적이라고" 주장했던 카우츠키의 논의를 비판했던 것도 이런 이유에서다. 간단한 논의지만 당과 국

1920년 러시아내전 중 적군 최고사령관
트로츠키가 장갑열차 위에 올라 연설을 하고 있다.

정치철학 3장. 마르크스, 그 알맹이만 남고 껍데기는 가라! 835

백군의 유력 지도자 콜차크가 행군하는 부대를 바라보고 있다.

가가 최고 자본가가 되어 모든 생산을 결정하고 거기에 노동계급
을 강제로 투입해야 하는 '국가독점자본주의'가 이보다 더 명확히
피력된 곳도 없을 것이다. 최소한 이때 트로츠키는 국가독점자본주
의자였던 셈이다. 아무리 코뮌주의라는 개념을 포함하고 있어도 전
시코뮌주의는 결코 코뮌주의일 수는 없다. 이 체제에서 노동계급
은 노예에 지나지 않으니까. 노동계급은 국가의 노예, 당의 노예, 그
리고 관료의 노예일 뿐이다. 물론 트로츠키는 생산력이 충분히 발
전해 "생산과 소비의 코뮌"이 탄생하는 순간, 이 무소불위의 국가가
코뮌에 흡수되어 사라질 것이라고 이야기한다. 아무리 "등불이 꺼
지기 직전에 찬란한 빛을 내뿜듯 국가 또한 사라지기 직전에 프롤
레타리아독재라는 가장 가혹한 국가 형태를 취한다"고 문학적 표현
을 동원한다고 해도, 이것은 헛소리에 불과하다.

　　유사 이래로 어떤 억압체제가 스스로 다수 노동계급에게 권력

백군을 지원한 미국, 영국, 일본 병사들이 블라디보스토크를 행진하고 있다.

을 양도하고 소멸했던 적이 있는가? 생각해보라. 노동계급이 이제 내전도 끝났고 생산력도 발전했으니 국가나 당, 그리고 관료도 사라질 때가 된 것 아니냐고 주장할 수 있다. 그렇지만 국가, 당, 그리고 관료는 한두 마디의 말로 노동계급의 요구를 걷어차버릴 수 있다. "외부에는 잠재적 적이 아직도 있다"든가 아니면 "생산력이 아직 충분히 발전하지 않았다"고 말하면 그뿐이다. 그럼에도 국가나 당, 그리고 관료에게 저항하는 노동계급이 있다면, 무력으로 모조리 쓸어버리면 된다. 어차피 군대를 가지고 있으니 말이다. 여기서 한 가지 주목해야 할 것은 전시코뮌주의가 스탈린에게 체제 유지의 비밀을 가르쳐주었다는 점이다. 사회주의나 코뮌주의를 계속 유보하려면, 같은 말이지만 노동자와 농민 등 노동계급의 저항을 원천에 봉쇄하려면, 볼셰비키 정부 초기의 백군과 같은 반혁명 세력이 있는 것으로 충분하다. 냉전시대를 조성하는 데 스탈린이 앞장섰던 이유가 분명해지는 대목이 아닌가? 내전에 준하는 갈등이 존재한다면, 트로츠키의 전시코뮌주의는 계속 유효하기 때문이다. 하긴 억압체제를 유지하는 데는 전쟁과 갈등보다 더 좋은 방법이 없다는 건 정말 지배계급의 교체로 점철되었던 인류사의 공식 아닌가. 흥미로운 일이다. 트로츠키의 전시코뮌주의를 계승했을 뿐만 아니라, 이 생각에 영원성을 부여했던 사람이 그의 최고 정적 스탈린이었다는 사실이 말이다.

어쨌든 여기서 궁금한 것이 하나 있다. 내전을 명분으로 권위적인 조치를 행사하며 농민들뿐만 아니라 노동자들을 억압하고 착취했던 볼셰비키 정부가 반혁명에 맞서 승리한 이유는 무엇일까? 볼셰비키 정부의 분석처럼 반혁명에 맞서는 인민위원들의 탁월한 조직력과 지도력 때문일까? 특히 이 대목에서 부각되는 인물이 바로 트로츠키다. 1918년 1월 15일 트로츠키는 반혁명에 맞서서 적군Red Army, Красная армия을 창시했고, 아울러 혁명군사평의회Revolutionary Military Council, Революционный Военный Совет의 초대 의장으로 내전 당시 적군의 최고사령관이었다. 그는 적군 조직에 코미사르, 즉 정치장교 제도를 도입해 일사불란한 명령체계를 확보한다. 코미사르 제도를 통한 트로츠키의 지도력이 당시 영국, 미국, 프랑스, 일본의 직간접적인 지원을 받았던 반혁명 군사 세력, 즉 백군White Army, Бѣлая Армія이 처음 생각처럼 쉽게 볼셰비키 정부를 무너뜨리지 못한 원인이라는 것은 숨길 수 없는 사실이다. 마침내 트로츠키와 적군은 백군의 유력 지도자 콜차크Alexander Vasilyevich Kolchak(1874~1920)와 데니킨Anton Ivanovich Denikin(1872~1947)의 주력 부대를 물리치는 성과를 거둔다. 어쨌든 혁명군사평의회와 현장의 코미사르들은 반혁명 세력보다 월등한 조직력과 군기, 나아가 지도력을 확보하게 되고, 바로 이것이 이해관계에 따라 부침을 거듭했던 다양한 반혁명 세력들이 점점 수세로 몰리게 된 결정적인 이유가 된다. 그렇지만 모든 전쟁에서의 승리는 지휘자의 조직력과 지도력뿐만 아니라 최전선에서 싸우는 사병들의 의지가 결정적이다. 분명 내전 시기 내내 러시아 농민들과 노동자들은 묘한 딜레마에 빠진다. 귀족, 자본가, 지주의 이익을 반영하는 반혁명 세력들이 반혁명에 성공하면 과거 억압체제로 회귀할 것이다. 그렇다고 모든 생산수단을 독점하고 수확을 강제로 징발하는 볼셰비키 정부를 따르자니 이것은 새로운 억압체제를 받아들이는 걸 의미했다. 그렇지만 전반적으로 러시아 민중들은 과거 억압체제로 회귀하는 것에 더 큰 거부 반응을 보였다. 자본가와 지주들이 다시 돌아오는 것이 더 위험하다고 판단한 것이다. 더군다나 1917년 내내 자본가와 지주를 몰아내는 데 앞장섰던 장본인이 바로 노동자와 농민들 아니었던가? 그들은 복수심에 불타는 낡은 억압자들보다는 그나마 희망이라도 있는 새로운 억압자를 선택한 것이다. 노동자와 농민들, 이제는 반혁명에 맞서는 최전선의 전사들은 전시코뮌주의체제가 반혁명에 맞서는 불가피한 체제라는 걸 받아들인다. 바로 이것이 내전에서 볼셰비키 정부가 승리한 결정적 이유였다.

1920년 2월 7일, 곧 붕괴될 것만 같았던 볼셰비키 정부는 내전의 주도권을 잡게 된다. 바로 이날 반혁명 세력의 한 축이었던 콜차크가 적군에 사로잡혀 처형되기 때문이다. 이제 1000만 명 이상의 사상자를 냈던 러시아내전은 점점 종막으로 치닫게 된다. 그렇지만 전시코뮌주의체제는 계속 유지된다. 반혁명 세력이 물러난 곳에서도 여전히 전시코뮌주의가 작동했던 것이다. 명분은 간단하다. 아직 반혁명 세력이 건재하다는 이야기면 족하니까. 모든 권력을 볼

РЕЗОЛЮЦИЯ

Общего собрания команд 1-й и 2-й бригады линейных кораблей состоявшегося 1 марта 1921 г. Заслушав доклад представителей команд посылаемых общим собранием команды с кораблей в гор. Петроград для выяснения дел в Петрограде.

ПОСТАНОВИЛИ:

1) Ввиду того, что настоящие советы не выражают волю рабочих и крестьян, немедленно сделать перевыборы советов тайным голосованием, причем перед выборами провести свободную предварительную агитацию всех рабочих и крестьян.

2) Свободу слова и печати для рабочих и крестьян, анархистов и левых социалистических партий.

3) Свободу собраний и профессиональных союзов и крестьянских объединений.

4) Собрать не позднее 10 марта 1921 г. беспартийную конференцию рабочих, красноармейцев и матросов гор. Петрограда, Кронштадта и Петроградской губернии.

5) Освободить всех политических заключенных социалистических партий, а также всех рабочих и крестьян, красноармейцев и матросов заключенных в связи с рабочими и крестьянскими движениями.

6) Выбрать комиссию для пересмотра дел заключенных в тюрьмах и концентрационных лагерях.

7) Упразднить всякие ПОЛИТОТДЕЛЫ, так как ни одна партия не может пользоваться привилегиями для пропаганды своих идей и получать от государства средства для этой цели. Вместо них должны быть учреждены с мест выбраны Культурно-Просветительные комиссии, для которых средства должны отпускаться государством.

8) Немедленно снять все заградительные отряды.

9) Уравнять паек для всех трудящихся, за исключением вредных цехов.

10) Упразднить коммунистические боевые отряды во всех воинских частях, а также на фабриках и заводах разные дежурства со стороны коммунистов, а если таковые дежурства или отряды понадобятся, то можно назначать в воинских частях с рот, а на фабриках и заводах по усмотрению рабочих.

11) Дать полное право действия крестьянам над всею землею, так как им желательно, а также иметь скот, который содержать должен и управлять своими силами, т. е. не пользуясь наемным трудом.

12) Просим все воинские части, а также товарищей военных курсантов присоединиться к нашей резолюции.

13) Требуем, чтобы все резолюции были широко оглашены печатью.

14) Назначать разъездное бюро для контроля.

15) Разрешить свободное кустарное производство собственным трудом.

Резолюция принята бригадным собранием единогласно при 2-х воздержавшихся.

Председатель Бригадного Собрания **Петриченко.**

Секретарь-**Перепелкин.**

Резолюция принята подавляющим большинством всего Кронштадтского гарнизона.

Резолюция была оглашена на общегородском митинге, 1-го марта в присутствии около 16.000 граждан и принята единогласно.

Председатель Кронштадтского Исполкома **Васильев.**

Вместе с тов. **Калининым** голосуют против резолюции **Васильев** и комиссар Балтфлота **Кузьмин.**

1921년 3월 1일 크론시타트 수병들이 전시코뮌주의로 표방되던 정당코뮌주의에 반기를 들고 발표한 결의문.

6부. 코뮌주의 역사철학과 기 드보르의 유산

셰비키 정부에 이양했던 농민과 노동자들이 점점 더 정부에 의구심을 가질 수밖에 없는 대목이다. 〈4월 태제〉나 《국가와 혁명》에 피력된 볼셰비키의 혁명공약을 이행하라는 요구가 노동계급 속에서 조용히 일어나고 있었다. 페트로그라드가 다시 뜨거워지고 있었던 것이다. 마침내 1921년 3월 1일 크론시타트 수병들은 전시코뮌주의로 표방되던 정당코뮌주의에 반기를 드는 결의문을 발표한다.

현재 상황을 분명히 파악하기 위해 수병 총회가 페트로그라드에 파견한 수병 대표부의 보고를 듣고, 우리는 다음과 같이 결의한다.

① 현재 소비에트들은 더 이상 노동자와 농민의 뜻을 대변하지 못한다는 사실 때문에, 바로 비밀투표로 새로운 소비에트 선거를 시행해야만 한다. 그전에 모든 노동자와 농민은 자유롭게 선거운동을 벌일 수 있어야 한다.

② 노동자들, 농민들, 아나키스트들, 좌파 사회주의정당들에게 언론과 출판의 자유를 보장하라.

③ 노동조합과 농민연대에 집회의 자유를 보장하라.

④ 늦어도 3월 10일까지 페트로그라드와 크론시타트, 그리고 이 두 도시를 포함한 페트로그라드 지역에 당에 소속되지 않은 노동자들, 병사들, 그리고 수병들의 회의를 소집하라.

⑤ 사회주의정당의 모든 정치적 수감자를 석방하고, 아울러 노동운동과 농민운동과 관련해 수감된 모든 노동자, 농민, 병사, 그리고 수병을 석방하라.

⑥ 감옥과 강제수용소에 억류된 사람들의 사건들을 새롭게 조사할 위원회를 발족시켜라.

⑦ 모든 군대의 정치 부서를 폐지하라. 어떤 정당도 자기 이념을 선전할 수 있는 특권이나 이념 선전의 목적으로 국가의 재정적 지원을 받을 수 있는 특권을 가져서는 안 된다. 정치 부서들 대신 국가의 지원을 받는 다양한 문화 부서들을 설치하라.

⑧ 도시와 시골 사이의 이동을 가로막는 파견 부대를 폐지하라.

⑨ 위험한 일을 하는 노동자를 제외한 모든 노동자에게 평등하게 배급하라.

⑩ 모든 군사조직에 존재하는 당의 전투 파견대를 폐지하라. 공장과 기업에 파견된 당의 경비대를 폐지하라. 경비원이 필요할 경우, 노동자의 의견을 고려하여 선출되어야 한다.

⑪ 농민들이 임금노동자를 고용하지 않고 스스로 일한다면, 그들에게 자기 땅을 경작할 자유와 자기 가축에 대한 권리를 허용하라.

⑫ 우리는 모든 군대 단위와 장교 후보생들이 이 결의안에 동참할 것을 호소한다.

⑬ 우리는 이 결의안을 언론에서 널리 알려줄 것을 요청한다.

⑭ 우리는 (억압적 상황을) 통제(할 수 있는) 순회 사무소를 만들 것을 요구한다.

⑮ 우리는 개인 노동에 의한 수공예품 생산을 허용할 것을 요구한다.

이 결의문은 부대회의에서 기권 2표를 제외한 비밀투표로 만장일치 통과되었다.

수병전체회의 의장, 페트리첸코 Petrichenko

수병전체회의 서기, 페레펠킨 Perepelkin

이 결의문은 전체 크론시타트 수비대 대부분의 압도적 지지로
통과되었다.

(소브콤발트) 의장 바실리에프 Vasiliev

동지 칼리닌 Kalinin과 함께 동지 바실리에프는 이 결의안에 반대
표를 던졌다.

— 《크론시타트 이즈베스티야 Кронштадт Известия》 1호(1921년 3월 1일)

사실 이 결의문은 2월 28일 전함 페트로파블로브스크 Petropavlovsk
의 수병평의회에서 만든 것이다. 전함 기관사 페트리첸코 Stepan
Maximovich Petrichenko(1892~1947) 등 평의회 지도부들은 2월 페트로그라드
의 상황이 심각해지는 것을 알고 2월 26일 대표단을 페트로그라드
에 파견해 노동자들의 파업 현황과 볼셰비키 정부의 무력 진압을
조사한다. 조사를 마치고 돌아온 수병 대표단은 페트로그라드 노동
자들이 파업하고 있던 공장을 볼셰비키 군대가 포위해 무력으로 진
압하고 있다는 걸 보고하고, 페트로그라드의 노동계급이 억압당하
고 있는 위중한 상황임을 알려왔다. 1917년 2월혁명과 페트로그라
드 노동계급을 무력으로 뒷받침했던 크론시타트이고 1917년 10월
노동계급 정부를 세우겠다는 볼셰비키의 쿠데타를 무력으로 지원
했던 크론시타트다. 억압체제가 아니라 억압이 사라진 페트로그라
드를 지키고 싶었던 크론시타트의 수병들이다. 그런데 이제 페트로

1921년 억압체제가 아니라 억압이 사라진 페트로그라드를 지키고 싶어 무장했던 크론시타트 수병들.

그라드에 새로운 억압체제가 뿌리를 내리는 모습을 보고 크론시타트가 어떻게 분노하지 않을 수 있겠는가? 마침내 전함 페트로파블로브스키 수병평의회와 전함 세바스토폴Sevastopol 수병평의회는 볼셰비키 정부가 더 이상 노동계급을 대표하지 않는다고 선언하는 결의문을 만들게 된 것이다.

생각해보라. 페트로그라드가 어디인가? 러시아의 영혼 아닌가. 1905년 미완의 러시아혁명과 1917년 2월혁명의 산실이었던 곳이 바로 페트로그

전함 기관사 페트리첸코. 그는 볼셰비키의 진압을 피해 핀란드로 망명했고, 그곳에서 목수로 일하며 볼셰비키 반대 운동을 계속했다. 하지만 1945년 체포되어 1947년 블라디미르 수용소에서 사망했다.

6부. 코뮌주의 역사철학과 기 드보르의 유산

라드다. 노동자들, 농민들, 그리고 수병들을 포함한 병사들이 억압이 없는 사회를 위해 피를 흘렸던 곳! 바로 그곳이 페트로그라드다. 그런데 1917년 2월혁명으로 페트로그라드에 돌아올 수 있었던 볼셰비키가, 노동계급과 병사들의 지지로 쿠데타에 성공한 볼셰비키가 지금 노동자들의 파업을 무력 진압하는 배신을 자행하고 있다. 크론시타트는 지금까지 볼셰비키의 전시코뮌주의도 인정했고, 동시에 반혁명 세력들과 싸우는 데도 일익을 담당했었다. 크론시타트로 상징되는 평의회코뮌주의는 지금까지 참을 만큼 참았던 것이다. 과거의 억압자들이 다시 러시아에 발을 붙이는 것만은 막아야 했기 때문이다. 그러나 내전의 주도권을 회복한 뒤에도 볼셰비키 정부는 정당코뮌주의를 고수하며 평의회주의 회복을 유예하고 있다. 아니 심지어 노동자들의 파업을 무력 진압함으로써 평의회주의를 괴멸하려고 하고 있다. 호랑이를 몰아내니 이리가 왕 노릇을 하는 형국이 아닌가? 지금까지 크론시타트가 볼셰비키를 지지했던 이유는 무엇이었는가? 바로 "모든 권력을 소비에트로!"이양해야 한다는 레닌과 트로츠키의 주장에 동감했기 때문이다. 그런데 지금 레닌과 트로츠키 등 볼셰비키는 모든 권력을 소비에트가 아니라 당으로 수렴시키고 있지 않은가? 이것은 1905년혁명과 1917년 2월혁명에 대한 반혁명이다. 기득권을 되찾으려는 백군의 반혁명보다 더 분노를 자아내는 반혁명이다. 노동계급의 대표를 자처하는 대표가 노동계급을 억압하는 것보다 더 가증스럽고 위선적인 반혁명이 어디에 있겠는가?

15개 조목으로 이루어진 결의문 내용을 읽어보라. 레닌의 〈4월 테제〉와 차이가 없다! 결국 크론시타트의 요구는 단순하다. 1917년 2월혁명의 정신을 되찾자! "모든 권력을 소비에트로"이양해야 한다는 약속을 레닌과 트로츠키는 지켜라! 평의회주의를 표방했기에 볼셰비키 정당 핵심 인사들을 소비에트 대표로 선출했던 노동계급의 신뢰를 배신하지 말라! 두 전함 수병평의회에서 채택한 결의문은 크론시타트의 모든 수병 대표자가 모인 소브콤발트에서 투표로 채택된다. 마침내 3월 1일 크론시타트는 볼셰비키 정부의 정당코뮌주의가 새로운 억압 논리라고 비판하며 평의회주의의 깃발을 든 것이다. 3월 1일 회의에는 볼셰비키 정부의 유력자 칼리닌^{Mikhail Ivanovich} Kalinin(1875~1946)과 코미사르 쿠즈민^{Nikolai Nikolayevich Kuzmin}(1883~1938)도 참석했고, 당시 소브콤발트 의장이었던 바실리에프^{Vasiliev}(?~?)는 회의를 주관하고 있었다. 특히 칼리닌과 쿠즈민은 이 결의안이 크론시타트의 수명을 단축할 것이라고 경고했지만, 수병 대표들은 자신들의 뜻을 꺾지 않는다. 일단 볼셰비키 정부에서 파견된 칼리닌은 투표권이 없기에, 3월 1일 최종 결의안에 반대표를 던진 것은 쿠즈민과 바실리에프였다. 3월 2일 수병평의회 대표자들은 마침내 칼리닌, 쿠즈민, 바실리에프를 체포하고 임시혁명위원회를 구성한다. 이제 임시혁명위원회라는 이름으로 소브콤발트가 사라지고 첸트로발트의 평의회 전통이 다시 부활한 셈이다. 당시 크론시타트의 인구는 5만 명 정도였는데, 수병들이 그 절반을 차지하고 나머지는 대부분 노동자들이었다. 당시 노동자대표소비에트는 임시혁명위원회와 뜻을 같이했는데, 30대 초반 만학의 대학생이었던 라마노프^{Anatoly} Lamanov(1889~1921)가 의장으로 있었다. 페트리첸코에 비해 주목을 받지 못하지만 3월 2일 라마노프는 수병들과 노동자들의 압도적 지지로 노동자병사소비에트 의장으로 선출된다. 그는 《크론시타트 이즈베스티야》의 편집자로 활동하며 크론시타트의 평의회코뮌주의를 선전하는 활동을 도맡는다. 이렇게 억압이 사라진 사회를 꿈꾸는 러시아의 세 번째 혁명은 시작된 것이다. 페트리첸코가 칼로 평의회주의를 지키고 라마노프가 펜을 들어 평의회주의를 사자후로 토하면서 말이다.

3월 4일 볼셰비키가 장악하고 있던 페트로그라드소비에트는 특별회의를 연다. 이 회의에서 크론시타트소비에트를 위해서라도 수병들이 봉기를 끝내야 한다고 요청하는 결의안이 제출된다. 말이 요청이었지 그것은 페트로그라드소비에트의 이름을 빌린 레닌과 트로츠키의 협박이었다. "페트로그라드소비에트와 함께 공통의 적인 백군과 싸우든지, 아니면 반혁명 분자들로 낙인찍혀 치욕과 불명예로 사라지든지" 결정하라고 요구했으니 말이다. 3월 5일 당시 적군을 총괄하던 혁명군사평의회 의장 트로츠키는 크론시타트소비에트에 최후통첩을 보낸다. 항복하는 자만이 소비에트 공화국 군대의 자비를 받을 수 있다는 잔인한 경고와 함께 말이다. 다른 누구도 아닌 바로 트로츠키다. 1905년 상트페테르부르크소비에트 의장이었던 사람, 소비에트로 상징되는 평의회주의가 키워낸 아들이다. 그런 트로츠키가 마침내 평의회주의자로서 자살을 선택한 셈이다. 스탈린에 의해 추방된 뒤 스탈린의 독재에 맞서 1917년 2월혁명과 10월 쿠데타의 평의회주의를 부단히 상기시키는 트로츠키는 얼마나 추한가. 평의회주의자를 행동으로 부정했던 사람이 말로는 평의회주의를 진리인 양 떠들어대고 있으니 말이다.

레닌은 말한다. "관료사회와 상비군은 부르주아사회의 '기생충'이다." …… 1917년 정치권력의 장악이 볼셰비키 당에 실제적인 문제로 대두되었을 때부터 레닌은 이 "기생충"을 일소하는 방안에 대해서 끊임없이 생각했다. 그는 자신의 생각들을

《국가와 혁명》전체에 걸쳐 설명하고 반복한다. 착취계급이 타도된 후 노동계급은 낡은 관료기구를 쓸어버리고 대신 고용인과 노동자로 구성된 기구를 창조할 것이다. 그리고 이 기구는 이들이 관료로 변하는 것을 막는 조치를 취하기 시작할 것이다. 이 조치들은 마르크스와 엥겔스에 의해 상세히 분석되었다. ① 선거와 피선출자의 소환이 언제나 가능해야 한다. ② 관리들은 노동자의 임금보다 높지 않은 봉급을 받는다. ③ 사회 성원 모두가 사회 통제와 감독 기능을 수행하여 모두가 잠시 '관료'가 되어서 어느 누구도 오랫동안 자리를 차지하는 '관료'가 되지 않을 체제로 즉시 이행해야 한다. 이 사항들이 10년 후에나 제기될 문제들에 대해서 말하고 있다고 생각해서는 안 된다. 이것들은 '프롤레타리아혁명을 완수한 직후 바로 시작해야 하는' 첫 조치들이었다. …… 처음부터 프롤레타리아독재하의 국가에서는 민중 대다수를 억압하는 특별한 기구라는 국가의 전통적인 의미가 상실된다. 무기와 함께 물리력은 소비에트와 같은 노동자 조직으로 즉시 그리고 직접적으로 이관된다. 프롤레타리아독재가 시행되는 첫날부터 관료기구로서 국가는 사멸을 시작한다. 바로 이것이 볼셰비키 당 강령의 진짜 목소리인 것이다. 그리고 이 목소리는 아직도 죽지 않았다. 그런데 참 이상하다. 이 목소리는 거대한 무덤에 거하고 있는 망령의 목소리와 같이 아득한 옛날의 목소리처럼 느껴진다.

–《배반당한 혁명Преданная революция》(1937)

1921년 3월 5일 트로츠키는 1937년 그가 평의회주의라는 이름으로 그토록 저주했던 스탈린과 닮아 있었다. 평의회주의를 외치는

"목소리는 거대한 무덤에 거하고 있는 망령의 목소리와 같이 아득한 옛날의 목소리처럼 느껴진다"고. 이것은 1921년 3월 5일 트로츠키의 최후통첩을 받은 페트리첸코, 라마노프, 그리고 이름 모를 크론시타트 수병들이 내뱉었을 탄식 아닌가? 물론 트로츠키는 죽을 때까지 크론시타트의 봉기가 반혁명이라고 자신도 속이고 남도 속였다. 이런 기만행위는 성공적이어서 지금도 트로츠키주의자들이 있을 정도다. 그들은 이구동성으로 평의회주의를 관철하려고 했던 트로츠키를 높이 평가한다. 하긴《배반당한 혁명》에 피력된 트로츠키의 평의회주의는 레닌의《국가와 혁명》에서 피력된 평의회주의만큼이나 인상적이지 않은가? "① 선거와 피선출자의 소환이 언제나 가능해야 한다. ② 관리들은 노동자의 임금보다 높지 않은 봉급을 받는다. ③ 사회 성원 모두가 사회 통제와 감독 기능을 수행하여 모두가 잠시 '관료'가 되어서 어느 누구도 오랫동안 자리를 차지하는 '관료'가 되지 않을 체제로 즉시 이행해야 한다." 특히나 "모두가 잠시 '관료'가 되어서 어느 누구도 오랫동안 자리를 차지하는 '관료'가 되지 않을 체제"라는 표현은 정말 기가 막힌 명문이다. 얼마나 근사한가? 최소한 정치 차원에서 정신노동으로 정당화되었던 지배계급과 육체노동으로 비하되던 피지배계급 사이의 분리와 분열이 사라진 사회가 되는 비법이 피력되어 있으니 말이다. 편의점 점원도 내무부장관이 될 수 있다. 물론 처음에는 서툴기만 할 것이다. 모든 인간이 처음에는 서툰 법이다. 우리는 알고 있지 않은가? 행정고시나 사법고시를 패스해서 내무부장관이 되었거나 명문대 교수 출신으로 내무부장관이 된 사람도 실수를 하는 경우가 많다는 사실을. 어쨌든 안타깝다. 평의회주의와 관련된 이 좋은 말이 크론시타트를 괴멸한 트로츠키 입에서 나왔으니 말이다. 크론시타트소비에트의 간절한 외침을 포격으로 희석시킨 트로츠키의 입에서 나왔으니 문제가 된다는 말이다.

크론시타트는 요구하지 않았던가? 1917년 《국가와 혁명》에서 피력된 레닌의 평의회주의와 1937년 《배반당한 혁명》에서 피력될 트로츠키의 평의회주의를 "즉시 이행해야 한다"고. 그렇지만 현실은 어떠했는가? 트로츠키나 레닌 등 볼셰비키 지도부들은 노동계급이 선출하지 않았고 따라서 소환 대상도 아니었다. 마찬가지로 노동자와 병사들의 삶의 현장에 파견된 코미사르도 노동자와 사병들이 선출하지 않았고 따라서 소환 대상이 아니었다. 사뮈엘 베케트의 표현을 빌리자면 레닌과 트로츠키는 평의회코뮌주의를 영원히 기다려야 하는 '고도Godot'로 만들었던 셈이다. 레닌도 그렇지만 트로츠키도 "정치적인 너무나 정치적인" 인간이었고, 그만큼 영악했던 사람이다. 백군과의 싸움에서 승리할 수 있었던 건 지주로부터 회수한 땅을 지키겠다는 농민들의 간절한 소망, 자본가로부터 뺏은 생산과 분배의 권력을 지키겠다는 노동자들의 열망, 직접선거로 장교들을 선출하고 소환하는 권력을 유지하겠다는 사병들의 결의가 있었기 때문이라는 것을 알고 있는 트로츠키다. 결국 소비에트로 상징되는 평의회주의에 대한 열망이 볼셰비키 정부를 반혁명으로부터 구원했던 것이다. 서둘러 크론시타트의 외침을, 평의회주의에 대한 요구를 진압해야 했던 것도 이런 이유에서다. 크론시타트의 상징성을 감안하지 않더라도 평의회주의에 대한 요구는 잘못하면 전체 러시아 노동계급을 격동시킬 위험이 있기 때문이다. 이것은 정당코뮌주의로 러시아 노동계급을 지배하려는 볼셰비키 야심가들에게는 너무나 위험한 상황이었다. 하루속히 크론시타트가 반혁명을 획책해 반란을 일으켰다는 유언비어와 함께 그곳에 뿌리

1921년 크론시타트의 평의회코뮌주의를 진압한 붉은 군대의 포병들.

내릴 위험이 있는 평의회주의를 괴멸해야 했다.

3월 5일 최후통첩을 보낸 트로츠키는 이틀 뒤 크론시타트에 대한 공격을 시작한다. 3월 7일 새벽 6시 45분경 볼셰비키의 포대가 불을 뿜고 아울러 방어 태세를 갖춘 크론시타트도 대응 포격을 하면서 정당코뮌주의와 평의회코뮌주의 사이의 전쟁이 드디어 시작된다. 비극적인 팡파르 소리와 함께 볼셰비키 군인 6만 명은 얼어붙은 바다를 건너 크론시타트로 진군한다. 크론시타트는 볼셰비키 정예부대와 맞서 10일이나 버틴다. 이 시간 동안 크론시타트의 지도자 페트리첸코나 라마노프가 기다리던 것은 평의회주의를 요구하며 러시아 각 지역에서 노동계급들이 전면적인 봉기를 일으키는 것이었다. 그렇지만 볼셰비키 정부와 그들의 뜻을 관철하는 코미사르들은 각 지역 소비에트와 군부대의 통제를 강화하면서 크론시타트의 희망을 짓밟고 있었다. 크론시타트를 도우려고 해도 도울 수 없는 상황이었던 것이다. 더군다나 크론시타트가 프랑스 정부의 사주를 받은 반혁명 세력이라는 흑색선전도 나름 효과를 보고 있었으니, 크론시타트소비에트는 그야말로 풍전등화의 신세였다. 1921년 3월 12일 간행된《크론시타트 이즈베스티야》10호, "오늘은 독재 전복의 기념일이자 코미사르통치commissarocracy 몰락의 전날이다"라는 인상적인 제목을 가진 10번째 호에는 당시 크론시타트소비에트의 절박한 상황이 그대로 담겨 있다. 전세는 크론시타트가 불리한 쪽으로 흘러가고 있었으니까.

시간이 갈수록 크론시타트 중심부에 있던 크론시타트 해군성당Kronstadt Naval Cathedral의 장례식은 그 규모가 커져만 갔다. 먼저 죽어간 동지들을 애도하는 자리는 동시에 곧 그들을 따라갈 크론시타트 평의회전사들의 유언의 자리이기도 했다. 그들은 평의회주의라는 숭고한 이념을 목숨과 바꾸어서라도 지키겠다는 각오를 다진다. 애통, 애절, 비장, 숭고 등등의 감정이 흘러넘치는 그들의 슬로건을 천천히 읽어보자.

당신은 위대한 투쟁의 희생물로 쓰러진 겁니다.
당신의 영원한 이름은 노동하는 민중들의 고귀한 기억 속에서 죽지 않을 겁니다. 민중들의 운명을 위해 당신은 자신의 거친 머리를 떨어뜨렸으니.
전투의 굉음 속에서도 당신은 자신을 생각하지 않았습니다.
어떤 이념의 전사였던 당신은 폭군의 무리들 앞에서도 떨지 않았습니다.
제3의 혁명의 첫 번째 희생자이자 노동 혁명의 첫 번째 희생자, 당신은 자신의 권리를 위한 전투에서 확고부동의 사례를 보여주었습니다.

당신은 승리가 아니면 죽음이라는 슬로건으로 전진했습니다.

당신은 죽었습니다.

살아 있는 우리는 전투를 그 끝까지 수행할 겁니다.

우리는 너무나 생생한 당신의 무덤 앞에서 맹세합니다. 승리하
거나 아니면 당신 곁에 누울 거라고.

이미 거대한 노동자 해방의 불빛이 찬란하게 비추기 시작했습
니다.

-《크론시타트 이즈베스티야》 10호(1921년 3월 12일)

크론시타트에서 옥쇄를 결심한 소비에트 전사들이다. 전투의
굉음 속에서 죽을지언정 노예로 살지는 않겠다는 자유의 정신이
다. 죽음을 다짐하는 이 전사들은 자신들의 봉기가 "제3의 혁명"이
란 걸 자각하고 있다. 평의회주의라는 "이념", 진정한 "노동 혁명"이
라는 이념이 아직 완수되지 않았기 때문이다. 1905년 상트페테르부
르크의 제1차 평의회주의 혁명, 이것도 미완으로 끝났다. 제2차 평
의회주의 혁명이었던 1917년 페트로그라드의 2월혁명, 이것도 이
중권력이란 형태로 미완으로 끝났을 뿐만 아니라 볼셰비키 정당의
배신으로 정당코뮌주의의 먹이로 전락하고 말았다. 그렇지만 다른
사람의 노동을 착취하며 살아가는 계급이 없는 사회의 유일한 정
치 이념인 평의회주의를 위한 제3차 혁명을 시작했지만, 이것도 노
동계급의 대표를 자처하는 볼셰비키에 의해 실패할 것이 분명하다.
그렇지만 그들은 확신한다. 평의회를 요구하는 제4차 혁명, 제5차
혁명이 계속 발생하리라고. "거대한 노동자 해방의 불빛이 찬란하
게 비추기 시작했"으니까. 노동계급이 선출하고 소환할 수 없는 노

동계급 대표를 믿어서는 안 된다는 지혜를 노동을 팔아서 생계를 유지할 인류 대다수에게 주었다는 확신인 셈이다. 다행스러운 것은 지금 한반도 후미진 곳에서 이 글이 써지고 있다는 사실이다. 크론시타트가 남긴 불빛이 아니라면 어떻게 지금 이 글을 쓸 수 있겠는가? 아니 이 글에 불빛이 닿아 독자들에게까지 이어지기 전에, 뜨거운 피와 간절한 희망으로 점철된 이름 모를 크론시타트 수병의 맑은 눈에서 번쩍이던 불빛이 기 드보르에게 닿았던 일은 너무나 고마운 일이다. 불교에는 전등傳燈이란 말이 있다. 등불이 계속 전해진다는 이야기다. 크론시타트 수병에서 기 드보르로, 그리고 기 드보르에서 강신주로, 그리고 또 독자들에게로. 그러나 아무리 의미 부여를 하려고 해도 3월 12일 크론시타트소비에트에는 당당한 저항 의지보다는 처절한 옥쇄의 그림자가 짙다.

　라마노프는 크론시타트가 괴멸된 뒤 볼셰비키에 의해 크론시타트 사람들이 얼마나 왜곡되고 폄하될지 걱정하기 시작했나 보다. 노동계급 정부에 대한 반혁명을 획책했다는 모함만큼은 피하려고 했으니까. 《크론시타트 이즈베스티야》에 등장하는 먼저 죽은 동지들에 대한 추도사이자 아직 살아남은 자로서 던지는 유언보다 더 슬픈 것은 크론시타트 지도부가 프랑스나 영국 등 서구 자본주의국가들이나 백군 등 반혁명 세력과는 아무런 상관이 없는 아주 평범한 노동계급임을 밝히는 명단이다. 발행된 《크론시타트 이즈베스티야》를 아무리 소각해도 분명 한두 장은 남을 것이고, 그것이 실마리가 되어 볼셰비키의 날조를 막을 수 있으리라는 간절한 희망을 담고 있다. 그들의 뜻대로 여기에 그 명단을 그대로 옮겨본다.

　코뮌주의자들(즉 볼셰비키들)은 (크론시타트) 임시혁명위원회에 백군 장군과 장교들, 그리고 사제들이 있다는 헛소문을 퍼뜨리고 있다. 이런 헛소문을 한 번에 종식시키기 위해 우리는 임시혁명위원회가 다음 15명으로 구성되어 있다는 사실을 밝힌다.

① 페트리첸코Petrichenko: 전함 페트로파블로브스크 선임 서기

② 야코벤코Yakovenko: 크론시타트 지역 전신국 전화교환수

③ 오소조프Ososov: 전함 세바스토폴 기계공

④ 아르키포프Arkhipov: 기계공 감독

⑤ 페레펠킨Perepelkin: 전함 세바스토폴 전기공

⑥ 파트루셰프Patrushev: 전항 페트로파블로브스크 전기공 감독

⑦ 쿠폴로프Kupolov: 선임 의사의 조수

⑧ 베르시닌Vershinin: 전함 세바스토폴 수병

⑨ 투킨Tukin: 전기기계공장 장인

⑩ 로마넨코Romanenko: 수리 도크의 경비원

⑪ 오레신Oreshin: 제3노동학교 감독

⑫ 발크Valk: 제재소 장인

⑬ 파블로프Pavlov: 광산 작업장 노동자

⑭ 바키코프Baikov: 요새 건축부의 교통 라인 감독

⑮ 킬가스트Kilgast: 항해사

－《크론시타트 이즈베스티야》 10호(1921년 3월 12일)

어디에 과거 억압체제에 복무했던 사람들이 있는가? 그저 평범하지만 용기 있었던 노동자들이나 사병들뿐이다. 어쨌든 라마노프의 불길한 짐작처럼《크론시타트 이즈베스티야》는 1921년 3월 16일 14호를 끝으로 더 이상 발행되지 못했다. 마지막 기사를 보면 오후 4시에 크론시타트 해군성당에서 전사들의 장례식이 있다고

알리는 것으로 보아, 3월 15일 밤에 크론시타트소비에트 기관지가 마지막으로 인쇄된 것 같다. 마지막 14호의 기사 중 인상적인 것은 〈당을 떠나며〉라는 제목을 달고 있다. 이미 현실적으로 볼셰비키와 무관하면서도 죽은 다음 볼셰비키 정당 소속으로 남는 것이 영 꺼림칙했나 보다. "우리는 이제 자신을 정당의 구성원이라고 생각하지 않고 우리 자신을 전적으로 혁명위원회의 명령에 바칩니다"라는 선언 밑에는 페도로프^{Fedorov}를 포함한 110명의 이름, 누구인지 정확히는 모르지만 수병에서부터 노동자까지 망라된 평의회주의를 꿈꾸던 평범한 사람들의 이름이 죽 나열되어 있다. 임박한 죽음을 예감하면서 크론시타트소비에트의 자유전사로 기억되기를 바라는 절절함이 다시 느껴지는 대목이다. 3월 16일이 《크론시타트 이즈베스티야》의 마지막 호가 된 이유는 그다음 날 3월 17일에 볼셰비키 군대가 크론시타트에 진입하는 데 성공하기 때문이다. 10일 동안 6만 명의 볼셰비키 군인 중 크론시타트에 들어간 군인은 5만 명이 채 안 된다. 볼셰비키 군대는 1만 명 이상의 사상자를 냈던 것이다. 그만큼 10일 동안 "모든 권력을 당이 아니라 소비에트로"라는 구호로 이루어졌던 크론시타트의 저항은 격렬했다. 실제로 크론시타트에 진입한 볼셰비키 군대가 도시를 완전히 장악한 것은 3월 19일이었다. 그러니까 이틀 동안 크론시타트에서는 볼셰비키 군대에 맞서 처절한 마지막 시가전이 있었던 것이다. 당시 볼셰비키 군대가 다시 1000여 명 이상 사상자를 냈다고 하니, 크론시타트소비에트의 마지막 결사항전이 얼마나 치열했는지 미루어 짐작이 가는 일이다.

전체 수병 2만 5000명을 포함해 전체 5만 명 정도가 거주했던 크론시타트의 사상자는 얼마나 되었을까? 모든 통계는 볼셰비키 정부가 말한 것밖에 없으니, 믿을 것이 못 된다. 얼어붙은 바다를 건너 핀란드로 간신히 대피한 사람도 있고 잡혀서 처형된 사람도 있고, 혹은 수용소에 감금된 사람도 있을 것이다. 알 수 있는 것은 직간접적으로 피해를 받은 크론시타트 사람들이 5만 명을 넘지 않았으리라는 사실뿐이다. 어쨌든 크론시타트에 볼셰비키 군대가 진입했던 그다음 날, 그러니까 1921년 3월 18일 페트로그라드에서는 레닌과 트로츠키 등 볼셰비키가 모두 모인 근사한 축하연이 벌어진다. 그날은 바로 1871년 3월 18일 평의회주의를 실천했던 파리코뮌이 탄생한 지 50주년이 되는 날이었다. 크론시타트소비에트를 붕괴시키면서 파리코뮌을 찬양한다? 있을 수 없는, 평의회주의에 대한 모욕이고 모독이다. 다행스러운 것은 1921년 3월 18일 파리코뮌의 모든 영혼과 모든 정신은 페트로그라드가 아니라 그곳에서 서쪽으로 55킬로미터 떨어진 크론시타트에 가 있었다는 사실이다. 파리코뮌 50주년을 기리는 진정한 축하연은 1921년 3월 18일 마지막까지 크론시타트 평의회주의 전사들의 총구에서, 그들의 땀방울에서, 그들의 피에서, 그리고 마침내 그들의 마지막 호흡에서 열리고 있었으니까. 최소한 레닌과 트로츠키만은 분명히 알고 있던 사실은 이것 아닌가.

평의회Conseils의 출현은 20세기의 첫 사반세기 동안 프롤레타리아 운동의 절정과 함께했던 현실이다. 그러나 평의회는 당시의 모든 역사적 경험들이 반박하고 제거했던 이 운동의 잔해와 함께 사라졌기 때문에 주의를 끌지 못했고 왜곡돼왔다. 프롤레타리아적 비판이 새롭게 정립되는 시기에 평의회는 '패배한 운동mouvement vaincu'에서 '패배하지 않는 유일한 지점le seul point invaincu'으로 재론되고 있다. 평의회가 자신의 유일한 존재 환경이라는 걸 이해하게 된 역사의식 la conscience historique은 평의회를 썰물처럼 빠져나가는 것의 외곽 périphérie이 아니라 솟아오르는 것의 중심 centre 으로 인정한다. 평의회의 권력에 앞서 존재하는 혁명조직—투쟁을 통해 자신의 고유한 형태를 발견하는—은 이런 역사적 원인들 때문에 자신이 노동계급을 대표할 수 없음을 이미 알고 있다. 이 조직은 자신이 단지 분리의 세계 le monde de la séparation와의 급진적인 분리 séparation radicale일 뿐임을 인정해야 한다.

−《스펙타클의 사회》118·119

평의회코뮌주의, 혹은 평의회주의! 폭력수단을 독점한 거대한 관료 집단의 아성인 국가, 그리고 생산수단을 독점해 이윤을 추구하는 지배계급에 맞서는 가장 근본적이고 원칙적인 입장이다. 마르크스 이후 그의 이름으로 억압받는 자들의 친구를 자처했던 사람들을 평가할 때, 평의회주의가 결정적인 시금석이 되어야 하는 이유도 바로 여기에 있다. 평의회라는 정치적 형식을 통해 억압받는 자들은 억압자의 억압에 맞설 수 있고, 나아가 주인으로서 공동체의 나아갈 바를 주체적으로 결정할 수 있다. 그러니 어떻게 마르크스주의자라고 혹은 사회주의자라고 자처하는 사람들이 평의회를 부정할 수 있다는 말인가? 평의회를 부정하는 것은 노동계급의 주체성을 박탈하겠다는 의지이기 때문이다. 기 드보르가 정당코뮌주의를 그렇게나 비판했던 이유도 바로 여기에 있다. 정당코뮌주의는 노동당이든 사회당이든 공산당이든 전위정당이 다수 우매한 노동계급을 지도해야 한다는 입장이다. 아무리 노동계급을 위한다고 떠들면 무엇 하는가? 노동계급의 주체성을 부정하기는 귀족이나 영주나 자본가와 어떤 차이도 없으니 말이다. 귀족이나 영주나 혹은 자본가도 항상 자신이 노예를, 농노를, 그리고 노동자를 생각한다고 떠들지 않았던가? 결국 핵심은 노동계급의 주체성을 긍정하고 그것을 현실화하는 일이다. 노동계급을 위한다는 지식인들이 노동계급 위에 군림하려는 자신의 '권력의지'를 억눌러야 하는 것도 이런 이유에서다. 그들 옆에서 최선을 다해 자신의 통찰을 이야기하고 코뮌이 가야 할 방향을 조언하지만, 노동계급이 평의회를 통해 결정한 사항이 자신의 생각과 다르더라도 그것을 존중해야만 한다. 설령 평의회의 결정이 자신의 생각처럼 실패로 귀결된다고 할지라도, 결코 짜증을 내서도 안 된다. 바로 그 실패 지점, 혹은 그 실패 상황에서 과거에 연연하지 않고 노동계급에게 지식인으로서 임무를 다하면 그만이다. 이제 노동계급은 실패로부터 더 지혜로워졌다고 생각하면서 말이다. 억압사회가 사라지기 위해서는 노동계급이 어느 상황에서든 주체적이어야 하기 때문이다. 이것이 평의회주의를 품은 진정한 지식인이 가야 할 길이다. 반면 정당코뮌주의자는 자신을 목동, 노동계급을 가축이라고 생각하는 지식인일 뿐이다. 베른슈타인이든, 레닌이든, 트로츠키든 아니면 그 누구라도 정당코뮌주의자들의 가장 큰 불행은 '앞장서고 뒤따른다는 생각' 자체가 노동계급이 주인이 되는 세계를 영원히 연기하는 계기가 된다는 사실을 알지 못한다는 데 있다.

불행히도 마르크스 이후 모든 마르크스주의자는 평의회코뮌주의와 정당코뮌주의 사이 어딘가에서 방황했다. 그러니 베른슈타인이나 스탈린, 마오쩌둥, 김일성, 카스트로처럼 아예 노골적으로 정당코뮌주의를 관철하려고 했던 사람들도 나타나고, 레닌이나 트로츠키처럼 평의회코뮌주의와 정당코뮌주의 사이에서 좌불안석이었던 사람들도 등장했던 것이다. 사실 이 모든 동요와 혼동은 마르크스의 한계에서 유래하는지도 모른다. 1871년 《프랑스내전》 이후 마르크스가 평의회코뮌주의 입장에 선다는 것은 분명하다. 그럼에도 마르크스에게서 정당코뮌주의의 정당성을 확보하려는 후대의 집요한 노력은 왜 발생한 것인가? 1848년 엥겔스와 함께 마르크스가 집필했던 《코뮌주의정당 선언》이 후대 마르크스주의자들의 경전으로 신격화되었기 때문이다. 아무리 코뮌주의정당이 혁명정당이라고 해도, 정당이란 제도 자체가 부르주아사회에서 탄생한 것 아닌가? 새 술은 새 부대에 담아야 하지만, 마르크스는 부르주아 지배를 극복하려는 새로운 사회 '코뮌'을 부르주아 의회제도의 낡은 형식인 '정당'에 담으려고 했던 것이다. 19세기 지성사의 한계를 보여주는 '코뮌주의정당'이란 마르크스의 발상에 가장 크게 공헌한 사람이 공저자 엥겔스였다는 건 말할 필요도 없다. 청년 철학자 마르크스가 정치철학적 감각을 완전히 익힐 때까지, 부르주아 사회과학의 방법론과 통찰 대부분을 친구 엥겔스에게 의지할 수밖에 없었을 테니까. 엥겔스의 개인비서로 활동했던 베른슈타인이 평의회코뮌주의를 폄하하고 정당코뮌주의를 주장한 것도 다 이유가 있었던 셈이다. 그래서 어쩌면 《코뮌주의정당 선언》은 마르크스의 흑역사를 상징하는 작품인지도 모른다. 그렇지만 이 작품을 흑역사로 만든 것은 마르크스 본인이 아니다. 마르크스라는 이름으로 정당코뮌주의를 표방하며 권력을 잡으려고 했던 후배 마르크스주의자들이 문제였기 때문이다. 돌아보면 1871년 《프랑스내전》과 1875년 〈고타강령 비판〉으로 마르크스는 이미 19세기 부르주아사회의 지성사적 패러다임을 근사하게 돌파하지 않았는가. 물론 베른슈타인 등 독일 사회민주주의자들은 마르크스의 완숙한 정치철학이 녹아 있는 이

로자 룩셈부르크는 거의 모든
마르크스주의자들이 평의회주의와
정당주의에서 우왕좌왕할
때 이론에서나 현실에서도
평의회주의를 한 번도 벗어난 적이
전혀 없다.

두 결과물에 침묵으로 일관했다.

《스펙타클의 사회》를 보면 정당코뮌주의에 조금이라도 발을
담그거나 조금이라도 기웃거리기라도 한다면, 설령 그가 자신이 존
경하는 마르크스라 할지라도, 기 드보르는 무자비할 정도로 비판적
이다. 그렇지만 그의 냉혹한 비판에서 완전히 자유로운 선배가 한
명 있다. 바로 로자 룩셈부르크다. 거의 모든 마르크스의 후배들이
평의회주의와 정당주의에서 우왕좌왕할 때, 오직 그녀만이 마르크
스의 완숙한 정치철학적 입장, 즉 평의회주의를 견지했기 때문이
다. '레닌주의', '트로츠키주의', '마오주의', '스탈린주의' 등의 이름
들처럼, 여기서 우리는 그녀의 집요했던 평의회주의를 '룩셈부르

크주의Luxembourgism'로 명명할 필요가 있다. 1871년 파리코뮌 이후에도 간혹 마르크스는 현실적 이유에서 정당코뮌주의적인 입장, 나아가 국가주의적 입장을 이야기하는 경우가 있었다. 억압이 없는 사회를 꿈꾸는 평의회주의가 현실적인 적을 만날 때, 그러니까 자본계급의 집요한 공격이나 국가기구의 감찰과 탄압에 맞서려면, 그들과 비슷한 위계구조가 불가피하다는 일종의 고육지책이라고 할 수 있다. 적과 싸우느라 적을 닮을 수밖에 없는 비극이 발생한 셈이다. 이론적으로 성숙기의 마르크스는 확고한 평의회주의자였지만, 현실적으로 노동운동을 전개하는 노동계급이나 지식인들이 지배계급의 역공에 위축될 때는 정당코뮌주의자가 되곤 했다. 반면 로자 룩셈부르크는 이론에서나 현실에서도 평의회주의를 한 번도 벗어난 적이 없다. 비록 자신의 충고에도 불구하고 노동계급이 순간적이나마 잘못된 판단과 행동을 하더라도, 로자는 짜증과 조바심을 부리지 않았다. 노동계급의 판단과 행동이 잘못된 것이라고 판명될지라도, 노동계급이 자발적으로, 그리고 주체적으로 판단하고 행동했다는 사실 자체가 바로 그들이 삶의 객체가 아니라 주체라는 사실을 몸으로 입증하기 때문이다. 스스로 범한 잘못에서는 무언가를 배울 수 있지만, 남의 조언에 따르다 범한 잘못에서는 어떤 것도 배울 수 없는 법이다. 이렇게 로자는 노동계급들을 그들의 오류와 실패에도 불구하고 모두 품을 만큼 넉넉한 마음을 가진 지식인이었다. 베를린 노동계급이 실패할 것이 뻔한 봉기를 일으켰을 때, 그리고 어떻게 해야 할지 우왕좌왕할 때 로자가 스파르타쿠스동맹 동지들과 함께 그들 곁을 지켰던 이유도 바로 여기에 있다.

기 드보르! 대중을 구경꾼으로 만드는 스펙타클을 비판했던 비판적 지성인으로 이해된다. 그렇지만 그는 그 이상의 가치가 있다.

6부. 코뮌주의 역사철학과 기 드보르의 유산

그는 마르크스주의자 이전에 가장 강력한 룩셈부르크주의자였다. 로자처럼 사유하고 로자처럼 행동하면서 기 드보르는 마침내 마르크스의 성숙된 정치철학의 정수에 도달한다. 1871년 파리코뮌의 실패에 대한 정당코뮌주의자들의 조롱에도 불구하고,《프랑스내전》에서 마르크스는 죽어간 파리코뮌의 전사들을 대신해 절규했던 적이 있다. "코뮌은 현재 주로 노동을 노예화하고 착취하는 수단이 되어 있는 생산수단, 즉 토지와 자본을 '자유롭고 연합적인 노동free and associated labour'의 순전한 도구로 바꿈으로써 '개인적 소유individual property'를 하나의 진실로 만들기를 원했던 겁니다. 그러나 이것은 코뮌주의, '불가능한' 코뮌주의라고 합니다. …… 여러분! 이것 이외에 무엇이 코뮌주의, '가능한' 코뮌주의겠습니까?" 노동자병사평의회가 작동했던 것이 바로 코뮌이다. 1871년 파리에서는 병사들이 장교를 선출하고 소환했고, 노동계급이 행정 관료와 입법 관료를 선출하고 소환할 수 있지 않았는가? 아무나 장교나 관료가 될 수 있지만 어떤 장교나 관료도 자기 지위를 영속화할 수 없었다. 그러니 지배계급의 발호를 막아 지배계급과 피지배계급이란 해묵은 억압구조도 종식시킬 수 있었던 것이다. 물론 지배계급과 국가는 전열을 재정비해 파리코뮌에 반격을 가했다. 항상 혁명 뒤에 반혁명이 일어나는 것도 이런 이유에서다. 아메리카 인디언들, 누구의 명령도 받지 않고 누구에게 명령도 하지 않던 그들은 위계질서와 압도적 무기로 무장한 미국 군대에게 궤멸되고 만다. 마찬가지로 파리코뮌도 그랬다. 당연히 평의회만으로는 부족하고 반혁명에 맞설 효율적인 지휘부가 필요하다는 평가가 나올 수 있다. 그렇지만 파리코뮌 때는 장교도 있었고 관료도 있었고 지휘부도 있었다는 걸 잊어서는 안 된다. 평의회는 무정부를 지향하지 않는다. 단지 영원한 대표를 부정하고 항상 소환 가능한 일시적인 대표만을 지향할 뿐이다. 파리코 뮌은 최선을 다해 대표부를 뽑았지만, 그들이 대표로서는 너무 무능했을 뿐이다. 바로 그것이 파리코뮌의 비극을 만들었을 뿐, 파리코뮌의 평의회주의가 비극을 만든 것이 아니다. 그러니 파리코뮌의 괴멸 원인을 대표부가 없었다는 데서 찾아서는 안 된다.

《스펙타클의 사회》119번째 테제에서 기 드보르는 레닌과 트로츠키에게 말한다. "평의회의 권력에 앞서 존재하는 혁명조직—투쟁을 통해 자신의 고유한 형태를 발견하는—은 …… 자신이 단지 분리의 세계와의 급진적인 분리일 뿐임을 인정해야 한다"고. '분리의 세계'는 정신노동과 육체노동의 분리, 지배계급과 피지배계급의 분리가 당연하게 받아들여지는 세계를 말한다. 볼셰비키는 혹은 코뮌주의정당은 이런 분리의 세계와 급진적으로 분리하려는 지식인 집단일 뿐이다. 투쟁하는 노동계급에게 가장 효과적인 투쟁 방법과 투쟁 표적을 제시하면서 말이다. 그러나 사냥개의 역할은 오직 거기까지다. 분리의 세계와 분리가 이루어졌다면, 혁명조직은 스스로 해체되어 평의회로 흡수되어야만 한다. 레닌과 트로츠키의 비극은 다른 데 있는 것이 아니다. 겉으로 아무리 평의회코뮌주의를 외쳐도 그들은 정당코뮌주의자였기 때문이다. 정당코뮌주의, 그것은 엘리트와 어리석은 민중이란 분리에 기초하는 것 아닌가. 바로 이 대목에서 레닌과 트로츠키는 자신도 모르게 민중코뮌주의를 부정했던 베른슈타인의 길, 심하게 말하면 에베르트의 길을 걸어가고 만 것이다. 《순자荀子》〈왕제王制〉편에는 흥미로운 이야기가 등장한다. "군주는 배이고 민중들은 물과 같다. 그런데 물은 배를 싣기도 하지만 배를 전복시킬 수도 있다君者, 舟也, 庶人者, 水也. 水則載舟, 水則覆舟." 잊지 말자! 병사와 노동자들의 평의회가 먼저였고, 여기에 올라탄 것이 바로 볼셰비키였다는 사실을. 어느 순간 볼셰비키라는 배가 평의회라는 물의 움직임을 통제하려고 한다. 자기 배가 침몰하면 물도 없어질 것이라는 협박을 물에게 가했던 것이다. 물의 요동을 막으려면 방법은 오직 하나다. 물을 얼려버리는 것이다. 그러나 그 순간 배는 침몰만 하지 않을 뿐 움직일 수 없게 된다.

스탈린에게서 정점에 이른 국가독점자본주의와 관료주의의 냉혹한 통치는 바로 이렇게 레닌과 트로츠키로부터 싹을 틔우고 있었던 것이다. 노동자병사평의회가 시작이자 끝이어야 했지만, 레닌과 트로츠키는 노동자병사평의회를 기회로 권력을 잡은 뒤 평의회주의를 무력화했기 때문이다. 그렇지만 주인으로 삶을 살아내려는 노동계급의 의지, 그리고 그 사회적 형식인 평의회를 어떻게 막을 수 있다는 말인가? 귀족에서 영주로, 그리고 영주에서 자본가로, 이제 자본가에서 당으로 지배계급이 바뀌는 것을 노동계급이 그대로 방치할 것인가? 역사의 객체나 역사의 구경꾼이 아니라 역사를 의식하고 그것을 바꾸려는 사람이 기 드보르가 말한 '역사의식'을 가진 사람이다. 역사의식은 평의회가 없다면 억압과 지배, 그리고 착취로 점철된 BC 3000년 이후 인류 역사에 종언을 고할 수 없다는 걸 안다. 《스펙타클의 사회》118번째 테제에서 기 드보르가 "평의회가 자신의 유일한 존재 환경이라는 걸 이해하게 된 역사의식은 평의회를 썰물처럼 빠져나가는 것의 외곽이 아니라 솟아오르는 것의 중심으로 인정한다"고 말했던 것도 이런 이유에서다. 역사에 대한 능동적 의식을 의미하는 역사의식은 억압의 역사 전체를 극복할 수 있는 유일한 정치적 형식이 평의회라는 걸 알기 때문이다.

2. 마르크스의 비마르크스적인 두 요소, '과학주의'와 '정당주의'

마르크스 사상의 결정론적-과학적déterministe-scientifique 측면은, 그가 살아 있을 때뿐만 아니라 심지어 그가 노동운동에 남겨준 이론적 유산에서조차, 그의 사상을 '이데올로기화 과정'에 취약하도록 만들었다. '역사 주체sujet d'histoire'의 등장은 계속 뒤로 밀쳐지고 있으며, 대표적인 역사과학, 즉 경제학이 미래에 일어날 부정의 필연성을 점점 더 폭넓게 보장하려는 경향을 보이고 있다. 그러나 이렇게 유보됨으로써 부정의 유일한 진리인 '혁명적 실천la pratique révoltionnaire'이 '이론적 전망la vision théorique'의 영역 밖으로 밀려난다. …… 마르크스는 평생 동안 자신의 이론에서 단일한 관점le point de vue을 유지하고 있다. 그렇지만 자신의 이론을 설명할 때 마르크스는 당시 지배 사상의 영역에 속해 있다. …… 나중에 확정적인 것으로 받아들여진 이런 '훼손된 형식mutilation'이 바로 '마르크스주의marxisme'를 구성하게 된다.

—《스펙타클의 사회》84

마르크스의 삶과 사유의 역사를 추적하다보면, 누구나 엥겔스 등 혁명을 꿈꾸던 독일 엘리트들이 마르크스에게 어떤 부정적인 영향을 끼치고 있다는 걸 직감할 수 있다. 그러니까 홀로 있을 때 마르크스는 〈포이어바흐에 관한 테제들〉을 관통하는 두 가지 개념, 즉 '대상적 활동Gegenständliche Tätigkeit'과 '인간사회menschliche Gesellschaft'를 견지한다. 그렇지만 동료 혁명가들과 함께 있을 때 마르크스는 자신의 지론에 조금씩 단서를 달거나 제약을 가하는 경향이 많다. 더 구체적으로 말하자면 독자들이 동시대 노동계급이나 미래의 노동계급 등 익명의 다수였을 때 마르크스에게 '대상적 활동'과 '인간사회'는 후퇴 불가능한 입장이었지만, 동시대 동료 지식인과 혁명가들이 독자였던 경우 마르크스의 입장은 엘리트주의와 민중주의 사이에서 우왕좌왕하는 경우가 많다는 것이다. 엥겔스로 대표되는 당시 독일 엘리트들을 만나기 전에 마르크스가 썼던 《1844년 경제학-철학 수고》(1844), 그리고 〈포이어바흐에 관한 테제들〉(1845)을 읽어보라. 그리고 1871년 파리코뮌이 괴멸되고 제1인터내셔널이 붕괴된 뒤 자의 반 타의 반 고독을 되찾아 마르크스가 완성했던 두 가지 걸작 《프랑스내전》(1871)과 〈고타강령 비판〉(1875)을 읽어보라. 여기서 우리는 인간이, 그가 남자든 여자든 혹은 노동자든 농민이든, 대상적 활동의 주체라는 걸 긍정하는 마르크스, 나아가 특정 계급이 아니라 모든 인간이 주체로 참여하는 인간사회라는 이념을 긍정하는 마르크스를 확인하게 된다.

문제는 동료 혁명가들을 만났을 때부터, 그리고 그들과 함께 조직 활동을 하면서 벌어진다. 어쨌든 억압이 없는 사회, 구체적으로 노동계급이 착취되지 않는 사회를 꿈꾸던 사람들 아닌가? 그들의 모든 입장을 '대상적 활동' 개념과 '인간사회'에 입각해 재단할 수만은 없었다. 마르크스로서는 이런 단호한 입장이 자본계급과 국가기구에 맞서는 저항 연대에 균열을 가져올 가능성을 걱정하지 않을 수 없었던 것이다. 바로 이 대목에서 엥겔스와의 만남과 협업은 상징적이다. 프롤레타리아혁명을 이끌 강력한 전위정당을 당연시했던 엘리트주의자, 나아가 생산력발전에 의해 프롤레타리아혁명은 불가피하다는 생산력발전주의자, 바로 그가 엥겔스 아니었던가. 1848년 등장한 《코뮌주의정당 선언》이란 공저가 탄생한 것도 이런 이유에서다. 당시로서는 마르크스의 판단이 현실적이라고 옹호할 수도 있지만, 다양한 혁명가들의 이념과 타협하느라 그의 생각은 뒤죽박죽이 되고 만다. 일단 동시대 진보적 지식인들과 타협하려면, 마르크스는 그들이 공유하는 핵심 전제를 수용할 수밖에 없었다. 이때까지만 하더라도 그는 자신이 죽은 뒤 이것이 두고두고 후환을 남기리라는 걸 짐작도 하지 못했을 것이다. 자신의 이름을 팔아 인간사회가 아니라 국가주의로 회귀해버린 마르크스주의자들, 노동계급을 무지한 무리로 공격했던 마르크스주의자들을 보았더라면, 단연코 마르크스는 어떤 타협도 하지 않았을 것이며 자신의 글에 악용의 여지를 남기지 않았을 것이다.

　1919년 1월 마르크스가 베를린에 있었더라면, 혹은 1921년 3월 마르크스가 크론시타트에 있었더라면, 분명 그는 분노와 당혹감에 온몸을 떨며 절규했으리라. 노동계급을 지키려고 벼렸던 칼들이 오히려 노동계급을 위협하는 흉기로 변모했으니 어떻게 황망하지 않았겠는가. 그러나 마르크스는 19세기 최고의 인문지성이다. 노동계급 대표를 자처하는 후배들이 노동계급에게 저지르는 만행에 대한 절망을 접고, 분명 그는 자기 저작들을 검토하는 처절한 시간을 가졌을 것이다. 바로 이것이다. 《스펙타클의 사회》에서 기 드보르는 '마르크스가 살아 있었더라면' 했을 그것을 마르크스 대신 하려고 한다. 19세기 혁명을 꿈꾸던 엘리트들이 공유하던 전제들, 20세기 노동계급 혁명에 반혁명의 논리가 되어버린 그 전제들을, 마르크스의 사유로부터 벗겨내는 작업이다. 더 이상 이런 병균들을 방치했다가는 결코 포기할 수 없는 마르크스 사유의 두 가지 알맹이, 즉 '대상적 활동' 개념과 '사회주의' 혹은 '코뮌주의' 이념마저 병들거나 버려질 우려가 있기 때문이다. 가장 먼저 기 드보르가 손을 댄 부분은 마르크스가 19세기 지성계의 공통 전제였던 '과학주의', 혹은 '결정론'을 수용하지 않을 수밖에 없었던 대목이다. 《스펙타클의 사회》 84번째 테제에서 기 드보르가 "마르크스 사상의 결정론적-과학적 측면"에 주목했던 것도 이런 이유에서다.

지금도 그렇지만 마르크스가 살았던 19세기는 과학이란 이름이 그야말로 무소불위의 힘을 가지고 있었던 과학 만능 시대였다. 심지어 자연과학을 넘어 인간과 역사마저도 '과학Wissenschaft, science'으로 만들려는 시도가 이루어졌다. 바로 이 대목에서 상징적인 존재가 헤겔Georg Wilhelm Friedrich Hegel(1770~1831)이다. 즉자, 대자, 그리고 즉자-대자로 이어지는 세계정신의 발전으로 인류의 역사를 '과학적wissenschaftlich으로' 해명하려 했던 헤겔의 시도는 독일을 넘어 서양 지성계를 강타했으니 말이다. 헤겔의 역사과학, 혹은 역사철학에서 핵심은 《역사철학강의Vorlesungen über die Philosophie der Weltgeschichte》에서 그가 말했던 '이성의 간지List der Vernunft'라는 표현이다. 그러니까 개별 인간의 이성은 세계 이성을 실현시키는 매체에 지나지 않는다는 발상이다. 고대사회, 중세사회, 근대사회로의 이행은 세계 이성이 자기를 실현하는 과정이고, 이 과정에서 세계 이성은 자신을 실현하기 위해 개별 이성을 간교하게 이용한다는 이야기다. 헤겔의 이야기가 옳다면 아무리 인간 개개인이 자신과 세계에 대해 진지하게 고민하고 자신의 행동을 결정한다고 하더라도, 그것은 어떤 자발성과 자율성도 가질 수 없다. 어차피 개별 정신은 세계 이성의 꼭두각시이니 말이다. 헤겔의 관념론적 역사과학은 전형적으로 인간을 행위자가 아니라 구경꾼으로 만드는 논리다. 헤겔의 논리를 비판하는 방법은 단순하다. 개별 정신과 세계 이성 사이의 관계를 역전시키면 그만이다. 다시 말해 개별 정신을 긍정하고 세계 이성은 단지 개별 정신들의 하모니에 지나지 않는다는 것을 밝혀야 한다는 것이다.

　헤겔을 비판했던 엥겔스는 헤겔의 아킬레스건을 맞히는 데 실패한다. 분명 엥겔스가 헤겔의 관념론적 역사관을 비판한 것은 사실이다. 그렇지만 그의 비판은 헤겔의 '이성의 간지'라는 표현을 '생산력의 간지List der Produktivkräfte'라는 표현으로 바꾼 것에 지나지 않는다. 1847년 발표된 엥겔스의 《코뮌주의의 원칙들Grundsätze des Kommunismus》을 다시 읽어보자.

　　모든 사람에게 충분할 만큼, 그뿐만이 아니라 사회적 자본을 증대시키고 생산력Produktivkräfte을 계속적으로 만들어내기 위한 잉여 생산물까지 남아 있을 만큼, 생산물이 많이 생산될 수 없는 동안에는, 늘 사회의 생산력을 좌우하는 지배계급과 가난하고 억압받는 계급이 존재할 수밖에 없다. 이 계급들의 상태가 어떠한가는 생산력의 발전 단계에 달려 있다. …… 그러나 오늘날에는 …… 강력하고도 쉽게 증대될 수 있는 이 생산력들의 사적 소유 및 부르주아들이 감당할 수 없을 정도로 커져서 번번이 사회질서 내에 강력하기 그지없는 교란을 불러일으키게 된 오늘날, 사적 소유의 폐지는 이제 비로소 가능하게 되었을 뿐만 아니라 심지어 전적으로 필연적인 것이 되었다.

지금까지 인류 역사는 생산력이 불충분한 탓으로 노예, 농노, 그리고 노동자와 같은 피지배계급이 있었다는 이야기다. 결국 고대 사회에서 노예가 억압이 없는 사회를 만드는 것은 불가능하고, 중세사회에서 농노가 억압이 없는 사회를 만드는 것은 불가능하고, 근대사회에서는 노동자가 억압이 없는 사회를 만드는 것은 불가능하다. 그러나 희망은 있다고 엥겔스는 주장한다. 자본주의체제가 생산력을 폭발시키면서 더 이상 부르주아들이 생산력을 독점할 수 없는 시대가 열렸으니까. 심지어 생산력 독점이 생산력발전을 가로막는 지경이 되었으니, 이제 드디어 귀족, 영주, 부르주아로 이어지는 사적 소유를 폐기할 때가 되었다는 것이다. 노동계급을 위해서? 아니다. 생산력의 발전을 위해서다. 지금까지 "가난하고 억압받았던" 노동계급들은 생산력발전으로 인해 가난과 억압에서 벗어나고, 소수 계급이 독점했던 생산력을 거머쥠으로써 생산력발전에 이바지할 수 있다. 이것이 바로 엥겔스의 생산력발전주의다. 아니 생산력결정주의라고 해도 좋다. 물론 엥겔스는 자신의 통찰을 역사에 대한 과학적 연구의 귀결이라고 생각했다. 한마디로 그는 역사과학의 법칙을 발견했다고 자부했다는 것이다. 당시 과학적 법칙은 진리에 대한 다른 이름이었던 시절이었다. 독일 명문대 출신의 지성도 알지 못했던 진리를 알았다는 자부심에 포병 장교 엥겔스가 얼마나 벅찼을지 미루어 짐작이 가는 일이다. 이것은 젊은 철학박사 마르크스에게도 예외는 아니었다. 자신이 갖지 못한 정치경제학적 혜안을 엥겔스가 가지고 있었다고 느끼는 순간, 마르크스가 어떻게 그와의 교류를 포기할 수 있다는 말인가? 엥겔스의 생산력발전주의가 1848년 두 사람의 공저 《코뮌주의정당 선언》에서 그대로 관철되는 것도 이런 이유에서다.

부르주아가 형성되었던 기초로서 생산수단과 교류수단은 봉건사회 내에서 만들어졌다. 이 생산수단 및 교류수단의 특정 발전 단계에 이르러, 봉건사회가 그 속에서 생산활동을 하고 교환활동을 했던 관계들, 농업 및 제조업의 봉건적 조직, 한마디로 봉건적 소유관계는 이미 발전한 생산력들productivkräften에 더 이상 조응하지 않게 되었다. 이 봉건적 소유관계는 생산을 촉진하는 대신 억제했다. 그것들은 그만큼 많은 수의 질곡들로 변해버렸다. 그것들은 분쇄되어야 했으며, 분쇄되었다. 그것들을 대신해 자유경쟁이 그에 적합한 사회적 및 정치적 제도와 함께, 즉 부르주아계급의 경제적 및 정치적 지배와 함께 등장했다. 우리 눈앞에 하나의 유사한 운동이 진행되고 있다. …… 생산력은 부르주아적 소유관계들에 대해 너무 강력해져 있어서, 이 관계들에 의해 방해받는다. 그리고 생산력은 이 방해를 극복하자마자 부르주아사회 전체를 혼란으로 끌고 가며, 부르주아적 소유의 존립을 위태롭게 한다. 부르주아적 관계들은 그 자신에 의해 만들어진 부유함을 포용하기에는 너무 협소해진 것이다. …… 부르주아가 봉건주의를 타도할 때 쓴 무기들이 이제는 부르주아 자신에게 겨눠지고 있다. 그런데 부르주아는 자신에게 죽음을 가져올 무기들을 벼려낸 것만이 아니다. 그들은 이 무기들을 쓸 사람들도 만들어냈다. 현대 노동자들, 프롤레타리아들을.

－《코뮌주의정당 선언》(1848)

마르크스의 의도는 순수하다. 역사가 프롤레타리아, 즉 부르주아사회의 노동계급 편에 서 있다는 걸 보여주려고 했던 것이니까. 분명 19세기 중엽 유럽은 노동계급의 목소리가 부르주아사회 전체를 흔들 만큼 강력했다. 이제 부르주아가 생산력을 사적으로 독점할 수 없는 시대, 다시 말해 노동계급이 자본계급 대신 사회의 권력을 장악해야만 하는 시대가 찾아왔다는 낙관론도 그만큼 팽배했다. 마르크스는 혁명 앞에 주저하는 19세기 유럽 노동계급에게 힘을 불어넣고 싶었다. 역사는, 아니 정확히 말해 생산력의 발전은 노동계급에게 역사의 주인이 되라고 요구하고 있다고 말이다. 역사 혹은 발전된 생산력의 소명을 받았으니 아무런 거리낌 없이 혁명에 참여해도 된다는 격려였던 셈이다. 이런 마르크스에게 엥겔스의 생산력 발전주의가 어떻게 눈에 띄지 않을 수 있었겠는가. 《코뮌주의정당 선언》에 《코뮌주의의 원칙들》에서 피력된 엥겔스의 역사과학, 정확히 말해 역사철학이 도입된 이유도 바로 여기에 있다. 바로 이 대목이 무척 중요하다. "생산력발전이 프롤레타리아를 만들고 그들이 혁명에 참여해 사회 권력을 장악하도록 만든다!" 바로 이것이 역사의 과학적 법칙이다.

간단히 묻자. 그렇다면 역사의 주체는 생산력인가, 아니면 억압받는 노동계급인가? 헤겔에게 던져졌던 질문이 다시 반복되는 순간이다. 역사의 주체는 세계 이성인가, 아니면 개별 인간의 이성인가? 억압과 착취를 감내하지 않고 그것에 분연히 맞서도록 노동계급을 격려하는 데 생산력발전주의로 요약되는 역사과학은 도움이 된다. 그렇지만 이런 식의 역사과학은 어두운 이면을 남길 수 있다. 생산력발전주의는 노동계급의 투쟁의지를 무력화시키고, 노동계급을 수동적인 구경꾼으로 만들기 쉬우니까. 생산력이 충분히 발전하지 않으면, 노동계급의 혁명은 완성될 수 없다. 그저 봉기로만 남을 뿐이다. 그전까지 노예는 노예로 있어야 하고, 농노는 농노로 있어야 하고, 노동자는 노동자로 있어야 한다. 당연히 저개발국가 노동자들이 쓸데없이 혁명의 깃발을 드는 것은 무모한 일일 뿐이다. 어차피 실패할 혁명을 해서 무엇 하겠는가? 그러니 부르주아사회라면 차라리 노동자들은 생산력발전을 위해 분골쇄신하는 것이 더 좋다. 하루라도 생산력발전의 시간을 앞당긴다면, 노동계급의 혁명도 하루만큼 더 앞당겨질 테니 말이다. 정말 아이러니한 일 아닌가? 억압받는 노동계급을 위한다는 지식인이 객관적 조건이 무르익지 않으면 노동계급은 억압과 착취에서 벗어날 수 없다고 주장하고 있으니 말이다.

물론 엥겔스나 마르크스 모두 19세기 유럽의 경우 생산력이 충분히 발전했다고 판단한 것은 사실이다. 그러니 이제 유럽의 노동계급은 혁명에 참여해야 한다는 것이다. 그렇다면 자본주의가 충분히 발전하지 못한 기타 유럽 국가들의 노동계급, 19세기 유럽의 부유함을 위해 피와 땀마저 빼앗겼던 수많은 식민지 국가들의 노동계급, 중세경제로부터 벗어나지 못한 러시아와 같은 후진 국가들의 노동계급은 어떻게 해야 하는가? 생산력으로 상징되는 객관적 조건이 조성될 때까지 그들은 억압과 착취를 견뎌야만 하는가? 생산력발전주의는 그렇다고 이야기한다. 노동계급은 당연히 견뎌야 할 뿐만 아니라 부르주아계급이 주도하는 경제발전에 일익을 담당해야만 한다. 언제든 생산력이 폭발하면 혁명은 가능할 테니 말이다. 지금 이런 생산력발전주의가 허구라는 걸 누가 모르겠는가? 21세기 현재 세계 패권을 잡고 있는 국가들의 생산력은 19세기가 넘볼 수 없을 정도로 폭발적으로 증가했다. 그렇지만 혁명은커녕 억압과 착취는 심화되고 만성화되고 있지 않은가? 생산력의 폭발적인 발전이 가져다주는 이익의 대부분은 자본 등 생산수단을 독점한 자본계급, 특히 금융자본으로 귀속되고 있다. 비록 생활수준과 소비수준은 나아졌다고 할지라도, 선진국의 노동계급이나 제3세계 노동계급은 여전히 노동력을 팔아서 간신히 생계를 유지하고 있을 뿐만 아니라 언제든지 해고될 수 있을 정도로 고용조건마저 위태롭다. 사실 생활수준과 소비수준의 상승도 노동계급이 아니라 자본계급의 이익에 봉사한다는 것은 정치경제학적 상식 아닌가.

바로 여기서 우리는 19세기 중엽의 젊은 혁명가 마르크스나 엥겔스에게 되물어야 한다. 혁명을 잉태시키려면 생산력은 얼마만큼 발전되어야 하는가? 나아가 혁명이 가능한 생산력 수준은 객관적으로 결정 가능한 것인가? 이제 충분한 생산력이 갖추어졌으니 혁명이 가능하다고 선언하는 자는 누구인가? 무슨 권리로 무슨 근거로 복음처럼 혁명의 임박을 선언한다는 말인가? 확실한 것은 생산력발전 수준을 결정하고 혁명을 선언하는 주체가 노동계급이 아니라는 사실이다. 19세기 중엽이라면 마르크스와 엥겔스와 같은 혁명적 지식인들이 코뮌주의정당이라는 이름으로, 20세기 초반이라면 레닌과 트로츠키와 같은 혁명적 지식인들이 볼셰비키의 이름으로 그런 중차대한 결정을 내릴 수 있을 뿐이다. 왜냐고? 그들은 역사의 과학적 법칙을 알 만큼 지혜로운 엘리트들이기 때문이다. 그들은 철학자이자 과학자였으니까. 그렇지만 그들의 판단이 타당하고 합리적이라는 증거는 어디에 있는가? BC 3000년 이래 지금까지 정신노동을 빙자한 소수 지배계급에 의해 육체노동에 내던져졌던 노동계급은 노예라는 이름으로, 농노라는 이름으로, 그리고 지금은 노동자라는 이름으로 착취되고 억압받았다. 이런 노동계급에게 지금은 혁명을 일으켜도 성공하지 못할 테니 착취와 억압을 당분간 더 감내하라고 요구하는 것은 정말 옳은 일인가?

마르크스로서는 예상하지 못했던 이런 이론적 파국은 모두 역사를 생산력발전주의로 재단했을 때 발생한 것이다. 생산력이 발전함에 따라 고대사회가 중세사회로, 중세사회가 근대사회로 이양했듯이, 생산력의 발전으로 노동계급이 더 이상 억압되지 않는 사회가 도래할 것이다. 이런 법칙이 옳다면 결국 중요한 것은 노동계급의 주체적 활동이 아니라 사회적 생산력의 발전 여부가 된다. 20세기 초반 러시아혁명을 배신했던 볼셰비키 정부는 국가권력을 정당화하고 노동계급을 억압하는 이데올로기로 생산력발전주의를 채택하지 않았던가? 바로 국가독점자본주의체제다. 사회주의국가라는 이름에 걸맞게 생산력을 비약적으로 발전시키기 위해서는 국가가 전체 생산을 통제하는 유일한 자본가 노릇을 해야 하며 동시에 노동계급은 생산력발전을 주도하는 국가의 지침에 저항해서는 안 된다는 논리다. 러시아의 국가독점자본주의체제만이 그런가? 박정희의 개발독재가 상징하듯, 제3세계 모든 독재자들은 생산력발전이란 미명하에 독재권력을 영속화화려고 시도하지 않았던가? 이제야 《스펙타클의 사회》 88번째 테제가 얼마나 예리한지 분명해진다. "마르크스 사상의 결정론적-과학적 측면은, 그가 살아 있을 때뿐만 아니라 심지어 그가 노동운동에 남겨준 이론적 유산에서조차, 그의 사상을 '이데올로기화 과정'에 취약하도록 만들었다"고. 여기서 "마르크스 사상의 결정론적-과학적 측면"이 바로 생산력발전주의를 가리킨다면, "이데올로기화 과정"이란 노동계급 억압을 정당화하는 과정이나 다름없다.

과학적 법칙이 혹은 진리가 다수 사람들을 능동적 참여자가 아니라 수동적 구경꾼으로 만들기 쉽기에, 과학적 법칙이나 진리처럼 이데올로기 작업에 취약한 것도 없다. 그렇지만 또 한 가지 고려해야 할 것은 생산력발전주의로 피력된 《코뮌주의정당 선언》의 역사과학이 정말 과학인지 여부다. 사실 기 드보르는 이에 대해 회의적이다. 《스펙타클의 사회》 88번째 테제 바로 앞에 있는 87번째 테제를 읽어보자.

과거의 반복된 (역사적) 실험들을 참조하면서 프롤레타리아 권력의 과학적 정당성을 입증하는 기초를 세우려는 마르크스의 이론적 경향은 모호해진다. 그의 역사적 사유는 이미 《코뮌주의정당 선언》에서부터 생산양식의 발전이란 선형적 이미지image linéaire를 옹호하고 있다. 계급투쟁에 의해 야기되는 생산양식의 발전은 매번 "전체 사회의 혁명적 변혁이나 혹은 투쟁 중인 계급들의 공동 파멸"이라는 결과를 초래할 것이다. 그러나 마르크스가 다른 저서에서 지적하고 있는 '아시아적 생산양식'과 마찬가지로 역사에서 관찰되는 현실은 계급들 간의 수많은 대결에도 불구하고 한 가지 불변성을 유지하고 있다. 농노들의 봉기는 제후들을 극복하지 못했으며, 또한 로마제국의 노예 반란도 자유민을 이기지 못했다. 선형적 도식le schéma linéaire은 무엇보다 부르주아가 결코 패배한 적이 없는 유일한 혁명적 계급이라는 사실, 그리고 부르주아가 경제발전이 그들의 사회 지배의 원인이자 결과였던 유일한 계급임을 간과하고 있다.

−《스펙타클의 사회》 87

기 드보르는《코뮌주의정당 선언》이 인류 역사의 흐름을 노예사회, 농노사회, 그리고 노동자사회라는 생산양식 이행으로 해명한다고 보고 있다. 여기서 기 드보르가 말한 '선형적 이미지'를 가능하도록 만들었던 것이 바로 생산력 개념이다. 생산력이 어느 정도 수준에 이르면 노예들은 귀족들과 투쟁하게 되고, 생산양식은 노예사회에서 농노사회로 이행한다. 이어서 생산력이 또 어느 정도 수준에 이르면 농노들이 영주들과 투쟁하게 되고, 그 결과 농노사회에서 노동자사회로의 생산양식 변화가 일어난다. 그러나 과연 그럴까?《코뮌주의정당 선언》과는 달리 "농노들의 봉기는 제후들을 극복하지 못했으며, 또한 로마제국의 노예 반란도 자유민을 이기지 못했다"는 것이 역사적 사실이 아닌가. 이런 역사적 사실이 옳다면 근대사회에서 노동계급이 자본가들을 이기지 못한다고 추정하는 것이 더 타당하지 않은가? 물론《코뮌주의정당 선언》은 고대사회나 중세사회에서 봉기는 가능해도 혁명이 불가능했던 이유로 불충분한 생산력을 이야기할 것이고, 동시에 근대사회에서 봉기를 넘어 프롤레타리아혁명이 가능한 이유로 충분한 생산력을 이야기할 수도 있다. 기 드보르에 따르면 이런 해명도 그다지 설득력은 없다. 생각해보라. 부르주아는 귀족이나 영주와는 완전히 다르다. 부르주아들은 "결코 패배한 적이 없는 유일한 혁명적 계급"이기 때문이다.

과거 피의 형이상학으로 정당화된 신분사회를 능력의 형이상학이 지배하는 경쟁사회로 완전히 바꿔버린 주체, 그리고 인간들을 '늑대들의 사회'에 가두고 지배를 관철했던 새로운 종류의 지배자들이 바로 부르주아들 아닌가. 그들은 노예 출신도 농노 출신도 아니다. 선형적인 역사관에 따르면 설명하기 너무나 힘든 돌발적인 존재들이다. 더군다나 기 드보르의 말처럼 부르주아는 "경제발전이 그들의 사회 지배의 원인이자 결과였던 유일한 계급"아닌가? 부르주아들은 경제발전, 나아가 생산력발전에 사활을 거는 계급이다. 한마디로 말해 생산력이 발전해야 노동계급에 대한 지배력을 유지할 수 있는 계급이 바로 부르주아, 즉 자본계급이라는 이야기다. 결국 생산력발전은 프롤레타리아혁명의 가능성을 높이기는커녕 오히려 자본계급의 지배권을 강화해준다는 것이다. 아니나 다를까, 생산력이 비약적으로 발전한 선진국에서 노동운동은 퇴조하고, 반대로 생산력이 미약한 저개발국가에서는 노동운동이 강세를 보이고 있지 않은가? 기 드보르의 입장은 명확하다. 생산력이 폭발적으로 발전하면 그것을 감당하지 못한 자본계급은 오히려 사회적 생산력 발전의 장애가 되고, 이것이 결국 프롤레타리아혁명의 조건이 되리라는 마르크스와 엥겔스의 생각은 소설에 지나지 않는다는 이야기다. 자본계급은 폭발하는 생산력을 모두 품으면서 그에 따라 점점 더 거대해지는 괴물과도 같은 계급이니까.

물론 그렇다고 해서 기 드보르가 마르크스를 완전히 부정하고 있다고 속단해서는 안 된다. 억압이 없는 사회를 꿈꾸었던 마르크스의 정신을 기 드보르는 한 번도 부정한 적이 없다. 88번째 테제에서 기 드보르가 "마르크스는 평생 동안 자신의 이론에서 단일한 관점을 유지하고 있다"고 강조했던 것도 이런 이유에서다. 단일한 관점! 그것은 모든 인간이 대상적 활동의 주체가 되어 평의회를 통해 민주적으로 공동체의 운명을 결정해야 한다는 관점이다. 그렇다면 마르크스는 세계 이성보다는 개별자의 이성을, 생산력의 발전보다는 노동계급의 자발성을 강조했어야만 했다. 그렇지만 마르크스는 무언가에 홀린 듯이 섣부르게 당시 지성계에 통용되던 선형적 진보 사관을 받아들이고 만다. 도대체 무엇이 진보했다는 말인가? 고대사회도 억압사회이고, 중세사회도 억압사회이고, 근대사회도 억압사회일 뿐이다. 억압과 지배의 방식이 세련되었을 뿐, BC 3000년 이후 역사는 결코 진보한 적이 없다. 노예사회에서 노예들은 혁명을 통해 억압사회를 종결시킬 수 있었지만 실패했을 뿐이다. 그것은 생산력발전과 아무런 관련이 없는 일이다. 농노사회에서 농노들은 혁명을 통해 억압사회를 종결시킬 수 있었지만 그들도 실패했을 뿐이다. 이것도 물론 생산력발전 여부와는 아무런 상관이 없는 일이다. 당연히 노동자사회에서 오직 노동자만이 부르주아사회라는 새로운 억압사회를 종결시킬 수 있다. 언제? 바로 지금 당장 말이다. 생산력발전과 무관하게 노동자들의 혁명은 가능하다.

그렇지만 생산력발전주의를 과학 법칙인 것처럼 표방하는 순간, "'역사 주체'의 등장은 계속 뒤로 밀쳐지고 있으며, 대표적인 역사과학, 즉 경제학이 미래에 일어날 부정의 필연성을 점점 더 폭넓게 보장하려는 경향을 보이"게 된다. 다시 말해 언젠가 생산력이 비약적으로 발전한 미래에 프롤레타리아혁명이 일어날 것이라는 무기력한 장밋빛 전망은 늘어나고, 그만큼 지금 당장 억압사회를 종결시킬 '역사 주체'의 등장은 부단히 유보되거나 억압된다는 것이다. 이렇게 엥겔스의 생산력발전주의는 마르크스의 "단일한 관점"을 흔들어놓고 만다. 불행히도 엥겔스와 함께할 때, 혹은 동시대 철학자나 과학자를 자처했던 혁명적 지식인들과 함께할 때, 마르크스는 이 사실을 자각하지 못한다. 마치 생선가게에 들어가면 자신도 모르게 생선 비린내가 몸에 배는 것처럼. 그래서 "자신의 이론을 설명할 때 마르크스는 당시 지배 사상의 영역에 속해 있다"는 기 드보르의 짧은 진단은 매우 중요하다. 19세기 지배사상은 세 가지 키워드로 정리된다. 낙관론, 과학, 진보다. 지배계급이든 피지배계급이든 19세기 사람들의 뇌리를 지배하는 믿음은 '지금은 힘들지만 내일 나아진다는 것은 과학적 법칙이다!'라고 간단히 표현할 수 있다. 마르크스의 "단일한 관점"도 이런 믿음에 상당히 영향을 받았다. 마르크스가 혁명의 역사적 필연성을 해명하는 이론적 작업에 몰두하게 되는 것도 이런 이유에서다. 그만큼 역사 주체로서 노동계급은 그의 시선을 조금씩 벗어나게 된다. 이런 혼동과 오류를 잡아줄 후배가 등장했다는 것은 마르크스로서는 얼마나 다행스러운 일인가. 바로 그가 20세기 사람들 앞에서 나아가 21세기 사람들 앞에서 자기 대신 자신의 속내를 변호해주었던 기 드보르다. "나중에 확정적인 것으로 받아들여진 이런 '훼손된 형식'이 바로 '마르크스주의'를 구성하게 된다"고.

> 마르크스는 자신이 프롤레타리아의 투쟁에 참여한 특정 시기에 과학적 예측la prévision scientifique에 너무나 많은 것을 기대한 나머지 경제주의économisme의 환상에 대한 이론적 토대를 구축하기까지 한다. 물론 그가 개인적으로 그런 환상에 굴복했다는 것은 아니다. 그는 한 논문—마르크스는 이 논문에서 《자본론》을 비판하고 있는데, 엥겔스는 그것을 그의 반대자가 쓴 것처럼 위장하여 언론에 공표하려고 했다—을 동봉하고 있는 잘 알려진 한 통의 편지(1867년 12월 7일)에서 자신의 과학이 지닌 한계를 분명히 밝힌다. "(아마도 그 자신의 정치적 입장과 과거가 강제했을) 저자의 주관적 경향la tendance subjective, 다시 말해 그가 상상하는 방식과 현재의 운동, 즉 현재의 사회적 과정의 최종적 결과를 사람들에게 제시하는 방식은 자신의 실제 분석analyse réelle과 어떤 관계도 없다." 마르크스는 이

처럼 자신의 객관적 분석analyse objective이 가진 '경향적인 결론 conclusions tendancieuses'을 규탄하면서, 동시에 자신을 강제했던 초 과학적인 선택choix extra-scientifiques과 관련된 "아마도peut-être"라는 단어가 함의하고 있는 반어법을 통해 이 두 가지 측면을 결합 하고 있는 방법론적 열쇠를 보여주고 있다.

-《스펙타클의 사회》89

생산력발전주의에 경도된 경향은 1859년《정치경제학 비판을 위하여》서문에까지 그대로 이어지지만, 마르크스는 조금씩 생산 력발전주의가 가진 맹점을 자각한다. 생산력발전주의는 '대상적 활 동'과 '인간사회'라는 그의 원칙적 입장과는 어울리지 않기 때문이 다. 1860년대 이후 마르크스가 생산력의 문제가 아니라 생산수단 의 문제를 중시하게 된 것도 이런 이유에서다. 그 결과물이 1867년 《자본론》1권으로 출간된다. 특히나 이 책 마지막 장〈이른바 본원 적 축적Die sogenannte ursprüngliche Akkumulation〉은 압권이다.《코뮌주의정당 선 언》을 관통하는 생산력 개념이 부르주아사회를 분석하는 배경으로 밀려나고 그 대신 생산수단 개념이 핵심적 지위를 차지하기 때문 이다. 마침내 생산력주의에서 생산수단주의로의 전회가 발생한 것 이다. 이제 소작농에게 생산력이 충분히 발전하지 않았으니 봉기를 일으키지 말라고 할 필요가 없다. 지주가 소작농을 착취하고 억압 할 수 있는 이유는 지주가 땅이란 생산수단을 독점했기 때문이다. 그러니 억압과 착취에서 벗어나려면 농민들은 지주들의 생산수단 독점을 막으면 된다. 노동자도 마찬가지다. 노동력을 제외한 모든 생산수단을 독점한 자본가와 맞서려면 자본계급의 생산수단 독점 을 막으면 그만이기 때문이다. 이제 노동계급은 결단의 자리에 서게 된다. 소수 지배계급의 생산수단 독점을 방치할 것인가, 아니면 생산수단을 생산자, 즉 노동계급이 가질 것인가? 이 선택은 다음과 같이 표현할 수도 있다. 억압과 착취를 감내할 것인가, 아니면 억압과 착취를 극복할 것인가? 비록 겉으로는 과학을 표방했지만 헤겔식 형이상학의 변주에 지나지 않았던 생산력발전주의를 극복했다는 것만으로도 상당한 성취라고 할 수 있다.

그렇지만 여전히 《자본론》도 너무나 과학적이었다. 아직 마르크스는 과거에서 현재까지의 역사 진행뿐만 아니라 현재에서 미래까지의 역사 진행마저 결정론적 인과론에 따라 규정하려고 했기 때문이다. 결정론적 인과론은 항상 미래에 대한 낙관론으로, 혹은 장밋빛 미래에 대한 기대로 이어지는 법이다. 주어진 현재에서 도래할 미래를 인과적으로 결정할 때 문제가 발생한다. 예를 들어 〈이른바 본원적 축적〉에 등장하는 다음 구절을 보라. "개인의 자기 노동에 기초한 분산적 사적 소유에서 자본주의적인 사적 소유로의 전화는 물론 사실상 이미 사회적 생산 경영에 기초를 두고 있는 자본주의적 소유에서 사회적 소유로의 전화에 비하면 비교도 되지 않으리만큼 지루하고도 가혹하며 어려운 과정이다. 전자에서는 '소수의 약탈자에 의한 민중 수탈'이 문제였지만, 후자에서는 '소수의 약탈자에 대한 민중의 수탈'이 문제이기 때문이다." 19세기까지 "지루하고도 가혹하"게 지속되었던 자본주의화 과정보다 앞으로 있을 사회주의화 과정이 더 용이하리라는 낙관적 전망이다. 조금 더 자세히 마르크스의 생각을 들여다보자. 부르주아사회가 본격화하기 전에, 장인들이나 농민들은 제한적이나마 생산수단을 가지고 있는 경우가 많았다. 한마디로 전자본주의사회에서 민중들은 나름 자족적인 생활을 영위할 수 있었다는 것이다. 새로운 지배계급으로 대두한 자본계급에게 민중들의 자족적인 생활은 여간 불만스러운 것이 아니었다. 민중들이 노동력을 팔아야 생계를 유지할 수 있도록 만들지 못하면 노동자들은 만들어질 수 없으니 말이다. 국가기구와 함께 자본계급이 장인과 농민으로부터 노동력을 제외한 일체의 생산수단을 빼앗는 전략을 주도면밀하게 추진했던 것도 이런 이유에서다. 바로 이것이 "소수의 약탈자에 의한 민중 수탈" 과정, 즉 "개인의 자기 노동에 기초한 분산적 사적 소유에서 자본주의적인 사적 소유로의 전화"다. 모든 생산수단을 자본이란 블랙홀로 흡수시켜 독점한 자본계급은 이제 노동력만을 가진 사람들, 즉 노동자들을 지배하게 된 것이다. 좌우지간 생산수단을 독점한 자는 생산수단이 없는 자를 지배하는 법이니까.

여기까지는 아무런 문제가 없다. 미래에 대한 낙관적 예측이 문제가 된다. 예측의 내용은 간단히 요약된다. 먼저 노동자들은 얼마 지나지 않아 자본가가 새로운 지주에 지나지 않는다는 걸 자각하게 된다. 지주가 토지임대료, 즉 지대로 호의호식했던 것처럼, 자본가들도 자본이 낳은 이윤으로 호의호식한다는 걸 깨닫게 된다는 것이다. 물론 지대나 이윤은 모두 농민이나 노동자의 노동에서 착취된 것일 수밖에 없다. 농민의 노동이 없다면 땅에서 무슨 결실이 생길 것이며, 노동자의 노동이 없다면 공장에서 어떤 물건이 만들어지겠는가? 모든 가치의 근원은 농민이든 노동자든 육체노동에 종사하는 노동계급의 노동에서 나오는 법이다. 그래서 땅은 농부가 가져야 하듯, 공장이나 회사도 노동자가 가져야 한다. 이것이 바로 가장 원초적인 정의다. 원초적 정의는 분배 차원이 아니라 생산 차원에서만 달성될 수 있다. 끝내 노동계급이 회사나 공장을 점거해 생산수단을 공유화하려고 시도하게 되는 것도 이런 이유에서다.

바로 이것이 "소수의 약탈자에 대한 민중의 수탈" 과정, 즉 "자본주의적 소유에서 사회적 소유로의 전화"다. 아니 더 정확히 말하면 억압이 사라진 사회를 위한 최종적 혁명의 과정이라고 할 수 있다. 마르크스는 자본계급이 노동자들을 강제로 만들어내는 과정보다 노동자들이 생산수단을 공유하는 과정이 더 쉽다고 이야기한다. 왜냐고? 소수 자본계급이 독점을 강화함으로써 노동자들은 점점 더 늘어날 것이고, 이 다수가 단결만 하면 소수의 지배권은 가볍게 회수할 수 있기 때문이다.

《코뮌주의정당 선언》에서는 생산력의 발전으로 더 이상 자본계급에 의한 생산수단 독점이 불가능하기에, 노동계급이 자본계급을 몰아내고 생산수단을 공유하는 혁명이 가능하다고 예언했다. 《자본론》에서는 생산수단을 독점한 소수 자본계급의 불의를 자각한 다수 노동계급이 단결해서 그 소수를 몰아내고 생산수단을 공유하는 혁명이 가능하다고 예언한다. 그렇지만 과거 농업경제를 기반으로 했던 귀족사회나 영주사회에서 노예나 농노들은 사회의 다수를 차지했음에도 토지를 공유하는 혁명에 성공한 적이 없다. 그렇다면 다수 노동자가 소수 자본가를 몰아내고 산업 현장을 장악해 노동계급이 생산을 통제하는 혁명이 가능하다는, 심지어 이런 프롤레타리아혁명이 용이하기까지 하다는 마르크스의 낙관적 예측은 과연 타당한 것일까? 20세기와 지금 21세기의 상황은 마르크스의 예측이 그르다는 걸 입증하고 있지 않은가? 차라리 마르크스가 과거 노예들의 봉기가 억압사회를 극복하지 못했으며 또한 농노들의 반란이 억압사회를 극복하지 못했던 것처럼, 현재 프롤레타리아의 파업과 점거가 쉽게 억압사회를 극복하지 못하리라 이야기하는 편이 좋았다.

미래에 대한 낙관적 전망은 노동계급이 억압적 현실에 집중하는 것을 방해한다. 그러니 억압과 착취가 더 세련되고 더 정교해진 부르주아사회의 현실을 노동계급에게 환기시키는 것이 더 중요하다는 것이다. 생산수단의 문제로 사회의 현실을 포착하려면, 마르크스는 생산력발전주의를 버리는 것만으로 충분하지 않다. 그는 한 가지 더 중요한 것을 버려야만 했다. 과학적 결정론이 지배하는 역사 이미지, 즉 선형적 발전의 역사 이미지다. 원인이 결과 1을 낳고, 결과 1이 새로운 원인이 되어 결과 2를 낳고, 결과 2가 새로운 원인이 되어 결과 3을 낳고…… 등등. 생산력의 발전으로 프롤레타리아 혁명이 목전에 이르렀다는《코뮌주의정당 선언》도 선형적 역사 이미지에 기초해 있고, 생산수단 독점을 강화함으로써 자본계급이 노동자를 압도적 다수로 만들었기에 프롤레타리아혁명이 쉽게 발생하리라는《자본론》1권〈이른바 본원적 축적〉이란 장 결론부도 같은 이미지를 따르고 있다. 어느 경우나 노동계급을 역사의 주체가 아니라 역사의 객체, 역사의 참여자가 아니라 역사의 구경꾼이 되도록 만들기 쉽다. 그러니 차라리 마르크스가 인과론적 역사관, 과학적 역사관, 결정론적 역사관, 선형적 역사관, 진보적 역사관을 버리는 것이 나았다는 것이다. 생산수단에 대한 그의 통찰이 잃어버린 빛을 되찾으려면 말이다.

《스펙타클의 사회》88번째 테제에서 기 드보르는 "마르크스는 자신이 프롤레타리아의 투쟁에 참여한 특정 시기에 과학적 예측에 너무나 많은 것을 기대"하고 있다고 지적한다. '프롤레타리아의 투쟁에 참여한 특정 시기'란《코뮌주의정당 선언》전후 엥겔스 등 혁명적 지식인들과 교류했던 시절을 말한다. 기 드보르는 이 시절 마르크스가 과학적 결정론과 진보적 역사관으로 역사의 진행을 보고 있다고 진단한다. 과연 고대사회→중세사회→근대사회라는 아직도 통용되는 선형적 역사관은 진보를 표방하는 것일까? 이 도식은 지배계급에 따르면 귀족사회→영주사회→부르주아사회로 바꾸어 표현할 수 있고, 피지배계급에 따르면 노예사회→농노사회→노동자사회로 표현할 수 있다. 무엇이 나아져서 진보라고 하는가? 노동계급의 육신을 통제해 정신마저 지배하고자 했던 노예사회에서 노동계급의 정신을 통제해 그 육신을 지배하려고 하는 노동자사회로 이행한 것이 진보인가? 주인에게 감금되어 그가 원하던 노동을 했던 노예가 출퇴근을 하면서 주인이 원하던 노동을 하는 노예로 바뀐 것이 진보인가? 타율적 복종이 자발적 복종으로 바뀐 것이 진보인가? 마르크스는 BC 3000년 이래 인류가 억압사회에 살고 있다는 것을 알았지만, 인류의 삶이 더 나아졌다는 부르주아 지배 담론에 휘둘리고 있다.《코뮌주의정당 선언》에서 이런 경향은 생산력발전주의로 그 정점을 이룬다. 비록《자본론》1권에서 진보적이고 선형적인 역사관은 희석되지만, 그 흔적은 여전히 남아 그를 괴롭히고 있다.

마르크스를 위해서 우리는 고대사회→중세사회→근대사회라는 도식을 억압사회 1→억압사회 2→억압사회 3으로 바꿔볼 필요가 있다. 당연히 억압이 사라진 사회, 즉 마르크스가 꿈꾸던 인간사회는 이런 선형적 역사와의 완전한 단절로서만 가능하다. 바로 이 대목이 중요하다. 역사가 선형적으로 그리고 결정론적으로 발전한다면, 사실 근대 부르주아사회 다음은 억압사회 4가 될 수밖에 없다.《스펙타클의 사회》84번째 테제에서 기 드보르가 "'역사 주체'의 등장은 …… 유보됨으로써 부정의 유일한 진리인 '혁명적 실천'이 '이론적 전망'의 영역 밖으로 밀려난다"고 평가했던 것도 이런 이유에서다. 그러나 우리는 알고 있지 않은가? 부르주아사회 이후 억압이 사라진 사회가 도래한다면, 그것은 노예도 하지 못하고 농노도 하지 못한 혁명을 노동자들이 해냈다는 것을 의미한다. 혁명은 역사의 낙관적 필연성이 아니라, 역사의 흐름을 단절시키려는 노동계급의 주체적인 개입으로서만 가능하다. 잊지 말아야 할 것은 바로 이 점을 누구보다 잘 알고 있었던 것이 마르크스라는 사실이다. 마르크스는 《자본론》 1권의 작업이 비록 생산력발전주의를 버렸다고 할지라도 여전히 결정론적이고 낙관적인 역사관과 완전히 단절하지 못했다는 걸 토로하기 때문이다.

이제 저자의 경향과 관련해 또 다른 구별이 이루어져야 할 것 같네. 그는 경제적인 측면에서 현재 사회가 새로운 고도의 사회 형태를 잉태하고 있다는 걸 증명하려고 하네. 단지 그는 다윈이 자연사에서 증명하려고 했던 동일한 점진적 진화과정을 사회적 문맥에서도 보여주려고 한 것뿐이네. …… —'아마도vielleicht' 당에서의 그의 입장과 그의 과거로 인해 취할 수밖에 없었던—저자의 주관적 경향, 다시 말해 현재 운동Bewegung이나 현재 사회과정gesellschaftlichen Prozesses의 궁극적 결과를 자신이나 타인에게 설명하는 방식은 그것의 현실적인 전개과정wirklichen Entwicklung과는 결단코 어떤 관계도 없다네. 만일 이 점을 조금 더 꼼꼼하게 검토할 여유가 있다면, 사회과정의 '객관적 전개과정objektive Entwicklung'이 그 저자만의 '주관적 공상들subjektiven Grillen'을 반박한다는 것이 아마도 드러날 것이네.

－〈맨체스터의 엥겔스에게Marx an Engels in Manchester〉(1867년 12월 7일)

《자본론》1권이 출간되자마자, 마르크스는 조금은 냉소적으로 자기 작업의 한계를 토로한다. 마르크스는 자기 작업의 한계가 "경제적인 측면에서 현재 사회가 새로운 고도의 사회 형태를 잉태하고 있다는 걸 증명하려고" 했던 자신의 이론적 태도와 관련된다고 말한다. 여기서 마르크스가 자기 작업을 "다윈이 자연사에서 증명하려고 했던 동일한 점진적 진화과정을 사회적 문맥에서도 보여주려고 한 것"이라고 토로하는 대목이 중요하다. 다윈의 진화론을 인류 역사에 적용하는 순간, 바로 진보적 역사관, 혹은 결정론적 역사관이 만들어진다. 고대사회의 자궁에는 중세사회가, 중세사회의 자궁에는 근대사회가, 마찬가지로 근대 부르주아사회의 자궁에는 "새로운 고도의 사회 형태", 즉 억압이 사라진 인간사회가 잉태되어 있다는 역사관이 만들어진 것이다. 그렇지만 마르크스는 역사의 진행을 진화론적으로 설명하는 방식, 그의 표현을 빌리자면 "현재 운동이나 현재 사회과정의 궁극적 결과를 자신이나 타인에게 설명하는 방식"이 "현실적인 전개과정과는 결단코 어떤 관계도 없다"는 걸 알고 있다. 지금 마르크스는 《자본론》1권 마지막 장 〈이른바 본원적 축적〉에 피력된 자본주의사회 내부에 사회주의사회로의 이행 계기가 내재되어 있다는 설명법이 단지 자신의 "주관적 공상"에 지나지 않는다고 자백하고 있는 셈이다. 그렇다면 궁금해진다. 마르크스가 파악한 "현실적인 전개과정"은 무엇이었을까?

노예의 반란으로 고대사회가 붕괴되지 않았고, 농노들의 봉기로 중세사회가 막을 내린 것이 아니다. 소수의 노예나 농노가 억압사회에 저항했지만, 나머지 대부분의 노예나 농노는 여전히 지배계급에 저항할 생각조차 하지 못했다. 바로 이것이 과거의 현실 아니었던가? 근대 부르주아사회도 마찬가지다. 자본계급의 당근과 채찍에 대부분의 노동계급이 휘둘리고 있는 것이 바로 현실 아닌가? 노동력을 구매하는 자본계급에게 교태를 부리며 스스로 근사한 상품이 되려는 노동자들, 봉급이 오르거나 근무조건이 좋아지면 그것으로 만사태평인 노동자들의 수가 고대사회의 스파르타쿠스^{Spartacus}(BC 111?~BC 71)와 중세사회의 얀 마티스^{Jan Matthys}(1500?~1534)를 계승해 억압사회에 맞서 싸우려는 노동자들의 수보다 압도적으로 많다. 바로 이것이 부르주아사회의 현실 아닌가? 영민한 마르크스는 부르주아사회의 '현실적 전개과정'이 노동계급에게 그리 녹록지 않다는 걸 알고 있었다. 분명 마르크스가 꿈꾸던 인간사회는 이런 현실적 전개과정을 단절하려는 노동계급의 의지와 행동이 없다면 불가능하다. 바로 여기서 마르크스의 조바심이 출현한다. 억압사회와 목숨을 건 투쟁을 전개하는 노동자들보다 억압사회와 타협해 순간적 이익을 도모하는 노동자들이 더 많은 현실이 그의 눈에 들어왔으니 말이다. 그렇지만 마르크스는 부르주아사회의 '현실적 전개과정'으로부터 눈을 돌리고 만다. 그러기에 그는 "사회과정의 '객관적 전개과정'"과는 무관한 자신만의 "주관적 공상"에 빠져들었던 것이다.

억압사회의 최고 희생자라고 할 수 있는 노동자들 대부분이 지배계급에 맞서지 않고 있는 현실! 지주가 원초적으로 부당한 계급이듯 자본가도 그렇다는 사실을 알면서도 노동자들이 그 부조리를 돌파하기는커녕 수용하고 있는 현실! 노동계급을 위해 모든 것을 희생했던 마르크스로서는 받아들이기 힘든 현실 아닌가? 그래서 마르크스는 동시대의 노동계급이 아니라 미래의 노동계급을 상상했던 것이다. 자본계급의 부당한 생산수단 독점에 맞서 생산수단 공유를 달성하는 미래의 노동계급, 즉 자신의 평소 지론에 따라 혁명에 성공한 미래의 노동계급 말이다. 여기서 우리는 "우리는 넘어진 곳에서 일어나야만 한다"는 지눌知訥(1158~1210)의 교훈을 떠올릴 필요가 있다. 넘어졌으면서도 언젠가 일어날 것이라고 낙관하는 것이 무슨 도움이 되겠는가? 마르크스는 그 스스로 인정하기 싫은 이 현실에 고개를 돌리지 말았어야 했다. 취업 성공과 임금 상승에 목을 매고 있다고 해서 노동자들에 대해 절망해서는 안 된다. 출근길에 무거워지고 퇴근길에 경쾌해지는 그들의 발걸음에서 희망을 품지 못하면 어떻게 인문주의자를 자처할 수 있다는 말인가? 부당한 억압과 착취를 감내한다고 해서 노동자들이 무지하다고 평가해서도 안 된다.

과거 모든 소작농이 그랬던 것처럼 노동자들은 온몸으로 자본계급의 생산수단 독점이 얼마나 부정의한지 알고 있다. 하루하루 생계를 위해 그들은 체제의 부조리를 알면서도 감내하거나, 부조리를 해결하지 못하는 자신의 처지를 숨기기 위해 정신승리를 구가하고 있을 뿐이다. 노동계급은 억압체제에 순응한 것처럼 보이지만 결코 그렇지 않다. 아니 그럴 수가 없는 억압받는 존재들이다. 마치 지표면 아래 꿈틀거리고 요동치는 용암처럼 그들의 무의식은 억압체제에 대한 반감을 품고 있다. 바로 이 대목에서 우리는《자본론》1권을 다시 읽어보면서 마르크스가 빠져들었던 기묘한 자괴감의 기원을 짐작하게 된다. 아직도 자신은 혁명을 노동계급의 주체적 활동이 아니라 역사적 필연성으로 설명하고 있지 않은가? 마르크스는 아직도 노동계급의 자발성과 능동성을 긍정하지 않는 자신을 자각한 것이다. 귀족이든 영주든 자본가든 소수 지배계급만이 향유하던 대상적 활동을 모든 인간이 수행할 수 있다고 주장했던 그였고, 나아가 그렇게 되었을 때 억압사회는 사라지고 인간사회가 도래하리라 확신했던 그였다. 혁명은 시작에서부터 끝까지 노동계급이 대상적 활동이란 주체적 역량을 회복하는 과정일 뿐이다. 그래서 혁명을 역사적 필연성으로 설명하는 순간, 마르크스는 심한 내적 모순에 빠지게 된 것이다.

혁명적 실천 vs. 이론적 전망. 혹은 대상적 활동 vs. 역사적 필연성. 혹은 혁명 vs. 역사. 노동계급이 대상적 활동의 주체가 되는 순간, 그들은 지금까지 대상적 활동을 독점했던 소수 지배계급과 목숨을 건 투쟁, 즉 혁명에 돌입할 수밖에 없다. 이것이 마르크스의 지론이다. 그러니 마르크스는 얼마나 당혹스러웠겠는가? 자신의 글이 혁명적 실천 대신 이론적 전망으로, 대상적 활동 대신 역사적 필연성으로, 혁명 대신 역사로 경도되니 말이다. 왜 그렇게 되는지 마르크스는 심각하게 고민한다. 마침내 그는 "아마도 당에서의 자신의 입장과 자신의 과거"가 그런 "주관적 경향"을 만든 것 아니냐는 잠정적인 결론에 이르게 된다. 코뮌주의정당에 소속되었기에 취할 수밖에 없었던 "자신의 입장", 그리고 철학자로서 나아가 정치경제학자로서 동시대 최고 지성인이라는 자부심으로 살아왔던 "자신의 과거"가 문제라는 자각이다. 지금 마르크스는 자신이 엘리트주의에 짙게 물들어 있다는 걸 고백하고 있는 셈이다.

여기서 우리는 엘리트주의의 아이러니에 주목할 필요가 있다. 엘리트는 무지한 다수에 공생하는, 지나치게 말하면 기생하는 존재다. 다시 말해 다수가 무지해야 소수 엘리트는 자기 존재의 정당성을 확보할 수 있다는 것이다. 역으로 말해 다수 노동계급이 지적인 통찰력을 갖추고 자신의 운명을 스스로 결정하게 되면, 소수 엘리트는 그 존재 이유를 상실하고 만다. 여기서 엘리트들은 이율배반적인 감정에 빠지기 쉽다. 무지하고 타율적인 노동자들을 보았을 때 안타까운 마음도 들지만, 동시에 지적으로나 정치적으로 성숙한 노동자들을 보았을 때 서운한 마음이 들기 때문이다. 성장한 자식들이나 제자들을 보았을 때 부모나 선생이 시원섭섭한 마음을 가지는 것과 마찬가지다. 엘리트들이 엘리트주의에 매몰되는 이유는 분명하다. 노동계급을 사랑하기보다는 바로 자신을 더 사랑하기 때문이다. 노동계급을 진정으로 사랑한다면, 엘리트들은 자기 소멸을 목적으로 해야 한다. 대상적 활동의 역량을 회복한 노동계급이 더 이상 엘리트들의 조언과 지도를 필요로 하지 않게 되는 사회! 노동계급이 자신의 삶뿐만 아니라 공동체의 운명도 스스로 결정하는 사회! 바로 이것이 노동계급의 전위를 자처하는 엘리트들의 이념이자 자부심이니까.

1867년까지 마르크스는 자신의 전위정당 활동이나 나아가 정치경제학적 저술 활동이 노동계급을 위한 것이라고 확신했다. 그렇지만 완성된 《자본론》 1권을 다시 읽으면서 마르크스의 확신은 동요하기 시작한다. 자기 저술 속의 노동계급은 '대상적 활동'을 수행하는 '역사 주체'라기보다는 정치경제학적인 필연성으로 규정되는 수동적인 존재로 그려지기 때문이다. 역사과학의 법칙을 알고 있는 지적인 엘리트와 그들 소수 엘리트로 구성된 전위정당, 그리고 무지하고 근시안적이어서 자기만의 힘으로는 혁명조직을 구성할 수 없는 다수 노동계급! 어느 사이엔가 마르크스는 '역사 주체'로서 노동계급의 자발성과 자율성을 경시하고 있었던 것이다. 어둠 속에서 길을 잃은 노동계급은 마르크스나 전위정당이 들고 있는 횃불을 따라야만 한다는 해묵은 엘리트주의다. 그렇지만 자신이 병들었다는 것을 아는 사람만이 건강해질 수 있는 것 아닐까? 그래서 1867년 마르크스가 정당주의와 엘리트주의라는 질병을 자각했다는 것은 매우 중요하다. 마르크스는 그 후 조용히 자신의 엘리트주의를 극복하려고 무던히도 애를 쓴다. 이런 그의 노력이 결실을 맺도록 돕는 사람들이 있었다. 바로 프랑스의 노동계급이었다. 1871년 프랑스 파리의 노동계급은 스스로 대상적 활동의 주체가 되었고, 그에 어울리는 정치형식을 파리코뮌으로 표현했다. 헤겔도, 리카도도, 그리고 엥겔스도 가르쳐주지 못했던 것, 모든 인간이 대상적 활동의 주체가 될 수 있고 그에 어울리는 정치형식을 만들 수 있다는 것을, 파리 노동계급은 마르크스에게 가르쳐주었던 셈이다.

1871년 마르크스는 파리코뮌의 학생이었고, 파리코뮌은 마르크스의 선생이었다. 이제 더 이상 마르크스는 선생도 엘리트도 아니었다. 《프랑스내전》이 중요한 이유도 바로 여기에 있다. 마르크스가 자신의 고질적인 질병이라고 진단했던 엘리트주의로부터 자유로워지지 않았다면, 결코 쓰일 수 없었던 책이기 때문이다. 사실 파리코뮌이 괴멸되었을 때 수많은 혁명적 엘리트들은 파리코뮌의 실패를 당연한 것으로 치부했다. 자신들이 조직하고 지휘하지 않는 노동계급의 자율적 혁명을 폄하하려는 치졸한 엘리트주의의 발로였던 셈이다. 오직 마르크스만이 파리코뮌을 "가능한 코뮌주의"의 전범이라고 극찬한다. 노동계급이 대상적 활동의 역량을 회복했고 그에 맞는 정치형식을 구성한 것으로 충분하지 않은가? 《스펙타클의 사회》89번째 테제에서 기 드보르는 1867년 마르크스가 "자신의 객관적 분석이 가진 '경향적인 결론'"을 비판하면서, 그런 "초과학적인 선택"을 강요했던 정당주의와 엘리트주의의 문제점을 자각했다고 이야기한다. 맞는 말이다. 그렇지만 우리는 잊지 말아야 한다. 1871년 마르크스는 이런 모든 난점을 극복하며, 마침내 노동계급의 전위가 아니라 노동계급의 친구가 되기 시작했다는 사실을.

마르크스 이론의 결함은 당연히 그가 살았던 시대에 프롤레타리아의 혁명적 투쟁의 결함과 관계된다. 독일 노동계급은 1848년에 혁명을 영속화하는 데 실패했고, '파리코뮌' 또한 고립 속에서 패배했다. 결과적으로 혁명이론^{la théorie}은 완성될 수 없었다. 대영박물관에서 세상과 무관한 지적 노동만으로 마르크스가 혁명이론을 옹호하고 명료화할 수밖에 없었다는 사실 자체도 혁명이론 자체에 손실을 초래했다. 노동계급의 발달한 미래에 대한 그의 과학적 정당화^{justifications scientifiques}, 그리고 이런 정당화와 관련되는 조직적 실천^{la pratique organisationelle}은 바로 다음 단계의 프롤레타리아 의식^{conscience prolétarienne}에는 방해가 된다. 프롤레타리아혁명의 과학적 정당성에 관한 일체의 이론적 불충분성은, 그 내용이나 그 표현 형식에 있어, 권력의 혁명적 장악^{la saisie révolutionnaire du pouvoir}이란 관점에서 프롤레타리아를 부르주아와 동일시한 것에 있다.

-《스펙타클의 사회》 85·86

18세기부터 19세기까지 노동계급은 농노나 장인에서 임금노동자로 강제로 개조된다. 이 강제 개조과정은 1750년대 영국에서 시작되어 1800년대에 이르면 독일을 포함한 유럽 전체로 확산되고, 마침내 1850년에 어느 정도 마무리된다. 개조과정의 핵심은 벌거벗은 노동력을 만드는 데 있다. 노동력을 제외한 일체의 생산수단을 박탈하지 않으면, 노동계급이 자기 자신을 자본가에게 파는 임금노동자가 되지 않을 테니 말이다. 이제 부르주아사회, 혹은 자본주의체제가 새로운 억압체제로 본격화된 것이다. 《자본론》 1권에서 마르크스는 농노가 임금노동자로, 혹은 장인이 임금노동자로 개조되는 과정을 "피로 얼룩지고 불길에 타오르는 문자^{Zügen von Blut und Feuer}로 인류의 연대기에 기록되어 있다"고 이야기한다. '피'와 '불길'이다. 그만큼 이 과정은 노동계급에게 참혹한 과정이었다. 떠밀리듯 푸른 하늘과 맑은 개울을 품은 고향을 떠나 매연을 뿜는 공장과 참담한 주거환경을 품은 대도시로 떠날 수밖에 없었으니까. 마르크스가 말한 "피로 얼룩지고 불길에 타오르는 문자"는 19세기 임금노동자라면 누구나 알고 있는 것이었다. 이 문자는 그들의 몸에, 그들의 내면에, 그리고 그들의 삶에 노골적으로 새겨져 있으니 말이다. 그렇지만 승자로 등극한 자본계급과 부르주아국가는 "피로 얼룩지고 불길에 타오르는 문자"를 희석시키려고 무던히도 애를 쓴다. 농노가 영주에 종속되었다는 사실과 장인이 길드라는 장인조직에 종속되었다는 사실만을 부각하며, 부르주아체제는 임금노동자가 만들어지는 과정을 농노나 장인 등 노동계급이 봉건적 질서로부터 자유로워진 역사라고 주장한다. 벌거벗은 노동력이 무엇이 자유인가? 자신을 자본가에게 판매해 임금을 받지 못하면 생계마저 위험에 빠지는 임금노동자가 어떻게 자유로울 수 있다는 말인가? 취업을 할 수도 있고 하지 않아도 생계를 유지할 수 있다면 임금노동자는 자유롭다고 할 수 있다. 취업을 하지 않으면 자신이나 가족의 생계를 유지할 수 없다면, 부르주아체제가 노동자에게 부여한 자유는 자유일 수 없다. 자신을 자본가에게 팔지 않고 죽거나 아니면 자신을 팔아서 생계를 유지해야만 한다. 어떻게 이것이 자유일 수 있다는 말인가?

19세기 노동계급이 강력했던 이유는 다른 데 있는 것이 아니다. 그들은 잊지 않고 있었던 것이다. 자신들이 어떻게 고향을 떠나

전설적인 인물 네드 러드(왼쪽)와 러다이트 운동을 형상화한 그림.

도시를 전전하며 일자리를 찾는 신세가 되었는지를. 영국만 하더라
도 1810년대 초 러다이트^{Luddite}운동이 발생한다. 자본계급이 방직기
계를 도입해 저가 모직물을 대량생산하자, 당시 독립적 작업장을
가지고 있던 방직 장인 80만 명이 생계에 위협을 느끼게 된다. 이에
방직 장인들은 네드 러드^{Ned Ludd}라는 전설적인 인물을 장군으로 부
르는 비밀결사 조직 러다이트를 만들어 방직기계를 파괴했다. 1812
년 러다이트운동은 주동자의 처형과 국외 추방으로 궤멸되고, 굶주
림에 지친 장인들은 일자리를 찾아 맨체스터 등 도시로 내몰리게
된다. 아울러 고지대에서 농사를 짓던 소작농 1만 5000명은 1814년
부터 1820년 사이 자본계급과 영국군에 의해 쫓겨나 굶주림을 견
디지 못하고 도시로 유입되어 저임금노동자로 전락하고 만다. 그들
이 떠난 자리에는 방직공업에 털을 공급할 13만 마리의 양이 방목
되었다. 어떻게 이들이 이런 참담했던 역사를 잊을 수 있겠는가? 부

1848년 베를린 봉기를 상징하는 그림. 1848년혁명은 노동계급의 자발적 봉기가 주된 동력이었다. 실제로 파리, 베를린, 밀라노의 바리케이드에서 쓰러져갔던 사상자들은 대부분 노동계급이었다.

르주아체제가 중세 봉건질서의 굴레에서 인간을 해방했다는 선전이 과연 이들에게 먹힐 수 있겠는가? 동일한 과정이 프랑스와 독일 등 유럽 전체에서 그대로 반복되자, 1848년 마침내 유럽 노동계급은 동시다발적으로 부르주아체제에 대한 대규모 저항을 시도한다. 흔히 '민중의 봄$^{Printemps des peuples}$'이나 '혁명의 봄$^{Printemps des révolutions}$'이라고 일컬어지는 '1848년혁명$^{Revolutions of 1848}$'이 바로 그것이다.

1848년혁명은 20세기 이후 노동계급의 저항이나 혁명과는 질적으로 다르다. 1848년 부르주아체제의 심장부 파리와 베를린, 혹은 밀라노 등에서 바리케이드를 치고 체제에 저항했던 노동계급은 부르주아체제가 자신에게 안겨준 "피로 얼룩지고 불길에 타오르는 문자"를 아직도 아물지 않은 흉터로 간직하고 있었기 때문이다. 그

6부. 코뮌주의 역사철학과 기 드보르의 유산

들은 부르주아사회가 귀족사회나 영주사회만큼이나 억압사회라는 사실을 쓰리게 경험한 사람들이었다. '바리케이드 전투'가 인류 역사에 처음으로 등장하면서, 이제 자본계급에 대한 노동계급의 투쟁은 본격화된 것이다. 부르주아체제로서는 1848년혁명에 대한 은폐와 축소는 체제의 사활을 건 문제였다. 잘못하다가는 농노나 소작농, 그리고 장인을 노동자로 바꾸려는 체제의 개조 작업 자체가 무력화될 수 있었다. 이미 도시로 유입되어 있는 저임금노동자들의 목소리가 커지면, 아직도 노동자로 개조되기 직전에 있는 수많은 사람들이 더 이상 도시가 기회와 자유의 땅이라는 체제의 선전에 속지 않을 테니 말이다. 아니나 다를까 파리, 베를린, 밀라노의 바리케이드는 정규군에 의해 괴멸되고 만다. 물론 처음 노동계급의 저항은 성공적이었다. 억압체제로서는 처음 겪는 노동계급의 저항이었기에 대처에 애를 먹은 탓이다. 그렇지만 시위와 행진으로 공권력이 후퇴하고 최고 권력자가 망명을 한다고 해도, 이것이 노동계급의 최종적 승리를 의미하지는 않는다. 폭력수단, 생산수단, 생계수단, 정치수단 등에 대한 공유를 통해 소수 지배계급이 다시 발호하는 길을 원천적으로 막아야 한다. 그렇지만 노동계급은 권력을 장악하는 데까지 나아가지는 않았고, 이것이 1848년혁명이 미완으로 끝나게 되는 결정적인 이유가 되고 만다.

1848년! 그해는 마르크스와 엥겔스가 《코뮌주의정당 선언》을 발표했던 해이기도 하다. 1848년 발생해 유럽 전체를 휩쓴 노동계급의 혁명이 부르주아체제를 붕괴시키리라는 희망과 낙관 속에서 《코뮌주의정당 선언》은 작성되었던 것이다. 당시 노동계급의 혁명이 성공하리라는 낙관론이 얼마나 강력했는지는 《코뮌주의정당 선언》 말미에 잘 드러난다. "코뮌주의자들은 자신들의 생각과 의도를 감추는 일을 부끄러워한다. 그들은 자신들의 목적이 지금까지의 모든 사회질서에 대한 무력적 전복에 의해서만 달성될 수 있다는 것을 공공연하게 선언한다." 마치 당시 혁명적 지식인들이 1848년혁명을 주도하고 있다는 인상을 주지만, 사실 1848년혁명은 노동계급의 자발적 봉기가 주된 동력이었다는 걸 잊어서는 안 된다. 실제로 파리, 베를린, 밀라노의 바리케이드에서 쓰러져갔던 사상자들은 대부분 노동계급이었다. 1848년 베를린 봉기의 사망자 300명 중 285명이 노동계급이었고, 밀라노 봉기의 사망자 350명 중 340명이 노동계급이었다. 한 가지 더 주목해야 할 것이 있다. 그것은 《코뮌주의정당 선언》 어디에도 19세기 노동계급에게 새겨진 "피로 얼룩지고 불길에 타오르는 문자"를 눈물로 읽어내려는 감수성이 보이지 않는다는 점이다. 하긴 부르주아사회가 생산력발전의 귀결이고 동시에 생산력발전이 노동계급의 사회를 만들 것이라는 낙관적 시선을 가지고 있었으니 어떻게 19세기 노동계급의 피로 얼룩지고 불타버린 삶이 보이겠는가?

《코뮌주의정당 선언》은 노동계급을 위한다는 혁명적 지식인들이 1848년혁명을 어떻게 이해하고 있었는지, 그리고 이 혁명에서 자신들이 무엇을 해야 하는지 고민했던 결과물이다. 그렇지만 여기서 우리가 주목해야 할 것은 '코뮌주의정당Kommunistischen Partei'이란 표현이다. 코뮌주의는 소수가 다수를 지배하는 억압사회가 아니라 모든 인간이 동등하게 공동체의 운명을 결정하는 데 참여하는 인간사회를 지향하는 개념이다. 그렇지만 여기에 '정당'이 붙으면서 이야기가 복잡해진다. 《코뮌주의정당 선언》을 넘기다보면 후반부에 흥미로운 구절이 하나 등장한다. "코뮌주의정당은 부르주아와 프롤레타리아 사이의 적대적 대립에 관하여 가능한 한 가장 명확한 의식을 노동자들에게서 만들어내는 일을 한시도 멈추지 않는다. 이것은 노동자들이 부르주아가 자신들의 지배와 함께 도입할 것이 틀림없는 사회적·정치적 조건들을 부르주아에 대항하는 그만큼 많은 수의 무기들로 즉시 되돌릴 수 있도록 하기 위해서다." 결국 코뮌주의정당은 노동계급의 대표가 아니다. 그들은 노동계급을 가르치는 교육자이고 동시에 그 해방의 전략을 마련하는 선지자다. 잊지 말자. 코뮌주의정당의 지도부 중 그 누구도 노동계급에 의해 선출된 사람은 없었고, 아울러 그 누구도 노동계급에 의해 소환되지도 않았다는 것을. 결국 코뮌주의정당은 선출되지 않은 권력이자 소환되지 않는 권력이며, 자기 존재 자체로 정당한 권력이라고 생각했던 엘리트들의 결사체였다.

근대 부르주아사회는 영국에서 태동했다. 18세기 중엽 영국에서 시작된 부르주아경제가 19세기 유럽 전체로 확산되었던 것처럼, 17세기 후반 출현해서 18세기부터 영국을 움직였던 정당정치 이념도 19세기 유럽 전체를 휩쓸었다. 입헌군주제를 지향했던 휘그당the Whigs과 과거처럼 강력한 군주제를 지지했던 토리당the Tories 사이의 대립은 바로 그 정당정치를 상징한다고 하겠다. 1848년혁명 이후 유럽 전체에서 수많은 '정당'들이 우후죽순 생겨났다. 이 중 하나가 바로 마르크스와 엥겔스가 개입했던 코뮌주의정당이었던 셈이다. '정당'이라는 발상 자체가 중요하다. 정치적 입장을 함께하는 결사체라는 속성 때문에 정당은 항상 공동체 전체를 좌지우지할 권력을 지향한다. 그것이 선거에 의해서든 아니면 무장봉기에 의해서든 말이다. 어느 경우든 정당은 자신들의 정치적 이념에 지지를 표하는 당원들을 늘리는 작업에 사활을 건다. 합법적 의회 진출이든 아니면 무장봉기든 지지자가 없다면 권력 장악은 불가능하니 말이다.

코뮌주의정당도 이 점에서 예외는 아니다. 결국 모든 정당은 스스로 전위를 자처한다는 점이 중요하다. 따라서 정당이란 발상과 제도 속에서 노동계급 등 민중들은 스스로 갈 길을 정할 수 없는 방황하는 양들로 규정될 수밖에 없다.

《스펙타클의 사회》 85번째 테제에서 기 드보르는 마르크스의 "혁명이론은 완성될 수 없었다"고 지적한다. 기 드보르가 말한 혁명이론을 상전이 또 다른 상전으로 교체되는 것과 관련된 이론이라고 생각해서는 안 된다. 혁명은 '정신노동=지배자, 육체노동=피지배자'라는 도식 자체가 붕괴되는 것이고, 소수가 독점했던 생산수단을 다수 노동계급이 공유하는 것을 말하기 때문이다. 평의회를 통해 노동계급은 모든 권력을 국가가 아니라 사회로 되돌려야 한다. 생산수단뿐만 아니라 정치수단, 나아가 폭력수단도 평의회를 통해 공유되어야 한다는 것이다. 바로 이것이 진정한 혁명이 아니고 무엇이겠는가? 사실 평의회코뮌주의가 관철되지 않으면, 혁명은 단지 유야무야한 레토릭에 지나지 않는다. 프랑스의 경우만 하더라도 노동계급의 봉기로 촉발된 1848년혁명은 임시정부를 수립하도록 했다. 그렇지만 임시정부를 대부분 장악했던 부르주아들은 점점 노동계급을 정부로부터 소외시키고, 마침내 부르주아 정부를 출범시키고 만다. 부르주아 지식인과 명망가들에게 자신의 운명을 맡긴 노동계급의 실수가 이런 참사를 낳은 셈이다. 바로 이 대목에서 마르크스는 너무나 쉽게 전위정당의 필요성이란 논의를 진행하고 만다. 그러니까 노동계급을 오류에서 구원할 수 있는 외부 존재, 다시 말해 역사와 정치를 잘 알고 있고 동시에 노동계급에 대한 애정이 충만한 외부 존재가 필요하다는 것이다. 코뮌주의정당과 그 지도부가 바로 그들인 셈이다.

기 드보르가 "노동계급의 발달한 미래에 대한 그의 과학적 정당화, 그리고 이런 정당화와 관련되는 조직적 실천은 바로 다음 단계의 프롤레타리아 의식에는 방해가 된다"고 이야기했던 이유도 다른 데 있는 것이 아니다. 여기서 마르크스의 "과학적 정당화"는 생산력발전과 그에 따른 프롤레타리아혁명의 필연성에 대한 낙관적 예측을 말하고, 이것과 관련된 "조직적 실천"이란 정치경제학적 상황에 맞게 혁명의 속도와 수위를 조절하는 전위정당의 역할을 말한다. 그렇지만 노동계급으로서는 생사를 건 문제들을 전위정당이 모두 판단하고 지휘한다면, 노동계급은 대상적 활동의 주체가 될 수 없는 일 아닌가. 분명 대상적 활동이 100퍼센트 성공을 약속하는 것은 아니다. 자기 앞에 주어진 대상적 조건에 대한 오판으로 그 활동이 좌절되는 경우도 많기 때문이다. 그렇지만 이를 통해 대상적 활동 주체는 과거보다 더 지혜로워지고, 당연히 실패의 경우도 줄어들게 된다. 기 드보르가 "고립 속에서 패배했다"고 평가했던 '파리코뮌'을 보라. 1848년혁명으로부터 많은 것을 배운 파리의 노동계급은 평의회를 통해 모든 권력을 자기 손에 쥐지 않았는가? 물론 부르주아체제의 반혁명적 공세로 파리에 고립된 채 파리코뮌이 괴멸되었다고 할지라도 말이다.

　여기서 짚고 넘어가야 할 것이 한 가지 있다. '파리코뮌'이 1848년혁명처럼 미완의 혁명, 혹은 실패한 혁명이라는 기 드보르의 판단은 정당한가? 그의 말대로 파리코뮌은 "고립 속에서 패배"했다. 그렇지만 파리코뮌이 혁명을 이론이 아니라 실천으로 완성했다는 사실은 부정해서는 안 되고 사실 부정할 수도 없다. 비록 잠시 동안이지만 파리코뮌은 과거 지배계급과 국가기구가 가졌던 모든 권력을 사회로 되돌리는 데 성공했기 때문이다. 파리코뮌, 그것은 평의회코뮌주의의 화신이었다. 바로 이것이 1871년 마르크스가 자신의 저서《프랑스내전》에서 밝혔던 것 아닌가? 기 드보르는《프랑스내전》을 읽지 않았던 것일까, 아니면 읽었지만 이 책이 가진 중요성을 간파하지 못했던 것일까?《코뮌주의정당 선언》이 정당코뮌주의를 표방하고 있다면, 분명《프랑스내전》은 평의회코뮌주의에 손을 들어주고 있다는 걸 모를 리 없는 기 드보르다. 그런데도 기 드보르는 여전히 마르크스가 정당주의로부터 자유롭지 못하다고 판단한 것이다.《스펙타클의 사회》85번째 테제에서 기 드보르가 1848년혁명과 1871년 파리코뮌을 "실패"나 "패배"라고 말한 것은 징후적으로 독해해야 한다. 그것은 사실《코뮌주의정당 선언》과《프랑스내전》에 대한 마르크스의 입장에 대한 기 드보르의 불만족과 밀접히 관련되기 때문이다.

이 부분은 매우 민감하다. 기 드보르는《프랑스내전》에서 마르크스가 파리코뮌에서 평의회코뮌주의를 배웠다는 걸 부정하지는 않는다. 그 배움이 마르크스의 정치철학에 완전히 녹아들었는지 여부는 다른 문제다. 가장 철저한 룩셈부르크주의자답게 기 드보르는 평의회주의, 즉 평의회코뮌주의라는 입장에서 한 치의 후퇴도 용인하지 않는다. 엄격히 사회주의를 지향하는 평의회주의에는 국가주의뿐만 아니라 정당주의도 허용될 수 없다. 정당주의는 부르주아국가를 떠받치는 의회제를 전제하고, 결국 이것은 국가주의의 하부 이념에 지나지 않기 때문이다. 기 드보르의 입장을 옹호한다면 1875년 마르크스가 집필했던〈고타강령 비판〉마저 일종의 수정주의적 저작일 수밖에 없다. 분명 마르크스는 새롭게 통합하여 발족된 독일사회민주당의 강령이 사회주의 이념을 부정하고 국가주의를 취하고 있다고, 다시 말해 권력을 노동계급이 아니라 정당과 국가에 귀속하고 있다고 비판한다. 그렇지만 일단 지금 마르크스는 당이라는 존재를 긍정하고 있지 않은가? 결국 기 드보르의 입장은 분명하다. 정당주의 자체를 부정해야만 평의회가 살고 따라서 모든 권력은 민중에게로 되돌려질 수 있다는 점이다.

국가주의도 넘어서야 하고, 최종적으로 정당주의도 넘어서야 한다. 국가주의를 제거하고 정당주의를 남겨놓는 것은 정말 후환을 남기는 일이다. 고름을 모두 뽑아내지 않고 그 뿌리를 남겨놓은 형국이다. 그 작은 뿌리는 다시 자라나 몸을 고열과 고름으로 고통스럽게 할 것이다. 간단히 말해 국가주의나 정당주의는 모두 마르크스 본인이 말한 원초적 분업, 즉 정신노동이 육체노동을 지배해야 한다는 원초적 지배관계를 답습하는 것에 지나지 않는다. 여기서 중요한 것은 올바른 국가, 정의로운 정당이 아니다. 중요한 것은 국가라는 형식, 혹은 정당이라는 형식 그 자체가 올바르지도 않고 정의롭지도 않다는 사실이니까. 이것은 마치 훌륭한 군주보다 아예 군주가 없는 것이 나은 것과 마찬가지다. 마르크스는 평의회코뮌주의자이자 사회주의자다. 이것은 그가 정당주의와 국가주의에 반대한다는 것을 말해준다. 그렇지만 마르크스는 《코뮌주의정당 선언》에서 '좋은 국가'를 암시하고, 나아가 〈고타강령 비판〉에서는 '올바른 정당'을 암시하고 있다. 《코뮌주의정당 선언》을 보라. "모든 생산도구를 국가의 손안에, 즉 지배계급으로 조직된 프롤레타리아의 수중에 집중해야 한다." 지배계급과 피지배계급의 구분을 전제한 채 억압받는 자들이 국가권력을 장악해야 한다는 그림이니, 여전히 국가주의다. 또 〈고타강령 비판〉을 읽어보라. "국가를 그 고유의 정신적이고 윤리적이며 자유로운 기초를 보유하고 있는 하나의 자립적인 본질로 취급함으로써, 이 정당에 한 번도 사회주의 이념이 뿌리를 내리지 못하고 있다는 걸 보여준다." 독일사회민주당은 국가주의에서 벗어나지 못했다는 것을 비판하지만, 국가주의를 반대하고 사회주의 이념을 표방하는 독일사회민주당에 대한 희망을 놓지는 않고 있다. 국가주의를 거부해도 여전히 정당주의는 남아 있다.

그래서《스펙타클의 사회》86번째 테제에서 피력된 기 드보르의 생각은 매우 중요하다. "프롤레타리아혁명의 과학적 정당성에 관한 일체의 이론적 불충분성은, 그 내용이나 그 표현 형식에 있어, 권력의 혁명적 장악이란 관점에서 프롤레타리아를 부르주아와 동일시한 것에 있다." 기 드보르 입장에서《코뮌주의정당 선언》의 마르크스 정치철학이 지닌 한계는 분명하다. 그 당시 마르크스는 지배와 피지배라는 도식 자체를 넘어서야 혁명이 완성된다는 사실을 무겁게 받아들이지 않았다. 피지배자가 지배자가 되는 것으로 억압사회가 충분히 사라질 수 있다는 낙관론에 빠져 있었던 것이다. 고대사회의 귀족이나 중세사회의 영주가 차지했던 자리를 부르주아가 대신한 것처럼, 한때 부르주아가 차지했던 지배자의 자리를 프롤레타리아가 차지한다는 발상! 이 발상 자체가 문제라는 것이다. 억압받던 자들이 억압하는 자리에 왔기에 이제 억압이란 구조가 사라졌다는 것은 말장난에 지나지 않으니 말이다. "권력의 혁명적 장악"에는 권력을 장악한 사람과 그렇지 않은 사람, 혹은 권력 장악에 중심적 역할을 한 사람과 그렇지 않은 사람 사이의 위계가 만들어질 수밖에 없다. 결국 중요한 것은 지배와 피지배라는 도식, 혹은 구조나 형식 자체를 넘어서는 것이다. 이것이 가짜 혁명과 진짜 혁명 사이를 가르는 기준이다. 그러니 국가주의도, 정당주의도, 나아가 엘리트주의도 가짜 혁명의 이데올로기가 되는 것이다.

인터내셔널 투쟁이 거둔 최초의 성공은 그 내부에 존속돼왔던 지배 이데올로기의 혼란스런 영향에서 인터내셔널을 해방한 것이다. 그러나 인터내셔널이 곧바로 겪게 되는 패배와 탄압은 프롤레타리아혁명에 관한 두 가지 이해 방식 사이에 펼쳐지는 갈등을 전면에 노출시킨다. 이 두 가지 이해 방식이 공유하는 권위적인 차원dimension autoritaire 때문에 프롤레타리아의 '의식적인 자기해방l'auto-émancipation consciente'이란 쟁점이 포기된다. 실제로 마르크스주의자les marxistes와 바쿠닌주의자les bakouninistes 사이의 논쟁은 화해할 수 없는 지점에까지 이른다. 논쟁은 '혁명이 성공한 사회 속의 권력le pouvoir dans la société révolutionnaire'과 '운동의 현재 조직l'organisation présente du mouvement'이라는 두 쟁점을 둘러싸고 벌어진다. 양측은 쟁점들을 하나하나 검토하면서 자신의 입장을 뒤집는다. 바쿠닌은 계급이 국가권력의 권위적인 행사로 폐지되리라는 환상에 반대한다. 그는 그것이 '관료 지배계급의 복원'과 '가장 지혜로운 자들—혹은 그렇다고 자임하는 사람들—의 독재la dictature des pus savants'를 낳을 것이라고 예견했던 것이다. 이와 달리 마르크스는 경제적 모순들의 성숙과 함께 노동자들에 대한 민주적 교육의 성숙이 프롤레타리아국가État prolétarien의 역할을, 객관적으로 부과된 새로운 사회관계를 합법화하는 하나의 간단한 국면simple phase으로 축소시킬 수 있다고 생각하며, 바쿠닌과 그의 추종자들의 견해를 결탁한 엘리트들의 권위주의라고 규탄한다. 마르크스에 따르면 이들은 고의로 인터내셔널 위에 자리를 잡아, '가장 혁명적인 자들—혹은 그렇다고 자임하는 사람들—의 무책임한 독재la dictature irresponsable des pus révolutionnaires'를 사회에 부과하려는 괴상한 구상을 하고 있다. ······ 이처럼 노동자 혁명에 대한 두 이데올로기는 대립한다. 상대방에 대한 비판은 부분적으로 옳은 측면이 있지만, 역사에 대한 사유의 통일성l'unité de la penseé de l'histoire을 상실한 채 자신을 이데올로기적 권위autorités idéologiques로 내세우려고 한다.

-《스펙타클의 사회》 91

평의회주의자로서 기 드보르의 기획은 어렵지 않게 이해된다. 《프랑스내전》으로 마르크스가 민중들에게서 배운 교훈을 모든 정치철학의 흔들릴 수 없는 원칙으로 관철하려는 것이다. 기 드보르는 마르크스가 하지 못했던 것이 바로 이것이라고 생각한다. 평의회코뮌주의가 올바른 길이라는 것을 알았지만, 마르크스는 여전히 엘리트주의에 깊게 물들어 있었기 때문이다. 노예 몸에 새겨진 문신처럼 "피로 얼룩지고 불길에 타오르는 문자"를 흉터로 갖고 있던 19세기 노동계급의 생생한 경험, 그리고 억압의 문자를 지우려는 평의회주의에 대해 마르크스는 더 진지하게 배웠어야만 했다. 파리코뮌을 통해 마르크스는 자기 사상 속에 남아 있던 국가주의나 정당주의를 색출해 완전히 제거했어야 했다. 〈맨체스터의 엥겔스에게〉(1867년 12월 7일)에서 마르크스는 엘리트주의 극복의 문제를 고민했던 적이 있었다. 아마도 당에서의 그의 입장과 그의 과거로 인해 취할 수밖에 없었던 "저자의 주관적 경향!" 마르크스에게 1871년 파리코뮌은 어쩌면 바로 이 문제를 해결할 수 있는 천재일우의 기회였을 수 있다. 그렇지만 그는 파리코뮌을 애도하고 평가하는 작업에 집중하느라, 이것을 철저한 자기반성의 계기로 삼는 데 소홀하고 만다. 아니 정확히 말해 마르크스는 자기반성의 시간을 가질 수 없었다고 해야 한다. 1871년 파리코뮌을 괴멸한 유럽의 지배 계급과 국가는 그 여세를 몰아 지금은 제1인터내셔널로 기억되는 '국제노동자연합International Workingmen's Association, IWA'을 붕괴시키려고 했기 때문이다. 《프랑스내전》을 마무리하는 대목을 한번 보자.

당연히 경찰에 물든 부르주아 이성은 국제노동자연합을 비밀 스런 음모의 방식으로 활동하며, 다양한 국가에서 발생하는 빈 번한 폭동을 지휘하는 몸통central body이라고 상상한다. 그러나 사 실 우리 연합은 서로 다른 나라들의 가장 선진적인 노동자들을 단결시키는 국제적 연대the international bond에 불과하다. 계급투쟁이 어디에서든, 어떤 모습으로든, 어떤 조건에서든 존재한다면, 우 리 연합의 회원이 전면에 서 있다는 것 또한 당연한 일이다. 이 런 연합이 성장하는 토양은 현대사회 그 자체다. 아무리 많은 유혈을 통해서라도 이 연합을 짓밟을 수는 없다. 이것을 짓밟 으려면 정부는 무엇보다도 노동에 대한 자본의 강제 지배를 짓 밟아야 할 것이다. 따라서 자기 자신들의 식객과 같은 존재 조 건을 짓밟아야 할 것이다. 노동자들의 파리는 코뮌과 더불어 새로운 사회의 영광된 선구자로 영원히 칭송될 것이다. 이 순 교자들은 노동계급의 위대한 가슴속에 들어가 있다. 역사는 코 뮌을 근절시킨 자들을 지금 벌써 효목에 못 박아놓았으며, 그 들의 성직자들이 하는 어떤 기도도 그들을 효목에서 구제하기 에는 무기력할 것이다.

－《프랑스내전》(1871년 5월 30일)

파리코뮌이 괴멸된 뒤 유럽의 노동운동에 마침내 겨울이 찾아오고 있다. 혹독한 탄압을 조금이라도 막아보려는 듯, 마르크스는 그답지 않게 구차한 변명을 시도한다. 마르크스는 IWA가 폭동을 사주하는 몸통이 아니라 국제적 연대조직에 지나지 않는다고 강조한다. 누구한테? 바로 가공할 공권력을 휘두를 준비를 갖춘 부르주아체제에게. 마치 마르크스와 제1인터내셔널은 이미 부르주아체제가 마련한 법정에 강제로 끌려온 것 같다. 모든 변명은 형기를 낮추기 위해 법정에 끌려나온 약자의 자구책 아닌가? 사실 IWA가 합법적이라는 이야기가 노동운동을 괴멸하려는 부르주아체제의 예봉을 무력화할 가능성은 전혀 없다. 그렇지만 조금이라도 탄압의 속도와 힘을 늦추어야 한다는 노파심에 마르크스는 이 연합이 노동계급의 폭동을 지시하는 몸통이 아니라고 강변한다. 노골적으로 말해 IWA는 평화를 지향하는 합법적인 국제 연대조직에 지나지 않는다는 것이다. 노동계급의 해방은 부르주아체제와는 양립할 수 없는 법이다. 벌거벗은 노동력을 강요하는 자본계급을 방치하고서, 어떻게 노동자들이 인간으로서 자긍심과 자유를 회복할 수 있다는 말인가? 생산수단 독점을 재산권, 즉 소유권의 논리로 정당화하는 부르주아 법률체제의 입장에서 그 독점을 부정의라고 규정하는 노동계급의 투쟁은 '불법'일 수밖에 없다. 역으로 말해 노동계급 입장에서 부르주아 법률이 자신에게 부과한 '불법'이란 딱지는 하나의 자긍심이기도 하다. 그것은 노동계급의 투쟁이 제대로 억압체제에 적중했다는 방증이니까 말이다. 그렇기에 전위조직이자 유사 정당을 자처하는 IWA는 "비밀스런 음모의 방식으로 활동하며, 다양한 국가에서 발생하는 빈번한 폭동을 지휘하는 몸통"이라는 규정을 하나의 자랑으로 받아들여야만 했다. 각국 노동계급의 투쟁에 가해지는 억압을 IWA가 모두 감당한다는 것은 얼마나 멋진 일인가? 어쩌면 이것은 노동계급의 전위를 자처한다면 당연히 해야 할 일이다. 그렇지만 곧 불어닥칠 공안 한파로부터 IWA를 지켜야 한다는 생각에 매몰된 마르크스는 전위적인 지식인 치고는 너무나 유약한 자세를 취하고 있다. 그것도 파리코뮌의 노동계급의 피가 마르기도 전에 말이다.

무언가 찜찜했는지 마르크스는 서둘러 IWA가 아니라 그 회원들이 노동계급의 전위에 있다고 첨언한다. "계급투쟁이 어디에서든, 어떤 모습으로든, 어떤 조건에서든 존재한다면, 우리 연합의 회원이 전면에 서 있다는 것 또한 당연한 일"이라고 말이다. 연합이 몸통이 되어 회원들에게 계급투쟁을 명령한 것이 아니라, 회원들이 자발적으로 계급투쟁의 전위가 되었다는 이야기다. IWA는 노동계급의 전위조직은 아니지만 동시에 전위조직이라는 기묘한 논리가 만들어진 것이다. 물론 IWA가 노동계급을 이끄는 전위조직이 아니라는 주장은 부르주아체제의 탄압을 무마하기 위한 것이고, IWA 소속 회원들이 계급투쟁의 전위라는 주장은 IWA의 깃발 아래 노동계급의 단결을 도모하기 위함이다. 1871년 마르크스의 속내는 이렇게 복잡하기만 했다. IWA를 유럽 부르주아국가들의 공격에서 구하고 싶었고, 동시에 IWA가 앞으로 있을 모든 계급투쟁의 전위가 되어야 한다고 믿었기 때문이다. 모순이다. IWA를 지키려면 노동계급의 전위 역할을 포기해야 하고, 전위 역할을 포기하지 않으면 IWA는 존립의 위기에 빠진다. 딜레마에 빠진 마르크스이고 IWA다. 그렇지만 이 모든 모순과 딜레마는 일종의 전위조직이자 일종의 유사 정당이라고 할 수 있는 IWA에 대한 마르크스의 과도한 집착에서 나온다. "아무리 많은 유혈을 통해서라도 이 연합을 짓밟을 수는 없다"는 엘리트주의적이고 정당주의적인 발상이 문제라는 것이다. 사실 마르크스는 '아무리 많은 유혈을 통해서라도 노동계급의 투쟁을 짓밟을 수는 없다'라고 말했어야 한다. 불행히도 마르크스의 무의식에는 IWA가 없다면 노동계급을 이끌 머리가 사라진다는 엘리트주의가 아직도 남아 있었던 것이다. 그럼에도 마르크스는 파리코뮌이 보여주었던 평의회주의를 극찬한다. "노동자들의 파리는 코뮌과 더불어 새로운 사회의 영광된 선구자로 영원히 칭송될 것이다." 아직도 마르크스의 뇌리에는 평의회주의와 정당주의, 혹은 민중주의와 엘리트주의가 불안한 동거를 하고 있었던 셈이다.

1872년 부르주아체제의 반격이 심화되자 제1인터내셔널, 즉 IWA는 내적 분열에 시달리게 된다. 이것은 위기에 빠진 모든 조직이 겪는 과정이기도 하다. 분열의 메커니즘은 단순하다. 부르주아 국가들이 파리코뮌을 계기로 유럽 내 노동운동을 괴멸하려고 하자, 이런 위기 상황에 대처하는 방식을 놓고 IWA는 두 가지 입장으로 분열된다. 흔히 중앙집권주의centralism라고 불렸던 입장이 IWA를 일사불란하고 효율적인 중앙집권적 조직으로 강화해야 한다고 주장했다면, 반대로 연맹주의federalism라고 불렸던 입장은 국제적 연대라는 원칙에 맞게 분산적이지만 역동적인 조직을 유지해야 한다고 강조했다. 중앙집권주의를 옹호했던 IWA의 분파를 마르크스와 엥겔스 등이 이끌었다면, 연맹주의는 바쿠닌Mikhail Alexandrovich Bakunin(1814~1876)과 기욤James Guillaume(1844~1916) 등이 이끌고 있었다. 중앙집권주의와 연맹주의 사이의 대립은 엘리트주의와 민중주의 사이의 대립, 권위주의와 반권위주의 사이의 대립을 함축한다. 현실적으로 이 대립이 영국, 프랑스, 독일 등 유럽 중심 국가 노동운동 지도자들과 러시아, 스페인, 이탈리아 등 유럽 주변부 국가 노동운동 지도자들 사이의 갈등을 함축했다는 사실도 잊어서는 안 된다. 모든 갈등과 불화의

1869년 제1인터내셔널 바젤
대회에서 연설하고 있는
바쿠닌.

1843년 무렵의 바쿠닌.

엥겔스-마르크스-바쿠닌 비교

	엥겔스	마르크스	바쿠닌
근본 성향	엘리트주의(권위주의)	엘리트주의+민중주의	민중주의(반권위주의)
혁명조직	• 중앙집권주의 • 정당주의 • 위로부터의 조직	정당주의+연맹주의	• 연맹주의 • 무정부주의 • 아래로부터의 조직
강조점	• 역사의 필연성 • 객관적 조건	• 대상적 활동 • 자주 객관적 조건에 경도	• 주체적 의지와 활동 • 민중들의 자발적 연대
비교	정상이든 위기 상황이든 정당주의 관철	위기 상황인 경우 정당주의로 경도	정상이든 위기 상황이든 민중주의와 연맹주의 관철

씨앗은 러시아 출신 혁명가 바쿠닌이 1868년 IWA에 가입하면서 시작된 것이다. 마르크스는 이미 1864년 9월 28일 영국 런던에 체류 중이었던 바쿠닌에게 IWA 가입을 제안한 적도 있었다. 바쿠닌! 그는 유럽을 휩쓴 1848년혁명에서뿐만 아니라, 스페인에서부터 폴란드까지, 그리고 핀란드에서 이탈리아까지 전체 유럽의 민중봉기 현장에 항상 서 있었던 혁명가였다.

여기서 잠시 1844년 프랑스 파리로 돌아갈 필요가 있다. 마르크스의 사유와 삶에서 1844년 파리는 너무나 중요한 곳이니까. 그는 이곳에서 엥겔스도 만나고 바쿠닌도 만난다. 혁명을 꿈꾸었던 20대 후반 세 청년의 만남이다. 마르크스의 인문학적 감수성과 철학적 지성, 엥겔스의 정치경제학적 역사감각과 현실감각, 그리고 바쿠닌의 저항정신과 실천감각이 마주친 셈이다. 처음 만났을 때부터 바쿠닌은 마르크스의 지성을 흠모했고, 반대로 마르크스는 바쿠닌의 용기를 선망했다. 1864년 9월 28일에 마르크스가 바쿠닌에게

IWA 가입을 제안했던 것도 이런 이유에서다. 그렇지만 마르크스는 1844년 이후 20년 동안의 시간이 바쿠닌을 아나키즘의 이론가이자 실천가로 거듭나도록 했다는 사실에 주목하지 못했다. 이제 바쿠닌은 더 이상《1884년 경제학-철학 수고》를 썼던 마르크스의 지성을 부러워하지 않을 만큼 자기만의 지성과 안목을 갖춘 뒤였다. 오랜 투쟁 경험과 그로부터 얻은 통찰로 바쿠닌은 피지배계급의 해방, 다시 말해 억압사회의 소멸이 소수 지배계급의 이익을 보호하거나 옹호하는 국가기구를 붕괴시키지 않고서는 불가능하다는 확고한 입장을 견지하고 있었다. 사실 1868년 바쿠닌의 IWA 가입은 단순히 개인 자격을 넘어서 그가 주도적인 역할을 담당했던 또 다른 국제 노동자 연대조직 국제사회민주주의동맹International Alliance of Socialist Democracy, L'Alliance internationale de la démocratie socialiste의 이름으로 이루어진 것이다. 실제로 바쿠닌과 국제사회민주주의동맹은 IWA에서 민중주의와 반권위주의를 표방하는 분파로 적극 활동하게 된다.

1872년 마르크스는 IWA의 위기, 즉 제1인터내셔널의 위기로 엥겔스와 바쿠닌 중 한쪽을 선택할 수밖에 없게 된다. 돌아보면 1848년 유럽을 휩쓸었던 노동계급의 봉기에서 엥겔스 손을 들었던 마르크스이고, 그 결과물이 바로 정당코뮌주의를 표방했던《코뮌주의정당 선언》이었다. 이번에도 마찬가지였다. 단지 1848년은 노동계급의 힘이 압도적이었지만, 1872년은 노동계급의 힘이 수세에 몰렸다는 차이만 존재한다. 부르주아체제의 반격에 맞서 마르크스는 국제노동자연합이 가지고 있던 '연합association'의 정신을 희석시키고 IWA를 전시체제에 맞는 조직으로 탈바꿈시키려고 한다. 부르주아체제의 노골화된 억압에 맞설 수 있는 효과적인 조직, 1980년대 우리 진보 세력의 용어를 빌리자면 '구국의 강철대오'와 같은 조직을 만들려고 했던 것이다. 그렇지만 바쿠닌 등은 '자유로운 개인들의 공동체'가 혁명의 시작이자 끝이라는 원칙적인 입장을 피력한다. 바쿠닌의 입장은 단순하다. 그것은 독재에 맞서기 위해 독재로 대응해서는 안 된다는 것이다. 억압이 없는 사회를 꿈꾸는 사람이 어떻게 억압의 여지가 존재하는 조직을 만들 수 있느냐는 생각인 셈이다. 아이러니한 것은 바쿠닌의 이런 입장이 원래 마르크스 본인의 원칙적인 입장이라는 사실이다. 그렇지만 마르크스는 IWA가 존속하기 위해서는 아래로부터의 조직을 기다릴 수 없다는 입장이었다. 정세에 대한 신속한 판단과 효율적인 대응을 위해 IWA의 집행부에 권력을 집중해야 할 때라고 판단한 것이다. 이런 마르크스의 입장은 1872년 3월 5일 발표된 〈인터내셔널의 분열이라 불리는 것Les prétendues scissions dans l'Internationale〉이란 글에서 표면화된다. 이 글이 확고한 정당주의자였던 엥겔스와 함께 집필되었다는 것만으로도 불안한 느낌이 가시지 않는다. 이미 우리는 《코뮌주의정당 선언》에서 엥겔스와 함께하는 것이 마르크스 사유에 얼마나 치명적인 해를 끼치는지 알고 있기 때문이다. 아니나 다를까 《프랑스내전》의 평의회주의가 물러나고, 이제 인터내셔널이란 전위조직, 혹은 전위정당의 존립이 문제가 된다.

무정부, 그것은 사회주의 제도들des systèmes socialistes로부터 단지 레테르만 취하는 그들의 지도자 바쿠닌이 즐기는 대단한 주장이다. 모든 사회주의자는 무정부라는 말을 다음과 같이 이해한다. 프롤레타리아 운동의 목적인 계급의 폐지가 일단 달성되면, 대다수인 생산자를 얼마 되지 않는 소수인 착취자들의 멍에 아래 붙들어 매는 데 이용되는 국가권력도 소멸할 것이며,

정부의 기능은 단순한 관리 기능으로 바뀔 것이다. 동맹L'Alliance
은 사태를 거꾸로 받아들인다. 동맹은 프롤레타리아 대오 내의
무정부를 착취자의 수중에 집중되어 있는 강력한 사회적·정치
적 힘들을 타파할 가장 확실한 수단이라고 선언한다. 이런 명
분 아래 동맹은 낡은 세계가 인터내셔널을 분쇄하려고 애쓰고
있는 순간에, 인터내셔널에 조직organisation을 무정부Anarchie로 대
체하라고 요구하고 있다. 국제경찰La police internationale은 티에르 공
화국la République-Thiers을 황제의 외투로 감추어 영구화하기 위해 이
이상 어떤 것도 요구하지 않는다.

−〈인터내셔널의 분열이라 불리는 것〉(1872년 3월 5일)

마르크스의 입장은 단순하다. 정당코뮌주의를 거치지 않고서
는 평의회코뮌주의도 불가능하다는 것이다. 인터내셔널의 깃발 아
래 노동계급이 단결해 낡은 세계를 극복하는 순간, 국가나 정부는
다수 노동계급의 민주적 통제를 받는 단순한 관리 기능만을 수행하
게 된다. 평의회코뮌주의가 실현된 사회, 즉 억압이 사라진 사회가
도래한 셈이다. 그렇지만 억압체제가 압도적 힘을 과시할 때, 평의
회코뮌주의를 곧이곧대로 관철하는 것은 우매한 일이다. 일사불란
한 조직을 갖추고 억압체제에 맞서 승리하는 것도 힘든 판국에, 지
리멸렬하고 느린 의사결정 구조를 유지한다는 것은 적전분열敵前分裂
에 지나지 않는다는 것이다. 현실적으로도 열린 조직 구조를 유지
한다면, 부르주아체제는 국제경찰을 손쉽게 IWA로 잠입시킬 수 있
다. IWA 활동의 일거수일투족이 부르주아체제에 전달된다면, 어떻
게 IWA가 부르주아체제의 탄압에 맞서 존속할 수 있다는 말인가?
더군다나 부르주아체제는 노동운동가로 위장한 인물을 잠입시켜

IWA의 분열을 시도할 수도 있지 않은가? 그러니 IWA는 부르주아 체제처럼 효율적인 명령체계와 기밀체계를 구축해야만 한다는 것, 이것이 마르크스의 속내였다. 이런 마르크스에게 IWA가 위기에 처한 것을 알면서도 평화 시의 열린 체계를 계속 유지해야 한다는 바쿠닌의 주장이 눈에 들어올 리 없다. 바쿠닌과 그의 동맹 동지들은 조직의 안전을 위해서라도 반드시 제거해야 할 대상, 조직 내의 암적 존재에 지나지 않았던 것이다.

그래서 마르크스는 말한다. "동맹은 낡은 세계가 인터내셔널을 분쇄하려고 애쓰고 있는 순간에, 인터내셔널에 조직을 무정부로 대체하라고 요구하고 있다. 국제경찰은 티에르 공화국을 황제의 외투로 감추어 영구화하기 위해 이 이상 어떤 것도 요구하지 않는다"고. 그렇지만 상명하복의 조직으로 변질되는 순간, IWA는 그만큼 노동계급으로부터 고립될 수밖에 없다. 노동계급이 자유롭고 주체적으로 참여하기 힘든 조직이 되기 때문이다. 분명 '연합'의 정신을 포기하면 IWA와 핵심 지도부의 생존 가능성은 커진다. 그러나 불행히도 그 대가는 치명적이다. 노동계급과의 분리는 노동계급 연합으로서의 IWA를 유명무실하게 만들 테니 말이다. 당연히 노동계급으로부터 근본적인 문제 제기도 발생할 수 있다. "당신들이 지키려는 것은 노동계급인가? 아니면 당신들이 지도부로 있는 IWA인가? 결국 당신들은 노동계급 지도부라는 당신들의 지위를 유지하려는 것 아닌가?" 1871년 파리코뮌의 붕괴 이후 노동운동에 공안 한파가 몰아닥쳤다면, 노동계급을 위한다는 노동운동 지도부는 조직의 문을 더 활짝 열어놓아야 했다. 추위를 피해 들어오는 노동자들을 품어야 하기 때문이다. 그렇지만 마르크스와 엥겔스는 조직의 문을 좁혀버린 것이다. 노동자들이 출입하느라 함께 들어올 수 있는 그 한기를 막기 위해서 말이다.

노동계급이 한파를 맞으면 노동조직과 그 지도부도 한파를 맞아야 한다. IWA와 지도부가 공안 한파에서 무사할 수 있다고 해도, 그것이 무슨 의미가 있다는 말인가? IWA 바깥에서는 얼어 죽은 노동자들이 인산인해를 이룰 텐데 말이다. 물론 정신승리는 언제든 가능한 법이다. 작으나마 한파를 피할 집이라도 없다면, 노동계급에게는 어떤 희망도 없으리라는 정신승리 말이다. 그러나 이런 정신승리 이면의 현실을 보자. 바깥에서는 한파 속에서 방치되어 죽어가는 노동자들의 신음소리가 들리고, IWA의 지도부들만이 방 안 거실 벽난로에 불을 쬐는 그림이 그려지지 않는가? 1872년 바쿠닌이 마르크스의 입장에 반기를 들었던 것도 이런 이유에서다. 노동계급을 위한다는 조직은 평상시와 마찬가지로 위기 상황에도 노동계급을 위해야만 한다. 아니 정확히 말해 위기 상황일수록 노동조직은 자신의 존재 이유로 그것을 증명해야만 한다. IWA와 그 지도부는 노동계급을 위하는 조직인가, 아니면 자기 자신을 위한 조직인가? 바쿠닌은 노동운동에 겨울이 찾아오는 순간 IWA를 포함한 모든 노동조직은 겨울 한파에 맞서는 전위에 서야 한다고 강조한다. 평화로울 때는 전위에 서고 위기의 순간에는 후위로 후퇴하는 것이 어떻게 정당화될 수 있느냐는 사자후였던 셈이다.

1872년 9월 2일부터 7일까지 네덜란드 헤이그에 있는 콘세르트 엑셀시오르Concert Excelsior라는 카페에서 IWA 총평의회가 열린다. 인터내셔널의 역사에서 가장 비극적인 장면이 연출되었던 헤이그 대회Hague Congress다. 바쿠닌이 참석하지도 않았던 이 회의에서 마르크스와 엥겔스는 바쿠닌과 그의 동지들을 축출하는 안건을 올리고 그것을 관철시킨다. 총평의회에 참석했던 지도부 중 바쿠닌 축출에 찬

1872년 9월 2일부터 7일까지 IWA 총평의회가 열렸던 네덜란드 헤이그의 콘세르트 엑셀시오르 카페. 이 회의에서 마르크스와 엥겔스는 바쿠닌과 그의 동지들을 축출하는 안건을 올리고 그것을 관철시킨다.

성한 사람은 27명이었고, 반대한 사람은 7명이었다. 1872년부터 마르크스와 엥겔스가 장악했던 IWA는 공식적으로는 1876년에 제1인터내셔널이란 이름만 남기고 해체되었다고 이야기되지만, 1872년에 IWA는 마르크스와 엥겔스의 바쿠닌 축출로 스스로 목숨을 끊었다고 해야 할 것이다. IWA를 보존하려고 했던 전략이 오히려 IWA의 소멸을 재촉한 셈이다. 정당주의와 평의회주의, 엘리트주의와 민중주의, 혹은 권위주의와 반권위주의로 갈등하던 마르크스가 다시 한 번 엥겔스의 편을 든 결과는 이렇게 치명적이었다. 어쨌든 바쿠닌 축출은 유럽 전체 노동계급을 동요시키기에 충분했다. 노동계급은 기본적으로 자신들이 정치적 주체, 나아가 삶의 주체가 되기를 꿈꾼다. 그런데 평의회주의, 민중주의, 반권위주의를 상징하는

6부. 코뮌주의 역사철학과 기 드보르의 유산

바쿠닌이 IWA에서 추방되었으니, 노동계급으로서는 아연실색할 일 아닌가. 비록 순간적이나마 정당주의, 엘리트주의, 권위주의로 경도되었다고 할지라도, 마르크스가 이런 동요를 예측하지 못했을 리 없는 일이다. 헤이그 대회가 끝난 다음 날 1872년 9월 8일 마르크스는 암스테르담에서 헤이그 대회의 의결 사항과 관련된 연설을 한다. 동시에 그는 당시 연설문을 벨기에 브뤼셀에 있던 《라 리베르테 LA LIBERTÉ》라는 잡지 등 여러 진보적 매체에 보냈다. 지금은 〈라 리베르테 연설La Liberté speech〉이라고 불리는 문건이 남게 된 것도 이런 이유에서다. 그 일부분을 읽어보자.

> 헤이그 대회는 총평의회Le Conseil général에 새롭고 확대된 권력pouvoir을 부여했습니다. 실제로 국왕들이 베를린에 모이고 있는 순간, 봉건주의와 과거의 강력한 대표자들의 이 회합으로부터 우리에 대한 새롭고 한층 단호한 탄압 조치들이 나올 수밖에 없는 순간, 즉 박해가 조직되고 있는 바로 그 순간, 헤이그 대회는 총평의회의 권력을 확장하는 것이, 그리고 앞으로 시작할 투쟁에 대비해 분산되면 무력해질 수밖에 없는 행동을 모두 집중하는 것이 적절하고도 필요한 일이라고 간주했습니다. 더군다나 우리의 적 이외에 총평의회의 권위autorité 앞에서 불안을 느낄 수 있는 자가 어디 있습니까? 도대체 총평의회가 복종을 강요하기 위한 관료제도나 무장경찰을 가지고 있기라도 합니까? 총평의회의 권위는 순전히 도덕적인 것이며, 총평의회는 결의를 연합들의 판단에 맡겨두고 그 실행을 위임하고 있지 않습니까? …… 나는 나의 임무를 계속 수행할 것이며, 미래에 많은 결실을 안겨줄 이 연대를 모든 노동자 사이에 수립하기

위해 끊임없이 노력할 겁니다. 아니, 나는 결코 인터내셔널에서 물러나지 않을 것이며, 나의 남은 생애 전체는 과거의 나의 모든 노력과 마찬가지로 하나의 사회 이념의 승리에 바쳐질 것이며, 이 이념은 언젠가—이것은 확신해도 좋습니다!—프롤레타리아의 세계 지배를 이끌어낼 것입니다.

-⟨라 리베르테 연설⟩, 《라 리베르테》(1872년 9월 15일)

마르크스의 입장은 한마디로 요약된다. "박해가 조직되고 있는 바로 그 순간, 헤이그 대회는 총평의회의 권력을 확장하는 것이, 그리고 앞으로 시작할 투쟁에 대비해 분산되면 무력해질 수밖에 없는 행동을 모두 집중하는 것이 적절하고도 필요한 일이라고 간주했습니다." 다시 말해 중앙집권주의가 파리코뮌 괴멸 이후 노동계를 엄습하는 공안 정국을 돌파하는 데 중요하다는 이야기다. 물론 IWA의 지도부, 즉 총평의회에 권력이 집중되면 될수록 IWA는 노동계급 전체의 의지보다는 소수 지도부에 의해 좌지우지될 것이 뻔한 일이다. 이에 대한 노동자들의 불만과 반발은 불가피하다. 생각해보라. 자본계급과 국가기구의 지배로부터 자유를 얻으려고 했던 노동계급은 이제 자신들을 위한다는 지도부의 지배, 과거에는 생각하지 못했던 묘한 지배와 통제를 감내해야 한다. 그래서 바쿠닌의 축출에 대해 노동계급은 의구심을 떨칠 수 없었던 것이다. 바쿠닌은 집요하게 노동계급의 자발성과 아울러 밑으로부터의 조직을 주장했던 혁명가였기 때문이다. 그렇지만 노동계급의 당연한 불안감과 불만에 대한 마르크스의 대응은 그답지 않게 치졸하기까지 하다. "우리의 적 이외에 총평의회의 권위 앞에서 불안을 느낄 수 있는 자가 어디 있습니까?" 총평의회로 집중된 권력과 권한, 즉 중앙집권주의에 불안을 느끼는 자는 노동계급의 적이라는 거친 이분법이다.

그렇지만 노동계급, 특히 스페인, 이탈리아 등 남부 유럽 그리고 폴란드와 러시아 등 동유럽 노동자들의 지지를 받던 바쿠닌을 제명함으로써 IWA를 축소시켰고 아울러 노동계급을 분열시킨 장본인은 바로 마르크스와 엥겔스 아닌가? 그러니 총평의회가 억압체제처럼 "관료제도나 무장경찰을 가지고 있"지 않다는 이야기나, 혹은 "총평의회는 결의를 연합들의 판단에 맡겨두고 그 실행을 위임" 한다는 이야기는 구차하기만 하다. 실제로 바쿠닌 축출은 총평의회 지도부 사이의 선거로 결정된 것 아닌가? 마르크스와 엥겔스를 추종했던 지도부는 바쿠닌 축출 건에 대해 노동자들에게 직접 물어보았던 적이 없다. 바쿠닌 축출은 IWA가 노동계급의 자발성과 아래로부터의 조직을 강조했던 민중주의를 포기한다는 선언을 한 것과 다름없다. 아니나 다를까 마르크스는 엥겔스의 정당주의에 버금가는 위로부터의 조직을 노동계급에 심겠다는 기염을 토한다. "나는 나의 임무를 계속 수행할 것이며, 미래에 많은 결실을 안겨줄 이 연대를 모든 노동자 사이에 수립하기 위해 끊임없이 노력할 겁니다." 중앙집권주의를 선택한 이상 불가피한 발언이다. 여기서 노동자들의 자발적 연대와 조직은 아예 고려되지 않는다. 노동자들은 제대로 연대하고 제대로 조직할 역량을 가지지 않기에, 마르크스 자신을 포함한 IWA의 지도부가 그 임무를 떠맡아야 한다는 논리다. 지독한 엘리트주의다.

《라 리베르테》에 발표된 마르크스의 글을 본 바쿠닌이 가만있을 리 없는 일이다. 정당주의, 엘리트주의, 권위주의, 그리고 중앙집권주의라는 발상은 억압체제의 내적 논리를 그대로 답습한 것에 지나지 않는다. 그럼에도 마르크스와 엥겔스 등 IWA 지도부는 그 모든 것이 노동계급을 위한 것이라고 지식인 특유의 현란한 말장난을 부리고 있다. 혹여 노동계급이 이런 말장난에 현혹될 수도 있기에, 바쿠닌은 서둘러《라 리베르테》에 자신의 입장을 피력하는 글을 보낸다.

가장 지적이고 가장 선량한 개인들의 집단이 세계의 모든 혁명운동과 프롤레타리아 경제 조직을 지도하고 통합하는 사유 la pensée와 영혼l'âme과 의지la volonté가 되어야만 한다는 주장. 이것은 상식에도 반하고 역사적 경험에도 반하는 전적으로 이단적인 주장인데, 마르크스와 같은 지성이 어떻게 이런 생각을 품을 수 있는지 우리로서는 의아할 정도입니다. …… 마르크스는 자신이 절대적 진리la vérité absolue에 근접한 것을 과학적으로 고안했다고 생각하고 있는 듯합니다. 그렇지만 절대적인 진리가 제거된 순간부터, 인터내셔널에 대한 어떤 무오류의 도그마, 따라서 어떤 공식적인 정치이론이나 경제이론도 존재할 수 없습니다. 우리 대회는 결코 우리의 모든 구성원과 우리를 신뢰하는 자들에게 강제 원리들principes obligatoires을 선포하는 (기독교에서의) 만국공의회conciles oecuméniques와 같은 역할을 맡아서는 안 됩니다. 단지 인터내셔널의 모든 구성원, 개인, 분파, 그리고 연맹에게 강제되는 하나의 법칙만이 존재합니다. 인터내셔널의 모든 사람과 조직에게 이 법칙은 참되고 유일한 법칙이기 때문이죠. 모든 귀결과 응용을 함축하는 가장 완전한 형식으로 표현하자면, 이 법칙은 '노동의 착취자에 저항하는 경제적 투쟁에서 모든 작업장과 모든 국가의 노동자들의 국제적 연대LA SOLIDARITÉ INTERNATIONALE DES TRAVAILLEURS DE TOUS LES MÉTIERS ET DE TOUS LES PAYS DANS LEUR LUTTE ÉCONOMIQUE

CONTRE LES EXPLOITEURS DU TRAVAIL'를 옹호합니다. 인터내셔널의 살아 있는 통일성은 전적으로 노동자 집단의 자발적 행동 l'action spontanée과 다양한 언어와 다양한 민족의 노동 대중들의 절대적으로 자유로운 연맹 la fédération absolument libre에 의해 이 연대를 생생하게 조직하는 데 달려 있습니다. 이 연대는 자유롭기 때문에 훨씬 더 강력할 수 있죠. 인터내셔널은 칙령에 의해 그리고 어떤 종류든 정부의 채찍하에서 통일될 수는 없습니다. …… 마르크스주의자들과 우리 사이에는 건널 수 없는 심연이 놓여 있습니다. 가장 중요한 것은 마르크스주의자들이 정부주의자들 les gouvernementaux이라면 우리는 아나키스트들 les anarchistes이라는 사실이죠. …… 나는 마르크스가 설령 항상 일관적이지 않더라도 진정한 혁명가이자 실제로 대중들의 저항을 원하고 있다고 생각합니다. 내가 의아하게 생각하는 것은 그가 집단적이거나 개인적이든 보편적인 독재의 수립, 즉 사람들이 기계를 다루듯 모든 국가의 민중봉기 운동을 규제하고 지도하는, 다시 말해 세계혁명의 총괄엔지니어의 임무를 수행하는 독재의 수립이 혁명을 죽이고, 모든 민중운동을 마비시키고 왜곡하기에 충분하다는 것을 그가 이해하지 못했다는 사실입니다.

－〈브뤼셀 잡지 '라 리베르테'에 보내는 서신 Lettre au journal la LIBERTÉ de Bruxelles〉

(1872년 10월 5일)

바쿠닌과 그의 아나키즘은 지금까지 엄청난 몰이해와 심지어 조롱의 대상이 되어왔다. 그렇지만 바쿠닌은 시종일관 억압 없는 사회가 무엇인지를 집요하게 주장했고 그것을 온몸으로 실천했던 가장 탁월한 민중주의자이자 반권위주의자였다. 바쿠닌은 "노동자 집단의 자발적 행동"과 "절대적으로 자유로운 연맹"이 혁명의 시작이자 과정일 뿐만 아니라 그 결과라는 걸 보여주었던 사람이다. 사실 바쿠닌에 대한 폄훼는 후대 제도권 사회주의자들에 의해 더 강화된다. 독일의 사회민주당이든 러시아의 볼셰비키든 중국의 공산당이든 북한의 공산당이든 간에 노동계급의 대표라는 자리를 영속화하려고 했던 제도권 사회주의자들은 마르크스의 〈라 리베르테 연설〉을 제대로 이용했던 것이다. 하긴 노동계급이 자발적으로 행동하고, 나아가 자유롭게 조직을 만들 수 있다면 정당코뮌주의나 엘리트주의, 혹은 권위주의가 어떻게 통용될 수 있다는 말인가? 《스펙타클의 사회》100번째 테제의 표현을 빌리자면 "자신을 노동계급과 근본적으로 대립시킨"노동자 대표들만이 바쿠닌과 아나키즘을 무책임하고 모험주의적인 사유에 지나지 않는다고 저주할 뿐이다. 아마 바쿠닌을 비판하고 그를 축출할 때까지만 하더라도 마르크스는 자신이 앞으로 민중주의와 연맹주의, 그리고 아래로부터의 조직을 부정하는 전거가 되어버리리라는 사실을 꿈에도 짐작하지 못했을 것이다. 사실 그랬다. 아무리 바쿠닌을 배척했다고 해도 마르크스의 영혼에는 평의회주의와 민중주의가 박동하고 있었으니까 말이다.

동갑내기 친구에게 버림받았던 바쿠닌도 이 사실을 너무나 잘 알고 있었다. "나는 마르크스가 설령 항상 일관적이지 않더라도 진정한 혁명가이자 실제로 대중들의 저항을 원하고 있다고 생각합니다." 바쿠닌은 마르크스가 엘리트주의와 민중주의 사이에서 우왕좌왕하고 있다는 걸 알고 있다. 그러니 마르크스는 일관적이지 않다고 바쿠닌은 말했던 것이다. 그렇지만 바쿠닌은 엘리트가 대중들을 이끄는 그림보다는 대중들의 자발적 저항을 원하던 마르크스의 깊은 속내를 꿰뚫고 있다. 그러니 마르크스가 진정한 혁명가이자 대중들의 저항, 정확히 말해 대중들의 능동적이고 자발적인 저항을 원하고 있었다고 바쿠닌은 말할 수 있었다. 《1844년 경제학-철학 수고》에서 완성되었던 코뮌주의, 즉 자유로운 공동체의 이념이 자꾸 흔들리는 이유는 무엇이었을까? 바쿠닌은 엥겔스뿐만 아니라 마르크스가 엘리트의 독선에 사로잡혀 있기 때문이라고 진단한다. "마르크스는 자신이 절대적 진리에 근접한 것을 과학적으로 고안했다고 생각하고 있는 듯합니다." 〈맨체스터의 엥겔스에게〉(1867년 12월 7일)라는 서신에서 마르크스가 자각했던 자신의 문제, 즉 "'아마도' 당에서의 그의 입장과 그의 과거로 인해 취할 수밖에 없었던 저자의 주관적 경향!"을 가장 잘 간파했던 사람이 바로 바쿠닌이었던 셈이다. 정말 아이러니한 일 아닌가? 마르크스가 배척했던 바쿠닌만이 유일하게 마르크스를 이해하고 있었다는 사실이.

마르크스와 바쿠닌의 결별! 그것은 IWA가 미완의 노동계급 연대조직, 즉 제1인터내셔널로 남을 수밖에 없었던 근본적 원인이 된다. 1844년 파리에서 이루어졌던 두 명의 젊은 지성과의 이질적인 두 가지 만남! 엘리트주의와 정당주의로 무장한 엥겔스와 민중주의와 연맹주의로 무장한 바쿠닌! 이것은 마르크스의 생애에 반복되는 특이한 경향, 정확히 말해 엘리트주의와 민중주의 사이에서 시계추처럼 흔들리는 내적 갈등의 경향성을 설명해준다. 현실과 조직에 깊숙이 관여할 때 마르크스는 엥겔스에 경도되고, 자의 반 타의 반 고독한 상태에 놓일 때 마르크스는 자신의 심장 속에서 바쿠닌을 만나게 된다. 마르크스의 불완전성이라고 할 수도 있고, 혹은 마르크스의 인간적 면모라고도 이야기할 수 있다. 만약 마르크스가 1873년 러시아어로 출간된 바쿠닌의 마지막 주저 《국가주의와 아나키[Statism and Anarchy, Государственность и анархия]》를 홀로 있던 서재에서 펼쳐 보았다면, 그는 분명 IWA에서 자기 손으로 축출했던 바쿠닌이 다름 아닌 자신이기도 하다는 사실을 확인했을지도 모른다.

> 모든 국가권력, 모든 정부는 본질적으로 민중 바깥에 그리고 민중 위에 자신을 설정하고, 반드시 민중을, 그들의 실재 필요와 열망에 이질적이고 적대적인 조직과 목적에 종속시킨다. 우리는 자신이 모든 정부와 모든 국가권력에 대한 적, 정부조직 일반에 대한 적이라고 선언한다. 우리는 생각한다. 일체 정부의 후원 없이, 설령 다채롭고 다양한 자유로운 개인들과 정당들의 영향이 없을 수는 없지만, 완전히 자유롭고 독립적인 연합[free and independent associations]으로 아래로부터[from the bottom up] 조직될 때에만, 민중들은 자유롭고 행복할 수 있다고 말이다.
>
> ─《국가주의와 아나키》(1873)

사실 바쿠닌의 주장은 마르크스로서도 전혀 새로울 것이 없다. '모든 국가권력과 모든 정부에 적으로 맞서겠다'는 바쿠닌의 결의는《1844년 경제학─철학 수고》(1844)에서 피력된 마르크스의 '코뮌주의' 이념, 〈포이어바흐에 관한 테제들〉(1844)에서 선언된 마르크스의 '인간사회'라는 이념, 《프랑스내전》(1871)에서 마르크스가 부각했던 파리코뮌의 '평의회주의', 그리고 〈고타강령 비판〉(1875)에서 '사회주의'는 '국가주의'와 양립할 수 없다는 마르크스의 주장과 완전히 부합하기 때문이다. 그러니 얼마나 안타까운 일인가? 바쿠닌과 마르크스 사이의 논쟁을 초래한 당사자는 파리코뮌의 궤멸을 기회로 노동운동을 억압하려는 지배계급과 국가기구였다. 이런 위기 상황에 직면한 IWA에는 '아래로부터의 조직'이 아니라 '위로부터의 조직'이 필요하다는 것이 마르크스의 생각이었을 뿐이다. 그렇지만 원칙적으로 마르크스도 '아래로부터의 조직'이란 생각을 부정한 적은 없다. 그러니 위기 상황에도, 아니 위기 상황일수록 IWA는 '아래로부터의 조직'을 관철해야 한다는 바쿠닌과 논쟁할 때 마르크스의 마음은 어떠했겠는가?

어쨌든 근사한 지적 논쟁일 수 있었던 동갑내기 친구의 갈등은 IWA의 주도권 다툼으로 비화되고 만다. 노동조직 지도부 내부에 목숨을 건 정쟁이 벌어진 셈이다. 《스펙타클의 사회》 91번째 테제에서 기 드보르가 바쿠닌과 마르크스 사이의 논쟁이 "권위적인 차원"을 함축한다고 이야기했던 것도 이런 이유에서다. 마르크스와 바쿠닌의 논쟁은 조직의 헤게모니와 지도부라는 권위를 놓고 벌이는 정쟁으로 비화되었다는, 아니 비화될 수밖에 없었다는 이야기다. 개인적 논쟁이 지도부 사이의 정쟁으로 비화된 이유는 마르크스가 영국, 프랑스, 독일 노동계급의 지지를 받고 있었던 반면, 바쿠닌은 스페인, 이탈리아, 동유럽 노동계급의 지지를 받고 있었기 때문이다. 결국 IWA의 주도권이 마르크스에게로 넘어가면 IWA는 과거처럼 유럽 중심부 국가 노동계급을 우선시하게 되고, 반대로 그 주도권이 바쿠닌에게로 넘어가면 IWA는 유럽 주변부 국가 노동계급까지 품게 된다. 어쨌든 논쟁이 생사를 결정하는 정쟁으로 변질되면서 바쿠닌과 마르크스는 점점 혁명적 지식인이라는 대의를 망각하게 된다. 노동계급의 전위를 자처하는 사람이나 조직이라면 노동계급에게 그들이 삶에, 정치에, 그리고 역사에 뛰어들 수 있는 주체적 역량과 객관적 계기를 마련해주어야 한다. 다시 말해 혁명가와 혁명조직은 일시적 전위일 뿐 영원한 전위가 아니고 노동계급은 일시적 후위일 뿐 영원한 후위가 되어서는 안 된다는 이야기다. 그렇지만 IWA 주도권 싸움에 몰두하느라 바쿠닌과 마르크스는 잠시나마 이런 혁명의 대의를 망각하게 되고, 바로 그 순간 동갑내기 두 혁명가의 뇌리에는 기 드보르의 말처럼 "프롤레타리아의 '의식적인 자기해방'이란 쟁점이 포기"되고 만다. 불행하고 씁쓸한 일이다.

3. 마르크스의 두 알맹이, '대상적 활동'과 '평의회코뮌주의'

마르크스 이론을 과학적 사유la pensée scientifique와 긴밀하게 묶어주는 것은 사회에서 실제로 활동하고 있는 힘들forces에 대한 합리적 이해la compréhension rationnelle다. 그러나 마르크스 이론은 근본적으로 과학적 사유를 넘어서 있고, 과학적 사유는 지양을 통해서만 보존된다. 마르크스 이론이 이해하려는 것은 법칙la loi이 아니라 투쟁la lutte이다. 《독일 이데올로기》는 "우리는 단 하나의 과학, 즉 역사의 과학la science de l'histoire만을 알고 있다"고 단언한다.

-《스펙타클의 사회》81

엥겔스가 유행시킨 말에는 '과학적 사회주의scientific socialism, wissenschaftlicher sozialismus'라는 말이 있다. 사실 이 말을 최초로 의미 있게 사용한 사람은 마르크스와 함께 바쿠닌에게 가장 강력한 영향력을 발휘했던 프랑스 아나키스트 프루동Pierre-Joseph Proudhon(1809~1865)이다. 1840년에 출간된 그의 주저 《소유란 무엇인가Qu'est-ce que la propriété?》에서 프루동은 "의지의 통치la souveraineté de la volonté는 이성의 통치la souveraineté de la raison에 굴복하고, 최종적으로 과학적 사회주의socialisme scientifique 안

1862년 무렵의 프루동. '과학적 사회주의'라는 말을 최초로 의미 있게 사용한 사람이 바로 프루동이다.

에서 소멸되어야 한다"라고 말했다. 다분히 플라톤적이고 엘리트적인 느낌이 물씬 풍기는 프루동의 '과학적 사회주의'라는 신조어가 빛을 본 것은 1880년 엥겔스가 출간한《유토피아에서 과학으로의 사회주의의 발전 Die Entwicklung des Sozialismus von der Utopie zur Wissenschaft》때문이었다. 이 작은 소책자가 공전의 히트를 기록하면서 '과학적 사회주의'라는 말은 각광을 받는다. 미신이 아니라 과학이다! 19세기 이후 지금까지 '과학'이라는 말은 상당히 고압적인 데가 있다. 과학적이라는 말은 진리라는 말과 대동소이한 뜻으로 쓰이기 때문이다. 많은 사람들이 '과학적'이라는 레테르가 붙은 주장을 일단 진리라고 받아들이기 쉬운 것도 이런 이유에서다. 어떤 전문가가 새로운 진리를 발견하고 그것을 과학적으로 입증했다고 해보자. 우선 새로운

6부. 코뮌주의 역사철학과 기 드보르의 유산

진리를 발견할 수 있는 안목을 갖춘 엘리트가 전제되고, 그 엘리트는 자신이 발견한 가설을 과학적으로 입증하면서 그것을 과학적 주장이라고 발표한다. 생업에 종사하는 대부분의 사람들은 새로운 진리를 발견할 수 있는 여유도 없을 뿐만 아니라, 엘리트들이 진리라고 발표한 주장을 과학적으로 검증할 수 있는 역량도 갖추고 있지 않다. 그러니 대부분의 사람들은 '과학적'이라고 표명된 주장을 그냥 받아들이기 십상이다. 받아들이지 않으면 배우지 못한 사람이란 평판이 뒤따를 가능성도 많으니 말이다. 과학주의가 항상 엘리트주의와 함께하는 것도 이런 이유에서다. 엥겔스의 '과학적 사회주의'는 별것 아니다. 그것은 인류 역사가 필연적으로 사회주의로 이행한다는 이야기다. 물론 그 이행의 추동력은 '생산력발전'이다. 생산력이 발전함에 따라 인류 역사는 고대 귀족사회, 중세 영주사회, 그리고 근대 부르주아사회로, 바꾸어 말해 고대 노예사회, 중세 농노사회, 그리고 근대 노동자사회로 이행했다는 이야기다. '과학적 사회주의'도 과학을 표방하기에 엥겔스는 과학자처럼 미래를 예측하는 것에 주저하지 않는다. 사회적 생산력이 더 커지면 소수가 생산수단을 독점하는 생산관계는 사라지고 생산수단을 다수가 공유하는 사회주의 사회가 도래할 것이라는 게 엥겔스의 예측이었다. 불행히도 19세기를 풍미한 과학주의 열풍에 영민했던 마르크스도 자유롭지 못했다. 1848년 엥겔스의 과학주의에 경도된 두 사람의 공저《코뮌주의정당 선언》이 출간된 것도 이런 이유에서다.

과학은 인간의 주관적 감정과 판단을 배제한 채 사태나 사물, 혹은 사건의 법칙을 해명하려고 한다. 한마디로 인간의 주관성에 괄호를 쳐야지만 우리는 외부 대상에 대한 과학적 법칙을 얻을 수 있다는 것이다. 열에너지가 공급되면 물은 100℃에서 수증기로 변한다. 그리고 자유낙하하는 물체는 $9.81m/sec^2$의 가속도로 지상으로 떨어진다. 이것이 과학의 명제다. 그러니 '미지근해'라든가 '후끈하네'라는 질적인 표현, 혹은 '상당히 빨리 떨어지네'라든가 '생각보다 느리게 떨어지네'라는 주관적인 표현을 과학자는 사용하지 않는다. 미지근한 물을 가져오라고 하거나 혹은 느리게 떨어지는 것을 가져오라고 하면, 사람에 따라 천차만별로 다른 것을 가져올 테니 말이다. 그래서 과학자는 '100ml 물의 온도가 35℃다'라든가 '200ml 물의 온도가 50℃다', 혹은 '10kg의 돌멩이가 10m 상공에서 낙하한다'라든가 '1g의 나무토막이 5m 상공에서 낙하한다'는 양적인 표현을 사용한다. 그렇지만 진정한 과학은 주관을 괄호 치고 발견한 객관의 법칙에 만족해서는 안 된다. 주관에 의해 영향을 받지 않는 객관, 우리의 감각과 무관한 객관을 법칙적으로 해명하려는 이유는 무엇인가? 우리가 제대로 객관과 관계하기 위해서다. 그래야 20℃ 1000ml 물에 얼마만큼의 열에너지를 공급하면 수증기를 얻을 수 있는지 알 수 있고, 1t의 쇠구슬이 100m 상공에서 떨어졌을 때 지표면에 주는 충격이 어느 정도인지 알 수 있다. 결국 과학은 주관에 괄호를 치지만 동시에 주관에 쳐진 괄호를 벗기는 지적인 작업이라고 할 수 있다. 다시 말해 과학은 객관의 법칙을 발견하려고 주관적 요소를 배제하지만, 동시에 이렇게 발견된 법칙에 따라 객관에 관계하기 위해 주관적 요소를 긍정한다는 것이다. 반대로 말해 괄호 치기와 괄호 벗기기 중 어느 하나라도 간과하는 순간, 과학은 그 고유성이 훼손되고 만다. 특히나 여기서 중요한 것은 괄호 치기에만 매몰되는 과학이다. 이 경우 인간은 자신의 능동성을 간과하고 객관의 법칙을 숙명으로 받아들이기 쉽기 때문이다.

사유에서 중요한 것이 속도가 아니라 방향이라면 마르크스의 사유는 1845년 〈포이어바흐에 관한 테제들〉로 너무나도 빠른 시기에 완성되었다고 할 수 있다. 물론 그 핵심은 첫 번째 테제를 관통하는 '대상적 활동'이란 개념이다. 이 개념은 인간이 외부 환경이나 대상적 조건에 맹목적으로 지배되는 존재도 아니고, 그렇다고 해서 외부 환경이나 대상적 조건과 무관하게 절대적인 자유를 구가하는 존재도 아니라는 걸 말해준다. 조건적 자유의 존재인 인간! 백지에서 출발할 수 없는 존재인 인간! 바로 이것이 '대상적 활동'이란 개념으로 마르크스가 포착했던 것이다. 사실 그렇기 때문에 마르크스가 역사에 대해 혹은 사회에 대해 과학적 법칙을 이야기해도, 우리는 그것이 인간이 극복해야 할 대상적 조건의 법칙이라는 걸 짐작하게 된다. 예를 들어 행글라이더를 타려는 사람이 바람의 방향과 속도, 그리고 힘을 객관적으로 가늠하는 것과 같다. 1848년 《코뮌주의정당 선언》에서 엥겔스와 함께 마르크스가 생산력발전의 역사를 강조한 것도 우리는 이런 문맥에서 이해할 수 있다. 바람의 성격을 파악하지 않으면 행글라이더를 제대로 조종할 수 없을 테니 말이다. 그렇지만 마르크스가 생산력 결정론을 피력했던 엥겔스의 논의에 너무 경도되었다는 것도 분명한 사실이다. 다시 말해 1848년 마르크스는 '대상적 활동'이란 개념 중 '대상성'을, 혹은 '조건적 자유'라는 개념 중 '조건성'을 너무 중시했다는 것이다. 이것은 모두 인류 역사를 생산력발전으로 설명하는 순간 충분히 예상되었던 것이다. 행글라이더를 타려는 사람에게는 지금 바람이 어떤 방향으로, 그리고 어느 세기로 부느냐가 중요하다. 열역학이나 통계학을 이용한 완전한 기상학적 지식은 산꼭대기에서 행글라이더를 언제 출발시켜야 하는지 결단을 내려야 하는 사람에게는 시급한 문제가 아니다. 마찬가지로 노동자들에게는 노예사회, 농노사회, 노동자사회 등 억압적 역사를 관통하는 생산력의 논리보다, 현재 자신이 직면한 부르주아사회의 내적 논리가 더 중요하다. 바람에 굴복하지 않고 오히려 바람을 이용해 자신이 원하는 곳에 신속하게 이동하는 것이 행글라이더를 타는 사람의 소망인 것처럼, 부르주아사회에 굴복하지 않고 자본주의체제의 내적 메커니즘을 이용해 억압이 없는 사회로 이행하는 것이 노동자들의 꿈이기 때문이다.

전체 마르크스의 삶을 돌아보면 마르크스가 '대상성'을 강조하는 경우, 따라서 주체의 '활동'이 자꾸 배경으로 밀려나는 경우가 종종 관찰된다. 그렇다고 해도 마르크스가 '대상적 활동' 개념을 부정하거나 간과했던 것은 아니다. 마치 은밀하게 그리고 도도하게 흐르는 지하수처럼 대상적 활동 개념은 그의 사유의 저변을 흐르고 있었기 때문이다. 엥겔스와 떨어져 마르크스가 홀로 정치경제학적 연구에 몰두하게 된 것도 이런 이유에서다. 대상적 활동 개념에 맞는 정치경제학을 노동계급에게 제공하기 위해서다. 생산력이 발전될 때까지 억압을 감내해야 한다며 노동계급에게 역사나 사회를 관조하도록 만드는 정치경제학이 아니라, 주어진 조건이나 상황에서 노동계급이 역사나 사회에 능동적으로 개입할 수 있는 정치경제학이 필요했다. 1867년에 출간된《자본론》이 중요한 이유도 바로 여기에 있다. 노동계급의 대상적 활동을 위해 그들이 직면하고 있는 자본주의체제를 해명한 연구 성과이기 때문이다.《자본론》에는 '생산력주의'에서 '생산수단주의'로의 전회가 이루어진다. 사실 생산력 개념에는 노동계급이 감내하는 억압과 착취의 맨얼굴이 은폐되기 쉽다. 생각해보라. 전체 사회의 생산력에 집중하는 순간, 우리는 생산수단을 독점한 계급과 벌거벗은 노동력을 가진 노동계급 사이의 원초적 억압관계를 간과하기 쉽다. 반면 생산수단에 집중하는 순간, 우리는 생산력의 발전이 결국 최종적으로 노동계급의 노동에 근거한다는 사실, 나아가 생산의 결과물이 불평등한 생산수단 소유 관계에 의해 불평등하게 분배된다는 사실을 파악할 수 있다. 바로 이것이《스펙타클의 사회》81번째 테제에서 기 드보르가 "마르크스 이론을 과학적 사유와 긴밀하게 묶어주는 것은 사회에서 실제로 활동하고 있는 힘들에 대한 합리적 이해"라고 말한 이유다. 자본가들 만이 활동하는 힘이 아니라, 노동자들도 그만큼 활동하는 힘이라는 이야기다.

1867년《자본론》출간 전후 마르크스의 과학은 진정한 의미에서 과학이 된다. 사회학, 역사학, 경제학, 그리고 정치학 등 모든 과학이 대상적 활동의 조건으로 재배치되기 때문이다.《스펙타클의 사회》81번째 테제에서 기 드보르는 마르크스의 "과학적 사유는 지양을 통해서만 보존된다"고 이야기한다. 옳은 지적이다. 로켓을 발사하려면 이 과정에 중력가속도 9.81m/sec^{2}로 요약되는 중력의 법칙이 보존되어 있어야 한다. 증기기관을 가동하려면 이 과정에는 물이 100℃에서 수증기로 팽창한다는 열역학의 법칙이 보존되어 있어야 한다. 억압이 없는 사회를 만들려면 이 과정에는 생산수단 독점 유무의 문제가 가난poverty, 재산property 그리고 권력power을 규정한다는 정치경제학적 법칙이 보존되어 있어야 한다. 모든 물체는 9.81m/sec^{2}으로 지표면으로 떨어지니 로켓은 불가능하다고 체념한다면, 이것은 인간을 구경꾼으로 만드는 비과학적 사유나 다름없다. 물이 100℃에서 수증기로 팽창하면 용기를 벗어나 모두 날아간다고 체념한다면, 이것도 인간을 능동적 참여자가 아니라 수동적인 구경꾼으로 만드는 비과학적 사유다. 소수에 의한 생산수단 독점이 BC 3000년 이래 역사의 불변하는 진리라고 받아들인다면, 이것도 분명 비과학적 사유이자 숙명론에 지나지 않는다. 주어진 조건과 상황에 맞서 싸우고 그것을 극복하는 것! 이것이 바로 대상적 활동 개념이 강조하는 장면 아닌가. 기 드보르의 말처럼 "마르크스 이론이 이해하려는 것은 법칙이 아니라 투쟁이다." 바로 여기서 우리는 역사의 본질을 확인하게 된다. 인간은 주어진 조건과 상황에 마주치고 그것에 굴복하기보다는 그것을 극복하려고 활동하는 존재다. 잊지 말아야 할 것은 바로 이 대상적 활동이 새로운 조건과 상황을 조성한다는 사실이다. 이렇게 부단히 자신을 극복하는 대상적 활동의 여정이 역사가 아니면 무엇이겠는가? 기 드보르가 지금은 흔적으로만 남아 있는 《독일 이데올로기》의 어떤 구절을 언급하는 것도 다 이유가 있었던 셈이다. "우리는 단 하나의 과학, 즉 역사의 과학만을 알고 있다." 대상적 활동을 넘어서는 과학이란 무의미할 뿐만 아니라 오히려 인간의 주체적 역량을 훼손하는 사이비 과학일 뿐이다. 혹은 이렇게 말해도 좋다. 역사를 넘어서는 과학이란 인간을 수동적인 구경꾼으로 만드는 형이상학적 미신일 뿐이라고.

"우리는 역사의 과학만을 알고 있다"는 마르크스의 말은 더 큰 함의를 가지고 있다. 역사학만을 강조하는 협소한 주장이 아니다. 지금 마르크스는, 그리고 기 드보르는 모든 과학, 혹은 모든 앎이 기본적으로 역사적일 수밖에 없다고 주장하는 것이다. 역사학도 역사적이고, 물리학도 역사적이고, 사회학도 역사적이다. 심지어 철학마저 역사적이다. 돌아보라. 특정 시기에 영원불변하다고 주장되었던 모든 진리는 시대가 변함에 따라 모두 반박되거나 수정되지 않았던가. 물리학만 보아도 천동설이 지동설로 바뀌고, 뉴턴 Isaac Newton(1642~1727)의 고전물리학은 슈뢰딩거 Erwin Rudolf Josef Alexander Schrödinger(1887~1961)의 양자역학으로 수정되었다. 가장 객관적이라는 물리학마저 이런 역사성을 드러낸다면, 정치와 경제 그리고 역사를 다루는 사회과학은 말할 필요도 없다. 그렇다면 이런 역사성의 정체는 무엇일까? 그것은 모두 인간 때문이다. 과거의 진리가 폐기되고 새로운 진리가 대두되는 이유는 아이러니하게도 인간의 실천적 역량, 즉 대상적 활동 때문이다. 대상적 활동의 결과물은 항상 새로운 대상적 조건을 만든다. 새롭게 만들어진 대상적 조건은 이제 대상적 활동의 새로운 출발점, 한마디로 말해 새로운 극복 대상이 된다. 21세기 우리 일상을 지배하는, 혹은 그 지배력을 확산하는 것들을 살펴보라. KTX도, 스마트폰도, 하이패스도, 자율주행차도, 심지어 미세먼지나 해양오염마저도 자본계급의 대상적 활동의 결과물이다. 물론 이런 대상적 활동의 이면에는 자본의 맹목적인 이윤 추구 충동이 도사리고 있다. 자본의 맹목적 이윤 추구가 무서운 이유는 자본이 인간, 특히 다수 노동계급의 삶과 그들의 삶의 조건을 희생하더라도, 아니 희생하면서 눈앞의 이익을 도모하기 때문이다. 그만큼 다수 노동계급의 대상적 활동은 증가되기는커녕 점점 더 악화일로에 빠지게 된다.

스마트폰으로 이루어지는 전자상거래가 그 좋은 예일 듯하다. 전자금융거래나 전자상거래를 주도하는 스마트폰은 과거에 존재했던 업종을 고사시키고 새로운 업종을 만든다. 은행에서는 점점 은행원들이 줄어들고 과거 전통 상점도 점점 축소되고 택시사업도 위축된다. 반면 택배회사나 아니면 스마트폰 기반 택시사업이 새롭게 부각된다. 이런 현상을 제대로 이해하고 대처하려면 노동계급을 벌거벗은 노동자로 만들었던 19세기의 참혹했던 과정을 상기하는 것으로 충분하지 않다. 마르크스가 《자본론》에서 분석했던 것처럼 벌거벗은 노동자를 만드는 과정은 노동계급으로부터 노동력을 제외한 일체의 생산수단과 생계수단을 강제로 박탈하는 과정이었다. 그래야 값싼 노동력을 자본계급이 구매할 수 있으니 말이다. 그렇지만 정보기술의 발달 등 기술의 발달은 벌거벗은 노동력을 만드는 과정에 한 가지 과정을 덧붙였다. 노동력마저도 무용지물로 만드는, 다시 말해 철저한 벌거벗기기 과정이 시작된 셈이다. 바로 이것이 생산기술이 발달한 자본주의국가에서 노숙자나 비정규직 노동자가 대량으로 양산되는 이유이기도 하다. 노동계급이 벌거벗은 노동력이나마 가지고 있던 시절 쓰인 마르크스의 《자본론》만으로 20세기 후반의 소비사회나 21세기의 정보사회에 대처하기는 힘들다. 뉴턴의 고전물리학이 슈뢰딩거의 양자역학에 자리를 내어주었던 것처럼, 새롭게 변형되고 강화된 자본주의체제에 맞서는 정치경제학이 모색되어야 한다. 노동계급의 대상적 활동 역량을 높이는 데 《자본론》은 이미 임계점에 도달했으니까. 이것이 1967년 기 드보르가 《스펙타클의 사회》를 출간했던 이유이기도 하고, 21세기 현재 독일의 슬로터다이크Peter Sloterdijk(1947~)가 2005년에 《자본의 세계 내부에서Im Weltinnenraum des Kapitals》를, 그리고 프랑스의 스티글레르Bernard Stiegler(1952~)가 2009년에 《새로운 정치경제학 비판을 위하여Pour une nouvelle critique de l'économie politique》를 출간했던 이유이기도 하다. 기 드보르, 슬로터다이크, 스티글레르는 "우리는 역사의 과학만을 알고 있다"는 마르크스의 유언을 가장 충실히 따른 사람들이었던 셈이다.

역사 속에 던져져 역사를 구성하는 노동travail 및 투쟁luttes에 참여할 수밖에 없기 때문에, 인간은 자신의 관계를 명료한 시선으로 바라보지 않을 수 없다는 걸 알게 된다. 역사는 자기 자신에 대해 현실화한 것들을 제외하고는 어떤 대상objet도 갖

지 않는다. 설령 역사적 시대에 대한 형이상학적이고 무의
식적인 최종 시선이 역사가 스스로 전개했던 '생산력의 발전
la progression productive'을 역사의 대상이라고 볼지라도 말이다. 역
사의 주체le sujet de l'histoire는 '생동하는 존재의 자기 생산le vivant se
produisant lui-même'일 수밖에 없다. 생동하는 존재는 역사일 수밖
에 없는 자기 세계의 주인이자 소유자가 되며 '자신의 활동에
대한 의식conscience de son jeu'으로 존재한다.

-《스펙타클의 사회》 74

엥겔스와 떨어진 채 마르크스는 런던의 대영도서관에서 '대상
적 활동' 개념에 부합한 정치경제학 연구에 매진한다. 그에 따라 과
거 《코뮌주의정당 선언》의 관조적 정치경제학과는 달리 실천적 정
치경제학이 점점 그 윤곽을 드러낸다. 생산수단을 중심으로 마르크
스는 자본, 화폐, 상품, 노동 등 노동자들의 삶을 옥죄는 자본주의
체제의 논리를 해명하기 시작한 것이다. 1867년 출간된 《자본론》이
중요한 이유가 바로 여기에 있다. 《코뮌주의정당 선언》이 노동자
들을 구경꾼으로 만들었다면, 《자본론》은 노동자들을 참여자로 만
들기 때문이다. 이제 생산력발전을 학수고대하는 노동자가 아니라,
생산수단의 문제에 적극 개입하는 노동자가 가능해진 셈이다. 이렇
게 1845년 〈포이어바흐에 관한 테제들〉로 마르크스가 체계화한 '대
상적 활동' 개념에 근거한 정치경제학, 다시 말해 노동자들의 실천
적 매뉴얼은 만들어진다. 《자본론》을 통해 마르크스는 자기 철학을
완성했던 것이다. 그래서 우리는 1873년 1월 24일이란 날짜가 붙은
마르크스의 《자본론》 〈2판 후기Nachwort zur zweiten Auflage〉에 주목할 필요
가 있다. "변증법은 헤겔에서 머리로 서 있다. 변증법을 뒤집을 필

요가 있다. 신비한 껍질 속에 들어 있는 합리적인 핵심을 찾아내려면." 자본, 화폐, 상품, 생산수단 등 부르주아체제를 해명하는 정치경제학적 저서의 후기 치고는 너무나 철학적이지 않은가? 갑자기 마르크스가 헤겔의 변증법을 언급한 이유는 무엇일까? 머리로 서 있는 헤겔의 변증법! 그것은 정반합이란 세 박자 운동으로 자신을 드러내는 절대정신의 여정이다. 물론 절대정신의 여정은 인간을 매개로 해서 이루어진다. 인간을 이용해서 자신을 실현하는 절대정신의 변증법! 이것을 바로 세운다는 것은 인간과 절대정신 사이의 관계를 뒤집는다는 것을 의미한다. 이제 인간이 절대정신의 그림자가 아니라, 역으로 절대정신이 인간의 그림자가 된다. "합리적인 핵심"을 가진 변증법, 그것은 대상적 활동 주체로서 인간이 주어진 대상적 조건을 극복하는 과정을 해명하는 변증법일 수밖에 없다.

절대정신의 변증법이 아니라 대상적 활동의 변증법이다. 그러니 마르크스의 변증법은 주관과 객관 사이의 변증법이나 주체와 대상 사이의 변증법이라고, 아니면 인간과 사회, 혹은 인간과 역사 사이의 변증법이라고 규정할 수 있다. 《스펙타클의 사회》의 80번째 테제에서 기 드보르가 주목했던 것도 바로 이 대목이다.

마르크스가 실행하는 전도renversement는 …… 헤겔적인 '절대정신의 여정le parcours de l'Esprit hégélien'을 단지 '생산력의 물질적 발전le développement matérialistic des forces productives'으로 대체하는 소극적인 것이 아니다. …… 마르크스는 생성되는 것에 대한 헤겔의 분리된 입장la position séparée, 그리고 그것이 무엇이든 간에 외부의 최고 동인un agent suprême extérieur에 대한 헤겔의 관조la contemplation를 파괴한다. 이론은 이제 자신이 행하는 것만을 인식하면 된다. 이것은 현재 사회의 지배적 사유 속에서 행해지고 있는 경제운동의 관조와는 상반된다. …… 마르크스의 기획은 '의식된 역사une histoire consciente'에 관한 것이다.

기 드보르가 《자본론》〈2판 후기〉를 얼마나 숙고했는지 분명해지는 구절이다. 헤겔의 경우 개별 인간은 절대정신의 매체에 지나지 않고, 엥겔스의 경우 개별 인간은 생산력의 물질적 발전의 매체에 지나지 않는다. 바로 이 부분이 중요하다. 개별 인간, 개별 정신, 개별 의지가 아무리 발버둥을 쳐도 스스로 전개하는 절대정신이나 물질적 생산력의 흐름을 바꿀 수는 없다는 발상! 이런 철학적 숙명론이자 형이상학적 비관론 속에서 대상적 활동 주체의 자리는 있을 수 없다. 기 드보르는 〈2판 후기〉에서 '머리로 서 있는 변증법을 뒤집어야 한다'고 마르크스가 주장한 핵심을 간파한다. "마르크스가 실행하는 전도는 헤겔적인 '절대정신의 여정'을 단지 '생산력의 물질적 발전'으로 대체하는 소극적인 것이 아니다." 관념적 실체가 물질적 실체로 바뀐다고 변하는 것은 사실 하나도 없다. 중요한 것은 관념적이든 물질적이든 인간을 지배한다는 실체라는 개념 자체를 권좌에서 추방하는 일이다. 절대정신과 인간, 혹은 생산력과 인간 사이의 관계가 뒤집어져야 한다. 인간이 위로 가고, 절대정신이나 생산력이 아래로 가는 것이다. 바로 이 순간 절대정신이나 생산력은 더 이상 과거의 권위를 가질 수 없다. 군주제가 민주제로 바뀌는 것처럼 철학에서도 동일한 일이 벌어진 셈이다.

이제 인간의 정신이 공명하는 것이 절대정신이 되고, 개별 인간의 노동이 합쳐진 것이 생산력이 된다. 더 정확히 말하면 이제 절대정신이나 생산력은 개별 인간들이 마주치고 소통하는 효과에 지나지 않게 된다. 이런 식으로 절대정신과 생산력은 그야말로 해소되고 만다. 들뢰즈가 1968년에 출간된 자신의 주저 《차이와 반복 Différence et Répétition》을 통해 헤겔의 논리를 극복하려고 했던 논의를 빌리자면, 특수성particularité과 일반성généralité의 논리가 이제 단독성singularité과 보편성universalité의 논리로 바뀐 것이다. 바로 이것이 마르크스가 실행했던 전도다. 들뢰즈의 용어를 빌리자면 "마르크스가 실행한 전도"는 특수성에 매몰된 개체가 자신의 단독성을 회복하는 과정이라고 할 수 있다. 정규직 노동자이기 이전에, 비정규직 노동자이기 이전에, 취업 준비생이기 이전에, 실업자이기 이전에, 인간은 다른 무엇과도 바꿀 수 없는 단독적인 존재다. 딸이기 이전에, 아내이기 이전에, 어머니이기 이전에, 나아가 여성이기 이전에, 인간은 다른 무엇과도 바꿀 수 없는 단독적인 존재다. 흑인이기 이전에, 백인이기 이전에, 황인이기 이전에, 유대인이기 이전에, 팔레스타인인이기 이전에, 인간은 다른 무엇과도 바꿀 수 없는 단독적인 존재다. 미국인이기 이전에, 중국인이기 이전에, 일본인이기 이전에, 한국인이기 이전에, 인간은 다른 무엇과도 바꿀 수 없는 단독적인 존재다.

억압체제, 그것 별것 아니다. 인간에게 단독성을 박탈하고 그것을 망각하도록 만드는 체제다. 개체의 단독성보다 전체의 안정이 더 소중하다고 강요하는 체제다. 전체를 위해 자신을 희생하는 개체만이 가치 있는 삶을 영위한다고 궤변을 퍼뜨리는 체제다. BC 3000년 이후 인류 역사는 개체의 단독성을 파괴하는 방법의 세련화로 규정될 수 있다. 물론 그 핵심은 인간들로 하여금 자신이 무엇과도 바꿀 수 없는 소중한 존재라는 의식을 없애는 것이다. 채찍으로 상징되는 폭력만큼 한 인간의 자존감을 파괴하는 가장 효과적이고 직접적인 방법도 없다. 아니면 인간들을 가난으로 내모는 간접적인 폭력도 있다. 이것은 토지나 자본 등 생산수단을 독점해 인간들이 땅을 구걸하거나 아니면 취업을 구걸하도록 만드는 방법, 한마디로 인간을 벌거벗은 노동력으로 만드는 방법이다. 1847년《철학의 빈곤Misère de la philosophie》에서 마르크스는 "대자적 계급classe pour elle-même"에 대해 이야기했던 적이 있다. 또 헤겔의 유명한 개념 '즉자即自, an sich, en soi'와 '대자對自, für sich, pour soi'가 등장한다. '즉자'가 자기 자신에 매몰되어 자신을 반성하지 않는 마음 상태라면, '대자'는 글자 그대로 '자신'을 '대면'한다는 말로서 자신에 매몰되지 않고 자신을 반성한다는 뜻이다.

예를 들어 노예가 노예의 삶을 당연히 여기며 살아갈 때, 그의 의식 상태는 즉자다. 주어진 삶을 반성하지 않고 거기에 그냥 매몰되어 있으니까. 마찬가지로 농노가 농노의 삶을 당연히 여기며 살아가는 것도, 그리고 노동자가 노동자의 삶을 당연히 여기며 살아가는 것도 즉자의 마음 상태가 아니면 불가능하다. 반면 무언가 자신의 삶이 잘못되었다고 반성하는 순간, 노동계급은 대자의 마음 상태에 돌입할 수 있다. 자신을 대면하는 대자의 마음 상태가 아니라면, 어떻게 노동계급이 소수 지배계급의 직접적 폭력이든 아니면 구조적 폭력이든 노동을 강요당하는 자신의 삶을 자각할 수 있다는 말인가? 결국 즉자적 노동계급은 불평등을 당연한 것으로 받아들이고, 반대로 대자적 노동계급은 이런 불평등한 상황에 문제를 제기한다. 그래서 즉자적 노동계급과 대자적 노동계급의 심리 상태는 확연히 다르다. 즉자 상태에 있는 노예, 농노, 노동자는 생각한다. '주인님은 소중한 존재고, 나는 비천한 존재야. 그러니 주인님을 위해서라면 내 한 몸 희생하는 건 당연한 일이야.' 반면 대자 상태에 있는 노예, 농노, 노동자는 다르다. '나의 삶은 무엇과도 바꿀 수 없는 소중한 거야. 주인은 개뿔! 지금 당장 힘이 없어 네게 굴복하고 있을 뿐이야.'

억압체제가 다수 노동계급에게 단독성을 포기하도록 만드는 이유는 자명하다. 노동계급이 자신을 귀하게 여기지 않도록 만들기 위해서다. 억압체제가 가진 훈육의 힘은 이렇게 무서운 법이다. 폭력을 가하거나 가난하도록 만들면, 어느 인간이든 쉽게 복종하게 할 수 있다. 그렇지만 이걸로는 그의 내면을 지배하기는 힘들다. 인간의 내면을 지배하려면 그의 자존감을 바닥에 떨어뜨리고 그걸 하나의 숙명으로 간주하도록 만들어야 한다. 왕은, 귀족은, 영주는, 지주는, 그리고 자본가는 바로 이런 이데올로기 작업에 성공한 사람들이다. 물론 이것만으로 충분하지 않다. 《전국책戰國策》에 등장하는 고사성어 '호가호위狐假虎威'의 책략이 더해져야 이데올로기 작업은 완성된다. 호가호위는 여우가 호랑이의 위엄을 빌린다는 말이다. 여우가 호랑이를 등지고 앉았을 때, 동물들이 여우에게 고개를 조아렸다는 이야기다. 과거 전근대사회에서는 신이 호랑이 역할을 했고, 전근대사회에서 근대사회로 이행할 때는 헤겔의 절대정신이 호랑이 역할을 했다면, 근대사회에 들어서는 생산력이 바로 그 호랑이 역할을 했다. 그렇지만 누구나 알고 있지 않은가? 이 호랑이들은 그림자에 지나지 않는다. 그것도 실물과 동일한 비율의 그림자가 아니라 100배, 혹은 1000배나 확대된 그림자다. 어린 시절 어두운 방 안에서 촛불로 만든 거대한 손그림자를 생각해보라. 바로 이것이 신, 절대정신, 그리고 생산력의 정체다. 문제는 이 거대한 그림자가 왕, 귀족, 영주, 지주, 그리고 자본가를 압도적인 힘을 가진 존재로 착각하도록 만든다는 점이다. 그림자가 크니 그 실물도 크다는 전도된 생각이 출현한 셈이다. 이렇게 되면 노동계급의 뇌리에는 왕, 귀족, 영주, 지주, 그리고 자본가도 자기와 마찬가지로 대등한 인간이라는 사실이 점점 망각된다. 소수 지배계급을 몰아내고 원초적인 불평등과 부정의를 바로잡으려는 마음도 지배계급이 연출하는 그림자놀이에 묻혀 점차 사라지고 만 셈이다. 억압사회를 마치 자연법칙인 양 받아들이면서, 지배계급을 선택받은 소수라고 묵인하면서, 그리고 신이나 절대정신, 아니면 생산력의 힘에 무기력을 느끼면서.

신, 절대정신, 그리고 생산력이란 그림자가 가장 중요하고 가장 귀한 존재가 되고, 이 거대한 그림자를 후광으로 삼은 왕이, 귀족이, 영주가, 지주가, 그리고 자본가가 그다음 자리를 차지한다. 그만큼 민중은, 노예는, 농노는, 소작농은, 그리고 노동자는 가장 비천한 자리를 자처하게 된다. 억압체제 속에서 노동계급이 대상적 활동의 힘을 잃어버리게 되는 것도 이런 이유에서다. 이제 자신의 대상적 활동의 역량은 왕에게, 귀족에게, 영주에게, 지주에게, 그리고 자본가에게, 나아가 신에게, 절대정신에게, 그리고 생산력에게 양도했기 때문이다. 포노농장의 농노들은 이집트의 피라미드를 보는 순간 문명의 위대함을 찬양할 것이다. "우리라면 결코 산보다도 거대한 이 무덤을 만들려는 생각도 하지 못했을 거야." 피라미드 건설 현장의 노예들은 포도향이 진동하는 거대한 농장을 보는 순간 입을 다물지 못했을 것이다. "이 아름다운 장원을 보라. 마치 에덴동산처럼 황홀하기만 하구나." 포도농장의 농노들은 556미터 123층의 롯데월드타워를 보며 전율할 것이다. "정말 글자 그대로 마천루네. 이런 압도적인 건물을 누가 만들 생각을 했던 것일까?" 다른 노동자들의 노동력이 아니라면 결코 만들 수 없는 것을 마치 무언가 신적인 힘에 의해 만들어진 것이라고 믿는 어떤 노동자의 내면을 설명하는 데 '분리'와 '관조'라는 개념보다 더 좋을 것이 있을까? 생면부지 동료 노동자들과 거대한 건축물 사이에 '분리'가 일어나고, 동시에 동료 노동자들과 노동자로서 자기 자신 사이에 '분리'가 일어난다. 이렇게 이중적인 '분리'가 완성되는 순간, 피라미드, 포도농장, 롯데월드타워는 '관조'의 대상이 되고 만다. 피지배계급의 피 냄새와 땀 냄새는 사라지고, 피라미드를 만들었던 파라오와 그의 종교적 신념에 대한 이야기, 포도농장으로 포도를 대량생산에 성공한 영주의 경제학적 사유에 대한 이야기, 롯데월드타워에 구현된 생산 기술 발달과 자본가의 꿈과 의지에 대한 이야기가 흘러나온다. 바로 여기서 '관조'는 완성된다.

《스펙타클의 사회》80번째 테제에서 기 드보르는 말한다. "마르크스는 생성되는 것에 대한 헤겔의 분리된 입장, 그리고 그것이 무엇이든 간에 외부의 최고 동인에 대한 헤겔의 관조를 파괴한다"고. 바로 이것이다. 분리와 관조를 파괴해야 한다. 피라미드 공사장 노예들이라면 누구나 자신들이 없었다면 그 거대한 건축물이 만들어질 수 없었다는 걸 안다. 포도농장의 농노들이라면 누구나 거대하고 아름다운 농장이 자기들의 피와 땀의 결실이라는 걸 안다. 건설 노동자들이라면 누구나 거대한 그 철조 건축물에 자본가가 땀 한 방울 더하지 않았다는 걸 안다. 만국의 노동자만이 단결해서는 안 된다. 다양한 시대의 노동자들도 단결해야 한다. 노예들은 농노들과 노동자들과 소통해야 하고, 농노들은 노예들과 노동자들과 소통해야 하고, 노동자들은 노예들과 농노들과 소통해야 한다. 바로 이것이 벤야민이 〈역사철학 테제〉의 일곱 번째 테제에서 "문화재들은 위대한 천재들의 노력뿐만 아니라 그들과 동시대에 살았던 사람들의 익명의 노역에 의해 만들어진 것이다. 동시에 야만의 기록이 아닌 문화의 기록은 존재하지 않는다"라고 말했던 이유 아닌가? 지배계급과 그들의 이데올로그들이 만든 역사, 그리고 세상이 진보했다는 이야기에 휘둘리지 말아야 한다. BC 3000년 이래 지속되고 있는 노동계급의 "익명의 노동", 자신이 원하는 노동이 아니라 소수 지배계급이 원하는 노동을 수행하며 자기 삶을 소비했던 노동계급이 겪었던 그 "야만"이 아직도 지속되고 있다는 걸 알아야 한다. 기드보르가 "마르크스의 기획은 '의식된 역사'에 관한 것"이라고 강조했던 것도 이런 이유에서다.

부르주아체제는 '공시적 분리'와 아울러 '통시적 분리'도 수행했다. 공시적 분리가 경쟁과 전문화의 논리로 동시대 노동계급을 분리시키는 전략이라면, 통시적 분리는 노동자들로 하여금 과거 노동계급, 즉 노예와 농노에 대한 공감과 유대를 막는 전략이다. 공시적 분리에 지배되면 게임업체에서 근무하는 노동자가 파업 중인 톨게이트 노동자를 관조하거나 심지어 통행 불편에 분노하는 일이 벌어진다. 반면 통시적 분리가 작동하면, 경복궁을 둘러본 건설 엔지니어가 경복궁 공사에 동원된 익명의 민중들이 아니라 경복궁 재건을 주도했던 흥선대원군興宣大院君 이하응李昰應(1821~1898)에게 자신을 동일시하는 일이 발생한다. 통시적이든 아니면 공시적이든 분리의 최종 목적은 같다. 분리는 다수 노동계급이 자신의 대상적 활동을 망각하고 지배계급의 대상적 활동을 무기력하게 관조하거나 아니면 지배계급의 대상적 활동에 수동적으로 따르도록 만들기 때문이다. 사실 공시적 분리와 통시적 분리는 서로 보완하는 관계다. 통시적 분리는 노동계급이 알렉산더든 나폴레옹이든 세종대왕 이도든 흥선대원군 이하응이든 지배계급의 아이콘만을 관조하면서 익명의 노동계급을 망각하도록 만들고, 공시적 분리는 노동계급이 동시대 노동자들을 자신과 무관한 사람이거나 아니면 경쟁 상대로 보도록 만들기 때문이다. 결국 노동계급이 분리로부터 벗어나려면 통시적 분리와 공시적 분리를 동시에 돌파해야만 한다. 그렇지만 공시적 분리보다는 통시적 분리에 먼저 착수하는 것이 여러모로 용이하다. 노동계급의 삶과 깊게 연루되어 있는 공시적 분리보다는 일정 정도 시간적 거리를 두고 있는 통시적 분리가 정서적으로나 지적으로 문제 삼기가 더 용이하기 때문이다.

기 드보르가 마르크스 기획의 핵심을 "의식된 역사"라고 이야기했던 것도 다 이유가 있었던 셈이다. 먼저 노동계급은 역사적으로 노예와 농노는 다르지 않고, 농노와 노동자는 다르지 않다는 걸 알아야 하기 때문이다. 파라오의 채찍이 없었다면 공사장에 수십만 명의 노예가 모일 수 없었고, 토지를 독점한 영주가 없었다면 장원에 수백, 수천의 농노들이 일할 수 없었고, 노동력을 제외한 모든 생산수단을 독점한 자본가가 없었다면 가느다란 안전줄에 몸을 맡긴 채 거대한 철골 구조물에 붙어 있는 노동자들도 없었을 것이다. 폭력수단을 독점하거나 생산수단을 독점한 소수 지배계급의 부정의가 눈에 들어오는 순간, 신이니 절대정신이니 아니면 생산력과 같은 최고의 구경거리들도 사라지고 만다. 통시적 분리가 만든 거대한 스펙타클이 무너져 내리는 순간, 노동계급은 동시대적으로 톨게이트에서 수납 업무를 맡는 노동자와 편의점 비정규직 노동자가 다르지 않고, 대기업에 다니는 노동자와 하청업체에 근무하는 노동자가 다르지 않고, 취업 노동자와 실직 노동자가 다르지 않다는 걸 알 수 있다. 마침내 지배계급이 노동계급의 연대를 막기 위한 전략, 즉 '분리'의 전략이 모래성처럼 무너지면서 노동계급의 유대와 연대가 시작된다.

억압체제의 역사는 이런 식으로 균열되기 시작할 것이다. 노동계급은 분리와 관조 대신 개입과 실천을 개시할 테니 말이다. 관조가 아니라 실천이고, 분리가 아니라 개입이다. 바로 이것이 대상적활동 아닌가? 기 드보르의 말처럼 마르크스가 '분리'와 '관조'를 파괴하려고 했던 것도 이런 이유에서다. 대상적 활동 주체는 구경꾼과는 아무런 상관이 없을 뿐만 아니라, 구경꾼과 양립 불가능하기때문이다. 이제 소수 지배계급이 독점했던 대상적 활동의 역량을다수 노동계급도 되찾게 된다. 노예가 주인이 되는 순간이다. 노예가 타인이 원하는 것을 하는 존재라면, 주인은 자신이 원하는 것을하는 존재다. 노예가 주인이 되었다고 해서, 과거 주인이 이제 노예가 된다고 속단해서는 안 된다. 사라진 것은 정확히 대상적 활동의 독점이기 때문이다. 생산수단, 폭력수단, 정치수단의 독점과 마찬가지로 대상적 활동의 독점도 지배계급과 피지배계급이란 억압구조를 만든다. 정확히 말해 일체 삶의 수단을 독점했기에, 지배계급은 대상적 활동을 독점할 수 있었다고 해야 한다. 분해는 결합의역순이라는 말이 있다. 생산수단 독점이 대상적 활동의 독점을 낳았다면, 대상적 활동을 회복해야 노동계급은 생산수단 독점에 맞서삶의 모든 수단을 공유하는 사회를 만들 수 있다. "의식된 역사"라는 말은 바로 이런 문맥에서 자기 자리를 차지하게 된다. 생산수단독점이 대상적 활동 독점으로 이어졌던 역사를 의식하지 않는다면,노동계급이 자신의 대상적 활동을 긍정하면서 생산수단 독점에 저항하는 실천에 착수할 수 없을 테니까.

분리와 관조를 돌파한 노동계급, 빼앗겼던 대상적 활동을 되찾은 노동계급은 이제 존귀한 존재가 된다. 다른 무엇과도 바꿀 수 없는 단독적인 존재, 자존감을 회복한 존재가 된다. 이제 역사의 구경꾼이 아니라 역사의 참여자가 되고, 사회의 구경꾼이 아니라 사회의 참여자가 된다. 한마디로 역사나 사회의 객체가 아니라 역사나 사회의 주체가 된다. 《스펙타클의 사회》 74번째 테제에서 기 드보르는 "역사의 주체는 '생동하는 존재의 자기 생산'일 수밖에 없다"고 이야기한다. 마르크스의 대상적 활동 개념에 대해 이보다 근사한 묘사도 또 없을 것이다. 여기서 중요한 것은 '생동하는 존재'라는 표현이다. 생생한 봄기운이 충만한 존재라는 말이다. 남이 원하는 것이 아니라 자신이 원하는 것을 할 때, 이해관계에 있는 사람이 아니라 자신이 사랑하는 사람을 만날 때, 회사의 지시로 출장을 떠난 것이 아니라 평소 가고 싶은 곳으로 떠날 때, 누구나 생기로 가득 차는 법이다. 기 드보르는 '생동하는 존재의 자기 생산'을 이야기했지만, 사실 '생동하는 존재'와 '자기 생산'은 같은 이야기다. 자신이 원하는 것을 하고, 자신이 만들고 싶은 것을 생산하고, 자신이 사랑하는 것을 사랑한다면, 즉 자신의 의지와 생각으로 무언가를 생산한다면, 누구나 생동하는 존재가 되기 때문이다. 반대로 회색빛 무기력한 존재를 생각해보라. 자신이 원하는 것이 아니라 남이 원하는 것을 할 때, 직장상사나 거래처 사람들을 만나러 갈 때, 별로 가고 싶지 않은 곳을 불가피하게 가게 될 때, 우리의 얼굴은 어두워지고 우리의 발걸음은 무거워지는 법이다.

해가 뜨자 피라미드 공사장에 다시 들어가는 노예들, 서둘러 포도를 수확하라는 명령을 받고 포도농장에 발을 내딛는 농노들, 공기를 단축하려는 자본가의 요구로 철야작업을 하는 건설 노동자들을 보라. 노예에게 피라미드 공사장은 그의 세계가 아니고, 농노에게 포도농장은 그의 세계가 아니고, 노동자에게 건설 현장은 그의 세계가 아니다. 그건 파라오, 영주, 그리고 자본가의 세계일 뿐이다. 바로 이것이 "생동하는 존재는 역사일 수밖에 없는 자기 세계의 주인이자 소유자가 되며 '자신의 활동에 대한 의식'으로 존재한다"고 기 드보르가 말했던 이유이기도 하다. 출발은 생동하는 존재가 되는 데 있다. 아주 작은 일에서부터 혹은 지배계급의 감시가 소홀한 부분에서부터 자신이 원하는 것을 하고 자신이 사랑하는 것을 사랑하도록 노력해야만 한다. 피라미드를 이루는 석재에 사랑하는 사람의 모습을 새겨넣어도 좋고, 포도농장에서 얻은 씨를 숙소 화분에 심어도 좋고, 아니면 나중에 건물 경비원들의 숙소로 쓰일 방을 CEO의 방보다 더 근사하게 만들어도 좋다. 바로 여기서 경쾌함, 활발함, 생동함이 겨울을 쫓는 개나리처럼 싹을 틔우게 된다. 최소한 이 작은 부분에서만큼은 노예는, 농노는, 그리고 노동자는 '자기 세계의 주인이자 자신의 활동에 대한 의식'으로 존재하니까. 돌의 어느 부분에 그리고 어떤 식으로 애인의 모습을 새겨 넣을지 고민하고 그것을 실행할 때, 포도 씨를 어떻게 심고 기를지 고민하고 그것을 실행할 때, 노령 경비원들이 CEO보다 근사하게 휴식을 취할 수 있는 방을 고민하고 그것을 실행할 때, 노예는, 농노는, 노동자는 더 이상 파라오나, 영주나, 자본가의 명령에 휘둘리지 않는 '대상적 활동'의 주체가 된다. 모든 인간이 대상적 활동을 영위하는 사회로 가는 첫걸음은 바로 이렇게 시작되는 법이다.

노동운동이 처음으로 형성되던 시기에, 다시 말해 혁명이론 théorie révolutionnaire이 역사이론으로부터 물려받은 통일적 성격 caractère unitaire을 가지고 있었던 (그리고 당연히 혁명이론이 '통일 적인 역사적 실천pratique historique unitaire'을 자신의 임무로 생각했던)

시기에, 조직화^{organisation}라는 핵심적 문제는 당시 혁명이론이 가장 적게 고려한 문제였다. 반대로 조직화 문제는 당시 혁명 이론에게는 비일관적인 장소^{lieu de l'inconséquence}였는데, 혁명이론은 부르주아혁명에서 빌린 '국가와 위계제도가 사용했던 방법^{méthodes d'application étatiques et hiérarchiques}'을 다시 살려내기 때문이다. …… 투쟁 속에서 형성된 역사적 형태들^{formes historiques}은 이론이 참되기 위해 요구되는 실천적 환경^{milieu pratique}이다. 이 형태들은 이론이 떠안아야 할 책무이지만, 지금까지 이론적으로 공식화되지 않는 것들이다. 소비에트^{soviet}는 이론의 발견이 결코 아니다. 그 이전 국제노동자연합(인터내셔널)이 가진 가장 숭고한 이론적 진리는 인터내셔널이 그 자체로 실천 속에서 존재한다는 데 있다.

-《스펙타클의 사회》90

1871년 5월 30일 최종적으로 완성된 《프랑스내전》은 마르크스에게는 문제적 저서다. 《1844년 경제학-철학 수고》를 펴냈을 때부터 마르크스는 코뮌주의자였다. 그는 자유로운 개인들의 공동체, 즉 노동계급의 자치와 자율로, 그리고 연대와 유대로 유지되는 코뮌을 꿈꾸었기 때문이다. 1871년 3월 18일에서 같은 해 5월 28일까지 유지되었던 짧지만 찬란했던 파리코뮌은 마르크스의 꿈이 결코 백일몽만은 아니었다는 걸 증명했다. 마르크스가 자신의 코뮌주의가 파리코뮌에서 현실화되는 모습을 보고 얼마나 감동했을지, 동시에 파리코뮌이 부르주아체제의 반격으로 피 흘리며 옥쇄하는 모습을 보고 얼마나 안타까웠을지 미루어 짐작이 가는 일이다. 그에게 파리코뮌은 무엇이었을까? 1871년 4월 하순에서 5월 10일 사이에 완성된 《프랑스내전》 초고에서 마르크스는 말한다. "코뮌―그것은 사회를 통제하고 제압하는 대신에 사회 자신의 살아 있는 힘으로서 사회가 국가권력을 다시 흡수하는 것이다. 그것은 억압의 조직된 힘 대신에 자기 자신들의 힘을 형성하는 민중 자신이 국가권력을 다시 흡수하는 것이다." 사회가 국가권력을 다시 흡수하는 것, 다시 말해 국가주의를 소멸시키고 사회주의를 관철하려고 했던 것, 바로 그것이 파리코뮌이다. 국가주의와 사회주의를 결합한, 정확히 말해 사회주의를 국가주의의 이데올로기로 만들었던 히틀러나 스탈린, 혹은 마오쩌둥이나 김일성의 사회주의가 파리코뮌 노동자들의 사회주의와는 완전히 다를 뿐만 아니라, 코뮌주의 자체에 대한 모독인 이유도 바로 여기에 있다. 국가주의와 양립 가능한 모든 사회주의는 사회주의가 결코 아니기 때문이다. 바로 이것이 파리코뮌의 노동계급이 입증했던 것이고, 아울러 마르크스가 파리코뮌을 "가능한 코뮌주의"라고 극찬했던 이유다. 그래서 마르크스가 파리코뮌에서 배운 가르침은 간단히 요약될 수 있다. 국가주의와 대립할 때 사회주의는 코뮌주의가 된다.

파리코뮌의 가르침은 1875년 〈고타강령 비판〉에도 그대로 관철된다. 이 짧은 글에서 마르크스는 1875년 출범한 독일사회주의노동자당, 즉 1890년에 독일사회민주당으로 당명을 바꾸게 되는 이 노동자 정당에는 제대로 "사회주의 이념이 뿌리를 내리지 못하고 있다"고 비판한다. 비판의 근거로 마르크스는 파리코뮌의 가르침을 반복한다. "자유의 요체는 국가를 사회보다 상위의 기관에서 사회보다 하위의 기관으로 전화시키는 데 있다"고 말이다. 마르크스의 속내를 이해하려면 파리코뮌 당시의 아름다운 풍경을 기억하는 것으로 충분하다. 폭력수단을 공유하기에 사병들이 장교를 선출하고 소환할 수 있었고, 생산수단을 공유하기에 생산 현장의 대표도 선출하고 소환할 수 있었으며, 정치수단도 공유하기에 모든 관료를 선출하고 소환할 수 있었다. 더군다나 모든 대표와 관료는 숙련 노동자 평균 임금 이상을 받을 수 없도록 했다. 얼마나 간단한가? 얼마나 공정한가? 그리고 얼마나 민주적인가? 사실 '사회주의=코뮌주의'에 정당주의의 자리는 있을 수 없다. 아니 있어서는 안 된다. 정당은 부르주아체제의 지배기구, 즉 국가기구에 지나지 않기 때문이다. 어떻게 국가주의와 양립할 수 없는 사회주의가 국가제도 중 하나를 긍정할 수 있다는 말인가? 부르주아 국가체제에서 정당은 대통령이나 의원 후보자들을 공천하고, 이들 공천된 후보들이 대통령이나 의원들로 당선되어 집권 다수당이 되기를 꿈꾼다. 정당이 공천한 선거 입후보자들은 민중들이 뽑은 대표와는 사뭇 다르다는 걸 잊지 말자. 공천公薦, public recommendation은 말이 공적인 천거일 뿐이지 정당 지도부나 유력자에 의한 사천私薦에 지나지 않기 때문이다. 그래서 파리코뮌은 "그 자신의 행정직 관청 직원이나 법률을 발의하는 관청 직원을 선출"했던 것이다. 법률을 발의하는 의원이 사라지고 그 자리에 법률을 발의하는 공무원, 언제든지 소환 가능한 법률 전담 공무원이 들어선다. 이렇게 코뮌은 부르주아 의회제도 자체를 의식적으로 거부하고 있다. 그 자리에 모든 대표와 관료를 선출하고 소환하는 노동자평의회가 들어선다.

1871년 파리코뮌은 1848년《코뮌주의정당 선언》의 두 가지 테마, 즉 국유화가 함축하는 국가주의와 코뮌주의정당이 함축하는 정당주의에 대한 단호한 단절이라고 할 수 있다. 파리코뮌이 평의회 코뮌주의를 상징하는 것도 이런 이유에서다. 여기서 1875년 〈고타강령 비판〉의 난점이 분명히 드러난다. 마르크스는 국가주의에는 반대하고 사회주의를 표방하지만 정당주의는 수용하기 때문이다. 마르크스는 독일사회주의노동자당이라는 정당 자체를 부정하기보다 이 새로운 노동정당의 지도부가 사회주의 이념을 모른다고 비판할 뿐이다. 그렇지만 국가주의를 부정하고 정당주의를 긍정하는 것은 논리적 모순이다. 정당주의는 항상 부르주아 국가제도를 함축하니까. 《스펙타클의 사회》90번째 테제에서 기 드보르가 주목했던 것도 바로 이 대목이다. "조직화 문제는 당시 혁명이론에게는 비일관적인 장소였는데, 혁명이론은 부르주아혁명에서 빌린 '국가와 위계제도가 사용했던 방법'을 다시 살려내기 때문이다." 여기서 '비일관적'이라는 말은 양립할 수 없는 사회주의와 정당주의를 양립시키려고 하기에 모순을 범하고 있다는 뜻이고, '국가나 위계제도가 사용했던 방법'이란 바로 정당으로 대표되는 부르주아제도를 의미한다. 물론 코뮌주의정당이나 독일사회민주당, 혹은 볼셰비키는 자신들이 부르주아정당이 아니라 노동계급의 이익을 대변하는 프롤레타리아정당이라고 변명할 수도 있다. 그렇지만 정당의 조직이나 작동 방식, 나아가 정당의 국가기구 내의 기능을 생각해본다면, 아무리 노동정당을 표방해도 정당은 그 속성상 자본주의체제와 국가기구를 긍정할 수밖에 없다. 이것이 노동조합이나 노동정당이 항상 개량주의나 수정주의에 빠지는 이유가 된다. 생산수단 독점 문제를 방치한 채, 노동조합이나 노동정당은 자본계급이 얻는 이윤을 줄이고 노동계급의 임금을 늘리는 데 만족하기 때문이다. 의회제도를 부정하며 혁명정당을 표방하는 정당도 사정이 좋지 않기는 마찬가지다. 혁명적 노동정당은 이념을 체계화하고 혁명 전략을 결정하는 엘리트 지도부와 이 지도부의 지침에 따르는 노동자 평당원들로 구성되기 때문이다. 불행히도 혁명정당 내부에 대상적 활동의 독점이 이루어지고 있었던 셈이다. 당연히 혁명적 노동정당에서도 파리코뮌이 보여주었던 아래로부터의 철저한 민주주의는 유보되거나 억압될 수밖에 없다.

파리코뮌이 중요한 이유는 다른 데 있지 않다. 파리코뮌을 통해 노동계급이 대상적 활동의 주체가 되어 경제, 정치, 문화를 주도하며 자기 삶의 주인이 되었기 때문이다. 바로 그 장치가 노동자평의회였다. 정당코뮌주의와는 다른 평의회코뮌주의다. 여기서 현실적으로 노동계급이 대상적 활동의 주체가 될 때까지 노동계급을 위한 국가나 정당이 존재해야 한다는 엘리트주의는 완전히 무력화된다. 파리코뮌의 노동계급은 국가도, 정당도, 의회도, 자본가도, 임명직 관료나 임명직 장교도 모두 사라진 사회를 만들었고, 소수가 아니라 다수가 정치, 경제, 사회, 문화, 군사 영역에 참여하는 사회가 가능하다는 걸 입증했다. 이론이나 말이 아니라 자유의 본능과 실천으로 말이다. 《프랑스내전》은 파리코뮌의 평의회코뮌주의를 마르크스가 그대로 옮겨 적은 책이다. 그렇지만 마르크스는 불행히도 파리코뮌의 가르침을 자신의 영혼으로만 받아들였을 뿐, 그 가르침을 자신의 머리와 다리로까지 확장하지는 못했던 것 같다. 여전히 그는 정당코뮌주의를, 비록 언젠가 평의회코뮌주의를 위해 자리를 비워주어야 한다는 정당코뮌주의지만, 따르고 있었다. 만약 《코뮌주의정당 선언》에서 피력된 정당코뮌주의를 폐기하고 철저한 평의회코뮌주의자의 길을 걸었더라면, 1875년 마르크스의 〈고타강령 비판〉은 사뭇 달라졌을 것이다. 독일사회주의노동자당의 〈고타강령〉을 비판하는 대신 마르크스는 아예 독일사회주의노동자당 자체를 부정했을 테니 말이다. 부르주아국가로 상징되는 국가주의뿐만 아니라 의회제도나 정당제도로 구체화되는 정당주의마저도 부정했던 것이 바로 파리코뮌이다. 파리코뮌을 만들고 파리코뮌과 운명을 함께했던 파리 노동계급이 죽을 때까지 놓지 않았던 깃발은 정당코뮌주의의 깃발이 아니라 평의회코뮌주의의 깃발이었던 셈이다. 1867년 12월 7일 엥겔스에게 보내는 편지에서 마르크스가 자신의 한계로 지목했던 주관적 경향, 즉 "당에서의 그의 입장과 그의 과거로 인해 취할 수밖에 없었던 저자의 주관적 경향"이 부각되는 지점이다.

《1844년 경제학-철학 수고》와 〈포이어바흐에 관한 테제들〉을 썼을 무렵, 청년 마르크스의 코뮌주의는 정당주의나 엘리트주의와는 조금도 연루되지 않았다. 이것은 청년 마르크스가 평의회코뮌주의자였다는 걸 말해준다. 그렇지만 이후부터 마르크스의 행보는 정당코뮌주의와 평의회코뮌주의 사이에서 우왕좌왕한다. 혁명정당이 평의회코뮌주의로 가는 가장 유력한 수단, 혹은 절대적인 수단이 되면서 이런 혼란이 벌어진 것이다. 혁명정당이 평의회코뮌주의로 가는 많은 수단 중 하나에 지나지 않는다고 보았을 때는 별다른 문제가 발생하지 않지만, 만약 절대적인 수단이라고 맹신하는 순간 정당코뮌주의는 치명적인 문제를 낳는다. 절대적인 수단은 사실 절대적인 목적과 같은 것이기 때문이다. 다행히도 1871년 파리코뮌은 그의 삶과 사유를 어둡게 만들었던 짙은 안개를 일순간 날려버리는 청량한 바람과도 같았다. 혁명정당과 같은 소수 엘리트의 전위정당이 없어도, 자유로운 개인들의 공동체가 충분히 가능하다는 걸 입증했기 때문이다. 《프랑스내전》에 정당코뮌주의가 그 흔적도 보이지 않는 이유도 바로 여기에 있다. 완전히 대상적 활동을 회복한 노동계급이 자신들의 정치적 뜻을 평의회를 통해 관철할 수 있는데, 노동계급을 지휘하고 가르치는 전위정당이 무슨 필요가 있다는 말인가? 그렇지만 파리코뮌이 1871년 5월 10일 괴멸된 뒤, 마르크스는 다시 동요하고 만다. 물론 마르크스의 동요가 이론적인 문제 때문이 아니라 현실적인 문제 때문에 발생한다는 걸 잊어서는 안 된다. 어쨌든 분명한 것은 마르크스가 《프랑스내전》에서 긍정했던 '가능한 사회주의'였던 파리코뮌의 정신에서 후퇴한다는 사실이다. 마르크스는 파리코뮌이 죽음으로 지켰던 평의회코뮌주의를, 혹은 모든 사람이 대상적 활동을 향유하는 '인간사회'를 꿈꾸던 청년 시절 자신의 인문학적 통찰을 혁명이론에서뿐만 아니라 조직이론에서도 관철하지 못하기 때문이다.

《스펙타클의 사회》 90번째 테제에서 기 드보르는 말한다. "투쟁 속에서 형성된 역사적 형태들은 이론이 참되기 위해 요구되는 실천적 환경이다. 이 형태들은 이론이 떠안아야 할 책무이지만, 지금까지 이론적으로 공식화되지 않는 것들이다." "투쟁 속에서 형성된 역사적 형태"들로 기 드보르는 두 가지 사례를 이야기한다. 하나는 바쿠닌을 축출하기 전까지 마르크스가 참여했던 제1인터내셔널, 즉 국제노동자연합이고, 다른 하나는 20세기 초 러시아의 노동자평의회, 즉 소비에트다. 한 가지 궁금증이 생긴다. 왜 기 드보르는 1871년 파리코뮌을 언급하지 않았던 것일까? 이런 의문은 너무 당연한 것이다. 분명 지배계급과 투쟁했던 노동계급이 만든 역사적 형태들, 억압사회와 맞서 노동계급들이 구성한 정치적 형태들의 원형은 파리코뮌이기 때문이다. 실제로 1962년 3월 18일 기 드보르는 바네겜^{Raoul Vaneigem}(1934~), 코타니^{Attila Kotányi}(1924~2003)와 함께 파리코뮌을 숙고했고, 그 이론적 결과물을 테제 형식으로 발표했던 적이 있다. 1962년 3월 18일 발표한 《코뮌에 관하여^{Sur la commune}》가 바로 그것이다. 이런 기 드보르가 마르크스의 《프랑스내전》을 검토하지 않았을 리 없다. 그러나 파리코뮌은 이미 마르크스에 의해 "이론적으로 공식화"되었다! 바로 이것이 기 드보르가 이론적으로 공식화가 필요한 평의회 조직들의 사례에서 파리코뮌을 뺐던 이유다. 문제는 마르크스가 《프랑스내전》에서 공식화된 평의회코뮌주의를 1871년 파리코뮌이 괴멸된 이후 일관적으로 관철하지 않았다는 데 있다. 만약 그랬다면 1872년 마르크스가 국제노동자연합에서 바쿠닌을 추방하는 일도 발생하지 않았을 것이고, 1919년 독일사회민주당이 사회주의라는 이름으로 스파르타쿠스동맹을 도륙하는 사건도, 그리고 1921년 볼셰비키의 정당코뮌주의가 마르크스의 이름으로 크론시타트의 평의회코뮌주의를 괴멸하는 사건도 벌어지지 않았을 것이다.

> "노동의 경제적 해방l'émancipation économique du travail을 실현시킬 정치적 형태la forme politique가 마침내 발견됐다." 20세기의 혁명적인 노동자평의회les Conseils ouvriers에는 이런 정치적 형태가 선명한 모습을 드러냈다. 노동자평의회는 결정과 집행의 모든 기능을 내부적으로 집중시키고, 하부 조직을 책임지며 '언제든지à tout instant' 해임될 수 있는 대표들을 매개로 서로 연합한다. 노동자평의회의 권력은 …… 해답을 제시하기보다는 '문제를 제기하는 데' 역점을 둔다. 하지만 이 권력이야말로 프롤레타리아혁명이 진정한 해결책을 찾을 수 있는 장소다. …… 이 장소에서는 전문화spécialisation, 위계hiérarchie, 그리고 분리séparation가 종말을 고하고 기존의 조건들이 '통일성의 조건들conditions d'unité'로 변형되며 '능동적인 직접 소통la communication directe active'이 실현된다. 여기에서 관조la contemplation에 대항한

투쟁으로부터 프롤레타리아 주체le sujet prolétarien가 모습을 드러
낼 것이다.

－《스펙타클의 사회》 116

《프랑스내전》에는 마르크스의 환호와 비탄 속에, 그리고 파리
코뮌의 피와 땀 속에 평의회코뮌주의라는 깃발이 도도하게 나부낀
다. 여기서 우리는 근본적으로 되묻게 된다.《프랑스내전》의 저자
는 누구인가? 파리코뮌의 자유인들인가? 아니면 철학자이자 혁명
가였던 마르크스인가? 한 가지 분명한 것은 파리코뮌의 자유인들
이 마르크스에게 배운 것이 거의 없었던 반면, 마르크스는 파리코
뮌으로부터 너무나 많은 것을 배웠다는 사실이다. 마르크스는 배움
의 대가를 톡톡히 치른다. 파리코뮌의 뜨겁고 생생한 목소리와 삶
은, 그리고 파리 자유인들의 평의회코뮌주의는《프랑스내전》이 없
었더라면, 승자들에 의해 억압되고 축소되어 20세기뿐만 아니라 21
세기 우리에게도 전해지기 힘들었을 테니 말이다. 더군다나 마르크
스 개인에게도《프랑스내전》에서 피력된 정치철학적 통찰은 그의
사유 역사의 정점에 해당한다. 마르크스의 정치철학적 작업의 흐름
을 개관하려면 세 저서를 살펴보는 것만으로 충분하다. 1848년《코
뮌주의정당 선언》, 1871년《프랑스내전》, 그리고 1875년〈고타강령
비판〉이 그것이다.《코뮌주의정당 선언》에서 마르크스는 평의회코
뮌주의를 최종 목적으로 설정하지만, 그 수단으로 국가주의와 정당
주의를 강조한다. 반면《프랑스내전》에서 마르크스는 수단이나 목
적에서 모두 평의회주의를 일관적으로 강조한다. 정당코뮌주의에
서 평의회코뮌주의로의 전회라고 불릴 만한 사건이 벌어진 것이다.
마르크스에게 이런 전회를 강요했던 파리코뮌의 힘은 이렇게나 강

력했다. 그렇지만 〈고타강령 비판〉에서 마르크스는 명시적으로 국가주의는 부정하지만 정당주의는 긍정하는 애매한 자세를 취한다. 이것은 그의 정치철학적 사유가 《프랑스내전》의 통찰에서 일정 정도 후퇴했다는 걸 보여준다. 과학주의, 정당주의, 엘리트주의로 팽배했던 19세기 지성계의 한계를 완전히 돌파하는 데 마르크스는 실패했던 셈이다. 그렇지만 그 대가는 너무 치명적이지 않은가? 권력을 장악한 제도권 사회주의정당과 그 지도부들은 마르크스의 이름으로 노동계급의 평의회 운동을 유혈 진압했기 때문이다.

20세기 초반 최고의 비극은 노동계급의 대표가 노동계급을 탄압했던 일이다. 노동계급 대표자로서는 결코 해서는 안 될 일을 저지른 사회주의정당과 지도부는 자신의 행위를 마르크스의 이름으로 정당화한다. 《코뮌주의정당 선언》에 등장하는 국가주의와 정당주의도 좋고, 아니면 〈인터내셔널의 분열이라 불리는 것〉에서 피력된 중앙집권주의도 좋다. 여기에는 하나의 법칙이 있다. 독일사회민주당이나 볼셰비키는 권력을 잡을 때까지는 아주 열렬히 《프랑스내전》의 평의회코뮌주의를 옹호하거나 최소한 이에 동조적이었다. 그렇지만 권력을 쟁취한 이후 그들은 《프랑스내전》에 대한 언급을 자제하고 그 대신 정당코뮌주의와 평의회코뮌주의 사이에서 갈팡질팡하는 마르크스의 다른 저서들을 강조하기 시작한다. 아래로부터의 정치적 조직이 만들어지는 순간, 위로부터의 조직은 그 존재 이유를 상실하기 때문이다. 독일사회민주당이 평의회주의를 관철하려고 했던 스파르타쿠스동맹을, 그리고 볼셰비키가 크론시타트소비에트를 무력으로 소멸시켰던 이유도 바로 여기에 있다. 이런 비극적 역사는 정당코뮌주의와 평의회코뮌주의가 양립할 수 없다는 걸 잘 보여준다. 어쩌면 부르주아체제의 반격으로 파리코뮌과 생사를 함께했던 파리 노동계급은 그나마 행복했다고 할 수 있다. 최소한 그들은 적에게 살해되었으니까. 이에 비해 스파르타쿠스동맹과 크론시타트소비에트는 얼마나 불행했던가? 한때 동지였던 사람들이 마르크스라는 단검으로 무방비 상태에 있던 그들을 뒤에서 찔렀다. 기 드보르는 1919년 베를린, 그리고 1921년 크론시타트의 피눈물을 망각하지 않는다. 사회주의 이념으로, 그리고 마르크스의 이름으로 자행되었던 만행을 어떻게 잊을 수 있다는 말인가? 기 드보르가 마르크스의 정치철학에 대해서만큼은 상당히 비판적인 이유도 바로 여기에 있다. 마르크스가 기본적으로 평의회코뮌주의자임에도 불구하고 정당코뮌주의와 평의회코뮌주의 사이에서 방황했기 때문이고, 그의 이런 방황이 20세 초반 노동계급에게 치유되기 힘든 상처를 남겼기 때문이다. 그렇지만 기 드보르는《프랑스내전》에서 빛나던 마르크스의 정치철학적 통찰을 부정하기는 힘들었다. 설령 마르크스가 파리코뮌으로부터 배운 평의회코뮌주의를 관철시키지 못했다고 해도, 파리코뮌의 이름으로《코뮌주의정당 선언》을 폐기하지 않았다고 할지라도, 평의회코뮌주의의 정신으로 바쿠닌과의 공존을 도모할 수 없었다고 할지라도, 그리고 최종적으로 파리코뮌의 이름으로 독일사회민주당을 부정하지 못했다고 하더라도, 옳은 것은 그냥 옳은 것일 뿐이니까.

《스펙타클의 사회》116번째 테제는 "노동의 경제적 해방을 실현시킬 정치적 형태가 마침내 발견됐다"는 인용문으로 시작된다. 이 인용문은 바로《프랑스내전》의 말미, 마르크스가 최종적으로 파리코뮌을 평가하는 부분에 등장하는 것이다. "코뮌에 내려진 해석의 다양함과 코뮌에 표현된 이해관계의 다양함은 이전의 모든 정부형태가 본질적으로 억압적이었음에 반해 코뮌은 철저하게 팽창될 수 있는 정치 형태라는 것을 증명했습니다. 코뮌의 진정한 비밀은 다음과 같은 것이었습니다. 코뮌은 본질적으로 노동계급의 정부였으며, 수탈하는 계급에 맞서 생산하는 사람들이 투쟁했던 결과물이자, 노동의 경제적 해방이 완성될 수 있는, 마침내 발견된 정치 형태다." 기 드보르는 마르크스가 관철하지 못했던 평의회코뮌주의를 완수하려고 한다. 정당코뮌주의의 유혹을 떨쳐버릴 수 있는 강력한 평의회코뮌주의를 구성하는 것! 노동의 경제적 해방이 완성되려면, 오직 노동자평의회로 상징되는 정치 형태가 필요하다는 것! 마르크스의 말대로 파리코뮌은, 그리고 이 도시에서 싹을 틔운 평의회코뮌주의는 지구상의 모든 억압체제에 대응하는 정치 형태로 팽창될 수 있으니까. 바로 이것이 《스펙타클의 사회》 116번째 테제가 중요한 이유다. 진정한 저자가 파리코뮌 전사들인지 아니면 마르크스인지를 결정하기 애매한 이 문제적 저작 《프랑스내전》을 하나의 테제로 기 드보르는 요약하기 때문이다. 116번째 테제로 기 드보르가 말하려는 것은 명확하다. 소수가 아니라 다수 인간이 대상적 활동의 주체가 된다면, 그래서 다수가 자신의 삶뿐만 아니라 공동체의 운명을 결정할 수 있다면, 정치적 형태는 노동자평의회를 중심으로 이루어질 수밖에 없다는 것! 파리코뮌의 전사들로부터 마르크스가 배운 것이 이것 아니면 무엇이겠는가.

먼저 노동자평의회의 조직을 들여다보자. "노동자평의회는 결정과 집행의 모든 기능을 내부적으로 집중시키고, 하부 조직을 책임지며 '언제든지' 해임될 수 있는 대표들을 매개로 서로 연합한다." 노동자평의회를 넘어서는 어떤 상위 기구도 없으니, 노동자평의회는 "결정과 집행의 모든 기능을 내부적으로 집중"시킨다고 말할 수 있다. 한마디로 말해 평의회에 참여한 노동계급의 토의로 사회의 모든 시급한 과제를 결정하고 해결한다는 것이다. 노동자평의회는 대표를 뽑지만, 이 대표는 주어진 임기 동안 해당 노동자들 위에 군림하는 존재는 아니다. 특정 노동자평의회에서 선출된 대표는 다른 노동자평의회와 연합할 때에만 대표성을 띠기 때문이다. 모든 것은 여전히 노동자평의회에서 결정한다. 물론 연합의 메신저로서 대표가 노동자평의회의 의견과는 달리 자의적인 행동을 할 수도 있고, 나아가 노동자평의회를 무력화시키는 권력으로 변질될 수도 있다. 그래서 "언제든지 해임될 수 있는 대표들"이라는 단서가 중요하다. 부르주아체제에서 선출된 대표가 임기를 보장받는 것과 대조되는 대목이다. 모든 국민은 선거일 하루만 나름 주체가 되고, 선출된 대표는 임기를 보장받는다. 정해진 임기 동안 선출된 대표가 어떤 입법 활동을 하든 그를 뽑은 지역구 주민들은 그것을 통제할 길이 없다. 한마디로 말해 주어진 임기 동안 대표는 국민들에 의해 소환되지 않는다는 것이다. 부르주아 대의민주제도의 고질적인 문제인 정치적 무관심은 구조적인 문제였던 셈이다. 대표를 뽑았던 주민들은 무의식적으로 자신이 일종의 거수기에 지나지 않는다는 걸 알고 있었던 것이다. "언제든지"라는 말이 중요한 이유도 바로 여기에 있다. 이것은 평의회를 통해 노동계급이 정치적 주체성을 계속 유지한다는 것을 의미한다. 다시 한 번 민주주의의 꽃은 투표에 있는 것이 아니라 소환에 있다는 것이 분명해지는 지점이다. 언제든지 대표를 소환할 수 있기에, 민중들은 언제든지 평의회를 통해 다시 대표를 선출할 수 있다. 노동자평의회가 대표 소환기구라는 것이 분명해지는 대목이다. 모든 대표들이 두려워하고 권력욕에 사로잡힌 야심가들이 혐오하는 정치형식이 평의회인 것도 이런 이유에서다.

두 번째로 노동자평의회의 권력이 어떻게 만들어지는 알아보자. 기 드보르는 "노동자평의회의 권력은 …… 해답을 제시하기보다는 '문제를 제기하는 데' 역점을 둔다"고 이야기한다. 간혹 토론과 대화에서 아주 폭력적인 상황이 벌어질 수 있다. 대안이 없다면 문제도 제기하지 말라고 하는 사람이나, 다른 적임자를 추천할 수 없다면 자신이 추천한 적임자를 반대하지 말라는 사람이 등장할 수 있으니까. 배웠든 못 배웠든, 혹은 경험이 있든 없든 간에 모두 동등한 발언권을 행사하는 것이 바로 평의회다. 해답이나 대안, 혹은 적임자를 제안할 수 없다면 침묵하라는 주장은 바로 이 평의회의 존재 이유를 근본적으로 훼손한다. 해답이나 대안, 혹은 적임자를 제안했던 사람이 회의를 좌지우지하거나, 혹은 해당 사항에 전문가적 안목을 가진 사람이 의사결정에 강하게 개입하도록 해서는 안 된다. 바로 그 순간 평의회의 가장 큰 매력, 기 드보르가 말한 "능동적인 직접 소통"을 훼손하는 "전문화, 위계, 그리고 분리"가 발생하기 때문이다. 대안을 제시하지 못하는 사람이 대안을 제시하는 사람을 따라야만 한다면, 전자는 수동적이고 후자는 능동적일 수밖에 없다. 대상적 활동의 독점이 발생했는데, 어떻게 평의회가 평의회로서 유지될 수 있다는 말인가? 누구나 이의나 문제를 제기할 수 있어야 한다. 예를 들어 누군가 입법 관료로 특정 인물을 평의회에 추천했을 때, 법 제정의 방법과 규칙을 정확히 알지 못하는 사람이라도 충분히 문제를 제기할 수 있다. "그 사람은 아닌 것 같아. 인상이 너무 좋지 않아." 평의회는 회의 끝에 사납게 생긴 그 사람을 입법 관료로 선출할 수 있다. 한두 사람의 우려대로 그는 공동체의 이익보다는 사리사욕에 치우친 입법 활동을 할 수도 있다. 사람의 일생은 얼굴에 쓰일 수 있다는 가르침을 배운 셈이다. 그렇지만 아무런 상관이 없다. 평의회는 언제든지 그를 소환하고 다른 사람을 입법 관료로 선출할 수 있으니 말이다. 반대로 그가 이전에 소환된 다른 어떤 관료보다 근사하게 정의를 세우는 관료가 될 수도 있다. 인상이 좋지 않다고 문제를 제기했던 사람은 한 인간을 겉모습으로 평가할 수 없다는 걸 배울 것이다. 이렇게 평의회에 참여한 노동계급은 점점 더 동료의 이야기에 귀를 기울이고 대화하면서 그만큼 더 현명해진다.

문제는 노동자평의회가 "능동적인 직접 소통"의 길에서 벗어나 "전문화, 위계, 그리고 분리"라는 억압체제의 길로 들어서는 자살을 감수할 때가 있다는 점이다. 물론 평의회코뮌주의가 퍼져나가는 것을 두려워하는 크고 작은 권력자들의 공격 때문이다. 1871년 4월 파리코뮌은 티에르 정부로부터 포위공격을 받아 풍전등화의 상태에 있었고, 1872년 3월 제1인터내셔널, 즉 국제노동자연합은 국제경찰의 공작과 압박으로 절체절명의 위기에 있었다. 파리코뮌이나 국제노동자연합은 이때 강한 유혹에 빠진다. 일사불란한 상명하복의 명령체계만이 파리코뮌과 국제노동자연합을 효율적으로 지킬 수 있다는 생각이다. 사실 파리코뮌은 "전문화, 위계, 그리고 분리"라는 억압 논리를 효율이란 이름으로 받아들이는 우를 범했던 적이 있다. 파리코뮌의 가장 큰 오점이 되는 공안위원회^{Comité de salut}^{public}가 1872년 5월 1일 파리코뮌 지도부 다수의 지지로 설치되니까. 혁명 독재, 혹은 중앙집권적 조직이 파리코뮌에 만들어진 것이다. 어쩌면 5월 28일 파리코뮌이 티에르 정부에 의해 괴멸되기 전, 바로 이날 5월 1일에 파리코뮌은 이미 스스로 무너졌는지도 모른다. 사족일 수도 있지만 앞에서 살펴본 《스펙타클의 사회》 85번째 테제에서 기 드보르가 "파리코뮌 또한 고립 속에서 패배했다"고 이야기했던 진정한 이유도 어쩌면 이 때문인지 모른다. 어쨌든 얼마 지나지 않아 동일한 일이 1872년 3월부터 9월까지 인터내셔널에서도 일어난다. 1872년 9월 2일부터 7일까지 열렸던 헤이그 대회에서 마르크스와 엥겔스가 바쿠닌으로 상징되는 연맹주의자들을 축출하고 인터내셔널을 중앙집권적 조직으로 만들기 때문이다. 인터내셔널은 자살미수의 비극에 빠져들었고, 1876년 국제경찰을 포함한 모든 이의 무관심 속에서 생을 마감하게 된다.

기 드보르는 공안위원회를 설치했던 파리코뮌 지도부나 인터내셔널을 중앙집권적 조직으로 재편한 인터내셔널 지도부에 단호히 반대한다. 억압체제라는 괴물로부터 평의회 공동체를 지키기 위해 평의회 공동체를 괴물로 변질시킨 일이 어떻게 정당화될 수 있다는 말인가? 기 드보르라면 어떻게 했을까? 《스펙타클의 사회》 121번째 테제가 바로 그 답이다.

혁명조직organisation révolutionnaire은 사회에 대한 단일한 비판, 즉 세계 어느 곳aucun point du monde에서도 어떤 분리된 권력pouvoir séparé 형태와도 타협하지 않는 비판, 소외된 사회적 삶la vie sociale aliénée의 전체 양상을 전면적으로 규탄하는 비판이다. 계급사회la société de classes에 대항하는 혁명조직의 투쟁에서 무기는 투사 자신의 본질 외에 그 어떤 것도 될 수 없다. 혁명조직은 자신의 내부에 지배사회la société dominante의 조건들, 즉 분할scission과 위계hiérarchie를 재생산해서는 안 된다. 혁명조직은 지배적인 스펙타클le spectacle régnant 속에서 변질되지 않도록 지속적인 투쟁을 해야 한다. 혁명조직의 완전한 민주주의la démocratie totale에 참여할 때 유일한 제한 사항은, 구성원 전원이 조직 비판의 정합성을 인정하고 그것을 실질적으로 향유한다는 데 있다.

-《스펙타클의 사회》 121

파리코뮌이든 인터내셔널이든 혁명조직은 "세계 어느 곳에서
도 어떤 분리된 권력 형태와도 타협하지" 않는다. 아니 타협해서
는 안 된다. 여기서 중요한 것은 '어느 곳에서도'라는 표현이다. 파
리코뮌을 예로 들면 베르사유도 리옹도 런던도 로마도 암스테르담
도 바르샤바도 모스크바도, 그리고 파리도 예외가 아니다. 다수 노
동계급으로부터 분리된 권력, 즉 다수 노동계급을 지배하는 권력과
는 일체의 타협도 해서는 안 된다. 결국 기 드보르는 위기라는 명분
으로, 효율이라는 이름으로 "전문화, 위계, 그리고 분리"의 길을 선
택해서는 안 된다고 선언하고 있는 셈이다. 자신이 파리코뮌 지도
부였다면 공안위원회 설치에 목숨을 걸고 반대했을 것이고, 자신이
헤이그 대회에 참가했다면 존경하는 마르크스라도 멱살을 잡고 비
판의 사자후를 날렸을 것이라는 이야기다. 19세기의 파리코뮌과 제
1인터내셔널과는 다른 여정을 겪는 20세기 초반의 평의회 공동체
가 있었다. 바로 베를린코뮌을 만들었던 스파르타쿠스동맹과 크론
시타트코뮌을 만들었던 크론시타트소비에트였다. 독일사회민주당
정권에 의해 궤멸될 때까지 스파르타쿠스동맹은, 그리고 볼셰비키
정권에 의해 파괴될 때까지 크론시타트소비에트는 어떤 분리된 권
력도 허용하지 않고 "능동적인 직접 소통"의 공동체로 장렬하게 버
텼다.

116번째 테제에서 기 드보르가 "20세기의 혁명적인 노동자평
의회에는 이런 정치적 형태가 선명한 모습을 드러냈다"고 극찬한
것도 이런 이유에서다. 19세기 두 혁명조직이 자살미수에 이어 타

살되었거나 자연사했다면, 20세기 초반 두 혁명조직은 당당한 타살을 선택한 것이다. 억압의 논리를 받아들이느니 평의회주의를 지키다 죽는 길을 선택했으니까. 코뮌이란 둥지가 땅에 떨어지면 그 안에 있던 알도 무사할 수 없다. 이런 위기 상황에서도, 아니 이런 위기 상황이기에 더욱더 평의회주의를 견지해야 한다는 것! 평의회주의를 마지막 삶으로 견뎌내야 한다는 것! 바로 이것이 기 드보르의 각오였다. 억압이 없는 사회를 꿈꾸는 혁명조직은 "자신의 내부에 지배사회의 조건들, 즉 분할과 위계를 재생산해서는 안" 되기 때문이다. 그래서 다시 한 번 기 드보르는 자신이 가장 존경하는 선배 마르크스에게 노동자평의회, 코뮌, 혹은 혁명조직의 유일한 철칙을 강조한다. "혁명조직의 완전한 민주주의에 참여할 때 유일한 제한 사항은, 구성원 전원이 조직 비판의 정합성을 인정하고 그것을 실질적으로 향유한다는 데 있다"고. 억압사회를 극복하는 데 우회로란 있을 수 없다. 오로지 평의회코뮌주의의 깃발을 굳게 잡고 앞으로 당당히 직진할 뿐이다.

정치철학
4장

다시 움켜쥐는 평의회코뮌주의 깃발

1. 관료주의 혹은 국가주의에 맞서는 끈질긴 힘

크론시타트 이후 관료주의bureaucratie는 국가자본주의의 유일
한 주인이 된다. …… 관료주의적 사회는 역사상 가장 난폭
한 원시적 자본 축적을 실현하기 위해 농민들에게 공포정치
를 자행하면서 자신의 완성을 추구할 수밖에 없다. 스탈린 시
대의 산업화는 관료주의의 최종적 현실을 드러낸다. 그것은
경제권력의 계속적 유지, 즉 노동–상품le travail-marchandise을 유
지시키는 상품사회la société marchande의 본질의 보존이다. ……
전체주의적 관료주의la bureaucratie totalitaire는 …… '역사상 최후
의 자산계급classe propriétaire'이 아니라 상품경제를 주도하는 대
체 지배계급classe dominante이다. 약한 자본가의 사적 소유권
la propriété privée은, 단순하고 덜 다양하고 집중된 아류 형식의 소
유권, 즉 관료계급의 집단적 소유권la propriété collective으로 대치
된다.

-《스펙타클의 사회》104

레비스트로스Claude Lévi-Strauss(1908~2009)는 1955년 자신의 저서
《슬픈 열대Tristes tropiques》에서 '문자l'écriture와 문명la civilisation'이 동시에 탄

생했다는 것에 주목한 적이 있다. 물론 최초의 고대문명은 그의 말대로 "상당수의 개인들의 하나의 정치체제 속으로의 병합intégration이자 이 개인들의 카스트와 계급으로의 위계화hièrarchisation"에 지나지 않는다. 여기에 한 가지 덧붙여야 할 것은 문자와 문명의 탄생은 BC 8000년경에 시작된 농업혁명의 생산력이 BC 3000년쯤 폭발했다는 사실이다. 메소포타미아문명, 이집트문명, 인더스문명, 그리고 중국문명을 생각해보라. 모두 비옥한 하천 주변에서 발생했다. 최초의 고대문명에는 비옥한 땅, 농업 기술, 그리고 농부들이 갖추어져 있었다. 여기에 최초의 침략자만 더해지면 국가가 탄생하는 것은 한 걸음이면 족하다. 최초의 침략자들은 비옥한 땅을 무력으로 수중에 넣으면 된다. 나머지는 농부들의 계산에 맡기면 되니까. 침략자들에게 세금을 주고서라도 비옥한 땅에서 농사를 짓는 이익과 비옥한 땅을 떠나서 척박한 땅을 개간해서 얻는 이익을 비교하는 것이다. 전자의 이익이 후자보다 크다면, 농부들은 이제 지배계급을 부양하는 피지배계급이 된다. 만약 반대로 판단한다면, 농부들은 침략자들을 피해 새로운 땅으로 옮겨가게 된다. 그렇지만 후자의 선택은 호구책에 지나지 않는다. 집요하고 탐욕스런 침략자들은 새로 개간된 땅마저 뺏으러 올 테니 말이다. 이렇게 침략자나 약탈자들은 지배계급이 되고, 더 이상 도망갈 땅도 없고 도망갈 의지도 사라진 농부들은 피지배계급이 된다. 정신노동에 종사하는 지배계급과 육체노동에 종사하는 피지배계급, 아니 정확히 말해 육체노동을 하지 않아도 먹고사는 지배계급과 그들을 부양해야만 하는 피지배계급이 구분되면서, 하위 90퍼센트의 노동계급이 상위 10퍼센트의 지배계급을 먹여 살리는 억압체제, 즉 국가는 탄생한다. 그렇지만 국가가 탄생한 것과 그것이 지속하고 성장하는 것은 완전히 다른 문제다.

국가의 탄생이 문제가 아니라, 국가의 지속과 성장이 문제인 이유는 무엇일까? 과거 수렵채집경제 시절 공동체의 규모가 몰라보게 확장되었기 때문이다. BC 2500년경 이집트 제4왕조Fourth Dynasty of Egypt의 인구는 500만 명으로 추정된다. 수렵채집인들이 보았다면 경악할 만한 인구 아닌가. 상위 10퍼센트가 나머지 90퍼센트 노동계급을 지속적이고 안정적으로 착취하고 통제하려면 두 가지가 반드시 요구된다. 하나는 순종과 저항의 대가를 기록한 강력한 명령체계이고, 다른 하나는 하위 90퍼센트의 내면에 복종을 당연시하도록 만드는 이데올로기다. 전자를 대표하는 것이 노동계급의 육체를 지배하려는 법률이었다면, 후자를 대표하는 것은 바로 그들의 정신을 지배하려는 종교다. 법률과 종교가 제대로 작동해야 국가는 지속과 성장을 기대할 수 있다. 그렇지만 법률과 종교가 500만 명 정도의 공동체에 제대로 통용되려면, 최고 통치자의 '음성'만으로는 불가능한 일이다. 음성은 많아야 100명을 넘지 않았던 수렵채집 공동체에서나 통용되는 의사소통 수단이기 때문이다. 더군다나 '음성'으로 복잡하고 추상적인 법률 조항과 종교적 교리들을 제대로 전달하는 것은 거의 불가능한 일이다. 최고 통치자가 자기가 말한 것도 기억 못하기 십상이니, 듣는 사람들은 어떻겠는가? 말하는 사람도 듣는 사람도 사람이라면, 뇌의 저장 용량, 즉 기억력에는 한계가 있을 수밖에 없다. 내장 하드디스크의 용량이 부족하면, 외장 하드디스크를 사용하면 된다. 들은 것을 모두 뇌에 기억할 수 없다면, 점토판, 돌, 파피루스, 양피지, 종이 등이 외장 하드디스크로 이용될 수 있다. 문제는 들은 것을 어떻게 여기에 기록하느냐다. '문자'를 발명함으로써 이 문제는 한 방에 해결된다. 유기체가 생존하려

수메르문명의 점토판. 성인과
어린이에게 배급된 보리
배급량이 기록되어 있다.

면 피가 돌아야 하는 것처럼, BC 3000년 전후 탄생한 국가라는 유기체도 생존과 성장을 위해서는 '문자'라는 피가 필요했던 셈이다.

최초의 문자에는 숫자가 포함된다는 사실도 잊지 말자. 아니 어쩌면 바로 이 숫자가 평범한 문자들보다 더 중요하다고 해야 할 듯하다. 숫자가 없다면 어떻게 국가 재정을 통제할 수 있다는 말인가? 농지의 수와 크기, 하천의 수와 크기, 곡식 생산량, 투입된 노동자의 수, 광산의 수와 채굴량, 광물의 수와 양, 가축과 노예들의 양, 수렵물의 종류와 양 등등이 파악되지 않으면 제대로 세금을 거두어들이는 것도 불가능할 테니 말이다. 지배계급이 이 모든 정보를 머리에 담아두는 것이 불가능하니, 문자로 기록하고 관리해야만 한다. 한 해 한 해 국가 재정에 대한 데이터를 쌓고, 이것을 토대로 조세와 재정을 계획해야 한다. 흉년이 들어 곡식 생산량이 저조하다면 생산량 감소만큼 세금도 줄여야 한다. 과도한 세금은 노동계급의 저항을 낳아 국가가 와해되는 치명적인 위험이 될 수도 있으니

6부. 코뮌주의 역사철학과 기 드보르의 유산

말이다. 문서다! 정확히 말해 공문서다. 숫자를 포함한 문자들로 기록된 공문서들이 만들어지고 화재 등 위험에서 보호할 수 있도록 보관되어야 한다. 그러니 경제와 관련된 문서보관소도 필요하고, 법률과 관련된 문서보관소나 종교와 관련된 문서보관소도 별도로 필요한 법이다. BC 3000년 즈음 메소포타미아에서 번성했던 인류 최초의 문명인 수메르Sumer문명이 남긴 다양한 점토판들은 그 편린에 해당한다. 이보다 더 완전한 공문서를 보려면, 1000년 정도를 더 기다려야 한다. 1000년 뒤 메소포타미아 지역을 장악했던 바빌로니아Babylonia왕국이 남긴 '함무라비 법전Code of Hammurabi'이다. BC 1800년경에 제정되어 돌에 새겨진 이 법전의 221조항, 222조항, 그리고 223조항을 연속해서 읽어보자. "만일 의사가 누군가(=귀족)의 부러진 뼈나 감염된 살을 치료했다면, 환자는 5세겔shekel의 은을 주어야 한다. 만일 환자가 자유인(=평민)이라면, 환자는 3세겔을 주어야 한다. 만일 환자가 노예라면, 그의 주인은 2세겔을 주어야 한다." 레비스트로스의 말대로 바빌로니아왕국이 분명한 계급사회였다는 사실, 막대한 세금을 현물로 거두는 것이 불가능했기에 은으로 세금을 거두었다는 사실, 전문직 등 분업체계가 상당히 자리 잡았다는 사실 등등이 명확해진다.

여기서 한 가지 질문을 던질 필요가 있다. 함무라비 법전의 전체 281조항을 만든 이는 누구일까? 왕국의 최고 권력자 함무라비Hammurabi(BC 1810?~BC 1750?)였을까? 의사와 다양한 계급의 환자들 사이에 불만이 생기지 않을 만큼 나름의 균형 잡힌 진료비를 책정하고, 경제 상황에 따라 진료비를 수정하는 일은 함무라비가 할 수 없는 일이다. 이것은 국가 재정과 경제 상황 전체를 숫자로 정확히 파악하고 있는 사람들, 언제든지 과거 자료들을 넘겨보면서 새롭게

프랑스 루브르박물관에 있는 함무라비 법전
비석.

진료비를 책정할 수 있는 사람들이 아니라면 불가능한 일이다. 함
무라비는 단지 이들이 만든 법조문들을 재가했을 뿐이다. 그들은
바빌로니아왕국의 귀족이었을까, 평민이었을까, 아니면 노예였을
까? 사실 이런 물음은 전혀 중요하지 않다. 그들은 왕, 귀족, 평민,
그리고 노예마저도 초월적인 시선으로 관조하며, 국가라는 유기체
가 어떻게 지속하고 성장할 수 있는지를 고민했던 사람들이었으니
까. 그들은 자신들의 삶이 국가와 함께한다는 것을 너무나도 잘 알
고 있었다. 그들에게는 최고 통치자가 누구인지, 어떤 형식으로 권
력을 잡았는지, 나아가 권력이 정당한지의 문제는 아무런 상관이
없었다. 소수 지배계급과 다수 피지배계급으로 구성되는 억압체제
만 있으면 족했기 때문이다. 그들은 누구일까? 문자와 숫자를 통해

세계를 읽고 독해하는 사람들. 사무실 책상에 앉아 문자와 숫자를 만지면서 세계를 조작하는 사람들. 자신들이 새롭게 만든 법률이나 규칙 등의 저작권을 모조리 최고 권력자에게 양도하며 여유로운 생활을 영위하는 익명의 사람들. 최고 권력자에게 스스로를 종이라고 칭하며 노동계급 위에 군림했던 사람들. 10퍼센트의 정신노동자 대부분을 차지했던 사람들. 그들은 과연 누구일까? 18세기 중엽 드 구네^{Jacques Claude Marie Vincent de Gournay}(1712~1759)가 '뷰로크라시^{Bureaucratie}'라는 신조어를 만들 때까지, 그들은 표면에 등장한 적이 없었다. 책상이나 사무실을 뜻하는 '뷰로^{bureau}'라는 프랑스어와 지배를 뜻하는 '크라토스^{κράτος, kratos}'라는 그리스어가 드 구네를 통해 만나는 순간, 마침내 그들은 '뷰로크라트^{bureacrate}', 즉 관료라는 이름을 갖게 되었으니까. 사실 관료들로서는 너무나 당혹스러운 일이었다.

BC 3000년 이후 대부분의 민중들은 최고 권력자를 휘감고 있던 종교적인 아우라에 취해 관료들의 존재에 주목할 수 없었다. 그렇지만 18세기 중엽 부르주아사회가 출범하면서, 상황은 매우 달라지고 만다. 이제 권력자는 더 이상 종교적 아우라를 뿜어낼 수 없었고, 그만큼 국가를 하나의 유기체로 기능하도록 만들었던 관료와 관료체계가 백일하에 그 전모를 드러냈으니까. BC 3000년 이후 고대국가에서 로마제국까지, 나아가 중세국가까지 다양한 정치체제가 부침을 해도 거의 영구불변하게 자신의 지위를 유지했던 관료들로서는 여간 불편한 일이 아니었다. 노동계급이 조금만 더 지혜로워진다면, 그들은 관료와 관료주의의 비밀을 바로 포착할 테니 말이다. 국가라는 거대한 유기체를 생존하도록 만드는 것이 바로 관료들과 관료주의다. 유기체에 모든 영양분을 공급하고 아울러 노폐물들을 실어 나르는 피와 같은 역할을 하는 것이 관료들이라면, 전체 유기체에 퍼져 있는 복잡한 혈관계가 바로 관료주의니까 말이다. 1846년 《독일이데올로기》에서 마르크스는 육체노동과 정신노동의 분화, 즉 지배계급과 피지배계급의 탄생과 함께 "이데올로그의 첫 번째 형식인 '사제Pfaffen'가 함께 출현한다"고 강조했던 적이 있다. 하위 90퍼센트가 상위 10퍼센트를 부양하는 억압체제를 정당화하기 위해서 종교가 필요했다는 진단이다. 그렇지만 육체노동과 정신노동의 분화 자체가 지속되었던 이유는 관료주의 때문이라는 사실을 간과해서는 안 된다. 문자와 숫자에 능통했던 사람들, 선배들이 남긴 공문서들을 읽고 해독할 수 있는 사람들, 나아가 새롭게 기록을 남기는 사람들이 없었다면, 애써 탄생한 국가의 성장은 커녕 지속도 힘들었을 테니 말이다. 사실 제사장마저도 수많은 종교 관료가 없었다면 존재하기조차 힘든 것 아닌가. 분명 국가라는 억압체제를 지탱하는 이데올로기의 첫 번째 형식이 종교이고, 그것을 담당하는 것이 사제였다는 것은 맞다. 그렇지만 국가라는 억압구조의 핵심에는 관료주의가 도사리고 있다는 사실은 이보다 수천 배 더 중요하다.

마르크스의 말대로 국가라는 억압구조를 정당화했던 최초의 이데올로그는 사제들이었다. 그렇다면 두 번째 이데올로그는 누구였을까? 바로 최초의 철학자들이다. 지금도 주류 철학계가 철학의 시조라고 찬양하는 인물들이 누구인지를 보라. 서양철학의 경우 플라톤이고 동양철학의 경우는 바로 공구孔丘, 즉 공자孔子다. 위대한 인문정신이라고 추앙받고 있지만 사실 플라톤과 공자는 모두 사제들 대신 국가라는 억압구조를 정당화하는 임무를 떠맡았던 사람들이다. 물론 최초의 철학자답게 두 사람은 사제처럼 신과 같은 초월적 존재를 끌어들여 지배관계를 정당화하지는 않았다. 인간의 이성과

플라톤이 그의 제자들에게 지혜를 전파하고 있다. 칼 발봄의 그림(1879). 위대한 인문정신이라고 추앙받고 있지만 사실 플라톤과 공자는 모두 사제들 대신 국가라는 억압구조를 정당화하는 임무를 떠맡았던 사람들이다.

논리의 힘으로 그들은 충분히 국가를 정당화할 수 있었으니까. 먼저 플라톤이다.

국가의 법률nomoi과 관례epitēdeumata를 수호할 수 있을 것으로 보이는 사람들이면, 이들을 수호자들phylakes로 임명해야 한다네.

—《국가Politeia》(484c)

《국가》에서 플라톤은 이상적인 국가는 '통치자archontes-수호자phylakes-생산자dēmiourgoi'로 구성되어야 한다고 주장한다. 계급사회가 당연하다는 주장이다. 여기서 흥미로운 것은 바로 수호자들이라는 존재다. 사실 플라톤의《국가》대부분의 지면이 바로 이 수호자의 성격, 생활, 교육 등에 할애되었을 정도로 수호자는 중요하다. 그렇다면 국가의 법률과 관례를 수호하는 사람들, 그들은 누구인가? 법률과 관례를 기록한 문자를 해독할 수 있는 사람들, 문자에 기록된 것을 현실에 적용하는 사람들, 그리고 법률과 관례를 가로막는 적들로부터 국가의 문자를 지키는 사람들, 바로 관료 아닌가? 흔히 '철학자=왕'이라고 정의되는 플라톤의 통치자는 혈연에 의해 왕위를 계승한 사람은 아니다. 그에게 통치자는 '참된 수호자alēthinoi phylakes'나 '완벽한 수호자들phylakes panteleis'로, 수호자들 중 가장 탁월한 사람일 뿐이다. 최고의 수호자, 즉 통치자를 제외한 나머지 수호자들이 '보조자들epikouroi'이나 '협력자들boēthoi'이라고 불리는 것도 이런 이유에서다.

어쨌든 통치자든 수호자든 그들은 국가의 법률을 지키는 사람들이다. 누구로부터?《국가》(470b)에 언급된 "전쟁polemos과 내란stasis"이 그 대답이 된다. 내란은 글자 그대로 국가 내부의 갈등으로, 당연히 그것은 소수 지배계급을 부양하는 생산자들의 저항과 관련된다. 반면 전쟁은 국가 외적인 문제로서 외부 국가나 침략자와의 갈등 문제다. 결국 통치자와 수호자가 누구로부터 국가의 법률을 지키는지는 명확하다. 생산을 책임지는 내부의 피지배계급과 수탈과 약탈을 목적으로 침입하는 외부의 적들이다. 수호자가 수호자라는 이름을 갖게 된 것도 이런 이유에서다. 국가가 평화로울 때 그들은 관료였고 국가가 위태로울 때 그들은 장교로 활동했던 것이다. 전쟁과 내란 모두 중요하지만, 국가로서 더 중요한 문제는 바로 내란이다. 내란의 격랑에 빠지는 순간, 국가는 호시탐탐 때를 노리는 외부 적들의 표적이 될 테니 말이다. 《국가》(433b)에서 플라톤이 통치자의 "지혜phronēsis"와 수호자의 "용기andreia" 이외에 생산자의 "절제sōphrosynē"라는 덕목을 강조했던 것도 이런 이유에서다. 수탈에 대한 불만을 갖지 말라는 이데올로기다. 통치자와 수호자가 지혜와 용기로 맡고 있는 정치에 개입할 생각을 하지 말라는 이야기, 모든 인간은 동등한 능력을 갖고 태어난 것이 아니니 육체노동에 만족하면서 살라는 이야기다.

플라톤의 주장을 들었다면 공자는 아마 박수를 쳤을 것이다. 반대로 공자의 글을 읽었다면 플라톤 또한 그랬을 것이다. 두 사람은 사제 대신 '지식인=관료'의 시대가 곧 열리리라 확신했을 테니까. 두 사람은 모두 지배와 피지배 관계를 의심하지 않았다. 그렇지만 소수 인간이 다수의 동료 인간을 가축처럼 부리는 참혹한 세계가 어떻게 정당화될 수 있다는 말인가? 이런 의문을 가진 사람만이 인문정신을 가지고 있다고 자부할 수 있는 법이다. 불행히도 그 명성과 달리 플라톤은 계급사회를 당연시했고 아울러 생산자들에게 "절제"라는 이데올로기를 부과해 그들의 저항을 무력화시키려고 했다. 공자도 플라톤과 마찬가지로 계급사회를 긍정한다. 물론 두 사람 사이에는 작은 차이도 존재한다. 생산자에게 "절제"라는 이데올로기를 강요했던 플라톤과 달리 공자는 계급 간의 갈등을 막는 이데올로기로 "조화和"라는 개념을 강조하기 때문이다. 그렇지만 두 사람의 이데올로기는 대동소이한 목적에 종사한다. 지배계급과 피지배계급의 조화는 수탈에 대한 피지배계급의 인내, 즉 절제가 불가피하니까 말이다.

공자가 말했다子曰. "군자는 조화和의 입장이고 평등同의 입장이 아니며, 소인은 평등의 입장이지 조화의 입장이 아니다君子和而不同, 小人同而不和."

-〈자로子路〉, 《논어論語》

군자는 정신노동에 종사하는 자이고, 소인은 육체노동에 종사하는 사람이다. 군자는 우리말로는 선비라고 번역되는 사士로 불리는데, 공자가 살았던 춘추시대 이전의 왕조 주周나라(BC 1046~BC 256)가 지배계급에게 요구했던 '여섯 가지 기예六藝'를 익힌 사람들이다. 여섯 가지 기예는 각각 위계질서에 맞는 격식을 배우는 예禮, 행사에 사용되는 음악을 배우는 악樂, 활 쏘는 기술을 배우는 사射, 전쟁 때 사용하는 수레를 모는 기술을 배우는 어御, 글을 해독하고 쓰는 기술을 배우는 서書, 그리고 점을 치고 그것을 해석하는 방법과 숫자와 관련된 기술을 배우는 수數다. 플라톤의 표현을 빌리자면 군자나 선비가 바로 통치자나 수호자 등 지배계급을 가리키고, 소인은 생산자라는 피지배계급을 가리킨다고 하겠다. 《춘추좌전春秋左傳》〈양공襄公·7년年〉에는 흥미로운 구절이 하나 등장한다. "군자는 마음을 수고롭게 하고 소인이 힘을 수고롭게 하는 것은 이전 왕들이 만든 제도다君子勞心, 小人勞力, 先王之制也." 정신노동과 육체노동으로 사회적 분업을 정당화하는 것처럼 보이지만 사실 육체노동을 하지 않고 피지배계급의 육체노동에 기생하며 사는 지배계급을 합리화하는 논의에 지나지 않는다.

공자의 시대에는 노동계급의 정치적 요구가 거셌던 시절이다. 다양한 국가들이 서로 중원의 패권을 놓고 다투는 시대였기에, 노동계급은 운신의 자유가 있었다. 어떤 군주가 수탈이 심하면, 야밤에 가족들을 데리고 다른 국가로 도망가면 되는 시절이었으니까.

6부. 코뮌주의 역사철학과 기 드보르의 유산

노동계급이 정신노동의 미명으로 아무런 노동도 하지 않고 호의호식하는 지배계급에 대한 불만을 피력할 수 있었던 것도 이런 이유에서다. 당연히 모든 인간은 동등하다는 주장마저 노동계급 속에서 등장한다. 공자가 "소인은 평등의 입장이지 조화의 입장이 아니다"라고 한탄하는 시절이 찾아온 셈이다. 이에 반해 공자는 흔들리는 계급사회를 지키려고 했던 보수적인 철학자였다. 마음을 수고롭게 하는 지배계급과 힘을 수고롭게 하는 피지배계급, 간단히 말해 정신노동과 육체노동 사이의 분업과 조화가 중요하다고 주장했기 때문이다. '평등同'이 아니라 조화和'를 지향하는 전통적인 지배계급, 즉 군자의 입장에 서 있었던 공자였다. 플라톤이 그리스 민주주의에 대한 반혁명을 상징하듯, 공자도 중국 민주주의에 대한 반혁명의 기수였던 셈이다. 여기서 우리는 공자의 조화 개념에 주목할 필요가 있다. 조화라는 개념은 기본적으로 이질적인 요소들이 전제된다. 그러니까 국가의 조화란 이질적인 계급이 갈등이나 대립을 표출하지 않고 서로 평화롭게 공존하는 상태를 말한다. 군자와 소인의 조화, 수호자와 생산자의 조화, 귀족과 노예의 조화, 영주와 농노의 조화, 자본가와 노동자의 조화 등등. 어느 경우든 피지배계급이 아니라 지배계급이 조화를 강조하기 마련이다. 조화에 대한 지배계급의 요구는 항상 이차적이다. 먼저 억압사회, 혹은 억압구조에 대한 피지배계급의 불만이 임계점을 넘어 폭발하는 사태가 아니더라도 지배계급과 피지배계급 사이의 첨예한 갈등이 전제되어야 하니까.

플라톤의 '수호자'나 공자의 '군자'는 '지식인=관료'를 정당화하는 개념이다. 법률을 해독하고 현실에 적용할 수 있는 수호자나 경전이나 역사서를 해독하고 현실에 적용할 수 있는 군자는 최고 관료를 꿈꾸는 지식인들에 지나지 않는다. 실제로 플라톤의 계승자

아리스토텔레스^{Aristotle}(BC 384~BC 322)는 알렉산더^{Alexander}(BC 356~BC 323)의 제국 마케도니아^{Macedonia}에 봉사했고, 공자의 제자들도 다양한 제후국에서 고급 관료로 일하지 않았던가? 최초의 철학이 관료들의 커밍아웃이라고 규정할 수 있는 것도 이런 이유에서다. 문자와 숫자로 모든 것을 지배하고 통제할 수 있다는 관료들의 자신감, 실제로 자신들이 국가를 유지하고 성장시키는 주역이라는 그들의 자신감은 음지에서 일하고 양지를 지향한다는 그들의 오랜 관례를 뚫고 양지로 나온 셈이다. 국가 내 모든 사람에 대해 생살여탈권을 잡고 있던 최고 통치자나 절대 권력자가 있었다면, '관료=지식인=철학자'들이 칼과 창의 통치가 아니라 문자와 숫자의 통치를 주장하는 일도 없었을 것이다. 그럼에도 간이 배 밖으로 나온 사태가 가능했던 것은 플라톤이나 공자가 절대군주가 존재하지 않았던 시대에 살고 있었기 때문이다. 플라톤이 살았던 아테네는 민주주의에 의해 움직이는 사회였고, 공자가 살았던 춘추시대의 중국은 수많은 제후들이 패권을 다투느라 예비 관료로서 지식인들을 우대하고 있었다. 그래서 플라톤은 통치자가 세습에 의해서가 아니라 수호자들 중 가장 탁월한 사람이 되어야 한다고 주장할 수 있었고, 공자의 계승자 맹가^{孟軻}(BC 372?~BC 289?), 즉 맹자^{孟子}도 세습 왕조를 부정하는 역성혁명을 정당화하는 기염을 토할 수 있었던 것이다.

물론 BC 27년 로마제국이, 그리고 BC 221년 진^秦제국이 등장하면서, 관료들은 다시 음지로 조용히 되돌아간다. 사무실 책상에 앉아 공문서를 해독하고 작성하며 그들은 제국으로 확장된 국가를 유지하는 본연의 임무에 집중했으니까. 철학사에서는 흔히 철학의 암흑기라 불리는 시절이 개막된 셈이다. 제국의 시대가 지나고 부르주아의 시대가 열리자, 관료들은 세습된 권력 대신 선출된 권력에 적응해야 했다. 20세기 들어와 관료들이 자신들을 '시빌 서번트 civil servant'나 '퍼블릭 서번트public servant'라고 표현하는 것도 이런 이유에서다. 시민들이 수상이나 대통령을 선출했으니, 설령 최고 통치자에게 복종하는 자신들의 본성에는 변화가 없다고 할지라도, 새로운 트렌드에 적응할 필요는 있었던 것이다. 현재 우리가 사용하는 공복公僕이나 공무원公務員이란 말의 유래도 바로 여기에 있다. 18세기 중엽까지 그 명확한 실체를 드러내지 않았던 관료주의를 숙고하기 위해서는 관료에 대한 일종의 계보학적 사유가 필요하다. 관료의 계보학을 위해서는 관료주의가 가장 먼저 그리고 가장 체계적으로 발달했던 동아시아 전통을 살펴보는 것이 도움이 된다.

오랫동안 서양의 패권을 잡으며 부침했던 로마제국(BC 27~1453)은 그 명성과는 달리 느슨한 관료조직으로 유지되었다. 반면 동아시아의 국가들은 수隋제국(581~619)과 당唐제국(618~907) 시기에 정비된 삼성육부三省六部라는 체계로 관료조직을 완성했다. '삼성三省'은 황제의 의지를 법안으로 구체화했던 '중서성中書省', 만들어진 법안을 심사해 중서성에 수정을 요구하거나 아니면 상서성에 하달하는 '문하성門下省', 그리고 문하성을 통과한 법안을 행정화했던 '상서성尙書省'을 말하고, '육부六部'는 관료 선발과 고과를 맡았던 '이부吏部', 국가 재정을 담당했던 '호부戶部', 교육과 외교를 담당했던 '예부禮部', 군대와 전쟁을 담당했던 '병부兵部', 형벌과 치안을 담당했던 '형부刑部', 그리고 마지막으로 국가의 공공사업을 담당했던 '공부工部'다. 참고로 우리의 경우 발해渤海(698~926) 때부터 고려高麗(918~1392)나 조선朝鮮(1392~1897)도 삼성육부 체계를 그대로 답습했다. 어쨌든 삼성육부 관료조직이 탄생하자마자, 동시에 관료를 선출하는 경쟁시험 과거科擧도 제도적으로 완비된다. 수제국 시절 여섯 개의 분야로 관료들이 선출되었는데, 천거를 통해 관료를 뽑는 수재秀才, 유학 경전에 전통한 사람을 뽑는 명경明經, 법률과 형법에 밝은 사람을 뽑는 명법明法, 숫자와 계산에 능한 사람을 뽑는 명산明算, 글쓰기나 문서작업에 능통한 사람을 뽑는 명서明書, 그리고 중앙정부 관료를 뽑는 진사進士가 바로 그것이다. 시험으로 뽑혔든 아니면 무시험으로 뽑혔든, 그들은 사회의 엘리트elite가 된다. '뽑는다' 혹은 '선발한다'는 의미를 가진 라틴어 '엘리게레ēligēre'에서 유래한 엘리트는 기본적으로 '문자'를 뜻하는 '리테라littera'에서 유래한 '글자를 읽을 수 있는 사람', 즉 리테라티litterātī들을 가리킨다. 어쨌든 선출된 관료들, 엘리트들은 도서관처럼 분류된 사무실에 들어가 자기에게 할당된 책상 앞에 앉으면서 관료로서 임무를 수행하게 된다. 과거 기록들을 검토하고 새로운 문서를 작성하는 작업을 수행한다. 이들이 만든 문서들은 관료조직을 흘러다닌다. 이로써 국가라는 억압체계는 피가 도는 유기체처럼 생명력을 얻는다. 국가는 그 대가를 관료들에게 지위에 따라, 그리고 성과에 따라 배분한다. 동아시아 지식인들은 입신양명立身揚名이란 네 글자를 떳떳한 좌우명으로 읊조리지만, 사실 그들의 내면에는 신분 상승뿐만 아니라 그에 수반되는 경제적 풍요를 지향하는 출세 지향적 동기가 깊게 뿌리를 내리고 있다.

이런 질문을 던져보자. 관료가 되는 데 실패한다면, 그들은 어떻게 살아가게 되었을까? 나름 지배계급 출신 소수 자제들은 부모의 여력으로 삶을 영위할 것이고, 대부분의 사람들은 노동계급으로 살아갈 수밖에 없다. 물론 전자의 경우도 조금씩 부모의 후광이 사라지면서 결국 노동계급으로 전락하게 될 것이다. 결국 관료가 되려는 욕망은 지배계급을 유지하거나 아니면 새롭게 편입되려는, 노골적으로 말해 국가가 내건 당근을 더 많이 얻으려는 피지배계급의 왜곡된 욕망과 다름없다고 할 수 있다. 그렇지만 관료가 되려는 이런 욕망을 실현하기 위해서 마르크스가 말한 "만국의 노동자여! 단결하라!"라는 절절한 요청은 쓰레기통에 던져 넣어야만 한다. 바로 이 대목에서 《인간 불평등 기원론Discours sur l'origine et les fondements de l'inégalité parmi les hommes》에 등장하는 루소Jean-Jacques Rousseau(1712~1778)의 사유 실험에 주목할 필요가 있다. 이 실험에서 루소는 관료의 탄생을 피지배계급의 입장에서가 아니라 지배계급의 입장에서 고찰하고 있으니까.

> 뛰어난 솜씨만으로 부자가 된 자도 자신의 소유propriété에 대해 내세울 명분이 없었다. 예를 들어 "이 울타리를 세운 것은 나다. 나는 내 노동으로 이 땅을 얻었다"고 우겨봤자 아무런 소용이 없다. 누군가 "누가 당신에게 경계선을 정해주었느냐"고 대꾸할 수도 있다. …… 자신의 입장을 정당화할 유효한 이유raisons나 자신을 방어할 충분한 힘forces도 없고, 한 사람 정도는 쉽게 짓누른다고 해도 강도 떼에게는 오히려 짓밟힐 수밖에 없고, 서로의 질투심 때문에 약탈의 공통된 희망으로 결집된 적들에 대항하여 자기 동료들과 결합할 수도 없어서 만인에 대해 홀로 맞설 수밖에 없기에, 마침내 부자le riche는 절박한 필요에 의해 인간의 정신 속에서 일찍이 스며든 적이 없는 가장 교묘한 계획을 생각해냈다. 그것은 바로 자신을 공격하는 자들의 세력 자체를 자신에게 유리하게 사용하고, 자신의 적대자들adversaires을 자신의 방어자들défenseurs로 만들고, 그 적대자들에게 다른 준칙들을 불어넣어 자연법le droit naturel이 자신에게 불리

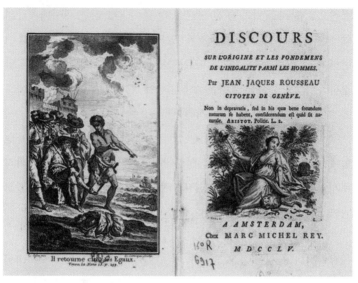

장 자크 루소의 《인간 불평등 기원론》 1755년 판 표지(암스테르담). 루소는 관료의 탄생을 피지배계급의 입장에서가 아니라 지배계급의 입장에서 고찰했다.

했던 것과 마찬가지로 자신에게 유리한 다른 제도들institutions을 그들에게 부여한 것이었다.

－《인간 불평등 기원론》(1754)

공상에 가까운 사유 실험이기에 루소의 이야기는 역사학과 인류학이 보여준 진실과는 거리가 멀다. 약탈자가 특정 지역 농부들에게서 강제로 땅이란 생산수단을 빼앗아 그들을 지배하면서, 억압구조로서 국가는 탄생했기 때문이다. 국가라는 형식이 대두한 뒤 지배의 공식은 "생산수단을 빼앗은 자, 그것을 빼앗긴 자를 지배한다"는 한 문장으로 요약된다. 이렇게 무력으로 땅을 빼앗은 자는 지배계급이 되고, 땅을 빼앗긴 자는 피지배계급이 된다. 그러니까 애초에 지배계급은 땅을 강제로 뺏을 만큼 충분한 힘을 가지고 있었던 셈이다. 그러니 부자가 "자신의 입장을 정당화할 유효한 이유나 자신을 방어할 충분한 힘도 없고, 한 사람 정도는 쉽게 짓누른다고 해도 강도 떼에게는 오히려 짓밟힐 수밖에 없고, 서로의 질투심 때문에 약탈의 공통된 희망으로 결집된 적들에 대항하여 자기 동료들과 결합할 수도 없어서 만인에 대해 홀로 맞설 수밖에" 없다는 루소의 이야기는 상상에 불과하다. 이것은 루소가 생산수단 독점의 문제를 소홀히 했기 때문에 벌어진 공상일 뿐이다. 출발점을 부자가 아니라 생산수단 약탈자로 잡았다면, 루소의 사유 실험은 좀 더 근사해졌을 것이다. 그렇지만 자신의 부유함을 지키려는 부자의 책략에 대한 루소의 이야기는 매우 중요하다. 이것은 국가라는 억압구조를 탄생시켰던 지배계급이 자신의 지배를 영속화할 뿐만 아니라 강화시키는 방법에 대한 신선한 통찰을 제공하기 때문이다.

부자의 책략은 무엇일까? "자신을 공격하는 자들의 세력 자체를 자신에게 유리하게 사용하고, 자신의 적대자들을 자신의 방어자들로" 만드는 것으로 피지배 노동계급에게 '이이제이以夷制夷'의 방법을 사용하는 것이다. 핵심은 노동계급을 이간질하는 데 있다. 지배계급은 단순하지만 효과적인 제안을 한다. "만약 자신을, 즉 국가를 지켜준다면, 궁핍하고 불안한 피지배계급의 삶이 꿈도 꿀 수 없는 풍족하고 안정적인 삶을 약속하겠다." 이렇게 피지배계급의 일부분은 지배계급의 적대자들이 아니라 방어자들이 되고 만다. 방어자로 전향한 그들은 조선시대 마름이나 일제강점기 조선인 순사에 비유할 수 있다. 지주는 소작농들 중 한 사람을 뽑아 다른 소작농들의 소작료를 거두는 임무를 부여하고 그에게 수많은 특권을 제공한다. 또 조선총독부는 조선인 순사를 채용해 그들로 하여금 동족을 감시하도록 한다. 동료 소작농들은 마름을 지주보다 더 혐오하기 마련이고, 조선인들은 일본인 순사보다 조선인 순사에게 더 큰 거부감을 가지기 마련이다. 그에 비례해 마름은 지주에게, 그리고 조선인 순사는 총독부에 더 의존하게 된다. 어느 사이엔가 마름과 조선인 순사는 자신을 채용한 지주나 총독부와 이해관계를 공유하게 된 것이다. 이렇게 관료는 탄생하는 법이다.

동아시아에는 관료의 계보학을 보여주는 글자가 있다. 고대 중국의 갑골문甲骨文과 금문金文에 등장하는 '신臣'이란 글자가 바로 그것이다. 외부 대상에 대한 일종의 그림 문자이기에, 한자는 상형문자象形文字라고 불린다. 당연히 최초의 한자들은 후대의 한자들보다 더 구체적이고 더 사실적이다. 갑골이나 금속에 최초로 새겨진 '신'이란 글자는 수직으로 늘어진 눈과 그 안의 눈동자를 묘사하고 있다. 수직으로 늘어진 눈은 고개를 숙이고 정면을 응시하려고 노력하면 만들어진다. 어려운 사람 앞에서 고개를 숙이고 그 사람을 보려고 하는 눈 모양을 묘사한 것이 바로 '신'이란 글자다. 한편 이 글자는 누군가를 감시하느라 둥그렇게 뜬 눈 모양을 묘사하는 것처럼 보이기도 한다. 그래서 언어학자들이나 역사학자들은 이구동성으로 '신'이 노예를, 더 구체적으로 특별한 노예를 가리킨다고 말한다. 소작농을 감독하는 소작농이 마름인 것처럼, 신은 노예를 감시하라고 주인에게 선택된 노예를 의미한다는 것이다.

고대 중국의 갑골문(위)과 금문에 등장하는 '신臣'이란 글자.

루소의 표현을 빌리자면 군주의 "적대자"였다가 이제는 군주의 "방어자"로 둔갑한 사람이 바로 '신'이라는 이야기다. 갑골문과 금문을 보면 우리는 전문가들의 이런 판단에 금방 수긍하게 된다. 그렇지만 이런 판단이 과연 옳은지에 대한 일말의 의구심도 숨길 수 없는 사실이다.

여기서 후한^{後漢}의 허신^{許愼}(58?~147)이 만든 가장 오래된 자전 《설문해자^{說文解字}》를 넘겨보는 것이 좋을 듯하다. "신은 끈다는 것이고 군주를 섬긴다는 것이다. 몸을 구부려 복종하는 모양을 본뜬 글자다. 신이란 자형이 들어 있는 모든 글자는 신의 이런 의미를 따른다^{臣, 牽也, 事君也. 象屈服之形. 凡臣之屬皆从臣}." 허신은 신이란 글자에 두 가지 의미가 있다고 이야기한다. 하나는 사람이든 대상이든 무언가를 끈다는 의미이고, 다른 하나는 군주를 섬긴다는 의미다. 노예들 중 다른 노예를 통솔하라고 선택된 특별한 노예라는 이런 정의는 갑골문이나 금문에 등장하는 '신'의 이미지와 부합된다. 그러니 신은 군주에게 아주 친근한 노예라고 할 수 있다. 동아시아 왕실에서 왕비가 군주에 대한 겸손의 뜻으로 자신을 '신첩^{臣妾}'이라고 부르는 오랜 전통도 이와 무관하지 않을 것이다. 그래서 신은 묘한 노예다. 군주와 관련해서는 노예이지만, 다른 노예들과 관련해서는 노예가 아니기 때문이다. 노예이면서 동시에 노예가 아닌 지위가 존재해야, 피라미드로 상징되는 관료주의 위계구조가 가능해진다. 조선시대의 '군주-영의정-판서-참판-⋯⋯-노동계급'이라는 신분 피라미드를 생각해보라. 최상위 꼭짓점 군주와 최하위 하단부 노동계급으로 구성된 신분 피라미드 사이의 공간이 바로 관료들의 놀이터인 셈이다. 영의정은 군주의 노예이지만 판서들을 부릴 수 있고, 판서도 영의정의 노예이지만 참판을 부릴 수 있다. 판서는 영의정이 되려고 하고 참판은 판서가 되려고 한다. 반대로 영의정은 판서로 전락하는 것을, 그리고 판서는 참판으로 전락하는 것을 목숨을 잃는 것처럼 두려워한다. 서글프고 잔인한 놀이가 반복됨에 따라 고급 노예를 지향하는 비뚤어진 욕망은 점점 노예들의 내면을 점령하고 만다. 루소의 말대로 마침내 지배계급은 "그 적대자들에게 다른 준칙들을 불어넣어 …… 자신에게 유리한 다른 제도들을 그들에게 부여"하는 데 성공한 셈이다.

노동계급 이간질의 역사, 혹은 동료 노동계급 배신의 역사를 보여주는 관료의 계보학. 이보다 더 중요한 것은 관료들이 자신도 모르게 일종의 플라톤주의에 젖어들게 된다는 사실이다. 문자나 숫자로 세계를 파악하고 통제할 수 있다는 관료들의 생각은 여러모로 다양한 구체 세계보다는 불변하는 형상을 강조했던 플라톤의 사유와 유사하기 때문이다. 《국가》(596a-b)를 보면 플라톤이 구체와 추상을 구분하는 대목이 나온다. "많은 침상과 식탁들이 있다고 해보세. …… 이 가구들과 관련해서는 어쨌든 두 '이데아$^{eidos, idea}$'가 있는데, 그 하나가 침상의 이데아라면 다른 하나는 식탁의 이데아라네." 플라톤의 "많은 침상과 식탁들"이 구체적인 삶의 차원에서 만나는 것들이라면, "침상의 이데아나 식탁의 이데아"는 침상이나 식탁이란 문자를 통해 상상하는 관념적인 것에 지나지 않는다. 플라톤주의는 이데아의 세계가 구체적인 세계보다 중요할 뿐만 아니라 구체적인 세계를 가능하게 해준다는 입장이다. 관료는 구체적인 삶의 세계보다는 공문서의 문자와 숫자를 다루는 사람이다. 관료주의가 플라톤주의와 친족관계가 되는 이유도 바로 여기에 있다. 구체적인 모든 것은 변한다. 그렇지만 문자와 숫자의 세계, 정확히 문자와 숫자가 환기해주는 정신적 세계는 변하지 않는다. 이데아 이론 이외에 플라톤이 이데아를 환기하거나 기억한다는 상기$^{anamnesis, recollection}$ 이론을 만든 것도 이런 이유에서다. 문자와 숫자가 발명되지 않았다면, 관료주의도 불가능했을 뿐만 아니라 플라톤의 철학도 불가능했다는 것은 여러모로 의미심장한 일이다.

숫자와 문자의 중시! 콘텍스트^{context}를 무시하고 텍스트^{text}를 중시하는 사유의 탄생! 감각적인 것보다 추상적인 것을 강조하는 사유의 탄생! 육체노동보다는 정신노동을 강조하는 사유의 탄생! 이것이 바로 플라톤주의이자 관료주의다. 실제로 관료가 되는 여섯 가지 방법 중 전문직 관료를 뽑는 네 과목을 보라. 명경, 명법, 명산, 명서가 바로 그것이다. 숫자와 관련된 명산을 제외하고 명경, 명법, 명서는 모두 문자와 관련되어 있지 않은가? 책상물림^{冊床退物}이나 백면서생^{白面書生}이라는 말이 있다. 책상에만 앉아 있느라 세상과 거리를 둔 사람, 풍찬노숙을 해본 적 없이 글만 보느라 얼굴이 하얀 관료 지망생이나 관료들을 의미하는 말이다. 그렇지만 책만 보는 것만으로 충분히 관료가 될 수 있으니, 사실 그들에게는 아무런 문제도 없다. 관료가 된 그들의 삶을 엿보도록 하자. 우선 그들은 삼성육부로 구획된 복잡한 사무실들 중 하나로 들어간다. 그리고 사무실을 가득 채운 책상들 중 자신에게 할당된 책상에 앉는다. 사무실 책상에 앉은 그는 자기 앞에 주어진 공문서를 처리할 뿐이다. 그 공문서에 적힌 숫자와 문자를 해독하고 과거 공문서와 비교하며 그 타당성을 검토하는 작업이 그가 맡은 일의 주요 부분이다. 서류 작업이 끝나면, 그는 그것을 다음 부서로 보내면 된다. 지금 자신이 처리한 공문서가 어떤 사람들을 군사상의 이유로 그들이 살고 있던 마을에서 소개^{疏開}해야 하는 내용이어도 관료에게는 고향을 떠나야 하는 사람들의 아픔이 실감나게 다가올 가능성은 별로 없다. 문자와 숫자의 힘, 혹은 공문서와 같은 텍스트의 힘은 바로 여기에 있다. 지배계급의 이익을 관철하느라 다수 노동계급의 삶에 대해 무관심한 것! 문자와 숫자는 억압과 수탈의 무자비성을 가능하게 해주는 근본적인 매체였던 셈이다.

18세기 중엽 산업혁명은 모든 것을 바꾸어놓았다. 화석연료를 에너지원으로 삼은 증기기관은 소나 말이 할 수 없는 가공할 만한 생산력을 발휘한다. 거대한 공장이 우후죽순으로 생겨나고, 그만큼 원자재의 수요도 폭발하게 된다. 다양한 산업들이 눈 깜짝할 순간에 탄생하고 공장에서는 다양한 원자재들을 조합한 새로운 상품들이 쏟아져 나왔다. 과거 농업경제의 생산력이 산업경제의 그것에 비하면 그야말로 조족지혈이었다는 것이 금방 자명해졌다. 폭발적인 생산력을 기반으로 엄청난 부를 축적한 자본계급이 탄생하면서, 마침내 서양은 부르주아사회로 이행하게 된다. 수탈의 기구 국가로서는 환호하지 않을 수 없는 상황이다. 생산량이 증가됨에 따라 국고로 들어오는 세수도 기하급수적으로 증가하니 말이다. 농업경제를 다루던 관료들로서는 이런 모든 것을 통제하기가 거의 불가능해졌다. 산업경제와 관련된 문자와 숫자를 해독할 수 있는 새로운 관료들의 필요가 점점 늘어만 갔다. 이것은 국가만의 문제가 아니었다. 새로운 산업과 새로운 기업도 자기 업종과 관련된 문자와 숫자를 다룰 수 있는 일종의 민간 관료가 필요했으니 말이다. 화이트칼라 노동자white-collar worker들은 이렇게 탄생한다. 동료 노동계급을 배신하고 지배계급 성원이 되는 출세의 길이 두 가지로 늘어났으니, 관료를 꿈꾸던 노동계급에게는 쾌재를 부를 일이 벌어진 셈이다. 공무원 시험으로 관료가 되는 전통적인 길도 있고, 아니면 입사 시험으로 화이트칼라가 되는 모던한 길도 있으니까.

중세 시절 볼로냐대학에서 공부하는 학생들을 묘사한 조각.

　　국가 관료와 자본 관료가 동시에 가능한 시절이 개막되었다는 것은 관료의 전성시대가 시작되었다는 것을 의미한다. 그만큼 예비 관료의 수요는 부족했다. 이런 수요에 부응하기 위해 부르주아 사회는 중세 시절 교육제도였던 대학을 십분 활용한다. 1088년 이탈리아에 최초로 설립된 볼로냐대학Università di Bologna 이후, 13세기 중세 유럽 도처에는 다양한 대학들이 설립되었다. 소르본Sorbonne이란 이름으로 유명한 프랑스의 파리대학Université de Paris, 영국의 옥스퍼드대학University of Oxford과 케임브리지대학University of Cambridge, 스페인의 살라망카대학Universidad de Salamanca, 포르투갈의 코임브라대학Universidade de Coimbra 은 모두 이때 탄생했다. 그렇지만 이런 유서 깊은 대학들만으로 관료에 대한 폭발적 수요에 대응하기 힘들었고, 아울러 이들 대학에는 부르주아사회의 새로운 가치와 무관한 가르침, 즉 신학, 철학, 고전학의 전통이 너무 강한 것도 문제가 됐다. 19세기 이후 유럽 전체에서 새로운 대학 설립이 하나의 붐처럼 이루어진 것도 이런 이유에서다. 영국의 경우 1826년 런던대학University College London과 1851년 맨체스터빅토리아대학Victoria University of Manchester, 프랑스의 경우 1805년 오베르뉴대학Universite d'Auvergne Clermont-Ferrand과 1808년 리옹대학Université Claude-Bernard Lyon과 오베르뉴대학Université d'Auvergne, 독일의 경우 1810년 베를린훔볼트대학Humboldt-Universität zu Berlin과 1818년 라인프리드리히빌헬름본대학Rheinische Friedrich-Wilhelms-Universität Bonn, 러시아의 경우 1804년 카잔연방대학Казанский федеральный университет과 1868년 모스크바국가기술대학Московский государственный технический университет 등이 그 대표적인 사례라 하겠다.

제도로서 대학은 부르주아사회에서 국가 관료나 화이트칼라의 양성소다. 숫자를 중심으로 한다면 이과理科라고 불리고 문자를 중심으로 한다면 문과文科라고 불릴 뿐이다. 현재 우리나라와 미국의 정부조직을 보라. 대학의 다양한 학과들이 왜 지금처럼 구성되어 있는지 명확하지 않은가? 그렇지만 우리나라와 미국처럼 자본계급의 자율성을 인정하는 시장자본주의체제에서는 정부의 관료조직만으로 대학 학과들의 존재 이유를 다 설명할 수는 없다. 새롭게 출현한 다양한 산업들, 그만큼 복잡해진 다양한 사무조직과 기법, 갈수록 심화되는 산업과 사무조직의 기술화와 전문화에 따라 화이트칼라가 되는 길도 그만큼 복잡하고 다양해졌다. 자본의 이익에 종사하며 노동계급 착취를 용이하게 해주는 숫자와 문자의 다양한 양상들을 모두 헤아려야 부르주아사회의 대학을 제대로 들여다볼 수 있는 것도 이런 이유에서다. 이 대목에서 스탈린 이후 제도권 사회주의 정부조직을 살펴보는 것은 무척 흥미로운 일이다. 자본계급의 자율성을 부정했던 스탈린의 국가독점자본주의체제가 구체적으로 어떻게 기능했는지 잘 보여주기 때문이다. 소련은 시장자본주의체제에서 자본가들의 수많은 사업들을 모조리 국가조직, 즉 관료조직으로 회수해 재편한다. 이것은 생산수단을 개별 자본가들이 아니라 국가가 독점한다는 것을 의미한다. 산업시설뿐만 아니라 토지마저 독점하면서, 스탈린의 소련은 명실공히 20세기 최고의 독점자본주의국가가 되고 만다. 이렇게 '국가=기업', 아니 정확히 말해 '국가=재벌'이란 국가독점자본주의 공식은 완성되고 실현된다. 은행, 기업, 공장, 토지마저 독점하기에, 소련이란 국가독점자본주의체제는 관료조직을 확장할 수밖에 없었고, 그에 따라 관료들의 수는 기하급수적으로 증가하고 만다. 숫자와 문자를 다루는 전통적인 관료들, 즉 통계와 법률을 다루는 전통 관료들도 확충해야 하고, 시장자본주의체제하의 다양한 업종과 수많은 기업들을 움직였던 화이트칼라의 역할을 수행할 전문직 관료들도 채용해야 한다. 동아시아 전통 관료조직처럼 마름적 본성을 갖춘 관료들은 스탈린을 정점으로 하는 국가자본주의체제에 속속 진입해 새로운 지배계급의 주류로 등극한다. 이렇게 소련을 필두로 동구권 국가들에서 관료들은 과거 왕조시대에나 누렸을 법한 영광을 다시 한 번 향유한다. 잊지 말자. 마름들이 항상 지주에게 굽신거리고 동료 소작농을 멸시했던 것처럼, 관료들도 권력자에게 굴종하며 동료 노동계급을 억압한다는 사실을. 관료조직의 확대는 마름적 의지와 마름적 분위기를 조장하고, 이때 사회는 전반적으로 우경화되고 파시즘적 경향을 띠게 된다는 사실을.

《스펙타클의 사회》104번째 테제를 시작하면서 기 드보르는

주요 국가의 관료조직

조직	당/조선	한국	미국	소련(전체 연방조직)	소련(개별 국가조직)
관료 선출 및 인사 행정	이부吏部/ 이조吏曹	행정안전부	국무부United States Department of State		내무부Министерство внутренних дел
재정 및 회계	예부戶部/ 호조戶曹	기획재정부	재무부Department of the Treasury	재정부Министерство финансов	• 재정부Министерство финансов • 조달부Министерство заготовок
훈육 및 외교	예부禮部/ 예조禮曹	• 교육부 • 문화체육관광부 • 보건복지부 • 여성가족부 • 고용노동부 • 외교부	• 교육부United States Department of Education • 노동부Department of Labor • 보건복지부United States Department of Health and Human Services • 보훈부United States Department of Veterans Affairs	• 문화부Министерство культуры • 보건부Министерство здравоохранения • 교육부Министерство просвещения	• 고등중등특수교육부Министерство высшего и среднего специального образования • 보건부Министерство здравоохранения • 문화부Министерство культуры • 교육부Министерство просвещения • 외무부Министерство иностранных дел
근대 및 전쟁	병부兵部/ 병조兵曹	국방부	국방부United States Department of Defense	국방부Министерство обороны	
사법 및 치안	형부刑部/ 형조刑曹	법무부	• 법무부Department of Justice • 국토인보부United States Department of Homeland Security	법무부Министерство юстиции	법무부Министерство юстиции
공적 사업 및 산업	공부工部/ 공조工曹	• 국토교통부 • 산업통상자원부 • 과학기술 • 정보통신부 • 해양수산부	• 내무부United States Department of the Interior • 농무부United States Department of Agriculture • 상무부United States Department of Commerce	• 항공공업부Министерство авиационной промышленности • 자동차공업부Министерство автомобильной промышленности • 무역부Министерство внешней торговли • 가스공업부Министерство газовой промышленности • 민간항공부Министерство гражданской авиации	• 지질부Министерство геологии • 경공업부Министерство легкой промышленности • 삼림·셀룰로이드-제지·수목가공공업부Министерство лесной, целлюлозно-бумажной и деревообрабатывающей...

"크론시타트 이후 관료주의는 국가자본주의의 유일한 주인이 된다"
고 말했다. 국가기구 자체가 유일하고 절대적인 기업이 되자마자,
공무원이었던 국가 관료와 화이트칼라였던 자본 관료는 더 이상 구
별되지 않는다. 아니 정확히 말해 화이트칼라는 이제 공무원으로
흡수되어버린 것이다. 이제 화이트칼라가 되는 길은 소련의 대학생
들에게 영영 막혀버리고 만다. 노동계급이 동료들을 배신하고 지배
계급에 편입하려면, 다시 말해 출세를 하려면, 이제 국가 관료가 되
는 길 외에 다른 방법은 없다. 반면 자신들이 노동자 정부에 살고
있는지의 여부로 분열증에 빠진 대부분의 노동자들, 대학에서 능력
을 쌓을 기회마저 없었던 노동자들은 과거 왕조시대를 연상시키는
억압체제에 직면한다. 노동계급이 생산수단과 정치수단을 당에 그
리고 국가에 빼앗긴 탓이다. 벌거벗은 노동력으로 전락한 노동계급
은 생계를 유지하기 위해 자신의 노동력을 국가에 상품으로 팔아야
만 했다. 이런 삶은 시장자본주의체제하의 임금노동자의 삶과 무슨
차이가 있다는 말인가? 그래서 기 드보르는 관료주의가 지배하는
국가자본주의를 "노동-상품을 유지시키는 상품사회의 본질의 보
존"이라고 규정했던 것이다.

국가주의, 관료주의, 문자주의, 텍스트주의, 엘리트주의는 한
가족이다. 국가주의는 소수 지배계급과 다수 피지배계급으로 구성
된 억압구조를 지향하고, 관료주의는 문자와 숫자의 힘으로 억압구
조에 차가운 생명을 불어넣고, 문자주의는 숫자와 문자에 구체적인
사람들, 사물들, 사건들이 없어도 그것들을 상상하고 처리할 수 있
는 힘을 부여하고, 텍스트주의는 상이한 문맥들을 제거하고 공문서
에 입각한 일률적인 명령체계를 가능하게 하고, 마지막으로 엘리트
주의는 동료 노동계급에 대한 배신을 탁월한 능력으로 포장하는 자

기 정당화의 이념이다. 귀족사회, 영주사회, 부르주아사회로 역사가 변한 것처럼 보이지만, 국가주의, 관료주의, 문자주의, 텍스트주의, 엘리트주의는 그 모습만 바뀐 채 오늘날에도 그대로 관철되고 있다. 여기서 우리는 파리코뮌이 얼마나 근본적인 혁명을 꿈꾸었는지 알게 된다. 1871년 파리코뮌은 관료가 노동계급에 의해 항상 소환 가능해야 하고, 나아가 숙련 노동자의 평균 임금 이상을 받지 못하도록 규정했으니 말이다. 이것은 정당코뮌주의로 커밍아웃하기 전까지 가장 강력한 평의회코뮌주의자로 행세했던 레닌이 1917년 《국가와 혁명》에서 말했던 것 아닌가? "특권을 가진 소수(특권적 관료와 상비군 장교단)의 특별한 기구들 대신에 다수 민중이 직접 그 일을 수행할 수 있다. 그리고 전체 민중이 국가권력의 기능을 수행하는 데 많은 부분을 담당하면 할수록 이 권력에 대한 필요는 더욱 줄어든다. 이와 관련하여 특히 주목할 만한 것은 온갖 종류의 교제비와 관료의 모든 금전상 특권을 폐지하고 모든 국가 공직자의 보수를 '노동자 임금' 수준으로 인하하는 등 마르크스가 강조한 코뮌의 조치들이다."

관료주의의 소멸이 억압기구로서 국가가 소멸되는 실질적인 내용이라는 걸 밝힌 대목이다. 노동계급 입장에서는 너무나 자명한 주장이다. 관료들이란 봉건시대의 마름이나 일제강점기의 조선인 순사와 같은 역할을 하니까. 당당한 인간이라면, 자유로운 인간이라면 약탈자나 지배계급의 적대자여야 하지만, 일신의 안위와 출세를 위해 그들의 방어자로 전향한 사람들이 바로 관료들 아닌가? 1921년 크론시타트소비에트를 무력으로 괴멸한 뒤, 레닌은 그리고 그 뒤를 이은 스탈린은 관료주의를 강화하는 방향으로 소련을 이끈다. 이것은 레닌이, 트로츠키가 그리고 스탈린이 자신들을 지켜줄 방어자들이 필요했다는 것, 그리고 한때 노동계급의 압도적인 지지를 받던 혁명 지도자들이 어느 사이엔가 지배계급이 되었다는 것을 말해준다. 아니나 다를까, 마침내 스탈린체제 이후 볼셰비키는 자신들의 타락한 맨얼굴을 그대로 노출하고 만다. 자본가들뿐만 아니라 그들의 사무조직마저도 모조리 국가 관료조직으로 흡수해버리는 기염을 토하니까 말이다. 최초의 노동계급 정부가 관료들의 정부로 타락하는 순간이다. 관료주의가 화려하게 권좌에 오르자, 국가주의, 문자주의, 텍스트주의, 엘리트주의라는 나머지 가족들도 왕족의 지위를 구가하게 된다. 소련을 시베리아의 혹한처럼 얼어붙게 했던 '전체주의적 관료주의'라는 살풍경은 이렇게 시작된다.

혁명적 노동운동은 양차 세계대전 사이에 스탈린적 관료주의la bureaucratie stalinienne와 파시즘적 전체주의la totalisme fasciste—파시즘적 전체주의는 러시아에서 실현된 전체주의적 정당에서 그 조직 형태를 차용한다—의 합작에 의해 소멸된다. 파시즘은 '공황'과 '프롤레타리아 전복 활동'이란 위협에 맞서 부르주아경제의 극단적 방어수단, 즉 자본주의사회 속의 계엄령l'état de siège이었다. 이에 의해 자본주의사회는 자신을 구원하기 위해 국가를 대거 개입시키는 긴급한 합리화 조치를 시행한다. …… 파시즘은, 공황la crise으로 몹시 불안해하거나 사회주의적 혁명의 무력감l'impuissance de la révolution socilite에 실망한 프티부르주아와 실업자들을 재규합해서, 보수화된 부르주아 이데올로기의 주요 지점들(가족, 소유권, 도덕 질서, 민족)의 방어를 목표로 삼는다. …… 파시즘은, 원시적인 가짜 가치des pseudo-valeurs archaïques—인종, 혈통, 지도자—에 의해 규

정된 공동체로 참여할 것을 요구하는 신화의 폭력적 부활이
나 다름없다. 파시즘은 기술적으로 장착된 원시주의l'archaïsme
techiquement équipé다. 신화에서 해체된 그 모조품은 가장 현대적
인 포장과 환상 수단을 활용하는 스펙타클의 맥락에서 다시
활기를 찾는다. 이처럼 파시즘은 현대적 스펙타클의 형성에
기여하는 요소들 중 하나이며, 또한 과거 노동운동을 파괴했
던 자신의 전력 때문에 현재 사회를 기초하는 세력들 중 하나
가 된다.

－《스펙타클의 사회》 109

1928년 12월 4일 골드만삭스Goldman Sachs Trading Corp가 설립된다. 설
립되자마자 1억 달러의 주식을 발행한 이 회사는 주식 판매 대금으
로 다른 회사의 주식을 사들인다. 골드만삭스가 A라는 회사의 주식
을 사들였다는 것은 일반인들에게 그 회사의 주가가 오른다는 것
을 상징한다. 1869년 금융회사로 설립되어 그 명성을 드높였던 모
회사 골드만삭스에 대한 신뢰는 이렇게나 절대적이었다. 당연히 일
반 투자자들은 늦지 않게 A회사의 주식을 사들이려고 한다. 매수자
가 많으니 수요와 공급의 원칙에 따라 A회사의 주가는 고공행진을
이어간다. 어느 정도 되면 골드만삭스는 A회사 주식을 팔고, 이어
서 이번에는 B회사의 주식을 산다. 주식 매입과 판매를 무한 반복
하고 여기서 얻은 자본으로 합병을 거듭하면서 골드만삭스의 자산
은 기하급수적으로 증가했을 뿐만 아니라, A회사나 B회사의 자산
도 동시에 눈덩이처럼 불어만 갔다. 더 심각한 것은 골드만삭스가
투자한 회사들이나 합병한 회사들, 나아가 몸집을 불린 뒤 새로 설
립한 회사 대부분이 하나같이 투자회사였다는 사실이다. '거품'은

이렇게 커져만 갔다. 1929년 10월 24일, 거품은 마침내 터져버리고 만다. 1주당 222.50달러였던 골드만삭스의 주가가 얼마 지나지 않아 2달러 아래로 떨어졌을 정도이니, 거품의 크기가 어느 정도였는지 미루어 짐작이 가는 일이다. 거품이 터지자 그 여파는 실물경제를 직격했다. 1933년 미국의 산업 생산량은 반토막이 났고, 아울러 노동자 3명 중 1명이 실업자로 전락했다. 미국발 불황의 그림자는 곧이어 유럽 전체를 뒤덮어버린다. 독일도 예외는 아니었다. 불황에서 가장 먼저 타격을 받는 것은 노동계급이다. 독일 자본가들은 이윤 감소를 막기 위해 노동자들을 대량해고했다. 일순간에 노동자들은 4명 중 1명 비율로 실업자로 전락하고 만다. 그런데 당시 독일 바이마르공화국 총리 브뤼닝Heinrich Brüning(1885~1970)은 불황에 맞서 긴축 정책을 실행한다. 국가 지출을 가혹할 정도로 삭감하면서, 독일사회민주당이 자랑하던 노동계급 복지 정책은 거의 무력화된다. 임금 삭감, 실업수당 등 복지급여 삭감, 그리고 세금 인상은 불황의 한파를 더 가중시켰고, 그 결과 실업자의 비율이 4명 중 1명에서 3명 중 1명으로 증가했다.

만성적인 불황이 독일 전체를 휩쓸자 자본계급도 그리고 국가도 노동계급을 버리기 시작했다. 자본주의와 국가주의의 맨얼굴이 백일하에 드러난 순간이다. 자본도 국가도 소수가 다수를 수탈해 이익을 얻으려고 만든 장치에 지나지 않는다. 돌아보라. 자본가가 노동자들을 고용해 상품을 생산하며, 노동자들에게 임금을 주는 이유는 무엇인가? 그 임금으로 소비자가 되어 자신들이 만든, 정확히는 동료 노동자들이 만든 상품을 사라는 이야기다. 민중들이 노동자와 소비자 사이를 시계추처럼 왕복할 때, 자본가는 잉여가치를 얻었던 것이다. 국가도 마찬가지다. 민중을 수탈하는 데 머물지

1931년 베를린의 은행 앞에 사람들이 몰려들었다. 은행은 문을 닫았고, 사람들은 돈을 인출할 수 없었다.

않고 국가가 다양한 공공사업이나 복지 정책을 펼치는 이유, 즉 국가의 재분배 정책의 목적은 무엇인가? 수탈을 원활히 하는 동시에 더 많은 수탈을 도모하기 위해서다. 결국 자본이든 국가든 공동체의 이익이 아니라 자기의 이익 증대를 최종 목적으로 했던 것이다. 불황이란 위기에 직면했을 때 자본가가 노동자들을 해고하고 국가가 복지 정책을 철회했던 것도 이런 이유에서다. 배가 침몰하려고 하자 선장이 선원들을 1명씩 바다에 던져버린 셈이다. 당연히 노동계급은 분노하고 절망했다. 자본과 국가의 동맹으로 유지되던 부르주아체제가 위기에 봉착하는 순간이다. 다수 노동계급이 단결하면 소수 지배계급은 목숨마저 부지하기 어려울 테니 말이다. 자본계급은 불황으로 그 위세가 한풀 꺾였기에, 결국 부르주아체제를 지킬 유일한 버팀목은 국가일 수밖에 없다. 당시 독일은 다른 부르주아

국가와 마찬가지로 대의민주제국가였다. 왕조국가든 대의제국가든 국가는 국가일 뿐이다. 그렇다면 권력의 정당성 문제를 차치하더라도 국가이기에 가지는 국가의 본질은 무엇인가? 기본적으로 압도적인 폭력수단으로 노동계급의 생산수단을 강탈해 그들을 지속적으로 수탈할 수 있는 억압의 구조이자 힘이다. 이 대목에서 국가를 '강탈과 재분배'의 기구라고 보았던 가라타니 고진柄谷行人(1941~)의 이야기를 잠시 읽어보자.

> 지속적으로 강탈하기 위해서는 상대를 다른 적으로부터 보호한다거나 산업을 육성할 필요가 있다. 그것이 국가의 원형이다. 국가는 더 많이 그리고 계속해서 수탈하기 위해 재분배함으로써 토지나 노동력의 재생산을 보장하고 관개 등 공공사업을 통해 농업 생산력을 높이려고 한다. 그 결과 국가는 수탈 기관으로 보이지 않고, 오히려 농민이 영주의 보호에 대한 답례로 연공年貢을 지불하는 것처럼 생각된다. 그렇기 때문에 일면적으로 국가는 초계급적이고 '이성적'인 것처럼 표상된다. 예컨대 유교가 그러한데, 치세자治世者의 '덕德'이 설파되기도 한다.
>
> -《일본정신의 기원日本精神分析》(2002)

고진이 피력한 국가의 계보학은 단순하지만 인상적이다. '점령=수탈 1→재분배 1→수탈 2→재분배 2→……'! BC 3000년 즈음 세계 도처에서 동시다발적으로 최초의 약탈자들은 비옥한 하천 주변의 농업공동체를 침입해 점령한다. 비옥한 땅을 떠날 수 없었던 주민들은 자신들의 생산물 중 일부분을 토지사용료 명목으로 점령자에게 빼앗긴다. 수탈 1이다. 바로 이 순간 농부들은 피지배계급이 되고 점령자들은 지배계급이 되면서 국가는 탄생한다. 지배계급은 수탈량 증가를 위해 수탈한 것의 일부분을 노동계급을 위해 사용한다. 외적의 침입으로부터 노동계급을 보호하거나 공공사업을 통해 노동 생산력을 증가시키는 조치가 바로 재분배 1에 해당한다. 물론 이 경우 재분배 1의 총량은 수탈 1의 총량을 넘을 수 없다. 주목해야 할 것은 '수탈 1→재분배 1→수탈 2'라는 과정에서 묘한 착시효과가 생긴다는 사실이다. 수탈 1에 이어 재분배 1이 이루어지자, 마치 수탈 1이 재분배 1을 실시하기 위한 수단인 것처럼, 달리 말해 수탈 1의 목적은 재분배 1이라는 착각이 벌어지니까. 착각은 더 큰 착각을 만드는 법이다.

노동계급은 수탈 2를 '수탈'이라는 사실을 간과하고 지배계급이 제공했던 재분배 1에 대한 당연한 답례라고 믿게 된다. "농민이 영주의 보호에 대한 답례로 연공을 지불하는 것처럼 생각된다"고 고진이 말한 사태가 바로 이것이다. 국가에 노동계급이 저항하지 못하는 이유, 심지어 노동계급이 국가에 대해 자발적으로 복종하는 이유는 분명하다. 그들은 '점령=수탈 1'이란 일차적 과정을 망각하고 '수탈 1→재분배 1'이란 이차적 과정에만 주목하기 때문이다. 재분배를 하기 위해 불가피하게 수탈을 한다는, 구체적으로 말해 노동계급을 보호하고 그들의 생산량을 증진시키기 위해서 불가피하게 세금을 걷는다는 국가의 헛소리가 노동계급에게 제대로 먹힌 셈이다. 그래서 국가의 이데올로기는 "보호하기 때문에 구속한다protego ergo obligo"는 하나의 문장으로 요약된다. 5000년이 경과하면서 국가는 이데올로기적으로 더 세련되어진다. 국가의 존재 이유가 피지배계급을 보호하고 그들의 삶을 증진시키는 것이라면, 피지배계급이 자신을 보호하고 자신들의 삶을 풍요롭게 해줄 대표를 뽑아야 한다는 논리마저 등장했으니까. 바로 이것이 대의민주주의 이념이다.

대의민주주의의 출현에는 정치경제학적 배경이 있다. 18세기 중엽 이후 부르주아사회가 도래하면서 인류는 새로운 억압체제를 맞이하게 된다. 자본가와 임금노동자 관계가 영주와 농노 사이의 관계를 뒷전으로 밀어내고 새로운 억압체제의 중심으로 자리를 잡은 것이다. 부르주아사회의 이데올로그들은 자유주의liberalism라는 미명으로 체제의 억압성을 은폐하려고 한다. 자본가들뿐만 아니라 노동자들도 자유로운 개인으로 존중받으니, 부르주아사회는 중세사회보다 얼마나 진보적이냐는 이야기다. 표면적으로는 맞는 이야기다. 과거 농노들이 땅에 그리고 영주에 속박되어 있었다면, 노동자들은 그런 전근대적 속박에서 벗어나 자유롭게 회사나 공장을 선택할 수 있으니까. 그렇지만 부르주아사회에서 노동자들은 노동력을 제외한 모든 것을 체제로부터 박탈당한 사람들이다. 먹고살려면 노동자들은 자신의 노동력을 자본계급에게 팔아야만 한다. 노동계급에게는 자신을 상품으로 만들지 않을 자유란 없다. 그것은 바로 빈곤과 아사를 의미하기 때문이다. 체제가 노동자들에게 허락한 자유는 회사나 공장을 선택할 자유다. 그러니까 입사원서를 낼 수 있는 자유를 말한다. 이 자유도 문제다. 입사원서를 제출한 노동자들을 뽑고 말고는 전적으로 자본계급의 재량이니까. 노동계급에게 부여한 자유가 바로 대의제를 가능하게 했다. 경제 영역에서의 취업의 자유가 정치 영역에서 투표의 자유로 변주된 셈이다. 자유로운 선거를 통해 민중들은 행정부와 입법부의 대표에게 자신의 정치적 권력을 양도한다. 모든 대표 입후보자들은 지배계급 내부의 인사이거나 아니면 지배계급에 편입하려는 야심가들일 뿐이다. 물론 노동계급도 피선거권을 법적으로 보장받지만 실제로 대표가 되는 경우는 거의 없다. 부르주아체제는 제도, 법, 이데올로기 작업을 통해 노동계급이 권력을 잡는 걸 거의 불가능하도록 만들어놓았기 때문이다. 부르주아사회의 억압 공식이 "이론적으로 실현 가능하나 현실적으로 실현하기 어렵다"는 문장으로 요약할 수 있는 것도 이런 이유에서다. 직업 선택의 자유는 있지만 그걸 실현하기는 어렵듯, 피선거권도 있지만 그걸 실현하기는 어려운 법이다. 더군다나 선출된 대표들의 임기를 법적으로 보장하니, 민중들은 그들의 임기가 끝날 때까지 고스란히 그들의 지배를 받아야만 한다. 결국 대의제는 민중들을 일종의 거수기로 만드는 체제였던 셈이다.

자본가들이 노동계급에게 직업 선택의 자유가 있으니 얼마나 자유롭냐고 설레발을 칠 때, 이에 질세라 국가도 노동계급에게 피선거권과 선거권을 부여했으니 얼마나 정의롭냐고 너스레를 떤다. 노동계급을 자발적 복종 상태로 유도하는 데 성공했다는 자신감의 표현인 셈이다. 사실 국가로서는 자본주의체제가 여간 반가운 것이 아니었다. 맹목적으로 이윤을 추구하는 자본가들은 가만히 놔두어도 태생적으로 알아서 기술도 개발하고 조직도 혁신하여 노동계급을 국가보다 더 효율적으로 착취해 농업경제가 따라오지 못할 만큼 생산력을 확보한다. 그 결과물의 일부분이 고스란히 세금으로 들어오니, 국고는 그야말로 차고 넘친다. 농업경제에서 산업경제로 경제의 주류가 이행하면서 국가의 관료조직은 비약적으로 커지고 복잡해진다. 수탈과 재분배, 혹은 관리와 보호 대상이 과거 노동계급뿐만 아니라 자본계급으로까지 확장되었으니까. 어쨌든 원초적 수탈기구로서 국가는 자본주의체제에서 부르주아국가로 변신하며 최고의 호황을 누리게 된다.

후발 자본주의 선진국 독일도 예외는 아니었다. 그렇지만 제

1933년 힌덴부르크 대통령(왼쪽)과 그가 총리로
임명한 히틀러.

6부. 코뮌주의 역사철학과 기 드보르의 유산

1차 세계대전 패전의 후유증과 함께 미국발 대공황 Great Depression 으로 독일 경제가 그야말로 쑥대밭이 되면서 상황은 완전히 달라지고 만다. 자본가는 투자는커녕 사업을 축소하면서 비용을 절감했고, 거대한 관료조직과 군대조직을 운용하는 국가도 더 이상 재분배에 예산을 쓸 여력이 없었다. 당연히 독일 노동계급은 자본계급에게 고통을 분담하자고, 나아가 국가도 재분배의 약속을 지키라고 요구했다. 노동계급의 요구에 응할 수 없었던 힌덴부르크 Paul von Hindenburg(1847~1934)가 1931년 6월 1일에 브뤼닝 대신 폰 파펜 Franz von Papen(1879~1969)을, 같은 해 12월 3일에 폰 파펜 대신 폰 슐레이허 Kurt von Schleicher(1882~1934)를, 그리고 2개월도 지나지 않아 1933년 1월 30일에 폰 슐레이허 대신 히틀러 Adolf Hitler(1889~1945)를 총리로 연이어 임명해 국면 전환을 시도했던 이유도 바로 여기에 있다. 새로운 총리가 불황과 실업 문제를 해결하리라는 헛된 희망을 노동계급에게 안겨주면서 그들이 국가에 가하는 압박의 강도를 희석시키겠다는 전략이었다. 자본계급에게 고통을 분담시키지 않는다면, 모든 것은 미봉책에 불과할 뿐이다. 그렇지만 대통령이든 총리든 아니면 의회 의원들이든 이들은 바이마르공화국의 지배계급을 형성하고 있었던 사람들이다. 이들이 동료 지배계급인 자본가들에게 칼을 들이댄다는 것은 있을 수 없는 일이다.

물론 선거로 선출된 대통령이나 의원들은 노골적으로 노동계급을 적대시할 수는 없다. 이들 노동계급은 다음 선거를 좌지우지할 유권자들이기도 하니까. 그래서 힌덴부르크, 브뤼닝, 폰 파펜, 폰 슐레이허는 "보호하기 때문에 구속한다"는 국가의 이데올로기를 끝까지 고수하려고 했던 것이다. 반면 히틀러는 그들과 완전히 다른 사람이었다. 그는 "구속하기 때문에 보호한다 obligo ergo protego"는 국가의 입장에 서 있었다. 히틀러에 따르면 구속은 국가의 본질이고 보호는 효율적인 구속을 위해 할 수도 있고 하지 않을 수도 있는 선택 사항에 지나지 않는다. 한마디로 노동계급에 대한 재분배는 국가의 본질과는 아무런 상관이 없다는 이야기다. BC 3000년 즈음 농업공동체에 들이닥쳐 칼을 휘둘렀던 그 야만적 폭력! 농지를 무단 점유해 농부들에게서 토지사용료를 수탈했던 그 파렴치한 폭력! 자신이 탄생했던 그 살풍경을 기억하면서 국가는 더 이상 노동계급의 모독을 견딜 생각이 없었다. 그렇지만 18세기 중엽 이후 국가는 대의제라는 방에 봉인되어 옴짝달싹 못하는 신세가 아닌가. 국가는 자신을 감금한 방의 자물쇠를 열 수 있는 누군가가 필요했다. 바로 그가 히틀러였다. BC 3000년 즈음 가장 순수하게 폭력적이고 야만적이고 무자비했던 지배형식으로 출현했던 국가, 길들여져 순해지고 나약한 국가가 아니라 모든 피지배계급에게 무조건적인 생살여탈권을 가졌던 순수한 폭력으로서의 국가, 그 국가를 봉인에서 해제하려면, 히틀러 그 자신이 권좌에 올라야 한다. 권좌에 올라야만 국가를 해방시킬 열쇠를 쥘 수 있으니 말이다.

한때 화가를 꿈꾸던 히틀러가 대의제라는 방에 봉인된 국가의 그르렁거리는 소리를 감각적으로 포착했다면, 1927년 어느 무명 법학 교수는 국가의 본질을 지적으로 포착하는 데 성공한다. 본대학^{Rheinische Friedrich-Wilhelms-Universität Bonn}에서 법학을 가르쳤던 슈미트^{Carl Schmitt}(1888~1985)는 《사회과학과 사회정치학 아카이브^{Archiv für Sozialwissenschaft und Sozialpolitik}》라는 저널 58호에 자신의 통찰을 작은 논문 형식으로 공개한다. 이 논문은 다듬어져 불황과 실업 문제로 뒤숭숭했던 1932년 《정치적인 것의 개념^{Der Begriff des Politischen}》이라는 단행본으로 뮌헨에서 출간된다. 마치 히틀러가 국가를 해방시킬 열쇠를

쥐는 서막을 예감이라도 한 듯이.

> 본질적으로 정치적 통일체politische einhiet로서 국가staat는 교전권
> jus belli, 즉 현실의 사태 속에서 자신의 결정으로 적feind을 규정하
> 고 그 적과 싸울 현실적 가능성die reale möglichkeit을 가진다. …… 그
> 것은 자국민에 대해서는 죽을 각오와 살인할 각오를 요구하며,
> 또한 적측에 서 있는 인간을 죽인다는 이중의 가능성을 의미한
> 다. 그러나 정상적인 국가normalen staates의 기능은 무엇보다도 국
> 가와 그 영토 내부에서 완전한 평정befriedung을 가져와 '평화ruhe,
> 안보sicherheit, 질서ordunung'를 확립해 정상상태normale situation를 만드
> 는 것이다. …… 이런 국내 평화에서 나오는 결론은, 위기 상황
> kritischen situationen에서 정치적 통일체로서의 국가가 존속하는 한 국
> 가가 주체적으로 '내부의 적innern feind'을 결정하도록 한다. ……
> 추방, 파문, 법적 보호의 박탈, 평화 박탈, 법 밖으로의 추방 선
> 언, 요컨대 '국내적인 적대선언innerstaatlichen finderklärung'의 다양한 종
> 류―가혹하거나 또는 완화된, 직접 적용되거나 혹은 특별법에
> 의해 법률의 형식으로 효력이 발생하는, 공연한 또는 일반적
> 표현 속에 은폐된―가 존재하는 것이다.
>
> ―《정치적인 것의 개념》(1932)

슈미트의 취지는 단순하다. 국가는 교전권을 가진다는 것이다.
자세히 말해 국가는 "현실의 사태 속에서 자신의 결정으로 적을 규
정하고 그 적과 싸울 현실적 가능성을 가진다"는 것이다. 물론 적을
규정하고 그 적과의 전쟁을 결단하는 것은 국가의 수호자, 즉 통치
자다. 대의제를 선택한 국가에서는 이런 통치자를 민중들이 자유로

본대학에서 법학을 가르쳤던 카를 슈미트는 《정치적인 것의 개념》에서 국가가 교전권을 가진다고 설파했다. 히틀러는 이런 슈미트의 말에 영향을 받았다.

운 선거로 선출한다. 문제는 이렇게 선출된 통치자가 민중들의 어떤 통제도 받지 않고 전쟁을 개시할 수 있다는 점이다. 여기서 심각한 딜레마가 발생한다. 통치자는 민중들의 의지를 따르는, 민중들의 대표인가? 아니면 자신을 보존하려는 국가의 의지를 따르는 국가의 경비견인가? 슈미트의 말대로 국가가 "자국민에 대해서는 죽을 각오와 살인할 각오를 요구"할 수 있다면, 선출된 통치자는 사실 민중의 대표라기보다는 국가의 경비견에 가깝다고 할 수 있다. 정말 아이러니한 일 아닌가. 국민 중 그 누구도 전쟁을 바라지 않지만, 통치자는 국가를 수호하기 위해 자국민을 사지로 내몰 수 있다! 대의제가 민주주의를 표방하지만 국민을 거수기로 만드는 사이비 제도라는 또 하나의 증거다. 어쨌든 통치자는 국가를 수호하기 위해 기어이 국민을 희생시킬 수 있는 사람이다. 물론 그는 국가가 존재해야 국민의 삶도 보호받을 수 있다는 궤변을 계속 늘어놓는다. 국민이 선출한 통치자가 국민에게 "죽을 각오"와 적을 "살인할 각오"를 요구한다는 것은 주객전도이자 본말전도의 상황이라고 할 수 있다. 당연히 국민들은 의구심을 갖게 된다. 국민의 의사를 묻지 않고 통치자가 '적'을 정하고 그 적과 전쟁을 하려고 하니 말이다. 더군다나 최전선에 통치자와 그의 핵심 관료들이 있는 경우는 없다. 가장 먼저 피를 흘리게 되는 것은 바로 국민들 자신 아닌가? 그렇지만 전쟁은 거친 이분법을 만든다. 적이 먼저 공격했든 아니면 우리가 먼저 공격했든, 전쟁이 시작되면 국민들은 '울며 겨자 먹기' 식으로 통치자 편에 설 수밖에 없다. 전쟁 상황에서 적을 죽이기를 망설이거나 아니면 적을 인류애로 대하는 사람은 바로 이적행위자로 몰리고, 적과 같은 대우를 받을 테니 말이다. 국가의 교전권이 현실화될 때 국가는 "자국민에 대해서는 죽을 각오와 살인할 각오를 요구"할 뿐만 아니라, "적측에 서 있는 인간을 죽인다는 이중의 가능성을 의미한다"고 슈미트가 냉정하게 진단한 이유도 바로 여기에 있다.

물론 국가에게 전쟁은 바람직한 상태는 아니다. 전쟁으로 국가 자체가 완전히 괴멸될 수도 있으니까. 국가는 기본적으로 지배계급과 피지배계급 사이에 수탈과 재분배가 원활히 이루어지는 것으로 만족한다. 국가의 정상상태가 슈미트의 말대로 "평화, 안보, 질서"로 정의되는 것도 이런 이유에서다. 수탈과 재분배가 조화롭게 이루어지니 '평화'이고, 외부의 적이 자국 노동계급을 약탈하지 않도록 하니 '안보'이고, 피지배계급이 지배계급이 원하는 대로 움직이니 '질서'다. 그렇지만 슈미트가 말한 "위기 상황"은 언제든지 국가를 위기로 몰고 갈 수 있다. 위기 상황은 별것 아니다. 노동계급이 수탈에 저항하며 국가의 법질서를 어기는 경우다. 평화가 깨지고 안보가 위태로워지고, 질서도 교란된다. 바로 이때 국가는 교전권을 국가 내부에도 적용한다. 위기 상황에 대처하기 위해 "국가가 주체적으로 '내부의 적'을 결정"하기 때문이다. 자본계급에 저항하고 부르주아 법체계를 공격하는 노동계급뿐만 아니라 그들의 저항을 격려하고 비호하는 지식인들도 당연히 내부의 적으로 선언된다. "국내적인 적대선언"은 피와 화약 냄새가 진동하는 전쟁과는 달리 다양한 양식으로 전개된다. "가혹"한 방식도 있고, 혹은 "완화된" 방식도 있을 수 있다. 전자가 노골적으로 지배계급과 국가에 도전하면 적이라고 간주하겠다는 "공연한" 선언과 함께 군대나 경찰을 이용해 노동계급을 공격하며 교전권을 "직접 적용"하는 방식이다. 반면 후자는 사회의 평화와 질서를 해쳐서는 안 된다는 "일반적 표현 속에 은폐된" 적대선언으로, 구체적으로 시위나 집회 등을 막는 "특별법에 의해 법률의 형식으로" 노동계급의 저항을 무력화시키는 방식이다. 가혹한 적대선언이든 완화된 적대선언이든 국가는 바로 이를 통해 자신의 가공할 맨얼굴을 다수 피지배 국민에게 과시하며, 그들을 협박한다. 국가에 순종하면 목숨을 부지할 수 있지만, 반대로 국가에 저항하면 죽음에 이르게 될 것이다. BC 3000년 평화로운 농업공동체를 습격해 점령했던 최초의 약탈자가 점령지 주민들을 공포에 몰아넣었던 장면, 그들 앞에서 자신에게 저항했던 그들의 동료를 처참히 처형했던 장면이 떠오르지 않는가?

국가는 바로 이것이다. 국가는 통치자를 통해 대외적으로는 전쟁을, 그리고 대내적으로는 적대선언을 선포할 수 있다. 여기서 특히 중요한 것은 국내적인 적대선언이다. 국가는 피지배계급을 모조리 적으로 돌릴 수 있는 기구라는 것이 분명해지니까 말이다. 이것은 BC 3000년 즈음 탄생한 국가의 피범벅이 된 맨얼굴 아닌가. 저항하면 적일 수밖에 없고 적은 무참히 도륙된다는 협박이 통용되자마자 탄생한 것이 최초의 국가니까. 국내적인 적대선언은 최초의 협박을 다시 반복하려는 국가의 의지였던 셈이다. 그렇다면 1927년 슈미트가 국가의 맨얼굴과 국가의 의지를 떠올린 이유는 무엇인가? 그는 대의제라는 허울에 속아 노동계급에게 끌려다니는 바이마르공화국을 혐오했기 때문이다. 유사 이래 지배계급은 노동계급이 아니라 자기 자신, 즉 국가를 수호해왔다. 지배계급이 노동계급 편에 선다는 것은 지배계급과 피지배계급으로 구성된 "정치적 통일체", 즉 국가를 부정하는 일이다. 정치적 통일체가 와해된 다음, 대통령이나 총리, 혹은 의원들이 존재할 수는 없는 법이다. 그럼에도 바이마르공화국 정치가들은 어리석게도 민주주의를 표방하면서 자신의 목을 스스로 조이고 있지 않은가? 국가가 존재하는 한, 혹은 국가를 긍정하는 한, 민주주의는 노동계급을 자발적 복종으로 이끄는 이데올로기일 뿐 다른 어떤 가치도 없다. 지금 슈미트는 바이마르공화국 정치가들에게 1919년 8월 11일 세상에 나온 그들의 자랑 '바이마르 헌법Weimarer Verfassung'을 제대로 들여다보라고 충고하고 있는지도 모른다. 대의제 등 민주주의와 관련된 오만 찌꺼기와 같은 법 조항들에 가려져 있는 국가의 순수한 의지를 담고 있는 세 조항만 보라는 것이다. 민주주의와 관련된 모든 이데올로기적 조항들을 한 번에 쓸어버리는 강력한 조항, 즉 전쟁, 군대, 그리고 계엄과 관련된 조항이다.

1918년 10월 9일 바이마르공화국은 사회민주주의 이념을 표방하며 설립된 국가였다. 그래서 그런지 당시 권력을 장악했던 독일 사회민주주의자들은 바이마르공화국이 역사상 최고의 민주주의국가라는 남다른 자부심을 표현했다. 심지어 자본의 폭주를 통제하지 못하는 21세기 현재 비판적 지식인들에게 아직도 바이마르공

	바이마르 헌법	대한민국 헌법
전쟁	【제45조】 …… 제국대통령Reichspräsident은 제국의 이름으로 외국과 동맹과 조약을 맺는다. (제국대통령에 의한) 선전포고와 강화는 제국법Reichsgesetz에 따라 이루어진다. ……	【제73조: 외교·선전·강화권】 대통령은 조약을 체결·비준하고, 외교사절을 신임·접수 또는 파견하며, 선전포고와 강화를 한다.
군대	【제47조】 제국대통령은 전체 군대에 대한 최고 지휘권을 갖는다.	【제74조: 국군통수권】 ① 대통령은 헌법과 법률이 정한 바에 의하여 국군을 통수한다.
계엄	【제48조】 …… 공공안전이 심각하게 위협과 방해를 받는 경우, 제국대통령은 법과 질서를 다시 세우는 데 필요한 조치를 취할 수 있고, 필요한 경우 군대를 이용할 수 있다. 이 목적을 달성하기 위해 대통령은 기본권Grundrechte을 유예할 수 있다. ……	【제77조: 계엄】 ① 대통령은 전시·사변 또는 이에 준하는 국가비상사태에 있어서 병력으로써 군사상의 필요에 응하거나 공공의 안녕질서를 유지할 필요가 있을 때에는 법률이 정하는 바에 의하여 계엄을 선포할 수 있다. …… ③ 비상계엄이 선포된 때에는 법률이 정하는 바에 의하여 영장제도, 언론·출판·집회·결사의 자유, 정부나 법원의 권한에 관하여 특별한 조치를 할 수 있다. ……

화국은 마치 지나간 황금시대로 향수를 불러일으키는 아이콘이기도 하다. 물론 우리는 로자 룩셈부르크와 카를 리프크네히트, 그리고 수많은 스파르타쿠스동맹 노동자들의 피 묻은 분노와 애처로운 절규를 기억해야만 한다. 평의회코뮌주의를 외쳤던 그들을 도륙했던 장본인은 한때 그들의 동료였던 독일사회민주당 인사들이었다. 제도권 사회주의를 표방했던 로자의 동료들은 민중들에게 권력을 돌려주기보다는 그 권력을 다시 국가로 회수해버린 것이다. 이것은 1918년 바이마르공화국이 독일혁명의 결실을 혁명의 주도 세력이

었던 독일 민중들로부터 탈취하면서 설립된 기묘한 정권이라는 걸 잘 보여준다. 생산수단, 폭력수단, 정치수단을 모조리 병사노동자평의회로 돌려서 국가라는 원초적 억압기구를 돌파하려고 했던 스파르타쿠스동맹의 꿈은 백일몽이 된다. 사회주의가 좌절되고 국가주의가 은근슬쩍 다시 도입되었으니까. 실제로 바이마르공화국이 제정한 헌법에는 국가의 본질, 혹은 국가의 지배의지가 화려한 민주적 제도들 속에 조금도 손상되지 않은 채 똬리를 틀고 숨어 있다.

바이마르 헌법의 45조, 47조, 48조를 보라. 통치자의 자의에 의해 모든 민주적 제도들을 일순간에 정지시킬 수 있는 권한을 국가에 부여하고 있지 않은가? 대외적 '교전권'과 대내적 '적대선언', 즉 전쟁과 계엄의 권한이다. 모든 민주적 제도와 모든 노동계급의 저항을 한 방에 무력화시킬 국가의 의지는 여전히 법적으로 규정되어 있다. 결국 바이마르 헌법은 알튀세르의 표현을 빌리자면 최종심급에서 국가주의를 표방한다고 할 수 있다. 유권자들이 민주적으로 통제할 수 없는 권한을 국가가 여전히 가지고 있으니까. 로자가 베를린에서 독일사회민주당 정권과 맞서 싸웠던 이유도 바로 여기에 있다. 그녀는 바이마르공화국이 기만적인 억압체제에 지나지 않는다는 걸 간파했기 때문이다. 다른 의미에서 슈미트도 바이마르공화국, 나아가 독일사회민주당의 본질을 정확히 간파하고 있었다. 입으로는 아무리 사회민주주의를 떠벌려도 바이마르공화국은 국가의 본질을 그대로 보존하고 있다는 걸 슈미트는 법학자답게 바이마르 헌법에서 확인했기 때문이다. 로자와 슈미트의 차이는 분명하다. 로자가 국가의 본질을 무력화시키고 끝내 국가주의 대신 사회주의가 가능하다고 보았다면, 슈미트는 인류가 존재하는 한 국가주의를 극복하는 것은 불가능하다고 진단했을 뿐이다.

바이마르 헌법은 단순히 독일 바이마르공화국의 헌법에만 그치지 않고, 세계 거의 모든 부르주아국가들의 헌법의 원형이 된다는 것도 잊지 말자. 물론 대한민국 헌법도 예외는 아니다. 여기서 억압이 사라진 사회가 달성된다면, 아니 정확히 말해 억압이 사라진 사회가 달성되려면, 그때 사회의 약속으로서 법체계가 최소한 정치 차원에서 어떠해야 하는지 우리는 쉽게 짐작할 수 있다. 선전포고의 권한, 군대 지휘의 권한, 나아가 계엄령 선포의 권한을 최고 통치자에게서 빼앗아 민중들의 손에 되돌려줘야 한다. 아니, 아예 이 세 조목은 조롱의 대상이 되어 완전히 사라져야 한다. 선출된 권력이 자의적으로 그를 선출한 사람들을 파국으로 몰고 가는 선전포고의 권한을 가져야 한다는 주장이나 선출된 권력이 자의적으로 그를 선출한 사람들의 자유를 옥죄는 권한을 가져야 한다는 주장이 완전히 헛소리로 치부될 때, 억압이 사라진 사회, 마르크스가 강조했던 인간사회가 가능하니 말이다. 반대로 교전권, 군대 통수권, 그리고 계엄권이 최고 통치자에게 주어지는 한, 아니 정확히 말해 통치자를 통치자로 만드는 이 세 가지 권한이 존재하는 한, BC 3000년 이래 계속 존재하고 있던 압도적인 억압기구 국가는 결코 사라질 수 없다. 이것은 구조적인 문제다. 탄생한 지 얼마 되지 않아 더 억압적이었고 더 야만적인 맨얼굴을 드러냈던 국가를 응시한 한비韓非(BC 280?~BC 233)의 이야기를 들어보자.

날아다니는 용이 구름을 타고 날아다니는 뱀이 안개 속에 노닌다. 구름이 걷히고 안개가 개이면 용과 뱀은 지렁이나 개미와 같아지는 것은 그들이 타야 될 것을 잃은 것이다. 현인이 모자란 사람에게 굴복한다면 권력勢이 가볍고 지위位가 낮기 때문이다. 모자란 사람이 현인을 굴복시키는 것은 권력이 중하고 지위가 높기 때문이다. 요堯임금과 같은 현인이 평범한 사람이었다면 세 사람도 다스릴 수 없지만, 걸桀임금과 같은 모자란 사람이 천자가 되면 온 세상을 어지럽힐 수가 있었던 것도 이런 이유에서다飛龍乘雲, 騰蛇遊霧. 雲罷霧霽, 而龍蛇與蚓蟻同矣, 則失其所乘也. 賢人而詘於不肖者, 則權輕位卑也. 不肖而能服於賢者, 則權重位尊也. 堯爲匹夫, 不能治三人, 而桀爲天子, 能亂天下.

— 〈난세難勢〉, 《한비자韓非子》

사실 이것은 한비 본인의 주장이 아니라, 신도慎到(BC 395~BC 315)의 주장을 한비가 인용한 구절이다. 신도는 국가의 핵심을 권세勢와 지위位에서 찾았던 사람이다. 구름이나 안개와 같은 것이 바로 권세이고, 구름과 안개에 올라탄 것이 지위다. 피지배계급의 삶을 어둡고 축축하게 만드는 것이 권력과 위계질서이니, 국가기계를 구름이나 안개에 비유한 것은 탁월한 감각이다. 구름과 안개가 있으니 거기에 올라타는 것이 가능하다는 점도 잊지 말자. 물론 권력을 휘두르는, 아니 권력에 타는 지위의 핵심은 슈미트의 말대로 교전권과 적대선언을 가능하도록 만드는 군대 통수권이 존재한다는 사실에 있다. 폭력수단을 독점한다면, 통치자는 어쨌든 국가 안의 모든 것을 좌지우지할 수 있다. 결국 억압이 없는 사회란 구름과 안개가 걷힌 청명한 날과 같다. 구름을 타고 안개 속을 날아다니는 용이나 뱀이 맑은 날 인간에게 해를 끼칠 수 없는 것처럼, 폭력수단의 독점, 즉 권력 자체가 불가능해지면 소수의 사람이 다수의 생명을 좌지우지할 수 있는 지위도 불가능하니까.

어쩌면 히틀러는 20세기 초반 독일의 걸임금이었는지도 모른다. 그는 힌덴부르크처럼 군대를 통솔했던 장군의 경험도 없고, 브

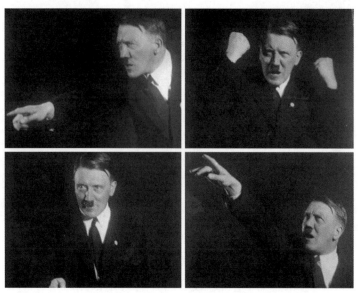

1930년 카메라 앞에서 자세를 취하고 있는 히틀러. 1932년 11월 6일 총선에서 히틀러가 이끌던 나치당이 의회 과반수는 아니지만 다수당이 되는 데 성공하자, 힌덴부르크는 대의제 이념에 따라 히틀러를 총리로 임명한다.

뤼닝처럼 학위를 받은 경제학자도 아니었다. 한때 화가를 꿈꾸었지만 능력이 없었고, 제1차 세계대전에 참전했던 사병 출신에 지나지 않았다. 그렇지만 히틀러는 신도나 한비가 보았던 것, 슈미트가 간파했던 것을 본능적으로 알았던 사람이다. 국가가 존재하는 한, 아무리 민주주의를 떠벌인다고 하더라도, 국가는 날아다니는 용과 뱀에게 힘을 줄 수 있는 구름과 안개를 가지고 있다. 히틀러는 바로 그 축축하고 어두운 습기의 냄새를 맡을 수 있는 후각을 가지고 있었다. 사실 힌덴부르크가 히틀러에게 총리 자리를 맡기는 데 주저했던 것도 이런 이유에서인지 모른다. 자신을 포함한 바이마르공화국 정치가들이 구름과 안개에 자신의 몸을 담는 데 주저했다면, 히

1932년 11월 6일 독일 총선 결과

	득표수	득표율 (의석수)	의석수 변동	참고
국가사회주의 독일노동자당 Nationalsozialistische Deutsche Arbeiterpartei, NSDAP, Nazi	11,737,021	33.09 (196)	-34	• 국가사회주의Nationalsozialismus를 표방했던 극우정당 • 국가사회주의는 노동계급을 사회라는 이름으로, 이어 사회주의를 국가주의나 민족주의라는 이름으로 흡수
독일사회민주당 Sozialdemokratische Partei Deutschlands, SPD	7,247,901	20.43 (121)	-12	• 사회주의를 희석시키고 국가주의로 회귀하며 바이마르공화국을 이끌었던 좌파정당 • 로자 룩셈부르크와 카를 리프크네히트의 평의회코뮌주의를 교살하고 정당코뮌주의를 확립함
독일공산당 Kommunistische Partei Deutschlands, KPD	5,980,239	16.86 (100)	+11	• 로자 룩셈부르크와 카를 리프크네히트의 영향력으로 탄생했던 좌파정당 • 정당코뮌주의로 기울다가 1930년대 당시 소련의 코민테른 구성원으로 활동함
독일중앙당 Deutsche Zentrumspartei, Zentrum	4,230,545	11.93 (70)	-5	가톨릭 이념에 따르지만 정치적으로는 중도를 지향했던 중도보수정당
독일국가인민당 Deutschnationale Volkspartei, DNVP	2,959,053	8.34 (51)	+14	독일의 민족주의와 보수주의를 대표했던 정당으로, 히틀러가 총리가 된 이후 나치에 우호적 입장 선택
바바리안인민당 Bayerische Volkspartei, BVP	1,094,597	3.09 (20)	-2	군주제를 지지하며 독일중앙당에서 분리·독립했던 우파정당
독일인민당 Deutsche Volkspartei, DVP	660,889	1.86 (11)	+4	우파 자유주의 정당

틀러는 아무런 거리낌 없이 구름과 안개에 몸을 묻고 권력을 휘두를 수 있다는 불길한 느낌이 들었을 테니까. 그렇지만 1932년 11월 6일 총선에서 히틀러가 이끌던 나치당이 의회 과반수는 아니지만 다수당이 되는 데 성공하자, 힌덴부르크는 대의제 이념에 따라 자

신의 불길한 예감을 억누르고 히틀러를 총리로 임명하고 만다.

1932년 11월 6일 총선 결과를 보자. 내실이야 어쨌든 노동계급을 위한다는 독일사회민주당과 독일공산당이 전체 의석수 584석 중 221석을 차지하고, 국가사회주의노동자당, 즉 나치는 196석을 차지한다. 33퍼센트의 지지에 그쳤지만 히틀러가 총리로 임명된 것은 힌덴부르크로서는 별다른 대안이 없었기 때문이다. 나치 외의 정당 지도자 출신 총리들이 연이어 독일의 경제 위기를 극복하는 데 실패했기에, 더 이상 독일 국민들에게 희망을 안겨줄 총리감도 여의치 않았던 셈이다. 흥미로운 것은 1932년 7월 31일에 열렸던 총선에 비해 11월 총선에서 히틀러의 나치가 34석이나 줄어들어 완연한 하락세를 보이고 있었다는 사실이다. 그에 반해 로자 룩셈부르크와 카를 리프크네히트의 계승자를 자처했던 독일공산당의 약진이 두드러진다. 독일의 위기는 독일 내에 잠입해서 활동하는 병균들, 즉 유대인과 사회주의자들 때문이라는 나치의 선전이 더이상 먹히지 않았던 증거라고 할 수 있다. 아마 이것도 힌덴부르크가 히틀러에게 정부를 맡겼을 때 발생할 수 있는 위기를 과소평가하도록 만들었을 것이다. 히틀러가 독재를 획책하는 순간, 의회가충분히 막으리라는 안일한 판단이었던 셈이다. 그렇지만 민주주의라는 이념의 방 안에 봉인된 국가, 대의제라는 제도 속에서 때를 기다리고 있던 그 괴물을 세상에 풀어놓을 준비를 이미 갖춘 히틀러였다. 히틀러와 나치에게는 '폭풍부대'라는 뜻의 '돌격대Sturmabteilung, SA'라는 준군사조직이 있었다. 1930년에 10만 명 정도였던 돌격대원의 수는 1932년에는 40만 명이 넘을 정도로 확장된다. 그러기에 히틀러가 총리가 된 것은 괴물에게 날개를 달아준 꼴이었다. 히틀러를 맹목적으로 따랐던 돌격대의 테러활동이 이제 독일 정부의 비호를 받게 된 셈이니 말이다. BC 3000년 국가라는 괴물을 탄생시켰던 그 폭력, 그 살인, 그 약탈, 그 강간의 비극을 전체 독일사회에 생생하게 재반복할 타이머는 이렇게 작동하고 있었던 셈이다.

1930년대 초반 독일의 경제 위기는 노동계급을 자본과 국가의 연합에 맞서도록 했다. 당시 지배계급은 경제 위기의 고통을 고스란히 노동계급에게 전가했기에, 노동계급의 저항은 갈수록 뜨거워질 수밖에 없었다. 노동계급 주도로 독일 전역에서 엄청난 대중시위가 화톳불처럼 동시다발적으로 번진 것도 이런 이유에서다. 노동계급의 요구를 감당하기 위해서는 자본이나 국가는 자신들의 이익을 일정 부분 포기해야 했지만, 그들은 애초에 그럴 생각이 없었다. 바로 이때 나치 돌격대는 블루칼라라고 불리던 생산직 노동자들의 조직과 시위를 괴멸하는 데 앞장선다. 1919년 로자와 스파르타쿠스동맹을 죽음으로 몰고 갔던 자유군단Freikorps이 과거보다 더 강력한 모습으로 등장한 셈이다. 노동계급에게 가해지는 살인, 폭력, 방화 등은 갈수록 기승을 부리게 된다. 고통 분담을 요구하는 노동계급에게 전전긍긍하던 자본계급과 국가 고위 정치가나 관료들이 나치에 재정적 지원을 아끼지 않았던 것도 이런 이유에서다. 그렇지만 이것만으로 나치가 독일 국민의 33퍼센트 지지를 얻었던 이유가 모두 설명되지는 않는다. 자신을 중산층이라고 착각했던, 한마디로 말해 선택받은 노동계급이라고 스스로 믿었던 사람들이 히틀러와 나치를 지지했던 33퍼센트의 실체였다. 한마디로 말해 국가나 자본에서 중간 관리직을 맡았던 사람들이 나치의 목소리에 귀를 기울였다는 것이다. 1933년 블루칼라 노동자들 중 40퍼센트가 실업자가 되었다면, 화이트칼라로 불리는 관리직 노동자들의 실업률은 13퍼센트에 지나지 않았다. 결국 블루칼라 노동자들의 요구가 관철

1928년 준군사조직 돌격대원들에게 둘러싸여
있는 히틀러. 히틀러를 맹목적으로 따랐던
돌격대는 생산직 노동자들의 조직과 시위를
괴멸하는 데 앞장서는 등 각종 테러행위를
일삼았다.

1933년 불에 타고 있는
제국의회. 돌격대가 나치
지도자 괴링의 저택 지하실과
제국의회 건물 지하실 사이에
뚫린 터널을 이용해 제국의회
곳곳에 발화물질을 매설해
불을 질렀다.

되면, 스스로를 중산층이라고 착각하는 화이트칼라 노동자들의 삶
은 위기에 빠질 수 있다. 퇴역 군인들, 화이트칼라 전문직들, 학생
들, 소지주들, 소자산가들이 나치를 지지했던 이유가 바로 여기에
있다. 퇴역 군인들은 연금을 블루칼라에게 빼앗기지 않으려고 했
고, 화이트칼라 노동자들은 블루칼라 노동자들의 고통이 자신에게
옮겨오는 것을 두려워했으며, 학생들은 블루칼라 노동자들이 자신
들의 취업을 힘들게 만들고 있다고 생각했고, 소지주와 소자산가들
은 노동계급의 목소리가 높아지면 자신이 가진 땅이나 자본의 가치
가 낮아진다는 것을 본능적으로 알았던 것이다.

　　1933년 1월 31일에 총리 임기를 시작한 지 한 달 뒤, 히틀러는
교전권과 함께 국가의 힘을 상징하는 대내적 적대선언을 할 수 있

는 계기를 스스로 만들었다. 1933년 2월 27일 제국의회방화사건 Reichstagsbrand을 일으키면서 말이다. 돌격대가 나치 지도자 괴링Hermann Göring(1893~1946)의 저택 지하실과 제국의회 건물 지하실 사이에 뚫린 터널을 이용해 제국의회 곳곳에 발화물질을 매설하고 불을 지른 것이다. 방화사건을 본격적으로 조사하기도 전에 히틀러와 나치는 이 사건이 스탈린의 코민테른의 사주를 받은 독일공산당이 벌인 소행이라고 단정한다. 2월 28일 히틀러는 대통령 힌덴부르크에게 '제국의회방화긴급명령Reichstagsbrandverordnung', 공식 명칭으로는 '국민과 국가를 보호하기 위한 제국대통령의 긴급명령Verordnung des Reichspräsidenten zum Schutz von Volk und Staat'을 발동하도록 만든다. 바이마르 헌법이 보장했던 시민권뿐만 아니라 기본적인 인권마저 국가라는 이름으로 무효화하는 일종의 계엄령이었다. 이제 바이마르 헌법에서 45조, 47조, 48조는 가장 중요한 조항으로 등극하고, 사회민주주의의 이념으로 충만했던 나머지 대부분의 조항들은 폐지되거나 배경으로 물러난다. 당시 독일 행정권을 장악하고 있던 히틀러와 나치는 이제 국가의 수호자, 아니 국가 자체가 된 셈이다. 이제 국가(=나치)에 저항하는 반대자들은 언제든지 투옥될 수 있고, 국가(=나치)에 우호적이지 않은 신문들은 폐간될 수 있다. 아니나 다를까, 바로 독일공산당 활동은 법적으로 금지되었고, 비판적인 신문들은 폐간되었으며 아울러 공산당원 1만여 명은 강제수용소로 보내지고 만다. 히틀러의 마수는 곧이어 독일사회민주당 지도부와 노동조합 지도부로 향한다. 국가주의의 최종 목적은 자명하다. 자신의 몫을 요구하는 노동계급에게 자신들의 처지를 받아들이도록 하는 데 있다. 다시 말해 노동계급은 BC 3000년 이후 존재해왔던 피지배계급일 뿐이라는 사실, 피지배계급으로서 노동계급은 권리의 주체가 아니라 의무의 객체에 지나지 않는다는 사실, 전체 사회는 소수 지배계급이 결정한다는 사실을 혹독하게 가르쳐주는 것이다. 불행히도 이것만으로 히틀러가 국가주의의 사제가 되는 작업은 완수될 수 없었다. '제국의회방화긴급명령'은 일종의 계엄령이기에 언제든지 의회에 의해 취소될 수 있었기 때문이다.

다음 절차는 나치가 제국의회 과반수 의석을 장악해 히틀러를 정점으로 하는 새로운 국가주의 사회를 만드는 것이었다. 쇠뿔도 단김에 빼라고, 히틀러는 1933년 3월 5일 총선을 실시한다. 히틀러와 나치는 총선 승리를 자신했다. '제국의회방화긴급명령'으로 반대자들을 옴짝달싹 못하게 만들 수 있는 가능한 모든 조치를 실시했으니 말이다. 예를 들어 나치 외에 야당은 선거운동조차 할 수 없도록 했던 조치, 나치에 반대하는 선거벽보를 붙이는 것을 형사처벌의 행위로 만든 조치, 야당 지도자들의 투옥에 이어 나치에 반대하는 사람들을 정치범으로 몰아 투옥시켜 선거에 불참하도록 만든 조치, 심지어 유권자들에게 지속적인 정치 폭력을 조장하는 조치, 나아가 선거구를 나치에게 유리하게 확대하고 재편하는 조치, 심지어 투표함 빼돌리기 등 조직적으로 이루어진 온갖 불법선거 조치 등등. 더군다나 노동계급을 탄압하고 길들이자 당시 독일 최대 철강·군수업체 크루프Krupp나 화학공업업체 이게 파르벤Interessen-Gemeinschaft Farbenindustrie AG 등 거대자본도 나치에게 아낌없이 재정적 지원을 했다. 이런 상황에서 어떻게 히틀러와 나치가 총선 승리를 확신하지 않을 수 있었겠는가? 그렇지만 투표 결과가 나오자 히틀러와 나치는 경악했다. 나치는 과반수 획득에 실패했으니까.

독일 노동계급은 기적을 일으켰다. 나치가 과반수가 되는 것을 확실히 막아버렸으니까. 정치활동이 금지되었던 독일공산당이

1932년 3월 5일 독일 총선 결과

	득표수	득표율(의석수)	의석수 변동
국가사회주의독일노동자당	17,277,180	43.91(288)	+92
독일사회민주당	7,181,629	18.25(120)	-1
독일공산당	4,848,058	12.32(81)	-19
독일중앙당	4,424,905	11.25(73)	+3
독일국가인민당	3,136,760	7.97(52)	+1
바바리안인민당	1,073,552	2.73(19)	-1
독일인민당	432,312	1.10(2)	-9

12.32퍼센트의 득표율로 전체 647석 중 81석을 차지했고, 마찬가지로 나치의 탄압을 받던 독일사회민주당도 18.25퍼센트의 득표율로 120석을 차지했다. 나치와 돌격대의 폭력과 살인 행위에 맞서 '인간에 대한 관용'이니 '합법적인 행위' 등을 떠들며 자신의 안위를 도모했던 노동정당 지도자들이 어여뻐서가 아니다. 분노에 싸인 노동계급이 집단적 저항의 움직임을 보이자 무저항이란 지침도 아닌 지침을 내렸던 노동정당 지도자들에게 지지를 표명한 것도 아니다. 할 수 있는 것이라고는 투표밖에 없었기 때문에 노동계급은 목숨을 걸고 투표를 한 것이다. 당시 독일 노동계급의 대표들은 역겨운 이빨을 드러낸 국가와 맞서 싸울 수 없었던 존재들이다. 국가가 있어야 의회제도도 있고, 그래야 자신이 의원이라는 기득권을 지킬 수 있다고 믿었던 사람들이기 때문이다. 그렇지만 동시에 노동계급 대표들이 무저항과 합법적 투쟁을 강조하자, 이것을 받아들였던 대다수 노동계급도 문제면 문제라고 할 수 있다. 불행히도 당시 독일 노

1933년 나치가 정치적 반대자들을 처리하기 위해 설립한 다하우 강제수용소에 수감자들이 서 있다. 이 수용소에 처음 공산당원들이 수용되었고, 이어서 사민당원, 자유주의자, 심지어 보수주의자들까지 잡혀오게 된다. 그다음 유대인들이 수용되었다.

동계급 대다수는 너무나도 부르주아체제에 길들여져 있었던 것이다. 일자리를 지켜야 한다는 생각과 일자리를 구해야 한다는 생각만큼 노동계급의 영혼을 갉아먹는 것이 또 있을까?

중요한 것은 자본과 국가가 근본적인 억압구조라는 사실이다. 일자리를 지켜야 한다는 생각과 일자리를 구해야 한다는 생각을 당연한 것으로 받아들이는 순간, 다시 말해 임금노동의 숙명을 받아들이는 순간, 자본과 국가라는 억압구조를 완전히 폐기하려는 혁명정신은 고사되어갈 수밖에 없다. 자신들의 대표가 히틀러가 봉인을 해제한 국가에 맞서 싸우지 못한다면, 그들은 더 이상 노동계급의 대표일 수는 없다. 그렇다고 히틀러와 국가에 맞서는 싸움을 멈출 수도 없으니, 자유를 위해 그리고 정의를 위해 노동계급은 원군에 대한 일체의 기대를 접고 처절한 투쟁에 몸소 개입했어야 했다.

불행히도 노동계급의 저항은 투표소에서만 이루어지고 만다. 1939년 9월 1일 나치 독일의 폴란드 공격으로 시작된 제2차 세계대전으로 독일 노동계급 700만 명이 사망하고, 1400만 명이 집을 잃는 비극을 예견했더라면, 분명 독일 노동계급은 1933년 3월 5일 투표소에서의 수동적인 저항이 아니라 모든 차원에서의 결사항전을 선택했을 것이다. 어쨌든 1933년 3월 5일 집권 프로젝트가 실패하자, 히틀러와 나치는 노동계급의 조직 자체를 와해하지 않고서는 국가주의의 승리는 불가능하다는 사실을 자각한다. 이어지는 조치는 예상된 수순을 밟는다. 1933년 5월 2일 독일 내 모든 노동조합은 해산되고 그 지도자들은 강제수용소로 끌려간다. 마침내 7월 14일 공식적으로 나치를 제외한 모든 정당의 정치적 활동을 금지하면서 히틀러는 스탈린체제와 비슷한 일당독재체제를 구축한다.

국가주의는 어떤 이념이라기보다 폭력수단 독점으로 가능한 압도적인 억압적 현실이다. 물론 국가주의가 '주의'로 불리는 이유는 명확하다. 지속적인 수탈을 정당화하기 위해 국가주의는 재분배를 강조하기 때문이다. 결국 수탈의 목적은 재분배에 있다는 것이 국가주의의 이데올로기인 셈이다. "당신들에게서 세금을 걷거나, 당신들을 징집하는 이유는 국가기구를 위해서가 아니라 바로 당신들의 삶을 증진시키고 보호하기 위해서입니다." 바로 이것이 국가주의의 사탕발림이다. 이탈리아 무솔리니^{Benito Mussolini}(1883~1945)의 파시즘이나 일본 히로히토^{裕仁}(1901~1989)의 군국주의와 마찬가지로 독일 히틀러의 나치즘도 국가주의의 하나의 외관에 지나지 않는다. 자본주의의 자유주의와 코뮌주의의 계급주의를 혐오하는 전체주의, 대중들은 위대한 지도자를 필요로 하는 감정적 군중에 지나지 않는다는 엘리트주의, "전쟁은 남성의 것, 출산은 여성의 것"이라는 슬로건을 표방했던 남성우월주의, 사회를 일종의 유기체로 생각하는 유기체주의, 군대의 힘과 규율, 그리고 희생의 필요성을 강조하는 군사주의, 아리안 인종의 후예인 독일 민족만이 생존 가치가 있는 가장 우월한 인종이라는 인종우월주의, 열등한 인종을 제거하거나 아니면 축출해 우월한 인종의 '삶의 터전^{Lebensraum}'을 확보해야 한다는 장소주의 등등. 실제로 이런 입장들에 근거해 히틀러는 제2차 세계대전을 일으켜 6000만 명을 희생시키고 수백만 명의 여성들을 강간하며, 유대인 600만 명을 포함한 경악할 만한 인종청소를 유럽 전역에서 실시한다. 그렇지만 이 모든 것은 국가주의를 정당화하거나 혹은 국가주의 실현의 결과물에 지나지 않는다.

　전체주의를 없애자고, 엘리트주의를 없애자고, 남성우월주의를 없애자고, 유기체주의를 없애자고, 군사주의를 없애자고, 인종주의를 없애자고, 장소주의를 없애자고? 대외적으로 적을 설정하고 아울러 대내적으로 적을 설정할 수 있는 자의적 권력, 즉 국가주의를 없애지 않으면 언제든지 전체주의는, 엘리트주의는, 남성우월주의는, 유기체주의는, 군사주의는, 인종주의는, 장소주의는 다시, 과거보다 더 세련된 형식으로 번성할 테니 말이다. 국가주의의 핵심은 피지배계급의 저항을 억눌러 BC 3000년 국가의 탄생을 다시 반복하려고 하는 데 있다. 《스펙타클의 사회》 109번째 테제에서 기 드보르는 "파시즘은 '공황'과 '프롤레타리아 전복 활동'이란 위협에 맞서 부르주아경제의 극단적 방어수단, 즉 자본주의사회 속의 계엄령"이라고 이야기한다. 파시즘이 자본주의사회 속의 계엄령이란 통찰은 탁견이다. 그렇지만 "자본주의사회는 자신을 구원하기 위해 국가를 대거 개입시키는 긴급한 합리화 조치를 시행한다"는 기 드보르의 이야기는 조심스럽게 독해할 필요가 있다. 계엄령의 주체는 자본주의사회가 아니라 바로 국가라는 야만 그 자체이기 때문이다. 노동계급을 생산자와 소비자의 회로로 가두고 착취하는 자본처럼 국가도 피지배계급을 수탈과 재분배의 회로에 가두고 착취한다. 국가가 가장 효과적인 수탈을 위해 선택한, 아니 간택한 체제가 자본주의인지도 모른다. 부르주아국가의 탄생이다. 그러나 우리가 잊지 말아야 할 것은 부르주아국가도 엄연히 국가라는 사실이다. 결국 귀족사회, 영주사회, 부르주아사회로, 혹은 노예사회, 농노사회, 노동자사회로 역사는 변한 것처럼 보이지만, 그것은 모두 원초적인 야만 기구 국가의 현란한 저글링일 뿐이다.

국가는 히틀러라는 최고 통치자 일인에 의해서 작동되지는 않는다. 신도가 말한 것처럼 날아다니는 용이나 뱀에게는 구름과 안개가 필요하다. 구름과 안개가 없다면, 용이나 뱀은 지렁이에 지나지 않으니까. 구름과 안개란 무엇일까? 구름과 안개는 어둡고 칙칙하고 불투명해서 그 실체를 정확히 파악하기 힘들다. 그것은 카프카가 '성Das Schloss'이라는 비유로 포착했던 거대한 관료주의체제와 다름없다. 어쨌든 날아다니는 용과 날아다니는 뱀을 기다렸던 구름과 안개처럼 국가 관료주의체제는 히틀러를 오매불망 기다렸는지도 모른다. 대외적 적에 대한 교전권이나 대내적 적에 대한 적대선언이 관료주의의 강화로 귀결되는 것도 이런 이유에서인지도 모른다. 화이트칼라든 블루칼라든 노동계급에게 다시 한 번 국가는 되묻고 있다. "너는 나를 지킬 것인가, 아니면 나를 적대시할 것인가?" 국가를 지키기로 결정한다면 노동계급은 동료를 배신하고 관료가 될 것이고, 반면 국가를 적대시하기로 결정한다면 노동계급에게는 삶의 고통이 내려질 것이다. 마름이 될 것인가, 아니면 소작농으로 살 것인가? 일본제국의 조선인 순사가 될 것인가, 아니면 식민지 주민

6부. 코뮌주의 역사철학과 기 드보르의 유산

으로 머물 것인가? 파시즘이든 나치즘이든 군국주의든 국가주의가 사회 전체를 국가의 의지에 복종하도록 만들기 위해서 반드시 거쳐야 할 과정이 하나 있다. 그것은 대의제에 맞게 자신을 '시빌 서번트'나 '퍼블릭 서번트'라고 정의했던 관료들을 최고 통치자에 대한 '서번트'로 개조하는 일이다.

시민들을 의식하는 공복公僕을 두체Duce 무솔리니나 퓌러Führer 히틀러, 혹은 덴노天皇 히로히토에게만 복종하는 사복私僕으로 개조하는 것은 어려운 작업이 아니다. 관료는 본질적으로 노예적 본성, 아니 정확히 말해 마름적 본성을 가지고 있으니까. 오히려 바이마르공화국 시절 시민들의 민원에 시달렸던 관료들이 이제 일반 시민들 위에 군림할 수 있으니, 그들로서는 쾌재를 부를 일 아닌가. 전체주의 사회가 아니더라도 지금도 관료들은 선출된 권력자의 사진을 사무실 높은 곳에 걸어놓고 있지 않은가. 민주주의라는 이념의 방에서 국가가 봉인 해제되어 자신의 야만적 모습을 드러내는 순간, 공복이란 탈을 쓰고 살던 관료들도 동료 노동계급을 배신하고 억압자에게 굴복했던 자신의 본모습을 되찾게 된다. 국가주의가 바로 강력한 관료주의의 작동으로 힘을 발휘하는 것도 이런 이유에서다.《스펙타클의 사회》109번째 테제에서 기 드보르는 말한다. "혁명적 노동운동은 양차 세계대전 사이에 스탈린적 관료주의와 파시즘적 전체주의—파시즘적 전체주의는 러시아에서 실현된 전체주의적 정당에서 그 조직 형태를 차용한다—의 합작에 의해 소멸된다"고. 여기서 우리는 '스탈린적 전체주의'와 '파시즘적 관료주의'라는 말도 이야기할 수 있어야 한다. 전체주의와 관료주의는 국가주의의 두 가지 효과에 지나지 않는다. 국가의 의지, 혹은 통치자의 의지대로 전체 사회가 움직이려면, 관료들이 통치자에 대해 더 맹목적으로 충성하고 아울러 동료 임금노동자들에 대한 배신을 강화해야만 하는 법이니까.

《스펙타클의 사회》 109번째 테제에서 기 드보르는 파시즘이 구체적으로 작동하는 메커니즘을 해명하려고 한다. "파시즘은, 원시적인 가짜 가치—인종, 혈통, 지도자—에 의해 규정된 공동체로 참여할 것을 요구하는 신화의 폭력적 부활이나 다름없다." 옳은 규정이지만, 아쉬움도 여전하다. '인종'이나 '혈통', 혹은 '민족'이나 '지도자' 등이 '원시적인 가짜 가치'라는 것은 맞고, '신화'에 지나지 않는다는 것도 맞다. 그렇지만 '원시적인'이나 혹은 '신화'라는 말에는 오해의 여지가 있다. 인종, 혈통, 민족, 지도자 등의 개념은 원시적이기는 하지만 너무나도 현재적이고, 신화적이기는 하지만 아직도 유효한 지배 이데올로기다. 그것은 BC 3000년 이후 여전히 국가라는 압도적인 억압형식이 우리의 삶을 옥죄고 있기 때문이다. 우리의 헌법을 넘겨보라. 여전히 교전권과 계엄권이 국가의 손에 들어 있지 않은가? 국민들의 뜻과는 무관하게 심지어 국민들에게 뜻을 묻지도 않고 국가는 언제든지 자신을 지키기 위해 대통령을 움직여 이 가공할 권력을 행사할 수 있다. 바로 이 대목에서 우리는 슈미트의 서늘한 통찰을 다시 음미해볼 필요가 있다.

《정치적인 것의 개념》에서 그는 말한다. "정치적인 행동이나 동기의 원인으로 여겨지는 특정한 정치적 구별이란 적과 동지의 구별이다. …… 적이란 바로 타인, 이방인이며, 그 본질은 특히 강한 의미에서 낯설고 이질적인 존재라는 것으로 족하다." 국가는 자신의 동지라고 여겨지면 살리고 자신의 적이라고 여겨지면 죽일 수 있는 가공할 힘을 가지고 있다. 생명의 위협 속에서 피지배계급의 분열은 불가피하다. 자신의 목숨을 건지려면 국가의 동지가 되어야 한다. 아니 자신이 국가의 동지라는 사실을 쉼 없이 증명해야만 한다. 가장 좋은 증명 방식은 국가가 적이라고 규정하는 대상에 대해 국가 이상으로 적대행위를 하는 것이다. 유대인이어도 좋고 집시여도 좋고, 아니면 노동조합이나 노조 지도자들이어도 좋고, 그것도 아니면 코뮌을 꿈꾸는 혁명가들이어도 좋다. 국가의 적은 나의 적이다! 여기서 우리는 파시즘적 광기의 정체를 확인하게 된다. 적을 색출하고 공격하는 이유로 민족이든 국가든 아니면 사회든 전체 공동체를 들먹이지만, 그 이면에는 국가의 압도적 폭력에 자기 자신만은 지키겠다는 아주 이기적인 동기가 도사리고 있으니까.

눈사람을 만들려면 일정 정도 크기와 무게를 갖춘 작은 눈덩어리가 먼저 만들어져야 한다. 종자 눈덩어리다. 바로 이걸 만들기 힘들기 때문에 거대한 눈사람을 만드는 것이 여의치 않은 것이다. 사회를 전체주의의 광풍으로 휘몰아가기 위해서 국가주의도 무엇보다 먼저 종자 눈덩어리와 같은 역할을 하는 지지자들이 필요한 법이다. 작게는 33퍼센트, 많게는 44퍼센트에 이르렀던 히틀러와 나치의 지지자들, 바로 중산층이 그들이다. 끝이 보이지 않는 경제 침체와 대규모 실업 사태, 그리고 이어지는 블루칼라의 배고픈 절규는 중산층에게 자신들의 기득권 사수에 목을 걸게 만든다. 그들의 눈에는 모든 상황이 슈미트가 평화로운 때를 규정했던 개념과는 반대로, 즉 "평화, 안보, 질서"와는 완전히 반대로 전개되는 것으로 보인다. 갈등이고 불안이고 무질서다. 중산층이 평화, 안보, 질서가 통용되던 과거 시절을 희구하는 것도 이런 이유에서다. 그렇지만 국가라는 억압체제가 존속하는 한, 어떤 공동체의 평화, 안보, 질서는 단지 두 가지 경우에서만 가능하다. 호황기에 지배계급이 피지배계급에게 원활한 재분배를 수행했을 때거나, 불황기에 지배계급이 어떤 식으로든 피지배계급의 불만과 저항을 무력화시키는 데 성공했을 때다.

결국 중산층이 아름답게 기억하는 평화로운 시절은 자본계급이나 국가가 노동계급에 대한 수탈을 재분배의 논리로 은폐하는 것이 가능했던 시절이거나, 아니면 아예 노골적으로 노동계급을 힘으로 억눌렀던 시절이다. 문제는 평화, 안보, 질서가 통용되던 시절에 대한 향수에서 전도된 사유가 출현한다는 사실이다. 먼저 경제 호황기와는 달리 불황기에 노동계급의 파업과 시위가 빈번해지며 공동체의 평화, 안보, 질서가 위협받는다는 일차원적인 관찰이 선행된다. 이어서 평화, 안보, 질서가 되찾아지면 불황이 호황으로 바뀌리라는 잘못된 판단이 이루어진다. 이로부터 노동계급의 정치적 요구를 억눌러 평화, 안보, 질서만 회복하면 과거 황금기로 되돌아가리라는 착각은 한 걸음이면 족하다. 그래서일까, 경제 불황이 심해지면 중산층뿐만 아니라 심지어 블루칼라 출신 실업자들마저도 평화, 안보, 질서가 지배하던 시절, 즉 국가가 강력했던 시절을 소환하게 된다. 이렇게 현실에 대한 절망, 미래에 대한 걱정, 그리고 과거에 대한 향수가 뒤범벅되면서, 종자 눈덩이는 커져만 간다. 마침내 국가주의의 망령을 불러낼 정도로 커지게 되면, 이제 한 사회는 걷잡을 수 없이 전체주의로 휩쓸려 들어가고 만다.

체제가 위기에 빠지면 전근대국가는 농민들의 운동을 적대시하면서 그들에게 "너희들은 피지배계급에 지나지 않는다"는 사실을 혹독하게 가르쳐주었다. 영주나 지주 등이 농민들을 통제하지 못하자, 지배계급 전체의 이익을 위해 국가가 자신의 맨얼굴을 드러낸 것이다. 마찬가지로 위기에 빠진 부르주아국가는 노동계급의 정치적 요구를 억압하며 그들에게 "대의제는 언제든지 유보될 수 있다"

는 냉정한 교훈을 주려고 한다. 제 코가 석 자나 빠진 자본계급이 더 이상 노동계급을 통제하지 못하니, 국가는 BC 3000년에 발생했던 최초의 지배관계를 반복했던 셈이다. 국가라는 억압구조가 존재하는 한, 그리고 그 억압구조에 투신해 일신의 안위를 도모하는 관료주의가 존재하는 한, 결코 사라지지 않을 국가주의! 기 드보르는 "파시즘은 현대적 스펙타클의 형성에 기여하는 요소들 중 하나이며, 또한 과거 노동운동을 파괴했던 자신의 전력 때문에 현재 사회를 기초하는 세력들 중 하나가 된다"고 말했다. 스펙타클의 핵심은 노동계급을 정치적 주체가 아니라 관객으로 만드는 데 있다. 히틀러가 총리가 되거나 그가 총통이 되는 것을 막지 못했던 후유증은 정말로 크지 않았던가. 독일 노동계급은 히틀러가 지휘하는 전쟁과 학살의 드라마를 손 놓고 바라보는 신세로 전락했을 뿐만 아니라, 몸소 그의 쇼에 잠시 등장해 죽음으로 퇴장하는 불행한 단역 배우들처럼 살았으니 말이다.

히틀러의 죽음으로 파시즘은 과연 사라졌을까? 불행히도 기 드보르의 말처럼 파시즘은 사라지지 않았다. 자본주의와 국가주의가 유지되는 한, 파시즘은 반복될 수밖에 없으니까. 2020년 현재 우리 상황을 보라. 만성화된 취업난, 구조화된 고용 불안, 그리고 극심해지는 빈부격차가 우리 삶을 휘감고 있다. 그럼에도 문재인 정권은 자본계급과 노동계급 사이에서 줄타기를 반복하는 바이마르공화국처럼 우유부단하기만 하다. 그와 함께 광화문 극우집회에서는 문재인 정권을 빨갱이 정부로 몰아붙이는 파시즘적 구호가 점점 그 데시벨을 높이고 있다. 이런 와중에 진보를 자처하는 지식인들뿐만 아니라 진보정당이나 노동조직들마저도 파시즘의 발호에 무기력한 대응으로 일관하고 있다. 1930년대 독일의 사회민주당이나 공산당처럼. 이것은 모두 노동계급을 위한다는 지식인들이나 조직들이 부르주아제도에 너무 깊게 연루되거나 포획되어 있기 때문이다. 자본과 국가라는 억압구조를 받아들였던 그들이 혁명이 아니라 개선을 표방하는 수정주의자가 되는 것은 당연한 귀결인지도 모른다. 어쨌든 진보정당과 노동계급 대표들의 무기력과 무능력은 광화문마저 변화시켰다. 민주화의 성소를 그들은 기꺼이 이제 극우 세력들에게 넘겨주었으니까 말이다. 이제 주말마다 광화문에는 군복, 박정희, 미국 국기, 이스라엘 국기, 목사, 《반일종족주의》 등이 아이콘으로 난분분하고 있지 않은가?

극우의 아이콘, 혹은 파시즘의 아이콘들이 무엇을 상징하는지 생각해보라. 군복과 박정희는 농민을 노동자로 개조해 생산력을 증진했던 개발독재 시절에 대한 향수이고, 미국 국기는 남한의 국가권력보다 상위에 있다고 믿는 제국주의 권력에 대한 복종이고, 이스라엘 국기나 목사는 노동계급의 자각과 저항의식을 위해 기독교를 비판했던 마르크스에 대한 반발이고, 《반일종족주의》는 일제 식민지 시절이 근대화의 성스러운 서막이었다는 찬양을 상징한다. 국가에 대한 복종, 힘에 대한 복종, 자본에 대한 복종, 신에 대한 복종! 어느 하나 노예의식 아닌 것이 없다. 노예는 노예이기에 자신을 부리는 주인을 희구하는 법이다. 지도자와 영도자를 자처하는 국가주의의 주술사가 등장할 수 있는 조건은 이미 갖추어진 셈이다. 집회에 참여한 사람들의 면면을 살펴보라. 1997년 본격화한 신자유주의체제가 낳은 구조적 불황, 즉 소득 불균형, 취업난, 고용 불안 등의 직격탄을 맞았던 사람들이다. 혹은 아직도 그 유탄을 맞고 있는 자식을 둔 사람들이다. 그래서 박정희 독재 시절 중산층으로 살았던 사람들, 그 배부른 돼지의 시절을 그리워하는 노년층이 많은 편이다. 60대 이상, 개신교도, 연금 수령자, 독재 시절 화이트칼라였던 사람들. 바로 이들이 태극기, 성조기, 이스라엘 국기를 들고 광화문에 나오는 사람들이다.

그들은 자본과 국가를 탓하기보다 노동운동과 노동조직을 적대시한다. 노동시장 유연화라는 미명으로 정규직을 줄였을 뿐만 아니라 고용조건과 노동조건을 악화시켰던 주범이 자본과 국가라고는 아예 생각조차 하지 않는다. 일자리를 주는 것이 자본이니 자본이 성장해야 일자리가 생긴다는 안이한 생각뿐이다. 그들은 취업난, 구직난, 실업 문제가 모두 정규직 노동자를 대변하는 노동조합 조직 때문에 심화된다고 믿는다. 정규직 노동자가 해고되어야 자신이나 가족에게 정규직 노동자가 될 기회가 생긴다는 편협한 생각뿐이다. 그들은 젊은 세대들을 반권위적으로 교육하려는 전교조를 못마땅하게 생각한다. 평화, 안보, 질서는 권위에 대한 인정과 기성세대에 대한 존중으로부터 찾아온다는 공자식 발상에 젖어 있기 때문이다. 바로 이들 앞에는 단상에 올라 사자후를 토하는 예비 히틀러 자원들이 있다. 목사도 있고, 지식인도 있고, 언론인도 있고, 전현직 국회의원도 있다. 바로 이들이 극우집회를 통해 국가주의의 주술사가 되려는 주범들이다. 상처를 외면하면 고질병이 되는 법이다. 그러니 광화문에서 펼쳐지는 살풍경에서 히틀러의 제3제국을 직시해야만 한다. 노동계급의 분노가 자본과 국가로 향하는 것을 막고 서로에게 향하도록 만드는 파시즘이란 서늘한 살풍경, 노동계급이 서로에게 등을 돌려서 그 사이로 국가주의의 주술사들이 국가라는 괴물을 다시 불러내려는 국가주의의 살풍경을. 1852년 출간된 《루이 보나파르트의 브뤼메르 18일》Der 18te Brumaire des Louis Napoleon》에서 마르크스는 "세계사적 사건들과 인물들은 …… 한 번은 비극Tragödie으로 다른 한 번은 광대극^{Farce}으로 나타난다"고 말했던 적이 있다. 두 번째 파시즘은 냉소주의자 아니면 결코 웃기 힘든 처참한 비극으로 나타날 것이다. 제2의 히틀러의 주술로 풀려난 국가는 노동계급이 어찌할 수 없는 가공할 폭력수단으로 노동계급의 목을 조를 테니까.

> 관료주의의 이데올로기적 소유권^{le titre de propriété idéologique de la bureaucratie}은 현재의 발전 국면에서 이미 국제적으로 와해되고 있다. 본질적으로 국제주의적 전범으로서 국가를 중심으로 구축된 이 권력은 이제 국가의 경계를 넘어 모두를 아우르는 기만적 결속력을 유지하는 것이 더 이상 가능하지 않음을 인정해야 한다. …… 기존 질서를 부정하는 대내적인 시위들이 세계 앞에 자신의 의지를 명확히 드러내기 시작하고 있으며, 이것은 관료주의적 기만의 동맹을 전 세계적으로 와해시키는 데 공헌하고 있다. 동베를린 노동자들의 봉기는 관료주의에 맞서 "철강 노동자들의 정부"를 요구했으며, 헝가리에서는 한때 "노동자평의회의 권력"을 이끌어내기도 했다. …… 이런 와해는 궁극적으로 현재 진행 중인 자본주의사회의 발전에 가장 불리한 요소가 될 것이다. 왜냐하면 부르주아가 기존 질서에 대한 일체의 부정을 허위적으로 통합하면서, 객관적으로 자신을 지지했던 적을 상실하기 때문이다.
>
> ―《스펙타클의 사회》111

1955년 5월 14일 폴란드 바르샤바에서는 소련 주도로 동구권 국가들이 바르샤바조약기구^{Warsaw Treaty Organization, WTO}에 가입한다. 소련은 1949년 4월 4일 미국 주도로 이루어진 서구권 국가들의 군사동맹, 즉 북대서양조약기구North Atlantic Treaty Organization, NATO에 효과적으로 대응할 필요를 느꼈던 것이다. 1945년 제2차 세계대전이 끝나면서 시작된 미국과 소련의 패권 경쟁, 즉 냉전이 그야말로 본격화한 셈이다. 한반도의 한국전쟁을 제외하고 두 체제 사이의 경쟁은 열전이 아니라 냉전의 형식으로 이루어졌다. 승리는커녕 공멸의 가능성을 품고 있는 핵무기의 발달이 가져온 진풍경이라고 하겠다. 냉전은 생산력발전과 관련된 경제적 경쟁뿐만 아니라 이념과 관련된 이데올로기적 경쟁도 가속화했다. 〈신적 재가: 1945-48년 영미 냉전동맹과 서양문명과 기독교의 수호Divinely Sanctioned: The Anglo-American Cold War Alliance and the Defence of Western Civilization and Christianity(1945-48)〉라는 논문에서 역사학자 커비Dianne Kirby가 말했던 것처럼, 동구권이 인간해방 신화를 마르크스의 이름으로 선전하자 서구권은 서양문명과 기독교를 사수해야 한다는 논리로 이에 맞섰던 것이다. 마르크스가 기독교를 민중의 아편이라고 주장했고, 과거 서양문명 전체를 억압의 문명에 지나지 않는다고 폭로했다는 것에 착안한 대응이다. 동구권이 세계의 패권을 잡으면 교회도 다닐 수 없을 뿐만 아니라 역사적 유물과 유산마저도 무사하지 못할 것이라는 일종의 흑색선전이다. 맹목적 이윤 추구의 충동을 제외하고는 아무것도 없는 시장자본주의체제는 불가피하게 자신이 한때 부정했던 전근대적 이념과 유산들을 이용해 자신을 정당화하기 시작한 것이다. '서양문명과 기독교를 지키는 성스런 십자군' vs. '서양문명과 기독교를 파괴하는 사악한 무신론자'! 이것이 냉전시대 서구권이 만든 프레임이었다. 바로 이때 시장자본주의체제의 십자군을 자처하는 '정치적 기독교'의 논리가 탄생하며, 이것이 기독교가 극우적인 정치 발언을 강화하는 21세기 현재 우리의 지적 풍경의 유래이기도 하다. 어쨌든 냉전시대 이데올로기

1953년 동독 시민이 소련 진압군의 탱크를 향해 돌을 던지고 있다.

적 주도권은 동구권이 가지고 있다는 사실을 잊지는 말자. 억압받는 자들의 정부, 피지배계급의 정부, 노동계급의 정부를 표방했던 동구권의 논리는 민주주의의 이념에 훨씬 더 근접했다는 것은 숨길 수 없는 사실이니까.

문제는 냉전시대 동구권에서 실제로 억압과 착취가 사라졌느냐의 여부다. 노동계급의 정부라면, 그래서 소수가 다수를 통제하는 지배관계가 사라졌다면, 노동계급은 경제나 정치 모든 면에서 당당한 주체로 활동하고 있어야 한다. 불행히도 소련을 포함한 동구권 국가들을 이끌어가는 주체는 노동계급이 아니라 공산당과 관료들이었다. 결국 냉전시대 동구권의 상황은 가짜 사회주의가 진짜 사회주의를 질식시키고 있다는 말로 정리할 수 있다. 사실 이것은 사회주의가 국가독점자본주의체제에 대한 화려한 수식어로 전락하면서 충분히 예견된 일이다. 국가독점자본주의가 무엇인가? 국가가 생산수단을 독점하고 모든 생산을 관료들이 주도한다는 이념

1953년 깃발을 들고 행진하고 있는 동독 시민들. 사회주의국가이기는커녕 소련의 식민지에 지나지 않는다는 자각이 노동계급의 저항을 낳았다.

아닌가? 이런 상황에서 국가주의와 관료주의를 극복하자는 사회주의 이념은 그저 부도수표에 불과하다. 그렇지만 진짜 사회주의에 대한 열망, 즉 노동계급의 생산 통제와 정치 통제를 요구하는 진정한 민주주의에 대한 열망은 인간이 살아 있는 한 사라질 수는 없다. 아니나 다를까, 동베를린에서는 1953년 6월 17일 노동자들의 자발적 봉기가 발생한다. 동독East Germany, 즉 독일민주주의공화국Deutsche Demokratische Republik, DDR이 사회주의국가이기는커녕 소련의 식민지에 지나지 않는다는 자각이 노동계급의 저항을 낳았던 것이다. 동베를린 스탈린가에 있던 건설 노동자들의 봉기가 동베를린의 주류 노동계급이었던 철강 노동자들이 호응하면서 사회주의국가를 표방했던 동독과 동구권의 맹주를 자처하던 소련에 맞선 노동계급의 저항으로 폭발한 것이다. 동베를린 노동자들은 사회주의에 저항했던 것이 아니라 진정한 사회주의의 결여에 저항했다는 것을 잊어서는 안 된다. 구체적으로 말해 그들은 사회주의라는 미명하에 이루어지는 소련의 제국주의적 수탈, 그리고 동독의 집권당인 독일사회주의통일당Sozialistische Einheitspartei Deutschlands, SED과 관료계급의 노동 착취에 맞섰던 것이다. 흥미로운 것은 독일사회주의통일당의 상당수 당원들도 비공식적으로는 노동계급의 저항에 동조적이었다는 사실이다. 물론 노동자 봉기에 대한 독일사회주의통일당 지도부의 공식 입장은 소련과 마찬가지로 비판적이었지만 말이다.

한때 동베를린의 거의 모든 부분을 장악했던 수만 명의 동독 노동자들은 기 드보르가 《스펙타클의 사회》 111번째 테제에서 말했던 것처럼 "철강 노동자들의 정부"가 목전에 도래했다고 믿었지만, 이들의 꿈은 동독 주둔 소련군에 의해 무력으로 진압되고 만다. 부르주아국가도 아니고 노동자국가를 표방하던 곳에서 노동계급의 뜻을 무력으로 진압하는 일이 있을 수 있다는 말인가? 어쨌든 사태는 명확하다. 노동계급 정부는 노동계급이 주체가 되는 정부가 아니라 노동계급을 객체로 삼아 통제하려는 정부였던 것이다. 하긴 이것은 이미 1921년 3월 레닌과 트로츠키가 평의회코뮌주의를 주장했던 크론시타트 봉기를 '반혁명'으로 몰아 궤멸했을 때 충분히 예견되었던 일 아닌가. 벤야민과 함께 독일 최고의 인문지성 자리를 다투던 브레히트Berthold Brecht(1898~1956)가 노동계급 정부의 위선과 허위를 간파하지 못했을 리 없다.

6월 17일 봉기 이후
작가동맹Schriftstellerverbands 서기장은
스탈린가Stalinallee에
전단을 배포했네.
민중들das Volk이

노동계급 정부의 위선과 허위를 간파했던 베르톨트 브레히트.

정부의 신뢰Das Vertrauen der Regierung를 잃었으니
그 신뢰를 다시 얻으려면
두 배의 작업량을 수행해야 한다는군.
그럴 바에는 차라리 정부가 민중들을 해산하고
다른 민중들을 선출하는 것이
더 간단한 일이 아닐까?

-〈해결책Die Lösung〉, 《세계Die Welt》(1959)

　　1953년 동베를린 노동자 봉기 당시 쓰였지만 그가 죽은 뒤 1959년이 되어서야 신문 지면을 통해 공개된 시다. 노동계급 정부라면 정부는 노동계급의 신뢰를 얻어야만 하고, 반대로 노동계급이 신뢰를 거두면 새로운 정부가 다시 구성되어야 한다. 이것은 대의제를 시행하고 있는 부르주아국가도 형식적으로나마 하고 있는 일 아닌가. 그렇지만 노동계급의 정부를 표방하는 현실 사회주의국가에서는 노동계급이 아니라 정부가 신뢰를 주거나 철회하는 주체로

등극해 있다. 얼마나 황당한 일인가? 남이 하는 소리를 흉내 내는 앵무새가 아니라 자기 이야기를 당당히 피력하는 작가, 그것도 그런 작가들의 우두머리가 하는 이야기를 들어보라. 노동계급의 봉기로 정부는 더 이상 노동계급을 신뢰하지 않게 되었단다. 노동계급이 봉기로써 정치적 불만을 토로했다면, 노동계급이 더 이상 정부를 신뢰하지 않는다는 이야기다. 이 경우 노동계급의 대표들은 즉각 대표의 자리에서 물러나야 한다. 그런데 작가동맹 서기장은 정부의 앵무새가 되기로 작정한다. 노동계급을 위했던 속뜻을 노동계급이 몰라주니 정부가 얼마나 서운했겠느냐고, 당연히 지금 정부는 심하게 삐져 있다고 말한다.

핵심은 정부는 조금도 물러날 뜻이 없다는 이야기다. 이것은 동독 정부가 가능한 모든 긴급조치를 시행할 의지가 있다는 뜻이기도 하다. 그러니 노동계급은 다시 정부의 신뢰를 얻으려 노력해야만 한다고 서기장은 충고한다. 정부의 신뢰를 얻지 못하면, 정부는 가공할 공권력을 앞세워 노동계급에게 죽음의 선고를 내릴 수도 있다는 은근한 협박이다. 친절한 서기장은 노동계급이 정부의 신뢰를 얻는 방법마저 알려준다. 주어진 작업량에 대한 불만으로 봉기를 일으켰던 일을 뼈저리게 반성하고, 그 반성의 표시로 과거 작업량의 두 배 정도 노동하면 된다. 과거보다 두 배 이상 정부 앞에서 굽실거리면 정부도 아마 서운함을 풀 것이라는 이야기다. 바로 이 대목에서 브레히트는 코웃음을 치며 말한다. 노동계급을 자발적 노예로 만드는 것보다는 차라리 "정부가 민중들을 해산하고 다른 민중들을 선출하는 것이" 더 쉽고 간단한 방법일 거라고. 브레히트의 시적 조롱에는 동베를린 노동계급이 끝까지 투쟁하리라는 그의 믿음도 보이지만, 그 이면에는 동구권 국가들이 노동계급 위에 군림하는 새로운 지배체제에 지나지 않는다는 그의 냉소적 판단도 깔려 있다.

《스펙타클의 사회》 111번째 테제를 시작하면서 기 드보르는 "관료주의의 이데올로기적 소유권"을 말한다. 소련을 포함한 모든 동구권 국가에서 관료들이 생산수단을 독점하고 있다는 이야기다. 땅을 가진 지주가 땅이 없는 소작농을 지배하듯, 생산수단을 독점한 국가와 관료는 그것을 빼앗긴 노동자나 농민들을 지배하고 착취하게 된 것이다. 이렇게 사회주의국가에 복무하는 관료들은 노동하지 않고 호의호식할 수 있는 새로운 지배계급으로 등극한다. 문제는 사회주의국가에서 지배와 피지배 관계가 만들어지면 안 된다는 점이다. 결국 사회주의국가의 당원들과 관료들은 현실적으로는 생산수단, 정치수단, 폭력수단을 독점하는 지배계급이면서도 이념적으로는 자신들이 노동계급의 시종일 뿐 지배계급은 아니라고 부단히 강변해야만 한다. 기 드보르가 말한 "관료주의의 이데올로기적 소유권"이란 복잡한 말은 이런 배경을 갖는다. 현실적으로 삶의 모든 수단을 독점적으로 소유하면서도 이념적으로는 그 현실을 계속 부정할 수밖에 없는 일종의 이율배반에 당원들과 관료들은 빠져 있기 때문이다. 《스펙타클의 사회》 106번째 테제에서 기 드보르는 사회주의국가의 이율배반을 명료하게 묘사했던 적이 있다. "권력을 장악한 전체주의적-이데올로기적 계급은 전도된 세계의 권력이다. 이 계급은 강력해질수록 그만큼 더 자신은 부재한다고 단언한다."

소련 노동자가 스탈린을 보고 '토바리시tovarishch'라고, 중국 노동자가 마오쩌둥을 보고 '통찌同志'라고, 혹은 북한 노동자가 김일성을 보고 '동무'라고 부른다고 해서, 이것으로 노동자와 최고 실권자 사이에 수평적인 관계가 보장되는 것은 아니다. 스탈린이 '토바리시

운전수'라고 말해도, 마오쩌둥이 '청소부 통찌'라고 말해도, 김일성이 '요리사 동무'라고 해도, 운전수와 청소부, 요리사는 자신의 생살여탈권이 스탈린, 마오쩌둥, 김일성에게 있다는 걸 너무나 잘 알고 있지 않은가? '동료', '동지'나 '동무' 등의 단어들을 지배관계가 없다는 이데올로기적 의미로 사용하게 되자 더 이상 이 단어들은 우정을 나타내지 못하게 되었다는 역설, 바로 이것이 사회주의국가의 아이러니 아닌가. 사회주의국가의 이율배반, 혹은 아이러니를 폭로했다는 것, 1953년 6월 17일 동독 정부 대신 "철강 노동자들의 정부"를 만들려는 동베를린 노동자들의 봉기가 가진 의의다. 동베를린 노동자들 입장에서는 비극이었겠지만, 그들의 봉기가 사회주의 종주국을 자처하던 소련에 의해 무력으로 진압된 것도 무척 중요하다. 이것은 소련이 사회주의팔이 제국주의국가에 지나지 않는다는 사실을 폭로하기 때문이다. 그렇지만 1953년 '동베를린 봉기'는 시작에 불과했다.

1953년 7월 19일에서부터 8월 1일까지 소련에서는 '보르쿠타 봉기Vorkuta Uprising'가 있었다. 보르쿠타 강제노동수용소 산하 50개 탄광에서 25만 노동자들은 파업을 통해 소련 정부에 저항했던 것이다. 1956년 6월 18일 폴란드에서는 '포즈난의 6월Poznański Czerwiec, Poznań June'이라고도 불리는 '포즈난 봉기Poznań Uprising'가 일어난다. 포즈난시에 있던 스탈린철강공장 노동자 수천 명이 정부에 맞서 파업을 일으키자 수십만 명의 시민들이 그에 부응했던 것이다. 그렇지만 동베를린 봉기, 보르쿠타 봉기, 포즈난 봉기는 1956년 10월 22일 헝가리에서 발생한 노동계급 혁명의 뇌관에 지나지 않았다. 바로 '1956년 헝가리혁명1956-os forradalom, Hungarian Revolution of 1956'이다. 부다페스트기술경제대학Budapesti Műszaki és Gazdaságtudományi Egyetem 학생들이 민주주의,

1956년 10월 25일 헝가리 시민들이 민주주의, 언론의 자유, 수감자 석방, 소련군 철수 등을 외치면서 부다페스트 거리를 행진하고 있다.

언론의 자유, 수감자 석방, 소련군 철수 등을 외치면서 '헝가리혁명'은 시작된다. 부다페스트를 넘어 헝가리 전역으로 확산된 혁명은 기 드보르의 말대로 "노동자평의회의 권력"을 만드는 데 성공했다. 노동자평의회 권력은 개혁파 지도자 임레 너지^{Imre Nagy}(1896~1958)를 수상으로 만들었고, 이에 부응해 너지는 정치범 석방, 비밀경찰 해체, 헝가리 주둔 소련군 철수, 나아가 소련 주도의 바르샤바조약기구 탈퇴를 선언한다. 동구권 맹주 자리를 그냥 내줄 생각이 없었던 소련은 11월 4일 수천 명을 학살할 탱크 부대를 부다페스트로 진입시킨다. 진정한 사회주의를 상징하는 평의회코뮌주의의 깃발만으로, 그리고 화염병만으로 헝가리 노동계급이 3000대의 소련 탱크와 20만의 소련군을 막을 수는 없었다. 유혈로 마무리가 되었지만 헝가리혁명은《스펙타클의 사회》111번째 테제에서 기 드보르가 요약했던 중요한 시사점을 남긴다. "본질적으로 국제주의적 전범으로서 국가를 중심으로 구축된 이 권력", 즉 "관료주의의 이데올로기적 소유권"에 근거한 국가독점자본주의 권력은 "이제 국가의 경계를 넘어 모두를 아우르는 기만적 결속력을 유지하는 것이 더 이상 가능하지 않음을 인정해야 한다"고. 헝가리혁명의 진정한 가치는 정당코뮌주의나 혹은 국가독점자본주의가 가짜 사회주의라면, 평의회코뮌주의가 진정한 사회주의라는 사실을 동구권 모든 노동계급이 뼛속 깊이 아로새겼다는 데 있는 것 아닐까?

1967년 출간되었기에 《스펙타클의 사회》에서 언급할 수 없었던 사건이 있다. 1968년 1월 5일 체코에서 마침내 관료주의와 국가주의에 반대하는 혁명, 진정한 사회주의를 지향하는 혁명이 발생한다. 그 유명한 '프라하의 봄Pražské jaro, Prague Spring'이다. 평의회코뮌주의를 꿈꾸던 노동계급은 체코의 지도자 둡체크Alexander Dubček(1921~1992)로 하여금 '인간의 얼굴을 가진 사회주의socialismus s lidskou tváří, Socialism with a human face'를 선언하도록 만든다. 평의회코뮌주의가 뿌리를 내릴 조짐을 보이자, 1968년 8월 20일 미국의 묵인하에 소련이 주도한 바르샤바조약군은 탱크 2000대와 20만의 병력을 이끌고 들어온다. 1956년 헝가리혁명의 지도자 임레 너지는 헝가리를 침공한 소련에 맞서 결사항전을 했고 그 결과 소련에 의해 처형되었다. 이와 달리 둡체크는 민중들에게 무저항을 지시하고 그 결과 목숨을 부지하는 데 성공한다. 체코의 '인간의 얼굴을 가진 사회주의'가 헝가리의 '투사의 얼굴을 가진 사회주의'보다 얼마나 유약하고 허약했는지 보여주는 대목이다. 주인으로 죽을지언정 노예로는 살지 않겠다는 결의 없이, 어떻게 진정한 사회주의가 가능하겠는가. 둡체크는 니체의 표현을 빌리자면 "인간적인, 너무나 인간적인Menschliches,

1968년 프라하의 시민이
깃발을 들고 소련군 탱크 위에
서 있다.

Allzumenschliches" 인물이었던 셈이다.

여기서 잠시, 왜 미국이 소련의 체코 침공을 묵인했는지 그 이유를 생각해보자. 1968년 혁명의 열기가 프랑스 등 서유럽을 휩쓸자 미국은 소련이 서유럽에 개입하지 않는다는 조건으로 동유럽의 일에 침묵하기로 했던 것이다. 냉전체제의 진정한 승자가 항상 미국이나 소련일 수밖에 없었던 이유도 바로 여기에 있다. 실제로 1962년 8월 12일 동독 측이 베를린장벽을 설치한 것도 미국과 소련의 암묵적 동의하에서 이루어지지 않았던가? 냉전시대 미국과 소련의 유일한 목적은 자기 블록에서 패권을 계속 유지하는 것이었다. 이런 목적을 달성하는 방법으로 미국과 소련이 선택한 것이 슈미트의 방식이었다. 서구권과 동구권의 적대는 적과 동지라는 거친 이분법을 만들기에 너무나 용이했기 때문이다. 1968년 두 패권국가가 가장 두려워했던 것은 프라하의 봄과 파리의 봄이 만나 일체의 패권주의를 불태워버릴 거대한 화톳불이 되는 사태였다. 이런 미국이 프라하의 봄을 좋아할 리 만무한 일이다. 기 드보르가 말한 것처럼 미국은 국가독점자본주의체제의 와해가 "궁극적으로 현재 진행 중인 자본주의사회의 발전에 가장 불리한 요소가 될 것"이라는 사실을 알고 있었기 때문이다. "기존 질서에 대한 일체의 부정을 허위적으로 통합하면서, 객관적으로 자신을 지지했던 적을 상실"한다는 것은 소련도 그렇지만 미국으로서도 결코 원하지 않는 사태였던 셈이다.

1995년 12월 25일 소련이 최종적으로 해체되면서 동구권 몰락은 완성된다. 그렇지만 이미 그걸 예감이라도 하듯 불길한 조짐이 있었다. 1986년 4월 26일 1시 26분에 소련 우크라이나Україна, Ukraine 체르노빌Чорнобиль, Chornobyl에 있던 원자력발전소가 폭발하는 사고가 발생한다. 사고의 여파로 영국, 프랑스, 그리스, 스페인까지 방사능 낙진이 관측될 정도였으니, 당시 체르노빌 원전 사고가 얼마나 파괴적이었는지 미루어 짐작이 가는 일이다. 지금도 체르노빌은 아무도 살지 않는 유령의 도시로 남아 있다. 체르노빌 원전 사고는 소련의 국가독점자본주의체제 붕괴를 예언하는 불길한 서막이었던 셈이다. 아나나 다를까 1988년 11월 소련, 즉 소비에트연방에 편입되어 있던 에스토니아공화국Eesti Vabariik, the Republic of Estonia이 소련으로부터 독립을 요구하기 시작했다. 이제 단순히 동구권 국가들의 단속이 문제가 아니었다. 소련을 구성하는 다양한 인종과 문화를 가진 공화국들이 경쟁적으로 소비에트연방에서 벗어나려고 했기 때문이다. 문제는 소련과 동구권 전체의 붕괴로 제3세계 비판적 지식인들에게 그야말로 '멘붕'이 찾아왔다는 점이다. 냉전시대는 적과 동지라는 슈미트적 이분법이 악마처럼 기승을 부리던 때였다. 동구권이든 서구권이든 체제의 억압을 비판하고 고발하는 지식인은 이적행위자로 몰렸던 불행한 시절이었으니까. 시장자본주의체제 속에서 체제를 비판하는 지식인은 국가독점자본주의자나 사회주의자로, 그리고 국가독점자본주의체제 속에서 체제를 비판하는 지식인은 시장자본주의자나 자유주의자로 몰렸던 것이다. 슈미트적 상황이 반복되자 시장자본주의체제 비판자는 소련과 동구권을 동지로, 반대로 국가독점자본주의체제 비판자는 미국과 서구권을 동지로 여기는 무의식적 내면을 갖게 된다.

냉전의 시험장 한반도에 살았던 1980~1990년대 우리 비판적 지식인들은 말해 무엇 하겠는가? 소련과 동구권이 몰락했을 때, 우리 비판적 지식인들도 지적으로나 정서적으로 엄청난 동요를 겪게 된다. 이제 비빌 언덕이 없어졌다는 공허감, 나아가 사회주의 이념은 불가능하다는 패배감이 그들을 강타했으니까. 그들은 시장자본주의체제와 보수정당으로 극단적인 전향을 선택하거나, 사회운동에서 환경운동으로 방향을 바꾸거나, 혹은 제도권 진보정당 건설이란 기회주의적 길을 걷거나, 아니면 무기력하고 평범한 소시민의 삶을 받아들이고 만다. 이 모든 것은 1953년 이후 사회주의가 아니라 사회주의의 왜곡과 결여를 비판하면서 동구권의 노동계급이 흘렸던 피 냄새를, 그들이 쥐고 놓지 않았던 평의회코뮌주의 깃발의 나부낌을 1980~1990년대 비판적 지식인들이 맡지도 보지도 못했기 때문에 벌어진 촌극일 뿐이다. 그들은 인식할 수 없었다. 소련, 중국, 북한 그리고 동구권이 가짜 사회주의를 지향했던 새로운 억압체제라는 것도, 시장자본주의체제나 국가독점자본주의체제는 모두 노동계급을 억압하고 착취하는 자본주의체제의 샴쌍둥이라는 것도, 정당코뮌주의가 아니라 평의회코뮌주의만이 진정한 사회주의자의 길이라는 것도. 지적으로나 정서적으로 1980~1990년대 우리 지식인들이 얼마나 미성숙했는지 드러나는 대목 아닌가? 1919년 베를린 스파르타쿠스동맹의 눈물, 1921년 크론시타트소비에트의 고독, 그리고 1956년 부다페스트 시민들의 분노와 함께한 적이 없는 자들이 어떻게 코뮌주의와 사회주의를 입에 담을 수 있다는 말인가?

선진국들에서 난무하는 스펙타클적 장치l'aménagement spectaculaire로 인해 이해되지 않고 왜곡되고 있는 새로운 부정의 징후들로부터, 우리는 새로운 시대가 시작되었음을 알 수 있다. 노동자들에 의한 최초의 전복 시도 이후 이제는 자본주의적 풍요가 좌초되고 있다. 한편으로 서구 노동자들의 반노조 투쟁들les luttes anti-syndicales이 무엇보다 먼저 노조에 의해 진압되고 있고, 다른 한편 젊은 세대의 반항적 경향들les courants révoltés이 최초로 '고유한 형태가 없는 시위protestation informe', 그렇지만 전문화된 낡은 정치, 예술과 일상생활에 대한 거부를 분명히 함축하고 있는 시위를 분출하고 있다. 이는 우선 범죄적 모양l'aspect criminel으로 시작된 새로운 자발적 투쟁une nouvelle lutte spontaneé의 두 측면이다. 이것은 계급사회에 맞선 프롤레타리아의 두 번째 공격을 알리는 전조다. 아직은 움직임이 없는 프롤레타리아 군대의 '길 잃은 병사들les enfants perdu'이, 달라졌지만 본질적으로 변한 것이 없는 전장에 다시 등장했다. 이들은 이번에는 '허용된 소비기계들의 파괴la destruction des machines de la consommation permis'에 뛰어든 새로운 '러드Ludd 장군'을 따를 것이다.

−《스펙타클의 사회》 115

1945년 제2차 세계대전 종전으로 시작되어 1995년 소련 해체로 끝나는 50년 동안의 냉전시대! 그것은 한마디로 적과 동지의 시대, 즉 슈미트의 시대였다. 미국은 소련을 적으로 규정해 자기 동맹국들을 동지로, 이에 맞서 소련도 미국을 적으로 규정해 자기 동맹국들을 동지로 규합했다. 동시에 냉전시대는 국가주의의 시대라고도 할 수 있다. 교전권과 계엄권이라는 국가의 발톱이 사회 전면에 등장했으니 말이다. 소련뿐만 아니라 미국도 체제에 대한 저항자들을 이적행위자로 간주해 억압하거나 제거했다. 항상 국가는 외부와의 적대적 관계를 이용해 내부의 반대자를 억압하는 법이다. 그러니 교전권과 계엄권은 분리된 것이 아니라 동전의 양면과도 같은 것이다. 교전은 계엄을 부르고, 계엄은 교전을 부르는 법이다. 동구권이 표방하던 사회주의 이념에 맞서 자유주의를 피력했던 미국의 경우를 보라. 1950년에서 1954년까지 미국은 매카시즘McCarthyism의 광풍으로 일종의 계엄 상태로 던져진다. 공화당 상원의원 매카시Joseph McCarthy(1908~1957)가 1950년 2월 9일 미국 내에 소련 간첩들이 횡행한다고 흑색선전을 한 것이 그 시발점이었다. 미국판 파시즘인 매카시즘으로 인해 미국은 자유주의의 종주국이란 자부심도 무색하게 시민들의 자유를 근본적으로 훼손하게 된다. 영화인 채플린Charles Chaplin(1889~1977), 극작가 아서 밀러Arthur Miller(1915~2005), 지휘자 레너드 번스타인Leonard Bernstein(1918~1990) 등도 체제에 비판적이라는 이유로, 아니 정확히 말해 자기가 표현하고 싶은 것을 자유롭게 표현했다는 이유로, 소련 스파이로 몰려 곤혹을 치렀을 정도였다. 자유주의의 종주국 미국이 이 정도였다면, 당시 소련과 동구권은 말해 무엇 하겠는가? 냉전시대를 우리가 국가주의 시대라고 규정할 수 있는 것도 바로 이런 이유에서다.

1929년 10월 24일 미국 월가에서 시작된 대공황은 자본의 위기에 맞서, 혹은 노동계급의 봉기에 맞서, 국가로 하여금 기득권 질서를 지키는 최전선에 모습을 드러내도록 했다. 파시즘이라는 극단적인 독일식 국가주의가 아니더라도, 영국과 미국 등의 국가에서도 국가주의가 강하게 대두한 것도 이런 이유에서다. 국가가 시장에 적극 개입해야 한다는 케인스의 간섭주의가 대공황에 맞서기 위한 영국과 미국의 경제 정책이 된다. 간섭주의 경제이론은 단순하다. 불황을 맞으면 자본가는 노동자 고용을 꺼린다. 임금을 받을 수 없으니, 노동자는 소비자로 변신해 상품을 구매할 수 없다. 상품이 팔리지 않으니 자본가는 상품 생산을 줄이게 된다. 당연히 자본

공화당 상원의원 매카시가 1950년 2월 9일 미국 내에 소련 간첩들이 횡행한다고 흑색선전을 한 것이 매카시즘의 시발점이었다.

가는 과거보다 더 많은 노동자를 해고할 것이다. 동시에 물가는 상 승한다. 이런 식의 악순환이 반복되는 상태가 바로 스태그플레이션 stagflation이다. 케인스는 스태그플레이션이라는 악순환의 고리를 끊 을 수 있는 것이 바로 국가라고 생각했다. 국가가 공공사업 등 신규 사업을 일으켜 먼저 고용을 창출한다. 공공사업에 고용된 노동자들 은 상품을 살 수 있는 임금을 손에 쥐게 된다. 상품 수요는 충분한 데 공급이 부족한 상태가 되니, 투자를 꺼리던 자본계급은 마침내 상품 생산에 박차를 가하게 된다. 당연히 노동자들의 고용은 증가 한다. 이렇게 고용된 노동자들은 공공사업 노동자들의 소비 행렬에 동참하게 된다. 이런 식으로 불황은 사라지고 호황이 시작된다는 것이 바로 케인스의 생각이었다.

　여기서 잊지 말아야 할 것은 1929년 대공황 이후 서구 자본주의체제는 비록 국가독점자본주의체제처럼 강하게 국가가 개입하지 않더라도 분명 국가주의적으로 작동했다는 사실이다. 1945년 이후 냉전이란 이름으로 진행된 체제 경쟁은 이런 경향을 더욱 가속화한다. 냉전에서 상대적 우월성을 확보하려고 미국이나 영국 등 서구권 국가들은 평화로운 시기임에도 불구하고 무기를 구입하고, 사회 기간시설에 투자를 하고, 공공사업에 지출을 아끼지 않았기 때문이다. 무기 구입은 동구권과의 군비 경쟁에서 이기기 위함이었고, 사회 기간시설에 대한 투자는 전쟁으로 피폐화된 사회를 재건하기 위함이었고, 공공사업 확대는 고용을 증진해 노동계급의 불만을 가라앉히기 위함이었다. 냉전으로 인해 케인스의 간섭주의가 대공황을 극복한 뒤에도 계속 살아남았다는 것은 정말 역사의 아이러니 아닌가. 어쨌든 냉전시대에는 국가독점자본주의체제든 간섭주의적 자본주의체제든 국가가 중심적인 위치에 올라와 있었다는 것을 잊어서는 안 된다.

　냉전시대, 구체적으로 말해 1948년에서 1973년까지 국가의 적극적인 개입으로 서구권은 대공황과 제2차 세계대전의 아픈 기억을 모두 잊을 만큼 '대호황'을 구가한다. 대규모 군산자본은 정부의 무기 구매로 엄청난 이윤을 남기고, 사회 기간시설 확충 사업으로 건설자본도 부를 축적하고, 공공사업에 돈이 풀리자 이와 연관된 자본이 떡고물을 얻으려 달려들었던 것이다. 그 결과 고용이 증대되고, 시장에 돈이 넘치고, 상품들이 대량으로 쏟아진다. 바로 이것이 '대호황'이다. 이 시기에 미국의 경제 총생산량은 3배로 증가했으며 프랑스의 경제 총생산량도 그보다 많은 4배나 증가했으니, 대

마셜 플랜의 지원을 받아 재건
공사에 박차를 가하고 있는
서독.

호황은 글자 그대로 대호황이었던 셈이다. 프랑스 등 서유럽의 대
호황에는 서구권의 경제적 우위를 확보하려는 미국의 전략도 한몫
단단히 했다. 이른바 완전고용의 신화를 내세운 동구권의 이데올로
기적 공세에 맞서려면, 서구권 노동계급의 동요를 막는 물질적 풍
요가 우선해야 한다는 판단이었던 셈이다. 이것이 바로 120억 달러
를 전후 서유럽에 풀었던 1948년 마셜 플랜Marshall Plan, 즉 공식적으로
는 유럽재건프로그램the European Recovery Program, ERP이라고 불렸던 원조 정
책이다. 2018년 환율로 따지면 1000억 달러가 서유럽에 풀렸으니,
어쩌면 대호황은 불가피했는지도 모를 일이다. 문제는 그 결실 대
부분이 노동계급이 아니라 자본계급에게 귀속되었다는 점이다. 미
국의 경제학자 갤브레이스John Kenneth Galbraith(1908~2006)의 1958년 저작
《풍요사회The Affluent Society》가 공전의 히트를 기록한 것도 이런 이유에
서다. 그가 부익부 빈익빈의 문제 등 풍요사회의 어두운 이면을 폭

로했기 때문이다.

어쩌면 이것은 자본주의의 필연적인 귀결이라고 하겠다. 자본주의체제에서 노동자들은 자본가에게 고용되어 상품을 만들고 그 대가로 받은 임금으로 자신이나 동료들이 만든 상품을 구매한다. 이렇게 노동자들이 한 번은 생산자, 다른 한 번은 소비자가 되는 과정을 반복할 때, 자본가들이 잉여가치를 얻게 되는 체제가 바로 자본주의다. 대호황 시대 노동자들은 소비의 자유를 만끽하며 행복을 구가한다. 그 결과 진공청소기, 세탁기, 냉장고, TV, 자동차 등이 그들에게 남겨지는데, 이것은 자본계급이 잉여가치를 확보하는 데 성공했음을 말해준다. 재주는 곰이 부리고 돈은 왕서방이 받는다는 말이 있듯, 대호황기의 왕서방은 자본계급일 수밖에 없다. 불황기에는 노동자를 해고해 이익을 유지하려고 하고, 호황기에는 노동자를 고용해 이익을 배가시킨다. 어느 경우든 자본가는 결코 손해를 보는 법이 없다. 불황과 호황에 부침을 하는 것은 항상 노동계급이었을 뿐이다.

전후 재건으로 120억 달러와 함께 미국이 프랑스 등 유럽에 가져온 것은 소비자의 자유로운 선택과 그로 인한 행복 달성을 강조하는 '소비주의Consumerism'였다. 자본이란 동전의 두 얼굴 생산과 소비 중 소비를 강조하는 입장이다. 냉전시대 라이벌 소련이 국가독점자본주의 입장에서 '생산주의' 입장을 취하자, 자연스럽게 미국은 '소비주의'를 강조했다. 사회주의를 표방하는 동구권의 배급경제에 맞서 서구권은 자기 체제에서는 소비자에게 소비의 자유를 부여한다고 강조했던 것이다. 소비주의 이데올로기는 치명적인 데가 있다. 소비주의에 빠져드는 순간 노동계급은 자신이 노동자라기보다는 '작은 자본가'라고 착각하게 되니까. 자본가들이 고학력 노동자들의 노동, 거대한 집, 명품 옷, 고가의 자동차를 사는 것처럼, 노동자들도 일용직 노동자들의 노동, 공동주택, 중저가 브랜드 의류, 중저가 자동차를 구매할 수 있다. 여기서 자본가도 노동자도 모두 소비자라는 착각이 발생한다. 자본가가 큰 소비자라면 노동자는 작은 소비자라는 점만 차이가 날 뿐이다. 소비주의에 빠져드는 순간 사람들은 양적 차이에도 불구하고 질적으로는 모두 동일한 자본가이자 소비자로 드러난다. 그렇지만 생산과정에 주목하는 순간, 이런 착각은 하나의 신기루로 판명된다. 생각해보라. 돈을 가진 자본가와 노동력만 가진 노동자가 존재한다는 것, 바로 이것이 자본주의체제 어느 부분을 절단해도 확인되는 자본주의의 등뼈다.

노동자가 벌거벗은 노동력을 자본가에게 파는 데 성공한 순간, 그는 임금노동자가 된다. 노동자는 임금을 생필품이나 사치품을 구매하는 데 탕진한다. 물론 소비를 줄이고 은행에 임금 중 작은 액수를 맡겨 돈을 불리려는 노동자도 있다. 그러나 현실적으로나 이론적으로나 그들이 자기 고용주보다 돈을 더 많이 모으는 것은 거의 불가능하다. 상품 구매에 사용된 돈은 자본계급의 잉여가치로 돌아가고, 그들이 저축한 돈은 자본계급에게 융자되어 더 큰 자본의 종잣돈으로 쓰일 뿐이니까. 불행히도 노동계급은 노동력을 판매한 대가로 받은 임금, 소비나 저축으로 흘러들어가는 그 임금이 바로 자신들의 노동과 삶을 구조적으로 착취하려는 자본주의체제의 전략의 일환이라는 걸 자각하기 힘들다. 상품을 구매해도 잉여가치는 자본가에게 귀속되고, 저축을 해도 그것은 자본가의 종잣돈이 되고, 주식을 사도 그것도 대부분 자본가의 주머니를 불릴 뿐이다. 그러니 미국이 주도했던 서구 자본주의체제는 그리도 집요하게 '소비주의' 이데올로기를 유포시켰던 것이다.

소비주의가 냉전시대 서구권에 통용된 시장자본주의체제를 옹호했던 낡은 이념이라고 치부해서는 안 된다. 1995년 동구권의 몰락으로 세계의 패권을 차지한 미국식 소비주의는 흔히 말해 세계화의 중심으로 여전히 살아남아 있기 때문이다. 결국 신자유주의Neo-liberalism나 세계화globalization라는 것은 사실 미국식 자본주의, 즉 소비주의의 세계적 관철이나 다름없었다. 인도의 경제학자 마하잔Meenu Mahajan의 다음 글을 읽어보라.

사회적이고 경제적인 질서이자 이데올로기로서 소비주의consumerism는 '재화와 용역goods and services'을 더 많이 얻으라고 격려한다. 소비주의는 경제 정책의 핵심을 소비에 두어야 한다고 설명한다. 추상적인 의미로 소비주의에 따르면, 소비자들의 자유로운 선택은 무엇을 어떻게 생산할지와 관련된 상품 생산자들의 선택을 결정하고, 따라서 한 사회의 경제조직을 결정하는 법이다. 이런 의미에서 소비주의는 "한 사람이 하나의 목소리를 가진다one man, one voice"는 이념이 아니라 "1달러가 하나의 목소리를 가진다one dollar, one voice"는 이념을 표현한다고 하겠다. 물론 "1달러, 하나의 목소리"가 사회에 대한 사람들의 기여도를 반영하는지의 여부와는 상관없이 말이다.

－〈소비주의: 세계화의 한 개념Consumerism: A Globalization Concept〉,
《학제적 연구와 개발 국제저널International Journal of Multidisciplinary Research and Development》
(2015년 9월호)

케인스의 간섭주의가 국가주의적 소비주의를 함축한다면, 신자유주의는 국가를 넘어서 세계, 그리고 자본을 가진 자의 자유를 강조한다. 신자유주의가 간섭주의와는 달리 세계화된 소비주의로 규정될 수 있는 것도 이런 이유에서다. 신자유주의 이념을 깔끔하게 소비주의로 정리하는 저자의 안목이 산뜻하다. 소비자들의 자유로운 선택이 상품 생산자들의 생산을 결정한다! 물론 이것이 사후적 논리에 지나지 않는다는 것은 누구나 알 수 있다. 일반 사람들이 스마트폰을 원해서 애플이나 삼성이 스마트폰을 만든 것이 아니다. 오히려 애플이나 삼성이 일종의 사치품으로 스마트폰을 만든 다음, 어느 사이엔가 이 스마트폰이 생활의 필수품으로 자리를 잡은 것이다. 이렇게 스마트폰이 필수품이 되는 순간, 마치 소비자들이 그것을 필요로 했다는 사후적 논리가 만들어진다. 자본주의는 사치품이 필수품이 되고, 또 다른 사치품이 등장해 새로운 필수품으로 자리를 잡는 메커니즘으로 발달한다. 자동차도 그렇고 스마트폰도 그렇고 고속열차도 그렇지 않은가? 세계화의 논리를 해명하는 마하잔의 주장에서 중요한 것은 소비주의를 표방한 세계화 주창자들이 인권을 강조하는 그들의 슬로건 "한 사람이 하나의 목소리를 가진다"는 이념과는 달리, 실제로는 "1달러가 하나의 목소리를 가진다"의 이념을 표방하고 있다는 사실이다. 소비주의는 하나의 목소리, 즉 발언권을 가지기 위해서는 하나의 인간만으로 충분하지 않고 여기에 그만큼의 돈을 가지고 있어야 한다고 주장한다. 2달러가 1달러보다, 3달러가 2달러보다, 1000달러가 999달러보다 더 영향력 있는 목소리를 내야 한다는 이야기 아닌가? 결국 착취의 대상인 노동계급, 특히 이주노동자이거나 여성 노동자는 저임금만큼이나 발언할 권리를 박탈당하게 된다. 소비주의가 전체 사회를 일종의 주주총회로 만들면서 자본주의체제를 정당화하는 것도 이런 이유에서다. 작은 자본가는 작은 목소리를 내고, 거대한 자본가는 거대한 목소리를 내는 것이 정당하니까 말이다.

1950~1960년대 서구권을 휩쓸었던 소비주의가 냉전시대 시장 자본주의체제뿐만 아니라 21세기 세계화의 시대에도 여전히 작동하는 자본주의의 이데올로기라면, 소비주의라는 이데올로기의 급습을 받았던 당시 유럽, 특히 프랑스의 반응이나 대응은 여러모로 현재 우리에게 의미심장한 시사점을 줄 것이다. 120억 달러 원조와 함께 들어온 소비주의는 현란한 소비생활로 생산과정의 구조적 착취를 은폐하는 데 중요한 역할을 한다. 생산과정에 주목하면 자본가와 노동자는 질적으로나 양적으로 다른 존재이고, 소비과정에 주목하면 자본가와 노동자는 양적으로는 다르지만 질적으로 동일한 존재로 보인다. 생산과정에서 노동자들은 자신들이 자발적 노예, 혹은 출퇴근 노예라는 자각과 함께 동료 노동자들도 자신과 같은 처지라는 계급의식을 가질 수 있다. 반대로 소비과정에서 노동자들은 소비자로 탈바꿈해 자유를 구가한다고 착각한다. 그들에게 다른 소비자들은 취향의 경쟁자들이니 비교 대상에 불과할 뿐, 별다른 관심의 대상도 아니다. 이렇게 온라인이든 오프라인이든 쇼핑 공간은 인간에게 자유주의적 성향과 개인주의적 성향을 조장한다. 소비의 공간에서 소비자로 변신한 노동자가 자신이나 동료 소비자가 모두 노동자에 지나지 않는다는 자각에 이르기 힘든 이유도 바로 여기에 있다. 그래서 노동계급에게는 불황보다 호황이 더 해로운 법이다. 불황은 노동계급이 생산과정에 주목하도록 만든다. 자본가들은 불황의 고통을 취업난과 고용 불안의 형식으로 노동계급에게 전가하니, 생산수단을 가진 자본가와 노동력만 가진 노동자 사이에 첨예한 갈등은 불가피하다. 반대로 호황은 노동계급으로 하여금 소비과정에 집중하도록 만든다. 취업도 쉽고 고용도 안정되고, 심지

장 보드리야르가 주목했던 것은 노동계급의 계급의식, 혹은 연대의식을 무력화시키는 소비주의의 효과였다.

어 임금도 지속적으로 증가해 TV 등 매스컴에서 선전하는 사치품도 충분히 소비할 수 있다. 생필품을 넘어서 사치품에 대한 수요 급증은 호황을 유지하고 강화시키는 계기가 된다. 그러니 자본가나 노동자가 질적으로 동일한 소비자로 보이는 착시효과는 호황기에 더 강해진다.

1970년 출간된 《소비의 사회La Société de consommation》를 통해 보드리야르Jean Baudrillard(1929~2007)가 분석하고자 했던 것도 바로 냉전시대 서구권을 풍미했던 소비주의와 그것의 영향이었다. 특히나 그가 주목했던 것은 노동계급의 계급의식, 혹은 연대의식을 무력화시키는 소비주의의 효과였다. 21세기 현재 우리 삶의 풍경에도 그의 혜안이 여전히 빛을 발한다는 것은 놀라운 일이지만 동시에 서글픈 일이기도 하다.

노동력 박탈에 의한 착취exploitation par la dépossesion de la forcd de travail는 사회적 노동이라고 하는 집단적 영역에 관계되기 때문에 (어느 단계를 넘어서면) 사람들을 연대하게 만든다. 착취는 (상대적인 의미에서의) 계급의식conscience de travail을 불러일으킨다. 비록 실제로 자본에 의해 관리되지만 표면적으로 소비 대상 및 소비재를 소유하는 행위는 개인주의적individualisante이며 몰연대적désolidarisante이고 몰역사적déhistorisante이다. 또 분업이라고 하는 사실에 의해 '생산자producteur'로서 노동자는 다른 사람들을 전제하고 있다. 따라서 착취는 모든 사람에 대한 착취이다. 그러나 '소비자consommateur'인 한에서는, 사람들은 다시 고독하고solitaire 폐쇄적이cellulaire 되어 잘해야 군중적이게grégaire 될 뿐이다. (가정에서 TV를 보는 사람들, 경기장 및 영화관의 관중 등) 소비의 구조는 매우 유동적인 동시에 폐쇄적이다. …… 중요한 것은 소비 대상l'objet de consommation이 지위의 계층화stratification de statuts를 만들어낸다는 점이다. 그렇지만 소비 대상은 사람들을 고립시키지는 않는다. 분명 소비 대상은 사람들을 구별하고 소비자들을 어느 한 코드에 집단적으로 배정하긴 하지만, 그렇다고 해서 (반대로) 집단적 연대solidarité collective를 불러일으키는 것은 아니다.

－《소비의 사회》(1970)

보드리야르는 생산자와 소비자를 구별해 노동자의 의식 변화를 포착하려고 한다. 생산의 영역에서 생산자로서 노동자는 집단적 연대, 즉 자본이란 공동의 적에 대한 유대의 계기를 가지고 있다. 반면 소비영역에서 소비자로 둔갑한 노동자들은 고독하고 폐쇄적이어서, 그들이 모인다고 해도 단지 공통된 흥미와 재미를 찾아 유

6부. 코뮌주의 역사철학과 기 드보르의 유산

동하는 군중에 지나지 않는다. 서유럽을 자기 영향권에 두려고 경제 원조를 수행했던 미국의 패권주의, 그리고 미국의 도움으로 전후 재건과 호황을 주도했던 프랑스의 국가주의! 바로 이것이 프랑스에 '소비사회'를 만든 동력이었다. TV를 구입하고 자동차를 몰면서, 백화점과 영화관을 배회하면서, 그리고 풍요로운 바캉스에 몸을 맡기면서 노동자들은 노동력만 남기고 자신들을 벌거벗긴 자본주의의 맨얼굴을 망각하게 된다. 안정된 고용과 상승된 임금으로 소비생활에 몰두하면서 그들은 "개인주의적이며 몰연대적이고 몰역사적"으로 변해 역사와 사회에 대한 구경꾼이 되어버린 셈이다. 대호황기 프랑스의 노동운동이 보수화된 것도 다 이유가 있었던 셈이다. 그들은 누구도 혁명을 꿈꾸지 않았다.

임금 상승, 노동조건 개선, 정년 연장! 1960년대 대호황기의 노동자들이 원했던 것은 바로 이 세 가지였을 뿐이다. 자발적 노예로 자신들을 몰고 간 자본주의를 받아들이고, 자발적 노예로서 편하게 배부르게 따뜻하게 살려고만 했던 것이다. 호황기에도 불구하고 여전히 많은 동료 노동자들이 열악한 임금과 노동조건 속에서 비참한 삶을 영위하고 있다는 사실도, 불황기에 자본계급들이 해고를 단행해 자신들의 생계를 위협에 빠뜨릴 수 있다는 사실마저도 당시 호황기 프랑스 노동자들은 등한시했던 셈이다. 여기서 인간은 외화내빈外華內貧의 존재, 즉 허영의 존재라는 사실도 한몫 단단히 한다. 인간은 자신의 빈곤함을 응시하기보다는 신기루와 같아도 화려한 외양을 만들거나 꾸미는 정신승리의 존재다. 노동자가 소비의 자유로 생산의 부자유를 은폐하기 쉬운 것도 이런 이유에서다. 혼자 힘으로, 아니 노동자들의 연대로도 쉽게 돌파하기 힘든 구조적 폭력, 자신에게 숙명인 것처럼 내려진 임금노동이란 구조적 폭력을 계속 응시하거나 의식한다는 것은 여간 힘든 일이 아니기 때문이다. 더군다나 소비주의는 자본주의의 맨얼굴에 시선을 돌리지 않게끔 매력적인 볼거리들을 지속적으로 그리고 거부할 수 없이 제공해 노동자들의 눈을 현혹시키지 않는가? "TV", "경기장", 혹은 "영화관"은 바로 《스펙타클의 사회》 115번째 테제에서 기 드보르가 말한 "스펙타클적 장치들"의 대표적인 사례였던 셈이다.

대호황은 노동자들로 하여금 생산자 의식이 아니라 소비자 의식에 매몰되도록 했다. 자본가와 마찬가지로 대호황기 노동자들은 돈에 완전히 매몰되고 만다. 자본과 노동 사이의 근본적 억압관계를 해결하기보다는 당장 고임금의 직업과 임금 상승률만이 그들의 관심사였다. 1960년대 당시 프랑스 노동조직이 수정주의적으로 변한 것도 이런 이유에서다. 1889년 로자 룩셈부르크의 팸플릿 제목 《(사회)개혁인가, 아니면 혁명인가Sozialreform oder Revolution》를 빌리자면, 프랑스의 노동자들이나 노동조직은 모두 혁명이 아니라 개혁을 선택한 셈이다. 예를 들어 지주와 소작농이 생산물을 5 대 5로 분배하는 것보다 3 대 7로 분배하는 것이 더 좋다는 식이다. 이것은 자본가와 노동자 사이에도 그대로 적용될 수 있다. 어느 경우든 노동을 하지 않았으면서도 생산수단을 독점했다는 이유로 분배를 받는 것은 원초적 부정의이자 원초적 착취다. 바로 이것을 없애려는 것이 혁명이다. 반면 개혁이란 생산 차원에서 작동하는 구조적 억압과 착취를 문제 삼지 않고, 노동자들에게 더 많이 분배하려는 입장이다. 개혁의 입장을 선택하면 체제를 지키려는 국가기구와 타협의 여지가 있다. 어쨌든 무위도식하는 지배계급의 기득권을 근본적으로 부정하지는 않으니 말이다.

실제로 당시 프랑스공산당Parti communiste français, PCF은 노동계급의 생산 통제를 지향하는 혁명정당은 아니었다. 그들의 유일한 관심사는 부르주아 의회의 의석수를 안정적으로 유지하는 것이었으니까. 한 마디로 말해 프랑스공산당은 노동계급을 팔아 의원으로서 자기 기득권에 목을 매는 정당이었다는 것이다. 물론 이것은 냉전체제를 유지해 동구권에서의 자신의 패권을 유지하려는 소련의 전략을 반영하는 것이기도 하다. 당시 소련은 냉전체제를 뒤흔들 수 있는 서구권에서의 노동계급 혁명을 극히 꺼리고 있었다. 1895년에 창립되어 프랑스 노동운동을 이끌어왔던 가장 커다란 노동조직인 노동총연맹Confédération Générale du Travail, CGT도 자본과 노동이란 근본적 억압관계를 해결하기보다는 노동조건 개선에 집중하고 있었다. 프랑스공산당의 지배를 받고 있었던 노동총연맹으로서는 어쩌면 당연한 선택이었는지도 모른다. 1964년 창립되고 노동총연맹에 이어 두 번째로 큰 규모를 자랑했던 프랑스민주노동동맹Confédération française démocratique du travail, CFDT도 수정주의적이기는 마찬가지였다. 사실 프랑스민주노동동맹은 태생적으로 혁명과는 거리가 먼 조직이었다. 1919년 만들어진 프랑스기독교노동자연맹Confédération Française des Travailleurs Chrétiens, CFTC에서 분화된 프랑스민주노동동맹은 그 단체의 종교색만 버리고 세속화의 길을 걸은 노동조직이었으니까. 프랑스 노동조직 서열 3위에 해당하는 노동총연맹: 노동자의 힘Confédération Générale du Travail-Force Ouvrière, 줄여서 노동자의 힘Force Ouvrière, FO의 경우 상황은 더 심각하다. 노동자의 힘은 프랑스공산당의 노동총연맹 지배를 반대하며 1948년 창설되었기에 마치 노동계급의 자율성을 긍정하는 것처럼 보이지만, 사실 노동총연맹을 분열시키기 위해 미국 CIA의 개입으로 만들어진 노동조직이었다.

호황기는 노동자들뿐만 아니라 노동조직마저 타락시켰다. 프랑스공산당과 유력 노동조직들은 임금노동 자체, 즉 자본주의체제를 없애기보다는 임금노동자들에게 더 많은 임금을 주기 위해 노력했다. 그들은 노동계급과 자본계급 사이의 분할을 당연한 것으로 받아들인 셈이다. 임금을 주는 것은 어차피 자본계급이니 말이다. 그들의 소임이 혁명이 아니라 자본과 노동, 혹은 지배계급과 피지배계급을 중재하는 중개업이 된 것도 이런 이유에서다. 자본과 노동을 중재하는 노동조직의 중개업을 한번 살펴보라. 노동계급을 대표한다고 노동정당과 노동조직은 자본계급과 동일한 좌석에 앉아 임금과 노동조건을 협상한다. 모든 협상과 중재가 그렇지만 쌍방의 요구 사이 어느 부분에선가 절충이 이루어지기 마련이다. 노동계급이 10퍼센트 임금 인상을 요구하고 자본계급이 3퍼센트 임금 인상을 요구하면, 대략 7퍼센트 정도에서 임금 인상률은 결정된다. 노동계급 대표들은 협상 결과를 가지고 노동계급을 설득해야 한다. 언제든지 노동계급이 협상 결과를 거부할 수 있기에, 그들은 온갖 감언이설로 협상 결과의 불가피성을 강변해야만 한다. 잘못하면 일반 노동자들에 비해 여러 특권적 지위를 누리는 자신들의 신분이 위태로울 수도 있기 때문이다. "지금 경기가 어렵다", "미래의 불확실성이 커졌다"는 등 자본계급이 임금을 올리지 않기 위해 내건 명분을 노동계급 대표가 노동계급 앞에서 그대로 읊조리기 쉽다. 바로 이 순간 그들은 아이러니하게도 자본계급의 이익을 대변하고 있는 셈이다.

  이것이 부르주아체제가 노동조합이나 노동정당을 제도권으로 편입시킨 이유다. 자본과 노동 사이의 정면충돌을 완화하는 데 노동조합이나 노동정당만큼 이로운 것도 없으니 말이다. 잘하면 노동계급 대표의 중재로 자본계급의 이익은 쉽게 보장받을 수 있고,

못해도 노동조직 대표와 일반 노동자들 사이에 분열을 낳을 수 있다. 어느 경우나 자본계급이 노동계급의 직접적인 표적이 되지 않으니, 부르주아체제로서는 노동정당과 노동조직은 그야말로 신의 한 수였던 셈이다. 불행히도 당시 노동자들도 대호황이 키웠던 파이를 더 많이 얻으려는 데 집중했다. 어쩌면 이것이 노동정당과 노동조직을 혁명이 아니라 개혁으로 나아가게, 다시 말해 생산에서의 민주화가 아니라 분배에서의 정의만을 도모하도록 만들었던 배경이었는지도 모른다. 생산수단을 지배하는 자는 그것을 빼앗긴 자를 지배한다는 억압 공식을 당시 노동자들, 그리고 노동정당이나 노동조직이 문제 삼는 경우는 거의 없었다. 간섭주의 경제 정책과 미국의 원조경제가 시너지 효과를 일으키며 실업률은 바닥으로 떨어졌으니, 당장 먹고살 걱정은 할 필요가 없었으니까. 실질임금 지수만 보더라도 1950년과 1959년을 비교하면 영국은 22퍼센트, 프랑스는 63퍼센트, 독일은 50퍼센트나 임금이 급상승했다. 그러나 당시 노동계급이 NATO체제든 국가주의체제든 그 자체에 직접적인 불만을 가질 이유는 별로 없었다. 상위 10퍼센트 지배계급과는 비교할 수 없어도 임금 상승률이 큰 만큼 노동계급의 소비 욕구도 나름 충족되었으니까 말이다.

대호황기가 지속되자 자본계급은 경쟁적으로 회사와 공장을 확장했고, 그에 따라 노동자를 구하기가 힘들어졌다. 수요와 공급의 법칙에 따라 임금 상승은 불가피했다. 자본계급으로서는 제2차 세계대전 때 목숨을 잃은 수백만의 노동자들이 그리워지는 순간이었다. 그러나 유령이 노동을 할 수는 없는 법! 임금 부담이 점점 커지자, 자본계급은 이주노동자들의 값싼 노동력에 눈독을 들이게 된다. 그 결과 프랑스 경우만 하더라도 북아프리카 무슬림들과 흑인들이 대거 프랑스로 이주해 저임금·미숙련 일자리를 차지했다. 당시 프랑스 등 유럽의 백인 노동자들은 이주노동자들을 문화적으로나 인종적으로 혐오하는 경우가 많았다. 이주노동자들을 자신들의 잠재적 일자리 경쟁자로 보았기 때문이다. 사실 옳은 판단이기는 하다. 이주노동자들이 유입될수록, 백인 노동자들의 임금 상승폭은 그만큼 완화될 수밖에 없었기 때문이다. 파시즘을 그렇게 악마적인 것이라고 주장했으면서도, 대호황기 유럽 백인 노동계급은 어느 사이엔가 자신도 모르게 파시즘적 경향을 드러내고 있었던 것이다. 이것은 파시즘의 지배를 받았던 프랑스에서도 예외는 아니었다. 실제로 1960년대 프랑스에는 옥시당^{Occident}이란 극우단체가 생겨났던 적이 있다. 좌파 학생들과 프랑스공산당, 이주노동자들과 그들의 단체, 그리고 프랑스의 알제리 지배에 반대했던 지식인과 단체들이 그들의 백색 테러 대상이었다. 노동계급에 대한 공격, 다른 인종에 대한 혐오, 그리고 국가주의에 대한 찬양! 전형적인 파시즘적 사유다. 실제로 68혁명에 참여했던 대학생들이 가장 두려워했던 것은 프랑스 경찰이 아니라 바로 이 옥시당이었다. 옥시당은 나치 돌격대처럼 테러도 서슴지 않았기 때문이다. 어쨌든 영국이든 이탈리아든 독일이든 프랑스든 이주노동자들로도 일자리를 모두 채우기 힘들었다. 이주민들과 함께 여성들이 저임금 단순직 노동자로 산업 현장에 대거 투입된 것도 이런 이유에서다. 1970년대 영국의 경우만 하더라도 기혼 여성의 5분의 2가 임금노동자가 되었을 정도였다. "1달러, 하나의 목소리"라는 소비주의의 논리는 여성 노동자들에게 그대로 적용된다. "1달러, 하나의 목소리"는 돈을 가진 만큼, 권리가 있다는 논리니까. 1949년 출간되자마자 바티칸 금서목록에 올랐던 보부아르^{Simone de Beauvoir}(1908~1986)의 책 《제2의 성^{Le Deuxième Sexe}》

이 당시 높아지던 여성들의 목소리에 힘을 불어넣으며 베스트셀러로 등극한 것도 이런 맥락에서다.

치명적인 떡밥의 시대! 프랑스 등 서유럽 노동계급이 백일몽처럼 향유했던 경제적 풍요를 묘사하는 데 이보다 좋은 것도 없다. 노동자들은 공동주택보다는 단독주택에 살고 싶었다. 그들은 또 중저가 의류보다는 명품 의류를 입으려 했다. 그들은 패스트푸드보다는 근사한 정식을 먹고 싶었다. 그들은 싸구려 적포도주보다는 100년 묵은 희귀한 백포도주를 잔에 따르고 싶었다. 그들은 집에 머물기보다는 따뜻한 지중해 해변에서 바캉스를 즐기려 했다. 그들의 모든 욕망은 돈만 있으면 가능했고, 그 돈은 시장에 넘쳐났다. "1달러, 하나의 목소리"를 넘어 "1달러, 하나의 욕망"이란 슬로건이 그들의 영혼이 되어버린다. 미국의 패권주의와 프랑스의 국가주의가 잉태한 소비주의는 이렇게 군침이 도는 떡밥으로 성공적으로 노동계급을 길들이고 있었던 것이다. "1달러, 하나의 목소리"라는 소비주의 이데올로기가 실질임금 상승과 소비 규모 확대와 맞물리면서 덧없는 백일몽이 아니라 잡을 수 있는 현실이 되자, 그만큼 노동계급은 몰역사적이고, 몰연대적이고, 개인주의적으로 변하고 만다. 그렇지만 대호황은 언제까지나 지속될 수 없는 법이다. 이주노동자와 여성 노동자의 증대는 불길한 조짐의 서막이 된다. 생각해보라. 저임금노동자가 점점 증가하면 상품 구매력은 그에 비례해 떨어지고 그에 따라 자본계급의 잉여가치도 줄어들고 만다. 당연히 임금 상승도 둔화되고 고용 불안이 뒤따를 것이다. 결국 이주노동자와 여성 노동자의 증가는 대호황의 정점이자 동시에 대호황의 종언을 상징하기도 한다.

잉여가치에 민감한 자본가들이 그 불길한 조짐을 제일 먼저 느낀다. 마르크스가 《자본론》에서 말한 '이윤율 하락 경향의 법칙the Law of the Tendency of the Rate of Profit to Fall'은 호황기에도 어김없이 작동했던 셈이다. 바로 이것이 《스펙타클의 사회》 115번째 테제에서 기 드보르가 "노동자들에 의한 최초의 전복 시도 이후 이제는 자본주의적 풍요가 좌초되고 있다"고 지적했던 이유다. 참고로 기 드보르가 말한 '노동자들에 의한 최초의 전복 시도'는 1871년 파리코뮌에서 시작되어 1934년 스페인 아스투리아스Asturias평의회까지 이어지는 평의회코뮌주의 전통, 다시 말해 정당코뮌주의나 국가독점자본주의에 의해 억압된 진정한 민주주의의 전통을 가리킨다. 어쨌든 파시즘에 의해 아스투리아스평의회가 괴멸된 뒤 제2차 세계대전을 거치면서 자본주의는 대호황을 구가했지만, 이제 그 풍요가 좌초되기 시작했다는 것이 1967년 기 드보르의 판단이었다. 얼마 지나지 않아 노동계급도 대호황기가 저물고 있다는 걸 느끼고 만다. 그렇지만 이미 그들의 입과 그들의 배는 대호황기의 떡밥에 완전히 길들여져 있었다. 더 이상 단독주택을, 명품 의류를, 근사한 만찬을, 100년 묵은 포도주를, 지중해 바캉스를 꿈꿀 수 없다는 것은 절망이자 좌절이다. 그렇기에 사치품을 이미 필수품으로 향유한 호황기 노동자들은 자기 욕망을 유지하려고 했다. 아니 이제 더 이상 길들여진 욕망을 실현할 수 없으리라는 불안감이 그들을 감쌌다고 해야 할 듯하다. 갈등은 이제 불가피하다.

고임금노동자들은 저임금노동자들이 자기 자리를 빼앗을까, 자기 임금을 빼앗을까 노심초사하고, 반대로 저임금노동자들은 고임금노동자들이 그들에게 돌아올 자리와 몫을 독점하고 있다는 분노를 쌓아간다. 백인 노동자들은 이주노동자들에 대한 혐오를 키워나가고, 이주노동자들은 그에 맞서 백인 노동자들의 이기심에 분노한다. 남성 노동자들은 여성 노동자들을 폄훼하고, 여성 노동자들은 남성 노동자들을 가부장적 권위의식으로 무장한 마초들이라고 비난한다. 숙련 노동자와 미숙련 노동자, 고임금노동자와 저임금노동자, 화이트칼라 노동자와 블루칼라 노동자, 대기업 노동자와 중소기업 노동자, 백인 노동자와 이주노동자, 남성 노동자와 여성 노동자, 고졸 노동자와 대졸 노동자 등등. 노동계급은 그야말로 아래와 위, 혹은 왼쪽과 오른쪽 가리지 않고 완전히 와해되어 서로를 혐오한다. 자본과 노동 사이의 근본적인 대립은 그들의 안목에는 들어오지도 않는다. 그저 다른 노동자들 때문에 자신의 삶이 나락으로 떨어지고 있다는 불안만이 그들의 영혼을 잠식하기 때문이다. 숙련 vs. 비숙련, 고임금 vs. 저임금, 대기업 vs. 중소기업, 백인 vs. 유색인, 남성 vs. 여성, 고학력 vs. 저학력 등등의 허위적 대립이 스펙타클이 되어 자본과 노동이란 진정한 대립을 은폐하는 형국이다. 한 줌도 되지 않는 지배계급에 대해 다수의 피지배계급이 피지배계급으로 계속 머무는 이유를 생각해보라. 자기만의 이익에 대한 탐닉이든, 자신의 허영에 대한 집착이든, 아니면 남들과는 다르게 보이려는 구별짓기 욕망이든 간에 피지배계급이 깨알처럼 갈라져 서로 반목하고 서로 혐오하기 때문이다. 풍요사회가 무서운 이유가 바로 여기에 있다. 호황기 노동계급을 갉아먹던 개인주의가 호황이 꺾이는 순간 타인에 대한 혐오와 증오의 뿌리가 되기 때문이다. 이렇게 노동계급 내부에 "1달러"라도 더 얻겠다는, 아니 "1달러"라도 타인에게 줄 수 없다는 감정이 지배적일 때, 그들에게 "한 사람, 하나의 목소리"라는 민주주의의 원칙을 기대한다는 것은 어불성설일 수밖에 없다.

대호황이 정점을 찍었다고 모든 노동자가 동료 노동자들에게 적대감을 표현하는 것은 아니다. 대호황이든 대공황이든 어느 경우든 자본계급은 자기 자리를 지킨다는 걸 자각하는 소수의 노동자들도 존재하는 법이니까. 분배 차원에서의 정의는 거짓 정의일 뿐, 유일한 정의는 생산 차원에서의 정의라는 걸 자각한 노동자들이다. 그들의 의지는 1875년 마르크스가 〈고타강령 비판〉에서 이미 피력했던 것으로 요약된다. "이른바 분배를 가지고 야단법석을 떨고 거기에 중점을 두는 것은 거의 항상 잘못된 것이다. 소비수단의 그때그때의 분배는 생산조건 자체의 분배의 귀결일 뿐이다. ······ 자본주의적 생산방식은, 물적 생산조건들은 자본 소유와 토지 소유의 형식으로 노동하지 않는 사람들에게 재분배되는 반면에 민중은 인적 생산조건인 노동력의 소유자일 뿐이라는 사실에 근거하고 있다. 생산의 요소들이 이렇게 분배되면, 오늘날과 같은 소비수단의 분배가 저절로 생겨난다. 물적 생산조건들이 노동자들 자신의 '조합적 소유'가 되면, 오늘과는 다른 소비수단 분배가 생겨난다. 속류 사회주의는 부르주아 경제학자를 본받아 (그리고 이를 다시 본받아 일부 민주주의자들은) 분배를 생산방식과 독립된 것으로 간주하고 또 그렇게 다루고 있으며, 따라서 사회주의는 주로 분배를 중심 문제로 하고 있다는 듯이 서술하고 있다. 진정한 관계가 이미 오래전에 해명되었는데, 무엇 때문에 다시 뒤로 돌아간다는 말인가?" 분배에서의 정의로 생산에서의 부정의를 가리려고 했던 노동정당과 노동조직, 다시 말해 부르주아체제를 긍정하면서 자본과 노동을 중재하려고 했던 노동정당과 노동조직은 마르크스의 표현을 빌리자면 속류 사회주의에 지나지 않는다. 기 드보르가 말한 "서구 노동자들의 반노조 투쟁들"이 중요한 이유도 바로 여기에 있다. 새로운 반노조 투쟁들은 물적 생산조건들이 "자본 소유와 토지 소유의 형식으로 노동하지 않는 사람들에게 재분배되는" 원초적 부정의의 문제를 정면으로 돌파하려고 했으니까. 낭트의 국영 항공기 제조회사 쉬드-아비아 시옹Sud-Aviation 노동자들, 플랭의 르노자동차 노동자들, 그리고 빌랑 쿠르의 르노자동차 노동자들이 지속적으로 노동총연맹 소속 대표 자들에 맞서 저항했던 것도 이런 이유에서다. 프랑스공산당과 노동 총연맹은 노동자들이 자본과 토지를 소유하는 것, 즉 혁명에 반대 했기 때문이다.

불행히도 그들의 반노조 투쟁은 《스펙타클의 사회》가 출간된 1967년까지는 기 드보르의 말대로 "노조에 의해 진압되고" 있었다. 그렇지만 자본주의적 생산양식 자체를 바꾸겠다는 노동자들의 반 노조 투쟁은 1968년 5월혁명 당시 짧은 시간 동안이나마 '오토제 스티옹autogestion' 운동으로 만개한다. '노동자 자율관리'나 '노동자 자 주관리'로 번역되는 오토제스티옹은 경영자나 공장장을 축출한 다 음 모든 생산을 노동자들이 자율적으로 결정하는 것을 말한다. 달 리 말해 오토제스티옹 운동은 마르크스의 표현을 빌리자면 "물적 생산조건들"을 "노동자들 자신의 '조합적 소유'"로 만들려는 운동이 라고 할 수 있다. 바로 이것이 《스펙타클의 사회》 115번째 테제에서 기 드보르가 말한 노동계급의 "자발적 투쟁" 중 하나다. 더 이상 소 비주의 이데올로기로 '물적 생산조건들을 자본 소유와 토지 소유의 형식으로 소유해 노동하지 않아도 되는 사람'과 '인적 생산조건들 로서 노동력만 소유해 노동하지 않을 수 없는 사람' 사이의 근본적 인 대립을 은폐할 수 없게 되자, 소수의 노동자들은 어떤 균열을 보 지 않을 수 없었다. 미봉되거나 중재되기 어려운 노동과 임금 사이 의 균열을, 지금까지 노동정당과 노동조직이 미봉하고 중재하려고 했던 그 근본적인 균열을 말이다. 아니 균열이라는 거창한 사회과학적 개념보다는 차라리 자본주의체제가 부당하게 강요한 숙명이라고 말하는 것이 좋을 듯싶다. 자신을 자발적 노예로 만드는 그 숙명을 보지 않았으면 그만이지만, 보았다면 그것은 반드시 잘라내야 할 족쇄나 다름없다. 노동력만 남기고 모든 것이 벌거벗겨진 임금노동자의 삶! 자본계급에게 노동력을 팔아 그들을 부양하는 자발적 노예의 삶! 이것을 극복하기 위해 "반노조 투쟁들"이 일어난 것이다. 지금까지 노조는, 나아가 일체의 노동정당과 노동조직은 자본과 노동을 중재하기 위해서 자본과 노동의 구분을 영속화하고 있지 않은가. 그래서 반노조 투쟁은 경영자나 공장장을 쫓아내고 평의회를 통해 노동자들이 공장을 돌리는 오토제스티옹 운동으로 구체화된 것이다.

"반노조 투쟁" 이외에도 기 드보르는 "자발적 투쟁"의 다른 양상, 즉 "젊은 세대의 반항적 경향들이 최초로" 분출한 "고유한 형태가 없는 시위"에 주목한다. 1960년대 전 세계를 달구었던 학생운동이다. 대학생은 노동자들과 다르다. 물론 그들 대부분이 미래에는 화이트칼라가 된다고 할지라도, 지금 당장 대학생들의 삶은 항공기 제조 공장이나 자동차 공장이 아닌 대학 캠퍼스에서 이루어지기 때문이다. 원칙적으로 대학은 임금을 받는 생산 현장이 아니라 고액의 학비를 지출하는 일종의 소비 현장이다. 한마디로 대학생은 대학이 제공하는 모든 교육적 기회와 아울러 최종적으로 자신의 학력을 증명하는 졸업장을 돈으로 구매하는 소비자의 입장이란 것이다. 설령 그 학비가 대학생 자신의 지갑이 아니라 부모의 지갑에서 나왔다고 할지라도 말이다. 노동자들은 자본계급의 직접적인 억압과 착취에 대한 투쟁의 일환으로 시위도 하고 파업도 한다. 그렇다면 누구로부터 그리고 어떤 식으로 억압과 착취를 받았기에 대학생들은 시위를 하는 것일까? 이런 의문에 쉽게 답할 수 없다는 것이 노동운동과 구별되는 학생운동의 특이성이다. 르노자동차 공장 노동자들이 시위를 한다고 해보자. 이때 노동자들은 임금 인상이나 노동조건을 개선하기 위해 자본가와 경영자와 맞서 싸우는 것이다. 투쟁 목적이나 투쟁 상대도 명확하다. 반면 프랑스를 포함한 1960년대 전 세계 학생운동은 그렇지 않다. 투쟁 목적이나 투쟁 대상이 그때그때 다르다. 자본계급의 이익을 위해 학교 커리큘럼을 좌지우지하는 대학 당국에 저항하는 시위, 노동계급을 옥죄는 자본계급을 비판하는 시위, 알제리를 식민지로 유지하려는 정부에 맞서는 시위, 신과 도덕을 공격하며 인간의 자유를 요구했던 시위, 낡은 예술을 공격하며 새로운 표현 방법을 옹호하는 시위 등. 기 드보르가 "고유한 형태가 없는 시위"라고 말할 정도로 젊은 세대들의 반항과 시위는 정말 종잡을 수 없이 복잡하고 전방위적이었다. 그래서 젊은 세대의 반항과 학생운동이 1955년 10월 27일 미국에서 개봉되어 1960년대 세계를 풍미했던 화제의 영화 제목처럼 '이유 없는 반항Rebel Without a Cause'으로 보이기도 한다. 참고로 이 영화 제목을 정확히 번역하자면 '대의가 없는 반항'이라는 것도 잊지 말자!

제임스 딘James Byron Dean(1931~1955)을 스타로 만든 〈이유 없는 반항〉에는 젊은이들의 반항은 별다른 대의나 명분도 없이 이루어진다는 묘한 가치평가가 전제되어 있다. 1960년대를 관통하는 서구권 대학생들이나 동구권 대학생들의 저항과 반란을 폄하하려는 억압 체제의 지속인 이데올로기 공세인 셈이다. 시장자본주의체제도 마찬가지고, 국가독점자본주의체제도 마찬가지였다. 당시 대학생들은 몇몇 팝스타에 열광했던 철부지, 마리화나와 LSD에 취한 무책임한 젊은이들, 혹은 부모의 경제력에 의존하면서도 부모에게서 독립하려는 모순덩어리들로 치부되곤 한다. 분명 그들이 블루스, 소울, 비트, 특히나 로큰롤의 음악에 몸을 맡긴 것도 맞다. 그들은 젊음의 욕망과 감성을 뒤흔드는 비틀스The Beatles, 롤링 스톤스The Rolling Stones, 도어즈The Doors, 재니스 조플린Janis Joplin(1943~1970)을, 지성을 일깨우는 밥 딜런Bob Dylan(1941~)과 존 바에즈Joan Chandos Baez(1941~)를, 때로는 몽환적 쾌락을 불러일으키는 제퍼슨 에어플레인Jefferson Airplane을, 일상적 의식을 돌파하려는 글자 그대로 진보를 지향했던 핑크 플로이드Pink Floyd의 프로그레시브 록Progressive rock에 심취했다. 그들의 푼돈들이 모여 공연과 앨범 판매 등 로큰롤 사업을 부흥시킨 것도 맞다. 그들이 해시시나 마리화나, 심지어 LSD에 몸과 마음을 맡기며 현실 세계에서 탈출을 기도한 것도, 그래서 마약 사업을 수지맞는 사업으로 만든 것도 맞다. 여대생들이 기성세대들의 눈총 속에서도 당당히 미니스커트를 입고, 남학생뿐만 아니라 여대생도 블루칼라를 상징하는 청바지를 입었던 것도 사실이다. 더군다나 광란의 콘서트와 은밀한 파티, 그리고 환각제의 사용으로 대학생들이 섹스 등 원초적 욕망에 몸을 던진 것도 맞다. 당시 젊은이들이 캔버스라도 되는 양 공공장소에 자신들의 불만을 토로한 그림과 낙서를 그린 것도 맞다. 미국 대학생들이 주도했던 히피문화의 영향으로 독일이나 영국, 프랑스에서는 젊은이들의 생활공동체나 예술공동체, 즉 대학생들의 자발적 코뮌이 우후죽순으로 생겼다. 그리고 당연히 젊은이들의 코뮌은 지속 가능한 생산공동체라기보다는 외부 경제에 의존하는 소비공동체라는 것도 맞다. 자기 파괴적이며 퇴폐적이고 소비적인 생활을 영위하다 갑자기 알제리, 베트남, 쿠바의 혁명에 지지를 보내는 반전 시위를 전개한 것도 맞다.

그렇지만 더 중요한 것은 《스펙타클의 사회》 115번째 테제에서 말했던 것처럼 "범죄적 모양"의 대학생들의 이 모든 반란이 "전문화된 낡은 정치, 예술과 일상생활에 대한 거부를 분명히 함축하고" 있다는 사실 아닌가? 1960년대 대학생들의 반란은 BC 3000년 이후 계속 발전해 세련미마저 갖춘 부르주아체제를 대상으로 한다. 국가라는 얼굴, 공산당이란 얼굴, 노동조합 대표라는 얼굴, 교수와 학점이라는 얼굴, 부모와 기성세대라는 얼굴, 매너리즘에 빠진 예술이라는 얼굴, 혹은 돈이란 얼굴 등 다양한 모습으로 그 억압은 관철된다. 억압체제라는 가공할 괴물을 잡으려면 그의 오른쪽 다리를 잡거나, 아니면 꼬리를 잡거나, 그의 손을 잡는 것으로 충분하지 않다. 옴짝달싹 못하게 만드는 숨통을 잡아채지 않으면, 이 무시무시한 괴물은 오히려 섣부른 공격에 반격을 개시하고 자신을 공격했던 이들을 무자비하게 물어뜯을 테니 말이다. 억압체제에 대한 젊은이 특유의 예민한 감각과 그들의 자유로운 영혼이 하나의 지성으로 승화되는 데, 산발적인 반란이 아니라 일관적인 혁명을 꿈꿀 수 있는 데는 일정 정도의 경험과 시간이 필요하다. 물론 그 핵심은 대학생들이 자신의 존재에 직면하는 데 있다. 화이트칼라가 되려는 꿈, 사회의 중간 관리층이 되려는 꿈이 무엇인지 자각해야 한다. '작은 자본가'나 '작은 지배자'의 꿈이 실상 '큰 노동자'와 '큰 피지배자'로서 동료 노동계급보다 더 큰 이익을 얻는 '마름'이 되겠다는 욕망이란 걸 알아야 한다는 이야기다. 결국 이런 통렬한 반성과 자각으로 대학생과 젊은이들의 "고유한 형태가 없는" 반항은 점점 '형태가 있는' 혁명으로 발전할 수 있다. 대학생들은 자신이 '예비 프롤레타리아'라는 것을 받아들여야 한다. 그래야 그들 "반노조 투쟁"을 펼치는 '현실 프롤레타리아'와 연대하고 유대할 수 있다. 바로 이때 평의회코뮌주의의 깃발은 다시 세워져 장엄하게 나부낄 것이다.

1966년 스트라스부르대학을 스캔들의 온상으로 만들었던 카야티의 팸플릿 《대학생활의 빈곤에 관해》는 반란의 영혼이 혁명의 지성으로 성숙했다는 걸 알리는 신호탄이었다. 동시에 카야티가 초안을 작성했지만 이 문건은 당시 기 드보르가 이끌었던 상황주의 인터내셔널의 문제의식과 이론적 전망을 고스란히 담고 있다. 팸플릿의 특성상 《대학생활의 빈곤에 관해》는 다루지 못한 부분이나 오해의 여지를 남기는 부분도 많다. 이 문건이 대학생들의 열광적인 지지뿐만 아니라 수많은 비판의 표적이 된 것도 이런 이유에서다. 기 드보르는 지지하는 측이나 비판하는 측 모두 문건을 잘못 이해하고 있다고 판단했다. 바로 이것이 그가 1967년에 《스펙타클의 사회》를 출간했던 이유다. 어쨌든 1966년 《대학생활의 빈곤에 관해》라는 씨앗이 없었다면 1967년 《스펙타클의 사회》라는 꽃은 필 수 없었다는 것은 분명하다. 혁명의 지성이 한 번 더 성찰과 성숙의 과정을 거쳤던 셈이다. 그렇다고 해서 《대학생활의 빈곤에 관해》에서 피력된 문제의식과 이론적 전망이 폐기된 것은 아니다. 특히나 중요한 것은 확장된 프롤레타리아 개념이다. 고용 여부와 상관없이 인적 생산수단, 즉 노동력만 가지고 있는 사람들은 전부 프롤레타리아다. 여기서 중요한 것은 현재 임금노동자가 아닌 전업주부도, 대학생도, 취업 준비생, 실직자 등도 생계를 위해서는 적으나마 소비를 해야만 한다는 사실이다. 임금노동자들과는 달리 이들은 자신의 소비를 자신이 아니라 외부에 의존하고 있다. 정부, 시민단체, 복지단체 혹은 익명의 타인이 제공하는 후원금이나 아니면 아버지든 어머니든 자식이든 임금노동을 하는 가족 성원이 벌어들이는 임금이 바로 그들의 소비 자산이 된다. 확장된 프롤레타리아가 상품 소비자와 외연이 겹치는 이유도 바로 여기에 있다.

이제 부르주아체제는 세 종류의 계급으로 구성된다고 말하도록 하자. 자본이나 땅의 형식으로 물적 생산수단을 독점해 노동자를 고용하고 상품을 팔아 돈을 버는 자본계급, 노동력이란 인적 생산수단을 자본에 팔아 돈을 벌어 상품을 소비하는 프롤레타리아계급, 그리고 제일 하단부에는 노동력을 팔지 않으면서도 돈을 얻어 상품을 소비하는 프롤레타리아계급이다. 그래서 프롤레타리아는 '임금노동자이면서 상품 소비자인 프롤레타리아'와 '임금노동자가 아니면서 상품 소비자인 프롤레타리아'로 양분된다. 줄여서 '노동-소비 프롤레타리아'와 '비노동-소비 프롤레타리아'로 불러도 좋다. '예비 프롤레타리아'로서 대학생들은 바로 '비노동-소비 프롤레타리아'에 속했던 셈이다. 어쨌든 '비노동-소비 프롤레타리아'의 역할은 구조적인 데가 있다. 첫째, 이들은 임금 상승률을 억제해 이윤을 더 남기려는 자본계급에게 유리한 효과를 부여한다. '비노동-소비 프롤레타리아'의 소박한 꿈은 항상 '노동-소비 프롤레타리아'가 되는 것이다. 결국 이것은 취업 경쟁률을 높이게 된다. 취업 경쟁률이 높다는 것은 실업률이 높다는 것이고, 이것은 임금 상승률을 낮추는 효과를 부여한다. 둘째, 가족 중 임금노동자의 돈에 의지하는 경우 그들은 그 임금노동자를 더 빨리 벌거벗은 노동력으로 만들어, 그로 하여금 더 자본계급에 종속하도록 만든다. 부양가족이 있는 노동자가 자본에 대해 당당한 목소리를 내기 어려운 것도 이런 이유에서다. 셋째, 국가나 사회의 후원금에 의지하는 경우, 그들은 현존하는 국가나 사회를 정당화하는 요소로 기능하게 된다. 국가나 사회가 없다면, 그래서 복지 정책을 펼칠 수 있는 체제가 없다면, 그들은 생계를 유지할 수도 없을 테니 말이다. 재분배를 위해서 수탈한다는 국가의 이데올로그들로서는 독거노인, 취업 준비생, 실업자, 혹은 노숙자 등은 정말로 매력적인 선전도구가 아닐 수 없다.

　'노동-소비 프롤레타리아'와 '비노동-소비 프롤레타리아'를 구분하는 순간, 물적 생산수단의 독점을 긍정하는 자본주의체제에 맞서는 저항도 복잡해질 수밖에 없다. 아니 정확히 말해 프롤레타리아 전체의 힘은 그만큼 약해졌다고 할 수 있다. 20세기 중반 이후 임금노동자들의 투쟁을 보라. 자본과 노동을 중재하려는 노동조합이란 중개업자의 영향이기도 하지만, 물적 생산수단 독점에 정면으로 돌파하려는 혁명은 사라졌다. 그저 노동의 몫을 더 많이, 더 안정적으로 받으려는 투쟁만 남았으니까. 지주 자체를 없애면 그만인데, 지주에게 소작료를 조금이라도 적게 내려는 소작농의 투쟁일 뿐이다. 혁명이 아니라 개선일 뿐이다. 그렇지만 1875년 〈고타강령 비판〉에서 마르크스는 말하지 않았던가? "이른바 분배를 가지고 야단법석을 떨고 거기에 중점을 두는 것은 거의 항상 잘못된 것"이라고. 1960년대 프랑스의 노동운동은 마르크스가 경계했던 잘못을 반복하고 있었다. 자본과 노동이란 생산 차원에서의 근본적인 부정의는 묵과한 채 분배 차원의 정의만을 요구하고 있었으니까. 고용 안정, 노동조건 개선, 임금 상승만이 냉전시대 프랑스 노동운동의 주된 목표였다. 노동계급 사이의 빈부격차와 대립은 불가피하다. 더군다나 이런 개량주의적 노동운동은 정규직과 비정규직 노동자들로 구성된 '노동-소비 프롤레타리아'를 전업주부, 대학생, 취업 준비생, 실업자 등 '비노동-소비 프롤레타리아'와도 대립하도록 만든다. 《대학생활의 빈곤에 관해》나 《스펙타클의 사회》에서 표방된 상황주의가 불매운동이란 형식으로 진행되는 단순한 소비자운동과 구별되는 이유도 바로 여기에 있다. 상황주의는 평의회코뮌주의의 깃발 아래 '노동-소비 프롤레타리아'와 '비노동-소비 프롤레타리아'를 연대시키려고 했기 때문이다.

《스펙타클의 사회》115번째 테제에서 기 드보르는 "서구 노동자들의 반노조 투쟁들"과 젊은이들의 "고유한 형태가 없는 시위"를 "새로운 자발적 투쟁의 두 측면"이라고 강조했다. 동구권의 스탈린주의와 서구권의 소비주의, 그리고 어정쩡한 노동조합주의가 던진 현란한 스펙타클에 맞서는 새로운 자발적 투쟁들이 발생했다는 것은 "계급사회에 맞선 프롤레타리아의 두 번째 공격을 알리는 전조"로서도 중요하지만, 더 중요한 것은 "서구 노동자들의 반노조 투쟁들"이 '노동-소비 프롤레타리아'의 투쟁을, 그리고 젊은이들의 시위가 '비노동-소비 프롤레타리아'의 투쟁을 대표한다는 사실 아닐까? 이제 단결은 만국의 노동자들뿐만 아니라 '노동-소비 프롤레타리아'와 '비노동-소비 프롤레타리아' 사이에서도 모색되어야 한다. 국가라는 억압기구가 인류의 공통된 터전을 만국으로 쪼개놓았고, 자본은 프롤레타리아를 '노동-소비 프롤레타리아'와 '비노동-소비 프롤레타리아'로 이간질해놓았으니까. 일단 프랑스라는 국가 내에서 중요한 것은 '노동-소비 프롤레타리아'와 '비노동-소비 프롤레타리아' 사이의 분열과 경쟁을 넘어서 유대와 연대를 도모해야 하는 일이다. 모든 유대와 연대는 최소한의 공통점이 존재해야 하는 법이다. 그것은 무엇일까? '노동-소비 프롤레타리아'든 '비노동-소비 프롤레타리아'든 그들은 부르주아체제가 만든 가짜 필요와 가짜 욕망에 의해 상품을 소비한다는 사실이다. 그래서 《스펙타클의 사회》115번째 테제에서 기 드보르는 "프롤레타리아 군대의 '길 잃은 병사들'이, 달라졌지만 본질적으로 변한 것이 없는 전장에 다시 등장"했을 때, 그들은 "이번에는 '허용된 소비기계들의 파괴'에 뛰어든 새로운 '러드 장군'을 따를 것"이라고 강조했던 것이다. 1810년대 초반 영국에서 독립적 작업장을 가지고 있던 방직 장인들이 저가 모직물을 만드는 공장을 습격해 방직기계를 파괴하는 운동을 했던 적이 있다. 전설적인 인물 네드 러드를 장군으로, 즉 지도자로 부르는 비밀결사 조직 러다이트가 생산기계 파괴 운동을 주도했기에, 이 운동은 러다이트운동이라고 불린다.

기 드보르가 파괴해야 한다고 강조하는 "허용된 소비기계들"이 무엇인지 자명하다. 가짜 필요와 가짜 욕망을 프롤레타리아에게 각인시키려고 만든 모든 장치를 말한다. 스마트폰일 수도 TV일 수도 인터넷일 수도 있다. 아니면 명문대학일 수도 백화점일 수도 혹은 관광지일 수도 있다. 고가 아파트나 빌라, 혹은 최상급 호텔일 수도 있다. 프로축구일 수도 프로야구일 수도 올림픽일 수도 월드컵 경기일 수도 있다. 극단적으로 전기가 들어오면 작동하는 것, 혹은 보이는 것 전체가 허용된 소비기계들이라고 말해도 좋다. 그렇지만 소비기계들의 파괴나 아니면 소비기계들로부터 단절되는 것으로는 충분하지 않다. 진짜 필요와 진짜 욕망을 찾아《대학생활의 빈곤에 관해》가 말했던 것처럼 시각에 국한된 세계가 아니라 온몸으로 느끼는 세계를 복원해야만 한다. '수어지교'와 '유유상종'의 가르침이 급진적으로 실현되는 세계, 그것은 어떤 주체가 온몸으로 공감하고 반응할 수 있는1, 한마디로 말해 온몸으로 감당하고 책임질 수 있는 정도의 생활공동체를 구성하는 일이다. 국가가 관철하려는 획일적인 지배 세계를 넘어서고 자본이 관철하려는 획일적인 상품 세계를 넘어서야 하니까 말이다. 소비사회나 상품사회에 비해 진짜 필요와 진짜 욕망의 공동체는 소박하고 간소한 법이다. 당연히 물적 생산수단도 거대해지거나 복잡해질 필요는 없다. 그만큼 노동하는 사람들이 물적 생산수단을 공유하는 것이 쉬워진다. 진짜 사람들이 모인 생활공동체가 필연적으로 지속 가능한 생산공동체로 변하는 것, 그래서 최종적으로 코뮌주의와 사회주의가 실현되는 것은 불가피한 귀결이다. 바로 이것이 《대학생활의 빈곤에 관해》의 마지막 세 번째 슬로건, 즉 "뒤로 되돌아가는 것이 불가능한 상황을 최종적으로 창조하라"는 말이 가진 의미가 아닐까?

1968년 1월 8일! 1960년대 프랑스 대학생들의 "고유한 형태가 없는 시위들"이 부르주아체제에 대한 거대한 저항의 강물로 합류하기 시작한 날이다. 올림픽을 위해 건립 중이던 낭테르대학 수영장을 시찰하기 위해 방문했던 청년체육부장관 프랑수아 미소프François Missoffe(1919~2003)를 어느 학생이 수영장에 밀어 떨어뜨린 해프닝이 그 서막이었다. 프랑스 정부와 교육 당국도, 프랑스공산당도, 심지어는 노동총연맹도 통제할 수 없는 20세기의 마지막 혁명, 아니 냉전체제 전체를 한 번에 날려버릴 수도 있었던 혁명은 마침내 시작된다. 《대학생활의 빈곤에 관해》의 마지막 슬로건 "뒤로 되돌아가는 것이 불가능한 상황을 최종적으로 창조하라!"는 요구에 대학생들, 노동자들, 나아가 일반 시민들마저도 호응한 결과다. 이제 세계는 그리고 정치는 관조 대상이 아니라 평범한 사람들이 주체로 참여하는 '상황'이 된 셈이다. 1917년 페트로그라드를 점령했던 페트로그라드소비에트, 1919년 베를린을 점령했던 스파르타쿠스동맹, 1923년 크론시타트를 점령했던 크론시타트소비에트에서 울려 퍼졌던 "모든 권력을 소비에트로!"라는 슬로건이 파리를 넘어 프랑스 전역을 뒤덮었다. 생산 현장에서 물적 생산수단은 자본가나 경영자가 아니라 노동자들의 손으로 되돌아갔고, 대학은 교직원이나 교수의 손에서 대학생들에게 되돌아갔고, 소비 현장마저도 평범한 이웃들이 생활공동체 형식으로 접수했다. 이렇게 평의회코뮌주의의 깃발이 프랑스 전역으로 퍼져나가는 데 결정적인 지침과 역할을 한 것은 바로 《대학생활의 빈곤에 관해》와 《스펙타클의 사회》에서 펼쳐진 상황주의 인터내셔널의 지성이었다. 스탈린주의도, 트로츠키주의도, 마오주의도, 그리고 노동조합주의도 평의회코뮌주의의 깃발 앞에서 자신들의 낡음을 인정할 수밖에 없었던 때였고, 드골 정부의 관료들과 프랑스 자본계급도 BC 3000년부터 지속되었던 억압체제가 자신의 대에서 막을 내릴 수도 있다는 불안감에 사로잡혔던 때였다. 노동계급이, 아니 정확히는 확장된 프롤레타리아, 즉 '노동-소비 프롤레타리아'라는 전통적인 임금노동자들이나 학생과 주부들을 포함한 '비노동-소비 프롤레타리아'가 생산과 소비의 모든 측면을 스스로 결정하고 지배하겠다는 의지의 발현이 바로 1968년 프랑스 5월혁명이었기 때문이다.

혁명이 그 성공의 문턱을 넘으려 할 때, 노동계급의 대표를 유지하려는 정당코뮌주의자들은 자신들의 패배에 당혹감을 느끼던 부르주아체제와 손을 잡고 만다. 프랑스공산당과 노동총연맹은 20세기 마지막 반혁명을, 그것도 소련의 볼셰비키나 독일의 사회민주당처럼 자신들이 권력을 잡으려는 것이 아니라 부르주아체제 속에서 자신들의 알량한 기득권을 유지하기 위해 시도한다. 노동계급의 대표가 노동계급을 배신하는 가장 치졸한 형식의 반혁명이었던 셈이다. 1968년 5월 26일 프랑스공산당과 노동총연맹은 프랑스 부르주아체제 지배계급과 그르넬협약Les accords de Grenelle을 체결해 5월혁명을 배신하고 만다. '노동-소비 프롤레타리아'와 '비노동-소비 프롤레타리아'들이 맞잡았던 손에는 균열이 발생하고, 이어서 '노동-소비 프롤레타리아' 내부에서도 노동계급 대표를 따르자는 전통적인 입장과 평의회주의를 관철하자는 혁명적 입장으로 분열이 발생하고 만다. 6월 13일 오토제스티옹 운동의 마지막 보루 쉬드-아비아시옹 공장이 투표 끝에 노동자 자율관리를 포기하고, 이어서 6월 16일 프랑스 68혁명의 영혼이자 심장이었던 소르본점거위원회가 반강제적으로 해산되자, 로자 룩셈부르크의 표현을 빌리자면 마침내 "파리에는 질서가 퍼지게 된다". 20세기의 마지막 혁명은 이렇게 허무하게 막을 내리지만, 68혁명의 슬로건은 지금까지도, 미약하게라도 우리의 영혼과 함께 숨 쉬고 있지 않은가? 소르본점거위원회가 1968년 5월 16일 19시에 발표한 〈모든 수단을 동원해 지금 당장 퍼뜨려야 할 슬로건들〉의 구호들을 조용하지만 단호하게 외쳐보라. "공장을 점거하라!" "노동자평의회에 권력을!" "계급사회를 철폐하라!" "스펙타클-상품 사회를 무너뜨려라!" "소외를 철폐하라!" "대학을 끝장내라!" 희망과 절망, 혹은 연대와 배신으로 점철되던 68혁명을 그 탄생에서 소멸까지 기억해보려는 것도 이런 이유에서다. 옳은 것은 어떤 경우에도 옳은 것이기 때문이고, 또다시 절망과 실패를 반복하지 않기 위해서다.

20세기의 마지막 혁명이었던 68혁명은
허무하게 막을 내렸지만 그 슬로건은 지금까지도
우리의 영혼과 함께 숨 쉬고 있다.

6부. 코뮌주의 역사철학과 기 드보르의 유산

68혁명 타임라인

날짜	주요 사건	참고
1월 8일 (월)	• 낭테르대학 수영장 사건 발생 : 낭테르대학 다니엘 콩-방디가 당시 청년체육부장관 프랑수아 미소프와 논쟁 끝에 장관을 수영장으로 밀어넣은 사건.	• 1968년 낭테르대학은 당시 암담했던 프랑스 대학생들의 처지를 상징하는 곳이었다. 제2차 세계대전 이후 태어난 베이비부머들 Baby boomers이 입학할 대학이 부족하자, 프랑스 당국이 1964년 파리 외곽에 거의 날림으로 세운 대학이 바로 낭테르대학이다. 당연히 교육시설이나 주거시설, 나아가 과밀 학급과 교원 부족 등 교육환경의 문제를 그대로 노출하고 만다. 당시 낭테르대학의 학생 수는 1만 2000명이었지만 교실 전체 좌석 수는 1만 석이었을 정도였다. 마오주의, 트로츠키주의, 혹은 무정부주의와 같은 급진적 사상이 낭테르를 풍미했던 것도 이런 이유에서다. ※ 콩-방디Daniel Marc Cohn-Bendit(1945~): 탁월한 현실감각과 위트를 가진 아나키즘 경향의 학생운동 지도자로, 당시 언론에 의해 68혁명의 지도자로 부각되면서 학생운동의 스펙타클이 되고 만다.
3월 20일 (수)	• 파리 오페라 거리에서 베트남전쟁에 반대하는 반전반미 기습 시위 발생	• 이날 반전반미 시위로 JCR 소속 자비에르 랑글라드Xavier Langlade (1947~)를 포함한 5명의 학생들이 체포되었다. ※ JCR: '혁명적 코뮌주의 청년회Jeunesse communiste révolutionnaire'의 약어로, 스탈린 등 제도권 공산당에 반대했던 트로츠키의 제4인터내셔널 이념을 추종했다. 알랭 크리빈Alain Krivine(1941~), 앙리 웨베르Henri Weber(1944~), 다니엘 벤사이드Daniel Bensaïd (1946~2010), 자비에르 랑글라드 등이 중심인물이다.
3월 22일 (금)	• 낭테르대학에서 5월 2일까지 지속되는 '3월 22일 운동Mouvement du 22 Mars; M22' 시작: 랑글라드 등 5명의 동지를 석방하라고 요구하며 낭테르대학 학생운동가 142명이 대학 행정실 점거	• 낭테르 점거는 무정부주의와 트로츠키주의로 무장한 학생들이 주도했는데, 무정부주의자들이 국가나 제도 등을 부정했다면, JCR에 소속된 트로츠키주의자들은 트로츠키를 따라 스탈린식 관료주의를 비판했다. 인간 삶을 옥죄는 외적인 제도나 형식을 부정했다는 점에서 무정부주의자와 트로츠키주의자의 동맹은 당시 너무나 자연스러운 일이었다. • 당시 낭테르에서 열렸던 한 시위에서 콩-방디는 "우리는 자본주의적 착취를 위한 미래의 간부가 되기를 거부한다"고 학생들 앞에서 역설한다. • 4월 말 UJCML 소속 마오주의자들도 무정부주의자와 트로츠키주의자들의 점거에 합류. ※ UJCML: '마르크스-레닌 코뮌주의 청년연합Union des Jeunesses Communistes Marxistes-Leniniste'의 약어로, 이 정파는 경제적 토대만을 강조했던 스탈린식 마르크스주의와는 달리 정치나 문화 등 상부구조에 대한 개입도 강조했던 마오쩌둥의 입장을 따른다. 그렇지만 당시 마오주의자들은 학생운동으로는 사회주의를 건설할 수 없다고 확신하고 있었다. 1968년 5월혁명 내내 마오주의자들이 학생운동의 힘을 노동 현장으로 돌리려고 했던 것도 이런 이유에서다.

5월 2일 (목)	• 낭테르대학에서 '반제국주의의 날' 개최 • 낭테르대학 당국 캠퍼스 폐쇄	• 당시 낭테르 점거 지도부들이 가장 두려워했던 것 은 경찰 등 공권력보다는 옥시당이라고 불리는 극 우 파시스트 조직이었다. 1967년 1월 12일 옥시당 은 베트남전쟁에 반대하던 학생들에게 테러를 가 했던 적도 있었다. • 때늦게 합류한 마오주의자들은 마오쩌둥의 유격전 을 모방해 낭테르 캠퍼스 내에 수많은 참호를 파고 화염병 등을 준비했다. 옥시당이 기습을 하리라는 풍문이 낭테르를 휘감고 있었기 때문이다. 아이러 니하게도 바로 이것이 대학 당국의 캠퍼스 폐쇄에 명분을 준다.
5월 3일 (금)	• 프랑스 1968년 5월혁명 개시 : 소르본대학에 낭테르 학생운동 가 400명이 집결하여 소르본 학 생운동가들과 합류, 대학 측 공권 력 개입 요청, 학생운동가들 체포, 소르본대학 공권력 개입과 학생 체포에 맞서 2000~3000여 명 의 일반 대학생들이 경찰과 충돌, 100여 명 부상, 600여 명 체포.	• 낭테르의 마오주의자, 트로츠키주의자, 무정부 주의자들은 캠퍼스 폐쇄로 소르본에 모여들었 고, 여기에 UNEF 부의장 자크 소바조Jacques Sauvageot(1943~2017)와 소속 학생들, 그리고 상 황주의자들도 합류한다. 낭테르 캠퍼스 폐쇄는 낭 테르에 국한된 학생운동이 이제 파리, 나아가 프랑 스 전역으로 확대되는 계기가 된다. ※ UNEF: '프랑스전국학생연합Union Nationale des Étudiants de France'의 약어로, 한때 프랑스 식민지 였던 알제리의 독립을 지지하며, 프랑스가 주도한 알제리전쟁(1954~1962)에 반대하는 반전투쟁을 전개했던 학생조직이었다. 그러나 1968년 UNEF는 학생들의 지지를 거의 받지 못하는 유명무실한 조 직으로 전락하고 만다. 당시 UNEF가 의장을 공석 인 채로 방치했던 것도 이런 이유에서다. 부의장 소 바조는 1968년 5월혁명을 계기로 다시 UNEF를 재 건하려는 포부를 가지고 있었다.
5월 5일 (일)	• 학생운동 지도자 콩-방디, 소바 조, 크리빈, 웨베르 수감 • SNE-Sup 총서기 알랭 제스마르 Alain Geismar(1939~)가 대학 교 직원의 파업을 촉구하며 수감된 학생들과 라탱지구에서의 공권력 철수를 요구하는 성명 발표	• SNE-Sup의 파업은 학생운동이 이제 캠퍼스를 넘 어서는 계기가 된다. ※ SNE-Sup: '전국 고등교육 교원노조Syndicat National de l'Eenseignement Supérieur'의 약어 ※ 라탱지구Quartier Latin: 소르본대학, 콜레주 드 프랑 스 등 명문대학들이 집결해 있는 파리의 대학로
5월 6일 (월)	• 주요 언론과 CGT가 학생들의 시 위에 동감한다는 입장 표명 • 라탱지구에서 대학생들과 공권력 간의 대치와 충돌, 대학생 345명 부상 • 파리의 모든 대학교 폐쇄	• 학생운동과 노동운동이 결합되어 혁명으로 발전할 조짐이 드러남 ※ CGT: '노동총연맹Confédération générale du travail'의 약어로, 프랑스공산당의 영향을 강하게 받았던 프 랑스 최대 노조연합 조직

5월 7일 (화)	• 3만 명의 대학생들과 시민들 개선문 행진, 〈인터내셔널 찬가〉 합창	• UJCML, 즉 당시 마오이스트들은 5월 7일 시위에 가담하지 않기로 결정한다. 학생운동이 노동운동을 대신할 수 없다는 확신 때문이었다. ※ UJCML의 대표적인 지도자 린아르트Robert Linhart(1944~)는 당시 파리의 고등사범학교École Normale Supérieure, ENS 출신이다. 당시 고등사범학교의 지적 헤게모니는 알튀세르가 장악하고 있었기에, 68혁명 당시 린아르트와 UJCML의 거동은 알튀세르의 입장을 반영한 것으로 이해되었다. 이것은 20세기 중반 가장 탁월한 마르크스주의라는 알튀세르의 평판을 땅에 떨어트리는 계기가 되고 만다. 체제와 맞서 싸우는 중대한 국면에서 알튀세르와 그 추종자들은 코빼기도 보이지 않았으니 말이다.
5월 10일 (금)	• '바리케이드의 밤' : 라탱지구에 60여 개의 바리케이드 건설 : 파리 북동쪽 위성도시 생-드니의 노동자들도 대학생들 바리케이드 건설에 참여 : 고등학생들도 고등학생행동위원회Comités d'Action Lycéens, CAL라는 단체 이름으로 집회에 참석	• 1871년 파리코뮌 이후 처음으로 파리에 바리케이드가 설치된다. 파리에서 바리케이드는 혁명을 상징한다. 소수 지배계급과 다수 피지배계급의 확연한 갈등이 드러나야만 도심지 한가운데에 바리케이드 설치가 가능했기 때문이다.
5월 11일 (토)	• 새벽 2시, 경찰이 바리케이드를 돌파, 강경 진압하자, 학생들 고등사범학교 캠퍼스로 피신 • 총리 퐁피두Georges Jean Raymond Pompidou(1911~1974), 대국민 성명으로 소르본대학 개방 및 구속 학생 석방 약속	• 퐁피두의 선언은 바리케이드를 돌파해 학생들을 강경 진압하는 모습에 국민 여론이 돌아섰다는 걸 직감한 프랑스 당국의 유화책이라고 할 수 있다. 그만큼 바리케이드가 상징하는 파리코뮌의 전통은 프랑스 국민에게 강하게 남아 있었던 것이다.
5월 13일 (월)	• 퐁피두의 선언으로 공권력이 물러나자, 오전 10시 대학생들 소르본대학 점거 시작 • 진보정당들과 노조들의 학생 지지 성명 • 학생과 노동자들을 주축으로 하는 파리 100만 명 가두행진 ※ 5월혁명을 달군 구호와 그라피티들 • "금지를 금지하라!Il est interdit d'interdire!" • "주저하지 말고 향유하라!Jouissez sans entraves!" • "선거, 바보들을 잡는 덫!Élections, piège à con!" • "현실주의자가 되어, 불가능한 것을 요구하라!Soyez réalistes, demandez l'impossible!" • "노동자들이여, 투쟁을 계속하고, 기초 노동자평의회를 조직하라!Travailleurs la lutte continue[;] constituez-vous en comité de base!"	• 소르본점거위원회는 학생운동 조직화의 중심이자, 노동계급 연대의 거점으로 기능한다. 그 하부에 20~25명으로 구성된 다양한 실행위원회를 두었다. 점차 소르본점거위원회는 학생운동만으로 프랑스체제를 변화시킬 수 없다는 걸 자각하고, 노동운동과의 강한 연대를 도모하게 된다. 바로 이때부터 기 드보르와 상황주의 인터내셔널은 본격적으로 활동하기 시작한다. IS를 식별하는 가장 두드러진 특징은 그들이 누구나 대표가 될 수 있고 동시에 대표는 항상 소환될 수 있어야 한다는 평의회코뮌주의를 지향했다는 데 있다. 이것은 러시아혁명 때 레닌과 트로츠키가 추구했던 정당코뮌주의를 비판하면서 출현한 것이다. 소르본을 점거했을 때 소르본점거위원회는 총회에서 선출된 15명으로 구성되어 있었는데, 이 대표자들의 권한은 24시간 동안만 유효했다. 총회에서는 매일 저녁 새로운 대표자 15명을 선출했기 때문이다. • 프랑스 최대 노조연합체 CGT와 프랑스공산당은 13일이 학생운동의 절정이고, 이후 프랑스 사회변혁은 자신들이 주도하게 될 거라고 확신한다. 이미 CGT는 산하 노조에 13일 하루 동안만 파업에 참여하라는 지침을 내린 뒤였다. 프랑스공산당과 CGT가 13일 집회에 참여한 이유는 두 가지다. 첫째, 프랑스공산당과 CGT는 이미 학생들의 시위에 동참하고 있었던 노동자들의 압력을 무시할 수 없었다. 둘째, 학생운동에 숟가락을 얹어 자신들의 노동계급 통제력을 학생들이나 드골 정부에 과시하기 위해서였다.

5월 14일 (화)	• 파리 근교 낭트에 있던 국영 항공기 제조회사 쉬드-아비아시옹 노동자 2000여 명이 자율적으로 공장에 바리케이드를 치고 공장 점거 시작	• 쉬드-아비아시옹 파업과 소르본대학 점거는 1968년 프랑스 5월혁명을 상징하는 두 날개라고 할 수 있다. CGT와 프랑스공산당이 통제하지 못했던 사건이기 때문이다. 학생운동이 제도권 사회주의에 대한 강한 반감을 가지고 있었던 것은 어쩔 수 없는 일이지만, 쉬드-아비아시옹 점거는 이미 노동자들이 CGT와 프랑스공산당을 불신하고 있다는 증거였다. 그래서 쉬드-아비아시옹의 경우처럼 CGT와 프랑스공산당의 파업 자제 요청에도 불구하고 이루어졌던 파업과 점거 현장에서 '오토제스티옹', 즉 '노동자 자율관리'를 요구했다는 것은 매우 시사하는 바가 크다. 대표를 항상 소환할 수 있기에, 노조 대표부에 집중된 권력은 전체 노동자들에게 되돌아갔다. 코뮌이라고 불리든 소비에트라고 불리든 바로 이것이 노동자평의회의 전통이다.
5월 15일 (수)	• 소르본점거위원회 문화실행위원회 소속 대학생과 4000여 명이 오데옹극장 점거 • 파리 근교 클레옹에 있던 르노자동차 공장에서 비정규직 노동자 200여 명 주도로 공장 점거	• 소르본대학과 오데옹극장은 5월혁명 내내 대학생뿐만 아니라 노동자 등 시민들이 정치, 경제, 문화, 철학, 문학, 영화, 심지어 섹스 문제까지 강의하고 토론하고 논의했던 문화적 해방구 역할을 톡톡히 한다. 당시 소르본대학 2500좌석 계단 강의실에 1만 명이 들어와 사르트르의 강연을 들은 것은 지금도 전설로 회자되는 일화다. • 소르본대학과 오데옹극장에서는 처음에는 '노동자권력'보다는 '학생권력' 문제가 심각하게 논의되었다. 수업, 시험, 평가 등 학사 일정에 아무리 학생이 개입한다고 해도, 학생은 얼마 지나지 않아 졸업하게 된다. 바로 이 순간 자신의 학업 성취도, 즉 스펙에 따라 자본주의적 위계질서에 속하게 되는 것이 바로 학생이다. 그러니 학생의 권력이란 얼마나 무기력한 논의인가? 이런 무기력을 돌파하는 방법은 졸업 후 자신의 삶이 이루어질 노동환경을 개혁하는 일이었다. 바로 여기서 학생운동과 노동운동이 연대할 실마리가 생긴다. 학생평의회에 대한 논의가 점차 노동자평의회로 확산된 이유도 바로 여기에 있다.
5월 16일 (목)	• 프랑스 전역으로 파업과 공장 점거 확산 • 공공부문으로 파업 확산	• 도처에서 파업과 점거가 일어나자 프랑스공산당과 CGT도 산하 작업장들에 파업을 독려하게 된다. 잘못하면 노동운동의 주도권을 평의회를 지향했던 소르본점거위원회와 자율관리를 지향하는 노동자들에게 빼앗길 수 있다는 노파심 때문이었다. 또 자신들의 주도권을 과시하려는 조바심을 노출한 셈이다. 파리 근교 빌랑쿠르 르노자동차 공장이 대표적이다.
5월 17일 (금)	• 소르본에 점거유지위원회 Conseil pour le Maintien des Occupations, CMDO 설치	• 이른 오후 "정부 개입을 야기할 모든 선동을 거부한다"는 CGT의 전단지가 대량으로 소르본에 뿌려지자, 소르본점거위원회는 프랑스공산당과 CGT가 학생과 노동자 연대의 걸림돌이라는 걸 직감한다. 점거 노동자들과 직접 연대를 모색할 필요를 느낀 소르본점거위원회는 크리빈과 소바조가 이끄는 대학생 3000여 명을 빌랑쿠르 공장에 파견한다. 그렇지만 CGT가 장악한 빌랑쿠르 르노자동차 공장은 공장문을 굳게 닫고 학생들의 진입을 가로막는다. • IS의 평의회코뮌주의, 즉 평의주의가 노동 현장을 강조했던 트로츠키주의자나 마오주의자보다 탁월했던 지점은 IS에게 평의회가 만들어져야 하는 곳은 노동 현장만이 아니라 거의 모든 삶의 현장이었다는 데 있다. 소르본대학점거위원회에서 실시했던 평의회주의를 IS는 삶의 모든 상황에 적용할 것을 제안했고 전파하려 했다. '오토제스티옹'의 대중화, 즉 자율관리의 방식이 대중화된 것도 이런 이유에서다. 실제로 5월 말까지만 해도 파리에는 크고 작은 평의회가 450개 이상이 되었을 정도였다. 이것은 IS가 교육 현장과 생산 현장에서뿐만 아니라 다양한 소비 현장에서도 평의회주의를 관철하려는 집요한 노력을 쉬지 않았기에 가능했던 것이다.

6부. 코뮌주의 역사철학과 기 드보르의 유산

5월 19일 (일)	• 대통령 드골, 대국민 성명 발표	• "합법적 개혁은 좋지만, 더 이상 사회적 소란은 허용하지 않겠다"는 취지의 성명으로 드골은 부르주아계급에게는 실망감을 안기고 학생들과 노동계급에게는 조롱의 대상이 된다.
5월 21일 (화)	• 대파업의 날 : 드골의 대국민 성명에 대한 프랑스 민중들의 대답 : 1000만 명의 노동자가 파업에 참가함 : 공장뿐만 아니라 방송, 기차, 버스, 은행, 우편, 병원, 박물관, 극장 등 모두 마비 : 프랑스 정부 마비	• 국가권력 최후의 보루였던 군대와 경찰도 당시 드골 정부보다는 학생과 노동자들에게 우호적이었거나, 아니면 반정부적이었다는 걸 기억해야 한다. 군대의 경우 16만 8000명의 정규군 중 징집병이 12만 명에 달했는데, 이들은 노골적으로 파업에 동조적이었다. 심지어 만약 시위와 파업을 진압하라는 명령이 내려진다면, 이들은 이미 만든 위원회를 중심으로 상관의 명령에 반대하여 수송차와 장갑차 출동을 거부할 조짐을 보이기까지 했다. 7만 명 정도로 구성된 경찰의 경우는 더 심각했다. 5월 13일 퐁피두가 정부의 명령으로 라탱지구를 장악하던 경찰들을 오히려 비판하자, 보수적 성향의 경찰들마저도 정부에 반감을 가지게 되었다.
5월 24일 (금)	• 대통령 드골, 개혁과 관련된 국민투표 실시 발표 • 파리 등 주요 도시에서 시위대와 경찰 간 충돌	• 21일 대파업으로 거의 아무것도 할 수 없었던 드골은 개혁과 관련된 국민투표를 제안하며 노동자들이 노동 현장에 복귀할 것을 호소한다. 자율관리를 추구했던 노동자들을 다시 부르주아 법률로 포획하려는 시도였다고 할 수 있다.
5월 26일 (일)	• 그르넬협약Les accords de Grenelle 체결 : 퐁피두의 지시로 퐁피두의 비서실장을 지낸 당시 노동부 차관 시라크Jacques René Chirac (1932~)가 CGT 지도부와 만나면서 그르넬협약 시작. : 25일 노동자 대표 CGT와 부르주아 대표 '프랑스 경영자 전국연합회Conseil national du patronat français, CNPF'가 처음 회의를 한 뒤, 우여곡절 끝에 마침내 다음 날 26일 체결. : 그르넬협약에 따라 최저임금 3프랑 인상, 임금 10퍼센트 인상, 주 40시간 근무제 시행, 기업 내 노동조합 권리 행사 인정 등이 합의.	• 당시 상황이 프랑스 당국과 부르주아계급에게는 극도로 불리했음에도 1000만 노동자의 총파업을 등에 업고 있던 CGT가 파업 현장의 요구와는 동떨어진 그르넬협약을 이틀 만에 졸속으로 처리한 이유는 무엇이었을까? 그것은 CGT와 프랑스공산당이 향후 정국의 주도권을 빼앗길까 노심초사했기 때문이다. 혁명적 힘을 분출한 노동계급의 등에 올라타려면 CGT와 프랑스공산당에게는 물리쳐야 할 라이벌들이 있었다. CGT에게는 CFDT라는 다른 노조연합체가 있었고, 프랑스공산당에는 통합사회당 등 다른 진보정당들이 있었다. 문제는 드골 정권이 힘을 잃어가자, CFDT와 통합사회당, 그리고 UNEF가 연합하여 당시 좌파 지도자였던 망데스Pierre Isaac Isidore Mendès France(1907~1982)를 지지했다는 사실이다. 더군다나 또 다른 유력 좌파 지도자 미테랑François Maurice Adrien Marie Mitterrand(1916~1996)도 공공연히 드골 실각 후 대통령 선거에 출마하겠다고 선언한 뒤였다. 이런 상황에서 CGT와 프랑스공산당은 서둘러 자신들이 가장 유력한 노동계급 대표임을 보여주려고 했고, 그 결과가 바로 괴멸 직전에 있던 프랑스 당국과 부르주아계급의 협상 테이블에 앉는 것이었다. 그렇지만 이미 무력한 드골 정부로부터 자신이 노동자 대표라는 걸 인정받아서 무엇 한다는 말인가? ※ CFDT: '프랑스민주노동동맹Confédération française démocratique du travail'의 약어로, 이 노조 연합체는 68혁명 당시 CGT와 노동계급 대표자 자리를 놓고 치열한 선명성 경쟁을 전개한다. 그렇지만 노동계급을 대표하기보다는 오히려 노동계급을 이용해 부르주아 의회에 지분을 얻으려고 했다는 점에서, CFDT는 CGT의 한계를 그대로 공유하고 있다.

5월 27일 (월)	• 그르넬협약에 반대하며 빌랑쿠르에 있는 르노자동차 공장 노동자들 파업 지속 결의	• CGT의 입장에서 빌랑쿠르의 반발은 충격 그 이상의 사건이었다. 빌랑쿠르 르노자동차 공장은 전통적으로 CGT의 아성이라고 할 수 있는 현장이었기 때문이다. 당시 노동자들이 원했던 것은 임금 인상이나 노동조건 개선과 같은 양적인 평등이 아니라 자율관리와 같은 질적인 평등이었다. 한마디로 말해 학생들뿐만 아니라 노동자들도 '평의회코뮌주의'를 지향하고 있었다는 것이다. 어쨌든 지지층도 돌아서자 CGT와 프랑스공산당의 정국 장악력은 의심받게 되고, 그럴수록 CGT와 프랑스공산당은 부르주아 지배계급과의 정치적 타협에 자신들의 명운을 걸게 된다.
5월 29일 (수)	• 라디오를 통해 대통령 드골 행방불명 사실 공표 : 드골은 독일 바덴바덴에서 프랑스 주둔군을 이끌고 있던 참모총장 마쉬Jacques Émile Massu(1908~2002)를 헬기로 방문, 프랑스 사태 논의	• 퐁피두의 회고에 따르면 드골은 대통령 사임을 결정하고 독일 바덴바덴에서 장기 체류하려고 마쉬를 찾아갔지만, 마쉬의 격려로 그다음 날 다시 파리로 돌아와 정국을 장악하려는 과감한 조치를 수행한다. 퐁피두의 회고는 과장된 점이 많다. 첫째, 드골은 레지스탕스 투쟁으로 단련된 군인 출신이었다. 둘째, 드골은 바덴바덴으로 떠나기 전 수많은 정무를 처리했다. 셋째, 마쉬는 바덴바덴에서 프랑스 군대를 지휘하고 있었기에, 그와의 회동은 마쉬의 군대를 프랑스로 돌릴 수 있는지의 여부를 확인하기 위함이었다. 결국 드골 행방불명은 학생과 노동자들의 반란에 대한 늙은 레지스탕스 투사의 노회한 전략이라고 보아야 한다. 우리 속담에 '든 자리는 몰라도 난 자리는 안다'는 말이 있다. 대통령의 부재로 드골은 자신의 존재감을 노동자나 학생들뿐만 아니라 침묵하고 있던 부르주아계급이나 관료들에게 알려주는 데 성공한다. 결국 드골은 모든 것을 계획하고 '대통령 부재 소동'을 일으켰던 것이다. 어쩌면 여기에 퐁피두도 개입되어 있을 가능성이 크다. 바덴바덴에서 드골이 마지막으로 확인하려고 했던 것은 마쉬가 명령만 내리면 자신의 군대를 파리로 내려보내는 사실이었다. 폭력수단 사용 가능성은 이미 프랑스 내부의 군대와 경찰의 통제력을 상실한 드골로서는 반드시 점검해야 할 사항이었던 것이다. 하루 만에 드골은 홀로 파리에 돌아오지만, 사실 그는 바덴바덴 주둔 프랑스군과 함께 온 것과 진배없었다. 30일 시행된 드골과 퐁피두의 강경 조치에는 마쉬의 프랑스 정예군이란 든든한 버팀목이 있었던 것이다.
5월 30일 (목)	• 대통령 드골, 대국민 선전포고 : 대통령 사임도 총리 해임도 거부하고, 의회 해산을 선포 : 학생과 노동자들의 시위와 파업을 방치하면 전체주의적 공산주의가 독재를 행사해 프랑스에서 자유가 사라질 것이라 역설	• 드골과 퐁피두는 자신들의 정당 신공화국연맹Union pour la Nouvelle République, UNR을 통해 친정부 시위를 조직하고, 아울러 파리 외곽에 군대가 포진해 있다는 사실을 공공연히 유포한다. 이어서 라디오를 통해 혼란된 정국을 공산주의자들이 독재를 획책하는 것으로 몰아세우는 연설을 단행한다. 드골의 강경책이 발표되자 신공화국연맹이 조직한 친정부 시위대 주변에는 그동안 학생과 노동자들의 혁명에 위축되었던 파리 부유층과 중산층 시민들이 5월혁명에 대한 노골적인 반감을 표시하며 모여들기 시작한다. 50만~60만 명에 이르는 친정부 시위대는 콩코드광장에 모여 상젤리제까지 행진하며 위세를 과시한다. • CGT, CFDT, 미테랑, 망데스, 공산당, 통합사회당 등 좌파 의회주의자들은 드골의 선언을 비판했지만, 새로운 사회를 꿈꾸며 파업과 점거에 힘을 쏟았던 학생과 노동자들을 대표하려는 생각을 하지는 않았다. 진정으로 좌파 의회주의자들이 노동계급을 대표하고자 했다면, 그들은 드골 정부에 대한 즉각적인 전쟁을 선포했어야 했다. 그럼에도 좌파 의회주의자들은 의회 해산을 받아들이고, 다음 선거에서 의석을 얻으려는 경쟁에 뛰어들고 만다. 특히나 이 대목에서 프랑스공산당과 CGT가 선거를 위해 파업을 끝낸다고 선언한 일은 압권이다. 5월혁명에 대한 배신이 찜찜했는지, 드골의 대국민 선전포고 다음 날 30일(금)에 CGT의 지도자 세기Georges Séguy(1927~2016)는 "선거에서 변화를 갈망하는 노동자들의 욕구가 표출되는 것이 노동자들의 이익에도 부합한다"고 기염을 토한다. 50~60만 친정부 시위대가 5월혁명을 끝낸 것이 아니라, 좌파 의회주의자들, 혹은 좌파 엘리트주의자들이 5월혁명의 목줄을 끊었다. 정당코뮌주의가 평의회코뮌주의를 교살하는 비극이 다시 발생한 셈이다.

6월 10일 (월)	• 플랭에 있는 르노자동차 공장으로 연대투쟁을 하러 가던 고등학생 질 토탱Gilles Tautin(1952~1968)이 센 강에서 익사 • 총파업 종결	• 6월 6일 파업 중이던 파리 인근 플랭 르노자동차 공장 젊은 노동자들의 지원 요청으로 소르본에 있던 대학생들과 노동 재개에 반대하던 7000여 명의 노동자들이 플랭 공장에 집결해 연대투쟁을 개시한다. 질 토탱과 동료 고등학생들은 연대투쟁에 참여하려고 플랭에 가던 길에 기동헌병을 피하고자 센강에 뛰어들었다가 불행히도 익사하고 만다. 질 토탱은 68혁명 당시 평의회코뮌주의의 비극을 상징한다.
6월 12일 (수)	• 프랑스 정부가 시위 금지령을 발동하고, JCR, '3월 22일 운동' 등 11개 학생운동 조직 강제 해산	
6월 13일 (목)	• 쉬드-아비아시옹 노동자들, 투표 끝에 노동 재개 결정 • 오데옹 극장 점거 학생들, 반강제적으로 퇴거	• 노동자 자율관리를 상징했던 쉬드-아비아시옹 공장이 노동 재개를 결정한 일은 68혁명의 실질적 종언을 상징한다. CGT가 수용한 노동시간 단축과 임금 인상안을 쉬드-아비아시옹 노동자들은 찬성 55퍼센트, 반대 43퍼센트, 기권 2퍼센트로 통과시킨다. 자본계급이 사라진 노동자 자율관리의 이념이 사라지고, 그 자리에 자본계급과 노동계급 사이의 분배라는 너저분한 문제가 들어선 셈이다. 이렇게 5월혁명을 뜨겁게 만들었던 평의회코뮌주의는 마침내 막을 내리고 만다.
6월 16일 (일)	• 소르본대학 점거 학생들, 반강제적으로 퇴거	
6월 23일 (일)	• 국회의원 선거 : 30일까지 치러진 선거에서 드골파 압승	• 1967년 선거에서 478석 중 293석을 장악했던 신공화국연맹은 1968년 6월 당명을 '공화국민주주의자연맹Union des Démocrates pour la République, UDR'으로 바꾸고 선거에 참여한다. 그 결과 478석 중 396석을 석권한다. 1년 뒤 1969년 6월 15일 퐁피두는 드골 사임 후 열린 대통령 선거에서 58.2퍼센트의 지지율로 대통령에 당선된다. ※ 1968년 5월혁명 당시 프랑스의 정세를 살펴보면, 1987년 6월항쟁 전후의 정세와 유사한 데가 있다. 전두환과 노태우의 관계는 드골과 퐁피두의 관계와 유사하고, 드골을 흔들었던 학생운동은 전두환을 흔들었던 학생운동과 유사하고, 심지어 의회주의를 지향했던 당시 미테랑이나 망데스는 여러모로 김대중과 김영삼의 선배 격이었다고 할 수 있다. 더군다나 학생운동이 노동운동을 촉발시킨 것도 유사하다. 학생운동에 굴복해 전두환과 노태우가 직선제 개헌을 받아들인 6월 19일 이후, 우리 사회에는 노동운동이 폭발한다. 1987년 7월, 8월, 9월 노동자대투쟁이 바로 그것이다. 민주노조 건설, 임금 인상, 그리고 노동조건 개선 등 노동자의 불만이 일시에 파업이란 형식으로 폭발한 것이다.

2.유일한 희망, 프롤레타리아라는 자각과 분노!

스펙타클적인 풍요가 제 공하는 잘못된 선택들le faux choix—서로 경쟁하지만 동시에 서로를 강화하는 '스펙타클들의 병치 la juxtaposition de spectacles'에 기초하고 있고, 동시에 (대상들이 주로 상징하거나 구체화하고 있는) 서로 구별되지만 동시에 서로 연관된 '역할들의 병치la juxtaposition des rôles'에 기초하는 선택들—은 양적 저속함la trivialité quantitative을 생산하려고 고안된 환상적 성질들qualités fantomatiques 사이의 투쟁으로 비화된다. 해묵은 대립들—소비의 위계들로 구성된 세속적 서열들에 신비로운 존재론적 우월성을 부여하는 데 이용되는 지역주의와 인종주의—이 다시 살아난다. 그리고 별로 유쾌하지 않은 관심들은 스포츠에서부터 선거에 이르기까지 보잘것없는 일련의 경쟁들에 의해 고조된다. 풍요로운 소비가 있는 곳마다, 젊은이들la jeunesse과 어른들les adultes 사이의 적대라는 특별한 스펙타클적인 대립opposition spectaculaire이 항상 '기만적 역할들rôles fallacieux'의 전면에 부각된다. 그렇지만 자기 삶의 주인maître de sa vie인 어른들은 어디서도 발견되지 않는다. 그리고 존재하는 것의 변화를 함축하는 젊음은 젊은이들의 속성이 결코 아니다. 젊음은 경제체제에, 즉 자본주의의 역동성에만 존재하기 때문이다. 서로 경쟁하면서 부단히 서로를 대체하면서, 지배하고 젊음을 유지하는 것은 바로 사물들choses이다.

－《스펙타클의 사회》 62

《스펙타클의 사회》는 1968년 5월혁명으로 유효 기간이 끝나지는 않는다. 20세기 후반 동구권이 붕괴된 이후 여전히 지속되는 억압체제를 비판하는 데도, 다국적기업과 금융자본이 주도하는 21세기 우리의 일상적 삶을 돌아보는 데도 아직 유효한 이론적 전망을 제공하기 때문이다. 50년이 지난 지금에도 기 드보르의 통찰이 유의미한 이유는 분명하다. 1968년 프랑스에서 작동했던 부르주아체제의 지배 논리는 21세기 한국을 포함한 거의 모든 부르주아사회에서도 변함없이 관철되기 때문이다. 아니 정확히 말해 부르주아체제의 스펙타클은 질적으로 더 강화되었고 양적으로 더 확장되었다고 해야 할 듯하다. 억압체제가 작동한다면, 스펙타클은 언제 어디서나 노동계급을 분리와 관조의 상태에 던져 넣는다. 분리가 노동계급을 분업과 전문화의 감방에 가두어놓는다면, 관조는 노동계급을 세계와 삶을 살아내는 주체가 아니라 그것들을 구경하는 구경꾼으로 만들어버린다. 《스펙타클의 사회》 62번째 테제에서 기 드보르는 '스펙타클적 풍요가 잘못된 선택들을 제공한다'고 말한다. 부르주아체제에서 스펙타클의 작용은 "잘못된 선택들"을, 노동계급 입장에서는 거부할 수 없는 선택들을 그들에게 던져주면서 이루어진다는 이야기다.

노동계급이 선택지를 만드는 것이 아니라 부르주아체제가 선택지를 만든다는 것이 함정이다. 스펙타클이 제공한 선택지 중 노동계급이 어떤 것을 선택하든 그것은 제대로 된 선택일 수 없다. 왜냐하면 그것은 궁극적으로 노동계급의 삶이 아니라 부르주아체제의 영속에 도움이 되기 때문이다. 이것이 기 드보르가 말한 "잘못된 선택들"의 의미다. 선택지 중 '잘된' 선택지가 있다는 이야기가 아니라, 무엇을 선택하든 모두 '잘못된' 선택지라는 이야기니까. 정말 이율배반적인 상황 아닌가? 노동계급에게 철저하게 "잘못된 선택들"이 부르주아체제로서는 모두 '잘된 선택들'이라는 사실이. 어쨌든 부르주아체제는 체제의 사활을 걸고 "잘못된 선택들"을 생산하고 그것들로 노동계급을 유혹한다. 영민했던 기 드보르가 "잘못된 선택들"의 중요성을 간과할 리 없는 일이다. 그래서일까, 그는 잘못된 선택을 친절하게 풀어주는 예외적인 자상함마저 보여준다. "서로 경쟁하지만 동시에 서로를 강화하는 '스펙타클들의 병치'에 기초하고 있고, 동시에 (대상들이 주로 상징하거나 구체화하고 있는) 서로 구별되지만 동시에 서로 연관된 '역할들의 병치'에 기초하는 선택들." 잘못된 선택들은 두 가지 차원, 즉 '스펙타클'과 '역할'에서 이루어진다는 것이다.

먼저 스펙타클 차원에서 이루어지는 잘못된 선택은 무엇일까? 일단 역사적으로 1960년대에 이루어졌던 서구권이냐 동구권이냐의 선택을 생각해볼 수 있다. 시장자본주의체제를 선택하든 국가독점자본주의체제를 선택하든 결국은 자본주의체제를 선택한 것에 지나지 않는다. 어느 경우든 노동계급이 여전히 물적 생산수단에서 소외되어 있기는 마찬가지니까. 부르주아체제 정치 영역에서 스펙타클의 선택도 마찬가지다. 영국의 노동당Labour Party과 보수당conservative party, 미국의 민주당Democratic Party과 공화당Republican Party, 한국의 더불어민주당과 미래통합당을 보라. 겉보기에는 노동당, 민주당,

더불어민주당이 진보적이고 보수당, 공화당, 미래통합당은 보수적인 것처럼 보인다. 전자가 노동계급에 대한 재분배를 강조하고 후자는 그렇지 않기 때문이다. 그렇지만 대립하는 두 정당 모두 자본계급이 독점한 물적 생산수단을 '재산권', 혹은 '소유권'의 형식으로 긍정하기는 매한가지다. 경제 영역에서도 마찬가지다. 아이폰과 갤럭시, 교보문고와 알라딘, 벤츠와 현대자동차, 두산베어스와 LG트윈스, 맨체스터유나이티드와 리버풀FC, 비틀스와 롤링스톤스 등등. 전자를 선택하든 후자를 선택하든 본질적으로 달라지는 것은 없다. 어느 경우든 스마트폰을, 책을, 자동차를, 프로야구를, 프로축구를, 그리고 공연과 음반이나 음원을 소비할 뿐이다. 스펙타클끼리의 경쟁이나 이에 따른 잘못된 선택들이 자본에게 더 많은 잉여가치를 선사하는 것도 이런 이유에서다. 잊지 말아야 할 것은 스펙타클의 선택들은 역할 차원에서 발생하는 잘못된 선택에도 지대한 영향을 미친다는 사실이다.

부르주아체제의 복잡한 분업체계를 구성하는 다양한 역할에 대한 선택을 생각해보라. 21세기 들어 젊은이들의 꿈은 너무나 구체적이다. 교수, 의사, 연구원, 선생, 공무원, 회사원, 프로 운동선수, 프로 게이머, 크리에이터, 아이돌 스타, 스타트업 청년 창업자 등등. 이 정도의 고민도 추상적이고 막연한 수준이다. 간혹 외주 다큐멘터리 PD가 되겠다는 꿈을 피력하는 고등학생도 있을 정도니까. 어쨌든 젊은이들의 '역할 선택'에 가장 큰 영향을 미치는 것이 '스펙타클'이라는 건 분명하다. 어떤 역할이 젊은이들의 선망 대상이 되는 경우, 그 역할로 부와 인기를 거머쥔 스타들, 젊은이들의 롤 모델이 되는 스타들이 반드시 있는 것도 이런 이유에서다. 잊지 말아야 할 것은 역할들의 선택은 자유로운 선택이 아니라 강요된 선택이라는 사실이다. 분업체제가 할당한 어떤 역할을 선택해 맡지 않는다면 생계를 유지할 수 없기 때문이다. 인간의 고질적인 허영 탓일까, 대부분의 젊은이들은 역할들 중 하나는 선택해야만 하는 체제의 강요가 아니라 주어진 역할들 중 하나를 선택하는 자유와 그 성공만을 마음에 둘 뿐이다. 역할들 중 하나를 선택했다고 해서, 쉽게 그 역할을 맡을 수 있는 것도 아니다. 젊은이들이 선택한 역할이란 어차피 자본에 편입되는 임금노동자의 길이기 때문이다.

역할을 선택하는 것과 역할을 맡는 것은 다른 문제다. 두 상황 사이에서 젊은이들이 반드시 통과해야만 하는 관문이 존재한다. 이론적으로는 가능하나 현실적으로는 불가능에 가깝도록 만드는 것이 부르주아체제의 전략이니 이 관문은 당연한 것인지도 모른다. 자본에 팔릴 수 있도록 노동력을 상품화하는 과정, 흔히 자기계발이란 미명으로 젊은이들에게 강요되는 상품의 논리이자 스펙의 논리이고 아울러 경쟁의 논리가 바로 그 관문이다. 문제는 21세기 들어 졸업장, 성적증명서, 어학점수 등 대학 졸업자에게나 요구되던 표준적인 스펙 이외에 더 복잡하고 다양한 스펙이 생겼다는 점이다. 어쨌든 예외를 두지 않는 보편적 스펙의 시대가 열린 셈이다. 체제는 고위직에서부터 일용직에 이르기까지 노동계급에게 당신의 노동력이 구매할 가치가 있는지 증명하라고, 나아가 자신이 그걸 확인할 수 있는 형식으로 제출하라고 부단히 요구한다. 이렇게 스펙이 보편화된 이유는 무엇일까? 인간을 상품화했을 때 생기는 저항에 맞서기 위해 부르주아체제는 취업과 실업의 책임을 노동계급에게 전가하고 관료주의를 인간의 모든 삶에 관철하려고 하기 때문이다. 취업에 실패하거나 해고되었다면 그것은 스펙을 채우지 못한 노동계급 탓이라는 것이다. 물론 자본이 원하는 스펙을 모두 채위도 채용하고 말고는 전적으로 자본의 재량이라는 건 누구나 아는 일이지만, 생계를 걱정하는 노동계급으로서는 자신의 부족한 스펙을 탓하기 쉽다. 일반화된 스펙의 논리에서는 국가나 자본 이외의 모든 분야에서 관료주의가 최종 승리한다는 것도 확인해둘 필요가 있다. 사무실 책상에 앉아 서류에 기재된 숫자와 문자로 모든 것을 이해하고 평가하고 예측할 수 있다는 것이 바로 관료주의 아닌가? 결국 스펙을 요구하고 스펙을 심사하는 것은 모두 관료들일 뿐, 국가나 자본이 아니라는 면피가 가능한 셈이다.

스펙타클 중 하나를 선택하거나 역할 중 하나를 선택하는 것으로 이루어지는 거짓된 선택들! 보통 선택은 선택하는 사람이 자신의 삶에 이로운 걸 선택하는 것을 말한다. 그렇지만 부르주아체제가 제공하는 선택지들은 평범한 프롤레타리아가 어느 것을 선택해도 체제에만 이로울 뿐이다. '거짓된 선택들'이 가진 허망성과 기만성에 우리가 더 큰 경계심을 가져야 하는 것도 이 때문이다. '거짓된 선택들'의 메커니즘과 그 효과를 명확히 하려면, 자본에서의 '노동자=소비자', 그리고 국가에서의 '피지배자=유권자'라는 등식에 주목할 필요가 있다. 두 경우 모두 등호는 기만적인 위상 변동을 의미한다. 미리 결론을 내리자면 스펙타클과 '거짓된 선택들'의 작용은 노동계급이 노동자가 아니라 소비자에, 피지배자가 아니라 유권자에 시선을 집중하도록 만드는 것이다. 정규직 노동자의 경우를 보라. 생산 현장에서 노동자는 자신이 자본가와 질적으로 다르다는 걸 자각한다. 물적 생산수단을 독점한 자와 인적 생산수단만 가진 자, 즉 자본과 노동 사이에 어떻게 질적인 차이가 없겠는가. 반면 한 달에 한 번 받는 월급으로 상품을 구매할 때, 그는 자신이 자본가와 별반 차이가 없다고 느낀다. 단지 자신은 '작은 소비자'이고 자본가는 '큰 소비자'라는 착각이 발생한 셈이다. 질적인 차이가 양적인 차이로 둔갑하는 순간이다. 자본계급이 잉여가치를 얻기 위해 소비자라는 지위를 부여했다는 사실이 그의 눈에 들어올 리 없다. 조세권과 징집권 등 국가의 명령을 감내하는 피지배자의 경우도 마찬가지다. 투표하는 날, 그는 자본가나 권력자와 마찬가지로 자신도 1표를 행사하는 평등한 유권자가 된다. 여기서도 양적인 착각이 벌어진다. 지배/피지배의 논리를 관철하는 자본과 국가의 논리가 한여름 밤의 꿈과 같은 선거로 은폐되는 순간이다. 투표를 하면서 그는 다시 한 번 자기 권력을 지배계급 출신의 어느 입후보자에게 양도한다. 결국 유권자는 "서로 경쟁하지만 동시에 서로를 강화하는" 지배계급 출신 입후보자 중 1명을 자신의 지배자로 선택한 것에 지나지 않는다. 유권자라는 지위는 체제의 영속을 위해 부르주아체제가 부여한 거수기의 역할이라는 걸 그가 알 리 없다.

《스펙타클의 사회》 25번째 테제에서 기 드보르는 "분리는 스펙타클의 알파와 오메가"라고 말한다. '노동자=소비자'와 '피지배자=유권자' 사이의 '등호'를 절단하는 분리만큼 이것을 보여주는 것이 또 있겠는가? 자본이 원하는 노동을 하기에 노동자에게는 임금이 주어지고, 노동자는 소비자가 되어 상품을 구매할 수 있다. 물론 상품의 질과 양을 모두 결정하는 것은 자본가다. 부르주아 대의제국가 안에서 탄생하면서부터 인간은 국가의 명령과 법률에 복종하는 피지배자로 자기 삶을 시작하지만, 어느 순간 지배계급을 대표로 다시 추인하는 거수기가 된다. 대표 입후보자들은 대부분 노동계급 출신이 아니라 지배계급이나 관료계급 출신이다. 어쨌든 노동자이기에 소비자가 될 수 있고, 국가의 피지배자이기에 유권자가 될 수 있는 법이다. 자본가가 자신의 노동력을 구매하기를 거부한다면,

다시 말해 임금을 받을 수 없다면, 어느 누가 상품을 구매할 수 있다는 말인가? 동시에 국가의 지배에 저항한다면, 어느 누가 유권자가 될 수 있다는 말인가? 사실 정치경제학적 측면에서 보면 자본의 논리가 선거의 논리를 강제했다고 해야 한다. 자본주의는 노동자들이 소비자가 되어서 자신들이 만든 상품을 사지 않으면 유지될 수 없는 체제다. 자본주의체제의 내적 논리에 따르면 소비자의 자유는 침해되어서는 안 된다. 돈을 가진 자의 자유를 허락하지 않는 순간, 자본가의 자유도 논리적으로 부정될 수밖에 없기 때문이다. 바로 이 소비자의 자유를 정치적으로 표현한 것이 유권자의 자유라고 할 수 있다. 부르주아체제가 강조하는 자유주의가 보편적이지 않고 제한적인 것도 이런 이유에서다. 생산 차원이나 지배 차원에서 인간의 자유는 부정되고, 소비 차원이나 선거 차원에서만 인간의 자유는 긍정되니까 말이다. 소비 차원이나 선거 차원이라고 복잡하게 말할 필요도 없다. 부르주아체제의 유권자는 정치의 생산자가 아니라 소비자이기에, 그냥 생산 차원과 소비 차원이란 구분으로 충분할 테니 말이다.

짧은 소비자의 수명을 다하고 어쩔 수 없이 노동자는 생산 현장에 복무해야 하고, 짧은 유권자의 수명을 다하고 나면 피지배자도 대통령이나 국회의원들의 법률과 시행령의 지배를 받는 생활로 돌아온다. 생필품을 샀든 몇 달 돈을 모아 명품 의류를 샀든, 아니면 근교로 가족 여행을 떠났든 장기 휴가를 내 해외여행을 떠났든 이것이 중요한 것이 아니다. 모든 돈은 흘러들어 잉여가치와 함께 자본계급의 수중으로 되돌아갈 뿐이다. 과거 민주화 투쟁을 했던 인물을 대통령으로 선출했든 과거 군사쿠데타 주역을 대통령으로 선출했든, 아니면 시민단체 대표를 대통령으로 선출했든 과거 고급 관료를 지낸 인물을 대통령으로 선출했든 이것이 중요한 것이 아니다. 어느 경우든 부르주아체제는 새로운 외양으로 되살아난다. 대통령이나 국회의원들 몇 명 바뀌어도 국가기구를 지탱하는 엄청난 수의 관료와 부르주아 법률은 그대로 건재하기 때문이다. 흥미로운 것은 피지배자들이 자신들이 거수기에 지나지 않는다는 사실을 무의식적으로나마 알고 있다는 사실이다. 마르크스의 '평균 이윤율 하락 경향의 법칙'을 표절한다면, 부르주아국가에서는 '평균 투표율 하락 경향의 법칙'이라고 불릴 만큼 투표율이 하락하는 경향이 발생한다. 피지배자들은 자신들의 정치적 의지가 선출된 대표들을 통해서 관철되지 않는다는 걸 알고 있었던 것이다. 그러니 투표를 해서 무엇 한다는 말인가? 매번 선거 때마다 유력 정당들이 경쟁적으로 볼거리를 제공해 피지배자들의 투표율을 올리려고, 다시 말해 피지배자들을 유권자로 만들려고 혈안이 되는 것도 이런 이유에서다. 생산된 상품들을 팔기 위해 온갖 마케팅 기법을 총동원해 노동자들을 소비자로 만들려는 자본가들과 무슨 차이가 있다는 말인가? 노동자들을 고용해 상품을 만들고 그 상품을 소비자로 변신한 노동자들이 소진하지 않으면 자본은 잉여가치를 남길 수 없다. 피지배자들을 유권자로 변신시켜 그들이 권력을 자의 반 타의 반 양도하도록 만들지 못한다면 국가는 권력 행사의 정당성을 확보할 수 없다. 이로부터 우리는 한 가지 결론에 이르게 된다. 자본의 논리에 포획된 노동자들은 국가에 포획된 피지배자들이고, 자본의 논리에 포획된 소비자들은 국가에 포획된 유권자들과 같다고. 바로 이것이 부르주아체제, 즉 부르주아국가 아닌가?

부르주아체제의 맨얼굴을 직감하려면 사고실험 하나로 충분하다. 2019년 12월 국회 본회의를 통과한 선거법이 그 출발점이다. 비례대표를 어떻게 뽑느냐와 관련해 정당들의 이해관계가 치열하게 충돌했지만, 여전히 '지역구 253석, 비례대표 47석'은 그대로 유지된다. 다시 말해 지역선거구는 치열한 논쟁의 사각지대에 머물렀다는 것이다. 지역이란 무엇인가? 밤이 되면 노동계급은 생산 현장에서 뿔뿔이 흩어져 가족들과 함께 살고 있는 주거지로 각각 이동한다. 공동주택이든 단독주택이든 의식주와 여가생활이 바로 이 주거지를 중심으로 이루어진다. 이런 주거지들을 253개로 나누어 대표를 뽑는 선거가 바로 지역구 선거다. 결국 국회의원 선거는 노동자의 입장이 아니라 소비자라는 입장에서, 혹은 생산 현장이 아니라 소비 현장에서 이루어진다. 절대로 부르주아체제가 시도할 리 없지만 국회의원 선거를 생산 현장 차원에서, 그리고 노동자라는 입장에서 치른다고 해보자. 예를 들어 삼성 등 기업들에 소속된 생산직 노동자들이나 사무직 노동자들이 정해진 선거권자의 수에 맞게 국회의원을 선출하고, 편의점 비정규직 노동자들도 충분히 대표성을 확보할 수 있는 선거권자들을 확보한다면, 예를 들어 종로구와 용산구, 혹은 은평구의 비정규직 노동자들을 합쳐서 국회의원을 선출한다고 해보자. 이렇게 선출된 대표들은 강한 대표성을 띠게 된다. 노동자들은 자신이 뽑은 대표가 어떤 사람인지, 무슨 일을 했던 사람인지를 잘 안다. 이렇게 선출된 대표는 자신을 뽑아준 노동자들의 이익을 국회에서 대변해야 하고, 이를 성공하지 못할 때 동료 노동자들이 자신을 소환하리라는 것을 잘 알고 있다. 소비자 대표가 아니라 노동자 대표의 정치가 민주주의에 가깝다는 것은 자명한 일이다. 자본과 노동을 중재했던 노동조합도 괴멸될 것이고, 제왕적 권력을 행사하던 자본가도 어떻게 노동자들에게 갑질 등 비인격적 행위를 할 수 있겠는가? 물론 소비 현장에서도 대표를 뽑아야만 한다. 주거지를 떠나 캠퍼스에서 공부를 하는 학생들이 동료 학생 중 한 사람을 국회의원으로 뽑고, 마찬가지로 전업주부, 은퇴한 노인들도 국회의원을 뽑으면 된다. 그렇지만 다수 지역구와 소수 비례 대표로 이루어지는 소비자 중심 국회의원 선거가 다수 생산 현장 선거와 소수 소비 현장 선거를 아우르는 노동자 중심의 선거로 바뀔 수 있을까? 자본계급과 지배계급이 자신의 존재 이유를 부정하는 새로운 선거제를 받아들일 리 만무한 일이다. 피지배자를 유권자로, 노동자를 소비자로 만드는 현재 국회의원 선거제도를 포기하는 순간, 그들은 피지배 노동계급의 혁명에 바로 노출될 것이기 때문이다.

자본은 상품들에 스펙타클을 부여해야 하고, 국가는 대표들에게 스펙타클을 부여해야만 한다. 자기 권력을 유지하기 위해 부르주아체제는 노동자들을 소비자로, 그리고 피지배자들을 유권자로 만들어야 하니까. 스펙타클은 대상의 액면가 이상의 가치라고 할 수 있다. 기 드보르가 "환상적 성질들"이라고 이야기한 부분이다. 상품들을 사거나 대표를 선출할 때 노동자는 소비자가 되어, 피지배자는 유권자가 되어 바로 이것을 사거나 선출한다. 문제는 소비자나 유권자는 자신들을 매료시킨 스펙타클을 자신의 진짜 필요와 진짜 욕망의 대상이라고 오인한다는 데 있다. 자신이 구매한 상품이나 자신이 지지한 대표를 비하하는 사람을 만날 때, 대부분의 사람들이 분노를 표명하는 것도 이런 이유에서다. 자신이 좋아하는 것을 부정한다는 것은 바로 자기 자신을 부정한다고 느끼기 쉬운 법이다. 그래서 기 드보르는 "스펙타클적인 풍요가 제공하는 잘못된 선택들은 양적 저속함을 생산하려고 고안된 환상적 성질들 사이의 투쟁으로 비화된다"고 이야기했던 것이다. "양적 저속함"이란 별

것 아니다. 고가의 제품을 보면 그 가격 이상으로 아름답고 훌륭한 상품이라고 믿는 것, 다수표를 얻은 대표는 득표율 이상으로 우아하고 탁월한 인격의 소유자라고 믿는 것에 지나지 않으니까. 애플의 "환상적 성질"과 삼성의 "환상적 성질"이 싸우고, 맨체스터유나이티드의 "환상적 성질"과 리버풀FC의 "환상적 성질"이 싸우고, 오바마의 "환상적 성질"과 트럼프의 "환상적 성질"이 싸우고, 노무현의 "환상적 성질"과 이명박의 "환상적 성질"이 싸우고, 문재인의 "환상적 성질"과 박근혜의 "환상적 성질"이 싸운다. 자신이 노동자라는 사실을 망각한 소비자들 사이에서, 그리고 자신이 피지배자라는 사실을 망각한 유권자들 사이에서 말이다. 환상적 성질들 사이의 투쟁은 기 드보르의 말처럼 "해묵은 대립들", 즉 "소비의 위계들로 구성된 세속적 서열들에 신비로운 존재론적 우월성을 부여하는 데 이용되는 지역주의와 인종주의" 등을 부활시킨다. 여기서 잠시 기 드보르가 설명한 "해묵은 대립들"에 보충해야 할 것이 있다. '득표율의 위계들로 구성되거나'라는 표현을 "소비의 위계들로" 앞에 덧붙여야 한다. 결국 득표율의 위계들로 구성되거나 "소비의 위계들로 구성된 세속적 서열들에 신비로운 존재론적 우월성을 부여하는 데 이용되는 지역주의와 인종주의"가 바로 "해묵은 대립들"의 실체라고 말해야 하니까.

강남이니 강북, 혹은 수도권이니 지방, 경상도니 전라도니 하는 대립들, 동아시아니 동남아시아니 아프리카니 유럽이니 하는 지역적 대립들, 나아가 황인이니 백인이니 흑인이니 동남아인이니 중동인이니 하는 인종적 대립들은 경제적 영역에서뿐만 아니라 정치적 영역에서도 그대로 관철된다. 기 드보르는 인종주의와 지역주의만을 이야기했지만, 사실 여기에 여성이니 남성이니 하는 성차별주의sexism나 청년이니 어른이니 하는 세대 갈등까지도 포함할 수 있다. 동일한 노동자이면서도 임금의 양만큼 자기 권리를 요구하며 대립하고 갈등한다. 동일한 피지배자이면서도 선출된 대표가 누구냐에 따라 자기 이익을 얻으려고 대립하고 갈등한다. 이것도 "양적 저속함"의 한 사례다. 동료 노동자나 동료 피지배자와의 서글픈 대립과 갈등에서 승리하기 위해 노동자들은 인종주의, 지역주의, 성차별주의, 세대 차이 등 가용할 수 있는 모든 낡은 대립을 모조리 끌어들인다. 아니, 정확히 말해 이런 낡은 대립들을 프롤레타리아에게 던져준 장본인이 바로 부르주아체제다. 특히나 이것은 집단적 소비와 집단적 동일시가 이루어지는 스포츠 영역과 아울러 집단적 투표와 집단적 동일시가 이루어지는 정치 영역에서 그 정점을 이룬다. 스포츠와 선거만큼 스펙타클이 노골적이고 강력한 위용을 보이는 경우, 그래서 소비자로서 노동자들이 그리고 유권자로서 피지배자들이 서로 화끈하게 대립하고 반목하며 분열되는 경우도 없으니까 말이다. "별로 유쾌하지 않은 관심들은 스포츠에서부터 선거에 이르기까지 보잘것없는 일련의 경쟁들에 의해 고조된다"고 기 드보르가 말한 이유도 바로 여기에 있다. 지역의 생활수준과 역사 등 지역감정을 유발하는 선거 전략은 말할 것도 없다. 강한 지역 연고로 이루어지는 유수의 프로스포츠 구단을 보라. 로마시대 콜로세움이 수만 명이 환호하는 스타디움stadium으로 부활했던 것이다. 로버트 휠러 Robert F. Wheeler(1940~1977)가 노동계급에게 스포츠가 종교보다 더 강력한 아편이라고 강조했던 것도 이런 이유에서다.

스포츠의 매력은 자극적이고 애간장을 태우는 탈출을 제공하는 스포츠의 잠재력과 관련된다. 이것은 육체적 긴장 해소가 아니라, 공장 노동의 단조로움the monotony of industrial work과 도시생활의 냉혹한 현실the harsh reality of urban life로부터 아주 멀리 떨어진 꿈의 세계dream world로 이해되어야 한다. 마치 종교처럼 스포츠도 술과 마약보다 더 사회적으로 허용되는 아편으로 기능할 수 있다. 그렇지만 특히 남자들에게 스포츠는 종교보다 더 효과적이다. 스포츠는 사후의 보상이 아니라 여기 그리고 지금 바로 보상을 주는 현실적인 것이기 때문이다. 실재로 대중들의 아편으로 종교보다 스포츠를 언급했다면, 마르크스는 더 진실에 가까웠을 수도 있었을 것이다.

-〈조직화된 스포츠와 조직화된 노동: 노동자의 스포츠운동Organized Sport and Organized Labour: The Workers' Sports Movement〉,

《현대역사저널Journal of Contemporary History》(Vol.13, 1978년 4월)

마르크스가 살았던 1872년 영국에서는 지역 연고를 바탕으로 하는 축구대회가 처음 개최되었다. 바로 영국의 FA컵FA Cup, Football Association Challenge Cub 대회다. 마르크스가 파리코뮌의 괴멸을 안타까워하며 《프랑스내전》을 집필했던 것이 1871년이고, 그가 파리코뮌의 정신을 배신했던 독일사회민주당을 신랄하게 비판했던 〈고타강령비판〉을 완성했던 것이 1875년이다. 유럽 본토에서 벌어졌던 노동계급들의 치열한 투쟁에도 불구하고, 가장 발달한 부르주아체제를 자랑하던 영국에서는 21세기 현재 각종 매스컴에서 주목을 받는 축구 리그가 출범한 셈이다. 런던에서 프랑스와 독일, 그리고 러시아의 노동계급을 예의주시하던 마르크스는 자신의 등 뒤에서 무슨 일이 벌어지는지 잘 몰랐던 것이다. 18세기 산업혁명의 종주국이자 19세기 부르주아체제의 정점이었다고 할 수 있는 영국은 노동계급을 분열시키는 방법마저 최첨단을 달리고 있었던 것이다. "공장 노동의 단조로움과 도시생활의 냉혹한 현실로부터 아주 멀리 떨어진 꿈의 세계"를 소비하도록 만들자! 지역 연고 축구대회가 열리자 노동자들은 자신의 공장과 집에서 가까운 구단을 응원했으며, 다른 구단을 응원하는 노동자들과 격렬한 몸싸움도 마다하지 않았다. 그 유명한 맨체스터유나이티드(1878년 창단)와 리버풀FC(1892년 창단) 사이의 노스웨스트더비Northwest Derby를 보라. 공산품을 제조했던 맨체스터는 항구도시 리버풀을 거쳐야 상품을 수출할 수 있었다. 1894년 맨체스터는 리버풀에 제공하는 물류비용을 줄이기 위해 맨체스터에서 바다에 이르는 운하를 판다. 결국 리버풀의 경제는 침체를 면하지 못하게 되고, 바로 이 갈등이 그대로 옮겨붙은 것이 바로 노스웨스트더비였던 것이다. 만국의 노동자는커녕 영국의 노동자도, 심지어 같은 지역 노동자도 단결하기는 이제 아예 불가능해진 것이다. 결국 스포츠는 휠러의 이야기처럼 단순히 아편만은 아니다. 분명 축구 관람권을 끊고 스타디움에 들어서는 순간, 노동자들은 "꿈의 세계"의 소비자, 응원하는 팀이 승리하면 "여기 그리고 지금 바로 보상"이 주어지는 스포츠의 소비자가 된다. 이 순간은 분명 스포츠는 현실세계를 잊도록 만드는 아편처럼 작동한다. 그렇지만 휠러는 더 중요한 것을 간과한 것처럼 보인다. 특정한 구단과 자신을 동일시하며 구단 서포터가 되는 순간, 그는 다른 구단 서포터와 대립하고 갈등한다는 사실이다. 스포츠, 그것은 자신이 구매한 팀을 통해 가짜 정체성을 갖도록 한다. 가짜 정체성은 자신이 후원하는 팀이 다른 팀과 경기를 할 때 가공할 정도로 커진다. 가짜 정체성의 이런 몰입도와 집중도는 비정한 공장의 노동환경과 삭막한 주거 공간을 잊도록 할 뿐만 아니라, 경쟁 팀 서포터스도 자신과 같은 노동자라는 사실마저 망각하도록 만든다. 환호와 희열로 폭발하는 스타디움에 모인 노동자들 사이의 분리는 이렇게 완성되는 셈이다.

"서로 경쟁하지만 동시에 서로를 강화하는 스펙타클"들을 병치해놓은 장본인은 국가와 자본이다. 스펙타클에 현혹되어 서로 경쟁하고 반목하고 대립하는 것은 피지배자들과 노동자들, 정확히 말해 자신을 유권자라고 오인하는 피지배자들과 자신을 소비자라고 오인하는 노동자들이다. 여성과 남성 사이의 대립, 청년과 기성세대 사이의 대립, 원주민과 이주민 사이의 대립, 경상도와 전라도 사이의 대립, 강남과 강북 사이의 대립 등등. 유권자나 소비자라는 환각적 의식에서 벗어나 피지배자나 노동자라는 계급적 의식을 회복하지 않으면, 부르주아체제가 본격화된 19세기 이후 점차로 만들어져 지금까지 우리 일상을 좀먹고 있는 모든 스펙타클적 대립은 사라질 수 없다. 예를 들어《스펙타클의 사회》62번째 테제에서 기 드보르가 해체하려고 하는 "젊은이들과 어른들 사이의 적대"를 보라. 세대 간 갈등을 만든 것은 자본주의의 상품경제 아닌가. 자본주의 체제에서 신상품은 다양한 매체를 통해 가장 핫한 스타들에 의해 광고되고 있다. 신상품이 던지는 스펙타클의 현람함 속에서 소비자들은 신상품을 구매하고자 하는 욕망을 품게 된다. 가짜 필요와 가짜 욕망의 탄생이다. 신상품이 소비되면 같은 종류의 상품들, 신상품이 등장하기 전에는 신상품이었던 그 상품들은 사용가치가 떨어지지 않았는데도 버려진다. 새로운 것과 낡은 것 사이의 대립이 여기서 발생하고, 이것은 그대로 젊음과 늙음의 대립을 강화한다. 더군다나 신상품에 대해 가장 민감하게 반응하는 것이 젊은이들이니, 젊은이들과 어른들 사이의 허구적 적대는 정말 식은 죽 먹기처럼 쉽게 만들어진다. 그냥 노골적으로 말해 아직 사용가치가 있는 상품을 그대로 사용한다면 어른이고, 새로운 신상품을 마치 필수품이라도 되는 듯 사용한다면 젊은이라는 것이다. 기 드보르가 "젊음은 경제체제에, 즉 자본주의의 역동성에만 존재하기 때문이다. 서로 경쟁하면서 부단히 서로를 대체하면서, 지배하고 젊음을 유지하는 것은 바로 사물들"이라고 말했던 것도 이런 이유에서다. 기 드보르는 '사물들'을 이야기하지만, 그 대신 여기에 '상품들'을 대입하면 더 잘 이해된다. 물론 그렇다고 해서 기 드보르가 '젊은이'와 '어른'이라는 개념을 완전히 폐기 처분하려는 것은 아니다. 그렇지만 기 드보르의 말처럼 "자기 삶의 주인"이 되지 않으면 아무리 나이를 먹어도 어른이 될 수 없고, "존재하는 것의 변화를 함축"하지 못한다면 아무리 젊어도 젊은이라고 할 수 없다. 불행히도 부르주아체제는 어른들에게 임금노동자를 강요하여 그들이 삶의 주인이 되지 못하도록 하고, 젊은이들을 상품의 변화를 추종하는 얼리 어답터로 만들어 변화를 이끌어가는 주체가 되지 못하도록 하고 있지 않은가. 부르주아체제를 극복하지 못하면 인간이 존재를 변화시키는 주체나 혹은 자기 삶의 주인이 될 수 없는 이유도 바로 여기에 있다. 어른으로도 젊은이로도 살아가기 힘든 곳! 바로 우리가 살고 있는 사회다.

> 스펙타클이 천명하는 비현실적인 통일성l'unité irréelle은 계급의 분할을 가리는 가면le masque de la division de classe이다. 자본주의적 생산양식의 현실적 통일성l'unité réelle은 바로 이 가면에 의존한다. 생산자들producteurs을 세계 건설에 참여하도록 강제하는 것이 동시에 이들을 이 건설에서 배제시키는 것이다. 지역적인 제약과 국가적인 제약으로부터 해방된 사람을 관계 맺어

준 것이 동시에 이들 사이를 멀어지게 만드는 것이다. 합리성의 심화l'approfondissement du rationnel를 요구하는 것이 동시에 '억압'과 '위계적 착취'라는 비합리성l'irrationnel de l'exploitation hiérarchique et de la répression에 영양을 공급하는 것이다. 사회의 추상적인 권력le pouvoir abstrait을 만든 것이 사회의 구체적인 비자유non-liberté concrète를 가져온다.

—《스펙타클의 사회》72

보들레르의 걸음으로 백화점에 들어가보라. 그리고 그곳 행복 상점에 넘쳐나는 사람들의 미소를 느껴보라. 고객을 존중하고 배려하는 매장 점원들의 예의범절이 넘쳐나고, 그에 따라 고객들의 행복은 커져만 간다. 쇼핑에 참여한 누구나 존중받는다. 1층을 차지하는 명품 매장에 발을 디딘 고객도, 층이 올라갈수록 펼쳐지는 중저가 브랜드 매장을 방문한 고객도 모두 소비자의 자유와 돈을 가진 자의 권세를 마음껏 누린다. 현재 지갑에 현금이 얼마 있는지, 혹은 카드의 한도가 얼마인지는 중요하지 않다. 지금 당장 어떤 상품을 살 수 있다는 가능성과 아울러 다음 쇼핑 때 지금 사지 못했던 것을 살 수 있는 가능성으로 충분하니까 말이다. 모든 고객은 동등하다. 현재 '작은 소비자'도 미래에는 '큰 소비자'가 될 수 있고, 현재 '큰 소비자'도 미래에는 '작은 소비자'가 될 수 있다. 그래서 소비의 세계에서는 양적인 차이만 존재할 뿐, 질적인 차이는 보이지 않는다. 《스펙타클의 사회》72번째 테제에서 기 드보르가 말한 "스펙타클이 천명하는 비현실적인 통일성"의 한 가지 사례다. 그렇지만 "비현실적인 통일성"은 백화점을 가득 채운 상품들에서도 확인된다. 인류의 삶이 과거보다 얼마나 나아지고 편리해졌는지 이보다 분명히 보여주는 것이 어디 있겠는가. 지하의 식품 매장에서부터 1층 명품 매장, 2층 중저가 브랜드 매장, 더 올라가면 가전이나 인테리어 제품들이 질서 정연하게 놓여 있다. 사용가치는 분명 다르지만, 그것들은 하나의 거대하고 세련된 우주를 구성하고 있다. "비현실적인 통일성"의 또 다른 예시일 것이다. 소비자들의 "비현실적인 통일성"과 상품들의 "비현실적인 통일성", 나아가 소비자들과 상품 사이의 "비현실적인 통일성"이 화려한 무도회장을 만드는 순간, 스펙타클의 세계는 완성된다.

물론 이렇게 환각적으로 완성된 세계는 기 드보르의 말처럼 "계급의 분할을 가리는 가면"이다. 생산 차원에서의 자본과 노동이란 질적 분할은 소비 차원에서 큰 소비자와 작은 소비자라는 양적 분할로 은폐된다. 물적 생산수단을 독점한 자본가와 인적 생산수단만을 가진 노동자가 결합되는 것이 "자본주의적 생산양식의 현실적 통일성"이다. 그렇지만 자본주의적 생산양식의 현실적 통일성은 억압적인 통일성이다. 노동력을 제외하고 모든 것을 박탈당했기에 노동자들은 물적 생산수단을 독점한 자본가에게 자신을 팔 수밖에 없기 때문이다. 어떻게 노동자들이 부르주아체제에 분노하지 않을 수 있겠는가? 분노가 쌓이면, 그것도 소수 자본계급에 비해서 압도적인 다수를 차지하는 노동자들의 분노가 쌓이면, 체제에 대한 저항과 혁명은 불가피하다. 그렇지만 알량한 임금을 들고 소비자가 되는 순간, 소비사회의 스펙타클에 취하는 순간, 노동자들의 분노는 봄눈 녹듯 사라지고 만다. 그래서 기 드보르는 "자본주의적 생산양식의 현실적 통일성"은 "계급의 분할을 가리는 가면"으로서 스펙타클의 "비현실적인 통일성"에 의존한다고 이야기했던 것이다. 이렇게 저항과 혁명의 가능성은 녹슬어 무너져 내리고 만다.

"자본주의적 생산양식의 현실적 통일성"은 자본과 노동의 형식으로 지배와 피지배라는 해묵은 억압형식을 반복한다. 파라오의 지휘로 일사분란하게 압도적 규모로 이루어지는 피라미드 공사 현장을 생각해보라. 귀족의 지휘로 거대한 농장에서 포도를 수확하는 장관을 생각해보라. 아니면 노예주의 지휘 아래 수백 명의 흑인 노예들이 목화를 따는 18세기 미국 남부 농장의 풍경을 떠올려도 좋다. 아니면 지금 당장 고층 건물을 짓는 현장에 가보거나 반도체 생산 공장을 가봐도 좋다. 어디든 권력자의 의지와 다수 노동자들의 노동이 "현실적 통일성"을 확보하고 있지 않은가. 현실적 통일성이 항상 지배자의 의지를 관철하는 방향으로, 다시 말해 지배자로부터 피지배자라는 일방적 명령체계로 달성된다는 것이 핵심이다. 여기서 피라미드 건설 현장의 노예들, 포도농장과 목화밭의 노예들, 혹은 건설 현장과 생산 공장에서 일하는 노동자들의 의지는 아무런 역할도 하지 않는다. 아니 노동계급에게는 그들만의 의지가 없어야만 한다. 자기만의 의지는 삶의 주체가 아니면 감당하기 힘든 최소한의 덕목이니까. 억압체제는 노동계급들만의 고유한 의지를 허락하지 않는다. 그래야 지배자의 의지가 쉽게 관철될 수 있다. 반대로 노동계급은 억압체제의 감시와 핍박을 피하기 위해 스스로 자신의 자유의지를 없애거나 최소한 없는 척해야 한다. 그 결과 노동계급의 뇌리에 남는 것은 주어진 명령과 지침에 따라 하루하루 일을 하며 목숨을 유지하거나 생계를 유지하려는 가축 수준의 소망뿐이다. 어쨌든 억압체제에서 노동계급은 자기 노동에서 소외된다. 그들의 노동은 그들 자신의 것이라기보다는 왕이나 귀족, 혹은 영주나 자본가의 소유니까. 정말 아이러니한 일 아닌가. 노동계급은 세계 건설의 가장 결정적인 동력인데도 그들은 철저히 배제된다. 기 드보르의 말처럼 "생산자들을 세계 건설에 참여하도록 강제하는 것이 동시에 이들을 이 건설에서 배제시키는 것"이다. 람세스 2세는 기억해도 피라미드 건설 현장에서 죽어간 노예들을 누가 기억하겠는가? 흥선대원군 이하응은 기억해도 경복궁 중건 현장에 동원된 농민들을 누가 기억하겠는가? 이재용은 기억해도 반도체 공장에서 병들어갔던 노동자들을 누가 기억하겠는가? 노예들이 모두 람세스 2세의 채찍을 피해 달아났다면, 농민들이 이하응을 피해 모두 도망갔다면, 노동자들이 사표를 내고 공장을 떠났다면, 피라미드가 완성되고 경복궁이 중건되고 반도체가 만들어질 수 있었을까?

노예가 지배계급의 약탈품이거나 전리품이었다면, 노동자는 지배계급이 쉽게 구매할 수 있는 상품이다. 노예가 몸이 사로잡혔기에 노동력을 빼앗긴 노동계급이었다면, 노동자는 노동력을 팔 수밖에 없기에 몸이 사로잡힌 노동계급이다. 20세기 중반 이후 노동자를 구매하는 시장은 과거 노예시장의 국제적 수준에 도달하는 데 성공했다. 이제 노동자는 피라미드나 콜로세움 건설 현장에 끌려온 과거 노예가 그랬던 것처럼 지역, 국적, 심지어 성별과 세대 차이를 넘어 생산 현장에 모여들게 된 것이다. 그렇지만 그들의 수평적 유대나 연대는 철저하게 감시되고 억압되었으며, 동시에 그렇게 하지 못하도록 구조적으로 강제되었다. 이렇게 "지역적인 제약과 국가적인 제약으로부터 해방된 사람을 관계 맺어준 것이 동시에 이들 사이를 멀어지게 만드는" 아이러니가 발생했다. 어쩌면 이런 아이러니는 자본주의 메커니즘의 필연적인 귀결인지도 모른다. '지역적인 제약과 국가적인 제약으로부터 해방된 사람'이란 사실 정확히는 "지역적인 제약과 국가적인 제약으로부터 강제로 해방당한 사람"이기 때문이다. 이 점을 이해하려면 《자본론》24장 〈이른바 본원적 축적)을 읽어보는 것으로 충분하다. "생산자를 임금노동자로 전화시키는 역사적 운동은 한편에서는 생산자가 농노라는 예속과 길드의 강제에서 해방되어가는 것으로 나타난다. …… 그러나 다른 한편에서는 이 새롭게 해방된 사람들이 모든 생산수단과 또 낡은 봉건적 제도에서 생존의 보장을 위해 부여받았던 모든 권리를 박탈당한 뒤에야 비로소 자기 자신의 판매자가 되는 과정이 존재한다." 한마디로 말해 자신이 살던 지역과 국가를 벗어나는 순간 누구라도 맨몸뚱이만 가지게 된다. 배가 고프더라도 몸을 뜯어먹을 수는 없다. 생계를 위해서 그들이 자본계급에게 자신을 팔아야 하는 것도 이런 이유에서다. 그렇지만 그들을 고용하고 말고는, 나아가 고용을 유지하고 말고는 자본계급의 재량일 뿐이니, 노동력을 팔아야 하는 노동계급 사이에 경쟁은 불가피하다. 바로 이것이 "지역적인 제약과 국가적인 제약으로부터 해방된 사람을 관계 맺어준 것이 동시에 이들 사이를 멀어지게 만드는 것"이라는 말의 의미다.

피라미드 건설 현장에 끌려온 노예들도 그렇지만 반도체 공장에 모여든 노동계급들도 최고 권력자, 즉 자본가의 의지를 실현할 수 있도록 조직되어야 한다. 항상 대통령이든 자본가든 최고 권력자의 의지를 실현할 구체적인 계획을 입안하고 그에 따라 노동계급을 조직하고 관리하는 존재들이 필요한 대목이다. 바로 이들이 관료들이다. 지배계급과 피지배계급 사이를 매개하는 국가 관료와 마찬가지로 자본 관료는 자본가와 최하위 노동자 사이에 "자본주의적 생산양식의 현실적 통일성"을 실질적으로 달성하려고 한다. 구체적인 방법은 관료주의적 분업체계, 혹은 위계적 분업체계의 관철이다. 지배계급과 피지배계급 사이, 혹은 자본가와 노동자 사이를 연결하는 복잡한 신경과 혈관 조직이 바로 분업체계였던 셈이다. 사실 분업체계가 먼저인지 관료가 먼저인지 헷갈릴 정도로 관료와 분업은 함께하는 개념이다. 관료는 분업체계의 화신이자 그 버팀목이기 때문이다. 자본 관료가 어떤 일을 맡고 있는지 생각해보라. 그들은 위로는 자본가의 의지, 즉 맹목적 이윤 추구의 충동을 구체화하는 방법과 조직을 모색하고, 아래로는 그에 따라 블루칼라 노동자뿐만 아니라 자신보다 지위가 낮은 화이트칼라 노동자의 채용, 관리, 그리고 해고를 담당한다. 구체적으로 자본 관료는 사무실 책상에 앉아 문자와 숫자로 자본가의 이윤을 극대화하는 방법과 동료 노동계급의 노동력을 최대로 끌어내는 방법을 모색한다. 과거에는 종이와 펜으로 했던 작업이 지금은 컴퓨터를 통해 수행된다는 차이만 있을 뿐, 관료의 작업은 BC 3000년 이래 동일하다.

종이와 펜으로 하는 작업보다 컴퓨터로 하는 작업이 더 효율적이고 합리적이라는 것은 숨길 수 없는 사실이다. 컴퓨터가 가진 놀라운 데이터 축적 능력과 아울러 데이터 처리 능력이 그 비밀이다. 기 드보르가 "합리성의 심화를 요구하는 것이 동시에 '억압'과 '위계적 착취'라는 비합리성에 영양을 공급하는 것"이라고 말했던 이유도 바로 이것이다. 기계화와 전산화는 노동계급으로부터 노동력을 그야말로 기름을 짜내듯 착취하는 합리화의 방법, 정확히 말해 자본가에게는 너무나 합리적인 방법이니까 말이다. 자본 관료의 데이터와 논리의 힘은 자본가도 압박할 정도다. 화이트칼라로서 자본 관료도 본질적으로 임금노동자이기에, 그들이 언제든지 자본가에 의해 버려질 수 있다는 것은 말할 필요도 없을 것이다. 그렇지만 합리화된 관료주의가 잉여가치를 더 효과적으로 증대시키니, 자본가는 불쾌하지만 그들의 역할을 수용하지 않을 수 없다. 더 많은 잉여가치를 얻으려면, 노동계급을 더 효율적으로 착취해야 하니까 말이다. 어쨌든 자본주의체제가 문자와 숫자, 그리고 컴퓨터로 무장한 "추상적인 권력"의 힘을 발휘하자, 노동계급이 합리성의 이름으로 자행되는 억압과 위계적 착취에 대항하는 것이 그만큼 더 힘들어진 것은 분명한 사실이다. 그래서 《스펙타클의 사회》 72번째 테제를 마무리하면서 기 드보르는 말한다. "사회의 추상적인 권력을 만든 것이 사회의 구체적인 비자유를 가져온다"고.

마르크스 이론과 실질적으로 일치하는 오직 두 계급이자 《자본론》의 모든 분석이 초점을 맞추고 있는 두 계급인 부르주아와 프롤레타리아는 역사상 '유일한 두 혁명 계급les deux seules classes révolutionnaires'이다. 그러나 혁명의 조건은 동일하지 않다. 부르주아혁명la révolution bourgeoisie은 완료됐다. 프롤레타리아혁명la révolution prolétarienne은 앞선 혁명의 토대에서 탄생하지만, 그것과는 질적으로 다른 또 하나의 기획이다. '부르주아의 역사적 역할이 지닌 독창성l'originalité du rôle historique de la bourgeoisie'을 등한시하는 것은, 자기만의 고유한 깃발을 들고 "자기 임무의 막대함l'immensité de ses tâches"을 인식할 때에만 달성될 수 있는 '프롤레타리아 기획이 지닌 구체적 독창성l'originalité concrète de ce projet prolétarien'을 은폐하는 것에 다름 아니다. 부르주아는 '발전하는 경제의 계급la classe de l'économie en développement'이었기 때문에 권력을 거머쥘 수 있었다. 프롤레타리아는 '자각의 계급la classe de la conscience'이 되지 않고서는 권력에 도달할 수 없다. 생산력의 성숙le mûrissement des forces productives, 그리고 이 성숙이 야기하는 증가된 수탈la dépossession accrue이란 우회로조차도 그러한 권력을 보장할 수 없다. 자코뱅식의 국가 장악la saisie jacobine de l'État

도 프롤레타리아의 방법이 될 수 없다. 어떤 이데올로기도 프
롤레타리아가 자신들의 부분적 목표^{buts partiels}를 보편적 목표
^{buts généraux}로 위장하는 데 도움이 되지 않는다. 프롤레타리아
는 확실하게 자신에게 귀속되는 어떤 부분적 현실^{réalité partielle}
도 가지고 있지 않기 때문이다.

-《스펙타클의 사회》 88

　　기 드보르의 《스펙타클의 사회》가 출간된 것은 1967년이었다.
당시 그의 나이는 단지 서른일곱 살에 지나지 않았지만, 30대 중반
그의 마르크스 이해도는 그야말로 완숙의 경지에 있었다. 1957년
상황주의 인터내셔널을 만들 때, 그의 나이는 고작 스물일곱 살이
었다. 인터내셔널이란 이름만 보아도 그가 만국의 노동자들에게 단
결을 요구했던 마르크스를 계승하려고 했던 것은 분명하다. 그렇다
면 '상황주의的^{situationniste}'이라는 형용사의 유래라고 할 수 있는 '상
황주의^{situationisme}', 혹은 '상황^{situation}'이란 용어의 기원은 어디일까? 먼
저 상황이란 말이 IS 멤버들에게 어떤 의미로 사용되었는지 확인해
보자. 1966년 스트라스부르대학을 혁명이란 스캔들에 몰아넣었던
카야티의 팸플릿 《대학생활의 빈곤에 관해》가 그 실마리가 된다.
팸플릿의 진정한 하이라이트였던 세 번째 마지막 부분을 시작하던
슬로건이 하나 있다. "뒤로 되돌아가는 것이 불가능한 상황을 최종적
으로 창조하라!" 바로 이것이 상황이다. 뒤로 되돌아가는 것이 가능
한 상황도 있겠지만, IS 멤버들에게 상황은 "뒤로 되돌아가는 것이
불가능한 상황"을 의미했던 것이다. 《사기^{史記}》〈회음후열전^{淮陰侯列傳}〉
을 보면 한신^{韓信}(BC 230~BC 196)은 뒤로 물러갈 수 없도록 군대를 배
치해 크게 승리했던 적이 있다. 강을 등지고 배치된 군대는 후퇴하

면 물에 빠져 죽는다. 물에 빠질 바에는 차라리 적을 공격하는 것이 낫지 않은가? 아무리 압도적인 적이라고 해도 승리할 확률이 조금은 있으니 말이다. 한신의 뜻대로 그의 군대는 결사항전의 자세로 싸워 승리를 거둔다. 바로 이것이 '강을 등 뒤에 둔 진형'이라는 뜻의 '배수진背水陣'이란 말의 유래다. 상황주의란 결국 일종의 배수진주의였던 셈이다. 놀라운 것은 이 용어도 마르크스로부터, 구체적으로 말해 1852년에 출간된 마르크스의 저작《루이 보나파르트의 브뤼메르 18일》에서 유래한다는 사실이다.《루이 보나파르트의 브뤼메르 18일》에서 가장 유명한 문장은 "여기가 로도스다, 여기서 뛰어라Hic Rhodus, hic salta!"일 것이다. 바로 이 문장이 들어 있는 구절을 '로도스 구절'이라고 부른다면, 이 구절에는 기 드보르의 눈을 사로잡은 문장이 하나 더 있다. "뒤로 돌아가는 것이 불가능해지는 상황die Situation이 창조되어야 한다"는 문장이다. 이렇게 상황주의 인터내셔널은 조직 이름부터 완전히 마르크스적이었고 철저하게 혁명적이었다.

'상황주의'나 '인터내셔널'이란 발상 자체가 마르크스로부터 유래했을 뿐만 아니라, 배수진 인터내셔널로 이해될 수 있는 상황주의 인터내셔널은 일체의 타협주의나 수정주의와 무관한 혁명정신을 보여주기 때문이다. 사생결단의 자세로 억압체제에 맞서는 단결을 주도하자는 입장에 어떻게 '개량', '개선', 혹은 '개혁'이란 수정주의적 발상이 허용될 수 있겠는가? 기 드보르는 엥겔스에 깊게 물들어 있던 제2인터내셔널(1889~1916)도, 레닌이 만들고 스탈린이 주도했던 제3인터내셔널(1919~1943)도, 그리고 제3인터내셔널에 맞서 트로츠키가 망명 중에 만든 제4인터내셔널(1938~)도 마르크스가 주도했던 제1인터내셔널(1864~1876)의 정신을 계승하지 못하고

있다고 확신했다. 제2인터내셔널도, 제3인터내셔널도, 그리고 제4
인터내셔널도 그 진정한 주체는 노동자, 즉 프롤레타리아가 아니라
노동계급 대표를 자처했던 지식인이나 정치가였기 때문이다. 그래
서 기 드보르는 상황주의 인터내셔널을 발족했던 것이다. 노동계급
대표가 노동계급을 자기 입맛에 따라 좌지우지하는 인터내셔널이
아니라, 글자 그대로 프롤레타리아가 자신의 삶을 스스로 개척하는
인터내셔널을 말이다. 놀랍게도 바로 이것이 "뒤로 돌아가는 것이
불가능해지는 상황이 창조되어야 한다"는 문장이 들어가 있는 '로
도스 구절' 전체의 취지이기도 하다.

18세기의 혁명들과 같은 부르주아혁명들Bürgerliche Revolutionen은 폭
풍우처럼 신속하게 성공을 거듭했고 혁명의 극적 결과들이 자
신을 계속 넘어서자, 인간과 사물들은 찬란한 광채에 싸였고
황홀감은 일상적인 정신이 되었다. 그렇지만 부르주아혁명들
은 수명이 짧아 곧 자신의 정점에 이르게 되자, 사회가 질풍
노도의 시대가 만들어놓은 결과물들을 맑은 정신으로 통합하
는 법을 배우기 전까지, 장기간 취기 상태의 침체가 사회를 뒤
덮었다. 반면 19세기의 혁명들과 같은 프롤레타리아혁명들
Proletarische Revolutionen은 부단히 자신을 비판하고 연속적으로 자신
의 진행과정을 방해하며, 혁명을 새롭게 시작하려고 외관상 달
성된 것들로 되돌아가고 자신의 첫 번째 시도에서 드러난 부
적합한 것들, 약점들, 그리고 하찮은 것들을 무자비할 정도
로 철저하게 조롱한다. 프롤레타리아혁명들은 자신의 적대자
가 대지로부터 새로운 힘을 얻어 더 거대해진 채로 다시 일어
나 자신에게 맞서도록 하려고 자신의 적대자를 넘어뜨리는 것

1789년 7월 14일 파리의 프롤레타리아들이 바스티유를 습격해 감옥문을 열었다. 이로써 프랑스 혁명이 시작되었다. 불타고 있는 바스티유 감옥(작가 미상).

처럼 보이고, '자기만의 목적이 가진 규정할 수 없는 막대함der unbestimmten Ungeheuerlichkeit ihrer eignen Zwecke' 앞에서 계속 위축되는 것처럼 보인다. 그렇지만 이 모든 것은 뒤로 돌아가는 것이 불가능해지는 상황die Situation이 창조되고 조건들die Verhältnisse이 다음과 같이 외칠 때까지만 그렇다.

여기가 로도스다, 여기서 뛰어라 Hic Rhodus, hic salta**!**
여기에 장미꽃이 있다, 여기에서 춤춰라 Hier ist die Rose, hier tanze**!**

–《루이 보나파르트의 브뤼메르 18일》(1852)

프랑스혁명의 주역이었던 상퀼로트 복장을 한 남자. 루이 레오폴드 부알리의 그림.

　누군가 상황주의가 무엇이냐고 묻는다면, 우리는 방금 읽은 《루이 보나파르트의 브뤼메르 18일》 전체 구절을 읽어주어야 한다. 그리고 부르주아혁명과 프롤레타리아혁명에 대해, 두 혁명 사이의 차이에 대해, 프롤레타리아혁명의 상황과 조건들에 대해, 그리고 마지막으로 마르크스가 강조하는 상황이 '로도스'나 '장미꽃'으로 비유될 수 있다는 사실에 대해 이야기해야 한다. 《스펙타클의 사회》 88번째 테제가 중요한 이유도 바로 여기에 있다. 이 테제는 '로도스 구절'에 대한, 혹은 마르크스의 정치철학에 대한 기 드보르의 헌정사이기 때문이다. 88번째 테제에서 기 드보르는 "마르크스 이론과 실질적으로 일치하는 오직 두 계급이자 《자본론》의 모든 분석이 초점을 맞추고 있는 두 계급인 부르주아와 프롤레타리아는 역사상 '유일한 두 혁명 계급'이다"라는 말로 입을 뗀다. 부르주아와 프롤레타리아는 모두 18세기 산업혁명의 자식들이고, 그들은 BC 8000년 즈음에 발생한 농업혁명의 오래된 자식들과 싸울 수밖에 없었다. 프롤레타리아가 부르주아와 함께 중세 봉건제와 맞서 싸웠던 이유는 일종의 착시효과 때문이다. 《자본론》의 〈이른바 본원적 축적〉 장의 표현을 빌리자면 그들은 "농노라는 예속과 길드의 강제에서 해방"되려고 했던 것이다. 그래서 그들은 봉건제와 신분제를 없애려는 부르주아의 투쟁에 동참했다. 18세기 후반까지만 하더라도 프롤레타리아는 부르주아가 새로운 지배계급을 꿈꾸고 있다는 걸 알아채지 못했다. 혁명에 대한 자신의 역량과 안목을 과소평가했기에, 그들은 혁명을 조직하고 방향을 잡는 지혜를 부르주아 지식인들에게 기대고 만다. 더군다나 당시 부르주아 지식인들은 이구동성으로 프롤레타리아도 외치던 자유와 평등을 노래하고 있지 않았던가.

18세기를 뜨겁게 달구었던 부르주아혁명의 정점은 아마도 프랑스혁명Révolution française일 것이다. 1789년 7월 14일 파리의 프롤레타리아들은 요새이자 감옥이었던 바스티유la Bastille를 습격해 감옥문을 열어버린다. 상퀼로트Sans-culottes가 새롭게 성장하는 부르주아도 못했던 일을 해버린 셈이다. 상퀼로트는 글자 그대로 '퀼로트culottes'가 '없다sans'는 의미로, 귀족들이 입던 타이트한 반바지 퀼로트 대신 길고 헐렁한 바지를 입었던 프랑스 최초의 프롤레타리아를 가리킨다. 벌거벗은 노동력만 믿고 파리에 들어왔던 이 최초의 프롤레타리아는 임금노동자나 일용직노동자로 전전하거나 수공업자, 장인, 소상인으로 살면서 생계를 유지했다. 그러니 바스티유의 함락은 당시 프랑스 황제 루이 16세Louis XVI(1754~1793)를 얼마나 당혹스럽게 했겠는가? 영국의 군대도, 내부의 정적도, 그렇다고 신흥 세력 부르주아도 아니라, 황제 입장에서는 벌레와 다름없던 존재들이 절대군주와 봉건질서에 대한 공격을 최초로 시도했다니. 지금까지도 부르주아체제는 프랑스혁명을 부르주아혁명이라고 부른다. 맞는 이야기다. 귀족이나 영주를 대신해 부르주아가 주요한 지배계급으로 등장한 사건이니까 말이다. 그렇지만 그 이면을 자세히 살펴보면 상황은 그렇게 단순하지 않다. 억압체제에 대한 봉기나 시위는 항상 파리의 프롤레타리아가 자발적으로 개시하기 때문이다. 프랑스혁명은 프롤레타리아가 척박한 땅에 자유와 평등의 씨앗을 심고 기르면 부르주아가 나중에 그 과실만 따 먹었던 혁명이었기에, 프랑스혁명을 간략히 정의한다면 '(프롤레타리아-)부르주아혁명'이라고 해야 한다. 어쨌든 18세기 후반 프랑스는 파리이고 파리는 프랑스였다. 바스티유 감옥이 상퀼로트에게 함락되었다는 소식은 주요 도시를 거쳐 시골 곳곳에까지 미쳤다. 아직 중세적 봉건질서에 허덕이던 소작농들은 스스로 시골의 상퀼로트가 되어 파리의 혁명에 호응한다. 지주들의 저택과 성이 소작농들의 공격과 방화로 봉건적 신분질서를 규정하는 문서들과 함께 불타버린 것도 바로 이때다. 7월 17일부터 시작된 혁명의 축제는 8월 3일까지 지속되었다. 물론 이 혁명의 축제를 당시나 지금이나 지배계급은 '대공포la Grande Peur'로 기억하고 있지만 말이다.

　서둘러 귀족과 성직자 등 낡은 지배계급은 새로운 지배계급을 꿈꾸던 부르주아와 입헌군주제라는 휴전안에 서명을 하고 만다. 일단 급한 불이라도 끄자는 타협이었고, 반혁명을 일으킬 시간과 여유를 벌기 위함이었다. 문제는 이 과정에서 프롤레타리아가 교묘하게 소외되고 만다는 사실이다. 낡은 지배계급과 새로운 지배계급이 야합해서 만든 입헌군주제는 재산을 가진 사람들에게만 선거권을 주었기 때문이다. 상퀼로트가 1792년 8월 10일 다시 혁명을 일으킨 것도 이런 이유에서다. 당시 프롤레타리아라는 자의식이 아직 영글지 않았지만 그들의 자유의지는 부족한 자의식을 메우고 남을 정도로 억압에 민감했던 것이다. 그들의 자유의지는 바스티유 습격 사건 이후 파리를 48개 구역으로 나누어 자치공동체를 구축한 데서도 확인된다. 1792년 8월 10일 상퀼로트와 페데레^{fédérés} 수만 명은 튈르리궁전^{Palais des Tuileries}을 포위하고 그곳을 지키던 '교황청 스위스 근위대^{La Garde suisse pontificale}'를 괴멸한다. 바로 이 궁전에 입헌군주제의 상징이었지만 지속적으로 반혁명을 꿈꾸던 루이 16세가 살고 있었기 때문이다. 여기서 현재 프랑스인들이 '1792년의 의용병^{Le Volontaire de 1792}'이라고 기리는 페데레에 주목해야 한다. 그들은 1792년 반혁명에 맞서려고 파리 이외 프랑스 도처에서 올라와 국민방위대^{Garde nationale}에 자원입대한 혁명적 민중들을 가리킨다. 1789년 프랑스혁명 이후 입헌군주제를 지키려고 발족한 국민방위대가 이때부터 상퀼로트와 운명공동체가 된 것도 이런 이유에서다. 상퀼로트와 페데레의 봉기가 성공함에 따라, 1793년 1월 21일 그들이 보는 앞에서 루이 카페^{Louis Capet}라는 사나이의 목이 기요틴^{guillotine}에 잘려나간다. 루이 16세의 떨어진 목처럼 공화제를 거스를 수 없는 대세로 만든 사람들, 그들은 부르주아가 아니라 상퀼로트와 페데레 등 파리의 프롤레타리아였던 셈이다.

프랑스혁명 전후 부르주아 지식인들은 절대군주가 이롭다고 판단했던 왕당파^{Légitimistes}, 입헌군주제가 이롭다는 푀양파^{Club des Feuillants}, 온건한 공화제가 이롭다는 지롱드파^{Les Girondins}, 그리고 기존 낡은 질서와 조금도 섞이지 않은 공화제가 이롭다는 자코뱅파^{Club}

한 남자가 단두대에서 처형된 루이 16세의 얼굴을 군중들을 향해 치켜들고 있다. 이지도르 스타니 슬라 엘만의 판화(1794).

^{des jacobins} 등 네 가지 정파로 분열되어 있었다. 파리 프롤레타리아는 1789년 바스티유를 습격해 절대군주제를 무너뜨린다. 왕당파 부르주아 지식인들의 이데올로기를 거부한 셈이다. 그렇지만 파리 프롤레타리아는 자신들의 수중에 권력을 두지 않고, 그것을 부르주아 지식인들에게 넘겨준다. 입헌군주제가 태어난 것도 이런 이유에서다. 입헌군주제는 '입헌'으로 새로운 지배계급의 이익을, '군주'로 낡은 지배계급의 이익을 보전하려는 타협이나 다름없다. 1792년 파리의 프롤레타리아는 '상퀼로트혁명'으로 입헌군주제마저 폐기한다. 푀양파 부르주아 지식인들의 이데올로기도 프롤레타리아에 의해 거부된 셈이다. 그렇지만 상퀼로트와 페데레는 자신이 잡을 수 있었던 권력을 다시 부르주아에게 넘겨주었다. 지롱드 정권의 탄생

이다. 입헌군주제만 사라졌을 뿐, 지롱드 정권은 왕당파와 푀양파, 나아가 마지막으로 발호하고 있던 대내외 반혁명 세력들과의 타협을 도모하려고 했다. 영주의 땅이나 부르주아의 자본 등 사유재산을 보호해야 한다는 입장이었으니, 지롱드는 낡은 지배계급과 새로운 지배계급의 공통된 진리를 발견했던 셈이다. 물적 생산수단 독점을 정당화하지 않으면 낡았건 새롭건 지배계급은 존재할 수밖에 없다는 진리 말이다. 파리의 프롤레타리아가 지롱드의 실상에 환멸을 느끼기 시작할 쯤, 루이 16세의 죽음이 자기에게도 이를까 두려워진 영국 등 유럽의 군주들은 프랑스 내 반혁명 세력과 손을 잡고 프랑스를 침입한다. 바로 이때 일체의 반혁명 세력을 괴멸하려고 했던 일군의 부르주아 지식인들이 파리의 프롤레타리아의 눈에 들어온다. 바로 스스로 '자유와 평등의 친구, 자코뱅 결사단Société des Jacobins, amis de la liberté et de l'égalité'이라고 불렸던 자코뱅이다.

대내외적 반혁명 세력의 준동에 맞서고자 자코뱅의 지도자 로베스피에르Maximilien de Robespierre(1758~1794)는 1793년 5월 26일 다시 한번 파리의 프롤레타리아에게 봉기를 요구하게 된다. 이미 다른 모든 부르주아 정파를 적으로 돌리고 있었기에 자코뱅은 파리의 실질적인 주인이었던 그들이 없다면 아무런 힘도 쓸 수 없었기 때문이다. 1793년 5월 29일 파리의 프롤레타리아는 48개 파리 자치공동체를 코뮌commune이라는 정식 정치공동체로 출범시킨다. 파리의 주인이라는 자신감 때문이었는지, 아니면 코뮌을 지켜야 한다는 조바심 때문이었는지 그들은 대내외적인 반혁명 세력을 척결하자고 내민 자코뱅의 손을 잡아준다. 같은 해 5월 31일과 6월 2일 파리의 프롤레타리아는 코뮌의 이름으로 두 차례에 걸쳐 대규모 시위를 주도한다. 시위 내내 그들은 지롱드의 지도자 29명을 구속하라고 요구한

로베스피에르의 처형(1794). 자코뱅의 자유가 자본의 자유라면 자코뱅의 평등은 유권자의 평등에 지나지 않았다. 당연히 파리의 프롤레타리아는 자코뱅에 점점 등을 돌렸다. 바로 이것이 자코뱅의 공포정치가 프롤레타리아에게도 가해진 이유였다.

다. 지롱드의 권위는 땅에 떨어지고 이 틈을 타서 자코뱅은 정부를 장악한다. '공포정치La Terreur'라는 말에 어울리게 자코뱅은 반혁명 세력을 기요틴으로 냉혹하게 단죄했다. 그렇지만 지롱드와 마찬가지로 자코뱅에게 사유재산제는 사회의 기초였다. 무산계급이었던 프롤레타리아로서는 당혹스러운 일이었다. 자코뱅의 자유가 자본의 자유라면 자코뱅의 평등은 유권자의 평등에 지나지 않는다는 것이 점점 분명해졌으니까. 당연히 파리의 프롤레타리아는 자코뱅에 점점 등을 돌렸다. 바로 이것이 자코뱅의 공포정치가 프롤레타리아에게도 가해진 이유였다.

　　18세기 말 프롤레타리아와 부르주아 사이에서 반복되던 이 패턴은 19세기에도 계속 지속된다. 유럽 전체로 부르주아혁명의 정신을 이식하려고 했던, 아니 정확히 말해 프랑스혁명을 과거로 되돌리려는 외부 세력에 선제적 공격을 시도했던 나폴레옹^{Napoléon} ^{Bonaparte}(1769~1821)의 꿈이 좌절되자, 프랑스에는 루이 16세가 그리도 그리워했던 샤를10세^{Charles X}(1757~1836)의 절대군주제가 펼쳐진다. 1830년 7월 파리의 프롤레타리아는 1815년 출범한 이 지주계급 정권을 붕괴시킨다. 그렇지만 이번에도 프롤레타리아는 권력을 잡는 것을 주저했다. 그 결과 탄생한 것이 루이-필리프1세^{Louis-Philippe} ^{Ier}(1773~1850)를 입헌군주로 하는 금융가와 은행가의 전제정치였다. 이 기묘한 전제정치를 끝장낸 것도 1848년 2월에 봉기했던 파리의 프롤레타리아들이었다. 1789년 이후 '봉기는 프롤레타리아, 권력은 부르주아'라는 패턴은 계속 지속된다. 이것은 프롤레타리아들이 자신에게 혁명을 일으킬 역량뿐만 아니라 혁명 이후의 사회를 운영할 역량이 있다는 사실을 받아들이지 못했기 때문이다. 그래서 '로도스 구절'에서 마르크스는 탄식했던 것이다. "프롤레타리아혁명들은 자신의 적대자가 대지로부터 새로운 힘을 얻어 더 거대해진 채로 다시 일어나 자신에게 맞서도록 하려고 자신의 적대자를 넘어뜨리는 것처럼 보이고, '자기만의 목적이 가진 규정할 수 없는 막대함' 앞에서 계속 위축되는 것처럼 보인다." 안타까움을 토로하는 것이 무슨 도움이 되겠는가. 그래서일까, 마르크스는 희망의 끈을 놓지 않으려 한다. 프롤레타리아혁명에서 반복되는 후퇴와 위축은 프롤레타리아가 배우고 성장하는 과정일 것이라고. 맞는 이야기다. 바스티유를 습격한 이후, 파리의 프롤레타리아는 새로운 지배계급으로서 부르주아가 내세운 수많은 이데올로기를 온몸으로 겪지 않았던가? 입헌군주제, 온화한 공화제, 냉혹한 공화제, 심지어 다시

한 번 절대군주제도 경험하지 않았던가? 마르크스의 소망처럼 실수와 오류를 통해 프롤레타리아는 혁명의 시작만이 아니라 끝을 자임할 수 있을까? 그들은 혁명을 끝까지 책임지는 역사의 주체가 될 수 있을까?

《스펙타클의 사회》88번째 테제에서 기 드보르는 "부르주아의 역사적 역할이 지닌 독창성을 등한시하는 것은, 자기만의 고유한 깃발을 들고 '자기 임무의 막대함'을 인식할 때에만 달성될 수 있는 '프롤레타리아 기획이 지닌 구체적 독창성'을 은폐하는 것에 다름 아니다"라고 이야기한다. 바로 이것이 실마리다. 새로운 지배계급 부르주아의 역사적 독창성을 알아야만 한다. 1789년부터 1848년까지의 시간은 상퀼로트라는 아기 프롤레타리아가 부르주아의 독창성을 이해하는 과정이었다.《자본론》의 〈이른바 본원적 축적〉 장의 말을 빌리자면, 18세기 후반까지 프롤레타리아는 부르주아가 "농노라는 예속과 길드의 강제에서 해방"되려는 자신들의 투쟁의 동반자라고 이해했다. 그렇지만 19세기 중엽에 이르러 마침내 프롤레타리아는 부르주아가 "모든 생산수단과 …… 모든 권리를 박탈"해 자신들을 상품으로 만드는 새로운 지배계급이란 걸 자각하고 만다. 산업혁명과 관련된 물적 생산수단을 독점한 계급으로서 부르주아는 농업혁명과 관련된 물적 생산수단을 독점한 귀족이나 지주계급과 경쟁할 수밖에 없다. 무엇을 두고 경쟁했던 것인가? 바로 인간의 노동력이다. 노동계급을 들판에서 빼내지 않으면, 그들을 공장 안에 몰아넣을 수 없다! 바로 이것이 부르주아의 역사적 독창성이다.

부르주아는 산업혁명이 남긴 폭발적인 물적 생산수단을 독점해 낡은 지배계급의 물적 생산수단마저 흡입한다. 여기서 물적 생산수단을 독점한 존재 vs. 벌거벗는 노동력의 존재, 혹은 자본 vs.

임금노동 사이의 팽팽한 대립이 생긴다. 자본과 노동 사이의 대립은 전대미문의 강도를 가진 것이었다. 귀족사회나 중세사회에서 지배계급은 노동계급으로부터 물적 생산수단을 모조리 회수하지는 않았다. 그러니 귀족사회에서 노예는 나름 물적 생산수단을 가지고 있었고, 영주사회에서도 농노 이외에 장인이나 자영농도 충분히 존재할 수 있었던 것이다. 반면 새로운 지배계급 부르주아는 그야말로 노동계급에게 물적 생산수단을 조금이라도 허용하지 않으려고 한다. 부르주아는 그야말로 껍데기까지 벗길 각오로 노동계급을 철저하게 벌거벗은 노동력으로 만들기 때문이다. 과거 노예는 주인으로부터 도망쳐 농사를 짓거나 사냥을 하며 생계를 유지할 수도 있었고, 과거 농노도 영주의 눈을 피해 다른 땅을 찾아 도망칠 수 있었다. 그렇지만 프롤레타리아는 이제 도망쳐 살 수 있는 곳마저 없다. 부르주아체제는 갓난아이 때부터 자본에 고용되지 않으면 살아갈 수 없도록 노동계급을 훈육하기 때문이다. 농사를 짓는 법도 모르고, 수렵과 채집을 할 줄도 모른다. 설령 어느 정도 안다고 하더라도 땅을 포함한 모든 자연은 돈을 가진 자가 구입했거나 구입할 수 있는 개인 소유지일 뿐이다. 결국 프롤레타리아에게 남은 것은 임금노동, 아니면 자살일 뿐이다.

이제야 왜 마르크스가 프롤레타리아에게는 "자기만의 목적이 가진 규정할 수 없는 막대함"이 있다고 말했는지 알게 된다. 물적 생산수단 독점은 자본의 형식으로 완성되었다. 부르주아는 분산 배치되었던 물적 생산수단을 '자본'이란 견고한 금고 안에 넣어두고 열쇠를 채웠다. 그렇지만 그들은 금고 자체를 빼앗길 수도 있다는 걸 모른다. 프롤레타리아가 자본이란 금고를 훔쳐서 파괴한다면, 귀족과 영주를 부양하느라 노예와 농노로 삶을 소진했던 선조 노동계급의 한은 저절로 풀릴 것이고, 부르주아의 호기심과 허영을 위해 노동자로 삶을 허비하는 동료 노동계급의 탄식은 기쁨의 환호로 변할 것이고, 노동하지 않는 자들에게 생명까지 쏟아부을 미래의 노동계급에게는 장밋빛 전망만이 남을 테니까 말이다. 자본이란 금고에 봉인된 물적 생산수단을 풀어놓아야 한다. 그렇지 않다면 어떻게 일하는 사람들에게 일할 수 있는 수단이 돌아갈 수 있다는 말인가? 철저한 물적 생산수단의 독점 vs. 노동력을 제외한 모든 것의 박탈! 바로 이 긴장 속에서 프롤레타리아의 배수진은 펼쳐진다. 여기에서 마르크스가 말한 것처럼 "뒤로 돌아가는 것이 불가능해지는 상황이 창조"되고, 조건들이 "여기가 로도스다, 여기서 뛰어라!"라고, 혹은 "여기에 장미꽃이 있다, 여기에서 춤춰라!"라고 속삭인다.

"여기가 로도스다, 여기서 뛰어라!"는 이솝, 정확히는 아이소포스Aisōpos(BC 620?~BC 564?)의 유명한 우화집 《이솝우화Aesop's Fables》에 등장하는 이야기이고, 두 번째 "여기에 장미꽃이 있다, 여기에서 춤춰라!"는 이솝의 이야기를 가지고 헤겔이 언어유희를 하면서 만들었던 말로 1821년에 출간된 그의 《법철학 강요Grundlinien der Philosophie des Rechts》의 서문에 등장하는 말이다. 《이솝우화》에 따르면 어느 허풍쟁이가 자신이 로도스섬에 갔을 때 엄청난 점프를 했다고 자랑했다. 로도스섬의 중심지는 그리스 본토에서 가장 가까운 도시 로도스였다. 허풍쟁이답게 그는 바로 이 로도스에서 바다를 뛰어넘어 그리스 본토까지 점프했다고 자랑한 것이다. 심지어 그는 자신이 도약하는 걸 보았던 로도스 사람도 있다고 이야기한다. 잠자코 허풍을 듣고 있던 누군가가 말했다. "여기가 로도스다, 여기서 뛰어보아라!" 여기를 로도스라고 생각하고, 한번 뛰어보라는 이야기다.

농사를 짓지도 못하면서, 혹은 농사를 지을 생각도 없으면서 수만 평의 토지를 소유한 만석꾼 지주가 있다고 해보자. 이 지주는 수백 명의 소작농을 거느리고 호의호식한다. 정상적인 머리를 가진 사람이라면 지주가 정의롭지 못한 존재라고, 지주의 땅은 농사를 짓는 사람들에게 분배되어야 한다고 주장할 것이다. 그렇지만 다른 방법도 있다. 소작농이 가족들을 데리고 봉건적 질서가 통용되지 않는 깊은 산골에 들어가 전답을 개간하는 제3의 길도 가능하다. 그렇지만 부르주아체제에서는 제3의 길도 봉쇄된다. '철저한 물적 생산수단의 독점'과 '노동력을 제외한 모든 것의 박탈'을 감내할 것인가? 아니면 자본과 노동 사이의 이런 첨예한 대립을 극복할 것인가? 굴욕적인 노예로 살 것인가, 아니면 목숨을 걸고 자유인으로 도약할 것인가. 양자택일만 남는다. 고독한 결단도 아니다. 과거 모든 노동계급의 원한, 현재의 모든 노동계급의 탄식, 그리고 미래의 모든 노동계급의 절망과 함께하는 결단이니까. 마르크스가 말한 "자기만의 목적이 가진 규정할 수 없는 막대함"을, 혹은 기 드보르가 말한 "자기 임무의 막대함"을 인식하는 것이 이다지도 중요하다. BC 3000년에 탄생한 억압체제를 과거, 현재, 그리고 미래의 노동계급과 함께 뛰어넘는 것이니 말이다. 바로 이것이 프롤레타리아가 물적 생산수단 독점을 놓지 않으려는 부르주아와 맞설 수 있는 든든한 버팀목이다. 아니 정확히 말해 로도스에서 도약하는 데 필요한 날개라고 해야 할 듯하다. 《스펙타클의 사회》 88번째 테제에서 기 드보르는 말한다. "부르주아는 '발전하는 경제의 계급'이었기 때문에 권력을 거머쥘 수 있었다. 프롤레타리아는 '자각의 계급'이 되지 않고서는 권력에 도달할 수 없다"고. 맞는 말이다. 노동력을 제외한 일체 모든 물적 생산수단을 부르주아에게 빼앗긴 프롤레타리아에게 남은 유일한 힘은 BC 3000년 이후 지속된 억압의 역사

에 대한 자각, 그리고 그 억압이 바로 지금 부르주아체제를 통해서
도 관철되고 있다는 자각뿐이다.

1789년 프랑스혁명 이후 처절한 투쟁으로 수차례 권력을 넘어
뜨렸지만, 매번 프롤레타리아는 잡을 수 있었던 그 권력을 잡지 않
았다. 프롤레타리아가 잡기를 주저하자, 권력은 다시 부르주아에게,
그리고 다시 국가기구로 회수되고 만다. 마르크스가 어떻게 탄식하
지 않을 수 있겠는가. 지금까지 "프롤레타리아혁명들은 자신의 적
대자가 대지로부터 새로운 힘을 얻어 더 거대해진 채로 다시 일어
나 자신에게 맞서도록 하려고 자신의 적대자를 넘어뜨리는 것처럼"
보인다. 매번 로도스에 이르렀지만, 매번 장미꽃밭에 이르렀지만,
프롤레타리아는 뛰지 못했고 춤추지 못했다. 주인을 쫓아냈지만 스
스로 주인이 되지 못하니 다른 주인이 찾아와 새로운 주인 행세를
하는 형국이다. 주인을 쫓아내고 스스로 주인이 되면 그만이지만,
프롤레타리아는 오랜 노예적 습성 탓인지 스스로 주인이 되는 걸
영 힘들어했고 불편해했던 것이다. 1789년부터 1848년까지 혹독한
수업료를 내면서 프롤레타리아는 점점 자신이 혁명의 시작과 끝을
모두 감당해야 억압과 착취가 사라질 수 있다는 걸 자각하게 된다.
그것은 생산수단과 폭력수단을 노동하지 않는 지배계급에게서 빼
앗아 노동하는 자신들이 가져야 한다는 자각이기도 하다.《스펙타
클의 사회》88번째 테제에는 그 학습과정이 간단히 요약되어 있다.
"생산력의 성숙, 그리고 이 성숙이 야기하는 증가된 수탈이란 우회
로조차도 그러한 권력을 보장할 수 없다. 자코뱅식의 국가 장악도
프롤레타리아의 방법이 될 수 없다. 어떤 이데올로기도 프롤레타리
아가 자신들의 부분적 목표를 보편적 목표로 위장하는 데 도움이
되지 않는다. 프롤레타리아는 확실하게 자신에게 귀속되는 어떤 부

분적 현실도 가지고 있지 않기 때문이다."

경제적으로 생산력 폭발로 소비자의 역할이 중시되고 그만큼 소비자로서 권리가 부각된다고 해도, 자본과 노동이란 생산 차원의 억압이 사라지는 것은 아니다. 경제적 권력은 물적 생산수단 소유 여부로 결정되기 때문이다. 정치적으로 소수 엘리트에게 권력을 부여하는 방식으로도 지배와 피지배라는 원초적 억압관계는 해소되지 않는다. 정치적 권력은 폭력수단 소유 여부로 판가름 나기 때문이다. 간혹 개량주의 정치인이나 노동조합 지도자는 고용 안정, 노동조건 개선, 혹은 임금 상승 등 노동계급의 부분적 목표를 노동계급의 보편적 목표라도 되는 양 궤변을 늘어놓는다. 그렇지만 노동계급은 누구나 알고 있지 않은가? 물적 생산수단을 독점한 부르주아는 언제든지 노동계급을 해고할 수 있다는 사실을. 결국 물적 생산수단을 가지지 않는 한 노동계급은 한시라도 편히 발을 뻗고 잠을 청할 수 없는 법이다. 결국 프롤레타리아는 최종적 자각에 이르게 된다. 자신은 "확실하게 자신에게 귀속되는 어떤 부분적 현실도" 가지고 있지 않다는 사실을. 18세기나 19세기나 20세기나 아니면 21세기나 프롤레타리아는 프롤레타리아가 되어야 한다. 삶의 수단, 특히 생산수단과 폭력수단을 박탈당했을 때 자신이 피지배계급이 될 수밖에 없다는 자각이 서글플지라도 말이다. 프롤레타리아라는 자기의식이 확고하다면 노동자들은 지금 당장 부르주아가 독점한 물적 생산수단을 회수할 것이다. 프롤레타리아라는 자기의식이 절실하다면, 노동자들은 지배관계를 소유권이란 법적 논리와 공권력이라는 폭력수단으로 비호하는 국가기구도 회수할 것이다.

1871년 3월 18일 파리의 프롤레타리아는 드디어 로도스에서 뛰었고, 장미꽃밭에서 춤을 추었다. 바로 파리코뮌이다. 19세기 후반 피와 땀으로 억압체제와 맞섰던 상퀼로트와 페데레가 자신의 모든 결실을 부르주아에게만 넘겨준 것은 아니다. 그들은 후배 프롤레타리아에게도 자신의 소중한 결실을 남겼다. 파리 48개 구역의 자치조직 코뮌과 국민방위대라는 의용병 전통 말이다. 1871년 파리의 프롤레타리아는 "자기만의 고유한 깃발을 들고 '자기 임무의 막대함'을 인식"했다. 그렇지만 상퀼로트가 남긴 코뮌 전통과 페데레가 남긴 의용병 전통이 없었다면, 그들이 어떻게 부르주아로부터 생산수단을, 그리고 국가기구로부터 폭력수단을 회수할 수 있었겠는가. 18세기 말 상퀼로트와 페데레가 남긴 희망의 불씨가 19세기 말 프롤레타리아의 자기의식을 만나 거대한 들불로 성장한 것이다. 마르크스는 1871년 4월 하순에서 5월 10일까지 집필된 《프랑스 내전》(첫 번째 초고)에서 그 거대한 들불의 실상을 기록하고 있다. "코뮌—그것은 사회를 통제하고 제압하는 대신에 사회 자신의 살아 있는 힘으로서 사회가 국가권력을 다시 흡수하는 것이다. 그것은 억압의 조직된 힘 대신에 자기 자신들의 힘을 형성하는 민중 자신이 국가권력을 다시 흡수하는 것이다. …… 이전의 혁명—모든 역사적 발전에는 때가 필요한데, 과거에는 모든 혁명에서 때를 놓쳤고, 민중이 개가를 올린 바로 그날 승리에 빛나는 무기를 양도할 때마다 그 무기가 민중을 향했다—에 반발하여, 코뮌은 제일 먼저 군대를 국민방위대로 대체했다." 1871년 3월 18일 시작된 파리코뮌이란 들불은 1871년 5월 28일 무자비하게 진압된다. 그렇지만 누구나 알고 있지 않은가. 파리코뮌이 남긴 희망의 불씨는 21세기까지, 아니 BC 3000년에 시작된 억압체제가 끝나는 순간까지, "자기 임무의 막대함"을 자각하는 프롤레타리아를 기다리고 있다는 사실을.

6부. 코뮌주의 역사철학과 기 드보르의 유산

계급투쟁의 시대를 새로운 조건들로 이끌고 가는 복잡하고
도 가혹한 발전 속에서, 산업국가의 프롤레타리아는 '자신이
자율적이게 되리라는 전망perspective autonome'에 대한 긍정, 나아
가 종국에는 그렇게 되리라는 환상마저 완전히 상실하게 되
었지만, 결코 자신의 존재être를 망각하지는 않는다. ······ 노
동의 논리가 서비스산업과 지적인 직업에까지 확장돼 적용
되는 것처럼, 프롤레타리아는 농민들의 소멸로 인해 사실상
강화된다. 프롤레타리아는 여전히 실천적 계급의식conscience
pratique de classe에서 주관적으로 멀리 떨어져 있다. 노쇠한 정
치의 무능력과 기만을 아직 자각하지 못하고 있는 사무원들
les employés뿐만 아니라 노동자들les ouvriers 역시 마찬가지다. 그
렇지만 '노동travail'이란 형태건 아니면 자신이 해방되고자 구
축했던 '노조syndicats', '정당partis', '국가권력la puissance étatique'이란
형태건 간에, 이런 자신의 외화된 힘force extériorisée이 자본주의
사회의 영속적인 강화에 공헌하고 있다는 걸 알게 될 때, 프
롤레타리아는 구체적인 역사적 경험을 통해 '고착화된 모든
외화toute extériorisation figée'와 '권력의 모든 전문화toute spécialisation
du pouvoir'에 자신이 전적으로 적대적이라는 것도 자각하게 된
다. 프롤레타리아는 '자기 외부에 아무것도 남기지 않는 혁명
la révolution qui ne peut rien laisser à l'extérieur d'elle-même', '과거에 대한 현
재의 영속적인 지배에 대한 요구l'exigence de la domination permanente
du présent sur le passé', '분리에 대한 총체적인 비판la critique totale de la
séparation'을 품고 있다. 바로 행동l'action을 통해 이것들에 대한
적합한 형태를 찾아내야만 한다.

―《스펙타클의 사회》 114

주인공은 '나사 조이는 업무'를 맡은 평범한 공장 노동자다. 컨베이어벨트의 한 구역 같은 자리에 서서 그는 온종일 나사 조이는 일만 반복한다. 컨베이어벨트는 계속 회전하기에 한눈을 팔거나 나사를 조이지 못하면 전체 공정은 엉망이 될 수밖에 없다. 주인공과 동료 노동자들은 점점 컨베이어벨트에 종속되어 컨베이어벨트를 섬기는 존재가 되어간다. 그렇지만 자본가가 동경하는 것은 컨베이어벨트다. 생각해보라. 컨베이어벨트는 파업도 하지 않고 태업도 하지 않는다. 더군다나 한번 설치해 전기만 있으면 아무런 불평불만 없이 노동한다. 주인공과 동료 노동자들을 간혹 살펴보다 자본가는 그들이 담배를 피우는 시간이나 화장실에 다녀오는 시간조차 아깝다고 느낀다. 노동자들의 점심시간조차도 줄여 생산성을 높이려는 자본가는 마침내 주인공을 새로운 기계의 실험 대상으로 삼는다. '점심을 먹으면서도 일할 수 있는 기계'다. 마침내 주인공은 미치고 만다. 나사를 조여야 한다는 강박증에 주인공은 동료의 단추, 여직원의 엉덩이, 심지어 자본가의 코에도 스패너를 갖다 대고 무언가를 조이려고 했기 때문이다. 찰리 채플린^{Charles Chaplin}(1889~1977)이 각본, 감독, 주연을 맡아 1936년에 개봉한 〈모던타임스^{Modern Times}〉에서 가장 인상적인 첫 부분 내용이다. 이 부분만으로 채플린이 테일러^{Frederick Winslow Taylor}(1856~1915)와 포드^{Henry Ford}(1863~1947)에게 얼마나 적대감을 가지고 있었는지 분명해진다. 테일러는 〈모던타임스〉의 주인공이 일하던 공장의 기계적 조립라인을 최초로 고안했을 뿐만 아니라 노동자들의 업무시간을 초 단위까지 측정해 생산에 불필요한 시간을 제거하려고 했다. 이런 잔인하고 소름끼치는 생산성 극대화 방법을 마련했던 사람이 바로 테일러다. 기계화된 공정으로 노동자의 노동력을 최대한 뽑아 쓰겠다는 테일러의 '과학적 경영

찰리 채플린의 〈모던 타임스〉의 한 장면. 주인공은 '나사 조이는 업무'를 맡은 평범한 공장 노동자다.

scientific managemnet' 기법이 바로 테일러리즘Taylorism이다. 포드는 테일러리즘을 자신의 회사 포드자동차 공장에 적용해 엄청난 생산성을 달성했던 자본가다. 사실 그는 테일러보다 훨씬 더 노회했다. 테일러리즘으로 단위 시간당 생산량을 증가시킨 뒤, 포드는 절대적 노동시간을 10시간에서 8시간으로 줄이는 것으로 노동계급의 저항을 효과적으로 무력화했으니까. 더군다나 포드는 포드자동차의 엄청난 생산성을 고임금이란 형식으로 노동자들에게 재분배하는 거시경제학적 안목도 보여준다. 노동자들이 자신들이 만든 상품을 구매하기 위해서는 충분한 임금이 있어야 하고, 그것은 끝내 자본가에게 잉여가치로 돌아온다는 걸 알았던 것이다. 테일러리즘과 함께 포디즘Fordism이란 말이 유행한 것도 이런 이유에서다.

프레더릭 테일러는 공장의 기계적
조립라인을 최초로 고안했을 뿐만
아니라 노동자들의 업무시간을 초
단위까지 측정해 생산에 불필요한
시간을 제거했다.

헨리 포드는 테일러리즘을 자신의
자동차 공장에 적용해 엄청난 생산성을
달성했던 자본가다.

6부. 코뮌주의 역사철학과 기 드보르의 유산

1912년부터 본격화한 포디즘은 1929년 대공황이 일어날 때까지 미국 자본가들의 생산성을 폭발시킨 원동력이었다. 실제로 국가독점자본주의체제의 최고 경영자라고 할 수 있는 레닌이나 트로츠키도 미국으로부터 테일러리즘과 포디즘 전문가들을 초빙했을 정도였다. 여기서 잊지 말아야 할 것은 기 드보르가 스펙타클이라고 비판했던 소비주의가 바로 이 시기에 자리를 잡는다는 사실이다. 미국의 노동자들은 노동자들이기 이전에 가공할 구매력을 가진 소비자들로 드러난 것이다. 당시 노동자들은 자동차도 구매하고, 라디오에 이어서 TV까지 가지게 된다. 억압과 착취로 근근이 노동을 통해 생계만을 유지하던 노동자의 이미지가 흔들리는 순간이다. 미국을 제외한 다른 국가들, 특히 유럽의 노동자에게 미국의 노동자는 그야말로 선망 대상이었다. 바로 이때 그 유명한 '아메리칸 드림American Dream'이란 신화도 만들어진다. 자본주의체제는 문제가 있지만 그래도 풍요와 행복, 그리고 자유를 가져다준다는 고질적인 통념, 21세기에 들어서도 흔들리지 않는 통념이 만들어졌다. 여기서 한 가지 주목해야 할 것은 소비주의 전통은 대공황 이후에도 그대로 지속된다는 사실이다. 1929년 대공황 이후 케인스의 간섭주의도 '고임금은 노동자들로 하여금 자신이 만드는 것을 구매하도록 만든다'는 포디즘의 입장에 근거하기 때문이다. 공황으로 직장을 잃은 노동자들에게 공공 일자리를 제공해 임금을 준다면, 그들은 그 임금으로 상품을 구매할 것이다. 상품 수요가 증가하면 자본가들은 상품 생산을 확대할 것이고, 이에 따라 노동자들의 고용은 저절로 증가되며 마침내 공황은 사라지고 호황이 시작되리라는 것이다. 어떤 식으로든 소비를 촉진해야 한다는 케인스의 발상은 제2차 세계대전 이후 전후 재건을 위해 서유럽에 120억 달러를 쏟아부은

1948년 마셜 플랜에도 관철된다. 전후 재건에 동원된 노동자들에게 돈이 풀리니 구매 증가, 생산 증대, 고용 증대라는 포디즘 시절의 황금기가 유럽, 특히 프랑스에서도 화려하게 펼쳐졌던 것이다.

화려한 소비생활에 젖어 1960년대 유럽, 특히 프랑스 노동자들은 자신이 〈모던타임스〉의 주인공이 되어버렸다는 사실을 간과하고 있었다. 생산직 노동자만이 아니라 사무직 노동자도 '과학적 경영'에 깊이 포획되고 만 것이다. 그렇지만 무슨 상관이 있다는 말인가? 더 진화된 테일러리즘을 관철하는 회사나 공장일수록 생산성이 증대되고, 그만큼 그것은 노동자들에게 고임금으로 돌아오니 말이다. 테일러, 포드, 그리고 케인스 이후 노동자들의 최고 화두는 물적 생산수단 독점의 문제가 아니라 고용과 임금의 문제였다. 이것은 자본계급도 마찬가지고 국가도 마찬가지고 심지어 노동조합도 마찬가지였다. 고용은 자본가가 노동력을 구매하는 과정이고, 임금은 판매한 노동력의 대가로 노동자가 받는 돈이다. 물적 생산수단 독점을, 즉 자본주의체제를 인정하지 않고서는 노동계급이 고용과 임금 문제에 집중할 수는 없는 법이다. 분배의 정의가 화두가 되었던 시절이었다. 자본과 노동 사이의 분배다. 자본이 4, 노동이 6을 가져가던 분배가 자본이 3, 노동이 7을 가져가는 분배로 바뀌니 노동조합과 노동자들은 쾌재를 불렀을 뿐이다. 그 누구도 자본이 0, 노동이 10을 가져야 한다는 혁명을 꿈꾸지는 않았다. 이렇게 20세기 중반 프롤레타리아는 임금만 많이 주면 〈모던타임스〉의 주인공이 했던 일이라도 기꺼이 할 생각이었다. 퇴근 이후, 주말 내내, 그리고 휴가 기간 동안 그들은 소비자의 자유를 만끽할 테니 말이다. 《스펙타클의 사회》114번째 테제가 1871년 파리코뮌의 정신을 잃어가는 프롤레타리아의 서글픈 내면 풍경으로 시작되는 것도 이런 이유에서다. "계급투쟁의 시대를 새로운 조건들로 이끌고 가는 복잡하고도 가혹한 발전 속에서, 산업국가의 프롤레타리아는 '자신이 자율적이게 되리라는 전망'에 대한 긍정, 나아가 종국에는 그렇게 되리라는 환상마저 완전히 상실하게 되었"다.

　　1967년《스펙타클의 사회》114번째 테제를 쓰면서 기 드보르는 1852년《루이 보나파르트의 브뤼메르 18일》의 '로도스 구절'을 쓸 때 마르크스가 어떤 마음이었을지 십분 공감한다. 억압체제를 붕괴시켰으면서도 스스로 주인이 되기를 주저했던 프롤레타리아에게 실망했지만, 동시에 그들의 모습에서 희망의 씨앗을 찾으려고 했던 마르크스다. 언제가 프롤레타리아는 로도스와 장미꽃밭에 서 있으리라는 믿음, 그리고 그때가 되어서는 근사한 도약과 멋진 춤을 추리라는 희망 말이다. 기 드보르도 마찬가지로 절망과 희망을 함께 이야기한다. "산업국가의 프롤레타리아는 '자신이 자율적이게 되리라는 전망'에 대한 긍정, 나아가 종국에는 그렇게 되리라는 환상마저 완전히 상실하게 되었지만, 결코 자신의 존재를 망각하지는 않는다"고. '자신의 존재'라고?《정신분석의 다른 측면》에 등장하는 라캉의 말을 다시 떠올려보자. "나는 내가 존재하지 않는 곳에서 생각한다. 그러므로 나는 내가 생각하지 않는 곳에서 존재한다." 자신을 자유로운 소비자, 즉 '작은 자본가'로 오인해도 노동자들은 자신의 존재를 느끼고 있기 마련이다. 화이트칼라라고 해도 블루칼라라고 해도 예외는 없다. 임금노동자가 출근길에 발걸음이 무겁고 퇴근길에는 발걸음이 가벼운 것을 어떻게 부정할 수 있다는 말인가? 자본이 요구하는 일을 하면서도 퇴근을, 주말을, 그리고 휴가를 기다리는 자신의 모습을 어떻게 가릴 수 있다는 말인가? 그렇다. 자본에 물적 생산수단을 박탈당해 노동력을 팔아야 생계를 유지할 수 있는 프롤레타리아다. 컨베이어벨트 앞에서 무미건조한 일을 반복하거나 해당 부서 사무실에서 기계적 작업을 반복하는 프롤레타리아다. 자신이 원하는 일이 아니라 자본가가 원하는 일을 하는 프롤레타리아다. 프롤레타리아라는 걸 뼈저리게 느끼는 출근길의 무거움, 그리고 프롤레타리아라는 걸 잠시 잊을 수 있는 퇴근길의 경쾌함! 노동자들의 마음이 아니라 그의 존재, 구체적으로 그의 행동은 자신이 프롤레타리아라는 걸 증명하고 있지 않은가. 절망에서 희망이 싹트는 지점이다. 넘겨졌다는 것을 알아야, 우리에게는 일어나려는 의지도 생기는 법이니까.

생각의 잡음을 뚫고 말을 건네는 내 존재의 소리에 귀를 기울여야 한다. 노동이란 형태로 수행되는 나의 일은 나의 것이 아니라 자본가의 것이다. 자본가에게 양도된 노동은 자본주의사회의 영속적인 강화에 도움이 된다. 이를 통해 자본계급은 잉여가치를 남길 테니 말이다. 이것만 그런가? 자신이 해방되고자 구축했던 '노조', '정당', '국가권력'에서도 마찬가지다. 누군가가 노조의 대표가 되고 정당의 지도자가 되고 심지어 권력자가 되는 것은 다수 유권자를 차지하는 프롤레타리아가 선거를 통해 그에게 권력을 양도했기 때문이다. 그렇지만 노조든 정당이든 권력자든 대표에게 양도된 권력은 자본주의사회의 영속적 강화에 이바지하기 마련이다. 생각해보라. 자본과 노동 사이를 중재하며 생산 차원에서의 억압을 은폐하고 분배 차원에서 이익을 도모하는 '노동조합'도 자본주의사회를 강화한다. 이 경우도 자본의 존재를 인정하고 있으니까. 노동계급을 위한다며 최저임금제 상승이나 고용 안정을 외치는 '정당'이나 '국가'도 자본주의사회를 강화하기는 마찬가지다. 이 경우도 자본을 폐기하기는커녕 그들의 양보를 얻어내기에 여념이 없으니까. 결국 관건은 기 드보르가 말한 "자신의 외화된 힘"이란 개념에 있다. 외화된 자신의 힘을 프롤레타리아는 다시 자기 것으로 만들어야 한다. '외화^extériorisation'가 아니라 '내화^intériorisation'다. 그럴 때 프롤레타리아는 노동의 객체가 아니라 주체가 되고, 정치의 객체가 아니라 주체가 된다. 노동의 주체에게 노동은 향유의 행위가 된다. 일을 시작할 때도 우리 몸은 가볍고 일을 멈출 때도 우리 몸은 가벼워진다. 정치의 주체에게 정치는 지배의 행위가 아니라 유대와 연대의 행위가 된다. 나만 정치의 주체가 되는 것이 아니라 동료 프롤레타리아도 엄연한 정치의 주체이니, 공동체의 운명을 두고 진지한 대화와 상호 존중은 불가피하다. 기 드보르는 명확히 이야기하지 않았지만, 여기서 중요한 것은 존재의 느낌이다. 노동의 주체나 정치의 주체가 느끼는 자기 존재의 느낌과 노동의 객체나 정치의 객체가 느끼는 그것은 확연히 다를 테니 말이다. 자신을 소중하게 여기고 아끼는 감정, 그리고 자신을 비하하고 함부로 다루어도 될 것 같은 감정은 확연히 다른 것이다. 군대를 다녀온 사람이라면 "이게 내 몸이야, 국방부의 몸이지"라는 동료의 자조적인 넋두리를 한두 번은 들어보았을 것이다. 자중자애自重自愛가 주체의 감정이자 주인의 감수성이라면, 자포자기自暴自棄는 객체의 감정이나 노예의 감수성이었던 셈이다. 존재의 느낌, 혹은 존재의 감성, 아니면 존재의 감수성이라도 좋다. 일이든 권력이든 이것을 외화하지 않고 그것을 향유할 수 있어야 한다. 바로 이 순간 프롤레타리아면서 프롤레타리아가 아니게 된다. 1871년 파리코뮌의 자유인들처럼 말이다.

외화된 일과 정치를 내화하는 데 성공한다면, 프롤레타리아는 기 드보르의 말처럼 "'고착화된 모든 외화'와 '권력의 모든 전문화'에 자신이 전적으로 적대적이라는 것도 자각하게 된다". 노동의 방향과 양 그리고 정치의 방법과 목표도 누군가에게 맡겨서는 안 된다. 그 순간 우리는 누군가의 결정에 좌지우지되는 삶의 객체로 전락하기 때문이다. 자각한 프롤레타리아가 '고착화된 모든 외화'와 '권력의 전문화'에 저항하는 것도 이런 이유에서다. 1852년 마르크스가 절망 속에서 희망을 노래했던 것처럼, 1967년 기 드보르도 소비사회의 스펙타클에 현혹된 프롤레타리아라고 해도 "자신의 존재를 망각하지는 않는다"며 희망을 이야기한다. 라캉의 표현을 조금 뒤틀어보자면 프롤레타리아가 "나는 내가 존재하는 곳에서 생각한다. 그러므로 나는 내가 생각하는 곳에서 존재한다"고 말할 때가 있으리라는 희망인 셈이다. 프롤레타리아의 생각이 그의 존재와 합치되는 순간, 프롤레타리아는 자신에게 가해지는 억압의 부당함과 부정의를 자각하게 되고, 마르크스의 표현을 빌리자면 '자본 vs. 노동'이란 팽팽한 전선을 '로도스'와 '장미꽃밭'으로 삼아 도약과 춤을 준비하고, 혹은 인간으로서의 존엄함과 자존감을 걸고 배수진을 치게 될 것이다. 그들의 생각이 노동자가 아니라 '작은 자본가'로서 소비자에 머물러 있거나, 혹은 피지배자가 아니라 '피선거권'을 가진 '유권자'에 머물러 있다고 하더라도, 그들의 존재는 프롤레타리아일 수밖에 없다. 기 드보르가 "프롤레타리아는 '자기 외부에 아무 것도 남기지 않는 혁명', '과거에 대한 현재의 영속적인 지배에 대한 요구', '분리에 대한 총체적인 비판'을 품고 있다"고 자기 소망을 피력했던 것도 이런 이유에서다.

"품고 있다"는 말이 중요하다. 아무리 스펙타클로 스펙타퇴르가 되었다 할지라도, 프롤레타리아는 프롤레타리아로 "존재"하기에 씨앗처럼 품고 있는 것이 있다. 자기 바깥으로 외화된 물적 생산수단이나 폭력수단과 정치수단을 자기 안에 내화시키겠다는 의지로 인해 프롤레타리아는 "자기 외부에 아무것도 남기지 않는 혁명"을 시도한다는 이야기다. 억압과 수탈로 점철된 굴욕의 과거가 현재 자신의 삶마저 지배하도록 방치하지 않겠다는 의지로 인해 프롤레타리아는 "과거에 대한 현재의 영속적인 지배에 대한 요구"를 굽히지 않는다는 이야기다. 생각과 존재의 분리, 지배자와 피지배자의 분리, 생산수단과 노동력의 분리, 화이트칼라와 블루칼라의 분리 등 다양한 방식으로 세상을, 자신을, 그리고 세상과 자신을 분리시켰던 스펙타클의 작동을 조금이라도 허용하지 않겠다는 의지로 인해 프롤레타리아는 "분리에 대한 총체적인 비판"을 그치지 않는다는 이야기다. 바로 이것이 프롤레타리아라는 존재가 품고 있는 혁명의 잠재성이나 내재된 자유의지이고, 언젠가 프롤레타리아의 존재와 생각이 일치될 때 "행동"으로 현실화될 것이다. 존재와 사유가 일치될 때에만 나오는 것이 "행동"이므로. 1968년 5월 기 드보르와 상황주의 인터내셔널 멤버들은 감격했다. 프랑스 프롤레타리아가 자신의 존재에 부합되는 생각을 하기 시작했으니까. 마치 산파처럼 기 드보르와 그의 동지들은 프롤레타리아가 자기 존재를 생각과 행동으로 완전히 구현하는 데 도움을 주려고 동분서주한다. 불행히도 1968년 프랑스 5월혁명은 난산으로 끝나고 만다. 기 드보르는 좌절했을까, 아니면 행복했을까? 멀리 떨어져 파리코뮌의 괴멸을 무기력하게 지켜만 보았던 마르크스보다 밤잠을 설쳐가며 5월혁명과 동고동락했던 기 드보르가 낫다고 할 수 있을까? 모를 일이다.

3. 우리의 실천 강령, "애무하고 소요하고 마주치고 조직하라!"

> 스펙타클은 시각^{voir}이란 범주의 영향 아래 (인간의) 활동^{activité}
> 을 이해하고자 했던 서양철학의 기획에 내재된 모든 결점을
> 계승하고 있다. 스펙타클은 이런 사유에서 유래한 정밀공학
> 적인 합리성$^{la\ rationalité\ technique\ précise}$의 끊임없는 발전에 의지한
> 다. 스펙타클은 철학을 현실화하는^{réalise} 것이 아니라 현실을
> 철학화한다^{philosophise}. 사변적인 세계$^{univers\ spéculatif}$로 퇴행한 것
> 은 바로 모든 사람의 구체적인 삶$^{la\ vie\ concrète}$이다.
>
> —《스펙타클의 사회》 19

부르주아체제는, 아니 모든 억압체제의 특징은 '시각'에 특권
을 부여한다는 데 있다. 정치학적 의미에서 '보는 자'는 지배자이고,
'보이는 자'는 피지배자다. 동서양과 고금을 막론하고 억압체제에
통용되는 관습, 즉 권력자에게 절을 하는 풍습은 바로 이것을 말해
준다. 누군가에게 절을 한다는 것은 '당신을 보지 않겠지만 당신에
게는 저를 보여드리겠어요'라는 굴종의식이기 때문이다. 머리를 조
아려 상대방을 보지 않는다는 것은 상대방의 공격을 무방비로 감내
하겠다는 이야기다. 내가 아무리 노력해도 볼 수 없지만 분명 나를

보는 무언가가 있다는 느낌이 들 수 있다. 바로 이 느낌을 대상화하는 것이 동아시아의 귀신鬼神이나 혹은 서양의 신神 아닌가. 이것뿐인가? 과거 신분제사회에서는 신분에 따라 입는 옷이 모두 달랐다. 이것도 바로 시각이 가진 정치적 의미다. 심지어 이 풍습은 신분제를 극복한 부르주아체제라고 해서 예외는 아니다. 프롤레타리아가 함부로 살 수 없는 고가의 명품 의류나 장신구, 혹은 고급 자동차를 타는 이유는 무엇일까? 자신이 돈이 있다는 것을 시각적으로 드러내는 행위일 뿐이다. 경제학적으로도 눈에 보이는 것만 소유할 수 있고, 동시에 상품으로 판매할 수 있다는 사실에도 주목할 필요가 있다. 토지나 주택 등 움직이지 않는 재산을 의미하는 부동산不動産, real property, immovables이나 보석이나 금괴 등 움직이는 재산을 의미하는 동산動産, personal property, movable property, movables이란 용어를 보라. 모두 시각적인 것이다. 맑은 공기는 눈에 보이지 않지만 용기에 담으면 그것은 상품이 된다. 흥얼거리는 노랫가락은 듣는 사람 누구나 즐길 수 있지만 그걸 CD나 LP에, 아니면 공연장에 담으면 판매할 수 있다. 결국 모든 사람의 시력을 없앨 수만 있다면, 억압체제뿐만 아니라 자본주의체제도 유지될 수 없다. 예외 없이 모든 사람이라는 조건이 중요하다. 한 사람이라도 시력을 유지하면, 그는 앞을 보지 못하는 모든 사람을 지배할 수 있을 테니 말이다. 시각의 정치경제학이라고 불러도 좋다. 시각은 지배와 소유를 기초하는 원초적 감각이니까.

《스펙타클의 사회》19번째 테제에서 기 드보르는 "시각이란 범주의 영향 아래 (인간의) 활동을 이해하고자 했던 서양철학의 기획"을 이야기한다. 스펙타클이 기본적으로 '볼거리'나 '장관'을 의미한다는 점에서 옳은 지적이다. 기 드보르의 지적처럼 서양철학은 플라톤이 시각을 형이상학화하고 절대화함으로써 시작된다. 이데아, 형상, 혹은 본질로 번역되는 플라톤의 '에이도스^{eidos}'는 '보다'라는 뜻의 '이데인^{idein}'이라는 동사에서 파생되었다는 사실에 주목하자. 《국가》에서 플라톤이 이상적인 국가의 세 가지 계급으로 언급했던 '통치자^{archontes}/수호자^{phylakes}/생산자^{dēmiourgoi}'를 다시 생각해보라. 생산자들과 달리 수호자는 '에이도스'를 본 사람들이고, 이들 중 가장 완벽하게 '에이도스'를 본 사람이 바로 통치자가 되어야 한다. 이것만으로 우리는 플라톤이 지배와 소유에 대한 의지로 불타고 있었던 사람이란 걸 직감할 수 있다. 스펙타클과 에이도스, 그리고 시각의 관계를 더 깊이 고민하려면, 21세기 가장 중요한 독일철학자 슬로터다이크$^{Peter Sloterdijk}$(1947~)의 이야기를 들어볼 필요가 있다. 관료주의를 함축하는 텍스트와 콘텍스트 사이의 기묘한 관계에 주목하며 읽어보자.

문자로 기록된 텍스트 덕분에 인간의 지성은 정도의 차이는 있을지라도 어쨌든 하나의 상황을 이해하는 데는 반드시 그 '상황-안에-머물러야$^{In-Situ-Aufhalt}$'한다는 강제성에서 해방된다. 다시 말해 하나의 상황^{Situation}을 인식적^{kognitiv}으로 다루기 위해서, 나는 더 이상 그 상황의 참여자^{Teilnehmer}로서 그 속에 빠져들거나 이러저러한 방식으로 그 상황과 함께 섞여서도 안 되고, 텍스트에 있는 그 상황에 대한 서술을 읽는 것으로 충분하다. 이때 나는 마음대로 내가 있는 그대로 있을 수 있고, 내가 원하는 것을 연상해낼 수 있다. 문자로 인한 이런 역사적 분기점이 이루어진 이후에 '세계-내-존재$^{In-der-Welt-Sein}$'는 '체험된 상황들$^{erlebte Situationen}$'과 '표상된 상황들$^{vorgestellte Situationen}$'로 분명하게 나뉜다.

…… 19세기에 '매체의 전환Medienwende'이 있기까지는 유럽의 모든 고급문화—음악과 그림의 특별한 발전을 일단 논외로 한다면—는 바로 문자문화였다는 것, 즉 '부재하는 것의 시뮬레이션Simulation von Abwesendem'이었다는 것을 염두에 둔다면, 이런 탈콘텍스트화Dekontextuierung의 모험이 무엇을 의미하는지 명확하게 인식할 수 있을 것이다. 여기에는 관료주의와 제국의 서사시 정신에서 나온 정치가 상응했다. …… 플라톤은 스스로를 관념적인 환경들ideellen Umgebungen 속에서 재콘텍스트화rekontextuierung하기 위해, 현존하는 모든 상황, 자신을 빨아들이려는 모든 상황으로부터 '빠져나온' 지성의 첫 번째 증인이다. '눈앞의 상황들로부터의 지성의 단절Bruch der Intelligenz mit den aktuellen Situationen' 더하기 '이상적 상황들 속으로의 재이주Wiederansiedlung in Ideal-situationen'라는 이런 '이중적 활동Doppeloperation'이 플라톤 이래 철학이라고 불린다. 철학이 자신의 자취를 남길 때, 사람들은 삶에서 '읽으면서 맺는 관계dem lesenden Verhältnis'와 '같이하면서 맺는 관계dem mitmachenden Verhältnis' 중에서 하나를 결정해야 했다.

–〈응축 불가능한 것: 혹은 장소의 재발견Das Unkomprimierbare: oder Die Wiederentdeckung des Orts〉(2004년 한국 방문 강연 발표문)

본다는 것, 그것은 사물이나 사건, 혹은 상황에 대한 것만이 아니다. 더 중요한 것은 인간이 문자를 본다는 것이니까 말이다. 편지든, 기사든, 여행기든, 소설이든, 시집이든, 사회과학 서적이든, 인문과학 서적이든 인간은 문자를 본다. 아니 정확히 말해 인간은 문자를 읽고 해석할 수 있다. 더 극적인 것은 문자를 읽고 해석하면서 우리는 나름대로 머릿속에 그 상황을 그려본다는 것이다. 오비디우스^{Publius Ovidius Naso}(BC 43~AD 17)의 《변신^{Metamorphōseōn librī}》에 등장하는 오르페우스^{Orpheus}와 그의 아내 에우리디케^{Eurydice}의 비극적인 사랑 이야기를 읽으면서 우리는 제멋대로 오르페우스와 에우리디케의 모습을 그려보는 것과 같다. 어차피 전설이니 마음대로 그려도 상관없지만, 여행기의 경우라면 아주 심각한 상황이 벌어질 수 있다. 여행기를 읽고 그려본 파리와 실제로 가보았을 때의 파리는 너무나 다를 수 있으니 말이다. 바로 이것이 문자라는 매체가 지닌 힘이다. 슬로터다이크는 문자로 인해 '체험된 상황들'과 '표상된 상황들'이 나뉜다고 말한다. 시각이나 청각, 심지어 촉각까지 총동원해야 가능한 '체험된 상황'이 있다. 우리가 삶으로 겪어내는 상황들이다. 반면 문자를 '보고' 마음속에 그려낸 상황도 있다. 바로 이것이 '표상된 상황'이다. 《스펙타클의 사회》 19번째 테제에서 기 드보르가 "사변적인 세계로 퇴행한 것은 바로 모든 사람의 구체적인 삶이다"라고 말했던 문맥과 겹치는 이야기다. "사변적 세계"가 "표상된 상황들"을 가리킨다면, "모든 사람의 구체적인 삶"은 "체험된 상황들"과 관련되기 때문이다.

자, 이제 플라톤이 어떻게 이데아의 세계, 혹은 표상된 상황들이나 사변적 세계를 만드는지 생각해보자. 그는 누군가가 땅이나 모래에 그려놓은 삼각형을 본다. '체험된 상황'이다. 집에 돌아온 플라톤은 삼각형을 마음속에 그려본다. "눈앞의 상황들로부터의 지성의 단절"이 일어난다. 머리로도 좋고 아니면 펜과 종이로도 좋다. 그는 삼각형 내각의 합은 180도라는 걸 추론하고, 심지어 삼각형을 합쳐서 사각형을 만들어본다. 이어서 사각형 내각의 합은 360도라는 걸 추론한다. 이런 식으로 플라톤은 지상에는 없는 삼각형과 사각형 등이 존재하는 세계 속에 머문다. 그런데 지구는 둥글 뿐만 아니라, 지표 그 어느 부분이라도 완전한 평면은 없기에 우리는 현실에서 내각의 합이 180도인 삼각형이나 내각의 합이 360도인 사각형을 얻을 수 없다. 어쨌든 완전히 논리적인 존재들, 혹은 수학적인 존재들이 머무는 세계를 만들고 그 세계를 '볼' 때 플라톤은 슬로터다이크가 말한 것처럼 "이상적 상황들 속으로의 재이주"를 수행했던 것이다. 슬로터다이크가 말한 "표상된 상황들"이나 기 드보르의 "사변적 세계"는 바로 이렇게 탄생한다. 이제 사변적 세계를 단순히 사유의 세계라고 말해서는 안 된다. 그것은 순수한 봄의 세계이기 때문이다. 사실 심각한 문제는 그다음에 벌어진다. 플라톤이 땅위에 도형을 그리며 노는 아이들을 발견했다고 하자. 플라톤은 이데아의 세계에 있는 삼각형을 염두에 두고 아이가 그린 삼각형을 보게 된다. 아마도 그는 아이에게 충고를 할지도 모른다. "삼각형을 이루는 세 선분은 직선이어야 해! 그래야 내각의 합이 180도가 되지. 다시 그려보지 않겠니." 바로 이런 묘한 장면을 통해 우리는 슬로터다이크의 결정적인 언급을 쉽게 이해할 수 있다. "철학이 자신의 자취를 남길 때, 사람들은 삶에서 '읽으면서 맺는 관계'와 '같이하면서 맺는 관계' 중에서 하나를 결정해야 했다"고. 플라톤주의에 대한 가장 신랄한 비판이자 해체다. 물론 슬로터다이크는 "같이하면서 맺는 관계"에 손을 들어준다.

파리에 가서 그곳 사람들, 풍광들과 '같이하면서 관계 맺을' 때, 여행기도 나오는 법이다. 농사 등 실용적인 목적이든 아이들의 유희든 사람들이 "같이하면서 맺는 관계"에서 다양한 모양과 질감을 가진 삼각형들이 그려진다. 그다음에야 내각의 합이 180도인 삼각형에 대한 사변도 가능한 법 아닌가. 여기서 중요한 것은 문자라는 매체가 가진 힘, 아니 정확히 말해 매체가 갖는 힘이다. 문자라는 매체가 없었다면, 문자를 보고 이상적인 상황을 마음속에 떠올리는 일이나 "읽으면서 맺는 관계"도 생길 수 없으니까. 바로 이 대목에서 흘려보낼 수 없는 구절 하나가 우리 눈에 들어온다. "19세기에 '매체의 전환'이 있기까지는 유럽의 모든 고급문화는 바로 문자 문화였다는 것, 즉 '부재하는 것의 시뮬레이션'이었다"는 슬로터다이크의 말이다. 19세기에 드디어 문자 매체가 아니라 이미지 매체가 출현한 것이다. 부재하는 것의 시뮬레이션이 가능한, 그것도 부재하는 것조차 잊도록 만드는 강력한 시뮬레이션 매체가 등장한 셈이다. 최초의 매체에는 '어두운 방'을 뜻하는 라틴어 '카메라 옵스큐라Camera obscura'라는 이름이 붙여졌다. 바로 정적 이미지를 만드는 카메라다. 프랑스의 미술가였던 다게르Louis Daguerre(1787~1851)는 1826년 최초의 사진을 남기면서, 이제 인류는 문자 매체 대신 사진 매체를 갖게 된다. 여기서 영화로 가는 데는 한 걸음이면 족하다. 뤼미에르 형제Lumière brothers, 즉 오귀스트Auguste Lumière(1862~1954)와 루이Louis Lumière(1864~1948)는 1894년 촬영과 영사가 동시에 가능한 장치를 발명했고, 이 장치에 '시네마토그라프Cinématographe'라는 이름을 붙였다. '운동'을 뜻하는 그리스어 '키네마kinema, κίνημα'에서 유래한 단어가 '시네마Cinéma'이니, 영화는 운동cinema의 기록graph, 즉 활동사진motion-picture이었던 셈이다. 마침내 1895년 12월 28일 뤼미에르 형제는 어느 카페에서 시네마토그라프로 영화를 상영하는 데 성공한다. 이날이 바로 50초짜리 활동사진 〈(시오타역으로의) 열차의 도착L'arrivée d'un train en gare de La Ciotat〉이 최초의 영화로 기록되는 순간이자, 스펙타클의 사회가 그 서막을 여는 순간이기도 했다. 〈열차의 도착〉을 최초로 본 사람들은 그냥 압도되어 빨려들어버렸다. 연기를 뿜으며 시오타역으로 들어오는 열차 장면은 그들의 눈을 뚫고 그들의 내면을 지배해버린

6부. 코뮌주의 역사철학과 기 드보르의 유산

최초의 영화를 상영하는 데
성공했던 뤼미에르 형제.

것이다. 모든 것을 잊을 만큼 강력한 볼거리의 세계는 이렇게 시작
된다.

사진의 정적 이미지든 영화의 동적 이미지든 영상 매체는 "표
상된 상황"과 "체험된 상황" 사이의 구분, 나아가 "읽으면서 맺는 관
계"와 "같이하면서 맺는 관계" 사이의 구분을 복잡하게 만든다. 영
상 매체는 '편집된 상황'과 함께 '보면서 맺는 관계'를 우리에게 가
져왔으니까. "표상된 상황"은 '편집된 상황'과 다르다. 보통 표상이
인간이라면 누구나 하는 것이지만, 편집은 자신이 만든 표상을 타
인에게 이식하기 위해 PD나 감독이 하는 것이다. 결국 주체의 입장
에서 이야기하자면, 표상이 문자를 보고 해석하면서 주체 자신이

자발적이고 능동적으로 만든 시각적 이미지라면 편집은 다른 사람이 만든 시각적 이미지를 주체가 받아들이는 비자발적이고 수동적인 과정과 관련된다. 그래서 "표상된 상황"이 능동적인 시각 이미지라면, '편집된 상황'은 수동적인 시각 이미지라고 할 수 있다. 책을 보는 것보다 영상이나 영화를 보는 것이 편한 이유도 바로 여기에 있다. 책을 즐기려면 주체가 문자를 통해 상황을 능동적이고 시각적으로 표상해야만 한다. 이와 달리 영화는 우리에게 그다지 많은 능동성과 집중을 요구하지 않는다. 주체가 만들어야 할 시각적 이미지를 이미 만들어서 제공하니 얼마나 편한 일인가? 자동차의 발달로 인간의 다리가 약해지는 것처럼, 영상 매체의 발달은 우리의 구성 능력과 해석 능력을 현저히 약화시키게 된다. 왜 가장 대중적인 영상 매체 TV를 사람들이 바보상자라고 조롱했는지 확인할 수 있는 대목이다. 그럼에도 인간은 왜 다양한 영상 매체에 매료되는 것일까? '편집된 상황'은 "체험된 상황"보다 더 강력하고 더 자극적이기에 더 현실적인 것으로 느껴지기 때문이다. 전쟁 영화가 실제 전쟁보다 더 전쟁처럼 느껴지고, 사랑 영화가 실제 사랑보다 더 사랑처럼 느껴지고, 사건 사고를 보여주는 뉴스 영상이 실제 사건 사고보다 더 현실적으로 느껴진다. 바로 이것이 "표상된 상황"이 결코 따라 할 수 없는 '편집된 상황'만이 가지는 덕목이자 힘이다. 여기서 '스펙타클'이란 말이 진정한 자기 자리를 차지하게 된다. 기 드보르는 스펙타클은 시각적 "사유에서 유래한 정밀공학적인 합리성의 끊임없는 발전에 의지한다"고 말했다. 이 말을 이해하려면 다양한 CG를 이용한 기술적 기법이나 선정적 장면을 이용한 심리학적 기법 등 다양한 연출 방법은 차치하고 편집 자체가 만드는 가공할 속도감만 생각해보는 것으로 충분하다.

'편집된 상황'의 시간은 "체험된 상황"의 시간보다 엄청 빠르거나 엄청 느리다. 중요한 것은 실제 삶에서 느껴지는 시간과의 차이, 속도감의 차이다. 현실의 속도감과 다른 속도감을 주는 상황을 만드는 것이 편집의 힘이고, 바로 이것이 '편집된 상황'이 관객에게 '스펙타클', 즉 볼거리가 되는 이유다. 어느 공원에서 모든 사람이 자연스러운 걸음으로 유사한 속도로 산책하고 있다고 하자. 이런 사람들 속에서 전속력으로 달리는 사람이나 멈춰 서 있는 사람은 눈에 띄기 마련이다. 편의상 여기서는 "체험된 상황"보다 엄청난 속도감을 자랑하는 '편집된 상황'만 생각해보자. 실제 파리를 체험할 때 느껴지는 삶의 속도감은 파리를 소개하는 관광 홍보 영상의 속도감을 따라잡을 수 없다. 이 편집된 영상에는 파리의 노숙자도 더러운 쓰레기도 말다툼을 하는 커플도 심지어 늦게 도착한 대중교통도 모조리 잘려나갈 테니 말이다. 현실의 연애보다 영화의 연애가 우리의 주목을 끄는 이유도 마찬가지다. 밥 먹는 장면, 화장실 가는 장면, 다른 친구를 만나는 장면, 출퇴근하는 장면 등 현실의 삶에서 불가피한 모든 상황이 편집을 통해 잘려나가기에, 두세 시간만으로 연애의 기승전결을 다 보여줄 수 있다. 그러니 어떻게 관객들의 시선을 끌지 않을 수 있겠는가? 심지어 역사를 다루는 영화나 다큐멘터리 영상을 보라. 수십 년, 심지어 수백 년의 시간도 아주 깔끔하게 한두 시간으로 편집되지 않는가? "스펙타클은 철학을 현실화하는 것이 아니라 현실을 철학화한다"고 말할 때, 기 드보르가 염두에 두었던 것은 바로 이것이다. 현실의 흐름을 인위적으로 자른다. 그리고 불필요하다고 생각하는 부분은 버리고, 필요한 부분들을 다시 연결한다. 이런 과정을 통해 만들어진 '편집된 상황'은 편집자가 의도한 것을 보여주는 도구가 된다. 바로 이것이 '스펙타클은 현실을 철학화한다'는 말의 의미다. 실제로 영화를 만든 영화인이었던 기 드보르의 경험이 물씬 풍기는 대목 아닌가.

물론 '편집된 상황'은 "표상된 상황"이 가진 모든 한계를 답습한다. 사랑 영화를 보고 연애를 시작한 젊은이도 실제 사랑을 체험하면서 당혹감을 느끼기 마련이다. 사랑의 밀어를 나누고 서로를 애무하는 시간은 그다지 많지 않다. 여전히 직장은 다녀야 하고 생필품은 구해야 하고 공과금도 걱정해야 하고, 미세먼지에 기침을 하는 것으로 대부분의 시간을 보내기는 마찬가지다. 그나마 데이트할 때도 수다 떨고 밥 먹고 화장실 가는 등등의 시간, 영화라면 기꺼이 편집해야 할 시간들로 넘쳐난다. 시사 영화를 보고 비정규직 노동자들의 투쟁과 함께하려고 생각했던 사람도 마찬가지다. "체험된 상황"은 '편집된 상황'처럼 그렇게 일관적이고 단순하며 속도감 있게 진행되지 않으니까. 아마 온갖 쓸데없는 일들을 해결하느라 보내는 시간들로 회의감마저 밀려들 것이다. 충분히 겪어내고 체험하면, 다시 말해 "체험된 상황"이란 걸 가지게 되면 누구나 알 수 있다. 편집된 상황에 근거해 쓸데없다고 생각하는 것들이 정말로 중요한 것이었다는 사실을. 영화처럼 집에서 바로 점프해 카페 안에 있는 것이 아니라 가로수 길을 함께 걸으며 카페를 가는 그 시간, 영화처럼 바로 열정적인 키스를 연출하는 것이 아니라 아주 천천히 꼭꼭 씹어 밥을 먹는 애인의 모습을 바라보는 그 시간, 온갖 푸념을 늘어놓는 애인의 이야기를 경청하는 그 시간 등등이 모두 사랑에 빠진 사람이라면 기꺼이 향유하는 시간이었던 것이다. 마찬가지로 아이 교육 문제로 아내가 자신에게 소홀하다고 불만을 제기하는 노동자의 이야기를 듣던 시간, 술자리가 파한 뒤 속이 불편한 노동자의 등을 두드려주던 시간, 오랜 점거투쟁으로 불쾌한 냄새를 품기는 노동자들과 함께 쪽잠을 자던 시간, 용역 직원들이 점거 현장을 급습할 때 공포에 떠는 노동자들의 손을 잡아주던 시간 등등이 바로 비정규직 노동자들과의 연대투쟁에서 가장 주요한 부분들이었다는 것을 알게 된다.

영상 매체의 발달로 "표상된 상황들" 이외에 더 강력한 '편집된 상황들'도 생겼다. 당연히 "읽으면서 맺는 관계" 이외에 '보면서 맺는 관계'도 우리의 삶을 강하게 지배한다. 그만큼 "체험된 상황들"이나 "같이하면서 맺는 관계"는 주변부로 물러나게 된다. 스마트폰이 발달하면서 이런 경향은 더욱 강화된다. TV나 컴퓨터가 제공하는 스펙타클에 빠져들다 거실이나 서재를 떠나 바깥으로 나가보라. 기묘한 현기증이나 멍한 느낌에 사로잡힐 것이다. '편집된 상황들'에 더욱 몰입하도록 설계된 스펙타클 기계인 영화관을 나오면 이런 느낌은 더 강화된다. 편집된 상황의 속도감과 체험된 상황의 속도감이 맞닿아 있어 발생하는 일종의 시차 적응 과정인 셈이다. 최소한 이때까지만 해도 얼마 지나지 않아 우리는 "같이하면서 맺는 관계"로 돌아가 "체험된 상황들"을 만들어갈 수 있었다. 그러나 스마트폰이 대중화되면서 이런 가능성마저도 줄어들고 있다. 스마트폰은 TV, PC, 영화관, 공연장 등 거의 모든 영상 매체를 집약하고 있는 매체다. 심지어 스마트폰은 기꺼이 문자 매체마저 포용하고 있다. 스마트폰을 켜는 순간, 우리가 '편집된 상황들'뿐만 아니라 "표상된 상황들"의 홍수 속에서 허우적거리는 것도 이런 이유에서다. 그만큼 "체험된 상황들"과 "같이하면서 맺는 관계"는 위축될 수밖에 없다. 스마트폰이 글자 그대로 '모바일mobile'이란 것도 상황을 더 악화시킨다. 언제든지 들고 다닐 수 있고, 언제든지 작동시킬 수 있다. 스마트폰 화면을 열고 닫는 과정이 무한히 반복되면서, 영화관을 나올 때 드는 현기증과 멍한 느낌이 이제 만성적이게 되면서, 스마트폰 안의 세계와 스마트폰 바깥 세계는 그만큼 경계가 흐려지고 만다. 자동차에 장착되어 내비게이션 기능을 하는 스마트폰을 생각해보라. 편집된 내비게이션 화면과 유리창 밖의 현실세계의 경계가 거의 흐릿하기만 하다. 운전을 마친 뒤 모래나 흙도, 들꽃도, 지나가는 할머니도, 미루나무도 모조리 편집되어 버려졌다는 것을 아는 사람이 얼마나 있을까? 잠시 길가에 차를 세워두고 구름과 들꽃과 할머니와 미루나무와 "같이하면서 맺는 관계"가 충분히 가능했지만, 내비게이션 화면은 그걸 허용하지 않았던 것이다. 그렇지만 운전을 하면서 운전자가 모래나 흙, 들꽃, 할머니, 미루나무를 본 것은 맞다. 불행히도 그가 본 것은 내비게이션을 '보면서 맺는 관계'의 대상들, 다시 말해 관조의 대상들에 지나지 않았을 뿐이다.

4세기 인도에서 중관불교中觀佛敎, Mādhyamika, Śūnyavāda와 함께 대승불교를 양분했던 유식불교唯識佛敎, Yogācāra, Vijñaptimātratā-vāda 전통에 따르면 인간의 감각은 안이비설신眼耳鼻舌身의 다섯 가지 감각기관을 근거로 다섯 가지 감각으로 구분된다. 눈의 감각인 시각, 귀의 감각인 청각, 코의 감각인 후각, 입의 감각인 미각, 그리고 마지막 다섯 번째가 몸의 감각인 촉각이다. 그렇지만 불교에서는 감각이라는 말보다는 의식이란 말을 선호한다. 유식불교에서는 시각을 '안식眼識, cakṣurvijñāna', 청각을 '이식耳識, śrotravijñāna', 후각을 '비식鼻識, ghrāṇavijñāna', 미각을 '설식舌識, jihvāvijñāna', 그리고 촉각을 '신식身識, kāyavijñāna'이라고 부르니까. 눈은 사물의 모양과 색을 즉시 받아들이는 카메라의 렌즈처럼 작동하지 않고, 일종의 기억 능력을 가지고 있다는 통찰이다. 하긴 어두운 극장 안에 들어가면 순간적으로 한 치 앞도 보이지 않는 것도 이런 이유에서다. 눈이 밝은 곳에서의 감각을 기억하고 있기 때문이다. 중요한 것은 유식불교는 이 다섯 가지 감각을 동등한 감각이라고 보지 않았다는 점이다. 양파껍질로 이해하면 좋다. 안이비설신의 순서로 제일 겉 표피에는 시각이 있고, 그다음은 청각, 그리고 제일 마지막으로는 촉각이 있다는 것이다. 그래서 안식을 제1식, 이식을 제2식, 비식을 제3식, 설식을 제4식, 마지막으로 신식을 제5식이라고 한다. 결국 경험이나 체험은 촉각까지 모조리 동원되어야, 아니 정확히 말해 촉각에 이르러야 자신의 진정한 의미를 발견한다고 하겠다. 슬로터다이크가 "같이하면서 맺는 관계"나 "체험된 상황들"을 강조했을 때, 이것은 바로 '같이함'과 '체험'이 촉각까지 내려가야만 의미가 있다. 자동차에서 내려 모래나 흙을 만지거나, 들꽃의 향을 맡고 잎사귀를 쓰다듬거나 할머니의 손과 볼을 만져야 한다. 어쩌면 이때 촉각에 집중하려고 눈을 감을 수도 있다. 타자가 나를 보지 않을 때 나는 그를 볼 수 있고, 타자가 나를 볼 때도 나는 그를 보지 않을 수 있는 시각과는 달리, 촉각이 우리의 감각 중 가장 평등하고 심지어 민주적이라고 할 수 있는 감각이라는 걸 잊지 말자. 내가 무언가에 접촉할 때 그 대상도 나를 접촉하는 것이니 말이다. 결국 "같이하면서 맺는 관계"는 촉각에서 가장 빛을 발한다. 스펙타클로부터 벗어나고 싶은가? 만지고 쓰다듬고 애무하라! 그 대상이 무엇이든 그것도 당신을 만지고 쓰다듬고 애무할 테니 말이다.

관조의 대상l'objet contemplé에 도움을 주는 구경꾼spectateur의 소외가 (관조의 대상은 구경꾼의 무의식적 활동activité inconsciente의 산물이다) 작동하는 방식은 다음과 같다. 그가 더 많이 관조하면 할수록 그는 더 적게 살아가게 되고, '지배체제가 제안한 필요의 이미지들^{les images dominantes du besoin}'로 그가 자신을 더 많이
인식할수록 그는 자신의 실존^{existence}과 욕망^{désir}을 더 적게 이
해하게 된다. 활동하는 인간^{l'homme agissant}에 대한 스펙타클의
외재성^{l'extériorité}은 개체 자신의 몸짓^{geste}이 더 이상 자신의 것
이 아니고, 차라리 그에게 그것들을 대표해주는 다른 누군가
의 몸짓이라는 사실로 설명된다. '구경꾼은 어느 곳에서도 편
안함을 느끼지 못한다^{le spectateur ne se sent chez lui nulle part}.' 스펙타클
은 어느 곳에나 존재하기 때문이다.

-《스펙타클의 사회》 30

상장을 받고 귀가한 초등학생 아이가 있다. 복잡한 산수 문제
를 능숙하게 푼 탓이다. 아이는 수학적 재능이 있어 어려운 문제를
풀 때 희열을 느꼈던 것일까. 그렇지 않다. 선생님이 대견한 듯 상
장을 건넸을 때 아이는 기뻤고, 자신이 꺼내든 상장을 보고 어머니
가 기뻐할 때 아이는 기뻤다. 아이는 직감적으로 안다. 선생님이나
어머니가 상장을 받은 자신을 그렇지 않았을 때보다 더 아끼고 사
랑한다는 사실을. 결국 아이가 욕망한 것은 상장을 넘어서, 선생님
이나 어머니의 욕망이었던 셈이다. 정확히 말해 아이는 선생님이나
어머니가 욕망하는 상장을 욕망했던 것이다. 그런데 한 가지 의문
이 든다. 왜 아이는 선생님과 어머니가 원하는 것을 하려고 했던 것
일까. 아이가 아직 미숙하고 나약하기 때문이다. 학교에서는 선생
님의 보살핌이 필요하고 집에서는 어머니의 보살핌이 필요하다. 선
생님과 어머니의 관심과 보살핌을 얻으려면, 아이는 자신이 그들이
욕망하는 대상이 되어야 한다고 본능적으로 느낀다. 선생님과 어머
니가 사랑하고 좋아하는 대상이 되어야 한다는 것은 무력하고 나약

한 아이로서는 생존의 문제니까. 경험은 아이에게 어떻게 하면 자신이 선생님과 어머니의 욕망 대상이 되는지를 가르쳐준다. 산수 문제를 제대로 풀지 못했을 때 선생님과 어머니의 표정과 분위기는 모든 것을 가르쳐주지 않는가? 반면 상장을 들고 있는 자신에게 선생님과 어머니는 하염없이 부드럽고 자애로운 애정을 보내지 않는가? 잊지 말아야 할 것은 아이에게 선생님과 어머니는 강자로 인식된다는 사실이다. 강자가 원하는 모습이 되거나 강자가 원하는 것을 가지고 있어야 한다. 이것은 생존을 확보하려는 모든 약자의 불가피한 선택이었다. 라캉이 "주체의 욕망은 타자의 욕망이다"라는 충격적인 결론을 내린 것도 다 이유가 있었던 셈이다.

> 간단히 말해 다음과 같은 사실만큼 분명한 것은 다른 어디에도 없을 것이다. 인간의 욕망le désir de l'homme은 타자의 욕망le désir de l'autre에서 그 의미sens를 발견한다. 이것은 타자가 욕망 대상에 대한 열쇠les clefs de l'objet désiré를 가지고 있기 때문이 아니라, 인간 욕망의 최초의 대상premier objet은 타자에 의해 인정되어야만reconnu 하기 때문이다.
>
> ─ 〈정신분석에서 말과 언어의 기능과 영역fonction et champ de la parole et du langage en psychanalyse〉, 《에크리Écrits》(1966)

아이가 최초로 욕망했던 것은 무엇일까? 라캉이 말한 "최초의 대상"에 대한 의문이다. 구체적인 것은 사람마다 다를 것이지만, 한 가지 확실한 것은 최초의 욕망 대상이 타자에 대한 최초의 의식과 함께한다는 사실이고, 타자에 대한 최초의 의식은 타자의 욕망을 최초로 느끼게 되었다는 것을 의미한다는 사실이다. 내 뜻대로 움직이는 것은 타자가 아니다. 타자는 항상 나를 거스르는 것, 나의 욕망을 좌절시키는 것으로 경험되기 때문이다. 선생님의 욕망이나 어머니의 욕망을 자기 욕망으로 받아들였다는 것은 아이로서는 무척 심각한 일이다. 그것은 기본적으로 자기 욕망을 억눌렀다는 것을 말하기 때문이다. 정신분석학이 인문학적 사유 전통인 이유도 바로 여기에 있다. 봉인된 자기 욕망을 해방시켜야 한다는 의지가 아니라면, 정신분석학은 아무런 의미도 없다. 논의를 심화하려면 주인과 노예에 대한 고전적 정의를 다시 떠올려보는 것이 도움이 된다. 주인이 자신이 원하는 것을 하는 사람이고, 노예는 주인이 원하는 것을 하는 사람이다. 아이는 주인이 아니고 노예다. 그렇다면 선생님과 어머니는 노예가 아니고 주인일까. 이것도 만만치 않다. 선생님과 어머니도 사회 전체가 욕망하는 것을 욕망하기 때문이다. 선생님과 어머니도 아이와 같았던 것이다. 생존의 안정성을 위해 사회가 원하는 것을 원하고 있을 뿐이기 때문이다. 선생님과 어머니도 나약하고 무력했던 유년 시절을 보냈다는 걸 잊지 말자. 그렇다면 궁금해지지 않는가? 아이의 욕망이 되어버린 부모의 욕망, 그리고 부모의 욕망이 되어버린 조부모의 욕망 등등, 혹은 약자가 내면화한 강자의 욕망, 그 강자의 욕망에 내면된 또 다른 강자의 욕망 등등, 욕망의 근원을 추적하다보면, 우리는 BC 3000년 전후 탄생한 최초의 지배/피지배 관계로서의 문명과 국가에 이르게 될 것이다.

다시 우리는 《스펙타클의 사회》 62번째 테제에 등장하는 문장을 떠올릴 필요가 있다. "자기 삶의 주인인 어른들은 어디서도 발견되지 않는다." 자기 욕망에 따라 삶을 영위하는 사람, 즉 자기 삶의 주인이 어른이라면, 이런 어른은 부르주아체제 어디서도 존재하지 않는다는 슬픈 진단이다. 자기 욕망이 아니라 국가라는 강자의 욕망이나 자본이란 강자의 욕망에 따라 살아가니, 어떻게 자기 삶의 주인일 수 있느냐는 탄식이기도 하다. 《스펙타클의 사회》 30번째 테제에서 기 드보르는 흥미로운 말을 한다. "관조의 대상은 구경꾼의 무의식적 활동의 산물"이라고. '관조'와 '구경꾼' 대신 욕망과 주체를 넣으면 '욕망의 대상은 주체의 무의식적 활동의 산물'로 바뀔 수 있다. 물론 여기서 '무의식적 활동'은 타자의 욕망, 즉 강자의 욕망이나 다름없다. '주체의 욕망은 타자의 욕망이다'라는 말로 요약되는 라캉의 글 〈정신분석에서 말과 언어의 기능과 영역〉은 1966년 《에크리》로 묶이기 전에 사실 1956년에 출간된 《정신분석 1 La Psychanalyse I》에 실린다. 기 드보르가 라캉을 좋아했는지 여부는 모를 일이지만, 최소한 라캉의 욕망론과 유사한 통찰을 하고 있다는 건 확실하다. 어머니나 선생님, 나아가 사회 전체가 따뜻하게 자신을 대해줄 것을 보증하는 일종의 보증서가 기 드보르에게는 "관조의 대상"이다. 아무나 1등을 할 수 없고 그래서 아무나 상장을 가질 수 없는 것처럼, "관조의 대상"은 구경꾼이 눈을 떼지 못하도록 만드는 힘을 가진다. 정치계나 연예계, 혹은 스포츠계의 스타들일 수도 있고, 아니면 고가의 매력적인 상품들일 수도 있다. 그럼에도 구경꾼이 구경꾼일 수밖에 없는 이유는 그가 그 관조의 대상을 지금 가질 수 없고, 단지 꿈만 꿀 수밖에 없다는 사실 때문이다. 기 드보르가 "관조의 대상에 도움을 주는 구경꾼의 소외"라고 말했던 것도 이런 이유에서다. "보기만 해!"라는 말처럼 우리의 욕망을 증폭시키는 말이 또 있을까. 어쨌든 중요한 것은 관조의 대상, 즉 욕망의 대상을 주체가 욕망하는 것이 아니라 부르주아체제가 욕망하고 있다는 사실이다. 구경꾼, 혹은 주체는 단지 부르주아체제로부터 버림

받지 않기 위해 이 억압체제가 가장 원하는 걸 가지고 싶을 뿐이다. 선생님이나 부모로부터 냉대와 버림을 피하기 위해 상장을 욕망했던 아이처럼 말이다.

라캉의 도식을 직설적으로 바꾸어보자. '나는 강자가 욕망하는 것을 욕망한다.' 결국 상장이든 무엇이든 간에 어떤 대상을 욕망하면 할수록, 우리는 자기 삶을 살기보다는 강자가 원하는 삶을 살 수밖에 없다. 구경꾼도 마찬가지다. 기 드보르의 말처럼 관조의 대상을 "더 많이 관조하면 할수록 그는 더 적게 살아"갈 수밖에 없으니 말이다. 그렇다면 왜 기 드보르는 '욕망의 대상'과 '주체의 욕망'이라는 라캉의 도식이 아니라 '관조의 대상'과 '구경꾼의 관조'라는 표현을 썼던 것일까? 부르주아체제에 대한 기 드보르의 탁월한 현실감각 때문이다. 부르주아체제는 소비를 강요할 수 없고 투표를 강요할 수 없는 기묘한 억압체제다. 그러니 강자라고 해도 정말 묘한 강자 아닌가. 타율적 복종이 아니라 자율적 복종을 요구하는 강자니까 말이다. 그래서 '나는 강자가 욕망하는 것을 욕망한다'라는 라캉의 통찰은 자율적 복종의 논리에 따라 더 구체화될 필요가 있다. 생각해보라. 노동자가 소비자가 되어 소비를 하지 않으면 자본계급은 잉여가치를 얻을 수 없다. 동시에 자본주의는 돈을 가진 사람이 상품을 가진 사람보다 우월하다는 것을 긍정하는 체제다. '작은 자본가'로서 소비자의 소비를 강제한다면, 이것은 '큰 자본가'로서 진짜 자본가의 투자도 강제할 수 있다는 이야기가 된다. 대의제 국가에서도 마찬가지의 논리가 적용된다. 피지배자가 유권자가 되어 투표를 하지 않으면 지배계급은 권력의 정당성을 확보할 수 없다. 동시에 대의제는 선거권자가 피선거권자보다 우월하다는 것을 인정하는 체제다. 결국 유권자의 투표 행위를 강제한다면, 대의제

자체는 붕괴되고 만다. 유권자의 자유가 소비자의 자유에 대한 정치적 표현이라는 걸 염두에 둔다면, 대의제의 붕괴는 결국 자본주의 체제의 붕괴로 이어질 수밖에 없다. 부르주아체제가 '편집된 상황', 즉 스펙타클을 이용하는 것도 이런 이유에서다. "저 상품은 반드시 사야만 해!" "저 사람은 대통령이 되어야만 해!" 소비자가, 그리고 유권자가 특정 상품에 돈을 지불하고 특정 인물에 표를 던지도록 유혹하는 것이다. 살 수도 있고 안 살 수도 있는 것이 아니라 반드시 사도록 만들어야만 하고, 투표를 할 수도 있고 하지 않을 수도 있는 것이 아니라 반드시 투표하도록 만들어야만 한다는 이야기다.

관객의 시선이 도망가지 못하도록 근사한 볼거리, 즉 스펙타클을 편집해내는 영화감독처럼 부르주아체제도 소비자의 시선과 유권자의 시선이 도망가지 못하도록 근사한 스펙타클을 편집한다. 실제로 부르주아체제가 상품 홍보와 선거 홍보를 위해 공연감독이나 CF감독, 혹은 영화감독을 초빙하는 것은 이제 일상이 되어버린 일 아닌가. 스펙타클은 보지 않아도 되는 것을 보지 않을 수 없도록 하는 마술, 혹은 없어도 되는 것을 없으면 안 되는 것으로 만드는 마술이다. 마술에 걸린 소비자는 특정 상품 이외의 것에는 눈도 돌리지 않게 되고, 마술에 걸린 유권자는 특정 입후보자의 일거수일투족에 시선을 빼앗기고 만다. 관조의 대상을 관조하는 상태가 되면, 스펙타클이란 마법은 이미 성공한 셈이다. 그 결과 소비자는 빈털터리가 되어 다시 임금노동자로 추락하고, 유권자는 4년이나 5년 뒤 선거가 있을 때까지 다시 피지배자로 전락한다. 반대로 자본가는 잉여가치와 함께 노동자를 다시 부릴 수 있게 되고, 권력자는 권력의 정당성과 함께 피지배자를 다시 수탈하게 된다. 바로 이것이 기 드보르가 '욕망의 대상'과 '주체의 욕망'이란 도식에 만족하지 않고 '관조의 대상'과 '구경꾼의 관조'라는 도식을 도입한 이유다. 정신분석학자답게 라캉이 개개인의 욕망과 그 욕망의 기원에 집중했던 것과는 달리, 마르크스주의자답게 기 드보르는 인간의 욕망을 날조하는 부르주아체제의 지배 전략을 폭로하려고 했기 때문이다. 그래서 《스펙타클의 사회》 30번째 테제에서 기 드보르가 말한 "지배체제가 제안한 필요의 이미지들"은 매우 중요하다. 특정 상품에 이 상품은 반드시 필요하다는 이미지를 부과하는 것도, 그리고 특정 후보에 이 후보는 반드시 필요하다는 이미지를 부과한 것도 지배체제다. 문제는 바로 이 필요의 이미지들을 자신의 필요로 받아들인 노동자나 피지배자다. 필요와 불필요를 스스로 결정하지 못하고, 지배체제가 강요한 필요와 불필요를 받아들였기 때문이다. 어쨌든 지배체제가 제안한 필요의 이미지들을 받아들이는 순간, 노동자나 피지배자는 슬로터다이크의 표현을 빌리자면 세상과 '같이하면서 관계를 맺는' 것이 아니라 자신에게 주어진 필요의 이미지들을 '보면서' 세상과 '관계를 맺게' 된다. 이렇게 구경꾼은 탄생한다. 불행히도 기 드보르의 말처럼 "'지배체제가 제안한 필요의 이미지들'로 그가 자신을 더 많이 인식할수록 그는 자신의 실존과 욕망을 더 적게 이해하게 되지만" 말이다.

　"지배체제가 제안한 필요의 이미지들"이 바로 가짜 필요와 가짜 욕망의 기원이 된다. 체제 입장에서는 진짜 필요이고 진짜 욕망이라고 주장하지만, 주체 입장에서 이것은 자기의 필요와 자기의 욕망일 수 없다. 그럼에도 마치 모든 것이 자기만의 고유한 결정이자 선택이라도 되는 듯, 구경꾼은 어떤 상품을 구매하느라 지갑을 열고 어떤 대표를 선출하느라 선거권을 행사한다. 그렇지만 그의 모든 결정과 그의 모든 행동의 진정한 주인은 "필요의 이미지들"

을 그에게 각인시키는 데 성공한 "지배체제"일 수밖에 없다. 기 드 보르가 구경꾼의 "몸짓은 더 이상 자신의 것이 아니고, 차라리 그에게 그것들을 대표해주는 다른 누군가의 몸짓"일 수밖에 없다고 이야기했던 것도 이런 이유에서다. 지배체제가 우리를 움직이게 했으니, 우리의 제스처는 지배체제의 것일 수밖에 없다는 이야기다. 주인이 아니라 노예의 삶이다. 어떻게 해야 우리는 삶의 주인이 될 수 있을까? 물론 그것은 체제가 제안한 필요나 욕망이 아니라 나만의 고유한 필요나 욕망을 되찾아야만 가능하다. 그 방법은 무엇일까? 《스펙타클의 사회》 30번째 테제의 마무리 구절은 그 실마리가 된다. "'구경꾼은 어느 곳에서도 편안함을 느끼지 못한다.' 스펙타클은 어느 곳에나 존재하기 때문이다." 스펙타클이 어느 곳에나 존재하기 때문에 편안함을 느끼지 못한다! 자기 존재에 대한 느낌이자 혹은 감수성이다. 주인으로 자기 집에 머물 때는 편안함을 느끼지만, 손님으로 남의 집에 머물 때는 편안함을 느낄 수 없는 법이다. 사실 "구경꾼은 어느 곳에서도 편안함을 느끼지 못한다le spectateur ne se sent chez lui nulle part"는 기 드보르의 표현은 "구경꾼은 어느 곳에서도 자신의 집에 있다고 느끼지 못한다"라고 직역할 수 있다. '편안함'이라고 번역된 'chez lui'는 단어 그대로 보자면 '구경꾼 자신의 집'이라는 뜻이니까 말이다. 구경꾼이 스펙타클 사회에서는 자기 집에 있는 것처럼 느끼지 못한다는 사실, 바로 자기 존재에 대한 이 느낌이 중요하다. 이 대목에서 우리는 "'지배체제가 제안한 필요의 이미지들'로 그가 자신을 더 많이 인식할수록 그는 자신의 실존과 욕망을 더 적게 이해하게 된다"는 구절을 다시 읽을 필요가 있다. 자신의 실존과 욕망을 적게 느낀다는 말은 적으나마 구경꾼은 자신의 실존과 욕망을 느낀다는 의미다. 바로 이 부분이 희망이다. 구경꾼은 적으나마 반드시 존재하는 자신의 실존과 욕망에 대한 느낌을 가지고 있다! 68혁명 당시 경찰과의 물리적 충돌에도 굴하지 않았던 전투적 철학자 푸코$^{Michel\ Foucault}$(1926~1984)도 2008년 출간된 그의 강연록《자기와 타자의 통치: 콜레주 드 프랑스 강의 1982~1983년$^{Le\ gouvernement}$ $^{de\ soi\ et\ des\ autres:\ cours\ au\ Collège\ de\ France\ 1982-1983}$》에서 바로 '적지만 반드시 존재하는 자신의 실존과 욕망에 대한 느낌'에 주목하지 않았던가.

> 인생의 시작부터 사물화되어버린 오류·왜곡·악습·의존성의 심층부에 훈육이 가해진다. 그 결과 인간 존재가 여전히 머무르고 있을지도 모르는 젊음의 상태나 유년기의 어떤 단계로 되돌아가는 것이 관건이 아니라, 즉각적으로 결함 있는 교육 및 신앙 체계에 사로잡힌 인생 속에서 결코 나타날 기회가 없었던 '속성'을 참조하는 것이 관건이 된다. 자기 실천의 목표는 자기 자신 내에서 결코 나타날 기회가 없었던 속성과 자기 자신을 일치시키면서 자기를 해방하는 행위이다.
>
> –《자기와 타자의 통치: 콜레주 드 프랑스 강의 1982~1983년》

먼저 눈에 띄는 것은 푸코도 기 드보르처럼 라캉의 정신분석적 사유와 일정 정도 거리를 두는 대목이다. "인간 존재가 여전히 머무르고 있을지도 모르는 젊음의 상태나 유년기의 어떤 단계로 되돌아가는 것이 관건이 아니"다. 푸코가 중시하는 것은 지금 그리고 여기서 자기만의 욕망이 출현하는 사건이다. 푸코의 말대로 "자기 자신 내에서 결코 나타날 기회가 없었던 속성"이 마침내 자기 자신 안에서 나타나는 경우가 있다. 바로 이것이 자기 필요이고 자기 욕망이자 자기 실존이다. 푸코는 바로 이것을 놓치지 말고 붙잡아야 한다

6부. 코뮌주의 역사철학과 기 드보르의 유산

고 말한다. 바로 이 속성을 붙잡아 무럭무럭 성장시켜서 체제가 각인한 모든 가짜와 허위를 몰아내야 한다. 푸코가 "자기 실천의 목표는 자기 자신 내에서 결코 나타날 기회가 없었던 속성과 자기 자신을 일치시키면서 자기를 해방하는 행위"라고 강조했던 이유도 바로 여기에 있다. 그렇다면 구체적으로 어떻게 해야 하는가? 일단 당분간 무조건 대중매체를 멀리해야 한다. TV와 컴퓨터뿐만 아니라 스마트폰도 꺼야 한다. "자기 자신 내에서 결코 나타날 기회가 없었던 속성"이 등장할 수 있는 기회를 주는 일종의 예비적 조치다. 이런 조치를 통해 "지배체제가 제안한 필요의 이미지들"의 영향력이 조금씩 줄어들면서, 나의 필요나 나의 욕망이 드러날 여지가 생길 것이다. 이어서 해보지도 않았으면서 꺼리는 것이 무엇인지 확인하고 그것들을 몸소 행하려고 노력할 필요가 있다. 하지도 않았으면서도 싫어하는 것, 해본 적도 없으면서 욕망이 없다고 자신했던 것! 바로 그곳에서 자신의 실존과 자신의 욕망이 의외로 편안함을 느낄 가능성도 있으니 말이다. 나아가 가급적 자연이든 도시든 아무런 목적도 없이 배회하는 습관을 들여야 한다. 장자가 권유했던 '소요유逍遙遊'를 실천하는 것이다. 목적이나 방향이 없는 산책이나 모험을 즐기는 것이 소요유다. 스마트폰이 알려주지 않았던 카페나 식당을 만날 수도 있고, 아니면 근사한 바위나 나무를 만날 수도 있다. 산길이든 골목길이든 길을 걷다가 자신의 걸음을 멈추도록 하는 무언가를 만날 수 있다는 것이 중요하다. 스스로 걸음을 멈추고 무언가에 집중할 수 있다는 것! 축복이다. 바로 이 순간이 기 드보르가 말한 "자신의 실존과 욕망"이나, 혹은 푸코가 말한 "자기 자신 내에서 결코 나타날 기회가 없었던 속성"이 고개를 내미는 순간일 수 있으니까.

실천^{praxis}의 제거와 그것에 동반되는 '반변증법적 허위의식 la fausse conscience anti-dialetique'이, 스펙타클에 예속된 생활에 끊임 없이 강제된다. 스펙타클은 '마주침의 능력 장애^{la défaillance de la faculté de rencontre}'를 위한 체계적 조직이자, 사회의 환각적 현 상^{fait hallucinatoire social}에 의한 마주침의 대체—'마주쳤다는 허 위의식^{la fausse conscience de la rencontre}', '마주쳤다는 환상^{l'illusion de la rencontre}'—로 이해해야 한다. 어느 누구도 더 이상 타자^{les autres} 에 의해 "인식될^{reconnu} 수 없는" 사회에서는 모든 개인이 더 이상 자신의 현실을 인식할^{reconnaître} 수 없게 된다. 분리가 자 신의 세계를 구축하고, 이데올로기는 이 편안한 안식처에서 서식한다.

−《스펙타클의 사회》 217

필요하지 않은데 필요하도록 만드는 마술! 바로 스펙타클이 다. 국가기구도 스펙타클이고 자본주의도 스펙타클이다. 이것은 국 가나 자본이 우리 삶에 반드시 필요한 무엇으로 느껴지고 이해된다 는 의미다. 마술이나 환각으로서 스펙타클의 핵심은 지배와 피지배 라는 원초적 억압관계, 혹은 정신노동과 육체노동이란 원초적 분업 관계가 반드시 필요하다고 느끼도록 만드는 데 있다. 물론 더 숙고 해보면 그것은 지배자나 정신노동이 반드시 필요하도록 느끼는 것 에 지나지 않는다.《스펙타클의 사회》 26번째 테제에서 기 드보르 가 "분리는 스펙타클의 알파와 오메가"라고 강조했던 것도 이런 이 유에서다. 지배와 피지배라는 분리가 스펙타클이 요청된 이유이고, 지배와 피지배라는 분리를 정당화하는 것이 스펙타클의 최종적 목 적이라는 이야기다. 분리와 관련된 스펙타클의 최종적 효과는 분명하다. 그것은 지배자가 사회에서 반드시 필요한 존재라고 피지배자들이 믿도록 만들고, 나아가 피지배자가 지배자를 경배하도록 만드는 것이다. 그래야 분리가 안정적으로 유지될 테니 말이다. 파라오나 황제 앞에서 고개를 들지 못하는 민중들을 생각해보라. 파라오나 황제를 노동계급들과 분리하고 그들 위에 군림하는 것을 정당화하기 위해 억압체제는 파라오가 태양신의 아들이라고, 황제는 하늘의 아들이라고 아우라를 부여한다. 바로 이것이 스펙타클이다. 이제 파라오를 부정하는 것은 태양을 부정하는 것이고, 황제를 부정하는 것은 하늘을 부정하는 것이 된다. 높은 단상에 올라 태양이나 하늘에 제사를 지내는 파라오와 황제! 그리고 이 절대적 권력자 앞에서 머리를 조아리는 노동계급들! 영화에서나 봄 직한 스펙타클, 즉 장관 아닌가. 여기서 분리를 완성하는 스펙타클이 가지는 또 다른 분리 효과에 주목할 필요가 있다. 절대적 권력자를 경배하는 수많은 피지배자들이 서로 분리된다는 사실이다. 평범한 인간을 벗어나 있다는 걸 보여주려는 파라오와 황제의 의상과 제스처도 그렇지만 이 절대적 권력자가 서 있는 단상과 그 주변의 화려함과 웅장함 자체가 눈을 떼기 힘든 스펙타클이기 때문이다. 파라오와 황제가 중심이 되어 벌어지는 장관 속에서 노동계급은 분명 모여 있다. 그렇지만 그들은 서로 만나지 않는다. 예식이 진행되는 곳에 서로 고립된 채 모여 있을 뿐이다.

1970~1980년대 학창 시절을 보냈던 사람이라면 누구나 아침 조회를 떠올릴 수 있을 것이다. 단상의 중심에는 교장이, 그 옆에는 교감이나 학생주임이 있다. 그 주변부로 수많은 선생들이 도열한다. 군사독재 시절 군대의 사열 장면을 교육 현장에도 도입한 것이다. 조회에서 교장은 사단장이자 파라오이고 황제였던 셈이다. 서

로 장난을 치던 학생들도, 와자지껄 이야기꽃을 피우던 학생들도, 청춘의 고뇌를 함께했던 학생들도 조회 시간에는 모두 단상에서 훈화를 하는 교장에 집중한다. 그들은 서로 관계를 맺지 못한다. 관계라면 오직 조회와 교장을 매개로 해서만 이루어진다. 모였지만 관계를 맺지는 않는다. 모였지만 서로 마주치지 않는다. 조금 현학적으로 표현하자면 다자는 각각 일자를 응시하느라 서로를 응시하지 못하는 구조다. 《스펙타클의 사회》30번째 테제에서 기 드보르는 "스펙타클은 어느 곳에서나 존재"한다고 말했다. 학창 시절 조회가 함축하는 일자와 다자 구조, 즉 스펙타클의 구조는 어디에서나 존재한다는 이야기다. 국군의 날에 대통령을 응시하며 도열한 군인들과 무기들, 신축 공장 기념식에 온 경영주를 응시하는 수많은 직원들, 회사 미팅 때 CEO를 응시하는 팀장들, 그리고 팀장을 응시하는 사원들, 국무회의에서 대통령을 응시하는 국무위원들 등등. 타율적 복종을 강요했던 스펙타클로 전근대적 스펙타클의 유품이라고 할 만하다. 흔히 이런 스펙타클은 분업에 입각한 관료주의로 제도화되어 있다. 반면 다른 스펙타클도 있다. 교회에서 십자가나 목사를 응시하는 기독교 신자들, 사찰에서 불상이나 스님을 응시하는 불교 신자들, 경기장에서 경기를 응시하는 수천 명의 관객들, 영화관에서 스크린을 응시하는 수백 명의 관객들, 콘서트에서 아이돌 그룹의 화려한 군무를 응시하는 수천 명의 관객들, 백화점 명품관에서 새로 출시된 바바리코트를 바라보는 수십 명의 고객들, 전시회에서 그림을 응시하는 서너 명의 사람들, 집회 현장에서 단상에 선 선동가의 연설을 경청하는 수백 명의 사람들, 프라하의 일몰을 바라보는 여행객들, 새해를 맞아 동해 바닷가에서 일출을 바라보는 수백 명의 남녀노소, 결혼식에서 신랑과 신부를 보는 백여 명의 하객들,

일요일 저녁 외식 때 근사한 냄새를 풍기며 익어가는 고기를 응시하는 가족들, 주말 거실에서 예능 프로그램을 보느라 TV를 응시하는 가족들 등등. 이런 풍경은 자발적 복종을 유도하는 스펙타클로 부르주아체제 이후 발전한 것들이다.

부르주아체제의 스펙타클은 국가와 자본, 혹은 정치가와 상품에 집중된다. 다수가 구경꾼이 되어 스펙타클에 집중하는 순간, 국가는 자기 권력의 정당성을 확보하고 자본은 잉여가치를 확보하니까 말이다. 바로 이 대목에서 스마트폰은 부르주아체제 스펙타클의 정점이라고 할 만하다. 교회나 사찰에 가지 않아도 신성을, 경기장에 가지 않아도 축구나 야구 경기를, 영화관에 가지 않아도 영화를, 콘서트에 가지 않아도 공연을, 백화점에 가지 않아도 바바리코트를, 전시회에 가지 않아도 그림을, 집회에 참여하지 않아도 선동가를, 프라하에 가지 않아도 일몰을, 동해에 가지 않아도 일출을, 결혼식에 가지 않아도 신랑 신부를, 식당에 가지 않아도 맛있게 익어가는 고기를, 거실에 앉지 않아도 예능 프로그램을 볼 수 있다. 원하는 시간, 원하는 장소에서 누구나 스펙타클에 빠져들도록 하는 매체가 바로 스마트폰이다. 이제 일자와 다자의 구조를 벗어나 쉴 수 있는 틈이라고는 전혀 없다. 더군다나 스마트폰의 스펙타클은 자발적으로 보도록 유혹하는 부르주아체제의 전략이 관철되는 것이니, 얼마나 선정적이고 자극적이고 감각적이고 선동적이고 매력적인가? 잠에서 깨어나면 스마트폰이 켜지고 잠에 들어야 스마트폰은 꺼진다. 친구들과 대화하면서도 계속 스마트폰을 응시하는 풍경은 이미 일상 아닌가? 스마트폰 화면에 새로운 스펙타클이 펼쳐질 때까지, 그 짧은 기다림을 견디려고 친구와 이야기를 하는지 모른다. 슬로터다이크가 말한 '보면서 맺는 관계'가 일상이 되어버린 순간이다. 여행을 가서도 그곳 풍광을 직접 온몸으로 흡수하기보다는 연신 스마트폰으로 자신의 위치가 어디인지, 혹은 자신이 보고 있는 풍경이 무엇인지를 식별하고 있지 않은가? 더군다나 스마트폰은 메일이나 통화, 일대일 문자나 집단 문자도, 심지어 뉴스에 대한 댓글도 가능하다. 지인에게 문자나 통화만 해도 만났다고 착각하고, 뉴스에 댓글을 달며 세상에 참여하고 있다고 착각하는 삶이 열린 셈이다. 이렇게 시각적 만남과 청각적 만남이 후각적 만남, 미각적 만남, 그리고 가장 중요한 촉각적 만남을 대신하게 된다. 결국 만질 수 있고 애무할 수 있고 쓰다듬을 수 있는 대상이 존재한 다음에야, 보거나 들을 수 있다는 자명한 사실은 망각되고 만다.

기 드보르의 말처럼 "어느 누구도 더 이상 타자에 의해 '인식될 수 없는' 사회에서는 모든 개인이 더 이상 자신의 현실을 인식할 수 없게 된다. 분리가 자신의 세계를 구축하고, 이데올로기는 이 편안한 안식처에서 서식한다". 스펙타클의 사회는 "어느 누구도 더 이상 타자에 의해 '인식될 수 없는' 사회다". 동시에 어느 누구도 더 이상 타자를 인식할 수 없는 사회이기도 하다. 모여는 있지만 서로 관계할 수 없고, 따라서 연대의 희망도 사라지는 사회가 바로 스펙타클의 사회니까. 공연장이나 경기장 혹은 백화점의 스펙타클에 시선을 빼앗기는 순간 우리는 자신이 프롤레타리아라는 현실을, 선거 유세장이나 집회장의 스펙타클에 집중하는 순간 우리는 자신이 피지배자라는 현실을 쉽게 망각한다. 소수의 지배자들을 봉양하느라 소중한 삶의 에너지를 낭비하는 다수 피지배자란 자각은 이렇게 사라지고 만다. 공포와 위압감을 주던 전근대적 스펙타클이어도 상관이 없고, 치명적인 매력으로 무장한 현대적 스펙타클이어도 좋다. 어느 경우든 스펙타클이 작동하는 순간 지배와 피지배라는 분리와 피지배자들 사이의 분리는 완성되고 억압체제를 정당화하는 이데올로기는 상식으로 통용되고 마니까. 사실 전근대적 스펙타클이든 현대적 스펙타클이든 그 구조와 효과는 동일하다. 일자와 다자 사이의 분리, 나아가 다자 사이의 분리! 반대로 분리가 없다고 생각해보자. 일자와 다자 사이의 분리와 다자 사이의 분리가 사라지면 어떤 일이 벌어질까? 노예는 파라오가 올라선 단상에 올라가서 외칠 것이다. "너는 나와 똑같은 인간인데, 이렇게 나를 핍박하냐?" 아울러 노예들은 파라오의 스펙타클에 시선을 두지 않고 서로가 겪고 있는 억압과 착취를 토로하며 연대할 것이다. "저들은 소수고, 우리는 다수입니다. 한 줌도 안 되는 것들입니다. 저들을 쫓아냅시다!" 봉기와 저항은 한 걸음이면 족하다. 결합은 분해의 역순인 법이다. 일자와 다자 사이의 분리가 만들어지고, 이 분리가 이어서 다자들 사이의 분리를 낳는다. 결국 이런 억압구조를 해체하려면, 다자들이 자기들을 가로막는 분리를 뛰어넘어 연대해야 하고, 이어서 다자와 소수 사이에 그어진 분리도 최종적으로 극복해야만 한다.

현실적 스펙타클이든 스마트폰 화면의 스펙타클이든 스펙타클의 자장 안에서 사람들은 모이지만 그들은 서로 관계하지 않는다. 모두가 서로에 대해 풍경이자 관조의 대상일 뿐이다. 스마트폰은 움직이는 제단, 움직이는 경기장, 움직이는 공연장, 움직이는 백화점, 움직이는 전시장, 움직이는 영화관, 움직이는 유세장, 움직이는 집회장, 움직이는 관광지다. "스펙타클은 어느 곳에나 존재"한다고 기 드보르가 생각한 것 이상으로 질적으로나 양적으로 스펙타클은 정말 "어느 곳에나 존재"하게 된 셈이다. 그래서 스펙타클의 지배를 경계했던 기 드보르의 말은 더 심각하게 음미해볼 필요가 있다. "스펙타클은 '마주침의 능력 장애'를 위한 체계적 조직이자, 사회의 환각적 현상에 의한 마주침의 대체—'마주쳤다는 허위의식', '마주쳤다는 환상'—로 이해해야 한다." 경기장이나 공연장, 혹은 집회 현장에서 구경꾼들은 서로 만났고 세상에 참여했다고 믿지만, 그것은 허위의식일 뿐이다. 스마트폰을 터치하면서 구경꾼들은 서로 만나고 세상에 참여한다고 믿지만, 이것도 허위의식일 뿐이다. 실질적이고 지속적인 만남과 참여는 우리를, 그리고 타자나 세계를 변형하기 마련이다. 반복적으로 산을 타면 우리의 몸은 산에 맞게 변하게 되고, 산도 우리가 걸은 만큼 산길을 만들어내는 법이다. 끈기를 갖고 타인과 지속적인 만남을 갖는 것도 마찬가지다. 나나 타인은 모두 어떤 식으로든 변화하기 마련이다. 실천이나 변증법이란 말이 중요한 이유다. 실천이나 변증법은 구경꾼이 만족하는 시각적 관조가 아니라 주체가 온몸으로 타자와 관계할 때에만 의미가 있기 때문이다. 인간은 대상에 마주쳐 활동하는 존재, 즉 '대상적 활동'의 주체라는 마르크스의 말이 떠오르는 대목이다. 반면 스펙타클은 기 드보르의 말대로 우리에게 "실천의 제거와 그것에 동반되는 '반변증법적 허위의식'"을 강요한다. 대중에게 사랑받는 생텍쥐페리Antoine de Saint-Exupéry(1900~1944)에게서 반변증법적 허위의식을 강요하는 스펙타클의 정당화 논리를 발견하는 것은 정말 아이러니한 일이다. 1939년 출간된 《인간의 대지Terre des Hommes》에서 그는 말한다. '사랑, 그것은 서로를 응시하는 것이 아니라, 함께 같은 방향을 응시하는 것이다Aimer, ce n'est pas se regarder l'un l'autre, c'est regarder ensemble dans la même direction.' 마주침의 능력을 회복하고 싶은가? 마주쳤다는 허위의식이 아니라 진짜로 마주치고 싶은가? 그렇다면 우리의 실천 강령은, 우리의 삶이 지속될 때까지 간직해야 하는 호신부는 분명하다. "사랑, 그것은 함께 같은 방향을 응시하는 것이 아니라, 서로를 응시하는 것이다."

경기장, 영화관, 콘서트장, 교회나 사찰에 함께 가서 같은 방향을 응시한다고 우리의 만남과 사랑이 깊어지는 것이 아니다. 어느 시간이나 어느 장소에서나 서로를 응시하고 서로의 이야기를 경청하고 서로를 애무할 때 우리의 사랑과 만남은 깊어지는 법이다. 우리 프롤레타리아, 우리 피지배자들 사이를 가로막는 분리의 장벽에 조금씩 금이 가게 하는 출발점은 바로 이것이다.

> 우리 시대의 자기해방l'auto-émancipation이란 전도된 진리la vérité inversée의 물질적 토대에서 해방되는 것이다. '세계 속에 진리를 수립하는 역사적 사명'은 고립된 개인l'individu isolé이나 또는 조종에 순응하는 원자화된 군중la foule atomisée이 완수할 수 있는 것이 아니다. 이 사명은 실현된 민주주의의 탈소외적 형식la forme désaliénante de la démocratie réalisée, 즉 평의회Le Conseil로 모든 권력을 귀속시켜서 모든 계급을 와해할 수 있는 계급만이 감당할 수 있다. 평의회에서 실천이론은 스스로를 입증하고 스스로의 행동을 감독하게 되는데, 이것은 "직접적으로 세계사에 연결된directement liés à l'histoire universelle" 개인들les individus이 존재할 경우에만, 혹은 대화le dialogue가 자신만의 조건을 부과할 수 있도록 스스로 무장할 때에만 가능하다.
>
> ─《스펙타클의 사회》 221

《스펙타클의 사회》는 전체 9개 장, 221개의 테제로 구성되어 있다. 이제 우리는 그 마지막 221번째 테제에 도착했다. 엄청난 시간을 투여한 산행이 끝나갈 때면, 산행을 시작한 첫날이 떠오르지 않을 수 없다. 첫 번째 테제가 기억나는가? "현대적 생산조건들이

지배하는 사회에서 모든 삶은 스펙타클의 거대한 집적으로 나타난다. 직접 경험했던 모든 것이 표상 속으로 멀어진다." 이 테제에서 시작해 기 드보르는 우리에게 수많은 고뇌와 깨달음을 안겨주는 여정을 시작했다. 인문주의자로, 민주주의자로 가는 길, 더 구체적으로 말해 평의회코뮌주의자로 가는 길이 복잡하고 험난했던 것은 그 여정 도처에 사이비 인문주의자, 사이비 민주주의자, 즉 정당코뮌주의자가 걸었던 갓길과 샛길이 있었기 때문이다. 자기만이 프롤레타리아를 해방시키고 피지배계급을 자유롭게 할 수 있다는 엘리트주의의 길이었다. 자신의 길이 새롭고도 기묘하게 지배/피지배 관계를 반복하고 있다는 사실을 자각하지 못한 우매한 길이었을 뿐이다. 아니 그들의 무의식은 이미 자신들이 무엇을 하고 있는지 알았다고 해야 할 듯하다. 남들보다 탁월하다는 우월의식, 권력에 대한 해묵은 욕망이 아니면, 그 우매했던 길을 현명한 길이라고 강변하는 일도 없었을 테니 말이다. 어쨌든 여기서 우리가 어떻게 평의회코뮌주의자가 되었는지, 그 여정을 되짚어보는 것은 여러모로 의미가 있다.

기 드보르는 단순히 현대 소비사회를 비판했던 사회학자나 혹은 자본주의 문화의 논리를 해체했던 문화비평가가 아니다. 기 드보르와 상황주의 인터내셔널, 혹은 68혁명의 진정한 가치를 폄하하려는 시도가 아니라면 이런 평가는 게으른 비판에 지나지 않는다. 기 드보르와 상황주의 인터내셔널은 소련이나 중국, 북한 등의 정당코뮌주의가 아니라 프롤레타리아가 자기 삶의 주인이 되는 평의회코뮌주의를 표방했기 때문이다. 바로 이것이 《스펙타클의 사회》가 가지는 의의다. 《스펙타클의 사회》의 네 번째 장 〈주체로서 그리고 표상으로서 프롤레타리아〉가 52개라는 가장 많은 테제로 구성

	테제의 분류와 양
I. 완성된 분리la séparation achevée	34개 테제(1번 테제~34번 테제)
II. 스펙타클로서의 상품 la marchandise comme spectacle	19개 테제(35번 테제~53번 테제)
III. 가상 속의 단일성과 분할 unité et division dans l'apparence	19개 테제(54번 테제~72번 테제)
IV. 주체로서 그리고 표상으로서 프롤레타리아 le prolétariat comme sujet et comme représentation	52개 테제(73번 테제~124번 테제)
V. 시간과 역사temps et histoire	21개 테제(125번 테제~146번 테제)
VI. 스펙타클의 시간들le temps spectaculaire	18개 테제(147번 테제~164번 테제)
VII. 영토의 구획l'aménagement du territoire	15개 테제(165번 테제~179번 테제)
VIII. 문화 속에서의 부정과 소비 la négation et la consommation dans la culture	32개 테제(180번 테제~211번 테제)
IX. 물질화된 이데올로기l'idéologie matérialisée	10개 테제(212번 테제~221번 테제)

되어 있는 것도 이런 이유에서다. 정당코뮌주의 입장의 프롤레타리아와 평의회코뮌주의 입장의 프롤레타리아가 어떻게 다른지 해명하기 위해, 기 드보르가 얼마나 많은 노력을 기울였는지 알 수 있는 대목이다.

마지막 221번째 테제에서 기 드보르는 지배와 피지배의 분리뿐만 아니라 피지배자들 사이의 분리를 극복하는 사회, 즉 정치나 경제에서 노동계급이 삶의 주인이 되는 사회에 대한 열망을 피력한다. "우리 시대의 자기해방이란 전도된 진리의 물질적 토대에서 해방되는 것이다." 노동자나 피지배자라는 생산 차원에서 자유가 보장되지 않는다면, 소비자나 유권자의 소비 차원에서의 자유는 착취와 억압을 가리는 스펙타클에 지나지 않는다. 결국 중요한 것은 노동자가 물적 생산수단에서 소외되지 않고 그것들을 공유해야 하고, 피지배자가 폭력수단과 정치수단에서 소외되지 않고 그것들을 공유해만 한다. 바로 이것이 "전도된 진리의 물질적 토대에서 해방되는" 일이다. 그러기 위해서 프롤레타리아는 자신들을 분리시키고 경쟁시키는 분리의 장벽부터 허물어야 한다. 연대와 유대 없이 프롤레타리아가 물적 생산수단을 독점한 자본가나 폭력수단과 정치수단을 독점한 지배계급에 맞설 수는 없다. "고립된 개인이나 또는 조종에 순응하는 원자화된 군중"은 억압체제에 무력하기 때문이다. 기 드보르의 실천 강령을 떠올려보라. 프롤레타리아는 자유롭게 소요하며 서로 애무하고 서로 마주쳐야만 한다. 지속적인 마주침과 관계를 통해 프롤레타리아는 "민주주의의 탈소외적 형식"에 이를 수 있다.

소외된 민주주의 형식을 우리는 20세기 내내 경험했고, 그리고 21세기 지금까지도 너무나 힘들게 경험하고 있지 않은가? 독일 사회민주당과 소련 볼셰비키의 정당코뮌주의는 물론이고 서구권의 대의제민주주의가 바로 그것이다. 기 드보르는 민주주의의 탈소외적 형식으로 '평의회'를 제안한다. 언제든지 소환 가능하고 노동계급의 평균 임금 이상을 받을 수 없는 대표와 관료를 거느린, 그래서 대표와 관료를 다수가 항상 통제할 수 있는 진정한 민주주의의 형식이다. 물론 이것은 해방된 인간들이 구성할 수 있다. 이 대목에서 기 드보르는 평의회코뮌주의를 관철할 수 있는 프롤레타리아에게 한 가지 덕목을 구체적으로 요구한다. 프롤레타리아는 "직접적으로 세계사에 연결"되어 있어야 한다는 것, 다시 말해 정당이나 국가의 지도와 지휘, 아니 어떤 대표의 지도나 지휘 없이 "대화"하는 주체여야만 한다는 것이다. 마지막 테제를 준비하면서 기 드보르가 마르크스의 《독일이데올로기》를 다시 넘기고 있다는 것은 무척 의미심장한 일이다.

단지 노동자들^{Arbeitern}에 지나지 않는 대중들—자본으로부터 단절되고 심지어 제한된 욕구 충족도 힘든 대규모의 노동력^{Arbeiterkraft}—, 그리고 경쟁^{Konkurrenz}의 결과로 안정된 삶의 원천으로서 노동을 영구적으로 상실하는 일은 세계시장^{Weltmarkt}을 전제한다. 따라서 프롤레타리아^{Proletariat}는 단지 세계사적^{weltgeschichtliche}으로만 존재할 수 있는데, 이것은 코뮌주의^{Kommunismus}, 즉 그들의 활동이 단지 세계사적으로 존재하는 것과 마찬가지다. 개인들의 세계사적 실존^{weltgeschichtliche Existenz der Individuen}은 "세계사와 직접 연결되는^{unmittelbar mit der Weltgeschichte verknüpft}" 개인들의 실존과 다름없다. 코뮌주의는 우리에게 조성되어야 할 하나의 '상태^{Zustand}'가 아니며, 혹은 현실이 따라가야 할 하나의 '이상^{Ideal}'도 아니다. 우리는 코뮌주의를 현재의 상태를 폐기해나가는 '현실적 운동^{wirkliche Bewegung}'이라고 부른다. 이 운동의 여러 조건 역시 지금 현재 존재하고 있는 전제들에서 생겨난다.

—《독일이데올로기》(1846)

정당도 국가도 드러나지 않는다. 하긴 "직접적으로 세계사에 연결"되어야 하는 프롤레타리아에게 정당주의와 국가주의가 무슨 도움이 되겠는가. 자본에 의해 벌거벗겨진 노동력으로서, 그래서 생계를 전적으로 자본의 변덕에 의존하는 서글픈 운명으로서 프롤레타리아만 존재한다. 마르크스는 그들이 세계사적 차원에서 다른 프롤레타리아와 연결되는 것으로 충분하다고 본다. 세계사적 규모에서 프롤레타리아를 고립시키고 심지어 경쟁으로 내모는 분리의 장벽이 사라져야 한다는 것이다. 221번째 테제를 마무리하면서 기 드보르가 "만국의 노동자여! 단결하라!"는 마르크스의 외침을 떠올렸던 이유는 무엇일까? 평의회는 폐쇄적이고 배타적인 형식이 아니라는 걸 강조하고 싶었던 것 아닐까. 프롤레타리아 사이에 분리가 생기는 순간, 그것은 다시 지배와 피지배 사이의 분리를 낳는 법이다. 기 드보르가 "직접적으로 세계사에 연결"되어야 한다는 요구에 다시 "대화"라는 개념을 붙인 것도 이런 이유에서다. 대화dialogue는 독백monologue이 아니다. 그것은 주체와 타자, 둘dia, two이서 치열하게 하나의 원칙logos을 만들고 폐기하고 다시 만들고 다시 폐기하는 부단한 과정이다. 코뮌주의, 정확히 평의회코뮌주의가 바로 이것이 아니면 무엇이겠는가. 대표를 뽑을 수 있지만 항상 대표를 소환할 수 있는 것이 바로 평의회 아닌가. 마르크스가 "우리는 코뮌주의를 현재의 상태를 폐기해나가는 '현실적 운동'이라고 부른다"고 강조했던 것도 이런 이유에서다. 나와 너는 원칙보다 수천 배 중요하다. 나와 너는 원칙을 만드는, 심지어 기존 원칙을 폐기하고 새로운 원칙을 만들 수 있는 진정한 주체들이기 때문이다.

마지막 테제를 마무리할 때 기 드보르는 자신의 눈앞에 아름다운 사람들의 모습이, 그리고 대견하다는 듯 자신을 바라보는 그들의 행복한 얼굴을 보게 된다. 〈포이어바흐에 관한 테제들〉, 《자본론》, 《프랑스내전》, 〈고타강령 비판〉을 썼던 마르크스도 보이고, 1871년 파리코뮌과 운명을 함께했던 파리의 자유인들, 그리고 코뮌의 심장 블랑키도, 시인 랭보도, 미술가 쿠르베도, 마지막으로 여전사 미셸의 모습도 보인다. 1917년 "모든 권력을 소비에트로!"라고 외쳤던 페트로그라드 노동자와 병사들도 보인다. 레닌과 트로츠키로부터 배신당하기 전까지 그들은 정말 얼마나 행복했던가? 1919년 베를린코뮌을 지키려던 로자 룩셈부르크와 카를 리프크네히트도 피 묻은 얼굴을 닦으면서 기 드보르를 보며 웃고 있다. 그 옆에는 굳건한 스파르타쿠스동맹 전사들도 보인다. 1921년 크론시타트에서 죽는 순간까지 평의회코뮌주의의 깃발을 놓지 않았던 자유인들도 보인다. 페트리첸코, 라마노프, 야코벤코, 오소조프, 아르키포프, 페레펠킨, 파트루셰프, 쿠폴로프, 베르시닌, 투킨, 로마넨코, 오레신, 발크, 파블로프, 바이코프, 킬가스트 등은 크론시타트 해군성당 계단에 앉아 해맑게 웃고 있다. 1934년 스페인 아스투리아스 지역에서 평의회를 만들었던 광부들, 석탄가루 때문에 오히려 모두가 평등해 보이는 그들의 모습도 빠질 수 없다. 1967년 《스펙타클의 사회》의 마지막 테제를 쓸 때, 기 드보르는 라틴아메리카 볼리비아 정글에 평의회코뮌주의와 프롤레타리아 국제주의를 실천하려고 고군분투하는 투사들이 있었던 것을 알았을까? 라몬, 치노, 윌리, 안토니오, 아르투르, 파충고, 아니세토, 파블리토, 에우스타키오, 차파코, 모로 등 추로협곡의 전사들 말이다. 기 드보르 대신 우리가 기억해야 할 친구들이다. 그렇지만 우리가 정말 기억해야 할 사람은 어쩌면 기 드보르라는 영민한 젊은이인지도 모른다. 평의회코뮌주의 깃발을 로자 룩셈부르크 이후 이렇게나 확실하게 휘둘렀던 사람도 없으니 말이다. 이제 누가 이 깃발을 들 것인가? 이제 누가 이 깃발의 무게를 감당할 수 있을 것인가?

신자유주의시대를 공허하게 가로지른 한 방의 총성

"탕!" 1994년 11월 30일 오후, 한 방의 총소리가 프랑스 남동쪽 알프스 자락에 위치한 오베르뉴주 벨레뷔-라-몽타뉴라는 작은 산골 마을의 정적을 깨뜨린다. 어디서 울린 총소리일까? 벨레뷔-라-몽타뉴는 1990년대에도 그렇지만 2019년 지금도 500명이 채 안 되는 선량한 사람들이 살고 있는 작은 산골 마을이다. 당시 마을 사람들은 총소리가 마을 외곽 샹포라고 불리는 곳에서 울려 퍼졌다는 것을 알게된다. 샹포에는 마치 작은 중세 성곽처럼 돌로 견고히 지은 집 한 채가 쓸쓸하게 서 있었다. 1994년 11월 30일 겨울을 앞두고 있었던 탓도 있겠지만 너무나도 을씨년스러운 오후, 한 방의 총소리가 샹포의 외로운 집에서 시작되어 황무지를 허허롭게 가로질렀다. 기 드보르가 자신이 소장하고 있던 권총 중 하나를 골라 자신의 심장에 대고 방아쇠를 당겼던 것이다. 기 드보르가 누구인가? 상황주의 인터내셔널[15]을 이끌며 프랑스 68혁명에서 핵심적 역할을 했고, 그 후로도 프랑스나 미국 정보기관의 요주의 시찰 대상이 될 정도로 체제가 두려워했던 20세기 가장 영민했던 지성인이자 가장 탁월했던 전략가가 아닌가. 그러니 시골 후미진 곳에서의 그의 죽음은 살아 있는 전설의 죽음 치고는 너무 허망했다.

여기서 잠시 파리에서 태어나 파리를 호흡했던 그가 무슨 연유로 샹포까지 흘러들게 되었는지 궁금해진다. 1968년 5월 13일 소르본 점거로 대학생들은 체제에 대한 반란을 본격화한다. 이 소르본 점거를 기획하고 추진했으며, 점거 이후 대학생과 노동계급의 연대를 도모했던 중심인물이 바로 기 드보르였다. 그의 전략이 나름 효과를 보았던지 1000만 명의 노동자들이 참여한 총파업이 발생한다. 68혁명이 절정으로 치닫는 순간이었다. 프랑스판 박정희라고 할 수 있는 드골은 거의 망명을 고민할 정도였다. 불행히도 68혁명은 성공을 눈앞에 두고 급속도로 냉각된다. 드골 정권이 강해서가 아니라 당시 프랑스공산당과 노동총연맹이 노동계급의 혁명을 가로막았기 때문이다. 노동계급을 위한다는 두 조직이 노동계급의 자발적 혁명을 배신한 이유는 간단하다. 프랑스공산당이나 노동총연맹은 노동계급보다 자신을 더 아꼈던 것, 한마디로 노동계급 대표로서 자신의 기득권을 계속 유지하고 싶었던 것이다.

IS가 꿈꾸던 인터내셔널, 혹은 '자유로운 개인들의 공동체'는 1968년 5월에는 거의 현실이 된 듯했지만, 6월에는 너무나 먼 이야기로 전락해버리고 만다. IS의 최고 지성이자 전략가였던 기 드보르에게는 너무나 참담한 상황 변화였다. 1957년 전위적 예술가들의 다양한 조직을 IS로 묶은 것도, 1960년대 초반에서부터 1965년까지 IS를 전위적 예술가만의 공동체가 아니라 연대의 장으로 변화시킨 것도, 1958년부터 1969년까지 12호나 발행되었던 잡지 《상황주의 인터내셔널Internationale Situationniste》을 편집해 인터내셔널의 이념을 전파했던 것도, 1968년 5월 13일 소르본 점거를 기획하고 성공시킨 것도, 5월 17일 소르본대학에 점거유지위원회Conseil pour le Maintien des Occupations, CMDO를 설치해 노동 현장의 파업과 점거투쟁에 힘을 불어넣었던 것도 모두 전략가 기 드보르가 있었기에 가능했던 일이다. 당연히 기 드보르는 5월혁명이 좌절된 다음 일을 생각하지 않을 수 없었다. 실패한 혁명 뒤에는 노골적이거나 은밀한 보복이 뒤따르는 법이다. 아니나 다를까, 깨알처럼 흩어져버린 대학생들이나 노동계급에게는 유무형의 다양한 불이익이 가해졌다. 더 심각한 것은 체제가 68혁명과 같은 혁명을 미연에 방지하는 데 힘을 쏟게 되었다는 점이다.

　냉정한 전략가답게 기 드보르는 IS가 실패한 68혁명과 함께 사라져야 한다고, 그래야 바뀐 상황에서 바닥에서부터 인터내셔널의 꿈을 다시 꿀 수 있다고 판단한다. 새 술은 새 부대에 담아야 한다는 생각인 셈이다. 실제로 코타니와 바네겜과 함께 1962년 3월 18일 작성했던 문건, 흔히 '파리코뮌 테제'라고 불리는 《코뮌에 대하여Sur la Commune》에서 기 드보르는 말했던 적이 있다. "노동자운동의 분명한 성공은 실제로 노동자운동의 근본적인 실패였다. 반면 노동자운동의 실패는 우리나 미래 사람들에게 희망찬 성공이었다"고. 그러니 대학생들이 패배했고, 노동계급이 패배했듯이, IS도 패배해야만 한다. 어떻게 하면 '미래를 약속하는 성공적인 패배'를 만들 것인가? 바로 이것이 1968년 이후 기 드보르가 고민했던 문제였다. 구체적으로 말해 그는 IS가 프랑스공산당이나 노동총연맹처럼 진보팔이가 되는 걸 막고 싶었던 것이다. 68혁명을 팔아서 먹고살거나 68혁명의 경력으로 노동계급의 표를 얻으려 하거나 68혁명의 무용담으로 지성인 흉내를 내려고 하는 동지들이 나와서는 안 된다. 하긴 우리의 경우만 하더라도 4·19학생운동의 경력을 발판으로, 혹은 6월 민주항쟁의 경험으로 정가에 들어가 반민주적 작태를 일삼은 정치인들이 어디 한둘인가.

　1972년까지 기 드보르는 IS의 유력 지도자들을 차근차근 조직에서 축출하거나 자발적으로 나가도록 유도한다. 물론 이 와중에 그와 명성을 양분했던 바네겜도 축출되는데, 그 이후 바네겜은 그를 가장 신랄하게 비판하는 앙숙이 되어버리고 만다. 이미 1969년 IS의 기관지 《상황주의 인터내셔널》 마지막 12호에서 68혁명의 실패를 분석했고 아울러 미래의 혁명에서 채택할 전략들을 고민했던 기 드보르였다. 코타니와 바네겜 등과의 뜨거웠던 우정과 투쟁, IS를 만들고 길렀던 개인사, 68혁명과 IS의 찬란한 역사 등등이 아무리 소중해도, 1871년 파리코뮌이, 그리고 1968년 IS가 이루지 못한 것을 달성해야만 할 미래의 혁명이 수천만 배나 더 중요하다. 이것이 바로 그가 눈물을 머금고 IS 동지들을 추방한 이유였다. 1972년 IS에 자신과 상귀네티 $^{Gianfranco\ Sanguinetti}$(1948~)만이 남았을 때, 기 보드르는 IS를 해산해버린다. 탄생을 주도했으니 그 사멸도 책임져야 한다는 놀라운 일관성과 의지력이다. IS의 해산을 위해 근사한 행사를 할 필요는 없었다. 두 사람만 남았으니, 두 사람이 공식적인 해산을 선언하면 그만이니까 말이다.

1972년 4월 20일 출간된 두 사람의 공저 《인터내셔널의 진정한 분열$^{La\ Veritable\ Scission\ dans\ l'Internationale}$》은 IS의 탄생과 소멸에 대한 글이다. 이 책에 들어 있는 〈상황주의 인터내셔널과 그 시대에 대한 테제$^{Thèses\ sur\ l'Internationale\ situationniste\ et\ son\ temps}$〉라는 글이 IS의 공식적 해체 선언서가 된다. 여기서 우리는 당시 기 드보르가 IS를 해산할 때의 속내뿐만 아니라 그의 평생 지론을 이해할 수 있는 결정적인 실마리를 얻는다. 세 번째 테제에서 그는 말한다.

'상황주의적 생각들$^{les\ idée\ situationnistes}$'이라고 알려진 것은 단지 현대적 혁명운동이 재등장하는 시기의 처음 생각들에 지나지 않

1962년 무렵의 기 드보르.

는다. 상황주의적 생각들에 근본적으로 새로운 면이 있다면 그 것은 계급사회la société de classes의 새로운 성격들, 다시 말해 계급사 회의 일시적 업적들과 모순들, 그리고 계급사회의 억압 양상 등 그 실재 발전상에 정확히 대응하기 때문이다.

－〈상황주의 인터내셔널과 그 시대에 대한 테제〉,《인터내셔널의 진정한 분열》(1972)

하나의 정신과 다양한 전략들만 존재한다! 계급사회, 혹은 억압 사회를 없애려는 인문정신, 그리고 시대마다 달라지는 계급사회의 억압 양상에 대응하는 다양한 전략들! 노예제사회에서는 그것을 극 복하는 최선의 고유한 전략이, 농노제사회에서는 그것을 극복하는 최선의 고유한 전략이, 그리고 노동자제사회에서는 그것을 극복하는 최선의 고유한 전략이 존재한다. 그렇지만 이 모든 전략의 이면에는 마르크스가 말한 '인간사회'를 만들겠다는 하나의 정신만 존재한다는 것이다. 이것이 기 드보르의 생각이다. 당연히 부르주아체제에도 세부적으로 억압 양상의 변화가 존재할 것이고, 그에 맞서 세부적인 전략들이 모색되어야 한다. 제국주의시대, 보호무역시대, 세계화시대, 금융자본시대에는 각각 인간사회를 만들기 위한 그 나름의 전략이 필요하다는 것이다. 이것은 인터내셔널의 역사에도 그대로 반영된다. 인간사회에 대한 꿈은 하나지만, 그 꿈을 실현하려는 조직으로서 인터내셔널은 전략적으로 모색되어야 하니까 말이다. 역사에서 탄생과 소멸을 반복하는 모든 구체적인 인터내셔널들은 억압사회의 전략에 맞선 대응 전략일 뿐이다. 결국 대응 전략 마련에 성공한다면 인터내셔널은 유지되는 것이고, 실패하면 소멸되어 다른 형식의 인터내셔널이 요구된다는 것이다. 제1인터내셔널의 실패는 19세기 후반 억압사회에 대응하는 전략을 마련하지 못했기 때문이듯, IS의 실패도 마찬가지다.

실제로 IS를 정리하던 1971년 기 드보르가 생태 문제를 다룬 《병든 혹성La planète malade》이란 글을 쓰게 된 것도 자본주의체제에 대한 새로운 대응 전략 모색의 일환이었다고 할 수 있다. 철학이 있다면 한 가지 내용만 반복할 뿐이다. 계급사회를 없애야 한다는 것! 그래서 자유로운 개인들의 공동체를 만들어야 한다는 것! 《코뮌에 대하여》에서 기 드보르가 "어떤 지도자도 인정하지 않았던" 파리코뮌을 강조했던 것도 이런 이유에서다. 어떤 형식이든 어떤 내용이든 지도자는 인문적 민주공동체의 적이기 때문이다. 1845년 마르크스는 〈포이어바흐에 관한 테제들〉에서 말한다. "철학자들은 단지 세계를 다양한 방식으로 해석해왔다. 그러나 중요한 것은 세계를 변화시키는 것이다." 중요한 것은 세계를 관조하는 것이 아니라 세계를 바꾸는 것, 구체적으로 말해 계급사회를 다양하게 해석하는 것이 아니라 계급사회를 없애는 것이다. 그러니 철학자는 반드시 전략가로 바뀌어야만 한다. 주어진 세계를 당연하고 자연적인 것으로 관조하고 정당화해서는 안 된다. 주어진 세계는 본질적으로 시대마다 그 외형을 달리하는 계급사회이고, 따라서 주어진 세계의 정당화는 결국 계급사회의 정당화로 변질되는 데 한 걸음이면 족하기 때문이다. 결국 기 드보르의 눈에는 마르크스도 전략가이고, 로자 룩셈부르크도 전략가이고, 당연히 자신도 전략가일 수밖에 없다.

발터 벤야민의 베드로라고 할 수 있는 이탈리아 철학자 아감벤 Giorgio Agamben(1942~)은 1995년 11월 스위스 제네바에서 열린 한 강연에서 기 드보르와 만난 경험을 이야기했던 적이 있다. 아감벤이 전략가를 자처했던 기 드보르의 속내에 적중하지 못하고 있다는 것에 주목하며 한번 읽어보자.

지금도 그렇지만 과거에도 나는 기 드보르를 철학자라고 생각하고 있었다. 그렇지만 당시 그는 내게 말했다. "나는 철학자 philosopher가 아닙니다. 나는 전략가strategist니까요." 기 드보르는 자신의 시대가 부단한 전쟁의 시대라고 보았고, 이것이 그의 전체 인생을 전략에 몰입하도록 했다.

-〈반복과 멈춤Repetition & Stoppage〉,
《밤에 회합에 참가해 불로 태워질 것이니: 상황주의자 인터내셔널(1957~1972)In Girum Imus Nocte et Consumimur Igni: The Situationist International(1957~1972)》

마르크스 최고 이론가다운 대응이다. "나는 철학자가 아닙니다. 나는 전략가니까요." 이 말은 "철학자들은 단지 세계를 다양한 방식으로 해석해왔다. 그러나 중요한 것은 세계를 변화시키는 것"이라는 마르크스의 테제를 깔끔하게 압축했을 뿐이다. 그렇지만 아감벤의 대응을 보라. 기 드보르는 "자신의 시대가 부단한 전쟁의 시대라고 보았"기에 스스로 전략가라고 말했다고 이해한다. 얼마나 영민하지 못한 해석인가. BC 3000년 이래 지속되는 억압체제의 명줄을 잡고 있던 철학자, 마르크스와 로자 룩셈부르크 이후 가장 탁월한 평의회 코뮌주의자였던 기 드보르다. 그런데 아감벤은 지금 기 드보르의 전략이 평의회코뮌주의자의 전략이라는 걸 이해하지 못하고 있다. 기 드보르는 관조적인 철학자가 아니라 실천적 철학자, 전략적 철학자였다. 주어진 사회를 설명하거나 정당화하기보다 지금은 존재하지 않지만 반드시 존재해야만 하는 '인간사회', 모든 인간이 대상적 활동을 향유하는 사회를 꿈꾸기에, 기 드보르는 자신을 철학자라고 말하지 않았을 뿐이다. 철학은 보통 주어진 것을 논리적으로 해명하거나 비판하는 분과로 이해되기 때문이다. 그러니 아감벤은 다시 물어봐야 했다. "선생님! 무엇을 위한 전략가인가요?" 하긴 이런 질문을 던질 수 없었으니, "기 드보르는 자신의 시대가 부단한 전쟁의 시대"로 보았다는 헛소리가 나온다. 정말 아감벤은 몰랐던 것일까? 기 드보르의 시대뿐만 아니라 BC 3000년 국가라는 원초적 억압기구가 출범한 이래 노동계급이 겪었던 그 부단한 전쟁의 시간을, 죽음과 피로 지켜냈던 그 찬란한 패배의 시간을, 로도스에 이를 때까지 멈추지 않는 저항과 혁명의 시간을.

벗나무는 5월 한때 화려하고 찬란하게 꽃을 피워내지만, 그 짧은 순간을 제외하고는 보통의 나무로 대부분의 시간을 보낸다. 그렇지만 이 나무는 한 주 정도 찬란하게 피는 벚꽃 때문에, 벚나무, 혹은 벚꽃나무라고 불린다. 마찬가지로 기 드보르가 우리가 알고 있는 기 드보르로 불리는 이유는 벚꽃처럼 그가 찬란했던 때가 있었기 때문이다. 바로 그가 30대를 쏟아부었던 1960년대다. 30대의 기 드보르는 계급사회를 괴멸시키려는 혁명연대 IS를 이끌었고, 20세기 가장 중요한 이론적 성과인 《스펙타클의 사회》를 출간했으며, 아울러 현실에서도 68혁명의 중심으로 활약했다. 당시 그는 너무나 찬란했던 꽃이었다. 공적으로 그에게는 IS라는 조직이 있었고 혁명에 대한 꿈도 있었고 그와 함께한 동지들도 있었으며, 사적으로는 육체적 강인함과 정신적 영민함, 나아가 심지어 성적인 강건함도 있었다. 그러나 1970년대에 접어든 40대의 기 드보르는 급속히 시들어버린다. 30대에 평생 쓸 에너지를 대부분 소진한 탓일까? 그렇지만 40대는 분명 아직 젊은 나이다. 1972년 8월 5일 기 드보르가 한때 IS의 젊은 멤버였던 앨리스-베커-호^{Alice Becker-Ho}(1941~)와 재혼했던 것도 삶의 의지를 다시 불태우려는 그의 의지의 발로였을 것이다. 동시에 그는 20대 젊은 시절 그의 피를 뜨겁게 했던 영화 작업도 재개한다. 1973년 개봉된 영화 〈스펙타클의 사회^{La Société du spectacle}〉는 그 작은 결과물이라고 할 수 있다. 그렇지만 그의 88분짜리 흑백 영화는 평단의 혹평과 대중의 무관심에 방치된다.

설상가상이랄까. 안타깝게도 억압사회에 맞는 새로운 대응 전략을 마련하려는 그의 시도도 뜻대로 되지 않는다. 계급사회의 억압 전략은 갈수록 거대해지고 동시에 섬세해졌기에, 계급사회의 억압 전략에 맞서는 새로운 대응 전략은 혼자서 짤 수 있는 일이 아니다. 다양한 분야의 사람들과 뜨겁게 연대하고 차갑게 토론하는 과정이 없다면, 어떻게 유효한 대응 전략이 나올 수 있다는 말인가? 실제

기 드보르가 1973년에 만든 영화 〈스펙타클의 사회〉 스틸컷. 88분짜리 이 흑백 영화는 평단의 혹평과 대중의 무관심에 방치되었다.

로 1967년 출간된 그의 주저 《스펙타클의 사회》도 IS 멤버들과의 치열한 토론과 논쟁이 없었다면 나오지 못했을지도 모른다. 불행히도 1970년대 이후 그의 주변에는 사람들이 너무 없었다. IS에서 활동하는 내내 그가 조직의 '인터내셔널의 정신'을 지키려고 너무나 많은 동지들을 적으로 만들었던 탓도 있지만, 이미 68혁명의 전설이 되어버려 사람들도 그에게 쉽게 접근하지 않았기 때문이다. 이제 남은 것이라고는 자신과 함께 IS의 운명을 함께했던 상귀네티와 그의 부인 앨리스뿐이었다. 한때는 모두 동지였던 파리 전체가 이제는 자신을 외면하고 있다는 의심과 강박증은 커져만 갔고, 이것이 기 드보르를 점점 더 술에 빠져들게 만들었다.

술에 취해 길바닥에 뒹굴고 아무 데나 쓰러져 자는 일이 빈번해지자, 1975년 앨리스는 절망 상태의 남편을 파리로부터 구출하고자한다. 파리가 술주정뱅이라고 남편을 조롱하는 것도, 동시에 더 강해진 파리의 스펙타클이 조바심을 심화시키는 것도 막고 싶었던 것이다. 바로 이때 그녀는 자신의 오빠가 오베르뉴주 샹포에 집들을 가지고 있다는 사실을 떠올린다. 파리가 망가뜨리고 있는 남편을 고산지대의 풍요로운 자연이 회복시켜주리라 기대하면서, 마침내 그녀는 남편과 함께 샹포로 옮겨간 것이다. 물론 그렇다고 해서 부부가 모두 파리를 완전히 등진 것은 아니다. 시인으로 활동하는 앨리스나 여전히 영화계에 연이 있는 기 드보르였으니까. 파리와 샹포를 오가는 20년 동안의 생활, 파리에 나갔다 상처를 받으면 샹포로 돌아와 그 상처를 치유하고, 샹포에서 활력을 찾으면 파리로 나가는 반복적인 생활은 이렇게 시작된다. 그렇지만 샹포에 있는 시간이 많아질수록 전략가 기 드보르의 현실감각은 무뎌져갈 수밖에 없다. 대조적으로 1980년대를 거쳐 1990년대 초반까지 세계는 너무나 많이 변하게 된다. 소련 붕괴를 상징으로 국가가 자본에 개입하던 시대는 지나고, 자본이 국가로부터 자유를 얻은 시대가 시작되었으니까. 이렇게 신자유주의시대가 계급사회의 새로운 패러다임으로 대두된다. 이런 거대한 전환은 과거 기 드보르가 살았던 현실세계를 전혀 다른 세계로 만들게 된다. 그러나 1년 중 많은 시간을 샹포에 머물면서 자연과 함께하며 독서에만 몰두하는 기 드보르다. 이런 그로서는 "계급사회의 새로운 성격들, 다시 말해 계급사회의 일시적 업적들과 모순들, 그리고 계급사회의 억압 양상 등 그 실재 발전상에 정확히 대응하기"란 여간 힘든 일이 아니었다.

계급사회의 공격을 무력화시키는 탁월한 전략가라는 자긍심으로 살아온 기 드보르다. 그렇지만 계급사회의 새로운 지배 양상들을

기 드보르와 앨리스-베커-호가 자신들이 개발한 보드게임을 하고 있다.

정확히 포착하는 감각과 새로운 전략을 제공하는 상상력이 예전 같지 않았다. 샹포에서도 술잔이 아침부터 저녁까지 그의 손에 들려 있는 경우가 점점 많아지게 된다. 이미 중년을 넘어선 50대 후반의 남편, 자주 술에 몸을 맡기는 남편은 더 이상 68혁명 전후 체제가 두려워했던 전략가가 아니었다. 그러니 앨리스는 전략가라는 남편의 마지막 자존심만은 지켜주려고 했다. 신자유주의체제에 맞서는 대응전략을 모색하기 힘들다면, 새로운 전략을 고안하는 즐거움을 줄 수 있는 무언가가 필요했다. 어떻게 하면 될까? 다행스럽게도 샹포에서 남편은 전략가답게 클라우제비츠$^{Carl\ Phillip\ Gottlieb\ von\ Clausewitz}$(1780~1831)의 《전쟁론$^{Vom\ Kriege}$》과 손자, 즉 손무^{孫武}(BC 545?~BC 470?)의 《손자병법^{孫子兵法}》을 탐독했다. 마침내 그녀는 남편에게 체스 게임을 대신할 혁명적인 보드게임을 개발하자고 제안한다. 그 결실은 1987년 두 사람의 공저로 출간한 《전쟁 게임 Le Jeu de la Guerre》으로 맺어진다. 새롭게 개발한 보드게임의 특징과 게임 규칙을 설명한 책이다. 과거 체스 게임과는 달리 두 사람, 아니 정확히 말해 기 드보르가 개발한 보드게임의 특징은 전쟁에는 직접 개입하지 않고 '의사소통'만 담당하는 말들이 있다는 것이고, 이 말들을 어떻게 운용하느냐에 따라 게임의 승패가 결정된다는 점이다. 전자본주의시대에 근거한 체스 게임 대신 자본주의시대에 맞는 보드게임은 이렇게 완성된다. 어쨌든 앨리스의 노력으로 기 드보르는 전략가로서의 자신감을 어느 정도 회복한 것으로 보인다. 1988년 그가 《스펙타클의 사회에 대한 논평 Commentaires sur la société du spectacle》을 출간한 것이 그 증거라고 할 수 있다.

1988년 58세가 되어서야 기 드보르는 자신의 지성이 1967년에, 그리고 자신의 삶이 1968년에 절정이었다는 걸 받아들인다. 그 순간 다시 꽃피지 못하리라는 조바심도 조금씩 그에게서 멀어진다. 이미 화려하고 찬란한 절정이 있었는데, 더 무엇을 바란다는 말인가? 다시 피어도 1967년과 1968년의 절정과 다름없을 테니까. 1988년 《스펙타클의 사회에 대한 논평》을 출간한 이듬해, 그러니까 1989년에 그는 찬란했던 자신의 삶을 돌아보는 일종의 회고록을 출간하기 시작한다. 1989년에 출간된 《파네지리크 Panégyrique》 1권이, 1990년에 출간된 《파네지리크》 2권이 바로 그것이다. 그의 회고록 1권이 모두 본인이 집필한 글, 즉 문자로만 구성되어 있다면, 2권은 1951년에서부터 1989년까지 그의 삶을 보여주는 다양한 사진들, 그가 중요하게 여겼던 사건과 사물들, 혹은 다양한 작가들로부터 유래한 인용문들로 채워져 있다. 2권에서 제일 먼저 등장하는 사진은 1951년 21세의 기 드보르라는 풋풋한 파리 젊은이를 담고 있고, 제일 마지막으로 등장하는 사진은 1989년 출간된 《파네지리크》 1권의 표지를 찍은 것이다. 여기서 우리는 '파네지리크'라는 말이 '찬사'라는 뜻이라는 데 주목해야 한다. 비록 1970년대 이후 지속되었던 폭음으로 인해 다발성 신경염을 앓고 있었다 하더라도, 이제 기 드보르는 자신의 삶에 찬사를 보낼 만큼 여유를 되찾았던 것이다. 물론 몸 이곳저곳으로 옮겨 다니는 고통, 갑자기 그를 엄습하는 마비와 경련은 견디기 힘든 일이었다. 더 심각한 것은 나이를 먹을수록 고통이 더 심해졌다는 점이다. 다행스러운 일은 샹포에서의 삶이 그렇게 불행하거나 외롭지 않았다는 사실이다. 바로 앨리스와 함께 있어서였다. 그래서 《파네지리크》1권에 등장하는 기 드보르의 이야기가 우리 눈에 들어온다. "샹포에서의 삶은 유쾌하고 인상적인 고독이다. 그렇지만 사실을 말하자면 나는 홀로 있지 않다. 나는 앨리스와 함께 있다."

　　1991년 크리스마스 다음 날인 12월 26일 소련은 해체된다. 이제 국가독점자본주의가 역사의 뒤안길로 사라지고 신자유주의체제가 본격화된 것이다. 돌아보면 제2차 세계대전 이후 서구 자본주의와 동구 자본주의는 정도상의 차이가 있지만 국가가 핵심적 역할을 수행했다. 서구권의 경우 국가가 시장에 개입해야 한다는 간섭주의 경제학이 지배적이었고, 동구권에서는 노골적으로 국유의 논리를 지향했던 국가독점자본주의가 소련의 패권주의와 맞물려 득세했다. 서구의 경우 대공황, 소련의 경우 이윤율 하락이란 위기에 봉착한 자본주의는 국가의 개입과 제2차 세계대전으로 간신히 소생된다. 아니 단순한 소생으로 그치지 않았다. "물에 빠진 사람 구해주니 보따리 내놓으라고 한다"는 속담이 있다. 이제 국가의 힘으로 간신히 힘을 회복한 자본주의체제는 국가의 개입이 경제발전, 나아가 문명발전의 걸림돌이라고 역설하기 시작한 것이다. 하긴 엄격한 관세나 다양한 규제가 자본계급 입장에서는 잉여가치를 줄이는 결정적인 장애

물이라는 건 분명한 사실이다. 제2차 세계대전 이후 1973년까지 자본계급은 조금씩 힘을 키우며 국가의 간섭과 개입을 넘어설 기회를 호시탐탐 엿본다. 그 서막은 영국에서 열린다. 1979년 5월 3일 총선에서 총리로 당선된 대처^{Margaret Hilda Thatcher}(1925~2013)는 국가의 간섭과 규제를 완화해 노골적으로 자본계급에게 자유를 부여하는 정책을 시도하기 때문이다. 마침내 신자유주의^{neo-liberalism}시대가 열린 것이다. 그렇지만 대처에게 신자유주의 정책은 선택 사항이 아니라 반드시 시행할 수밖에 없었다는 걸 잊지 말자. 호황기 때 자본주의체제에는 무언가 극적인 일이 발생하기 마련이다. 영국의 경우 1949년 상위 100개의 기업이 국가 생산량의 21퍼센트를 차지했지만, 1970년에는 이 비율이 46퍼센트로 증가한다. 양적 비율 증가에만 주목해서는 안 된다. 이런 양적 성장으로 자본계급은 새로운 형식으로 질적인 변태를 시도했다는 것이 더 중요하기 때문이다.

BC 3000년에 지금과 거의 같은 모습을 갖추었던 국가는 20세기 초반까지만 하더라도 지주나 자본가를 언제든지 통제할 수 있었다. 지주든 자본가든 기본적으로 국적의 지배를 받았기 때문이다. 그러나 제2차 세계대전 이후 호황기를 거치면서 영국과 미국 등의 대기업 자본은 국적을 넘어 다국적기업^{multinational corporation, MNC}으로 변신하는 데 성공한다. 자본의 세계화^{globalization}가 시작된 것이다. 세계기업^{global enterprise}이라고도 불리는 다국적기업은 이제 특정 국가가 어찌할 수 있는 대상이 아니다. 국가로서는 모멸감을 느낄 일이지만 받아들일 수밖에 없는 상황이 벌어진 셈이다. 영국이나 미국에 회사와 공장을 갖고 있는 다국적기업 A가 있다고 해보자. 이 회사는 영국 정부에 쉽게 압력을 행사할 수 있다. 관세나 규제를 완화하거나 노동자들의 파업을 진압하지 않으면 영국을 떠나 미국으로 가겠다는 협박이 가능하기 때문이다. 영국 정부로서는 당혹스런 일이다. 기업이 떠나면 당장 조세 수입이 줄어들 뿐만 아니라 일자리가 줄어들어 실업률도 증가할 테니 말이다. 당연히 다음 선거에서 참패가 예약된다. 이처럼 다국적기업이 등장하면서 국가는 자본에 군림하기는커녕 자본의 '하인' 신세로 전락하게 된다. 실제로 우리 경우만 하더라도 나름 민주정부를 표방했던 노무현盧武鉉(1946~2009) 정부는 이미 다국적기업으로 변형이 끝난 삼성그룹의 압력에 굴복했던 적이 있다. 삼성전자의 공장이 있는 경기도 일원의 그린벨트를 풀어주지 않으면 중국으로 공장을 옮기겠다는 한국 최대 다국적기업의 협박이 이렇게 무서웠던 것이다. 하긴 세계화된 미국 자본의 압력에 굴복해 자유무역협정Free Trade Agreement, FTA도 체결한 정부이니 이 정도는 애교로 넘어갈 일이다.

　　세계화와 신자유주의, 그것 별것 아니다. 다국적기업이 세계경제의 패권을 차지하는 과정이 '세계화'이고, 다국적기업이 규제 완화의 정당성을 설파했던 이념이 '신자유주의'니까 말이다. 다국적기업은 사실 세계화된 금융자본에 비하면 조족지혈이라고 할 수 있다. 생각해보라. 금융자본은 세계 도처의 국가에 투자자로 행세한다. 심지어 다국적기업마저도 장악하고 있는 금융자본은 특정 국가를 쉽게 압박할 수 있다. 투자를 유치하려면 이윤을 확보할 법적·제도적 조치를 해당 국가에 요구하거나, 이미 특정 국가에 투자했다면 규제를 풀지 않으면 투자금을 회수해 떠나겠다고 협박할 수도 있기 때문이다. 노동계급을 보호하거나 혹은 공동체적 가치나 환경적 가치를 보존하려는 일체의 법적 규제는 이렇게 점점 사라지고 만다. 그에 따라 세계화된 금융자본과 다국적기업은 마음 놓고 세계 노동계급을 착취해 엄청난 잉여가치를 확보할 실마리를 얻게 된다. 자본의 다국적화와 세계화 경향은 1970년대 후반 걷잡을 수 없는 눈사태로 돌변한다. 처음 이 눈사태에 휩쓸린 국가가 바로 영국이었고, 이걸 대세로 인정한 통치자가 대처였던 셈이다. 이렇게 서구권의 간섭주의든 동구권의 독점자본주의든 자본은 국가로부터 점점 해방된다. 이 점에서 가장 극적인 사건은 1991년 12월 26일에 일어난 소련 해체일 것이다. 바로 이날 영국과 미국을 굴복시킨 자본은 마지막 남은 절대국가 소련마저 굴복시키니 말이다.

1991년 이후 기 드보르는 1967년에 출간된 자신의 주저 《스펙타클의 사회》를 본격적으로 다시 검토한다. 그 결과 그의 생각은 바뀌게 된다. 68혁명과 운명을 함께해야 한다고 생각했던 《스펙타클의 사회》가 신자유주의체제에도 아직 유효했던 것이다. 마침내 1992년 기 드보르는 자신의 주저 《스펙타클의 사회》를 프랑스의 영향력 있는 출판사 갈리마르에서 복간한다. 사실 1967년에 출간된 《스펙타클의 사회》에서 그는 국가독점자본주의 문제에 거의 절반의 지면을 할애했다. 1967년에서부터 1992년까지 경천동지할 사건, 특히 국가독점자본주의체제의 붕괴를 경험했으면서도, 기 드보르는 자신의 주저를 복간할 때 한 글자도 수정하지 않는다. 과거의 유물로 자신의 주저를 보존하려던 것은 아니다. 상황은 정반대다. 1967년 피력했던 자신의 통찰이 1992년에도 여전히 유효하다고 확신했던 탓이다. 아무리 그렇다고 해도 국가독점자본주의의 소멸로 전면에 등장한 세계화된 금융자본에 대해 간단하게나마 언급하지 않을 수는 없는 법이다. 그래서 기 드보르는 1992년 6월 30일이란 날짜가 기록된 아주 짧은 〈일러두기〉를 덧붙이게 된다. 그 핵심 구절을 한번 음미해보자.

나는 1988년 《스펙타클의 사회에 대한 논평》에서 '집중된 스펙타클^{le spectaculaire concentré}'과 '분산된 스펙타클^{le spectaculaire diffus}'이라는 경쟁적 지배 사이의 '스펙타클적 과업의 국제적 분업'이 종말을 고했으며, 이제 양자가 서로 융합되어 '통합된 스펙타클^{spectaculaire intégré}'이란 공동 형태를 취하고 있음을 분명히 밝혔다. …… 계급 권력^{pouvoir de classe}의 거대한 분열이 화해에 의해 완성되었기 때문에, 이제는 '통합된 스펙타클'의 통일된 적용이 세계를 경제적으로 변형하고, 동시에 치안적으로^{policièrement} 지각^{perception}을 변형하고 있다고 천명해야 한다.

－〈《스펙타클의 사회》 프랑스어 3판을 위한 일러두기Avertissement pour la troisième édition

français de La Société du spectacle〉(1992)

제2차 세계대전 이후 1991년까지 세계는 자본주의권과 사회주의권으로 양분되어 체제 경쟁을 했다고 이야기된다. 완전 잘못된 판단이다. 냉전은 단지 시장자본주의체제와 국가독점자본주의체제 사이의 대립, 즉 자본주의의 두 양상 사이의 대립에 지나지 않기 때문이다. 서구의 경우 '분산된 스펙타클'이 풍요로운 소비사회로 자본계급/노동계급 사이의 적대적 현실을 은폐했다면, 동구의 경우 '집중된 스펙타클'은 최고 권력자의 우상화를 통한 강력한 치안 정책으로 국가자본/노동계급 사이의 적대를 가려왔을 뿐이다. 잊지 말아야 할 것은 냉전체제의 한 축을 담당했던 시장자본주의체제는 국가가 시장에 적극적으로 개입하는 '간섭주의' 원칙에 따라 운영되었다는 사실이다. 결국 냉전 시기 동안 완전한 의미에서의 시장자본주의는 한 번도 제대로 작동한 적이 없었던 셈이다. 1980년대 이후 국가의 간섭주의 정책으로 성장한 서구 시장자본주의는 이제 인큐베이터에 담을 수 없을 만큼 비대해진다. 서구 자본계급에게 이제 국가는 너무나 갑갑한 둥지가 되어버린 것이다. 마침내 다국적기업과 금융자본의 힘으로 서구 자본계급은 국가를 극복하게 된다. 세계화의 첫걸음이다. 이렇게 세계화된 자본이 마침내 동구권의 국가독점자본주의마저 무너뜨리고 본격적으로 세계를 장악하기 시작한 서막, 바로 이것이 동구권 몰락이 가진 의의였다.

동구권의 몰락과 함께 '집중된 스펙타클'도 사라졌냐고? 그렇지 않다. 최고 통치자를 절대 선으로 만들었던 '집중된 스펙타클'은 이제 자본의 자유를 절대 선으로 부각시킨다. '집중된 스펙타클'의 심화 과정이라고 할 수 있다. 하긴 스탈린만 하더라도 소련이란 절대적이고 유일한 기업의 CEO였지 않은가? 스탈린이란 인격성을 빼면 국가가 독점했던 자본만 순수하게 남는다. 기 드보르가 진단한 것처럼 세계화된 자본의 시대에 서구 자본주의의 '분산된 스펙타클'과 독점자본주의의 '집중된 스펙타클'이 마침내 하나로 통합된다. '분산된' 것이든 '집중된' 것이든 스펙타클은 자본주의체제의 맨얼굴을 가리는 역할을 했기에, 두 스펙타클의 통합은 그다지 어려운 것도 아니었다. 어쨌든 이제 세계화된 자본은 '풍요'라는 따뜻한 이미지와 '치안'이란 차가운 이미지를 결합한 '통합된 스펙타클'로 자본과 노동 사이의 현실적 분할을 은폐하게 된다. 바로 이것이 기 드보르의 생각이었다. 1967년에 소련은 결코 사회주의가 아니라 자본주의의 악랄한 변종에 지나지 않는다는 걸 간파했던 기 드보르다운 혜안이다.

통합된 스펙타클을 이해하는 관건은 '집중된 스펙타클'의 핵심 무기였던 치안이 이 새로운 스펙타클에서 어떻게 기능하는지 해명하는 데 있다. 풍요로운 사회, 문명의 발전 등의 찬란한 슬로건, 섹시한 신상품의 현란한 출시, 상품에 대한 몽환적 소비 등으로 작동하는 '분산된 스펙타클'은 1967년이나 지금이나 마찬가지이기 때문이다.

여기서 세계화가 규제 완화 혹은 규제 철폐로 현실화된다는 사실에 주목하자. 무언가 '치안'이란 개념과 어울리지 않는 느낌이다. '치안' 은 의미론적으로 규제나 혹은 규제의 강화와 관련되기 때문이다. 그 렇다면 통합된 스펙타클에서도 '치안'의 요소가 작동한다는 기 드보 르의 지적은 그르다는 것일까? 아니다. 전후 사정을 다시 한 번 점검 해보자. 잉여가치 획득을 가로막는 국가적 장벽이나 법적 장애물을 가급적 제거하는 것이 규제 완화나 규제 철폐다. 당연히 노동계급의 불만은 커질 수밖에 없다. 그러니 체제로서는 노동계급의 불만을 억 압하거나 왜곡하는 다양한 규칙과 제도가 필요하다. 다시 말해 자본 가를 위해 규제를 완화하거나 철폐하는 순간, 체제는 노동자의 저항 과 도전을 봉쇄할 수많은 규제와 절차를 마련하게 된다는 것이다. 억 압사회, 혹은 규제사회에는 규제 총량 불변의 법칙이라고 불러도 좋 을 경향성이 존재한다. 자본계급에게 가해지는 규제의 양이 적어지 면, 노동계급에게 가해지는 규제의 양은 증가한다. 반대로 자본계급 에게 가해지는 규제의 양이 많아지면, 그만큼 노동계급을 옥죄는 규 제의 양은 줄어든다. 실제로 17세기 상업자본이 번성하던 시절, 즉 자유방임주의^{Laissez-faire}시대에 얼마나 많은 절차와 규칙들이 만들어졌 는지는 역사가 증명한다. 한때 동구권을 지배했던 집중된 스펙타클 은 최고 권력자에 대한 낯부끄러운 우상화는 폐기하고 치안의 논리 를 강화하는 식으로 신자유주의체제에 통합되었던 것이다.

규제 완화로 족쇄가 풀린 자본계급은 손쉬운 고용과 해고를 반 복하며 노동계급에 대한 착취를 강화한다. 당연히 노동계급은 부당 한 임금 동결이나 정리해고에 맞서 자본계급에 저항하게 된다. 이런 극명한 대립에서 신자유주의 정권은 항상 자본계급의 손을 들어주 게 되니, 노동계급은 이제 자본계급과 국가기구와 동시에 싸워야 하는 불리한 입장에 서게 된다. 문제는 국가가 신자유주의적 입법을 통해 노동계급의 저항을 제도적으로 무력화시키고 나아가 신자유주의적 입법으로 노동계급을 훈육한다는 사실이다. 예를 들어 신자유주의에 저항하는 노동계급의 시위를 생각해보자. '도로교통법'이나 '집회 및 시위에 관한 법률' 등으로 무력화시키면 된다. 물론 자본계급의 자유를 지키려는 법률이니 노동계급은 깔끔히 무시하고 공장을 점거하고 도로를 점거하면 될 일이다. 그러나 법률은 자신을 어겼을 때 불이익을 반복적으로 가하면서, 사람들을 훈육하는 놀라운 힘을 가진다. 마침내 점거농성을 할 때 노동자들은 자신이 일했거나 혹은 일하고 있는 공장을 자본가의 주거라고 느끼고, 혹은 가두시위를 할 때 노동자들은 차도가 차만 다녀야 하는 공간이라고 느끼고 만다. 이런 지각 구조를 갖고서야 노동계급이 어떻게 신자유주의에 맞선 총체적 저항에 돌입할 수 있다는 말인가? 모두가 '통합된 스펙타클'에 포획되어 길들여진 탓이다. 바로 이 문맥에서 기 드보르는 '통합된 스펙타클'이 "치안적으로 지각을 변형하고 있다"고 말했던 것이다. 치안은 정치가 아니고 오히려 정치를 부정한다고 역설했던 랑시에르 Jacques Rancière(1940~)가 떠오르는 대목이다. 이렇게 1992년 6월 30일 기 드보르는 자신의 주저 《스펙타클의 사회》가 신자유주의시대에도 유효하다는 걸 확인하며 박수를 친다.

《파네지리크》로 파란만장했던 자신의 삶에도 충분한 찬사를 보냈고, 자기 지성의 모든 것이라고 할 수 있는 《스펙타클의 사회》도 복간했다. 할 것은 다 했다. 그렇지만 불행히도 자신의 사상과 삶을 회고하는 과정에서도 그를 떠나지 않았던 다발성신경염이 주는 고통의 강도와 빈도는 점점 심해져만 갔다. 마침내 1994년 11월 30일 오후 기 드보르에게 마지막 고통이 찾아왔나 보다. 기 드보르가 자

테오필 뫼니에의 〈퐁뇌프다리와 시테섬의 뾰족한 끝부분〉(1860). 그림에 보이는 '뾰족한 끝부분'에서 앨리스는 기 드보르의 유골을 뿌렸다.

신의 심장에 방아쇠를 당겼던 것일까? 고통에 빠진 남편에게 안식을 주려고 앨리스가 방아쇠를 당겼던 것일까? 아니면 두 사람의 공모로, 즉 사랑하는 남편의 간절한 마지막 부탁을 앨리스가 들어주었던 것일까? 아직도 앨리스는 침묵으로 일관하니, 우리로서는 모를 일이다. 젊은 시절 기 드보르는 센강을 좋아했다. 한강의 여의도처럼 센강에는 시테섬이 자리하고 있다. 노트르담대성당으로 유명한 시테섬 한편, 퐁뇌프다리 밑에는 베르갈랑광장이 있다. 바로 센강의 강물을 바라볼 수 있는 곳이다. 화가 뫼니에^{Théophile Meunier}(1880~1884)의 작품 중 〈퐁뇌프다리와 시테섬의 뾰족한 끝부분^{Le Pont-Neuf et la Pointe de Île de la Cité}〉이라는 유화가 있다. 바로 이 뾰족한 끝부분에서 앨리스는 파리를 그리도 좋아했고 그만큼 미워했던 기 드보르의 뼛가루를 뿌린 것이다. 그녀의 애정이 드러나는 대목이다. 그로부터 10년 뒤 2006년

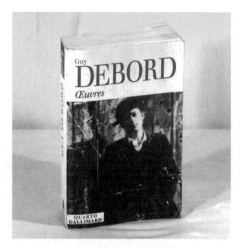

앨리스의 노력으로 갈리마르
출판사에서 출간된 기 드보르의
전집.

4월 1일 이미 할머니가 되어버린 앨리스의 주름진 손에는 책 한 권이
들려 있다. 그녀의 노력으로 갈리마르 출판사에서 출간된 기 드보르
의 책《기 드보르: 전집 Guy Debord: Œuvres》이다. 사랑하는 사람을 위한 그
녀의 마지막 애정이 10년 만에 결실을 맺은 것이다. 앨리스가 남편을
센강만이 아니라 자신의 가슴에 영원히 흘려보내는 마지막 예식이
었다. 이렇게 센강의 강물과 앨리스의 마음에 실려서 기 드보르는 우
리에게까지 흘러오게 된 것이다. 아주 느리게 그리고 아주 가늘게!

역사철학
4장

딴따라로 전락한 시인과
시인이 되어버린 가수

인간이라면 그 누가 자신을 주인으로 존귀하게 만들고 동시에 타인도 주인으로 섬기는 공동체를 거부하겠습니까? 어떤 사람이 자유로운 개인들의 공동체라는 직접민주주의의 꿈을 부정할 수 있겠습니까? 역으로 생각해보세요. 이걸 알았기에 자본과 국가로 상징되는 억압체제는 무럭무럭 자라 거대한 나무가 되기 전에 서둘러 직접민주주의의 싹을 잘라냈던 겁니다. 완전히 자라난 순간 민주주의라는 거대한 나무는 누구도 벨 수 없을 정도로 강력할 테니 말입니다. 그러나 비록 싹이기는 했지만 19세기 후반부터 20세기 초, 평의회코뮌주의의 깃발을 들었던 직접민주주의는 아주 강력했죠. 국가와 자본이 일으켰던 제1차 세계대전마저 유야무야 만들었을 정도니까요. 그만큼 직접민주주의, 즉 진정한 민주주의는 강력한 겁니다. 이걸 잊어서는 안 됩니다. 민주주의는 가장 강합니다. 그냥 노골적으로 말해볼까요? 민주주의 공동체는 어떤 침략 전쟁이 벌어져도 반드시 승리합니다. 증거가 있냐고요? 있습니다. 최초로 민주주의 공동체를 꾸리는 데 성공했던 고대 그리스 아테네만큼 분명한 사례도 없을 겁니다. 작은 도시국가 아테네는 페르시아제국의 공격을 두 번이나 격퇴합니다. 첫 번째는 BC 490년 마라톤 육상 전투였고, 두 번째는 BC 480년 살라미스 해전이었습니다. 자유인의 군대가 객관적 무력에서 앞섰던 제국주의 군대를 두 번이나 무너뜨렸던 겁니다. 민주주의! 그것은 군사주의로 무장한 제국주의를 괴멸할 정도로 강력한 겁니다. 서양 역사학의 아버지 헤로도토스^{Herodotus}(BC 484?~BC 425?)는 아테네의 강력함, 그러니까 민주주의의 강력함을 다음과 같이 분석합니다.

> 이렇게 아테네는 강대해졌다. 참주^{僣主, tyrannos} 치하에서 그들은 어느 이웃나라 사람들보다 전투에 뛰어나지 못했으나, 참주에게서 한 번 풀려나오자 전투에 아주 두각을 나타내게 된 것이다. 한 가지 점에서뿐만 아니라 모든 점에서 '동등한 발언권^{isegoria}'의 탁월함이 드러났던 것이다. 그러므로 억압적인 통치하에서는 윗사람을 위하여 일을 하기 때문에 아테네 시민들은 일부러 힘을 다하지 않았지만, 자유의 몸이 되자 그들은 자신을 위해 보람차게 일을 하려고 노력했던 것이 분명하다.
>
> ─《역사^{Histories}》

BC 6세기 말경에 발생했던 아테네의 민주혁명은 시민들에게 지켜야 할 것을 가져다주었습니다. 바로 자유와 재산이었죠. 정치적 자유와 그것을 유지하는 데 유효한 생산수단을 시민들은 확보했던 겁니다. 200년간 아테네는 직접민주주의를 유지할 수 있었고, 이때 세계의 어느 제국이라도 아테네를 굴복시킬 수 없었던 겁니다. 헤로도토스의 기록에 따르면 마라톤 전투에서 패전한 뒤 사망한 아버지 다리우스 1세^{Darius I}(BC 550?~BC 486)를 이어 왕좌에 오른 그의 아들 크세르크세스^{Xerxes}(BC 518~BC 465)가 두 번째로 아테네를

존 스티플 데이비스가 그린 〈마라톤 전투의 장면〉(1900). 이 전쟁에서 자유인으로 구성된 작은 도시국가 아테네 군대가 페르시아제국의 군대를 무너뜨렸다.

공격할 때, 그가 몸소 이끈 페르시아군은 보병 170만, 기병 8만이었습니다. 엄청난 군사력이었지요. 그렇다면 당시 정치적 발언권을 가졌기에 군인이 될 수 있었던 아테네 시민의 수는 얼마였을까요? 놀라지 마세요. 단지 3만 명 정도였습니다. 아무리 다른 도시국가와 연합을 했다고 해도 페르시아제국의 군대는 그야말로 압도적이었던 겁니다. 그러나 강제로 징집되어 참전했던 페르시아 군인들과는 달리, 아테네 군대는 자유인의 군대였습니다. 전쟁에 참여하느냐의 문제도 상급자가 일방적으로 결정하는 것이 아니라 그들 아테네 시민들이 직접 결정했으니까요. 전쟁은 전쟁에 직접 참여할 사람들이 결정해야 한다! 바로 이것이 아테네의 직접민주주의였던 겁니다.

자신의 정치적 자유를 지키기 위해, 그리고 자신의 재산을 지키기 위해 아테네 시민들은 전쟁에 참여했던 겁니다. 반면 페르시아군은 지킬 것이 없었고 단지 명령 불복종에 대한 처벌만 두려워했을 뿐이지요. 주인의 군대와 노예의 군대! 지킬 것이 있는 자유인의 군대와 상급자의 눈치만 보는 군대! 민주주의 군대와 군사주의 군대! 전자가 이깁니다. 50배가 넘는 페르시아군을 물리친 아테네가 이를 역사적으로 입증하고 있습니다. 민주주의는 그만큼 강력한 겁니다. 아테네의 강력함을 분석할 때 헤로도토스가 언급했던 '동등한 발언권isegoria'이란 개념이 중요한 것도 이런 이유에서입니다. '이세고리아isegoria'는 '동등하다'는 뜻의 'isos'라는 어근과 '회의에서의 발언'을 의미하는 'agoreuo'의 합성어입니다. 그러니까 이세고리아, 즉 '동등한 발언권'은 아테네에 민주주의가 작동하고 있었다는 걸 상징하는 말이지요. 헤로도토스는 바로 이 '동등한 발언권'에서 아테네가 페르시아를 이길 수 있었던 동력을 찾고 있었던 겁니다. 잠시 여기서 우리가 주목해야 할 것이 있습니다. 바로 '이소스isos'라는 어근입니다. 직접민주주의가 관철되던 아테네에서 가장 많이 사용되었던 어근이니까요. '동등한 정치적 권리'를 의미하는 '이소노미아Isonomia'에도, '한 사람이 하나의 투표권을 갖는다'는 뜻의 '이소프세포스 폴리스isopsephos polis'에도, 그리고 '권력의 동등성'을 뜻하는 '이소크라티아isokratia'에도 어김없이 '이소스'라는 어근이 사용되고 있습니다. 민주주의, 별거 아닙니다. 모든 차원에서 '이소스'를 관철하려는 정신이니까요.

BC 6세기 말 아테네에 민주주의혁명이 일어나기 전에, 아테네 시민들은 참주라고 불리는 권력자에 의해 지배되고 있었습니다. 참주는 왕의 신분도 아니면서 무력으로 권력을 잡은 사람, 그러니까 비합법적인 지배자나 폭군을 가리키는 말입니다. 헤로도토스와 함께 그리스 역사학계를 양분했던 투키디데스Thucydides(BC 460?~BC

400?)는《펠로폰네소스 전쟁사 History of the Peloponnesian War》에서 말했던 적이 있습니다. "참주에 의해 통치되는 그리스 도시국가들에서 참주들의 유일한 관심사는 자신을 위한 것뿐이다. 다시 말해 그들은 자신의 신체적 안전과 자기 가족의 권력을 증진시키는 것에만 관심을 가지고 있다." 그러니까 그냥 참주는 왕의 품위조차도 기대할 수 없는 일종의 양아치 권력이었던 겁니다. 자신과 자신의 가족의 이익을 위해서는 아테네 시민들 정도는 언제든 희생시킬 생각을 가지고 있었으니까요. 결국 아테네의 민주혁명은 이런 양아치 권력을 괴멸한 사건이었다고 할 수 있습니다. 아테네로서는 정말 다행스런 일이었지요. 만일 참주가 계속 아테네를 다스렸다면, 아테네는 결코 페르시아를 격퇴할 수 없었을 테니 말입니다. 생각해보세요. 참주가 지배하는 아테네 군대나 황제가 지배하는 페르시아 군대나 모두 "윗사람을 위하여" 전쟁에 참여하게 되는 셈입니다. 이 경우 50배 이상 군사력이 막강한 페르시아는 아주 손쉽게 아테네를 복속시켰을 겁니다. 여기서 우리는 중요한 결론에 이르게 됩니다. 참주와 같은 반민주적 권력은 공동체를 강하게 하기보다는 약하게 하는 암적인 존재라는 사실을, 그리고 진정으로 강한 공동체를 원한다면 우리는 항상 민주주의를 견지해야 한다는 사실을 말입니다.

참주 정치와 민주 정치! 두 범주는 우리의 현대 정치사를 이해하는 데 중요한 시사점을 줍니다. 부정선거를 통해 집권을 연장하려 했던 이승만은 참주였고, 당연히 이승만보다 남한사회를 위기에 빠뜨린 사람도 없을 겁니다. 그래서 1960년 4월 학생운동은 중요합니다. 참주로부터 민주사회의 서막을 열었으니까요. 우리도 이제 아테네와 같은 강한 사회를 가질 수 있다는 희망을 품게 된 거죠. 불행히도 민주주의가 제대로 정착되기도 전에, 이승만보다 더 강력한 참주가 등장하게 됩니다. 1961년 5월 16일 군사쿠데타를 일으킨 박정희朴正熙(1917~1979)입니다. 투키디데스는 "참주들의 유일한 관심사는 자신을 위한 것뿐"이라고 정의했던 적이 있죠. 박정희는 여러모로 참주의 모든 특성을 다 갖춘 인물입니다. 1940년 4월 만주에 있던 신징군관학교新京軍官學校에 다카키 마사오高本正雄란 이름으로 입학했던 박정희는 이 사관학교를 240명 중 수석으로 졸업하죠. 신징군관학교는 만주국 육군군관학교滿洲國 陸軍軍官學校로 불리던 곳으로, 당시 일본이 세운 괴뢰정부 만주국에 복무할 장교를 양성하던 곳이었습니다. 빼어난 성적으로 박정희는 1942년 10월 일본 육군사관학교 3학년으로 편입하게 됩니다. 이 무렵 박정희는 다카키 마사오라는 이름을 버리게 됩니다. 창씨개명創氏改名의 흔적마저 완전히 없애기 위해 오카모토 미노루岡本實라는 새로운 일본 이름으로 개명하니까요. 일본 육군사관학교에서 오카모토 미노루는 일본인 사관생도들보다 더 일본인처럼, 그리고 더 장교처럼 생활했습니다. 그 결과 300명 중 3등으로 일본 육군사관학교를 졸업하게 됩니다. 조선 사람이라는 핸디캡을 고려한다면, 수석 졸업을 한 셈이지요.

일본제국 통치 아래에서 출세하는 것! 박정희가 꿈꾸던 것입니다. 그러니 그에게서 민족이니 독립이니 하는 가치를 기대하는 건 정말 불가능한 일이었지요. 관동군, 즉 만주군 중위 오카모토 미노루는 장밋빛 미래를 꿈꾸었을 겁니다. 일본제국주의를 위해 엄청난 공을 세워 언젠가는 일본인에게도 존경받는 군인이 되겠다고 말입니다. 그러나 불행히도 1945년 8월 일본제국은 허망하게도 붕괴되고 맙니다. 해방이 된 겁니다. 오카모토 미노루는 절망했을 겁니다. 지금까지 일본 군인보다 더 일본 군인이 되어 천황을 사랑하려고 했던 자신의 모든 노력이 공염불이 되어버렸으니 말입니다. 그

일본 육군사관학교를 졸업한 직후의 박정희(왼쪽). 《만주신문》 1939년 3월 31일 자에 실린 박정희의 혈서(오른쪽). 〈혈서 군관 지원, 반도의 젊은 훈도로부터〉라는 제목 아래 "일본인으로서 수치스럽지 않을 만큼의 정신과 기백으로써 일사봉공의 굳건한 결심입니다. …… 목숨을 다해 충성을 다할 각오입니다. …… 조국을 위해 …… 멸사봉공, 견마의 충성을 다할 결심입니다"라고 적혀 있다.

러나 오카모토 미노루가 누굽니까? 참주의 덕성을 타고난 인물 아닙니까. 자신의 출세에 대한 그의 동물적인 감각은 다시 빛을 발하게 되죠. 박정희라는 이름으로 그는 아무 일도 없었다는 듯이 아주 신속하게 광복군에 합류하게 됩니다. 그가 베이징 광복군에 합류한 것이 1945년 9월이니, 정말 한 달 사이의 변신 치고는 극적인 일이었습니다. 광복군 제3지대 평진대대 제2중대장을 역임하면서 박정희는 광복군으로 금의환향할 때만 기다리게 됩니다. 마침내 1946년 5월 8일 미군 수송선은 박정희를 부산항에 내려놓게 되죠. 친일파 관료나 군인, 혹은 경찰을 그대로 채용했던 미군정의 정책으로 박정희는 육군사관학교의 전신이던 조선경비사관학교를 마치자마자 바로 대위로 임관합니다. 박정희는 일본군 장교가 되는 일에 모든 것을 걸다가 낭패를 보았던 적이 있었습니다. 그래서 매사에 그는 더 조심스럽게 처신하게 됩니다.

1946년 대구 10월항쟁이 상징하는 것처럼 남한사회는 사회주의적 성향의 항쟁이 많이 일어났죠. 여기서 박정희의 고민은 깊어만 갑니다. 남한을 현실적으로 지배하는 미군정은 좌익이 아니라 우익 편이었기 때문입니다. 이 점에서 미군정 치하의 육군 장교는 안전한 지위였다고 할 수 있죠. 그러나 당시 남한사회의 좌익운동은 상당히 광범위한 지지를 받으며 미군정 통치를 위협하고 있었습니다. 더군다나 소련군과 미군이 언젠가 한반도를 떠나는 날, 북한은 남한을 공격해 병합할 수도 있었습니다. 막강했던 일본이 한순간에 패망하면서 박정희는 위기에 빠지지 않았습니까. 그가 남조선노동당에 몰래 가입한 것도 이런 이유에서입니다. 겉으로는 미군정과 남한 정부의 장교였지만, 속으로는 남조선노동당 당원으로 활동한 거죠. 박정희의 이중생활! 그렇지만 언제든지 박정희는 "자신을 위한" 든든한 보험이 필요했던 겁니다. 그러나 그의 이중생활은 얼마 가지 않죠. 1948년 10월 19일 발생해서 일주일 만에 진압된 여순반란사건이 그의 이중生活을 폭로해버니까요. 여순반란사건을 수사하는 과정에서 당국은 박정희가 남조선노동당에 가입해서 활동했다는 사실을 알게 된 겁니다. 1949년 2월 8일 박정희는 군사재판에서 무기징역과 파면을 선고받습니다. 그러나 바로 이 대목에서 박정희는 다시 한 번 동물적 감각을 발휘해 위기를 벗어나게 되죠. 군대 내 남조선노동당의 조직선을 모조리 폭로하여 괴멸하는 데 일등공신이 되었기 때문입니다. "자신을 위한", 자기만 살기 위해서 자신의 한때 동지들을 모조리 팔아치운 겁니다. 뒤에 국시로까지 승격된 박정희의 '반공'은 이렇게 치졸한 생존 본능에서 탄생했던 셈입니다. 어쨌든 무기징역을 받은 지 두 달 만에 박정희는 육군본부 정보국 문관 신분으로 다시 화려하게 복귀하죠. 거래가 무사히 이루어진 겁니다.

박정희의 거래! "자신을 위한" 거래! 그러나 그것은 오직 이승만 정권에서만 유효한 거래일 뿐이지요. 이승만이 권좌에서 물러난 뒤, 박정희는 불안하기만 합니다. 더군다나 1960년 4월혁명으로 출범한 장면張勉(1899~1966) 정권은 경제개발을 위해 20만 감군안을 공약으로 제시하기까지 했습니다. 비록 미국이 반대했기에 20만의 군인 수를 줄이지는 못할 테지만, 어느 정도 군대 규모를 줄이는 건 확실한 일이었습니다. 군대에 들어가는 세금을 경제개발에 돌리려면 정부조직뿐만 아니라 군대도 구조조정을 해야 했던 겁니다. 군대조직이 축소되면 당연히 장성 등 고급 장교 인원도 줄어들게 될 겁니다. 이런 구조조정에서 당시 별 두 개 박정희는 살아남을 수 있을까요? 한때는 일본 관동군이었고, 한때는 남조선노동당 당원이었던 박정희입니다. 구조조정 1순위에 올라도 이상하지 않을 경력이죠. 그러나 항상 자기만은 살아남겠다는 의지로 살아온 박정희입니다. 이념도, 동포도, 그리고 동료마저도 자신을 위해 기꺼이 희생시키면서 얻은 별 두 개입니다. 이걸 포기할 수는 없는 일이지요. 1961년 5월 16일, 마침내 박정희는 "자신을 위한" 쿠데타를 일으킵니다. 당일 새벽 그의 무리가 시내에 뿌린 전단을 보더라도 정말 아무런 명분도 없는 쿠데타였습니다. 한번 읽어볼까요?

① 반공을 국시의 제일의로 삼고 지금까지 형식적이고 구호에만 그친 반공 태세를 재정비 강화한다.

② 유엔헌장을 준수하고 국제 협력을 충실히 이행할 것이며 미

1961년 5월 16일, 마침내 박정희는 "자신을 위한" 쿠데타를 일으킨다. 쿠데타 성공 후 서울시청 정문에 선 장도영(왼쪽)과 박정희.

국을 위시한 자유 우방과의 유대를 더욱 공고히 한다.

③ 이 나라 사회의 모든 부패와 구악을 일소하고 퇴폐한 국민 도의와 민족정기를 바로잡기 위해 청신한 기풍을 진작시킨다.

④ 절망과 기아선상에서 허덕이는 민생고를 시급히 해결하고 국가 자주 경제 재건에 총력을 경주한다.

⑤ 민족의 숙원인 국토 통일을 위해 공산주의와 대결할 수 있는 실력 배양에 전력을 집중한다.

⑥ 이와 같은 우리의 과업이 성취되면 참신하고도 양심적인 정치인들에게 언제든지 정권을 이양하고 우리들은 본연의 임무에 복귀할 준비를 갖춘다.

이것이 그 유명한 '혁명공약' 6개조입니다. 1조도, 2조도, 3조도, 4조도, 5조도 모두 장면 정권이 하고 있던 겁니다. '반공'이요? 국가보안법 외에도 반공특별법안과 데모규제법안을 마련하려고 했던 것이 바로 장면 정권입니다. '미국과의 유대'요? 장면 정권은 역대 어느 정권보다 미국과 관계가 좋았습니다. '부패와 구악 일소'요? 이미 장면 정권 시기 국회에서는 반민주행위자공민권제한법안, 부정선거관련자처벌법안, 부정축재특별처리법안 등이 제정되었지요. '경제 재건'이요? 5월 16일 쿠데타가 일어나기 직전 4월 말에 이미 장면 정권은 건설 위주의 경제 제일주의를 표방하면서 5개년 경제개발 계획을 발표합니다. 뭐 하나 새로운 것이 없습니다. 혁명이라면 무언가 근본적으로 바꿔야 하는데, 참신한 것이라고는 눈을 비비고 봐도 보이지 않으니까요. 짙은 선글라스를 끼고 폼만 잡았지 박정희나 그의 브레인 김종필金鍾泌(1926~2018)의 머리에는 별로 들어 있는 것이 없었던 겁니다. 있다면 그저 박정희, 그리고 그를 따르던 정치군인들의 생존 본능일 뿐이었죠. 그나마 혁명공약 중 나름 머리를 쓴 조목은 6조라고 할 수 있습니다. "이와 같은 우리의 과업이 성취되면"이란 구절이 중요합니다. 1조에서부터 5조까지의 공약이 성취되지 않는다면 물러나지 않겠다는 비수를 품고 있으니 말입니다.

박정희는 마침내 참주가 되었습니다. 이제 자신을 위해 공동체를 좌지우지할 수 있는 힘을 가진 존재, 그리고 모든 사람이 두려워하는 존재가 된 거죠. 그러나 상황은 그다지 좋지 않았습니다. 이승만처럼 그가 노골적으로 참주 노릇을 하기에는 거의 불가능했으니까요. 이미 국민들은 민주주의혁명을 통해 자유를 경험했으니까요. 이 자유는 민주주의혁명을 통해서 국민들 스스로 얻은 겁니다. 그

1961년 5월 18일 오전 육군사관학교 생도 800여 명이 5·16을 지지하는 시가행진을 벌이고 있다. 이들 중에 전두환도 포함되어 있다.

런데 박정희는 혁명과 자유를 경험한 국민들을 대상으로 반혁명을 시도했던 겁니다. 그러니 두려울 수밖에요. 비록 쿠데타에 성공해서 참주가 되었지만, 국민들은 언제든 참주 정치를 무너뜨릴 수 있는 역량과 경험을 갖고 있었으니까요. '혁명공약' 6조에는 이런 박정희의 두려움이 고스란히 스며들어 있지요. "정치인들에게 언제든지 정권을 이양하고 우리들은 본연의 임무에 복귀할" 것이라는 공약 말입니다. 꼼수죠. 반혁명적 쿠데타에 대한 학생 등 지식인들이 저항할까봐 일시적으로나마 그런 말을 넣은 거죠. 이제 박정희에게는 화두 하나가 던져진 셈입니다. 국민들의 저항을 피하면서 참주 노릇을 영구화하는 방법은 없을까? 그래서 그는 고민에 고민을 거듭합니다. 자신을 파멸시킬 수도 있는 민주주의의 가능성 자체를

1963년 9월 28일 박정희가 유세장에서 연설을
하고 있다. 박정희는 "이번 선거는 개인과 개인의
대결이 아니라 민족적 이념을 망각한 가식의
자유민주주의 사상과 강력한 민족적 이념을
바탕으로 한 자유민주주의 사상의 대결"이라고
정견 발표를 했다.

제5대 대통령 선거 벽보. 박정희는 15만 표 차이로 윤보선을 누르고 대통령에 당선되었다. 밀가루 살포, 관권 선거가 만든 결과였다.

없앨 수 있는 묘책을 찾아서 말입니다. 박정희는 4월 학생운동 성공을 반면교사로 삼습니다. 학생운동이 정권을 붕괴시킬 수 있었던 것은 학생들의 민주화투쟁에 시민과 민중들이 호응했기 때문입니다. 그렇다면 학생운동, 나아가 민주화운동이 성공하지 못하게 하려면, 학생 등 지식인들과 민중들을 완전히 분리시키면 됩니다. 머리와 몸통이 분리되면 결코 하나로 움직일 수 없는 법이니까요.

먼저 박정희는 민중들에게 최면을 걸기 시작합니다. 자신을 참주로 계속 받아들이면, 민중들은 과거 왕조시대, 일본 식민지 시절, 한국전쟁, 그리고 이승만 독재 시절을 거치면서 일상이 되어버린 궁핍한 생활에서 벗어날 수 있다는 최면 말입니다. 장면 정권이 마련했던 경제개발 계획도 있으니, 생존욕과 권력욕밖에 가진 것이 없었던 박정희는 어렵지 않게 민중들에게 약을 팔 수 있었죠. 약이 먹힌다는 것을 확신했던 박정희는 1963년 10월 15일 대통령 선거

1962년 2월 박정희(맨 왼쪽)가 울산공업단지
기공식에 참석해 삽질을 하고 있다.

6부. 코뮌주의 역사철학과 기 드보르의 유산

에 출마하게 됩니다. 민간인에게 정권을 이양하고 자신들은 군인의 자리로 돌아가겠다는 약속은 헌신짝 버리듯 던져버리고 말입니다. 불행히도 15만 표 차로 박정희가 대통령으로 당선되고 말죠. 1962년 대통령이 되는 데 필요한 정치자금을 마련하려고 저질렀던 '4대 경제 의혹 사건', 즉 증권 조작 사건, 워커힐 사건, 새나라자동차 사건, 파친코 사건 등이 모두 묻히게 됩니다. 민정 이양을 번복한 약속 불이행과 권력형 경제 범죄를 국민들이 묵인한 꼴이죠. 이때까지만 해도 국민들은 1963년 대통령 선거가 참주 정치냐 민주 정치냐를 가름하는 결정적 계기라는 걸 몰랐던 겁니다. 그렇다고 해서 당시 국민들을 너무 조롱해서는 안 됩니다. 그만큼 그들은 먹을 것이 없어 배가 고팠고, 옷이 없어서 추웠으며, 집이 누추해서 편하게 잠을 잘 수가 없었던 겁니다. 그러니 그들은 박정희가 던진 약을 받아들였던 겁니다. 이미 '국가재건최고회의'라는 명목으로 군사독재를 행하던 1962년 1월에 박정희는 제1차 경제개발 5개년 계획을 발표했던 적이 있습니다. 그 상징적인 조치가 1962년 2월 3일 울산공업단지 기공식이었지요. 상업자본과 농업에 의존하는 경제에서 벗어나 이제 남한도 산업자본주의시대에서 살 수 있다는 희망을 국민들에게 제대로 심어준 셈이지요. 일본처럼, 미국처럼, 독일처럼, 영국처럼 우리도 잘살 수 있으리라는 장밋빛 미래의 향기에 취해서, 국민들은 쿠데타 세력에게 면죄부를 준 겁니다.

1961년 당시 산업구조를 보면 농림어업이 41.4퍼센트, 서비스 등 자영업이 44.0퍼센트, 그리고 광공업이 주류였던 제조업이 14.6 퍼센트였습니다. 그리고 도시 인구가 대략 750만 명, 농촌 인구는 1800만 명이었습니다. 한마디로 산업자본주의체제가 출범할 수 있는 토대 자체가 부실했던 겁니다. 그러니 울산공업단지 기공식에서 삽질을 하면서, 박정희는 불안했죠. 왜냐고요? 산업자본주의를 뿌리내리려면, 무엇보다도 먼저 어느 정도 자본이 축적되어 있어야만 합니다. 막말로 기공식에서 삽질을 했다고 해서 울산공업단지가 저절로 만들어지지는 않으니까요. 충분한 자본이 없는 상태에서 어떻게 공장을 짓고, 원료를 사고, 노동력을 구매할 수 있다는 말입니까? 1962년 6월 9일 밤 0시에 박정희가 화폐 개혁을 단행한 것도 이런 이유에서입니다. 아마도 중앙정보부를 동원해 증권을 조작해서 정치자금을 모았던 경험을 화폐 개혁에 그대로 적용했던 것으로 보입니다. 화폐 개혁은 화폐의 가치를 조작해 국가가 소유한 자본을 증가시키려는 꿈수니까 말입니다. 한마디로 화폐 개혁은 정권의 힘으로 원초적 자본, 그러니까 국가 자본을 확보하려는 무리수였지요. 미국의 반대도 있었지만 당시 우리 경제는 너무나 취약했습니다. 그래서 화폐 개혁은 국가 자본이 확보되기는커녕 그나마 취약했던 우리 경제를 더 힘들게 만들면서 실패로 끝나게 됩니다. 그렇다면 방법은 이제 하나만 남습니다. 국내에서 자본을 마련할 수 없다면 국외에서 마련하는 겁니다.

혈맹이라는 미국에게 돈을 빌리면 좋지만, 미국은 한국전쟁 이후 생필품 위주의 무상 원조에만 집중하고 있는 때였습니다. 무상 원조를 받는 처지에 다시 산업자본주의를 추진할 종잣돈을 구걸하기가 뭐했던 겁니다. 그러나 종잣돈은 반드시 확보해야만 합니다. 경제개발이란 약으로 대통령이 되었기에, 이것이 실패한다면 대통령의 자리를 내놓아야만 하기 때문이지요. 그러니 자본을 확보할 수 있느냐의 여부는 정말 정권의 사활을 건 문제였던 겁니다. 국내에서 자본을 축적할 수 없고 미국에서 차관을 얻을 수도 없다면, 이제 다른 국가로부터 돈을 빌려 원초적 자본을 만들어야 합니다. 그

1964년 굴욕적 한일회담에 반대해 들고일어난 시민을 진압하고 있는 경찰들.

러나 어떻게 돈을 마련할 수 있을까요? 박정희는 마침내 무릎을 탁치게 됩니다. 인신매매 프로젝트죠. 죽은 자도 팔고, 산 자도 팔고, 태어날 자도 팔아서 자본을 마련하는 겁니다. 어차피 인구도 남아도니 일부 국민들을 볼모로 국가 자본을 만들어보자는 것이었지요. 1963년 12월 27일 243명의 광부를 서독으로 보내면서 시작된 광부 및 간호사 파견 프로젝트가 그 서막이라고 할 수 있습니다. 4000만 달러의 차관을 서독 정부로부터 받는 대가로 광부와 간호사를 파견한 겁니다. 이렇게 파견된 광부와 간호사들은 차관 상환을 보증하는 일종의 인질들이었죠. 정부가 차관을 갚지 못한다면, 당시 서독에 파견된 우리 국민들은 그냥 그곳에 억류될 수밖에 없었던 겁니다. 박정희는 살아 있는 국민을 팔아버린 대가로 4000만 달러를 확보한 겁니다.

다음으로 1965년 8월 14일 '한일협정 비준 동의안'이 통과되면서, 박정희는 무상 3억 달러, 정부 차관 2억 달러, 민간 차관 1억 달러를 일본으로부터 얻게 되죠. 국가 차원에서뿐만 아니라 민간 차원에서도 대일청구권을 포기하는 대가였죠. 36년간 우리 민족이 일본에게 당한 유무형의 고통과 피해를 퉁치고, 박정희는 6억 달러라는 거금을 확보한 겁니다. 식민지 주민으로서 겪어야 했던 상처에 비해 너무나도 저렴한 액수입니다. 전체 국민에게는 너무나 작은 액수였지만, 박정희 개인에게는 큰돈이었지요. 이것은 역사나 민족 차원, 혹은 국민 차원에서 박정희가 '한일협정'을 체결한 것이 아니라 개인 차원에서 체결했다는 방증이라고 할 수 있습니다. 자기만을 위한다는 참주로서의 본성이 다시 부각되는 대목입니다. 징용되거나 징집되어 죽었거나 그 후유증에 시달리는 사람들, 혹은 위안부로 끌려가 죽었거나 살아도 산 것 같지 않은 사람들, 독립운동을 하다가 죽었거나 그로 인해 피폐해진 남겨진 사람들! 박정희는 이들을 위해 6억 달러를 사용하지 않죠. 그러니까 일본제국주의 36년 동안 엄청난 피해를 입었던 민중들에게 돌아가야 할 보상금을 박정희가 착복한 겁니다. 어쨌든 죽은 자를 팔아서 박정희가 마련한 돈은 6억 달러가 되었습니다.

산 자나 죽은 자를 가리지 않고 팔아버렸던 박정희의 인신매매 프로젝트는 여기서 그치지 않습니다. 인신매매의 화룡점정은 역시 베트남 파병이라고 할 수 있기 때문이지요. 해방된 지 얼마 되지 않아서인지, 당시 '한일협정' 조인은 국민적인 저항의 대상이었죠. 굴욕과 졸속으로 이루어진 한일협정이 국민들의 민족주의 감정에 제대로 불을 지폈으니까요. 1964년 6월 3일 한일회담 반대 투쟁에 박정희가 비상계엄령으로 대응할 수밖에 없었던 것도 그 증거라고 할 수 있을 것 같네요. 그러나 국회마저 장악하고 있던 박정희는 야당이 불참한 가운데 1965년 8월 14일 '한일협정 비준 동의안'을 참주답게 통과시켜버리죠. 그러나 1965년 8월 14일에 시선을 빼앗겨 그 전날 8월 13일에 국회에서 무슨 일이 있었는지 간과하는 사람들이 아직도 많습니다. 한일협정 비준 동의안을 반대하느라 야당이 불참한 가운데, 국회가 박정희의 전투부대 파병 동의안을 비준한 날이 바로 1965년 8월 13일입니다. 국방의 의무로 징집된 군인들이 국방이 목적이 아니라 박정희의 외화벌이에 제대로 동원된 겁니다.

이미 1961년 5월 16일 쿠데타로 정권을 잡았던 박정희는 같은 해 11월 미국을 방문해 당시 미국 대통령 케네디^{John Fitzgerald Kennedy}(1917~1963)에게 베트남 파병을 제안한 적이 있었죠. 미군의 피 대신 한국군의 피를 흘리겠다는 일종의 충성 맹세로, 쿠데타 정권을 인정받으려는 복안이었을 겁니다. 자신의 권력욕을 위해 국방의 의무를 수행하고 있는 젊은이들을 기꺼이 희생시키려고 했으니, 정말 박정희는 타고난 참주였던 겁니다. 나름 민주주의자였던 케네디는 아마 황당했을 겁니다. 자기 국민을 기꺼이 희생하려는 미친 지도자를 보았으니까요. 군사독재자와 거래를 하는 것도 마땅치 않았고 아울러 베트남 전황도 그다지 불리하지 않았기에, 케네디는 박정희의 제안을 거부하지요. 그러나 케네디가 암살된 뒤 대통령을 승계한 존슨^{Lyndon Bains Johnson}(1908~1973)은 1964년 베트남전에 전면적으로 개입하기 시작합니다. 1964년 8월 2일 북베트남 어뢰정 3척이 통킹만에서 미군 구축함을 공격했던 사건, 즉 통킹만 사건^{Gulf of Tonkin Incident} 때문이죠. 그래서 미국은 마침내 박정희에게 파병을 요청하게 됩니다.

좀 더 상세히 그 내막을 들여다볼까요. 1961년 11월 미국을 방

1961년 11월 19일
미국을 방문한 박정희가
미국 대통령 케네디를
만났다. 이 자리에서
박정희는 케네디에게
한국군의 베트남 파병을
제안하지만 거절당한다.

문했던 박정희가 케네디에게 베트남 파병을 제안했던 이유와 관련
된 겁니다. 일종의 충성 맹세를 통해 박정희가 쿠데타 정권을 미국
으로부터 인정받으려고 했던 것도 분명 사실입니다. 그렇지만 또
한 가지 이유가 있었습니다. 이승만 독재정권이든 박정희 독재정권
이든 정권을 유지하기 위해서는 민중의 저항을 무력화시키는 것으
로는 충분하지 않습니다. 북한의 침공을 막지 않으면, 그들은 자신
의 권력을 유지할 수조차 없기 때문이죠. 그러나 한국전쟁이 가르
쳐주었던 것처럼 남한 정권이 북한에 맞서려면 미군의 전력이 불가
피합니다. 문제는 미국이 1953년 정전협정 이후 주한미군과 한국군
의 동시 감축을 지속적으로 시도했다는 데 있습니다. 박정희에 앞
서 이미 이승만이 1954년과 1958년에 미국에게 베트남과 인도네
시아에 한국군 파견을 제안했던 것도 이런 이유에서입니다. 이렇게

한국군이 미국의 이익을 위해 제3국으로 파병된다면, 미국도 주한 미군이나 한국군 감축을 추진할 수 없을 테니 말입니다. 1961년 11월 박정희가 케네디에게 베트남 파병을 제안했던 것도 동일한 논리에서였습니다. 1963년 케네디 정부는 한국군 25만 명을 3~5년에 걸쳐 감축하려는 계획을 세워두었으니까요. 이승만도 박정희도 자기 체제를 유지하기 위해서는 젊은이들을 기꺼이 희생할 생각을 가지고 있었다는 것에 주목할 필요가 있습니다. 하긴 이미 자신을 국가와 동일시하는 독재자에게 민중들의 안위가 눈에 들어오기나 했겠습니까? 대를 위해 소의 희생은 불가피하다고 말했지만, 사실 소를 위해 대를 희생하는 것이었죠. 이승만이나 박정희, 그리고 그 주변에 모여든 과거 친일파들은 기꺼이 다수 민중들을 희생해서라도 자신의 기득권을 유지하거나 혹은 강화하려고 혈안이 되어 있었으니까요.

1964년 8월 2일에 발생한 통킹만 사건, 후에 미국이 과도하게 부풀린 이 사건으로 미군은 베트남 내전에 마침내 지상군을 파견하게 됩니다. 존슨은 베트남을 냉전의 최전선으로 설정했던 겁니다. 마침내 상황이 역전됩니다. 미국은 경제 원조와 군사 원조를 대가로 박정희에게 베트남전 참전을 요구하게 되니까요. 전체 지상병력의 20퍼센트에 해당하는 연평균 50만 명의 미군이 베트남전에 투입되었음에도, 미군은 베트남에서 우위를 확보하지 못하게 됩니다. 우위는커녕 미국은 이제 그냥 베트남이란 늪에 빠져 옴짝달싹 못하는 신세가 되고 맙니다. 미국 내 반전 여론이 거세지자 더 이상 미국 지상군을 베트남에 파견하기 힘들고, 유럽 전체에서도 베트남전과 관련된 반전과 반미 분위기가 팽배해서 영국과 프랑스 등 전통적인 동맹국들로부터 지원을 받을 수 없었기 때문입니다. 결국 미국은 한국에 60만 정규군 중 대략 연평균 10만 명을 파병해달라고 요구할 수밖에 없었죠. 바로 이때부터 박정희 정권은 본격적으로 '돈'을 벌기 시작합니다. 이미 주한미군과 한국군 감축의 위험은 사라졌으니, 이제 노골적으로 베트남에서 허우적거리는 미국을 이용해 돈을 벌기로 작정한 겁니다. 물론 그 대가로 엄청난 젊은이들을 사지로 몰게 되죠. 그나마 다행인 것은 베트남에 파견된 한국군 수는 연평균 10만 명이 아니라 5만 5000명으로 유지되었다는 겁니다. 무엇 때문일까요? 아이러니하게도 북한 때문이었습니다. 1966년 휴전선 부근 비무장지대에서 북한군과 남한군 사이의 교전은 30여 건에 지나지 않았는데, 이 교전이 1967년에 400여 건, 그리고 1968년에는 500여 건에 달하게 됩니다. 아마도 그 정점은 1968년 1월 21일 북한 특수부대의 청와대 습격 사건, 같은 해 1월 23일 미군 정보함 푸에블로Pueblo호 납북 사건, 같은 해 11월 2일 울진·삼척 무장 공비 사건이죠. 북한 김일성이 중국의 요청으로 미국과 남한의 시선을 베트남이 아니라 한반도에 묶어두려고 대남 무력 공세를 강화했던 겁니다. 정말 아이러니하죠. 당시 북한의 대남 공세가 없었다면, 남한군은 10만 명이나 파견되었을 것이고, 당연히 더 많은 젊은이들이 베트남에서 애꿎은 피를 흘렸을 테니까요.

1964년 9월부터 1973년 3월까지 지속된 베트남 파병은 자그마치 10억 3600만 달러의 자본이 한국사회에 유입되는 결과를 낳게 됩니다. 이른바 베트남 특수였지요. 베트남에서의 용역과 건설로 4억 달러, 수출과 군납으로 2억 7000만 달러, 장병들의 송금과 파병 지원 경비로 2억 5000만 달러, 그리고 박정희의 수중에는 1억 5000만 달러의 미국 차관이 들어오게 되지요. 서독에 광부와 간호사를 파견하고 한일협정을 조인하면서 얻은 6억 4000만 달러를 가볍게

6부. 코뮌주의 역사철학과 기 드보르의 유산

1967년 8월 부산에서 베트남 파병 교체 부대
귀국을 환영하는 사람들. 한국군은 베트남에서
5000명 넘게 사망하고 1만 1000여 명이
부상당했다. 1965년부터 1973년 철군할 때까지
8년 5개월 동안 베트남전에 참전한 인원은
32만여 명에 달한다.

넘는 거대한 자본 유입이었습니다. 그 대가로 베트남에는 5만 5000 여 명의 한국군이 주둔하며 전투에 참여했죠. 전체 8년 동안 대략 32만 5000명이 베트남에서 군생활을 했다고 합니다. 미국 다음으로 대규모 파병을 한 것이죠. 자, 그럼 베트남 특수를 낳느라 희생했던 우리 젊은이들의 상황을 살펴보죠. 정부의 통계(육군본부, 해군본부, 국가보훈처)에 따르면 사망자 5099명, 전상자 1만 962명, 고엽제 피해자 8만 9772명, 고엽제 후유의증 환자 4만 9799명! 대부분 국방의 의무를 수행하던 젊은 사병들이었습니다. 당시 베트남에서는 유행어가 하나 있었죠. "사병은 죽으러 왔고, 하사관은 고생하러 왔고, 장교는 돈을 벌러 왔다!" 그렇습니다. 박정희가 돈을 벌었고, 현대건설과 같은 재벌들이 돈을 벌었고, 전두환全斗煥(1931~)이나 노태우盧泰愚(1932~)와 같은 고급 장교들도 돈을 벌었던 겁니다. 그 대가로 사병들은 심신이 초토화되는 재앙을 겪었던 겁니다. 그들이 감내했던 재앙은 그들에게만 국한된 것은 아니죠. 그 재앙은 그들의 가족들이 평생 겪어야 할 고통이자 그들이 낳을 아이들이 간접적으로 겪을 고통의 서막이 되니까요. 결국 베트남 파병으로 박정희는 아직 태어나지도 않은 사람들마저 팔아버리고 만 거죠.

베트남 파병의 본질, 즉 인신매매 프로젝트를 희석하려고 박정희는 '보은론'과 '도미노론'이란 세련된 색깔론을 피력하죠. 한국 전쟁 때 남한을 공산화의 위기에서 지켜주었던 미국, 그 은혜를 갚아야 한다는 것이 '보은론'입니다. 그리고 베트남에서 공산화가 달성되면 한반도도 도미노처럼 공산화될 수 있다는 것이 '도미노론'이었죠. 한국사회에서는 박정희의 궤변이 나름 받아들여졌지만, 전 세계는 코웃음을 쳤습니다. 당시 제3세계 국가들 대부분, 그리고 심지어 미국 의회마저 한국군을 미국의 용병이라고 규정했으니까요.

1961년 당시 유고슬라비아의 수도 베오그라드에서는 비동맹 정상 회의Conference of Heads of States and Chief Ministers of Non-aligned Nations라는 동맹 아닌 동 맹이 발족하죠. 비동맹 회의는 일종의 반제국주의 동맹, 혹은 반냉 전 동맹이라고 할 수 있습니다. 미국과 소련이란 두 거대 제국에 휘 둘리지 않기 위해 제3세계 국가들이 뭉친 동맹이었으니까요. 그런 데 1975년 8월 북한과 남한이 동시에 비동맹 회의에 가입을 신청했 지만, 북한만 받아들여졌고 남한은 거부당하게 되죠. 미국의 용병 국가이니 비동맹 회의에 참가할 자격이 애초에 없다고 판단했을 겁 니다. 박정희의 베트남 파병에 대한 냉정한 평가였던 셈이죠. 어글 리 코리아Ugly Korea! 박정희는 부끄러운 나라를 만든 겁니다.

　문제는 우물 안 개구리처럼 우리 국민이 인신매매를 은폐하려 고 박정희가 던진 '보은론'과 '도미노론'에 현혹되었다는 사실입니 다. 서글픈 일이죠. 그러나 전후 사정을 돌아보면 이것은 불가피한 일이었습니다. 합일협정과 베트남 전투부대 파병 비준안이 통과되 기 거의 1년 전, 그러니까 1964년 8월 2일 밤 박정희와 정부 여당은 야당 의원이 불참한 가운데 '언론윤리위원회 법안'을 일방적으로 통과시킵니다. 언론윤리위원회와 언론윤리심의위원회를 두어 정권 에 반대하는 보도를 통제할 수 있는 법적 장치가 마련된 것이죠. 한 일협정과 베트남 파병이란 인신매매 프로젝트에 대한 국민적 저항 을 미리 차단하려는 복선이었던 셈입니다. 당연히 색깔론도 기승을 부리게 됩니다. 언론윤리위원회 법안 통과를 기다렸다는 듯 8월 4 일 박정희 정권은 인민혁명당 사건, 즉 인혁당 사건을 조작해서 발 표하죠. 당시 한일협상 반대에 앞장서던 학생운동을 색깔론으로 고 사시키려는 전략을 구사한 겁니다. 그러나 이런 조작마저도 언론에 서 제대로 다룰 수 없었던 겁니다. 언론윤리위원회 법안은 그만큼 무서운 것이었죠. 언론 통제와 색깔론! 그것은 박정희가 남한 국민들을 미혹에 빠뜨려버린 두 가지 무기였던 겁니다. 언론이 통제되어야 색깔론이 제대로 작동하고, 색깔론이 제대로 작동하려면 언론은 통제되어야만 했으니까요. 당연히 이런 분위기에서 베트남 파병의 본질이 우리 군대가 미국의 용병으로 전락한 것, 따라서 젊은 사병들을 인신매매한 것에 지나지 않는다는 사실이 한국사회에 알려지기 어려웠던 겁니다. 마침내 박정희는 1960년 4월 학생운동으로 촉발된 민주혁명의 가능성 자체를 거의 무력화시키는 데 성공한 겁니다. 박정희 정권이 인신매매 정권이라는 실상은 언론 통제로 은폐되고, 그 실상을 폭로하려는 학생 등 지식인층들의 노력은 색깔론으로 부정하게 되니까요.

이제 정말 학생 등 지식인층들은 일반 민중들로부터 완전히 고립된 겁니다. 물론 학생과 지식인들의 파편적인 저항은 절망적으로 지속되었습니다. 그러나 그들의 저항은 언론 통제와 색깔론으로 은폐되고 왜곡되니, 1960년 4월 민주혁명처럼 국민들의 광범위한 호응을 유도하기에 턱없이 부족할 수밖에 없었습니다. 언론이 탄압되었다면, 이제 남은 것은 헌법에 보장된 사상과 표현의 자유를 구가할 수 있는 지성인들의 개별적 활동뿐이었습니다. 그러나 정권에 반대하는 순간, 누구나 빨갱이로 몰리던 위험한 시절이었습니다. 지성인과 작가들은 엄청난 고뇌에 빠지게 되었죠. 진실을 말하자니 삶이 위태로워지고, 삶의 안정을 도모하자니 진실을 말해야 하는 지성인의 본분을 저버려야 하니까 말이죠. 시인 김수영金洙暎(1921~1968)은 당시 정국과 자신의 심정을 격정적으로 토로했던 적이 있습니다.

　　　　　　　　6부. 코뮌주의 역사철학과 기 드보르의 유산

왜 나는 조그만 일에만 분개하는가
저 왕궁王宮 대신에 왕궁의 음탕 대신에
오십 원짜리 갈비가 기름 덩어리만 나왔다고 분개하고
옹졸하게 분개하고 설렁탕집 돼지 같은 주인 년한테 욕을 하고
옹졸하게 욕을 하고

한 번 정정당당하게
붙잡혀간 소설가를 위해서
언론의 자유를 요구하고 월남 파병에 반대하는
자유를 이행하지 못하고
이십 원을 받으러 세 번씩 네 번씩
찾아오는 야경꾼들만 증오하고 있는가

……

아무래도 나는 비켜서 있다. 절정絶頂 위에는 서 있지
않고 암만해도 조금쯤 옆으로 비켜서 있다.
그리고 조금 옆에 서 있는 것이 조금쯤
비겁한 것이라고 알고 있다!

그러니까 이렇게 옹졸하게 반항한다.
이발쟁이에게
땅 주인에게는 못하고 이발쟁이에게
구청 직원에게는 못하고 동회 직원에게도 못하고
야경꾼에게 이십 원 때문에 일 원 때문에

우습지 않으냐 일 원 때문에

모래야 나는 얼마큼 적으냐
바람아 먼지야 풀아 나는 얼마큼 적으냐
정말 얼마큼 적으냐……

-〈어느 날 고궁古宮을 나오면서〉(1965)

이만큼 인신매매 정권 치하에서 살아가야 하는 지식인의 남루함을 제대로 적중시킨 시도 찾기 어려울 겁니다. 광부와 간호사를, 독립투사들을, 그리고 젊은 사병들을 팔아서 박정희 정권은 부유해지기만 했습니다. 정말 민주주의국가에서는 있을 수도 없는 일이었죠. 그래서 김수영은 아예 박정희가 똬리를 틀고 있는 청와대를 '왕궁'이라고 규정하고, 박정희 정권이 '음탕'하다고 선언합니다. 맞습니다. 국민들의 뜻이 아니라 자신을 위해서 권좌에 있는 사람, 즉 참주가 바로 박정희이니까요. 국민들을 팔아서 자신의 권력을 공고히 하려고 했던 독재자가 바로 박정희이니까요. 그러니 박정희는 왕이고, 청와대는 왕궁인 셈입니다. 참주 박정희는 자신의 뜻에 거슬리는 사람들을 정치적으로 탄압하고 구속했습니다. 아니 아예 자신의 속내를 공개적으로 표현할 수 있는 언론의 자유마저 언론윤리위원회 법안으로 원천적으로 봉쇄했죠. 이런 야만적 참주 정치에 맞서 지성인이라면 언론의 자유를 강력하게 요구해야만 합니다. 인신매매를 자행하는 베트남 파병에 반대하는 정치적 자유를 실천해야만 합니다. 그러나 김수영은 언론의 자유와 정치적 자유를 박정희 앞에서 당당히 피력하지 못했습니다. 두려웠기 때문이죠. 참주 정치가 자신에게 가할 해로움이 너무나 무서웠던 겁니다. 그러

　　　　　　　6부. 코뮌주의 역사철학과 기 드보르의 유산

나 이 시를 쓰는 순간, 그리고 이 시를 발표한 순간, 김수영은 마침내 그 두려움을 떨쳐버리게 됩니다. "바람아 먼지야 풀아 나는 얼마큼 적으냐"라고 탄식할 때, 김수영은 조금씩 조금씩 커지고 있었던 것이죠.

김수영과 같은 지성인은 불행히도 그리 많지 않았습니다. 많았다면 아마도 박정희의 참주 노릇은 그리 편하게 유지되지는 않았을 겁니다. 대부분의 지성인들, 혹은 작가들은 침묵으로 일관했고, 어떤 작가는 노골적으로 박정희 편을 들어 일신의 안위를 기하기도 했죠. 바로 서정주徐廷柱(1915~2000)입니다.

1945년 8월 15일
일본인의 종노릇에서 풀리어나던 때
흘린 눈물 질척거리던 예순 살짜리들은
인제는 거의 다 귀신이 되어
어느 골목에서도 보이지 않고,
그날 미·소 양군 환영의 플래카드를 들고
서울역으로 몰려가던 이, 삼, 사십대
인제는 거의 늙어
낡은 파나마를 머리에 얹고
파고다공원에서 환갑을 맞이하고

그날 어머니의 젖부리에 매어달려
해방이 무엇인 줄도 모르던 애기들
인제 자라서
무직無職과 플래카드와 파고다공원과 귀신 노릇을 배우고

탈색과 표백은 아직도 덜 되었는가?
백의동포여.

……

새로 나갈 길은
하늘에서도 땅에서도
베트남뿐이다.
베트남뿐이다.

–〈다시 비정의 산하에〉(1966)

광복절을 기념해 1966년 8월 14일 《한국일보》에 실린 시입니다. 일간지 특집으로 썼다는 것만으로도 서정주는 박정희나 정부 여당이 보고서 기뻐하라고 노골적으로 이 시를 쓴 겁니다. 한일협정이나 베트남 파병에 반대하는 학생들을 조롱하고 베트남 파병을 독려하는 참주 박정희 편을 노골적으로 들고 있으니까요. 한마디로 말해 민주 정치를 부정하고 참주 정치를 독려하는 시를 서정주는 정말 근사하게 썼던 겁니다. 심지어 "탈색과 표백"을 이야기하며 색깔론까지 도입하는 패기가 놀랍습니다. 베트남 파병에 반대하는 사람은 빨갱이라는 이야기입니다. 이 대목에서 학생들을 "해방이 무엇인 줄도 모르던 애기들"이라고 폄훼하는 대목이 눈에 들어옵니다. 자신은 해방이 무엇인지 아는 시인이라는 자신감이 없다면 할 수 없는 이야기죠. 여기서 서정주를 조금이라도 알고 있는 사람이라면 코웃음을 치게 될 겁니다. 마치 해방에 무언가 엄청나게 공헌했던 독립투사인 듯 말하지만, 서정주는 사실 아주 유명한 친일파

시인이었으니까요. 1944년 일본제국주의가 마지막 숨을 헐떡일 때, 서정주는 한반도 청년들이 강제 징병되어 목숨을 버린 일을 찬양한 시를 쓴 적도 있지요. 2017년 그의 추종자들이 만든 《서정주 전집》에는 실리지 않은 시 〈송정 오장 송가^{松井伍長頌歌}〉가 바로 그것입니다. 요새 말로 번역하면 '마쓰이 오장 송가'라는 시지요. 여기서 오장은 우리 군대조직과 비교한다면 하사 정도를 의미하는 계급입니다. 그런데 마쓰이 하사는 필리핀 레이테만^{Leyte Gulf} 전투에 징집되어 참여했던 한반도 청년 인재웅^{印在雄}이죠. 일본이 패전함으로써 태평양의 패권을 미국에 넘겨주게 되는 1944년 10월 23일에서 10월 26일 동안 벌어졌던 이 해상 전투에서 인재웅은 가미카제 특공대의 일원으로 참여한 것으로 보입니다. 바로 이 인재웅 하사, 아니 마쓰이 오장을 기리는 시를 쓰면서, 서정주는 한반도 청년들이 천황 폐하를 위해 목숨을 버려야 한다고 선동했던 겁니다. 일부만 읽어볼까요?

우리의 땅과 목숨을 뺏으러 온
원수 영미의 항공모함을
그대
몸뚱이로 내려쳐서 깨었는가?
깨뜨리며 깨뜨리며 자네도 깨졌는가
장하도다

우리의 육군 항공 오장 마쓰이 히데오여
너로 하여 향기로운 삼천리의 산천이여
한결 더 짙푸르른 우리의 하늘이여

1945년 일본의 가미카제 공격을 받은 미국의 항공모함이 불타고 있다.

아아 레이테만은 어데런가

몇 천 길의 바다런가

귀 기울이면

여기서도, 역력히 들려오는

아득한 파도소리……

레이테만의 파도소리……

－〈송정 오장 송가〉(1944)

"어데런가"나 "바다런가"라는 우리말 특유의 리듬감을 부각시키는 기술, 그리고 "파도소리"를 반복하면서 묘한 페이드아웃 효과를 내는 기술! 탁월한 장인의 글솜씨입니다. 그렇습니다. 서정주를 보았다면 호르크하이머Max Horkheimer(1895~1973)는 그가 "목표 그 자체가 이성적인가라는 질문에 대해서는 거의 의미를 부여하지 않는" '도구적 이성'에 지나지 않는다고 진단했을 겁니다. 《도구적 이성 비판Zur Kritik der instrumentellen Vernunft》에서 호르크하이머는 도구적 이성을 '주관적 이성'이라고 말하기도 합니다. 그것은 오직 "자기 보존이라는 주체의 관심에만" 매몰되어 있기 때문이지요. 그러니까 공동체든 이웃이든 뭐 그런 것이 끼어들 틈이 없는 겁니다. 자신만 보존되면 되니까 말입니다. 그렇습니다. 일본제국주의 시절 자신을 안전하게 보존하고 싶었던 서정주가 〈송정 오장 송가〉를 발표한 것도 이런 이유에서입니다. 일본제국주의가 설정한 목적을 그냥 받아들이고, 서정주는 그 목적에 이르는 근사한 수단을 마련하는 셈입니다. 근사한 말의 향연! 이것이 그의 추종자들이 말하는 서정주 예술성의 맨얼굴이죠. 예술에 대한 모독도 이 정도면 정말 예술적이죠. 인간의 자유와 창조성을 보여주는 것이 예술이라면, 서정주의 예술성은 인간의 부자유와 맹목성에 대한 세련된 기교에 지나지 않기 때문입니다. 그러나 잊지 마세요. 독약이 들어 있는 술잔이 정교하고 아름답다면, 아니 너무나 기교가 탁월해서 그 술잔 안에 독이 들어 있다는 사실마저 잊도록 만든다면, 이런 술잔은 거칠고 보잘것없는 술잔보다 더 위험하다는 사실을.

　실제로 해방된 뒤 1949년 반민족특별위원회에서 조사를 받을 때, 서정주는 자신의 친일행위를 변명했던 적이 있죠. "이렇게 일찍 해방될 줄 몰랐다!" 헉! 기가 막힌 말이죠. 일본제국주의가 오래 지속되었다면, 계속 이 체제를 찬양하는 시를 썼으리라는 고백이니까요. 이런 서정주가 박정희의 참주 정치를 비판하는 학생들을 "해방이 무엇인지 줄도 모르던 애기들"이라고 낮추어 보고 있는 겁니

서정주는 노골적으로 친일 시를 쓰고, 권력에 아부했던 시인이었다.

다. 웃기는 일이죠. 분명 학생들은 서정주만큼 근사하게 말을 사용할 줄 모릅니다. 그러나 그들은 '도구적 이성'을 거부하고 박정희가 내건 목적에 문제를 제기할 줄 아는 '목적적 이성'이었습니다. 분명 학생들은 서정주보다 자기 보호 본능이 약했고, 다시 말해 '주관적 이성'은 부족했습니다. 그러나 그들은 '주관적 이성'을 따르기보다는 우리 공동체의 삶을 고민하는 '객관적 이성'이고자 했던 겁니다. 사실 우리는 서정주가 "애기들"이라고 얕잡아 보고 있는 1960년대 학생들이 일본제국주의 시절에 태어나지 않은 것을 안타까워해야 합니다. 왜냐고요? 박정희 참주 정치에 맞서 싸울 정도라면, 그들은 분명 일본제국주의와도 당당히 맞섰을 테니까 말입니다. 그것이 박정희의 참주 정치든 일본의 총독 정치든 도구적 이성이 되기를 거부하는 것, 그것이 바로 민주 정치일 겁니다. 그만큼 당시 학생들은 거칠지만 탁월했던 목적적 이성이었던 셈이지요. 이에 반해 서정주는 철저한 도구적 이성이었던 겁니다. 그것이 참주 정치든 총독 정치든 서정주는 기꺼이 체제가 정한 목적에 맞는 세련된 도구를 만들면서 "자기 보존"을 도모했을 테니 말입니다. 서정주가 박정희의 인신매매 프로젝트를 옹호하는 시를 쓰게 된 것도 다 이유가 있었던 겁니다.

권력의 종이 되고자 했던 서정주의 눈에는 압도적 힘을 가진 인신매매범, 박정희만 보일 수밖에요. 그러니 그의 눈에는 인신매매되어 팔려나가는 민중들이 들어오지 않았던 겁니다. 아니 눈에 들어왔어도 애써 고개를 흔들며 부정했을 겁니다. 서정주는 민중들의 어떤 소리도 듣지 않으려고 합니다. 서독에서 독일인들마저 기피하는 아주 깊은 탄광에서 우리 광부들이 내쉬는 거친 숨소리도, 이제 더 이상 피해를 보상받을 수 없는 '위안부' 여성들의 훌쩍거리는 울음소리도, 나아가 네이팜탄 등의 홍염 속에서 피 흘리며 신음하는 베트남 파병 젊은이들의 비명도. 이런 그가 박정희 정권에 반대하는 청년학생들의 소리를 들을 리 만무하죠. 그들의 소리를 듣는 순간, 서정주는 더 이상 민중들의 소리를 외면하기 어려울 테니 말입니다. 서정주가 애써 학생들의 반정권 운동을 폄하하는 것도 이런 이유에서입니다. 그래서 서정주는 노래하는 겁니다. 지금 학생들은 "무직無職과 플래카드와 파고다공원과 귀신 노릇을 배우고" 있다고. 여기서 서정주는 여전한 시적 기교를 자랑하지요. '무직' '플래카드' '파고다공원' '귀신 노릇'이란 네 가지 키워드를 마치 현악4중주처럼 연결해 하나의 이미지를 만들어내고 있으니까요. '무직'은 학생들이 직업이 없다는 것을 뜻하고, '플래카드'는 시위를 할 때 반정부 구호를 적는 용품을 의미하고, '파고다공원'은 3·1운동 이후 4월 학생운동까지 시위나 집회가 열린 상징적 장소입니다. 여기서 중요한 것은 '귀신 노릇'이란 표현이죠. 학생들이 시작하고 민중들이 호응했던 1919년 3·1운동이나 1960년 4월 학생운동도 이제 지나간 옛이야기라는 거죠. 민주주의를 꿈꾸는 모든 활동을 '귀신 노릇'이라고 폄하하는 서정주의 패기가 기특하기만 합니다. 이렇게 참주 정치에 반대하는 학생들은 이제 직업도 없이 파고다공원을 서성이며 아무런 명분도 없이 사회를 혼란시키는 귀신들로 전락하고 맙니다.

　귀신들을 사회에서 몰아내야 한다! 박정희를 위해 서정주는 퇴마사를 자처하고 있는 겁니다. 그는 경건하게 주문을 외게 되죠. "탈색과 표백은 아직도 덜 되었는가? / 백의동포여." 뇌리에 '백의동포'라는 단어를 생각하며 희희낙락하고 있는 서정주가 떠오른 대목이지요. 베트남 파병 반대는 빨갱이나 하는 짓이라는 색깔론을 '백의민족' 개념으로 시적으로 표현하면서도, 동시에 서정주는 그 이상의 함의도 담으려고 합니다. 말이 백의동포지, 지금 서정주는 학생들이나 민중들에게 그저 생각 없는 사람으로 살라고 권고하고 있는 겁니다. 무엇이 옳고 그른지 판단을 하지 않는 순수한 사람! 힘센 누군가가 옳다고 하면 바로 그걸 옳은 것으로 받아들이며 행복해하는 사람! 공동체가 어디로 가야 하는지 모든 결정권을 박정희에게 맡기고 충실히 그 결정에 따르는 사람! 하얀 도화지처럼 아무런 생각도 하지 않는 사람들, 바로 그것이 서정주가 그리도 꿈꾸던 인간형이었던 겁니다. 그의 권고를 받아들인다면, 이제 학생들이나 민중들은 하얀 도화지처럼 살아야 하죠. 그래야 박정희가 짙은 먹을 찍어서 그 도화지에 자신이 그리고 싶은 것을 마음껏 그릴 수 있을 테니까요. 바로 이겁니다. "탈색과 표백"이 되어버린 순간, 무엇이 옳고 그른지 고민하고 판단하는 목적적 이성을 포기하는 순간, 학생들이나 민중들은 베트남 파병으로 정점에 이른 박정희의 인신매매 프로젝트를 슬프게도 그대로 수용할 수밖에 없게 됩니다. 그래서 마지막으로 퇴마사는 백의동포, 즉 백지와도 같은 사람들에게 근사한 진언 한 토막을 던지고 퇴마 작업을 마무리하는 겁니다. "새로 나갈 길은 / 하늘에서도 땅에서도 / 베트남뿐이다. / 베트남뿐이다." 한 가지 아쉬운 점이 있습니다. 너무나 권력의 환심을 사려고 했던지, 서정주의 언어적 기교가 무척 퇴색한 느낌이 드니까요. "베트남뿐이다"라는 구절을 행을 바꿔가며 반복할 때, 어떤 자연스런 리듬감도 드러나지 않고 너무나 상투적인 느낌만 줍니다. 〈송정 오장 송가〉를 썼을 때 그나마 보였던 기교마저도 점점 사라지고 있는 겁니다.

일본 천황을 위해 반도의 청년들을 가미카제 특공대로 내몰았던 것처럼, 서정주는 참주 박정희를 위해 청년들을 베트남으로 내몰고 있는 겁니다. 초지일관! 자기 보존을 위해 최고 권력이 원하는 것을 예술적으로 기꺼이 하자는 것! 이것이 바로 서정주였죠. 그러나 아이러니하게도 박정희는 서정주를 그다지 탐탁하게 생각하지 않았습니다. 박정희는 서정주를 보면 당혹스러웠기 때문입니다. 자신의 맨얼굴을 보는 듯했을 테니까요. 그렇습니다. 서정주는 지성계의 박정희이고, 박정희는 정치계의 서정주였던 겁니다. 천황을 위해 일본군 장교가 된 것, 해방 직후 바로 광복군에 가입한 것, 해방 이후에도 자신의 동료였던 남조선노동당 소속 군인들을 팔아버린 것, 1961년 쿠데타를 일으킨 것, 그리고 정권을 유지하기 위해 민중들을 기꺼이 인신매매해버린 것. 이 모든 것이 박정희가 자기만을 위해서 한 일이었죠. 친일파가 되어 일본제국주의에 봉사했던 것, 이승만 독재 시절에 그를 찬양하는 이승만 전기를 집필했던 것, 그리고 박정희 참주 정치에서 베트남 파병을 독려하며 학생운동을 비하한 것. 이 모든 것을 서정주는 자기만을 위해 기꺼이 수행하죠. 그러니 박정희는 서정주와 멀리 떨어지고 싶었던 겁니다. 박정희가 자신의 부인 육영수陸英修(1925~1974)에게 시를 가르치는 선생으로 박목월朴木月(1915~1978)을 선택한 것도 이와 무관하지는 않을 겁니다. 박목월은 친일과는 너무나 먼 시인이었으니까요. 1966년 임종국林鍾國(1929~1989)은 자신의 역저 《친일문학론》을 마무리하면서 시인 박목월이 "끝까지 지조를 지키며 단 한 편의 친일 문장도 남기지 않은 영광된 작가들" 중 한 사람이라고 지목했을 정도였죠. 똥 묻은 개라고 해도 겨 묻은 개와는 함께 있고 싶지 않았던가 봅니다. 서정주로서는 정말 안타까운 일이었지요. 쩝쩝! 박목월이 아니라 자신이 육영수의 시 선생이 되었더라면, 정말 국가대표 시인이 될 수도 있었을 텐데 말입니다.

언론 통제와 색깔론 앞에서 인신매매의 현실은 은폐되고 심지어 경제개발이란 미명으로 미화되기에 급급하게 됩니다. 베트남 파병으로 얻은 자본이 본격적으로 국내에 산업자본주의체제를 형성하던 때인 1967년, 박정희는 1971년에 종결되는 제2차 경제개발 5개년 계획을 현실화하기 시작하죠. 기억나시나요? 1962년 제1차 경제개발 5개년 계획을 시작하며 울산공업단지 기공식에서 삽질을 하는 정치 쇼를 통해 박정희는 1963년 대통령에 당선되죠. 1967년 5월 3일 대통령 선거 때도 마찬가지였습니다. 경제를 발전시키려면 나를 뽑아야 한다는 전략이 다시 반복되니까요. 베트남 인신매매 프로젝트의 전말을 알 수 없었던 국민들은 베트남 특수로 발생한 경제적 호황을 그냥 단순하게 받아들이며 박정희를 대통령으로 다시 선출하고 만 겁니다. 568만 8666표를 얻은 박정희가 452만 6541표를 얻은 윤보선 후보를 10퍼센트 이상의 표차로 이깁니다. "우리나라 청년을 베트남에 팔아먹고 피를 판 돈으로 정권을 유지한다"는 민주당 윤보선尹潽善(1897~1990) 후보의 절규는 경제적 호황에 장밋빛 미래만을 꿈꾸던 국민들에게 별다른 힘을 발휘하지 못했죠. 그만큼 박정희의 언론 통제와 색깔론은 집요했던 겁니다. 같은 해 6월 8일에는 국회의원 선거도 있었습니다. 영구 집권을 하려면 개헌 의석이 불가피했기에, 박정희 정권은 정말 대대적인 선거 부정을 저지릅니다. 마침내 헌법 개정에 필요한 의석수를 확보했지만, 그 대가로 박정희 정권은 대학생들의 6·8 부정선거 규탄 시위에 직면합니다. 그러나 6월 16일에는 전국 31개 대학교와 163개 고등학교에 휴교령을 내리고, 7월 8일에는 동베를린, 한자로는 동백림東伯林 간첩단 사건을 조작해서 발표하죠. 반정부 행위는 이적행위라는 해묵은 색깔론이 다시 횡행한 겁니다.

특히나 동백림 사건 날조로 문화예술계와 지성계는 거의 초토화되죠. 작곡가 윤이상尹伊桑(1917~1995), 화가 이응로李應魯(1904~1989), 사회학자 황성모黃性模(1926~1992), 철학자 임석진林錫珍(1932~) 등 지성계 인사를 포함한 대학생 등 194명을 북한의 간첩으로 내몬 겁니다. 이제 누구나 다 실감하게 된 거죠. 박정희에 반대하는 순간, 누구든지 간첩으로 몰려 생명을 잃을 수도 있다는 사실을요. 그나마 저항하던 김수영과 같은 시인이 이 무렵 그렇게도 술에 대취하는 경우가 많았던 것도 다 이해가 가는 일입니다. 불행히도 1968년 6월 16일 김수영이 우리 곁을 떠나자, 이제 권력에 숨을 죽이는 지식인들이나 아예 서정주처럼 권력에 부화뇌동하는 지식인들만 남

1967년 동백림 사건으로 구속된 윤이상(맨 왼쪽) 등이 재판정에서 판결을 기다리고 있다.

게 되죠. 진실을 이야기해도 언론 통제로 그 소리가 들리지 않고, 언론 통제를 뚫고 진실을 이야기해도 바로 빨갱이라고 몰리는 형국이었기 때문입니다. 그러니 인신매매를 정당화하는 박정희의 목소리나 그것을 미화하는 서정주와 같은 목소리만 우리 사회에 살풍경스럽게 울려 퍼지게 된 겁니다. 그 어디에서도 인신매매를 당한 민중들의 고통스런 신음소리나 분노에 찬 고함소리는 들리지 않았죠. 이렇게 조금씩 조금씩 지성계가 위축되고 패배의식에 사로잡힐 때, 기적과도 같은 일이 일어납니다. 1968년 고등학교 3학년에 재학 중이던 어느 청년 하나가 기타를 튕기며 오선지에 음표와 가사를 적어나가기 시작했으니까요. 바로 김민기金民基(1951~)입니다. 1960년 4월 학생운동의 정신, 독재 정치를 종식시키고 민주 정치를 기원하던 그 정신이 기타 선율에서 아련하게 되살아나고 있었던 겁니다.

눈앞에 보이는 수많은 모습들
그 모두 진정이라 우겨 말하면
어느 누구 하나가 홀로 일어나
아니라고 말할 사람 어디 있겠소

눈앞에 떠오는 친구의 모습
흩날리는 꽃잎 위에 어른거리오
저 멀리 들리는 친구의 음성
달리는 기차 바퀴가 대답하려나

- 〈친구〉(1968)

순수한 청년의 시선에 박정희 정권과 그에 부역하는 서정주와 같은 지성인들의 허위가 그대로 들어온 겁니다. 1965년 국회에서 비준된 한일협정과 베트남전 전투병 파병, 1967년 6·8 부정선거, 1967년 동베를린 간첩단 조작 사건 등. 모두 국익을 위해서라고, 경제개발을 위해서라고, 그리고 대한민국을 수호하기 위한 것이라고 떠벌리고 있었습니다. 김민기가 노래했던 것처럼 "그 모두 진정이라 우겨 말하"고 있었던 겁니다. 그러나 청년 김민기, 그리고 그의 익명의 친구를 속일 수는 없었죠. 최소한 김민기의 친구는 "홀로 일어나 아니라고" 말했던 사람이었으니까요. 사회가 점점 더 어두워지고 탁해지자 김민기는 그런 친구가 그립기만 합니다. 불의에 맞섰던 친구는 아마도 학교를 떠나 고향으로 내려간 듯합니다. 그러니 "달리는 기차 바퀴"가 "저 멀리 들리는 친구의 음성"을 전해주는 것 같다고 노래한 겁니다. 물론 그렇다고 해서 김민기가 천재라고 오해할 필요는 없을 것 같습니다. 1960년대 고등학생들, 그들은 21

1993년 무렵의 김민기. 김민기는 인문주의자이
자 민주주의자였다.

1971년에 발매된 김민기 1집. 한국 대중음악사
의 대표적인 명반 중 하나로 손꼽힌다.

세기 초반 지금의 고등학생과는 비교하기 힘들 정도로 정치적으로
성숙했으니까요. 실제로 1967년 6·8 부정선거 규탄 시위에서 대학
교의 다섯 배 이상이 되는 163개 고등학교에 휴교령이 내려진 것만
봐도, 당시 고등학생들 대부분은 김민기와 그의 친구만큼 성숙한
정치적 의식을 가지고 있었던 겁니다. 1960년 4월 학생운동의 진
정한 동력이 대구 경북고등학교에서 시작된 것을 기억하시지요. 이
때뿐만 아니라 1960년대 후반에도 민주주의를 향한 의지와 열망은
고등학생들에게 뜨겁게 타오르고 있었던 겁니다. 잊지 마세요. 이
승만과 박정희에게 저항한 사람들 중에는 대학생도 대학교수도 있
었지만 고등학생들도 많았다는 사실을 말입니다.

　　1969년 서울대학교 미대 회화과에 입학한 김민기는 "홀로 일
어나 아니라고" 말하는 노래를 점점 더 진솔하게 부르기 시작합니
다. 그보다 앞서 1968년 1월 21일 북한 무장 특공대 31명이 휴전선
을 돌파해서 청와대 앞 500미터까지 접근했던 경천동지할 사건이
터지죠. 바로 이어 1월 23일에는 미국 첩보함 푸에블로호가 북한에

의해 포획되어 승무원 83명이 억류되는 사건도 벌어집니다. 그야말로 일촉즉발의 전쟁 위기였고 박정희의 색깔론이 엄청난 힘을 발휘하며 반공주의가 기세등등하던 시절이었습니다. 당연히 베트남 파병도 더 이상 문제 삼기 어려운 형국이 되었죠. 바로 이때 김민기는 외롭게 노래하기 시작하죠.

> 꽃밭 속에 꽃들이 한 송이도 없네
> 오늘이 그날일까
> 그날이 언제일까
> 해가 지는 날 별이 지는 날
> 지고 다시 오르지 않는 날이
>
> 싸움터엔 죄인이 한 사람도 없네
> 오늘이 그날일까
> 그날이 언제일까
> 해가 지는 날 별이 지는 날
> 지고 다시 오르지 않는 날이

-〈그날〉(1969)

꽃밭에 싸움이 벌어지면 예쁘고 작은 꽃들은 살아남을 수 없는 법입니다. 행여 살아남아도 어딘가 부러져 수액이 흘러나오고, 당연히 얼마 지나지 않아 시들어 죽고 말 겁니다. 도대체 누가 꽃들을 모조리 꺾어 꽃밭을 망가뜨렸던 걸까요? 그런데 싸움이 일어나면 누구도 꽃에 신경을 쓰지 않습니다. 누가 이겼고, 누가 졌는지에만 관심을 가지니까요. 그러나 원칙적으로 진 사람도 혹은 이긴 사람

1968년 1월 31일 서울시청 앞에서 열린 북괴
만행 규탄 범시민 궐기 대회에서 이루어진
김일성 모형 화형식. 당시는 일촉즉발의 전쟁
위기였고 박정희의 색깔론이 엄청난 힘을
발휘하며 반공주의가 기세등등하던 시절이었다.

도 모두 죄인이죠. 상처받고 죽어간 꽃들의 입장에서 보면, 이긴 자나 진 자의 구분이 있을까요? 그래서 김민기의 노래는 생각 이상으로 혁명적인 데가 있습니다. 분명 먼저 공격한 사람이 있을 것이고, 그리고 그 공격에 맞서 자신을 방어한 사람도 있을 겁니다. 다행히도 방어한 사람이 이겼을 수도 있고, 불행히도 공격한 사람이 이겼을 수도 있습니다. 그러나 꽃들의 입장에서는 아무런 상관이 없는 겁니다. 그저 꽃밭에서 싸움이 벌어졌고, 그 결과 그곳은 초토화되었다는 사실만 남으니까요. 그러니 정당한 공격이었다든가 혹은 정당한 방어였다든가 하는 논의는 아무런 의미가 없죠. 싸움 자체가 문제니까 말입니다. 대학교 신입생이지만 예술적 감수성이 충만한 김민기는 웬만한 인문학자가 도달하기 힘든 분명한 인식에 이르렀던 거죠. 싸움, 즉 전쟁은 어떤 식으로도 정당화될 수 없는 악이라는 인식! 그렇습니다. 김민기는 반전 노래를 지은 겁니다.

전쟁! 체제의 정당화 논리로 봐서는 안 됩니다. 그저 꽃들, 즉 민중들의 입장에서 봐야만 합니다. 고무줄놀이나 줄넘기를 하는 아이들, 허무하게 떨어져 시커멓게 변하는 목련을 보며 눈시울을 붉히는 소녀들, 돌아올 가족을 위해 부채를 부치며 고등어를 굽고 있는 여인들, 아이들에게 줄 붕어빵을 들고 취한 걸음으로 비틀대며 귀가를 서두르는 남정네 등. 이들에게 전쟁이 무엇인지가 중요하다는 겁니다. 불행히도 상비군체제를 유지하는 국가는 언제든지 대규모 병력과 최첨단 무기로 전쟁을 일으킬 위험이 있습니다. 민중의 뜻과는 무관하게 말이죠. 그래서 국가기구의 폭력수단 독점이 그렇게 무서운 겁니다. 북한도, 남한도, 미국도, 소련도 모두 마찬가지죠. 그냥 최고 권력자가 민중들의 뜻을 묻지도 않고 전쟁을 개시하기 십상이죠. 물론 참전을 결정한 다음 민중들을 설득하려는 제스처를 취하는 경우도 있지만, 민중들이 반대한다고 해서 전쟁을 포기하는 권력자는 없습니다. 그러니 전쟁을 근본적으로 막으려면, 최종적으로 군대조직마저도 민주주의 원칙에 따라 민중들의 손에 들어와야 하는 거죠. 고대 그리스 아테네가 그랬던 것처럼 전쟁마저도 민주주의 원칙에 따라 결정되어야 한다는 겁니다. 그렇게 되었을 때 전쟁은 점점 줄어들고 마침내 꽃밭에는 다시 꽃들이 조심스레 피기 시작할 겁니다. 그러나 그날은 언제 올까요? 아니 오기는 올까요? 그래서 김민기가 기다리는 "그날" "해가 지는 날 별이 지는 날, 지고 다시 오르지 않는 날"이 절절하기만 하죠.

김민기가 애타게 기다리는 "해가 지는 날 별이 지는 날, 지고 다시 오르지 않는 날"은 후렴구로 두 번이나 반복됩니다. 그만큼 중요하다는 것인데, 이 구절은 무엇을 뜻하는 걸까요? 해석은 세 가지가 가능합니다. 첫째는 약간 문학적이지만 피상적인 해석입니다. 전쟁이 사라지는 날은 언제 올지 기대하기 어렵다는 의미로 이해하는 겁니다. 기대는 하지만 요원하다는 절망감이 피력되어 있다고 해석하는 거죠. 지구는 자전을 하니까 지는 해와 별은 그다음 날 다시 떠오릅니다. 그런데 지금 김민기는 "지고 다시 오르지 않는 날"을 기다린다고 했습니다. 자연적으로는 불가능한 날이죠. 그러니까 해와 별이 "지고 다시 오르지 않는 날"은 전쟁이 사라지는 날이 언제 올지 기대하기 어렵다는 의미로 이해할 수 있다는 겁니다. 둘째는 인문학적으로 무난히 해석하는 방법입니다. 해와 별은 위에 있고 땅에는 사람들이 살죠. 그런데 사람들은 해와 별에 의지해서 삶을 영위하게 됩니다. 결국 해와 별이 왕이나 지도자를 상징하고, 땅은 피지배자들을 상징하는 겁니다. 그렇다면 "지고 다시 오르지 않는 날"이란 왕이나 지도자의 권력이 사람들에게 양도되어 민주 정치가 실현된 날, 동시에 해와 별이 "지고 다시 오르지" 않으니 왕정복고와 같은 반혁명도 없는 날을 뜻하겠죠. 셋째는 가장 직설적이지만 심오한 해석입니다. 김일성이 민족의 태양이라고 불리고, 박정희는 쿠데타를 일으킨 장성, 즉 별이죠. 그러니 해와 별은 각각 김일성과 박정희로 이해하자는 겁니다. 그러니까 "해가 지는 날 별이 지는 날, 지고 다시 오르지 않는 날"은 김일성과 박정희라는 두 참주가 모두 실각하고 그와 유사한 참주가 다시 등장하지 않는 때를 나타내는 것으로 읽자는 겁니다.

"해가 지는 날", 그것은 북한에서 김일성이란 참주가 제거되는 날입니다. "별이 지는 날", 그것은 남한에서 박정희란 참주가 사라지는 날입니다. 왜 김민기는 그날을 기다렸던 걸까요? 김일성과 박정희! 그에게는 용서할 수 없는 2명의 죄인이기 때문이죠. 한국전쟁을 일으켰으며 그 후로도 호시탐탐 군사적 도발을 시도했던 김일성은 꽃밭을 파괴한 죄인이었고, 그에 맞서 남한사회 전체를 병영화하려고 했던 박정희도 꽃밭을 망친 죄인이기는 마찬가지였죠. 1968년 4월 북한의 군사적 도발을 빌미로 박정희는 250만 명의 향토예비군을 양성하겠다고 발표하고, 1969년 11월 고등학생과 대학생들에게 교련, 즉 군사 훈련을 강제합니다. 특히나 중요한 것은 교련을 통해 1961년 이후 자신과 가장 날카롭게 대척하던 고등학생과 대학생들의 내면에 상명하복의 메커니즘을 각인하려고 하죠. 서정주의 표현을 빌리자면 학생들을 "탈색"하고 "표백"하는 작업을 박정희는 시도하려고 했던 겁니다. 박정희와 김일성! 서로가 서로에 대해 존재 이유였던 묘한 관계, 경쟁적 공존의 관계였죠. 박정희는 자신의 권력이 흔들릴 때마다 김일성과 적대관계를 형성했고, 김일성도 권력을 공고히 하려고 박정희와 적대관계를 조성했으니까요. 적

1975년 6월 24일 서울 여의도광장에서 열린 교련 합동 사열 및 실기 대회 모습. 박정희는 고등학생과 대학생들에게까지 군사 훈련을 강제했다.

1975년 4월 11일 서울여자고등학교에서 열린 여학생 교련 실기 대회 사열 모습. 1970년 2학기부터 여고생, 여대생도 교련을 정식 과목으로 이수해야 했다.

이 아니면 동지이고 동지가 아니면 적이라는 거친 이분법이 통용되면서, 남한 사람과 북한 사람은 모두 정권에 저항하지 못하고 점점 탈색되고 표백되어갔죠. 그러나 다양한 색채의 꽃들을 화학 약품으로 표백한다면, 그것들은 살아남을 수 있을까요? 불가능한 일입니다. 그러니 한반도 민중들은 표백을 강요하는 두 참주와 목숨을 걸고 싸워야만 하죠. 완전히 탈색되고 표백되어 죽기 전에 하루라도 빨리 서둘러야 할 일이죠. 그런 조바심 때문인지 김민기는 더 직설적인 노래를 우리에게 들려주게 됩니다.

> 깊은 산 오솔길 옆 자그마한 연못엔
> 지금은 더러운 물만 고이고 아무것도 살지 않지만
> 먼 옛날 이 연못엔 예쁜 붕어 두 마리
> 살고 있었다고 전해지지요. 깊은 산 작은 연못
> 어느 맑은 여름날 연못 속에 붕어 두 마리
> 서로 싸워 한 마리는 물 위에 떠오르고
> 여린 살이 썩어 들어가 물도 따라 썩어 들어가
>
> 깊은 산 오솔길 옆 자그마한 연못엔
> 지금은 더러운 물만 고이고 아무것도 살지 않죠
>
> - 〈작은 연못〉(1971)

많은 꽃이 싱그러운 향내를 풍기는 꽃밭과 같은 "깊은 산 오솔길 옆 자그마한 연못"이 있었습니다. 작은 물고기도 평화롭게 헤엄치는 아주 맑은 연못이었죠. 그곳에 커다란 붕어 두 마리가 살게 됩니다. 아마도 연못 바깥에서 누군가 무슨 이유에서인지는 모르지만 풀어놓은 것일 겁니다. 그런데 비극은 누가 먼저라고 할 것 없이 두 마리의 붕어가 연못을 자신이 독차지하려고 하면서 발생하게 됩니다. 상대 붕어만 없어지면 연못을 자신이 독차지할 수 있고, 작은 물고기들을 아무런 경쟁도 없이 포식할 수 있으리라는 욕망 때문이었죠. 싸움은 갈수록 치열해져갔습니다. 그만큼 맑은 연못은 어지럽고 탁하게 변해만 갔죠. 물론 다른 작은 물고기들은 붕어의 싸움에 이리 치이고 저리 치여 하루도 편할 날이 없었습니다. 마침내 그중 "한 마리는 물 위에 떠오르고" 싸움은 마무리가 됩니다. 이제 연못에는 평화가 찾아올까요? 웬걸요. 싸움에 져서 죽은 그 붕어가, 그의 "여린 살이 썩어 들어가 물도 따라 썩어 들어"가게 된 겁니다. 당연히 만신창이가 되었지만 살아남는 데는 성공한 붕어도 얼마 가지 않아 죽게 될 겁니다. 연못물이 오염되는 순간, 아무리 커다란 붕어라도 숨을 쉴 수가 없을 테니 말입니다. 물론 붕어 두 마리의 싸움을 피하기에만 급급했던 작은 물고기들도 모두 죽게 될 겁니다. "지금은 더러운 물만 고이고 아무것도 살지 않"는 연못! 김민기는 정말 근사한 디스토피아를 만든 겁니다. 썩은 연못은 수수방관하다가는 얼마 지나지 않아 한반도가 겪게 될 암울한 미래를 상징하니까요.

지금 김민기는 김일성과 박정희라는 두 절대자, 혹은 두 참주를 한반도라는 맑은 연못에 들어온 "붕어 두 마리"로 비유하고 있는 겁니다. 스탈린에 의해 한반도에 던져진 붕어 김일성, 그리고 일본 천황이 키우던 물고기였다가 미군에 의해 실려서 한반도에 던져진 붕어 박정희! 물 위에 떠오르고 썩어간 붕어가 김일성인지, 아니면 박정희인지가 중요한 것은 아니죠. 누가 먼저 죽든지 맑은 연못물은 썩어버리게 되니까요. 김민기의 노래를 들은 사람들은 고민하게 되죠. 어떻게 해야 "더러운 물만 고이고 아무것도 살지 않"는 연못을 만들지 않을 수 있을까? 쉽죠. "붕어 두 마리"를 연못에서 제거하면 됩니다. 그렇습니다. 북한에서는 김일성이란 붕어를 제거하고, 남한에서는 박정희라는 붕어를 제거하면 됩니다. 이것은 북한이나 남한에 민주주의가 관철된다는 것을 의미하는 것이죠. 늦어서는 안 됩니다. 두 마리의 붕어를 제거하지 않는다면, 연못 속의 작은 물고기들은 무사할 수 없고 아울러 붕어의 다툼으로 연못 자체가 아무것도 살지 않는 죽음의 공간이 될 테니 말입니다. 그러나 작은 물고기들의 반격은 성공할 수 있을까요? 붕어 두 마리가 '내 편이 아니면 너는 적'이라는 거친 이분법을 강요할 때, 작은 물고기들은 이에 맞서 단결해 싸울 수 있을까요? 그러나 불행히도 남한과 북한의 민중들, 작고 약한 물고기들은 붕어 두 마리가 무서워서, 그리고 동시에 붕어 두 마리의 선전에 속아서 점점 더 무력해지기만 했죠.

태양이라고 불리는 붕어 김일성보다 우리 삶과 더 밀접한 관련이 있는 별이라 불리는 붕어 박정희에 주목해보죠. 1972년 10월 17일 박정희는 희대의 코미디를 연출합니다. 셀프 쿠데타라고 들어보셨나요. 11년 5개월 만에 박정희는 다시 탱크를 광화문 거리로 진주시킵니다. 박정희가 박정희에 대해 쿠데타를 일으킨 겁니다. 황당한 일이지만 돌아보면 그나마 따르던 민주주의 절차마저 귀찮았던 겁니다. 그냥 이제 노골적으로 참주 정치를 하고자 한 거죠. 비상계엄령을 발동해 국회를 해산하고 그사이에 준비했던 '유신헌법'을 11월 21일 국민투표로 통과시켜버립니다. 불행히도 투표율 91.9퍼센트에 찬성률 91.5퍼센트로 국민들은 박정희의 셀프 쿠데타를 받아들이죠. 또 박정희는 "1981년에는 1인당 국민소득 1000달러와 수출 100억 달러를 달성하겠다"고 호언하죠. 잘살 수 있다는 기대에

1972년 10월 18일 서울시 중앙청 앞. 박정희가
일으킨 유신 쿠데타에 동원된 탱크 부대 사이로
시민들이 조심스레 걷고 있다.

국민들은 박정희의 권력욕과 반민주성에 눈을 감아버린 겁니다. 정권을 연장하려고 할 때마다 항상 경제개발 5개년 계획이 시작됩니다. 박정희 정권의 법칙이죠. 아나나 다를까, 1972년은 제3차 경제개발 5개년 계획이 시작되는 해였습니다. 정말 무서운 경제개발 계획입니다. 그런데 한 가지 유신독재와 관련해 궁금증이 생깁니다. 이미 1969년 10월 17일 대통령을 세 번 할 수 있게 하는 개헌, 이른바 3선 개헌을 국민투표로 확정하고 그에 따라 1971년 4월 27일 세 번째로 대통령에 당선된 박정희입니다. 셀프 쿠데타도 임기가 끝날 때쯤 하면 되는데, 뭐하러 이렇게 서둘러 무리수를 던진 것일까요? 마르크스가 유행시켰던 '정치경제학political economy'이란 용어가 우리의 궁금증을 풀어줄 실마리가 될 수 있습니다. 정치의 논리로 설명되지 않는 것이 있다면, 경제의 논리를 들여다봐야죠. 모든 정치는 경제적이고, 모든 경제는 정치적이니까요. 정치의 논리에 무언가 비약이 발생한다면, 그건 그 순간 경제적 요인이 강하게 대두되었다고 보면 되죠.

박정희 셀프 쿠데타의 정치경제학적 이유는 무엇일까요? 베트남전의 종결이지요. 베트남 파병, 그것은 박정희 인신매매 정권을 지탱하던 산소호흡기였습니다. 베트남 파병 등 민중들을 인신매매해서 얻은 돈! 그것이 1972년 이전 박정희가 자신을 경제 군주로 포장할 수 있었던 동력이었으니까요. 박정희가 끝까지 베트남에서 버티려고 했던 것도 이런 이유에서죠. 버틸 때까지 버티면, 그만큼 수중에 돈이 들어오니까요. 1972년 후반 베트남에 주둔했던 한국군 전투 병력은 3만 7000여 명이었습니다. 놀라운 것은 당시 베트남전을 주도했던 미군은 이미 주력 부대가 대부분 철수해 한국군보다 더 적었다는 사실입니다. 그만큼 베트남 파병은 정말 정권을 유

1972년 12월 23일 통일주체국민회의 대의원들이 대통령 선거를 하기 위해 장충체육관에 모여 있다. 이날 2359명의 대의원은 박정희를 대통령으로 선출했는데, 지지율이 무려 99.9퍼센트였다. 반대표는 하나도 없었고, 무효표만 2개 나왔을 뿐이다.

지하고 연장하는 데 필수적인 돈줄이었던 겁니다. 박정희는 아마도 천년만년 베트남전이 지속되기를 원했을 겁니다. 베트남전에서 우리 젊은 사병들이 얼마나 죽든, 그를 통해 엄청난 돈을 벌 수 있을 테니 말입니다. 그러나 이제 뭐 어떻게 하겠습니까? 미국이 베트남전에 손을 떼겠다고 하는데, 미국의 용병 한국군도 베트남에서 떠날 수밖에요. 1971년 12월 4일 시작되어 1973년 3월 23일을 끝으로 한국군은 모두 베트남을 떠나게 되죠. 박정희는 바로 이 상황을 위기로 생각했던 겁니다. 3선 개헌으로 대통령에 취임한 초기 1년 동안 박정희는 뼈저리게 느낀 겁니다. 베트남 파병이 끝나는 순간 경

6부. 코뮌주의 역사철학과 기 드보르의 유산

기 침체가 현실적으로 발생할 거라는 사실을요. 제1차 경제개발 계획과 제2차 경제개발 계획으로 나름 한국사회에 산업자본주의체제가 정착되었다고 생각했지만 그게 아니었던 겁니다. 인신매매 프로젝트로 유입된 자본과 인신매매의 대가로 빌린 차관으로 간신히 기능하고 있을 뿐이었기 때문이지요.

인신매매 프로젝트가 완전히 종결되는 순간, 박정희가 그다지도 자랑했던 경제개발, 그리고 그가 구축했다고 선전했던 산업자본주의체제는 사상누각이 될 수도 있습니다. 바로 그 순간 언론 장악으로 박정희가 국민들의 눈에 씌웠던 콩깍지도 허무하게 떨어질 겁니다. 박정희로서는 생각하기도 싫은 사태죠. 이제 더 이상 국민들은 선거를 통해 박정희를 다시 대통령으로 선출하지 않을 테니 말입니다. 이런 위기감이 느껴지자, 박정희의 눈에는 1969년 10월 17일의 개헌이 불안하게 보였던 겁니다. 이왕 개헌하려고 했다면 세 번에 한정시키지 말고 횟수의 제한마저 없앴어야 한다는 후회가 물밀듯 몰려들었던 거죠. 결국 참주의 자리를 지키겠다는 이런 그의 조바심이 셀프 쿠데타를 낳게 된 겁니다. 유신헌법을 통해 박정희가 의도했던 것은 〈총강〉 2조에 응축되어 있습니다. "대한민국의 주권은 국민에게 있고, 국민은 그 대표자나 국민투표에 의하여 주권을 행사한다." 그냥 선거 때에만 국민은 주권을 행사하자는 이야기입니다. 그러니까 정치적 발언이나 행동, 반정부 시위는 대표자 임기 중에는 하지 말라는 겁니다. 그러니 "국민은 그 대표자나 국민투표에 의하여 주권을 행사한다"는 구절이 무서운 겁니다. 반드시 박정희라는 대표자를 거쳐야 한다는 말이 더 소름 끼치죠. 그렇다고 해서 국민투표로 박정희를 낙마시킬 수 있었을까요. 그런 희망은 품지 마세요. 이건 정말 희망 고문에 불과합니다. 꼼꼼한 박정희는 국민투표 자체를 없애버리니까요.

유신헌법의 구체적인 세목을 넘겨볼까요. ① 대통령 직선제 폐지 및 통일주체국민회의를 통한 대통령의 간접선거. ② 대통령 임기를 6년으로 연장하고 연임 제한을 철폐. ③ 국회의원의 3분의 1을 대통령 추천으로 통일주체국민회의에서 선출. ④ 대통령에게 헌법 효력까지도 일시 정지시킬 수 있는 긴급조치권 부여. ⑤ 국회 해산권 및 모든 법관 임명권을 대통령이 갖도록 하여 대통령이 입법, 사법, 행정 3권을 장악할 수 있도록 보장. 여기서 한 가지 깨알 같은 팁! 통일주체국민회의 의장이 누군지 아시나요? 바로 박정희입니다. 브라보! 그냥 왕위에 오르지 왜 이렇게 비비 꼬아놓았는지 의구심이 들 정도입니다. 그러나 박정희 본인도 영구 집권을 획책하는 '유신헌법'에 대한 국민적 저항을 염려했습니다. 당연히 지금까지 하던 대로 그는 저항의 계기를 경제발전이라는 장밋빛 청사진으로 무마하려고 했죠. '10월 유신=100억 달러 수출=1000달러 소득'이란 구호는 그래서 탄생한 겁니다. 그런데 베트남 특수도 끝나가는데 과연 경제발전은 박정희의 공언대로 이루어질 수 있을까요? 박정희는 가능하다고 확신했던 것 같습니다. 외적 인신매매로 경제발전이 불가능하다면, 이제 내적 인신매매를 강화해서 그것을 도모하면 되니까요. 내적 인신매매, 그것은 구조적 인신매매라고 불러도 됩니다. 산업자본주의의 논리에 따라 자본의 착취구조를 강화하는 것, 그래서 민중들을 저임금노동자로 만들어 자본가에게 팔아먹는 것, 구조적 인신매매란 바로 그런 겁니다.

1962년 박정희 참주 정권, 아니 인신매매 정권의 출발과 함께한 것이 바로 경제개발 계획이었죠. 경제개발 계획의 핵심은 바로 산업자본주의체제, 즉 자본과 임금노동이라는 구조적 관계를 우리

사회에 이식하는 데 있습니다. 물론 그러기 위해 종잣돈이 필요했고, 박정희는 그것을 인신매매로 깔끔하게 해결합니다. 이렇게 확보된 돈으로 박정희는 한국에 재벌이라고 불리는 자본계급을 양성하게 됩니다. 박정희의 적극적인 비호로 상업자본계급은 산업자본계급으로 환골탈태하게 되죠. 이후 한국 경제를 좌지우지할 정주영鄭周永(1915~2001)의 현대그룹이나 이병철李秉喆(1910~1987)의 삼성그룹은 바로 이렇게 탄생하게 됩니다. 물론 산업자본주의체제가 정착된다고 해서, 민중들의 삶은 별로 달라질 것이 없죠. 토지를 가지고 있지 않던 농민이 자본이 없는 노동자로 탈바꿈하는 정도니까요. 토지를 가진 자가 농민을 지배하는 것처럼, 자본을 가진 자가 노동자를 지배하는 법입니다. 그러니까 농업사회에서 자본사회로의 이행은 지배양식이 없어진 것이 아니라, 지배양식이 세련된 형식으로 변한 것에 지나지 않죠. 물론 농업사회보다 자본사회는 양적으로 더 풍요로워 보인다는 착시효과를 낳습니다. 많은 신상품들이 휘황찬란하게 대량으로 생산되고 소비되니까 말입니다. 그러나 항상 상품을 만드는 것도 노동자이고, 상품을 구매하는 것도 노동자일 수밖에 없다는 걸 잊지 말아야 합니다. '노동자=소비자'의 등식 속에서 자본가는 잉여가치, 즉 부를 축적하죠. 그러니 구조적 착취라는 논의가 나온 겁니다.

자신들이 만든 상품을 사느라 임금을 다 소비합니다. 다시 임금을 벌려면 노동자들은 다시 노동을 해야 합니다. 이렇게 받은 임금으로 다시 상품을 구매합니다. 노동자는 이런 식으로 다람쥐 쳇바퀴 도는 삶을 살아야 하죠. 문제는 자신들이 만든 상품마저 구매하기 힘들 정도로 임금이 낮을 수도 있다는 데 있습니다. 특히나 박정희가 지향했던 수출지상주의에서 이런 경향은 더 심해질 수밖에 없죠. 내수 중심의 자본주의체제에서 저임금은 잉여가치를 감소시킵니다. 당연하죠. 노동자들은 자신이 받은 임금으로 자신들이 만든 상품을 구매해야 하는데, 임금이 너무 낮으면 상품을 제대로 구매할 수 없으니까요. 그러니 안 팔리는 상품들이 많아지고 그만큼 자본가의 잉여가치는 하락하게 됩니다. 그러니까 아무리 노동자를 착취하려고 해도 어느 정도 임금은 반드시 주어야 하는 겁니다. 반면 수출 중심의 자본주의체제에서 저임금은 잉여가치를 감소시키기는커녕 오히려 증가시키기 쉽죠. 물론 수출이 잘된다는 전제하에 말입니다. 어차피 만들어진 상품을 구매하는 것이 외국 사람들이라면, 구태여 자국 내 노동자들에게 임금을 많이 줄 필요는 없는 겁니다. 자국 내 노동자들에게 저임금을 주고, 그들이 만든 상품은 다른 나라 노동자들에게 비싸게 파는 것, 이것이 수출지상주의의 논리입니다. 수출이 확대될수록, 자본가는 돈을 더 벌 수 있지만 노동자들의 생활은 더 궁핍해질 수밖에 없죠.

수출지상주의 자본주의체제가 얼마나 잔혹했는지를 보여주는 사례가 전태일全泰壹(1948~1970)이란 노동자의 분신 사건일 겁니다. 당시 전태일이 일하던 청계천 평화시장은 의류상가와 제조업체가 밀집해 있는 곳이었죠. 보통 1층은 상가였고, 2층이나 3층에는 제조업체들이 입주하고 있었습니다. 다락까지 개조해 만든 좁은 작업장에는 노동자들이 밀집해 일을 하니 노동환경은 정말 열악했죠. 햇빛이 들어오지 않는 좁은 다락방, 환기 장치도 없는 그 좁은 작업장에서 형광등에 의지해 노동자들은 하루 14시간씩이나 일을 했습니다. 작업 성격상 노동자들 대부분은 여성이었는데, 특히 '시다'라고 불린 미성년의 어린 소녀들은 초과 근무 수당도 받지 못한 채 그야말로 장시간 저임금노동에 시달리고 있었던 겁니다. 1968년 만들

1968년경 전태일 열사의 모습. 1970년 11월
13일 전태일 열사는 "내 죽음을 헛되이 하지
말라"고 외치며 분신자살했다.

어진 근로기준법도 명목뿐이지 이들 노동자들을 보호하지 못했죠. 1970년 11월 13일 전태일이 동료 노동자들과 평화시장 앞에서 근로기준법 화형식을 열려고 했던 것도 이런 이유에서입니다. 그러나 박정희 정권이 이걸 묵과할 리 없죠. 아니나 다를까, 경찰들은 전태일의 시위를 강제로 무산시키려고 합니다. 마침내 그는 석유를 뿌린 자신의 몸에 불을 붙이게 됩니다. 화염에 휩싸였지만 전태일은 "근로기준법을 준수하라! 우리는 기계가 아니다!" 등의 구호를 외치며 절규하죠.

전태일을 감싼 화염과 그의 구호는 박정희 참주 정치, 그리고 그가 꿈꾸던 경제개발의 맨얼굴을 그대로 폭로했던 겁니다. 전태일이 지키려고 했던 평화시장의 노동자들! 그들은 모두 '잘살 수 있다'는 박정희의 선전에 속아 시골 농촌을 떠나 도시로 몰려든 젊은이들이었습니다. 통계에 따르면 1960년 전체 인구에서 도시 인구가 차지하는 비율은 28퍼센트였지만, 전태일이 분신했던 1970년에는 그 비율이 41퍼센트로 급증하게 됩니다. 당연히 도시는 슬럼화되면서 빈민들로 우글거리게 되고, 시골 지역은 텅 비게 되겠죠. 어쨌든 몸뚱이만 달랑 가지고 올라온 시골 출신 남성과 여성들! 그들이 바로 경제개발 시대의 최대 희생자, 즉 노동계급이 되었던 겁니다. 예비 노동자들이 도시에 몰리면 몰릴수록, 그들의 임금과 노동조건은 현저히 악화될 수밖에 없죠. 그러니 노동조건을 놓고 자본가와 실랑이를 벌일 여유마저 없었던 겁니다. 문제를 제기하는 노동자들은 바로 해고하고 자본가는 그 대신 다른 노동자들을 고용하면 되니까요. 이와 함께 농촌은 점점 더 피폐해질 수밖에 없었죠. 농사를 지어야 하는 젊은 노동력이 모두 박정희의 감언이설에 속아 블랙홀과 같은 도시로 빨려 들어갔기 때문입니다. 도시도 피폐해지고 농촌도 피폐해진 겁니다.

　박정희 정권과 함께 시작된 경제개발의 논리는 도시에 모여든 사람들이나 농촌에 남은 사람들에게 가혹한 삶의 조건을 만들게 됩니다. 그 와중에 부를 축적한 것은 정권과 자본계급이었을 뿐 대다수 민중들의 삶은 궁핍하고 피폐했죠. 그럼에도 양적으로나 외적으로 분명 지표상 남한 경제는 괄목할 만한 성장을 했습니다. 이렇게 성장하다보면 노동자들이나 농민들에게 그 혜택이 두루 돌아갈 수 있다는 논리로 박정희는 민중들의 불만을 무마할 수 있었던 겁니다. 그런데 1970년대에 들어오면서 베트남 파병이 그 끝을 보게 된 겁니다. 남한 경제를 외양적으로나마 발전시켰던 주된 동력 중 하나가 증발하게 된 셈이죠. 경제지표가 발전을 더 이상 표시하지 않을 때, 그래서 지금처럼 노동하면 앞으로 잘살게 될 것이라는 믿음이 붕괴될 때, 그 부메랑은 바로 박정희 정권으로 돌아올 겁니다. 경제개발을 자임했던 책임자가 바로 박정희니까요. 찬란한 미래를 위해 암울한 현재를 견디고 있던 도시의 노동자들이나 농촌의 농민들, 그러니까 우리 민중들은 언제든지 박정희 정권에 저항할 수 있었던 겁니다. 바로 이 순간 지금까지 억압했던 학생과 지식인들의 목소리, 박정희 정권의 반민주성을 폭로했던 목소리에 민중들은 호응하게 될 겁니다. 이승만 정권을 무너뜨렸던 1960년의 민주혁명이 다시 박정희를 침몰시킬 수도 있다는 겁니다. 이제 아시겠습니까. 1972년 10월 17일 박정희가 아무런 시위나 소요도 없었는데 비상계엄령을 선포하고 광화문에 탱크를 진주시킨 이유를 말입니다. 경제개발이 지체되거나 침체되었을 때 폭발할 수 있는 민중들의 분노가 무서웠던 겁니다. 그러니 박정희는 민중들의 혁명적 저항운동을 원천에 봉쇄하고 억압할 수 있는 권력 장치를 마련하고자 했던 겁니다. 바로 그것이 유신독재의 속내였던 셈이죠.

1973년 스물세 살이 된 김민기는 도시로 몰려든 고단한 노동자들과 그만큼 피폐해져가는 농촌의 삶을 들여다볼 정도로 성숙했습니다. 이미 1972년 그는 학교 친구들과 야학을 열어 노동자들을 가르치고, 또 그들과 함께 연극을 만들기도 했죠. 노동자의 삶을 관조하는 태도와 그들과 삶을 함께하는 경험은 하늘과 땅 차이죠. 창밖으로 폭풍우를 보는 것과 직접 온몸으로 폭풍우를 맞는 것 사이의 차이이기도 합니다. 어쨌든 이런 경험을 통해 그는 사회적 감수성을 기르게 된 겁니다. 참주 정치와 산업자본주의로 옴짝달싹 못하는 민중들의 구슬픈 삶에 아파하며, 못 배웠기에 그것을 제대로 표현하지 못하는 그들 대신 아픔과 탄식을 표현하고자 하죠. 이제 박정희가 그리도 억압하려고 했던 민중의 목소리가 김민기의 어둡지만 부드러운 목소리와 기타 선율로 흘러나오게 됩니다. 1973년 전국 순회공연을 했던 연극 〈금관의 예수〉를 위해 〈주여, 이제는 여기에〉라는 노래를 작곡한 것이 그 서막이라고 할 수 있죠. 마침내 김민기는 대학생의 입장에서가 아니라 민중의 입장, 즉 노동자의 입장에서 노래를 부를 수 있게 된 겁니다.

얼어붙은 저 하늘 얼어붙은 저 벌판
태양도 빛을 잃어 아 캄캄한 저 가난의 거리
어디에서 왔나 얼굴 여윈 사람들
무얼 찾아 헤매이나 저 눈 저 메마른 손길

오 주여 이제는 여기에 오 주여 이제는 여기에
오 주여 이제는 여기에 우리와 함께 하소서

고향도 없다네. 지쳐 몸 눕힐 무덤도 없이
겨울 한복판 버림받았네 버림받았네

-〈주여, 이제는 여기에〉(1973)

전태일이 온몸을 불태워 돌보려고 했던 그녀들을 떠올려보세
요. 환기도 되지 않는 다락 작업실에서 하루 14시간씩 미싱을 돌리
고 있는 창백한 소녀들 말입니다. 병든 아비의 약값을 대려고, 남동
생의 학비를 마련하려고, 먹고살기 팍팍한 집안을 일으키려고, 낮
선 도시로 옷가지와 세면도구만 챙겨서 새벽 기차를 탔던 그녀들
입니다. '잘살 수 있다'는 박정희 정권의 감언이설이 그녀들이 살던
시골에 울려 퍼졌던 겁니다. 이때까지만 해도 그녀들은 경제개발이
결국 자신들을 임금에 목매는 노동자로 길들이는 과정이라는 걸 짐
작도 하지 못했죠. 먼저 올라간 옥자가 근사한 핸드백을 들고, 세련
된 원피스를 입고 선글라스를 끼고 명절에 고향을 찾으면서 일은
더 커져만 갔죠. 더 늦기 전에 서둘러 서울로 올라가야 할 것만 같
은 느낌, 옥자에 비해 한참이나 뒤처져 있는 것 같은 열등감도 한몫
단단히 합니다. 무언가 서울 생활은 뙤약볕 고추밭에서 땀을 뻘뻘
흘리는 시골 생활보다 근사한 것만 같았죠. 시골의 그 누구도 옥자
가 고향에 오기 위해서 얼마나 많은 돈을 썼으며, 친구에게 얼마나
통사정해 핸드백과 선글라스를 빌렸는지 알지 못합니다. 더 행복해
서 돌아오겠다고 호언장담하고 떠났던 옥자로서는 불가피한 일이
었던 겁니다. 그나마 옥자는 상황이 나쁜 편이 아니었습니다. 저임
금 고강도의 노동에 이미 몸도 마음도 피폐해져 명절날 고향에 돌
아올 생각조차 못하는 노동자들이 더 많았으니까요. 자본가, 공장,
미싱, 작업, 쪽잠 등등에 너무나 인이 박혀 이미 고향은 더 이상 돌

아갈 수 없는 에덴동산처럼 느껴지기기만 했던 겁니다. 정말 이제 그녀들은 뿌리 뽑힌 채 어디에도 뿌리를 내리지 못하는 신세가 된 셈이지요. 그래서 김민기의 내레이션은 애절하기만 합니다. "고향도 없다네. 지쳐 몸 누일 무덤도 없이. 겨울 한복판 버림받았네 버림받았네."

1973년 민중들과 애환을 함께하면서 김민기는 민중의 삶에 조용히 뿌리를 내리기 시작합니다. 그때 그는 기타와는 무관한 우리 농악에 접하게 됩니다. 시골에서 유입된 노동자들이 도시로 가져온 농악기도 그렇지만 함께 공연했던 탈춤패로부터 자연스럽게 영향을 받았죠. 전라북도 익산에서 10남매 중 막내로, 그것도 유복자로 태어났던 김민기는 초등학교에서 대학까지 모두 서울에서 보냈습니다. 농악의 발견! 탈춤과 마당놀이의 발견! 그것은 김민기를 1894년 동학농민군으로 이끕니다. 삶을 위해 농사를 지을 때나 자유를 위해 싸울 때나 농악은 동학농민군의 신명 나는 친구였으며, 동시에 깨알처럼 쪼개진 농민들을 자유로운 공동체의 당당한 성원으로 만들어주었던 계기였죠. 실제로 1973년 김민기는 몇몇 지인들과 창작 국악 음반을 내려고 시도했던 적도 있습니다. 갑오농민전쟁을 다시 살려낸 신동엽申東曄(1930~1969) 시인을 접하게 된 것도 이때였습니다. 창작 국악의 가사로 신동엽 시인의 시를 쓰려고 했을 정도였으니까요. 1973년 전후 김민기는 자신의 고향 익산뿐만 아니라 전주 주변을 도보로 헤매고 다니게 됩니다. 신동엽을 찾아서, 동학농민군을 찾아서, 아니 정확히 말해 자유로운 공동체를 꿈꾸던 그 집강소 시절을 찾아서. 그에게는 순례와도 같았던 도보 여행이었던 겁니다. 불행히도 시골에서 더 이상 갑오농민전쟁 때의 당당했던 자유정신을 찾을 수는 없었죠. 박정희의 꾐에 빠져 도시로 몰려들면서 시골에서는 미래를 떠받칠 청년들을 찾아볼 수 없었기 때문입니다. 그래도 김민기는 찾고자 했습니다. 집강소를 가능하게 했던 동학농민군의 흔적을, 아니면 자유정신이 봐야만 하는 그 '푸른 하늘'을 보고 싶었던 겁니다.

갈숲 지나서 산길로 접어 들어와
몇 굽이 넘으니 넓은 곳이 열린다.
길섶에 핀 꽃 어찌 이리도 고우냐
허공에 맴도는 소리는 잠잘 줄을 모르는가

에헤라 얼라리야 얼라리난다 에헤야
텅 빈 지게에 갈잎 물고 나는 간다

오랜 가뭄에 논도 밭도 다 갈라지고
메마른 논두렁엔 들쥐들만 기어간다
죽죽 대나무야 어찌 이리도 죽었나
옛집 추녀엔 이끼마저 말라버렸네

이 가뭄 언제나 끝나 무슨 장마 또 지려나
해야 해야 무정한 놈아 잦을 줄을 모르는가
걸걸 걸음아 무심한 이내 걸음아
흥 흥 흥타령일세 시름도 겨우면 흥이 나나

- 〈가뭄〉(1973)

전라북도 전주! 1894년 4월 27일 동학농민군이 점령해서 조선왕조를 뿌리째 뒤흔든 곳이죠. 바로 이곳에서 '사람이 곧 하늘처럼' 존귀하다는 동학정신은 조선왕조를 뒤흔들고 한반도 전역에 자유의 희망을 심을 수 있었던 겁니다. 자유로운 개인들의 공동체, 집강소 시절이 시작되는 출발점이었으니까요. 전주천 남쪽에는 완산봉, 그러니까 지금은 완산공원이라고 불리는 야트막한 야산이 있죠. 김민기는 그곳을 지나갔나 봅니다. 완산봉과 그 주변에는 대나무밭이 장관이었다고 합니다. 1973년 그가 들렀을 때 가뭄으로 대나무들이 너무나 많이 말라 죽어 완산봉 대나무밭은 을씨년스럽기만 했습니다. 말라 죽은 대나무를 보는 순간, 김민기는 아련한 아픔 같은 것을 느꼈을 겁니다. 그 찬란했던 집강소 시절, 혹은 당당했던 동학농민군의 흔적도 말라 죽은 대나무와 같은 신세였으니까요. 대나무! 그것은 곧고 당당한 식물입니다. 그러나 바람이 불기라도 하면 구슬픈 소리를 내는 것으로 유명하지요. 당당함을 지키기 위해 입을 앙다물어 내는 소리인지도 모르지요. 그런데 그 곧고 당당한 대나무마저 말라 죽었던 겁니다. 그렇다면 궁금해집니다. 김민기는 왜 완산봉에 갔던 것일까요? 무엇을 보러 갔던 것일까요? 일체의 타협도 거부했던 동학의 자유정신, 즉 김개남金開南(1853~1895) 때문입니다. 완산봉 근처에 바로 김개남이 처형되었던 초록바위가 있었으니까요. 어쩌면 말라 죽어간 대나무는 바로 이 김개남을 상징하는지도 모르죠. 지독한 가뭄 때문에 그 곧았던 대나무도 말라 죽은 것처럼, 일본제국과 결탁한 조선왕조의 압도적 무력 때문에 그 당당했던 김개남과 동학농민군들도 이승을 떠났으니까요.

대나무는, 그리고 김개남은 그래도 행복하다고 할 수 있습니다. 그나마 자신이 자라던 곳, 자신을 키운 곳에서 죽을 수 있었으니까 말입니다. 그렇지만 박정희 독재정권은 민중들을 저임금노동자로 자본가에게 팔아넘기기 위해서 그들이 태어나고 성장했던 곳을 떠나도록 했죠. 땅에 의지해서 살던 사람들이 도시의 임금노동자가 되면서 "지쳐 몸 눕힐 무덤도 없이" 시들어가게 됩니다. 왜냐고요. 그들이 떠난 뒤 농촌은 배고픈 들쥐들만 기어 다니는 삭막한 곳으로 변했기 때문이죠. 이제 도시도 시골도 생기라고는 찾으려야 찾을 수 없는 지경에 이른 겁니다. 완산봉의 대나무밭에 죽음을 안겨주었던 가뭄보다 수십, 수백 배나 가혹하고 뜨거운 가뭄을 박정희가 한반도 민중들에게 선사했던 셈이지요. 그렇다고 박정희가 민중들을 위해 권좌에서 곱게 물러날 사람은 아니죠. 그런 생각이 조금이라도 있는 사람이라면 셀프 쿠데타라는 촌극을 통해 유신독재를 획책하지는 않았을 겁니다. 김민기는 박정희가 참주라는 걸 정확히 알고 있었죠. 모든 민중을 사지에 몰고 나서 제일 마지막에 죽을 사람이 바로 박정희일 테니까요. 그러니 김민기는 타령조로 절망스럽게 읊조렸던 겁니다. "이 가뭄 언제나 끝나 무슨 장마 또 지려나!" 왜 불길한 예감은 항상 적중하는 것일까요? 박정희는 얼마 지나지 않아 유신헌법에 숨겨두었던 비수를 꺼내게 됩니다. 바로 헌법마저 정지시킬 수 있는 독재자의 권리, 즉 긴급조치권을 휘두르게 되니까요. 1974년 1월 8일에 선포한 긴급조치 1호는 맛보기에 지나지 않았습니다. 정점은 1975년 5월 31일 15시부터 발효된 긴급조치 9호입니다. 네 조목으로 구성된 긴급조치 9호의 하이라이트는 두 번째 조목이죠. "집회·시위 또는 신문, 방송, 통신 등 공중 전파 수단이나 문서, 도화, 음반 등 표현물에 의하여 대한민국 헌법을 부정·반대·왜곡 또는 비방하거나 그 개정 또는 폐지를 주장·청원·선동 또는 선전하는 행위"는 금지된 겁니다. 여기서 말한 대한민국 헌법은 영원히 권좌에 앉겠다는 박정희의 의지가 관철된 유신

헌법을 말합니다. 결국 독재자에게 문제를 제기하는 것 자체가 봉쇄된 셈입니다. 이제 입이 있어도 말하지 말라는 겁니다. 아니죠. 박정희를 찬양하는 말이나, 유신헌법과 아무런 상관이 없는 말만 하라는 거죠. 그 뜨거웠던 가뭄마저 그리워하게 만드는 무겁고 텁텁한 장마의 시절은 이렇게 시작된 겁니다.

아 참! 청년 김민기를 따라가느라, 잊어서는 안 되는 한 사람을 잊은 것 같네요. 바로 언어의 마술사 서정주입니다. 1966년 우리 민족이 나아갈 길이 "베트남뿐이다"라고 역설했지만, 베트남전이 끝나자 머쓱해졌던 것일까요? 아니면 과거 반민특위에서 고백했던 것처럼 '베트남전이 그렇게 빨리 끝날 줄은 몰랐다'고 말해야 한다는 것이 부끄러워서였을까요? 아니면 국가대표 시인의 자리를 박목월에게 빼앗겨서일까요? 서정주도 자신의 고향 고창을 자주 다니기 시작합니다. 전라북도 고창! 불행히도 친일파가 살기에는 적절하지 않은 곳이죠. 왜냐고요? 바로 이곳은 전봉준, 손화중, 김개남 등 동학군 장수들과 동학농민군들이 일체의 억압과 맞서 싸우겠다는 저항의 횃불을 높이 들었던 역사적인 장소이기 때문입니다. 그렇습니다. 1894년 3월 20일 고창에 있던 무장읍성에 모이면서 동학농민군의 저항은 전라북도를 넘어서 전국적인 혁명운동으로 발전하게 됩니다. 1894년을 뜨겁게 불태웠던 갑오농민전쟁이 본격적으로 시작된 겁니다. 여러모로 무장읍성은 상징적인 장소입니다. 1417년 태종 이방원 시절 일본 왜구를 막기 위해서 축조된 것이니, 다시 조선을 지배하려는 일본제국주의에 반감을 가지고 있던 동학농민군들이 모이기에 아주 적격인 곳이었죠. 바로 이곳 무장읍성에 고창 농민들을 중심으로 정읍과 부안 등 주변 농민들이 모여들어 '사람은 하늘처럼 존귀하다'는 인내천人乃天의 가르침을 말뿐만 아

6부. 코뮌주의 역사철학과 기 드보르의 유산

니라 행동으로 옮기기 시작했던 겁니다. 동학농민군들은 왜 고창의 무장읍성에 모여들었던 것일까요? 바로 이 고창은 갑오농민전쟁의 상징 녹두장군 전봉준이 태어나서 자유인으로 성장했던 곳이기 때문입니다. 양지가 있으면 음지가 있는 것이 자연의 이치일까요. 고창의 양지가 전봉준이라면, 그 음지는 바로 서정주인 셈입니다. 일체의 억압에 당당히 맞서 죽음마저 불사했던 자유인과 권력 앞이라면 기꺼이 복종해 일신의 안위를 도모했던 기회주의자! 고창의 빛과 어둠이죠.

　"해방이 무엇인 줄도 모르던 애기들"중 하나였던 김민기는 갑오농민전쟁의 흔적을 찾아 나섭니다. 서정주의 생각과 달리 김민기는 해방이 무엇인지 너무나 잘 알았던 겁니다. 그것은 자유롭고 평등한 세상이 시작되는 것이었죠. 그러나 박정희는 1960년 4월 학생운동으로 봉인되었던 억압과 구속의 세계를 5·16쿠데타와 유신독재를 통해 열어버렸죠. 어떻게 하면 다시 이 어두운 시대를 봉인할 수 있을까? 김민기는 푸른 하늘을 보고자 했던 동학농민군들의 정신에서 그 실마리를 찾고자 했던 겁니다. 억압을 당연하게 여기지 않았던 자유정신! 압도적 폭력에도 굴하지 않았던 저항정신! 자유와 해방의 정수를 끌어내 유신독재에 시들어가는 민중들에게 수혈하고 싶었던 겁니다. 김민기의 도보 순례는 이렇게 시작된 거였죠. 반면 자기가 태어난 고창에 들어간 서정주는 동학농민군이 높이 들었던 자유의 횃불을 끄려는 작업에 열을 올립니다. 반외세 반봉건을 외쳤던 전봉준의 빛을 줄이지 않으면, 친일로 일신의 안위를 도모했던 자신의 어둠이 더 부각될 수밖에 없으니까요. 1974년 5월 19일 선운사禪雲寺 초입에 서정주 시비가 세워지면서 동학정신 희석 프로젝트는 시작됩니다. 고창 라이온스클럽이 주도하고 문단과 그의 선후배들이 경비를 보탰지만, 여의치 않았나 봅니다. 서정주도 경비를 보탰으니까요. 서정주답죠. 셀프 시비라니. 이건 보통 정치권에서나 하는 행각 아닙니까. 어쨌든 〈송정 오장 송가〉라는 시 대신에 〈선운사 동구〉라는 시가 천년만년 갈 것 같은 커다란 바위에 새겨져 선운사 입구에 '미당 서정주 시비'라는 이름으로 세워진 겁니다. "선운사 고랑으로 / 선운사 동백꽃을 보러 갔더니 / 동백꽃은 아직 일러 피지 않았고 / 막걸릿집 여자의 육자백이 가락에 / 작년 것만 오히려 남았습디다. / 그것도 목이 쉬어 남았습디다."

1942년 초봄 아버지 상을 치르고 유산을 모두 정리한 뒤 스물여덟 살 청년 서정주는 동백꽃을 보러 선운사에 갑니다. 아쉽게도 동백꽃은 아직 피지 않았다고 합니다. 헛걸음이 안타까웠는지 서정주는 선운사 주변 막걸릿집에 들르게 되죠. 그나마 이곳 주모의 육자배기 가락이 동백꽃을 보지 못한 마음을 위로했던 겁니다. 막걸릿집 여자와 그녀의 육자배기 가락에서 작년에 피었던 동백꽃을 연상하는 부분이 이 시의 포인트라고 할 수 있죠. 언어 기술자의 손에 닿아서인지, 정말 세련되게 가공된 시입니다. 비록 친일 활동은 했지만 우리말을 예술적으로 다룬 공은 인정해야 하는 것 아니냐는 추종자들의 남루한 변명에 제대로 화답하는 시를 서정주는 골랐던 겁니다. 역사와도 정치와도 무관한 시, 치열한 삶보다는 세상을 관조하는 시! 아니 더 정확히 말해 자신의 속물근성을 은폐할 수 있는 시를 고르다가 서정주는 〈선운사 동구〉라는 시를 선택하게 된 겁니다. 더군다나 자신의 고향이 전라북도 고창군 부안면富安面 선운리仙雲里이고 바로 옆 선운산禪雲山에 선운사가 있으니 정말 제대로 된 시를 골랐다고 할 수 있죠. 고향과 관련된 시를 시비에 옮긴다면 최소한 지역 주민들이 반대할 리는 없을 것이고, 동시에 해방 이전 노골적으로 친일 시를 썼던 경력, 1948년 정부 수립 이후 문교부 초대 예술과장을 지냈던 관직 경력, 1949년 《이승만 박사전^{李承晩博士傳}》을 써서 권력에 아부했던 경력, 그리고 1966년 베트남전 파병을 독려하며 학생 시위를 조롱하는 시를 썼던 경력 등, 이제 이 모든 것은 "막걸릿집 여자의 육자백이 가락"에 젖어 막걸리의 취기와 구별되지 않는 시적 기교 속에 흐려질 테니까 말입니다.

시비 건립 정도로 자신의 친일과 친독재 행각을 미화했다면 애교로 봐줄 수도 있죠. 그러나 시비를 세운 고향에서 서정주는 자신의 부끄러운 과거를 흐릴 프로젝트를 조용히 시작합니다. '질마재 신화' 프로젝트죠. 질마재는 서정주의 고향 진마마을 뒤에 있던 고갯길입니다. 고창은 서해 쪽에서 동쪽으로 335미터의 선운산, 445미터의 경수산^{鏡水山}, 그리고 445미터의 소요산^{逍遙山}이 가로놓여 있습니다. 서정주의 생가가 있던 진마마을, 즉 질마재는 세 산 중 가장 동쪽에 있는 소요산 바로 북쪽에 있어서 포구를 지나 변산반도를 북으로 바라보고 있죠. 바로 이 진마마을 사람들의 시골 정서를 신화화하는 것, 이것이 서정주가 시도했던 질마재 프로젝트의 목표였던 겁니다. 조선왕조 시절에도, 일본제국주의 시절에도, 미군정 시절에도, 한국전쟁 시절에도, 이승만 독재 시절에도, 그리고 박정희 독재 시절에도 민중들은 자신의 삶을 아주 질기게 살아내죠. 분명 민중들은 지배자가 누구든지 간에 그들에게 저항하지 않고 억압체제를 주어진 환경처럼 적응해 살아내는 것처럼 보입니다. 그러나 그것은 억압체제가 강해서 잠시 숨 고르기를 하는 것에 불과하죠. 어느 순간 민중들은 들불처럼 일어나 억압체제를 붕괴하려고 하니까 말입니다. 조선왕조 내내 끊이지 않았던 농민 봉기와 그 정점에 있던 갑오농민전쟁, 그리고 일제강점기 동안 한반도를 뜨겁게 달구었던 3·1만세운동, 미군정 시기 1947년 대구 10월항쟁, 이승만 독재 시절 1960년 4월혁명, 그리고 박정희 독재 시절 학생들의 저항운동과 전태일의 분신자살 등. 비록 민중들의 저항이 신채호의 표현을 빌리자면 자유로운 개인들의 공동체로 개화하지 않고 상전들의 교체로 미봉되었다고 할지라도, 그들은 지속적으로 직접민주주의를 꿈꾸고 있었던 겁니다. 그런데 서정주는 민중들의 혁명적 측면이 아니라 보수적 측면을 부각하고자 합니다. 결국 질마재 프로젝트를 통해 그는 부당한 억압에 투덜거리기는 하지만 일신의 안위를 위해 억압에 순응하는 민중들의 모습을 신화의 수준으로 격상하려고 했던 겁니다. 한마디로 민중들은 친왕조적이고, 친일파이며, 심지어 친독재적이라는 겁니다. 물론 이렇게 신화화된 민중들 속에 자신의 비루함을 숨기려는 것, 이것이 바로 서정주의 복안이었죠. 애꿎은 질마재 사람들, 그러니까 진마마을 사람들을 매개로 서정주는 자신의 친일과 친독재 행각을 신화화하고 있었던 겁니다. 떳떳하게 친일을 했다고, 친독재를 했다고 말하지 못하고, 자기 마을 사람들 속에 숨어버린 겁니다.

어쨌든 1972년 《현대문학現代文學》 3월호에 〈신부新婦〉라는 시를 시작으로 진행된 서정주의 프로젝트는 마침내 1975년 5월 20일 《질마재 신화》라는 시집으로 그 결실을 맺게 됩니다. 그중 한 편을 읽어보도록 하죠.

여름 하늘 쏘내기 속의 천둥 번개나 벼락을 많은 질마재 사람들은 언제부턴가 무서워하지 않는 버릇이 생겨 있읍니다.
여자의 아이 낳는 구멍에 말뚝을 박아서 멀찌감치 내던져 버리는 놈하고 이걸 숭내 내서 갓 자라는 애기 호박에 말뚝을 박고

다니는 애녀석들만 빼놓고는 인제 아무도 벼락을 무서워하는 사람은 거의 없이 되어서, 아무리 번개가 요란한 궂은 날에도 삿갓은 내리는 빗속에 머윗잎처럼 자유로이 이 들에 돋게 되었읍니다.

변산^{邊山}의 역적 구섬백^{具蟾百}이가 그 벼락의 불칼을 분지러버렸다고도 하고, 갑오년^{甲午年} 동학란^{東學亂} 때 고부^{古阜} 전봉준^{全琫準}이가 그랬다고도 하는데, 그건 똑똑히는 알 수 없지만, 벌^罰도 벌도 웬놈의 벌이 백성들한텐 그리도 많은지, 역적 구섬백이와 전봉준 그 둘 중에 누가 번개 치는 날 일부러 우물 옆에서 똥을 누고 앉았다가, 벼락의 불칼이 내리치는 걸 잽싸게 붙잡아서 몽땅 분지러버렸기 때문이라는 이야기입니다.

그렇지만 삿갓을 머윗잎처럼 쓰고 쏘내기의 번갯불 속에 나설 용기가 없는 아이들이나 어른들은 하나 둘 셋 넷에서 열까지 그들의 숨소리를 거듭거듭 되풀이해서 세며 쏘내기 속의 그 천둥이 멎도록 방^房에 들어 있어야 합니다. "하나, 둘, 셋, 넷, 다섯, 여섯, 일곱, 여덟, 아홉, 열" 그렇게 세는 것이 아니라 "한나, 만나, 청국^{淸國}, 대국^{大國}, 얼기빗, 참빗, 호^胡좆, 말좆, 벙거지, 털렁" 그렇게 세야 하는 것인데, 이 셈법 이것은 이조^{李朝} 때 호인^{胡人}놈들이 무지무지하게 쳐들어와서 막 직딱거릴 때 생긴 거라고 해요. "청국 대국 놈 하나 만나서 호좆 말좆에 얼기빗 참빗의 건절^{巾節}이고 무어고 다 소용이 없이 되고, 치사한 권력 벙거지만 털렁털렁 지랄이구나" 아마 그쯤 되는 뜻이겠지요. 한나, 만나, 청국, 대국, 얼기빗, 참빗, 호좆, 말좆, 벙거지, 털렁……

–〈분질러버린 불칼〉(1974)

방금 읽은 시 〈분질러버린 불칼〉은 《질마재 신화》라는 시집에 실리기 전 1974년 《시문학詩文學》 3월호에 먼저 모습을 드러낸 겁니다. "번개나 벼락을 많은 질마재 사람들은 언제부턴가 무서워하지 않는 버릇이 생"겼다는 이야기로 서정주의 산문시는 시작됩니다. 언어의 기술자답게 서정주는 우선 독자의 흥미를 끌고자 한 겁니다. 먼저 이 시에 등장하는 번개와 벼락이 무엇을 의미하는지 이해할 필요가 있죠. 현실적으로는 비오는 날 생명을 앗아갈 수도 있는 자연현상이지만 상징적으로는 민중들을 공포에 떨게 하는 권력의 횡포를 의미합니다. 구섬백과 전봉준은 직접 권력의 횡포에 맞서서 권력이 휘두르는 '불칼'을 분질러버렸습니다. 당연히 구섬백과 전봉준은 번개나 벼락을 두려워하지 않았던 겁니다. 그렇다면 질마재 사람들이 권력의 불칼을 무서워하지 않았던 것은 구섬백과 전봉준처럼 권력과 맞섰기 때문일까요? 아닙니다. 질마재 사람들은 권력과 맞서기보다는 그냥 일상생활에 몰입하면서 권력의 횡포가 지나가기를 기다렸던 겁니다. 왜냐고요? 그들은 "삿갓을 머윗잎처럼 쓰고 쏘내기의 번갯불 속에 나설 용기가 없는 아이들이나 어른들"이었기 때문입니다. 번개와 벼락을 피해 방으로 들어온 질마재 사람들은 밖으로 나가 권력의 불칼에 맞서지 않아야 하는 다짐을 열 가지 조목으로 반복해서 읊조리게 되죠. 아마 1627년 정묘호란丁卯胡亂이나 1636년 병자호란丙子胡亂 때의 경험이 반영된 반복 어구일 겁니다. 압도적인 청제국에 맞서다 낭패를 봤던 굴욕적 경험을 떠올린 겁니다. 그렇지만 질마재 사람들은 번개와 벼락이 무서워서 피한 것이 아니라 치사해서 피한다는 식으로 정신승리를 하죠. "치사한 권력 벙거지만 털렁털렁 지랄이구나!" 똥이 무섭다고 피하나 더러워서 피한다는 식의 정신승리입니다.

헉! 지금 서정주는 자신의 고향 사람들을 제대로 욕보이고 있는 겁니다. 권력의 횡포가 무서워 그 횡포가 사라질 때까지 주문을 외면서 정신승리를 하는 사람들! 그들이 바로 질마재 사람들이니까요. 그러나 서정주는 구섬백과 전봉준의 사례로 질마재 사람들이 지혜롭다고 신격화하고 있습니다. 그의 논리는 아주 단순하죠. "벼락의 불칼"을 한 번 분지르는 데 성공했지만 구섬백은 역적죄로 죽었고, 전봉준도 처형되었다는 겁니다. 참! 구섬백은 지금은 어떤 사람인지 확인되지 않습니다. 아마도 변산 지역이나 고창 지역에서는 유명했던 농민 지도자, 봉기의 대가로 역적죄로 몰려 죽은 지도자였을 거라고 추측합니다. 어쨌든 번개나 벼락은 항상 수시로, 그리고 영원히 치게 될 겁니다. 그러니 한순간 번개나 벼락을 이길 수 있다고 하더라도 언젠가 "벼락의 불칼"에 희생될 수 있다는 거죠. 그러니 나서지 말라는 겁니다. 권력에 맞서지 말라는 겁니다. 질마재 사람처럼 그냥 권력의 횡포가 지나가기를 기다리라는 거죠. 집에 있기에 답답하다면 선운사 근처로 가서 동백꽃을 보거나 아니면 막걸릿집에 들러 육자배기 가락이나 들을 일입니다. 물론 "치사한 권력 벙거지만 털렁털렁 지랄이구나"라는 후렴구 정도는 불러야 위로가 될 겁니다.

과연 질마재 사람들은 1894년 3월 20일 무장읍성에 모이지 않았을까요? "치사한 권력 벙거지만 털렁털렁 지랄이구나"라고 읊조리며 육자배기 가락에 취해 있었을까요? 아니죠. 그러나 서정주는 자기 마을 사람들을 완전히 역사와 정치의 현장에서 격리시켜 동백꽃 피는 무릉도원武陵桃源, 아니 질마동백원에 던져 넣고 있습니다. 질마재 신화 프로젝트! 일신의 안위만을 도모했던 자신을 정당화하려고 고향 사람들도 모조리 비루한 무지렁이로 만들어버린 겁니다. 참! 아직도 질마재 신화와 서정주를 기리는 행사가 고창, 특히 서정주 생가 주변에서 벌어지고 있으니 정말 안타까운 일입니다. 전후 사정을 잘 알지 못하는 일반인이야 그렇다 치지만 문단이나 예술계에 있는 사람들마저 질마재와 서정주를 기리고 있는 겁니다. 물론 그래도 서정주의 신화를 유지하고 싶은 분이 있다면 선운사 근처에서 복분자를 마시고 장어를 먹으면 좋긴 하겠지요. 그리고 비틀대며 서정주의 시비를 찾아보는 겁니다. "동백꽃은 아직 일러 피지 않았고 / 막걸릿집 여자의 육자백이 가락에 / 작년 것만 오히려 남았읍디다. / 그것도 목이 쉬어 남았읍디다." 근사하지 않나요. 막걸릿집은 없어졌지만 복분자와 장어를 파는 집은 선운사 근처에 지천으로 있으니까요.

이렇게 복분자와 장어로 알큰해진 눈에 어떻게 청년 김민기가 찾으려고 했던 동학의 정신, "벼락의 불칼"에 맞서려는 그 치열했던 자유정신이 들어올 수 있겠습니까? 서정주가 저주처럼 걸어놓은 질마재 신화에서 벗어나야 합니다. 그래야 선운산, 경수산, 그리고 소요산 남쪽 지역, 특히 선운산 남쪽 부근의 무장읍성으로 진군하던 질마재 사람들, 육자배기가 아니라 농악의 호위를 받으며 당당히 나아갔던 질마재 사람들, "벼락의 불칼"보다 더 강한 불칼 '사람이 하늘만큼 귀하다'는 신념으로 무장했던 질마재 사람들을 되찾을 수 있을 테니 말입니다. 질마재 신화! 그것은 전봉준의 고향 고창에 대한 모독이었던 겁니다. 그러나 좋습니다. 자신의 친일과 독재 행각을 "치사한 권력 벗거지만 털렁털렁 지랄이구나"라는 타령으로 퉁치고, 스스로 자신이 창조했던 신화 속의 질마재 사람 속으로 숨어드는 것도 뭐 용서할 수 있습니다. 그러나 서정주는 그의 집요한 권력욕을 끝내 끊어내지 못합니다. 막걸리를 마셔 취했을 때 질마재 주민이 되었지만, 술이 깨자마자 서정주는 다시 〈송정 오장 송가〉와 〈다시 비정의 산하에〉를 썼던 권력에 부화뇌동하는 시인이 되었기 때문이죠.

1979년 10월 26일 독재자 박정희가 측근 김재규에게 피살되자, 그의 숨겨진 오른팔 전두환이 12월 12일 군사쿠데타로 정권을 잡게 됩니다. 1961년 5월 16일 박정희가 군사쿠데타를 일으켰을 때 박정희를 지지하는 육군사관학교 퍼레이드를 주도했던 전두환이 마침내 이승만, 박정희를 이어 세 번째 참주로 등극한 거죠. 당연히 학생과 시민들의 저항은 만만치 않았죠. 박정희의 피살로 모든 참주 정치를 끝내려는 민중들의 열망은 전국적으로 무척 뜨거웠습니다. 그렇기에 전두환은 1980년 5월 17일 비상계엄령을 전국에 확대하게 됩니다. '후생가외後生可畏'라는 공자의 말이 있습니다. 뒤에 태어난 사람이 더 두려워할 만하다는 뜻이죠. 전두환은 박정희에게서 가장 좋지 않은 것을 배워 수십 배 확대 적용합니다. 여기에는 베트남전에 파병되었던 백마부대 연대장 출신이라는 것도 한몫 단단히 합니다. 모든 국민을 적으로 돌리는 것은 부담스럽기에 전두환은 본보기를 찾다가 광주 시민들을 그 표적으로 정합니다. 베트남의 공산주의 조직 베트콩Viet Cong을 진압한 경험을 그대로 살려, 1980년 5월 18일 광주 시민들의 민주주의에 대한 열망을 헬기까지 동원해서 유혈이 낭자하게 진압하죠. 물론 광주 시민들이 공산주의자들의 선동에 의해 시위를 하고 있다는 거짓된 색깔론을 피력하면서 말입니다.

행방불명자를 포함 200여 명의 시민을 죽였고 3400여 명의 시민에게 심각한 부상을 안기고서는 마침내 전두환은 1980년 9월 1일 장충체육관에서 대통령이 되죠. 물론 국민에 의해 선출된 것이 아니라 박정희가 한 것처럼 체육관에서 셀프 대통령이 된 겁니다.

광주를 피로 물들이고 전두환은 1980년 9월 1일 대통령이 되었다.

바로 이 체육관 선거 때 서정주가 다시 등장합니다. 전두환을 대통령으로 뽑자는 지지 연설을 했던 겁니다. 이제 드디어 박정희에게서는 얻지 못했던 권력의 총애를 얻게 될까요. 박목월이 누렸던 국가대표 시인이 되어 전두환의 부인 이순자^{李順子}(1939~)의 시 선생이 될 수 있을까요? 다행스럽게도 마침내 권력의 은총을 받겠다는 서정주의 꿈은 이루어지게 됩니다. 바로 박정희가 1966년 3월 24일에 만든 5·16민족상을 1987년에 전두환으로부터 받게 되었습니다. 물론 그러기 위해 서정주는 각고의 노력을 기울이죠. 전두환에게 "당신은 우리 민족의 태양이자 바다"라고 하면서 '일해^{日海}'라는 호를 지어준 것도 그이고, 그의 웃는 얼굴을 보며 "세상을 구제하시는 미륵의 미소"라고 말한 것도 그였습니다. 그러나 서정주는 그의 추종자들이 주장하는 것처럼 예술성을 자랑하는 시인입니다. 그러니 진정한 노력은 시로 이루어야 할 겁니다. 1987년 초 전두환의 쉰여섯

6부. 코뮌주의 역사철학과 기 드보르의 유산

번째 생일, 드디어 서정주에게 자신의 시적 기교를 마음껏 펼칠 기회가 찾아옵니다.

한강을 넓고 깊고 또 맑게 만드신 이여
이 나라 역사의 흐름도 그렇게만 하신 이여
이 겨레의 영원한 찬양을 두고두고 받으소서.

새맑은 나라의 새로운 햇빛처럼
님은 온갖 불의와 혼란의 어둠을 씻고
참된 자유와 평화의 번영을 마련하셨나니

잘사는 이 나라를 만들기 위해서는
모든 물가부터 바로잡으시어
1986년을 흑자 원년으로 만드셨나니

안으로는 한결 더 국방을 튼튼히 하시고
밖으로는 외교와 교역의 순치를 온 세계에 넓히어
이 나라의 국위를 모든 나라에 드날리셨나니

이 나라 젊은이들의 체력을 길러서는
86아세안게임을 열어 일본도 이기게 하고
또 88서울올림픽을 향해 늘 꾸준히 달리게 하시고

우리 좋은 문화 능력은 옛것이건 새것이건
이 나라와 세계에 떨치게 하시어

이 겨레와 인류의 박수를 받고 있나니

이렇게 두루두루 나타나는 힘이여
이 힘으로 남북 대결에서 우리는 주도권을 가지고
자유 민주 통일의 앞날을 믿게 되었고

1986년 가을 남북을 두루 살리기 위한
평화의댐 건설을 발의하시어서는
통일을 염원하는 남북 육천 만 동포의 지지를 얻으셨나니

이 나라가 통일하여 흥기할 발판을 이루시고
쉬임없이 진취하여 세계에 웅비하는
이 민족 기상의 모범이 되신 분이여!

이 겨레의 모든 선현들의 찬양과
시간과 공간의 영원한 찬양과
하늘의 찬양이 두루 님께로 오시나이다.

－〈처음으로〉(1987)

지금 대국민 사기극이었다고 판명된 전두환의 '평화의댐'을 찬
양하는 것도 황당하지만, 그래도 한때는 나름 친일 시인이었던 사
람이 전두환이 "86아세안게임을 열어 일본도 이기게 하고"라며 극
찬하는 부분은 정말 독자의 손발을 오그라들게 하죠. 뭐 다 떠나서
일흔이 된 노인이 50대 중반의 조카뻘 되는 사람에게 아양을 떠는
것은 안쓰럽기까지 합니다. 아무리 권력에 대한 서정주의 절대적

경배가 초지일관이었다고 하더라도 말이죠. 시를 읽을 때 치밀었던 분노도 어느 순간 사라지고 안타까움이 그 자리를 차지하게 됩니다. 우리말을 예술의 경지로 끌어올렸다고, 그래서 심지어 시귀^{詩鬼}라고까지 불리던 서정주의 테크닉이 영 볼품없어졌기 때문입니다. 〈선운사 동구〉라는 시의 마지막 부분 기억나시나요. "작년 것만 오히려 남았읍니다. / 그것도 목이 쉬어 남았읍니다." '오히려'라는 말과 '그것도'라는 말이 공명하면서 외국어로 번역하기 힘든 묘한 정서를 만들고 있죠. 〈송정 오장 송가〉의 마지막도 나름 근사했죠. "여기서도, 역력히 들려오는 / 아득한 파도소리…… / 레이테만의 파도소리……" '여기'에서 '아득'을 지나 '레이테만'에 이르는 말의 배치로 서정주는 '여기'나 '레이테만'을 모두 '아득한 파도소리'에 젖게 만들죠. 그러나 〈처음으로〉라는 시에서는 과거 서정주가 보여주었던 언어적 기교를 찾으려야 찾을 수가 없습니다.

항상 서정주는 시의 말미에 자신의 시적 기교를 폭발시키는 경향이 있습니다. 그래서일까, 전두환을 찬양하는 시의 말미에 일흔이 넘은 노시인은 소진되어 얼마 남지 않은 시적 기교를 작렬시킵니다. "이 겨레의 모든 선현들의 찬양과 / 시간과 공간의 영원한 찬양과 / 하늘의 찬양이 두루 님께로 오시나이다." 행을 바꾸어서 '찬양'이란 단어를 반복하지만, 〈송정 오장 송가〉의 '파도소리'라는 말로 만들었던 페이드아웃 효과처럼 무언가 미묘한 뉘앙스를 만드는 데는 실패하고 있습니다. 그렇습니다. 일흔이 넘어서 서정주의 유일한 자랑, 그 '도구적 이성'마저 완전히 마비되어버리고 만 겁니다. 테크닉에만 신경을 쓰다가 삶은 성숙해지지 못한 시인의 한계죠. 실제로 서정주의 시적 기교의 정점은 1940년대, 그러니까 그의 나이 30대 전후에서 찾아야 할 겁니다. 1941년 그의 나이 스물일곱 살일 때 출간한《화사집》, 그리고 1946년 그의 나이 서른두 살일 때 출간한《귀촉도》, 이 두 권의 시집에서 그나마 그의 시적 기교는 볼 만한 데가 있으니까요.

현란한 기교만을 자랑하는 사람은 나이가 들면 매너리즘에 빠져 추해지기 쉽습니다. 한때 명성이 자자했던 제비족이 아무도 거들떠보지 않는 늙은 제비족으로 전락하는 형국이지요. 그렇습니다. 서정주! 그는 한국 문단의 제비족이었던 겁니다. 가짜 사랑꾼, 즉 제비족의 비유를 좀 더 생각해볼까요. 그는 사랑으로 여인을 유혹해 경제적 이득을 취하려고 하죠. 아마 그는 근사한 표현으로 가짜 사랑을 진실하게 전달할 수 있을 겁니다. 불행히도 가짜 사랑을 진짜 사랑으로 오해한 미숙한 여인은 제비족에게 정신적으로나 물질적으로 헌신하게 되죠. 그러나 제비족은 한 번도 누군가를 진실로 사랑한 적이 없는 사람입니다. 그는 오직 자신만을 위하고, 자신만을 사랑하기 때문입니다. 바로 이겁니다. 일본제국을 사랑하는 시를 썼어도 서정주는 일본제국을 사랑한 적이 없습니다. 이승만의 전기를 썼어도 서정주는 이승만을 사랑한 적이 없습니다. 박정희의 베트남 파병을 옹호하는 시를 썼어도 서정주는 박정희를 사랑한 적이 없습니다. 그저 서정주는 자신만을 사랑한 사람, 일신의 안위만을 도모한 사람이었던 겁니다. 그러니까 서정주를 친일파 시인이라거나 친독재 시인이라고 말해서는 안 됩니다. 한 번도 제대로 친일이나 친독재도 하지 못하고 그저 흉내만 냈던 사람이기 때문이지요. 그러나 생각해보세요. 젊은 시절 제비족으로 명성을 날렸던 사람도 언젠가 노인이 됩니다. 이 늙은 제비족은 과거 자신의 전성기 때 입었던 옷, 나비넥타이, 그리고 선글라스를 끼고 어느 카페에 들어섭니다. 이어서 그는 전성기 시절 여인들을 유혹할 때 효과를 봤던 멘트들을 새롭게 만난 여인들에게 자신만만하게 던집니다. 결과는 뻔할 겁니다. 그저 자신이 한때 제비족이었다는 것만 드러내고 여인들에게 조롱의 대상이 될 테니까요.

1987년 서정주는 "머언 젊음의 뒤안길에서 / 인제는 돌아와" 카페에 홀로 버려진 늙은 제비족이었던 겁니다. 아무리 예술성으로 포장한다고 해도 기교만 자랑하던 시인의 말로는 이렇게도 쓸쓸하기만 한 겁니다. 그러나 진짜 불행한 것은 서정주만이 이런 사실을 모르고 있다는 점이죠. 여인들이 자신의 뻔한 수작에 넘어가지 않는다는 것을 모르는 늙은 제비족처럼 말입니다. "이렇게 일찍 해방될 줄 몰랐다"던 서정주이고, 베트남 파병이 그렇게 일찍 막을 내릴 줄 몰랐던 서정주입니다. 아나나 다를까, 서정주는 전두환이 그리도 빨리 힘을 잃을 줄 몰랐습니다. 서정주가 간혹 순진무구해 보이는 것도 이런 현실 인식의 결여 때문이지요. 항상 타이밍을 놓치고 절벽으로 추락할 예정인 기차를 탔던 서정주였죠. 그래서일까요, 서정주가 특정 권력에 붙는 순간 그 권력은 항상 시들고 있을 때였고, 얼마 되지 않아 서정주는 '그리 빨리 권력이 붕괴될 줄 몰랐다'고 탄식하는 후회를 항상 반복하곤 했죠. 불행히도 전두환의 경우도 마찬가지였습니다. 경험에서 아무것도 배우지 못했을 정도로 서정주는 권력욕의 노예였던 겁니다. 하긴 권력에 눈이 멀었는데, 다른 것이 보일 리 없죠. 당연히 경험으로 무언가를 배운다는 것도 있을 수 없는 일일 겁니다.

1987년 1월 14일 서울대생 박종철朴鍾哲(1965~1987)이 물고문으로 사망하는 사건이 벌어집니다. 1960년 4월 11일 김주열 학생의 시신이 이승만 독재에 대한 전 국민적 저항의 도화선이 되었던 것처럼, 박종철의 고문치사 사건은 전두환 독재정권에 대한 저항이

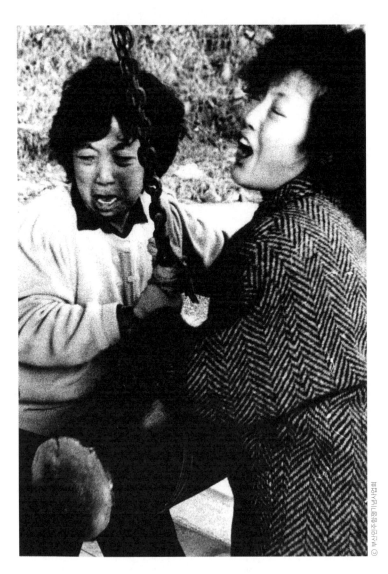

1987년 1월 14일 서울대생 박종철이 물고문으로
사망했다. 경찰의 압력으로 서울 명동 추도 집회에
참석하지 못한 박종철의 어머니와 누나가 2월 7일
부산 사리암에서 추도 타종을 하며 오열하고 있다.

대학생들을 넘어 일반 시민들에게로 확산되는 결정적 계기였죠. 바로 이 순간 서정주는 전두환을 찬양하고 있었던 겁니다. "새맑은 나라의 새로운 햇빛처럼 / 님은 온갖 불의와 혼란의 어둠을 씻고 / 참된 자유와 평화의 번영을 마련하셨나니!" 불의와 혼란의 주범, 자유와 평화의 적, 박정희 유신독재의 불행한 어둠, 그것이 바로 전두환 아닌가요. 어쨌든 이런 무리수를 범한 만큼 서정주는 그리도 고대하던 대가를 받게 됩니다. 바로 1987년 5월 16일에 5·16민족상이 그의 손에 들어오니까요. 평생의 꿈이 이루어졌다는 행복감에 젖어 서정주는 상황 파악이 불가능한 상태에 이르게 되죠. 박종철 고문치사 사건 이후 체육관 선거가 아니라 직접 투표로 대통령을 뽑자는 국민들의 민주화 요구가 들불처럼 일어나던 때였습니다. 4월 13일 전두환은 박정희의 유신체제를 유지하겠다는 호헌조치를 발표하면서, 민주화의 열기에 그야말로 기름을 붓죠. 전두환은 국민들에게 정면 승부를 선포한 겁니다. 참주 정치와 민주 정치 사이에 물러설 수 없는 진정한 결전의 순간, 혹은 5·16 군사쿠데타에 대한 4·19 학생운동 정신이 반격을 가할 순간이 점점 다가오고 있었던 겁니다. 서울을 포함한 전국 대도시에서 민주화운동이 전두환 정권을 압박해 들어올 때, 서정주는 5·16민족상을 품에 안고 감격하고 있었던 겁니다.

광주 민주화운동을 베트콩 토벌 작전에 의거해 유혈 진압했던 전두환입니다. 그러나 학생과 시민들의 민주화운동은 전두환도 어찌할 수 없을 정도로 거대해져만 갔죠. 마침내 1987년 6월 9일 연세대생 이한열李韓烈(1966~1987)이 최루탄에 맞아 사경을 헤매는 사건이 벌어지게 됩니다. 바로 이 대목에서 서정주는 정말 아찔한 결정을 하게 됩니다. 박종철과 이한열로 상징되는 민주화운동 쪽에 서

화가 최병수가 그린 대형 걸개그림. 1987년 6월
9일 연세대생 이한열이 최루탄에 맞아 빈사
상태에 빠졌다. 7월 9일 이한열은 끝내 세상을
등지고 말았다.

6부. 코뮌주의 역사철학과 기 드보르의 유산

지 않고, 그는 전두환의 편에 확고히 서게 되니까요. 또 현실 오판입니다. 서정주는 전두환이 군대를 동원해 민주주의의 열망을 종식시키리라 예측한 겁니다. 그렇지만 불행히도 전두환은 계산을 달리하고 있었죠. 그것은 육사 동기이자 군사쿠데타의 동료였던 당시 여당 대표 노태우를 대통령으로 만들자는 계산이었죠. 그의 복안은 이렇습니다. 우선 노태우의 간청으로 자신이 시민들의 뜻을 수용해 대통령 간선제를 직선제로 바꾸는 결단을 내립니다. 그렇다면 최소한 대학생과 지식인들을 제외한 일반 시민들은 노태우를 민주주의의 영웅으로 지지하게 될 겁니다. 노태우가 대통령으로 당선되면, 전두환 본인은 편하게 상왕 노릇을 하고 12·12쿠데타 세력들은 모두 기득권을 유지할 수 있다는 판단이었던 겁니다.

마침내 1987년 6월 29일 전두환은 흔히 '6·29 조치'라고 불리는 시국 수습 방안을 발표하죠. 드디어 전두환이 4·13 호헌조치를 철회하고 유신체제의 종언을 선언하게 된 겁니다. 이제 대통령은 국민들의 손으로 직접 뽑을 수 있게 된 거죠. 그렇지만 전두환과 노태우 등 쿠데타 세력의 복잡한 계산법을 알지 못하는 서정주는 박정희 독재정권과 마찬가지로 전두환이 색깔론을 휘두르며 새로운 쿠데타를 시도할 거라고 확신합니다. 마침내 서정주는 확실하게 자신을 국가대표 시인으로 인정해준 전두환에게 힘을 실어주는 행동을 거행하게 됩니다. 6월 29일 시국 수습 방안이 나오기 전, 한 치 앞도 보이지 않는 혼란스런 정국에 서정주는 한편으로는 전두환에게 쿠데타를 종용하고 다른 한편으로 직선제를 외치는 학생과 시민들을 나무라는 글을 당당하게 발표합니다.

우리 겨레의 이 역사적 현시점에서 우리가 무엇보다도 먼저 노력해야 할 일은 각자 자기가 해온 전공의 일들을 각자가 놓인 그 자리에서 성실히 침묵 속에 꾸준히 이행하여 이 결과의 합계로서 이 민족의 흥융興隆을 가져오게 해야 하는 것이라고 생각되는데, 일은 접어두고 전혀 불필요한 자유 과잉의 풍조 속에서 정권 탈취의 야망의 발산만 음으로 양으로 왼갖 꾀와 폭력까지 다하여 전개하고 있는 식자라는 사람들이 적지 않게 있으니 웃고 넘어가기에는 너무나 거슬리는 꼴이 아닐 수 없다. "이 사람들 속셈은 베트남의 말로와 같이 이 나라를 새빨갛게 하려는 것이나 아닌가?" 하는 의심까지도 안 생길 수가 없는 것이다. …… 우리나라는 지금 유사 이래 처음으로 세계 경제 속의 흑자 생산 제2 연도를 통과하고 있고, 또 여러모로 일대 약진의 계기가 될 게 분명한 세계 올림픽 개최 1년 전의 바쁜 준비기에 처해 있다. 전 국민의 획기적인 합심 노력만이 이 중차대한 역사적인 시점에서 왜 무슨 바람으로 등 돌리고 뒤돌아서 딴전을 보며 힐난과 불화 조성과 혼란과 파괴만을 일삼고 있는지 참으로 이해해줄 수 없는 일이다.

－〈권두언: 문학자의 사관〉, 《문학정신》(1987년 7월호)

서정주로서는 이런 글은 어려울 것도 없었습니다. 이미 베트남 파병을 시대적 요구라고 주장하며 박정희 정권의 인신매매 행위를 정당화했던 적이 있으니까요. 1966년 8월 14일 광복절 기념으로 신문 지상에 서정주는 〈다시 비정의 산하에〉라는 시를 썼던 적이 있습니다. 당시 서정주는 박정희 인신매매 정권에 저항했던 학생들을 "해방이 무엇인 줄도 모르던 애기들"이라고 조롱하며, "새로 나갈 길은 / 하늘에서도 땅에서도 / 베트남뿐이다"라고 역설했던 적이 있죠. 박정희 정권의 복제판이었던 전두환 정권에도 서정주는 자신의 논지를 그대로 적용합니다. 경제개발이란 미명, 색깔론이란 이데올로기, 학생과 시민은 자신의 본분에 충실하자는 논리 등등. 서정주는 박정희가 독재를 정당화하기 위해 개발했던 논리를 그대도 반복하고 있습니다. 박정희의 숨은 오른팔이라고 할 수 있는 전두환이 들으면 혹할 만한 내용이었죠. 서정주의 놀라운 반전입니다. 지금까지 그가 수동적으로 권력에 부화뇌동했다면, 이제는 능동적으로 독재자를 사주해 민주주의에 대한 반혁명, 혹은 쿠데타를 사주하고 있기 때문이죠. 1987년 6월 어느 날 서정주는 과감하게 자기 목숨을 배팅한 겁니다. 실패하면 민주주의의 영원한 적으로 낙인찍힐 일이었지만, 그만큼 서정주는 확신에 가득 차 있었던 겁니다. 광주 시민들을 유혈 진압했던 것처럼 조만간 전두환과 신군부 세력이 민주주의를 외치는 학생과 시민들을 도륙하리라고 말입니다. 그러니 6월 29일 표면적으로나마 학생과 시민들의 민주화 열망을 전두환이 수용했을 때, 서정주가 얼마나 똥줄이 탔을까 미루어 짐작이 가는 일입니다.

《문학정신》 1987년 7월호는 발간일이 7월 2일 목요일로 표기되어 있지만 아마도 같은 주 월요일 6월 29일에는 이미 서점에 배포되었을 겁니다. 혹은 빠르면 잡지 발간 관례상 전주 6월 26일 금요일이나 27일 토요일에 서점에 배포되었을 수도 있죠. 확실한 것은 쿠데타를 사주하는 서정주의 글은 이미 6월에 완성되어 출판사로 넘어가 6·29 조치 이전에 인쇄되었을 것이라는 점이죠. 아마 서정주는 이렇게 행동했을지도 모릅니다. 6월 29일 직선제를 수용한다는 신군부의 입장이 나왔을 때, 출판사에 전화를 걸어 잡지를 배포하지 말라고 말했을지도 모르지요. 그러나 정말 서정주는 운이 좋은 사람이었죠. 만일 1988년 노태우가 대통령으로 당선되지 않았다면, 그는 반민주 정치사범으로 구속될 수도 있었을 테니 말입니다. 여담이지만 《문학정신》이란 잡지는 1986년 10월 1일 창간해 1992년 12월 14일 73호까지 월간지로 발행되다가, 김영삼金泳三 (1927~2015)이 대통령으로 선출된 1993년부터는 계간지로 탈바꿈하죠. 신군부 세력이 권력을 유지하고 있을 때 《문학정신》은 신군부 세력을 홀리려던 전현직 제비족 문인들의 집합소 노릇을 톡톡히 했던 잡지였습니다.

　문학으로서는 모르겠지만 개인의 야망이란 측면에서 전두환 독재 시절 서정주는 그야말로 날아다녔죠. 청와대에 가서 전두환 부부와 식사도 하고, TV에 나와 전두환의 4·13 호헌조치도 지지하고, 5·16민족상도 받고. 그야말로 정말 환상적인 나날이었을 겁니다. 그리고 이때 새로운 제비족을 꿈꾸는 문인들로 얼마나 이 원로 제비족의 집이 문전성시를 이루었을지, 미루어 짐작이 가는 일이죠. 물론 문학을 일신의 안위를 도모하는 수단으로 전락시켰던 선배 문인들을 못마땅하게 여기는 문인들도 있었겠지만, 그들의 목소리는 김수영이나 신동엽 시인처럼 강렬하지 않았죠. 그러나 상관없습니다. 김수영이나 신동엽의 빈자리를 충분히 메울 수 있는 김민기가 있었으니까요. 문인들이 딴따라라고 암암리에 폄하했던 김민기가 인문정신과 민주주의를 지키고 있었다는 것은 정말 기적적인 일이지요. 서정주와 같은 문인이 갈수록 추해지고 비루해질 때, 김민기는 어느 사이엔가 조금씩 최고의 인문지성으로 성장하고 있었던 겁니다. 아마도 이런 성장의 결정적 계기는 무엇보다도 갑오농민전쟁의 정수를 그가 흡수했다는 데서 찾을 수 있을 것 같습니다. 사람은 하늘처럼 존엄하다는 동학의 자유정신! 집강소로 구체화된 공동체의 정신! 이를 통해 김민기는 민주주의는 위로부터 주어지는 것이 아니라 이 땅에 살고 있는 개개인이 당당한 주인으로 살아내야만 가능하다는 걸 배우게 되죠. 민주주의! 그것은 누군가가 주는 것이 아니라 스스로 쟁취해야만 하는 겁니다. 갑오농민전쟁은 그것이 가능하다는 분명한 증거라고 할 수 있죠. 마침내 김민기는 로자 룩셈부르크처럼 '민중들의 자발성'을 긍정하는 데까지 나아간 겁니다. 1977년 제대한 뒤 김민기는 공장에 취직하죠. 그러나 이전 그에게 보였던 계몽주의자의 면모, 그러니까 우매한 노동자들을 이끌어야 한다는 우월의식은 거의 사라진 뒤였습니다. 공장에서 그는 노래를 잘하는 노동자에 불과했습니다.

김민기는 성숙한 겁니다. 노동자들을 어느 방향으로 이끌기보다는 그들에게 도움이 되는 작은 동료로 만족했으니까요. 그러나 그것마저도 엄청 힘들다는 걸 알게 될 정도로 그는 변한 겁니다. 동료 노동자들이 공부를 하고 싶다면 공부를 성실히 도와주고, 합동결혼식을 앞둔 그들이 근사한 노래를 부탁하면 그들을 위해 노래를 만들어 불러주는 식이었지요. "서럽고 쓰리던 지난날들도 / 다시는 다시는 오지 말라고 / 땀 흘리리라 깨우치리라 / 거칠은 들판에 솔잎 되리라"라는 인상적인 가사로 유명한 〈상록수〉가 바로 이 합동결혼식의 축가로 만들어진 것이죠. 어쨌든 김민기는 이제 민중들 앞에서 그들을 이끄는 지도자가 아니라 그들 속에, 그들 옆에, 간혹 그들 뒤에 있는 동료가 된 겁니다. 항상 그렇듯 탁월한 인문주의자는 성실한 민주주의자일 수밖에 없는 법이죠. 그렇기에 김민기는 1980년 신군부 세력이 던진 악마의 유혹에 빠져들지 않을 수 있었던 겁니다. 당시 전두환 신군부 세력은 1981년 5월 28일부터 6월 1일까지 '국풍'이란 관제 문화행사를 여의도에서 열었죠. 박정희 유신 독재와의 연속성도 희석하고, 무언가 민주적인 정부라는 냄새를 피워 광주의 피비린내도 덮으려는 전략이었습니다. 그래서 신군부 세력은 김민기를 반드시 섭외하고 싶었고, 실제로 당시 고향 익산에 내려와 있던 그에게 고위층 인사를 파견했죠. 예술의 화신 서정주라면 바로 좋다고 할 일이었지만, 김민기는 바로 거부하죠. 농사일이 바쁘다는 이유로 말입니다. 김민기는 1978년 공장을 그만두고 고향에 내려와 농사일을 배우고 있었으니까요. 단순한 배움이 아니라 실제로 김민기는 농사꾼이 됩니다. 1981년에는 경기도 전곡에서 농사를 지으며 대단한 농사꾼이라는 걸 온몸으로 증명하죠.

그림을 그리던 대학생이 노동자가 되었다가 다시 농민이 된 겁니다. 그만큼 그가 상호작용하는 공간도 극적으로 변했죠. 대학교 교정에서 공장으로, 그리고 드넓은 들판으로. 정말 극적이고 드라마틱한 순례의 길이었지요. 물론 김민기는 외롭지 않았습니다. 그에게는 기타가 있었으니까요. 모든 순례의 길이 그렇지만 그것은 관념의 길이 아니라 몸의 길이기도 합니다. 진정한 성숙과 성장은 항상 몸으로 부딪치면서 얻어지는 법이죠. 대학교 교정에서 꿈꾸던 노동자의 삶은 실제 공장에 몸을 넣는 순간 깨집니다. 공장에서 꿈꾸던 농민의 삶은 실제로 들판과 몸을 부대끼는 순간 깨지고 말죠. 공상이나 상상이 부서지고 그 자리에 현실과 진실이 들어서는 것! 그것이 바로 성숙이죠. 2004년 3월 20일에 진행된 인터뷰에서 김민기는 자신의 순례와 성숙의 과정을 술회했던 적이 있습니다. 한번 들어보죠.

공장 나오고서 막노동판 다닐 때, 그때 일당이 5000원인가. 그 일당 받고 죽어라 연립주택 지을 땐데 아무리 열심히 일당 받고 일해도 저 집에서는 내가 살 수 없더라고. 마르크스적인 명제. 노동으로부터의 소외야. 어디 머슴으로 살더라도, 비록 소유는 내 것이 아니라고 할지라도 내 입속으로 들어가야 할 것 아니냐. 그걸 마지막으로 확인하고 싶더라고. 그래서 농사를 지으러 간 거야. 가면서 절망인 것이 한쪽 옆에는 항상 공상을 갖고 있다고. 창조, 생산, 이런 어휘들에 대한 프라이드가 농사 일에 있을 것이다. 거기는 뭔가 있을 것이다 하는 그런 공상, 한 3년째인가. 모내기 일을 하고 나면 말이야, 묘한 잠깐의, 긴장을 전제로 하지만, 휴식이 있어요. 모내기에서 김매기까지. 모내기하면 한 달 반 정도 떼로, 집단적으로 노동을 하잖아. 하고 나면 기분 좋은 휴식이 있다고. 마지막까지 하고 나면 그다음 날은 새벽에 물꼬를 보러 나가거든. 논이라는 게 밤새 물이 찬단 말이야. 물에 다 잠기면 숨 막혀 죽거든. 새벽에 나가 물꼬를 터서 물을 빼준단 말이야. 실상 물꼬라는 게 한 삽 분량밖에 안 돼. 물이 쏴아~. 그건 똥 싸는 것보다 시원하지. 배설이지. 근데 그때 퍼뜩 어떤 생각이 들었냐면, 농사라는 게, 내가 그렇게 마지막까지 가치 있는 것이라고 믿고 왔던 이 일, 여기서 농부가 할 수 있는 일이라는 게 한 삽의 흙을 옆으로 옮겨놓는 이상은 아니더라고. 물이 가진 완전한 수평은 사람이 불도저로 아무리 흙을 인위적으로 해도 막을 수가 없어. 바람이 불어주고, 벌레들이 왔다 갔다 하고, 햇빛 때문에 광합성하고, 그 중에서 농부가 하는 일이란 게 그 흙 한 삽 옮겨주는 것밖에 없더라고. 그걸 생산이 어떻고 창조가 어떻고 그렇게 믿고 왔던 거야.

—〈인터뷰: 결벽증과 완벽주의 사이〉(2003)

아주 간단한 인터뷰지만 생각 이상으로 많은 걸 함축하고 있는 근사한 말을 담고 있습니다. 먼저 자신이 노동자로 있었던 경험을 술회합니다. 아무리 노동을 해도 그 결실을 가질 수 없다는 것! 김민기는 막노동을 통해 자본주의체제의 핵심을 온몸으로 경험했던 겁니다. 김민기의 경우처럼 막노동판에서 아무리 열심히 벽돌을 나르고 시멘트를 발라도 그렇게 만든 집은 노동자의 것이 아니죠. 자신에게 임금을 주고 건축 자재와 건축 부지를 샀던 자본가의 것이니까요. 그리고 이 자본가는 이렇게 지어진 집을 다른 사람에게 팔 겁니다. 이 과정에서 막노동꾼은 완전히 소외되는 겁니다. 김민기가 일했던 건축 현장은 공장일 수도 있고, 회사일 수도 있고, 아니면 편의점일 수도 있습니다. 박정희나 자본계급이 그리도 인류 문명의 발전이라고 너스레를 떨었던 자본주의체제는 인간에게 노동 소외를 경험하도록 만든 겁니다. 노동의 결과물에 손도 댈 수 없으니까요. 그래서 김민기는 시골로 내려간 겁니다. 노동자의 노동보다 농민의 노동이 상대적으로 덜 소외되었다는 판단에서였습니다. 옳은 생각입니다. 자본이란 생산수단을 가진 자에게 노동자가 착취되거나 토지라는 생산수단을 가진 자에게 농민이 착취되는 것은 마찬가지입니다. 노동의 대가를 자본가나 지주에게 대부분 빼앗기게 되니까요. 그러나 농사의 경우에는 지주에게 착취당해도 자신이 수확한 일부분은 자신이 먹을 수 있죠. 아파트 공사장에서 일해도 자신이 만든 아파트에서 살 수 없는 것과는 사뭇 다르지요.

그래서 김민기는 농사꾼이 되려고 했던 자신의 속내를 말했던 겁니다. "어디 머슴으로 살더라도, 비록 소유는 내 것이 아니라고 할지라도 내 입속으로 들어가야 할 것 아니냐. 그걸 마지막으로 확인하고 싶더라고." 김민기는 땀 흘려 직접 일해서 무언가를 '생산하거나 창조하는' 삶을 살고 싶었던 겁니다. 소외되지 않은 생산과 창조를 꿈꾼 겁니다. 농사꾼 김민기! 그것은 노동자의 입장에서 상상했던 농사꾼 판타지를 극복했을 때에 가능했던 겁니다. '생산과 창조'라는 프라이드! 김민기는 농사를 지으면서 이걸 하나둘 버리게 되죠. 그리고 버린 만큼 그는 농사꾼이 되어갑니다. 모든 프라이드, 다시 말해 자부심은 기본적으로 개인적인 겁니다. 그러니까 김민기는 자기 혼자, 그리고 자기만의 힘으로 무언가를 생산하고 창조할 수 있다고 믿었던 겁니다. 그러나 농사란 결코 혼자서 할 수가 없는 일이지요. "모내기하면 한 달 반 정도 떼로, 집단적으로 노동을 하잖아." 그렇습니다. 농사는 공동체적 노동이었던 겁니다. 상부상조하지 않으면 정말 너무나 힘든 것이 바로 농사일이니까요. 갑오농민전쟁 당시 집강소란 사실 별거 아니지요. 아무런 노동도 하지 않는 국가권력이나 지주의 착취를 배제한 채 농민들이 상부상조하면서 삶을 영위하는 체제와 다름없었으니까요. 농업경제를 기반으로 했던 자유로운 개인들의 공동체! 그것이 바로 집강소의 이념이었던 거죠.

'집단적 노동'은 모든 창조와 생산이 기본적으로 공동체적이라는 자각이 있어야 가능합니다. 당연히 '사적인 창조와 생산'이 가능하리라는 김민기의 공상은 깨지게 되죠. 자기 이외에 타인, 즉 동료 농부들이 있어야만 창조와 생산이 가능한 법이니까요. 그러나 아무리 동료 농부들이 있다고 하더라도 더 중요한 것이 하나 있습니다. '물' '바람' '벌레', 그리고 '햇빛'과 같은 자연입니다. 농사는 인간들만으로는 결실을 맺을 수 없고 자연과도 관계해야만 결실을 기대할 수 있죠. 이제 김민기는 너무나 무력한 자신과 직면하게 된 겁니다. 다른 농부들이 도와주지 않으면, 그리고 물, 바람, 벌레, 햇빛이

도와주지 않으면 결실은 기대할 수조차 없으니까요. 물론 그렇다고 해서 농사꾼 김민기가 아무런 일도 하지 않은 것은 아닙니다. 자신이 해야 할 일은 해야 하니까요. '물꼬를 터주는 일'이 아마 그 대표적인 일일 겁니다. "논이라는 게 밤새 물이 찬단 말이야. 물에 다 잠기면 숨 막혀 죽거든. 새벽에 나가 물꼬를 터서 물을 빼준단 말이야. 실상 물꼬라는 게 한 삽 분량밖에 안 돼." 물꼬를 터서 "물이 쏴아~" 하고 내려가는 순간, 김민기는 정말 위대한 깨달음을 얻게 됩니다. "농부가 하는 일이란 게 그 흙 한 삽 옮겨주는 것밖에 없더라고. 그걸 생산이 어떻고 창조가 어떻고 그렇게 믿고 왔던 거야."

공동체가 필요합니다. 자연과 인간의 공동체도 필요하고, 그것보다 더 작은 인간과 인간의 공동체도 필요하죠. 지혜로운 인간이라면 인간공동체나 그보다 더 큰 생태공동체에서 자신이 하는 일이 보잘것없이 작지만 굉장히 중요하다는 걸 압니다. 물꼬를 터주는 일처럼 말입니다. 자연을 억지로 끌고 갈 수도 없고, 그렇게 되지도 않습니다. 타인들을 억지로 끌고 갈 수도 없고, 또 그렇게 되지도 않습니다. 자연이 갈 때까지 조바심치지 말고 기다려야 하고, 타인들이 움직일 때 조바심치지 말고 기다려야 합니다. 민주주의, 혹은 인문주의, 그것 별거 아닙니다. 물꼬를 터주는 것과 같은 것이니까요. 마침내 김민기는 평범해 보이지만 상당히 비범한 자각에 이르게 된 겁니다. 이렇게 서정주와 달리 김민기는 성숙해가고 있었고 나날이 깊이를 더하고 있었던 겁니다. 왜냐고요? 서정주가 허영에 사로잡혀 권력의 정점으로 한 걸음씩 올라가고 있을 때, 김민기는 허영의 부력을 이기고 아래로 더 아래로 내려가고 있었기 때문이죠. 달리 비유하자면 서정주가 나무의 가지 끝 화려한 잎사귀로 올라가고 있을 때, 김민기는 나무의 두터운 몸통을 거쳐서 뿌리로, 그리고 마침내 그 뿌리와 맞닿아 있는 흙에까지 내려가고 있었던 겁니다.

서정주는 전두환을 찬양하면서 노래했던 적이 있죠. "한강을 넓고 깊고 또 맑게 만드신 이여 / 이 나라 역사의 흐름도 그렇게만 하신 이여"라고 말입니다. 그렇죠. 김민기의 통찰과는 완전히 반대되는 생각, 너무나 반인문적이고 반민주적인 생각이죠. 독재, 혹은 참주 정치는 어려운 것이 아닙니다. 생태공동체를 자기 뜻대로 좌지우지할 수 있다는 오만, 인간공동체도 자신의 힘으로 이끌 수 있다는 오만, 나아가 생태공동체든 인간공동체든 오직 자신만이 책임져야 한다는 오만! 이런 유치하고 말초적인 인식을 가진 서정주가 과연 김민기의 다음 노래를 들을 수나 있을까요?

> 땀 흘려 거둔 음식 함께 나눠요.
> 힘들여 일하려든 많이 들어요.
> 형님도 아우님도 모여 앉아 함께 들어요.
> 길 가는 저 분네도 잠시만 쉬고 함께 들어요.
> 땀 흘려 거둔 음식 함께 나눠요.
> 힘들여 일하려든 많이 들어요.
>
> ─〈땀 흘려 거둔 음식〉(1984)

파리코뮌의 노래이기도 하고, 집강소의 노래이기도 하죠. 혹은 로자 룩셈부르크나 신채호가 불렀던 노래이기도 합니다. 인문주의, 자연주의 혹은 민주주의의 노래는 이 정도는 돼야지요. 김민기는 마침내 우금치에서 자유를 위해 죽어가던 동학농민군의 속내에 이르게 된 겁니다. 그의 노래처럼 그들은 '땀 흘려 거둔 음식은 함께 나누고' 싶었던 사람들이었습니다. 그렇습니다. 함께 들판에서 땀 흘렸던 동료 농부들도, 풀잎, 나무, 구름 등 자연도, 그리고 물꼬를 텄던 자신도 모두 모여 함께 나눠 먹어야 하죠. 모두가 "땀 흘려 거둔 음식"이니까요. 이렇게 먹어야 다시 또 모여서 일할 수 있는 힘을 얻게 되죠. 이것이 바로 삶이고 자연이니까요. 먹고 싸고, 일하고 자고, 살다가 죽는 것. 그러나 함께 땀 흘리지 않는 누군가가 음식을 뺏으려고 할 수도 있을 겁니다. 그러면 싸워야지요. 함께 땀 흘렸던 동료들을 위해서 싸워야 하고, '물' '바람' '벌레', 그리고 '햇빛'을 위해서 싸워야 하지요. 근사합니다. 농사꾼 김민기는 지금껏 자신을 지배했던 모든 프라이드를 버리고 하염없이 작아졌지만, 동시에 그는 인간과 자연을 품을 수 있을 만큼 거대해졌던 겁니다. 물꼬를 트는 일 정도만 할 수밖에 없지만, 바로 그것이 그가 인간과 자연과 함께 살아가는 방법이었으니까요.

1973년 갑오농민전쟁의 흔적을 찾아 전라북도를 헤매면서 시작된 순례의 길이 1981년 농사꾼 김민기를 만들었고, 동료 농부들과 '풀잎' '나무', 그리고 '구름'과 같은 자연은 그를 〈땀 흘려 거둔 음식〉을 만들 만큼 성숙시켰던 겁니다. 민주주의자, 인문주의자, 그리고 자연주의자로 성장한 김민기의 진가는 그가 1992년 작사하고 작곡한 〈철망 앞에서〉라는 곡에서도 여전히 빛을 발하게 됩니다.

내 마음에 흐르는 시냇물 미움의 골짜기로
물살을 가르는 물고기 떼 물 위로 차오르네
냇물은 흐르네 철망을 헤집고
싱그런 꿈들을 품에 안고 흘러 굽이쳐가네

......

저 위를 좀 봐 하늘을 나는 새 철조망 너머로
꽁지 끝을 따라 무지개 네 마음이 오는 길
새들은 날으게 냇물도 흐르게
풀벌레 오가고 바람은 흐르고 마음도 흐르게
자 총을 내려 두 손 마주 잡고
힘없이 서 있는 녹슨 철조망을 걷어버려요

-〈철망 앞에서〉(1992)

1992년 5월 남북은 이산가족 고향 방문 계획에 합의하게 되죠. 이 계획과 함께 예술 공연도 기획되었습니다. 김민기는 남측 예술단이 북한에서 공연할 작품을 의뢰받았는데, 그때 만든 것이 바로 이 〈철망 앞에서〉란 곡이었죠. 김민기는 심혈을 기울여 공연의 피날레 부분에 사용할 이 곡을 작곡했지만, 공연 계획은 기획 단계에서 제작진이 바뀌는 등 우여곡절을 겪다가 무산됩니다. 만일 공연이 성사되었다면 정말 근사한 통일 노래가 하나 한반도에서 울려 퍼졌을 겁니다. 처음으로 이산가족 또는 민족주의적 감정에 호소하지 않은 통일 노래였으니까요. "우리는 단일민족이야, 우리는 단군의 자손이야. 혹은 가족을 잃은 이산가족을 위해서라도 통일은 되어야 해." 뭐, 이런 민족주의적 정서로 통일을 이야기하는 경우가 많았죠. 그런데 김민기의 통일 노래는 완전히 다릅니다. 인문주의자의 통일 노래, 민주주의자의 통일 노래, 자연주의자의 통일 노래가 어떠해야 하는지 보여주었으니까요. "새들은 날으게 냇물도 흐르게 / 풀벌레 오가고 바람은 흐르고 마음도 흐르게!" 그렇습니다.

자연이 가르쳐주지 않던가요. 단순한 남북 분단이 아니라, 일체의 점유와 그로부터 생긴 분단과 고립은 인위적이고 자연적이지 않다는 사실을요.

권력을 가진 자, 땅을 가진 자가 울타리를 쳐서 동료 인간들을 가두고 고립시켜서 분단이 생긴 겁니다. 그러나 아무리 울타리를 쳐도 새들은 날고, 물은 흐르고, 풀벌레가 오가고, 바람은 흐릅니다. 이렇게 날고, 흐르고, 오가고, 흐르면서 자연은 우리에게 물어봅니다. 너희는 무엇 때문에 자유롭지 못하냐고. 만물의 영장이라는 인간이 새보다, 물보다, 풀벌레보다, 그리고 바람보다 자유롭지 못한 이유가 무엇이냐고. 그러니 새를, 물을, 풀벌레를, 그리고 바람을 마음에 담아두라고 하는 겁니다. 그렇게 우리의 마음이 새를, 물을, 풀벌레를, 그리고 바람을 따라갈 때, 우리도 "힘없이 서 있는 녹슨 철조망을 걷어버"리고 남으로 북으로 걸어 다닐 수 있을 테니 말입니다. 생각해보세요. 남과 북이 통일되어도 한반도는 다시 다른 나라로부터 고립되고 분단될 수도 있을 겁니다. 그러나 인간은 자신이 걸을 수 있는 한 자유롭게 어디라도 갈 수 있어야 한다는 것! 김민기가 생각하는 통일은 이렇게 한반도를 넘어서 전체 인류, 나아가 지구로까지 확장되었던 겁니다. 그렇습니다. 〈철망 앞에서〉라는 곡은 값싼 민족주의에 기대고 있던 북한이나 남한 정권의 권력자들은 꿈도 꿀 수 없는 생각이었고, 따라서 결코 받아들일 수 없는 요구였던 셈입니다.

참, 1987년 전두환에게 쿠데타를 사주했던 서정주는 어떻게 되었을까요? 아마도 그는 자신과 상의도 없이 6·29 조치를 발표해 자신을 궁지에 몰아넣었던 전두환에게 서운한 감정을 지울 수 없었을 겁니다. 그러나 서운함도 잠시, 다행스럽게도 전두환의 작전대

1987년 12월 16일 대통령으로 당선된 노태우가 기자회견을 하고 있다.

1996년 8월 26일 1심 선고 공판에 나란히 선 전두환과 노태우. 1996년 8월 26일 서울지방법원은 전두환에게 사형을, 노태우에게 징역 22년 6개월을 선고한다. 하지만 1997년 4월 17일 대법원은 전두환에게 무기징역, 그리고 노태우에게는 징역 17년을 최종 선고했고, 얼마 뒤 두 사람은 특별 사면으로 석방된다.

로 노태우가 1987년 12월 16일 국민들의 직접 투표로 대통령에 당선됩니다. 당시 노태우의 득표율은 36.6퍼센트였고, 야권 후보 김영삼과 김대중金大中(1924~2009)은 각각 28퍼센트와 27.1퍼센트의 득표율을 기록했습니다. 모든 것이 전두환이 기획하고 예상한 대로 되었던 겁니다. 김영삼과 김대중이란 유력 야권 후보들이 자기가 대통령이 되겠다고 분열했으며, 유신독재 시절과 신군부 시절 기득권을 누렸던 보수 세력들이 노태우를 중심으로 뭉쳤으니까요. 여기에 전두환은 마지막 히든카드를 던져서 노태우를 대통령으로 만들어버립니다. 12월 15일, 선거가 있기 하루 전날에 전두환은 1987년 11월 29일에 벌어졌던 대한항공 폭발 사건 용의자 북한 공작원 김현희를 서울로 압송하면서 국민 여론을 흔들어버린 겁니다. 색깔론이라는 마지막 카드가 먹혀서인지 노태우는 1987년 12월 16일 대통령에 당선되죠. 정말 서정주에게는 영원히 잊지 못할 날이었을 겁니다. 항상 반민주적 권력을 찬양하는 수동적인 위치에 있다가, 처음으로 반민주적 권력이 나아갈 길을 알려주는 능동적인 입장에 섰던 서정주였으니까요. 김영삼이나 김대중이 대통령이 되었다면, 서정주는 그나마 가진 모든 것마저 빼앗겼을 겁니다. 다행스럽게도 전두환과 신군부 세력들은 권력을 유지할 수 있게 되었고, 서정주도 그와 함께 무사할 수 있었죠.

노태우가 권좌에서 물러난 뒤, 신군부 세력은 12·12쿠데타와 광주 시민 학살의 주범으로 1996년 마침내 법정에 서게 됩니다. 당시 대통령은 1992년 12월 18일 대통령에 당선된 김영삼이었죠. 1996년 8월 26일 서울지방법원은 전두환에게 사형을, 노태우에게 징역 22년 6개월을 선고하게 됩니다. 그렇지만 1997년 4월 17일 대법원은 전두환에게 무기징역, 그리고 노태우에게는 징역 17년을 최종 선고하고 말죠. 사법부는 본질적으로 국가권력 기구에 지나지 않는다는 사실을 여실히 보여준 겁니다. 아니나 다를까, 1997년 12월 18일 대통령에 당선된 김대중이 대통령 당선자 신분으로 있던 1997년 12월 22일에 대통령 김영삼이 국민대화합을 명분으로 전두환과 노태우를 특별 사면해 석방하고 맙니다. 이미 대통령 선거 공약으로 전두환과 노태우 등 신군부 세력을 사면하겠다고 내세웠던 김대중이었습니다. 그러니 실제로 전두환과 노태우의 특별 사면은 당시 대통령 당선자 김대중이 했다고 봐야 할 겁니다. 민주주의를 바로 세울 수 있는 기회이자 참주 정치를 영원히 봉인해버릴 수 있는 기회를 박차버린 거죠. 친일파도 청산하지 못하고, 유신 세력도 청산하지 못하고, 신군부 세력도 청산하지 못한 겁니다. 아니 친일파도 유신 세력도 그리고 신군부 세력도 화합해야 할 존재가 된 겁니다. 서정주 로서는 한시름 제대로 놓을 일입니다. 그리고 자신이 평생 살아왔던 남루한 삶, 그 제비족과 같은 문학이 나름 가치가 있었다고 뿌듯했을 겁니다. 아니나 다를까, 김대중은 2000년 서정주에게 금관문화훈장과 대한민국예술원상을 수여하게 되죠. 드디어 대한민국이 자신의 가치를 알아주었으니 그로서는 쾌재를 부를 일입니다. 그래서 서정주는 2000년 12월 24일 정말 너무나 편안하게 정말 너무나 행복하게 이 세상을 떠나게 됩니다.

에필로그

> 철학이 자신의 잿빛을 잿빛으로 칠할 때,
> 하나의 삶의 형태eine Gestalt des Lebens는 낡아지고
> 잿빛에 의해 그 삶의 형태는 다시 젊어질
> 수는 없지만 인식될 수는 있다. 미네르바의
> 올빼미die Eule der Minerva는 밤의 그림자들이
> 쌓일 때에만 그 날갯짓을 시작한다.
>
> ─ 헤겔, 《법철학》

1.

20세기 후반에서 21세기 초반까지 서양 지성의 주도권은 서양철학, 나아가 프랑스 철학이 잡았다고 해도 과언은 아닐 듯하다. 20세기 말에는 리오타르Jean-François Lyotard(1924~1998), 들뢰즈Gilles Deleuze(1925~1995), 푸코Michel Foucault(1926~1984), 데리다Jacques Derrida(1930~2004) 등이, 그리고 21세기에 들어서는 바디우Alain Badiou(1937~)와 랑시에르Jacques Rancière(1940~) 등이 인문학의 총아로 등극했다. 20세기 후반 세계 지성계를 주름잡던 프랑스 철학계의 스타들을 언급하지 않고는 인문학적 사유가 아예 불가능할 정도였다. 이것은 물론 대학가와 출판계에 모여들어 있던 우리 지성인들에게도 예외는 아니었다. 모두가 이구동성으로 자신의 글과 말을 다음과 같은 구절로 시작하곤 했다. '들뢰즈에 따르면……', '푸코에 따르면……', '바디우에 따르면……' 등등. 우리를 포함한 세계의 모든 지성계에서 현대 프랑스 철학이 각광받던 이유는 프랑스 인문학 특유의 세련됨과 예술성

때문만은 아니었다. 오히려 우리가 주목해야 할 것은 현대 프랑스 철학이 플라톤Plato(BC 428?~BC 348?)이 본격화한 서양철학의 전통에 대한 혁명을 시도했다는 사실이다. 관심사가 무엇이든 논리 전개가 어떻든 간에, 1968년 이후 본격적으로 활약했던 프랑스 철학자들은 모두 이성 대신 욕망, 정신 대신 육체, 질서 대신 무질서, 일자一者 대신 다자多者, 의식 대신 무의식, 자아 대신 타자, 동일성 대신 차이, 논리 대신 감성, 법률 대신 예술, 중심 대신 주변, 반성 대신 대화, 텍스트 대신 콘텍스트, 엘리트 대신 다중多衆, multitude을 강조하기 때문이다.

모든 것은 대략 BC 8000년 전후에 일어난 농업혁명의 결과물이다. 이후 점점 대부분의 인간은 농업혁명이 순간적으로 가져다준 이익에 취해 땅에 결박된 삶에 적응하고 만다. 마침내 BC 3000년 즈음 토지라는 물적 생산수단을 장악하면 농민들을 지배할 수 있다는 사실을 최초로 자각한 점령자들이 탄생하고, 그들은 거의 동시다발적으로 황하, 나일, 티그리스와 유프라테스, 그리고 인더스 유역에 들어가 비옥한 땅을 무단으로 점령한다. 엄청난 수의 농민들이 피지배계급이 되고, 점령자는 그들을 억압하고 착취하고 통제하는 지배계급이 된다. 최초의 지배/피지배 관계, 즉 최초의 억압체제로서 국가는 이렇게 탄생한다. 국가기구를 통해 지배계급은 자신의 의지와 필요에 따라 피라미드나 만리장성 등 거대 건축물도 세운다. 그렇지만 숫자와 문자가 발명되지 않았다면, 거대 건축물만이 아니라 고대국가 자체가 안정적으로 유지되는 것은 거의 불가능한 일이다. 토지나 하천의 수와 크기, 노예와 가축들의 양, 곡식의 종류와 생산량, 광산의 종류와 수 그리고 채굴량 등등이 파악되지 않으면, 세금을 거두는 일도 예산을 짜는 일도 불가능하다. 당연히 지배계급은 노동계급 중 숫자와 문자에 정통한 사람을 선출했다. 관료, 혹은 중간계급은 이렇게 탄생한다. 지배계급 입장에서는 피지배계급이고 노동계급 입장에서는 지배계급과 구별되지 않는 존재들! 숫자와 문자에 정통하기에 겉으로는 지배계급에게 고개를 숙이지만 속으로는 그들을 조롱할 수 있는 존재들! 같은 피지배계급이면서도 흙먼지 마시며 육체노동을 하는 노동계급을 조롱하며 시원한 사무실 책상에서 숫자와 문자를 조작하는 존재들! 21세기 현재 자본에 복무하는 화이트칼라, 국가에 복무하는 공무원, 그리고 대학의 연구원과 교수는 바로 BC 3000년경에 탄생한 이 마름과 같은 중간층들의 후손이었던 셈이다.

플라톤은 소수 지배계급이 다수 노동계급을 통제하는 데 불가피한 수단, 즉 숫자와 문자에 능숙한 사람들을 위한 철학을 표방한다. 플라톤주의가 관료들의 존재와 그 활동을 정당화하는 철학인 이유도 바로 여기에 있다. 생각해보라. 플라톤에게서 이데아의 세계는 숫자와 문자로 기억되는 추상의 세계로 사건과 변화로 점철되는 구체적인 세계보다 훨씬 더 중요할 뿐만 아니라 구체적인 세계를 지배한다. 바로 이로부터 플라톤주의의 모든 특징이 도출된다. 숫자와 문자의 중시! 콘텍스트보다 텍스트의 중시! 감각적인 것보다 추상적인 것의 중시! 육체노동보다 정신노동의 중시! 플라톤주의가 국가주의, 관료주의, 문자주의, 텍스트주의, 엘리트주의와 한 가족인 것도 이런 이유에서다. 국가주의는 지배/피지배 관계를 긍정하고, 관료주의는 문자와 숫자의 힘으로 억압구조를 작동시키고, 문자주의는 숫자와 문자에 구체적인 사람들, 사물들, 사건들이 없어도 그것들을 상상하고 처리할 수 있는 힘을 부여하고, 텍스트주의는 상이한 문맥들을 제거하고 공문서에 입각한 일률적 명령체계를 가능하게 하고, 엘리트주의는 관료들이 동료 노동계급에 대한 자신들의 배신을 숫자와 문자에 대한 탁월한 능력으로 정당화하는 이념이다. 플라톤주의가 욕망보다는 이성, 육체보다는 정신, 무질서보다는 질서, 다자보다는 일자, 무의식보다는 의식, 타자보다는 자아, 차이보다는 동일성, 감성보다는 논리, 예술보다는 법률, 주변보다는 중심, 대화보다는 반성, 콘텍스트보다는 텍스트, 다중보다는 엘리트를 중시할 수밖에 없었던 것은 어쩌면 당연한 귀결이다.

이제 20세기 후반 프랑스 철학계의 스타들이 각광을 받았던 이유가 눈에 들어온다. 그들은 관료주의와 플라톤주의의 공통 근거였던 숫자와 문자의 논리를 해체하고, 전복하고, 조롱했다. 숫자와 문자가 엄밀성과 정확성을 의심받으면, 그것들은 억압과 지배의 수단으로 사용하기에 적절하지 않다. 플라톤이 자신의 책《국가Politeia》에서 혹은 그의 이상 국가에서 시인을 추방하려고 했던 것도 이런 이유에서다. 프랑스 철학의 스타들은 숫자와 문자를 수직적 지배의 수단이 아니라 수평적 소통의 수단으로 사용하려고 한다. '명령과 지배, 통계'의 숫자와 언어가 아니라 '공감과 소통, 문맥'의 숫자와 언어가 중시된다. 프랑스 철학계의 스타들이 스피노자Baruch Spinoza(1632~1677), 마르크스Karl Marx(1818~1883), 니체Friedrich Nietzsche (1844~1900), 프로이트Sigmund Freud(1856~1939)와 더불어 시인들을 선호했던 것도 이런 이유에서다. 결국 그들은 '사유에서의 관료주의'가 아니라 '사유에서의 평의회주의'라고 불릴 만한 도전을 시작한 셈이다. 그러니 예비 프롤레타리아든 현직 프롤레타리아든 노동계급 전체가 프랑스 철학의 스타들에게 열광할 수밖에 없었다. 주변부로 몰린 노동계급의 육체적 삶이 긍정되고, 관료나 엘리트들이 지향하는 엄밀한 엘리트주의가 부정되었으니 말이다. 그렇지만 숫자와 문자의 지배 논리, 즉 관료주의와 플라톤주의의 문제가 해결되려면, '생산수단의 소유 문제'가 극복되어야만 한다. 생산수단을 독점한 자가 생산수단을 빼앗긴 자를 지배한다. 이러한 지배를 효율적이고 지속적이게 했던 것, 혹은 지배와 피지배 관계를 가능하게 했던 것이 숫자와 문자의 논리가 아닌가? 결국 '사유에서의 평의회주의'는 '삶에서의 평의회주의'가 아니면 관철될 수 없는 그림자에 지나지 않는다. 나무를 그대로 놔둔 채 그림자를 반으로 쪼갤 수는 없는 법이다. 불행히도 프랑스 철학계의 스타들은 '사유에서의 평의회주의'를 노골적으로 지향했지만, 대부분 '삶에서의 평의회주의', 혹은 '정치나 경제에서의 평의회주의'로까지는 나아가지 못했다.

2.

《법철학》에서 헤겔은 "미네르바의 올빼미는 밤의 그림자들이 쌓일 때에만 그 날갯짓을 시작한다"고 말한다. 한마디로 말해 치열했던 삶이 펼쳐졌던 낮이 지나고 난 뒤에 철학적 사유는 시작된다는 이야기다. 프랑스 철학계의 스타들은 20세기 후반과 21세기 초반에 활약했던 '미네르바의 올빼미'였던 셈이다. 그렇다면 그들이 반성하고 사유하고자 했던 '낮'은 바로 68혁명으로 정점에 이른 1960년대 냉전체제에 대한 반란, 젊은 지성과 노동계급의 저항 아닌가. 1968년 파리를 넘어 프랑스 전역을 떠들썩하게 했던 노동계급의 오토제스티옹autogestion 운동, 그리고 소르본대학에 나부꼈던 평의회코뮌주의의 깃발이 중요한 이유다. 1871년 프랑스 파리에서, 1905년 러시아 상트페테르부르크에서, 1917년 2월 러시아 페트로그라드에서, 1918년 독일 전역에서, 1919년 1월 독일 베를린에서, 그리고 마침내 1968년 프랑스 파리와 체코 프라하에서 노동계급이 자신들의 삶과 공동체의 운명을 자율적으로 통제하려는 노력을 시작했다. 소수만이 대상적 활동을 독점하는 억압체제가 아니라 모든 이가 대상적 활동을 수행하는 '인간사회'의 꿈, 마르크스가 〈포이어바흐에 관한 테제들〉에서 강조했던 바로 그 '인간사회'에 대한 절절한 바람이다. 평의회코뮌주의를 외쳤던 노동계급의 절규이자 평의회코뮌주의를 살아냈던 노동계급의 용기다.

삶에서의 평의회코뮌주의, 정치에서의 평의회코뮌주의, 그리고 경제에서의 평의회코뮌주의! 미네르바의 새로운 올빼미들이 날기 이전, 대낮의 진실은, 대낮의 투쟁은, 대낮의 땀과 피는 바로 이것이었다. 생산수단을 독점한 자 vs. 생산수단을 빼앗긴 자, 자본 vs. 상품, 자본 vs. 노동! 그리고 이런 재산과 가난의 구조를 다양한 논리로 정당화해 지배 논리를 관철시키려고 했던 국가기구! 자본기계와 국가기계를 부수려고 온몸으로 맞선 장엄하고 웅장한 저항, 바로 이것이 대낮의 진실이었다. 파리코뮌 전사들, 마르크스, 로자 룩셈부르크, 크론시타트 전사들, 그리고 베를린 전사들의 염원과 함께 뜨거웠던 대낮의 투쟁에서 1967년 출간된 기 드보르의 《스펙타클의 사회》는 태양과도 같은 저작이었다. 이 책으로 우리는 '사유에서의 평의회주의'가 '삶과 세계에서의 평의회주의'로 힘차게 약진하는 생생한 증거를 목도할 수 있기 때문이다. 그러나 불행히도 68 혁명이 부르주아자본주의체제와 국가독점자본주의체제의 협공으로 괴멸되고, 언제까지 지속될지 모를 기나긴 밤이 찾아온다. 기다렸다는 듯 새로운 올빼미들이 대중매체를 통해, 출간을 통해, 강연을 통해, '사유에서의 평의회주의'를 외치기 시작했다. 마치 자신들의 모든 이야기가 자신들의 천재성과 자신들의 독창성에서 기인하기라도 했다는 듯이. 분명 우리 시대의 올빼미들이 일자와 다자, 정신과 육체, 텍스트와 콘텍스트, 이성과 욕망 등등 전통적인 사유의 위계구조를 전복시키려고 했다는 것은 맞다. 어떤 이는 '텍스트와 콘텍스트'의 도식이 중요하다고, 어떤 이는 '일자와 다자'의 도식이 중요하다고, 어떤 이는 '동일성과 차이'의 도식이 중요하다고 말하며 서로 경쟁한다. 어두운 밤 울려 퍼지는 그들의 화려하고 다양한 목소리는 '삶과 세계에서의 평의회주의'를 은폐하는 데 일조한다. 어쩌면 낮에 움직일 수 없었던 올빼미의 무기력을, 그들 새로운 미네르바의 올빼미들이 그대로 답습했던 것은 아닐까.

바로 이 대목에서, 20세기 후반부터 오늘까지 지성계를 풍미해온 프랑스 철학계의 스타들과 그들의 이야기를 앵무새처럼 읊조리는 지성인들의 어떤 기묘한 침묵은 무척이나 의미심장하다. 바로 기 드보르, 《스펙타클의 사회》, 상황주의 인터내셔널에 대한 침묵이다. 니체와 스피노자를 인용하고 프로이트와 마르크스를 다시 읽으려는 노력만큼이나 기 드보르에 대한 그들의 침묵은 정말 인상적이다. 그들은 '사유에서의 평의회주의'를 부각하려고 '삶에서의 평의회주의'를 배경으로, 그것도 묘한 침묵 속으로 밀어 넣었던 것 아닐까? 아니면 자신들이 헤겔이 말한 미네르바의 올빼미에 지나지 않는다는 사실, 태양빛에 잘 익은 오렌지빛 철학자라기보다 어둠 속에서 초췌해진 회색빛 철학자에 지나지 않는다는 사실을 애써 감추려고 했던 것 아닐까? 기 드보르가 《스펙타클의 사회》에서 피력했던 그 맑고 뜨거웠던 사유의 편린들 중 한 자락을 잡아 확대 재생산한 것이 자신이라는 걸 독자들이 알게 될까봐 두려웠던 건 아닐까? 〈포이어바흐에 관한 테제들〉의 마지막 테제에서 마르크스는 말했던 적이 있다. "철학자들은 단지 세계를 다양한 방식으로 해석해왔다. 그러나 중요한 것은 세계를 변화시키는 것이다." 마르크스가 말한 "세계", 그것 별거 아니다. 생산수단과 정치수단 독점으로 지배와 착취를 유지하는 억압체제를 말하는 것이니까. 결국 '생산수단 소유관계'의 위계성과 억압성을 전복시키는 것, 그래서 생산하는 사람들이 생산수단을 소유하는 사회가 되는 것, 이것이 바로 "세계를 변화시키는" 일 아닌가. 바로 이것을 기 드보르는 사유했고 실천했다.

반면 68혁명 이후 카스토리아디스^{Cornelius Castoriadis(1922~1997)}를 제외한 거의 모든 프랑스 철학의 스타들은 불행히도 억압된 "세계를 다양한 방식으로 해석해왔던" 건 아닐까? 물론 억압된 세계를 올빼미 스타들이 정당화했다는 이야기는 아니다. 그들도 개념에서만큼은, 사유에서만큼은, 그리고 철학에서만큼은 기존의 사유 질서를 전복시키려고 했으니까. 《스펙타클의 사회》 62번째 테제에서 기 드보르는 "스펙타클적 풍요가 제공하는 잘못된 선택들^{le faux choix}"을 말했던 적이 있다. 이것은 프랑스 철학계의 스타들에게도 동일하게 적용된다. 어떤 사람들은 들뢰즈를 선택하고 다른 철학자들을 거부한다. 또 어떤 사람들은 푸코를 선택하고 다른 철학자들을 거부한다. 또 어떤 사람들은 바디우를 선택하고 다른 철학자들을 부정한다. '일자와 다자' 도식이 중요하다는 사람, '텍스트와 콘텍스트' 도식이 중요하다는 사람, '동일성과 차이' 도식이 중요하다는 사람, '자아와 타자' 도식이 중요하다는 사람 등등. 20세기 후반과 21세기 초반의 지성계는, 젊은 지성들은 "잘못된 선택"에 빠져 귀중한 시간을 너무나 허비했던 것 아닐까? '자본과 노동' 도식은 낡은 도식이 아니라 근원적인 도식이다. 그것은 '일자와 다자', '텍스트와 콘텍스트', '동일성과 차이', '자아와 타자' 등 모든 사유의 도식을 만드는 근본적인 도식이기 때문이다. 불행히도 프랑스 철학계의 스타들은 '자본과 노동' 도식을 돌파하고자 했던 68혁명의 정신을 흐리는 새로운 스펙타클, 지적 볼거리로 전락하고 만 셈이다. 그사이 자본은 전례 없이 더 강력해졌고 국가는 더 집요하게 지배를 관철하고 있다.

3.

'강신주의 역사철학·정치철학 강의' 세 번째 권은 기 드보르와 그의 주저 《스펙타클의 사회》를 침묵으로부터, 망각으로부터, 그리고 무시로부터 꺼내 다시 살려내려고 시도했다. 거짓된 선택들에 휩쓸린다고 할지라도 인간사회에 대한 꿈을 저버리지 않는 사람들이 아직도 있고, 앞으로도 계속 태어날 것이기 때문이다. 그들이 읽고 토론하고 사유할 수 있는 정치철학서가 필요하다. 또한 20세기뿐만 아니라 현재에도 유효하며 강력한 지적 자극을 줄 수 있는 정치철학서도 필요하다. 기 드보르의 1967년 저작으로 1968년 프랑스 젊은 지성들의 사유와 실천이, 그리고 삶이 혁명적일 수 있었던 것처럼. 그렇다고 기 드보르와 《스펙타클의 사회》를 좁게는 68혁명, 넓게는 1960년대에만 유효하다고 속단해서는 안 된다. 기 드보르와 그의 주저가 싸우는 대상은 BC 3000년 즈음 발생해 지금까지 지속되는 억압체제이니까. 조금 시야를 좁혀도 기 드보르와 《스펙타클의 사회》는 1871년 파리코뮌 이후 1919년 로자 룩셈부르크까지 집요하게 지속되었던 평의회코뮌주의라는 전통에 확고히 발을 딛고 있다. 바로 이 대목에서 기 드보르는 억압체제의 보편적 지배 기법, 즉 스펙타클에 주목했던 것이다. 화려한 상품들의 스펙타클에 사로잡혀 자신이 소비자일 뿐만 아니라 노동자라는 사실을 망각하고, 좋은 대통령과 좋은 국회의원이란 스펙타클에 사로잡혀 자신이 유권자이기 이전에 피지배자라는 엄연한 사실을 망각하는 노동계급이 존재하는 한, 《스펙타클의 사회》는 읽히고 또 읽힐 가치가 있다. 노동계급이 파편화된 개인으로 세계를 관조하는 구경꾼이 아니라 평의회를 통해 세계를 변화시키는 주체가 되려면 말이다.

마지막으로 기 드보르가 1992년 6월 30일에 남겼던 이야기에 주목하고자 한다. 1991년 12월 26일 소련의 해체로 동구의 국가독점자본주의체제는 붕괴된다. 이 사건으로 기 드보르는 《스펙타클의 사회》의 도식을 다시 검토하는 기회를 가진다. 그는 국가독점자본주의체제의 지배 기법으로는 '치안'으로 귀결되었던 '집중된 스펙타클le spectaculaire concentré'을, 그리고 부르주아자본주의체제의 지배 기법으로는 '소비'로 귀결되는 '분산된 스펙타클le spectaculaire diffus'을 이야기했다. 문제는 소련의 해체로 '집중된 스펙타클'이 무력화되었느냐의 여부였다. 사실 스탈린Joseph Stalin(1878~1953)이든 마오쩌둥毛澤東(1893~1976)이든 김일성金日成(1912~1994)이든 최고 권력자를 신적으로 만드는 것이 '집중된 스펙타클'의 작용이다. '집중된 스펙타클'은 전지전능한 신의 이름으로 모든 노동계급을 옥죄기에 강력한 '치안' 통치로 귀결된다. 《스펙타클의 사회》 프랑스어 3판을 위한 일러두기〉에서 기 드보르는 아직도 '집중된 스펙타클'이 유효하다고 이야기한다. "나는 1988년 《스펙타클의 사회에 대한 논평》에서 '집중된 스펙타클'과 '분산된 스펙타클'이라는 경쟁적 지배 사이의 '스펙타클적 과업의 국제적 분업'이 종말을 고했으며, 이제 양자가 서로 융합되어 '통합된 스펙타클^{spectaculaire intégré}'이란 공동 형태를 취하고 있음을 분명히 밝혔다. ······ 이제는 '통합된 스펙타클'의 통일된 적용이 세계를 경제적으로 변형하고, 동시에 치안적으로 지각을 변형하고 있다고 천명해야 한다."

사실 '분산된 스펙타클'은 자본의 메커니즘과 관련되고, '집중된 스펙타클'은 국가의 메커니즘과 관련된다. 화려하고 세련된 상품들을 구매하느라 자신이 노동자라는 걸 망각하도록 만드는 것이 '분산된 스펙타클'이고, 서기장이든 대통령이든 위대한 사람이라는 날조된 이미지에 열광하며 자신이 피지배자라는 걸 망각하도록 만드는 것이 '집중된 스펙타클'이니까. 잊지 말아야 할 것은 부르주아자본주의체제도 국가가 '자본과 노동' 사이의 소유관계를 긍정하지 않으면 유지될 수 없다는 엄연한 사실이다. 노골적인 국가주의를 표방했던 국가독점자본주의체제가 소멸되었다고 해도, 결국 국가가 존재한다면 '집중된 스펙타클'은 폐기되지 않은 것이다. 비록 동구권에 비해 정도는 약하다고 할지라도 사실 부르주아자본주의체제에서 케네디^{John F. Kennedy}(1917~1963)나 노무현^{盧武鉉}(1946~2009) 등 최고 지도자를 스타로 만드는 '집중된 스펙타클'의 기법은 상품 소비에 몰두하도록 만들었던 '분산된 스펙타클'의 기법과 함께 작동하지 않았는가. 1992년 기 드보르는 "이제는 '통합된 스펙타클'의 통일된 적용이 세계를 경제적으로 변형하고, 동시에 치안적으로 지각을 변형하고 있다고 천명해야 한다"고 말했지만, 이것은 이미 동구권이 몰락하기 전 부르주아자본주의체제에서도 관찰되었던 현상이다. '세계를 경제적으로 변형한다'는 것은 자본이 자신이 생산한 상품들에 가짜 필요와 가짜 욕망을 부과해 노동자들이 그것을 소비하도록 만드는 '분산된 스펙타클'의 작용이고, '치안적으로 지각을 변형한다'는 것은 피지배자들이 모든 것을 국가의 입장에서 지각하고 판단하게 함으로써 치안의 효과를 달성하는 '집중된 스펙타클'의 작용이다.

'통합된 스펙타클'이 통합적으로 작용하려면, '분산된 스펙타클'과 '집중된 스펙타클'이 통합될 수 있는 어떤 물적 토대가 가능해져야 한다. 2007년 애플에서 아이폰을 출시한 뒤에야 '통합된 스펙타클'은 제대로 기능하기 시작한다. 가짜 필요와 가짜 욕망을 만드는 수많은 상품들이 손안의 액정 화면에서 손쉽게 구매되고 신속하게 배송된다. '분산된 스펙타클'이 그야말로 날개를 단 형국이다. 스마트폰으로 전화, 메일, SNS, 모임방을 영위하니 크고 작은 검열은 너무나 용이해졌다. 부르주아자본주의체제나 이 체제를 옹호하는 국가기구는 원하기만 하면, 개인들의 신상 정보, 금융 정보, 위치 정보, 사상 정보 등등을 아주 손쉽게 파악할 수 있다. '집중된 스펙타클'의 최종 목적, 즉 '치안'은 스마트폰의 등장으로 가장 효과적으로 달성된 것이다. 심지어 스마트폰에 내장된 '칩'은 스마트폰 소지자가 어디에 있는지까지도 실시간으로 확인할 수 있다. 스마트폰이 꺼져 있을 때는 도처에 설치된 CCTV가 개개인을 감시할 수 있는 보조 장치로 기능하고 있다. '통합된 스펙타클'이 드디어 기술적 토대마저 갖춘 셈이다. 기 드보르가 《스펙타클의 사회》 19번째 테제에서 말한 예언이 소름 끼치는 이유도 바로 여기에 있다. "스펙타클은 …… 정밀공학적인 합리성la rationalité technique précise의 끊임없는 발전에 의지한다." 기 드보르가 1994년에 세상을 떠나지 않고 2007년까지 살았더라면, 우리는 그가 《스펙타클의 사회》 2부를 출간하는 장면을 목도했을지도 모른다. 아마도 그 책의 제목은 《스펙타클의 사회 2: 스마트폰의 사회》가 아니었을까.

참고문헌

가라타니 고진,《일본정신의 기원: 언어, 국가, 대의제, 그리고 통화》,
    송태욱 옮김, 이매진, 2006.

강신주,《철학 V 철학: 동서양 철학의 모든 것》(완전 개정판), 오월의봄,
    2016.

체 게바라,《공부하는 혁명가: 체 게바라가 쓴 맑스와 엥겔스》, 한형식
    옮김, 오월의봄, 2013.

체 게바라,《체 게바라 자서전》, 박지민 옮김, 황매, 2007.

체 게바라,《체 게바라의 모터사이클 다이어리》, 홍민표 옮김, 황매, 2012.

체 게바라,《체 게바라의 볼리비아 일기》, 김홍락 옮김, 학고재, 2011.

체 게바라 편집,《체의 녹색 노트》, 구광렬 옮김, 문학동네, 2011.

공자,《논어》, 박종연 옮김, 을유문화사, 2006.

김수영,《김수영 전집》(전2권), 이영준 엮음, 민음사, 2018.

김재선,《모택동과 문화대혁명》, 한국학술정보, 2009.

김창남 엮음,《김민기》, 한울, 2020.

노서경,《알제리전쟁 1954-1962: 생각하는 사람들의 식민지 항쟁》,
    문학동네, 2017.

아이작 도이처,《무장한 예언자 트로츠키 1879-1921》(트로츠키 평전1),
    김종철 옮김, 시대의창, 2017.

아이작 도이처,《비무장의 예언자 트로츠키 1921-1929》(트로츠키 평전2),
    김종철 옮김, 시대의창, 2017.

아이작 도이처, 《추방된 예언자 트로츠키 1929-1940》(트로츠키 평전3), 김종철 옮김, 시대의창, 2017.

기 드보르, 《스펙타클의 사회》, 유재홍 옮김, 울력, 2014.

기 드보르, 《스펙타클의 사회》, 이경숙 옮김, 현실문화, 1996.

기 드보르, 《스펙타클의 사회에 대한 논평》, 유재홍 옮김, 울력, 2017.

질 들뢰즈, 《차이와 반복》, 김상환 옮김, 민음사, 2004.

밥 딜런, 《밥 딜런: 시가 된 노래들 1961-2012》, 서대경 외 옮김, 문학동네, 2016.

밥 딜런, 《밥 딜런 자서전: 바람만이 아는 대답》, 양은모 옮김, 문학세계사, 2010.

슈테판 라렘, 《체 게바라》, 심희섭 옮김, 인물과사상사, 2007.

자크 라캉, 《에크리》, 홍준기 외 옮김, 새물결, 2019.

니콜라스 V. 랴자놉스키 외, 《러시아의 역사》(상·하), 조호연 옮김, 까치, 2011.

블라디미르 레닌, 《국가와 혁명》, 문성원 외 옮김, 돌베개, 2015.

블라디미르 레닌, 《유물론과 경험비판론》(상·하), 박정호 옮김, 돌베개, 1992.

블라디미르 레닌, 《제국주의, 자본주의의 최고 단계》, 이정인 옮김, 아고라, 2017.

블라디미르 레닌, 《혁명의 기술에 관하여》, 정영목 옮김, 생각의힘, 2017.

클로드 레비-스트로스, 《슬픈 열대》, 박옥줄 옮김, 한길사, 1998.

장 자크 루소, 《인간 불평등 기원론》, 주경복 외 옮김, 책세상, 2003.

장 자크 루소, 《사회계약론》, 이환 옮김, 서울대학교출판부, 1999.

로자 룩셈부르크, 《로자 룩셈부르크의 옥중서신》, 김선형 옮김, 세창출판사, 2019.

로자 룩셈부르크, 《룩셈부르크주의: 로자 룩셈부르크 정치저작집》, 풀무질 편집부 옮김, 풀무질, 2002.

앨버트 S. 린드먼, 《현대 유럽의 역사》, 장문석 옮김, 삼천리, 2017.

카를 마르크스, 《경제학-철학 수고》, 강유원 옮김, 이론과실천, 2006.

카를 마르크스, 《데모크리토스와 에피쿠로스 자연철학의 차이》, 고병권 옮김, 그린비, 2001.

카를 마르크스, 《자본론》(전5권), 강신준 옮김, 비봉출판사, 2008.

카를 마르크스, 《철학의 곤궁》 이승무 옮김, 지만지, 2018.

카를 마르크스, 《프랑스혁명사 3부작》, 임지현 외 옮김, 소나무, 2017.

카를 마르크스·프리드리히 엥겔스, 《공산당 선언》, 강유원 옮김, 이론과실천, 2008.

카를 마르크스·프리드리히 엥겔스, 《독일 이데올로기》(전2권), 이병창 옮김, 먼빛으로, 2019.

카를 마르크스·프리드리히 엥겔스, 《칼 맑스 프리드리히 엥겔스 저작선집》(전6권), 최인호 외 옮김, 박종철출판사, 1991/1997.

마오쩌둥, 《마오쩌둥 주요 문선》, 이등연 옮김, 학고방, 2018.

마오쩌둥, 《마오쩌둥: 실천론, 모순론》, 노승영 옮김, 프레시안북, 2009.

마오쩌둥, 《모택동 선집》(전4권), 김승일 옮김, 범우사, 2001-2008.

니콜로 마키아벨리, 《군주론》, 곽차섭 옮김, 길, 2017.

니콜로 마키아벨리 《로마사논고》, 강정인 외 옮김, 한길사, 2018.

라울 바네겜, 《일상생활의 혁명: 젊은 세대를 위한 삶의 지침서》, 주형일 옮김, 갈무리, 2017.

존 바에즈, 《존 바에즈 자서전: 평화와 인권을 노래하다》, 이운경 옮김, 삼천리, 2012.

박태균, 《베트남 전쟁: 잊혀진 전쟁, 반쪽의 기억》, 한겨레출판, 2015.

배항섭 외, 《쟁점 한국사》(전3권), 창비, 2017.

에두아르트 베른슈타인, 《사회주의의 전제와 사민당의 과제》, 강신준 옮김, 한길사, 1999.

발터 벤야민, 《역사의 개념에 대하여/폭력비판을 위하여/초현실주의 외》, 최성만 옮김, 길, 2008.

장 보드리야르, 《소비의 사회》, 이상률 옮김, 문예출판사, 1992.

베르톨트 브레히트, 《브레히트 선집》(전6권), 한국브레히트학회(엮음), 연극과인간, 2011-2015.

베르톨트 브레히트,《브레히트 희곡선집》(1·2), 임한순 엮음,
　　서울대학교출판부, 2016.

마르틴 브로샤트,《히틀러 국가: 나치 정치혁명의 이념과 현실》, 김학이
　　옮김, 문학과지성사, 2011.

장 폴 사르트르,《문학이란 무엇인가》, 정명환 옮김, 민음사, 1998.

장 폴 사르트르,《상황극》, 박형범 옮김, 영남대학교출판부, 2008

장 폴 사르트르,《존재와 무》, 정소성 옮김, 동서문화사, 2009.

로버트 서비스,《레닌》, 김남섭 옮김, 교양인, 2017.

로버트 서비스,《트로츠키》, 양현수 옮김, 교양인, 2014.

서정주,《미당 서정주 전집》(전20권), 은행나무, 2017.

서중석,《이승만과 제1공화국: 해방에서 4월혁명까지》, 역사비평사, 2007.

송영배,《제자백가의 사상》, 현음사, 1994.

드미트리 쇼스타코비치,《증언: 드미트리 쇼스타코비치 회고록》, 솔로몬
　　볼코프 엮음, 김병화 옮김, 온다프레스, 2019.

순자,《순자》(1·2), 이운구 옮김, 한길사, 2006.

칼 슈미트,《정치적인 것의 개념》, 김효전 외 옮김, 살림, 2012.

베른트 슈퇴버,《한국전쟁: 냉전시대 최초의 열전》, 황은미 옮김, 여문책,
　　2016.

페터 슬로터다이크,《세계의 밀착》, 한정선 엮음, 한승완 외 옮김,
　　철학과현실사, 2007.

신봉수,《마오쩌둥: 나는 중국의 유토피아를 꿈꾼다》, 한길사, 2010.

루이 알튀세르,《맑스를 위하여》, 이종영 옮김, 백의, 1997.

루이 알튀세르,《미래는 오래 지속된다》, 권은미 옮김, 이매진, 2008.

루이 알튀세르,《아미엥에서의 주장》, 김동수 옮김, 솔출판사, 1991.

루이 알튀세르,《철학과 맑스주의》, 백승욱·서관모 옮김, 새길, 1996.

헬렌 야페,《체 게바라, 혁명의 경제학》, 류현 옮김, 실천문학사, 2012.

존 리 앤더슨,《체 게바라 혁명가의 삶》(1·2), 허진 외 옮김, 열린책들, 2015.

프리드리히 엥겔스,《공상에서 과학으로》, 나상민 옮김, 새날, 2006.

프리드리히 엥겔스,《루트비히 포이어바흐와 독일 고전철학의 종말》,

강유원 옮김, 이론과실천, 2008.

프리드리히 엥겔스, 《반듀링론》, 김민석 옮김, 새길아카데미, 2012.

프리드리히 엥겔스, 《영국 노동계급의 상황》, 이재만 옮김, 라티오, 2014.

프리드리히 엥겔스, 《자연변증법》, 한승완 외 옮김, 새길아카데미, 2012.

염정삼, 《설문해자주 부수자 역해》, 서울대학교출판부, 2013.

오세경 편저, 《소법전》, 법전출판사, 2017.

오승은, 《동유럽 근현대사: 제국 지배에서 민족국가로》, 책과함께, 2018.

오제명 외, 《68: 세계를 바꾼 문화혁명-프랑스·독일을 중심으로》, 길,
2006.

메리 위스너-행크스, 《캠브리지 세계사 콘사이스》, 소와당, 2018.

이종석, 《북한의 역사》(전2권), 역사비평사, 2011.

이호룡 외 엮음, 《학생운동의 시대》, 도서출판선인, 2013.

임종국, 《친일문학론》, 민족문제연구소, 2013.

전인권, 《박정희 평전》, 이학사, 2006.

정해구, 《전두환과 80년대 민주화운동: '서울의봄'에서 군사정권의
종말까지》, 역사비평사, 2011.

조희연, 《박정희와 개발독재시대: 5.16에서 10.26까지》, 역사비평사, 2007.

좌구명, 《춘추좌전》(전3권), 장세후, 을유문화사, 2012.

임마누엘 칸트, 《순수이성비판》(1·2), 백종현 옮김, 아카넷, 2006.

장 코르미에, 《체 게바라 평전》, 김미선 옮김, 실천문학사, 2005.

장 코르미에, 《체 게바라: 20세기 최후의 게릴라》, 은위영 옮김, 시공사,
1999.

벤자민 킨 외, 《라틴아메리카의 역사》(상·하), 김원중 외 옮김, 그린비,
2014.

레온 트로츠키, 《러시아 혁명사》, 볼셰비키그룹 옮김, 아고라, 2017.

레온 트로츠키, 《배반당한 혁명》, 김성훈 옮김, 갈무리, 2018.

레온 트로츠키, 《트로츠키: 테러리즘과 공산주의》, 노승영 옮김,
프레시안북, 2009.

알렉산더 V. 판초프, 《마오쩌둥 평전: 현대 중국의 마지막 절대 권력자》,

심규호 옮김, 민음사, 2017.

윌리엄 A. 펠츠, 《유럽민중사》, 장석준 옮김, 서해문집, 2018.

닐 포크너, 《좌파세계사》, 이윤정 옮김, 엑스오북스, 2016.

카를로스 푸엔테스, 《라틴 아메리카의 역사》, 서성철 옮김, 까치, 1997.

지그문트 프로이트, 《프로이트전집》(전15권), 임홍빈 외 옮김, 열린책들, 1997.

파울 프뢸리히, 《로자 룩셈부르크 생애와 사상》, 정민 외 옮김, 책갈피, 2000.

플라톤, 《국가》, 박종현 옮김, 서광사, 2005.

플라톤, 《티마이오스》, 박종현 외 옮김, 서광사, 2000.

크리스 하먼, 《세계를 뒤흔든 1968》, 이수현 옮김, 책갈피, 2004.

한국전쟁 전후 민간인 학살 진상규명범 국민위원회 엮음, 《한국전쟁 전후 민간인 학살 실태 보고서》, 한울, 2005.

한국프랑스철학회, 《철학, 혁명을 말하다》, 이학사, 2018.

게오르크 헤겔, 《법철학》, 임석진 옮김, 한길사, 2008.

게오르크 헤겔, 《역사철학강의》, 권기철 옮김, 동서문화사, 2008.

게오르크 헤겔, 《정신현상학》(1·2), 임석진 옮김, 한길사, 2005.

헤르만 헬러, 《바이마르 헌법과 정치사상》, 김효전 옮김, 산지니, 2016.

M. 호르크하이머, 《도구적 이성 비판: 이성의 상실》, 박구용 옮김, 문예출판사, 2006.

호치민, 《호치민: 식민주의를 타도하라》, 배기현 옮김, 프레시안북, 2009.

후루타 모토오, 《역사 속의 베트남 전쟁》, 박홍영 옮김, 일조각, 2007.

毛沢東, 《毛沢東選集》(全5卷), 人民出版社, 1951-1977.

Louis Althusser, *Écrits philosophiques et politiques 1*, Stock/IMEC, 1994.

Louis Althusser, *Écrits philosophiques et politiques 2*, Stock/Imec, 1995.

Louis Althusser, *L'avenir dure longtemps*, Stock/IMEC, 1992.

Louis Althusser, *Lire le Capital*, PUF, 1996.

Louis Althusser, *Pour Marx*, La Découverte, 2018.

Terence Ball ed., *Ideals and Ideologies*, Routledge, 2016.

Graeme Barker, *The Agricultural Revolution in Prehistory: Why did Foragers become Farmers?*, Oxford University Press, 2006.

Naazneen H. Barma ed., *The Political Economy Reader: Markets as Institutions*, Routledge, 2007.

Walter Benjamin, *Gesammelte Schriften*(17 Bände), Suhrkamp, 1999.

Walter Benjamin, *Selected Writings*(4 Vols), Howard Eiland ed., Harvard University press, 2006.

Auguste Blanqui, *Maintenant, il faut des armes*, La fabrique, 2007.

Auguste Blanqui, *Instructions pour une prise d'armes/L'Eternité par les astres/ Autres textes*, Sens et Tonka, 2000.

Auguste Blanqui, *The Blanqui Reader*, Peter Hallward ed., Verso, 2018.

Terrell Carver, *Marx and Engels's "German ideology" Manuscripts: Presentation and Analysis of the "Feuerbach chapter"*, Palgrave, 2014.

Mark Cowling ed., *Marx's Eighteenth Brumaire: (Post) Modern Interpretations*, Pluto Press, 2015.

Guy Debord, *Oeuvres*, Gallimard, 2006.

Guy Debord, *The Society of the Spectacle*, Ken Knabb trans, Bureau of Public Secrets, 2014.

Guy Debord, *Panegyric*, James Brook tran, Verso Books, 2009.

Guy Debord, *Comments on the Society of the Spectacle*, Malcolm Imrie trans, Verso Books, 2010.

Guy Debord, *Sick Planet*, Donald Nicholson-Smith trans, Seagull Books, 2008.

Guy Debord, *The Real Split in the International*, John McHale trans, Pluto Press, 2003.

Guy Debord, *Correspondence: The Foundation of the Situationist International(June 1957—August 1960)*, Stuart Kendall trans, Semiotext, 2008.

Guy Debord & Alice Becker-Ho, *A Game of War*, Donald Nicholson-Smith trans, Atlas Press, 2013.

Gilles Deleuze, *Différence et répétition*, Paris, Presses Universitaires de

France, 1968.

Sam Dolgoff ed., *Bakunin on Anarchy*, Routledge, 2013.

William Edelglass and Jay Garfield ed., *Buddhist Philosophy: Essential Readings*, Oxford Univ Press, 2009.

Peter Ehlen, *Philosophie des 19. Jahrhunderts*, Kohlhammer Verlag, 2016.

David Estlund ed., *The Oxford Handbook of Political Philosophy*, Oxford University Press, 2012.

Leon Felipe, *Poesias Completas*, Visor, 2011.

Joseph Gabel, *Ideologies and the Corruption of Thought*, Alan Sica ed., Routledge, 2018.

Robert Gerwarth, *November 1918: The German Revolution*, Oxford University Press, 2020.

Israel Getzler, *Kronstadt 1917-1921: The Fate of a Soviet Democracy*, Cambridge University Press, 2002.

Johann Gottlieb Fichte, *Ausgewählte Werke*(6 Bände), Lambert Schneider Verlag, 2013.

Ernesto Guevara, *Che Guevara Reader: Writings on Politics & Revolution*, David Deutschmann trans, Ocean Press, 2003.

Ernesto Guevara, *Che Guevara Presente: Una Antologia Minima*, David Deutschmann ed., Ocean Press, 2005.

Ernesto Guevara, *Congo Diary: The Story of Che Guevara's "Lost" Year in Africa*, Ocean Press, 2011.

Ernesto Guevara, *The Bolivian Diary*, Ocean Press, 2008.

Ernesto Guevara, *The Motorcycle Diaries: Notes on a Latin American Journey*, Cintio Vitier trans, Ocean Press, 2003.

Ernesto Guevara, *Guerrilla Warfare*, Harry Villegas trans, Ocean Press, 2006.

Ernesto Guevara, *Critical Notes on Political Economy*, Ariet Garcia trans, Ocean Press, 2012.

Ernesto Guevara, *Apuntes Críticos a la Economía Política*, Ocean Press, 2006.

Michael Freeden ed., *The Oxford Handbook of Political Ideologies*, Oxford University Press, 2015.

Georg Hegel, *Werke*(20 Bände), Suhrkamp, 2000.

Georg Hegel, *The Phenomenology of Spirit*, Terry Pinkard trans. Cambridge University Press, 2018.

Georg Hegel, *Encyclopedia of the Philosophical Sciences in Basic Outline(Part 1): Science of Logic*, Cambridge University Press, 2010.

Alastair Hemmens ed., *The Situationist International: A Critical Handbook*, Pluto Press, 2020.

Mark Jones, *Founding Weimar: Violence and the German Revolution of 1918-1919*, Cambridge University Press, 2018.

Immanuel Kant, *Gesammelte Schriften*(22 Bände), Walter de Gruyter, 1963.

Immanuel Kant, *Critique of Pure Reason*, Paul Guyer trans, Cambridge University Press, 1998.

George Klosko ed., *The Oxford Handbook of the History of Political Philosophy*, Oxford University Press, 2013.

Ken Knabb, *Situationist International Anthology*, Bureau of Public Secrets, 2007.

Jacques Lacan, *Ecrits*, Bruce Fink trans, W. W. Norton & Co Inc, 2007.

Vladimir Lenin, *Collected Works*(45 vols), Progress Publishers, 1973.

Claude Lévi-Strauss, *Tristes tropiques*, Plon, 2014.

Michael Löwy, *The Theory of Revolution in the Young Marx*, Brill, 2002.

Michael Löwy, *The Marxism of Che Guevara: Philosophy, Economics, Revolutionary Warfare*, Rowman & Littlefield Publishers, 2007.

Michael Löwy, *Fire Alarm: Reading Walter Benjamin's 'On the Concept of History'*, Verso, 2016.

Rosa Luxemburg, *Gesammelte Werke*(7 Bände). Dietz Verlag Berlin GmbH, 1970–1975, 2014, 2017.

Rosa Luxemburg, *Gesammelte Briefe*(6 Bände), Dietz Verlag Berlin GmbH, 1984.

Georg Lukács, *Frühschriften II: Schriften 1919–1928*, Aisthesis 2013.

Tom McDonough ed., *Guy Debord and the Situationist International: Texts and Documents*, The MIT Press, 2002.

Nicolas Machiavel, *Oeuvres complètes(Bibliothèque de la Pléiade)*, Gallimard, 1952.

Karl Marx, *Oeuvres complètes(Bibliothèque de la Pléiade)*, Gallimard, 1994.

Karl Marx, Friedrich Engels, *Marx/Engels Werke(MEW)*, Dietz Verlag, 1968.

Karl Marx, Friedrich Engels, *Marx/Engels Gesamtausgabe(MEGA)*, Dietz Verlag, 2020.

Karl Marx, Friedrich Engels, *Marx/Engels Collected Works(MECW)*, Progress Publishers, 2004.

Jean Meslier, *Testament: Memoir of the Thoughts and Sentiments of Jean Meslier*, Michael Shreve trans, Prometheus Books, 2009.

Ida Mett, *The Kronstadt Uprising*, Theory and Practice, 2017.

Brian Moynahan, *Leningrad: Siege and Symphony*, Grove press, 2015.

James Muldoon ed., *The German Revolution and Political Theory*, Springer, 2019.

Platon, *Oeuvres complètes(Bibliothèque de la Pléiade)*, Gallimard, 2019.

Pierre-Joseph Proudhon, *Property Is Theft!: A Pierre-Joseph Proudhon Reader*, Iain McKay ed., AK Press, 2011.

Colin Renfrew ed., *The Cambridge World Prehistory*(3 Vols), Cambridge University Press, 2014.

Jean-Jacques Rousseau, *Oeuvres complètes(Bibliothèque de la Pléiade)*, Gallimard, 1995.

Paul Schumaker, *The Political Theory Reader*, Wiley-Blackwel, 2010.

Tobin Shorey, *The Kronstadt Rebellion: The Struggle for Self-Representation and the Boundaries of Bolshevik Discourse*, Dissertation Discovery Company, 2018.

Peter Sloterdijk, *Im Weltinnenraum des Kapitals*, Suhrkamp, 2005.

Peter Sloterdijk, Sphären(I·II·III), Suhrkamp, 2004.

Joseph Stalin, *The Collected Works of J. V. Stalin*(16 Vols), Foreign Languges Publishing House, 1953–1954.

Marc Van De Mieroop, *A History of the Ancient Near East: ca. 3000-323 BC*, Wiley-Blackwell, 2003.

Marc Van De Mieroop, *A History of Ancient Egypt*, Wiley-Blackwell, 2011.

Merry E. Wiesner-Hanks, *The Cambridge World History*(7 Vols), Cambridge University Press, 2015.

강신주의 역사철학·정치철학 강의 3
구경꾼 vs 주체

초판 1쇄 펴낸날 2020년 9월 25일

지은이 강신주
펴낸이 박재영
편집 이정신·임세현·한의영
마케팅 김민수
디자인 조하늘
제작 제이오
펴낸곳 도서출판 오월의봄
주소 경기도 파주시 회동길 363-15 201호
등록 제406-2010-000111호
전화 070-7704-2131
팩스 0505-300-0518
이메일 maybook05@naver.com
트위터 @oohbom
블로그 blog.naver.com/maybook05
페이스북 facebook.com/maybook05
인스타그램 instagram.com/maybooks_05

ISBN 979-11-90422-46-8 04100
979-11-90422-33-8 (세트)

이 도서의 국립중앙도서관 출판시도서목록(CIP)은 e-CIP홈페이지(http://nl.go.kr/ecip)와
국가자료공동목록시스템(http://www.nl.go.kr/kolisnet)에서 이용하실 수 있습니다.
(CIP 제어번호 : CIP2020037620)

책값은 뒤표지에 있습니다. 잘못된 책은 바꾸어 드립니다.

만든 사람들
책임편집 박재영·한의영
디자인 조하늘

저작권자를 찾지 못하여 게재 허가를 받지 못한 일부 자료는 저작권자가 확인되는 대로
게재 허락을 받고 통산 기준에 따라 사용료를 지불하겠습니다.